中国古典哲学

导论

【上册】

哲理篇

罗利建 著

企业管理出版社
ENTERPRISE MANAGEMENT PUBLISHING HOUSE

图书在版编目（CIP）数据

中国古典哲学导论．上 / 罗利建著．— 北京：企业管理出版社，2022.12
ISBN 978-7-5164-2812-2

Ⅰ．①中…　Ⅱ．①罗…　Ⅲ．①古典哲学—研究—中国　Ⅳ．① B21

中国国家版本馆 CIP 数据核字（2023）第 008658 号

书　　名：中国古典哲学导论：上册
书　　号：ISBN 978-7-5164-2812-2
作　　者：罗利建
策划编辑：赵喜勤
责任编辑：赵喜勤
出版发行：企业管理出版社
经　　销：新华书店
地　　址：北京市海淀区紫竹院南路 17 号　　邮编：100048
网　　址：http：//www.emph.cn　　电子信箱：zhaoxq13@163.com
电　　话：编辑部（010）68420309　　发行部（010）68701816
印　　刷：北京厚诚则铭印刷科技有限公司
版　　次：2023 年 11 月第 1 版
印　　次：2023 年 11 月第 1 次印刷
开　　本：710mm × 1000mm　　1/16
印　　张：28.5 印张
字　　数：422 千字
定　　价：198.00 元（上下册）

序

道之所存，心则安之

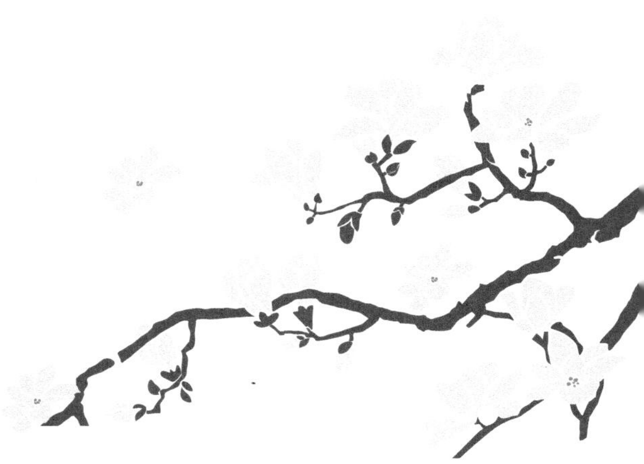

近百万字的书稿，竟花了我30年。我深感自己的能力太有限。因为我的《中国古典哲学导论》只触及了博大精深的中国古典哲学的冰山一角，故以“导论”示之，望能起到抛砖引玉之效。

在中国古典哲学多种多样的范式中，差不多可以找到后来各种观点的胚胎、萌芽。本哲理篇遵循中国古典哲理之脉络，设定40个哲理范畴和命题，结合中国国情论之，以期达到古为今用之目的。

孔子曰：“朝闻道，夕死可矣。”吾历经数十年对真理之探索，“不知老之将至”，迟暮之年，至死不移。真理之长河，江浪不绝；寻求真理之路程，似后浪追前浪。道之所存，心则安之。一生能为追求真理而奋斗，其乐大焉！寻道之旅，总让吾悠悠而乐哉！

是为序。

罗利建

二〇二二年三月

目录

1 论规律

万物皆由原子组成，大到宇宙中的天体，小到地上的微尘，皆然。而原子乃运动形成，运动停止了，原子也就不存在了。

运动是万物之源，运动是物质的存在方式。在两千多年前，中国古代思想家、辩证法始祖老子就隐约地发现运动是物质存在的方式，运动就是物质的“生命”。他的表述大概这样的：“道”是天地之根，是天地万物生成变化的最终原因；是这“浩浩大化”“生生不息”的自然界的原动力，是天地万物永不枯竭的“生命之源”。这里“道”就是物质的运动及其规律。在两千多年前，老子能隐约地发现运动（“道”）是万物之源，这是非常了不起的。可惜由于社会和自身条件的限制，老子对自己的这种“假设”无法从科学的角度去证实，加之当时中国的历史条件和科学发展处于初级水平，老子这一思想在中国思想史和哲学史中没有发展下去。尤其到明清时期，中国科学技术衰弱，就更没有这种思想的传承了。

17~18 世纪，得益于欧洲的工业革命和科学革命，其哲学也领跑于世界，当时欧洲哲人把运动理解为机械运动。由于自然科学的发展，19 世纪以后的欧洲哲学，把物体的运动分为机械的、物理的、化学的、生物学的和社会的，并确认物质的运动不以任何超自然的动因为条件，而是物质自己的运动。运动是永恒的，既不能被创造也不能被消灭。也就是说，它既不可能消失，也不可能从“无”中被创造出来，恩格斯基于前人的哲学成就，在他的《反杜林论》一书中强调“运动是物质的存在方式”，确切地强调了运动是万物之母。但由于当时的历史条件和科学条件的限制，恩格斯这一天才的发现和结论还没有足够的科学成果来证明。

由于基本粒子的发现和发展，以及天文学的发展，科学家们确认构成物质实体的基本成分是基本粒子——原子。原子由一个小小的带电的原子核和核外一群带负电的电子组成。假设物质在先，运动在后，原子不运动，按照异性相吸原理，那么带正电荷的原子核对带负电荷的电子的吸引力将会使电子旋入原子核，这样就会出现异性电荷相吸而使原子崩溃，从而使原子不复存在。就这一点，英国物理学家卢瑟福（1871—1937年）曾发现并相信，物质的基本单位原子既然不复存在，物质也会因此崩溃而不复存在。从物质基本粒子本身说明运动是物质之母，因为有了运动才有原子，有了运动才有物质，而不是相反。

由此，我们从哲学的本体论视角来看待宇宙的运动规律，则可以概括出：运动是物质的运动，物质是一切运动变化的承担者。宇宙中没有什么事物是不运动的，因为运动是物质存在的前提。运动是永恒的。物质的死亡衰竭，是运动停滞的结果。当一种形态的运动在某种物质身上停止了，这一物质也就死亡了，大到星球，小到微生物，皆是如此。但运动又会以另一种方式进行着。我们用宇宙运动规律来观察人生，就会发现，人生下来，从幼、壮、老到死的发展是必然的，谁也逃不过这一客观规律。人活在世上，是不断新陈代谢做细胞分裂运动的结果，人脑细胞和全身细胞停止新陈代谢（运动），人就会立即死亡。死亡的人，尸体火化后气体升空、骨灰留下，它们又以非生命的方式进行着另一种形态的运动。人来自自然和宇宙，死后又回归自然和宇宙。

规律是自然界和社会中各种现象间的本质联系。规律不是仅为一个现象所固有的单一联系，而是一类、一组现象所具有的一般联系，如质量和能量相联系定律、价值规律、生物进化规律等。规律性的联系既然是本质的联系，因而也带有必然性，并且是稳定的、不变的。因此，不论何时何地，只要具备相应的条件，规律就会表现出来，如“和而不同”规律、能量守恒和转化定律、新陈代谢规律等。

规律不以人的意志为转移，它是一种看不见的强力的制约因素。故老子和庄子提出要“顺其自然”，也就是要尊重自然规律，顺其规律则兴，逆其规律则衰。“天人合一”是中国古代圣人发现的一条自然规律，是指天道与人道、自然与人为相通、相类和统一。“天地与我并生，而万物与我为一”（《庄子·齐物论》）。中国古代医学根据“天人合一”这一规律而提出的“四气调神”（《黄帝内经·素问》），强调四时（春夏秋冬）生长收藏规律，人体必需顺应四时的变化而养生调神，才能防止疾病的发生，获得积极的养生效果。卡尔·马克思发现了人类历史的发展规律——历史唯物主义。正如恩格斯指出的，“即历来为繁茂芜杂的意识形态所掩盖着的一个简单事实：人们首先必须吃、喝、住、穿，然后才能从事政治、科学、艺术、宗教等等；所以，直接的物质的生活资料的生产，因而一个民族或一个时代的一定的经济发展阶段，便构成为基础，人们的国家制度、法的观点、艺术以至宗教观念，就是从这个基础上发展起来的，因而也必须由这个基础来解释，而不是像过去那样做得相反”（《马克思恩格斯选集》第三卷）。

关于规律，中国古代圣贤除了提出“顺其自然”外，还提出规律的两大特点，这是对世界思想史的重大贡献。规律的一个特点是变化，即一事物发展到穷极的时候必须变，变则能通达，通达则能长久发展下去，“穷则变，变则通，通则久”（《周易大传·系辞下》）。规律的第二个特点是易简。“易简而天下之理得矣，天下之理得，而成位乎其中矣”（《周易大传·系辞下》）。易简二字虽然很浅显，举一反三却足以说明天下最深刻的道理。乾坤变化的道理似乎深奥，其实很简单，也就是阴阳对立统一的关系。

顺规律者昌，逆规律者亡。中国古代有些人追求长生不老，许多人服用了一些含有毒素的所谓“长生不老的丹药”之后就一命呜呼了。故《周易大传·否》云：“君子以俭德避难，不可荣以禄。”善谋者不应目光短浅，不可被利禄迷惑，而要注意德行，掌控宇宙规律，教育关心民众，这样就会受用无尽。只有顺应客观规律而前行，才会无往而不胜。

1.1 治国断想

传说擎天要有四大支柱，治理国家也是一样。把国视为天，它必须靠经济、文化、政治、民族四大支柱支撑着。国之兴衰，先看民，然后再看文化、经济、政治，就可以大体上确定下来。看民不仅要看其是否安居乐业、和睦相助，更要看其有没有上进心。没有上进心的民族，其文化、经济和政治肯定会衰败的。因此，凡精明的政治家，其治国之道就是要力促民族兴旺，民族兴旺的首要标志是民众有上进心。衣食足而无上进心，最后也会致使民族衰败，进而带来国之衰败。精明的政治家始终不忘四大支柱：民族兴旺、文化繁荣、经济繁华、政治清明。

万物都在不断地运动，国家亦然，无论治理是否清明，它都会发展，兴衰交替。精明的政治家往往在国之盛时就准备好预防崩溃、衰竭的种种举措，因此在国家由盛转衰之时，能从容应对，让衰变尽量向积极方面转化；昏庸的政客不仅在国盛时对衰变规律的来临没有任何防范，而且玩物丧志，任性霸凌，致使国由盛到衰时无力回天，只有仰叹国之倾覆。

民族是国家的基石，而国家稳定持续地存在又是民族存在和发展的前提。民族的国家归属意识不仅维系着国家的长治久安，也决定了崛起的国家能否可持续发展。国家归属意识的形成要靠文化的凝聚力。文化是人类精神文明和物质文明的总汇，它往往以观念、思想、道德、科技、法律及人物风情体现出个性和本质，又以语言、文学、艺术、道德及法律为载体。所以说，文化兴则国兴，文化衰则国衰。

文化是一个动态的概念，它以价值观念为轴，以文艺为体表现出来。价值观念是文化的精髓和核心，一个国家要增强全民国家归属意识，就要狠抓人的价值观的树立。文化深层次的内容就包括人们的价值体系和行为规范，它是人与人之间的互动关系的准则。价值观除了包含认知因素以外，还凝结着情感、意志、态度等因素。在人类社会的各个历史时期，由于物质生活条件及受这一条件所限制的利益、需要、兴趣、志向和价值追求不同，人们的价值观是有明显差别的。

人能战胜曲折才能变成熟，经济有峰谷才能顺利发展。当代天文学家的研究成果告诉我们，一个天体在单个质量的影响下，其运动的轨迹必然是圆、椭圆、抛物线或双曲线（圆锥曲线）。在圆或椭圆上，我们任取一点为波峰，那么这一点相对的那一点则是波谷。所以说，圆或椭圆是最标准、最典型的峰谷运动。经济的发展总是在一个接一个的周期中螺旋式上升，而不是一股脑儿上升，峰与谷互为前提。峰通过一定阶段的能量释放，为谷的能量的释放或消释创造必要的条件；谷通过一定阶段的能量蓄积或储备，为峰的能量的释放或消释创造必要的条件。高明的经济管理者不指望经济一直处于上升状态，而是精准地把握经济发展的峰谷周期。在经济上升到一定阶段处于“谷”状态时，强化“谷”状态的能量蓄积或储备，待到经济发展向“峰”状态进发时，乘势而上，充分展示经济能量的释放或消释。愚昧的经济管理者不懂得这个基本道理，更没掌握这一经济规律。

民意是反映一国政治统治的晴雨表。知民者生，拒民者死，这是古今中外的历史千万次证明过的道理。这里“知民”的“民”，乃指良性的主流民意。良性的主流民意不可违，它始终是优良政治统治的灯塔。作为政治家，不仅要善于听取民意，更要善于捕获主流民意，因为只有主流民意才是优秀政治家和有效政府制定政策的依据。也就是说，要善于运用政治家的睿智体察出民意并择善而从，拾取合理的内核。顺主流民意者昌，逆主流民意者亡。优秀的政治家，不仅善于捕捉主流民意，而且善于让良性民意成为社会主流。

市场经济是通向富裕之路的有效途径。市场经济的魅力在于它的价值规律。商品的价值量由生产商品的社会必要劳动时间决定，商品按照价值量进行交换。这个价值规律的运动产生了市场经济，市场经济体制是物质和精神的最佳结合体，而市场经济的“精神”因素最为敏感：利则趋之，亏则避之。高明的管理者善于根据国情大胆发展市场经济，使得国强民富，同时也会预先弥补其弊端，即经济发展既遵循市场经济的规律又不放任自流，大力发展经济又不倡导金钱主义至上；提倡走富裕之路又不导致两极分化；开发和发展与生态保护相结合。

开放则兴，盛唐是也；封闭则衰，明清是也。历史上，尼格利罗人曾是非洲中部地区的主要居民，是独特的非洲原始居民。在班图人大迁徙时，尼格利罗人一部分被同化，其余则被排挤到热带森林深处，又遭殖民者入侵，面临灭绝。中国明朝中叶以后，自我封闭渐成国策，特别是到了清朝，闭关锁国更盛，以“天朝上国”自居，目空一切，结果被列强用大炮轰开国门，签订了一系列不平等条约。20世纪70年代末80年代初，中国人民在中国共产党的领导之下，主动实行改革开放政策，历经40余年，从贫穷大国一跃成为世界第二大经济体。中国坚持以开放促改革，以改革促开放，在“以我为主，博采众长”的方针指引下实行改革开放，从而坚定地走向新时代。这一切都很好地证明了“开放则兴，封闭则衰”。

以“和而不同”建立起人类命运共同体。中国有56个民族，各民族之间既具有共性也具有个性，个性体现在各民族的特点、特色上，共性体现在各民族共同创造的中华民族的主体文化上。各民族相互融合但不被对方同化，而是相互尊重，互相吸取对方的长处，多元和异彩纷呈也是一种自然融合的产物。当今我们要建立人类命运共同体，就应该坚守“和而不同”，即应该尊重差异，以不同元素相配合求得统一，而不是寻求相同元素相凑合求得绝对等同。

顺大势者昌，逆大势者亡。大势者，乃不按人的意志转移的客观规律。冬苗滞长，不能揠苗助长；春苗劲发，不可压抑滞长。万物皆如此，需顺势而为，治国尤是如此。正如庄子所言：“凫胫虽短，续之则忧；鹤胫虽长，断之则悲”（《庄子·骈拇》）。野鸭的腿虽然短，续上一截就会使其困扰；鹤的腿虽然长，砍去一段就造成悲剧。故庄子讲“天道自然”，此“道”乃自然界的秩序。

强国必先强心，强心必先富民，富民必先智民。因此，民之智是强国之本，是一国强大的重要标志之一。

强民之道是文化修养。文化有优劣，一国之民若能取其优而去其劣，这样的民族就是大有希望之民族；若一国之民优劣不分或劣迹斑斑，这样的民族终究会自我陨灭。

富民之道是共同富裕。共同富裕若建立在起点公平、机会均等的竞争的生态环境中，那么这种有差异的共同富裕则是乐土；若建立在平均主义或懒人成群的基础之上，这样的共同富裕则是苦土。因此，后者不是共同富裕的富民之道。共同富裕不是平均主义，更不是杀富济贫，而是共同奋斗、共同竞技、共同享用。

智民之道是树立高远的理想。智民的核心是智心，智心者有高远理想。一个人若志从高远，心怀大同世界之理想，就能做到富而不骄，贫而不馁，天下为公，锲而不舍；若无志无心，苟且生活，一生只为钱所累，不仅会富骄贫馁，而且会鼠目寸光，难成大器。

古人云："志不立，天下无可成之事"。一个民族，只有志向高远，才能在群雄竞争的高压态势中胜出；在群雄竞争的态势中胜出的富裕民族，不应奢华享乐，而要坚持强本节用原则。知强本节用之富裕民族，就会以开放和谦诚之心汰劣存优，走自胜之道。自胜之道才是真正的强国之道。

1.2 简论国家兴衰定律

国之兴衰，乃是自然。正是"炎炎者灭，隆隆者绝"（杨雄《解嘲》），火光炽盛了就要熄灭，雷声隆隆不断但最终也要停止。国盛极必衰，是社会发展之必然。对此，不能只像宋代辛弃疾那样慨叹："千古兴亡多少事？悠悠。不尽长江滚滚流"（《南乡子·登京口北固亭有怀》）。而应正视兴衰规律，顺势而行，去弊存优，避免早衰，最大限度地去延长鼎盛期；若不成，至少在国运走下坡路时做到发现、发展新的经济增长点，从而使之可持续发展。

中华人民共和国成立之前，黄炎培以国民政府参政员的身份到访延安，他与毛泽东的那段“兴亡周期律”的谈话，被后人称作“窑洞对”。中华人民共和国一成立，毛泽东又与黄炎培重提国家“兴亡周期”的问题。显然，毛泽东十分关注国家之“兴亡周期”，并想用一些举措力图摆脱兴亡周期律。习近平担任党的总书记和国家主席以后，也很重视国之“兴衰规律”，在政治局学习会上，邀请有关专家、学者讲有代表性的九国历史，探求国家兴衰之理。

古今中外，大多数国家还没有走向鼎盛时期就衰竭了，这个“鼎盛时期”是指世界和本国最繁盛的时代。中国近两千多年间，汉唐盛世可以说达到了鼎盛。新时代的中国，不管外部势力用何种非常、非法的手段阻遏，只要我们不犯战略性大错，就一定能实现伟大复兴，也一定能在经济、科技和文化上走向世界最前列。中国成为世界强国的周期如何才能尽量延长，超越盛唐呢?

一座宏伟的建筑，哪怕再坚固，百年或几百年后，它必将老化而倾倒，因为这座建筑物体内的钢筋、水泥、木料等要素老化至衰。盛衰周期虽因为规律而不可避免，但盛衰周期的长短却可人为。强大的秦王朝仅 15 年就崩溃了，强大的隋王朝也仅存 39 年，而影响世界的唐朝却有近 300 年的历史。就国际上来看，苏联仅 69 年就解体了，美国建国才 200 多年，自美国南北战争后不到 30 年就一跃而成为头号资本主义强国，按美国 1894 年工业总产值占世界第一位算起，至今（2022 年）已有 128 年，而现今美国虽有种种衰退的迹象，但它仍是世界第一强国。

一国之兴旺，靠的是四大支柱支撑，即经济、文化、政治和民族。也就是说，我们只要着眼于对一国的经济、文化、政治和民族进行深入考察，就可知这个国家是兴之勃发还是衰之衰竭到来。一个国家要其兴旺发达，就必须在经济、文化、政治和民族上下功夫，不断地革故鼎新。

经济是一国之基础，文化、政治和民族素质是建筑在经济基础上的，这就涉及马克思首创的经济基础与上层建筑这一科学概念。而且在一般情况下，经济基础决定上层建筑的性质，它们之间存在着矛盾统一的辩证关系。马克思在他的《政治经济学批判》的序言中指出："这些生产关系的总和构成社会的经济结构，即有法律的和政治的上层建筑竖立其上并有一定的社会意识形式与之相适应的现实基础"（《马克思恩格斯选集》第二卷）。因此，我们考察一国之经济，不能只看其 GDP 的分量。从近代史看，较早登上霸主地位的是西班牙和葡萄牙，这两国的经济总量名列世界前茅。就西班牙而论，16 世纪其疯狂殖民敛财，曾经成为中南美洲大部领土的殖民霸主，标志着人类走上早期殖民阶段。由于西班牙王公贵族不仅不事生产，而且不重视工业的改造、发展和创新，挥金如土，最终败落。凡西班牙式的富有国家都是短命的。

市场经济是把"双刃剑"，优秀的经济管理者既懂得利用市场经济的长处，又知道去除市场经济的短处，正所谓去弊存优。亚当·斯密发现了市场经济中的一只"看不见的手"，这只无形的手在努力抓取财富（物质利益），每一个社会"经济人"都有利己的本性，每个人在追求自身利益的同时，也使公共利益得以实现，从而有益于他人和社会。市场经济的大发展，会使一个经济相对落后的国家成为一个新兴的经济大国，民众逐渐开始富裕起来，过上好的生活。但它的弊端也很明显：经济竞争和经济至上，从而易使金钱至上成为主体，许多人以取得金钱多少为衡量"成功"的唯一标准；甚至以破坏生态环境为代价，贪污腐化严重，两极分化，加剧了社会矛盾。因而也出现了"炫富"奢侈、追求物质享受、"啃老"等现象。显然，这些负面情况会拖市场经济的后腿，经济管理者在倡导市场经济的同时，应遏制这些弊端。

经济发展了，还应杜绝贫富悬殊。西方经济学中有个衡量贫富悬殊的基尼系数，基尼系数最大为 1，当其小于 0.2 时，则是不正常的分配；当其在 0.2~0.3 的范围时，这种分配则处于合理范围；若超过 0.3，则是贫富悬殊；若达到 0.6，则处于危险范围。因此，经济上既要强调共同富裕，更要强调共同奋斗。这方面管理者应学习"斜河床原理"，只有"斜河床"才能使“水流”争先恐后而极富有生命力。

文化是立国之本。文化是一个民族的社会生活的缩影，更是一国人民血液里的精神元素，它与经济这一物质元素形成一国人民血液中的基本元素。因此，一国要兴旺强大，要使经济和文化同时强大，舍弃任何一个都不行。

文化由思想和行为的习惯模式所组成，它囊括了价值观、信仰、行为规范、政治组织、经济活动、文学艺术、风土人情等，这些是通过学习代代相传的。文化概念是一个非常重要的概念，因为它产生了一整套解释和理解人类行为的原则，它是现代社会思想的特殊成分，是现代社会科学，特别是人类学的最主要成就之一。如果中国春秋战国时期没有经历“百花齐放、百家争鸣”而形成中国主流思想文化（儒道互补），要想中国传统文化从古传承至今并使中国屹立于世界民族之林是不可能的；如果欧洲文艺复兴不能把已经断崖了的古希腊文化恢复和发展起来，就没有欧美的现代文明。如果中国自古以来没有“小康”“大同”理想的追求，中国人就不会不管遇到什么天灾人祸，都能齐心奋斗，将一个文明古国延续了几千年而从未中断。从古今中外的历史来看，一个国家若不重视文化，不管它的势力多大，最后都会灰飞烟灭。秦王朝（前221—前206年）在战国时期能灭六国，声势可谓大矣，但它没主流文化统领，甚至去“焚书坑儒”，最终仅存续15年；战国时期活动于燕、赵、秦以北地区的匈奴，势力强盛时不仅统治了大漠南北广大地区，曾一度西征横扫欧洲，致使日耳曼败落大迁徙，但由于匈奴长期缺少主流文化，最后被欧洲人同化而逐渐销声匿迹。

文化为立国之本，主要是针对一国文化之精髓，就价值观来说的。价值观虽然看不见、摸不着，却时时在指挥一国人的行动。精神文化是文化要素中最有活力的部分，是人类创造活动的动力。没有精神文化，人类便无法与动物相区别。而价值观又是精神文化的核心，所以价值观对每个国家的国民来说都十分重要。中华民族的价值观体现在自强不息、厚德载物、“和而不同”指导下的集体主义和大一统观念，崇尚爱国、维护祖国统一、抵御外来侵略等；而西方传统的价值观则以力为贵，以力胜人，追求个人实体地位指导下的个人主义、新自由主义等。由于文化是动态发展的，因此文化之的核心价值观在具有上述共性的同时，也带有不同历史时期的特点，这是受历史条件制约的。例如中国封建社会的基本价值观除上述的共性外，也反映了中国封建社会的特征，即重义轻利、重理轻欲、亲亲、尊尊等；中国自宋到明清时期还强化了禁欲主义。欧洲中世纪时期的价值观，除有上述共性外，更体现神学压倒一切，即尊崇上帝及不死的灵魂，到了欧洲启蒙运动和文艺复兴的鼎盛时期，才树立了自由、平等、博爱的价值观。中国通过新民主主义革命和改革开放，发生了翻天覆地的变化，党的十八大确立了富强、民主、文明、和谐、自由、平等、公正、法治、爱国、敬业、诚信、友善的社会主义核心价值观，宣告了新时代的到来。

考察一国的文化，首先要考察是不是具有正能量的价值观，以及该国国民是否普遍具有理想。有了理想才有内动力，它是同奋斗目标相联系的有实现可能的想象。一艘航船如果只停靠在岸边，那它永远到不了彼岸。如果人们都有共同的理想，就会攻坚克难、勇往直前、战无不胜。有理想、有抱负，才有使不完的劲儿，也才有光明的未来。习近平说："人民有信仰，民族有希望，国家有力量。"① 中国人自古以来就充满理想，追求"小康""大同"的理想社会。战国的《礼记·礼运》论述了大同社会："大道之行也，天下为公，选贤与能，讲信修睦。故人不独亲其亲，不独子其子，使老有所终，壮有所用，幼有所长，矜寡孤独废疾者皆有所养，男有分，女有归。货恶其弃于地也，不必藏于己；力恶其不出于身也，不必为己，是故谋闭而不兴，盗窃乱贼而不作，故外户而不闭，是谓大同。"这一伟大理想，激励着成千上万的英雄儿女为之奋斗不息。特别是"五四"运动后在国内传播的共产主义理想，它与中国人民的大同理想高度吻合。毛泽东同志在他的《论人民民主专政》一文中指出："经过人民共和国到达社会主

---

① 习近平．习近平谈治国理政：第二卷［M］．北京：外交出版社，2017：323.

义和共产主义，到达阶级的消灭和世界的大同。”关于理想，在这里还要指出的是，改革开放之初，邓小平同志就对中国传统文化进行创造性转化，提出“奔小康”的理想，极大地鼓舞了全国人民为之奋斗的积极性。《礼记·礼运》谈到的“小康”社会是“今大道既隐，天下为家，各亲其亲，各子其子，货力为己”，这种社会虽政教修明，但还需用法律和道德进行约束，不及大同世界，故为小康。用我们现在的话来说，就是达到共同富裕。由此可见，我国的“精准扶贫”战略是多么重要。

预测一国的兴衰，观其文化的开放性即可见一斑。开放性文化，不仅体现了文化自信，更能吸取他国之优点为己所用；封闭性文化不仅是一种保守文化，而且很容易夜郎自大，这正是使自身走向衰落的开始。中国汉唐时期，敞开胸怀容纳异邦英华，迎来古典的全盛时代；16 世纪中国同西欧的社会发展水平大体相当，18 世纪中国则明显落后于西方，这与清朝“闭关锁国”的国策大有干系。到 19 世纪中叶，已经实现工业革命的资本主义强国英国用大炮轰开中国的大门，清王朝仍以“天朝上国”自居，以后被迫吞下被列强霸凌的苦果。文化具有开放性，将有两种结果：一种是不分良莠，全盘吸收，甚至崇洋媚外，这是害己害国的；另一种结果是用“以我为主，博采众长”的方法去吸取外国的优秀文化。这方面的杰出代表是毛泽东同志，他在接受马克思主义以后，着力于使马克思主义中国化，从而成功地领导中国人民和中国共产党取得新民主主义革命的伟大胜利。

没有思想的国度，是愚昧的国度。一个国家若诞生了世界级的思想家，他们不仅会长久地影响本国同胞，而且会影响全世界。中国古代的老子和孔子，古希腊的亚里士多德和柏拉图，他们就是这样世界级的思想家。思想是认识外部世界的最高形式，它不仅反映客体，还以改造客体为目的。这也是思想同概念、理论等思维形式的区别所在。回顾中国文化史，凡讲智慧都以思想深浅为准。有学者发现中国文化界有个传统，就是知识分子入了《文苑》不行，得入《史林》，入了《史林》还不算完，还得入《儒林》，最好是入《道学》。因为光靠诗词歌赋不行，那是“雕虫”，靠史传小说等“末技”也不够，不仅要有经学更要有思想。思想是一个人的主心骨，思想是一个企业的核心，思想是一国之灵魂。思想立，则国立；思想衰；则国衰。看一国之兴衰，应看此国有无一流大师；看一国之影响力强弱，应看此国有无世界级的思想大师。没有思想大师的民族，是没有希望的民族；有了思想大师而不知拥戴、尊敬、学习和自豪的国家，是没有希望的愚昧王国。回顾中国思想史，思想家最受人尊重，人们把世界级思想家称为“圣贤”，如老子、孔子等。相反，凡缺少思想的东西，都会遭国人舍弃。汉代400余年，文人诗传世不多，就是因为思想苍白，民间的汉乐府反而能传世；明清两代近600年，文人诗传世稀少，而饱含思想的散文《病梅馆记》、小说《三国演义》《水浒传》《西游记》《红楼梦》等能传世。中国是十分重视思想的国度，而英国前首相撒切尔夫人生前说：“你们根本不用担心中国，因为中国在未来几十年，甚至一百年内，无法给世界提供任何新思想。”之所以这样说，可能是因为她不知中国五千年的思想史，但她任内应该看到邓小平的改革思想理论，包括邓小平首提的“一国两制”战略思想。

我们也应反思，我国近代为什么没有产生一批世界级的社会科学家？笔者认为原因如下：其一，当前对社会科学领域的重视不够；其二，由于多年的社会舆论误导，大家认为自然科学才是科学，而社会科学似乎可以例外；其三，中国自古以来有三个非常不科学的传统，就是只重视人文科学却不重视自然科学，轻视劳动喜欢空谈，提出的理论不需证明而视为真理；其四，中国文人长期受科举考试的影响，只忙于诠释“四书五经”，而很少创新；其五，民间对研究社会科学的学者缺少敬畏、尊崇之心，应试教育很少关注哲学、思想领域。总之，要实现中华民族伟大复兴，不仅应诞生一批世界级的自然科学家，也应诞生一批世界级的社会科学家。

若将一个国家的文化视为“冰山”，那“冰山”下面的基石由价值观、理想、开放性及思想（包括哲学）组成，而露在“冰山”上面的则是科学技术水平、教育水平、全民健康医疗、民俗民情民心、环境治理水平、法治道德水平、市民文化等。科技是第一生产力，教育是科技的先导，全民健康医疗水平关系民众的幸福感，民俗民情民心是民众生活的综合体现，法治道德水平必须与和平崛起同步，市民文化是市民素质的直接反映。如果“冰山”下的价值观、理想、开放性及思想没有正能量、高水平、稳固性，那么，“冰山”必然轰然倒塌。

政治发展的根本动因是利益运动，一定形态的经济基础产生相应的政治。这个政治，即政权主体利益集团代表的统治阶级，其余附属集团则属于被统治阶级，这是政党、社会集团和个人利益的综合性产物。故政治是经济的集中表现，产生于一定的经济基础，又为经济基础服务，给予经济发展以巨大的影响。因此，政治的兴衰直接导致经济的兴衰，而经济的兴衰又直接影响政治的兴衰。从国之兴衰来看，观其经济之兴衰可知其国之兴衰、政治之兴衰。而政治的兴衰不仅由经济兴衰来决定，还应由是否“主权在民”、是否有良性民意、是否有人民信赖的军队、是否汇聚天下之英才来决定。

文明而清朗的国家政治首先应体现在“主权在民”。因为政治家应该懂得政治是人民群众将自己的权力让出来，委托给一个公共权力机构来执行。这个机构可以是执政党也可以是政府。显然，执行权力机构是人民委托的，这个权力属于人民，执行机构只不过是代行。因此，“主权在民”是政治的灵魂。作为政府官员，不能把这一点搞颠倒了，认为自己是“父母官”。恰恰相反，官员应从心底里把自己的位置摆正：老百姓才是官员的“衣食父母”，官员是“人民的勤务员”。因此，坚持人民主体地位、发扬人民的主人翁精神、更好保障人民权益、更好保证人民当家作主的政府和官员，才是人民信得过的政府和官员。中国自古讲的“民为邦本”意义就在于此。

时时有良性民意渗透，政治则清朗、进步；隔绝于良性民意，政治则昏暗、衰退。知民者生，拒民者死，这是古今中外的政治史千万次证明过的道理。这里“知民”的“民”，乃良性民意。良性主流民意不可违，它始终是优良政治的灯塔。强大的秦王朝 15 年后崩溃，强大的隋王朝 37 年后崩溃，其原因虽众多，但主要原因就是逆良性主流民意。

军队是国富民安的保障。没有军队，就会常常徒手遭遇一群野狼；没有有血性的军人作为国人的楷模，就会被一群翘着兰花指的娘娘腔弄得家破国亡。军人保家卫国一不怕苦、二不怕死，国家才能挺直腰杆走向世界之林。因此，凡是清明、进步的国度，必有忠于祖国、勇于牺牲的军队和军人。军队和军人有否战斗力，直接反映出政治是否清明。在中日甲午战争时，清政府的腐败直接导致清军之溃败。在抗美援朝时期，中华人民共和国政府受全国人民拥戴，中国人民志愿军虽武器装备大大弱于对手，却把对手打回三八线。军队和军人没有血性，国家无保障；军队和军人有血性，国人有榜样。正如屈原《国殇》所歌："诚既勇兮又以武，终刚强兮不可凌。"

一国之兴衰，还与其是否汇聚了天下之英才有直接关系。人才是国之兴旺的本钱，聚天下人才会使国兴，弃天下人才则国必衰。中国古代讲治国之道时特别强调"用贤则治""量才录用""唯才是举""知人善任""千军易得，一将难求"等，盛唐之所以盛，与唐太宗李世民"朕选天下之才，为天下之务，委任责成，各尽其用"的人才思想有密切的关联；中国改革开放 40 年，一跃成为世界第二大经济体，与改革开放一开始实行"机会均等"的公平竞争环境有直接关系。我们要实现伟大复兴，在实现伟大复兴后还要可持续发展，就必须在培育人才和知人善任上坚持机会均等的原则。

讲政治，就要突出国家利益高于一切，弘扬爱国主义精神。因为国家是一国的政治实体，又是民族生存和发展之本。国家利益与民族利益脱离，这个国家迟早会崩溃；国家利益与发展进步分离，这个国家迟早会衰竭。古往今来，任何国家都是由人口（民族）、国土和主权三种基本要素组成的。民族是在共同的地域、共同的主体文化、共同的主体语言、共同的心理诉求及共同的归属意识（心理认同）下形成的共同体。民族问题是一个关乎国家兴衰的战略性问题，处理不好就会导致国家衰败。盛唐的衰弱从安史之乱始，而安史之乱的一个重要因素是民族问题；苏联的解体始于斯大林错误的民族政策。探讨国之兴衰，不能漏掉民族课题。

在形成民族的过程中，人们逐渐形成了民族意识。这种民族意识具有很强的生命力和稳定性。有的民族生活地域、经济生活、民族共同语言等特征都已发生变化，但他们的民族意识仍然明显存在，成为维系该民族的重要因素。正如清末思想家梁启超所感悟的："凡遇一他族而立刻有'我中国人'之一观念浮现于其脑际者，此人即中华民族一员也。"①

民族不是凝固不变的，而是一个连续不断的动态过程，如大江水流一样，不断与若干支流汇合形成一个既是本民族又非本民族的新的族群，这是一个自然发展的过程。如果一个国家推崇"主体民族至上"，则必然走向衰败。因为民族问题往往是社会不稳定的一个重要因素，也是导致内部矛盾或争斗的不容忽视的原因。中国几千年文明史中，凡搞"大汉族主义"的朝代都是短命的。好在中国自古有"和而不同"观念所约束，"大汉族主义"在中国成不了大气候。汉族虽然承担起传播主流文化的责任，但不排斥其他民族文化的特殊性，而且彼此学习交流。

人有生老病死，国亦有兴衰更替，规律本身是不能因人的意志而改变的，探求国之兴衰定律，是因为国家治理要顺应规律。顺之则昌，逆之则亡！只要对国家的治理，特别是对国家经济、文化、政治和民族的治理按其规律办事，就会顺利地使国家走向鼎盛。中国从秦汉至今已有 2200 余年，其盛世只有汉唐，而汉代盛世只维持了短暂的 41 年，唐代盛世也只有 142 年。当今中国要实现伟大复兴，我们怎样才能顺利地实现伟大的复兴呢？实现伟大的复兴后的鼎盛期能否超过盛唐的 142 年？在鼎盛期之后，能否不至衰亡，而能可持续发展？这些"新历史难题"不仅摆在当代中国人的面前，而且是往后若干代中国人必须解决的问题。笔者因自我局限，只能以简论形式说说，以期抛砖引玉之效。考察一国之兴衰，我们不仅能从经济、文化、政治、民族这四大方面去考察，还可从一些蛛丝马迹中发现衰退的迹象。

---

① 梁启超．中国历史上民族之研究［M］// 梁启超．饮冰室合集．北京：中华书局，1989：42.

例如铲除了封建土地制，但不重视铲除封建意识，封建遗毒会死灰复燃；注重工业现代化和城市现代化，而忽略农业现代化和小农意识的改造，最后有可能导致既失根又失城乡平衡。

吸取世界先进文化的同时也吸进了外界的糟粕而不自知，把丑陋当时尚，把奢靡之风和娱乐至死当“香饽饽”，有可能会涣散全民志气而导致国衰。

在科技创新和学习过程中，浮躁之风盛行，创新没有形成第一生产力，国富而不强，长此以往会导致国家衰败。

背离初心，忘记根本，赏罚不明，任人唯亲，偏听偏信，导致众叛亲离而使国衰亡。

社会流动性高，以能力而流动，即所谓“朝为田舍郎，暮登天子堂”，这种现象反映国家兴旺；若社会流动，以关系而流动，即“龙生龙，凤生凤，老鼠生儿打地洞”，这种现象反映国家衰败。因此要死守中国社会“机会均等，公平竞争”的上升通道，让人人都有奔头。

人民都不同程度地富了，人却懒了，上进心也没了，而且出国还傲视他人，以本人和本国为中心体察一切，单边主义，目空一切，不能谦虚礼让，特别是不能礼让和帮助弱小，失去道义必然会导致国衰。

法治逐渐变成了酷治，德治逐渐变成了人治，利国利民的价值取向渐渐淡化，官场和社会崇尚空谈，做官不是为天下、为人民谋幸福，官员逐渐把“为天下”变成“得天下”，甚至把“得天下”变成了“掠天下”，官民相亲变成官民相离，民怒沸腾必然会导致国衰。

军人楷模在社会中不被尊重，英烈事业受人漠视，教师、医生从受人尊敬的职业变成鲜有人问津的职业，大家纷纷去追捧影视明星、网红，致使价值观颓废必然引致衰败。

国家粮食短缺，人心惶惶，饥荒必然引起社会混乱而导致衰败。国家仓廪实而富足，人民生活才能安定而兴旺。

如此等等。

1.3 辩证唯物主义是中国实现伟大复兴须遵循的哲学方法论

方法论，是认识世界和改造世界的方法的理论，它按不同层次有哲学方法论、一般科学方法论、具体科学方法论之分。辩证唯物主义属于哲学方法论，而且是哲学方法论中的明珠。它是几千年来世界哲人共同的发现和总结，而且是体现出自然和社会发展规律的哲学方法论。

辩证唯物主义，是辩证法和唯物主义发展到成熟阶段的产物。就辩证法而论，中国古代春秋末期思想家老子和古希腊思想家赫拉克利特为此做出了杰出的贡献。而老子在辩证法方面更系统、更精炼、更实用，贡献更大。就唯物主义而论，朴素的唯物主义如中国古代金木水火土“五行”说，古希腊泰勒斯以水、火来说明宇宙，古印度的遮缚迦派认为万物是由地、水、火、风“四大”构成。继后，中国的唯物主义代表有战国时的荀子、东汉的王充、南朝的范缜、明清之际的王夫之、清代的戴震等；而欧洲近代唯物主义的代表人物有拉美特利、狄德罗、爱尔维修、霍尔巴赫等，他们为唯物主义的发展做出了贡献，不过他们是以机械唯物主义展现其面貌的。近代欧洲发展辩证法并形成体系要归功于德国的黑格尔，列宁说：“马克思和恩格斯认为，黑格尔辩证法这个最全面、最富有内容、最深刻的发展学说，是德国古典哲学的最大成果。”[①] 但黑格尔辩证法把精神性质的实体，即绝对精神看作是独立存在的东西，看作是万物的本原，颠倒了自然和思维的关系，将思维同人脑分离开来，实际上思维同人脑是不能分离的。马克思、恩格斯总结和概括了自然科学和社会科学的最新成就，批判继承了人类一切优秀文化遗产，特别是批判地吸收了黑格尔辩证法的“合理内核”而创立了辩证唯物主义，这是科学的方法论。

---

① 列宁．列宁选集：第2卷［M］．北京：人民出版社，1976：583.

辩证唯物主义是唯物主义与辩证法的高度统一，是辩证的自然观和历史观高度统一，它的产生是人类认识史、哲学史中的伟大革命。在物质观上，它认为世界是物质的；运动是物质的根本属性；时间和空间是运动着的物质的存在形式。在意识上，它认为意识是人脑的机能；意识是客观存在的反映，意识具有能动作用。在辩证法方面，它认为唯物辩证法是关于普遍联系的科学；对立统一学说是唯物辩证法的实质和核心；质量互变规律、对立统一规律、否定之否定规律是唯物辩证法的基本规律；原因和结果、必然性和偶然性、可能性和现实性、内容和形式、现象和本质等，是唯物辩证法的主要范畴。在认识论方面，它认为认识是主体对客体的能动反映；实践在认识中具有决定作用；认识是辩证发展的；真理是客观的、相对的、绝对的。在历史观上，它把辩证唯物主义贯彻到底，认为社会存在和社会意识的关系是辩证的；社会发展是社会基本矛盾，即生产力与生产关系、基础与上层建筑矛盾运动的结果；生产力与生产关系、基础与上层建筑的关系是辩证的关系。

卡尔·马克思（1818—1883 年）和弗·恩格斯（1820—1895 年）创立辩证唯物主义已 100 多年，它仍然是人们前进的指路明灯，因为它符合自然界和社会界发展的科学性。不过，马克思、恩格斯创立辩证唯物主义主要是对欧洲思想界的优秀成果的批判继承，没有触及东方，特别是中国古代思想界的优秀成果。中国古代“和而不同”及“阴阳学说”等思想的核心和精髓也是对立统一学说，而它们又有欧洲思想界关于辩证法的内涵中所没有的东西。

“和而不同”是中国古代哲学的重要范畴，“和”指不同的元素相配合求得统一，“同”指相同的元素相凑合求得绝对等同。“和而不同”思想不仅是反击单边主义的锐利武器，而且是构建人类命运共同体的理论基础；“阴阳学说”以正反两种互相矛盾的力量的对立、消长、作用说明万物生长和变化。其中对立即互补原理，丰富了欧洲思想界关于辩证法的内涵。中国古代典籍《易经》的卦象中强烈地体现了对立即互补的原理，这个内涵不仅丰富了对立统一，而且体现了对立双方既对立又统一的物质运动状态，这是黑格尔对立统一规律所欠缺的。西方量子力学创始人之一波尔（1885—1962年）通过周敦颐太极图的启示，提出量子力学的互补原理：对立即互补。对立即互补有助于解决当代国际纠纷，也有助于世人接受对立即互补的大同世界的理念。

卡尔·马克思运用辩证唯物主义方法论获得了两个伟大发现：一是经济基础决定上层建筑，二是剩余价值规律。这两个规律的发现改变了世界。恩格斯是这样评价马克思这一伟大发现的："正像达尔文发现有机界的发展规律一样，马克思发现了人类历史的发展规律，即历来为繁茂芜杂的意识形态所掩盖着的一个简单事实：人们首先必须吃、喝、住、穿，然后才能从事政治、科学、艺术、宗教等等；所以，直接的物质的生活资料的生产，从而一个民族或一个时代的一定的经济发展阶段，便构成基础，人们的国家制度、法的观点、艺术以至宗教观念，就是从这个基础上发展起来的，因而，也必须由这个基础来解释，而不是像过去那样做得相反。"① 马克思首创经济基础与上层建筑的科学概念，上层建筑是建立在经济基础之上的政治、法律等制度以及同经济基础相适应的社会意识形态。

中国在中国共产党领导下取得新民主主义革命的胜利，这是以毛泽东为首的领导群体坚持马克思辩证唯物主义作为科学方法论的结果。"五四"运动以及之后中国共产党的成立，使全国掀起了反帝反封建的爱国革命运动。毛泽东同志根据辩证唯物主义认识论中实践在认识中具有决定作用的理论，深入农村进行调查研究，发现当时中国农民最迫切的需要是"打土豪，分田地"，他便将此作为党的革命目标提出来，一下子唤醒了沉睡的几亿农民，他们一起成为革命的主力军；毛泽东又根据辩证唯物主义矛盾对立统一的原理，抓准革命的主要矛盾，即"整个过程中根本矛盾的性质，过程之反帝反封建的民主革命的性质"（《论联合政府》）。

马克思、恩格斯创立的辩证唯物主义，是关于自然界、人类社会和思

① 马克思，恩格斯．马克思恩格斯选集：第三卷［M］．北京：人民出版社，1960：123.

维发展的最一般规律的科学，它理应成为中国实现伟大复兴的奋斗历程的基本理论支撑，也是中国实现伟大复兴不可脱离的哲学方法论。如果我们放弃唯物史观的指导，在伟大的复兴道路上，就不能清楚地认识我国当前的主要社会矛盾，也解决不好反映基本矛盾的各种经济问题和社会问题，以及人与人之间的关系问题；如果我们放弃辩证法的指导，不仅不能辨识前进道路上的诸多问题，诸如善恶、美丑、真假，而且不会有效地应对国内外，特别是国外势力的破坏、挑衅和阴谋，更不能顺应矛盾的转化在自我改造上下功夫。因此，我们要实现伟大复兴，必须坚持马克思的辩证唯物主义。

2 论人本

有了人，才有了创造发明；有了人，才有了思考；有了人，才有了文明；有了人，才知道什么是真正的幸福。

人为万物之灵，人为天下之本。所谓“人本”，就是思考、办事的一切出发点，都要坚持以人为本位。在社会上，要形成尊重人、尊重人的意愿、尊重人的创造的氛围，从而达到人的心灵和社会环境的解放。人本之所以重要，是因为它直接关系着社会文明的发展。

中国先秦两汉时期的发明创造有了大踏步的发展，使中国古代天文学、医药、数学和农学四大科学体系得以形成，而且在纺织、印染、冶金、工程机械、造纸业、钻井技术、探险测绘、造船航海、制曲酿酒、水利工程等领域的原始创新成果都处于世界领先地位。因此，专门研究中国古代科技的英国科学家李约瑟认为“人类古文明源头在中国”。

14~16 世纪是欧洲历史上的文艺复兴时期。文艺复兴是人类文明史上的一次伟大变革，是一个需要巨人并产生了巨人的时代。这个时期批判经院哲学，高扬人性，恢复了人的尊严、人的地位和人的主导作用。达·芬奇、培根和霍布斯这样的思想家坚持唯物论，在这种氛围中，英国爆发了工业革命和科学革命，欧洲产生了伽利略、牛顿、瓦特、法拉第、焦耳等科学巨匠，从而推动社会文明向前跨了一大步。

可以说，人本主义是社会文明进步之源。

人本需要坚持人的自我解放。鲲鹏再有豪气和壮志，翅膀若被捆缚，它也是飞不到天空的；东汉科学家张衡若答应朝廷的邀请入宫做官，他就永远失去了成为中国古代科学巨匠的机会；英国近代科学家迈克尔·法拉第在 1857 年拒绝了英国皇家学会拟封的“爵士”爵位，从工匠变成了磁场专家，并创立了场理论。

人本需要心灵解放。心灵的自由是真正自由。一个学者，若唯上、离实、唯利，他还能在寻求真理的道路努力吗？一个企业家或商人，若唯利是图、投机取巧，置民众利益于不顾，他还能成为一个合格的企业家或商人吗？一个官员，若徇私舞弊、贪利损民，他还能与民众同呼吸、共命运吗？

人本需要社会环境的解放。社会环境的解放至少体现在以下四个方面：一是机会平等的环境；二是社会环境中的人具有独立人格和平等的尊严，人性和谐，思维活跃；三是人虽有不同的职业，但人格没有高低贵贱之分，男女平等；四是社会上受大众尊敬的是对社会文明贡献最大者，诸如科学家、教师、国之工匠、戍边卫士等，而不是当红影星和网红。

提倡人本并践行人本，首先要打掉官气，使官民平等，平等即尊重。中国古代将帅要制胜，必须坚决执行官兵一致原则，即人本原则。做将帅的不能以身作则，就无法体会士兵的冷暖。翻越险阻关隘，通过沼泽湖泊，将帅一定是率先下车马步行，这叫身体力行；将帅不能身体力行，就无法体会士兵的辛劳痛苦。大部分士兵休息了，将帅才休息，士兵的饭菜都做好了，将帅才吃饭，这叫克制欲望；将帅不能克制自己的欲望，就无法体会士兵的饥饱。将帅能与士兵体会相同的寒暑、劳苦、饥饱，士兵自然听到进攻的号令就高兴，即使面对高大的城墙、深深的城池、如雨的利箭和石头，也会争先恐后前进。士兵不是天生就喜欢死亡、伤残，而是因为将帅关心他们的冷暖、饥饱，明白他们的劳苦。中华人民共和国成立前后，笔者虽然只有几岁，也亲身感受到中国人民解放军官兵一致而展现出的非凡战斗力，这就是人本的力量。

中国古代先贤总结的治国之道是“民为邦本，本固邦宁”（《尚书·五子之歌》）。得民众者得天下，失民众者失天下。就是说，民本是治国之道。明末清初思想家黄宗羲鲜明地提出“天下为主君为客”的观点，认为天下人是天下的主人，权威显赫的君主不过是历史的匆匆过客，他把中国古代的民本思想推向了高峰，给后世以重大影响。

树立民本思想，不论贫穷贵贱，都应保持忠恕观，即“己所不欲，勿施于人”。这是尊重自己和尊重人的前提。有了这样的忠恕观，就会形成一种为他人着想的思想。“治天下者，当用天下之心为心”（《汉书·鲍宣传》）。历史告诉我们：“众之所助，虽弱必强；众之所去，虽大必亡”（《淮南子·兵略训》）。

人本主义的社会，最显著的特点就是德才兼备的人或有某种特长的人一批接一批涌现出来，形成人才井喷之势。如果社会上人才辈出，那必然是有尊重人才、珍惜人才的社会环境。因此，我们国家要走向伟大复兴，不仅要大胆起用年轻人才，更要使尊重人才蔚然成风。

中国是一个人本主义早熟的国度，这使得中国人从古代就能摆脱宗教的羁绊而能享受心灵的自由。正因为中国人本主义思潮早熟，而中国又长期处于封建贵族统治下的小农经济社会，封建中央集权实施的是主权文化，把君王视为“天子”，把人严格分为九等，“三纲五常”的紧箍咒始终制约着百姓，使人不成其为人，缺乏创新，难以形成独立人格，从而造成社会心灵自由的贫困。虽然封建王朝崩塌已百多年，但它的遗风仍不时在社会散发出恶臭。因此，我们在确立新时代的人本主义制度时，一方面要不断突出人的主体意识和主体地位，另一方面要时时不放松反封建。

人本兴，则国兴；人本强，则国强。这是中国几千年的历史经验和教训告诉我们的一个真理。

2.1 “五四”运动百年祭

百年前，中国军阀卖国，满目疮痍，民不聊生；百年后，国强民富，突飞猛进，一鸣惊人。何故？这是中国共产党领导全中国人民百年浴血奋战、自强不息的结果，也是百年“五四”青年人心灵真正得到解放的结果。

为此，纪念“五四”运动一百周年更有意义。

1919年1月18日，第一次世界大战的战胜国在巴黎召开和平会议。北洋军阀政府和广州军政府联合组成中国代表团，以战胜国的身份参加和会，提出取消列强在华的各种特权，取消日本帝国主义与袁世凯订立的“二十一条”不平等条约，归还大战期间日本从德国手中夺去的在山东的各项权利。巴黎和会在帝国主义列强操纵下，不但拒绝中国的要求，而且在对德和约上，明文规定把德国在山东的特权全部转让给日本。北洋军阀政府竟准备在“和约”上签字，从而激起了中国人民的强烈反对。5月4日下午，北京大学等13所学校的3000多名学生，冲破军警的阻挠到天安门前集会演讲，后举行游行示威，反帝反封建运动由此爆发，全国同胞随之响应。继后，“五四”反帝反封建运动深入发展为“五四”新文化运动，使“五四”运动不仅成了中国革命航向的灯塔，也成了中国新民主主义革命的开端。

面对列强的横蛮和霸道，面对北洋军阀政府赤裸裸的卖国，面对中国百姓一再受帝国主义和封建势力的凌侮，凡有血性的、不愿做亡国奴的、有点良知的中国人，谁能不拔地而起？谁能不义愤填膺？谁能沉默不忿？因此，不管是共产主义知识分子还是革命的资产阶级知识分子，不管是工人还是农民，不管是同胞还是华侨，都纷纷参加了反帝反封建运动，并形成了彻底的反对封建文化的新文化运动。

为什么说“五四”运动是彻底的反对封建文化的新文化运动呢？封建文化在中国延续两千多年，已经浸透到封建卫道者的骨髓中，“五四”新文化运动的最大功绩就是让中国人的心灵解放了。

《新青年》反对奴隶道德，狠批封建主义的核心“三纲五常”，陈独秀鲜明地指出：君为臣纲，父为子纲，夫为妻纲，全国男女为臣为民为子为妻，均为附属品，而无一独立自主之人格，都是伦理纲常的说教造成的。“缘此而生金科玉律之道德名词；曰忠，曰孝，曰节，皆非推己及人之主人道德，而为以己属人之奴隶道德”（《一九一六》），儒家“别尊卑，重阶级，主张人治，反对民权之思想之学说”，实为制造专制主义思想的“恶因”。吴虞也指出：“孔氏主尊卑贵贱之阶级制度，……夫尊妇卑，官尊民卑，尊卑既严，贵贱遂别……故专制之威愈演愈烈”（《儒家主张阶级制度之害》），所以必须反对奴隶道德。“五四”运动提出“打倒孔老二”就是要打倒封建专制借孔子“三纲”说而巩固的封建等级制度。这是中国人心灵解放的必备前提，有了这个前提，其他举措才能实施。

破了封建“三纲五常”还不够，“五四”新文化运动还反对封建礼教。在这方面，鲁迅高举起大旗，要中国人从封建礼教的禁锢中解放出来。他对封建礼教进行了尖锐的揭露，指出封建礼教“吃人”的本质。他在《狂人日记》中写道：“我翻开历史一查，这历史没有年代，歪歪斜斜的每一页上都写着‘仁义道德’几个字。我横竖睡不着，仔细看了半夜，才从字缝里看出字来，满本都写着两个字是‘吃人’！”他还斥责所谓“表彰节烈”，并通过严密分析，断定“节烈”是“极难，极苦，不愿身受，然而不利自他，无益社会国家，于人生将来又毫无意义的行为”（《我之节烈观》）。鲁迅用“吃人礼教”来揭露封建“三纲五常”的腐朽、丑恶和不公，正击中了封建伦理道德的要害，鲁迅还以悲剧小说《祝福》和《药》加以补充，给国人心灵的冲击力非常之大。而有些国人在封建“三纲”和封建礼教面前已经麻木，他以“哀其不幸，怒其不争”的心境写出了震人心魄的《阿Q正传》，产生了广泛的世界影响。

“五四”新文化运动不仅抨击“奴隶道德”和“吃人礼教”，还着力反对有鬼论，使国人心灵得到真正的解放。人文精神是中国文化最显著的特征之一。北洋军阀政府为了实现封建复辟，不仅“定孔教为国教”，而且宣扬鬼神论，出现宣扬鬼神迷信的灵学会等组织，硬说“鬼居幽界”“灵力见鬼”“人死为鬼，鬼有神有质”，还搞什么“鬼摄影”欺骗和愚弄人民。灵学的谬论一出现，立即遭到《新青年》的抨击，其以科学反对迷信，并反对偶像崇拜，以科学说明真理。

有破应该有立，破中而立。“五四”新文化运动破了“奴隶道德”“吃人礼教”“灵力见鬼”之后，立什么呢？立赛先生和德先生，即立科学（自由）和民主。陈独秀在《新青年》中表示了新文化运动战士们反对封建主义的无畏决心：“要拥护那德先生又要拥护那赛先生，便不得不反对国粹和旧文学”（《本志罪案之答辩书》）。自由和民主这两面大旗是抗衡旧礼教、旧伦理的十分有力的思想利器。在这方面，鲁迅以犀利的杂文积极参加了战斗，对旧势力进行了无情的揭露和鞭挞。他说：“凡当中国自身烂着的时候，倘有什么新的进来，旧的便照例有一种异样的挣扎”（《热风·题记》）。此外就是反对旧文学，《新青年》创刊前后，腐朽的封建文学和僵死的文言文仍然统治着中国文学界。因此，《新青年》向旧文学发起进攻，提出文学革命主张。胡适这时也提出文学改良，强调白话文，并且用白话文写作。鲁迅1918年5月开始投入战斗，发表了一系列作品，从各方面对旧社会、旧思想、旧文学进行了无情的解剖和批判，使新文化运动更加深入，收入《呐喊》《热风》《坟》中的部分作品，是他当时创作的重要成果，是中国新文学的里程碑。这些作品正如鲁迅所说，是为新文化战士们“呐喊”“助威”；更重要的是“将旧社会的病根暴露出来，催人留心，设法加以疗治的希望”（《中国新文学大系小说二集·序》）。

“五四”新文化运动，开创了中国新文化的新纪元，在文学方面，孕育出了鲁迅、瞿秋白、郭沫若、胡适等一批文学大师，而“五四”运动及“五四”新文化运动还是中国旧民主主义革命的结束和新民主主义革命的起点，中国革命从此进入了一个新的历史时期，并使具有初步共产主义思想的革命知识分子深入工人群众，传播马克思主义，领导罢工斗争，促成了马克思主义同中国工人运动的结合，在思想上为1921年中国共产党的成立做好了准备。

“五四”运动时，虽然还没有共产党的组织，但据日文书《昭和八年年鉴》记载，“五四”运动的指导者是北京马克思学说研究会，并附有年表。亲历“五四”运动的罗章龙也发文（《五四运动和马克思学说研究会》）证实了此事。马克思学说研究会的大多数成员后来都成了中国共产党员。苏联“十月革命”一声炮响，惊醒了正在寻找出路的中国先进知识分子。从1919年“五四”运动开始，马克思主义在中国广泛传播开来。李大钊把他分担主编的《新青年》六卷五号编为“马克思研究号”。1920年，《新青年》出版了《共产党宣言》第一个中文全译本（陈望道译），并相继出版或刊载多部马克思著作。毛泽东在新民学会的讨论和通信中明确表示“赞成马克思式的革命”，赞成“激烈方法的共产主义（列宁主义），反对改良主义，并提出‘唯物史观是吾党哲学的根据’”（《新民学会会员通信集》）。周恩来也积极宣传马克思的“唯物史观”，蔡和森也主张旗帜鲜明地建立中国共产党。在中国很快形成了马克思思想运动，为1921年建立中国共产党打下了坚实的理论基础。

“五四”反帝反封建运动和“五四”新文化运动，是伟大的革命运动，用科学（自由）和民主这两个利器，唤醒了沉睡的中国知识阶层，唤醒了中国工人阶级，但为什么没有唤醒当时占全国人口90%的农民阶层？

主要是“五四”运动的精英领袖陈独秀、李大钊、蔡元培、胡适、许德珩、瞿秋白等没有把占中国人口大多数的农民阶层当作中国革命的中坚力量。特别是他们没有认识到，占当时中国人口90%的农民阶层的觉醒才是中国人民的彻底的觉醒，更没有认识到中国社会奠基于农民阶级。农村的没落和文化水平较低的农民让他们不屑一顾，加之苏联“十月革命”也把农民阶层排斥在外，也使这些“五四”精英忽视了农民阶层。但要特别指出的，这些“五四”精英忽视农民阶层的根本原因在于他们脱离群众，更不了解、不懂得农民。

另外，中国当时的农民阶层虽然庞大，却是一盘散沙，他们都以自己耕种的田地为中心，日出而作，日落而息，辛勤耕耘，只盼有个好收成，每年给地主劣绅交租以后能吃到饱饭则是他们最大的愿望，认为自由、民主则与自身关系不大。当时的中国农民由于在半殖民地半封建社会的条件下，成了地主劣绅的剥削对象，农民也把耕耘自己屋前几亩地当成生活，为这样的生活又受到了地主劣绅的盘剥，任人摆布。

由于“五四”精英不知道中国底层的工农大众，特别是农民最迫切的需要是平等，即经济平等、政治平等、人格平等。学者魏明康曾敏锐地发现“五四”运动“忽视平等”，但认为由于19世纪末20世纪初西方思想界注重自由和民主而不再注重平等是主流，就“决定性地影响了‘五四’思想家而忽略了平等”的说法，笔者不敢苟同。因为这与西方思想界的平等与自由、民主没有直接的关系。由于忽视中国国情，忽视占国民绝大多数的农民阶层对平等的渴望，“五四”运动始终没有唤醒中国革命的主力军——农民。关于“平等”，最直接的体现是“在法律面前人人平等”，而“五四”运动时期法学家的缺席并非偶然，像沈家本、伍廷芳这样的法学家并没有意识到“在法律面前人人平等”既是法学又是文化复兴的重要核心，他们没有西方新兴资产阶级的法学家那种敏锐的嗅觉，故当年胡适也毫不隐讳地批评伍廷芳这位法学家的思想浅薄。

“五四”运动以后，为什么鲁迅能成为中国革命文化的主将，而胡适却退隐，转而去依附旧民主主义的国民政府呢？胡适是“五四”文学革命的主要倡导者，是反对封建传统的急先锋，又有7年接受西方教育的经历，但却没有像鲁迅那样成为中国革命文化的主将，这是因为：其一，他出身于亦官亦商的家庭，从13岁进入上海新式学堂到19岁赴美国留学，虽然吸收了新思想，但从少年到青年，脱离中国实际，无视被视为“群氓”的中国农民。其二，文化自卑和民族自卑溶于其血液之中，他曾如此自白：我们的文化是“懒惰不长进的民族的文化”，我们的民族是“一分像人九分像鬼的不长进的民族”，因而“我们如果还想把这个国家整顿起来，如果还希望这个民族在世界上占一个地位，——只有一条生路，就是我们自己要认错。我们必须承认我们自己百事不如人，不但物质机械上不如人，不但政治制度不如人，并且道德不如人，知识不如人，文学不如人，音乐不如人，艺术不如人，身体不如人”，必须“死心塌地地去学人家，模仿人家”[①]。于是他走向了一个脱离中国国情的改良主义道路——西化十反传统。其三，胡适自己曲解了一个本来科学的方法，他曾提出著名的“大胆假设，小心求证”这一研究科学的方法论。但他所说的“假设”不是建立在对材料的科学分析的基础上，而是根据以往的经验和学问突如其来的灵感、直觉。他所说的“小心求证”，“只跟着证据走”，但往往只注意局部的、小的具体问题，而无力对过程做宏观的概括分析。其四，胡适在美国曾是美国实用主义哲学家、心理学家和教育家杜威的弟子，并接受了实用主义哲学。实用主义认为知识的实际效用是其真理性的源泉和主要标准，所以，当实际效用与其真理性的源泉一致时，它就体现其进步性和革命性，胡适在“五四”时期致力于白话文的改良，故被诩为文学革命“首举义旗的先锋”。但实用主义有个致命的弱点是它的哲学的基本原则是否定客观实在，而胡适因此也走向了歧途。他在与李大钊辩论“问题与主义”时，充分体现出其哲学思维的不成熟。他在《多研究些问题，少谈些主义》一文中反对社会革命，宣扬中国应该解决的问题真多，诸如人力车夫生计问题、大总统权限问题、卖淫问题等。这连一个中学生都会思考，但封建土地制度和军阀政府问题不解决，如何解决以上那些问题？这实际上是对中国存在的根本性问题视而不见。

鲁迅（1881—1936 年）在“五四”运动以后能成为中国新文化的主将，这是因为他与胡适走的道路截然不同。其一，国破家衰使鲁迅坠落到社会底层，因而深知中国农民的疾苦。鲁迅童年时期清朝极端腐败，人民挣扎于啼饥号寒之中，他的家庭也处于衰败的境况中。13 岁时，祖父因科场案入狱，鲁迅因之避难于乡下，16 岁时父亲去世，家庭“坠入困顿”。少年鲁迅在农村时，与农民的儿子闰土成了好朋友。他亲眼看到农民“毕生受着压迫，很多苦痛”，自小懂得中国农民，自小就有了不可多得的人民性。其二，鲁迅小时厌倦私塾，追求自由世界。死记硬背经书的刻板学习

① 欧阳哲生．胡适文集：第 5 册［M］．北京：北京大学出版社，1998：514-515.

让他非常厌倦，而幼时得《山海经》绘本如获至宝，那个“没有头而‘以乳为目，以脐为口’，还要‘执干戚而舞’的刑天”的不怕死的奋斗精神给幼年鲁迅留下了深刻的印象。其三，青年时弃医从文，忧国忧民，痛感亡国灭种的民族危机。鲁迅青年时，常同友人讨论怎样才是最理想的人性？中国国民性中最缺乏的是什么？它的病根何在？这种思考为鲁迅后来的文学创作打下了基础。1918年1月，鲁迅开始了《新青年》杂志的编辑工作，同年4月，写成第一篇白话小说——《狂人日记》，深刻地揭露和控诉了封建思想道德的“吃人”本质，突出体现了“五四”时代彻底的不妥协的反封建精神，成为中国现代文学的奠基性杰作。1921年年底发表的《阿Q正传》，创造了显示着“现代国人的魂灵”的阿Q形象，以此“暴露国民的弱点”。这在国人，特别是知识界、政界均引起了前所未有的心灵震动。其四，对于西方优秀文化主张“拿来主义”。“我们要拿来。我们要或使用，或存放，或毁灭。那么，主人是新主人，宅子也就会成为新宅子”。反对全盘西化。其五，认识到“唯新兴的无产者才有将来”。1927年，上海发生了“四·一二”反革命政变，广州反动派也举起屠刀，大肆捕杀共产党人和革命群众，鲁迅因营救被捕学生无效，愤然辞职，他看到了中国的前途所在：“唯新兴的无产者才有将来”。日本人猖狂入侵，国民党却把杀人的网张满了全国，在这血雨腥风的黑暗时代，鲁迅屹立在斗争的最前线，参与左翼作家联盟的领导工作，带领革命作家反击国民党的“文化围剿”。他晚年写了九本杂文集，在反击“文化围剿”中成为文化革命的主将。鲁迅一生都在为新生事物，为革命文艺而殊死战斗，而胡适虽然是“五四”时期反对封建传统的急先锋，但因脱离工农大众，害怕、拒绝政治运动，实用主义遮住了他的双眼，导致号称不参与政治的胡适却坠入旧民主主义国民政府的怀抱。

为什么“五四运动的总司令”、中国共产党的创建人和早期领导人之一的陈独秀没有成为中国共产党的领袖？

其一，陈独秀青少年时没有农村生活经历，也不懂得中国农民。1901

年以后，他三次留学日本。25 岁时创办《安徽俗话报》，传播爱国民主思想和科学知识，为他在 1915 年创办《青年》（后改名《新青年》）杂志奠定了基础。其二，陈独秀在“五四”运动前后高举科学（自由）和民主两面旗帜，却忽略了平等这一基本旗帜。陈独秀虽然激进、进步，却忽略了农民这一革命主力，这是因为他脱离农民群众，对占中国当时人口 90% 的农民迫切需要“打土豪，分田地”的平等渴望视而不见。其三，极端思维使陈独秀的理论存在致命的缺陷。他主编的《新青年》是“五四”运动的号角，也是“五四”运动的灯塔，一开始就高举科学（自由）和民主两面大旗，反对封建文化思想，反对旧道德，提倡新道德；反对旧文学，提倡新文学；反对文言文，提倡白话文。显然，这些是革命的、先进的，但由于陈独秀及“五四”精英们的思维绝对化，使本来革命的、先进的主张因此而失色。《新青年》秉持“新旧之间绝无调和两存之余地，吾人只得任取其一”①。其四，陈独秀对中国传统文化缺少基本的同情和敬意。他在白话文与文言文之间是这样抉择的：“改良中国文学当以白话为正宗之说，其是非甚明，必不容反对者有讨论之余地；必以吾辈所主张者为绝对之是，而不容他人之匡正也”②。他不会也不懂用辩证法的武器，于是不知批判继承、扬弃之间的辩证关系。这种非此即彼的思维，使陈独秀主编的《新青年》对中国传统文化缺少敬意，往往径直宣判死刑；而对西洋文化又缺少批判的精神和甄别的耐心，对待不同意见不留讨论之余地。其五，由于长期对中国农民的轻视，当他掌握了中国共产党的领导权后，便放弃了对农民、城市小资产阶级和中等资产阶级的领导权。陈独秀晚年撰文抨击中国共产党执行的农村游击战争路线，而这被历史证明是正确的抗日路线。综上，陈独秀最终没能成为中国共产党的领袖。

在“五四”运动百年纪念之际，让我们切记先辈的经验教训，让这些

① 陈独秀．答佩剑青年（孔教）［M］// 陈独秀．陈独秀著作选：第 1 卷．上海：上海人民出版社，1993：281.

② 陈独秀．陈独秀答胡适［M］// 水如．陈独秀书信集．北京：新华出版社，1987：133.

经验教训变成我们实现中华民族伟大复兴的宝贵财富。我们纪念“五四”运动，就应肯定其合理的，抛弃不合理的；既批判，又继承并超越。我们要弘扬“五四”运动的光荣传统，即民主习惯、科学精神、自由诉求、个性张扬。但要看到“五四”运动致命的弱点，把当时占中国人口90%的农民阶层排除在革命者外，从而忽略了广大农民“打土豪、分田地”的平等诉求。笔者十分同意中国著名哲学家任继愈生前对我们的忠告：“中国问题的基础在农村，只有农村改变了，文化才能上来，农村没改变，大学建多少也没用，农村是文化的根。”

中国农民被“打土豪，分田地”的平等口号和行动所唤醒，成了工人阶级和革命知识分子的同盟军，也成了新民主主义革命的主力军。中华人民共和国成立以后，中国人民包括农民站起来了，但中国人民的思想解放，还应归功于改革开放。

中华民族有五千年厚重的传统文化。如果对中国传统文化全盘否定，就必然成为败家子，成为只食西方文化的洋奴。对于中国优秀传统文化，我们不仅要批判继承，还要进行创造性转化。毛泽东早年欣赏王阳明的心学思想，但他不拘于此，在给恩师黎锦熙的信中多次阐明自己的观点：“欲动天下者，当动天下之心，而不徒在显见之迹。动其心者，当具有大本大源。”当今被世人称赞的“构建人类命运共同体”和“一带一路”倡议，则是习近平深谙中国古代“和而不同”哲学思想并创造性转化而来的。

“五四”白话文运动，是既符合中国国情又得民心的事。但上千年的文言文也不能全盘否定，比如流传至今的《古文观止》，就有许多脍炙人口的美文，它的格调、节奏、语言及内容都值得继承和发扬，特别是它以精炼著称，更值得现代白话文借鉴。对于传承几千年的诗歌，其意境、韵律和格式更不应废弃。这方面，毛泽东的诗词做了很好的示范。

发扬“五四”运动的传统，关键在于思想解放。思想解放了才有人的解放，这是“五四”之精髓，也是“五四”之魂。百年前的“五四”运动，带来了德先生（自由）和赛先生（民主），也带来了马克思主义，孕育了中国共产党。当前我们为实现中华民族伟大复兴而努力，新时代呼唤伟大的思想，新时代也催生着伟大的思想，新时代的伟大思想必将推动中华民族复兴，影响国家的命运。如果把“五四”运动视为中国文艺复兴的原点，那么在纪念“五四”运动100周年之际，中国文艺复兴也进入新阶段、新时代，人的解放，即人的尊严、人的实体地位、人的主导作用及人的幸福感和获得感都必然攀登上新的高度。

2.2 中国的文艺复兴该定在何时

美国社会人类学家、历史学家杰克·古迪（1919—2015年）的著作《文艺复兴，一个还是多个？》称，公元1000年左右应视为中国文艺复兴的开端，其理由是“1040年中国活字印刷方面取得了进展”；司马光的《资治通鉴》等见证了古典兴趣的觉醒；宋代作者们也形成了一套关注人与自然秩序的基本特征的哲学体系，北宋被誉为一个拥有完美诗歌的时代，“徽宗皇帝曾组建了一所皇家绘画学院，徽宗自己除了绘画以外，也从事诗歌和篆刻艺术的实践”①。

令人吃惊的是，杰克·古迪把中国黑暗的中世纪的开始定为中国文艺复兴的开端。英国作者仅凭“一知半解”或观其皮毛就对中国历史大发空论，这是西方学术上可悲的事件。杰克·古迪所说的中国文艺复兴从中国宋朝起始的几个理由站不住脚。因为文艺复兴最根本的标志是人的解放，是全体民众思想的解放，人的尊严、人的实体地位和人的主导作用的提高是检验文艺复兴的基本标准。

我国北宋仁宗庆历年间（1041—1048年），平民毕昇在总结前人和当时雕版印刷术经验的基础上，创造了胶泥活字印刷术，实行排版印刷，虽然完成了印刷史上的一项重大革命，但北宋士庶界限森严，即所谓“士庶

① 杰克·古迪．文艺复兴：一个还是多个？［M］．邓沛东，译．杭州：浙江大学出版社，2018：210-213.

之际，实自天隔”，作为平民的毕昇做出如此重要的发明却被士阶层不屑一顾，认为是“奇技淫巧”，这与1790年英国瓦特工匠的境遇完全不同。瓦特工匠不仅受到当时社会的尊重，而且他改造的纽罗门蒸汽机正是时代需要，被广泛用于生产，并且使英国进入蒸汽时代；中国的北宋时期，毕昇处于社会的最底层，而且人们都热衷于科举和做官。大约在公元1450年，德国人戈登堡仿照毕昇活字印刷术制成了铅活字，才使活字印刷促进了社会文明。可以看到，一个平民，纵然有世界级的发明，在当时等级森严的社会中也不会被重视。这就更不能成为文艺复兴的证据了。

至于杰克·古迪说“司马光的《资治通鉴》等见证了古典兴趣的觉醒”，《资治通鉴》是一部编年体的通史，按时间先后叙述史事，它的内容以政治、军事史实为主，借以展示历代君臣治乱、成败、安危之迹，作为历史的借鉴。因此，《资治通鉴》虽谈历史，但与欧洲文艺复兴“复兴古典文化”有本质不同：欧洲文艺复兴是从古希腊罗马的古典文化中找到了可以用来反对封建文化的武器；而《资治通鉴》作为通史，它的主要目的和功能与欧洲“复兴古典文化”相异。加之主编司马光（1019—1086年）还反对王安石变法，这就更与欧洲“复兴古典文化”相去甚远。

“宋代作者们也形成了一套关注人与自然秩序的基本特征的哲学体系”，杰克·古迪说的宋代形成的哲学体系的确存在，但它绝不是文艺复兴对人的解放的哲学体系，反而是以禁欲主义为核心的束缚人的哲学体系。例如以程颢、程颐和朱熹为代表的理学哲学体系，其核心是把人欲与天理绝对对立，“不是天理，便是人欲”，故要实行“存天理，灭人欲”的禁欲主义。“然饿死事极小，失节事极大”要求妇女宁肯饿死，也不要违背封建道德，即“天理”。这种“天理”不知吞噬了多少人，这正是文艺复兴所坚决反对的，杰克·古迪竟把这个禁欲主义的哲学体系视为“关注人与自然秩序的基本特征的哲学体系”，这不正显得十分荒谬吗？

至于北宋被誉为一个拥有完美诗歌的时代，公认的拥有完美诗歌的时代不是北宋而是盛唐。唐朝是中国古代经济、文化大发展的时期，而诗歌的发展盛况空前。清人所编《全唐诗》，录2300余家，48900余首诗作，加之无以计数的散失之作，其繁荣和完美之状可见一斑。唐代独具风格的著名诗人有五六十位，其中李白、杜甫、白居易等驰名中外，而北宋的诗歌相对衰落，无出类拔萃者，何来“完美的诗歌”？

“徽宗皇帝曾组建了一所皇家绘画学院，徽宗自己除了绘画之外，也从事诗歌和篆刻艺术的实践。”杰克·古迪所赞扬的宋徽宗生于1082年，是北宋的末代皇帝，既是中国历史上的昏君，也是一个亡国之君。他不仅主张公开掠夺民田，而且实行卖官求钱，使北宋的经济到了崩溃的边缘。他玩物丧志，也爱作画。他统治北宋的20多年，成为宋朝最腐败、最黑暗的时代。这还不算，1127年4月，金兵把宋徽宗父子及皇亲贵戚、王公大臣等3000多人，连同首都的金银财宝一起押运北上。北宋灭亡了，由于这亡国之痛发生在靖康二年，所以历史上称其为“靖康之耻”，南宋岳飞曾高歌“靖康耻，犹未雪”，指的就是这件事。杰克·古迪却将其作为中国文艺复兴的一个证据，还对这昏庸的亡国之君大加赞扬，这真令稍知中国历史的人诧异不已！

事实证明，英国学者杰克·古迪生前所提出的中国文艺复兴开始的几点证据，恰是中国从政治、哲学、文化及经济等各方面开始走向衰落的时期，从宋代到辽、西夏、金、元、明、清历近千年，是中国最腐朽、最衰落、最残暴、最黑暗的封建中世纪。正因其衰朽，才有孙中山领导的旧民主主义革命，才有浩浩荡荡的反帝反封建运动和“五四”新文化运动，才有中国共产党和毛泽东领导的新民主主义革命。因此，中国文艺复兴不应从宋朝算起。

中国的文艺复兴应从何时算起？“五四”时期以倡导文学革命而闻名于世的中国近代学者胡适，生前曾多次提及“五四”新文化运动乃是中国的文艺复兴运动。与上述杰克·古迪的错误定位截然不同，胡适把“五四”新文化运动称为中国的文艺复兴运动，是有事实依据的。其一，“五四”新文化运动高举科学和民主两大旗帜，这里的科学实际上主要指的是思想自由。因此，思想自由和民主这两大基本内容，应是反封建的利器，是中国两千多年封建社会从未经历过的伟大变革，它像灯塔一样驱散了中国中世纪的黑暗，照亮了近现代中国的历史航程。其二，“五四”新文化运动为现代思想发展开创了广阔前景，中国的启蒙运动、中国工人运动的兴起，中国共产党的成立、抗日战争的胜利，以至于新民主主义革命的胜利，都直接受益于“五四”新文化运动。其三，“打倒孔家店，解救孔老二”的运动打在了封建体制的要害上，为人本主义的再生和人的尊严、人的实体地位的提升创造了必要的前提。其四，公开地批判了禁欲主义，热烈讨论女子的贞操，认为被封建礼仪贬为愚行的正当情欲，正是人的正常需求。禁欲主义抑制商品生产，束缚人性。“五四”青年们不再把人看成是皇帝的仆人，而开始发现自己的价值和力量。其五，推动人的解放，特别是妇女的解放。《新青年》专号谈戏剧家易卜生的《玩偶之家》，鲁迅、胡适也特别发文关注，“五四”时期有人把此戏剧称为“妇女独立的宣言”。其六，文学艺术史上实行了伟大的变革，用白话文取代文言文；用自由诗取代格律诗，用现代文取代八股文，用现代文学取代经学。根据上述六点证据，胡适认为“五四”新文化运动是中国文艺复兴是可信的。但“五四”新文化的重大缺陷又严重地损害了其“中国文艺复兴”的雅号。

“五四”新文化运动有什么问题？

“五四”新文化运动最严重的问题是忽视平等。平等是自由和民主的前提，没有人的平等，怎么会有人的真正的思想自由呢？“五四”运动以后，国民政府虽然也盛赞“五四”运动，也在继续大喊自由、民主，但却固守封建土地制度，还让农民像农奴那样受地主豪绅的剥削压迫，农民有真正的自由、民主吗？加之政府要看列强的脸色行事，这种半殖民地的不平等，能真正让全中国人民自由、民主吗？事实证明，“五四”运动以后的国民政府由于回避平等这一实质问题，使自由、民主成了空中楼阁。加之“五四”时期法治的缺席，使得文艺复兴最关键的首要因素，即“法律面前人人平等”在“五四”新文化运动中荡然无存。

文艺复兴运动应是全体同胞的共同觉醒。但“五四”反帝反封建运动和“五四”新文化运动却忘却了农民。当时中国农民占全国总人口的90%，是中国人民的绝大多数，而“五四”运动却没有唤醒广大的中国农民，这也是“五四”运动严重的缺陷之一。陈独秀在《二十七年以来国民运动中所得的教训》一文中反思说：为什么“在欧战后世界革命的大潮中，失去了被压迫的中国民族解放运动大爆发的机会”，“变成了秀才造反”。

“五四”新文化运动反对封建，却也绝对化地否定了一些优秀文化传统。忽视了批判继承的辩证道理，也没有用“扬弃”的方法论对待历史。一边全盘否定中国传统文化，一边全盘西化。不知道要“以我为主，博采众长”地吸收外来优秀文化。就对待文艺变革来看，“五四”新文化运动提倡大众通晓的白话文无可厚非，但把文言文全盘否定导致白话文拖泥带水；主张自由诗让人思想解放，不再受平仄的约束，但把诗的节奏、韵律及意境一概搞掉，那诗歌还有多少诗味？

鉴于“五四”新文化运动的严重缺陷，是否可以将其确定为胡适所说的中国文艺复兴起始点呢？可以，但它不是胡适意义上的中国文艺复兴运动。根据“五四”新文化运动的内涵及其影响力，可以把1919年的“五四”新文化运动确定为中国文艺复兴的开始，但不是整个过程，更不是终结。欧洲的文艺复兴运动从13世纪到16世纪，历经300年，而其全盛时期在16世纪。中国的文艺复兴在清末民初是萌芽期，以梁启超、康有为、谭嗣同、黄遵宪为代表；“五四”新文化运动开启了中国文艺复兴，以陈独秀、李大钊、蔡元培、鲁迅、胡适、瞿秋白等为代表。“五四”运动之后，中国共产党和毛泽东领导的新民主主义革命，不仅唤醒了全国人民，而且提出了“打土豪，分田地”，使中国农民与中国工人阶级成了革命的主力军。中华人民共和国成立后的土地改革，彻底地铲除了封建经济体制的毒根，中国农民与全国人民一道站起来了，成了中国社会的真正主人。这是中国文艺复兴的第二阶段。改革开放使中国人民的思想得到了一次大解放，特别是商品经济，由于其遵循的是自由平等原则，这就使中国的文艺复兴进入深入阶段，使中国人在商品交换中享受到了平等。

马克思在他的《政治经济学批判》中谈道：由于小农处在对地主的人身依附之中且承受着后者的经济强制，他们之间的交往根本不可能是自由的和平等的。商品经济则不然，所谓商品交换是各商品所有者之间的等价交换，民主政治所包含的自由原则和平等原则就在这种交换中成为现实①。

改革开放使中国人民的思想得到了一次大解放，不仅是商品经济的熏陶生发出来的自由平等原则，还有两亿四千万农民工，他们成了中国改革开放中的产业大军，又反过来用产业大军的思维和心态改造自己和村落的小农思维。特别是中央重视优秀传统文化的弘扬，更重视对优秀传统文化的创造性转化，这使中国的文艺复兴向纵深发展。

2.3 论人的主体意识

环顾古今中外，凡人本主义占据主流的地方，那里就出现精神的解放、物质的繁荣。而人本主义的主要标志是全民树立了主体意识，那什么是人的主体意识呢？它是指人的一种独立主动而非被动依附的，平等尊重而非讲等级尊卑的，积极进取而非封闭保守的自我强化、自我完善的意识，是文明社会发展到高级阶段的产物。

原始社会人的主体意识的表现形态是粗糙的整体性。原始人刚刚脱离动物界，劳动工具十分简陋，劳动生产率极低。为了生活，他们只有结成集体，共同劳动，才能战胜自然灾害和外族的侵扰。因此，对原始人来说，没有任何个人选择的自由，只能天经地义地服从整体利益。原始社会的整体性植根于当时的血缘群婚这一根基，表现为氏族复仇和绝对平均主义。这种整体主义是粗糙的、愚昧的、原始的。

---

① 马克思，恩格斯．马克思恩格斯选集：第2卷［M］．北京：人民出版社，1960：193-230.

奴隶社会人的主体意识的表现形态是畸形的个体性。随着社会分工的发展，群婚、杀俘被否定了，人类进入奴隶社会。在这个社会中，奴隶主和奴隶都从不同角度感受到了自己的存在，但这种从原始整体性中脱胎出来的个体性是畸形的、扭曲的。奴隶主的个体性表现在对奴隶的占有上，他们可以随意奴役、买卖甚至杀戮奴隶。奴隶主死去，还会以活奴隶来殉葬，考古发现有奴隶主竟以5000人为自己陪葬。另一方面，奴隶也体现出自己的个体性来，他们不仅感觉到自己的存在，而且在一定的条件下还会揭竿而起，反对奴役和虐杀，用斗争来求得做人的地位，并且已经意识到人的价值。奴隶社会冲破了原始社会赖以存在的血缘群婚根基，这是人类社会的进步，但这种个体性是粗糙的、畸形的、无人性的。奴隶社会的个体性也产生了撼动罗马帝国的奴隶英雄斯巴达克斯，还产生了荷马史诗《伊利亚特》和《奥德赛》，第一次用史诗歌颂了伟大英雄阿喀斯和希腊伊大嘉岛王奥德赛。我国夏、商、周三代1000多年的奴隶社会时期总的倾向也是如此。人们对“天”“帝”的迷信观念逐渐变淡，开始意识到自己的力量和作用。《尚书》记载了周公旦“敬德保民”“以民为监”等个体性思想。我国家喻户晓的个体英雄大禹，他为人“敏给克勤，其德不违，其仁可亲，其言可信，声为律，身为度，称以出，亹亹穆穆，为纲为纪”。“焦身劳思，居外十三年，过家门不敢入”（《史记·夏本纪》）。

封建社会人的主体意识的表现形态是严密的整体性。发展到封建社会，特别是封建社会中期和晚期，抹杀个性以强求同一的现象愈加严重，社会形成封建的整体性。这种封建的整体性是封建社会的自然经济模式造成的。封建社会的自然经济是一种封闭式的经济形态，因循保守，害怕竞争，追求“小而全”和“大而全”的整体性，这种封建观念至今还影响着我们。在经济领域，追求封建的整体性，以隋唐至清代鼎盛时期的行会最为典型。为了维持行会的整体性，人们借助行规阻止竞争，垄断市场。这种整体性极大地阻碍商品经济的发展，反映到传统文化上也是如此。善的出发点不是个人，指向也不是物质或精神实体，而是从包含它们又与它们相对的整体关系出发，讲的是人们之间互相友爱合作，互相帮助，不提倡个体突出，而总是把眼光盯在整体效应上。就家庭来说，追求四世同堂的大家庭，若家庭中某个成员出类拔萃，对其个人的赞赏较少，而主要侧重于“光宗耀祖”。公正也是从整体出发，以牺牲效益来换取平均，往往也以整体的荣誉作为万事的出发点。就人际关系来讲，“儒家有许多东西如‘父母在不远游’，‘不患寡而患不均’，‘和为贵’等等，都是为了协调人际关系，巩固氏族团结，它并不提倡个体突出”①。

资本主义社会人的主体意识的表现形态是竞争的个人主义。由于资本主义经济是发达的商品经济，社会靠市场机制运转。美英实行新自由主义资本主义的信条是：凡是国家干涉的，都是错误的。这种无计划的商品经济，促使资本主义的经济危机周期缩短，竞争主导一切。在经济领域，特别注重个体性，主张并实行机会均等，但由于贫富悬殊巨大而导致结果不公平。

资本主义的个体性渗透到资本主义社会的各个方面，其法治精神明显地有别于封建主义的法治精神。17~18 世纪，随着资本主义经济成分在西方各国的发展，古典自然法学派和启蒙思想家广泛地传播了社会契约说，卢梭更为突出，他把人民主权思想作为自己理论的基本原则，这使他的契约思想较之于西方以前的法治产生了一个质的飞跃。按照卢梭的理论，最初在自然状态下，人人都是平等的，他在《社会契约论》中明确提出了建立现代法治社会的两个基本要素：一是个人必须具有实体性地位，二是在个人独立基础上，人与人之间以契约的方式建立起现实联系。资本主义的契约方式在历史上起过积极作用，有其合理的因素。我们必须清醒地看到，西方靠契约方式约束人与人的关系，人不是买方就是卖方，不是雇主就是雇员。每个人都有神圣不可侵犯的财产权利，政治运作靠不同的利益集团互相争取、影响、交易、妥协而达成，人际关系趋于紧张。连西方著名学者也惊讶，因为只靠契约和法规来维持人际关系，劳资关系就会出现对立、紧张。

---

① 李泽厚．中国思想史杂谈［J］．复旦学报，1985（5）．

资本主义的个体性还集中体现在西方个人主义之中，它是发达的资本主义商品经济的产物。西方的个人主义（Individualism）不是我们习惯上赋予的个人主义的含义，即利己主义（Egoism），而是强调个人价值、自我强化、自我实现，不依附他人的力量而求得独立，重视个人的实体性地位和契约精神，强调机会均等，一切应由自由市场竞争淘汰，并且强调分割极细的个体的能力，一般不主动地帮助别人，也不容忍别人对自己的随意帮助。这种个人主义渗透到西方的集体主义之中，就成了美国历史学家坎曼所说的“集体个人主义”。这种集体个人主义以个人主义为前提，不强调大公无私的牺牲精神，就这一点来说，则是我们应该剔除的。因此，对于历来指导美国经济的个人主义，美国一批著名学者也承认，它已不利于经济的进一步发展，需要向东方国家学习团体精神。

在社会主义社会，人的主体意识必须具备下列三个特点：第一个特点是人是国家、社会和企业的主人，是行为的主体。作为行为主体的人，可以是个体，也可以是群体，不管是个体还是群体，他们都是客体的主体，是国家、社会和企业的主人。正所谓“天地之性，人为贵”(《孝经》),“间于天地之间，莫贵于人”(《孙膑兵法·月战》)。第二个特点是个体和群体都具有能动性。个体的主体和群体的主体虽然行为方式有所不同，但他们对客观世界的主体作用则是一样的，也就是说，不管是个体还是群体，都把客观世界作为自己认识和改造的对象，都对其客体进行一种能动性的认识活动和改造活动。行为使环境为“我”所用，而不是“万物皆备于我”的被动局面。这充分体现了个体或群体在社会中的自我强化。第三个特点是个体与群体的辩证统一。个人组成群体，个人又是群体意识的体现者。每个具体的个人既是反映其他个人的主体，同时又是被其他个人反映的客体。个体和群体的利益具有目标的一致性。主体意识下的个体，是受群体和社会所制约的主体，他们在群体和社会制约下能动地自我探索、自我肯定，自我实现、自我完善；主体意识下的群体，也是受个体和社会牵制的主体，在个体和社会牵制下能动地体现群体系统观、群体开发观、群体质量观、群体时效观和群体主人翁观；主体意识下的社会，是受个体和群体所影响的主体，在个体和群体的影响下，能动地体现出社会风貌、社会习俗、社会情感及社会价值。个体、群体和社会三者互相影响、互相制约、共同发展。

中国特色的社会主义是以人民当家做主为根本内容的，因此确立人的主体意识至关重要。我们要确立人的主体意识，就要着力剔除封建整体观念中的君权因素，确立主体观念；着力剔除封建的宗法观念和等级观念，确立社会主义的无差等观念；着力于剔除小生产者的平均观念，确立社会主义的按劳取酬的竞争观念。与此同时，我们也要吸取美国个人主义和日本团体精神主义的合理内核，剔除其弊端。主体意识根据结构和功能可以归纳为主体观念、无差等观念和竞争观念。

主体观念是发达商品经济的产物。主体观念具有两个明显的特点：一是具有能动性而非依附性；二是具有进取精神而非守旧保守。主体的能动性和进取精神必须依赖于对象，也就是说，必须依赖于客体的存在，没有客体也就无所谓主体，但主体又可以能动地认识和改造客体。我国传统的主体思想，是从封建的整体性出发去评价、概括主体，从而否定了主体本身。孟子的“万物皆备于我”是这样，陆九渊的“宇宙便是吾心，吾心即是宇宙”也是这样。因为其所表现的还是实实在在的依附性和保守性，不具有主体观念的丝毫特征。这种所谓的“主体”观在中国占主流约两千年，现在该是彻底解除这种观念的时候了。黑格尔生活的 18 世纪末和 19 世纪初的德国，是一个商品经济不十分发达并且受着封建的自然经济制约的国家，德国资产阶级十分软弱并具有两面性，一方面羡慕资产阶级暴力革命所能获得的既得利益，另一方面又不得不向封建专制妥协，这样的国度对主体观念既有所表现又十分暧昧，难怪黑格尔说：“大家各自努力维护自己的个别性，但大家同时又都做不到这一点。”① 这正是 19 世纪德国乃至欧洲的现

① 黑格尔．精神现象学［M］．贺麟，王玖兴，译．北京：商务印书馆，197：251.

实写照。作为社会主义的主体观念，在共性的基础之上，既要大家各自努力维护自己的个别性，又要大家通过自己的努力都能做到这一点。

无差等观念是社会主义制度的基本特征。封建宗法观念主要体现在森严的等级制度上，因为等级是奴隶占有制和封建土地制的典型形式，所以只要一个国家、企业或家庭让等级制占主流，那就从根本上排除了主体意识。我国传统的封建宗法观念主张“三纲五常”。自西汉以后，“三纲五常”这样森严的等级观念就禁锢着人们的心灵，君对臣、父对子、夫对妻有绝对的支配统治权力，臣对君、子对父、妻对夫只有绝对的效忠和服务的义务。董仲舒认为“三纲五常”出于“天”，自此就形成了维护封建“四权”的“三纲五常”说，神权、皇权、族权、夫权自此成为压迫人们心灵的四座大山，董仲舒的“三纲”中，只有卑者、下者对尊者、敬者的义务；尊者、上者却不承担任何道德上的责任，妇女自此沦为不是奴隶的奴隶。要确立人的主体意识，就要割除这类赘瘤。

孝敬父母与无尊卑。孝敬父母既是精神文明建设中应该继承的优良传统，又是确立人的主体意识的重要障碍。孝敬父母能使家庭和睦、人际关系和谐，但它又是以血缘为基础，以等级为特征的，从孝敬父母到尊卑有序，从尊卑有序到家长制，从森严的等级制到宗法体制，要消除这种包袱而确立主体意识，应该使孝敬父母与无尊卑结合起来。

尊重上级长辈与无等级。我们如果一味强调尊重上级、长辈，就很容易导致封建等级观念的复归。在社会主义条件下，下级尊重上级、晚辈尊重长辈，能促进和谐、统一，但也不会造成下属、晚辈的依赖性、守旧性和迎合性，因为这些与人的主体意识是格格不入的。去弊存优，应实行上下级之间、晚长辈之间人格平等、情感平等和权利与义务平等。

尊师重道与无学阀。尊师重道是中华民族的优良传统，它极有利于传道授业解惑，并起着协调师生或师徒之间、传道者和受道者之间的人际关系的作用。但这种传统观念很容易压抑下级、晚辈的求异思维和创造力，所以应该将尊师重道与无学阀结合起来，形成真理面前人人平等的氛围。

夫妻互爱与无夫权。我国的家庭自古以来都是建立在夫权的基础之上，这显然不是以爱情为基础。我们应提倡夫妻互爱与无夫权相结合。这样才能避免家庭中丈夫轻视妻子、家暴妻子，也能避免夫妻双方只顾独立而不顾合作、协调。

3 论治未

治未病，是中国人对世界文明的一项卓越的思想贡献。

治未病概念最早出现在春秋战国时期的《黄帝内经》，《素问·四时调神大论》中提出：“是故圣人不治已病治未病，不治已乱治未乱，此之谓也。夫病已成而后药之，乱已成而后治之，譬犹渴而穿井，斗而铸锥，不亦晚乎？”治未病，体现了中医的预防思想，它涉及未病先防、既病防变、愈后防复。

治未，就是治未患，防患于未然。没有治未，则鼠目寸光，更不要说绸缪了。治未强调前瞻性，治未者，立足于眼前，放眼于未来，统筹兼顾眼前利益和长远利益。因此，治未的概念和范围，已从中医领域扩展到决策和谋略，也扩展到政治、军事、经济、文化、教育等多个领域。

3.1 未雨绸缪，防患于未然

中国先祖就讲究未雨绸缪，防患于未然。事先做好准备，才能免除祸患。《吕氏春秋·察今》云：“以近知远，以今知古，以所见知所不见。”根据近的可以推知远的，根据现代的可以推知古代的和未来的，根据看见的可以推知未看见的。所以，我们不管干什么事，都要有前瞻性。前瞻性让你生活在未来，现实性让你生活在现在，混日子的思想让你生活在过去。生活在未来，豁达而乐观，遇难而从容，遇险而有备，遇机而幸得；生活在现在，亦步亦趋，遇难去迎，遇险而惊，遇机而难得；生活在过去，一筹莫展，遇难而悲，遇险而哀，遇机而失去。所以我们提倡立业、立国都应有前瞻性，这是治未的前提。知晓了未来，才有治未之目标。所谓“人无远虑，必有近忧”（《论语·卫灵公》），人不做长远考虑，必然会有眼前的忧虑。

“凡事预则立，不预则废”（《礼论·中庸》）。不论做什么事情，如果事先有所准备，就能成功；没有准备，就不能成功。所以孔子说，知道事物呈现出某种苗头的人，他就能测知变化的微妙。君子对上交往不阿谀奉承，对下交往不轻视慢待，因为他知道事物呈现了某种苗头，心中早有一定的原则。所谓“苗头”，就是事物呈现出来的微妙变化，从这些微妙变化中可以看到吉凶的先兆。君子看到这种先兆就立即行动，绝不等到明日。

孔子这里谈到“吉凶之先兆”，在中医治未病中被汉代医圣张仲景称为“疾”，是指不易察觉的小毛病，这叫“未病”状态。他提出“早识病”“早治疗”。如果不采取积极有效的防范，就可能发展为“病”。中医极为重视身体出现不舒服的早期调理，深知未雨绸缪、防患于未然的重要性。在生活中，还特别注重调理肠胃功能，认为脾胃是“后天之本”，脾胃功能保养好了吃饭香，营养充足，身体就好。其次是重视调理血气，治病养生的主要关键之一是疏通气血，气为血帅，气行则血行，气止则血止。

治未，还要重视祸患之根源，在祸乱发生之前，先有预见，先做预防。《道德经·第六十四章》说：“其安易持；其未兆易谋；其脆易泮；其微易散。为之于未有，治之于未乱。”事物还稳定时，它的稳定容易维持；事物还没有显出变化的迹象时，容易打主意；事物还脆弱时，容易消融；事物还微细时，容易打散。强调要在事物还未发生前先把它办完，要在事物还未混乱之前先把它理好。

治未病，中医领域叫未病先防。由于正气不足是疾病发生的内在原因，而邪气侵袭是疾病发生的重要条件，邪正斗争的结果关系到疾病发生与否，因此未病先防应从邪正两方面入手。一是扶助正气，提高机体抗病能力。人体正气的强化与抗病能力密切相关。《素问·刺法论》说：“正气存内，邪不可干。”正气充足，精气血阴阳旺盛，脏腑功能健全，则机体抗病力强。二是外避病邪，防止邪气侵害。邪气是疾病发生的重要条件，故未病先防除扶其正气外，还应避其邪气侵害。《素问·上古天真论》说："虚邪贼风，避之在时。"要顺应四时变化避疫毒，防疠气的感染。

扶正避邪不仅是中医的思想，也是中国古代圣贤一贯的思想。孔子的一句名言正概括了这一境界："君子坦荡荡，小人长戚戚"（《论语·述而》）。中国自古倡导正气凛然、克己奉公、堂堂正正、舍己为人、仗义执言、一尘不染之正气，而力避损人利己、伤风败俗、阳奉阴违、结党营私、假公济私、藏污纳垢、放荡不羁、趁火打劫、任人唯亲、不义之财、沆瀣一气之歪风邪气。这正是中医治未中"扶正避邪"的最好延伸。

预测未来，不能凭空想象，而是要根据实际情况，用辩证哲学的眼光进行分析。唐代诗人刘禹锡在他的《何卜赋》中说："一岁之旱，人思具舟；三月之热，人思具裘。极必反焉，其犹合符。"久旱之后将有大水，要备好船只，以防水患；久热之后，将有酷冷，要制备皮衣，以御严寒。诗人刘禹锡的这种预测之所以科学，是因为他运用了辩证哲学的思想。

我们现在处于新时代，创新驱动发展已成国家发展战略。创新者不应该追求短期效应，而应有长远的战略眼光，为子孙万代的福祉而去创造，这也是治未观的精髓所在。不可急于求成，更不应浮躁，而要像上古英雄大禹那样，选准方法，埋头苦干，锲而不舍，去苦干、实干、巧干，立足于未来，创造扎实的现在。这就是治未给我们带来的现实的、伟大的意义。

3.2 凡事预则立，不预则废

人类历史上曾屡次出现不顾前景的繁荣，最后导致灭亡。五代十国之时，南唐居于富庶的长江中下游地带，南唐烈祖李昪实行与民休息的政策，经济迅速发展而繁荣。地富民丰的南唐中主李璟经常聚集一批文人饮酒作词，打发时日。居安忘危，懈于整军备战，沉溺于莺歌燕舞之中，最终被北宋雄兵所灭。正如《礼记·中庸》所说："凡事预则立，不预则废。"不论做什么事情，如果事先有准备就能成功；没有准备，就不能成功。

治未病，是中医的预防理念，它包含未病先防、既病防变、愈后防复。《素问·四气调神大论》说：“圣人不治已病治未病，不治已乱治未乱。”中医所说的“疾”是不易察觉的小毛病，这叫“未病”状态。如果不采取积极有效的防范，就可能发展为“病”。中国历代名医长于医术，能够及时预防疾病的发生，即使患病也能及时有效地治疗，从而使身体保持最佳状态，并注重日常养生保健。中医养生包括饮食、养神、起居行等日常生活中的自我保健锻炼，加之药物滋补，注重医德修养，因而多长寿。

治未病理念不仅对现代世人治病养生有启发意义，而且是中医以及中国人在病理观念上对世界的贡献，我们把治未病理念引进自然科学、社会科学及人类社会的生活中，不仅丰富了现代预测学，而且大大拓展了现代预测学的内涵。现代预测学只讲如何预测未来，而治未病的原理是预测可能出现的“大病”，然后及早治愈，防患于未然。当今世界的大气污染、水污染、物种灭绝危机、森林萎缩、土地荒漠化、垃圾灾难、自然灾害、人为灾害、地区冲突、民族争端、种族主义等，都需要在萌芽状态进行治未病。

3.3　治未病的六条原则

治未病思想运用到自然和社会中，必须遵循六条原则。

第一条原则：按规律发展。按自然发展规律和社会发展规律办事，才能成功；违背规律必然失败。遵循大自然的规律养生健体，有益于增寿；为追求长生不老去食含汞仙丹，必早死无疑；遵循市场规律发展经济，经济繁荣；拔苗助长，违背市场规律发展经济，经济萎缩。

第二条原则：精准预测。决策应建立在精准预测的基础上。要科学并精准预测未来，就应下基层去深入调查研究，观察、分析和综合考虑，最后做出对未来情况的预测。抗美援朝战争之前，我方考察人员柴成文进入朝鲜进行深入侦察，预测美军会从仁川登陆。毛泽东非常重视柴成文的预测报告，而有所准备，1950 年 9 月 15 日，美军从仁川登陆证实了这一预测。在朝鲜战争局势急转直下后，中共中央做出了中国人民志愿军赴朝参战的决策。在参战前，各级指挥员和外交人员未雨绸缪，做了大量的调查和准备工作。正因为有了充分的准备，志愿军在第一次和第二次战役中才能顺利进攻。

第三条原则：战略谋划。治未病不是治芝麻“小病”，而是要治未发的“大病”。治自然发展和社会发展的“未病”时，主要抓未来影响全局、大局的战略性问题，也就是要抓核心技术和核心利益。比如千里引水新构想，欲把新疆变加州。中国工程师计划建造 1000 千米隧道以使新疆沙漠地区繁荣昌盛，实现藏水入疆。中国开始在云南省中部修建总长度将超 600 千米的隧道，它将成为“藏水入疆”隧道——从雅鲁藏布江向新疆塔克拉玛干沙漠引水所需新技术工程方法和设备的“排演”。该项水利工程最早由清朝官员左宗棠等提出，但因成本巨大、工程难题、潜在环境影响及可能遭遇邻国抗议等原因，未能实施。该项目极具战略意义，它不仅能使新疆像美国加州那样繁荣，而且能彻底打破所谓“胡焕庸分水岭”，即东富西穷、东丰西荒的局面。它是吸取都江堰水利工程和红旗渠水利工程的经验和精神的伟大战略水利工程，前景美好可期。

第四条原则：施治于未萌。这里说的“未萌”，就是所谓“苗头”，指事物显现出来的微妙变化，从这些微妙变化中可以看到吉凶的先兆。当看到这种先兆，治未病者就应立即行动。宋代苏轼的《晁错论》中说：“天下之患，最不可为者，名为治平无事，而其实有不测之忧。”他尖锐地指出天下的祸患，最难以解决的莫过于表面上平安无事，实际上却存在着难以预料的隐患。苏轼在这里暗指汉景帝时期，表面上国泰民安，却潜藏着藩王坐大，威胁中央的危机。因此，治未病就要坚持施治于未萌的原则。追求大发展，就不能以损害生态环境为代价。

第五条原则：逆向规则。当人类探索未知的月球、太空及大洋深海时，在人类还无法知道月球、太空及大洋深海要做什么的时候，为了保护人类的共同利益，应共同磋商人类所知道的不能做什么。比如太空是人类共同向往的大地，不能成为某一国的霸凌之地。要用这样的逆向规则来保护太空和深海。

第六条原则：有效原则。治未病不是游戏，必须建立在科学、精准预测的基础之上。不治则已，一治则必有效。有效性是保证治未病的效果的前提。这就要求我们根据所看见的，推测没有发现的；看见事物的一端，推测它的大体。正如古人所言：“胜兵先胜而后求战，败兵先战而后求胜。”打胜仗的军队是先有了胜利的把握后才向敌人求战，打败仗的军队则是先向敌人求战然后才图谋胜利。

4 论阴阳

阴阳学说是中国先人伟大的发现，它是宇宙中最基本的规律之一。中国先人的阴阳学说在《易经》和《黄帝内经》中体现得最为完整而鲜明。成书于春秋战国时期的中国医学典籍《黄帝内经》八十一篇，篇篇都贯穿着阴阳学说。

阴阳学说认为：阴阳是一切事物的本源，是万物发展变化的源起，是生长、毁灭的根本。对于人体来说，它是精神活动的根基。治理必须以阴阳为根本去考查。阴阳学说在辩证法方面表现得淋漓尽致，是对世界哲学做出的重大贡献。中国五千年文明史反复证明，正确运用阴阳学说，社会就会大发展，如春秋战国时期的百花齐放、百家争鸣；扭曲、歪曲运用阴阳学说，社会就会退步，如西汉董仲舒将阴阳比附人事，提出“天人感应”学说，从而提出“罢黜百家，独尊儒术”，使中国思想界失去了生命力。

阴阳不仅体现了一分为二的辩证法，更体现了辩证法的全部内涵。阴阳之间互相渗透，你中有我，我中有你；阴阳之间在一定条件下会互相转化。它还体现了西方哲学辩证法中所没有的东西，即“从阴引阳，从阳引阴；以右治左，以左治右；以我知彼，以表知里；以观过与不及之理，见微得过，用之不殆”（《黄帝内经·阴阳应象大论篇》）。上述阴阳互引原理，可以引申到社会治理诸方面，例如以栽树治水、以法治贪、以博治大等。

从辩证思维的视角来看，阴阳学说有五个特点。

一是阴阳是事物属性，而不是事物本身。虽然任何事物均有阴阳两方面属性，但阴阳却不是事物本身。比如人类有男女之分，男属阳性女属阴性，但阳和阴并非男人和女人本身；山属阳，水属阴，但阳和阴并非山和水本身，诸如此类。阴阳概念只是一种事物（或系统）的两个方面的属性，不是相关的事物，不能分阴阳。比如山和水是同一系统的两方面属性，但山和女人不能分为阴阳，因为她（它）们不是相关联的事物（或系统）中相互对立、联系的双方。因为阴阳只是任何一种事物（生命或者非生命）对立统一的双方属性，所以《灵枢》说："夫阴阳者，有名而无形"。它是看不见、摸不着，但又是客观存在的，它在事物发生、发展中的对立、互根、消长转换中存在。就这个意义来说，中国先人的这一发现也是伟大的、卓越的。

二是万物交感，互为依存，互为发展。阴阳互相交感，而使事物处于不断发展变化之中。万物交感，互为依存，互为发展是阴阳的重要特征，没有阳就没有阴，反之亦然。没有上就没有下，没有左就没有右，没有前就没有后，一方以另一方为前提，这就是"孤阴不长，孤阳不生"。万物在阴阳两势力的推动、矛盾、交感中发生变化。中国先人生动地用阴阳变化来描述，阳气积聚而上升，就成为天；阴气凝聚而下降，就成为地。阴的性质为静，阳则为动；阳主萌动，阴主成长；阳主杀伐，阴主收藏；阳主万物气化，阴主万物形体。寒极会生热，热极会生寒；寒气能产生浊阴，热气能产生清阳。

三是对立统一，相互转化。阴阳是对立的统一，阴阳对立面的统一和相互转化又相互制约。"穷则变，变则通"。阴阳对立的两方面表现为相互斗争的制约，比如自然界中四季的变化，春温、夏热、秋凉、冬寒，就是阴阳二气搏击的结果。对立着的阴阳双方还表现为互相制约，一方太过将引起另一方的不足；反之，一方的不足也会引起另一方的太过。这就会引起事物内环境失调，对于自然界来说，就意味着灾变。正如《国语·周语》记载："阳伏而不能出，阴迫而不能蒸，于是有地震。"对人体生命来说，疾病产生的原因是"阴胜则阳病，阳胜则阴病"（《素问·阴阳应象大论》）。

四是刚（阳）柔（阴）相推而生变化。由于刚柔两类爻画可以发生转化，反变正，谓之悔，它象征着由于失“道”逆理致凶而后能懊悔忧虑，终于向好的方面转化；正变反，谓之吝，它象征着由于得“道”顺理得言后贪安乐，终向坏的方面转化。另外，“夫坤隤然，示人简矣”，说明一切事物对立的两个方面都有其相对不变的常态，哪个方面占据矛盾的主要方面，它就“以其相对不变的常态示人”。

五是动态阴阳，相互消长。相互对立、依存的阴阳双方，并非静止不变，而是常处于动态之中，即处于“阴退阳长”或“阴长阳退”的相互消长的运动过程。当事物处于阴进而阳退时，古人称之为“消”；当事物处于阴衰而阳盛时，古人称之为“息”。当事物离开原有的阴阳平衡状态的时候，不是有“消”就是有“息”，这些“消息”是事物发展的客观表现，是独立于主体的变化的，是不以人的意志为转移的客观存在。

阴阳学说的上述特点衍生出辩证法中的对立即互补、此消彼长、相互转化原理，从而极大地丰富了辩证法本身，为世界哲学做出了杰出的贡献。

4.1 对立即互补简论

阴阳太极图清晰地体现出了对立即互补机制，也体现了对立双方既对立又统一的运动状态，这是黑格尔的对立统一规律所欠缺的。例如《易经》中的泰卦，泰者，通，好也。为什么好呢？它的卦象是“地”在上、“天”在下，而客观实际是“天”在上、“地”在下。“天”属阳，“地”属阴，阳气上升，地气属阴要下降。上升的天气与下降的地气一定会交感，泰卦正象征着“天”和“地”交感、变化而上下易位，取得自然性的互补。因此，这一卦是“吉”；相反，否卦的卦象是“地”在上、“天”在下，阳气上升，阴气下降，二者不可能交感互补，因而也不可能有变化，事物也就不可能有发展前途，所以，这一卦就是“凶”。我们用上述对立即互补阴阳观来观察自然和社会亦是这样。冷气流与热气流交感就会产生雨，自主与开放交感才会促进社会发展；中国南北异质交感才能形成文化吐故纳新机制；理性传统（脑）与工匠传统（手）交感才会爆发强大的创造力，强国与谦恭交感才会长久，深专与博学交感才会成大器等。

一到春天，雌雄春燕双双在农田衔泥筑起爱巢，为它们的小燕诞生而愉快地忙碌着；走进大自然，最美的地方必然山水相间，楚楚动人，而令人惆怅的则是有山无水，有水无山。无水之山峦，是荒山野岭；无山之海洋，则一片茫然。就我们人类自己而言，之所以有你我他，必然是因为父母异性的结合。

阴阳太极是派生万物的本原，北宋周敦颐对阴阳学说中的对立即互补规律心领神会，认为“无极而太极，太极动而生阳，动极而静，静而生阴，静极复动。一动一静，互为其根”（《太极图说》）。生动地展示了阴阳学说的对立即互补规律，这恰恰是黑格尔辩证法的短板。量子力学的创始人之一玻尔受周敦颐太极图之启发，提出量子力学互补原理：对立即互补。1947年，他因杰出科学成就而被授予丹麦荣誉勋章，需要设计一枚盾牌装饰来象征他所建立的原子理论与量子力学的微观科学理论，他选择了中华太极图，并镌刻上一行他的名言：对立即互补。他根据这一规律具体指出，由于微观粒子具有波粒二象性，不能用一种仪器同时准确地测定位置和速度，只能用波和粒子两种经典概念来描述。波和粒子概念在描述微观现象上是互相补充的。因此，他认为仪器应该分为测定位置的和测定速度的两类，把这两类仪器观察的结果“互补”起来才能对微观粒子的各个方面形成完整的描述。

水使地球生机勃勃，而太阳系其他星球因缺水而没有生命。在地球形成的初始阶段，地球上的水绝大部分以结晶水的形式存在于地球内部，经过地球升温和岩浆活动等，水以水汽的形式到达地球外部，在大气中凝结，降落到地表形成原始江河湖海。没有天地之间形成的水循环，就没有今日生机勃勃的地球。“天”与“地”虽对立却互为补充，才能形成水循环，即地球表面的水受热蒸发，化为气上升，遇冷凝聚，先成云雾，继成雨雪等，受地球重力作用下降到地面，形成水循环。

人类未来的文明会怎样发展？可以肯定地说，遵循对立即互补原理则盛，违背对立即互补原理则衰。未来的东西方只是地域概念、文化概念，而不暗含政治概念。随着中国的和平崛起，中华文化也会相应强劲地复兴。中华文化在西方人眼里绝不只是风水、气功、养生这些无宏大之哲理的文化，它将以睿智的和而不同与阴阳学说影响世界。其中阴阳学说的对立即互补原理，将促进东西方文化平等地交流、交融、互补，使西方文化具有中国的因素，也使东方文化具有西方的因素。

对立即互补原理是中国阴阳学说之精髓，中国古代典籍《易经》的卦象中明显地体现了对立即互补的机制，这个内涵不仅丰富了对立统一规律，而且体现了对立双方既对立又统一的物质运动状态，这是黑格尔对立统一规律所欠缺的，也是中国哲人对世界哲学的一大贡献。

4.2　董仲舒的伪阴阳五行说批判

阴阳五行说是中国古代哲学用以解释宇宙起源和变化的重要范畴，中国古代典籍《易经》的精髓便是阴阳五行说。战国思想家庄子一语中的："《易》以道阴阳"。秦始皇统一六国后，实行焚书坑儒政策，百家特别是儒家经典，全部被焚毁。西汉的董仲舒虽继承了儒家之风，但他借无原始典籍之机肆意曲解、篡改儒家经典，其中首要的是扭曲了自古传承下来的阴阳学说，使其变质。更为严重的是历来有些史家推崇其为汉代"大儒"，《汉书·董仲舒传》也称其为"群儒首"，董仲舒因此获得了"汉代孔子"的地位。但因他篡改了阴阳学说，提出束缚人性的紧箍咒"三纲五常"，并且搞"同而不和"为他的"罢黜百家，独尊儒术"主张奠定了理论基础，也为后世曲解阴阳学说打开了一道缺口。为了正本清源，使后人更准确地传承阴阳学说，特以短文予以批判，以期引起传承者的警惕和注意。

董仲舒篡改了阴阳学说的本质。阴与阳是不断变化的，此消彼长，它们之间无所谓尊卑、上下，而是一对矛盾的统一体。但董仲舒却断定阴阳之间的关系是“阳尊阴卑”，“阳贵阴贱”，这就彻底把一个科学概念变成了伪科学。他说：“礼者继天地，体阴阳，而慎主客，序尊卑贵贱大小之位，而差外内远近新故之级者也”(《春秋繁露·奉本》)；“天下之尊卑，随阳而序位。幼者居阳之所少，老者居阳之所老，贵者居阳之所盛，贱者居阳之所衰，藏者言其不得当阳。不当阳者，臣子是也。当阳者，君父是也”(《春秋繁露·天辨在人》)。

阴阳学说成熟于春秋战国时期，此时也是人本主义思潮早熟的时期。正因为这种早熟的人本主义，使中国文化形成了非宗教性和人文精神，这是中国文化最显著的特征之一。正因为拥有非宗教性和人文精神的氛围，诸子百家才重视人。在这方面孔子尤为突出，他明确提出“泛爱众”，主张博爱大众。这个主张在孔子《论语》中有生动的体现，“厩焚。子退朝，曰：‘伤人乎？’不问马”(《论语·乡党》)。孔子的马棚失了火，他退朝回来得知失火，首先问的是人而不是马，尽管看马棚的是奴隶。孔子的这种精神着实体现了他爱人的美德。孔子是教师，他反对嫌贫爱富，主张“有教无类”，受教育者不分贫富、贵贱。在这样的人本主义思潮中，才有孔子的人本教育，也才能使阴阳学说趋于成熟。阴阳学说成熟的一个显著标志是阴阳之间是平等的、无尊卑的，它们会在一定条件下互相转化。阴阳各方包含着对方的因子，只是不占主导地位而已，一旦条件成熟，对方因子将居于主导地位。因此可以说，董仲舒的“阳尊阴卑”“阳贵阴贱”说完全改变了阴阳学说的本来面目，而且是对春秋战国时期确立的早熟的人本主义思潮的反动，也是对孔子人本思想的背叛，这何能以“大儒”称之呢？

董仲舒篡改了阴阳学说，把它变成了“阳尊阴卑”“阳贵阴贱”之后，使他的主张在三个方面走向了反动。

第一，他的“阳尊阴卑”“阳贵阴贱”为他确立“三纲五常”的封建道德准则和规范奠定了理论基础。“三纲”即“君为臣纲、父为子纲、夫为妻纲”。他认为“阴道无所独行。其始也不得专起，其终也不得分功”，即阳是主，阴是从；君是主，臣是从；父是主，子是从；夫是主，妻是从。阳可以兼阴，阴只能为阳所兼；阴从属于阳，是阳的附属品。在这里更让人不能容忍的是，董仲舒不仅鄙视下属、妻儿，还认为即使下属、妻儿出类拔萃，也是“卑贱”的；即使君父是草包，也是“尊贵”的。他有言曰：“丈夫虽贱皆为阳，妇人虽贵皆为阴”（《春秋繁露·阳尊阴卑》）。如此固化尊卑贵贱，社会还有内动力吗？董仲舒以奴颜和媚骨提倡“三纲”是“天意”，“王”是“百神之君”的人格神，把“三纲”往封建而神秘迷信的道路上引。董仲舒用“天”有阴阳论证“三纲”，“君为臣纲”意味着封建的政权，“父为子纲”意味着族权，“夫为妻纲”意味着夫权，而“王道之三纲可求之于天”的“天”，则意味着神权。封建集权统治者采纳了董仲舒的这些主张，自此，封建专制的政权、族权、夫权和神权四座大山压着中国底层大众，给人民和社会的发展造成的危害何其深重，对大众的精神束缚何其严酷。难怪近代中国“五四”新文化运动要“打倒孔家店，救出孔夫子”，这里要打倒的“孔家店”就是封建吃人的“三纲”。正如“五四”运动领袖陈独秀所说：“儒者三纲之说，为吾伦理之大原……近世西洋之道德政治，乃以自由、平等、独立之说为大原”（《新青年》第一卷）。

阴阳五行中的“五行”，最早见于用木、火、土、金、水五种物质来说明宇宙万物的起源。西周末年史伯根据“五行”说提出“和实生物，同则不继”的观点，反对“去和而取同”的主张。春秋末年，晏婴根据对立事物“相济”“相成”发展了史伯的观点。孔子则明确指出“君子和而不同，小人同而不和”（《论语·子路》）。董仲舒却竭力主张“罢黜百家，独尊儒术”，这分明与孔子“和而不同”的观点对着干，“独尊”就是搞“同而不和”，这就成了孔子责骂的小人。董仲舒上书“天上三策”，极力推荐独尊儒术：“《春秋》大一统者，天地之常经，古今之通谊也。今师异道，人异论，百家殊方，指意不同，是以上亡以持一统；法制数变，下不知所守。臣愚以为诸不在六艺之科孔子之术者，皆绝其道，勿使并进。邪辟之说灭息，然后统纪可一而法度可明，民知所从矣”（《汉书·董仲舒传》）。汉武帝同意董仲舒之上奏，开始推行“罢黜百家，独尊儒术”的政策，走“同而不和”之道。自此，儒家处于养尊处优的状态，渐渐使儒学成了儒教，成为束缚中国民众的精神绳索，最终导致近代“五四”新文化运动提出“打倒孔家店”。

孔子晚而喜《易经》，韦编三绝，对《易经》所体现的阴阳核心是十分推崇的。孔子的鬼神观是重人事而轻鬼神。而被称为“大儒”的董仲舒却反其道而行之，歪曲利用了当时一些自然科学成果，借助于《春秋》的主观类比方法，一方面通过把自然现象拟人化，赋予自然现象以道德的属性，把自然规律和伦理法则相混同，从而把自然界的一切看作是“天”有意识、有目的的安排，特别是把自然变异视为“天意”的突出表现。另一方面，通过把社会关系神秘化，赋予社会现象以神学的含义，把封建制度和秩序说成是“天意”。这样就使天上的神权和世上的皇权之间密切联系，使自然和人事融通为一。还说“天”会直接降下“福瑞”以资奖励，或降下灾异进行“谴告”。董仲舒这种宗教神秘主义很快与当时流行的谶纬相结合，形成一股反理性、反科学的思想逆流，在中国思想史上起到了极坏的作用。

董仲舒不仅从反科学角度曲解阴阳五行说，而且与孔子的以人为本、“和而不同”、重人事轻鬼神反其道而行之，搞森严的等级尊卑，搞同而不和的“独尊”和迷信神权，这与儒家本质背道而驰，此人何以担当“汉代孔子”称谓，岂不欺骗民众，糟蹋圣贤？故以批判之。

4.3 一场阴阳五行辩论引发的惊喜和忧虑

《易经》的精髓是阴阳，可以说，阴阳五行说是中国传统哲学之母。

阴阳是对客观实际的观察总结，即向日为阳，背日为阴，后也根据客观环境的冷暖、暗明，用以指两种相互对立的气或气的两种状态。《国语·周语》以阴阳唯物说明地震的发生，在当时实为难得——“天地之气，不失其序；若过其序，民乱之也。阳伏而不能出，阴迫而不能蒸，于是有地震”。战国时期古人也运用唯物观来进一步丰富阴阳概念的内涵，阴阳进一步被用来指称世界上两种最基本的矛盾势力或属性。凡动的、热的、在上的、向外的、明亮的、亢进的、强壮的为阳；凡静的、寒的、在下的、向内的、晦暗的、减退的、虚弱的为阴。

阴阳的产物是辩证的。《易经》以符号“—”代表阳，符号“——”代表阴，以阴阳的辩证变化来说明万物的矛盾变化。而《易传》在《易经》的辩证基础上对阴阳的辩证关系做了重要的发挥，提出“一阴一阳之谓道”，认为阴阳的相互交替作用是宇宙间的根本规律，并用阴阳来比附社会现象，引申为上下、君民、君臣、君子小人、夫妻等关系。而阴阳关系所体现的对立即互补、彼消此长、互为转化、对立统一的辩证规律，使阴阳学说发展了辩证法。

由于阴阳学说是唯物的，也是辩证的，它与社会发展规律是一致的，所以它是科学的。正因为它的科学性，其成了中国医学的基础科学。成书于战国时期的《黄帝内经·素问》指出：“阴阳者，天地之道也，万物之纲纪，变化之父母，生杀之本始，神明之府也，治病必求于本，故积阳为天，积阴为地。阴静阳躁，阳生阴长，阳杀阴藏。阳化气，阴成形。”还以阴阳来区分人身之五脏六腑，作为治病的依据，把阴阳学说在医学领域运用到极致。至今，阴阳学说仍是现代中医学的基础科学之一。

就“五行”来说，它也是唯物观的产物，中国古代思想家企图以日常生活中常见的木、火、土、金、水这五种物质说明世界万物的起源和多样性的统一。而“五行”关于多样性的统一又是辩证的。西周末年史伯从“五行”之间的差别与统一关系，即“先王以土与金、木、水、火杂，以成百物”，而得出“和实生物，同则不继”，反对“去和而取同”，认为一种元素与另一种或多种元素相配合，求得矛盾的均衡和统一，对于发展生产、治理国家都有好处，反之则有害。这个观点为后来孔子发展“和而不同”哲学范畴奠定了基础。“五行”是唯物辩证的产物，因此它也是科学的。

然而，2017年2月25日晚，中国科学家和中国人文学家在北京海淀文化馆小剧场的一场关于“阴阳五行应不应该写入基准”的长达两个多小时的大辩论，吸引了约27万网民通过网络直播观看。辩论一方为中国科学院高能物理所研究员（甲方），另一方为中国科学院大学人文学院教授（乙方）。甲方认为“阴阳五行不是科学，也不会产生科学，因为中国传统文化思想里没有科学的元素”。乙方的应辩十分苍白无力，他认为“阴阳五行与现代科学相比起来可能很不科学，但它在历史上的确发挥了很大作用”。从辩论中，最终观众认为“谁也没说服我”，有人认为科学家“太轴”，史学家“圆滑”①。作为科学家、人文学家，这两位对中国传统文化的精髓阴阳五行了解得如此浅薄因而妄下结论，令人担忧。英国科学家李约瑟对中国科技有深入的研究，他盛赞中国是“世界发明的摇篮”。既然中国是“世界发明的摇篮”，难道“中国传统文化思想里没有科学的元素”？“五行”所产生的和而不同的哲学范畴难道不属于科学范畴？这两位辩论者中一位是中国科学家，另一位是中国人文学家，怎么不知道量子力学创始人之一玻尔因受中国阴阳学说，特别是周敦颐太极图之启示，提出量子力学互补原理——对立即互补，而在此妄下断论呢？作为科学家，还应知道一位著名物理学家在评价爱因斯坦的科学成就时所说：相对论与其说是物理学，不如说是哲学，他的科学成就是凭借他那深邃的哲学思维，立足于对和谐、对称、统一的物质世界的追求，而取得成功的。“和谐、对称、统一的物质世界”与阴阳学说的内涵何等相似？而这被上述科学家给否定了。不过，令人惊喜的是，有关中国传统文化的一场辩论就拥有27万受众。可以预见，将来关心和学习、继承并创造性转化中国传统文化的人将越来越多，研究传统文化也将成为主流现象。

关于阴阳五行说的辩论中，辩论一方将其否定，另一方应辩不力，除辩论者的内因外，还有一个外因，就是阴阳五行说常常被曲解。例如战国末期的邹衍将“阴阳五行”比附人事，提出“天人感应”，从而建立神学目的论。这说明阴阳五行说存在着理论漏洞，需要不断地完善。笔者认为下面几点值得注意：一是不仅强调阴阳的此消彼长，还要强调阴阳是矛盾的

① 资料来源于《中国科学报》2017年3月1日文章。

统一体。阴与阳之间不是绝对的，阴阳双方包含对方的因子，只是不占主导地位而已，一旦条件成熟，对方因子将占据主导地位。二是阴阳平衡为事物的常态，但阴阳不平衡也是事物发展的常态。三是阴阳变化是事物发展的动力，它应发展为运动哲学。由于未坚持阴阳五行唯物辩证因子并发展它，导致畿学和迷信乘虚而入。畿学和迷信的克星是唯物辩证观。这是我们从这场辩论中应该吸取的教训。

5 论中和

中国先人在实践中睿智地发现世间万事万物的发展，取于中和之道，往往就兴旺发达；反之，则将衰亡而去。于是，将自然界的中和规律引申到社会发展和人际交往，从而提出“和合”“中庸”“和同”这样的中和命题。这为思想界提供了发展的理论，对现代文明和发展极具现实意义。中国最重要的哲学典籍《周易大传》通篇提出的一个哲学课题就是“中和之道”。

中和的“中”，要求在思想和行动上都能做到无过而无不及，符合中庸之道；“和”，指不同事物的统一、和谐或掺和。《礼记·中庸》以情感为载体对中和概念做了生动的诠释：“喜怒哀乐之未发，谓之中；发而皆中节，谓之和。中也者，天下之大本也；和也者，天下之达道也。”认为人的喜怒哀乐等情感在还没有被激发的时候，既不喜也不怒，既无哀也无乐，其心境是无所谓偏倚的，故谓之中。董仲舒认为上述说法是错的，他也以情感为载体，认为“中”不是《中庸》指的情“未发”之时，而是指已发之“情”，应保持无过无不及的状态，“喜怒止于中，忧惧反之正”（《春秋繁露·循天之道》）。笔者基于多年的研究和调查，认为董仲舒的看法是错误的。人的喜怒哀乐在冷却和宣泄之间徘徊，情感“未发”，就是未喜、未怒、未哀、未乐，情感没有宣泄出来，但又非无人性的冷漠。人常处于情感常态之中，即喜怒哀乐不形于色，但情感的常态就蕴含了有节制的喜怒哀乐，这正是“中”的体现。至于“和”，远不是和气、和睦能概括的，它必须是不同的元素相配合求得统一的“和”。

中和是中国古代的重要哲学范畴，为了便于理解和应用，我们不妨用现代汉语释之。“中”其要害在于发展需要适度、适宜、适量、恰当、适中、得当、适合、相宜、适应等，“中”之精髓，笔者认为还是“适度”为好。“适”者，切合、相合者也；“度”者，能容受的量也。“适度”者，乃指事物相合而能容受的量，“和”是保持多元矛盾差异中的和谐。

中和（适度）是一条事物发展规律。只要事物处于一种中和（适度）状态，又讲究多元的和谐统一，它就会有利于发展；否则，就会逐渐衰竭。

太阳系有九大行星围绕太阳而旋转，为何唯独地球上有生命存在呢？原因比较复杂，但最基本的原因是地球围绕太阳旋转的轨道非常适度（中和），又与太阳系其他行星的运行和谐统一。因此地球上大部分地区处于零下 40℃至 40℃之间，这种温度最适宜于生命生长。而其他八大行星与太阳的距离或太近而炙热，或太远而炙冷，不适宜生命生长。由此我们可以解释世界四大古文明均起源于地球北纬 30° 左右，主要原因是上古时期北纬 30° 处于地球的北温带，年平均温度在 26℃左右，这是最适宜生命繁育的温度。适度和多元和谐统一，是生命发生、发展的基础。

地球大气中氧的浓度约为 21%，其实早在三四亿年前大气中氧的浓度就稳定在这个水平上了。因为这种氧浓度很适度，是地球生命延续的最佳浓度。若氧浓度再低一点，较大的动物和昆虫将得不到足以维持生命的氧；氧浓度略高一点，则水分和绿色植物也会轻易自燃起来。除此之外，地表的温度和海洋中的盐度也会失衡，不能保持稳定的水平。由此可见中和之道这一规律之重要。

中和之道（适度和多元的和谐统一）还对发展的诸方面起着举足轻重的作用。吃饭只吃八分饱，对身体大有好处，吃得太多或太少都会对身体不利。学知识也应掌握个度，若超过了度，则会走向反面；若低于这个度，也会失败。企业家若一味追求最大利润，就会让经营和管理失衡；若追求满意（适度而多元和谐统一）利润则易于成功。在人际关系中，强求“闺蜜型关系”则会失态，追求若即若离的“满意型关系”则会长久，诸如此类。只要坚持中和（适度和多元的和谐统一）之道，则往往能在不知不觉中取胜。

中和这一古代哲学范畴的重要性还于由此引申出来的三大哲学范畴：

中庸、和而不同、和合。这三大哲学范畴对当今中国实现伟大复兴和世界走向共同繁荣极具现实指导意义。中和的两大因素（中与和）直接影响和支配着中庸、和而不同、和合三大哲学范畴的内涵。中，强调一个度，适度是一个人、一个群体、一个国家的智慧的根本。不懂适度的人会失态，不懂适度的群体（企业）会失败，不懂适度的国家会失势。和，强调和则生、同则衰。宇宙世界的物质不是单一的，而是无限多样性的统一，因此，和而不同是所有生命，特别是人类繁盛的根基。

孔子从中和哲学范畴中发展出中庸，庸即以平常的定理来用中，使中达到美和佳的状态。“中庸之为德也，其至矣乎！民鲜久矣”（《论语·雍也》）。孔子拈出中庸作为最高道德准则，便是以中和为常道。只有“允执厥中”（《论语·尧曰》），诚实且言行不偏不倚，实行中庸之德，“不得中行而与之”（《论语·子路》），才能进入中和之美的境界。中庸方法论的主要特征：一是反对过头和不及，可见孔子主张的中庸提倡“适度”，这是符合自然和社会发展规律的；二是提倡和而不同，即尊重并遵循对立面的和谐统一；三是灵活地运用中，“君子之中庸也，君子而时中”（《礼记·中庸》），“时中”，即不失时机地用中。

和而不同哲学范畴在中国上古时代就开始萌发。面对上古时代出现的几次凶猛而持久的大洪水以及很多疾病，巫师都束手无策，于是巫医逐渐取代了巫师，而巫医配药时将不同的药物融为一剂，所以出现了多元素的统一这种治病方法，这是和而不同的萌动期。再加之中国南北不同族类通婚，使子孙康健、繁盛，中华民族成了多民族的结合体，这又加深了中国先人和而不同的观念。中国古代思想家企图以日常生活中常见的五种物质说明世界万物的起源和多样性的统一。《尚书·洪范》称“鲧堙洪水，汩陈其五行”，即水、火、木、金、土，此后和而不同的思维和观念就升华为哲学范畴了。促使和而不同从思维和观念升华为哲学范畴的，首推西周末年史伯提出“和实生物，同则不继”，反对“去和而取同”的主张，认为“以同裨同”，就会导致有害的后果。春秋末年，晏婴进一步发展了史伯的观点，认为和与同是相异的，杂多和对立的事物是“相济”“相成”的。孔子从道德高度进一步肯定了和而不同：“君子和而不同，小人同而不和”（《论语·子路》）。至此，和而不同上升为中国哲学范畴。

和而不同的内涵体现了自然和社会的发展规律，这一规律不仅使中华民族长期处于多元的统一，而且对和的本质进行了揭示：和指不同的元素相配合求得统一，同指相同的元素相凑合求得绝对的等同。宇宙虽然无限大，但其中无数星球的运动处于和谐宽容之中；太阳系中的九大行星，也是和谐宽容的小宇宙；森林的繁盛是多样化的结果，单一品种的森林势必会因病虫灾害而衰败；世界各民族多元化，多元而统一则繁荣，单边霸凌则会衰竭。和同是当今世界反对单边主义和种族主义最有效的理论武器，如果世人都遵循和而不同而寻求发展，世界大同将指日可待。

中和之道也直接丰富了和合的内涵。和合最早见于甲骨文、金文。和的初义是声音相应和谐，合的本义是上唇与下唇合拢。老子、孔子和墨子均把和合提升到哲学范畴的高度，和指异质因素的共处；合指异质因素的互补互济；和合则指异质因素由此形成的合力，呈现出和谐统一的局面。在这一基础上，孟子、庄子及《周易大传》又丰富了其内涵。孟子强调“天时不如地利，地利不如人和”（《孟子·公孙丑下》），认为天时、地利、人和三者比较，人和是最为重要的；庄子则认为“四时迭起，万物循生，一盛一衰，文武伦经；一清一浊，阴阳调和，流光其声”（《庄子·天运》），“与人和者，谓之人乐；与天和者，谓之天乐”（《庄子·天道》）。而《周易大传》则认为乾坤是万物的资始资生，“乾道变化，各正性命，保合太和，乃利贞”。这里的“太和”即和合。

和合上升为中国哲学范畴，为家庭和睦、人际和谐、天人合一的关系奠定了良好的理论基础。家庭尊老爱幼，和睦顺达；人际和谐相爱，宽容豁达；天人之间，相依相从，和顺自然。而凡和合者，以中和最贵，和合中可见中和之重要。

5.1 和而不同是中国对世界文明的伟大贡献

中和之和，乃和而不同，即孔子强调的“君子和而不同，小人同而不和”(《论语·子路》)。早在西周末年，史伯就认为和与同是有差异而又有联系的一对范畴，“夫和实生物，同则不继”，“以他平他谓之和，故能丰长而物归之；若以同裨同，尽乃弃矣”(《国语·郑语》)。春秋时晏婴进一步发扬了史伯的和同思想，认为五味相和，“济其不及，以泄其过，方能成为美羹。若以水济水，谁能食之？若琴瑟之专一，谁能听之？同之不可也如是”(《左传·昭公二十年》)。晏婴不仅承认事物是多样性的统一，而且提出“相反相济”的观点，如“清浊、大小、短长、疾徐、哀乐、刚柔、迟速、高下、出入、周疏，以相济也”(《左传·昭公二十年》)。

和而不同这一哲学范畴的内涵是西方哲学中不曾有的，其是解决当代最棘手的矛盾的最佳理论武器。和而不同的内涵充分揭示了事物的发展规律。地球上的生命，是碳、氢、氧、氮、钙、镁、磷、钾、硫、钠等30多种不同元素和谐为一体的结果，没有这些不同的生命元素和谐统一，就没有地球上的生命。同样，单一种群的森林很容易因虫害而遭遇灭顶之灾，而多元种群的森林长期枝繁叶茂，这是因为专吃某种特定植物的昆虫很难大量繁殖、泛滥成灾，被某种昆虫啃食的植物仅是森林里众多植物中的一元，而这一元的分布也不一定是集中的，况且森林中还存在着以这种昆虫为食的鸟类。19世纪中期，爱尔兰人民偏爱卢姆伯这种马铃薯，因而当枯萎病袭来时全国的马铃薯颗粒无收，仅3年就饿死100万人；我国栽种的红富士苹果，由于长期满足于单一品种也招致退化。

在当今国际社会，用和而不同的视角来看，搞单边主义和霸凌主义最终会走向衰亡。单边主义者和霸凌主义者时时都想成为国际“恐龙”，想成为当年的罗马帝国，想把太平洋作为自己的内海，但单边主义者和霸凌主义者知否，罗马帝国威震四方800年后居然从历史上消失了，灰飞烟灭，只剩下当年的罗马建筑遗产。难道放肆而任性地推行霸凌主义，能踏出同而不和魔咒？

中华民族自古以来形成的和而不同观念使我们受益良多，其中最大的受益是中国远古文明成为世界唯一传承至今而未中断过的文明。古巴比伦文明在公元前10世纪就消失了，古印度哈拉帕古文化过早地衰亡了，古埃及文化仅残留着壮丽的金字塔，古希腊文化因被罗马人征服而夭折了。古巴比伦、古印度、古埃及、古希腊因文化资料、文化观念及文化的创造性等没落导致文化的萎缩，而古中国文化却能避免踏进文化萎缩的陷阱，这首先得益于古中国社会和而不同观念的形成。

春秋战国时期（公元前770—公元前221年）是中国历史上大动荡、大分化、大改组的变革时代，因而也是民族大迁徙、大纷争、大融合的时代。《淮南子》一书把中国所有的民族看成是一家兄弟。根据春秋战国时期的青铜器铭文，可考的"国"名有32个，从北部的秦、晋、燕、齐，到南方的楚、吴、越、巴、蜀，其文学结构、文章条理以及思想都有一致性，可见并不是秦始皇时期才统一文字的。春秋战国时的《诗经》《离骚》《天问》及更远古的《易》《山海经》，在各"国"广为流传，无文字或思想障碍，中华民族的命运共同体就此形成。虽然每个民族都有自己的特性和特色文化，但各民族又凝结在中华民族的大称谓之中。中华民族各族居民长期杂处，难怪元代中叶意大利传教士鄂多利克在其《游记》中感叹道："那样多的互不相同的种族能够和平地居住在一起，受同一政权的管理，我觉得这实在是世界上最大奇迹之一。"

和而不同这一重要的哲学范畴为什么会在中国产生，而且很自然地成为中华民族的思想观念？有下面三个主要原因。

其一，中国在远古时期首先打破内婚制。内婚制是在一定的血缘或等级的范围内选择配偶的一种婚姻规则，只准部落不同氏族之间通婚。例如阿拉伯人堂兄妹可以结婚，日本皇室只能与近亲通婚。而中国的先祖炎帝和黄帝就允许部落间相互通婚，从而促进了中国南北不同文化的直接交流和渗透，从家庭这个社会细胞层面为和而不同观念的产生奠定了社会基础。

其二，巫医方剂方法论直接孕育了和而不同的思想。中医药传承了几千年，也孕育出和而不同思想，因为中医药方剂的特色在方的配搭上，就明确提出“君、臣、使、佐”概念，且为了治愈某一疾病，将不同的药进行有机、系统配合，以求达到最佳效果，促使有目的、有序的方剂的形成。巫医作为原始族人的崇拜者，他们首先推动了和而不同哲学思想的萌芽。

其三，五行学说直接导致和而不同观念的产生。《尚书·洪范》提出“鲧堙洪水，汨陈其五行”，“五行，一曰水，二曰火，三曰木，四曰金，五曰土”。西周的郑伯由此认为“故先王以土与金、木、水、火杂以成百物”，进而得出“夫和实生物，同则不继”（《国语·郑语》）的结论。认为多样性的统一（和）促成发展，单一性（同）导致衰落。

和而不同是事物发展的规律，用则兴，弃则衰，是当今世界最需要的指路明灯。因此，它是中国古人对世界文明的伟大贡献。

5.2 中庸方法论告诉我们什么

孔子拈出中庸作为道德准则，便是以中和为常道，认为只有“允执厥中”，养成中庸之德，“不得中行而与之”（《论语·子路》），才能进入中和之美的境界。由此而形成的中庸方法论，则是我们应用于实践的有效方法论。那中庸方法论告诉我们什么呢?

（1）关于和谐。和谐不是忍让，也不是安抚，而是“朋友来了有好酒，敌人来了有猎枪”，《周易》的谦卦最能说明问题。和谐是从对不和谐的斗争中而获得的，不是等待和一厢情愿。和谐的前提是互相尊重，而且必须备有撒手锏。

（2）关于平等。平等的本质是“均机会”而非“平均”。“劳动差距”形成的“不平等”，在“本质上体现出平等”；平均主义不仅不是平等，而且是剥削，它把上进的人与懒惰的人拉齐，把拥有技能、勇于创新的人与墨守成规、得过且过的人拉齐，把发挥智慧劳动的人与只应付普通劳动的人拉齐，这就是剥削，也就是不平等。

（3）关于民主。民主是对主体意识的确认，是对人的权利和尊严的尊重。民主涉及普选、合法反对、政党政治、责任内阁、公务员制、民意的张扬、不分贵贱的教育制度、性别非歧视、民族非歧视、老幼非歧视等。若它们不建立在平等的基础之上，那这样的民主则是伪民主。

（4）关于自由。自由是对束缚的解脱，它意味着人在法律允许的范围按自己的兴趣、志向和利益去追求、去进行、去创造，而不是违背自己的兴趣、志向和利益被迫行事。自由，包括生活方式的自由、信仰的自由、言论的自由、教育的自由、婚姻的自由、男女交往的自由及兴趣的自由、志向的自由、追求自我利益的自由等，如果没有平等作为前提，这些自由会立即失去本身的意义。

（5）关于竞争。竞争是社会前进的助推器。人的本性中就有好胜心和自尊心，而公平是保障人的合理竞争的前提。足球、篮球、排球、乒乓球等比赛选手的争胜，武打和拳击双方的决胜，高科技的核心技术双方或多方的竞争，都必须在公平的基础上进行。在竞争中合法合规地取胜才是令人钦佩和尊敬的胜利。垄断式的“竞争”或“黑哨”中的“竞争”则是伪竞争，它们将破坏真正的竞争。

（6）关于自信。自信是一盏不灭的心灯，照亮自己奋斗的前程。自信者坚信自己的能力和力量。自信是一种相信自己的情感表现，是在充分明白自己的实力和意志之后拥有信心的体现。如果目标超出自己的实力、意志，就是自负，一旦遇上挫折，就显现出自卑。所以说，一个自负者，哪怕他趾高气扬、傲慢无礼，其实他的潜意识中却是自卑。

（7）关于爱情。爱情系男女双方发自内心的相互爱慕并渴望对方成为自己终身伴侣的感情，是男女恋人之间的心心相印。它包含性欲的因素，但并不归结为性欲，若男女双方只为了性欲，那自然不存在爱情；若男女双方之间只存在友情，那也不能称为爱情。那种一时兴起并愿牺牲一切的情感也不算爱情，爱情有助于异性事业的成功，而不是相反。

（8）关于谦虚。谦虚是一种自信，而非懦弱。当一个人谦虚时，他有自知之明，虚心好学，从不自满，虚怀若谷而实事求是。在他人面前感觉低人一等的“谦虚”，是一种奴才式的谦虚；在他人面前认为高人一等的“谦虚”，是一种虚伪式的谦虚；在他人面前总认为该鞠躬致敬的“谦虚”，是病态的谦虚。谦虚不能失去自我的尊严，在维护自己尊严的前提下，把别人优点学过来，才是真正的谦虚。

（9）关于忍让。忍让不是软弱可欺，是对非原则性问题采取得理让人，控制情感，冷静地处理而容忍退让的态度。若在原则性问题上容忍退让，那不是忍让，而是软弱无能；若不讲原则，见事就大事化小，小事化了，那是慵夫。

（10）关于学习。学习需要适度，适度学习，才能消化、回馈、反思，形成一个良性的循环。老子说：“企者不立，跨者不行。”踮着脚跟不能久立，跳跃而前不能远行。一份调查报告显示，1977—2008 年间全国的 1000 余位高考“状元”中，没有一位是做学问、经商、从政等方面的顶尖人才，他们的职业成就远低于社会预期（《解放日报》2010 年 6 月 18 日）。

（11）关于利润。利润是商品在销售后所获得的超过成本价格的余额。在企业经营中，企业家若去追求企业“最大利润”，则往往会因经营失衡，其利润反而不如预期，甚至会亏损而走向预期的反面；企业家若去追求“满意利润”，经营平衡，其利润反而会稳中有进，甚至超过预期。

5.3 “一带一路”倡议和“构建人类命运共同体”是对和而不同的创造性转化

翻开中华民族对外开放的史册，最耀眼的就是汉唐盛世的丝绸之路。西汉张骞通西域，首开丝绸之路，也是开放之路。到了盛唐，丝绸之路盛极一时，玄奘成了中印文化交流史上的巨星。而明清的闭关锁国，导致丝绸之路荡然无存。可以说，丝路兴，则国兴；丝路衰，则国衰。丝路兴衰是国之兴衰的一面镜子，这都因开放与闭锁使然。

中国的改革开放已进入深水区、进入新时代，随之而来的是中国人的观念更加与改革开放同步。在此时，习近平总书记提出以“一带一路”倡议，并呼吁“构建人类命运共同体”，在国内外引起热烈反响，并被写进联合国决议，“一带一路”倡议受到许多国家的认同和支持。其背后深层次的原因是“一带一路”倡议和“构建人类命运共同体”是对和而不同的创造性转化。

“一带一路”是指“丝绸之路经济带”和“21世纪海上丝绸之路”。就现代意义来讲，通过共商、共建、共享，使互利共赢、区域合作、文化交流的基础设施先行，从海路和陆路疏通世界通道，从而取得共同发展，即发现世界性的可持续、平衡、包容增长，让不同国家、不同阶层、不同人群共享经济全球化的好处。

“一带一路”倡议和“构建人类命运共同体”是怎样对和而不同进行创造性转化的呢？

和而不同的“和”是指不同的、对立的东西和合、统一，“同”是指相同的东西简单相加或同一。和合者，和谐且合作。要使不同国家、不同阶层、不同人群和谐合作，就需要共享经济。如何才能让不同国度共享经济呢？唯“一带一路”不可。从和而不同的视角来看，春秋末期的思想家晏婴对此有一个生动的说法：以烧汤为例，所谓“和”，就是拿水、火、酱、醋、盐、梅等来烹饪鱼肉，用柴来烧，厨师加以调和，使味道恰到好处，“济其不及以泄其过”，君子吃了，心平气和；“同”则是以水调剂水，不用酱、醋、盐、梅等材料相互配合，毫无味道，谁也不愿吃。晏婴这里说的烹饪鱼的不同原料，如火、酱、醋、盐、梅等，就好比“一带一路”沿线国家的不同资源、不同需要、不同文化，用共商、共建、共享的“一带一路”串通，使其互通有无，互相交流，取长补短，合作共赢，这是一个非常切合人类实际需求的伟大构想和实践，已经受到越来越多的国家和人民的欢迎。法国人柯兰·弗拉商著文称“一带一路”需要为自由贸易的全球化提供便利（法国《世界报》2018 年 11 月 21 日）；新加坡前外长杨荣文称“‘一带一路’打造史诗般故事”，“一带一路”意在创造巨大的交通流量，是在 21 世纪对古代陆上和海上丝绸之路的复兴，最终我们将会发现欧亚大陆被纵横交错地连接起来，“用生物学来形容，这样的互通犹如人体的血管再生。首先血管生长，接下来物流公司提供血液循环，然后器官得以发育”（香港《南华早报》2018 年 11 月 12 日）。

党的十九大报告强调“社会主义核心价值观广泛传播，中华优秀传统文化得到创造性转化、创新性发展”，习近平总书记在此给我们做出了榜样。

6 论智慧

智慧是通向文明的桥梁。智慧包含思想、创新和实力。因此，不管是人、群体（企业）还是国家，只要他（它）是智慧的，必须有思想、有创新、有实力。一个有智慧的人，他应有独立的思想、创新的举措和能显出实力的本事；一个有智慧的群体（企业），必须体现出它特有的群体文化（企业文化）、创新的氛围和成果及具有竞争力的产品；一个有智慧的国家，必须体现出它具有影响力和建设性的思想、雄厚的生产力，并且是创新型的国家。

有影响力的、正能量的思想，是智慧的人、企业、国家的第一要素。孔子被称为圣人，首先是因为他拥有有影响力的、正能量的思想，他的“仁爱”思想以及由其引申出来的“忠恕”思想，即“己所不欲，勿施于人”被世界各国的人们广泛接受。环顾中外文化史，凡讲智慧都以思想深浅为准绳，而中国哲学是中华民族智慧的集中表现，是中国文化的精髓和核心，在整个中国文化系统中起着主导作用。诸如文学、艺术、伦理、教育、科学等，若不能体现出一种思想，它就会立刻贬值。思想是一个人的灵魂，要做一个有智慧、有成就的人，应努力锻造自己，不管你的职务高低、身份贵贱，只要你成为一个有思想的人，就有可能成为有智慧的人，因为思想是智慧的第一前提。

创新举措是智慧的体现，也是智慧的一面镜子。创新，是产生新思想、新发现和创造新事物的能力。创新体现出独创性，当你选择好一个科研新课题或一个文艺新题材以后，能在这个新课题或新题材上有重大而奇特的发挥，从而使得科技界或文艺界都惊愕并承认压根儿想不到这些东西，这就是创新。东汉的张衡创造性地发明了浑天仪和地震仪，不愧是自动机械的先驱和天才，他是一位有智慧的人；近代作家鲁迅从旧中国贫弱的国民性中练就出《阿 Q 正传》，这是当时许多作家都望尘莫及的，他也是一位有智慧的人。一个群体（企业）是有智慧的，必须有叫得响、有特色、有声誉的名牌产品；一个国家若被称为有智慧的国家，其在思想领域、科技领域和工程领域必然有多项成果领先于国际水平。

智慧不是空中楼阁，而是贯穿在实践之中从而体现出来的一种实力。在实践中，一个有智慧的人，他有认识、辨析、判断、处理事务的能力，能审时度势、择机而行；能把常人难办的事办好；能把失败转化为成功；能把自己的优势发挥到极致；能以寡敌众、以少胜多；能准确地预见未来；能从容应对突发险情或刁难；能拨开迷雾找准前进的大方向；能即时发现豪强的软肋并攻之，攻则必克；能举一反三地解决困惑众人的难题；能以智勇胜敌；等等。有智慧的企业，能在与同行企业的竞争中取胜；能以最大力量发展自己的核心技术而不仰赖于他人、他国；能抓住顾客的心理开发产品，并实现产品的人性化、人本化。一个有智慧的国家，它的科技是世界一流的；它的文化是世界领先的；它的哲学是引领世界的；它不仅是先进之邦，也是礼仪之邦。

智慧与聪明相近，但其内涵远远超越了聪明。智慧的人必须具备下面五个品格：第一个品格是，智慧的人懂得自己是什么、该做什么。在人生的道路上，脚踏实地，既不狂妄也不卑怯。有自知之明，知道自己的特长和弱点，知晓自己“几斤几两”，不妄自菲薄，也不妄自尊大，能在有限的时间内把自己的特长发挥到极致。第二个品格是，智慧的人犯了错能立即改错，不犯同样性质的错误；更善于从别人、别的企业、别国的错误中吸取教训，不犯别人、别的企业、别国曾犯过的错误。第三个品格是，时时思虑周到，公正无私，特别能精准地预测未来，从容应对未来将发生的问题。第四个品格是，有独立思想，有仁爱观念，有独特见地，对根本原则能坚持，对事物发生的原因有深刻的见解。第五个品格是，有韧劲和柔力，善于破解疑难困局，并能选择最适合自己的目标和方法去力争胜利。

智慧不仅是知识的积累、经验的积累、思考的积累、磨难的积累，更是践行和审时度势后的结果。孔子把智慧和仁爱放在同等重要的地位，他把智、仁、勇称为“天下之达德”；古希腊的亚里士多德也坚持认为，智慧所达到的目标必须是善良的，实用智慧与道德优点应该连结在一起。孔子和亚里士多德的这一观点是十分重要的，也极具现实意义。智慧的人应是仁者，这是智慧的道德前提。智慧是金果，它必须结在善良的果藤上。

6.1 智慧之树长青

改革开放前，中国穷得响叮当。外国人到中国，都以轻蔑的眼光看中国人。40年以后，中国一跃成为世界第二大经济体，外国人到中国，坐上舒适快捷的高铁周游中国时从心底产生了震撼。改革开放40年，从特大穷国变为富国，这不仅要靠中国人齐心奋斗，更要靠中国人发挥自己的智慧。故，智慧之树长青。

美国和苏联研究卫星和导弹的时候，中国的航天事业还是一张白纸。后来中国的航天事业突飞猛进，美国有人傲慢地说：中国人总是窃取他们的技术，到美国读书的是间谍。当中国人自己设计的嫦娥四号第一次降落在月球背面以后，大叫“中国人窃取技术”的那些人哑口无言，这就是智慧。故，智慧之树长青。

港珠澳大桥是目前世界上最长的海上大桥。它的建设遇到了建桥史上许多的第一次。当中国工程师遇到沉降课题难以突破时，请西方专家协助，他们在咨询费用上狮子大开口。修建港珠澳大桥的中国工程师是一群硬汉，他们靠自己的力量解决了世界修桥难题，这就是智慧。中国的铁路发端迟，在改革开放初期，中国的绿皮火车一票难求，而且时速是40千米，从成都到重庆这样短的距离也要走一天一夜。改革开放40年，中国一跃成为高铁大国，截至2018年年底，中国高铁营运里程超过2.9万千米，占世界高铁总里程的2/3。而美国这样的世界第一大经济体却至今没有高铁，美国加州高铁项目修了10年却拖成了“烂尾”。显然，这不是因为美国没有技术，而是美国政客在高铁项目上的争论及管理上的问题。中国高铁从质到量的飞速发展，靠的是智慧。故，智慧之树长青。

6.2 中国古代哲学智慧

中国古代思想家老子、孔子及其他古代圣贤的独特并具有世界意义的哲学思想，充分体现出中国古代哲学的智慧。

关于运动为万物之母的本体论观点，春秋时期的老子就有过阐释。老子是中国辩证法之父，他可与古希腊的赫拉克利克媲美。老子认为万物生成的规律是“道生一,一生二,二生三,三生万物。万物负阴而抱阳，冲气以为和”(《道德经·第四十二章》)。“一”是“道”所生，那么老子的“道”又是指什么呢？老子又说“天下万物生于有，有生于无”(《道德经·第四十章》)，显然，这里的“无”就是“道”。在老子看来，“道”是“天地之根”，是“万物之宗”。依恃它，天地才得以生成，日月才得以运行，万物才得以繁衍。天地万物生成变化的最终原因，是这“浩浩大化”“生生不息”的自然界的原动力，是天地万物永不枯竭的生命之源。现代自然科学研究的成果认为：运动是物质不可缺少的属性，是物质存在的方式。运动与物质不可分地联系着，物质不可能离开运动而存在。运动是永恒的，是既不能被创造也不能被消灭的，运动就是任何一种变化，它包括宇宙中发生的一切过程。恩格斯在他的《反杜林论》一书中强调：“运动是物质存在方式。”这里要强调的是，关于运动，17~18世纪的西方哲学曾把运动首先理解为机械运动，即物体在空间的位置移动，后来欧洲哲学用辩证观点提升了运动的内涵，即运动可以互相转化，但从未把运动提高到“万物之根”“万物之宗”这一高度。而两千多年前的老子却揭示了这一规律。运动是物质的存在方式，运动就是物质的“生命”，依靠运动，才有万物，才有宇宙。这个运动，虽然有时候看不见、摸不着，但又是万物中存在的，它似“无”又“有”，这种“无”之所以被称为“道”，其源也在此。老子提出“天下万物生于有，有生于无”，确立了科学的本体论，为世界哲学做出了重大贡献。

中国春秋晚期伟大的思想家、教育家，儒家学派创始人孔子的思想精华在“仁爱”和“忠恕”。基督教中的“博爱”和伊斯兰教中的“仁爱”“善良”也与孔子“仁爱”观相合，这里只谈西方哲学和宗教所缺少的“忠怒”观。孔子的“忠恕”观主张将心比心。“忠”体现在“己欲立而立人，己欲达而达人”（《论语·雍也》），自己有什么欲望，总要推而广之想到别人也有这样的欲望，自己的欲望得到满足时，也要使别人满足这样的欲望。“恕”体现在“己所不欲，勿施于人”（《论语·颜渊》），自己不喜欢的欲念，绝不用于他人。孔子的“己所不欲，勿施于人”被载入法国 1793 年宪法所附的《人权和公民权宣言》和法国 1775 年宪法所附的《人和公民的权利和义务宣言》。1993 年世界宗教大会发布的《全球伦理宣言》也将孔子的“己所不欲，勿施于人”确定为人类伦理的“黄金法则”。

西方哲学很少强调研究对象的整体性，即便是后来提出的系统论，其内涵也与中国哲学中的整体观相差甚远。中国古代圣贤讲整体观，集中体现在《易经》的阴阳八卦之中。阴阳八卦不仅从正反两种相互矛盾的角度来辨析事物，而且将不同质（主要象征天、地、雷、风、火、水、山、泽）的自然现象视为一个有机而和谐的整体。由此，形成“天人合一”的整体观、人与社会和谐统一的整体观和心与身一致的整体观。中国古代哲学的整体观强调人与环境、自然、社会、人自身的行为和思想之间的整体性，不仅弥补了西方哲学的欠缺，而且对现代社会发展极具现实意义。

中国古代著名军事理论家、军事活动家孙武的军事哲学思想所强调的“不战而屈人之兵”与西方军事力主以力胜敌迥异，这也是对世界军事哲学的重大贡献。他在《孙子兵法·谋攻》中倡导“故善用兵者，屈人之兵而非战也，拔人之城而非攻也，毁人之国而非久也，必以全争于天下，故兵不顿而利可全，此谋攻之法也”。善于用兵打仗的人，不用进行交战就能使敌军屈服，不靠打硬仗就能夺取敌人的城邑，不需久战就能灭了敌人的国家，务求以全胜的谋略争胜于天下，军队就不至于疲惫受挫，又可以完满地获得胜利，这就是谋攻的法则。应该说，这也是军事上的最高智慧。

中国古代哲学智慧，体现了老子“有无”的本体论，孔子的“仁爱”观和“忠恕”观、《易经》的整体观和孙武的“不战而屈人之兵”，不仅丰富了世界哲学的宝库，而且让这种哲学智慧极具现实意义。

6.3 实践中的智慧

从理论上讲，智慧是提出与众不同的、前所未有的新论点、新方案、新举措或新发现，或者做出创造性的事业或作品。而在实践中，智慧还有很多具体表现。

（1）按规律办事的智慧。自然规律和社会规律不是以人的意志为转移的，顺规律则生存、发展；逆规律则死亡、停滞。这就是老子、庄子所主张的办事要顺其自然。中国古代有些帝王却偏偏追求长生不老这一违背自然规律的目标，愚昧地食用含毒的“炼丹”“仙丹”，从而纷纷英年驾崩，这就是最好的反面例子。

（2）以我为主，博采众长。对外国的优秀文化采用“拿来主义”，以我为主地消化，中国共产党把马克思主义中国化就是成功的范例。就个人来说，善于学习别人的优点为己所用，并始终保持自己的特色，这才是智慧的，而不是吃猪肉变猪、吃狗肉变狗。

（3）不犯别人已经犯过的错误。任何事情都要自己犯错了才知错是愚蠢，不犯自己曾经犯过的错误是聪明，不犯别人犯过的错误是智慧。善于避免别人、别国犯过的同类错误，这是智慧人的“买卖”。中国改革开放之所以成功，其中一个很重要的因素是吸取了苏联的教训。

（4）能辨别善恶、美丑、真假。能辨别善恶，则能避恶从善；能辨别美丑，则能爱美蔑丑；能辨真假，则能踏实避诈。

（5）不盲目地学习。智慧的人懂得有针对性地按自己的特长延伸式地学习，因为他懂得：一个人的特长发挥到极致才是成功。

（6）能掌控自我，延迟满足。智慧者懂得，为了即时满足，就会出现浮躁，基础不牢；而延迟满足，才能不求一时一地的得失，着眼于长远，增强实力，筑牢基础，树大需要根深，根深需要功夫和时间。

（7）能洞察机遇，抓住机遇。智慧者深知机遇是为有能力的人准备的，于是在平时苦练功夫，机遇一来，绝不失去。

（8）“郎才女貌”是夫权时代的择偶标准。智慧者懂得不以容貌选妻，而以心心相印为前提，加之勤劳、聪慧，则是上佳的配偶。智者诸葛亮即如是。

（9）愚蠢的人不学习、不实践；聪明人只学习、不实践；智慧者边学习、边实践。不学习、不实践的人越来越无能，会感到人生无聊；只学习、不实践的人只能纸上谈兵；边学习、边实践而持之以恒者，将来可能成大器。只学习、不实践的人，将来最多是小气之人；不学习、不实践的人将来肯定成不了器。

7　论有无

老子曰："天下万物生于有，有生于无。"天下的万物从具体的事物中产生出来，而具体的事物是从抽象的"道"产生的。老子把抽象的"无"作为万物的本源，他似乎发现了事物运动的规律。老子在《道德经》中反复阐释"道"，认为"道"是"万物之根""万物之宗"。依恃它，天地才得以生成，日月才得以运行，万物才得以繁衍。老子所说的"道"，它"无名"，肉眼不可见，是天地的本源，"有名"则是万物的根本。老子所说的"无"（"道"），不仅是规律和法则，而且是他隐隐约约发现了当今哲学所说的运动。两千多年前的老子已隐隐约约地发现了无形又属于"万物之母"的运动，真堪称大智慧。

运动是物质的运动。宇宙中没有什么事物是不运动的，因为运动是物质存在的方式，只有宇宙中各种形态的运动才会产生物质本身。我们从微观的最小的基本单位原子来说，原子中的原子核带正电荷，电子带负电荷，本来是异性相吸，由于电子在围绕原子核做神速旋转运动而抵消了高质量的原子核的吸引力。一旦电子衰变逐渐减速或停止旋转，它会立刻被具有强大吸力的原子核吸进核内，进而结合成中子，宣告原子的死亡。

万事万物都从无至有。看似"无"的星体，通过运动凝聚了暗物质，进而形成了新的天体，这是从无到有；老年的星体，由于运动的转换，变成了死星、空洞，似乎又从有到无。大自然（包括人类）皆离不开这个"有无"规律。后来，中国先祖从人的生老病死、四季的更替、草木的枯荣、婴孩的出生与成长进一步明确了"有无"的自然规律，并将"有无"思维和观念升华为中国古代哲学的一对范畴，其内涵是："有"，指有形、有名、实有等；“无”，指无形、无名、虚无等。

老子总结道：“有无相生，难易相成”（《道德经·第二章》）。

“有无”作为一对哲学范畴现实意义重大，主要有下面几点。

其一，直接冲击了儒家传统的生死观。生死观是孔子思想的软肋，他对死的问题一向抱着回避的态度，而客观现实中又时时死人。他用“未知生，焉知死”（《论语·先进》）来遮掩这样的话题，这也使得“独尊儒术”的封建时代，人人忌讳谈及死亡又无法解其奥妙。在引导人正确地对待生死，从而激励人生而不苟活这方面，庄子做出了榜样。庄子在哲学观念上继承了老子的思想，认为“无”并非完全不存在，而是万物的根本或本源：“泰初有无，无有无名；一之所起，有一而未形”（《庄子·天地》）。庄子运用“有无”哲学思维得出“生也死之徒，死也生之始，熟知其纪！人之生，气之聚也；聚则为生，散则为死”（《庄子·知北游》）的科学生死观。故庄子的妻子正常死亡，他击盆而歌，“以死为安”，庆祝辩证法的胜利。

其二：“有”依靠“无”才能存在。《周易大传·系辞下》关于理解“有无”有个生动的借喻：“子曰：‘隼者，禽也。弓矢者，器也。射之者，人也。君子藏器于身，待时而动，何不利之有？动而不括，是以出而有获。语成器而动者也。’”孔子议论说：隼是飞禽。弓矢是器具。射箭的某公，是人。君子藏弓箭于身，等待时机而动，有何不利的。不动则已，动则非常灵活自如，所以一箭射中。这就是说，君子“学得成器”而后才能用。这个借喻生动地说明了两个问题：一是学了东西看似“无”，当用时方为“有”，体现了“有无”之不可分；二是弓箭藏于身看似“无”，突然拿出来射禽，使“无”（隐藏）变为“有”。这都说明一个道理：“有”依靠“无”才能存在。

其三，军事上采用“无形”，才能稳操胜券。孙武将老子的“有无”观运用于军事，使军事谋略顿然升值。他是这样阐述的：“故形兵之极，至于无形；无形，则深间不能窥；智者不能谋”（《孙子兵法·虚实》）。示形诱敌的方法运用到极妙的程度，能使人们看不出一点形迹（“无”）。这样，就是有深藏的间谍，也无法探明我方的虚实，即使很高明的敌人，也想不出对付我方的办法来，这采用的便是以“无”胜“有”的军事谋略。孙武通过“有无”观，把“有无”思维发挥到了更高境界，用“不走”“不击”“不攻”“不争”“不受”这种军事上的“无”去争取胜利（“有”），即“涂有所不由，军有所不击，城有所不攻，地有所不争，君命有所不受”（《孙子兵法·九变》）。道路有的不要走，敌军有的不要打，城池有的不要攻，地方有的不要夺，国君的命令有的不要接受。这才是一个前线指挥官一种应有的灵活机动的制胜法宝。

其四，精神之“无形”与形体之“有形”相得益彰。“有无”这对哲学范畴还反映出精神与形体之间的辩证关系，两者互动则神采飞扬，两者分离则灰暗。精神是看不见、摸不着的，形体是看得见、实在的。它体现出“无”与“有”之间不可分割的关系，而精神（“无”）在形体（“有”）中存在，形体才具有活力；缺少精神（“无”），那就成了行尸走肉。故范缜在他的《神灭论》中说：“形存则神存，形谢则神灭。”形体存在，精神就存在；形体失去，精神也就消亡了。

其五，吃亏（无福）是福（有福）有现实意义。在现实世界中，我们做决策时常会采取或接受一个明显导致损失的选项，比如吃亏。中国民间自古流传吃亏是福的说法，这是否是真实的呢？中国科学院心理研究所行为重点实验室李纾研究组与山东师范大学博士赵翠霞，共同研究基于世界成功人士的吃亏轶事，探讨吃亏与福报之间的关联，研究结果表明，吃亏是福不仅仅是个传说，也有突出的现实意义。笔者对此命题也做过多年的调查研究，其结果与李纾和赵翠霞的研究结果相同。这一研究成果将会促进无私为民的志愿者的志愿行为，有其积极的意义。

其六，“无”中有“有”，别小看“无”。沙漠是荒凉、贫瘠之地，但世界上许多大沙漠底下却蕴藏着储量惊人的石油、天然气资源，而且名列前茅的几个世界级大油田都在沙漠区。由于从油气田扩散到地表的烃类分子，不适于生物生存，从而使土壤沙化。正是油气田的存在（“有”）使地表形成了不长植物的沙漠（“无”）。这是“无”中有“有”的生动写照。

其七，无欲则刚。欲望与刚强本无直接关系，但古往今来的许多事例证明：无欲则刚。也就是无欲望才能产生刚强，这是精神上“无”生“有”的典型事例。一个人欲望多了、大了，就会生贪心；欲望过多、过大，就会因挡不住诱惑而堕落。韩非子强调“有欲甚，则邪心胜”（《韩非子·解老》），许多贪官污吏就因有贪欲而生邪念并走向歧途。历史上著名的清官包拯之所以是得民心的好官，就因他无欲则刚，克己奉公，两袖清风。他前往陈州放粮赈灾时，一日三餐只吃“落斛粥”（次米熬的粥）。他为官几十年，衣食住行只求能饱能居而已。于是他对个人、对生活从无他求，就不怕丢官，敢于搏击权贵，抑制豪强。无欲为民，这才是为官之道，受民爱戴之道。

7.1 “无中生有”

大家知道“无中生有”这个成语是贬义的，指把没有说成有，凭空捏造，造谣生事，信口雌黄。而中国哲学范畴的“无中生有”则是包含哲理的、真实的、符合客观规律的。

在大自然中，到处都有“无中生有”的现象。人，当母体的卵子受精以后，胎儿开始形成，人从“无”到“有”；动物，当它们逐渐老去直至死亡，其身体将从“有”到“无”。宇宙中的星球亦是如此，通过运动产生新星，星球从“无”到“有”；又经过若干光年，星球老化变为黑洞，便从“有”转化为“无”。可以说，“有无”这对矛盾范畴反映出大自然和宇宙生生不息的自然规律。

最早发现这一自然规律并将其提升为哲学范畴的是老子，他说：“无名，天地之始；有名，万物之母”；“天下万物生于有，有生于无”（《道德经·第四十章》）。他认为“无”比“有”更为根本、重要，“三十辐共一毂，当其无，有车之用”；“有之以为利，无之以为用”（《道德经·第十一章》)，三十条辐集中到一个毂，有了毂中间的空洞，才有车的作用。“有”给人的便利，完全靠“无”起着决定性作用。用现代哲学视角来看，“无中生有”体现出两种形态：一种是狭义形态；另一种是广义形态。狭义形态的“无”，是指看不见、摸不着，难以觉察的运动。宇宙万物之所以存在，都是自身不断运动的结果，运动启则物质生，运动去则物质灭，运动是物质存在的前提。看似“无”的运动，却是物质运动变化的承担者，这种“无”的运动承担着“有”的物质运动变化。广义形态的“无”，是指产生与众不同的、前所未有的新思想、新发现和创造新的事物。其实，这就是我们常说的创新。创新，将想出新方法、建立新理论、做出新成绩。这个“新”，就是广义的“无”，这种创新的“无”是指学别人所未学、想别人所未想，掌握新知识，想出新点子。

另外，在创新活动过程中，还有一种从无到有的东西，这就是灵感。它是创造性劳动过程中出现的一种达到高潮的心理状态。创新者久思不得其解，废寝忘食，苦于无解，这“无”的困惑和烦恼，却在睡梦中或餐桌上，或闲聊和休闲之时，豁然开朗，思潮涌动，浮想联翩，“有”解的灵感从长期困顿的“无”中喷出。这种飞跃，显出“无中生有”的特性。

“无中生有”，从哲学视角来看，不仅是存在的，而且是宝贵的，我们应好好珍惜它。

7.2 “无为而无不为”

“无为而无不为”，是老子提倡的一种行为准则。他说：“道常无为而无不为”(《道德经·第三十七章》)。“道”经常是无为的，而没有一件事物不是它所为。“道”即“无”，是宇宙的本源，自然而然地生成天地之物。就其自然而然来说，“道”既是“无”又是“无为”的；就其生成万物来说，它又是“有”，即“无不为”。所以说“无”“无为”是顺其自然，不妄为；“无不为”是说没有一件事不是它所为的，这实际上是“无”“无为”所产生的效果。庄子对老子这一思想做了确切的诠释："天无为以之清，地无为以之宁。故两无为相合，万物皆化生"（《庄子·天乐》）。天地皆以"无为"为法，天"无为"，才澄澈浩茫；地"无为"，才宁静广袤。天地相合，化生出一个姹紫嫣红、气象万千的锦绣山河。正如老子所言："人法地，地法天，天法道，道法自然"（《道德经·第二十五章》），天地"无为"是人"无为"的基石，故老子将"无为而无不为"作为人的一切行为应遵循的法则。

一个大公无私、处处为民做好事的人，看起来他无偿地为民贡献，自己不期望得到什么东西，也没有得任何东西，这是真正的"无""无为"，但他却得到快乐，心态舒爽。每做完一件好事，他就有一种幸福感，这是"无为"中的"有为"；当他常常为民做好事时，人民尊敬他、爱戴他、相信他，甚至关照他、保护他，这是"无为"中的"有为"。

一个默默无闻的科学家，一个不爱出风头而勤于教学或治病救人的教师或医生，一个为民致富而操心不辍的官员，一个坚守边防的边防战士，他们的默默无闻看似"无为"，实则是"无不为"。科学家的科研硕果累累、教师桃李满天下、医生为无数患者解除了病痛、官员使管辖的群众脱贫致富、军人守卫边防保家卫国，这就是一种"无为而无不为"。

处于"无为而无不为"的最高境界的是水。水从山溪间湍湍流来，水从天上徐徐降下，水从江河大海中涌来。水是生命之源，凡有水的地方，草木丰盛、动物繁衍；凡没有水的地方，就草木不长，动物绝迹。水是动植物和人的最大恩者，动植物和人一天也不能脱离水。但水的伟大并没有使它高高在上，颐指气使，水反而"无为"地朝最低处流去。水是生命之源，它却从不待价而沽，更不会以自己的重要地位去敲诈芸芸众生，而是谁需要，就免费给予谁；谁要多少，就给多少。水是生命的亲人，但它又从不高高在上；水不去争名逐利，但它又比金子还宝贵；水给动植物和人以生命，它却从不自傲。水是真正的"无为而无不为"者，是人真正的楷模。

7.3 “有无”哲学范畴对中国古典美学的直接影响

老子提出的“有无”哲学范畴对历代哲人影响颇深。庄子的发扬，王弼的精辟诠释，西晋傅玄的论说，以及之后的张载、朱熹、陆九渊、王守仁（阳明）、黄宗羲、王夫之的继承和发展，使中国“有无”哲学范畴形成有别于西方哲学的一大体系，它也直接影响了中国古典诗歌、绘画、雕塑、建筑及书法艺术。

“有无”哲学范畴对中国古典美学的影响，表现在中国古典美学中有别于西方美学的概念，如“空灵”“虚实”“形神”等美学范畴。

“有无”哲学范畴对中国古典美学影响最深的要数“空灵”美学概念的产生。什么是“空灵”呢？它是与实际（“有”）相对的“无”。明清之际的王夫之《古诗评选》卷四评潘岳《内顾诗》云：“‘精爽交中路’，想象空灵，固有实际”。“空灵”是指主体的想象空无挂碍，灵气飞动，容纳万境，意在象外，言有尽而意无穷。实际是指主体的想象和作品中的虚象要有实象的基础。以明代王谔的《溪桥访友图》一画为例，画所绘情景是：峰峦高耸入云，远山隐于云端，山腰处云烟缥缈，云层后似有楼阁显现。这里充分运用了山、云（“有”）和远天空阔（“无”），获得“空灵”第一境界。中近景竹楼、溪桥、牧童、水波、巨石等实际的“有”与远景的山、云、天空、旷野相结合，使“空灵”美达到第二境界。

“有无”哲学范畴还直接影响“虚实”美学概念的产生。“虚实”指艺术作品所表现的直观实境（“有”）与所暗示、象征的非直观内容（“无”）相互生成和统一。老子提出“天地万物生于有，有生于无”，他意识到了“有无相生”的辩证关系。西晋陆机提出文学创作是将虚的心意转化为具体可感的艺术形象。宋代范晞文强调“如实为虚，化景物为情思”（《对床夜话》卷二），通过描写景物（“有”）表现思想感情（画面上的“无”）。以明代文俶的《花蝶图》为例，此图是以文石、萱草、蝴蝶组成的园林小景。

这幅长幅画，巨石只占画面的2/5，其余3/5皆为空旷处，若只在其空，通过景物表达思想感情就无法显现。作者在上方大片空旷处点缀了成双成对的粉蝶，不禁让观者想到看不见的不远处有繁花昆虫、曲水长林，甚至一楼古屋、渔夫、樵夫，顿觉生机盎然。寄托画者高远之情思，这正是中国画的“虚实”之妙，也是哲理“有无”之韵。

“有无”哲学范畴也直接影响了中国美学中“形神”哲学范畴的产生。“形神”是指形体与神采，常用来评价书画。一般认为“神”（“无”）寓于“形”（“有”），“形”（“有”）表现“神”（“无”），以具有鲜明特征的形体显示创作主体的精神、气质，但更注重传神，神似高于形似，既要求“形神兼备”，又可以“离形得似”。清代张风的《观瀑图》就如此，画面右侧岩头布衣老者拱袖观瀑，左侧高崖陡起，飞瀑如练，远山列峙，深涧之间雾气蒸腾。构图布境兼取高远、深远二法，在峻洁奇险中，别有一种寄寓深远的韵致。期望通过大自然的熏陶、洗涤，达到自身完善之神韵。

8 论天人

“天人合一”是中国古代哲学的特色之一，至今也极具现实意义。关于“天人合一”的各种学说，都力图追索天与人的相通之处，以求天与人之协调、和谐一致。

最先发现“天人合一”的应该是炎黄时代的巫医。战国时代成书的《黄帝内经》中就处处体现巫医总结的四时变化（天）对人体的影响，医者顺时行医，方能奏效。《黄帝内经·素问》中强调脉与四时的关系，以及色脉合参的诊断价值，其中有段话大意是这样的：天地间的变化，阴阳四时与之相应。如春天的气候温暖，发展为夏天的气候暑热；秋天的劲急之气，发展为冬天的寒杀运气。人体的脉象也随着四时气候的变化而升降沉浮。春脉如规之象，夏脉如矩之象，秋脉如称衡之象，冬脉如称权之象。四时阴阳的情况也是这样，冬至到立春的45天，阳气微升，阴气微降；夏至到立秋的45天，阴气微升，阳气微降。四时阴阳的升降是有一定的时间和规律的，人体脉象的变化亦与之相应。脉象变化与阴阳升降不相应，即是病态。根据脉象的异常变化就可以知道病属何脏，再根据脏气盛衰和四时旺衰的时期，就可以判断出疾病和死亡的时间。中国先人从医学视角生动说明了人与自然（天）不可分割的关系。

人是自然之子，天与人本身是合一的，正如庄子所言：“天地与我并生，而万物与我为一”（《庄子·齐物论》）。人是自然之子，而不是自然之主；人是大自然的一分子，而且是很微小的一分子。天是大自然之规律，决定人的生、壮、病、死；人是大自然之娇子，他不仅是自然的一分子，而且是大自然中的精英。

“天人合一”强调自然与人相通、相类和统一，以求天下之协调、和谐与一致，是打开人性大门的一把钥匙。人性是人的自然性和社会性的综合产物，这不是靠人的主观意志所下的结论，而是拥有不可争辩的物质基础。我们人体的化学元素含量基本上与土壤的化学元素含量相同，人体每天吸收的动植物是与大自然不可分的。人由猿变来，猿由更简单的生命变来，生命就是从简单到复杂，从低级到高级，依赖于大自然这样的生态环境发展而来的。因此，我们说人是大自然之子，大自然才是人的真正的母亲。可见，“天人合一”造化了人本身，因人既是自然之子，又具有意识和创造性，使人性中不可避免的现象成了人所具有的自然性和社会性的物质基础。

中医治疗体系的整体观源于中国古代哲学的“天人合一”整体观，即人的生命运动整体首先体现在天与人的合一上。“天地合气，命之曰人”（《黄帝内经·灵枢》）。人与万物同源，人的生命运动与宇宙万物自然就有着密切的内在联系，是一个整体。

后期的学者对于“天人合一”持不同的观点，例如《周易·乾坤》记载：“‘大人’者与天地合其德，与日月合其明，与四时合其序，与鬼神合其吉凶，先天而天弗违，后天而奉天时。”但也对“天人合一”达成了共识：它是指天道与人道、自然与人为相通、相类和统一。

“天人合一”观的现实意义在于以下几个方面。

“天人合一”观的主要研究对象是人与周围环境的关系，包括人与宇宙的超前系统、关于意识与脑的问题、客观世界与主观世界的问题。这些研究具有很大的实用价值，如在医学上开发第四医学、对环境的改造、开发人的潜在智能等。就学科视角来看，“天人合一”观是实验科学，并且涉及多学科体系，因此需要多学科，尤其是有关自然科学与有关社会科学进行联合研究。这有可能会引致一场新的科学革命。

“天人合一”观促使人们把对环境的爱护、保护、改造提到前所未有的高度。这有助于贯彻落实习近平同志提出的新时代生态文明建设六大原则，即人与自然和谐共生原则，绿水青山就是金山银山原则，良好生态环境是最普惠民生福祉原则，山水林田湖草是生命共同体原则，用严格制度、最严密法制保护生态环境原则，共谋全球生态文明建设原则。生态文明建设是关系民生和文明的重大社会问题，这六大原则必须融入法制中，落实到行动中，不能沦为空谈。

“天人合一”观引导人们敬畏自然山川和天地。中国文化自古以来就有人文精神和非宗教性，古代先祖不仅提倡“天人合一”，而且以诚挚和敬畏的心态传承了祭奠天地的传统。《春秋公羊传》记载：“山川有能润于百里者，天子秩而祭之。触石而出，肤寸而合，不崇朝而遍雨天下者，惟泰山尔！”山川之所以受到祭祀，是因为山川能泽被四方。这种祭奠并非封建迷信，而是要唤起人们对山川的敬畏心，从而保护生态。也是唤起人们的感恩之心，感恩山川，感恩天地。这份对自然山川和天地的感恩之心也是我们现代人需要学习的。

“天人合一”观若能普及，将促使旅游业更上一层楼。这种旅游兴旺将表现在两方面：一是随着经济收入的提高，人们将会积极选择与大自然融合在一起的生态旅游，天人之乐可能会胜过天伦之乐，从而促使人们生活方式的改变。二是由于人们追求天人之乐，美丽的、生态的乡村将是人们的首选，这又会促进人们保护和建设生态环境。享受生活、亲近自然、敬畏自然将成为社会风尚。

8.1　用辩证唯物的“天人合一”观催化新科学革命

“天人合一”观清楚地告诉我们：人是自然之子，人必然随大自然的规律而发生、发展；人是自然和社会的产物。人的行为受社会的制约，而整个人类社会的行为必然会受到自然的制约。中国的先哲最先提出了“天人合一”的哲学观，《易经·乾卦》就说：“‘大人’者与天地合其德，与日月合其明，与四时合其序，与鬼神合其吉凶，先天而天弗违，后天而奉天时。”把“天人合一”看作人生理想的境界。

“天人合一”观能否催生新的科学革命呢？这要看未来社会的需要和“天

人合一”理论的科学性。一般而言，越文明的社会越重视生态环境和人的健康，因此，需要一种新的生态文明和健康文明，而“天人合一”在这方面能起到建设性的作用。加之温室效应对地球和人类的破坏性影响严重，人口激增使得和健康和营养问题困扰着人类，能源污染和地球自然灾害及瘟疫流行等对人类造成威胁，人类迫切需要用新思维、新方法、新举措来解决这些与生存密切相关的问题。“天人合一”观显然是优选之一。再从“天人合一”理论的科学性来看，西汉董仲舒的“天人感应”及“天命论”，不仅不科学，而且是伪科学，应从理论和实践中加以批判、剔除，不让这种伪科学再堂而皇之地骗人。对儒家和道家关于“天人合一”的理论，则应批判性地继承和发展，即用辩证唯物主义加以“过滤”并发展，使之成为催化科学革命的新理论。庄子说：“天地与我并生，而万物与我为一”（《庄子·齐物论》），天与人本来就是合一的，只是人们的主观区分，才破坏了天与人的统一。庄子还强调“圣人未始有天，未始有人，未始有始，未始有物，与世偕行而不替”（《庄子·杂篇·则阳》），顺应自然，消除一切差别，天人混一不分。基于庄子这一思想，人类应对“征服自然”“人定胜天”之类的口号和行为进行反思。把森林砍光，洪水就会成为人类的灭顶之灾；侵占湿地搞“大开发”，那么恶劣天气就会让一批批人丧命；肆意污染山川和海洋，那么瘟疫就会向人类袭来。人类应友好地与大自然和谐相处，在顺应自然中改造自然，那种把大自然视为“奴隶”的人，必将受到大自然的从重惩罚。无数事实证明古代哲人提出的“天人合一”观是科学的。

儒家在“天人合一”理论方面，以孟子和董仲舒为代表，董仲舒的“天人感应”是伪科学，这里不谈，只谈孟子。孟子在这方面的观点是：“尽其心者，知其性也。知其性，则知天矣”（《孟子·尽心上》）。孟子认为人与天相通，这是唯物的、正确的，又认为人的善性是天赋的，认识了自己的善性便能认识天，要求通过尽心、养性等途径，达到“上下与天地同流”。孟子这一观点对后世儒家影响至深。他关于“认识了自己的善性便能认识天”的观点从唯物走向了唯心，是不科学的。因为人与天之间，是天

（大自然）影响人类，而不是相反。孟子把天与人本末倒置而成了非科学，这种非科学的理论漏洞，被董仲舒发展为伪科学的“天人感应”。后世的唯物主义儒家学者如王夫之等，则继承了孟子“天人合一”的合理部分，即力图追索天与人的相通之处，以求“天人合一”的协调、和谐一致。

由此可以看出道家“天人合一”观的在顺其自然中改造自然，与儒家“天人合一”观的天人和谐、协调，均可发展为当代“天人合一”的理论，从而催化新科学革命。

“天人合一”观能够催化“天人关系学”的创立。运用中国古典哲学的整体观，即庙宇整体观、工程整体观和战略决策整体观，可使“天人关系学”形成一个体系贡献给人类社会。中国古典典籍《周易》中的“八卦”“阴阳五行”学说饱含整体观，尽管后世儒学家曾对“八卦”“阴阳五行”做过某些唯心主义的解释，但中医以千百年的临床实践和理论为依据，充实、修正了前人的学说，使之具有很好的实用价值。就工程整体观来说，两千多年前的都江堰工程，至今仍发挥重要，它有分洪、排沙和灌溉的整体思路和方案，可谓工程整体性之楷模；至于战略决策整体观，诸葛亮的《隆中对》《黄帝内经》《孙子兵法》等都是极好的样本。

“天人合一”观还能催发第四医学的建立。第四医学的核心是研究、探寻天（大自然）与人的身心健康的关系。中医几千年的探索和实践经验是建立第四医学的良好基础。在养生学上，中国传统的气功，只要注意去除其非科学的一面，发展其科学的方面，其或将成为未来人类养生的方向。中医的气功疗法，以天人沟通，用“入静”和“调节呼吸”等方法锻炼身体、防止疾病。事实证明，静功和动功的锻炼，有疏通经络、调和气血的功效，可根据病体的具体情况，动静结合，适当选用。

8.2 董仲舒的“天人感应”批判

西汉思想家董仲舒虽然在当时具有很高的地位，但反对其思想学说者不在少数。且不论反对正宗神学的思想家王充，就说当时著名的史学家司马迁，他虽然曾跟董仲舒学过《春秋公羊传》，但在董仲舒已“明”所谓“天人之际”，并被当时的最高统治者明确肯定的情况下，司马迁却公开提出“欲究天人之际”，表示要另寻他说，与董仲舒分庭抗礼。董仲舒通过歪曲历史，极力宣扬“天人感应”，司马迁则立足于历史实际，尽可能把天道和人事分开。他写的《史记》没有引用或节录所谓“天人三策”，也没有给思想家董仲舒专门立传。只是在《儒林列传》中，说他“以《春秋》灾异之变推阴阳以错行”。可在《天官书》中，司马迁却对所谓《春秋》灾异之说，进行了毫不掩饰的批驳。在司马迁看来，“天”既生于“混冥”之气，“天变”即属于自然变化，没有什么神秘的味道。

东汉的王充写了《论衡》一书，痛批俗儒“伪书俗文，多不实诚”，为他建立反神学思想体系打下基础，为当时和后世确立唯物主义思想做出了重大贡献。董仲舒用“天人感应”的神学目的论、谴告说与感应论来推销他的“天道有为”，王充在其《论衡》中针锋相对，论证天为物质的实体，否定天有意志论；以物自身的自然论，否定“天生万物与人”的目的论；批判符命、“天人感应”与谴告说，宣扬天道自然无为的思想。

笔者为什么要批判董仲舒的伪“阴阳学说”和“天人感应”呢？一是“阴阳学说”和“天人合一”是中国古典哲学之精华，而御用文人董仲舒又在这两个学说之中渗入私货，歪曲其精髓，改变其方向，要继承中国传统文化之精华，就必须先存其真；二是当代一些文人在研究国学时，不分良莠，大力推崇董仲舒，其贻害后代。既然是做学问，就不能对此熟视无睹。因篇幅有限，特以短文批驳之。

董仲舒是怎样扭曲“天人合一”这一理论的呢？

董仲舒把自然界的“天”变为与人同类，可以互为感应的“天”，从而为儒学形成准宗教奠定了基础。他说：“人之为人本于天，天亦人之曾祖父也”（《春秋繁露·为人者天》）。为什么说这是“准宗教化”呢？董仲舒认为“天亦有喜怒之气，哀乐之心，与人相副。以类合之，天人一也”（《春秋繁露·阴阳义》);“天地之阴气起，而人之阴气应之而起，人之阴气起，天地之阴气亦宜应之而起，其道一也”(《春秋繁露·同类相动》)。董仲舒在这里幻想依靠“超自然力”，人能对客体“天”强加影响和控制。不过，它与宗教的不同在于尚不涉及偶像神(如上帝)，而是用“天”力图影响或控制社会和人。那为什么没有把儒学或“天”蜕变成宗教，而是在准宗教的轨道上徘徊呢？董仲舒不是不想为，而是不能为之。为什么董仲舒在这个问题上“不能为”呢？这是由于春秋战国时期在各个领域，包括政治、哲学、社会风气及文学艺术领域，“人为本”思想已经成熟且逐渐稳固。周代的统治者从殷的灭亡中吸取了一定教训，人文精神开始形成；到了春秋战国诸子百家时期，非宗教性的人文精神开始确立，从而使非宗教性的人文精神成为中国文化中最显著的特征之一。董仲舒借秦始皇焚书坑儒把先秦经典付之一炬的机会，在恢复先秦经典时不仅扭曲先秦的阴阳学说，而且夹带了“天人感应”的私货，妄图颠覆先秦时期确立的非宗教性的人文精神。但中国文化中确立的非宗教性的人文精神已渗入政治、思想和文艺等各领域，在这种社会条件下，董仲舒只能把“天”作为意志神，又由于他的御用文人的特殊地位，把“天”与“皇权意志”结合起来，这与推行封建集权的汉武帝一拍即合。

董仲舒要把“天”与“皇权意志”结合起来维护封建皇权“一尊”的地位，强调“天亦人之曾祖父”还不够，他必须改变“天”与“人”的地位观。春秋时关于“天”主宰一切的观念就受到怀疑，范蠡说：“天道盈而不溢，盛而不骄，劳而不矜其功”(《国语·越语下》)。孔子所说的“天”，有时指主宰之“天”，也有时指自然之“天”；“天何言哉？四时行焉，百物生焉”(《论语·阳货》)。老子则认为“天”是自然的无意志的物质性的天空，“天地不仁”。庄子明确区分“天”与“人”，“无为为之之谓天”(《庄子·天地》)，认为“天”是“人”以外的自然界，否定了人格化的存在。荀子也提出“天人之分”，并说：“列星随旋，日月递照，四时代御，阴阳大化，风雨博施……皆知其所以成，莫知其无形，夫是之谓天”，反对“措人而思天”的消极态度，主张“制天命而用之”(《荀子·天论》)的人定胜天思想。董仲舒自称“大儒”，有人还称他为“西汉的孔子”，其思想却不仅与孔子。荀子关于“天”的唯物观点背道而驰，也与老子、庄子关于“天”的唯物观大相径庭。他倡导“天”主宰一切：“天者，百神之大君也”(《春秋繁露·郊祭》)。董仲舒为了论证封建专制的合理性，他把君主说成“天命”(“天意”)的执行者。他认为一个人成为君主，并非人力所能决定，而是自然如此。这就表明那个人是由于禀受了“天命”才成为君主；君主执掌生杀大权，发号施令，统治天下，他的权力是“天意之所予”；君主居于上天和人民之间，上天的意志通过君主而贯彻到人间；君主被称为“天子”，上天与天子就如同父亲和儿子，儿子遵从父命，君主服从“天命”；君主与人民的关系也是一样的，天下之人都要服从“天命”，都要服从于君主，这就好比孩子归顺父母。这哪里还谈得上半点科学的味道，用这种伪科学竭力向皇权献媚之丑态，已不尽于言表。董仲舒关于“君主禀受于天命”的观点漏洞百出，我们从历代君主中随意挑几个便可轻易驳斥，暴虐的商纣王、愚而图霸的宋襄公兹父、残忍昏暴的秦二世、荒淫暴虐的隋炀帝、从皇帝到囚徒的南唐后主李煜、北宋亡国之君宋徽宗赵佶、亡国之君明思宗朱翊钧等，难道他们都是“禀受天命”的君主？他们的种种表现也来自“天命”？

董仲舒自知妄言不能自圆其说，于是在他的“天人感应”观上抛出属于封建迷信的“灾异”说。认为国家的君主，如果在政治上有所失误，要是在失误的萌芽状态，“天”就出现灾害加以谴告，谴告后还不改变，于是“天”就会出现“怪异”加以警告。警告后还不改正，就会出现祸殃：小的称“灾”，表示“天之谴也”；大的称“异”，代表“天”对君主的惩罚，如日食、星陨、大水、大旱、地震等。自此，董仲舒的“天人感应”说将“天”的概念的扭曲，到把君主塑造为“天子”，然后用迷信的“灾异”说加以强化，使“天人感应”说对汉代学术思想的影响走上了邪道。

自董仲舒提出的“独尊儒术”“阳尊阴卑”和“天人感应”被汉武帝欣

赏和采纳以后，儒术被董仲舒扭曲后形成的今文经学为适应当时封建集权统治的需要，一开始便把孔子神化，把儒学神化，充满浓厚的宗教意味，致使西汉哀帝、平帝年间产生了天命神学与今文经学结合的产物——符谶，用宗教迷信诡秘性隐语预言日后膺受“天命”的征兆，使董仲舒的“天人感应”彻底滑向封建迷信的泥潭。

8.3 “天人合一”是“构建人类命运共同体”的自然基础

尽管有的国家从自己的私利出发，毅然退出已经签了字的《巴黎协定》，但是，如果六亲不认的“厄尔尼诺”来临，它照样会袭击退出《巴黎协定》的国家。这是因为我们人类都处于一个共同命运体中。以1982—1983年发生的破纪录的强“厄尔尼诺”现象为例，它使往年干燥的南美洲西部沿海平原的降雨量增加了10~15倍，造成洪水泛滥，就连美国的西海岸也大受其害，洛杉矶市年降雨量比往年增加3倍，而且出现了一天遭遇两次龙卷风袭击的罕见自然现象。在澳大利亚东部地带，却遭受了200年来从未见过的大旱。据不完全统计，由于受“厄尔尼诺”影响，仅1982年一年，全世界就有1000多人因它而死亡，经济损失达80亿美元，澳大利亚共损失了30亿美元，捕鱼王国秘鲁的捕鱼量骤减，而中国则出现南旱北涝的气候，粮食减产了几十亿千克。连远离太平洋的非洲和欧洲，也不同程度地受到它的冲击。海洋学家和气象学家发现当海温升高时，即“厄尔尼诺”现象形成时期，地球自转速率减慢；当海温降低时，即非“厄尔尼诺”现象形成时期，地球自转速率加快。因此，全世界都很关注着力于地球气候变化的《巴黎协定》。

“厄尔尼诺”从反面让人类看到，无论是富国还是穷国，发达国家还是发展中国家，白种人还是黄种人、黑种人，大家都生活在一个星球上，大家的命运紧密相连。中国古典哲学中的“天人合一”整体观认为大自然和人类社会组成一个不可分割的整体，环球同此凉热，环球同此祸福，环球同此消长。因此，天道与人道、自然与人为相通、相类和统一的“天人合一”观点，就必然成为“构建人类命运共同体”的自然基础。

“天人合一”观是构成人类共同命运体的自然基础，其核心是人类共同树立起生态文明思想。习近平同志在提出“构建人类命运共同体”的同时，又提出建设生态文明的六大的原则：一是人与自然和谐共生原则；二是绿水青山就是金山银山原则；三是良好生态环境是最普惠民生福祉原则；四是山水林田湖草是生命共同体原则；五是用最严格制度最严密法治保护生态环境原则；六是共谋全球生态文明建设原则。这六大生态文明原则为“构建人类命运共同体”提供了理论支撑，是对中国古典哲学“天人合一”观的创造性转化成果。

9 论实践

实践出真知，实践乃探寻真理之剑。

实践不仅是检验真理的唯一标准，也是创造知识的源泉。古今中外的文明，离开了实践就是一句空话。实践是人们能动地改造客观世界的物质性活动。实践从来都是社会的实践，脱离社会的孤立的个人是无所谓实践活动的。人类的实践活动都是主观见之于客观的活动，因此人类的实践活动都是以一定的客体为对象的。实践是认识的来源，一切知识都是在实践中获得的，人类认识的发展总是随着实践的发展而不断向前，人的认识是否符合实际，检验认识正确与否，只能以社会实践为标准。

实践是检验真理的唯一标准，马克思在他的《关于费尔巴哈的提纲》一文中也强调这一观点，这也是马克思辩证唯物主义的精髓之一。马克思指出“社会生活在本质上是实践的”，同时强调“人的思维是否具有客观真理性，这不是一个理论问题，而是一个实践问题。人应该在实践中证明自己思维的真理性，即自己思维的现实性和力量，亦即自己思维的此岸性。关于离开实践的思维是否具有现实性的争论，是一个纯粹经院哲学的问题”①。马克思在这里把实践的本质阐述得十分清楚。

实践离不开经验。没有经验，就不能充分、准确地认识事物。7000 年前，神农要用本草给人治病，就得亲自尝试每种草药的功效，有毒无毒，必须亲自实践；400 多年前，牛顿要知道惯性的规律，不仅是苹果掉下来引起了他的思索，重要的是他将自己的一生献给了实验室，实验室就是浓缩

① 马克思，恩格斯．马克思恩格斯选集：第一卷［M］．北京：人民出版社，1966：16.

的实践；卡尔·马克思要考察资本主义的资本课题，他跑到当时最发达的资本主义国家英国蹲地考察。

实践离不开亲身经历。久经沙场的指战员有可能成为军事家；长期从事教学实践并不断改进的教师有可能成为教育家；擅长纵横捭阖的外交人员有可能成为外交家；农田里勤于耕耘创新的农民有可能成为农学家；在工程建设中精益求精的工人有可能成为国之工匠。这充分反映出实践出真知，离开了实践和不断创新，要想成为某一行业的专家，那是痴心妄想。

实践离不开实验。实验不仅是浓缩的实践，更是对真理的证伪、对假设的证实。我们通过观察搜集事实依据，再通过思考把它组合起来，形成一定的假设。反复实验不仅能证实组合的真伪，更能证明假设的真伪，一旦通过反复实验证伪，就必须放弃假设，不可想当然地拍脑袋做决定；若反复实验证真，就应在真的基础上发扬光大，使它更接近真理。实验的成功不仅可以用来印证理论正确与否，还可印证假设正确与否。许多发明创造和规律的发现都由实验产生。

中国古代智者也一直强调实践出真知。《左传》中就有个生动的说法："三折肱为良医"。意为多次折腾胳膊的人，可以成为好医生。中国古人以此生动地说明了久病成良医、实践出真知的道理。《后汉书》中的"不入虎穴，焉得虎子"更体现出上述道理。这也应了苏辙的那句话："山居者知山，林居者知林，耕者知原，渔者知泽"（《超然台赋叙》）。故宋代杨时说："力学而得之，必充广而行之"（《二程集·论学篇》），经过努力学习而获得的知识，一定要拿到更广泛的范围里去加以实践。

实践之所以是第一法则，是因为理论是在实践中产生、发展的。只有将理论与实践统一起来，才能使理论具有指导实践的活力，才能防止理论的僵化，才能促使理论科学化、完善化，才能真正精准地指导实践。

实事求是是实践的基本要务。实事求是强调研究学问、解决问题要掌握充分的事实根据，再从事实中找出真实的结论。西汉河间献王刘德修学好古、实事求是，班固在《汉书》中对此加以肯定。毛泽东在他的《改造我们的学习》一文中，对实事求是的古语进行了创造性转化，强调我们研究一切问题都应从实际情况出发，从其中引出其固有的而不是臆造的规律性，即找出周围事变的内部联系，作为我们行为的向导。要达到实事求是，必须运用一种方法论：调查研究。调查研究必须以实际情况为基础，对客观实际情况进行周密详尽的了解，然后经过头脑的加工制作，将通过调查得来的丰富的、生动的感性材料去粗取精、去伪存真，由此及彼、由表及里，从感性认识上升到理性认识，才可能得出科学的结论。故毛泽东强调："没有调查，就没有发言权"。

实践与科学预见有着密切的关系。实践需要科学的预见，否则，实践就没有方向；科学的预见又依赖于实践。预见所依据的对事物规律的认识和形成预见的感性材料，都是从实践中来的。科学预见要接受实践的检验，需要在实践检验中得到校正、补充、丰富和发展。

我们在强调实践的重要性的同时，不能忽视实践的局限性。实验离不开经验，但经验的局限性非常明显，科学不能建立在经验的基础上，因为那样的"科学"就像建立在沙滩上，一遇风暴就会倒塌。正如爱因斯坦所说："知识不能单从经验中得出，而只能从理智的发明同观察到的事实两者的比较中得出。"[①] 实践离不开亲身经历，但亲身经历的局限性更大，我们不能靠遨游宇宙去了解宇宙，不能钻进喷发的火山去了解火山，不能学小偷去偷窃从而了解小偷的心理，如此等等，我们只能通过其他的分析、验证去得到真知。科学实验对实践来说也特别重要，但它也有局限性。科学实验对探寻客观规律来说是一种不可或缺的手段，但因实验技术具有历史局限性或研究对象太复杂，往往一时难以看清全貌。因此，研究对象必然受到限制时，不能盲目信任实验结果。

总之，实践出真知，实践之树使理论之果常青。我们要钟情实践又不盲目实践，理性科学的实践会为人类文明再次做出卓越的贡献。

---

① 爱因斯坦．爱因斯坦文集：第一卷［M］．许良英，范岱年，译．北京：商务印书馆，1976：278.

9.1 马克思的实践观是走向成功的指南

实践之所以重要，是因为实践是人们能动地探索、改造自然和社会的一切客观物质性活动。实践活动不仅涉及人类的生存，而且涉及人类文明的进程，其包括主要处理人类和自然关系的生产实践活动，处理社会内部人与人之间关系的社会实践活动，为改造自然和社会而进行的探索性、尝试性的科学实验活动。不管是生产实践，还是社会关系实践和科学实验，实践者的主要目的就是实现实践目标，而这必须以马克思的实践观作为指南。

为什么要以马克思的实践观为办事指南呢？马克思的实践观是他创立的辩证唯物主义的支柱理论之一。迄今为止，我们对于马克思主义理论体系，特别是实践观，通常是按照列宁所说“马克思主义的三个来源和三个组成部分”的角度去理解的。这有一定的局限，特别是关于马克思的实践观中最具生命力的“当作人的感性活动，当作实践去理解”被忽略甚至省略掉了，这使马克思主义的实践观大打折扣。马克思在他的《关于费尔巴哈的提纲》一文中首先就强调“从前的一切唯物主义（包括费尔巴哈的唯物主义）的主要缺点是：对事物、现实、感性，只是从客体的或者直观的形式去理解，而不是把它们当作人的感性活动，当作实践去理解，不是从主观方面去理解。所以，结果竟是这样，和唯物主义相反，唯心主义却发展了能动的方面，但只是抽象地发展了，因为唯心主义当然是不知道真正现实的、感性的活动本身的”。

马克思的实践观具有三个层次，这三个层次组成其实践观的有机整体，缺一不可。

第一层次，实践对象是客观的，这是马克思实践观的前提。因为人类的实践活动都是主观见之于客观的活动，因此人类的实践活动都是以一定的客体为对象的。这是古今中外唯物主义思想家的基本观点，但他们“对事物、现实、感性，只是从客体的或者直观的形式去理解”，而不像马克思主义者，如马克思、恩格斯、列宁及毛泽东等更深一层地去理解实践，即社会生活最本质的是实践，而实践不仅是现实的、感性的活动，还是人类全部认识活动的基础，而且实践高于理论的认识，它不但有普遍性的品格，还有直接现实性的品格。因此，马克思不是坐地论道，而是亲身直接参与革命活动。马克思科学实践观的确立及其对人类实践史规律的科学总结，都离不开最初马克思对于市民社会的考察与研究，他将一生的大部分时间用来关注、收集、考察与整理本国与他国的历史与现实，研究各国的国情、民情、历史事件及时代之情。自“五四”运动以后，让马克思主义中国化及对中国各阶层精准的分析评估，就来源于青年毛泽东一直坚持调查研究，他精准地制定了中国共产党在新民主主义革命时期的正确战略方针，也才有新民主主义革命在中国的胜利。但必须指出，“实践对象是客观的”“实践高于理论”只是马克思实践观的第一层次，若只满足于这一层次，而不深入其第二、第三层次，有些实践虽然是唯物的、有客观对象的，但它正如马克思所说的，会转化为唯心的、主观的。

第二层次，“人应该在实践中证明自己思维的真理性”①。这就是实践是检验真理的唯一标准。人的认识是否符合实际，检验认识正确与否，只能把社会实践作为标准。我国改革开放之初，当“两个凡是”极“左”思潮占据着人们的头脑时，关于“实践是检验真理的唯一标准”问题的讨论，起到了拨乱反正、解放思想的积极而重要的作用。

第三层次，“对事物、现实、感性等客体”，应把它们“当作人的感性活动，当作实践去理解”。应根据客观事物的规律性去亲身参与对实践的认识、改造、创造，甚至革命。凡根据客观事物的规律性，在实践中认识改造、创造，甚至革命，最终会取得胜利，即使实践中有挫折，也会像大江一样，九曲而归大海；凡违背客观事物的规律性，都会事与愿违，遭遇失败，甚至要付出巨大的代价。马克思在这里提倡把客体当作人的感性活动、

① 马克思，恩格斯．马克思恩格斯选集：第一卷［M］．北京：人民出版社，1966：16.

当作实践去理解，不是从主观方面去理解。

“当作人的感性活动”，这个“感性”，从心理学角度来看，实践者要亲自去感觉、感通、感悟。感觉是人认识事物的开端，不仅是知识的源泉，也是认识客观事物的第一前提；一切较高级的认识活动都是在感觉的基础上进行的。光有感觉还不行，实践还应有情感协调的感通，例如矿长下矿井实践，就会警惕预防矿难；脱贫干部与群众一起去攻坚克难，才能齐心协力；指挥员与战士同甘共苦，才能令行禁止等。在感觉和感通的基础上得到感悟，才能解决疑难问题。

“当作实践去理解”，就是亲自深入下层，一是要保证实践的客观性，即要在实践中体现实践主体、实践对象和实践手段都是可感知的客观存在；实践的结果也是存在于人的意识之外的客观实在；实践的水平、广度、深度和发展过程，都应受到客观条件的制约和客观规律的支配。二是要拥有能动性这一实践特征。因为人是具有理性思维的动物，人的实践具有认识世界和改造世界的能动作用。三是要具有社会历史性这一实践特征，因为人是一定时代一定社会关系的人，其实践活动必受社会历史条件的制约，又随社会历史发展而发展。

若从“主观方面去理解”被实践的对象和实践的活动，那么十个实践者中会有十个以失败告终。因为从主观方面去理解，就彻底背离了实践的前提，是按个人意志而不是客观规律去决策、去行动。怎么才能在实践活动中“不是从主观方面去理解”呢？一是搞调查研究要遵循科学性和客观性。调查研究不能先入为主，要保证其科学性，就要使调查研究找出实践对象的本质的东西；至于客观性，要尊重客观事实，不要渗入主观因子。二是摸清被实践对象的规律，要顺应规律行事，不能让主观支配规律。三是应在决策前进行可行性分析。四是要有纠错机制，这个纠错机制既要具有客观性，又要具有权威性，以免在实践中出现大的失误、付出巨大代价。

9.2 中医是中华文化之根，为什么一些人还提废除中医

“神农尝百草”治病和巫医治病的传说流传了千百年，《山海经》是中国医典的萌芽，《黄帝内经》和《神农本草经》问世以后，中国医学趋于成熟，又历经临床实践后已是名副其实的医学科学。中医为中国人的健康做出了历史性的伟大贡献，是中华民族的文化之根。

中医为确立中国文化的人文精神特征立下了汗马功劳。原始社会中巫师及巫术是很常见的，行巫术者被认为具备“超自然力”，并能借此力而行巫术驱鬼魂和精灵。它与宗教之不同在于尚不涉及神灵崇拜。中国远古时代的巫师和巫术为什么没有升华为宗教而转化为巫医呢？因为上古时代巫师面对连年的特大洪水束手无策，防洪、防疫、治病方面只有巫医才能大显其能。巫医是郎中（医生）的前身，他们是当时的一批智者，连炎黄二帝也要请教大巫医巫咸。故《山海经·大荒西经》中记载：“有灵山，巫咸、巫即、巫盼、巫彭、巫姑、巫真、巫礼、巫抵、巫谢、巫罗十巫，从此升降，百药爰在。”在炎黄时代，巫医在原始社会晚期占据了主导地位，巫医们促使非宗教性的人文精神逐步产生。

中医促进“天人合一”哲学观的形成和发展。《黄帝内经》中的“四气调神大论篇第二”就强调：一年四季中适应气候变化讲摄生法则，违反四时气候的变化规律，是导致疾病发生的因素，并提出春夏养阳、秋冬养阴这种顺天时变化规律而变化的方法，这是因为人的生命活动与自然界有密切的关系。这种医学和养生实践为形成和发展“天人合一”观做出了贡献。中国古代思想家强调天道与人道、自然与人为相通、相类、统一，这与中医“四气调神”同出于一辙。

中医学理论体系之一的“阴阳五行”强化并发展了中国古典哲学中的“阴阳五行”学说。“阴阳五行”是中国古典哲学的重要范畴，“一阴一阳之谓道”。认为阴阳的相互交替作用是宇宙间的根本规律，并用阴阳比附社会现象。五行指木、火、土、金、水五种物质，中国古代思想家以此来说明

世界万物的起源和多样性的统一。中医把“阴阳五行”思想应用于医学中，例如以阴阳来表示脏腑、组织、部位等的属性，阐明生理功能和病理变化，指导疾病的诊断和治疗，区分药物的不同性能。同样，以五行来说明脏腑属性及其相互关系，用相生相克理论解释内脏之间相互资生和制约的关系，进而从医学方面实证并发展了“阴阳五行”学说。

中医丰富和实证了“和而不同”思想。“和而不同”是中国远古文化之所以能传承至今的哲学根基，“和”指不同的元素相配合求得统一，“同”指相同的元素相凑合求得绝对等同。从原始巫医到中医郎中，其方剂方法论直接发展了“和而不同”思想。中医药方剂的特色在方的配搭，其明确提出“君、臣、使、佐”概念。为了治愈某一疾病，将不同的药进行有机的、系统的配合，以期达到最佳效果，进而形成了有目的、有序的方剂。

中国文化中的人文精神，“天人合一”观念、“阴阳五行”观念、“和而不同”观念，不仅是中国哲学中的重要范畴，也是养育中国人精气神的根，而中医学为此做出了杰出的贡献，且中医药学是在中华民族几千年来与疾病作斗争的过程中发展起来的，它是中华民族的文化之根。为什么还有中国人轻言废除中医药呢？

关于废除中医药的争论曾发生过两次。一次是1929年，由时任国民政府行政院院长汪精卫授意，由卫生官员余云岫提出，引发全国范围的反抗，京城名医孔伯华（1885—1955年）率请愿团与国民政府官员直接对话抗争，请愿团在请愿抗议中提出用最直接的办法证明中医的疗效。政府挑选12个病人，中西医各治疗6个病人，最终中医取得了非常好的疗效。在众怒难犯的形势下，国民政府最终不得不收回成命。

另一次是改革开放后不久，又冒出一批反中医的“斗士”。这些轻言废除中医药的人做出“中医有90%是糟粕”的论断，并把“阴阳五行”学说定为伪科学。这些反中医的“斗士”们为什么下这样的定论呢？

一是“破四旧”狂潮把中国优秀的传统文化一齐否定掉了，这就像给婴儿洗澡，倒洗澡水时把洗澡的婴儿一齐倒掉了。改革开放初期，中国传统文化给一些人的印象还是一片荒漠，加之刚刚打开国门，国外先进的西医管理和手段对停滞的中医带来巨大冲击，使一些人妄自菲薄，从而轻言废除中医药。

二是对“阴阳五行”这一重要哲学范畴无知，因无知而无畏，因无畏而妄言。轻言废除中医药者不懂得，也不知晓老祖宗流传下来的“阴阳五行”学说体现的本质特征。“阴阳五行”学说体现了对立统一原理，此消彼长互为转化原理，还体现出西方辩证法所缺少的对立互补原理。这些原理不仅适用于医学，也适用于一切事物。另外，中国古典哲学因“阴阳五行”观念而产生了西方哲学没有的“和而不同”哲学范畴。因此，那些把“阴阳五行”学说定为伪科学的“斗士”们在这个问题上实在是显得幼稚和无知。

三是把中医学科学的整体观视为糟粕。中国传统医药学方法论是中国古代系统思想之集大成者。中医学认为人和宇宙密切相关，混同一体，因为“人以天地之气生，四时之法成”；人与宇宙万物遵守着相同的规律，形成了中医治疗体系整体观，把人看成一个整体，强调人与自然的关系，即“天人合一”。这种中医整体方法论，被几千年的临床实践证明是有效的，而且是中医之特色和精华。轻言废除中医药者把特色视为糟粕，这真是滑天下之大稽。

四是中医自身的发展出了问题。中医诊断的精髓是切脉和问诊，这两样宝贝被西化的器械和仪器所代替，使中医的特色优势不再。中医药院校的教育体制、教学模式、教学内容与教学方法等，全方位步西医院校的后尘。虽然中西医课程的比例是对半平分，但实际上西医与外文的学习时间比中医要多得多，因而培养出来的学生学位越高离中医正道越远，越缺乏临床诊治疾病的能力和中医理论方面的真才实学。

五是急功近利，千年来中医药发展停滞不前。《汉书·艺文志》说：“有病不治，常得中医。”说明“中医”一词在2000多年前的西汉就已经出现了，西医传入中国是明朝末年的事情，仅400余年。因此，“中医”一词是固有的，与西医毫无关联。中医的“中”并非“中国”之义，而是古代“尚中”“中和”哲理之意；身体若无阳燥，又不阴虚，一直保持“中和”之气，就会百病全无。老子说：“致虚，恒也；守中，笃也。”因此，“中医”的“中”就是指心境。《管子·内业》提出的“定心在中”及“正心在中”的“中”也是指心境达到定、正、静的状态。庄子在《人世间》中还提出了“养中”学说，“且夫乘物以游心，托不得已以养中，至矣”。《礼记·中庸》说：“喜怒哀乐之未发，谓之中；发而皆中节，谓之和。”在20世纪20年代，西医大举进入中国后，我们就把中医与西医对立起来，中医甚至失去了许多东西，特别是丢掉了精髓“养中”，更谈不上发展了。

曾任中国科学院上海交叉学科研究中心副主任的饶毅教授认为：“中国的中医药在应用上较1000年前没有飞跃，没有质的变化，如果非要找出不同，也就是量上有变化。”他举例说，150年前中医比西医的用途要广得多，但西方的药品研究者没有急功近利，为求应用而重视基础研究，他们在实验室安心地研究诸如“大脑中有什么细胞”“血管内的组织”等最基础的问题。仅过了100年，西医在用途的广泛性及功效上已很大程度地超过了中医，毫不夸张地说，中医的现在和1000年前没有本质的区别。

1929年，名医孔伯华率请愿团抗争胜利后深有感触，他感到中医药界的当务之急是培养人才，壮大队伍，提高中医疗效，确保人民健康。当有人第二次轻言废除中医药被遏制以后，500多位中医药界人士齐聚广州，发表了《中医药发展宣言》，明确指出将继续传承中医药文化，坚决反对任何形式的废弃、排斥、歧视中医药的言行，反对盲目“西化”，坚持科技创新，尊重知识产权，并建立了全国首家开放式中药博物馆。但中医药研究规模不大、技术水平较低、缺乏规范，依然是影响这门国粹发扬光大的重要原因之一。笔者认为，上述努力远远不够，最重要的是加速中医基础理论研究，而且凡中医院校的课程和临床首先要姓“中”，使中医不仅造福中国人民，同时造福全人类。

9.3 实事求是乃实践的第一要务

中国古人早在《汉书》中就提出："修学好古，实事求是。"指对客观事物要研究，追寻事物内部的规律性，这体现出了实践的本质特征。可见实事求是乃实践的第一要务。实事求是，一言以蔽之，就是按规律办事。

宋人违反客观规律，揠苗助长，其形象是十分可笑的。禾苗的生长有一个必然的过程，一般在一定的时间内，它只能长到一定的高度，如果希望它长得更快，我们只能通过施肥、锄草、灌溉等有效的办法来改善它的生长条件，方能达到目的。宋人不采取正确的措施，而是人为地将禾苗拔高，这就破坏了它的根系，违背了它的生长规律，当然会导致枯死。揠苗助长的现象至今屡见不鲜，像如今有些家长为了小孩"不输在起跑线上"，让幼儿学小学教材，让小学生学中学教材，事实证明，这些人在戕害儿童。

人之寿百岁而死。但中国古代有些帝王将相为了延长自己的统治，千方百计地寻找灵丹妙药来求得永生。于是有许多道家名士就炼"仙丹"来满足这些帝王将相。他们以为服用了含铅和汞的"仙丹"真的可以长生不老，结果却是轻者中毒，重者丧命。据统计，唐代 300 年间 21 个皇帝中就有半数以上因服用"仙丹"暴毙身亡。直到北宋张平叔作《悟真篇》，明确点破这种违反人类生长规律的"仙丹"的危害，才使这种错误得以纠正。

学者的研究有违科学精神就是亵渎。学者的基本品格就是既要务实，更要求真，不能信口开河，无根无据编造耸人听闻的伪科学。实事求是是成为学者的前提。某学者在其著作中说"埃及佛教源于上古湘西文化"，这没有任何考古证明和史实证明，岂不成了胡说八道？但作者却杜撰出一个无厘头的依据："因为湖南怀化地区的高庙考古表明，早在 8000 年前，湘西人建立了世界历史上最早的佛教寺庙"。作者竟颠覆了佛教在西汉末期（公元 23 年）由印度传入中国这一史实，还说德国人实际上可称为狄国人，德意志人是由狄人组成。事实上德意志民族是近代才形成的概念，并非远古的产物。因此，学术界对这种胡编乱说要予以批判，严重者应绳之以法。

实事求是科学工作者的基本遵循。诺贝尔奖获得者、著名实验物理学家丁肇中教授曾为南京航空航天大学的师生做了一场题为“国际空间上的AMS实验”的学术报告。按照惯例，一小时报告后丁教授要回答同学们的提问。“您觉得人类在太空能找到暗物质和反物质吗？”“不知道。”“您觉得您从事的科学实验有什么经济价值吗？”“不知道。”“您能不能谈谈物理学未来20年的发展方向？”“不知道。”著名科学家连答三个“不知道”，这就是科学家的实事求是。他常说：“不知道的事情绝对不去主观推断，而最尖端的科学很难靠判断来确定是怎么回事。”正是“不知道”激起的强烈好奇心使他不断探索宇宙的奥秘。实事求是也是一种科学精神。

实事求是就要一切以科学真理为标准，凡违背科学真理者，要敢于并善于与其斗争，不达目的，绝不收兵。邹承鲁院士是中国著名的生物化学家，由于在胰岛素人工合成、蛋白质化学结构与功能关系等方面的贡献，曾两获国家自然科学一等奖。他与喧嚣一时的伪科学家刘某及其支持者作家杨某展开为科学真理的论战，终获胜利。刘某多次宣称自己在用分子生物学研究中医药方面有重大突破，自己所实验的那些药品对癌症和冠心病有神奇疗效。在50多位专家和科研人员参加的鉴定会上，邹承鲁进行了尖锐批评：刘某的实验方法不能保证实验结果。经过一系列艰难抗争后，这场关于科学真理的论战以邹承鲁胜利告终，而刘某去了国外，从此销声匿迹。实事求是是科学研究的生命，邹承鲁事件生动地说明了这个问题。

实事求是在实践中是第一要务，原华中师范大学教授刘盛佳用科学精神和行动充分阐释了这一道理，令人感动。在那轰轰烈烈的“以粮为纲”“填湖造田”的年代，有人提出开垦鄂西神农架林区400万亩荒地种粮食，对地质地理研究造诣较深的刘盛佳受湖北省政府委托前往神农架考察。经过3个半月的勘探，他发现林区400万亩荒地生长期只有50多天，无霜期60天，他以无可辩驳的科学结论否定了在此垦荒的提议，帮助政府及时做出保护神农架原始森林的决策。但在这次考察中，他的右腿由于冻伤转化为脉管炎，最终久治不愈而截肢，当时他才 41 岁。这是个人的不幸，却是神农架乃至国家的幸运，是实事求是的胜利。

只有实事求是，才可成为大器之人。竺可桢一生秉承“求是”精神，这也助力他成为有远见的科学家。“求是”是竺可桢为浙江大学订立的校训，而竺可桢的一生几乎是把这两个字做到了极致。“只问是非，不计利害”就是他对“求是”最精辟的解读。他认为中国最大的问题是人情社会，是非让位于利害。甚至有些人只计利害，不管是非。竺可桢坚持了他理解的“求是”，有学者认为这对塑造中华民族新时代的品格很有参考价值。若从品格塑造方面寻求实事求是，这个看法是正确的。

10　论批判

科学的本质是批判，它表现在对已有科学成果的批判吸收和对自我成果的不断批判修正上，并由此体现出科学研究的活力。若缺乏批判和自我批判，无疑会阻碍科学发展。因此，我们这里谈论的批判不仅是惯常理解的评论是非，而且是为了发展而对前人的学术成果采取的扬弃行为。

对科学的批判，源于通过普遍怀疑而求真。这方面的主张最早出于孔子。孔子说："言必信，行必果，硁硁然小人哉"（《论语·子路》）。他主张言语一定信实，行为一定坚决，不问黑白是非地固执己见，那是小人。这反映出孔子的怀疑求真思想。欧洲文艺复兴使得欧洲人从黑暗的中世纪走了出来，人得到了解放。法国哲学家笛卡儿（1596—1650年）提出"普遍怀疑"的思想方法论。笛卡儿继承了蒙田等的怀疑主义，用以反对经院哲学。提出要把一切东西都提到判断和辨别真假的"理性"面前来审查，要对一切东西普遍地进行怀疑。德国哲学家康德（1724—1804年）在吸取前人怀疑论的合理内核后，全面制定和发展了批判哲学体系的理论基础及其各个组成部分。康德的"三大批判"：《纯粹理性批判》，我能解决什么，提出哲学的根本问题；《实践理性批判》，我应做什么，提出伦理问题；《判断力批判》，美是什么，提出了美学课题。康德的"三大批判"看到了物质的作用，却还没有看到运动产生物质本身。马克思吸取了康德的批判武器去考察资本主义社会，写出了彪炳千秋的《资本论》《黑格尔法哲学批判》《哥达纲领批判》，并有一句箴言："怀疑一切"。

由于我们讲的"批判"是一种探索真理的批判，这种批判的性质决定了它特殊的方法论，那就是"扬弃"，包含抛弃、保留、发扬和提高的意思，既保留又克服，意即辩证地否定。指新事物代替旧事物不是简单地抛弃，而是克服旧事物中消极的东西，又保留和继承以往发展中对新事物有积极意义的东西，并把它发展到新的阶段。

又由于批判是对某一理论和行为给予否定性的评判，它必须建立在有理有据的基础之上，才具有充分的说服力和威慑力。所以，批判者还必须有具体的科学方法论，这就是分析与综合，指实际地或在思想中把整体分解为部分以及由部分重新结合为整体的过程。分析与综合并不是互相孤立的认识阶段。在认识的每一个阶段，分析与综合都是在统一中实现的，反映出部分和整体的联系，离开一方，另一方就不能得到有效的应用。

掌握了科学方法论的批判，是一支有力的哲学利剑，它成就了许多大师的理论。批判不是打倒，而是在批判中既克服又保留，是在批判中继承和发展。中国春秋时期老子对鬻子进行批判而得《道德经》；孔子对《易经》进行批判而得《论语》；古希腊的亚里士多德对柏拉图进行批判而得《形而上学》；康德对怀疑论进行批判而得“三大批判”；马克思对资本主义进行批判而得《资本论》；恩格斯对杜林进行批判而得《反杜林论》；毛泽东对速胜论和失败论进行批判而得《论持久战》；鲁迅对半殖民地国民性格进行批判而得《阿Q正传》。“理无常是，事无常非”（《列子·说符》），故有了批判才能成就大师，批判是“理”和“事”与日俱进的锐利武器。

批判之所以能造就思想大师，是因为批判是科学精神的灵魂，是科学与民主之间的深层次沟通。因为学术界要拥有科学的批判精神，就必须用民主为其铺路，不分官职、职称和年龄，在真理面前人人平等。在这种平等的氛围中坚守民主性程序原则，诸如透明性、坦诚性、合法性、公正性及对话辩论等。这种民主是科学指导下的民主，这种科学是在民主中产生的科学。这样的学术交流，才能更趋接近真理，才便于修正谬误，使科学研究更具开发性、战略性、宽容性和自由性。

批判是科学精神的灵魂，关键在于人们在科学研究的过程中，敢于不断扬弃，不断张扬自己在科学研究中合理的部分，使之发展，并不断修正不合理或不科学的部分，使之日臻完善。正如孔子所说："攻乎异端，斯害也已"（《论语·为政》）。批判那些不正确的议论，祸害就可以消灭了。对于自我和群体，敢于用批判精神取其精华、去其糟粕，以便吸收世界科技文化中的一切优秀成果。奥地利物理学家、哲学家马赫是实证哲学的先导，一生主要致力于实验物理学研究，由于他从理论上质疑牛顿力学，并率先批判了牛顿的绝对时空观和绝对运动观，其怀疑态度和相对性思想影响了后世的自然科学家，被西方哲学界奉为第一位科学哲学家。

科学的本质是批判的，它首先用科学批判的视角接受前人发现的真理。这不是无端地怀疑一切，而是在不轻信的前提下批判性地继承和扬弃。只有这样，相对真理才能发展。从科学史上关于天体运动的研究就可以看到科学精神所起的决定性作用。

科学的本质是批判的，还在于科学家对自我研究成果的批判，也就是通过科学研究的实践不断地修正错误。在科学研究中，没有科学的原创，就没有科学的发展。由于科学家和思想家是在探索未知领域，其成功与失败是紧密联系的。英国物理学家史蒂芬·霍金宣称已经解决了黑洞信息的悖论，物理学家纷纷对他的新论表示怀疑，提出"请告诉我们具体的证明方法"，这显示出世界物理界的批判精神。通过反复研究和思考，霍金承认他 20 多年前提出的黑洞信息悖论是错误的，这也体现了科学家的自我批判精神。

中国春秋战国时期的"百家争鸣"，就是一种科学批判性的争鸣，它奠定了中国传统文化的根基；中国近代"五四"运动中的"百家争鸣"，也是一种科学批判性的争鸣，它确定了中国新文化的方向；中国新时代呼唤新思想、新理论、新概念的诞生，让批判精神深入人心，让科技争鸣成常态，科技、文化的繁荣则指日可待。故列子言："天下理无常是，事无常非。先日所用，今或弃之；今之所弃，后或用之"（《列子·说符》）。要理论之树常青，就要依靠批判加以滋养。

10.1 批判的武器和武器的批判

掌握好批判的武器和武器的批判，是通向文明社会的正道。就批判来说，其原意是评论是非，通常引申为两种含义：一种是对错误或罪恶给予严厉的、毫不留情的抨击、指责；另一种是对某一理论、理论体系和行为给予否定性的评判。

对某一理论、理论体系和行为给予否定性的批判，我们应采取什么样的批判的武器和武器的批判呢？在这方面做出突出贡献的是德国的康德和马克思。德国的哲学革命由康德开始，德国古典美学的创始人同样是康德。康德给自己的哲学所取的名称是“批判哲学”。他不同意怀疑论，认为“自然界”（实即“现象界”）中的事物是可以认识的。但和独断者不同，他主张为了认识世界，首先必须对认识能力的范围和局限性进行批判性的探讨。康德为了表明他的哲学跟怀疑论和独断论有别，还用“扬弃”这一武器进行批判，得到“三大批判”，即《纯粹理性批判》《实践理性批判》《判断力批判》，为德国的哲学革命做出了开创性贡献。深受康德影响的马克思的大部分著作标题或副标题都有“批判”这个词，诸如《哥达纲领批判》等。马克思继承并发展了康德的批判精神，用“扬弃”这一批判武器批判了黑格尔的唯心主义辩证法，创立了唯物主义辩证法，为人类认识真理、寻求真理提供了有力的武器。

我们注意到，康德和马克思在哲学领域做出了巨大贡献，关键就在于他们准确而科学地运用了批判的武器——扬弃，然后又用科学的武器（扬弃）对批判对象进行批判。那么，扬弃这个科学武器为什么具有如此神力呢？扬弃来自德文 Aufheben，意为保存、保持，又为停止、终结，是德国古典唯心主义哲学家黑格尔广泛运用的一个重要哲学术语。马克思主义肯定辩证否定就是扬弃，扬弃并不是无，而是“‘既克服又被保存’，按其形式来说是被克服了，按其现实内容来说是被保存了”[①]。事物的扬弃过程就是辩证的否定过程，即肯定、否定、肯定的过程，就是对旧事物中的消极因素加以克服、改造，保存其积极的内容，吸收和利用新事物中的合理成分，从而把事物提高到一个新（高级）阶段的过程。

扬弃这一批判的武器之所以能使康德和马克思的事业成功，是因为扬弃是符合客观发展规律的，任何事物在吐故纳新的过程中都要遵循这一规律。人要吃饭、喝足够的水，通过人体消化系统吸取其精华，为人体的生长发育输送必要的养料，而人体每天要把糟粕（大便、小便）排泄出来。如果不排泄糟粕，让它与精华同等待遇在体内存在，其结果不言而喻；如果因有糟粕而拒绝进食，其结果也显而易见。

由此可见，我们在批判中，要正确掌握科学的批判武器，才有建设性的武器的批判。否则，批判将会是负面的。

10.2　实现中华民族伟大复兴需要科学精神的复归

什么是科学精神？科学精神就是批判精神，建立在实证和理性基础上的批判精神。马克思继承并发展了康德的批判精神，早期马克思强调哲学批判与政治批判的结合，强调“对现代国家制度的哲学批判”；中期马克思强调哲学批判与意识形态批判的结合，强调对资产阶级意识形态的批判，后期马克思强调哲学批判与经济学批判（资本批判）的结合，强调对资本主义生产方式的批判。马克思所要创建的哲学跟康德一样，就是一种“批判哲学”，从而创立了辩证唯物主义哲学体系。康德的批判和马克思的批判，不仅体现出了科学精神，也使他们成为世界级的大家。

世界级的思想大家，他们的伟大成就总是在批判中形成的。老子对道家始祖鬻子的批判，孔子对儒家经典《易经》的批判，亚里士多德对其老

① 马克思，恩格斯．马克思恩格斯选集：第三卷［M］．北京：人民出版社，1960：178–179.

师柏拉图的批判，培根对亚里士多德的批判，爱因斯坦对培根的批判，霍金对爱因斯坦的批判，后者皆没有侮辱前者的意思。因为这种批判是一种扬弃，是对旧理论的修正，是提取旧理论中合理内核加以肯定，继承并发扬光大，也是继承中的发展，而非全盘否定。

事物是发展的，理论也应如此。我们不能让河水不流动，也不能让人永远青春年少。河水之动，人之发育成长，都是对前者的延伸，又是对前者的否定。这种否定之否定就是批判，它的动机和动能来源于事物是发展的，也是变化的。而反科学的精神则把世界看成凝固的、僵化的、不变的。中国西汉时期的董仲舒把“道”看成绝对的、永恒不变的。提出“道之大原出于天，天不变，道亦不变”（《汉书·董仲舒传》），董仲舒这里所说的“天”，指创造万物的主宰；“道”，指“三纲五常”等封建准则。意味封建统治制度的根本原则不可变更。这种非科学精神把“道”与“天”并提，借天意神化“道”，以“天不变”论证“道不变”，成了封建统治阶级统治的理论根据。无独有偶，西方杜林的“永恒真理”论也是非科学精神的代表，他认为“真正的真理是根本不变的”，凡真理都是永恒真理。恩格斯对此做过尖锐的批判，写了《反杜林论》。

科学不仅是知识的本体，而且是一种思维方法，这种思维方法的本质是批判的，它体现出一些明显的特征：其一，科学的真理性。科学从不迷信权威，因此批判就成了科学的灵魂。真正的科学永远怀疑人们已经发现的东西，而且不断地对它质疑，发现新的东西。其二，科学思想所表达是的创造性，而不断创造往往是不断批判的结果。科学要着力于解决人类的需求，它就必须用批判的眼光和批判的思维，其使用的手段和研究方法都需要不断地创造。其三，开放性。科学接纳一切新的探索的思想，只有具有批判精神，特别是自我批判精神，才会具有真正的开放性。故批判是科学精神的灵魂。

光有批判精神而无实证和理性精神，在批判过程中就很容易滑向反科学精神的全盘否定。对于我们中国人来说，实证是中国传统文化中最紧缺的。这个弊端源自中国古代哲学家和科学家，他们普遍认为自己提出的原理不需要证明，不甚注重抽象与具体之间或一般与特殊之间的区别。由于提出来的原理是不需要证明的，这就使原始发明或原始发现失去科学所需要通过的桥梁——假说，而科学的假说是需要实践（实验）和理论反复证明的，这个反复证明的过程就是实证。东汉科学家张衡对当时社会上存在的“盖天说”和“浑天说”并不以科学假说去证明，而是凭经验决定取舍，而经验证明不是有效证明；同样，战国时代的哲学家孟子，他的“性善论”是儒家哲学、伦理学和政治学的基础。但在他七篇论文里没能证明“人性善”。孟子运用了不少经验证明，比如“恻隐之心”，但经验证明也很容易举出许多相反的经验，所以这不是有效证明。

实现中华民族伟大复兴的历程中，会遇到各种困难和险阻，要克服前进中的艰难险阻，就必须高举科学精神的旗帜，用实证和理性的科学批判精神去开拓道路。

10.3 资本主义批判

从西欧各国先后进行资本的原始积累算起，资本主义历500年。在这500年的漫长岁月中，它以革命的形式摧毁了腐朽的封建制生产关系，其原始积累“是用血和火的文字载入人类编年史的”，它对小生产进行剥夺、对农民土地进行剥夺、对土著居民的剿灭、对殖民地人民的炮舰征服和掠夺，特别是到北美肆无忌惮地杀戮印第安人，贩卖非洲黑奴，从北美到印度，从中国香港到新加坡，殖民者压榨掠夺，贪婪而残暴，肆意践踏人权，不仅让殖民地人民沦为奴隶，而且强迫印度奴隶种植罂粟花，制成鸦片，为了夺取中国人的钱财，不惜让中国人吸毒上瘾。资产阶级的发家史，就是一部充满残杀、奴役、侵略、征服的血腥历史，“资本来到世间，从头到脚，每个毛孔都滴着血和肮脏的东西”。资本主义一开始就带着原罪。

1845年夏天，流亡到英国的马克思第一次来到曼彻斯特，拜访因家族生意而被派驻曼城管理棉纺织厂的恩格斯。在这里，二人走遍大街小巷，目睹了繁华背后生活在社会最底层的工人的悲惨状况，工人的惨境震惊了马克思，为他后来完善剩余价值学说，揭露资本主义剥削的本质提供了重要丰富的实地素材。在曼彻斯特棉纺厂，织布车间里机器嘈杂无比，又闷又热，最小仅六七岁的童工们冒着生命危险在机器下方用手把断了的线头接起来并清扫机器；梳棉车间里尘絮飞扬，许多工人患上了呼吸系统疾病和眼部疾病。冷血的资本主义对当年流行的霍乱、伤寒等流行病熟视无睹，马克思在这里见识了“肆无忌惮、冷血无情的资本主义经典产物”，他还见识了在曼城一个纺织厂区里，每到星期天就有3000多名工人集体坐在路边谈论政治、社会和变化，工人唱起世俗歌曲，唱出他们希望联合力量改变社会现状的心声。

资本家也看到了这一危机，他们在不改变资本主义体制的基础上探索制度重建和改良。西方资本主义国家在“二战”后开始认识到，没有劳动者利益与资本利益的同步增长，社会生产发展是不可持续的。于是，劳动者的工资增长和社会福利保障都通过法律、法令固定下来，劳工维权组织具有了法律地位，并以此保证了全社会的消费水平与生产力发展相适应。时至今日，马克思、恩格斯当年探讨过的曼城纺织厂已不复存在，“小爱尔兰”这样的工人贫民窟也早已推倒重建。当《共产党宣言》发表47年后，恩格斯对资本主义进行重新认识。他在1895年3月6日为马克思著的《法兰西阶级斗争》一书写的导言中说道：“历史清楚地表明，当时欧洲经济发展状况还远远没有成熟到可以消除资本主义生产方式的程度；……这个经济革命自1948年起席卷了整个欧洲大陆，在法国、奥地利、匈牙利、波兰以及最近在俄国初次真正确立了大工业，并且把德国变成了一个真正第一流的工业园——这一切都是资本主义的基础上发生的，因此这个基础在1848年还有很大的扩展能力。”实际上，恩格斯看到了资本主义里面有一种合理的内核，即商品经济和优胜劣汰的竞争机制，而中国特色的社会主义则吸取了这一合理的内核。中国改革开放的成功实践说明，市场经济、竞争机制及旨在提高经济效益、提高劳动生产率的生产方式和方法，诸如承包制、租赁制、股份制、企业兼并等，这些反映了社会化大生产的规律，适应了商品经济的发展，社会主义照样可以借鉴和利用。

社会主义的首要本质特征是“把广大普通人，即大众的利益放在第一位”，而资本主义则是把财团巨富，即极少数人的利益放在第一位。美国号称是最民主的资本主义国家，它的两大党共和党和民主党在竞选中口口声声称把大众选民的利益放在第一位，但不管是国共和党还是民主党，或者欧美的左右派都不能代表大众，也不能代表工人阶级。就拿共和党和民主党来说，美国的选举制度一开始就把占有一定财产作为选民的基本条件，导致这种选举一开始就蜕变为少数富人的选举，很多穷人根本没有被选举的资格和机会。而美国的总统或议员能否获得候选人的资格和当选的机会，更要看他是否有足够的经费，而富豪为这些将上任的竞选政客选举捐款，是想等政客上任后“投桃报李”。占人口总数1%的华尔街财团们，用重金只支持在执政后能为他们服务并维护其利益的共和党或民主党，真正当政的是金钱，其他缺少资金支持又主张正义或“占领华尔街”者，虽然他们占人口总数的99%，却永远在竞选中处于劣势而成不了大气候。为什么欧美的左右派都不能代表大众，也代表不了工人阶级呢？这里仅引用美国政治学家福山的看法就清楚了，“美国左派未能代表工人阶级，欧洲各地的左派也犯下了同样的错误……在美国，政治上出现了这样一个错误：政治体制未充分代表传统工人阶级。从全球化中获利颇丰的美国企业界及盟友主导了共和党；而民主党已变成一个玩弄身份政治的政党”。美国出版的《纳克拉美洲报道》杂志多年前曾发表过这样一幅漫画，大概是脑满肠肥的大老板说：“由于有了全球化，我的办公室在纽约，我的工厂在墨西哥、洪都拉斯和海地，我的钱存在瑞士，我的技术来自日本，我在巴黎生活。”工人问：“你的工人在哪里？”大老板答道：“在地狱。”

社会主义的第二个本质特征是“平等”。我国学者李德顺曾与西欧九国的一个价值观研究机构做过同样的调查，大家较为一致地发现：凡是认为自由比平等更重要的人，往往更支持资本主义，在资本主义国家他们是稳定的支撑因素；而凡是认为平等比自由更重要的，则较为反对资本主义，多半倾向于社会主义（参考《党政干部学刊》2012 年第 5 期）。有一个十分奇怪的现象，美国的不平等问题要比欧洲严重得多，为何美国经济学家不研究平等问题？他们总是对美国不平等问题采取回避的态度，若人们问起平等，他们就顾左右而言他，实在回避不了，就巧言滑舌地说是因“全球化与科技创造了一个只有高技能人群才能成功的世界”之类云云，以此掩盖欧美社会越来越严重的财富不平等。按法国学者托马斯·皮凯蒂计算，“当下，在 21 世纪第二个十年初，在许多欧洲国家，尤其是在法国、德国、英国和意大利，最富裕的 10% 占有国民财富的约 60%”，“美国在 2030 年左右就可能创下新纪录，最上层 10% 那时会有国民收入的约 60%，而最低层半数人口拿到区区 15%”①。在美国，金钱政治大行其道，英国《卫报》网站报道，赢得一个参议院席位的平均成本为 1940 万美元，政府已经成为富豪的代言人；贫困率维持高位，2017 年美国有约 4200 万贫困人口，约占总人口的 13.4%；种族歧视变本加厉，种族歧视的仇恨犯罪有增无减；等等。致使美国年轻人拥抱社会主义政策。据美国有线电视新闻网（CNN）报道，越来越多的美国年轻人选择用积极眼光看待社会主义。早在 1949 年，当美国人被问及对社会主义的理解时，最高票答案是“政府所有权和控制权”（34%），而这一比例在 2017 年下降了一半，降至 17%，最高票答案被“平等”（23%）所取代。当今的美国人痛苦地意识到，大多数财富流向了社会顶层。在全球经济治理上，中国高举“平等”大旗，坚持共商、共建、共享的全球治理观，得到世界大多数的响应和共鸣。传统的资本主义，只顾市场效率，不顾社会公平，导致许多严重的社会问题；中国特色的社会主义市场经济，则应吸取资本主义市场经济只顾市场效率、不顾社会公平的

① 引自人民网 2014 年 7 月 2 日发表的文章《19 世纪的“拼爹资本主义”在 21 世纪重现？》。

教训，把社会公平与市场效率结合起来。也就是邓小平说的：“社会主义的本质，是解放生产力，发展生产力，消灭剥削，消除两极分化，最终达到共同富裕。”

中国的社会主义市场经济与西方新自由主义市场经济的最大区别在于：中国是有指导的市场经济，其将绝大多数人的利益放在第一位；而新自由主义市场经济，是依赖于利润最大化的市场经济，是把富人（如华尔街精英）的利益作为最大的利益。

11　论知行

知识是大海中的灯塔，它让行驶的航船能顺利到达彼岸。

没有知识而行路，犹如盲人走路；没有行动而只有知识，是坐井观天。知识是珍贵的，行动是关键的，知与行历来不可分，它们处于辩证统一的关系之中。知指导了行，行成全了知；知影响了行，行验证了知。从来都是知中有行，行中有知。知行之间的关系非常清晰，但知行脱节的现象在古今中外却屡见不鲜。

中国古人对于知和行的关系进行过长期的讨论，其中涉及知（认识方法）和行（践行、实践）方法论的讨论。孔子提倡知和言行一致，认为知有“生而知之”和“学而知之”，“生而知之者，上也；学而知之者，次也；困而学之，又其次也；困而不学，民斯为下矣”；“好古，敏以求之者也”（《论语・述而》）。孔子承认自己的知识是通过后天学习得来的。但孔子错误地认为“民斯为下矣”，老百姓就是这种最下等的了，因为他们遇见困难而不学。他没有将老百姓的生产知识、技能知识视为知识，自然把以动手为主的行排除在外了。他甚至说：“夫如是，则四方之民襁负其子而至矣，焉用稼？”他认为做了官，四方的百姓都会背负着小儿女来投奔，为什么要自己种庄稼呢？虽然孔子主张“文，行，忠，信”四教，但这种行只指社会生活的实践，而排斥人的动手能力。孔子的这种思想仅是“诸子百家”中一家的学术观点罢了，严重的是自西汉“废黜百家，独尊儒术”以后，其成为中国封建王朝和封建社会的指导思想而深入人心。封建社会森严的等级制影响了孔子的学术思想，孔子这种轻视动手能力的思想又影响了中国社会两千余年。

令人难以理解的是，宋、元、明、清是中国手脑分离最严重的时代，而宋代的思想家朱熹（1130—1200年）和明代思想家王阳明（1472—1529年）曾高调强调“知行合一”。关于知与行的关系，宋代朱熹做过一个很好的比喻：“目无足不行，足无目不见”（《朱子语类》卷九）。知与行的关系就像只有眼睛没脚就不能走路，只有双脚没有眼睛就不能看清方向。只有把学习和实践结合起来，才能使善学取得实效，不能只强调一个方面。他还说：“论先后，知为先，论轻重，行为重”（《朱子语类》卷九）。知识与实践两者，掌握知识是首先要做到的，但它不是最重要的，最重要的是进行实践。但令人哭笑不得的是，自隋朝实行的科举制度，到宋、元、明、清已演变为八股科举，千年科举实行的八股文体，只重章法，字数亦严，所论及都要以朱熹编撰的《四书集注》为准，参加科举考试的青年，且不说缺乏动手能力，就是有新思想也不敢越雷池一步，朱熹的一席知行高论成了空谈。明代中叶的思想家王阳明是一个很有独立见解的儒生，不人云亦云，其学术风骨非常难得。他对中国古代的知行辩证关系有创造性的发挥。当时学术界广泛尊崇“程朱理学”，其主要内容为“存天理，灭人欲”“正心诚意”“格物致知”等。王阳明为亲身体会朱子的格物论，采取知行结合，曾连续七日七夜对竹冥思苦想，以致劳思成疾，但终收获甚微，并因此对正统的“程朱理学”产生了质疑，在经历了长时间的思想困顿、迷茫及穷厄之后，他终于悟道，提出“心即理”的主张，并对知行进行了辩证的解释：“知是行的主意，行是知的工夫；知是行之始，行是知之成。若会得时，只说一个知，已自有行在；只说一个行，已有自知在”（《王文成公全书》卷一）。王阳明的“知行合一”不是认识与实践的统一，而是把知与行合二为一，以知为行，认为知是行的先导，行是知的体现，知是行的开端，行是知的完成，知中含行，行中含知。王阳明辩证解释知和行，有其合理的因素。因为知是实践后的总结，它自然含有行的因素；行是知（认识活动）指导下的行，自然也含知的因素。但王阳明关于知行理论的弊端也是明显的。其最大弊端是知行是一个矛盾统一体，它们之间的互相转化是需要一定条件的，即知识要转化为行动，或行动要转化（积累）为知识，没有转化条件，知与行不会合二为一。另一个弊端是，使蔑视动手能力的经院派更有只用脑不动手的理论依据，对改变社会上手脑分离的现状于事无补，以至发展到封建王朝没落的清代，中国人一穿上长衫，就抛弃了体力劳动，认为动手劳作是粗鄙阶层所为。

知与行、脑与手的结合往往是一个社会进步的主要标志。如果一个社会鄙视动手能力，那就反映出森严的等级制的存在，广大的工农不仅得不到尊重，而且会受到奴役。相反，若一个社会中知与行、脑与手结合成为风气，并成为进步的风尚，则创新和发展必然接踵而至。春秋战国时期由于人本主义思潮早熟，产生了墨子这样既有思想又有动手能力的思想家；东汉时期产生了动手能力强并发明了地震仪和浑天仪的科学家张衡。

近代科学史告诉我们：知与行、脑与手的真正结合，也就是理性传统与工匠传统的完美结合，能成就科技大师，也能成就一个国家的工业革命。欧洲 14 ~ 16 世纪的文艺复兴运动催生的人文主义思潮，直接推动了欧洲（也是世界）第一次科学革命。这次科学革命产生了一系列世界级的科学大师，其中最为著名的是发明了蒸汽机的工匠瓦特，他给人类带来了工业革命的变革，也使工匠法拉第成为电磁感应的发现者，进而创立了场理论。这反映出“知行合一”的重要性，也就是我们常说的手脑结合、理论与实践相结合的重要性。

11.1 手脑并用，助力中华民族实现伟大复兴

轻视动手能力的传统自隋朝科举制度始，已历 1300 余年，可算是根深蒂固，这一封建遗毒至今并没有彻底根除。当前国家提倡“工匠精神”，仅让中国人轻视动手能力的观念略微摇晃了一下，并没有从根上铲除。

“工匠精神”首次出现在政府工作报告中，不仅让人耳目一新，也提供了一个改变轻视动手能力、脑体分离局面的绝好机会。但根据笔者的调

查，它并没有撼动人们骨子里轻视动手能力这一传统。媒体上介绍了令人尊敬的“大国工匠”，例如“给火箭焊心脏”的高凤林，他盯着一个微小的焊缝，可以 10 分钟不眨眼。38 万千米，是嫦娥三号从地球到月球的距离；0.16 毫米，是火箭发动机上一个焊点的宽度；0.1 秒，是完成焊接允许的时间误差。从事航天焊工 35 年的高凤林，被称作“发动机焊接第一人”。企业颁给他“能手”荣誉，同事喊他“大师”，国家授予他“全国劳模”称号。再如一名工人出身的老师傅胡双钱，2006 年，中国新一代大飞机 C919 项目立项，这个要做百万个零件的大工程，意味着要做各种形态各异的零件，从原厂调配需要几天的时间，为不耽误工期，只能用钛合金毛坯来现场临时加工。这个任务交给了胡双钱。一个零件要 100 多万元，关键它是精锻出来的，所以成本相当高，因为有 36 个孔，大小不一样，孔的精度要求是 0.24 毫米。0.24 毫米，相当于头发丝的直径，这个原本要靠细致编程的数控车床来完成的零部件，那时只能依靠胡双钱的双手和一台传统的铣钻床。但他仅用了一个多小时，将 36 个孔悉数打造完毕，一次性通过检验，证明了工匠胡双钱的“金属雕花”技能。笔者曾借讲演的机会讲述了以上“大国工匠”的事迹，然后询问聆听的青少年，发现愿意当工匠者寥寥无几。他们钦佩这些“大国工匠”，但不管自己兴趣如何，都摆脱不了“高考情结”。这不禁让人慨叹千人一面的同质化办学，曾经辉煌的行业技校、企业技校逐渐淡然隐退，硕士、博士很常见，但是找一个修电机的技师却很难。虽然再不会出现清代和民国时期的怪现象，但当今社会及教育界轻视动手能力的陋习尚存。笔者曾在实际采访中发现，连许多一辈子当工人的父母也说：“我无论如何也不会让孩子上职专。”大部分初中生选择进入普高，只有极少数分数偏低者才会读技校。在择业、升学等方面，普遍存在对职业技校生的限制，原本应该形成技术门槛的职业资格证书也面临降格的境地。显然，这种生态环境不扭转，工匠怎么脱颖而出？每当我们看到瑞士产品，都会被其实用功能、完善的设计和精美的包装所打动。“瑞士造”之所以享誉世界，得益于瑞士有充足的能工巧匠，他们是“瑞士造”

的基石，人数占到瑞士中学生的70%左右。

重视动手能力事关中华民族伟大复兴，这是因为社会现代化的三大主力军均要依靠动手能力。农民在农村用双手和辛勤劳动创造农业丰收，发展现代化农业，民以食为天，每天的粮食和果蔬保证人人健康成长，农业是基础；工人在工厂用双手和辛勤劳动创造工业产品，发展现代化工业，工业是国家财富的重要源泉；科学家在实验室用双手和智慧创造和发明新成果，造福于大众，推动社会大踏步前进。中华民族伟大复兴需要一大批聪明能干的农民、工人和科学家，若社会不重视动手能力，青少年将远离农民、工人和科学家，那么大国农匠、大国名医、大国科学家的生长根基被掐灭了，农业大师、工匠大师、科学大师又怎么会出现呢？大国复兴的梦想必然会悄然破灭。

当前最受年轻人追捧的当数文体明星，各类主播、网红的“粉丝”动辄成百上千万，而对于科学家，大伙都不认识，更别说追捧了。我们的媒体的价值取向出了问题，给大众一种暗示，对于那些参与大飞机设计的科学家、嫦娥一号总指挥和设计师、启动我国探月工程的院士等，记者们熟视无睹。国人和媒体都在享受科学家的劳动带来的成果，却不知道搞这项科学研究的科学家是谁，这是国人和媒体的耻辱！一项针对1180名孩子进行的问卷调查结果显示，他们将来想从事的职业中，排在第一位的是企业家和老板，第二位是文体明星，科学家位列第七，仅比农民和工人靠前一点。这样的认知不令人震惊吗？科学事业、工业制造、农业发展缺少大批后继者，中华民族伟大复兴能实现吗？

忽视动手能力，导致研究炼钢的博士居然不懂炼钢。由于缺乏一线实践经验，不了解设备运行情况等，他们只从理论上设想出方案，难以在短时间内，在可控成本范围内，与企业实际需要对接。中国工程院院士刘介就谈道：“我遇到很多博士，到工厂都成了‘不是’。炼钢的博士不会炼钢，炼铁的博士不会炼铁。”他认为，成为创新人才也不一定非得上大学，无论是技术员还是工人，都能够取得创新成果，但前提是具备很强的实践动手能力。应该从实践中发现问题，再寻求理论突破，理论和实践是相辅相成的。宝山钢铁股份有限公司热轧厂首席操作师王军的经历便印证了刘介的话。这位高中毕业就进厂工作的宝钢工人，通过在生产第一线刻苦钻研，实现了多项技术的改造和创新，获得了包括国家科技进步二等奖在内的多项奖项。

为了实现中华民族伟大复兴，我们要加速摒弃忽视动手能力的陋习，要加速改变重理论、轻实践的价值观念，要加速改变文、理、工科实践动手课程不足的局面。这是伟大时代的需要。

11.2 知行合一的知识分子才会成就事业

由于封建科举考试的遗毒，致使我国社会长期形成知行分离的风气，知识分子谈经颂道，却耻于行动；工农阶层辛勤劳作，却很少读书。这造成我国社会存在一种重理论、轻实践的价值观，总认为理论性的工作要优于实践性的工作，严重阻碍了中国知识分子的事业走向成功。

知行合一的知识分子才能成就事业。有两位卓越的知识分子为我们成功做到知行合一并成就事业树立了很好的榜样。一位是长期与农民一起在秧田中踩来踩去，满身泥土气、外貌与农民没有多少差别的袁隆平，就是这位常常钻在泥土中的水稻研究专家为国家和世界农业发展做出了巨大贡献。一家知识产权机构评估袁隆平的无形资产总产值高达 1000 多亿元。另一位是长期与民工一起研究熊猫特性的科学家潘文石，他在野外生活了 12 年，美国人称之为“中国的达尔文”。

在重庆长大的袁隆平，1953 年从西南农业学院（现西南大学）毕业后服从组织分配，来到偏远荒凉的湘西黔阳安江农业学校（现安江农业技术学校）当教师。论条件，他仅是个偏远山村的农技师，科研条件甚差，与科研设备齐全的国家级科研院所相比差着十万八千里。但正因为他坚持在农村、农田第一线，坚持每天去田间地头，去荒凉的偏远农村实践才成全了他。袁隆平曾按苏联科学家米丘林、李森科的遗传学说进行科学试验，但通过在农田中的多次科学实验，他发现苏联学者的理论与中国的实际情况出入很大，于是他开始思考“遗传性状的物质基础到底是什么”，带着基层实验的“无性杂交”所产生的“无性杂种”为什么不能遗传等问题在农田中寻找答案。他发现当时中国学术界竭力批判孟德尔·摩尔根的遗传学说批判错了，他自觉成为这种学说的实践者。

就因为常年生活在农田野地，袁隆平才会发现一兜鹤立鸡群的“天然杂交稻”，并进而证明水稻也存在明显的杂种优势现象。他想，既然自然界存在“天然杂交水稻”，那么只要掌握其规律，就一定会培育出人工杂交水稻。袁隆生坚持在农村第一线，终于收获了科学研究的成功之果。美国的巴耐伯格在《走向丰衣足食的世界》一书中评价袁隆平：“他把西方国家抛到了后面，成为世界上第一个成功地利用了水稻杂交优势的伟大科学家。”袁隆平也在基层实现了他的两个愿望，一是让杂交水稻造福世界人民，二是把超级杂交水稻搞成功。袁隆平离不开田野，他让理论与实践、动脑与动手相结合，田野给予了袁隆平优厚的回报，使他成为人民大众敬仰的科学家。

另一位是被美国人称为“中国的达尔文”的潘文石教授。潘文石毕业于北京大学生物系，他在中国陕南和川北交界的秦岭野外考察大熊猫，一蹲就是 12 年。这 12 年中的大部分时间，潘文石都是在秦岭野地度过的，生活十分艰苦。每周由他的学生下山买一袋蔬菜，做一顿饭有时要吃上一周。12 年来，他成功地救治了 7 只大熊猫，他所研究的 17 只大熊猫中，共增加了 10 只幼崽，均 100% 地成活。人们曾为“竹子开花使大熊猫濒临死绝”而无限忧虑，中国和世界为挽救大熊猫而掀起了把熊猫送进饲养场的运动。潘文石在经过仔细调查研究和认真考察之后，立即向原国家林业局和原四川省林业厅提出自己的观点：“大熊猫不受竹子开花之害，在野外为饥饿熊猫建立饲养场实属不必。”他的意见当时不被接受，由于他深入熊猫栖息地追踪研究长达 12 年之久，既了解实情，熟悉大熊猫，又是生物专家，出于保护野外大熊猫的责任感，他给中央写了一封长信，陈述了大熊猫不受竹子开化之害的理由，并呼吁立即停止在大熊猫分布区内建立饲养场，直陈这种饲养场对熊猫有百害而无一利，会破坏大熊猫正常的生态环境。中央接受了他的意见。若没有在熊猫栖息地考察研究 12 年、没有保护野生动物的社会责任感，就没有现在卓有成就的科学家潘文石。

11.3　中华民族伟大复兴，呼唤中国瓦特的诞生

瓦特，一个英国近代工匠，他的业绩却撼动了整个世界。瓦特是发明了蒸汽机的能工巧匠，他的贡献卓著，正如阿西莫夫所说："瓦特是点燃两次工业革命的导火线的人，即他不但以蒸汽机的改进发明而推动了第一次工业革命，而且当代正在经历的自动化革命也追溯到他那里。"

工匠瓦特不仅是工匠，也是工程师。詹姆斯·瓦特于 1736 年生于英国造船中心格拉斯哥附近的格林诺克。他的父亲做过造船木工，兼营商业；祖父、叔父都是机械工人。由于家庭的影响，瓦特少年时代就熟悉了一些机械制造的知识。他没有受过系统的学校教育，18 岁就走上了社会。他不管干什么工作，总是认真踏实，一丝不苟，特别是自从他接触到蒸汽机的研制试验以后，更是锲而不舍、刻苦钻研。当他受聘为格拉斯哥大学修理教学仪器时，他主动结识了一些教授，从他们那里学到了许多科学理论和知识，从此对蒸汽动力机械产生了浓厚兴趣，使他的工艺传统从此渗进了理性传统。有次修理纽可门蒸汽机，虽然修好了，但他用科学眼光（理性传统）审视纽可门蒸汽机，发现了两大致命缺陷：活塞不能做旋转运动而限制了使用范围；蒸汽浪费太大，产生效用的蒸汽只有 1/4。他准备进行改造又不得其解，布莱克教授的潜热理论和热容量概念给了他很大启发，他根据这一科学理论找到了纽可门蒸汽机效率不高的原因。大约用了一年时间，他一次次地尝试用各种办法改造，均告失败。显然，只凭正确的科学

理论还不能解决问题，还需要用创造性思维进行创造性的劳动。他反复思考，终于有了创新思路：既然纽可门蒸汽机的热效率低是蒸汽缸内冷凝造成的，那为什么不能让蒸汽机在汽缸外冷凝呢？凭借对路的科学理论和高超的工艺技术，他很快采用了分离冷凝器的设计，但几台样机因漏气而失败。瓦特这时已从纯粹的工匠跃升为理性传统与工匠传统相结合的科技人。他参加了由一群关心科学研究的人士组成的"圆月学社"，互相交流一些最新的科学思想，在交流中行星绕日和钟表中齿轮的圆周运动启发了他，他把活塞往返直线运动转变为旋转运动，从而使纽可门蒸汽机取得了质的飞跃，演变为瓦特蒸汽机，在纺织、采矿、冶炼和交通运输等领域广泛应用，进而使世界步入了蒸汽时代，瓦特也成了科学发明创造的大师，推动了工业革命的发展。

工匠瓦特之所以能成长为世界级的科技大师，一方面源于他是一个技术高超的工匠，具有很强的动手能力，这使得他能够将自己的各种奇思妙想付诸实践；另一方面源于他正确地、对口地找准了解对象的科学理论，这种科学理论既来自外在又来自内在。瓦特把科学理论与工匠传统完美结合，从而促使他成为世界级的科技大师；而发明蒸汽机的纽可门不能用科学理论改造他的低效率的蒸汽机，最终止于工匠。瓦特和纽可门的事例使我们看到，工匠要成长为科技大师，必须同时具备具高超工匠技艺（动手能力）和与之相适应的科学理论（理性传统），这是大师成长的基础。

中国正在由制造大国向制造强国迈进，第四次工业革命所产生的互联网、大数据、人工智能、生物技术等直接渗入中国制造，为中国工匠们创造了极佳机遇。中华民族伟大复兴，在呼唤中国的瓦特诞生。

12　论思辨

没有思辨就没有智慧，没有智慧就会盲目。思辨不仅是一个思想者的锐器，也是每个人必备的内功。不会思辨或不敢思辨的人就如同鹦鹉，能思辨并敢于思辨者才称得上是人，思辨绝不是思想工作者的专利。思辨是以哲学视角审视、辨识、印证各种信息，然后通过去伪存真、由表及里和去粗取精的筛选，剔除假恶丑，吸取真善美的过程。

辩证思维是形成思辨力的温床。中国古人是世界上较早掌握辩证思维的人。从远古时期的卜筮阴阳文化到老子的《道德经》，中国古代辩证思维处于世界最前沿的地位。老子的《道德经》至今在世界上广受欢迎，影响深远。

思辨必须具有三个标量，才能使思辨形成思辨力。这三个标量分别是辨别善恶的能力，辨别真伪的能力，辨别美丑的能力。

具有辨别善恶的能力，不仅是自身实施美德的前提，也是形成疾恶如仇的品格的前提，是做人的前提。当你能分辨善恶时，才能避恶寻善；当你有辨别善恶的能力时，才能果断地去惩恶扬善。如果社会上人们普遍能分辨善恶，那么恶就无处藏身，一旦出现，就会成过街老鼠，人人喊打。

具有辨别真伪的能力，不仅是自身免于受欺骗的前提，也是自身不去造假、不去作伪，一切实话实说的保证。如果社会上人们普遍具有辨别真伪的能力，那么骗子、伪造者就难有生存环境。社会上人人以真诚相待，清亮淳风就会自然形成。

能够辨别美丑，不仅自身可以追美去丑，而且会让社会上的丑没有市场。社会再不闻臭不觉其臭，对丑就会采取蔑视、厌恶的态度，丑在社会上就自然失势而难以形成气候了。

思辨还需要有三个功力，才能使思辨形成思辨力。思辨所需具备的三个功力分别是洞察对象和自身的本质的功力；洞察对象和自身何时向它的反面转化的功力；洞察对手和自身的优势与劣势（长处与短板），从而用智谋和实力将对手一箭封喉的能力。

思辨者要有洞察对象和自身的本质的功力。任何事物，包括你的对手，总是以花哨繁杂的外表掩盖着它的本质。若你不能洞察其本质而随之起舞，不仅会耗尽你所有的精力，而且到头来失败是不言而喻的。对于科学研究和科技发明，只有抓住对象的本质进行追踪研究，才能在有限的时间内获得预期的成果。

思辨者要有洞察对象和自身何时向它的反面转化的功力。这要求思辨者对对象和自身的盛衰发展阶段了如指掌。只有对对方盛衰阶段有精准的了解和正确的估量，才会准确地制定符合实际的、有效的相应对策，才会避免妄自菲薄或盲目自大；也只有对自身的盛衰阶段有精准的了解和正确的估量，才会从容应对，量力而行。若是盛期，则以盛期之力行事；若是衰期，切不可冒进，必要时应断然采取自我革命，从容地做到既尽力而为，又量力而行。

思辨者要有洞察对手和自身的优势与劣势（长处与短板），从而用智谋和实力将对手一箭封喉的功力。这样，与对手博弈时不仅可以把对手的优势借鉴过来为己所用，虚心学习，转化为自身的优势，而且也会避开对手优势的锋芒，攻其软肋，达到一箭封喉之目的。当你对自身的优势和劣势了如指掌时，就应以全力去发扬、壮大自己的优势，并尽快在现有条件下补齐短板。当没有条件或来不及补齐短板时，应尽量掩其劣势，以自己的优势取代之。

12.1　真理向前跨越半步就是谬误

真理与谬误，有时就在一念之间，稍有不慎，真理会成为谬误。把影子当人，就成了谬误；把人当影子，也会成为谬误。真理是客观事物及其规律在人的意识里的正确反映，是与客观实际相符合的认识；而谬误与真理相对立，指主体与客体不相一致的认识。

分清真理与谬误，要靠实践后的思辨力。黑格尔的辩证法把绝对观念看作是世界本原，以为认识的辩证过程，就是绝对观念自我认识的过程，观念的辩证法是第一性的，客观事物的辩证法是第二性的。黑格尔因此使他的辩证法走向了谬误。马克思、恩格斯批判地吸收了黑格尔辩证法的合理内核，认为观念的主观辩证法是自然界和社会的客观辩证法在人的头脑中的反映，客观世界的运动发展是辩证的，人的认识要正确反映客观世界，必须遵循辩证法规律，从而使其谬误中的合理内核成为真理。

对于谬误，我们不要惧怕，通过实践后的思辨吸取其合理内核，就有可能化谬误为真理；对于真理，我们不要故步自封，因为它是动态的、相对的、发展的，我们自以为是就会让真理变成谬误。因此，在实践后进行分辨时，最重要的是掌握好“度”。所谓掌握好“度”，就是要达到最佳程度，在这方面，孔子的中庸方法论给我们很好的启示：“允执其中”（《论语·尧曰》）。然而要坚持“中”，必须把握“两端”，即矛盾的对立面，离开“两端”便无所谓中——对立面的统一、联结、协调、平衡等。

在实践中掌握好“度”很重要。比如知识的“度”，当知识达到所需要的“度”时，就是最佳状态，超过了“度”，则会走向反面；没有达到这个“度”，也会失败。英国生物学家古尔德是19世纪最伟大的鸟类专家，他对加拉帕戈斯群岛鸟类的了解要远远超过达尔文，他指出了达尔文在考察中的许多失误，例如达尔文将鸣雀误作鸣禽等。虽然古尔德的鸟类知识比达尔文优秀，但由于知识过“度”妨碍了他的创新思维，使他永远停留在上帝创世说上。达尔文的鸟类知识比古尔德少而生物知识达到所需的最佳状态，这给他的想象和灵感留下了空间，使他成为进化论的奠基人，为世界文明做出了贡献。掌握学习知识的“度”十分重要，著名科学家钱学森就有这样的体会。钱学森回忆当年他在北京师范大学附属中学读书时，考试形成了一种风气：学生临考试时是不做准备的，从不因为明天要考什么而突击背诵课本，大家都重在理解不在记忆。考试结果，一般学生都是70多分，优秀学生80多分。如果通过死记硬背，急功近利获得高分，同学们反倒瞧不起。著名科学家牛顿也是如此，他在中学也是不注重考试成绩的中等偏上的学生，他从12岁进格兰瑟姆文科中学，最爱在课余做模型风车、木制钟和画画，而不是成天埋头做作业应付考试。在药店做化学实验，这为他以后发明创造和终生投入化学实验奠定了基础。假如中学时也只追求高分而放弃上述活动，后来肯定不会出现科学巨匠牛顿。

生活及管理中的“度”也非常重要。中医养生学告诉我们，吃七八分饱有利于健康，因为这样人才有胃气，消化能力才强，营养吸收好，身体健康，故有“要想小儿安，七分食物三分寒”的说法。在企业管理上，传统的经营模式是追求利润最大化，因而导致比例失调，并且因此破产倒闭的现象屡见不鲜；若企业只寻求满意利润，往往能达到最大的利润。我们在生活中观察自己或朋友，看到自己或他人的八成优点，你就会愉悦地接纳自己或他人的不足或失误。生活工作本应有张有弛，若像一些工作狂一样，不量力而行，疲劳加班，其结果是效率不高，身体也会被拖垮。有人做过一个动物实验，两群猴子，一群吃饱为止，一群吃七八分饱。10年来下来，每餐吃饱的猴子肚子大，得高血脂、脂肪肝、冠心病的多，100只猴子病死了50只；另一群猴子苗条、健康，100猴子只死了12只。15年后，顿顿吃饱饭的猴子都死光了，高寿的猴子都在七八分饱的猴群中。

掌握科学探索的“度”。科学探索是科学发现的桥梁，但若没有掌握好“度”，就会把科学探索变成伪科学。比如对于气功疗法，中医用“入静”和“调节呼吸”等方法锻炼身体、预防疾病，有很好的疗效。中华气功学作为研究人体生命的身心相互关系的一门医学临床科学，是宝贵的临床医学遗产，为祛病健身提供了有效的手段，这值得继承和发扬光大。但有人将其夸大、渲染到神化的地步，与某些人直观式地将自身的病愈归功于“特异功能”有关，结果竟出现所谓宇宙语研讨会，探索与外星人、已故伟人、蛇精等直接对话的可能性，从而使真理走向了谬误。不加以科学批判会毁了祖国伟大遗产——气功。中国科学院院士、中国科学技术大学原校长朱清时在北京中医药大学举办了名为“用身体观察真气和气脉”的讲座，并展示了关于“真气”的实验效果，认为“真气”是“大量神经元的涌现现象”。一时间，朱清时所宣扬的是科学还是伪科学、院士专家在公共场合宣扬这类内容是否适合等话题，在科学界引起了广泛的关注与激烈的讨论。当许多人认为朱清时有关“真气”的报告是伪科学时，朱清时如此回应：“中医经络包括真气，是中国传统文化很重要的部分，知道它们的精华我们才能有真正的文化自信。中国科学家应该做一些振兴中华传统文化的事情。”“真气可以产生强烈的生理感受”，“感受其实是用自己身体做实验，一方面可能是心理感受，另一方面是生理的结果，这个正好是我们要求证的”。朱清时所展示的“关于真气的实验效果”实际上是在心理暗示作用产生的，与所谓“真气”没有关系。在心理学中，暗示现象的研究最早见诸医学的临床实践，如用暗示催眠治疗某些疾病或用以加强治疗效果。暗示更广泛地被应用于广告、宣传等方面。暗示者可以是群体，也可以是个人，可采用言语，也可以用手势、表情或其他物理环境等方式进行。它可使人立刻做出相应的反应，也可能是一个缓慢的潜移默化的社会影响过程。朱清时讲的“真气”与中医的经络没有直接的关系。中医的经络是身体的经脉和络脉，经脉如径路，为纵行的干线；络脉如网络，为横行的分支。经络是内属脏腑、外络枝节、联系全身、运行气血的通路。中外学者一直在探索经络的物质基础而未果，尚未找到解剖学上的根据。

科学家朱清时的《用身体观察真气和气脉》似是而非，反映出中国学者治学的普遍弊端，他们普遍不甚注重抽象与具体之间或一般与特殊之间的区别。由于认为自己提出来的原理一般都是不需要证明的，这就使原始发明或原始发现失去科学所需要通过的“桥梁”——假说，而科学的假说是需要实践（实验）和理论反复证明的，这个证明过程自然需要运用形式逻辑这一武器。不管是学术研究还是科学研究，只要是提假设原理，都必须经过严密的实践检验或反复的实验论证。否则，提出者很容易把真理演化为谬误。

12.2 黑格尔中国哲学观批判

黑格尔（1770—1831 年）是德国哲学家，德国古典唯心主义的集大成者，出生在德国南部符腾堡公国斯图加特城的一个官僚家庭。他既是一个大学哲学教授，又是公开为普鲁士专制制度做论证的御用文人；他把康德开创的德国古典唯心主义推向顶峰，创造了庞大的客观唯心主义体系，他的哲学甚至被推崇为普鲁士王国的国家哲学。他站在“欧洲中心主义”和普鲁士专制制度的立场，目空一切，傲视东方哲学。黑格尔明确表示中国、印度乃至整个“东方的思想必须排除在哲学史以外”，“在这里找不到哲学知识”，并从而断定“真正的哲学是由西方开始”①。

黑格尔为了全盘否定东方哲学，特别是中国古代经典哲学，举出的理由不少，但核心理由有二：一是东方是专制社会，“只有主人与奴隶的关系”，是“理智的形而上学”，它与自由同在，意志是普通的、无限的，并不畏惧某一个“大力”（专制君主）；二是东方人主张自然与精神合一，主张天人合一，但这种合一不是统一，而是直接合一，是主体作为消逝的毁灭的东西，沉陷在客观的实体里，于是“实体与个体就湮灭了”，“一个毫无精神意味的境界就出现了。”结果“只停留在最浅薄的思想里面”。黑格尔蔑视东方哲学，特别是蔑视中国古代经典哲学的两个核心理由不仅站不住脚，而且正好相反，真正体现出“畏惧某一个‘大力’”的正是黑格尔，说中国古代哲学“天人合一”浅薄的也正是黑格尔。

黑格尔生活的年代，德国并不是天堂。贵族和高级官吏等支配着政治生活，德国思想和政治的发展过程中出现深刻的分野就不足为奇了。与黑格尔同时代的文学家歌德（1749—1832 年）对这个普鲁士专制制度在文化

① 参见黑格尔《哲学史演讲录》第一卷《导言》和《东方哲学》。

领域体现的猥琐、偏狭和市侩作风进行过尖锐的批评，歌德晚年时曾说："你们可以心安理得地像给布吕歇尔立碑一样，给我也树立一座丰碑，布吕歇尔把你们从法国人手中解放出来；我把你们从市侩作风中解放出来！"歌德是与专制社会斗争的勇敢的斗士，他的享誉世界的《浮士德》充分证明了这点。77 岁的歌德给他的秘书爱克曼说："在没有见到你的这几天里，我读了许多东西，特别是一部中国传奇，现在还在读它（《好逑传》）。我觉得它很值得注意。"当爱克曼对遥远的东方表示惊奇后，歌德告诉他，"并不像人们所猜想的那样奇怪。中国人在思想、行为和情感方面几乎和我们一样，……只是在他们那里一切都比我们这里更明朗，更纯洁，也更符合道德。在他们那里，一切都是可以理解的，平易近人的，没有强烈的情欲和飞腾动荡的诗兴。他们还有一个特点，人和大自然是生活在一起的。还有许多典故都涉及道德和礼仪。正是这种在一切方面保持严格的节制，使得中国维持到几千年之久，而且还会长存下去"。歌德年轻时在斯特拉斯堡期间，就通过拉丁文译本接触过《大学》《中庸》《论语》《孟子》《孝经》《三字经》。德国汉学家卫礼贤认为："中国道德的出发点和他（指歌德）的人类教育的出发点相同。普鲁士国家是靠不断地扩张领土而发展起来的。是在农奴制存在的条件下推行军国主义政策。普鲁士专制主义再加上军国主义，便构成所谓普鲁士精神，这种精神表现为对上级的盲目服从，对下级的蛮横无理，民族主义傲慢，及对外侵略成性，好勇斗狠，强权即公理。"反观与歌德同时代的黑格尔，他公开为普鲁士专制制度的存在做论证，把普鲁士专制制度的痈疽当作佳良加以呵护、赞扬，与歌德对这一专制制度的看法、态度正好相反。既然他用这样的"有色眼镜"去看中中国古典哲学，其观点跟歌德大相径庭也正是很自然的事。

中国古代圣贤，发现天道与人道，自然与人为相通、相类和统一的规律，并运用于医学临床实践几千年，这是中国古圣人的伟大发现。黑格尔把中国古代哲人发现的自然规律视为中国没有哲学的主要理由，并蔑视其"只停在最浅薄的思想里面"。黑格尔如此傲慢张狂，说明他根本没有看过中国医学界流行2000年的《黄帝内经》，更没有看过书中的《四气调神大论第二》。其具体讲的是在一年四季中适应气候变化的摄生法则，而适应气候变化是养生方法中的关键。指出了违反四时气候变化规律是导致疾病发生的因素，从而进一步指出预防思想的重要性。作为哲学家的黑格尔，既然全盘否定了中国古代哲人发现的“天人合一”规律，就更不能预测到“天人合一”观将导致新学科的革命。“天人合一”观主要研究对象是人与周围环境的关系，包括人与宇宙系统、意识与脑的问题、三个世界（物理客观世界、主观经验世界、人类精神世界）。“天人合一”观研究具有很大的实用价值，如在医学上开发第四医学、对环境的改造、开发人的潜能等，这些对提高社会生产力，促进两个文明都有重要作用。由于“天人合一”观是多学科交叉与融合建构的体系，因此需要多学科，尤其是自然科学共同参与探索研究。这方面黑格尔肯定没有预测到，那么这顶“浅薄”的帽子只能奉还给黑格尔。

黑格尔在他的《哲学史讲演录》中，对中国的社会科学、自然科学乃至语言、文字一概全盘否定：例如中国的日历都是由欧洲人编制的，对中国人的科学知识估计太高是错误的；《易经》哲学是浅薄的；孔子只是一个实际的世间智者，他的著作也只是对传统典籍的注释，没有什么了不起的东西；道家是停留在初级阶段的哲学；等等。实践是检验真理的唯一标准，黑格尔对中国古典哲学的这些评论大多被实践推翻了。

12.3 科与技的思辨

科学和技术是第一生产力，它们总是难分难舍，互相影响。科学一词来源于拉丁文“scientia”，原意为学问、知识。16世纪后，英文单词“science”被引入我国，当时译为“格致”，即通过接触事物获得知识。19世纪末，康有为、严复始译为“科学”。科学是正确反映自然、社会和思维的本质和规律的系统知识，或是关于自然、社会和思维的知识体系。因此，科学一般具有客观性，其研究对象都是客观存在的，不以人的意志为转移；实践性，来源于社会实践，又被社会实践证明是真理；理论性，通过运用科学的思维方法和实验手段，对大量感性知识进行概括和总结，从而形成知识体系；发展性，客观事物既是复杂的，又是发展变化的，认识是不断丰富和深化的，而科学也是不断发展的。技术，则是根据生产实践经验和自然科学原理而发展成的各种工艺操作方法与技能，如电工技术、焊接技术、木工技术、激光技术、作物栽培技术、育种技术、造纸技术、工艺美术技术、芯片技术、人工智能技术、航空航天技术、高铁技术、桥梁技术等。除操作技术外，它还包括相应的生产工具和其他物资设备，以及生产的工艺过程或作业程序、方法。技术内含技能、知识和能力。知识是对经验的概括，技能是对动作和动作方式的概括，能力是对调节认识活动的心理活动过程的概括，是较高水平的概括。

科学与技术之间有一种辩证关系，它们是互相联系又相互影响、相互制约的，而且在一定条件下会相互转化，即科学转化为技术，技术上升为科学。一般来说，掌握科学是技术发展的前提，科学的深浅、高低制约着技术掌握的快慢、深浅、难易、灵活性、巩固程度等，而技术的形成和发展在一定条件下也将有助于科学的形成和发展。

科学与技术之间存在相互消长的关系，若科学与技术结合得很好，科技就发达。当今的美国就如此，故它是当今世界科技领军者。科学与技术之间发展不平衡，它就很自然地制约了本国的科技水平。比如日本，截至2016年，日本已有22人荣获诺贝尔自然科学奖，其中17人是在进入21世纪后获奖的，超过了德国、英国、法国，成为仅次于美国的第二大“诺奖大户”，这说明日本的原始创新走在世界前列。原因除了日本科学家善于自我反省和勤奋工作外，日本的科研环境、评价机制及经费保障等因素功不可没。其中，政府的高度重视并创造宽松自由的学术氛围则是关键所在。但是，日本的技术却缺乏创新。20世纪90年代，日本品牌的手机曾在中国市场占有一席之地，此后日本企业却节节败退，以至于现在人们在中国市场难寻到日本手机品牌的踪影。中国科学和技术发展也不平衡，原始创新薄弱，这有中国重技术、轻科学传统的原因，也有现今科研体制和教育体制不合理等原因。但科学和技术的发生和发展从根本上来说是由社会需要决定的，中国和平崛起和复兴的需要促进了中国高新技术的飞跃发展，最为突出的是中国在世界超级计算机排名中自 2013 年以来一直高居榜首。超级计算机是尖端科研中进行高度复杂运算不可或缺的，一个国家的超级计算机实力是其科技水平的直接反映。

著名物理学家吴大猷认为："古代中国赢过西方的，大多是技术而不是科学，没有科学为基础的技术，发展是有限的。"中国历代的科技发明，如蚕丝、铜器的制造都早于西方，历史学家一定可以列出很多发明事实，证明中国的科技发展在过去优于西方，但是大家陶醉于这些成就的同时，却忽略了这些领先都只是技术而已，中国长久以来缺乏科学思想的深入扎根。由于对科学与技术的分际认识不清，以至于科学思想的扎根工作被忽略了，这才是中国长久以来科学发展不及西方的原因。吴大猷这番观点虽然有点刺耳，但是对我们正确评价中国古代科技水平和当今奋力发展科学来说，是一副清醒剂。

早在先秦两汉时期，我国的天文历法、医药、数学、农学四大科学体系业已形成。此外，纺织印染、冶金、工程机械、造纸业、钻井技术、探险测绘、造船航海、制曲酿酒、水利工程等方面都处于世界领先地位。隋唐两宋之际，我国在数、理、化、天、地、生等为代表的科学技术方面虽然硕果累累、一派繁荣，但是没有达到质的转化，没有上升到科学革命。科学革命是指科学发展的间断性的质变状态。奥地利科学哲学家波普尔强调科学发展是通过"试错法"，不断排除被证伪的假设而接近真理的。他认为一个理论，一个假说的"证伪"，就是一种科学革命。波普尔把科学革命看得过于简单，否认科学知识积累的作用，因而不能辩证地解决科学的量变和质变、进化与革命的关系。美国科学家库恩则提出所谓的"规范变革"的科学革命观，把科学的进步看成是革命变动和平静发展的波浪式前进的过程，认为当陈旧的规范全部或局部地被一套新的不相容的规范所取代时，就会发生科学革命。库恩的科学革命观有合理内核，但不能正确处理科学发展的间断性和连续性之间的关系，过分强调质量，忽视科学知识的相对稳定性。匈牙利哲学家拉卡托斯批评波普尔和库恩的科学革命观，提出科学革命实质上是研究纲领的更迭，进步的研究纲领代替退化的研究纲领就是科学革命。拉卡托斯的这一观点不能解决科学的渐变和飞跃之间的关系，过分强调科学知识的稳定性，忽视科学的质变现象。

关于科学革命，虽然波普尔、库恩和拉卡托斯都有其独到见解，但他们都从外形变化去论述它，都没有指出科学革命的动力源所在。科学革命必定有其动力源，它才能产生、发展并形成革命之势。笔者认为，科学革命的动力源来自技术革命，其理由有三：一是从人类历史上经历的三次技术革命来看，技术革命是科学革命的先导。第一次是古代技术革命，第二次是近代工业革命，第三次是现代科学技术革命。二是科学革命是技术革命发展的需要。技术革命是生产工具和工艺过程方面的重大变革，其需要创新的理论指导、规范和导航，需要人类对自然界认识上的飞跃，这种需要能形成强大的动力源，促使科学革命的发生。三是科学革命是生产发展的直接需要。生产发展呈波浪式运动前进，它总是一个阶段、一个台阶地向上发展，是渐进式的、不断向上的。如果生产发展的劳动条件、性质和内容陈旧，生产力的结构老化，劳动生产率不高，生产发展就会停滞或衰竭。因此，技术革命要使生产发展，就需要新的科学理论进行指导，促使劳动条件、性质和内容向有利于生产力发展的方向改变、促使生产力结构改变，劳动生产率迅速提高。

当今世界，以人工智能、大数据、物联网、生物技术等新技术发展为标志的第四次工业革命已经到来，它预示着科学革命将要到来。科学革命曾因欧洲的工业技术革命而发生，从而诞生了牛顿、莱布尼茨、法拉第、焦耳、达尔文、麦克斯韦等科学大家。当今在技术革命中最耀眼的有美国、中国、欧盟和日本，它们都可能成为未来科学革命的中心。不过，欧盟虽然是世界最大的经济体，但其内部不团结，缺乏竞争力；日本技术曾是世界一流，但因其直线下滑而不可逆转。欧盟和日本成为未来科学革命中心已几乎不可能了，剩下的是美国和中国。美国是当今最发达的国家，又是世界唯一的超级大国，也是很多重大高科技领域的领先者，中国是艰难的追赶者。美国的原始创新能力很强，时时包揽诺贝尔自然科学奖；中国原始创新能力薄弱，关键领域核心技术受制于人的局面没有根本改变。中国科学院和科睿唯安公司联合发布的《2016 研究前沿》指出：在 180 个热点前沿和新兴前沿中，中国表现卓越的研究前沿有 30 个，超过了英、德、日、法，仅次于美国；中国虽然是后发国家，但具有无可比拟的人才资源优势，科技人力资源超过 8000 万人，工程师数量占全世界的 1/4，每年培养的工程师相当于美国、欧洲、日本和印度的总和；中国虽然是发展中大国，还不是科技强国，但中国高速路网、中国桥梁、高铁建设等重大工程已经彰显出中国力量。德国媒体发表的文章《从数据解读中国 40 年斐然成就》就谈道：中国有 6.95 亿人通过智能手机上网，是美国人口的两倍；2.86 亿农民工外出打工，为世界工厂建功立业；截至 2018 年 3 月底，中国有 3.14 万亿美元外汇储备，相比之下，美国的外汇储备只有大约 1250 亿美元；有 115 家中国企业进入世界 500 强。在 2017 年中国申报了 8330 项国际专利；全球 70% 的玩具由中国生产；超过 1 亿中国成年人属于新的城市中产阶层；中国政府打算 2020 年修建 3 万公里高速铁路；2014 年在中国有超过 2547 万名普通高校在校生。不过德国媒体还漏掉了一个不是力量而胜似力量的因素：中国人拧着一股劲，奋发向上。因此，今后的科技革命中心究竟落在谁家，让我们拭目以待。

13 论利益

孔子说："见利思义"（《论语·宪问》）。韩非子更进一步说："窃以为立法术，设度数，所以利民萌便众庶之道也"（《韩非子·问田》）。韩非子强调国家的法术、度数都应以民众利益为准绳，这是很有见地的。正如《尚书·秦誓》所言："是能容之，以保我子孙黎民，亦职有利哉"。

利益者，好处也，与弊、害相对。一个人、一个群体或一个国家，都或明或暗地追求有利无害。明利则显示在公文、合同、交易、交流之中；暗利则潜藏在背后，时时指导着人、群体或国家的行动。利益是人性所趋，所以，人与人的和谐与冲突、群体与群体的和谐与冲突、国与国之间的和谐与冲突，往往都与利益密切相关，只不过是表现得或明或暗而已。

利益分为核心利益和一般利益。核心利益涉及一个人、一个群体或一个国家的要害，即生死存亡、自我尊严或关键部位。侵略者必遭被侵略者的殊死反抗，其根源也在于此。人类的一切活动，都离不开对自身利益的追求。

13.1 双赢的利益才能长久

古今中外，利益的诱惑使一些人剑拔弩张，或勇往直前，或一败涂地。故马克思说："人们奋斗所争取的一切，都同他们的利益有关。"之所以如此，是因为人们作为单个的人所产生的并成为他们行为之原因的需要，以及在作为一个团体的层次上和在大的社会共同体（阶级、民族）的层次上形成的需要。一个人、一个群体或一个国家，利益时刻牵动着他们的行为、举止和情绪。因此，一个国家的稳定，在于人民利益的稳定和增长；国与国之间的稳定和交好，也在于双方利益的均衡和巩固。

利益的原始动力与人和国家（民族）的需要相关，没有对象的需要是不存在的，需要也总是随着其对象的不断扩大而增加，对利益的追求，也随着需要的扩大而扩大。人的需要和利益追求多种多样，就范围来看，有个人利益、集体利益、群团利益、阶级利益、民族利益、国家利益等；就性质来看，有物质利益、精神利益、经济利益、政治利益、眼前利益、长远利益，有全局利益、局部利益以及核心利益、一般利益。

经济利益是各种利益的基础。各种性质、各种层次、各种关系的利益归根结底都是经济关系，因为“每个一定的社会经济关系，首先表现为利益”（恩格斯语）。可以说，利益是经济关系的核心部分。

自古以来，中国人追求“大同”“小康”社会，其核心包括了利益。中国古人钟情的“大同”世界是“大道之行也，天下为公，选贤与能，讲信修睦。故人不独亲其亲，不独子其子。使老有所终，壮有所用，幼有所长，矜、寡、孤、独、废疾者皆有所养。男有分，女有归。货恶其弃于地也，不必藏于己；力恶其不出于身也，不必为己。是故谋闭而不兴，盗窃乱贼而不作，故外户而不闭。是谓大同”《礼记·礼运》。我们可以清晰地看到，没有共同富裕这一利益基础，就没有“大同”社会。

追求利益使人的需要得到满足，所以它强烈地牵动着人们的思想和感情，成为人们从事一切活动的动机和目的。谈利益，就要谈趋利避害，因为利的对立面是弊、是害。我们干事避开了伤害、损害，消除了弊端，就能得到好处、利处。为此，中国古代就有利害说，它是指喜或恶的情感是判断利害的标准，利和害的得失是激发喜或恶的原因。墨家关于情感与利害的观点为：“利，所得而喜也”；“利，得是而喜，则是利也。其害也，非是也”；“害，所得而恶也”；“害，得是而恶，则是害也。其利也，非是也”（《经说上》）。意即利是得到了心里喜爱的，得到了心里喜爱的就是利；有害的事，人绝不会喜爱，那就不是利。害是得到了心里憎恶的，得到了憎恶的就是害；有利的事，人绝不会憎恶，那就不是害。

只取利而不施利，则危害国家，得不到真正的利益。只以自己的利益为中心，去损人利己，看似得了大利，到最后损失最大的还是自己；若以霸凌手段强取豪夺，虽然暂时得大利，到头来会因自己陷于孤立而崩盘。“这个世界之所以充满危险，是因为世界……是许许多多利益的天下”①。《易》曰：“利者，义之和也。”中国先贤最早看出利益的最大化是以“和”为基本条件的，古人荀爽对此的诠释深刻而精准：“阴阳相和，各得其宜，然后利矣。”虽然阴阳是对立的，但却相和适宜，正因为如此，万物才能生而繁盛，从而各得其利。世界上人与人、群体与群体、国家与国家只要阴阳交合得宜，就会获得双赢，否则便是双损。在利益的交往中，智者强调阴阳双方的对立统一，也是一种矛盾中的稳定。要使矛盾双方形成互补、互尊、互谅机制，进而达到阴阳相合再到阴阳融合。否则就会兵戎相见，血流成河。因此，在利益的交往上，既要承认和知晓对方的差异性，又要懂得和知晓自身的特殊性，双方的、长久的利益才是我们努力追求的方向。因为人类的一切活动都脱离不开对自身利益的追求，“没有永恒的朋友，也没有永恒的敌人，只有永恒的利益”。

13.2　收入分配是重大利益调整问题

利益问题的关键体现在分配公平这一问题上。既然收入分配是重大利益调整问题，决策者在收入分配问题上应从战略高度去考察、去谋划、去决策。南京有位技能大师感慨：“有的活，全厂只有我能做得出来，作为一名工人，所能得到的荣誉我都得到了，但终究还是个工人，薪酬比车间副主任低一大截。如果车间主任拿20万元，我都拿不到10万元。”全厂唯一的技术高手，他的绝活无人能望其项背，收入却与车间主任相差甚远。干

① 马克思，恩格斯．马克思恩格斯全集：第1卷［M］．北京：人民出版社，1957：164–165.

技术活的工人，无论是薪酬还是社会地位，远不能与贡献程度相匹配。问题出在哪里呢？因为实行按劳分配而不是按劳动能力分配，这自然会产生收入分配不公问题。久而久之，工人们或磨洋工，或有机会便另寻高枝。

大飞机制造首席钳工胡双钱在航空制造业工作了大半辈子，35 年加工过数十万个飞机零件，没有出过一个次品。前两年才从 30 多平方米的“蜗居”搬进了在上海宝山区贷款买的 70 平方米的新居。这样的“国宝”级人物，与科学家、设计大师相比也不差，挣了一摞摞的荣誉证书，唯独“没给家里挣来更多的钱”。这显然也是按劳分配不按劳动能力分配引发的怪象。

“不体面，不光荣”，今天谁来当工人？“制造强国”怎么形成？“大国工匠”怎么诞生？有些在企业干了 20 多年的老工人，工资也就四五千元，这样的工资水平，在今天的房价、物价、教育、医疗等成本较高的情况下，生活已是捉襟见肘，更谈不上体面生活了。工人的社会地位和待遇偏低，导致年轻人选择其他谋生手段，不去学技术，因此，工厂人员流失严重。这实际上危及国家的“制造强国”工程，决策者对此应有所警醒！

在港城宁波，只要拥有一身绝技，就能成为名声赫赫的“首席工人”“行业老法师”，这是非常光荣的事，也是许多年轻人追求的人生目标。宁波是“中国制造 2025”第一个国家试点示范城市，一大批高素质、高技能工人的成长崛起，使宁波制造业实体经济能够弯道超车、成功转型。收入分配是重大利益调整问题，要使企业取得成功，就要重视按劳动能力分配问题。如果没有相对宽裕的收入，没有平等、尊重、体面的就业环境，如果再不改变传统制造业一线职工收入“增长缓慢，长期偏低”的局面，从容专注的工匠精神从何谈起？“制造强国”如何实现？中华民族伟大复兴从何谈起？

13.3　由大学教师囊中羞涩引发的思考

大学教师不仅是大学生的导师，也是攻取科学堡垒的主力。但我国大学教师薪酬偏低，在世界大学教师的薪酬排名中处于低位，这极不利于我国 2050 年建成科技强国。

国家之强盛，必靠国家科技兴旺；国家科技兴旺，必靠尖端科技人才。国家的尖端科技人才主要集中在大学，让大学教师一边教书做科研，一边囊中羞涩而无体面地过日子，这对国家科技发展是极为不利的。2016 年，麦可思数据公司公布的一项调查显示，我国大学教师平均月收入为 5478 元，年薪不足 7 万。其中，本科院校教授平均月收入 7947，年薪不足 10 万；本科院校讲师月收入只有 5011 元；而高职高专讲师月收入只有 4646 元。无独有偶，有一名博士毕业生进入北京某研究所从事生物学方面的基础研究，他每月工资是 7000 元左右，租房月租金 4000 元，每个月仅房租就花掉大部分工资，再扣除一些必要的开支，就所剩无几了，只能算计着过日子。而他“几乎每天都要加班到晚上 12 点，遇到实验关键节点，通宵是家常便饭，周末也大多在办公室度过”。付出与收入不匹配的问题显而易见。

目前，我国高校和科研机构基本上实行三元工资体系，即基本工资加岗位津贴加绩效工资。基本工资这部分由国家下拨，微薄但较为固定，一般为一两千元。另外两部分则主要来自承接科研项目的工作收入，这里的科研项目是指国家下拨经费的“纵向课题”和企事业合作单位提供经费的“横向课题”。在欧美国家的大学，教师都实行年薪制，不会按项目计算提成、奖励，不同学科的教授会有一定的收入待遇差距，但最多不会超过数倍。而且实行年薪制，并不会根据每年考核的情况兑现教师年薪，并视工作情况调整来年的年薪。年薪制让大学教师能获得体面的生活保障，也促进教师按自己的兴趣进行教学和科学研究。

不能再让我国的大学教师囊中羞涩的理由有千万条，但有一条是非常重要的，一项国际研究说明，教师的地位和工资与学生在国际测试中的成绩存在直接的关联。这是同类研究中最大规模的国际性研究。领导该研究的彼得·多尔顿在全球教育和技能论坛上说：“当我们研究教师的地位和工资时，首要问题是这究竟有多重要，所有教育部长面临的严峻考验是要弄清楚，这对孩子们的成绩意味着什么。”多尔顿是英国全国经济与社会研究所的主任，他领导了瓦尔基基金会 2018 年“全球教师地位指数”项目，该指数调查了 35 个国家和地区的 3.5 万人。调查显示：教师的地位越高，学生得到的成绩就越好。因此，决策者应从战略高度来权衡教师的工资和地位，不能再让中国的大学教师（包括年轻科学家）囊中羞涩。

当然，我们的教授与国外比有太多的毛病，教授越评越多而大学的水平没有多大提高。这方面应学习美国大学的淘汰制。大学教授指在大学或社区学院中执教的资深老师与研究员。美国大学教师一般分为助理教授、副教授、教授三级，教师在大学里获得的第一个学衔是助理教授，然后在担任助理教授的六至八年时间里（一般为两个聘期），学校会举行一次全面的评审。这次评审会决定一个教师能否在大学长期执教。如果不能顺利晋升到上一级职位或永久性职位，那就意味着被淘汰。如果通过艰苦的努力晋升到副教授职位，也要继续出高水平的成果，否则也得另谋出路。只有一路顺利晋升到教授，这才算保住了“饭碗”，得以终生执教，否则都有可能被淘汰。在美国从进入大学开始工作到评上教授至少需要十五六年时间。这样做的目的是在大学里形成一种积极向上，开拓进取的竞争氛围，保证大学里有一流的师资，从而培养出一流的学生。这值得我们思考借鉴。

14　论精神

人无精神，犹如枯木、死水、秃山、阴霾；人有精神，犹如春树、活水、青山、晴天。精神是人之灵魂，犹如百川奔涌，终归大海。终归大海是百川的志向，也是百川的灵魂。中华民族有五千年文明史，这是历经苦难、艰险、磨难的五千年。古代中国，地震频发、洪患无穷、瘟疫时发、饥饿时袭；近代百多年来，列强入侵，并实行抢光、烧光、杀光的“三光”政策，尤其是血腥而无人性的细菌战和南京大屠杀，这种灭绝人性的残暴杀戮，并没有吓住中国人。中国人民不怕牺牲、前赴后继，终于打败了外国侵略者，彰显了中国人民“自强不息，厚德载物”之伟大精神。

四千多年前，华夏五洲连年遭遇大洪水，大禹率众治水13年，过家门而不入，靠的也是自强不息、厚德载物的精神。故孔子对大禹的精神大加赞叹：舜和禹真是崇高呀，他们虽贵为天子，富有四海，却整日为百姓操劳，一点也不为自己。孔子甚至说：“禹，吾无间然矣”（《论语·泰伯》）。

中国共产党领导下的工农红军北上抗日，进行艰苦卓绝的二万五千里长征。在前有敌人阻击、后有敌人追兵，缺衣缺粮的情况下，30万红军最终仅剩3万胜利到达抗日根据地陕北。这3万红军将士成了抗日和解放全中国的火种。中国红军的这种精神也是“自强不息，厚德载物”的中国精神。

关于精神的力量，西方的拿破仑对此深有所感：“世界上只有两种力量——利剑和精神。从长远说，精神总是能征服利剑。”①

① 理查德·尼克松．真正的战争［M］．萧啸，昌奉，译．北京：世界知识出版社，2000：381.

我们从中国传统的阴阳学说来解析精神，就会更加明晰：精气主阴，力量主阳。精气反映在一个人、一个团体或一个国家身上，就是精气神；而力量反映在一个人、一个团体、一个国家身上，就是实力。一个人、一个团体、一个国家，若没有精气神，就如同行尸走肉；一个人、一个团体、一个国家，若没有实力（它包括生产力、军事力、物质力），就如同梦幻泡影。只有精气神与实力结合，也就是阴阳结合，才能使一个人、一个团体、一个国家立于天地间。

属阴的精气神固然重要，但只偏颇于阴亢，搞泛精神主义，从而使实力不张，必然会使一个人、一人团体、一个国家元气大伤，从而导致衰弱；若属阳的实力尽力扩张，侧重阳亢，只顾生产力、军事力、物质力的极度膨胀，阴阳失去平衡，不仅会使阳亢有悔，而且最终会因为缺乏精气神而导致其元气丧失。

阴亢或阳亢都会吞食元气。故阴和阳，即精气神与实力（生产力、军事力、物质力）都不应偏颇和过度，并应掌握阴阳波动中的平衡。因为阳气偏盛就会导致似强实弱，阴气偏盛就会导致似柔实病。

精神之可贵，在于其源于正途。因为精神有高下、优劣之分，有高而优之精神，才有高尚之行动；而下劣之精神，只能熏陶出邪恶之徒。因此，我们讲的精神，我们要拥有的精神，是那高而优者。具有高而优之精神者，就能像雄伟的鸿鹄，有远大的志向，在晴朗的天空欢快地飞驰到乐土；而具有下劣之精神者，就像昏庸的蝙蝠，在昏暗的黑洞中自得其乐。只有具有高而优的精神，才能成为北齐刘昼所赞叹的："丹可磨而不可夺其色，兰可燔而不可灭其馨，玉可碎而不可改其白，金可销而不可易其刚。各抱自然之性，非可强变者也"（《刘子·大质》）。

我们当前处于实现中华民族伟大复兴的新时代，自远古时代传承至今的"自强不息，厚德载物"的中国精神是不是过时了呢？还需不需要传承下去呢？可以肯定地说，它不仅没有过时，还需要强化，这是中国人在新时代实现伟大复兴的紧迫需要。但若我们把"自强不息，厚德载物"天天挂在口头上，不针对新时代的特点进行创造性的转化，就会使上述中国精神沦为一种无关痛痒、可执行也可不执行的套话，必然会导致后人成为跛脚巨人，即经济上的巨人，精神上的侏儒。这种状态我们当然不愿看到。那么，从现在起，我们全体国人应加大力度，实施“自强不息，厚德载物”的中国精神的创造性转化。在走向伟大复兴的新时代，怎样创造性地转化传统的中国精神行呢？

首先，我们应该用批判（扬弃）的眼光去吸收中国传统文化和世界优秀文化。把中国传统文化中受封建制度所污染的遗毒彻底剔除出去，高扬人性，以人的眼光重新审视人和世界，以人为中心构造新的世界蓝图。坚守平等，尊重每一个从事不同职业的人，将所有人同视为自然之子。社会、家庭及法律，对于男女应该一律平等看待；应该用平等的观念去衡量一个人的价值；讲机会均等的平等观。我们推崇自由和平等，但要时刻警惕西方享乐文化和娱乐至死文化的侵蚀，要着力形成风清气正的社会风气，谁对社会和人民的贡献大就尊敬谁，要敬畏知识和科学，发扬尊师重道的传统，而不是让青少年去迷恋娱乐明星和商业大亨，切勿一切向“钱”和“颜”看。

其次，要坚守信仰。“人民有信仰，民族有希望，国家有力量”。“大同”是中华民族的共同理想信念和支撑；“小康”是追求共同富裕之理想。“大同”不仅追求共同富裕，而且强调平等和睦、高度精神文明、实现自我之理想。为什么共产主义一传到中国，中国人就能普遍接受并作为自己的理想和信仰？因为“大同”理想与共产主义理想一脉相承。毛泽东同志在他的《论人民民主专政》一文中就指出：“经过人民共和国到达社会主义和共产主义，到达阶级消灭和世界的大同。”对于共产主义和世界“大同”，我们应该理直气壮地追求，它应是新时代中国人的理想和信仰。

最后，要坚持发奋图强。中华民族要实现伟大复兴，全体国人要用智慧和力量奋斗拼搏。我国自明清以来已经落后于西方国家了。自鸦片战争以来更受列强的蹂躏，近代 14 年的抗日战争导致中国人民付出巨大牺牲。中华人民共和国刚刚成立，列强就虎视眈眈。在朝鲜战场，中国新生力量与以美国为首的联合国军真刀真枪地较量，将其从鸭绿江边赶回朝鲜三八线，彰显了中国军队以弱胜强的军威，才有后来东亚的相对和平时期。改革开放短短几十年，中国就从弱小经济体跃升为世界第二大经济体。当前，我们遭遇了西方利益集团不遗余力的围追堵截，其困难和艰险程度前所未有。在这种环境下，我们更要发扬“自强不息，厚德载物”的中国精神。我们要实现中华民族伟大复兴，就必须实现文艺的复兴、经济的繁盛、科技的振兴、军事的强盛、外交的昌明、教育的鼎盛。要实现如此之繁荣，全体国人非靠同心协力、发奋图强不可。要努力实现创新发展战略，不让域外对手扼住中国的喉咙，自力更生、艰苦奋斗去发展自己的核心科技，让我们的国家从容地实现伟大复兴。

中国人民在中国共产党的坚强领导下，坚持“自强不息，厚德载物”之中国精神，一定能实现伟大复兴。我们应该时刻牢记马克思的这句话：“勇敢和必胜的信念常使战斗得以胜利结束”。

14.1 大禹治水与中国精神之形成

中国精神之源头，要追溯到七千年前神农尝百草和教耕。神农一心为老百姓谋福利，砍伐树木做成犁铧，并把这些农具的使用方法教给所有老百姓；他还亲自品尝很多野草和水源，让人们知道哪些能吃喝，哪些不能。神农做这些事时，一天要遇到70种毒。神农的事迹开了中国精神之先河，但还未完整地形成中国精神。

中国史前长期洪水泛滥，威胁百姓生存，洪水成为当时最严重的自然灾害。炎黄时期，共工氏居地的2/3被洪水淹没；尧舜之时，洪水涨到山腰，淹没了丘陵；禹之时，十年九涝。在这样严重的自然灾害下，才产生了女娲补天、精卫填海等神话。在农业社会，“五害之属，水最为大”（《管子·度地》）。在上古农业社会尤其如此，因为那时的田土集中在河滨江畔，一旦洪水大作，就会颗粒无收，到处闹饥荒。在农业社会之前，与水灾的斗争是上古农民与河川湖海的主要斗争，治水的佼佼者则是先民心中的英雄。共工就是以治水而受人尊敬的，“共工氏以水纪，故为水师而水名”（《左传·昭公十七年》），共工采取筑堤拦洪之法，改变了过去洪水一来人们便逃到山陵高地的被动局面，这是上古人民杰出的创造。但共工族势力强大后“侵陵诸侯”（《国语·周语下》韦昭注），严重地威胁陶唐氏（尧）、有虞氏（舜）、夏（禹），故共工族由正面英雄败落为反面角色。上古洪水横流，泛滥天下，后人传称“禹七年水”（《墨子·七患》）、“禹之时，十年九潦”（《庄子·秋水》）、“禹十年水”（《荀子·富国》），此“七”“九”“十”乃泛指，泛言其多。如此长久的滔天洪水，快要把天下淹没了，只有那些高高的山岭才能浮在水面上：“万亿万岁，有一大水，昆仑飞浮”（《太平御览》卷三十八引《真人关尹内传》）。“尧时大水，此山浮于水上，时有人缆船于岩石间，今独有锁存焉”（《寰宇记》），“山曾尧代浮洪水”（《韦庄集》卷一）。洪水滔天，多么触目惊心，洪水日久，人的生命只在旦夕！共工在如此持久而惊天的洪水面前束手无策，大禹挺身而出，率众治水。大禹不顾汹涌的波涛、狂泻的洪峰，在山头指挥疏通来洪；洪水对土地、田野、财物及生命无情吞噬，“食于九土”“食五谷”。大禹率众治水，三次到桐柏山，每次只见那里刮着大风，打着炸雷，石头号叫，树木呼啸，山崩倒塌填塞河川。禹大怒，率众冒着生命危险终于疏通河道，开辟水道，洪水淹没之地变成了米粮川，民众生活有保障，安居乐业，大禹成了民众心目中真正的民族英雄，历来受人称赞。

大禹治水的所作所为，为中国精神的形成起到直接作用。长期的洪水侵扰、破坏、泛滥、成灾，修筑的疏导工事又屡次被洪水破坏，大禹率领的治水队伍绝不停息，一次次地与洪水抗争，以自强刚毅之精神对待洪灾。另外，大禹在抗洪斗争中，着力自胜，也就是克服自身的弊端去与洪灾抗争，发现前辈用“堵洪”的办法根治不了洪水，改用“疏导”的科学有效的方法。这种自强，还包括团结合作，而不是只靠自己单打独斗，治水最终得到了各部落通力配合。舜继位以后，禹为司空（掌管工程和内政），契为司徒（掌管教化），弃为后稷（掌管农政），益为联虞（掌管山林薮泽）。四岳也通力合作，炎黄族系联手治水，水患终被制服。后世《周易大传》首卦清楚、明确地提出了中国精神之一：“天行健，君子以自强不息”。

自颛顼以来，炎帝族系与黄帝族系发生过激烈的冲突，而禹治水时，不但益和弃奉命佐之，炎帝氏之四岳也受命佐之。所以说，大禹治水的成功是炎黄两大族系放下私利、团结奋斗的胜利。特别是禹有顽强奋斗、公而忘私的精神，“劳身焦思，居外十三年，过家门不肯入”（《史记·大禹本纪》），身先民众，辛苦劳作。此种高尚道德情操被后世《周易大传》坤卦清楚、明确地阐述为中国精神之二：“地势坤，君子以厚德载物”。

故，大禹治水之精神对中国精神的形成有着直接、关键的作用，那就是：“自强不息，厚德载物”。这种精神成了中华民族的民族性格和民族品格，也体现出中华民族有别于其他民族的民族精神。

14.2 理想，让长征路上的红军无比坚强

红军长征，是人类历史上前所未有的壮举，长征路上的红军经历的极限磨难，在世界军事史上闻所未闻。尼鲁士远征、汉尼拔远征、亚历山大远征、蒙古帝国远征和拿破仑远征等人类战争史上著名的远征，其艰苦卓绝度与红军长征比较起来都逊色得多。中国红军长征，是意志力的较量、是崇高信仰的考验，是生与死的搏斗，是精神力量的显现，是“自强不息、厚德载物”的中国精神的经典历练。

向死而生的长征，开端是军事上的惨痛失败，反“围剿”作战的失利让红军不得不进行战略转移。蒋介石调动百万大军围追堵截，对30万红军狠下毒手，以斩尽杀绝、斩草除根为要务。蒋介石兴奋地断言：红军“流徙千里，四面受制，下山猛虎，不难就擒”。国内外几乎所有的报刊都预测：国共胜负已成定局，红军已是穷途末路，最后的灭亡只是时间问题。但红军历尽艰辛，熬过400场以上对强敌的战斗，涉过被称为“死亡陷阱”

的草地，草下隐藏着极其危险的池沼和腐臭的泥潭，一不小心就会陷入泥潭而毙命。衣衫单薄的红军在寒风雨雪中露宿过夜，铺地盖天。在长途跋涉中，缺少粮食，大家只得用野葱、野草、草根充饥；没有食盐，很多红军战士永远倒在草地上；红军以大无畏的韧劲友爱相助，与困难搏斗，向死神开战，历尽千辛万苦，行军六天六夜才走出草地。紧接着，踏破岷山千里雪，越过巍巍六盘山，突破天险腊子口，打破敌人的数道封锁线，以人类历史上前所未有的英雄气概，胜利到达陕北吴起镇，与刘志丹等领导的红十五军团胜利会师。长征红军为何能战胜被称为“死亡陷阱”的草地？是因为他们心中有一盏明灯。

百岁将军王茂全回忆时称，他一生经历无数征战，最难忘的是长征：那时我们的红军战士可谓历尽千辛万苦，过雪山草地时，没有粮食，只能吃野菜。见到一大堆牛骨头，我们就趴在那里一点一点地把牛骨头扒开，然后放在锅里煮，煮好后再喝汤，用来充饥。草地上好多地方都是水，在那种地方晚上根本没办法睡觉，我们只能两个人背靠背打个盹，结果一转身，另一个人已经冻死了。红军为什么能在死亡面前如此大无畏？是因为他们心中有一盏明灯。

红十八团在长征途中前赴后继，有四任团政委或受伤或牺牲。首任团政委余秋里左臂被机枪打伤，血流不止。由于无药可治，只能用冷毛巾敷在伤口上镇痛，他就这样忍着剧痛坚持战斗行军，实在痛得不行就将左臂浸泡在冷水中，直到走出草地，医生才用剃刀刮去腐肉，用钢锯锯掉骨头。余秋里因伤离职后，继任者杨秀山在一次战斗中被一颗子弹打伤左眼，在没有麻药的情况下他硬是让卫生员用刀取出子弹，绑上纱布继续指挥战斗。杨秀山调离后，第三任团政委董瑞林、第四任团政委周声宏先后在战斗中中弹牺牲。他们为什么不惧死伤前赴后继？是因为他们心中有一盏明灯。

长征的红军队伍是一支年轻军队。指挥员的平均年龄不足 25 岁，士兵的平均年龄不到 20 岁。但他们朝气蓬勃、充满乐观主义精神。许多外国友人觉得最不可思议的事情就是他们在那样常人无法忍受的艰苦条件下，还能保持积极向上的乐观精神：身上咬得人奇痒难忍的小虱子成了“解闷的小活物”，在国民党飞机炸出的弹坑中跳来跳去地练习躲炸弹成了“饭前饭后的运动”，被炸得躲在山洞里出不来就“免费欣赏飞行投弹表演”，成功转移时被猛烈的炮火追击也成了“鞭炮欢送”，甚至过雪山时下山不易只能滑下去的狼狈也变成了“坐汽车的游戏”，更不要说下雨是“免费洗澡”，被骄阳暴晒是“杀菌消毒”了。年轻的红军战士为什么有这种超常的乐观主义精神？这也是因为他们心中有一盏明灯。

红军战士们心中的明灯是什么？就是理想。他们心中的理想分为现实理想、中期理想、长远理想。江西瑞金红色根据地是现实的理想，从地域和人口来看，跟国民党统治的区域差得很远，但这里却有一种新型的社会制度，它摧毁了几千年来占统治地位的封建地主土地所有制，建立起耕者有其田的农民土地所有制，并消灭了高利贷制度，取消了一切苛捐杂税，实行统一的累进所得税，取消了帝国主义的特权，给劳动人民以民主自由和政治权利，工人、农民、手工业者及革命知识分子成为社会的主体。参加红军的战士绝大多数曾经是生活在最底层的农民、手工业者、失业工人，甚至盲流，这里的农民土地制正是他们日夜期盼的，居然能梦想成真，这激发他们满腔热血为革命。另外，“九一八”事变东北沦陷，日本帝国主义要让中国成为其殖民地，侵华战争不断扩大，国民政府实行“攘外必先安内”的不抵抗政策，致使中国大片国土沦丧。参加红军的战士们都是有骨气的中国人，他们看到红军才是真正的抗日队伍，红军长征大转移也是为了抗日。这使得红军战士们踌躇满志，他们誓死排除内敌，北上抗日。

参加长征的红军战士的中期理想，就是消灭半殖民地半封建政权，建立没有压迫、没有剥削、人人平等的新中国。在中华苏维埃共和国萌发了新的社会体制，根据《宪法大纲》规定，革命根据地实行工农民主专政，人民政权属于工人、农民、红军士兵和一切劳苦群众，革命根据地的人民不分男女、种族、宗教，在法律面前人人平等，凡年满16岁的公民都享有公民权，有言论、出版、集会、结社、信仰等自由权。根据地人民享受到了真正的独立、民主的幸福。这是未来新中国的雏形，这个中期理想极大地激发了红军战士们的意志力和战斗力。

长征红军战士的远期理想是建立共同富裕、和谐美好的社会主义和人类共同富裕、和谐美好的共产主义。其核心是尊老爱幼，人人平等，个个上进，讲究礼义廉耻，我为人人、人人为我的幸福社会。这样的社会，正是自古以来中国人梦想的“小康而大同”的社会，社会主义与共产主义远大理想正是“小康而大同”之理想。毛泽东在《论人民民主专政》中说：“康有为写了《大同书》，他没有也不可能找到一条到达大同的路。……唯一的路是由新民主主义社会进到社会主义社会和共产主义社会，消灭阶级和实现大同。”

长征红军战士的现实理想、中期理想和远期理想的结合，就点亮了他们的心灯，使他们具有超人的韧性、勇气和乐观主义精神，最终战胜强敌，取得胜利。有了远大的理想才能成就伟大的事业，这是长征红军战士给我们留下来的宝贵遗产。要实现中华民族伟大复兴，全国人民必须拥有远大的理想，坚强的意志。

14.3 重视国耻意识才能加强国荣意识

我们非常重视国荣意识的培养，例如家长从小教导我们要像岳飞那样精忠报国，可很少有人给我们讲“靖康之耻”；媒体和教科书反复吟诵中国的“四大发明”，却很少触及“甲午之耻”；媒体和老师经常给我们讲抗日英雄的故事，却很少或从不给我们讲“九一八之耻”，不讲“伪军、汉奸之耻”。久而久之，青年人似乎认为岳飞的爱国、“四大发明”及“九一八”、“伪军、汉奸”都是个体行为，不以民族之眼去看待它，认为英雄离我们很远，辱国也无所谓。这样导致一些人把英雄戏耍，甚至有人以“精日”为荣。这根源是什么？是我们长期以来忽视了对国民的国耻意识的培育。

只重视国荣意识而忽视国耻意识，那最终国荣意识也培养不起来，因为这违背了辩证法。国荣意识与国耻意识是相互依存的矛盾的统一体，它们是民族精神不可分割的一分子。因此，提拯国荣意识而忽略国耻意识的培育，则国荣意识就会呈现出提而不拯的情况；同样，培育国耻意识不与提拯国荣意识相结合，那国耻意识的培育就无所依附，不能深入国人之骨髓。所以说，重视国耻意识才能提拯国荣意识；重视国荣意识的提拯，才有国耻意识的培育。两者应同时并进，不可偏废。

我们具体以“九一八”事变为例。有学者检索了主要报纸过去10年在“九一八”这一天的报道，提及“九一八”事变的寥寥无几，像蜻蜓点水，偶尔举办一个不痛不痒的座谈会，而发言和文章都多有克制，大家听了、读了不会产生共鸣，更不会产生深层次的心理震动。而长期以来我们习惯说“八年抗战”，那“九一八”日本侵占我国东北三省算不算侵略？东北抗日联军算不算抗日？全民反日大游行算不算抗日？日本侵占我国东北三省，生灵涂炭，国民政府及军队居然采取“不抵抗主义”，这算不算国耻？好在如今抗日战争从“九一八”算起（即14年），为国人国耻意识的形成创造了可贵的前提。

“九一八”是我们的国耻日。“九一八”的耻辱，不仅在于我国东北国土被日军侵占，而且在于驻军在最高统帅的密令下采取“不抵抗主义”，拱手让出了沈阳城，并一再退守，使东三省很快沦丧在敌人的铁蹄之下。1931年9月18日晚上，日本关东军在沈阳北郊柳条湖村附近炸毁了南满铁路的一段路轨，然后诬称中国军队破坏铁路、袭击日本守备队，突然向中国东北军驻地北大营和沈阳城发动进攻，制造了震惊中外的“九一八”事变。当时驻守北大营的东北军第七旅毫无应变准备。部分官兵操起枪支仓促应战，但东北军参谋长荣臻却命令“官兵一律不准轻举妄动，更不得还击，原地待命”。

“九一八”事变促使全国抗日民主浪潮的兴起，也在世界上引起了强烈的反响。青年学生在反日浪潮中起了先锋作用，各地学生纷纷向地方政府请愿，并派代表或结队赴南京请愿。有250个团体20万人参加的北平抗日救国大会，要求国民政府实行“对日宣战”，在全国“厉行对日经济绝交”“组织抗日义勇军”“国内各方停止内争、一致对外”。聂耳的《义勇军进行曲》就是这个时候创作的，现在是我们的国歌。

毋庸讳言，在过去的几十年里我们较少正式地、公开地承认“九一八”是我们的耻辱。中华民族不是缺乏耻辱意识的民族，自管子提出“礼义廉耻”两千多年以来，它已深入国人心中。孟子曾直言：“不耻不若人，何若人有？”“人不可以无耻，无耻之耻，无耻也”（《孟子·尽心上》）。马克思也看到了耻辱意识的力量：“耻辱就是一种内向的愤怒”。马克思还进一步地强调：“应当让受现实压迫的人意识到压迫，从而使现实的压迫更加沉重；应当宣扬耻辱，使耻辱更加耻辱”，“为了激起人民的勇气，必须使他们对自己大吃一惊”（《黑格尔法哲学批判·导言》）。

15　论幸福

幸福，是人的基本自然权利之一。

幸福，来自心理富足，而心理富足来自内心充实、自信、向上、乐观和豁达。要让内心充实、自信、向上、乐观和豁达常态化，唯一的途径就是不断进取、不断奋斗、不断前进。因此，幸福可以说是进取、奋斗、前进的衍生物，是一种心理慰藉和感受。

幸福这一概念在中国古代中早已有之。《吕氏春秋》就以神农为例，表述了幸福来自奋斗，“神农之教曰：‘士有当年而不耕者，则天下或受其饥矣；女有当年而不绩者，则天下或受其寒矣’。故身亲耕，妻亲织，所以见致民利也”（《吕氏春秋·爱类》）。孔子强调和谐是幸福的精髓，他认为至德也是幸福：“德不孤，必有邻”（《论语·里仁》）。庄子对幸福的看法是清静无为：“吾以无为诚乐矣，又俗之所大苦也。故‘至乐无乐，至誉无誉’”（《庄子·至乐》）。他认为清静无为才是真正的欢乐，但这又是世俗所认为最苦的。所以说，追求极致的欢乐而没有欢乐，追求极致的声誉反而没有声誉。庄子关于幸福的阐述，其高明之处是点出了幸福的精髓——“欢乐”，而他主张的清静无为的确是幸福产生的一种手段，比如我们现在强调的“冥思”和“静思”，它不仅有养生功效，还有利于产生一种稳定的愉悦感，这是产生幸福的心理源泉之一。但是，庄子这一幸福观的缺陷也是明显的，因为清静无为只是产生幸福的手段之一，而并非全部。古希腊思想家亚里士多德认为幸福不是你在某段特殊时间所能感到和体验到的东西，它是整个人的性质，幸福生活就是善良生活。因此，在满足或享乐的这一时刻，或拥有一段快乐时光，都不能称为幸福，而只能称为欢乐，幸福是善的总和。亚里士多德关于幸福的概念上升到了哲学的高度，并且强调了幸福的核心是欢乐，但这种欢乐不是片刻或一段时光，而是稳定的，并强调“善的总和”，意即至德才是幸福。亚里士多德的幸福观与孔子的幸福观一脉相承，说明中西方的幸福观有异曲同工之妙。不过，亚里士多德的幸福理论也有个致命的缺陷，他认为幸福不是你在某段特殊时间所能感受到和体验到的东西，必须等到一个人的生命终结之后，才能判断出他的生活是否幸福。这显然是荒谬的，也是不切合幸福产生的实际的。例如在世界大战前，他全家是幸福的，后来他全家遭遇侵略者屠杀，那肯定是不幸福的。因此，幸福的稳定期不应是一生的结束，而是相对稳定的时间里。至于亚里士多德谈到幸福是“善的总和”，把幸福与伦理紧密结合是对的，但善（伦理）不等于幸福。另外，古希腊的柏拉图把幸福定义为“灵魂的和谐”是有独到见解的，与孔子的观点相近，但将幸福只定义为“灵魂的和谐”是不全面的。

那么，幸福究竟是什么呢？将中西方古代思想大师的说法加以整理、补充和修正，笔者认为幸福是一种稳定而持久的惬意（愉悦）的心理感觉，它是“和而不同”、宁静浩然的心理状态，进而产生的一种感情体验。

从心理学的视角来看，幸福是人类个体认识到自己的需要得到满足及理想实现时产生的一种情绪状态，是由需要（包括动机、欲望、兴趣）、认知、情感等心理因素与外部诱因交互作用形成的一种复杂的、多层次的心理状态。

从社会学视角来看，幸福是一种社会公平、正义和尊重，一种人的精神和物质生活所引起的心理感觉。在精神生活方面，社会走向公平、正义和尊重，有值得信赖的朋友，人们自然在精神上感到幸福；物质生活方面，身体健康、收入满意、居有定所、物价稳定、共同富裕、社会安全以及食品安全健康等，也会使人们自然感到幸福。

从伦理视角来看，幸福是一种至善行为。无私奉献、慈善捐赠、做志愿者和义工、勇于救人解困等至善行为，不仅使行善者快乐，而且使他们感到幸福。

从成功学视角来看，奋斗是幸福的源泉之一。一个人奔向成功的大目标，不管能否实现，只要能使自身价值和能力得到体现，其奋斗的过程中就会有稳定的幸福感。科学家的长期实验，教师长期在课堂讲课，军人在训练中进取，工程师在钻研中获得成就，作家、学者的新作问世，农民的农田丰收，母亲生育的儿女知书达礼等，都会使人产生长久的幸福感。

从哲学视角来看，和谐是幸福的源泉之一。这里所说的和谐，是指不同类的和谐统一，诸如家庭夫妻的和谐、社会不同职业的和谐、国家不同民族的和谐，这些都会让人产生持久的幸福感。

从天人合一视角来看，我们处在环境幽雅、空气清新、山清水秀、万里晴空的自然环境中，就很容易产生幸福感。这是人与自然的和谐，这也是天人合一的惬意。

幸福感是指评价者根据自定的标准对其生活质量的整体性评价，它是衡量个人生活质量的重要综合性心理指标。由于个人的感受不同，幸福感因人而异是理所当然的，诸如有人久别故土而回归之时、有人加班后放松休息、有人得到了第一份工资、有人工程竣工、有人作品发表、有人受到表彰嘉奖等会感觉到幸福。但幸福往往也与不幸福如影随形：工作遇阻而无法解困、失恋后伤心、污染源使人窒息而不能消除、黑恶势力横行霸道、老同学聚会的竭力炫富、贪污分子的逍遥法外等，都会引发人的不幸福感。因此，我们要追求幸福，就应努力消除这些让人产生不幸福感的因素。

当今社会，人民生活好多了，但一些人的钱多了幸福却少了。有一位白领女士在世界500强企业工作，工作稳定、收入丰厚，在北京靠自己买了房、买了车，不久还组建了自己的家庭。她却觉得“快乐、幸福好像离我越来越远了”。这是因为期望值过高，就会形成一种“端起碗来吃肉，放下筷子骂娘”的心态，有这样的心态自然离幸福愈来愈远。我们的期望值要与自己的能力和时代同步，知足常乐才能产生幸福感。

快乐不等于幸福，但不快乐肯定不幸福。快乐是幸福的表现之一，我们要成为幸福的人，首先要有快乐的心境、乐观的心态。有了快乐的心境和乐观的心态，即使遇到挫折和困难，也会想办法去克服它、转化它，促使挫折变顺利、困难变容易、不顺心变舒畅，一个人应当在促使此类转化的过程中发现自身的价值和能力，从而获得幸福感。

15.1 幸福的花为奋进者而开

幸福在哪里？幸福无处不在，幸福就在你的身边。在路上你不慎跌倒，有几个热心路人过来搀扶，那时虽身子痛，却感到幸福；你长时间没有进食，突然有人端来一碗稀粥给你解饥，此时你顿感幸福；春节回老家探亲，给家中的爹娘买了他们喜欢吃的，看见爹娘健康快乐，此时的儿子怎能不幸福？男女相爱，一见钟情，此时双方也顿感幸福；你疲惫不堪，好不容易走回宿舍，和衣安然入睡，此时能说不幸福？当你身体长期不适，家人都怀疑是否患了不治之症，经大夫详细检查确定无恙，此时一股暖流涌上心头，你感到幸福满满。诸如此类，幸福无处不在，幸福就在你身边。不过这种幸福感是短暂的，很容易消失。

那么，有没有较为稳定而长期的幸福感呢？有。2012 年 9 月底至 10 月初，媒体记者在全国范围内开展“中国幸福小康指数”调查，在对千余名受访者进行问卷调查的同时，还对近百名不同行业、不同性别、不同年龄层次的劳动者、学生等进行了深度访问，总结出中国人的十大幸福标准：①身体健康；②收入满意；③和家人在一起；④得到爱；⑤有一套属于自己的住房；⑥自身价值和能力得到体现；⑦吃到安全健康的食品；⑧有优良的自然环境；⑨社会安全；⑩有值得信赖的朋友。这是“中国幸福小康指数”，应该说，这十大幸福标准反映了广大人民的心声。但就个人而言，我总觉得还缺少点什么，这是因为幸福是指人们在物质生活和精神生活中，由于实现了自己的理想和目标而引起的精神满足，表现为对个人境遇称心如意而感到心情舒畅。幸福具有典型的价值意义，幸福指的不是个人意图

（不同于理想），而是实现这些意图。它不单纯说明一个人的主客观态度，还表现为对生活应当如何、究竟什么是享受、人生的使命和意义的把握。

有一个农民工，闲着无事的时候喜欢买彩票，后来他买彩票中了25万元的大奖，喜极而泣，告诉三朋四友，大家天天去酒馆聚会，没多久就把钱花光了，惹得父母恼怒；后来，他又买彩票中了25万元，这次他没告诉别人，不知什么原因朋友都知道了，于是三朋四友又多次到酒楼聚会，把钱花得一干二净，父母气得把儿子赶了出去。儿子在北京打工，每月工资不高，除去房租和生活开销还有几百元积余，他每月按时给父母寄去，父母看钱虽不多，却是儿子靠自己能力挣来的，乐开了花。儿子也感到幸福。常言说：横财不富。靠自己力量挣的钱不管多少，才是幸福。

还有一对在农业科学院工作的夫妇，退休后儿子给他们在大城市买了一套房子让老两口安度晚年。他们住在大城市的小区房，儿子在美国定居，女儿在英国定居，邻居们都羡慕。夫妻俩却闲得无聊。一次老妻生病，要儿子回来看，儿子回来待了一天就又飞走了。等到老妻病好后，老两口决定返回农村。回农村不到三年，他们用自己掌握的农业知识使当地农产品一下子改变了面貌：稻子产量高了，而且好吃，能卖个好价钱；猕猴桃改良了品质，从滞销货变成了畅销货，当地农民亲热地称老技师“眼镜哥”，此时的老两口才感到幸福。

农民工挣钱孝敬父母、老夫妇下乡继续发光发热，他们获得的幸福让我们悟出一个道理：幸福的花只为奋进者而开。

科学家朱显谟，坚守58年让黄河变清，他深感这58年是最幸福的58年。黄河治理史是一部灾害史，近2000年来，黄河下游发生决口泛滥1500多次，直到20世纪，黄河还灾害频发：1887年黄河泛滥，200多万人死亡；1931年黄河泛滥，300多万人丧生；1938年黄河大堤被炸，89万人被淹死，1200万人无家可归……一代代中国人想了无数办法治理黄河，却是治标不治本，直到朱显谟出现。1915年生于上海崇明农村的朱显谟，萌发了长大后改变我国农业落后状况的念头，高中毕业后他拒绝了老师报考交通大学的建议，坚决报考了中央大学（现南京大学）农业化学系，选择了土壤肥料专业。1940 年，大学毕业的朱显谟，随师侯光炯开展土壤调查，走南闯北。几十年里，朱显谟三次跨越昆仑山，两次进入新疆，在黄土高原上走了几十遍，他根据这些野外考察和几十年的研究，终于提炼出 28 字，点出黄河治理的关键依据："全部降水就地入渗拦蓄；米粮下川上塬；林果下沟上岔；草灌上坡下坂"。这 28 字后来成了黄土高原综合治理的重要方针。最令朱显谟感到幸福的是他没有迷信权威，走实践出真知的道路。当时土壤学权威、苏联专家威廉斯提出的成土过程与风化过程同时同地进行的理论，曾经是指导中国学者进行土壤发生学研究的理论基础，但朱显谟对它不迷信，在不断实践和认识过程中，发现了威廉斯理论的局限性，即该理论仅适于块状岩体上进行的与陆生生物进化相一致的原始成土阶段。他通过对太白山岩生植物的演替，以及对原始成土过程的系统研究，创立了"朱氏成土学说"。坚守 58 年让黄河变清的奋进者朱显谟，也成功获得了长达 58 年之久的幸福感。

幸福的花为奋进者而开，奋斗才能收获幸福。

15.2　如何通向幸福的彼岸

有人说拥有了金钱就拥有了幸福，真是这样吗？我认识两个"富二代"，其中一个虽然有令人羡慕的工作，但嫌太忙而薪资不理想，辞掉工作后就再没工作，后来结婚生子，躺在父亲的豪华别墅享清福，结果越过越空虚无聊，觉得人生太没有滋味，总觉得不幸福；另一个从上海交通大学毕业后，不靠父亲，只身到北京创业，尝尽了租房、创业的艰辛。如今在北京、上海拥有了自己的事业，每周在京沪间来回跑，挺辛苦的，但她反而觉得生活过得甜滋滋，挺幸福。她告诉笔者："如果我不出来闯，生活挺安逸的，安逸的生活就把我的才干埋没了。""金钱确实能够让你感到满足，却并不一定能够让你真正享受生活"，这是盖洛普公司在全球进行的幸福调查得出的结论。这项调查针对132个国家的13.6万名社会各阶层的民众进行调查，结果显示金钱与幸福有一定的联系，至少可以达到物质生活满意这个层面上的幸福。这种层面上的幸福其实就是一种物质满足感，与精神层面上的满足，例如享受生活有较大的区别，而后者跟国家的经济发展水平不成正比。例如调查显示在人均GDP较低的国家，如尼泊尔和坦桑尼亚，人们在享受生活这个层面的幸福感明显高过了他们的GDP水平。

金钱能给人尊严并满足应有的物质需要，就这一点来看，它与幸福是相关的。比如缺少金钱而饥寒交迫，这不管怎么说也不幸福。但金钱带给人的幸福是有限的，局部的。一旦你把金钱当成幸福的源泉，那么，炫富、傲慢、空虚或者悲怆、怨恨、自卑等就会接踵而至，幸福感就会荡然无存。相反，你追求上进时，成就感和独树一帜的创新往往会使你获得真正的幸福感。对一个人来说，金钱是生活质量的保证，它能给人提供机会，所以金钱是重要的，更重要的是金钱的来路要正。但若把金钱当成幸福的源泉来追求，它就会让你不幸福；把金钱当成功与否的标志，它就会使你因没发财而时时自责。金钱不应是衡量人的高低贵贱的标尺，更不是衡量一个人的地位身价的标尺。在商品经济时代，我们不能否定金钱，它是民富国强的标志，但我们绝不能被金钱所奴役，而应该做金钱的主人。

有人说快乐就是幸福，是吗？快乐是指愉快、满意、欢乐的情绪。就心理状态说，快乐是指达到某种目的，满足某个愿望之后感到愉快、舒心、惬意，这自然包含幸福感。快乐是人类的自然状态，凡开心的事儿，不论大小，都能使人快乐，人可能因自己的成就、因家庭和睦、因恋情顺利、因健康而快乐；也可能因群体和谐、因国家富强、因社会发展、因人类进步而快乐。快乐的源泉在哪里？研究人员发现，收入与快乐之间的联系微乎其微，事实上，几乎没有联系。那些巨富也并不比普通人快乐多少。快乐的源泉完全在于自己拥有快乐的能力。一个人遭受挫折之后，无论挫折是由客观外在因素造成的，还是由主观内在因素造成的，都会使人产生各种各样的精神压力和负面情绪。如果你善于发挥积极的心理防御功能，与挫折和压力抗衡并将其转化为动力，就可以保持一种自信、乐观的快乐；如果你被挫折压得喘不过气来，甚至认为是命中注定，就永远不会获得快乐。总之，要学会给自己开一个快乐幸福的处方：培育一种内在的自信和乐观。不过，这里要特别提醒大家注意“乐极生悲”。西方有一种伦理学主张叫“快乐主义”，也就是享乐主义，目前我们国家的青少年中有信奉者。过度的享乐主义会使人在舒舒服服中变得自私、平庸，甚至堕落，那就根本上谈不上什么幸福了。快乐主义者认为只有快乐才具有内在价值，或主张快乐是唯一应作为最终目的追求的事物，将能否得到快乐、得到多少快乐作为道德评价的根本标准。其实，堕落、空虚、无聊、享乐至上，会使人心麻木，快乐必荡然无存，更达不到幸福的境界，这是我们应该坚决摒弃的。

什么能使你通向幸福的彼岸？金钱能使人物质上得到满足，从而有种幸福感；快活能使人情绪上得到满意、愉快，从而也有一种幸福感。只有不断上进的积极生活态度和努力奋斗，乃是幸福的源泉。

15.3　助人为乐，幸福满满

有研究表明，“给予”能给人更深刻、持久的幸福感。通过“给予”与他人建立更深入的联结，获得他人真诚的感谢，能让自己内心充满激励、感动与幸福，得到更持久的快乐。

水，热心“给予”，从不“索取”，更不在大地面前趾高气扬，总是往低处流。一旦升空，绝不炫耀，悄然化液体为无色、无形的水蒸气。在大地上，它遍布山溪、江河，不管是穷人还是富人，它一律供给。有了水，地球才有了生命，人离不开它，动物离不开它，植物离不开它。水既伟大又平凡，若它有意识，必然是世上最幸福的。我们在世间助人为乐，就要像水那样乐于“给予”。

山林虽然茂密，若某种树唯我独尊、排斥异己，那是树虫最高兴的事，因为要不了多久，树虫就会借机大量繁殖而毁掉茂林。宇宙由92种不同元素组成，如果宇宙中的氧气把氢、铝、铁、钙、钠、钾、镁等异质元素排斥干净，那么宇宙就不存在了，地球自然也不存在了。因此，不管是自然界还是人与生物，或者是不同文化的种族，都是相互依存的，利己与利他是互补行为。人与人之间应该形成一种互相影响、互相帮助的关系。造车船的工程师需要穿衣吃饭，那就是织布工人和种粮农民在帮助你；机床工人需要住房吃饭，那就是建房工人和种田农民在帮助你；你是农民，需要坐车穿衣，那就是造车织布的工人在帮助你。一些巨富发了大财，那是社会上各种人在帮助你，你回馈社会也是理所应当的事。所以我们提倡“我为人人，人人为我”，我为他人做贡献，他人为我而尽力。列宁说：“我们要努力消灭‘人人为自己，上帝为大家’这个可诅咒的常规，……我们要努力把‘人人为我，我为人人’和‘各尽所能，各取所需’的原则灌输到群众的思想中去，变成他们的习惯，变成他们的生活常规。”①

哈佛大学的一项研究显示，在生活中多去帮助他人，能让自己感到更快乐。袁隆平在80多岁高龄时，领衔青岛海水稻研究发展中心在李沧区签约落户，承诺在3年内研发出亩产300千克的海水稻。是在现有自然存活的高耐盐碱性野生稻的基础上，利用遗传工程技术，选育出可供产业化推广的、盐度不低于1%盐度海水灌溉条件下，能正常生长且产量能达到200～300千克/亩的水稻品种。我国内陆尚有15亿亩盐碱地，其中有2亿亩具备种植水稻的潜力。试种推广成功以后，按照每亩产值200～300千克计算，可增产粮食500亿千克，多养活约2亿人。袁隆平这种利民利国之壮举，使他幸福满满，利他主义助己成功。

故马克思说：能使大多数人得到幸福的人，他自己本身也是幸福的。

---

①中共中央马克思恩格斯列宁斯大林著作编译局.列宁全集［M］.北京：人民出版社，1985：104.

16 论爱情

纯真、爱慕、执着、坦诚和热烈集于一体，方为爱情。

爱情既是浪漫，又是责任；爱情既是幻想，又是现实；爱情既是甜蜜，又是苦涩；爱情既是高山流水，又是大江奔涌；爱情既是热情，又是冷静。总之，爱情是理性中的热烈，又是热烈中的理性。爱情告诉我们，人间多么美好；爱情告诉我们，家庭多么好；爱情告诉我们，男女之恋多么好。有了爱情，世间变得更加美丽、精彩。

爱情像朝霞那么绚丽，爱情像大海那样坦荡，爱情像蜂蜜那样甜蜜，爱情像桃花那样美丽。爱情是珍贵的，但它不能凌驾于生命之上；爱情是可贵的，但它不是无所不能的。在人的生命长河中，爱情是浪花，欢快奔涌，长流不息。当你遇到挫折，它应助你战胜困难；当你遇到险阻，它应携手涉险。若爱情成了寻找真理的拦路虎，它应自觉让路。

爱情绝不是任性，恰恰相反，它是理智中的狂热；爱情绝不是自私，恰恰相反，它会为真理而献身；爱情绝不是娇柔，恰恰相反，它是一种温柔中的坚强；爱情不能欺骗，恰恰相反，它是一对男女真诚的心心相印。爱情不容亵渎，不应玷污，因为它是珠穆朗玛峰的雪莲。

爱情如同掘井，一旦发现有水源之地，你掘得越深，获得的水越多；若你在无水源的地上掘井，掘得越深，白费的力气越多。爱情还是要讲“缘分”。能在茫茫人海中相遇，就叫“缘分”。美国心理学家罗纳德·焦尼认为，在男女初次相遇的四分钟内，大多数人都能做出决定：他们是干脆利索地分手，还是交个朋友，甚至可能成为恋人。也就是说，男女相遇四分钟便知有无“缘分”。笔者通过调研，发现焦尼的结论太草率，初次见面四分钟便决定有无“缘分”，这叫一见钟情，而世上一见钟情者较少，因为男女之间的“缘分”还要通过接触、交流和思考来发掘，只有性格互补、情趣相投、意念一致、爱慕难舍时，“缘分”才到。四分钟，那只是男女之间外在的吸引，靠四分钟确定恋爱对象，大多会后悔或失败。

爱情是把双刃剑，它既能让人获得爱，也会让人因爱生恨。因此，面对爱情，要坦诚谦恭，切勿玩世不恭。爱情既不是水中之月，可望而不可即；也不是海市蜃楼，虚无缥缈。爱情不是不经努力或不遇“缘分”就能轻易获得的。爱情是幼苗，我们要像农夫那样辛勤浇灌耕耘；爱情像调皮的幼儿，稍有不慎，它就会跌进陷阱。

善不是爱情，但爱情离不开善。试想，一个没良知的人，怎会全心全意去爱别人？爱与丑陋结盟，将变得鄙陋；爱与虚伪结盟，将变得虚妄；爱与欺骗结盟，将变得卑劣。真正的爱，必然要与丑陋、虚伪、欺骗一刀两断。

为钱而死，不如为爱而生；为爱而死，不如为自由而生；为自由而死，不如为真理而生。因爱而发狂的人，注定成不了大器。激发人向上的爱情才是真正的爱情。爱情不是青年人的专利，爱情代表着青春，更代表信任。这种信任一直会延续到老年，使得夫妻相濡以沫，难以割舍。

拥有爱情的一对男女，应是幸福的人。做爱情奴隶的人，他只有似是而非的快乐；把爱情当作珠宝藏匿的人，他得到的爱显得五味杂陈；把爱情当装饰而炫耀的人，他并不知道爱情中还有高尚。当爱情浸入你的心，请不要为此痴迷，要理智地应对这种甜蜜；当爱情姗姗来迟时，请不要高歌猛进，要理性地应对这种激情；当爱情歪打正着，请不要诧异犹豫，要深情地应对这种“偷袭”。

爱情之花为有情人而开。你有了情人，请不要再环顾左右、三心二意、寻花问柳。如果那样，不仅对不起你的情人，也对不起你的良心，更对不起你曾经有过的真诚热恋之心。因为爱情的弦乐总为你情我愿的有情人独奏。但迷恋爱情而不能自拔的人，将被“爱”所束缚；纵容“爱”而不能自律的人，将被“爱”埋葬；痴迷“爱”并执拗一生者，将被“爱”所摧毁。

爱情是人类进入一夫一妻制时代才逐渐确立的一种概念。爱情是野蛮人和文明人的分界线。爱情是建立在男女之间相互信任、相互倾慕、相互体贴、相互进步、相互忠诚的基础上的高级情感。婚恋是爱情的起点，而不是终结。家庭是基于婚姻关系、血缘关系而形成的社会生活组织，由于家庭与婚姻密不可分，婚姻是产生家庭的前提，家庭又是爱情发展的温床。家和万事兴，这个“和”，不仅是“和而不同”的“和”，而且是爱情的“和”。婚姻是爱情的结果，这样的婚姻孕育着幸福；没有爱情作为基础的婚姻孕育着痛苦。

16.1 真情洞开，爱情永驻

爱情是人生的浪漫史诗，也是英雄的软肋。爱情一旦占据心灵，它就难以消去，但如痴如醉的爱并非最好的爱情。没有上进心的恋爱对象会让另一半终生不悦。人品为爱之本，爱情之花为纯情而开；爱情发端于春结果于秋，不分贫贱的真情之恋，是纯洁的爱恋。

纯洁、真诚的爱情往往比财富更珍贵。20 世纪 50 年代，20 岁的重庆农家青年刘国江爱上了大他 10 岁的徐朝清。为了躲避世人的流言蜚语，他们携手私奔至深山老林，相守几十年，一辈子只爱一个人，谁也离不开谁。为了让爱人出行安全，刘国江一辈子忙着在悬崖峭壁上凿石梯，整整 50 年，铁锹凿坏了 20 多把，最终凿出了 6000 多级的阶梯。为了他深爱的女子，这个年轻人在最好的年纪远离尘世繁华，一步步凿着天梯，从青年到中年，再到老年，在那个贫困的小山沟里，几十年如一日。对待爱情如此专一、执着，终于铸造了“爱情天梯”。这就是纯真爱情的力量。

爱情因坚守和不离不弃而感人至深。1975 年 4 月，23 岁的王明芳通过别人介绍认识了 27 岁的武汉火柴厂电工汤绍斗。身高 1.8 米的汤绍斗聪明好学，为人本分，慢慢地开启了王明芳的心扉。1978 年，两人准备在 5 月 21 日举办婚礼。在当年的 5 月 12 日降临，工厂要拆除篮球场上废弃的电杆，汤绍斗爬上高处时不小心摔了下来，造成颈椎粉碎性骨折，胸部以下肢体瘫痪，手都不能动了。在武汉同济医院，王明芳看到自己天天想念的人躺在床上，不能说话，意识丧失，靠呼吸机维持生命，她悲痛欲绝。1978 年 5 月 21 日这一天默默地过去了，婚礼没有了。王明芳对病床上的汤绍斗说：我们已领结婚证，就是一家人了。经过治疗，汤绍斗恢复意识，能说话了，但医生告知他的肌力为 0 级，无收缩力，“恢复的希望很渺茫”。从此，王明芳带着丈夫四处求医，上车、下车、中途转车，吃、喝、拉、撒，一个高位截瘫的病人全靠她背、抱、抬。35 年来，王明芳从没睡过一个“自然醒”，在半睡半醒中，只要汤绍斗一个动作、一个声音，她都知道他想要什么，喝水、翻身、换尿布、咳痰、解手……每天晚上至少起来三四次，白天还要洗衣服、擦身子、洗脚、剃须……35 年，不离不弃，坚守爱情。35 年后，他们举办了年轻时未曾完成的婚礼，她希望丈夫能站起来。这样坚贞不渝、不离不弃的爱情真是感人至深。

爱情贵于纯真，真情洞开，爱情永驻。

16.2 平等和尊重是爱情的基石

爱情的基础是男女平等。中国广为流传的牛郎织女七夕相会的故事，反映了上古时期男耕女织的和睦平等的生活。这个神话后来在汉代民间传承，反映出青年男女平等的婚姻和爱情观。东晋时期梁山伯与祝英台的故事也反映了青年男女真挚的爱情，两人在私塾平等地学习而产生爱情，感人至深。爱情是男女双方相互爱慕、相互尊重、和谐亲密并渴望对方成为自己终身伴侣的感情。试想，若有一方朝秦暮楚，这样的一对男女能相互爱慕吗？若一方对另一方施以家暴，这样就会彻底破坏了相互尊重。若一方视对方为卑贱者，自己以高贵者自居，那还会有和谐亲密吗？离开了相互爱慕、相互尊重、和谐亲密，爱情自然就会荡然无存。

朝秦暮楚、施以家暴、自视高贵其根源来自中国封建社会的男尊女卑传统。西汉董仲舒提出“阳尊阴卑”，并与“三纲五常”，即“君为阳、臣为阴，父为阳、子为阴，夫为阳、妻为阴”相结合，作为封建集权的统治思想。这种统治思想就讲究君尊臣卑、父尊子卑、夫尊妻卑。妻子如鲁迅的小说《祝福》中的祥林嫂，受“三座大山”的压迫。故男尊女卑是爱情的公敌。因此，要拥有爱情，就要讲男女平等，因为平等即尊重。

家暴是爱情的劲敌。在中国封建社会，在君为臣纲、父为子纲、夫为妻纲的“三纲”毒害下，人们认为男人生下来就是主人，女人生下来就是仆人，低人一等。封建社会的女性社会地位很低，都受到男人掌控的政权和家庭制度的歧视，这种遗毒流传下来，就是家暴。在现代家庭中，男人哪里来的权利可以任意家暴妻子？家暴本质上是一种犯罪。平等待人，尊重对方不仅是爱情的前提，而且是家庭和谐的前提。36 岁的张梅，擦拭着喷涌而出的泪水，胳膊上多处烟头烫伤的疤痕依旧明显，曾被砍断已无法伸直的左手食指不停地颤抖，在新《中华人民共和国民事诉讼法》的“人身保护令”实施之前，她常年忍受家暴而求助无门；公众人物李阳也有家暴行为。研究者认为：家暴行为与施暴者的学历、社会地位无关，家暴也常发生在一些教授、导演等社会精英身上。笔者认为，不论施暴者的地位怎样，只要他在施暴，就是犯罪。令人欣喜的是，《中华人民共和国反家庭暴力法》已正式出台。

这方面要警惕的是，歧视妇女的行为在社会上还有一定市场。比如那位以创办培训学校取得成功的俞某就发过一通“女性堕落观”的谬论。他在一次演讲中说：“现在是因为中国女性的堕落导致整个国家的堕落”，“如果中国所有女人挑选男人的标准，是男人会背唐诗宋词，那么所有男人都会把唐诗宋词背得滚瓜烂熟；如果中国所有的女人都说中国男人就是要他赚钱，至于他良心好不好我不管，那所有的中国男人都会变成良心不好但是赚钱很多的男人”。这个说法除了体现出他根深蒂固的男权主义思想外，还体现出他的逻辑混乱和对社会学的无知。首先女性的选择决定了男性的选择，这把人类中的男性说得还不如兽类，在现实中也不是这样的，更何况新时代的中国女性早就能顶半边天了。西方彭博新闻网站记者艾尔弗雷德·刘的观察和报道称：女性撑起中国财富管理半边天，并以“中国财富管理行业的未来属于女性”为题做了报道。一个外国记者都对中国女性的成就了如指掌，而处在中国政治、经济中心的俞某对此却不甚了了，真是令人费解。

关于男女平等还有一个敏感话题：女性是否应该就业。有人在大连夏季达沃斯论坛上讲：“必须有劳动力的分工，男人在外工作，女人在家照顾家庭。对于女人来说，丈夫的事业就是你的事业。”他还说：“只有男人成功了，女人才会成功。”显然，这是典型的男权主义言论。按照他的说法，居里夫人不仅成不了科学家，更成不了超过若干精英男人的获得两次诺贝尔科学奖的科学家。她不仅在事业上取得了成功，家庭教育也没有落下，她的两个女儿也很成功。中华人民共和国成立后，中国女性思想得到了解放，女性地位取得了巨大提升，中国女性劳动人口参与率为74%，居世界前列。中国接受高等教育的女性比例也在不断提高，2018年高校毕业生中，女生占比高达52%。让妇女做家务，男子“闯事业”，是在人才问题上轻视妇女的表现。关于女性是否应该就业，笔者认为这是个伪问题，因为“时代不同了，男女都一样”。妇女就业，一是能实现自我价值，二是在家庭中，经济平等了才有真正的男女平等。在一个幸福的家庭，成员都应有自己的工作，每个人都可以有自己的爱好和兴趣，并能从中得到快乐，最重要的是对彼此的尊重。如果妇女放弃自己的追求和事业，自身也会与社会脱节。一项关于性别多元水平的调查报告显示：在亚洲，中国大陆的职场女性最有可能与男同事享有同等地位。在香港社商贤汇进行的一项针对中国大陆、中国香港、新加坡、印度、日本和马来西亚的32家跨国公司的调查中，世界第二大经济体的表现非常突出。女性与男性一样就业，都应实现自我价值，家庭中才有真正的平等。

16.3 男女魅力之所在

中国自古就有称赞美女者，《诗经》有云：“手如柔荑，肤如凝脂，领如蝤蛴，齿如瓠犀，螓首蛾眉，巧笑倩兮，美目盼兮。”其后中国两千年的封建社会，都以此为女人的魅力之所在。中国自古称赞壮士，“陇上壮士有陈安，躯干虽小腹中宽，爱养壮士同心肝。騕骢父马铁锻鞍。七尺大刀奋如湍，丈八蛇矛左右盘，十荡十决无当前”（《陇上为陈安歌》）。中国两千年的封建社会也以此为男人的魅力之所在。前者称赞女人的魅力，体现了男权主义的眼光；后者称赞男人的魅力，全在勇力之间，对内在很少触及。

在当今新时代，男女的魅力所在有何变化呢？笔者曾整理过一项调研对象超过 10 万例的对女性魅力和男性魅力的调研报告，综合概括如下。

女性魅力所在：有健康体态，苗条而富有曲线，五官端庄而文秀，举止大方但不轻浮，无病态，不过娇不过艳；追求上进，好学，有教养并有所作为；感情丰富，能体贴人，懂得生活，内心丰富，懂得诚信，生活兴趣广泛，并富有同情心、怜悯心；没小市民气，庄重、气量大，既细心但又不婆婆妈妈，诚实温柔，善良纯朴，充满温情而不轻佻，不耍小心眼，温柔而不脆弱，尊老爱幼，深明大义；吃苦耐劳，生活中不求依附而是自强，不是弱者。总体来说，人们对女性魅力的认知可用几句话概括：美而不浮，勤而不憨，追求自强。绝大多数中国人（主要是年轻人）对林黛玉式的病态美是否定的，对中国封建社会让女人裹小脚的残暴行径一致谴责。肯定古代美女西施的美貌，但不赏识她成为越王勾践与吴王夫差的玩物。就古代美女来说，更多的人赞赏汉乐府中采桑美女秦罗敷，因为她应了李白所说的“清水出芙蓉，天然去雕饰”的美女观。

男性魅力所在：体态魁梧，身材匀称，肌肉丰满，举止大方、自然，其貌不必扬，既非奶油小生又非莽汉，刚柔相间；肩宽于骨盆，像底边在上的倒三角；诚实，不虚滑，办事兢兢业业，不搞小动作，不整人害人，有以正压邪之气势——这种品质可以转化为巨星似的精神力量；自信但不自负，有大将风度，既谦虚又果断，深明大义，深思熟虑后能显出男子特有的威力——果断而自信、刚直而坚毅，在任何困难和威吓面前，临危不惧。沉着而气量大，小事糊涂，大事认真，不婆婆妈妈，有胆识，事业心强。在许多问题上有独到见解，不人云亦云，不盲从，有创新。在事业上，百折不挠，有强烈的进取心，知识丰富而不迂腐，失败之后会产生更大的激情；懂生活，兴趣广泛，会体贴人。对那种呆板，不懂生活，兴趣单一的男子，女性往往嗤之以鼻。总之，男性的魅力既在于他内心和外在同时具有力量，又在于富有人情味儿。对生活像一团火那样热情，对具体事情又像一块冰那么冷静。那种过刚的男子，或没有人情味的硬汉，或举止粗俗、动不动挥拳逞能、自己说了算、不知尊重他人者，都会被排斥在有魅力的男性之外，甚至被认为是没教养或无耻之人。

17 论谦诚

中国古代典籍《周易》专设谦卦，可见中国历来重视谦诚。有了谦诚，才会像大海一样接纳百川；有了谦诚，才能真心诚意地做出仁爱善举；有了谦诚，才有真正的君子之交；有了谦诚，社会才会形成清淳之风。

谦虚要以真诚为前提，诚信要以谦虚为前导。谦虚而不讲诚信，或讲诚信而不谦虚，都会成为两面人。两面人可欺骗世人一时，但不可欺骗世人一世。一旦被揭穿，就会在社会上沦为不耻之徒。

谦虚者，虚心，不自高自大。我国自古就崇尚谦谦君子，谦虚也是中国历来倡导的美德。《周易》中的谦卦就力主谦让之风，教人做谦谦君子。“人道恶盈而好谦”（《周易·谦》），即人之常理是厌恶自满和喜好谦虚。继后，春秋战国时期的思想家纷纷推崇谦虚美德。管仲以海、山为其楷模，“海不辞水，故能成其大；山不辞土石，故能成其高”（《管子·形势解》）；老子以四个“不自”来强调谦让：“不自见故明，不自是故彰，不自伐故有功，不自矜故长”（《道德经·第二十二章》）。孔子在《论语》中则从多视角倡导谦让：“知之为知之，不知为不知，是知也”；“君子之过也，如日月之食焉。过也，人皆见之；更也，人皆仰之”；“敏而好学，不耻下问”；“我非生而知之者，好古，敏以求之者”。

谦虚的人，不颐指气使。一个自高自大、趾高气扬的民族是没有希望的民族。若一国元首仗恃国力雄厚，骂这个民族是“粪土”，骂那个民族是“强奸犯”，这种恶行若得到多数国民的赞赏，那这样的国家将是无望之邦；若一国元首对强权国家奴颜婢膝，俯首帖耳，而这种奴性若得到多数国民的赏识，这样的国家也将是无望之邦。古今中外的历史说明，骄狂是一种虚弱潜意识的外在表现，这传递出一个特别信号：他离衰退和衰亡已经不远了。因为谦虚来自自信，骄傲源于自卑。一个人如果有谦虚的心态，则善于学习他人之优点，并将其集于一身，而且在学习他人的优点时不会把自己变成他人。因为他采取了“以我为主，博采众长”的谦卑态度。若有骄傲的心态，不仅会拒绝学习他人的长处，而且会把自己的短处视为优势进行炫耀。

谦虚的精髓是实事求是。当你全力推销自己时，如果是实事求是，则是一种谦虚的反映；如果夸大其词或凭空渲染自己，结果往往适得其反。谦虚者从心底里不认为自己伟大，骄狂者时时认为自己伟大；谦虚者虽具有不凡的实力，但外表相对朴实无华，骄狂者总是目中无人。病态谦虚者妄自菲薄，骄狂者色厉内荏；病态谦虚者怯懦，骄狂者狂傲自满。

关于谦虚，我们应掌握一个“度”，这个“度”中国古代典籍《周易》就阐述得十分明朗清晰：其中首先解释了“谦”，即谦虚、谦让。接着说“君子有终”，君子具备了谦虚的美德，是会有成就的，因为谦虚是君子应具备的德行。于是便提出谦虚的几种内涵：①“鸣谦”，提倡明智的谦让，即善于分辨是非善恶，然后通过理性的判断，决定应不应该谦虚、谦让。不明智的谦让，是糊涂虫；面对敌人的侵略，不抗战而谦让，就成了投降主义。②“劳谦”，以勤劳刻苦为前提的谦虚。如果不劳而谦，事事让人，自己不做，就是懒汉。君子勤劳刻苦，谨慎谦虚，是会有好结果的。③“伪谦”，以奋勇直前、不怕牺牲为前提的谦虚。如果不为（不奋勇直前）而谦，让别人打头阵，自己躲避，便是懦夫。能够奋勇而谦虚，则无所不利。《谦卦》最后特别强调抗击敌人，而不是侵略别人。“不富以其邻，不戒以孚”，由于不警惕，敌人来犯，和邻村一起遭殃，甚至因为没有戒备而有人被俘虏了。在这种情况下该怎么办？是无原则地谦让还是抵抗？“利用侵伐”，只有抵抗反击才有利。可见中国古人在这里把谦虚的辩证关系说得多么透彻。

《周易大传·谦录》云：“天道下济而光明，地道卑而上行；天道亏盈而益谦，地道变盈而流谦；鬼神害盈而福谦，人道恶盈而好谦。谦，卑而光，卑而不可逾，君子之终也。”谦为谦退、不自满。谦退、不自满就能延缓向对立面转化，可以得到益处，即“满招损，谦受益”。骄傲者则人恶之，谦虚者人则爱之，这是社会的一般规律，也是智者对世界的认识。

诚信，即实事求是，诚实守信。实事求是是诚信的前提，诚实守信是实事求是的结果。诚信既是一个文明社会的美德，也是一个文明社会的基石。诚信是美德的喷泉口，它能喷出坦率、真实、诚实、守信、真心；诚信是美德的洗涤剂，它能把虚伪、虚假、谎言、失信和假意一扫而光。

诚，首先是对自己忠诚，慎独不自欺。诚体现在生活中则是“不诚无以为善，不诚无以为君子”，诚更表现为与人交往时的诚心相待。韩信落魄时，一个漂母给他饭吃，韩信告诉她以后一定报答她。后韩信做了楚王，不忘旧恩，赠漂母千两黄金。真乃一诺千金。

诚是一种大智慧。孟子曾说：“诚者，天之道也；思诚者，人之道也。至诚而不动者，未之有也；不诚，未有能动者也”（《孟子·离娄章句上》）。孟子这段话表明了诚是最珍贵的品质。

韩非子认为灵巧和欺诈不如笨拙和诚实，“巧诈不如拙诚”（《韩非子·说林上》）。在封建社会，许多臣子选择以灵巧和欺诈对待皇上，结果误国害己；而盛唐的臣子敢于直谏唐太宗，这为唐朝盛世立了大功。

“君子之言，信而有征”（《左传·昭公八年》），这是说君子的话诚实而有令人信服的证据，也就是强调君子之言一定要实事求是。“与朋友交，言而有信”（《论语·学而》），这是说与朋友交往，要诚实守信用。一个人不守信用，就是受鄙视的卑劣小人。不管你是平民还是国家元首，只要你签约了，就要信守承诺，不负责任地爽约，不仅要负法律责任，也是耻辱。

孔子曰：“君子坦荡荡，小人长戚戚。”君子为何能“坦荡荡”？因为君子讲诚信。小人为何“长戚戚”？因虚假也。诚信是初升的太阳，既具有朝气，又不因为能赠给人类阳光而狂傲，它是谦诚的楷模。故管仲说：“诚信者，天下之结也”（《管子·枢言》）。管子一语，道破诚信之要害。

17.1 谦逊的精髓是诚信

说起谦逊，我们常常联想到虚怀若谷、自知之明、虚心好学、从不自满等品性。但往往忽略了谦逊的本质是实事求是，而实事求是则是诚信的基本表现：说真话，不掩盖，不歪曲事实真相，谴责一切弄虚作假、文过饰非、欺骗隐瞒、提倡诚实，反对虚伪。

谦逊的精髓是诚信。若没有诚信，谦逊就没有了魂，变成一个虚假的空壳。诚信是人类的共同追求。孟子早就强调诚在道德修养中的重要作用，并将其看作是发扬人的先天善性后所达到的一种最高境界。认为“尽心”、知性、知天就是“思诚”的结果。荀子也把诚当作修身养性的重要方法，认为“养心莫善于诚”。《中庸》说：“诚者，天之道也；思诚者，人之道也”；“至诚之道，可以前知”；“至诚如神”，把道德修养的最高境界诚说成是天人相通的神秘境界。

之所以说谦逊的精髓是诚信，是因为谦逊一旦离开了诚信，就会变成一种虚伪，这是一种“病态谦虚”。所谓“病态谦虚”，就是指把自己的真实心意隐藏起来，向外表白自己力不如人，以示自己“谦虚”的美德。例在某学术会议上，如果有三个学者作学术报告，第一位要说自己虽然被排在第一位，但实际上不行，不过为了抛砖引玉云云；第二位要说自己排在前面，实际上没有多少真货，只因“心理连动”之类；第三位说自己也没学深学透，所说绝非总结发言。看起来三人都很“谦逊”，心底里却想在听众面前居第一。外国学者听后会大惑不解，如果“不行”“没有多少真货”“没学深学透”，干吗上台演讲浪费大家的宝贵时间？

在某座谈会上，如果请某几位领导干部讲话，一位领导干部说：“我水平低，讲几点不成熟的意见，供大家参考。”另一位领导干部说：“我是外行，说不到点子上，只说几点外行话。”还有位领导干部说：“在座的都是干实事的同志，比我懂，我只谈谈浮光掠影的意见。”他们虽然都很“谦逊”，但这是“病态谦虚”。既然你的讲话“不成熟”“行外话”“浮光掠影”，为什么要讲了让大家去执行？这种谦虚不是一种病态又是什么呢？

有些人爱面子，总爱搞这种“病态谦虚”，以示自己“谦虚”的美德，嘴巴异常客套，把真实心思隐藏起来。有些人爱说客套话和奉承话，不伤害或不得罪别人，给别人也给自己“留面子”，对问题有较激烈的反应，常常过多地担心自己在别人心中留下“爱出风头”“锋芒毕露”“自负”的不良印象。

“病态谦虚”可以休矣。试想，若你去求职，满口“经验少”“水平低”，对方听后会录取你吗？“病态谦虚”的病根就是不诚信，从而导致虚伪。因此，我们讲谦虚，首先要诚信。“一言既出，驷马难追”，谦虚以诚信为本。

17.2 做有风骨的谦谦君子

谦虚是美德吗？毋庸置疑；谦虚是至善吗？有风骨的谦谦君子才算是至善。那怎样才算是有风骨的谦谦君子呢？《周易·谦》中就早已说明：善于分辨事情的是非曲直，然后决定应不应谦让者；勤劳刻苦、谨慎谦虚者；奋勇直前，不怕牺牲的谦虚者；抗击敌人，而不是侵略别人者。

《周易·谦》说：“谦谦君子，卑以自牧也”，谦而又谦的君子，总是以谦恭的态度来守其德；“劳谦君子，万民服也”，有功劳而又谦虚的君子，能得到万民的敬服。的确如此。战国时期齐国的相国邹忌，很有政治头脑，而且身高八尺、相貌堂堂。他问妻、妾和友人，他与美男子徐公比谁漂亮，都说非他莫属。当他与美男子徐公面谈后，发现徐公比他漂亮，使他大彻大悟：妻是偏爱，妾是怕他，友人是有求于他，才说了假话。邹忌上朝把这件事告诉齐威王，从而进谏。齐威王被触动，告之全国纳谏并有赏。自此，国家兴旺，邻国钦佩。邹忌作为相国，能“不以己为美”进而向齐威王进谏，体现出谦谦君子之风。又如唐朝诗人李白，靠一首《乌夜啼》得到唐玄宗的赏识，进京后被任命为翰林供奉，专门为皇帝做应制诗。李白大失所望，由于他常喝酒不拘小节，得罪皇帝及杨国忠和高力士，最后被打发出长安。李白在歙县闹市酒楼忽闻楼下有人高声吟诗："负薪朝出卖，沽酒日西归，借问家何处？穿云入翠微"。李白一听，此人诗才出众，便想与其结交。得知吟诗老头许宣平原是做官的，因不满宫廷，弃官做樵夫。每日进城卖柴，卖柴得钱买酒，酒醉了便吟诗，走一路吟一路。李白苦等三月余而不悔，终于找到许宣平家拜而求师。许宣平得知是大诗人李白，急忙推辞：我是一滴水，海怎么能求教于水呢？李白说他在深山野岭中转寻了三个月，以真诚打动了许宣平。

"海不辞水，故能成其大；山不辞土石，故能成其高；明主不厌人，故能成其众；士不厌其学，故能成其圣"（《管仲·形势解》）。故做有风骨的谦谦君子乃能成大器。

17.3 卡特的谦诚和蓬佩奥的虚伪

美国当前仍然是世界上唯一的超级大国，而中国是世界第二大经济体，但由于中国实行积极的改革开放，极大地调动了全国人民奋斗的积极性，从发展趋势来看，中国正在走向伟大复兴。对此，美国的政治家能以清醒谦诚的心态待之，而一些美国政客却坐不住了，开始不顾身份地歇斯底里。这方面美国政治家卡特与美国政客蓬佩奥尤为典型。

美国前总统特朗普曾耐不住性子给前任总统卡特打电话，特朗普在两人的通话中对"中国正超越我们"感到不安。当时 94 岁高龄的卡特在家乡一所学校讲到特朗普关于中国的这一担心时表示，美国在 242 年的建国历史中仅有 16 年没有打仗，堪称"世界历史上最好战的国家"，"因为美国总是想迫使其他人采用美国的原则"。他说美国浪费了 3 万亿美元在军费开支上，"而中国没有将一分钱浪费在战争上，这就是他们在各个方面正走在我们前面的原因。如果拿出这 3 万亿美元用于美国的基础设施建设，我们将拥有高速铁路、不垮塌的桥梁、维护良好的道路，还能剩下 2 万亿美元"。

卡特说，相比之下，因为没有战争，中国得以投资基础设施和教育体系。中国已经拥有 1.8 万英里的高铁，“我们拥有多长的高铁？”卡特问，听众们回答“零”。他说他并不是将自己的国家与中国进行不利的对比，只是因为恰好昨晚（特朗普）打来电话，他才指出这一点。卡特以谦诚的心态，心平气和地说明了中国“正超越我们”的原因，实事求是，令人钦佩。

美国前国务卿蓬佩奥，又是怎样对待特朗普关于“中国正超越我们”的担忧的呢？他跑到智利演讲，散播谣言，称中国不是可靠的合作伙伴，还称中国在拉美的投资具有“腐蚀性”，会滋生腐败并侵蚀民主与秩序。甚至这位美国前情报局高官如今说话也不需要任何证据，竟公然称“华为公司为中国政府提供间谍活动”，这种无任何根据的诽谤已构成诽谤罪，而蓬佩奥自信自己是国务卿，有豁免权，恶意诽谤对自身无妨。就近的来说，2018 年中智贸易额逾 428 亿美元，远高于美智贸易额 240 亿美元；就远的说，20 世纪 70 年代，美国在智利枪杀民选总统阿连德，并在随后数十年中支持独裁者皮诺切特；19 世纪至今，美国以“门罗主义”为借口对众多拉美国家展开颠覆行动。怎么今日还大言不惭地在智利颠倒黑白、制造混乱呢？蓬佩奥因大大失掉了诚信，使他从一个政治家堕落为政客，令人唏嘘。

美国前总统卡特的谦诚，反映了大多数美国人民及美国正直的政治家和学者是强烈支持美中友好的；至于美国政客蓬佩奥们，因为他们处处虚伪，难道虚伪在世界上会有众多“粉丝”？笔者断然不信。

万事万物，都会鼎盛而衰，国亦如此，何忧之有？

18 论生死

逝去的江浪被迎头赶上的后浪填补，逝去的后浪又被它的后浪随即填补，这就成了川流不息的大江；逝去的前辈被紧随的后辈填补，逝去的后辈又被他的后辈所填补，这就形成了生生不息的人类。逝去的和新生的，组成了美妙的生死交响曲。我们得到了生之幸福和欢乐，自然也就要接受死之痛苦。若没有生，死就不会发生。婴儿一啼，开始了精彩的人生；耄耋闭眼，结束了人生的旅程。生之如诗，死之如词。生死的理想状态，可概括为生之欢乐，死之豁达矣。

婴儿从母体生下来的第一声啼哭，那是以哭代笑，庆贺自己来到了人世间，正式成了人类的一员。此后他如春苗般茁壮成长，在母爱的沐浴中、父爱的护卫下度过了幼年，又在教师的培育下、父母的期待中度过了青少年。自此独立，与异性伴侣结合组成家庭，并幸福地有了第二代。生命如此美好，而不是像叔本华所说的“人生是一曲痛苦的歌”，他的理由是人生总是在追求一种无法满足的渊薮，所以人生是痛苦的。他觉得凡人都贪得无厌，这种贪欲像黑洞无法填补，从而产生痛苦。其实，道德和法制对人的贪欲有强力的制约，从而引导人形成一种知足常乐的习惯。叔本华的另外一个错误前提是他认为人所追求的目标普遍太高而无法满足。其实，大多数人对自己的目标欲望采取理性而非狂妄的态度，即采取力所能及又尽力而为的态度。这种为既定目标力所能及又尽力而为应是奋斗的过程，而这种奋斗的过程就是一种快乐的过程，诸如先辈为建立中华人民共和国而奋斗的过程、当今中国人为中国实现伟大复兴而奋斗的过程，这显然要经历许多艰险和困难，但我们在克服这些困难的过程中本身就获得了幸福。

生命如此美好，我们应该尽力绽放。

岁暮终于到来，生命进入倒计时，让迟暮者有尊严地老去，老者将会坦然地死去，死得豁达。人的天年已到，欣然前往，挪出生位，让新生儿降临，这是对人类社会做出的最后贡献。老者将去，欣然，他已享尽了人生，该回归自然；老者将去，安然，生命即将走到终点，将回归山川；老者将去，自然，让老者有尊严地走向终点。

死亡是无法抗拒的，所以应选择死于豁达。豁达者，开通、敞亮者也。我们不去追求不可能的长生不老，也不去追求无质量的长寿。生命的价值，在于它的质量；生命的精彩，在于它的闪光；生命的美丽，在于它的昂扬。人自然老去，毫无彷徨；人常规老去，豁然开朗；面对死亡，欣然前往。请亲人抹去眼泪为老者归去歌唱；请老友为他喝杯告别酒，送老者奔向宇宙远方。正如鲁迅所说："生命不怕死，在死的面前笑着、跳着，跨过了死亡的人们向前进。"

生之随来，死之随意。这个"随"，是"随"大自然的"随"，是天意，是规律。因此，我们应生之欣然，死之坦然，何悲之有？庄子的妻子去世了，是活到天年正常死亡，于是庄子击盆而歌，庆祝辩证法的胜利。庄子是我国古代深谙生死辩证法的思想家。

人们有种常情：生，欲之；死，恐也。这是没有弄清楚大自然的生死辩证法之故。生，暂使天人分离；死，回归天人合一。人在生前，也是天人合一的。只因父母的结合使无生命的逐渐变成有生命的，而且尽享百年。而一个人百年归山前却有子女延续，子女又延续了他们的子女。我之死为他之生，秋天的落叶是为来年的春芽腾挪生长的空间，岂不乐哉？！

我们不要被生死所困扰，而应坦然面对。不要回避死亡的命题，"不知死，焉知生"？难道苟活矣？看破生死，直面生死，才能正确对待生死。生与死，是一对矛盾的统一体。有生必有死，反之，有死必有生，生死相依，互为变通。生物（包括人）只要生长，就内含死亡的因子，直至暮年完成生命的旅程，就是死之到来。人死后，转化成新的因子，投入大自然的怀抱，成为大自然中的一员。故中国古人云："乐天知命，故不忧"。

人从生到死是自然规律使然，是自然之变，也是自然之理，上合天地之演进，下合人间之法则。既然如此，对人的自然之死何需惶惶不可终日？我们不可寻求长生不死，但能寻求"死而不亡"。既然死了，怎么会不亡呢？中国古代思想家追求精神上的不朽。公元前547年，叔孙豹说："豹闻之，太上有立德，其次有立功，其次有立言，虽久不废，此之谓不朽"（《左传·襄公二十四年》）。孔子继承了这一不朽观念，提倡其"三不朽"。立德，以高尚的道德彪炳千秋；立功，以显赫的功绩让民众永远铭记；立言，以精辟独到的思想言论赢得永恒之价值。这样"三不朽"的人可称为"死而不亡"，"亦余心之所善兮，虽九死其犹未悔"（《离骚》）。

生命是珍贵的，但真理比生命更珍贵。仁人义士，宁可用生命换取真理。孔子在这方面是我们的楷模："朝闻道，夕死可矣"，为国为民鞠躬尽瘁，死而后已。诸葛亮也说："臣鞠躬尽瘁，死而后已。至于成败利钝，非臣之明所能逆睹也"（《后出师表》）。在大义面前不苟生、不苟利、不苟且，在敌人屠刀面前面不改色心不跳，此壮士文天祥乃是我国人之楷模："以身殉道不苟生，道在光明照千古"（《言志》）。在敌人屠刀前绝不为苟生而降，"历史上没有不流血的革命，不流血，会取得成功吗？宁可为革命而死，不可降敌苟活"。此等勇毅的烈士方志敏，乃是我国人之楷模："假使能使中华民族得到解放，那我又何惜于我这一条蚁命"（《可爱的中国》）。他们才是真正懂得生死辩证法的人，践行了"死而不亡"的命题。

生死是自然规律，我们在短暂的人生中，应让生如山花之烂漫，死如逝水之静穆。

18.1 生年

十月怀胎，靠的是伟大的母体，没有母亲十个月的辛勤孕育，就没有当今的人类。我们用多少诗词歌颂母亲也不为过，我们终生孝敬母亲一点也不为过。婴儿从母腹中出来到了多彩人间，哇的一声叫起来，开始了呼吸，开启了人生的旅程。婴儿睁开了双眼，最先向他微笑的是他的母亲，在旁边喜笑颜开的是婴儿的父亲。当婴儿的两只眼睛的视线逐渐形成焦点能看清东西时，最先感知到的是温饱的来源——“妈妈”。从世界范围内来看，虽然各种语言之间的差异甚远，唯一的例外是，各种语言中“妈妈”的发音却极其相似。母亲听到婴儿叫“妈妈”，惊喜地拥抱着婴儿，喂奶、呵护、凝视、微笑，幸福感喷涌而出。

“妈妈”意味着乳汁和温暖，意味着生存和安全。

宇宙是一个大母体，不断生下蓝色的“小精灵”。只要我们努力观察星体，就可以发现已知恒星之间散布的一些新恒星，它们隐藏在孕育它们的星云内。一个恒星，从诞生的那一天起，独自在宇宙中旅行，但也有很多恒星作为双星、三合星，像人类的双胞胎、三胞胎在宇宙中穿行。这些恒星在轨道上相互绕转，看起来像星系。地球在宇宙中很渺小，在人类的眼中却广袤无垠。地球是一个伟大的母体，它的宽容、慈祥和亲善，使之万物生长，特别是养育了智慧的人类。

初生的婴儿在母亲的摇篮中长大，会笑、会哭、会说话，会走路、会学习、会思考、会创造，从只知哭笑的襁褓期，到调皮贪玩的孩提时期；从开始读书启蒙的龆年，到半懂事半贪玩的黄口；从喜欢幻想的舞勺，到能独树一帜的舞象。自此，母亲把儿女送出家门，走向社会。

18.2　成年

成年，是人的黄金年龄，是人创造创新的年龄，是该结硕果的年龄。从创业的而立之年，到运筹帷幄的不惑之年，再到富有成果的知天命之年，然后到再铸辉煌的花甲、耳顺之年，再到壮心不已的古稀之年，再到人老心不老的耄耋之年，人生之成年，正是为国为民建功立业之年，应当奋勇向上，勇攀高峰。这样，当我们在迟暮之年回首往事时，不会因一事无成而懊悔，不会因虚度年华而羞愧。

成年，是声声战鼓，催人向上，奋斗不止的年纪。成年，是激情与冷静交谊、冲动与理性联姻、酸甜苦辣综合的年纪，是逆水行舟、勤抓机遇、上有老下有小享尽天伦之乐的年纪。成年，是报国为民之良机，是孝敬父母之良辰，是调教儿女之优时，也是人最兴奋、惬意、悲怆、苦辣、甜蜜的年纪。成年过得如何，会影响人一生的生活质量，不可枉过、妄过。

人的生命是短暂的，今日若在浪费光阴，明日会发觉生命的美好时光已远离你。一个人就算活 100 岁，也不过区区 36000 多天，何况百岁老人稀少。以 90 岁为限，也不过 32000 多天。前后除去 20 年，留给人奋斗的时间仅有 50 年，即 18000 多天，按心理学的创造关键期来算，还要减一半，即只有 25 年，即仅有 8800 多天。如果我们在这创造关键期不去奋斗，到晚年也只能扼腕叹息。

人生是否有凯歌，不靠别人，而在于自己。因此，越早懂得珍惜生命，越容易在享受生命的同时享受因奋斗而获得的成就感。人生苦短，瞬息而过；人生之长，数十个春夏秋冬。上天生予，必有生予之道理；上天弃予，也有弃予之道理。当顺其自然，认准目标，锲而不舍，奋斗自强。

18.3　天年

到了人生暮年，平凡了一辈子、淡泊了一辈子、清贫了一辈子的我感到特别惬意，我从容地向宇宙走去，准备享受死亡的到来。

我轻轻地踱着步，向着一条翻着金色浪花的大江走去。突然听到一个年轻人的呼喊声：“老爷子，我看您一脸病容，是否要我搀扶您到医院？”我回过头来向那年轻人致谢：“谢谢，我已到垂暮之年，不需要了。”

我走进翻着金色浪花的大江边，江崖千丈，脚底激流滚滚，惊涛拍岸，掀起巨臂，我十分坦然，欣喜暮年弥留时刻能见到如此壮美之景色。我的心神开始与天地同游。突然间，巨浪隐去，一片寂静，从不远的亮光处，传来婴儿诞生的哭叫声。婴儿的诞生，也是新生命的开始。我还看见一群时尚、美丽、丰腴的少妇们，个个微笑在绿草地上推着婴儿车，轻快地、幸福地在阳光下欣赏自己的作品——小宝贝。这是最美的生命图画。

人生犹如银杏树叶，秋时落地，春时吐芽。最令人礼赞的是，银杏树到了深秋，在叶子全部掉落前它没有悲凉、没有恐惧，也没有哀叹，而是静静地把自身的全部叶儿铸成金黄，给人绚丽、端庄和惬意之感。银杏叶落下了，把树下的大地铺成金黄。光秃秃的树丫，为明年春天吐出的春芽腾挪地方，让春风一来，满枝新芽，让新叶迎着曙光。没有秋天的落英缤纷，就没有春天的枝叶繁盛；没有暮年的逝去，就没有新生命的诞生。

日出日落，月圆月缺。我的人生已至天年，到了告别人生的旅程，去奔向下一个新旅程的时候了。来到人世之前，我是一个没有生命和情感的大自然的元素，由于父母的结合，使我产生了生命；至今活到天年，又从生命转归于无生命，成为宇宙天体的一分子。感谢父母，让我获得生命；感谢大自然，让我享受了人生；感谢宇宙，让我从容接受死亡，享受其他元素形态的开始。

世间草木枯荣，生死循环。正因为有死亡，才让人更欣喜于新生婴儿的诞生，欣喜于新生命形态的开始。与宇宙星体相比，渺小的我死去，又何足道哉？！我们不必回避死亡话题，它是大自然之规律，应从容待之。

我欣喜地启程，一丝淡定的微笑过后，向宇宙亮处走去，轻轻地踏着翻滚的金色江浪，向那缥缈的宇宙奔去。我只听见背后一声熟悉的叫唤声，那是我孙儿在向我告别："爷爷，我会想您的！"我没回头，欣然答道："谢谢！"

19 论尚武

尚武之风是国之兴衰的晴雨表。

瑞士军事学家若米尼总结罗马帝国的衰亡时曾说了这样一条教训：在罗马全盛时期，罗马人把国家的强盛归功于人民的勇敢精神和尚武精神。后来，他们渐渐地丧失了这种美德。不再把服兵役作为光荣义务，而把保卫国家的责任交给外籍雇佣兵，因而罗马帝国的衰亡也就不可避免了。罗马军团衰亡的主要原因就是娇生惯养，西庇阿时代，罗马士兵在非洲的烈日下作战，都不觉穿戴甲胄疲劳。可是后来到了日耳曼和高卢的凉爽的环境中，他们反而渐渐觉得甲胄过重，于是罗马帝国的末日也来临了。若米尼为此警告说："假使在一个国家里，那些牺牲生命、健康和财产去保护祖国的勇士们，还不如那些包税者和交易所的生意人受到尊重，那么这个国家就一定是非常可悲的。"① 若米尼观察到，有无尚武精神关系着一个国家民族的兴衰。虽然中国当今的和平崛起与当年罗马帝国的扩张有本质的不同，但尚武之风对一个国家和民族仍然是至关重要的。

什么是尚武精神呢?

锐意进取，发奋图强，惩恶扬善乃是中国君子的尚武之风。尚武者，蔑视霸凌、扶持弱小，蔑视武士道，效忠的不是"主子"而是祖国和人民。尚武者，相信自己的力量，相信只要按自然规律顺势而行，就会取得胜利。道义是中国君子尚武之精髓，有了道义，就能"力拔山兮气盖世"；勇敢是尚武者的灵魂，有了勇敢，就能"一人拼命，万夫莫当"；气节是中国君子尚武之动力，有了气节，就能"三军思奋，斗必十倍"。中国君子，有了尚

① 若米尼．战争艺术概论［M］．刘聪泽，译．北京：解放军出版社，2006：91-94.

武之精神，就能像刑天那样被砍了脖子也会用两个乳头当眼睛，用肚脐当嘴巴，手中挥舞着斧子和盾牌向敌人冲击，血战到底；中国君子，有了尚武精神，就能像孙膑那样，即便被敌人挖去膝盖骨，也要用智谋消灭敌人。中国尚武精神久矣：神农尝百草，以己之死献身于民，靠的是尚武精神；近代中国人民历经百年苦难而奋斗不息，特别是抗美援朝战争中，装备不良的中国人民志愿军打败了装备精良的美军，靠的更是尚武精神。

中国自远古以来就形成了尚武文化。《山海经》中记录了中国人靠自强不息而繁衍生息的神话，尚武精神为其精髓：后羿不顾生死举弓射下九个恶阳；夸父也敢追日与太阳比个高低；精卫溺亡变成鸟也要与恶海抗争；刑天在战斗中被砍掉头仍与天帝血战到底。中国尚武文化孕育出了历代成千上万的英雄，而近代的领袖、文学家、军人中都涌现出尚武楷模。在敌人面前，鲁迅的骨头是最硬的，横眉冷对千夫指；杨靖宇挨饿数天，宁肯吃草也要在冰天雪地与日本侵略军决斗；黄继光在朝鲜上甘岭战场用身体堵住敌人的地堡枪眼，让大军顺利通过；等等。他们的大无畏精神将永远镌刻在中国尚武英雄的丰碑上。

有人主张尚武精神的回归应是中国武侠气的回归。在中国春秋战国时期五百多年间无义战的情况下，侠客遍地，武士横行，一言不合便拔刀相斗。此种贵族式的武侠气，在当今法治社会是不适宜的。后来侠客转为布衣平民，但其侠气也离不开“忠敬勇死”，效忠主子、敬重承诺、勇于抨击、遗忘生死。因侠客以个人和小集团利益为主而脱离法律的约束，在封建专制社会有一定的进步性，但在社会主义法制健全的今日，那就成了蔑视法制的脱缰野马，对社会弊大于利。因此，在社会主义社会，只能继承古代武侠气的合理内核，如“路不平，有人铲；事不平，有人管”，而且这种“铲”和“管”的见义勇为，都要在社会主义法制范围内实现。因此，中国古代的武侠气有很大的局限性。

新时代中国需要具备什么样的尚武之风呢？

新时代中国的尚武之风首先要体现阳刚之气。阳刚之气的内涵是什么？是果断而自信、刚直而坚毅，在任何困难和威吓面前不惧怕；有胆识，不卑不亢，有大将风度，谦虚果断，深明大义，积极上进；有疾恶如仇之威，有百折不挠的进取心，有丰厚而不迂的情调，有睿智独到的见解；有人情味儿，有尊重人的心态，粗犷而不粗野、雄壮而不跋扈、刚健而不霸凌；如此等等。这样的阳刚之气正是新时代我们亟须的一种精神力量。与之相反的情况是，当下一些媒体广告及影视剧中时常刮起一股“娘娘腔风”，动辄把“讨厌”“吓死宝宝了”“小拳拳捶抱胸口”挂在嘴上，甚至一些军事题材的文艺作品也立意不高，脂粉气掩盖了硝烟味，血性阳刚变成了“娘娘腔”。显然，这与新时代中国人民的主流精神面貌是背道而驰的。

新时代中国的尚武之风还应具有“一不怕苦，二不怕死”的精神。1951年年底，进驻西藏的解放军，边行军、边修路。在世界屋脊修路，海拔高、温度低、氧气稀薄，解放军战士时刻都面临生死考验，楚尔玛河、通天河、沱沱河、昆仑山、唐古拉山，一条条河、一座座山，在他们喊出的“一不怕苦，二不怕死”的口号声中，让公路穿越过去。有3000多名烈士长眠在这雪域高原，他们用生命唱响了“一不怕苦，二不怕死”的赞歌。“一不怕苦，二不怕死”是中国人民宝贵的精神财富，也是中国新时代尚武之风的基点。

新时代中国的尚武之风还应体现敢于为国为民牺牲自我的精神。尚武之人是利国利民者，而不是侠士那种利他者，侠士只针对个人和群体，而非祖国和人民。所以，中国尚武者境界更高、眼界更宽；尚武者是忠于国家和人民的战士，而不是忠于个人或群体的侠士，更不是只忠于主子的武士道。中国的尚武之风不仅是针对军人，而是针对整个中华民族。研制核武器最可怕的是核辐射对人体的伤害，因为这种伤害是不可逆的、致命的伤害。20世纪70年代末，一次飞机空投核弹时降落伞没有打开，核弹从高空直接摔到了地上。但天空没有出现蘑菇云，核弹哪去了？指挥部立即派出100多名防化兵在荒无人烟的沙漠寻找。核科学家邓稼先坚持随队去寻找，并在危险区找到了破弹，手捧起含有剧毒的碎弹片，他终于放心了，但却遭受到极为严重的放性钚 239 的辐射伤害，他无怨无悔。这就是中国科学家为祖国和人民不惜牺牲自己的精神，也体现出了中国科学家的尚武之风。

尚武者最恨没有民族气节的软骨头。清朝是中国最后一个封建王朝，其不仅国势风雨飘摇，而且政权极为腐败。甲午海战，当时清朝的北海舰队虽然武器精良，但因官兵腐败而造成千古之痛，战败后我为鱼肉，任人蹂躏。抗日战争爆发，蒋介石及国民政府竟然采取不抵抗政策，一大批丧失气节的国民党高官纷纷投靠日本侵略者。在国民中，也有软骨头，日本投降时尚有伪军 146 万人。日军侵占南京实施大屠杀时，曾有十几个日本兵押解上万名俘虏去屠杀，居然无一人反抗，连逃跑都不敢。如果有人带头用脚踩也把日本人踩成肉饼了，但这种情况始终没有发生。这反映出半殖民地半封建社会所熏陶出的政客丑陋无比，而国民也奴性十足。显然，这与中国传统文化的尚武之风格格不入的。民族气节是中国尚武之风的精髓，也是一个人、一个民族的精神生命。失去了它，这个民族就自甘堕落。

什么人才称得上是尚武君子呢？为国为民笑对生死，意志顽强者，可称为尚武君子。在抗美援朝战争中，上甘岭战役最紧迫的时候，十五军军长秦基伟和四十五师师长崔建功之间有如下对话："一号，请你放心，打剩一个连，我去当连长；打剩一个班，我去当班长。只要我崔建功在，上甘岭还是中国人民志愿军的！"上甘岭战役中的志愿军官兵称得上是尚武君子！他们打出了军威，打出了国威。

新时代中国的尚武之风要讲究内心强大。贝文·亚历山大在朝鲜战争期间为美国陆军及美国政府撰写专题报告，同时兼任某些大报的自由撰稿人。他的著作《朝鲜：我们第一次战败——美国人的反思》（中国社会科学出版社 2000 年版）中谈到他的不解：中国军队充其量只有迫击炮，为何在朝鲜打败了全世界军队中力量最强，又完全拥有制空权的美国军队？亚历山大最后终于寻找到问题的症结：中国人极力阻止军事上的等级制度。之所以这样做，不仅是要从战士中提拔干部，而且是为激发广大士兵的积极性，使他们参与讨论、解决并处理日常问题。这种做法结合其他措施，可使普通士兵充分了解战术形势及部队作战计划等方面的情况。这样就可使广大士兵在重大战斗行动中发挥主动性，增强责任感。亚历山大这个观察是精明的，看出了人民解放军内心强大的精髓。他看到中国人民解放军官兵一致，不但没有打骂、歧视虐待士兵的行为，而且在伙食方面也官兵一致，不搞特殊化，提倡同志友爱，奖励好人好事和勇敢行为，对不良行为开展集体批评。但亚历山大也有其局限性，他没有看到人民解放军官兵一致、互相尊重的亲和力。正是这种亲和力激发出士兵强大的内心力量，从而在上甘岭战役中涌现出用身体堵住敌人枪眼的黄继光、用尽最后一口气拉响手榴弹与敌人同归于尽的孙占元、独自毙伤敌军280余人的胡修道等，这些战斗英雄身上充分体现了中国人的尚武风范，这种精神力量化为英雄事迹，在世界军事史上也是罕见的。可以说，中国人民解放军和中国人民志愿军不仅继承了中国的尚武之风，而且发展并丰富了中国人的尚武之风。

19.1 要做有血性的汉子

有血性的汉子才能成为中国的脊梁。什么样的人才称得上有血性的汉子？

曾经，有一位体操队员李月久，在团体比赛的第一个项目单杠中，一上场抓杠的时候就磕掉了四颗牙齿，但他还是坚持完成了整套动作，落地时纹丝不动，9.9分，满嘴鲜血。国家队的教练都跑过来安慰他，美国的医生过来急救。伤口刚清理了一下，第二个项目双杠又开始了。“一位运动员受伤了，五个人少了一个，夺冠军肯定是没戏了。”领队急得不得了。受了伤的队员不能讲话，只能用手势示意让自己上场。谁也没想到这青年人又上了双杠，动作干净、漂亮，落地又是纹丝不动。底下的观众拼命鼓掌，掌声渐渐没了，因为大家都哭了。原来，大家看到那位运动员的脸都让血给糊住了。这叫什么？这叫有血性的汉子！

我们的一位红军师长贺炳炎，右臂六次负伤，必须做截肢手术。在万里长征极困难的路上，没有手术器械，医生只好用锯木头的锯子锯掉他的伤臂。没有麻醉药、止痛药，他硬是把咬在嘴里的毛巾也咬碎了。贺龙特意留了一块锯下的碎骨头，常常拿它来教育、激励干部。这叫什么？这叫有血性的汉子！

我们的一位经济学家孙冶方，1923 年参加革命，19 岁就在莫斯科东方大学列昂节夫的政治经济学课上当翻译，后被王明打成“江浙同乡会”反党集团。1964 年，他被扣上了“中国最大的修正主义者”的帽子。他出狱后的第一句话是：“我一不改志，二不改行，三不改变观点。”孙冶方素来以革命者的斗志做经济研究，终于成为中国经济学界的楷模。孙冶方经济科学奖励基金为改革开放的经济学发展做出了杰出的贡献。这叫什么？这叫有血性的汉子！

体育界的李月久、军界的贺炳炎、学界的孙冶方，他们既是有血性的汉子，又是中国的脊梁。新时代的中国，只有让这样的血性汉子成为青少年中的主流，伟大复兴才有希望。否则，即使经济上成了超级大国，也会危机四伏。

个别男青年酷爱女性打扮，长身玉立却如弱柳扶风，这股风气不是主流，不影响大局。可怕的是，我们的影视剧中充斥着以苗条孱弱为主的白净少年，有意将他们打扮得不男不女，甚至在要求全国家长和学生一起收看的《开学第一课》节目中，4 名化妆男性组成新 F4 组合演唱开场歌曲。孩子家长及官方媒体纷纷批评这些歌手是“娘娘腔”，并认为他们看起来“性别模糊”。有人发文质问：“这种病态文化对青少年的负面影响不可低估，青少年是国家的未来，一个社会和国家的流行文化拥抱什么、拒绝什么、传播什么，确乎是关系国家未来的大事。”《21 世纪英文报》的微信公众号随后发表了一篇有关“少年娘则国娘”的文章；网络上一篇题为《把这些“娘炮们”当成“四害”除了吧》的文章迅速火爆起来，这篇文章认为男性过度女性化会带坏社会风气和吞噬民族血性。

这让笔者想起瑞士军事学者若米尼的书《战争艺术概论》（解放军出版社 2006 年出版）中关于“民族尚武精神与军队士气”的论述。他认为，如果不采取措施培养人民的尚武精神，那么为建设军队而采取的最好的措施都将是徒劳的。如果像人们所说的那样，在伦敦旧城的金融中心，一个富有的银行家比一个军功勋章获得者更加受人尊敬，那么这种情况只能发生在靠强大海军保护的岛国。但是，一个大陆国家如果染上伦敦旧城金融中心区域巴黎交易所的风气，那迟早会被邻国征服。假使在一个国家，那些牺牲生命、健康和财产去保卫祖国的勇士们，还不如那些包税者和交易所的生意人受人尊重，那么这个国家就一定是非常可悲的。

若米尼这席话，值得我们深思。

19.2 鲁迅的风骨

鲁迅（1881—1936 年）被国人称为“民族魂”，一说起鲁迅，就有一种说不出的力量。鲁迅逝世后，有三副悼念鲁迅的挽联可代表国人之心声。其一是蔡元培先生的挽联：著述最谨严，非徒中国小说史；遗言太沉痛，莫作空头文学家。其二是当年鲁迅逝世的噩耗传到日本，一位友人撰成的挽联：有名作，有群众，有青年，先生未死；不做官，不爱钱，不变节，是我导师。其三是中华人民共和国成立之初，陈毅先生悼念鲁迅：要打叭儿落水狗，临死也不宽恕，懂得进退攻守，岂仅文坛闯将；莫作空头文学家，一生最恨帮闲，敢于嬉笑怒骂，不愧思想权威。何为鲁迅风骨？此三联表达得十分清楚。用鲁迅自己的话说，则是“横眉冷对千夫指，俯首甘为孺子牛”。

鲁迅逝世后，毛泽东同志全面、准确地评价了鲁迅，他在《论鲁迅》中说：“鲁迅是中国文化革命的主将，他不但是伟大的文学家，而且是伟大的思想家和伟大的革命家。鲁迅的骨头是最硬的，他没有丝毫的奴颜和媚骨，这是殖民地半殖民地人民最可宝贵的性格。鲁迅是在文化战线上，代表全民族的大多数，向着敌人冲锋陷阵的最正确、最勇敢、最坚决、最忠实、最热忱的空前的民族英雄。鲁迅的方向，就是中华民族新文化的方向。”何为鲁迅风骨？这就是鲁迅的风骨。

鲁迅一生创作了1000多篇作品，享誉世界。有小说集3本，散文诗集1本，散文1本，杂文集17本，以及学术著作4本。他翻译了外国近百位作家的论著和作品，编成33种集子。他还辑录校勘古籍18种百余万字。他的作品被译成50多种文字，传播到世界各国。鲁迅给中国和人类留下了丰富而珍贵的遗产。在鲁迅去世的送葬行列里，数万群众唱着悼歌，赞颂鲁迅“是我们民族的灵魂”，高呼“鲁迅先生不死，中华民族永生”。

鲁迅先生去世的第二天，一些人就开始了对他长达半个多世纪的非议、诬蔑历程。天津《大公报》的某公借悼念鲁迅先生向他投出明枪暗箭：“他（鲁迅）那刻薄尖酸的笔调，给中国文坛画了一个时代，同时也给青年不少的不良影响。”在国民党政府统治时代，许多政客看到阿Q的“精神胜利法”及“假洋鬼子”那种丑陋的灵魂与自己极为相似，因此仇视鲁迅，那是自然的事。但在今日中国人民站起来并奔向伟大复兴的新时代，有人却逐渐淡忘了鲁迅，不再把鲁迅视为中华民族不可多得的“民族魂”，实在是不应该。鲁迅笔下的人物中，革命者夏瑜被砍杀而百姓冷漠，孔乙己因中举兴奋过度而默默倒毙，阿Q这位善良木讷的农民遭枪决，祥林嫂在精神的“三座大山”压迫下冻馁而死，子君含恨归阴，这些触目惊心的悲剧镌刻在旧社会的罪恶柱上，因而反衬现在的新社会是多么来之不容易。特别是他的《阿Q正传》，塑造了一个令人难忘的艺术典型，借助这个显示当时“国人的魂灵”的阿Q形象里，鲁迅“想暴露国民的弱点”，并寄寓着对封建传统思想文化的批判和对辛亥革命教训的反思，表明他对中国革命问题的深入思考与探索。有人著文说“阅读鲁迅的时代已经过去”，其理由是：“他笔下的人物几乎没有阳光。看多了鲁迅，似乎中国人没了希望！”恰恰相反，鲁迅笔下人物没有阳光，因为那是“三座大山”压榨下的人物。谁能领导中国受苦受难的人民推翻“三座大山”？唯有中国共产党及其领导下的工农子弟兵。如今中国人彻底改变精神面貌恰恰不能忘记过去，遗忘就是背叛，我们不能“端起碗来吃肉，放下筷子骂娘”。作家郁达夫在鲁迅去世后写了一篇《怀鲁迅》短文，其中有段警句是对我们当今的告诫：“没有伟大人物出现的民族，是世界上最可怜的生物之群；有了伟大人物而不知拥护、爱戴、崇仰的国家，是没有希望的奴隶之邦。”

在这里应该强调的是，现在有些文人推崇胡适而淡化鲁迅。拿鲁迅与胡适来比较者早已有之，但他们模糊了一个基本事实：他们一个是中国现代文学的主将，另一个是着力让中国实现“美国化”的文人。胡适与鲁迅在新文化运动中曾是同一战壕里的战友，起初两人互相欣赏，并肩作战，经常在一起吃饭，也互相在报上为对方出版的书写书评，在文坛留下了脍炙人口的佳话。但这段“蜜月”期并不长，二人很快便分道扬镳，一个成立新月派，与国民党亲近；一个加入左联，进入共产党的统一战线。关键是后来的发展，鲁迅的作品既有深刻的思想内容，又有一流的艺术形式，因而在社会上产生了广泛的影响，成为由“文学革命”到“革命文学”的典范，为中国新文学的发展奠定了基础。而胡适在反对旧文学的斗争中提出文学改良问题，诸如提出文学应言之有物、不模仿古人，讲求文法、不无病呻吟，去陈词套语，不用典、不讲对仗、不避俗字俗语。加之他是一个实用主义者，极端主观地理解实践。他思想中的理想社会就是美国的民主社会，他努力的方向也是中国美国化，与中国现实完全脱节，他后来成不了中国现代文学主将也是很自然的事。

“在人生的路上，将血一滴一滴地滴过去，以饲别人，虽自觉渐渐瘦弱，也以为快活。”这就是鲁迅的风骨。

19.3 铮铮铁骨源于爱国爱民之柔情

1968 年，物理学家郭永怀在青海“两弹一星”试验基地发现了一个重要线索，便乘机赶回北京汇报，没想到飞机失事了。飞机坠落前，他和自己的警卫员紧紧抱在一起，中间夹着装了数据资料的公文包。出事后他们的遗体都被烧焦了，人们费了好大劲才把遗体分开，然后发现了完好无损的公文包。对他们来说，祖国和人民的利益高于自己的生命。这就是中国人的尚武精神。笔者看了这则英雄事迹的报道后，心里久久不能平静，起立向英雄致敬。

被人们称为“战神”的刘伯承，作为红军首任总参谋长，在万里长征中指挥了四渡赤水和强渡金沙江等著名战役，还曾孤身深入少数民族地区与其首领“歃血为盟”，为长征的胜利建立功勋。在抗日战争和解放战争中，他更是屡战屡胜、威名远扬。他所领导的 129 师是百团大战的主力，他与邓小平共同指挥过的上党战役、邯郸战役和著名的淮海战役与渡江战役，横扫敌军如卷席，连国民党将领都称他为“战神”。就是这位身经百战的将军，晚年赋闲在家时却拒绝看战争片。他深知“一将功成万骨枯”，时时不忘那些曾与自己一起拼杀疆场的烈士们。他多次感慨道：“我们牺牲一位战士，他的全家都要悲伤，这给那个家庭带来多大的损失。同样，一个国民党士兵死了，也会殃及整个家庭。他们都是农民的子弟，一场战争要损伤多少家庭啊！就是因为这个，每在战前我们连觉都睡不好。我至今仍看到无数同胞为我们铺设的一条血肉模糊的路。”这是仁者之师啊，刘伯承元帅的铮铮铁骨源于爱国爱民的柔情！

举世瞩目的港珠澳大桥东接香港，西接珠海、澳门，全程 55 千米，是世界上最长的跨海大桥，也是中国交通史上技术最复杂、建设标准最高的工程之一，被英国《卫报》誉为“新世界七大奇迹”。外海沉管隧道是工程的难点之一，我国基本上从零开始。2007 年，设计团队在总工程师林鸣的带领下，找了荷兰的一家世界级公司合作，对方开了个天价——1.5 亿欧元，当时约合人民币 15 亿元。谈判过程异常艰难且最终谈崩。林鸣设计团队咬了咬牙，狠下心，自己攻关。经过 96 小时的连续鏖战，海底隧道的第一节沉管成功安装。但它并不意味着后面 32 节安装都可以简单复制，严苛的外海环境和地质条件，使得施工风险不可预知。这是个高风险的工程，林鸣每一次去安装，离开房间的时候都会回头看看那个房间。因为每一次出发，都可能是最后一次出发。最难忘的15节沉管的安装经历了两次回拖、三次安装，几百人的团队春节期间一天也没休息。最终一节的接头合龙是最具挑战、最困难的部分，一百多年来人们也没有找到特别好的方法，最后还是中国工程师经过四年的研究和攻关找到了办法。举世瞩目的港珠澳大桥建成了，它屹立于大海之上，像一只腾飞的长龙。林鸣和他的工程设计团队攻克了世界级的技术难题，以铮铮铁骨体现了爱国爱民之柔情。

物理学家郭永怀、“战神”刘伯承、林鸣工程团队，他们的事迹和心声让我们饱含热泪。他们拥有超人的能量和智慧，是因为他们内心都拥有一个信念：祖国和人民的利益高于一切。英雄事迹则充分体现出这一信念，无需赘述。

20　论美感

美感来自情感，但又高于情感，可以说属于最高的情感境界。因此，有了情感不一定有美感，但有了美感就能更好地演绎情感。所以，人的情感多源于自发，而美感多源于培育，美育应运而生。

美感是人对客观事物或对象美的特征的情感体验。它是由具有一定审美观点的人对外界事物的美进行评价时产生的一种肯定，以满意、愉悦、爱慕的情感表达出来。美感体验有两个鲜明的特点，即对审美对象的感性面貌特点，诸如线条、颜色、形状、音韵等的感知并触发情感体验，这是产生美感的基础。另外，对美的对象的感知与欣赏能引起人的情感共鸣并转化为鼓舞和力量。没有美感的人，其心灵麻木而僵硬；没有美德的人，其心灵丑陋和卑劣。美感使人英姿飒爽；美德使人乐观向上。

要理解美感，就要首先弄清美的本质。

美的本质是什么？中国美学界关于美，曾流行过这样一种说法："美是人的本质力量的对象化"。这个命题是多年来美学讨论中取得的一个重要成果，它揭示了美和人的社会生活的联系。但这个命题还没有解决美的本质问题，它的理论缺陷在于：其一，这里提的"人的本质力量"指的是什么？是物质的还是精神的呢？若是精神的，那又是哪方面的精神力量呢？该命题给人似是而非的定义。其二，该命题没有把人的美感的产生和人与对象中非美感的现象区别开来。一个人不是看到所有客观对象都觉得是美的，肯定对客观对象有美感也有非美感，这是怎样产生的？上述这个命题回避了这个关键性的问题。其三，德国哲学家黑格尔对美做了扼要的表述："美是理念的感性显现。"它的优点在于，黑格尔把理念作为产生美的核心。

美的产生或美的判断着重于主观的理念，它是前述“人的本质力量”的具体体现。也就是说，人的理念认为是美的就是美的，理念认为是丑的就是丑的。它抛弃或不承认客观的美。难怪黑格尔认为自然美是不存在的。这显然与现实的美的概念和现象相悖。不可否认，美感的产生是人与客观存在双向结合的产物，而黑格尔否认这种结合，他的“理性”就成了虚妄，他的美的命题就不成立。因此，与黑格尔命题相近的“美是人的本质力量的对象化”这一命题也不成立。

康德在论述美的产生时强调想象力在人的美感中起着重要作用。康德这一关于美的命题中强调“想象力和悟性”作为联结感性和理性的中介，应该承认这是人的美意识的一种，这种美意识与客观美的现象相结合，就自然产生了美感。但康德没有注意到，想象力属于心理活动中的认识活动，与他和鲍姆加登所主张的心理活动的情感是美产生的源泉相冲突。康德的这种尴尬源于他考虑到人的认识活动，特别是想象力的重要作用，而他那时的心理学知识还没有上升到情感本身包含意识这个层面。人与动物皆有的情绪不同，情绪不含意识，而美感、道德感、崇高感这些情感是与意识紧密联系在一起的。因此，美感的产生必须包蕴美意识，不然美感就无从产生。这是当时康德在美学上的一大疏漏。

因此，关于美是什么，我们可表述为：美是客观的美事物与人的美意识通过情感体验达到的统一。如果我们把“美是什么”这一命题再精简，可概述为：美是人的情感中的美意识的对象化。

弄清了美的本质，对于美感的理解就充分了。既然美感是由具有一定审美观点的人对外界事物的美进行评价时产生的一种肯定、满意、愉悦、爱慕的情感，那么，如何使有一定审美意识的人对外界事物的美产生肯定、满意、愉悦、爱慕的情感呢?“和而不同”彰显出的美感就是美的普遍范畴。“和而不同”曾是中国古人审美的最高境界。“和”，指不同的元素相配合求得统一；“同”，则是相同的元素相凑合求得绝对等同。远古时期人们对龙和凤的图腾崇拜，就是“和而不同”的审美观的产物。龙由蛇、马、鹿、兔、牛、鱼、鹰等多元素组成；凤由锦鸡、雄鸡、孔雀、鹰鹏、鹤鹳、鸵鸟、燕子、天鹅等多元素组成。“对称的适当比例方显美”，古希腊的这一观点在一定程度上体现了“和而不同”的美，即差异中的和谐，差异与和谐不仅呈现出美的世界、和谐的人类，更呈现出了美的本质。一种美味，是各种调味品的融合促成的；多种声音的和谐构成美妙的音乐；红橙黄绿青蓝紫七色的和谐构成白光。人体之美也是差异的和谐，是“各方面的比例对称”所形成的和谐；男女之爱、夫妻之情也是差异的和谐的产物。差异不等于美，但它能形成美的因子。一旦差异达到了和谐，美就会呈现出来。而有审美能力的人对差异和谐美予以肯定，这种美感就产生了。和谐与差异是相对的，但这种和谐又起源于差异，万事万物皆如此。

另外，因为每个人的审美需要、观点、标准和能力不同，因而对同一对象的美感体验也不相同。“丑母”对其子女来说，不存在“丑”，特别是对孝子来说，更是如此。所以，中国有句俗语叫“儿不嫌母丑”。本来非真实是一种丑，宗教中的“上帝”是非真实的，为什么“上帝”在其信徒面前却是一种美呢？因为“上帝”对于虔诚的信徒来说是一种崇高，而崇高是一种美。

美感，不仅要求审美对象有审美能力，而且要求外界事物具有美的特征，两者结合，引发共鸣，才有肯定、满意、愉悦和爱慕的美感发生，二者缺一不可。

20.1 北京奥运会开幕式的艺术成就

北京奥运会开幕式是中国走向伟大复兴的一个新起点。开幕式一开场，中国古代的击缶与当代声光电科技的完美结合，将厚重的中华文化底蕴与现代经济大国的活力和速度完美结合在一起，呈现出非凡的震撼力，让全世界的观众为之惊叹。这是用艺术形象展现中国新纪元的开始。

北京奥运会开幕式虽然是一个团队的创作，但它一直被外界认为艺术表现很“张艺谋”，的确像张艺谋导演的《英雄》《大红灯笼高高挂》等电影那样。那种恢宏、壮丽、色彩斑斓的艺术风格及中国元素，与现代时尚的完美融合，充分展示了开幕式总导演张艺谋一贯的美学情趣，使北京奥运会开幕式成为中外观众都会为之惊叹的、形象的世界性语言。本短文借北京奥运会开幕式谈谈艺术导演的艺术修养。

北京奥运会开幕式的第一大艺术成就是：展示了主办国中国和平崛起、永不称霸的主题。历史上常常出现这种现象，无论是国家还是公司，一旦它处于上升期时，总是有意无意地表现出那种盛气凌人。所有被张艺谋征询过的外国艺术界人士在回答对北京奥运会开幕式有什么期待时，都坦然表达了一种担心：别把开幕式变成某种文化上的穷兵黩武。如果是这样，显然会极大地损害中国和平崛起、永不称霸的主题形象。张艺谋及他的创作团队在开幕式上创造性地表现这一主题：孔子三千弟子持古代竹简吟诵孔子的名句“朝闻道，夕死可矣”及“有朋自远方来，不亦乐乎”，表现出儒家弟子把孔子探求真理的那种追求看得比生命更加重要，从而才能自信地展示欢迎四海宾朋的谦谦君子之风，两者相辅相成。在展现中国发明活字印刷术时，897 名“活字印刷”演员，用波浪起伏形象地反映出中国古代活字印刷发明对世界文明的贡献。与此同时，又反复突显一个“和”字，向全世界发出“和”的呼唤，形象地传递出中国和平崛起是友谊和共赢而不是威胁的强烈信息。在奥运会开幕式进行升国旗、奏国歌仪式时，主办国最容易处理成“外国文化人”担心的“文化上的穷兵黩武”。为此，张艺谋及其团队选择了 9 岁小女孩林妙可在升旗台演唱《歌唱祖国》，与之相得益彰，护送国旗入场的则是 56 名身着民族服装的儿童。林妙可童声演唱有意把一首大型合唱曲演绎为慢节奏，委婉清凉的童声独唱，不仅平添了温馨的感染力，而且呼应了中国和平崛起、永不称霸的主题。据说为了突出上述主题，导演团队断然淘汰了已经整装待发的《秦始皇兵马俑》节目。

北京奥运会开幕式的第二大艺术成就是：很好地展示了北京奥运会“同一个世界，同一个梦想”这一主题。张艺谋及他的创作团队选择“地球”作为展现这一主题的“最简单、最直接、最有效的载体”。在球场正中开启了一个六层楼高，直径20米的“地球”，在“地球”的七大洲、四大洋上下左右克服地球引力的条件下，逼真地站着运动的60个人。此时，“地球”顶端来自中英两国的两位男女歌手唱起主题歌《我和你》，这首歌没有以往的主题歌那么高亢狂热，却以宁静幽雅的风格点出了四海一家的主题。这首歌曲的作者陈其钢选择了中国传统的“宫商角徵羽”五音音程来谱写歌曲，它的旋律在最基本的和声进行中完成，润物细无声。在开幕式最热烈的氛围中加入宁静，反而更能让人品味到“同一个世界下心连心”的甜蜜。它既有中国特色，又有西方风格，让世界各国的听众都能欣然接受。演唱主题曲的同时，鸟巢大屏幕展示了1000名世界儿童的笑脸；直接完美地展现了北京奥运会“同一个世界，同一个梦想”的主题。另外，负责焰火的蔡国强联合海外华人艺术家，用29个焰火所显示的焰火脚印，从北京城中轴线一步一步迈向鸟巢，揭示了奥运会历经28届终于走到了北京，实现“同一个世界，同一个梦想”。运动场中央展现出正在飞翔的巨大的和平鸽，几十名穿着白裙的姑娘舞动着双手，模拟飞翔的和平鸽。这一和平的信息，点燃了在场9万观众的热情。观众与白衣姑娘们一同用双手舞动着模拟平鸽飞翔，演员和中外观众互动达到了高潮，把和平的愿望、和谐的心境浸润到每个人的心里，送到全世界。

北京奥运会开幕式第三大艺术成就是：让体育竞技与艺术创新完美结合。在开幕式演出的整个过程中，处处充满艺术创新、处处充满艺术悬念。成功的艺术创新是北京奥运开幕式成功的基础，同时导演又将艺术创新与竞技体育紧密结合起来，带给我们非凡的艺术体验。2008名穿白衣的中国少年，在中国画卷的四周，表演动静结合、刚柔相济的中国武术中最具代表性的太极拳。画卷与太极团队形成中国特有的天圆地方造型，2008名白衣少年动作整齐划一、气势非凡，不仅不局限于太极的飘逸，而且还加入了少林的刚猛、南北拳的快捷，甚至还糅合了现代舞的轻灵，表演了以太极拳为主体的多元的拳术，凌空与凝神、剑速与飘逸相得益彰，精彩纷呈，充分展示了中国传统的“天人合一”理念。假如这些白衣少年只满足于已有的太极套路，不求创新，就不能演绎出这样精彩绝伦的拳术。开幕式中的520名“星星人”搭建起人体鸟巢，一个放飞风筝的小女孩从空中飞来。这也是艺术创新与竞技运动的完美结合。创作团队同样用竞技运动来展现“太古遗音”，颇具中国传统艺术创意的70米画轴中央铺放着一张白纸，在古琴的旋律波动中，一群黑衣人用肢体做画笔，在白色画纸上竟然画出《千里江山图》，令人叹为观止。开幕式最后的点火仪式也是艺术创新与竞技体育的精彩结合，也让中外观者频频称赞。创作团队把鸟巢顶部的碗沿形设计成一个书卷，前奥运冠军李宁腾空侧身，举着火炬，迈着矫健的步伐奔向火炬塔，李宁在静止的画卷祥云中凌空迈步，一静一动，更彰显空中迈步的优美，最后终于点火成功，为北京奥运会开幕式画上完美的句号。

20.2 当今的文艺批评为何如此懦弱

当代文学70年较之现代文学30年，时间长于两倍，却没有出现现代文学时期大师辈出的繁荣景象。有人谴责当代文学是“垃圾”，这显然是大失所望后的一种过激言词，不足为训；也有人认为现代文学“有杰作无大师”，这一说法较为中肯，但其所说的“杰作”也是少量的，不是当代文学的主流。因此，文艺工作者应该放下笔来反省一下：为什么贫穷战乱年代大师辈出，而在和平时期，特别是中国改革开放40多年来经济发展如火如荼，却出不了文艺大师？

关于当代出不了文艺大师，有多种看法，诸如中国当代文学缺乏思想穿透力、向消费主义投降、主体性丧失、想象力匮乏、语言水平太低等。这些说的都是现象，那为什么会出现这些现象？为什么文艺不能与伟大时代同步？德国汉学家顾彬断言，最近30年来，中国作家自己“背叛了文学”，为赚钱而“放弃了创作”。顾彬这个说法太武断，为赚钱而“放弃了创作”不是中国文学界的主流，毕竟他们会衡量钱与文学作品孰轻孰重，毕竟钱不能传世，优秀的文艺作品却能传世。已故学者俞吾金的看法值得关注，“我们还可以追问：为什么现代俄罗斯文学会出现大家辈出的繁荣局面？其中一个重要的推动力来自俄罗斯的四大批判家——别林斯基、赫尔岑、车尔尼雪夫斯基、杜勃留波夫斯基。由于他们的批评，才会孕育出像托尔斯泰、陀思妥耶夫斯基、莱蒙托夫这样的文学巨匠。”环顾当代中国，在伟大的时代却出不了伟大的作品，这与当今我们的文艺批评非常懦弱的确有密切的关系。

中华人民共和国成立70多年，前30年，文艺在政治形势的影响下，人们滥用阶级分析等庸俗社会学方法，将历史上的作家、作品划分为统治阶级和被统治阶级、唯心主义和唯物主义、进步和反动等类型，分别予以肯定或否定：孙悟空大闹天宫成了抗皇权的革命浪漫主义，宋江接受招安成了修正主义、投降主义。文艺评论动辄上纲上线。在这种环境氛围中，像曹禺这样的著名戏剧家长期写不出剧本，即使几十年写了两三部，自己也认为不是上乘之作。他晚年时感慨道：“破晓梦醒将去身，惊闻寥落荒鸡鸣。往事如水任流去，忍堪重踏亡羊尘。”他给女儿的信中也表达了以后要努力创作的心情：“我现在为了自己最后的创作下了大决心，坚决搞下去，只有乘着这股热气，这点灵气写下去，我多年没有这种感觉，没有这种创作欲望了，难得能写，想写，这对我来说，是一刻千金的时候。”“文革”结束以后，人的思想获得了解放，包括曹禺在内的老作家的心态也是如此，但可惜他晚年虽奋力也没能产生大的作品。在当时的曹禺面前，没有真的文艺批评家能使他的创作获得第二个黄金时期，虽然画家黄永玉对曹禺的创作有过批评，但笔者认为这种尖刻的批评还不是真正意义上的文艺批评。

改革开放40多年来，人的思想得到解放，照理说这是应该出文学大师和文学巨著的时代，但中国文坛40多年始终没有出现巨匠。这跟40多年来我国文艺批评懦弱不堪有着直接的关系。一段时期以来，文学界、思想界的一些人崇拜实用主义作家胡适，并忽视国人的灵魂作家鲁迅。这没有引起文艺界和思想界的警觉，反而认为“阅读鲁迅的时代过去”，这实际上是否定了鲁迅精神的精髓——批判精神。鲁迅不仅是现代中国伟大的文学家，而且是现代中国伟大的思想家。而中国最紧缺的则是思想大师，否定鲁迅，我们的文艺批评家怎么了？怎么在这决定中国文学方向的时刻鸦雀无声？战斗力哪里去了？

另外，中国作家协会“重点作品扶持”扶持了谁？记者和网友根据扶持名单对被扶持的作品作者身份进行了检索，发现2010年在64项被扶持的长篇小说中，至少有25位作者是省市级的文学艺术界联合会、作家协会主席或者副主席，甚至有些主席连续被扶持。而一部分作家生计维艰，作品出版困难重重，却得不到应有的扶持。这种“扶持”能扶出脍炙人口的传世之作吗？而我们的文艺批评家却在这个问题上把话语权让给记者和网友，战斗力哪里去了？

鲁迅文学奖因冠以“鲁迅”之名，本应该很庄重、很崇高，那些获该奖项的作品本应是中国文艺界有代表性的上乘之作，然而，车延高的“口水诗”竟获得第五届鲁迅文学奖诗歌奖。他还有一首在网络上爆红的诗：“徐帆的漂亮是纯女人的漂亮／我一直想见她／至今未了心愿……后来她红了，夫唱妇随／拍了很多叫好又叫座的片子……”写这种“诗”的人居然获得了鲁迅奖文学奖，这自然引起诗界和网友的广泛质疑和批评，而我们的文艺批评家哪里去了？

电影《三枪拍案惊奇》引起舆论一片哗然，甚至有人说“烂到让人胃疼”。张艺谋的老板张伟平对此很淡定：“这种所谓的批评我听多了，真是没什么感觉。拍电影不能纸上谈兵，张艺谋的电影好不好，票房说了算。”票房说了算，这正是当今以好莱坞为首的西方电影的发展方向。这也让我们看到我们的文艺批评家在制片人和名导演面前是多么孱弱！

我们当今的文艺批评为什么如此懦弱？原因主要有三个：其一，当代缺少伟大的思想家，而我们的文艺批评家最紧缺的是思想，不敏感、不睿智、无胆识，拿不起像马克思、康德、鲁迅这样批判的武器。其二，中国文艺界的“运动员和裁判”是同一个人，文艺批评家也应像纪委那样分离出来。其三，中国文艺批评长期来习惯点评而缺乏体系性构建的能力，如清人金圣叹的点评及钱钟书的《管锥编》皆是。加之从汉儒开始中国散文提倡“不辩”而只讲抒情，结果抽去了“思想”这一文学之灵魂。

20.3 关于裸体艺术

中国古代就已经十分重视身体艺术，汉代的《蹴鞠图》和盛唐敦煌的飞天在这方面就有出色的表现。其运用人体的动态美来表现一种气势之美，而西方仅长于静态的裸体，其运用人体的表现力就稍逊一筹。

《蹴鞠图》系汉代河南南阳画像砖。“鞠”是一个用皮革制成、内填以毛的圆球；“蹴”是踢、踏的意思，“蹴鞠”就是用踢、踏来玩球，与当代的足球相似。该图在汉画像砖中是一件很特殊的作品。人物胸部以下均为裸身，人物体态的变形也很厉害，细部全省略了，只留下剪影似的形象，但动感和艺术感染力很强烈，展现了人体在运动中的美感。敦煌莫高窟的492个洞窟中有270多个窟里有飞天，数量多达四五千身。飞天以人体动感表现一种气势美，既不同于西方宗教画中长着翅膀的“天使”，也不同于中国神话中乘龙骑鹤的仙人。壁画中的飞天之所以能够飞翔，是靠其自身身体的动势和衣裙、飘带、云气、飞花的衬托，主要是以身体的动态气势来实现的。因此，这个裸体艺术把人体与艺术结合得十分完美，这在西方画作里是很少见的。在中国，裸体艺术与裸体美是一脉相承的。比如在温床之都重庆，遍布温泉，其中东湖温泉离市中心较远，约60千米。那里山清水秀，温泉很多，加之以前交通不便，很少受外界干扰，民风淳厚，男女裸体温泉池是很正常的事。

自从明清封闭国门，加之封建礼教愈发森严，于是在人们的观念中，凡裸体只与“性意识”相连，被视为精怪中的“花妖”，要勾人魂魄，产生邪念。这是封建闭关自守的必然结果。中国自盛唐以后，就很少看见飞天这种以人体动感表现美的绘画。即使有男女裸画，都是为供宫廷皇亲贵戚赏玩之物，导致以后的裸体画堕落为淫画。加之宋儒大力倡导“存天理，灭人欲”的禁欲主义。朱熹认为人心追求的耳目之欲，过分了是危殆的，道心追求的是天理或义理，因而是精微的。也就是说，要从人的行为动机上否定“人欲”，从而来树立封建道德的绝对权威。所以，1926 年军阀孙传芳要禁止刘海粟使用裸体模特，其理由是“有伤风化”。

“五四”运动前后，我国逐渐有人到日本和法国去学习艺术，归国时有意识地将西方艺术带进来，也带进了人体艺术。从此开始，书籍中逐渐可以看到西欧人体艺术的图片，展览会上也可以看到本国画家描绘裸体人物的作品，艺术学校也开始使用裸体的真人作“模特”，直到现在，将近百年。改革开放初期，1979 年 10 月，由张仃、袁运甫、袁运生共同创作的作品《泼水节——生命的赞歌》，画面中出现了三位裸体沐浴的傣族少女。海外媒体称：中国在公共场所的墙壁上出现了女人体，预示了真正意义上的改革开放。当时正在内地投资的霍英东说：“我每次到北京，都要先看看这幅画还在不在。如果在，我的心就比较踏实。”一幅原本普通的壁画，被赋予了政策风向标的特殊意义，也带来了意想不到的争议。当时反对的人主张修改，认为不能出现裸体，至少要穿个裤衩，或者干脆撤掉。当时有人以中国美术家协会的名义组织在中央民族学院学习的傣族学生前往“批判”，傣族学生看后觉得这幅画很好，使组织者很尴尬。此事争议很大，传到了邓小平同志那里。他看了这幅画后说：“为什么有人反对画人体啊，这有什么好反对的！”至此，这幅被遮挡了十年的画终于坦然与观众见面。显然，随着改革开放的深入，中国百姓都能接受裸体艺术之美了，这是观念的一大进步，也是改革开放的精神成果之一。

当今，我们的美术家在进行裸体艺术创作时，多模仿西方静态的创作方法，而要创造中国的裸体艺术并在世界艺坛独树一帜，应在汉代《蹴鞠图》和盛唐《飞天》动态的基础之上继承、发展和创新，这样才会形成中国画风和气派，也才能与西洋裸体艺术媲美。

21 论人生

人生是一场生动的旅行，或精彩，或平淡；或豪爽，或萎靡；或清朗，或灰暗；或百炼成钢，或碌碌无为。总之，人生这首歌，是自编、自演、自唱的，出彩与否，全在自己。

人生，是一声叹息，如此短暂，如此匆忙，犹如匆匆过客；人生，是一声惊叹，如此精彩，如此精致，犹如繁花似锦。人生如游水，勇敢者在急流中拍岸惊奇，懦弱者在江边望江兴叹。人生处处有快乐，不要天天被无谓的事所纠缠；人生是时时有痛苦，智者善于把痛苦转化为快乐。因此，把有缘分而处于同时代的人视为敌者，是蠢人；聪明人主张不同肤色、不同民族的人和谐相处，相依为伴，因为这是来之不易的缘分。

人生的春夏秋冬，各有其魅力。人之青春，活力四射，怀揣梦想，血气方刚；人之盛夏，枝叶繁茂，事业如日中天，蒸蒸日上；人之金秋，满载而归，硕果累累；人之寒冬，白雪皑皑，暮年豪气，顶立而归。

人生的酸甜苦辣，各显其韵味。人生酸楚，羞辱与共，心生痛楚；人生甘甜，顺风得意，喜气洋洋，心生惬意；人生艰苦，坎坷不平，艰辛困顿，心生倔强；人生辛辣，辱宠交替，忽险忽夷，充满变数，心生恍惚。

人生的喜怒哀乐，各现其情愫。人之欣喜，事业兴旺，顺风顺水，心生舒畅；人之愤怒，路见不平，气急败坏，心生暴戾；人之哀愁，多愁善感，哀声不绝，心生愁烦；人之快乐，兴高采烈，欢天喜地，心生愉悦。

对一个初生的婴儿来说，人生还是一张白纸，需要自己画出最美丽的图画。伟人和凡人的差别，不过在于伟人做出了凡人没有做出的伟绩。人生的图画靠自己画成。

我们不应到了晚年，才长叹自己一事无成。只要你的努力从现在开始，就不为迟；我们不必到了人生暮年才发善心，只要你从现在起就以善待人，也不为迟；我们不需到了耄耋之年才发现人间之温暖，因而老泪纵横，只要你从现在起就宽待他人，也不为迟。

人生最难的是战胜自己。你的固执己见、你的傲慢偏见、你的自以为是、你的任性和自恋、你的嫉妒之火、你的自私自利、你的牢骚满腹、你的自惭形秽、你的妄自菲薄、你的孤芳自赏、你的慵懒麻木、你的幼稚可笑、你的自鸣得意、你的高高在上、你的幸灾乐祸、你的私心杂念、你的执拗虚荣、你的气馁自贱、你的卑躬屈膝、你的瞻前顾后、你的野蛮粗鲁、你的冷漠无情、你的低劣情趣、你的无所作为、你的贪婪心境、你的不知天高地厚、你的混日如年、你的万念俱灰，如此等等，你能自己战胜自己吗？中国古代思想家老子有句名言：“自胜者强”。自己克服和战胜自己的缺点才会变得强大。

不要小看自己短暂的一生，只要找准方向，它就会产生爆发力，正如古代关尹子所说：“一蜂至微，亦能游观乎天地；一虾至微，亦能放肆乎大海”(《关尹子》)。故我们应学习大海中的信天翁，狂风巨浪的日子是信天翁欢乐的节日。

21.1　厚德才高，方有精彩人生

人生最不能丢的东西有两件，一是德，二是才。有德无才，想为国为民做点贡献也会力不从心，爱莫能助；有才无德，自然会走上邪路，若才高而无德，还会害国害民，中外历史不断证明这个道理。只要有一大批厚德才高的人，国家和民族就有希望。

以钱学森为代表的中国航天人，就是一批厚德才高的人。“钱学森是中国人的精神脊梁”，众多网友在网上用这句话缅怀科学家钱学森。作为新中国科学和工业的奠基人之一的钱学森，冲破美国政客的层层阻碍，冒着生命危险毅然回来报效祖国。回国后，国家百废待兴，一穷二白，钱学森是怎么成为新中国科学和工业的奠基人的呢？就其本人来说，靠的是他厚德才高。据钱学森的秘书涂元季回忆，钱老做人坚持“四原则”，一是做老实人，二是做事严谨，三是做事要有毅力，四是做事要坚持客观公正。1964年，钱老曾经在当时的《力学学报》上写过一篇关于土动力学问题的文章。文章发表后，新疆生产建设兵团农学院的年轻人郝天护，发现其中有个公式的推导有误，他就写信给钱老，指出错误。过了些日子，他竟然收到了钱老亲笔回信。在信中钱老不仅承认了错误，而且表示要在学术界公开这个错误。这就是一个科学大家的坦荡胸怀。另外，他在生活中不为名所累，坚持低调做人。坚持不题词、不为别人的书写序、不参加任何成果鉴定会，退出一线工作以后不去外地出差、不出国、不参加任何应景活动，不担任何荣誉职务、不搬家、不要别人吹捧。故钱老的人生十分精彩。

我们再来看农业科学家袁隆平，他也是厚德才高者。美国的巴来伯格在他的《走向丰衣足食的世界》一书中这样评价袁隆平：“他为中国赢得了宝贵的时间，他增产的粮食实质上使人口增长率下降了。他在农业科学上的成就击败了饥饿的威胁，领导着人们走向丰衣足食的世界。”袁隆平 1952年从重庆西南农学院（现西南大学）毕业后来到边远荒凉的湘西当老师。论条件，他仅是个偏远山区的农技师，科研条件甚差，与那些分到京城和省城的同学比，科研条件有天壤之别，但他并没有自卑，而是心里憋着一股劲。这是什么劲？袁隆平在第三届中国公民道德论坛上讲：“我为什么一辈子潜心研究杂交水稻？年轻的时候，我曾亲眼看到 5 个人饿死，倒在路边上、田坎上。那个场景真叫惨啊，他们都是我们的同类啊，就是因为没有饭吃就这样活活饿死了。”这一点对他触动很大，让他深切体会到了什么叫“民以食为天”。于是他横下心来，一门心思研究水稻，动机和目的很简单，就是为了让更多的人吃饱饭。这句“为了让更多的人吃饱饭”虽然朴素，却振聋发聩！袁隆平直至晚年仍忙于田间野外，率领他的科研团队研究海水稻。这个科研项目攻下了，每年可多养活 2 亿人。此等厚德才高的科学家，他的人生自然十分精彩。

这些厚德才高的科学家是我们的时代楷模，让我们一同起立鞠躬，向他们学习、致敬。

21.2 我们不该迁就自己的平庸

平庸是鸦片，它会让人舒舒服服、不知不觉地变成废人。

不要把平庸当成平凡，平凡既可以铸就伟大，也可能变成平庸；不要把平庸当成竞争后的休闲，休闲是为了更好地竞争；也不要把非平庸当作成功，因为许多人一旦成功后就开始变得平庸。平庸的关键是没有上进心。无上进心的心态和表现是懒惰、萎靡不振、碌碌无为、无所作为。可以想象和自我感受一下：懒惰者，做事拖沓，工作无精打采，难道这是快乐？萎靡不振者消极怠工，做一天和尚撞一天钟，难道这也是快乐？碌碌无为者干一件事总没有做出什么成绩来，难道这也快活？无所作为者，人生漫无目的，混日如年，安于现状，没有抱负，没有理想和动力，难道这能快活？故这一主张理应遭到一些为人父母者的强烈反对。他们表示，不会鼓励后代在年少时为了一种空洞的快乐而放弃努力，“人人以平庸为荣，于国于家都不是好事”！他们担忧，年轻人认同“平庸快乐论”，在生存压力这么大、工作竞争如此激烈的社会，是对现实的逃避。笔者认为这些为人父母者的看法是对的。很简单，若农民们都懒惰，就没饭吃；若工人们都懒惰，就没有衣穿、没有房住；若教师都懒惰，就没有学校；若士兵们都懒惰，就没有人保卫国家；若全人类都懒惰，人间就会被懒惰毁灭。勤劳创造财富，创造有质量的生活，所以我们不能迁就自己的平庸。如果你是倡导女儿“我平庸，我快活”的父亲，请立即改变这个馊主意，因为这等于在幼鹰长全翅膀时，老鹰要儿女在窝里“快活”，不逼他们展翅腾飞，那要不了多久幼鹰就会“快活”地死在窝里。作为父母亲，你不让你的儿女在社会上经风雨见世面，那么她“快活”地长大，一遇挫折就想不通，更不要谈战胜挫折，后果不言而喻。作为父母亲，在竞争的世界环境中，你应关心孩子基本的竞争能力，帮你的子女在竞争大潮中做一位出色的弄潮儿。

我们不该迁就自己的平庸。从心理学视角来说，人通过奋斗的历程，可品味生活的酸甜苦辣；当他们能把自己经受的挫折转化为顺境，甚至转化为胜利或成功时，那种成就感和自我战胜困难的勇气会真正使他们获得更深层次的快活。

我们不该迁就自己的平庸，因为成功源于内在创新能力。如果迁就平庸，就摧毁了自身内在创新能力；如果抛弃平庸而具有上进心，就会发扬奥林匹克“更快、更高、更强”的精神，选择符合自身条件并具有一定挑战的目标去努力奋斗，不断强化自身的学习能力和创新能力，就会获得新的成功。

我们不该迁就自己的平庸，因为人的生命是极短暂的。孔子说：“后生可畏，焉知来者之不如今也？四十、五十而无闻焉，斯亦不足畏也已”（《论语·子罕》）。一个人若在四五十岁还成不了气候，那也就不值得惧怕了。不过，孔子说的是一般情况，其实只要足够发奋努力，有时也会出现大器晚成的事。马克思在逝世前一分钟还在思考他的《资本论》后几卷的写作；孔子 70 岁才从心所欲不逾矩；汉代学者公孙弘读《春秋》，老年做丞相；三国时期的刘备起事于中年，得力于老年；明朝学者李贽立志著书时已 54 岁了，其名著《焚书》《藏书》先后在他 64 岁和 73 岁时完成；50 岁的哈恩发现原子核裂变；60 岁的齐白石重视创新、改变画法，才从画匠提升到画家，脱颖而出；60 岁的摩尔根发表了他的基因遗传理论；65 岁的科克尔发现治疗甲状腺肿大的方法；81 岁的歌德还学习阿拉伯文，他 82 岁才完成《浮士德》第二部；90 岁的萧伯纳完成了他的剧作《牵强的故事》；90 岁的钱学森提出“大成智慧学”。此类例子不胜枚举。

人的生命虽然短暂，但人有了上进心，并找准目标持之以恒去努力，就有机会获得成功。人生的克星是平庸，人只要甘于平庸，并得过且过，庸庸碌碌，就会白白浪费了一生的好年华。所以，我们不能迁就自己的平庸。“我每看运动会时，常常这样想：优胜者固然可敬，但那虽然落后而仍非跑至终点不止的竞技者，和见了这样竞技者而肃然不笑的看客，乃正是中国将来的脊梁。”鲁迅的这段话值得我们谨记。

当你自认为聪明绝顶而沾沾自喜时，当你自认为在左右世界而自鸣得意时，当你自认为是鸡群之鹤而傲视于人时，当你自认为是天下圣人而傲慢不已时，其实你已经真正陷入了平庸而不自知。

平庸不是真正的快乐，而是麻木和无聊的快活。俗话说：享清福则百病生。为了真正的快活，让我们摆脱平庸吧！

21.3 爱国是大德大孝

西方虽然不是“孝”的故乡，但西方学者戴·达·菲尔德却说了一句很中肯的话：“爱国主义深深扎根于人的本能和感情之中。爱国之情则是放大了的孝心”（《演讲集·一篇悼词》）。中国是“孝”的发源地，《孝经》也道出爱国是大德大孝的观点。《孝经》第一章开宗明义讲为什么要报恩，因为“身体发肤，受之父母，不敢毁伤，孝之始也”。儿女的身体、四肢、毛发、皮肤都是从父母那里得来的，人从哪里得来，就应向哪里报恩。中国古人的这种报恩思想是十分善良可贵的。后来由于认知水平的提高，人们认识到大自然和土地能生长粮食、果蔬。父母犹如参天大树的根，因为有了儿女而枝叶繁茂，由于根深植于大地，吸收了土地中的营养，儿女才能茁壮成长。这个大地，就是祖国。因此，按《孝经》的报恩观点，爱国也是大德大孝。而历史反复证明，把孝敬父母与效忠祖国分离开来，必然带来大祸。中国封建社会在强调孝道时，提倡“非我族类，其心必异”，只搞宗族之孝，把孝与效忠国家分离开来。这会出现什么问题呢？就古代来说，以王莽为例，他一生都严格以孝悌忠信来约束自己。在家中，恭谨地侍奉早早守寡的母亲和嫂嫂，精心培育亡兄留下的孩子；在社会上，广泛地结交青年才俊；对执掌朝廷大权的叔伯们，更是小心翼翼，恭敬备至。汉成帝阳朔三年（公元前22年），他的伯父大将军王凤得了重病，王莽一刻不离地伺候在病榻旁边，亲尝汤药，一连几个月不解衣带，蓬头垢面，竭尽了孝心。王莽篡权以后，试图恢复古代土地公有的井田制度，搞历史倒退。在生活上，造成百姓“奸吏猾民并侵，众庶各不安生”（《汉书·王莽传》）。百姓因私铸钱沦为奴婢的达10万多人，十分之六七的人在苦役中死去。王莽这个案例生动地说明，光提倡对父母、血缘族类的孝道是远远不够的，不能保证一个人一生中坚持“仁者爱人”，爱所有的百姓。就近代来说，抗日战争期间，日伪军中不乏努力挣钱养活父母亲人的“孝子”，但这些“孝子”不惜背叛祖国和人民、不惜成为民族的罪人。据1946年统计，仅鲁西北一地被日伪军杀害者就有47335人，被暗杀者1518人，由于日伪军导致病残致死者319162人，日伪军的恶行真是罄竹难书。他们为了父母可以叛国，为了养家可以背叛民族，最令人痛心的是，他们这样做并没有悔恨、愧疚之心，完全不知道自己是在践踏民族大义并把自己永远钉在历史的耻辱柱上。故我们要大声疾呼：爱国是大德大孝！

什么是爱国？爱国主义与民族主义有着本质的区别。爱国主义是在尊重他国和他国民族的前提下对自己祖国的一种深厚感情，在热爱自己祖国的同时并不仇恨他国，完全摒弃了非此即彼的零和思维。而民族主义则不同，其旨在贬低别的民族来抬高自己民族，是非此即彼的零和思维。

爱国，不仅是人的一种美德，更是一种集体的责任，还是每个公民的必修课；爱国，不仅是对祖国热爱之情的真实流露，更是一种报国之志的力量的展现；爱国，不仅是对祖国山山水水的依恋，更应是勇于解剖和洗涤自己和同胞身上的劣根性的勇气。一个国家，爱国者越多，这个民族越有希望；反之，这个民族的前途必然是暗淡的。

在他人羞辱祖国时勇于反击者是我师。1996年9月，中国学生陈磊以630分的美国托福考试成绩被米德尔伯里大学录取，并获得每年3200美元的助学金。在大学就读期间，她是全校表现最为突出的12名学生之一。她就读的是经济系，经济学是她的必修课之一。一天，那米诺教授在讲课时说："中国是一个非常贫穷非常闭塞的小国家，那里的人愚昧，非常守旧，经济也不发达，科学技术更是落后，而且，那里既没有平等自由，也没有人权。"陈磊一听，马上便火了，她手也没举便从位子上站了起来，大声质问道："请问，那米诺教授，你到过中国吗？"那米诺十分不屑地回答："我是没有去过中国，可是，这和我讲的话有什么关系吗？""当然有关系。"面对那米诺的轻蔑，陈磊毫不示弱地质问："请问那米诺教授，你既然没有到过中国，那么，你对中国的那些评价，都是从哪儿来的呢？"那米诺自知理亏，半晌才嗫嚅着："我，我是从报刊上看来，我从别人那里听来的。"陈磊不禁大笑起来，笑毕说道："那米诺先生，我想告诉你，你说的一切，在中国，都是不存在的。"并要求那米诺当着大家的面向中国人民道歉，否则将拒绝再修他的课程。这就是一位留美中国女学生的风骨，她的事迹生动地印证了爱国主义是一种集体的责任感。

另一位中国留美女学生，她叫王渊，9 岁那年移居美国。这位中国籍的女学生却拒绝申领美国总统学者奖，为什么呢？被哈佛大学提前录取的 4 年前，王渊以美国东部 SAT 考试第一名的成绩考进菲利浦高中，成为波士顿剑桥市电视台上的新闻人物。原因是虽然美国两大名校哈佛大学和麻省理工学院都在剑桥市，但该市历史上，却无一人考入过菲利浦高中，王渊因此被剑桥市市长授予当地唯一一个颁给初中毕业生的"市长奖"。王渊在菲利浦高中 4 年，因表现突出，每年都获得高额奖学金。为此，白宫总统学者奖委员会书面通知王渊，她因品学兼优并展现出领袖才能，被评为 1999 年总统学者奖候选人，该奖项是美国每个优秀高中生梦寐以求的殊荣。王渊刚开始很高兴，但很快她就发现通知单上写着获奖人必须是美国公民，这意味着她要领奖就必须放弃中国国籍，她毅然决然地决定放弃这个机会。她说："我知道，中国有千千万万个我这样的人；但是，我王渊只有一个中国！"就这样，王渊放弃了申领美国总统学者奖的机会。王渊"以自己是中国人为荣"，学成后要回国为中国做一些事情。这不禁让我想到中国有些影视演员拼命想拿美国国籍，一拿到宣誓效忠美国的国籍后，欣喜不已，还在国内炫耀。两相比较，立见高下，忠孝爱国之心时时体现在我们的一言一行中。

爱国是大孝大忠，爱国主义是立国之本，我们应参照国外经验，强化爱国教育。

首先，中华优秀传统文化应成为大、中、小学的教材，或融于教材之中。“欲亡其国，先灭其史”。历来企图分裂祖国的不法分子都拼命地宣扬“去中国化”，就是这个原因。我们中国拥有辉煌灿烂的五千年历史文化，这是爱国教育最大的本钱。

其次，增强国家归属意识。人民强烈的国家归属意识，不仅维系着国家的长治久安，也是支持崛起的中国可持续发展的基石。

最后，价值认同是爱国的核心。中央通过对优秀传统文化的创造性转化，确立了具有中国特色的社会主义核心价值观，即富强、民主、文明、和谐、自由、平等、公正、法治、爱国、敬业、诚信、友善。中国人要将这一价值观融于自己的血液之中。

22 论养德

若要德养人，必先能养德。主动与美德亲近，与美德交友，然后让美德融于你的血液中，你才能成为有品位、有道德、有教养的真君子。

美德不是天赋的，而是后天培养的。新时代的中国人必须主动去养德。拥有了美德，我们就能“善气迎人，亲如弟兄”；否则，就如中国古代思想家管仲所说：“恶气迎人，害于戈兵”（《管子·心术》）。为什么说养德是我们当前迫在眉睫的重要任务呢？因为美德是“大同”“小康”社会的根基，没有美德，单靠经济指标构筑起来的“福禄大厦”很容易倒塌。正如《国语》所说：“天道无亲，唯德是授。夫德，福之基也；无德而福隆，犹无基而厚墉也，其坏也无日矣”。具备美德是获得福禄的基础；没有美德而福禄多，就像不打墙基而垒起来的厚墙一样，倒塌的日子不会远了。

无规矩不成方圆。道德，则是社会约定俗成的规矩。既然是社会之规矩、做人之规矩，那么社会中的个人就不能不讲道德。要讲道德，首先要养德，人有了良好的道德才会去讲道德。宋代杨时说得好：“一德立而百善从之”（《论道德篇》），德是百善之纲，有了德，才有百善。美德培养起来了，各种善行就会相应产生。唐代的刘禹锡把这个问题说得更深刻：“山不在高，有仙则名；水不在深，有龙则灵”（《陋室铭》）。比喻决定人们声誉的高低者，不是其地位，而是其德望。

美德通常与良好的个人习惯相连。一个人要让积极向上的道德情操稳定下来，最简便的渠道就是培养良好的习惯。习惯就是有意识的重复，养成良好的道德习惯可使一个人将不常见的道德行为转化为内在的道德行为。其形成的主要方式是有意识的重复、模仿和练习。习惯有好坏之分，我们主张的养德，就是指培养良好的道德习惯。故明代王阳明说："种树者必培其根，种德者必养其心"（《传习录》）。

西方的伦理学虽然没有中国发达，但宗教国家重视道德教义则弥补了这方面的不足。亚当·斯密的《道德情操论》和康德的《实践理性批判》是西方伦理学中的两大代表作。西方的思想家也普遍提倡养德，其中最著名的是弗兰西斯·培根和夸美纽斯。培根认为："一个人的天性不长成药草，就长成莠草；所以他应当时时灌溉前者而芟除后者"（《培根论说文集》）。夸美纽斯说得更为具体："德行应该在邪恶尚未占住心理之前，极早就去叮咛"；"一切德行都应当培植到青年身上，不能有例外"；"与正直同源的德行，或敏于而且乐于给别人服务的态度，应当尽心地在青年人身上培植起来"（《大教学论》）。

东方伦理学以中国的最为发达，这是因为古代中国是早熟的人本主义国度，人的地位超过了神的地位，所以道德学说尤为兴盛。孔子无疑是提倡养德的优秀代表。如何养德？只要我们对仁爱、礼、善恶、良心、节俭等略加整理转化，就能提炼出养德的基本内容。

养仁爱之德。仁爱不仅是做人应具备的第一美德，也是教育的第一要义。孔子对仁爱的内涵做了广泛而科学的界定，对世界文明做出了的巨大贡献。孔子所讲的"仁爱之心"塑造了中国人的民族性格。它包含"爱""泛爱众"，即博爱，还有"己所不欲，勿施于人"的忠恕观，还包含"以德报德"，知恩图报，报答父母，报答社会，报答大自然。作为养德的教育，就应毫不犹豫地把"仁爱之心"注入受教育者的血液之中。

养礼仪之教养。礼仪教养是人的内在精神的外化，是个人教养的形象展示，也是一个群体或族群的教养和品位的检验器。因此，新时代的中国人，特别是青少年，也需要讲究中国的礼仪，这是中国人塑造美德的一部分，也是社会和学校教育应该承担的责任。中国的礼仪，强调热爱祖国，孝敬父母，尊敬老人，爱护幼小；中国的礼仪，强调保护大自然，珍视环境，保持健康，注重自身形象和卫生；中国的礼仪，视礼让为美德，让座、让人、让路，绝不提倡霸座，更不允许抢座；中国的礼仪，强调遵纪守法，吃苦在前，享乐在后，助人为乐；中国的礼仪，提倡遇难相帮，遇困相助，遇灾相救；中国的礼仪，以积极上进为荣，以慵懒堕落为耻，以爱国为荣，以辱国为耻，以爱人为荣，以冷漠为耻；中国的礼仪，提倡爱运动，爱群体，爱生物，爱山水，爱父母，爱祖国，爱人类，辨善恶，做好人。中国人要养礼仪之教养，其精髓在于时时保持尊人和自尊的健康心态。

养辨善恶的本领。有了辨别善恶的本领，才能“为善则预，为恶则去”(《颜氏家训·有事篇》)，因为一个真君子，他的道德修养会促使他做到“从善如登，从恶如崩”(《国语·周语下》)。前提是必须锻炼辨别善恶的本领。辨善恶要从小开始，家长对培育子女的善恶观有着不可推卸的责任。引导青少年养成正确的善恶观，不仅有利于青少年的一生，使他们从小成为有教养的人，而且一个人若长期从善，就会使其养成美德。善具有好、正、美、吉等含义，恶具有坏、邪、丑、凶等含义，故养成能辨善恶的本领，才能实现“君子成人之美，不成人之恶”(《论语·颜渊》)。

养有良心之人格。良心是最古老、最广泛的基本道德范畴之一，它是隐藏在人们内心深处的一种意识活动。我们提倡养有良心之人格，就是讲要养善良之心。一个人有了善良之心，就会自觉地弃恶扬善，这既体现为一种稳定的道德意识，又体现为一种强烈的道德情感。有良心者，就会经常意识到并遵从自己的道德而做出符合道德标准的行为。良心不是天生的，而是后天逐渐培育的，要注重培养“恻隐之心”“羞恶之心”“辞让之心”“是非之心”，孟子认为，这“四心”是仁义礼智的绪端。一个人有了良心，才能做到“富贵不能淫，贫贱不能移，威武不能屈”；才能“自强不息，厚德载物”；也才能“君子坦荡荡，小人长戚戚”。

养节俭之风尚。在物质财富比较富裕的当下，尤需讲究节俭，并形成勤俭节约的社会风气。有了节俭之风，人们不仅会关心物质财富和精神财富，而且能爱惜财产，不奢侈，不浪费。《周易》就提出了“贵俭”，我们应该把节俭当作“甘之如饴”的乐事。资本主义初期讲究节俭，才有了资本的原始积累，后来他们背叛了这一美德。中国封建王朝的统治者和贵族最讲奢华，而小市民要显富贵，也跟着假装奢华。奢侈、挥霍和浪费意味着对劳动成果的不尊重、不珍惜，是一种邪恶，我们应用节俭去克服它，从而养成吃苦耐劳，戒奢尚俭之道德风尚。

22.1 富裕了，节俭仍应是中国人的传家宝

墨子在战国时代就曾告诫人们："俭节则昌，淫佚则亡"（《墨子·节用下》）。人民节俭，国家就会昌盛；人民骄奢淫逸，国家就会败亡。骄奢亡国，墨子是否在夸大其词？不！隋炀帝杨广（569—618年）是历史上有名的暴君，他依仗国力富强，骄奢淫逸，为营造东都洛阳，开发运河，修筑长城，年年远出巡游，每次出游都大肆营造离宫，扰掠地方，浪掷人力物力财力，社会生产受到严重破坏，最终导致民怨四起，他自己也被叛军所弑。隋朝虽大虽富，但在历史上也仅存37年。还有清代的慈禧太后（1835—1908年），她"垂帘听政"掌握清朝大权后，以办海军为名修葺被英法联军焚毁的清漪园（后改名颐和园），清朝已变成腐烂的"天朝"。皇庭贵族为了保持骄奢淫逸的生活，一些掌权者接受英国人的贿赂，以暗箱操作的手段搞鸦片贸易，英国明禁暗运，清政府明拒暗受，致使烟毒泛滥于中国。卖国的政权哪有不亡之理？

有了节俭才有丰足，因为节俭讲究爱惜财产。就人们的日常生活来说，节俭能使"一日一钱，千日千钱"（《鹤林玉露·一钱斩吏》），正所谓"三寸之管而无当，不可满也"（《论时政疏》）。粗不过三寸的管子，如果没有底，永远也不会填满，故应惜用财物，不可有任何不必要的浪费。汉代的王符对节俭的利害说得直截了当："山林不能给野火，江海不能灌漏卮"（《潜夫论·浮侈》），他把奢侈浪费比喻为野火和有漏洞的酒杯。

节俭是中国人的传统美德。虽然我们已经步入了小康社会，物质相对富足了，但绝不能把节俭这个传家宝给丢了。谈到节俭，很多人想到的是中央改进

工作作风的“八项规定”和“六不准”，认为无非是少摆鲜花、少吃鲍鱼、少戴名表，而没有认识到节俭与奢侈是两种完全不同的境界。节俭立足于尊重劳动成果、爱惜财产、享受有度，而奢侈是对劳动成果不尊重、挥霍无度、浪费无节制。如果奢侈之风成为社会时尚，那么富足最终也会变成贫困。

中国历代明君为江山社稷着想，大多比较注意戒奢从俭。唐太宗出巡山西，浦州刺史赵元楷大肆铺张接迎，唐太宗斥责他此举纯属“亡隋弊俗”，吓得赵元楷“数日不食而卒”。农民出身的皇帝朱元璋说：“所谓俭约，非身先之，何以率下？”洪武八年（1375 年）改建大内宫殿，他指示只求安全牢固，不可追求华丽奇巧。他的“御床”很普通，与中产人家的卧榻差不多；每日早膳，也只用蔬菜。

如今，也常常听到“富裕了，节俭不需要了”的声音，使笔者想起刚刚进入 21 世纪，人们稍微富裕了，上海市修订了 1981 年国家教委制定的全国版《中学生守则》，断然把“俭朴、谦虚”等要求删除，顿时引起很大的震动。这显然是决策者害了“幼稚病”，俭朴不仅是一个企业、一个国家原始积累、扩大生产的必要前提，而且物品总是稀缺的，社会必须有效地利用它的资源。地球只有一个，很多资源是不可再生的，因此我们要节制欲望，避免奢侈浪费。谦虚就更不用说了，中国古代典籍《周易》就提出了“贵俭”的思想，提倡把最好的“甘节”，即甘于节俭、乐于节俭的品德当作“甘之如饴”的乐事。在以后长达两千多年的封建社会中，节俭的品质一直受到人们的崇尚。

司马光云：“由俭入奢易，由奢入俭难”（《训俭示康》），由俭朴变奢侈很容易，由奢侈变俭朴十分困难。我们应视俭朴为美德，一日都不可丢弃。

22.2　重道德，但不能搞泛道德主义

中国文化自古就突出道德举足轻重的作用，这一特殊作用反映了中国传统社会的一元化价值取向，道德不仅代替了宗教，而且把政治、法律也

囊括进去，形成中国文化的泛道德主义特征。这种泛道德主义特征在某种层面上也扭曲了政治、法律，我们应该破除。

泛道德主义浸入了政治，导致国家被看成人伦关系的总和，这终将使社会和国家治理沦为畸形的。例如“孝”是儒家的基本伦理规范，儒家认为“孝”是人伦之本、道德之源。儒家两千多年来的“德治”，将道德浸入政治领域，儒家视为道德之本的“孝”则自然渗入了封建政治领域，结果把国家视为人伦关系的总和，皇帝自然就被视为家庭中“父”的放大或延伸。国君或皇帝被称为“君父”“国父”，官员被统称为“父母官”“再生父母”，百姓反而被视为“子民”“草莽”“草根”“草民”等。在孔子的眼中，“民可使由之，不可使知之”（《论语·泰伯》），即老百姓，可以使他们照着我们（君王、官员）的道路走下去，不可以使他们知道那是为什么。以这种“德治”的“家天下”代替政治，长此以往，就会使老百姓麻木不仁，从而从根本上冲击政治，使民主政治失去生存的土壤、阳光、空气和水。因此，新时代的道德重建，应去掉政治泛道德化。

泛道德主义浸入了法制，使法制成了道德的婢女。道德和法制是一个社会的“两只手”，左手不能取代右手，反之亦然。道德和法制都是对社会上的无序、无规则行为的治理，于是中国儒家所实行的德治的结果是用德治取代了法治，使社会管理泛道德化。这让政府和民众都会因此重德轻法，甚至重德去法。这是漠视法制的危险行为，因为法制是一定阶段民主政治的制度化、法律化，是严格依照法律进行管理的一种原则，这种原则是德治取代不了的。从科学角度来分析，道德与法治既不可互相取代，又具有辩证关系。在这方面，中国古代儒家和法家的认识都具有片面性。儒家的孔子、孟子只强调了德而忽略了法，法家的商鞅只强调法而忽略了德。这是因为没有弄清楚德与法的辩证关系。儒家主张人治取代法治，抛开法治，提倡依靠执政者个人的贤明德性治理国家的“贤人政治”，在具体的政治措施上主要着眼于人的道德修养，即《中庸》中说的“以人治人”，其社会的清浊与政治的好坏取决于人君之德，“其身正，不令而行；其身不正，虽令不从”（《论语·子路》），这一观点有其合理的一面，即便有“仁君”，若不依靠法治，也难以使社会清正廉明。其次，在任用官吏上主张“举贤使能”，使贤者在位，能者在职。试问，残忍昏庸的秦二世胡亥、荒淫暴虐的隋炀帝杨广、贪图享受而横征暴敛的明神宗朱翊钧又有何德何能？最后，对被统治的民众，主张进行德化教育，辅之以刑罚，即“道之以政，齐之以刑，民免而无耻；道之以德，齐之以礼，有耻且格”（《论语·为政》）。试问，让暴虐之君商纣王进行“德化教育”，民众能顺服吗？让崇佛的梁武帝进行“德化教育”，将是什么样子？因此，治理国家，需要德治，但其必须与法治相配合，而不是让德治取代法治。

因此，我们要重道德，但不能搞泛道德主义。

22.3 重塑敬畏

敬畏，乃尊重、敬佩。

中国祖先自远古时代就树立了人生必需的敬畏感，归纳起来，敬畏有三种：一是敬畏天地，讲究“天人合一”，从而在天地中滋养人的精气神；二是敬畏英雄，讲究扶善惩恶，从而在英雄精神中滋养人的勇力；三是敬畏知识，讲究勤问好学，从而在知识中滋养人的智力。由于种种原因，我们如今对于、天地、英雄、知识的态度都变得淡薄起来，更谈不上敬畏了，这是与伟大时代不合拍的。因此，我们应重塑敬畏。

敬畏天地。中国古人推崇“天人合一”观点，主张从天地中吸收积极的能量来滋养人的精气神。中国古代典籍《周易大传》的六十四卦中，前两卦就是天地，即乾坤，它滋生万物。天之性质是刚健强壮，运行不止。人也应像天地一样，发奋自强，奋斗不息，与天相应。于是，中国古人得出“天行健，君子以自强不息”的结论；地之性质是厚重而无物不载。天能包容地，所以地的品德是顺从天而与之相结合，这种结合所发挥的作用是无边无际的，对人的精神影响也是巨大的，故有“地势坤，君子以厚德载物”之说。故此，“自强不息，厚德载物”逐渐成为中国人的精气神。

敬畏英雄。英雄乃是社会上杰出的人物，时代的楷模。在中国古代神话中，英雄都是敢于战天斗地、舍生取义的，羿射九日、精卫填海、女娲补天、夸父逐日。特别是先秦时期曾发生几次持续时间很长的大洪水，期间出现了治水英雄大禹，这是几千年来中国人敬仰和学习的楷模，连孔子也慨叹道：“禹，吾无间然矣。”英雄，一直是中国人心中的一盏明灯。孟子言：“得天下英才而教育之，三乐也”（《孟子·尽心上》）；《礼记·礼运》中也说：“大道之行也，与三代之英”。时代创造英雄，英雄也彰显时代。

敬畏知识。中国自古以来非常敬重传授知识的老师。在封建“官本位”的等级排位中，老师非官，但其在“天地君亲师”的排位中不可缺。“师者，所以传道，授业，解惑也”（韩愈《师说》）。自古以来，教育是治国安邦的根本：“水之不涸，以其有源也；木之不拔，以其有本也”（《题郓州学壁》）。好老师和好的教育环境只是外在原因，还要靠自己下苦功夫做学问。孔子就坦言：“我非生而知之者，好古，敏以求之者也”（《论语·述而》）。他还说：“学如不及，犹恐失之”（《论语·泰伯》）。学习如果有所不足，就应警觉，不能轻易放过。并要有这种好学的心态：“三人行，必有我师焉；择其善者而从之，其不善者而改之”（《论语·述而》）。

现代人也必须重塑敬畏，即敬畏天地而不任性、敬畏英雄而知善恶、敬畏知识而知上进，这是现代人应遵守的基本原则。

23 论善学

成大器者必善学，古今中外概莫能外。

就读书而论，死读书不如好读书，好读书不如善读书。死读书会读出个书呆子，好读书可读出小有成就的人，善读书则可使读书者成大器也。一个记忆力冒尖，成绩居首，对教者或教材恭然受之而从不怀疑的学习者，虽然他能成绩斐然，获取“状元”之雅号，但出了社会却四体不勤、灵活度不高，是勤学而非善学者；一个酷爱读书，嗜书为命者，虽然他能引经据典，侃侃而谈，获得“读书郎”之雅号，但对书中精要却不能破解，对书中观念却不能批判继承，纯属囫囵吞枣，此类“学范”，博学不才，是嗜学而非善学者；一个沉湎于读书，上“兴趣班”无数者，虽然他看上去有了各种“兴趣”，发展“全面”，获得“全才”之雅号，但他对自己真正的兴趣却未曾触及，对自我特长却索然无知，此类“学范”，对读书的真正意义早已漠然，显然是炫学者而非善学者。伪学装成善学久矣。伪学者不服，不服者请回答下面的问题：当你在学习和读书的时候，你能够提出有价值的问题吗？你敢于质疑吗？你能够批判继承吗？显然不能，这是伪学者最大的短板。

善学的突出特点是遵从人性，自然地去学习。幼儿如秧苗，不能拔苗助长。幼儿的本性是好玩，你却要幼儿读小学课程，这就违背了幼儿的天性；儿童如春之花，你逼他结果，去读初中课程，也违背了人性规律。不要逼着儿童成为“小大人”，应让其有童趣；保护儿童难能可贵的好奇心和想象力；青少年如初夏之果，正值青涩懵懂期，不要让他们死读书，而是在善读书中全面发展，着力把自己的特长发挥到极致。

每一个人都想在一生中取得成功，但未必人人都能成功，这跟一个人能否善学有极大的关系。凡能成大器者，大都是善学者。古人云："善学者，师逸而功倍，又从而庸之。不善学者，师勤而功半"（《礼记·学记》）。

古人力倡善学，并指出"人之学也，或失则多，或失则寡，或失则易，或失则止"（《礼记·学记》）。人们在学习当中，有的人缺点是才识不足而学习贪多，有的人缺点是才识深大而所学务少，有的人缺点是把学习看得过易，有的人缺点是不懂、不知也不肯向人求教，停止不前。两千多年前，我们的先人有如此精明的善学论断，实属不易，其在当今也颇具现实意义。既然善学如此重要，那么善学之精髓是什么呢?

第一，善于阅读典籍，与图书馆交友。我们在这里讲的阅读典籍，是指对中外科技、人文等经典著作的"深阅读"。随着互联网时代的来临，人们运用手机、电脑进行"浅阅读"已成时尚，而这种"浅阅读"是不可能为未来的知识大厦奠基的。因为这种阅读停留在浅层次上，不可能触及学科的基本理论和基本方法，而且抛弃了"深阅读"中借鉴经典作家的思维方法、分析方法、鉴赏方法的过程，只是简单迅速地提取了结论的几条筋。知识的形成、知识的剖析、概念的推理这些重要过程都没有了。如果一个人只依赖这种"浅阅读"，自身的知识大厦只能建立在沙滩上，一遇飓风必倾倒。所以，我们要力求把"浅阅读"转化为"深阅读"。培养人们的阅读习惯，应立即从少年儿童抓起，因为14岁之前是一个人阅读的关键期，错过了这个关键期，就难养成好的阅读习惯。好读书，还要知其然并知其所以然，在读书时能准确分出深读、泛读和浅读的内容，对于重点内容要求甚解。对于该深读的书，一次不行，读两次；两次不行，读多次。细读后要记录读书心得，最好能对书中的内容质疑，提出自己的独立看法。这样阅读，才算善读，也才能通过阅读为建造知识大厦奠基。

第二，善于在学习中独立思考，与创新为友。学会了思考，就拥有了通向科学之巅的通行证。思考，是一个善学者的灵魂。一个学习者，如果缺乏思考，最多只是个"机器人"；一个创造者，如果缺乏思考，就永远不会有创新的壮举；一个社会人，如果缺乏思考，他永远只是个碌碌无为的人。思考，会使一个人焕发活力，使一个群体富有活力，使一个民族不会坠入庸庸碌碌。“不深思则不能造其学”（宋代杨时《议学篇》），“思虑熟，则得事理”（《韩非子·解老》），故孔子十分强调“学而不思则罔，思而不学则殆”（《论语·学而》）。只知道学习而不进行思考，就得不到真知；只知道凭空思考而不学习，那就很危险了。

读书不必追求过目不忘或倒背如流，这都只是对记忆技巧的训练，我们学习或阅读，绝不能以看一遍为满足，更不要以能背诵而沾沾自喜，更重要的是学习和阅读后，要对学习和阅读的对象进行恰如其分的评价，不既要探求它为什么会如此，更要探求它的道理正确与否。如果正确，为何正确？如果不正确，为何会出现错误？对学习和阅读的对象，要进行独立思考，活学活用，另辟蹊径，从而达到自主探索、自求释义、自我创造之目的。只有积极思考的人，才能与创新为友。

第三，知行合一，善于与大自然和社会为友。知行合一，就是手脑结合，也就是我们日常说的理论与实践相结合。手脑结合在中国科技界最为完美的代表要数东汉时期的张衡。他是世界天文学的奠基者，被西方称为“东方的亚里士多德”。中国传统文化中儒家、道家、法家，特别是墨子，十分重视实践、重视知行合一。但到了封建专制社会，特别是明、清两代五百余年，蔑视动手能力，抛弃创新，使本来先进的中国科技远远落后于西方。

关于知和行的密切关系，宋代朱熹有一个很好的比喻：“目无足不行，足无目不见”（《朱子语类》卷九）。知与行的关系就好像只有眼睛没有双脚就不能走路，只有双脚没有眼睛就不能看清方向。只有把学习和实践结合起来，才能使善学者取得实效，不能只强调一个方面。朱熹关于“知行合一”思想内涵的解释是正确的，也对我们理解和应用善学中的“知行合一”具有现实指导意义。关于“知行合一”，宋代杨时还有一句精彩的话：“力学而得之，必充广而行之”。通过努力学习而获得的知识，一定要拿到更广泛的范围去加以实践。我们从书本中得来的知识，需要在自然、在社会中实践验证，用事实证明其正确与否。所以读书者要善于与大自然和社会交朋友。

第四，善于扬长避短，与优秀者为友。爱因斯坦酷爱小提琴，但他自知自己不会成为世上一流的提琴手。他知道自己的长处在物理学方面，于是他毅然主攻物理学而放弃小提琴；鲁迅虽然学医、从医，但他知道自己的长处在文学，于是他毅然弃医从文，终于成了文学巨匠。我们每个人因性格、特长、兴趣等的不同，会有不同的长处和短处。若要成大器，就要把你的特长发挥到极致，在善学的行动中做到扬长避短。《佝偻者承蜩》这则寓言讲了一个佝偻者，他利用身体佝偻造成捉蝉的优势而练得一手比常人从容的捉蝉技能。这是个因扬长避短取得成功的典型故事。在科技界，因扬长避短而成大器者比比皆是。

孔子主张："三人行，必有我师焉。择善而从之，其不善者而改之"(《论语·述而》)。众人同行，里面一定有能当我老师的人。我们要选择他们的优点来学习，对于缺点，则要加以克服。我们在学习的道路上要扬长避短，就应与优秀者为友。

第五，敢于提问、答问。提问是创造性思维的起点，它是集好奇心、想象力和独立思考为一体的产物。因此，好问乃是创造性思维喷发出来的火花。一个人要拥有创新思维能力，就要从好问做起，因为一个高质量的问题，必然是学习者深入思考的结果。

中国古代学者也力主多问，如《国语》中说："不知而不能问，非智也"。这里主张的多问以及孔子主张的"不耻下问"，都是指对对象不清楚、不明白、不了解而发问，是知识领域现存的问题，这种多问观影响了中国人很多年。应该说，这种发问还是低层次的，是对现有的知识不了解而提问。正如韩愈《师说》中所说："师者，所以传道、授业、解惑也。"这里说的"解惑"，就是老师用现有的知识解决学生的疑惑。我们这里强调的敢于提问、答问，主要指的是更深层次的"科学问题"或接近于"科学问题”，例如中国古代诗人屈原的《天问》一口气提出172个“科学问题”，给中国后人做出了很好的示范。在这里，我们不仅主张学习者能多提出“科学问题”，而且要敢于解答别人提出的“科学问题”。

关于多提“科学问题”，爱因斯坦对此深有体会：“提出一个问题往往比解决一个问题重要，因为解决一个问题也许仅是一个数学上或实验上的技能而已。而提出新问题、新的可能性，从新的角度去看旧的问题，却需要有创造性的想象力，而且标志着科学的真正进步。”①

第六，敢于质疑、释疑。质疑是创新意识的起点，又是科学精神的关键。善疑，成就了科学家和思想家刘徽、哥白尼、牛顿、休谟、亚当·斯密、马克思、恩格斯、爱因斯坦等。科学的怀疑精神不仅是不相信，更体现出不轻信。孔子就主张“言必信，行必果，硁硁然小人哉”（《论语·子路》）。不轻信，不轻行，要确定正确后再相信、再行动。宋代学者陆九渊对质疑的作用就有深刻的认识：“为学患无疑，疑则有进”（《语录下》），做学问担心的是不能发现疑难问题，能发现疑难问题学问就有长进。我们这里所说的质疑、释疑的“疑”，不仅是陆九渊所指的疑难问题，更重要的是提出异议，并在提出异议的基础之上有个人的独立见解。在这方面，有几个典型的事例，如刘徽对《九章算术》的质疑、海森堡对权威玻尔的质疑、沃伦等对传统医学的质疑。

第七，敢于超越自我。故步自封、因循守旧、安于现状的心态和行为，必然会使人落后沉沦，与善学格格不入。相反，我们虚怀若谷、与时俱进、勤学上进，则会使自己不断进步。不过，这还不能保证你有所作为。想在自己的一生中有所作为，就必须走敢于超越自己的道路。

超越自我，首先要厘清超越对象。超越的对象可以是自我的知识结构，假如你是以理工科知识结构为基础者，就会欠缺人文科学知识结构，那么超越自我就要从补上人文科学知识入手。若你是以人文科学结构为基础者，

① 艾·爱因斯坦，利·英费尔德．物理学的进化［M］．周肇威，译．长沙：湖南教育出版社，1999：59.

一般就会欠缺理工科知识结构，那么超越自我就应该从补上理工科知识入手。这是一种对自我的横向超越。美国哈佛大学在培养世界一流科学家和学者这方面非常出色，其中最重要的经验之一就是强调并鼓励学生学习多元知识的兴趣和主动性。美国科学研究之所以在科学的原创性上表现突出，有一个主要原因就是美国普遍实行本科通识教育。我们这里所说的善学就把跨学科学习视为关键。请注意这样一个事实，世界上大多数新发现和新创造诞生于不同学科之间的交叉边界上，这种前沿科学研究上的新特征，彰显出在横向上超越自我的重要性。

超越自我，还要从纵向上确定超越对象。一个人在事业上获得了某种成功，不应趾高气扬，而应宠辱不惊。宠辱不惊不是一个道德问题，而是认识问题。你的一次成功不是终点，而是继续奋斗的起点，有什么受宠若惊的呢？你的本事在本地冒尖，还应继续奋斗，力争成为全国的优胜者；你的本事在全国冒尖，还应继续奋斗，力争成为世界上最卓越的。这就是从纵向对自我的超越。我们不难发现这样一个问题：自己是自己最大的敌人。要超越自己，就要无情地解剖自己，克服自己的弊端，诸如自己很容易自我满足，从而停滞不前；自己很容易自我迁就，从而错上加错；自己很容易嫉妒比自己强的人，从而不能择善而从。纵观历史，最常见的失败，就是自己打败自己。所以，我们要超越自我，就要敢于自我解剖，正视并努力弥补自己的缺陷。

24 论自强

自强是尊严的基础。自强不仅是自我价值的体现，更是人的实体地位的保证。一个人、一个群体（企业）、一个国家，若不能自强，不仅他（它）的价值会受到蔑视，甚至其地位也会岌岌可危，还有什么尊严可谈？

自强是中国自古以来就推崇的精神，这在中国远古先民的神话中体现得尤其明显。夸父逐日虽然失败了，但仍英勇悲壮地死去，并不靠神来拯救；精卫被东海淹死，变成精卫鸟后仍然奋力抗争，不靠神助；刑天被天帝砍了头，仍要与天帝抗争而毫不屈服；后羿奋不顾身射下九颗恶日，给人类带来安宁和幸福。这些神话中的英雄形象，反映了原始先民在大灾大难面前靠奋勇拼搏与险恶的大自然抗争的自强精神。

《易经大传》既是古代中国人的精神总结，又是儒家智慧的结晶，其对中华民族精神的概括和总结是“自强不息，厚德载物”，把自强从一个精神口号提升为民族精神。《易经大传》的乾卦说：“天行健，君子以自强不息”，即人要像日月星辰运动那样自强不息。坤卦说：“地势坤，君子以厚德载物”，即有道德的人应胸怀宽大，包容各方面的人，能容纳不同的意见。这正体现了老子的三种法宝之一：宽容，“慈，故能勇”。在这里，“自强不息”与“厚德载物”也是辩证统一的。要“自强不息”就必须植根于广大民众之中；要植根于广大民众之中，就必须“厚德载物”；要实施“厚德载物”，不能等、靠、要和乞求神灵，而要自力更生，发奋图强，不断进取。两者相辅相成，互为前提。

那我们该如何培养自强不息的精神呢？

首先，国家要营造人本主义的社会氛围。在人本主义的社会氛围中，人们就能把人作为唯一的、普遍的和最高的对象，认为只有从人本身出发，才能确立其他哲学概念的真正意义。人本思想产生的重要条件是神的地位下降和人的地位提高，从而使人得到真正的解放。中国的人本思潮比较早熟，出现在春秋战国时期，使春秋战国时期出现了“百花齐放、百家争鸣”的繁荣景象，以至于在战国以后相当长的一个时期，中国成为“世界科技发明的摇篮”。然而，后来的封建专制逐渐扼杀了这种思潮。17 ~ 18 世纪的欧洲，文艺复兴的深入发展从哲学本体论上否定了神权，高扬人权，打击了教会和封建势力，这在英国尤为显著，故工业革命和科技革命相继在英国发生，使得英国真正强大起来。

其次，国家的文化要既具有主体性又具有多元性。从方法论来看，就是在文化上“以我为主，博采众长”。一个国家要真正实现“以我为主，博采众长”，必须实行开放政策，而一个开放的国度，应具有兼容性和凝聚力。有了兼容性，就会将他国、他民族的优点吸收为自己的优势；有了凝聚力，就会在学习他国的经验时，始终坚持以我为主，吸收适合自己国情的经验并为己所用，既不是囫囵吞枣，也不是食而不化，更不是“食狗肉成狗，食猪肉变猪”，而是把它作为发展自我的新生辅助力量。中国封建社会两千多年，出现过汉唐盛世，汉代盛世只经历了短暂的 47 年，而久享盛誉的唐代盛世经历了 137 年，这与唐代实行开放政策分不开。对外积极地与世界各国进行经济文化交流，对内既提倡儒家，也不排斥道家，更不“罢黜百家”。文化上要在以“儒道互补”为主体的基础上大力吸收世界各国的优秀文化为我所用。

最后，国家要创造一个和谐安稳的内外环境。就国内来说，不同民族应处于和谐的命运共同体中；就国际环境来说，不同国家也应处于和谐的命运共同体中。我们这里提倡的和谐是“和而不同”所形成的和谐，只有“和而不同”的和谐才有利于成就自强不息的国家。和谐要以实力为基础，在贫弱的环境中很难有和谐。经济实力和军事实力是国家实力的两翼，国家要提高这样的实力，非实行市场经济不可，因为它体现了公平竞争，并且是一个国家经济发展的内动力。民意是一国政治实力的晴雨表，积极民意是优势政治的核心。形成积极的民意要做到三件事：第一件事是人民的利益高于一切。政治家是人民的代表而不是政客，政治家应向大禹、李世民（唐太宗）、毛泽东等学习，公务员是为人民服务的公仆而不是“父母官”。第二件事是打造强大的军事威慑力。军事威慑力是为了制止战争而不是制造战争。军人应是国人的楷模，军民一家亲，党指挥枪。第三件事强化民族意识，形成稳定、健康、向上的民族性格。在这方面，语言、文字、音乐、舞蹈、戏曲、饮食、服饰、建筑艺术、装修风格、社会风尚、节日和民族传统等只是民族性格的外在表现，重要的是一个民族的人都热爱本民族的历史和优良的文化传统，习惯和重视本民族的习俗、生活方式和礼仪，并关心它们的存在和发展，这种表现通常称作民族感情。

稳定而能走向自强道路的社会是枣核形社会，即中产阶级占社会的主流。贫富悬殊是社会不稳定的根源，平均主义则会让经济走向衰落。机会均等是平等的核心，它是创新发展的动力，也是社会活动的源泉。要自强，就必须坚持机会均等原则。追求共同富裕而不是平均主义，追求勤劳致财富而不是金钱至上，追求助人为乐而不是损人利己，追求持续繁荣而不是以损害生态为代价。要注意古今中外的惨痛教训：疯狂享乐、挥霍浪费、骄奢淫逸等不良风气盛行，是一个国家或民族衰退的前奏。

国家要自强，就要不断地革故鼎新。革故鼎新应采取有效的方法：其一，做任何事情都应权衡利弊得失，获利小而害处大的事情不应去做；获利大而害小的事情，应当坚决去做；利害相当的事情，不能去做。很多时候不可等到有百利而无一害的时候去做，那样会错过良机。其二，消除国家的积弊应采取渐进的方式，而不是大刀阔斧的方式；否则，会引起强烈的社会震颤，其后果是不堪设想的。

纵观古今中外，一个人、一个群体（企业）、一个民族、一个国家，最终都是自己打败了自己，兴衰的砝码最后都掌握在自己的手中。可见自强与否决定兴衰。老子抓住了自强的要害，提出“自胜者强”，克服自己的弱点才是强，的确如此。雏鹰克服了自己的胆怯，才能尝试从鸟巢飞出从而展翅翱翔；幼小的藏羚羊出生后，只有拼尽力气勇敢地站起来，才能自由地奔驰在大草原上；幼小的孩子只有勇敢放开父母的手，才能独立地走完自己的人生路。而作为人、群体（企业）、民族或国家，总有自身的弱点和弊端，我们只有努力克服自身的弱点或弊端，才能使自己强大。中华民族近一百多年来在与侵略者和封建贵族的斗争中，不断克服自身的弊端和弱点而变得强大。同样，在当前为实现中华民族伟大复兴而奋斗的过程中，我们只有不断克服自身的弱点和弊端，才能更强大、更有力量。

人要自强，内心必须强大。强大的内心能使自强具有无比的威力。练就强大的内心，需要保持坚韧的意志力、坚强的自信心、顽强的上进心。没有坚韧的意志力，很难克服艰难险阻，也很难抵御外敌；没有坚强的自信心，很容易心怀自卑而失去战斗力，进而在对手的羞辱中无地自容；没有顽强的上进心，会永远处于落后状态，无力超越强大的对手。

没有一心不乱之勤勉和百折不挠之精神，那自强永远是一句空话。懒惰制造弱者，勤勉创造强者；畏首畏尾制造弱者，百折不挠创造强者。世上哪一个慵懒的国度是强国？哪一个畏首畏尾的国度有出路？自强还要靠智慧，擅用新成果和创新技术，可助我们在自强之路上走得更快更好。

24.1 自胜者强，自傲者弱

中国古代思想家老子强调“自胜者强”（《道德经·第三十三章》）。克服自己的弱点才能变得强大，这个观点是非常精辟的。智者善于发现自己的弱点进而改之，愚者喜于隐藏自己的弱点而乐之。故，智者越来越有智慧，愚者越来越愚蠢。

要自胜，先要克服自己的弊端和弱点，让自己处于弱势或被动的时候迅速转化为强势或主动。一个病弱的拳击手想与强健的拳击手在赛场对垒，光靠勇气是胜不了的，只有克服自己的弊端，诸如怯、愚、病、笨等，不断壮大完善自己，才能奔赴赛场与强手一搏。弱者要变得强大，就要既充当花卉，又充当园艺师。花卉要长得健康、艳丽，需要园艺师修剪、培土、护养，去其烦琐，获得简练；去其衰枝，获得新枝。

自胜讲究否定自我，这种否定是一种扬弃，即既克服又发扬，克服弱点，发扬优点。那种自贬、自残、自杀之类的行为与这里所说的否定自我有本质区别，前者是自我摧毁，后者是为了更好地发展壮大自我。这里所说的否定自我，是为了化被动为主动，化衰弱为强健，化衰竭为新生。

一个国家或一个民族，一个企业或一个人，若满足于平庸，那必将会产生悲剧性的后果。在竞争中，你一开始就把自己置于败军之列，精神崩溃，这是长期满足于平庸的自然反应。甘于平庸者总是把自强束之高阁，认为自强是神或圣人才能触及的东西，这说明他已经不相信自己的潜力了。甘于平庸者把世界看成静止的、一成不变的，把自己暂时处于平庸状态也看成静止的、不可改变的，这种宿命观就像紧箍咒，牢牢地把他套住，使他心灰意冷，得过且过。或把希望寄托在儿女身上。更有甚者，把希望寄托在来世，这就是自己欺骗自己。

自胜中的否定自我，还立足于“反传统”。这种“反传统”不是全盘否定传统，而是用既继承又批判的方法对传统取其精华，去其糟粕。对于传统中的精华也不仅满足于原来的优点、优势，而是着力于发展和创造性转化，为当今所用。而对糟粕，即传统中陈旧的、老化的、僵死的，甚至腐朽的东西，坚决地、毫不犹豫地清除掉，不容许它们污染现代人的心灵。

综上所述，善于克服自身的弱点和弊端，才能变得真正强大。自胜者强，自傲者弱，这是一个简洁明了的真理。

24.2 国家不自强，就会自己打败自己

中外历史屡次证明，一国之崩溃，不在于外敌多么强大，也不在于国内遇了多大困难，而在于自己打败自己。外敌凶如猛兽，只要全民一条心，

坚持抗敌，就不会导致国家崩溃；自然灾害不断，只要全民一条心，就能抗洪治水，使荒漠变良田。罗马帝国的消亡、清政府的灭亡、苏联的解体，都是自己打败了自己。这对任何治国者来说都是一剂清醒剂。

罗马鼎盛时期（公元98—117年）拥有横跨欧、亚、非三大洲的最大版图，东至亚洲的里海，西至欧洲的西班牙，北至大不列颠岛和多瑙河，南至非洲的埃及，地中海成了罗马帝国的内湖。罗马人把征服的异族作为奴隶，使它坐在时时可能喷涌的火山口上。罗马人创造的文化成就无法与希腊文明相媲美，被它称道的文字、建筑艺术也是伊特拉斯坎文明孕育出来的。罗马帝国在世上威震800年后便消失了，是它自己打败了自己。

中国近代清朝三百年的统治，出现这种奇特的现象：当时社会的主流哲学是反清反封建的，这是对清王朝强权政治最大的讽刺。最后使清王朝这个征服者却失去了自己的文字、自己的习俗、自己的独特文化，征服者自己打败了自己，这是他们没有预料到的。为什么会造成这种局面呢？其实，所谓“康乾盛世”，只是一种回光返照。清王朝征服者的统治，建立在中国历史上最大规模的“文字狱”和封建奴隶制的基础之上，一旦列强入侵中国，它就现出了原形：不堪一击，奴颜卖国，残暴屠民。导致诸多丑恶现象泛滥成灾，让中华民族蒙受史无前例的灾难和耻辱。

24.3　改革开放的成功，依靠自强不息的中华儿女

改革开放40多来年，中国从一个经济贫弱的穷国一跃成为世界第二大经济体，在不久的将来，中华民族伟大复兴之梦将终成为现实。中国的崛起，不靠掠夺和殖民，更不靠奴隶贸易，靠的是什么呢？西方政客习惯用阴暗心理猜测，说中国靠偷窃技术。这简直就是欲加之罪，何患无辞。中国改革开放以后之所以有今天的辉煌，是靠中国人自强不息奋斗出来的，这叫和平崛起。因此，要搞懂中国改革开放的成就，请先看看改革开放中自强不息的中华儿女吧！

登山是一种探险运动，而攀登珠穆朗玛峰则是登山探险的极限，许多著名登山家由于某种意外而永远葬身于雪山上。中国登山探险家夏伯渝曾屡次攀登珠穆朗玛峰，但因种种极端天气而未能到达峰顶。有一次因登山而被冻伤，他的双足被截肢，这无疑宣判了夏伯渝永远不能攀登珠穆朗玛峰了。但出人意料的是，夏伯渝双足安上假肢以后，他不顾伤痛顽强地练习，要继续去攀登珠穆朗玛峰。许多人不相信，这怎么可能呢？他毅然决然地与登山队队友一起出发了，但登山失败，还差点丢了性命。他仍顽强练习，决心一搏。再次出发时，他向妻子交代了后事。这一次，他凭着顽强意志和丰富的登山经验，战胜了常人难以忍受的艰险，终于成功到达峰顶，并顺利下山。这位自强不息的中国男儿，用假肢登上珠穆朗玛峰，成为世界第一人！

改革开放中还涌现出一大批在商业领域顽强打拼，终获成功的优秀商人，寒门子弟李书福便是其中的典范。没考上大学的农村娃李书福，如今成了奔驰最大的股东。李书福出生在浙江台州一个贫穷的小山村。他从小很调皮，学习成绩并不是很好。高中毕业那年，以 3 分之差遗憾落榜。但李书福并没有放弃心中的汽车梦，他立志“要像卖白菜一样卖汽车”，“让中国的汽车走向全世界，而不是让全世界的汽车跑遍全中国”。很多人不看好他，甚至有人讽刺他是“蛇吞象”。而李书福经过多年的艰苦拼搏，果然收购了生产奔驰的戴姆勒集团 9.69% 的股份，成为其最大股东。大家不约而同地称“他身上有一股天然的农民智慧”。这就是中国的自强男儿。

改革开放中，在经济研究领域也涌现出无数自强不息的弄潮儿，著名经济学家林毅夫便是其中之一。林毅夫胆识过人。当时他居于海峡对岸，洞悉到改革开放之初的大陆前景灿烂，毅然冒着生命危险到大陆深造。后来他去美国留学，完成学业后决定回国，很多人反对，包括他在芝加哥大学的老师。但他也前瞻性地看到：当时中国正在推进改革开放，经济快速发展已经持续将近 10 年，这么大的社会转型，只有身临其境才能更好地观察。于是他毅然回国并做出了积极贡献。2009 年，他在担任世界银行首席经济学家时，从世界视角考察中国经济，从而使一个新的理论诞生：新结构经济学。即“有效”市场和“有为政府”是经济快速可持续发展的两个最重要的制度前提。笔者认为，这是林毅夫分别吸取了新自由主义和计划经济的合理内核，同时去除新自由主义和计划经济的弊端而形成的理论，也是对中国改革开放的伟大经济实践的理论总结。林毅夫在 1994 年预测 20 年后（2015 年）中国购买力平价将超过美国，这已经得到证实；他还预测，按市场汇率计算，2030 年中国经济规模也会超过美国，国际主要发展机构如世界银行、国际货币基金组织也赞同这一预测。

西方政客要理解中国改革开放的成就，无须在各种阴谋论上下功夫，只要看看改革开放中无数中华儿女自强不息、勇敢拼搏的事迹就明白了。因为他们的奋斗历程是中国精神最生动、具体、形象的体现，他们也代表了当代自强不息的中国。

25 论成败

成功是对锲而不舍、一往无前、顽强拼搏的奖赏。

一个勇于攀登科学高峰而不畏艰险的探索者，他是成功的；百个怯于创新而租用别人的核心技术赚得盆满钵满者，他们是失败者。因为前者是科学勇士，他的失败为后继者奠定了成功的基础；而后者是投机取巧者，一旦其发展壮大，命运就掌握在别人手里，成了别人的奴隶。

社会上人们常以成功与否来评价他人。在商品经济条件下，大家往往以所得的物质财富来衡量一个人成功与否，这显然是褊狭而扭曲的评价标准。什么是成功，什么是失败呢？

成功就是在自己的事业上做出创造性的成就。每个成功者都是把自己的长处发挥到了极致。俗话说："三十六行，行行出状元"。不论你是高管还是职员，是工人还是农民，是工程师还是工匠，是科学家还是实验员，是教师还是医生，是商人还是平民，是军官还是战士，是企业家还是职工，是老人还是少年，只要你在自己的事业上能出类拔萃，这就是成功。相反，不管你在哪个职位上，如果总表现出慵懒、漫不经心，得过且过，饱食终日，毫无生气地混日子，你都是失败者。前者用自己的努力成就了自己的人生，光彩夺目；后者用自己的懈怠和萎靡荒废了自己的人生，黯淡无光。

为什么说以物质财富的多少来衡量一个人成功与否是病态、扭曲的评价标准呢？笔者曾去四川南江县进行调查。南江县位于秦岭南麓，那里多高山，是一个典型的贫困县。为了求富，许多人出外打工挣钱，每年春节打工者回来，会掀起一股送礼攀比风。因为社会上流行这样的观点：你在外面打工成功与否，就看你的金钱多少。而春节送礼就是展示你挣钱多少的机会。你送礼一万，我就送两万，说明我在外比你“成功”，因而很有面子；你送礼五万，我就送十万，哪怕借钱也要如此折腾表现。这导致南江物价暴涨，到小饭馆进餐待客，起点都是一千元。这种盲目攀比的歪风邪气害苦了南江人，大多数人在外辛苦一年攒的钱可能过完年就所剩无几了。这一病态评判标准若传染到全国，那会把国家和大众变成什么样，可想而知。古今中外的历史反复证明，一旦以金钱多寡来权衡成败，成功者就不会幸福。事实上，它反而可能妨害我们追求真正的幸福。大量的金钱，它可以使你走向成功，也可以让你堕落。你把金钱拿去创业，作为创新型企业或事业的基金，有可能走向成功，也可能走向失败；若拿去赌博或包“小三”，那么等待你的就不仅是失败，而且是堕落。

守株待兔不可能成功，成功也不是从天上掉下来的馅儿饼。成功是一种毅力的比拼、意志的较量、智慧的博弈。成功需要经历一个持之以恒的努力的过程，其中充满着辛酸、困顿、屈辱、炙烤和磨难。而一个意志坚定者、智慧高超者，就会在奋斗之中，变辛酸为甘甜，变困顿为通畅，变屈辱为自信，变炙烤为炼狱，变磨难为动力，变不幸为机遇，在奋斗的过程中品尝到幸福感，由此获得成功就是瓜熟蒂落。而成功者的心态也会十分平和，不会因此而狂喜，也不会因此而大悲，而是跟平常一样，十分自然。成功者的这种自然，表现在不会目中无人，不会自以为伟大，不会趾高气扬；反而会更加真诚地谦恭待人、以礼待人、以义待人。即便这种努力遭遇了失败，他们也不会气馁、不会悲观、不会厌世，因为他们知道自己尽力了。“成败由己不由人”（《左传》），历来如此。

成生于败，败致于成，成败相生相克，相辅相成。成功里含有失败，失败里含有成功，成功和失败都不是绝对的。成功与失败是对立统一的，没有失败就无所谓成功，没有成功也无谓失败。成功在一定意义上建立在失败的基础之上，失败也往往隐匿于成功之中。为什么有人屡经失败而终获成功？为什么有人一旦成功就陷入失败？其源盖于此。用静止的心态去应付动态的成败，殊不知动态的成败在一定条件下可以互相转化。

我们赞赏悲壮式的失败，但很难容忍窝囊废式的失败。对于窝囊废式的失败，不仅不能为其开脱，还应诉诸道义上的谴责和法律的审判，要用法制保障不出战略性的失败。侥幸取胜不能算真正的成功，成功不能靠侥幸，只有靠自身坚忍不拔的奋斗去获取。这就如同一个三流足球队偶尔胜了一流足球队，能把三流球队这种侥幸取胜视为成功吗？

勤奋孕育成功，懒惰孕育失败。有了勤奋的动力和习惯，就会为追求事业成功而持之以恒、废寝忘食、知难而进，这样每日不懈努力，不敢贪图安闲逸乐，何愁不成功？养成懒惰的思想和习惯，就会终日萎靡不振，无所用心、守株待兔、前怕狼后怕虎，成功谈何容易？

关于成败，中国古代著名军事家诸葛亮有句很贴切的话："善败者不亡"。什么是"善败"？是喜欢失败吗？非也；是善于失败吗？非也。所谓"善败"，是指在不可挽回的局面导致失败的状态下善于面对失败，从而在失败中力争成功。失败并不是一件好事，但科学探索、军事竞技等免不了会遭遇失败，在这个时候首先要保持清醒的头脑，积极反思，深入思考，临危不惧，正确应对，从而扭转败局。"善败不亡"就是这个道理。

"善败"者立足于反败为胜。科学家的实验，很少有一举成功的，他们常常是通过多次失败而获得成功的。原因在于他们在失败之中抓住了成功的因子，再去发展、扩大成功的因子，最终获得成功。这正是成功地运用了反败为胜的策略。"善败"者善于从失败中寻找正确，善于从失败中反省错误，也善于从失败中策划成功。

"善败"者常常把失败当成一种自我激励，而不懂"善败"者恰恰相反，把失败当成霉运，使自己离成功更远。"善败"者将失败视为对自己的鞭策和鼓励，面对失败的痛苦，他们会化痛苦为力量，化痛苦为进取，化痛苦为坚韧。"善败"者失败了也会迷茫，也会困惑，但他善于从迷茫中找出希望，从困惑中找出坚定。

"善败"者不犯同样性质的错误。孔子主张的"不二过"就是这个意思。因为竞争激烈，机会转瞬即逝，往往不允许我们犯了错误再改正错误。

“善败”者的“不二过”，还要更多着眼于吸取前人的教训，特别是要从竞争对手的错误中吸取教训，把他人的失败教训转化为自身的成功。不能走前人或同人走过的弯路，更不能抱着事事要交“学费”的心态去放任自己犯错误，这种愚蠢的投资不是“善败”者主张的。

成功垂爱认准方向而锲而不舍者，成功者也垂爱“善败”者。

25.1　专一和守恒是成功的基本法则

前人早就给我们总结了，干事业不应三心二意，不能犹豫不决、好大喜功。许多人对此置若罔闻，最后走向失败。孟子为此还写过一则生动的寓言：两个人向举国无敌的棋手弈秋学下棋，但学习态度完全不同。一人专心致志，只听弈秋的讲解；另一个人虽然表面上恭听，但总想着天鹅即将飞来，“思援弓缴而射之”，由于精力分散，后者的学习效果自然远不如前者。孟子认为，这并不能说明后者的智力不如前者，而是他三心二意的结果。

我们在日常生活中也常遇见这样的事情：盲人沿着盲道走得比闲人快。这是因为盲人看不见东西，因而一门心思走路，而闲人东张西望、三心二意地游走，所以盲人走路反而胜常人一筹。我们还经常发现，自以为“聪明”的人，脑瓜子灵、点子多，在人生选择上，一会儿选这，一会儿选那，结果到头来无果而终，一事无成；而那些一门心思，一辈子就选择自己喜欢的、自己擅长的，持之以恒专心下做下去的“愚笨”者，反而走向了成功，获得了精彩的人生。屠呦呦一辈子就研究青蒿素、袁隆平一辈子就研究杂交水稻，一门心思的坚持使他们走向成功的巅峰。

专一和守恒不仅是做科学研究成功的基本法则，也是干一切事情时走向成功的基本法则。尤其是经营企业，遵守这一法则就容易走向成功，违背这一法则必会导致失败。从卖鹌鹑蛋的小贩发展成中国“饲料大王”的刘永行四兄弟，改革开放之初本钱只有1000元，在四川省江津县（现江津市）卖鹌鹑蛋。由于鹌鹑蛋卖得红火，到 1989 年就积攒了 1000 万元，然后受正大集团的启发，又开始一门心思搞饲料加工。他们起初在江津县（现江津市）建饲料厂，后来收购了多家饲料厂，终成大业，成为中国名副其实的“饲料大王”。

济南二机床厂的办厂方针一直是专一和守恒，不朝三暮四、见异思迁。这家企业年销售额并不是特别高，不到 100 亿元，但它非常注重技术研发和创新，不搞规模扩张，而是把数控机床做到极致，尤其是汽车的冲压机床。如今它的产品可以打败德国、日本的对手，出口美国。同样在山东的永泰集团，是出名的“轮胎大王”，曾在全球轮胎行业排名第 32 位。曾经有一个说法：中国轮胎看山东，聚于东营，精在大王。山东省 300 多家轮胎企业，有 200 多家都在大王镇。曾有成千上万的轮胎从这里“滚”向世界各地。但 2018 年，“轮胎大王”永泰集团宣告破产。原因是永泰集团心大而不专一，除了经营轮胎，还搞很多其他项目，广泛涉足汽车零部件、太阳能、光伏电池、矿业、金融、科研工贸、房地产等领域，并向海外布局，这种头脑发昏的野蛮生长，岂有不倒塌之理？！

不管干什么事情，要想成功，首先应坚持专一和守恒。

25.2 真才实学胜过文凭

有些学者不埋头搞学问，总拿自己的“博士”“博士后”帽子糊弄人，北京电影学院把一个甚为无知的演员推为“翟博士”，因没有真才实学，一朝露馅就狼狈不堪，不仅自身名誉扫地，也毁了电影学院的名声。还有些人为了升官，也不知就从哪里搞到个“博士”头衔，甚至那些演员、运动员也成了“博士”，这种“博士”既毁了自身，也毁了我们的教育，造成了极坏的影响，亟需相关部门进行整顿管理。

关于文凭与真才实学，无疑应该是真才实学胜过文凭。在这方面，已故数学家华罗庚是我们的标杆。美国著名数学史家贝特曼称：“华罗庚是中国的爱因斯坦，足够成为全世界所有著名科学院院士。”华罗庚的学历只是初中毕业，但年少的华罗庚对数学有极高的天赋，身处逆境仍刻苦钻研。1931 年，《科学》杂志刊登题为《苏家驹之代数的五次方程式不能成立的理由》的论文，惊动了清华大学的熊庆来教授，得知华罗庚只念过初中时，熊庆来更是惊讶不已。于是他力排众议，于 1932 年将华罗庚接到清华大学，安排在算学系当助理员。第二年，华罗庚升任助教；一年半后，华罗庚升任讲师，然后当了两年研究员。1936 年，26 岁的华罗庚去英国留学，就读于著名的剑桥大学。在剑桥大学的一年中，华罗庚完成了 11 篇论文，每一篇都可得一个博士学位。但华罗庚不愿攻读博士学位，只求做个访问者，因为做访问者可以冲破束缚，同时攻读七八门学科。华罗庚说：“我来剑桥是为了求学问，不是为了求学位的。”后来，华罗庚受邀去美国普林斯顿大学做研究员，普林斯顿大学同样希望华罗庚能够申请他们学校的博士学位，但华罗庚再次婉言谢绝：“我不能为申请学位而等待，耽误宝贵的时间，文凭和学位又算什么呢？”直到 1979 年，法国南锡大学授予他荣誉博士学位，69 岁的华罗庚才有了比初中毕业更高的学衔。

华罗庚认为真才实学胜过文凭，在以文凭论优劣的环境中，能坚持这一点实为不易。但因为有真才实学，没文凭又算得了什么呢？华罗庚在清华大学的 4 年中，发表了十几篇数论方面的论文，年仅 25 岁已成为蜚声国际的青年学者，文凭对他又有多少影响呢？1936 年，华罗庚发表了著名的《论高斯的完整三角和估计问题》及关于“塔内问题”的研究成果，被国际数学界称为“华氏定理”，文凭对他又有多少影响呢？

华罗庚的经历生动地告诉我们一个浅显的道理：真才实学胜于文凭。

25.3 失败未必不英雄

据记载，14 世纪末，明朝的万户曾坐在自制的装有 47 个当时最大的火箭的椅子上，双手各持一个大风筝，试图借助火箭的推力和风筝的升力实现飞行的梦想。虽然因试验失败而不幸遇难，但万户是世界公认的尝试利用火箭飞行的第一人。为了纪念万户，月球上的一个环形山以万户的名字命名。失败的万户是世界人民心中的英雄，他的英雄事迹激励着人们为科学事业而奋斗不息。

大陆漂移说的提出者德国地球物理学家魏格纳（1880—1930 年）不畏严寒，4 次踏上冰天雪地的格陵兰岛进行科学考察。在途中，他在给好友乔治写的一封信中就预感到这种考察的凶险，但他毅然决定“在任何非常情况下都必须继续下去，哪怕是要付出最大的牺牲”。他刚刚过完 50 岁的生日，就因疲惫过度造成心力衰竭而永远留在了冰冷的格陵兰岛。魏格纳为追求真理而献身的悲壮令人钦佩。

科学研究不同于经济建设。科学探索有可能失败，但却不是经济意义上的失败，而是对真理的探索中的试错、摸索和考察，科学探索需要冒险精神和自我牺牲精神。明知山有虎偏向虎山行的科学工作者则是人类的英雄，中国的万户和德国的魏格纳都是探索科学真理的先锋，值得我们永远铭记。因此，在科学探索和科技发明方面，我们应形成宽松的社会环境，创造一种鼓励创新、宽容探索、允许失败的氛围。在科学探索的道路上如果“只认赢、不认输”，就很难有重大的科研突破。

在两千多年的中国封建社会中，农民起义虽屡战屡败，但他们英勇抗击封建专制王朝的英雄事迹则是永垂不朽的。其中最为典型的是秦末农民起义的首领项羽、清末农民起义的首领石达开、清末杰出的女革命家秋瑾。他们失败了，但未必不是英雄。

项羽（前 232—前 202 年）是秦朝下相（江苏宿迁西南）人，他的一生非常短暂，但在秦末农民起义推翻秦王朝的斗争中，他起到了举足轻重的作用，是中国古代杰出的军事家。刘邦是另一支秦末农民起义军的首领。刘邦知人善任，麾下群臣才华横溢，他们君臣携手，最终打败了气量狭窄、鼠目寸光、儿女情长又兵多将广、不可一世的项羽。那是一个英雄辈出的时代，刘邦是英雄，项羽也是英雄，韩信是英雄，张良、陈平、萧何等也都是英雄。

石达开（1831—1863年）是太平天国运动中的一位杰出军事家，他有着高超的谋略，善于挫敌锐气，疲而后击，这一谋略在湖口、九江大捷中发挥了巨大的威力，成为中国水战史上以弱胜强的典范。巧妙灵活地调动敌人，这是石达开在作战指挥中运用得最为得心应手的军事谋略；他擅长避强击弱，积小胜为大胜，总是选择侧翼薄弱之敌实施打击，急进急退，用兵神速。后来，石达开孤军远征，作战指挥出现一系列的失误，导致全军覆没。最后残部兵困大渡河，没处理好与当地少数民族的关系，极端反动的土司率领乡勇断绝了太平军的退路，焚毁了太平军的粮草，石达开残部以悲壮失败而告终。这也是一个英雄辈出的时代，石达开是英雄，洪秀全及诸太平军将领皆是英雄。

秋瑾（1875—1907年）是浙江绍兴人，清末杰出的女革命家。1896年随夫王廷钧去北京居住，时值八国联军入侵后不久，她目睹了民族危机的深重和清政府的腐败，决心献身救国事业。于是她冲破封建家庭的束缚，于1904年夏东渡日本留学。她常参加留学生大会和浙江、湖南同乡会集会，登台演说革命救国和男女平权道理。并创办《白话报》，以“鉴湖女侠秋瑾”署名发表文章。回国后，在上海创办《中国女报》，并为该报写了发刊词，号召女界“醒狮之前驱”“文明之先导”。安庆起义失败，她得知失败消息后表示“革命要流血才会成功”，她遣散众人，毅然留守大通学堂。被捕后，她坚决不吐供，仅书“秋风秋雨愁煞人”以对，最后壮烈牺牲在绍兴轩亭口。她是巾帼英雄，也是中华民族的骄傲。

26　论发展

每个人，每个国家，不分贫富贵贱，他们都有发展权。被各国人民广为推崇的“一带一路”倡议、“人类命运共同体”就体现了当代的发展潮流。世界人民的核心目标都是实现发展，而不是谋求霸权。

发展，伸展壮大也。任何事物、任何现象、任何系统，不仅在变化，而且总是转变为新的状态。事物由小到大、由简到繁、由低级到高级、由旧质到新质的运动变化过程就是发展。事物的发展是量变和质变的辩证统一，是事物内部运动的结果。一般存在两种不同的发展趋势：一种是上升的趋势，即由简单到复杂、由低级向高级的过渡（进步的路线）；另一种是下降的趋势，即由复杂到简单，由高级向低级的过渡（倒退的路线）。

发展有两种形态：一是自然发展形态；二是社会发展形态。自然发展的形态，是不以人的意志为转移的。就拿宇宙中的银河系来说，其中有几千亿颗恒星，它们都在发展，而这种发展也呈现出两种发展趋势，呈倒退路线的是老年恒星，它的发展就是走向衰亡，即成黑洞或中子星，这叫死亡之星；但银河系中又包括许多发蓝光的年轻星族，它们代表着上升趋势、进步的路线。太阳系的太阳（恒星）已经照耀了45亿年，正当“中年”；而我们人类生活的地球，它的发展也正当“中年”，也还可持续几千亿年。它们的发展正处于低级向高级过渡阶段，属于进步的路线。自然发展状态，就人的发展来说，从幼年、少年、青年、中年到老年，再到死亡，这是自然的发展规律。它不会因人的意志而转变，所谓长生不老、永葆青春的广告，都是骗人的鬼话而已。

社会形态的发展，就是通过人的管理、科技创造、劳动智慧和奋斗精神，加速人类文明跨越式发展的过程。古猿变成人类，大概经历了400万年，而人类真正进入文明社会却仅有5000年左右。这是什么原因呢？这是因为远古人类处于无竞争、无动力的自然发展形态，而后5000年左右的人类社会之所以开始跨入文明社会，是因为人类开始推进社会形态的发展。

特别是初步实行了市场经济后，人类社会的发展发生了量和质的飞跃。从19世纪末到21世纪初，人类社会在经济发展上出现了两大奇迹：19世纪末的经济奇迹发生在年轻的美国，美国在“南北战争”后不到30年，便一跃成为头号资本主义强国。“南北战争”前，1860年美国工业总产值占世界的6%，到1894年就占世界第一位。马克思对此赞赏道：“在英国需要整整数百年才能实现的那些变化，在这里只有几年就发生了。”21世纪初叶的经济奇迹发生在中国，改革开放后40余年，中国从一个曾经极度贫穷的发展中国家一跃超过日本、德国、法国、意大利等发达国家，成为仅次于美国的世界第二大经济体。

中国发展中出现的经济奇迹有千万条原因，最重要的一条就是改革开放深入各个领域。改革开放，是学习世界人类发展的先进经验为己所用，革掉阻碍发展的陈规陋习；改革开放，是吸收外资、引进技术、学习管理、发展外贸、拓展国际市场、发展旅游。最重要的是根据中国国情引进市场经济，剔除过去干好干坏一个样的平均主义，确立了社会主义市场经济体制。然后通过经济特区这个对外窗口，外引内联，东引西接，带动了内地发展，从而促使经济效益、管理水平、发展观念、职工素质得到了一个飞跃。最后是深层次的文化交流，通过以我为主，积极吸收外来具有生命力的多元文化，及时剔除随西方潮流涌进的劣质文化，最大限度地减少其负面影响而放大正面影响。

中国改革开放取得的伟大成就再次证明了马克思主义并未过时，习近平新时代中国特色社会主义思想是马克思主义中国化的最新成果，展现了马克思主义中国化的新飞跃。

社会要发展，国家要进步，而且要实现中华民族伟大复兴，就需要全民努力奋斗。全民努力并可持续地奋斗，靠平均主义不行，靠贫富悬殊的经济发展模式也不行，靠“福利社会”经济模式更不行。那么，什么才是最好的经济发展模式呢？这就要讲到“机会均等”且人人都有奔头的社会主义市场经济发展模式。

人往高处走，水往低处流。河床平稳则流水缓，河床倾斜则水流湍急。慵懒社会及慵懒之人，就像流在平稳河床上的水，毫无动力；而非上进社会及勤劳之人，就好像流在倾斜河床上的水，充满干劲。因此，整个社会的慵懒散漫是社会制度造成的。

亚当·斯密的市场经济原理，就是经济上的“斜河床原理”。我们的社会要有活力，就要让人人都在“斜河床上”流动，保证机会均等并有奔头。一个人或一个群体（企业）通过自身的不懈努力和锲而不舍的奋斗，就有机会实现其价值。让全社会形成这样的风气，即通过努力奋斗来决定自己命运，而不是让身份决定人的命运，充分体现“我成功我做主”的原则。只有这样的社会经济发展模式，才有助于建成人人充满上进心、积极进取的幸福社会。

实践证明，平均主义会制约社会经济的发展。因为平均主义不是平等，而是真正的不平等，是让懒人剥削勤快人。马克思在《哥达纲领批判》一文中就有深刻的阐述。他对拉萨尔的公平分配及“平等的权利”批评道：对“社会一切成员”在消费分配方面的平等的权利，则在任何时候都是不可能的，因为每个人（如老人和小孩）的需要不可能“平等”。马克思又指出：按劳分配中等量劳动的交换所体现的“资产阶级权利”，包含着劳动者中间存在的事实上的不平等。这种事实上的不平等摧毁了封建特权的伟大成果，它本质上意味着平等。马克思把平等的本质点出来了：“劳动差距”形成的“不平等”，也就是在公平竞争条件下形成的合理差距，它在本质上体现出平等。

我们这里主张的“斜河床原理”，就立足于马克思的上述平等观，它是在公平竞争的条件下形成的能者多得制度。也就是说，取得卓越成就的科学家，如袁隆平、屠呦呦，他们为人类做出了巨大贡献，应该多得；如技艺超群的国之工匠、卓越而不凡的工程师、教授、医生、农技师、军人、公务员等应按他们的劳动贡献获得高报酬。而且在机会均等和人人有奔头的条件下，让人人争先，个个奋进，“斜河床”的湍流就会自然形成，而不是让那些靠整容脸吃饭的“明星”去发大财、偷税漏税。这样的经济发展模式是健康的，也是积极上进的，社会为此必将大有活力，人的能力将达到根本性释放。

中国五千年历史中，有两千多年是封建社会。封建社会的小农经济使大多数人都向往平均主义。历代的农民运动都打出“均贫富”的平均主义口号。清代太平天国运动经历 14 年、穿越 18 个省，动摇了两千年的封建统治秩序和地主土地制的根基，最终还是失败了。失败的最主要原因是它错误地推行平均主义。太平天国实行消费平均，“丰荒互通”，干多干少一个样。农副产品一律归公，农民丝毫没有自主权，他们的劳动积极性从何而来？还主张废除家庭，废除商业，禁止贸易往来。平均主义带给太平天国的是生产萧条、生活困苦，百姓吃不饱，这种状态下太平天国怎么能不垮？我们从社会主义的成功经验和失败教训中也得出这样的结论：平均主义不是社会主义。平均主义给人带来惰性心态，它会形成一种扭曲的分配标准：干好干坏一个样。我们从一些学者对原始部落的研究结果也可以看出平均主义的弊端。中国学者凌纯声在 20 世纪初曾对处于原始部落的赫哲族进行深入考察研究，他发现处于原始社会的赫哲族人口逐渐减少，而使部落衰退的直接原因是“食物不足”和“游懒不事工作”（凌纯声《松花江下游的赫哲族》），而平均主义是导致赫哲族部落衰退的根本原因。原始氏族公社的绝对平均主义之所以不能长足地促进社会进步和文明，是因为它体现了不公平性，干好干坏一个样；不能激发公社社员的积极性，而且也体现出不合理性。达尔文在他的《一个博物学者的旅行记》里，记述了火地岛土人绝对平均主义的分配方式，这群土人把外地人送给他个人的毛毯，按照伙伴的人数撕成同样宽窄的长条，分给他的群体的每一个人（《思想起源论》)。

平均主义致使懒人剥削勤快人，它对社会原动力起着销蚀作用。中国历代的农民起义最终都归于失败，主要原因之一便是他们从始到终遵循平均主义；西方的欧文创建的“新和谐公社”之所以失败，也是因为实行平均主义。

西方的欧文于1824年与他的信徒一起离开了英国，到美国印第安纳州用18万多美元购买了3万英亩土地，建立了“新和谐公社”试验基地，公社建了19个农场和数个果园、葡萄园，办各种工场和工厂，还创办了幼儿园和学校，儿童免费受教育，社员享受免费医疗，商店给社员一切必需品，这是一个由农、工、商、学结合起来的大家庭，“一切人都可以无忧无虑地获得他们的身体所需的日用品”(《欧文选集》下卷)。欧文还人为地废除商品，废除买卖，消除交换关系。这种以“经济平均”为核心的“新和谐公社”，一开始还和谐，越办下去越不和谐，只维持了3年，欧文便宣布解散公社，试验失败。

显然，平均主义的经济发展模式是走不得的。

西班牙《对外政策》双月刊(2018年12月13日)惊呼：“中国花40年从穷国变超级大国”，“改革开放让中国重返19世纪前一直拥有的世界中心位置”。中国改革开放40多年来，由于实行社会主义市场经济，使人人都争着做有竞争力的人，彻底破除了平均主义，这才使一个贫穷大国一跃成为世界第二大经济体。

“发展是硬道理”，有了合理、健康、向上的经济模式，发展才会如虎添翼；“发展是硬道理”，在发展中我们要剔除平均主义，剔除贫富悬殊，剔除福利社会；“发展是硬道理”，我们坚持走公平竞争、机会均等且人人有奔头的共同富裕之路，这样的经济发展才能成为“硬道理”。

发展的本质是创新。当经济发展模式问题解决以后，创新就成发展的第一要务。创新是发展的生命，是人的全部体力和智力都处在高度紧张状态下的一种能产生新成果的有益活动。创新将想出新方法，建立新理论，做出新成绩。在创新过程中，人的心理活动会达到最高水平。高明的创新者，学别人所未学，想别人所未想，掌握新知识，筹划新点子。

发展必须思考创新。创新是关系民族兴衰、国家存亡之大事。在民族和国家需要改革又非改革不可的条件下，创新乃攸关国家之存亡、民族之兴衰。可见，谋求发展，务必思考创新。创新需要天时、地利、人和的良好环境。天时，整个世界的大环境和平稳定，经济繁荣发展；地利，社会迫切需要创新；人和，创新已然成为社会风气。创新发展中应有五忌：一忌基础不牢，二忌时机未到，三忌社会没有创新需求，四忌民众无创新需求，五忌生存危机未解决，生存是创新的前提，生存危机未解决，皮之不存，毛将焉附？

26.1　马克思主义有没有过时

有学生曾提出“马克思主义有没有过时”的问题。之所以有人提出这样的问题，是因为我们理论界对待马克思主义的态度出现了问题。中国学术界自西汉“废黜百家，独尊儒术”以后，就没有朝气了。表现在对典籍的态度上，秉承注经传统，“六经注我，我注六经”，很少有自己的创见，不敢在经典的基础之上发展。这种不良的学术研究传统，致使我们对马克思主义经典的态度也成了注释型的。这种研究马克思主义的方法本身就违背了马克思主义。因为马克思的唯物辩证法的精髓和灵魂是发展的，没有发展，就是机械唯物论。所以，我国一些马克思主义研究者重视“注”“释”，而忽视马克思主义是发展的，用停滞的、静止的眼光和态度（机械唯物主义）去研究马克思主义，这就忽视了马克思主义本来具有的生命力，更谈不上运用马克思的科学方法论去解释现实中的热点问题，自然会让大学生提出“马克思主义有没有过时”的问题。要解决这一问题，首先要纠正“六经注我，我注六经”的机械的研究方法，把马克思主义作为科学学说来对待。马克思主义是作为科学学说诞生的，因此我们应用辩证唯物主义方法论进行研究，这样才能科学地回答“马克思主义有没有过时”的问题。

如果从发现人类历史发展规律的角度来说，马克思主义跟达尔文的进化论、牛顿的万有引力定律、爱因斯坦的相对论一样，是对自然规律或社会规律的伟大发现。达尔文的进化论、牛顿的万有引力定律、爱因斯坦的相对论不会过时，马克思发现的人类历史发展规律也不会过时。正如恩格斯的《在马克思墓前的讲话》中所说：“正像达尔文发现有机界的发展规律一样，马克思发现了人类历史的发展规律，即历来为纷繁芜杂的意识形态所掩盖着的一个简单事实：人们首先必须吃、喝、住、穿，然后才能从事政治、科学、艺术、宗教等等；所以，直接的物质的生活资料的生产，因而一个民族或一个时代的一定的经济发展阶段，便构成为基础，人们的国家制度、法的观点、艺术以至宗教观念，就是从这个基础上发展起来的。因而，也必须由这个基础来解释，而不是像过去那样做得相反。不仅如此，马克思还发现了现代资本主义生产方式和它所产生的资产阶级社会的特殊的运动规律。由于剩余价值的发现，这里就豁然开朗了。”① 马克思发现的这两个规律，是与达尔文进化论一样的伟大发现。

马克思首创经济基础与上层建筑的科学概念。他在《政治经济学批判》的序言指出：“人们在自己生活的社会生产中发生一定的、必然的、不以他们的意志为转移的关系，即同他们的物质生产力的一定发展阶段相适合的生产关系，这些生产关系的总和构成社会的经济结构，即有法律的和政治的上层建筑竖立其上并有一定的社会意识形式与相适应的现实基础。”② 改革开放之所以能取得举世瞩目的成功，关键在于邓小平坚决遵循马克思上述理论，强调不断发展生产力。邓小平根据马克思有关经济基础与上层建筑关系的原理，提出了“生产力标准”，他认为“社会主义经济政策对

① 马克思，恩格斯．马克思恩格斯选集：第 19 卷［M］．北京：人民出版社，1963：374—375.

② 马克思，恩格斯．马克思恩格斯选集：第 2 卷［M］．北京：人民出版社，1957：82.

不对，归根到底要看生产力是否发展，人民收入是否增加，这是压倒一切的标准”，“正确的政治领导的成果，归根到底要表现在社会生产力的发展上”。“社会主义的优越性归根结底要体现在它的生产力比资本主义发展得更快一些、更高一些，并且在发展生产力的基础上不断改善人民的物质文化生活”。邓小平在党代会上强调：“多少年来我们吃了一个大亏，社会主义改造基本完成了，还是‘以阶级斗争为纲’，忽视发展生产力。”[①] 邓小平确立的“生产力标准”，说明马克思主义不仅没过时，而且它的基本原理违背不得。邓小平在马克思这一基本原理的基础上不仅实践了这一原理，并且发展了这一原理。我们当今进入伟大的新时代，我国的社会主要矛盾已经转化为人民日益增长的美好生活需要和不平衡、不充分的发展之间的矛盾，因而需要解放和发展生产力的“强大牵引”。习近平在马克思诞辰200周年纪念大会上也强调：“解放和发展社会生产力是社会主义的本质要求，是中国共产党人接力探索，着力解决的重大问题。”习近平在这里把“生产力”与“本质要求”结合起来，既着眼于遵循马克思发展的基本原理，又看到了在此基础上发展马克思原理的动力。这说明马克思主义不仅没有过时，而且在新时代，应在马克思原理的基础之上发展马克思主义，这样才能保证中华民族实现伟大复兴。

研究马克思主义有没有过时的问题，首先必须面对的是共产主义这个理想有没有过时。马克思和马克思主义提出人类的最高理想是共产主义社会，它是物质极大丰富，“各尽所能，按需分配”的社会，是脑力劳动和体力劳动对立随之消失的社会，劳动已经不仅是谋生的手段，而且本身成了生活的第一需要的社会。马克思、恩格斯所描述的未来共产主义社会与中国先人两千年前的“大同世界”高度契合：“大道之行也，天下为公，选贤与能，讲信修睦。故人不独亲其亲，不独子其子，使老有所终，壮有所用，幼有所长，矜、寡、孤、独、废疾者皆有所养。男有分，女有归。货恶其弃于

① 邓小平．邓小平文选：第3卷［M］．北京：人民出版社，1993：136-141.

地也，不必藏于己；力恶其不出于身也，不必为己。是故谋闭而不兴，盗窃乱贼而不作，故外户而不闭，是谓大同”（《礼记·礼运》）。不过，我们古代先人所说的“大同世界”虽然与共产主义理想高度契合，但就其内涵来看，“大同世界”这一理想是两千年的小农自然经济条件下产生的，仔细品味，它还带着“均贫富”的小农经济的理想烙印。而共产主义理想社会，是在现代资本主义发展阶段通过对阶级、社会的全面、持久的考察而提出来的理想社会，因此，共产主义还是一个哲学概念，它标志着人的彻底解放，人的自由的充分实现和人类历史的最后完成。从这一精髓和本质来看，共产主义并没有过时，而且是包括中国人民在内的全人类努力的方向。1894 年 1 月 3 日，意大利社会党人朱·卡内帕请求恩格斯为 1894 年 3 月起在日内瓦出版的周刊《新纪元》找一段题词，用最简短的字句来表达未来社会主义纪元的基础思想。恩格斯在回复朱·卡内帕的信中说除了《共产党宣言》中摘出的下列一段话外，再也找不出合适的了：“代替那存在着阶级对立的资产阶级旧社会的，将是这样一个联合体，在那里，每个人的自由发展是一切人的自由发展的条件”。“人的彻底解放，人们自由的充分实现”，这是全世界人类共同的理想和奋斗目标，而唯有为大多数人谋幸福的社会主义则是通往这一理想的桥梁，因此，马克思主义不仅没有过时，而且是我们通向共产主义社会的指导思想。共产主义社会是“以每个人的全面而自由的发展为基本原则的社会”，这种自由是“人和自然之间、人和人之间的矛盾真正解决”的自由。所以，马克思主义追求的共产主义理想社会，不仅是共同富裕，更是在共同富裕的基础之上的人的彻底解放，是要改变“将军与银行家扮演着重要角色，而真正的人扮演着可怜角色”的世界。共产主义不以人的意志为转移地发展着，因为随着经济的高度发展和文化文明的高度提高，人的彻底解放和人的自由的充分实现终将成为社会主流的追求，将会使人类社会和社会心态向这方面的趋势发展，从而不断地产生积极的变化，并越来越接近共产主义理想社会。社会的不断发展会证实共产主义不是空想的“乌托邦”，而是实际可行、可争取的伟大目标。

关于平等，在中国两千多年的封建社会，不管是农民起义还是学者提出的口号，都离不了“均贫富”。这个口号对反封建土地制、唤醒农民与封建劣绅进行斗争有现实意义，但社会一旦实行“均贫富”的平均主义，就会大祸临头。中华人民共和国成立后，我们实行的“人民公社”和“公共食堂”导致经济急剧下滑。西方学者们对平等的界定也缺乏科学性。

关于平等，马克思做出了科学的界定，他在《哥达纲领批判》一文中对拉萨尔的公平分配及“平等的权利”批评道：对“社会一切成员在消费品分配方面的平等的权利，则在任何时候都是不可能的，因为每个人（如老人和小孩）的需要不可能平等”。马克思又指出：按劳分配中等量劳动的交换所体现的“资产阶级权利”，包含着在劳动者中间存在的事实上的不平等，这种事实上的不平等摧毁了封建特权的伟大成果，它本质上意味着平等。马克思把平等的本质点出来了，而且它极富现实指导意义。显然，马克思主义并没有过时。

特权是以权力凌驾于一切之上的，因此它是不平等的典型；贵贱是以身份和血统凌驾于一切之上的，因此它也是不平等的典型；由特权、贵贱所形成的人的升迁和金钱的增值而造成的贫富悬殊则是社会最大的不平等。其理由是它把贫富升迁作为社会固有的不变化的形态，既使“上层”逐渐僵化，又使“下层”没有发奋的动力，因为再发奋也没有奔头。因此，封建社会、资本主义社会是不公平的社会。那为什么能力差异是平等的呢？比如农业科学家袁隆平因创造了卓越的成就，他的报酬与普通农民和农技师有差异，这种差异应是平等的。能力的差异在最文明的社会也是存在的，即使社会的阶级消失了，因为个人的能力、智慧、体力、方法、技术是有差距的，也必然体现在工作和报酬上。能力差异的价值不仅应在报酬中体现，而且应在精神待遇中体现，这样才能使人有希望，激励人人争先；把自私心向良性方向引导，让社会发展成良性社会。所以，正视能力差异是真正的平等，绝对平均主义才是一种不平等。

关于马克思主义是否过时的讨论，不能回避市场经济。马克思对商品经济持谨慎态度，他在一般地谈到未来社会消灭市场经济生产的同时，强调“这需要有一定的物质基础或一系列物质生存条件，而这些条件本身又是长期的、痛苦的历史发展的自然产物”。斯大林漠视马克思强调的这一系列条件，否定了市场经济，实际上就否定了经济的内动力和公平竞争，这一错误经济理论是导致苏联以后解体的主要内在原因。哈佛大学经济学和哲学教授、诺贝尔经济学奖获得者阿玛蒂亚·森在《重读亚当·斯密：我们不需要新资本》一书中谈道：亚当·斯密在论述市场经济时却从未使用过“资本主义”一词。邓小平在 1985 的 10 月 23 日回答美国时代公司总编辑格隆瓦尔德的问题时回答道：“社会主义和市场经济之间不存在根本矛盾。问题是用什么方法才能更有力地发展社会生产力。我们过去一直搞计划经济，但多年的实践证明，在某种意义上来说，只搞计划经济会束缚生产力的发展。把计划经济和市场经济结合起来，就更能解放生产力，加速经济发展。”① 中国改革开放的伟大成就证明邓小平的这一论断是完全正确的，也证明邓小平不把马克思主义作为“教条”，而是根据马克思经济原理发展马克思主义。这使中国改革开放既实施市场经济，又吸取了原计划经济的合理内核，创立了有计划的市场经济，它既避免了美国、英国的新自由主义市场经济，即无政府主义的市场经济，又避免了苏联的完全被动的计划经济，使中国经济从此进入快车道，也避免了 2008 年美国次贷危机引起的国际金融危机。

关于马克思主义是否过时的讨论，还应涉及阶级斗争。马克思在关于阶级的理论中，特别强调“阶级是一个经济范畴”。脑体分工本身就是最初阶级划分的基础。由于分工和私有制的出现，使垄断精神生产的剥削阶级与全部承担体力劳动的劳动阶级处在根本利益相互对抗的关系之中，人类自此进入阶级社会。阶级社会几千年的发展，不过是剥削阶级对劳动人民剥削的程度以及劳动人民对剥削阶级依附的具体方式的变化。人类历史发

① 邓小平．邓小平文选：第 3 卷［M］．北京：人民出版社，1993：148-149.

展的阶段中，阶级斗争是不可避免的，阶级斗争本身就构成了人类历史发展的一种推动力量。马克思和恩格斯旅居英国曼彻斯特城后的 20 多年间，目睹了工人的惨状。马克思每年至少去曼彻斯特城一次，每次停留的时间都不短，工人的惨状震撼了马克思。恩格斯曾在《英国工人阶级状况》中如此描述“小爱尔兰”：在高大工厂和建筑物之中，有 400 多座木屋，供 4000 多人居住，大多数来自爱尔兰。木屋又脏又破又狭小，街道坑洼不平，水坑中漂着令人作呕的污物和垃圾，周围数十根烟囱排出的烟雾污染着空气，一群衣衫褴褛的妇女和孩子出没其中……在如此阴暗、潮湿、污浊不堪的环境中生活的人，一定承受着人类所能忍受的极限。当年霍乱、伤寒流行，死亡率极高。马克思在这里见识了“肆无忌惮、冷血无情的资本主义的经典产物”。马克思、恩格斯发现，曼城每到星期天就有 3000 多个工人集体坐在路边谈论政治、社会和文化，这是很震撼的场景。工人们把宗教歌曲或赞美诗改为世俗歌曲，唱出他们需要联合力量改变社会现状的心声。马克思建立的阶级理论学说就是通过在英国曼彻斯特目睹现状和反复思考得出的结论。所以从某种意义上来说，马克思建立的阶级理论学说，是被压迫者反抗压迫者的学说。所以在“五四”运动前后，灾难深重的中国人民和中国共产党接纳马克思主义也是自然而然的事。“阶级是一个经济范畴”，当我们处于社会主义条件下，阶级发生了根本性的变化，还“以阶级斗争为纲”，这就违背了马克思的阶级学说，就必然要犯严重的错误。时至今日，马克思、恩格斯当年探访过的纺织厂几乎都不复存在，发达资本主义国家“白领工人”在工人中的比重加大了，工人实际工资水平有了较大提高，生活有了较大的改善；一部分工人还购买了股票，成了股东，可以拿到股息，工人的状况与马克思、恩格斯时代大不同。那么马克思、恩格斯的阶级学说过时了吗？法国以下层工人为主体的“黄背心”的示威游行影响到全欧洲、美国“占领华尔街”运动等告诉我们，发达资本主义社会阶级和阶级矛盾以新的形式出现了。

另外，马克思、恩格斯创立的辩证唯物主义是我们事业制胜的理论武器。可以说，从抗日战争到改革开放，中国近现代历史上的每一次进步都是辩证唯物主义的胜利；而每一次失败和错误，都是抛弃、忽视、歪曲唯物辩证法的结果。马克思在他的《关于费尔巴哈的提纲》中全文强调“实践是检验真理的唯一标准”，他指出“社会生活在本质上是实践的”。我们的改革开放遵循马克思这一原理而走向胜利。

马克思的批判精神永远闪光。这种批判精神不仅使他成为世界级的思想大师，也使他为人类贡献了他发现和创立的伟大学说。马克思的批判精神之所以是无价之宝，是因为科学的精神是批判，批判是一种扬弃，是一种对旧理论的修正，是提取旧理论中的合理内核加以肯定、继承并发扬光大，也是继承中的发展，而非全盘否定。批判精神之所以重要，是因为事物是发展的，理论也应如此。因此应学习马克思，拿起批判的武器因势而动。伟大的世界思想大家，他们的伟大成果总是在批判中出现的。

马克思主义是科学学说，不能把马克思主义宗教化、本本化、狭隘化。我们对马克思主义的认识应与时俱进，其基本原理是相对真理，但根据基本原理生发出新的思想和新的内涵，也是马克思主义发展的需要，比如邓小平提出“社会主义市场经济”的成功实践，就是对马克思主义的发展。钱学森生前曾提出用中国传统思想精华丰富发展马克思主义，就很有现实意义。他是这样说的：“人类到今天的实践证明了只有马克思列宁主义是真理，是人类思想的最高概括。但真理也没有止境，还要发展和深化。马克思、恩格斯、列宁对中国古代思想不可能了解很多，毛泽东同志在他的著述中常见有中国古代思想的闪光。把中国传统思想中的精华用来丰富、发展马克思列宁主义，用我们民族优秀智慧加以充实和扩展”（《钱学森对胡孚琛的复信》）。笔者认为，“和而不同”、对立即互补、天人合一则可丰富唯物辩证法。

26.2 试论经济的波谷式发展

2019 年，中国经济下行压力增大，很多机构把原因归结为中美贸易摩擦。就中国经济的基本面和主要指标而言，中国经济 2019 下行的压力主要来自中国经济自身的波谷周期运动。也就是中国经济转型的周期性转换出现的必然结果。把中国经济的下行压力主要归结于中美贸易摩擦，甚至认为增速放缓就是“扛不住”，这显然是因为对中国经济运动轨迹认识不清，属于严重的误判。

经济自身的波谷周期运动是怎么回事？

波谷周期运动是稳定物质的基本状态。因为基本粒子是构成物质实体的基本成分，是元素的最小部分并参与化学反应的单位，研究物质运动形式就必须研究物质最微观的运动形式。天体运动是构成宇宙实体的基本成分，是宇宙整体的“细胞”，研究物质运动形式也必须研究物质最宏观的运动形式。只要把原子和天体的运动形式确定了，物质运动的基本形式也就确定了。当代基本粒子的研究成果告诉我们：原子里的原子核内不断地进行曲线运动，原子核外部的电子不停地高速绕着原子核进行圆周运动。当代天文学的研究成果告诉我们：一个天体在单个质量的影响下，其运动的轨迹必然是圆，或椭圆，或抛物线，或双曲线（圆锥曲线）。行星绕太阳运动的轨道是椭圆，而太阳绕银心旋转的轨道也是椭圆。

波谷周期运动的波峰，是指物质运动的任一指定时刻，波到达的各点都处于不同的振动状态，凡位移具有正向最大值的位置；而波谷周期运动的波谷，则是具有负向最大值的位置。圆或椭圆，我们任取一点为波峰，那么这一点相对的一点则是波谷。所以说，圆或椭圆是最标准、最典型的波谷周期运动构成的，因此，构成物质实体的基本成分的原子和构成宇宙实体的基本成分的天体，它们的运动方式均属于波谷周期运动形式。就地球上的生物来说，它们也是以波谷周期运动形式而存在。例如地球上植物的光合作用、动物的呼吸运动无一不采用波谷周期运动形式。就人的心脏运动及高级神经的脑力活动而言，我们从心电图和脑电图上就可以一目了然地看到它们进行波谷周期运动的过程。总之，天体、原子以及生物体，其基本运动均采取波谷周期运动形式。既然波谷周期运动形式是物质的基本运动形式，要了解物质运动的本性，就要研究波谷周期运动的特性，而研究经济运行规律，也应了解其基本特性。

波谷周期运动的第一个特性是：波谷周期运动的波与谷互为前提。波通过一定阶段时间能量的释放或消释，为谷所需能量的蓄积或储备创造必要的条件；谷通过一定阶段时间能量的蓄积或储备，为波需要能量的释放或消释创造必要的条件。没有谷的能量的蓄积或储备，就没有波的能量的释放或消释；没有波的能量的释放或消释，也就没有谷的能量的蓄积或储备，它们彼此互为前提。所以，就运动的波或谷而言，是没有积极和消极之分的，只是表现形式和内涵不同罢了。

中国企业大多生命周期不长，往往会在转型升级尚未提到议事日程的情况下就在市场上消失，最根本的原因就是企业家们在管理运作中缺乏对经济波谷周期的基本认识，认为发展就是任其疯长，或者视经济规律为儿戏，任意扩张。更为严重的是，不仅不“适度”地发展，而且没有认识到高潮过后必有低谷，对周期中谷的到来完全没有准备。一旦谷的周期到来，看不到它的积极面，也不会去积极应对，而是在惊慌失措中乱投医，所以就很容易倒在谷的周期上。

中国经济下行压力加大，很多机构和专家对中国经济的判断过于悲观，这种悲观主要是因为只看经济的单一数据表现，而忽视经济运行的正常波谷现象。2018 年的中央经济工作会议在谈及中国经济“稳中有变、变中有忧、外部环境复杂严峻，经济面临下行压力”的同时特别指出，世界面临百年未有之大变局，变局中危和机同生并存，这给中华民族伟大复兴带来重大机遇。这个论断是准确的，在中国经济下行趋势下给出了一个“定海神针”。中央抓住了中国经济发展的关键问题绝不是经济发展速度下滑，而是在速度下滑背后，如何实现经济增长引擎转换。比如供给侧结构性改革、减税增值等措施，使中国经济不仅止于下滑，而且出现了全球下行我微升的局面。坦率地讲，这些举措充分利用了我国的制度优势，但还没有充分运用波谷周期运动曲线，即在波的能量的释放或消释期对“适中”和以后谷的能量的蓄积或储备的准备不足，如果准备充分，就会泰然度过谷的阶段。准确地掌握波谷周期运动曲线，对于研判中国战略机遇期的新内涵及下一个30年中国经济发展的大趋势，都具有重要意义。

用波谷周期运动曲线原理，完全可以预测西方发达资本主义国家的经济危机。例如2008年由美国次贷危机引发的国际金融危机，完全可以运用波谷周期运动曲线原理预测。西方的两次经济危机都是在西方经济大繁荣之后，是不是凡有“大繁荣”必有“大萧条”呢？若用波谷周期运动曲线原理来审视，繁荣的波和下滑的谷是相辅相成的，如果这种繁荣是健康的，那么下行的谷也是正常的、必然的，不按人的意志行动的。关键是西方经济危机之前的“大繁荣”是“不健康”的，这就必然带来“大萧条”，而“大萧条”也是不正常、不健康的经济现象，即违背了经济发展规律，它必然会存在巨大的隐患，造成严重的国际国内不平衡，实体经济与金融市场不平衡。美国靠贸易保护主义政策大量向欧洲出口，而欧洲国家经历第一次世界大战后普遍成为债务国，进口能力逐渐减弱。这一时期的经济繁荣是靠大量投资带动的，但农业不景气，农民收入下降；工人工资提高很慢，且新技术排挤了部分就业；企业大量发展赊购维持虚浮繁荣，银行信用急剧膨胀；把大量资金投入股市。然而，1929年10月29日，华尔街股市一天之内暴跌40%，银行资金链断裂，企业投资急剧缩减。最要命的是，当时的总统采取新自由主义经济政策，政府不提供财政支持，过度相信市场这只“看不见的手”。这样一来，当经济从波向谷发展时，就急剧下滑，一发不可收，变成了经济“大萧条”。工人大量失业，消费者无法还贷，西方经济危机就必然在谷的周期中来临。在2008以年前，美国和西方发达资本主义国家经济也出现“大繁荣”局面，这种“大繁荣”也是因为存在“不健康”因素，即违背经济规律造成的。西方经济以美国为代表，美国经济又以华尔街财团为核心，华尔街财团以追求“最大利润”为己任，他们的口头禅是“贪婪就是好”，这极大地违背了经济发展规律。而经济发展规律告诉人们，只有追求适度的“满意利润”才是健康的。这是资本主义无法改变经济危机的致命伤。加之曾担任过纳斯达克股票市场公司董事会主席，还担任过美国证监会顾问的麦道夫，利用他强大的权力和金融传销游戏，制造几千位客户的假税收记录，成了华尔街金融诈骗案的主角，从而引发必然要爆发的2008年国际金融危机。

2008年国际金融危机为什么没有在中国发生？如果我们在改革开放之初也接受美国人的建议让人民币实行自由兑换，如果让外国资本自由地进入中国，如果让外国资本掌握中国的铁路、航空、石油、粮食生产，那中国在这次国际金融危机面前必遭灭顶之灾。中国搞市场经济，但不搞新自由主义的市场经济。正因为我们发展有指导性的市场经济，才使中国在2008年国际金融危机中免受摧毁性的损伤，中国也才能利用国家的力量，通过一年的艰苦卓绝的努力扭转了经济下滑的颓势，成为当时世界上经济领域最先恢复元气的国家。

26.3　我们不能走法国式的“共同富裕”之道

基尼系数被公认为是反映一国社会分配公平状况的指标。按联合国有关组织规定：基尼系数低于0.2，表示收入分配绝对平均；基尼系数为0.2~0.3，表示收入分配比较平均；基尼系数为0.3~0.4，表示收入相对合理；基尼系数为0.4~0.5，表示收入分配差距大；基尼系数在0.6以上，表示收入差距悬殊。国际上通常把基尼系数为0.4作为收入分配的警戒线，一般其在0.24~0.36之间为正常。据统计，2018年法国的基尼系数是0.295，是发达国家中贫富差距最小的国家之一（发达国家平均为0.315）。这就是说，法国的社会分配不仅处于合理的区间，而且体现出“共同富裕”。就是在这个“共同富裕”的国度，问题特多，最为突出的两大问题：一是法国人被称为“欧洲懒人”；二是“衰落论”侵蚀法国人的自信。对于在为“共同富裕”而奋斗的中国人来说，这样的“共同富裕”不是我们的目标。

笔者曾在法国巴黎凯旋门附近，看见一群中年男子无忧无虑地扔石头玩，从穿着来看，他们肯定不是豪华绅士，而是失业者。他们之所以无忧无虑地混日子，是因为国家有高福利保障，他们甚至比干工作的人过得更好。若再到巴黎大街小巷走一走，就可以看到无论是阳光明媚，还是阴雨绵绵，无论是正午之际，还是子夜时分，处处是悠然自得的男女，或独自品饮，半小杯意式咖啡能喝上几小时；或谈天说地，为一只远在亚马孙河的蝴蝶争论不休。一位法国总统对“罢工潮”抛出狠话：“我不会向任何人退让，包括懒人、厚颜无耻者、极端主义者。”游行中却有民众喊出“马克龙滚蛋，懒人们已上街”，这实在是悲哀！

法国人自甘做“懒人”而无所谓，这都是高福利社会长期惯养的结果。法国“懒人群体”的产生，源于第二次世界大战后左派社会党登台执政，“社会运动”方兴未艾，法国人的社会福利大幅度地提高。自此，法国人一直享受着欧洲最好的社会保障。政府在社保方面的支出占 GDP 的比重超过 30%。法国政府公布的数据显示，随着人口老龄化问题不断加剧，如不进行必要的改革，法国 2018 年退休金赤字会达到 42.3 亿欧元，养老金体系破产对法国来说已不是危言耸听。法国人参加工作的收入还不如不工作的高，这样谁愿意去工作呢？比如 27 岁的女人奥莱丽有两个孩子，一个 2 岁，一个 6 岁，如想靠工作维持生活，这位年轻的母亲就失去了社会补助，收入反而比待在家里时更少，生活变得入不敷出。据《欧洲时报》报道，奥莱丽与丈夫都和雇主签订了长期合同。两个人每月能挣近 2400 欧元。家庭津贴办公室补助他们夫妇 290 欧元育儿费，给两个孩子 129 欧元。但到月底，付完保姆工资、房租和各种杂费，他们只剩下不到 30 欧元。她待在家里不用花照看孩子的钱，靠丈夫打工的工资，手头反而更宽裕。但奥莱丽想工作，喜欢做自己喜欢的事。作为女性，她有工作的权利，却“因工致贫”。奥莱丽的遭遇不是个别现象，这怎么能使人有工作积极性呢？

自 20 世纪 80 年代以来，法国的收入贫富差距在不断地缩小，从发展中国家的眼光看来，已经达到相对“共同富裕”的水平。其 10% 的最穷的人只是因缺钱而无法度假、下馆子、参加各种文体活动。法国这种相对“共同富裕”的社会为什么让勤劳的法兰西人成了懒人呢？根本的原因是法国等西方国家在搞资本主义的平均主义。就法国的历史来看，法国人整体对缩小贫富差距一直有着强烈的愿望，这本来是大好事，但政府却以高福利来响应竞争的环境，低收入者也没有更多机会和空间提升自己，从而使工作的比不工作的收入还低，成了资本主义的“不患寡而患不均”的平均主义，社会整体失去了动力，人民身上体现出懒散和不上进。

由于人民整体懒散，法国的历史光荣不复存在，经济焦虑弥漫民间。《悉尼先驱晨报》援引专家的话说：“法国害怕世界，害怕别人，甚至害怕他们自己，他们害怕自己的恐惧。”研究法国历史文化的著名专家普罗夏松曾用这样一段话描述法国的光荣，“在 19 世纪，大家可以不去伦敦，不去维也纳、柏林，不去圣比得堡，也可以不去罗马，但无论是谁，不管他什么出身，也不管他是什么国籍，他却不能不去巴黎”，因为那时候，“巴黎是世界神经中枢，正如雅典原先是希腊的思想灵魂一样”。笛卡儿、孟德斯鸠、伏尔泰、卢梭、狄德罗、爱尔维修这些世纪哲人，以及莫里哀、司汤达、巴尔扎克、雨果、大仲马、小仲马、福楼拜、莫泊桑、罗曼·罗兰这些文艺巨星都曾去过。对祖先曾为拿破仑而战的法国人罗兰德来说，凯旋门成了衰败的象征，“令人感觉光荣不再，法兰西失去了曾经拥有的光环”。法国的历史教师菲利普痛惜地说：“法兰西不再拥有值得夸耀的军事力量，不再有竞争力，这使得法国在国际上和外交上沦为二流国家，它的声音不再被所有国家听到。”

中国人民正在从贫穷走向共同富裕的道路，但我们不能走法国式的“共同富裕”之路，我们从中可以吸取以下五点教训。

其一，共同富裕是中国人民几千年来追求的目标，但绝不能人富裕了，却变懒了。懒惰若成为国民的主流，这个国家和民族也就没有希望了。我们中国人走共同富裕道路的决心坚定不移，必须大家富裕，而且国民的上进心应却越来越强，这就需要坚持竞争原则并形成健康的竞争机制。只有大家都努力上进并且能公平竞争，才能使人民日益增长的美好生活需要和不平衡、不充分的发展之间的矛盾得以解决，靠守株待兔的懒人是解决不了的。

其二，平等是人的内心的诉求，是一种自我价值的确认，也是社会对人的一种尊重。而平等绝不是平均主义，平均主义是一种剥削行为，是懒人剥削勤快人的行为。因此，我们为之奋斗的共同富裕社会，其在物质上应体现出按能力分配，多能多得，又不会导致贫富悬殊；机会均等而非分配平均；优胜劣汰而非优劣混淆。

其三，人的等级贵贱是社会制度决定的，人的能力高低是智慧决定的，人的种族文明程度是地域形成的。因此，所有的人，无论出身、种族、财富及实际社会地位如何不同，都具有自然法赋予的权利，这一点是相同的。因此，人在社会上也应该是平等的。这种平等，就应抛弃等级、贵贱之分，追求智慧形成的平等，即按人的能力高低而获得合理的报酬，激励人的上进心，鼓励智慧的竞争。在中国，就应让袁隆平式的有智慧者获得高报酬，为全民树立正能量的榜样。

其四，用“斜河床原理”防止自己打败自己。法国的相对“共同富裕”反而造成国民懒惰和国家衰败，这是整个以高福利为核心的平均主义分配体制造成的。我们观察水势时会发现，在封闭的水潭，水会成为死水，很容易发臭；在平缓的河床，水则缓慢趁势而流；若在斜河床上，则水流加速，波浪滔天；若河床落差几十米，水即成瀑布。人如水，一个追求共同富裕的国家，应使人人都充满活力，不断向上，争先恐后。人人都以通过奋斗获得幸福为出发点，既力所能及又尽力而为；既勇往直前，又再接再厉；既意气风发，又满腔热忱。因此，在分配体制上就要舍去封闭、平缓或落差巨大的“河床”，而采用“斜河床原理”。

其五，请给低收入者更多上升的机会和空间，防止社会结构固化。法国穷人的典型“画像”是年轻、低学历、有家室，职业常常是工人，非熟练的劳动力，生活在大城市郊区或中小城市及农村。他们没有多少上升的机会和空间，而且社会结构固化。这给我们这个发展中的大国一个重要启示，诸如去北京、上海、广州闯荡的“北漂”“南漂”，他们有才智，却因房价昂贵而被迫退却，我们能不能创造一些供低收入阶层聚居的住房呢？许多老字号名小吃、名排档都是借助旅游景点发展起来的，它既是一种文化，又是低收入者就业的一种渠道，我们为什么不加以扶持呢？最重要的是，我们要打通底层人士向上发展的绿色通道，防止社会结构固化。

27 论权变

不能因时、因地、因事而权变者，肯定会落后，会失败；但不符合客观规律和国情的权变，也同样会导致失败。只有既遵循客观规律，又适合于国情的权变，才可能使大海之舟顺利地行驶到彼岸。

权变是按客观规律因势利导而变。因此，在千变万化的世界中，权变者立，不懂权变者败。这就像人随着春、夏、秋、冬的变化而选择合适的服装一样，是很平常、很正常的事。但有人却非要在酷暑穿棉衣，在寒冬穿短裤背心，不去适应气候的变化。这种不善于应变的人无疑会招来病患。

我们可以用下面几句话简单概括权变：因人制宜、因时制宜、因地制宜，灵活而不是固守的，多变而不是单一的，既权衡轻重，又随机应变。也就是说，权变者对外界变化不是被动应付，而是依据环境的自变数与管理方法的因变数之间的函数关系来确定一种最有效的应对方法。故孔子和孙子对权变都给予高度的关注和评价。孔子把权变放在共学、同道、守道之上，作为四个层的最高层次。孙子把能运用权变者视为神奇的人和智谋高超的人。

权变者，首先要掌握权变思维。思维是行动的先导，权变思维则是权变行为的先导，因此权变者不能忽视权变思维。权变思维首先要具有常和变的思维。常和变不仅能反映事物的常住性和变动性，而且能反映事物运动过程中的客观必要性（常）和偶然性（变）、普遍性与特殊性、共性和个性的关系。因此，把握事物变化时应考虑的稳定性（常）和灵活性（变），甚至也体现在社会的守旧与革新上。没有相对的稳定，变化着的事物就会变成没有形状的东西，我们无法去认识它；同样，没有体察出事物的质、量、结构、职能的变化，会使稳定成为僵死的、没有生机的对象。显然，这两者缺少任意一个都是不可取的，也说明常和变存在着辩证关系，它们在一定条件下会互相转化。中国古代思想家曾有一次“常变之争”，连儒家的孟子、荀子都各执一端。孟子主张“守常”，荀子则认为“常”应不以人的意志为转移。而庄子则认为一切事物变动不居，没有常住性。后来西汉的贾谊主张治理社会应遵循“变化因时”（《贾谊集·过秦论》），可惜他33岁作古，其哲学思想未能影响到汉帝。当时的董仲舒则反对变，“道之大原出于天，天不变，道亦不变”（《春秋繁露·举贤良对策》），这成了他提出“罢黜百家，独尊儒术”的哲学根据，其被封建统治者采纳之后戕害了中国两千多年。

权变思维还应具有“物生有两”思维。“物生有两”这一哲学思想虽然是春秋时晋国史官史墨提出来的，但它起源于《周易》。《周易》提出的太极分阴阳，阴阳二爻相互交错，阳刚和阴柔两种势力互相摩擦，“一阴一阳谓之道”（《周易大传·系辞上》），阴阳二爻不能孤立存在，天地万物都有阴阳两个对立面等思想，对史墨“物生有两”思想的形成有直接影响。史墨认为：“物生有两，有三，有五，有陪贰”（《左传·昭公三十二年》）。万物生来，有时是两个在一起，有时是三个在一起，有时是五个在一起，都有其配偶。

权变思维还应具有一分为三思维。一分为三思想始于老子：“道生一，一生二，二生三，三生万物”（《道德经·第二十四章》）。但老子这一思想只能说是“一分为三”思想的萌芽，真正完整提出“一分为三”思想的应该首推西汉的杨雄，杨雄针对《周易大传》提出不同的玄理论，认为事物的发展过程是按“一分为三”的模式进行的，因为世界上最原始、最根本的东西是“玄”，由“玄”产生阴阳，由于阴阳的消长变化使世界一分为三，三分为九，九分为二十七……以至于万物。这样，在认识世界的构造和宇宙发生论的内涵方面，与“一分为二”迥异。

权变思维如果植根于“常和变”“物生有两”“一分为三”的哲学思维

中，将会使其发出耀眼的光芒。“常变”思维保证了权变是因时而变、按规律而变，而非乱变；“物生有两”这一哲学思维使得权变思维向纵深发展，因为它正确揭示了事物变化的根源是其内在对立面（两）的相互作用。“一分为三”的哲学思维则引导我们从另一个视角、另一个侧面去观察事物，是“常变”思维与“物生有两”思维的重要补充，其使应变者的思维不至僵化。权变思维植根于上述三个哲学思维，势必日趋完善。

权变者的目的是随机应变地制胜，因此必须坚持三项原则：一是审时度势原则。审时度势就是要审察时机、忖度形势。因为事有常变，理有穷通，人各有志，所以必须因应行事，从实际对象和环境出发去思考、去考察、去裁决。具体来说，就是权衡利弊和灵活多变。权衡利弊是灵活多变的先导，灵活多变是权衡利弊的继续。光有权衡利弊而无灵活多变，审时度势就无法实现；光有灵活多变而无权衡利弊，就会造成乱变。二是以义权变原则。以义权变是指在权变时坚持以正义为先、以公理为先的原则，因为不以正义或公理为先的权变，是不得人心的。干坏事，不管怎么灵活机动，最后总会受到惩罚。权变应以正义和公理为先，即使路途艰难，最终会取得胜利，而非正义的权变即使能一时得逞，最终定会以失败告终。故荀子主张“君子能以义屈信变应”（《荀子·不苟篇》）。三是集中优势原则。这里泛指两方面的优势，即数量优势和特长与谋略优势。凡卓越的军事家都强调集中优势兵力去胜敌。孙子在这方面极为突出，拿破仑也十分强调集中优势。如果将集中优势兵力仅局限为数量上的优势，这就片面了，它还包括特长和谋略上的优势。四是正反互变原则。正反互变是指权变时要精通辩证法，运用自如，因势利导。因为“正复为奇，善复为妖”（《道德经·第五十八章》），正常随时可变为反常，善良随时可以变为妖孽。因此，权变家的胆量来源于深知事物的正反互变，要能临变不惊，因变而用之。运用正反互变要将精力集中于主攻目标，不让其他诱惑分散精力；要善于洞察形势，若我老彼壮，则不去干，若我壮彼老，则去干；权变时不要盲目乐观或丧气，自信来源于自身的潜力、实力和精力；权变时不要

“乐极生悲”“饮酒失事”；权变者要着力于向时机成熟的方向去变，还要抓住主要矛盾去变，必要时可采取引而不发措施，以威慑力钳制对方。权变家最应懂得“知止”，任何事物的发展都有限度，要见好就收。“知止”是种高级智慧，故老子言：“知止可以不殆”（《道德经・第三十二章》）。

权变是对付突发事件的撒手锏，随物而变、随时而变、随机应变是制胜的法宝。权变非乱变，善于权变者，是按客观规律因势利导而变，所以权变是使弱变强，使强变得更强的法宝。孔子特别提倡通权达变，把它看成是制胜的法宝。对一个国家而言，时有席卷而来的瘟疫、突发的洪水、泥石流、地震、意外的战争，这些灾祸总是意外降临，来势汹汹，如果缺少权变能力，就会束手无策，坐以待毙。

在竞争日益激烈的当下，要想发展自我（包括个人、群体和国家），就需要权变。因为世界的发展是动态的，瞬息万变的，稍有怠慢就会落后。一个国家、一个企业、一个人，都要适应这个动态的世界。要适应这个动态的世界，就要与其动态变化相适应，动态地适应动态发展的世界就是权变。

27.1 权变八法

在瞬息万变的世界中，善于权变，发挥自身的应变能力及创新竞争能力，往往是制胜的法宝。权变如此重要，它有没有一定的规律可循呢？有，那就是权变八法的组合。

权变八法即起、承、转、合、攻、守、退、让八法。起，即开启、创造；承，即承接、调节；转，即转化、反思；合，即综合、合作；攻，即攻击、攻心；守，即守护、不进不退；退，即退却、撤销；让，即谦让、示弱。应变由这基本八法所组成，起、承、转、合着重于认识活动的思维和意向活动的思虑，偏重于弄清事物本身及其互相之间的联系，以及考虑怎样去做、去影响、去改变或者造成某种客观的想法，或对成为现实的客观事物的思想活动，即开启、创造、承接、调节、转化、反思、综合和合作、打算、设计、意图、谋虑。攻、守、退、让则着重于意向活动的思虑与意志，与行动更接近一些。不管怎样，这八种权变方法都有自己独特的应变能力，而将自己独特的应变功能与其他应变方式相联系，就能组成一种新的权变方式。

起、承、转、合、攻、守、退、让是权变的8种基本方式，它们就如《易经》八卦中的天、地、雷、山、火、水、泽、风8种基本形态一样，可以万变。应变的8种基本方式可以两两组合，进而生出64种权变方式，也可以3个组合、4个组合、5个组合、6个组合、7个组合，直至8个组合，形成变化多端、绚丽多姿的壮观局面。

起，即开启，创造。万物以首创为贵，也以首创为最难，起也是权变八法中最难的手法。开启、创造就要求权变者具有产生新想法及新事物的能力。要使自己有起的权变能力，首先不能固守求同思维，要关注现象之间的差异，揭示现象与本质之间的差别，对人们认为完美的定论持质疑态度，并能打破思维的墙。创造速算法的史丰收，在读小学时就爱反常规思考问题，人们读、写数字，都是从左到右，从高位开始，而运算起来为什么偏爱从右到左、从低往高呢？能不能从左到右、从高往低呢？这个想法得到了老师的鼓励。后来，他创造出了从左到右的多位数速算法。韩信在井陉之战中处于劣势时，他反兵家之常道而行之，利用兵家“背水阵”之大忌制胜。起的特点体现为新颖独特，与众不同，尤其体现在奇特、奇险、奇怪上。

承，即承接、调节。承接就是承前启后，它显示出一种相对稳定性。这种相对稳定性是某种权变所需要的，以不变应万变本身就是一种重要的权变。事物发展都有一个稳定期，即有一个积极的保守期。承指承袭、巩固前面的成果。一个国家、一个企业乃至一个人，都有一个成熟期，这时其各个方面都趋于成熟，处于最佳状态，就应采取以不变应万变的方法。权变的基本法承还有调节的意思。《易传》里有一句话是“裁成天地之道，辅相天地之宜”，“裁成”“辅相”即是加以调整。天能胜人，人亦能胜天，这就需要充分遵循客观规律，因势利导，在一定的条件下才可达此目的。

转，即转化、反思。万物在一定条件下就会向它的反面转化。中国传统观念中的俯首听命、逆来顺受、单一规则、单干标准，以及单一型思维习惯对自己是十分有害的，也会阻碍事业发展。因为凡事都不是一成不变的，今天的人与明天的人看似一样，其实是不同的。变是宇宙和大自然的根本法则。对待变化的事物，我们不能用凝固不变的思维去看待它，也不能用凝固的不变的规则去固定它。转的权变基本法还有一层反思的意思，指对于实践和理论的反复思考、再度考察，进而矫正错误，确保正确。就企业的经营来说，经营不盈则亏，甚至破产。在失败前做好反败为胜的准备，就可以拯救一个企业。被称为“照相业的偶像”的百年柯达，为什么会申请破产保护而走向末路呢？就是因为柯达掌门人用凝固不变的视角看待自己和世界，结果数码照相新技术为其敲响丧钟以后，他才惊醒，而为时已晚。

合，即综合、合作。综合就是创造。当今社会，信息在社会生产和人类生活中的地位和作用日益显现，社会的各个部分相互贯通、相互渗透、相互作用、相互融合，构成了一个统一的、综合的有机体。合这一权变基本法，还包含合作的意思，在全球化日益加快的今日，合作的价值就更为明显。中国的经济发展离不开世界，世界（包括美国）的经济发展离不开中国，任何一国在经济领域不能独善其身，更不会独赢，只有合作共赢、相辅相成、取长补短，才会使自己大发展。

攻，即攻击、攻心。主动出击，往往能制胜。拿破仑曾一度威震天下，就是因为采取攻势作战。他摒弃防御而取攻击，先集中优势兵力攻敌军主力，达到“擒贼先擒王”之目的，攻击神速如闪电。西汉时期，李广仅有百余骑时遭遇匈奴几千余骑，兵士惶恐想往回撤，李广却让大家对着众敌“前进”，在离敌两里地停下来“下马卸鞍”，敌怕有伏兵不敢前行，待黄昏后多疑的匈奴大军怕有暗算而退去。这种心理战充分展示了在某种状态下实施进击的威力，它既是攻击，又是攻心。关于攻心，孙子就主张“上兵伐谋”，攻心为上。诸葛亮七擒孟获，最终使孟获归顺是典型的攻心案例。清人赵藩在成都武侯祠有一妙联，就是对攻的权变内涵的补充：能攻心则反侧自消，从古知兵非好战；不审势即宽严皆误，后来治蜀要深思。

守，即守护，不进不退。在某种情况下，守比攻更重要，守甚至还决定战略的得失。第一次世界大战前，法军统帅部视拿破仑“攻势作战”战略为万古不变的教条，竟提出“遇敌即须进攻”，使法国“攻击万能”论在战争一开始就遭遇不利。守还有一层意思是不进不退。老子说：“将欲歙之，必固张之；将欲弱之，必固强之；将欲废之，必固兴之；将欲取之，必固与之”（《道德经·第三十六章》）。当今对待霸权主义的霸凌，可在有条件的地方采用此法，从而蓄积力量，待机而发以制止霸权。

退，即退却，撤销。在某种条件下，果断地退却往往会带来转机，使自己从危亡走向胜利。军事上、政治上如此，经济上也是如此。而退的另一层意思是撤销，指撤销原来不合理或不可行的方案或部署、原来的旧观念，以及承认自己的过错并加以改正。这最后一点，对权威或国家首脑来说，往往是最难做到的。封建君王李世民做到了这一点，才有了举世闻名的贞观之治。

让，即谦让，示弱。谦让不仅是一种美德，而且也是权变的基本法。中国自古就主张不失原则的谦让，不去侵略别国，但别国一旦侵略就要坚决反抗，这是《易经·谦》卦中肯定的真正的谦让。让还有一层含义是示弱，即在某种条件下，能而示之不能，用而示之不用，近而示之远，远而示之近（《孙子兵法·计篇》）。孙膑对骄横的魏军示弱，减灶诱敌深入，才有马陵之战痛斩庞涓。

此权变之八法，若能根据客观环境的变化而灵活运用，对症下药，主动权就会牢牢掌握在自己手中，从而克敌制胜。

27.2 决策者应掌握和运用权变思维

在竞争日益激烈的当今世界，人们已经深感决策的正确与否，将直接影响社会、经济、政治、军事、科学技术、文化教育，以及其他各个领域发展的进程。同时，由于社会经济和科学技术的迅猛发展，决策问题不但越来越突出，而且也越来越复杂。一个善于精准决策的人，必须具有决策权变思维能力。那么，决策权变思维包括哪些内容呢？

宏观决策与微观决策。对于决策者来说，宏观决策与微观决策应是并行不悖的。只注重宏观决策而忽视微观决策，宏观决策就会被架空；只重视微观决策而忽视宏观决策，宏观决策就不实在，从而导致微观决策的失误。严重的还会出现决策短期化行为，以及无视宏观、无视长远利益、无视整体布局的掠夺性行为。宏观与微观在决策中并行，实际上就是要注意综合发展与局部发展相结合的问题，只有局部发展而无综合治理，就会头痛医头，脚痛医脚，比例失调；只顾综合治理而忽视局部发展，就会出现“有眼无珠”现象，难以成事。诸葛亮为借地栖身的刘备做出了“隆中对”三分天下的英明决策，通过赤壁之战，吴蜀联合打败了强大的曹操，夺取了西蜀，实现了三分天下的宏伟目标。但是诸葛亮忽略了微观决策（“守街亭”与“三分天下”比较，是微观或局部的关系），轻率地派马谡前去镇守街亭。只因错派了马谡，导致痛失街亭，给敌方造成战略转移之机，严重地冲击了宏观的“三分天下”，后来六出祁山，诸葛亮也不能挽回败局。

慎重决策与果断决策。决策一旦失误，就难以挽回，“大意失荆州”。因此，慎重和冷静是决策的必要前提。老子说：“轻则失根，躁则失君”，就是指轻率容易丧失基础，妄动必然丧失主宰，所以“知止可以不殆”。但是从本质上来说，决策行为是一种意志力，也是一种果断行为。没有果断就没有真正的决断。试想，优柔寡断怎能产生成功的决策？该怎样使慎重和果断恰到好处呢？这就要掌握一定的度，过了某种度，正确的决策就会变成错误的决策；没有达到某种度，正确的决策在实施过程中还达不到火候，从而难产。追求过多的效益就会没有效益，追求过多的利益就会没有利益，追求过多的荣誉就会没有荣誉。因此，决策者在决策之前应在多种方案、多个方位、多个角度上权衡利弊，实地考察，慎重行事，反复进行可行性论证，预估到可能出现的弊端并提前做好应对措施，一切以能达到最佳的度为标尺。一旦确认，就果断决策，绝不犹豫。公元前204年，汉将韩信和张耳率兵数万与20万赵军相遇。汉军兵单力薄，又因长途跋涉而疲惫不堪，如要破敌，就非要慎重加果断决策不可。将士见赵军人多势众，忧心忡忡，韩信慎重考虑后果断决策，令将士沿河列成背水阵准备与敌血战。拂晓时分，韩信率一股汉军打着大将旗号，排列大将仪仗击鼓进发，遇敌佯败，退向背水阵。赵军以为对方溃逃，便倾巢而出，追击汉军。韩信依靠背水阵激发汉军斗志，把10多万敌军拖至江边。这时，埋伏在赵军大营后面的两千骑兵乘赵营空虚占领赵营，拔掉赵军旗帜，竖起汉军大旗。久战不胜的赵军返回，惊见营垒满插汉旗，个个目瞪口呆，以为汉军已经捉住赵王及其将领，于是军心动摇，纷纷逃命，汉军趁势反攻夹击，全歼赵军。此为慎重决策与果断决策的经典一例。

错误决策与成功决策。再高明的决策者，在众多的决策中也难免会有失误。如何将错误决策转化为成功决策呢？决策一旦错了，要敢于当众改；大的决策错了，改得越快越好。不要死爱面子，切忌错而不改，将错就错。那样，不仅遗患无穷，而且会自找毁灭。决策错误，受到损失，不能总以“交学费”来搪塞。该自贬就自贬，该自罚就自罚。聪明的决策者，总以别人的失败为借鉴。若在风险决策中突遭不测，则应机警权变，化失败为成功，否则会一败涂地。对美国次贷危机及其后来引发国际金融危机有着不可推卸的责任的美国联邦储备系统（以下简称美联储）前主席格林斯潘，就因为不能及时让错误决策转化而酿成大祸。这位担任过19年美联储主席的人由于过度自信而判断失误，坚决支持巨额减税，诱使收入较低、信用等级较低、缺乏金融常识的低收入阶层超能力消费，把借债人的还债能力押在房地产价格不断攀升、利率持续走低的前提下，出现了“借钱基本免费”“买房基本不贵”的“盛世假象”。其在2005年就受到2008年度诺贝尔经济学奖获得者克鲁格曼重头文章的猛烈批评。但过于自负的格林斯潘却置若罔闻，失去了纠错的良机。当次贷危机发展到十分严重时，格林斯潘才隐约意识到自己做了错误决策，但已无力回天了。

成功的决策也不一定能保证成功，还必须审时度势，积极进取，才能夺取最后的胜利。高明的决策者，就应像曹操“割须代首”那样知错必改，严于律己。官渡决战前，曹操度量了敌我力量，认为己方虽不及袁绍兵多地广，但号令严明，仍能以少击众。曹操决定进一步整肃军纪，命令全军将士，上至统帅，下至马夫，行军训练，不准践踏庄稼，不准打骂百姓，不准调戏妇女，不准侵犯民利，违令者斩首。一次出巡，曹操的战马受惊跃入麦田，他立即下马下跪请求掌管军法的主簿按军令斩首示众。主簿认为马受惊非人为，便“割须代首”，以示惩戒。曹操敢于当众认错伏法，使将士士气大振。最终以 2 万曹军一举击溃袁绍的 10 万大军。

个体决策与集体决策。个体决策有许多优势，比如及时、果断、见效快、责任明确等。但因权力偏重于个人，稳定性差，甚至可能导致独裁，所以个体决策很容易失之偏颇。个体决策或集体决策都不是十全十美的，它们总带着自身难以克服的缺陷。除了形式上的集体决策而实际上的个人独断现象，真正的集体决策也有可能导致失误，因为集体决策往往要照顾所有人的意见，而这种照顾某种利益的意见的相加，既无特色也无锋芒。特别是在非常时期，个人决策往往更显示其优势和重要作用。即使不是决策人，如果形势大变，将在外军令也可以有所不受。因此，在决策中，要充分运用个体决策和集体决策相结合的方法。

经验决策与科学决策。经验决策通常是以直觉思维为核心的决策，它有两面性，一是非科学性，二是科学性无法达到的直觉实证性，甚至潜意识所感觉到的异样性。科学决策推导出的决策结论，通过实践检验有时可能行不通，而经验决策往往可取而代之。从全过程来看，科学决策的可靠性会胜过经验决策。所以，我们在一般情况下要坚持科学决策，但有些情况也不是完全如此。有时经验决策比科学决策管用，例如判断地震的决策和辨识泥石流的决策。商子有关经验决策的论述就十分到位，“国富而贫治，日重富，重富者强；国贫而富治，日重贫，重贫者弱”（《商子·去强》），国家富足而当穷国来治理，就会更加富足，越来越富的国家更强；

国家贫穷而当富国来治理，就会更加贫穷，越来越穷的国家更弱。因此，我们在重视科学决策的同时，不要忽略经验决策所提供的决策信息。

不变决策与权变决策。当一个国家或企业处于成熟期时，就需要相对稳定，使之在某一时期内不变。此时，这种保守性往往具有积极意义。在一定条件下，决策者还应采取“以不变应万变”的策略。但是在竞争日益激烈的当下，不变只是在某种特殊情况下可行，还需要时时有权变的准备，因时、因地、因人进行权变。而确定变与不变，要先进行精细的预测及可行性分析，应以慎重为贵，不应头脑发热。这种慎重在决策前十分必要。《周易》中说：“晋其角，维用伐邑。厉吉，无咎，贞吝。”进攻是敌我力量的较量，是否攻城伐邑，吉凶皆有，情况复杂，利弊皆存，慎重权衡。因此，对于若干具有共同点的战术或战略方案，要专门比较它们之间的不同点、利弊及影响，再因地、因时、因人制宜，灵活而不固守、多变而不单一，权衡轻重，在不变之中求变或在变之中求不变，随机应变。

个性化决策与民主化决策。所谓个性化决策，并非个人独裁，唯我莫属的妄自尊大，而是集众家智慧又充分展现自我个性，因人、因地、因时的决策行为。用《荀子・天论》中的话来说则是：“天行有常，不为尧存，不为桀亡。应之以治则吉，应之以乱则凶。”决策也是有一定规律的，不是“为尧存”“为桀亡”的。所以，个性化决策体现出非依附性和特有的个性。另外，正确的决策往往是一种民主行为，民主化往往能保障决策正确。我国西周时期的统治者就知道民主化决策的重要性：贵族在决策时应体察亲族的意见，还要顾到他族，多方面听取意见。的确，决策方案需要反复论证，决策过程要体现民主化，决策者特别需要尊重和认真倾听反面意见，因为只有这样才能保证决策者不犯重大决策错误。好的正确的决策，总是在激烈的竞争中，经过审慎思索和反复考证后才能得到。反对意见不仅能使决策者冷静思考，不至于跨进隐蔽的陷阱，还可以促使决策者始终保持清醒的头脑并准备相关预案，一旦反对者预测的问题出现，就不会惊慌失措，能迅速通过早已准备好的方案进行应对。

27.3 管理者应该知晓的几种权变方法

管理者学习权变方法，不应固守一种，而必须掌握多种，包括情感性权变、方法性权变、谋略性权变、思维性权变、组织性权变等。只有掌握了多元的权变方法，管理者在管理上才能运筹帷幄。限于篇幅，以下仅简略介绍五种权变方法，以引起管理者的注意。

第一，情感性权变。孔子主张“泛爱众”，不仅要求用情感惠民，给民众以实际利益，而且要“博施济众”，普遍地给人民以实惠，使大众的生活过得好。他又主张“克己复礼”，克制自己，使言行符合周礼的规范要求。吴子主张“因形用权”，通过观察外在形势而因势制宜、因情指法，以求不费大力就能取得胜利。“因形用权”是为了夺心，夺心先要知心。所以，对于对手的性格特点、特长、能力及弱点，必须了如指掌。诸葛亮主张“攻心为上，攻城为下，心战为上，兵战为下”，诸葛亮用兵时推行的“和抚”政策以及传奇式的外交，都采用了“攻心为上”的原则。特别是七擒孟获，放了六次，最后孟获终于降服了。诸葛亮攻心屡获成功，就是娴熟的情感性权变使然。

第二，方法性权变。中国人的深层心理结构是孔子“仁”的哲学思想铸造的，而“仁”的方法论则是中庸。我们根据国情，从权变的角度提出中庸和反中庸的方法性权变。“中庸作为方法论，是孔子以仁为标志的人本哲学思想的必然产物”（匡亚明《孔子评传》）。中庸，强调对立面的统一、联结、协调、平衡、静止，强调矛盾的统一性，但它又忽略了矛盾性，即对立面的转化、斗争、对立、冲突、排斥。所以，我们在提中庸方法论的同时，又提出反中庸方法，即矛盾的转化，用这种方法指导管理可避免陷入片面。中庸方法论也非灵丹妙药，当与环境相适应时就会主动，与环境不适应时就会被动，我国几十年的经济建设的经验教训都证明了这一点。运用权变理论要注意方法论的完备性和成熟性，过头和不及都不可取，过头了就会犯“左”的错误，不及就会犯“右”的错误。与此同时，我们对错误的分析不应只限于“左”和“右”，还有其他多种情况，把错误仅局限在“左”与“右”的范畴，就陷入了片面性。管理者在决策时要注意可行性范畴。可行性范畴可以看成是可能性和现实性两个范畴的中介，对可行性范畴进行考察，就会扫除盲目性。同时，管理者又要有这样的魅力：能果断地放弃眼前利益和稳定平衡状态，以换取长远目标的实现；采用“和而不同”的方法。承认人与人之间在能力、气质、性格上的差异，善于用其所长，扬长避短，使人际关系达到和谐。另外，决策者要坚持真理，敢于斗争，为维护真理不惜与人对立，冲破墨守成规的“和谐”，富有进取精神和挑战精神。在经济建设中要防止冒进，防止盲目追求速度的现象，还要注意发挥城市经济中心的多功能作用。如果在开拓进取的征途上遇到了一连串失败，依然要相信自己能解决问题，力争化失败为成功，对权威无惧无怨，但自己绝对不搞权威主义。

第三，谋略性权变。对谋略性权变认识深刻的首推我国古代兵法家孙子。当今世界有影响力的军事学院以及企业家，大都把他的《孙子兵法》作为必读教材。孙子谋略性权变思想的精髓是奇正理论，这一理论对管理者来说是至宝。孙子说：“三军之众，可使必受敌而无败者，奇正是也”（《孙子兵法·兵势篇》）。统帅全国军队时，运用奇正理论可以败中求生，小胜变大胜。之所以运用奇正理论，是因为“胜可为也”，胜利是可以造成的（主观能动性的作用），“虽敌众，可使无斗”（《孙子兵法·虚实篇》），敌人虽多，但可使他们不能战斗。所谓奇正，正是按照通常的战术原则，以正规的作战方法进行战斗；奇是根据战场情况，运用计策，出其不意，攻其不备，打得敌人措手不及。奇正理论具有奇正相生、辩证统一的特点。刘伯承对此做过这样的评价：“正兵和奇兵，是辩证的统一，是为将者必须掌握的重要法则。奇中有正，正中有奇，奇正相生，变化无穷”（《孙子兵法概论》）。而正奇双方，失去任意一方均不可，“有正无奇，虽整不烈，无以致胜也；有奇无正，虽锐无恃，难以控御也”（《陈记·卷二》）。作战只有正兵而无奇兵，虽然阵势很严整但不能给对方造成突然猛烈的打击，就无法取胜；只有奇兵而没有正兵，攻势虽然很猛烈，但没有可做依靠的钳制力量，就难以控制敌人。许多管理者只注意正或奇之一，把事情绝对化，不知奇中有正、正中有奇、正可为奇、奇可为正的权变道理。我们运用权变思想的目标是力求以智取胜，而不只是以力取胜。以智取胜就要巧设计谋，“为不可测”，“巧能成事”，“易其事，革其谋，使人无识；易其居，迂其途，使人不得虑”（《孙子兵法·九地篇》）。作为一位管理者，在竞争对手面前，也应该行动经常变化，计谋不断更新，让对方推测不出意图。在经济竞争中，针对竞争对手，我们可以使用若干策略，以求“巧能成事”，将先发制人与后发制人相结合。许多商品贸易需要先下手为强，但为了充实力量，掌握规律，避其锐气，蓄盈待竭，又需要后发制人。要将扬长避短与扬短避长相结合，扬长避短是为了在竞争中充分展现自己的优势，以优势取胜，但有时候为了掩盖某种战略目标，可以扬己短以便麻痹对方，等到时机成熟时再一举获胜。“兵之形避实而击虚，水因地而制流，兵因敌而制胜”（《孙子兵法·虚实篇》），要因敌而制胜，就要用谋略性权变避实而击虚，避开对手坚实的地方去攻击其弱点。托夫勒就看到发展中国家的新兴工业蓬勃兴起，原材料和劳动力低廉，他为美国电话公司写的一份报告中称，必须迅速建立以信息和超级技术为基础的“手艺”或“脑艺”新生产体制。这就是避实击虚的经济谋略，这一谋略的可行性已为实践证明。要避实击虚，就要善于攻守，“故善攻者，敌不知其所守；善守者，敌不知其所攻”（《孙子兵法·虚实篇》），善于进攻的，对手不知怎么防守；善于防御的，对手不知怎么进攻。要做到这一点，应掌握以下六个原则：①“不可胜在已，可胜在敌”（《孙子兵法·军形篇》）。消灭自己的弱点，使对手不能胜我，这权力掌握在我自己手里。②“胜于无形”（《孙子兵法·军形篇》），防患于未然，做好预防工作，为不战而制胜奠定内部基础。③避实击虚。对手有实必有虚，我们要善于用“示形”的办法欺骗对手，诱使其暴露企图，从而击之。④不战而屈人之兵。“是故百战百胜，非善之善者也；不战而屈人之兵，善之善者也”（《孙子兵法·谋攻篇》），孙子十分赞赏不战而使敌人屈服的将才。作为管理者，在经济竞争中，尤其应该如此。⑤战则必胜。在双方不战不能决胜负时，管理者看准了时机后，决策必须及时，行动必须果决、迅猛，“趋时若猛兽鸷鸟之发”（《史记·货殖列传》），就像饿鹰和饿虎扑食那样。⑥集中优势兵力。因为“无所不备，则无所不寡”，处处戒备则处处薄弱，“众者使人备己者”（《孙子兵法·虚实篇》），兵力集中，就是迫使对手被动地防备我军的效果。

第四，思维性权变。一个优秀的管理者，必须对权变管理运用自如。权变管理是人的意识所支配的，因此权变首先是人的思维性权变。一个人必须思路广阔，头脑灵活，思维敏捷，才能在权变中取得主动权。思维性权变要注意以下五方面内容：①思维敏捷和缓慢思维相结合。一个善于权变的管理者，许多时候需要思维敏捷、反应灵活、左右开弓、得心应手地处理千变万化的情况。但有时又需要缓慢思维，像科学家玻尔和爱因斯坦那样，看上去思维不那么灵活，其实是大智若愚。对于某项大的行动、大的决策，我们常常需要的是后者而不是前者。②正向思维和逆向思维相结合。管理者通常习惯于从正面去思考、考察，这显然是必要的，但是由于现代管理中会出现种种复杂情况，我们在运用正向思维的同时，还应该运用逆向思维，即把一个问题（决策）从反面想一想，看它是否行得通。在运用逆向思维时，我们要打破传统的“相同的思想相吸，相反的思想相斥”观念，对相反的思想要特别予以重视。陈云曾担任副总理兼财经委员会主任，在制定财经方面的每一项重大方针政策时，他总是先提出几个方案，详细比较，叫大家讨论。当人们逐渐比较一致地支持某个意见或方案时，他又常常一再提出新的疑问来，要大家从反面想一想，这种反思方法值得学习。③辩证思维与想象思维相结合。在思维方式上，我们常常重视抽象思维，特别是抽象思维中的形式思维，侧重于局部的特点，但作为一个现代管理者，还应更多地运用辩证思维。辩证思维要求在对立面的统一中把握对立，从矛盾的内在必然性去考察对象，是以辩证法为核心的科学思维方法，具有普遍指导意义。大多数人习惯于直观思维，利用直观形象解决任务，还没升华到想象思维的高度。想象思维是管理者的创造力的源泉。想象是对表象的改造并在这个基础上形成形象，从而建立新的物质上和精神上有重要价值的东西。许多想象的形象，特别是创造性的想象，具有概括的内容。杨振宁认为想象力是比逻辑思考层次更高的思维活动。④局部思维和系统思维相结合。对于现代管理者来说，我们不仅要用局部思维思考问题，更重要的是要运用系统思维来解决问题，要将系统论、控制论和信息论融为“一论”来运用。国家、企业是一个整体，国家之间或企业各部门之间的联系、流通、互补最终都体现为整体效应。国家或企业领导应始终立足于整体，正确认识系统与环境、系统与要素的相互关系及系统“输出”所探求的整体目标。整体是由局部构成的，但整体力量并不等于各个局部力量之和。使用得法，排列组合适当，整体力量就会成倍地超过各个局部力量的和。⑤求同思维和求异思维相结合。许多人擅长求同思维，善于学习前人的知识、经验及规律和法则，而不太擅长求异思维，不善于迅速摆脱早先建立的那些联系，而且易于附和、盲从。求异思维关注现象之间的差异，意在暴露已知与未知之间的矛盾，揭示现象与本质之间的差别。它的一个显著特征就是对人们认为完美无缺的定论持怀疑态度。正如英国剑桥大学动物病理学教授贝弗里奇所说：“在科学发展上，对严重谬误论见的揭露，其价值不亚于创造性的发现”（《科学研究的艺术》）。对于现代管理者而言，富有求异思维是十分重要的。

第五，组织性权变。对于天下的事情，孔子一贯主张怎样干合理、恰当，便怎样干；孙子也认为，势不是固有的，是靠指挥官的德才、深思诸因素造成的。美国的托夫勒认为，最好的组织形式不是机关式的，而是非永久性的，每一位组织成员都是临时组合起来的，可来可去。总之，在激烈的竞争环境下，应该实行组织性权变。组织架构必须适应改革中的环境，诸如面对竞争激烈的市场、科技的不断更新换代、行业对高端人才的迫切需求，以及职工的多种要求等，牵一发就能动全身，没有与之相适应的组织性权变是无法适应这一竞争环境的。

28 论财富

经济发展的本质就是推进社会进步并创造和积累社会财富，财富是一切经济发展的原动力。中国人历来追求的大同理想和小康社会，也主要包含了财富的增加和实现共同富裕，而共同富裕的基础是共同增加满意的财富。

什么是财富？中国自古把财富视为物资和货币的总称。《周礼·天官·大宰》提出“以九赋敛财贿”，“财，泉谷也”（郑玄注）。当今对财富的理解倾向于聚焦到金钱上，因为绝大多数物资都可以用金钱轻易换来，甚至有些人甘愿做金钱的奴隶，导致权钱交易、权色交易等违法犯罪行为屡禁不止。所以在金钱社会，财富既可以使人高尚，也可以使人堕落，这就是财富的力量。故诗人贺拉斯说：“一切事物，无论是神界的或是俗世的——美德、名望和荣誉——都是‘财富’的奴隶”（《讽刺诗集》）。当然，财富更多的时候会带来正能量。当中国贫弱时，列强纷纷欺侮、侵略；当中国通过改革开放一跃成为世界第二大经济体后，西方从诧异到惊愕，再到不得不服。我们从英国剑桥大学政治和国际研究系教授马丁·雅克的文章中也可以看出财富的正能量：“2005 年时任中国国家主席胡锦涛访英之时，英国经济规模还略大于中国，而今天（2015 年）中国的 GDP 三倍于英国，相形之下，我们正迅速变成一条小鱼。到了 2030 年，中国的经济规模将两倍于美国，英国或任何国家能无视这一点吗？世界上大多数国家都在某种程度上转向中国，正如他们在美国全盛时那样，这事关引力而非象牙塔。”①

① 摘自英国《卫报》官方网站 2015 年 10 月 20 日发表的文章。

财富是勤奋和智慧的结晶。财富的核心是金钱，有了足够的金钱，不仅吃穿不愁，消费不难，而且富豪派头十足，做事顺风顺水，款待客人大大方方，谁不向往这样的生活？中国人民爱财，会供奉财神像，见客人常说“恭喜发财”。西方人爱财，过去常开起军舰到落后的国家抢夺财物；世界财团爱财，常通过搞垄断来聚财；资本家爱财，常用资本去换取更多的财富。这是因为财富是宝，金钱可以买得万物，追求财富是人性欲望使然，也是欲望膨胀的必然结果。在这方面，中国古代思想家孟子一针见血地指出：“富，人之所欲；富有天下，而不足以解忧”（《孟子》）。

人的欲望（需要）是人性的第一特点。人性是受人的欲望驱动的，也就是喜、怒、哀、乐、爱、恨所产生的欲望的运动催生了人性。欲望是一切生物，特别是人和动物的原动力。正如马克思所说：“人的需要具有‘天然必然性’或内在必然性”。就需要而论，它是个体和社会的客观需求在人脑中的反映，是个人的心理活动与行为的基本动力。欲望（需要）通常让人体验到一种“缺乏感”，以意向、愿望的形式表现出来，最终形成推动人进行活动的动机。人们对财富的欲望（需要）也是如此，希望日子过得好一点，发财的愿望就强烈，见面时口不离“恭喜发财”、聊天时话题始终围绕着钱，这都是一种对财富的“缺乏感”的外在反映。中国在改革开放和发展社会主义市场经济的条件下，发财的机会均等、道路畅通，使人们振奋起来。这种“已经得到满足的第一个需要本身，满足的需要的活动和已经获得的为需要用的工具又引起新的需要”①。这种不断出现的新的需要也是中国改革开放持续动力的心理因素。美国心理学家亚伯拉罕·马斯洛提出的需求层次论，也印证了改革开放持续动力的需求心理因素。

既然财富与国家的发展、群体（企业）及个人的发展息息相关，那么现代人是如何认识财富的呢？显然，“物资和货币的总和”这样的定义在当

① 马克思，恩格斯．马克思恩格斯全集：第3卷［M］．北京：人民出版社，1998：32.

下来看是不完整的。有位学者将构成财富的因素概括为：就业水平、生产与消费水平、收入的分配、工作条件、闲暇时间、环境状况、未来展望。他还将健康作为财富的一个组成部分进行了探讨。应该说，这种概括实际上是产生财富的手段，而并不是财富本身。再说到健康，若健康是人创造财富的前提，那这样的健康就应该是财富的一个因素；若健康与创造财富无关，健康就不应成为财富的一个因素。

基于以上论述，笔者认为财富应由下面的七大因素构成：财富源、动能、机遇、智慧、勤奋、能力和健康。

（1）财富源。封建小农经济的财富源正如春秋战国时代的《尚书·洪范》中所说，“八政：一曰食，二曰货”，其中没有对这两个概念给出解释。《汉书·食货志》解释说：“食谓农殖嘉谷可食之物，货谓布帛可衣，及金刀龟贝，所以分财布利通有无者也。二者，生民之本。”《尚书·洪范》已把“食”“货”列为八政之首，正反映了“民以食为天”的观念，而“食”“货”则是小农经济时代财富的核心。现代的财富源，也是“食”与“货”的自然延伸，现代的“食”是现代农业，现代的“货”是现代工业，现代农业和现代工业是现代社会的财富源。

（2）动能。动能是人、企业或国家因需要而产生动机，然后由动机生发出行动的动力。当一个人、一个企业、一个国家因财富欲望或需要而产生了内在的“缺乏感”时，就自然会产生要发财的动力。这种动力有可能是短暂的，也有可能是持久的，当这种动力持久而又找准了方向时，那财富的产生和增加也是很自然的事。

（3）智慧。这里所说的智慧涉及两个方面：一方面指能看准方向而精准投入，不偏废；另一方面则是指人在谋求财富方面的谋略。光有精准的投入方向而没有谋略，就不能在前进道路上化难为易；光有谋略而没找到精准方向，就会南辕北辙。所以，一个人在创造财富时所展现出的智慧就是要既能找到精准的方向，又有独特而有效的谋略。

（4）能力。创造财富不能只盯着商人，商人做赚钱的买卖，但他们不直接创造财富；创造财富不能只盯着银行业人士，银行是货币流通的中介，他们也不直接创造财富。直接创造财富的大众是工人和农民，但由于工种和环境的局限，他们个人创造的财富是有限的。在这方面，工人群体和农民群体这样占人口绝大多数的主流群体，他们又是创造财富的主体。就创造财富的个人能力而言，则要首推成绩卓著的农业科学家和工业发明家，因为他们的个人能力会使工农业生产提高若干万倍。联合国粮食及农业组织的一位官员预言，如果现在的常规水稻全部被中国农业科学家袁隆平的杂交水稻代替，水稻的总产量可翻一番，可多养活 100 亿人口；英国工匠瓦特发明了蒸汽机，给人类带来了工业革命。这就是能力在创造财富上的威力。在当前社会，这种能力不仅包括科研能力，还包括管理水平、技能和才能。

（5）机遇。创造财富需要一定的生态环境。例如原始人想创造财富，只能依靠渔猎的质量和数量；小农经济社会的人创造财富，也只能“肆力耕桑”以换取“钱帛”之类；现代人创造财富，就要致力于工农业发展。现代人创造财富还需要良好的大环境和机遇。就像中国改革开放使成千上万的企业家步入了创造财富的殿堂，甚至许多人创造的财富让其跻身于世界百强之列。为什么在改革开放之前却没有出现这种盛况？原因就在于国际国内的大环境给人们提供的机遇不同。

（6）勤奋。创造财富还要靠人的勤奋，等、靠、要的懒人社会不可能创造出丰足的财富。毋庸置疑，中国人在改革开放后在经济方面取得举世瞩目的成就，不是等、靠、要得来的，而是靠全国人民的勤劳奋斗得来的。英国前首相布莱尔多次访问中国，都有一个感觉——“中国人生气勃勃”。这种生气勃勃就是中国人勤奋努力的外在反映。“天上不会掉馅饼”，没有勤奋的中国人，就没有今日富强的中国。

（7）健康。创造财富者，不管是工人还是农民，不管是科学家还是工程师，如果没有健康的身体，如何去力所能及地创造财富呢？如果没有健康的身体，怎么去尽力而为地创造财富呢？人的生命是有限的，一般正常人能活 3 万多天，而处于创造期的仅有 1 万多天。时间对于人生来说是一次性消费，也是一次性财富。所以，对于创造财富的人来说，健康是创造财富的前提。

关于财富，一般有物质财富和精神财富两种含义。中国古人追求的大同世界，就以物质的极大丰富和精神的极大张扬为基础。“老有所终，壮有所用，幼有所长，矜、寡、孤、独、废疾者皆有所养”，既要靠丰厚的物质财富关爱弱小，又要靠厚重的精神财富保持上进。春秋前期的经济学家管仲的经济思想就充分体现了物质财富和精神财富密不可分：“仓廪实而知礼节，衣食足而知荣辱”（《史记·管晏列传》）。

物质上的富有，能给人房子、车子、票子，但许多物质上的富有者却怅然若失，心神不宁，总觉得还缺少什么。他们得的是什么病呢？精神缺乏症。精神富有者，懂得幸福从苦寒来，力量从磨炼中来，智慧从解难中来。令人欣慰的是，新时代的年轻人，不仅关注物质富有，更重视自己的精神富有。他们愿意趁年轻时到艰苦的地方去磨炼，到农村、到西部大沙漠、到海疆边防，到祖国最需要他们的地方去磨炼意志、锻炼品格。他们的青春在吃苦耐劳中度过，从而懂得勇于奋进，在磨炼中懂得了幸福，在困顿中懂得了智慧，从而为未来创造光辉的人生奠基。

财富似水，善者掌控了它，它就会利民；恶者掌控了它，它就会害民。财富的获得，有的靠勤奋、智慧和辛劳；有的靠殖民、贩毒和赌博。有的人发了财，忘不了济民天下，广施善行；有的人发了财，却忘不了“小三”、吸毒、买外国国籍。有的人寻求发财之道时严格遵循“君子爱财，取之有道”的原则；有的人寻求发财之道时却肆意而为，甚至贪污受贿、偷税漏税、违法乱纪。财富是一面照妖镜，是君子还是小人，是善者还是恶人，在财富镜上一照便知。

我们要做财富的主人，正如古罗马戏剧作家泰伦提乌斯所说：“财富的价值取决于财主的思想。对于懂得如何支配它们的人，财富是福祉；而对于拙于利用它们的人，财富又成了祸根”（《自责者》）。

28.1 “鼬鼠”太多，国将不国

生活在内蒙古草原上的鼬鼠一生要储存20多个“粮仓”，足够十几只鼬鼠毕生享用。鼬鼠晚年走不动的时候，就会躲进自己的“粮仓”里，但它们必须经常啃咬硬物磨短两颗门牙，否则就会因门牙无限生长而无法进食。但它们早先在“粮仓”里并没有储存硬物，结果因没有硬物磨牙致使门牙不断生长，老长的门牙让鼬鼠无法进食，最后饿死在粮堆上。贪欲让鼬鼠只看到粮食（物质财富），而看不见石子（精神财富），最终葬送了自己。

“鼬鼠”太多，贪欲盛行，国将不国。清朝开国前期曾有100多年的鼎盛时期，清政府的主要财政收入来自田赋、漕粮、盐课、关税等，政府尚有相当大的财政盈余。有人估算，其GDP占当时世界的30%。但当时社会上贪婪成风，土地兼并十分严重，据嘉庆年间的统计，直接或间接掌握在皇帝手中的土地多达83万顷，乾隆、嘉庆时期的大学士和珅占地8000余顷，道光时期的直隶总督琦善占地25000余顷。另外，吏治黑暗，大小官吏贪污成风，徇私舞弊，贿赂公行。乾隆时期的权臣和珅，用种种非法手段积累的不义之财竟达白银4亿两之巨，相当于当时清政府8年的财政收入。各级地方官吏巧取豪夺，无所不用其极。清朝军队不仅武器落后，而且极度腐化，军纪废弛，军官克扣、冒领军饷，敲诈勒索，士兵不勤操练，许多人竟吸食鸦片，聚开赌场。封建士大夫愚昧、麻木、苟且、无耻，已经失去了以天下为己任的责任感。如此贪欲成风，“鼬鼠”太多，一遇外敌，只能卖国。甲午之殇是国人之痛，清朝衰败亡国也是必然下场。

清朝由鼎盛到衰亡的历史是一面镜子。我们从中看清了中央“老虎”“苍蝇”一起打的反腐决策是多么重要，健全“不敢腐、不能腐、不想腐”的机制是多么必要。但仅有这些还远远不够。要看到官员的贪婪与社会上普遍存在贪欲之风有密切的关系，贪欲之风是官员滋生贪欲的土壤。

一些失掉道德修养的影视演员和歌手占有大把的金钱还要尽其所能去偷税漏税，而那些充当“保护伞”的人则对此置若罔闻，更没有看到这些行为对清朗之国风的伤害。一位三流影星结婚竟花了两亿元巨资，不但没有受到舆论的谴责，反而招来普遍的羡慕，这也是对清朗国风的伤害。北京某大学教授发微博要求学生 40 岁必须赚足 4000 万元，否则就不承认师生关系。这明摆着要他的学生都成“鼬鼠”，谈何教养？更有开着 50 多万元的宝马车去上课，还是 3 家上市公司的独立董事的云南某大学老师，在武汉与同行交流时“善意提醒”：大学教师全身心投入教学是毁灭。专心致志做学问的大学教师若受其污染，我们的大学还有希望吗？此等“鼬鼠”对一所高校、一个国家的危害是巨大的。这也让我们看到贪婪的拜金主义正在浸入我们的大学校园，如不清除这些拜金主义的“鼬鼠”，后果不堪设想。

“鼬鼠”太多，国将不国，切记。

28.2 人为自我而活有错吗

曾有大学生在思想政治课上提问：“人为自我而活有错吗？”他们之所以提出这样的问题，是基于自宋代以来，传统文化中“理”和“欲”的关系问题。在世界范围内，这都是一个突出的问题。

宋明理学是周敦颐开创的，但其作为一个完整的理论体系，则是由程颢、程颐建立起来的，它的核心是禁除利欲的公私义利观。在“二程”看来，天理与人欲是对立的，“天理无私”（《粹言》卷三），而仁“只是一个公字”（《二程遗书》卷二十二上）。私利即不仁，无天理。人欲主要是人对物利的要求，“二程”称之为“私欲”“私利”。因此，“存天理，去人欲”的基本要求就是存公去私、尚义去利。程颐认为私是恶，是不正当的，私利使人丧失善心。有私不能为公，追求私利便是无德，私与仁的对立是绝对的。“二程”还认为，人们立身处事，必须一心为公，没有私意，才合乎道德；反之，如果追求私利，即使是带着私意去做公事，那也不能称为行善。大学生提出“人为自我而活着有错吗”，若让“二程”来回答，则不仅有错，而且是罪过。

之后的朱熹在“二程”禁欲主义的公私义利观的基础上更进一步，而且对中国千年的思想界影响更大。朱熹崇尚天理，贬低人欲，认为人心追求的是耳目之欲，过分了是危殆的；道心追求的是天理或义理，因而是精微的。也就是说，他要从人的行为动机上否定“人欲”，以建立封建道德的绝对权威。朱熹不仅继承了“二程”“存天理，灭人欲”的思想，而且加以发挥，认为“圣贤千言万语，只是教人明天理，灭人欲”（《朱子语类》卷十二），把“明天理，灭人欲”作为道德修养的总要求。他认为“学者须是革尽人欲，复尽天理，方始是学”（《朱子语类》卷十三），对于恶浪般的情欲，应该予以遏止、堵塞，不仅对大而易见的要去除，而且对细微不易见的也不应放过，做到“大者固不可有，而纤微尤要密察”（《朱子语类》卷十三）。甚至提出“克得那一分人欲去，便复得这一分天理来；克得那二分己去，便复得这二分礼来”（《朱子语类》卷四十一）。看来朱熹竭力要求消灭人欲，若遇上述大学生所提“人为自我而活有错吗”的问题，朱熹听后肯定立即面露愠色，斥之不断。

“二程”和朱熹的禁欲主义言论，如果只是说说而已则罢，但这种言论被宋以后到清朝的封建王朝所接纳，成为封建集权统治人民的道德纲纪。例如有人问程颐：“孀妇于理，似不可取，如何？”程答曰：“然。凡娶，以配身也，若娶失节者以配身，是己失节也。”又问：“人或居孀贫穷无托者，可再嫁否？”答曰：“只是后世怕寒饿死，故有是说，然饿死事极小，失节事极大。”难怪鲁迅先生在其《我之节烈观》一文中称这种禁欲主义道德为不顾人情，既不利人，又不利己的“畸形道德”[①]。

“二程”和朱熹的禁欲主义的核心是对私心的绝对否定，把私心视为“万恶之源”，这种否定人性的禁欲主义曾遭到马克思的痛斥，他在《1844

① 鲁迅．鲁迅全集：第 1 卷［M］．北京：人民文学出版社，1981：122.

年经济学哲学手稿》中痛批“禁欲主义科学”的基本教义是“自制，对生活和一切人的需要的摒弃”。他肯定地指出要把“人的需要的丰富性看成是人的本质的充实，并把它作为社会进步的重要标志”。马克思在《德意志意识形态》中还说：“共产主义者既不拿利己主义来反对自我的牺牲，也不拿自我牺牲来反对利己主义”，“不论利己主义还是自我牺牲，都是一定条件下个人自我实现的一种必要形式”。显然，马克思在这里否定了“二程”和朱熹关于私心与公心相对立的观点，而且肯定了一定条件下“私心”的积极作用，而不像当今有学者依然效仿“二程”和朱熹，对“私心”进行无情的鞭策。

“私心”是人的自然本性，它属于中性，是“近朱者赤，近墨者黑”的中性物，本身无所谓褒贬。有人因“私心”而去追求崇高，去常做好事；有人为了自身富裕，在公平竞争、合理合法的条件下去追求自己正当的财富，也间接为社会做出贡献。相反，“私心”也可能让人去追求邪恶，而常做坏事；也会让人在不公平或不合法的条件下去追求不正当的财富。因此，“私心”的善与恶、正与邪不在“私心”而在人。因此，“人为自我而活着有错吗”这个问题就不难解答了。为自我而活又直接或间接地给社会做贡献，何错之有？这是好事，应予以鼓励；为自我而活却不择手段伤害社会，怎么会没错呢？这是坏事，应严厉制止。

亚当·斯密在他的《国富论》中有个伟大发现，有助于解答青年朋友的上述问题：在市场经济的商品交换中，受自我利益驱动的“看不见的手”，即“经济人”都有利己的本性，那么每个人的行为目的都是追求自身利益，实现个人利益的最大化。分工和交换又使得每个人在实现自身利益的同时，也有益于他人，使公共利益也得以实现，从而使经济、社会达到一种自然均衡的状态。在本意利己、客观利他这个过程中，一只“看不见的手”实现了整体经济均衡，促进了经济发展。

28.3 近代德国人才辈出对我们的启示

德国人口仅有8000万，约为我国的1/15，但其在近代却创造了辉煌的科技文化成就。在哲学思想上，康德、菲希特、黑格尔、尼采确立了德国唯心主义哲学；以费尔巴哈为代表的哲学家确立了唯物主义哲学；马克思、恩格斯确立了辩证唯物主义哲学。德国哲学成为西方文化中最重要的组成部分。在文学艺术上，莱辛、歌德、席勒、海涅以及巴赫、亨德尔、海顿、莫扎特、贝多芬创作了举世闻名的文学艺术作品。在科技方面，卡尔·雅各比、莱布尼茨、高斯、迈尔、赫兹、伦琴、普朗克、爱因斯坦等在科学界的成就赫然在目。

近代德国为什么会人才辈出？

首先，近代欧洲是世界科技中心和经济中心，世界第一次工业革命发端于此，第一次科技革命也发端于此。工业革命中心和科技革命中心需要一大批高端人才，时代的需要造就了各种类型的高端人才。也就是说，近代欧洲的社会环境有培育高端人才的条件。根据经济史家的测算，1700年之前，世界GDP年均增长不到0.3%，人类经济的飞速增长是近三四百年才发生的事情，而它的发生中心在欧洲，尤其是西欧地区，18世纪发生了“财富大爆炸”，经济迅速发展，至今依然是世界上最发达和最富裕的地区之一。

近代欧洲有30多个国家，德国从面积和人口来说，仅属于中等国家，条件有限，为什么会人才辈出呢？乔尔·莫克尔教授的解释是，虽然欧洲当时在政治上是分封割据的状态，但它却拥有一个统一、完整而活跃的思想市场。在整个欧洲，人们享有共同的来自希腊、古罗马的文化遗产，学者们使用同样的语言——拉丁语。尽管当时的交通并不发达，但知识分子还是可以方便地穿梭于各个国家之间，不受政治分裂的影响。一个最著名的案例是：欧洲人文主义运动的代表人物伊拉斯谟出生在荷兰鹿特丹，一生主要往来于比利时、英格兰和瑞士巴塞尔，并且曾经在意大利都灵和威尼斯生活。伊拉斯谟之后的欧洲学者，流动性更高，很少有人生活在一个国家的国境线内。乔尔·莫克尔还谈道：当时他们所生产的知识见解，可以通过更快速的渠道流传。在当时，欧洲的知识分子视自己为一个广义上的“文化共和国”公民，而不是某一个具体欧洲国家的学者。同时，割据的政治局面又给学者们提供了更多的自由空间，万一在一个国家言论受阻，换一个国家就是了。

近代德国出现的一大批高端人才，无论是哲学家、艺术家，还是科学家，他们个个都有独立思想又走在时代前列，思想是他们事业的灵魂、成功的基石。他们对其事业中的问题有超乎一般学者的高深见解，并与时代脉搏契合，很接地气。他们对传统观念拥有不同寻常的、深厚的批判能力，又在提倡新观念方面拥有巨大的、令人叹为观止的原创能力。

我们仅以卡尔·马克思为例。马克思25岁就离开了德国。在当时的德国，普鲁士官僚地主居于统治地位，资产阶级在政治上处于从属地位。如果马克思留在德国，就看不到真正的资本主义，也就没有传流千古的《资本论》。由于当时欧洲的条件允许，加上年轻的马克思在政治方面非常敏感，他决心到资本主义发展相对成熟的英国、法国等考察。马克思25岁到了巴黎，3年后被法国反动政府驱逐出境，迁居比利时。30岁时正值欧洲革命期间，他回到德国创办《新莱茵报》。革命失败后，31岁的他被逐出普鲁士，先到巴黎，后到伦敦定居。英国是工业革命和科技革命的策源地，也是资本主义发展得相对成熟的地方。他在伦敦定居时深入考察了资本主义，大量地在英国大图书馆研究前人的经验，而且每年都要到英国曼彻斯特工厂进行深入考察、思考、研究。马克思本身是一位革命的实践家，而不是清淡的文人。所以，马克思主义的第一个主要来源是他伟大的革命实践，也就是说，没有马克思大半生全身心地投入革命实践，就没有马克思主义。

马克思是一位富裕的犹太裔德国律师的儿子，曾先后就读于波恩大学和柏林大学法律系，1841年获哲学博士学位。作为一名研究古希腊唯物主义的学生，而不是人们所说的是一名黑格尔主义者，他撰写的博士论文不是研讨黑格尔的，而是研究古希腊思想家德谟克利特和伊壁鸠鲁的。年轻的马克思虽然受到当时德国黑格尔左派的影响，但古希腊的唯物论和辩证法对他更有吸引力。因此，马克思主义的第二个来源是古希腊的唯物主义和辩证法。

马克思具有一种革命的批判精神，他不满足于仅诠释世界，而在批判能力和提倡新观念方面有巨大的、令人叹为观止的原创能力，这就与法国哲学家笛卡儿（1596—1650年）的认识论中的怀疑原则一拍即合，要把一切东西都提到判断和辨别真假的“理性”面前来审查，要对一切东西普遍地进行“怀疑”，对经院哲学家的“真理”大胆提出怀疑，表现了笛卡尔大胆探索真理的勇气。笛卡儿提倡的批判精神引起马克思的极大共鸣。马克思的大部分著作的标题或副标题都有“批判”这个词。他倾注毕生心血写的《资本论》的副标题就是“政治经济学批判”。而他写的《德意志意识形态》《哥达纲领批判》《共产党宣言》《法兰西内战》等代表作都充满了革命的批判精神。笛卡儿的批判精神是马克思主义的第三个来源。马克思主义毫无疑问是近代文明的产物，是全部西方文明的最高科学结果。

马克思在他65年的短暂人生中创造了伟大的奇迹，“正像达尔文发现有机界的发展规律一样，马克思发现了人类历史的发展规律”。他将一生都献给了革命实践。他一开始植根于西方古希腊哲学，这是西方人的文化之根，再加上他非凡的批判精神，最终成就了马克思主义。

新时代的中国，已成世界经济发展的引擎，不久的将来，通过我们的齐心奋斗，中国将成为世界科技中心、文化中心。因此，作为中国人，要成大器，就要像马克思那样，勇于投身到中国火热发展的环境中，植根于中华民族五千多年的历史之中，并练就非凡的批判精神。这也是近代德国人才辈出带给我们的宝贵启示。

29 论核心

核心乃中心，引申为起主导作用或具有特色的部分。能称为核心者，它不仅居于事物的中心地位，而且具有引力（自然力）和影响力（社会力），还具有决定事物性质的功能，即核心的性质决定事物的性质。核心兴，则事物兴；核心衰，则事物衰。因此，核心在自然界中具有举足轻重的作用。例如宇宙中的太阳系是一个以太阳为中心的天体系统，太阳系的主要成员是九大行星和50多颗围绕着不同行星运转的卫星。太阳系中的太阳不仅具有强大的引力和影响力，而且主宰着太阳系的结构、运动和性质。可以说太阳兴，则太阳系兴；太阳衰，则太阳系衰。

大自然如此，社会也是如此。

社会中的经济基础与上层建筑之间存在着矛盾统一的辩证关系，经济基础一般起主要的决定作用，也就是核心作用，这是由于上层建筑是适应经济基础的要求建立起来的，比如民国时期半殖民地半封建的经济基础决定了半殖民地半封建的人文制度，经济基础的性质决定上层建筑的性质。一旦经济基础改变，上层建筑也会随之变化。虽然在一定条件下上层建筑对经济基础具有反作用，但一般经济基础的核心位置不会变。

就人的情感来说，爱是一个人的基本情感，有亲情之爱、恋情之爱、友情之爱，还有群体之间的博爱。爱是一种高尚情感，是人最真实、最本质的东西，也是衡量一个人的文明程度的标尺。爱的文明度越高，人的素质和修养也越高。所以，爱居于情感中的核心地位。一旦一个人具有爱心，他（她）不仅在亲情之爱、恋情之爱、友情之爱和博爱上有一定高度，而且这种爱心会直接引领道德感和社会责任感，使人具有良心、美感及遵纪守法的责任感。爱不是情感的一切，但它是情感的核心。

文化作为一个复杂系统，各部分功能互相依存，可以发挥社会治理及引领社会发展方向的总体作用。那文化的核心是什么呢？一个民族的文化涵盖了本民族认同的文化价值观。价值观是一个社会或群体中的人所共有的区分事物好与坏、对与错、符合或违背人的愿望、可行与不可行的观念尺码。党的十八大报告中用24个字高度概括了社会主义核心价值观，这是对中国优秀传统文化的创造性转化，也抓住了文化价值观这个要害，即富强、民主、文明、和谐、自由、平等、公正、法治、爱国、敬业、诚信、友善。平等是人类自古以来的追求。但从古至今，人们追求平等的过程中往往没有抓住实现平等的核心和要害，连孔子也为此犯了错。他提出“不患寡而患不均，不患贫而患不安”，追求平均主义，这正是不发达的小农经济土壤中生出来的价值观。这种观念影响了中国两千多年。事实证明，以机会均等为前提的市场经济才是社会经济发展的原动力，也是打破平均主义的撒手锏，而机会均等是平等的真正核心。

核心既是中心，也是事物发展中起主导作用和决定事物性质的主要矛盾的主要方面。所以我们在解决问题时，首先要抓住主要矛盾的主要方面，这就抓住了问题的核心。只要抓住了问题的核心，再采取具体有效的、可行的措施，这个问题就会化难为易，化繁为简，迎刃而解了。

“以我为主，博采众长”，这是文化交流、技术交流和情感交流的基本原则。它的出发点是“博采众长”，但基点是“以我为主”。如果“以我为主”不能成为交流问题的核心和主导，那么“博采众长”的“长”就很容易取代“我”，使交流走向邪路，从而陷入“吃了猪肉变猪，吃了牛肉变牛”的窘境。只有坚持“以我为主”这个“中心”并让其成为“导向”，那么吃了猪肉、牛肉就会让我身强体壮，而不是变成“猪牛”。

核心如人之心脏或大脑，是影响大局的关键部位，又是决定个体存亡的要害部位。对于核心，我们不仅要重视它，更要维护它、依赖它。

29.1 怀疑的时代为什么要坚守科学信仰

弱小的蚂蚁，能到离巢四五十米的地方觅食。这四五十米对它来说犹如千山万水，但不管遇到什么障碍物，它们返巢时都不会迷路。这是由于蚂蚁坚守了返巢的本领，所以总是能安全返回家门。长江、黄河在中国大地上蜿蜒曲折，有时被大山阻隔，有时被迷雾掩盖，要奔涌五六千公里，不舍昼夜。因为它们始终坚守流向大海的目标，最后终于如愿。坚守目标，对蚂蚁而言攸关生死存亡，对人而言也关乎生存和发展。

怀疑的时代为什么要坚守科学信仰？因为一个人要做到事业成功、人生精彩，非坚守科学的信仰不可。这方面，农业科学家袁隆平的业绩就是最好的证明。袁隆平大学毕业后被分配到湖南边远地区教书，那时他可以申请到大城市，也可以就此享清福，做一天和尚撞一天钟，但他拒绝平庸。在他年轻时，米丘林、李森科遗传学说在中国盛行，但袁隆平通过水稻实验证明其是错误的，于是他抛弃这一学说，认准摩尔根着力研究的由基因组成的染色体。生产实践和实验已经证明，其对作物育种有着非常重要的意义。由于特殊的时代原因，摩尔根的理论在当时被视为异端邪说，但袁隆平敢于怀疑，敢于实验。杂交水稻在当时是世界公认的难题，并且有人断言“杂交水稻此路不通”！但袁隆平执拗地就是要把它打通。是什么力量在支撑着袁隆平用毕生的精力研究杂交水稻？袁隆平在第三届中国公民道德论坛上讲：“我为什么一辈子潜心研究杂交水稻？年轻的时候，我曾亲眼看到 5 个人饿死，倒在路边上、田坎上。那个场景真叫惨啊，他们都是我们的同类啊，就是因为没有饭吃就这样活活饿死了。”“让更多的人吃饱饭”就是袁隆平一生坚守的理想，这个理想也自然地转化为对科学的信仰和坚守。正因它是科学的理想而非空想，他研究的杂交水稻终获成功，水稻的总产量可翻一番，可多养活 100 亿人口。

1996年，26岁的潘建伟第一次拜见导师塞林格时，就树立了远大的理想。当时有人问他：“你的梦想是什么？”他毫不犹豫地回答道：“我要在中国建一个世界一流的量子物理实验室。”20多年来的坚守和努力，潘建伟和他的科研团队一直为这个远大的理想而努力，使“墨子号”系列成果赢得了巨大国际声誉，这标志着我国量子通信领域的研究在国际上达到全面领先的优势地位。美国马里兰大学的量子物理学家克利斯朵夫·门罗这样评价潘建伟：“拥有他，是中国之幸。”潘建伟对自我理想的坚守，就是对科学信仰的坚守。

怀疑的时代为什么要坚守科学信仰？坚守科学信仰，对于一个国家而言是关乎生死存亡的问题。我们说邓小平伟大，说他是中国人民之幸，原因就在于十年“文革”后中国经济徘徊在崩溃的边缘，他一方面高举马克思主义发展生产力为第一要务这面旗帜，另一方面坚持走社会主义道路不动摇，还敢于吸取资本主义的“合理内核”为社会主义所用，建立社会主义市场经济体制。在这提倡怀疑的时代，邓小平带领全国人民坚守科学信仰，即社会主义和共产主义，这才有了我们今日富强起来的中国。邓小平如是说：“马克思主义最注重发展生产力。我们讲社会主义是共产主义的初级阶段，共产主义的高级阶段要实行各尽所能，按需分配，这就要社会生产力高度发展，社会物质财富极大丰富，所以社会主义阶段最根本的任务就是发展生产力，社会主义的优越性归根到底要体现在它的生产力比资本主义发展得更快一些、更高一些，并且在发展生产力的基础上不断改善人民的物质文化生活。……贫穷不是社会主义，更不是共产主义。”①

在伟大的新时代，我们要实现中华民族伟大复兴，要坚守中国特色社会主义，坚守共产主义理想。因为共产主义社会不仅要实现共同富裕，更要实现人的解放，即“将是这样一个联合体，在那里，每个人的自由发展

① 邓小平．邓小平文选：第3卷［M］．北京：人民出版社，1993：63-64.

是一切人的自由发展的条件”（恩格斯语）。

29.2　科技人才流失告诉我们扶持潜人才的紧迫性

2019 年 3 月 15 日，中国航天三江集团有限公司总设计师胡胜云在《环球时报》上发表文章《留住航天科技人才，该做些什么》，文中谈道：“我们现在说的‘重视人才’，基本都是指对技术带头人更加重视，但实际上往往流失最严重的是我们的人才梯队。像去年的张小平就是这样的梯队人才。从目前看，他们是各单位、各项目中干活的主力，假以时日，他们中的不少人会成为‘领导人物’的后备队。森林茂密才有参天大树。但这部分人恰恰是最容易被挖走的。在待遇上，他们无论在经济待遇、技术地位方面，还是在职级待遇上，都不是很高。他们年富力强，但同时家庭负担也很重，上有老下有小。”胡胜云在这里谈的不仅是航天科技企业的问题，而且是高端科技企业普遍存在的问题，即忽略对潜人才的扶持。

在科技创新活动中，必然有一大批潜人才涌现，他们虽然暂时不显眼，却是科技发展中最有活力、最有前途的中坚力量，忽视了对他们的尊重或扶持，就直接伤害了他们的上进心或积极性，他们或随波逐流，或被人挖走，这样的科技企业就会出现人才断崖。一旦科技企业发生人才断崖，其前景是不言而喻的。所以，重视并主动扶持潜人才，是科技企业管理中的一项战略性任务。所谓潜人才，是指已做出创造性成果，但由于条件的限制尚未被社会（或企业）发现和承认的人才。一个人处于潜人才发展阶段时能否被及时发现并得到有效的培养和使用，对于他以后的发展具有十分重要的意义，甚至会成为他成才道路上的转折点。更为重要的是，一个国家潜人才群体的水平高低决定了各行各业能否涌出大师级的人才。如果潜人才较多，但大多数都发展潜力有限，那么想从中培养出大师级人才是十分困难的；相反，若潜人才多，且多数都很卓越，像我国航天科技人才群这样的群体中就易于出现大师级的人才。社会不重视创新，潜人才的水平就低；社会重视创新，潜人才的水平就高。为此，我们不仅要重视潜人才在创新中的重要作用，还要重视对潜人才进行有组织、有计划的培育。

在注重潜人才的发现和培育的同时，还要培育潜科学。“潜科学”这个词是1979年中国的自然科学工作者和哲学工作者首先提出的，它是指处于孕育阶段的科学。任何一种科学理论或学说的产生，都必然要经历一个酝酿、孕育和发展的潜在期。潜科学是相对于那些已得到确证的、世人公认的概念、定律、学说和理论所构成的常规科学（又称显科学）而言的。潜科学和显科学既相互区别又相互联系，并在一定的条件下互相转化。科学发展呈现出“潜科学—显科学—新潜科学”的波浪式的前进规律。因此，我们不能小觑潜科学在科学创新中的重要作用，而潜科学大多是潜人才所创造出来的。因此，一个创新的社会（或企业），就要加倍地呵护和培育潜人才，并使潜人才的整体水平达到较高水平，力求出现大师级人才。因为潜人才的质量决定大师级人才的质量。

如何留住科技潜人才？我们可以借鉴德国企业的做法。德国公司通常在制度上保证技术优秀的员工有足够的成长空间，公司通过精心营造技术创新氛围，鼓励人们进行各种技术发明创造，并且获得丰厚的回报；公司的管理层与技术工人的薪水差别不大；对员工进行持续不断的技术培训，德国的二元制教育使德国员工自小就打下了很好的技术基础，进入公司后通过师傅带徒弟的师承方式能够很快成为熟练技师；公司经营不景气时公司与员工抱团过冬，公司一般不会通过解雇员工来自保，公司管理层与员工一起通过降薪来渡过难关。经济危机后，德国经济却一枝独秀，这与其重视潜人才的精神和物质生活并注重培育的举措是分不开的。这值得我国企业借鉴。此外，笔者觉得还要加上一条：不拘一格护人才。应该打破论资排辈的观念，让有能力者做前锋、担重任。传统论资排辈的人才选拔方式会磨掉年轻人的锐气，磨掉年轻人的希望，磨掉年轻人的创新精神。

29.3 德才兼备的高端人才是国家的核心竞争力

有了德才兼备的高端人才，没有原子弹、氢弹，可以造出来；没有芯片，也可以造出来。故德才兼备的高端人才是国家的核心竞争力。

中华人民共和国可以说是建立在半殖民地半封建社会的废墟上，刚开始一穷二白，当时且不说飞机，就连汽车也不会制造。但美国时时用原子弹对中国进行威胁。为了让中华人民共和国能真正自立于世界民族之林，以毛泽东为首的中共中央在极其困难的情况下启动了“两弹”（导弹、核弹）工程。世人都形成了一个共识：这是决定中国命运的决策。要完成这一工程，唯有靠自己的力量，靠中国德才兼备的高端人才。

1955 年，著名科学家钱学森回国，翌年就被任命为国防部第五研究院（中国导弹与航天科技事业的摇篮）的首任院长，毛泽东和周恩来特别批准授予他中将军衔。当时中国的工业基础非常落后，一批具有世界水平的德才兼备的科学家，如钱学森、钱三强、王淦昌、邓稼先、于敏等，他们利用简陋的条件开始对导弹和核弹进行研究探索。1964 年 10 月 16 日下午 3 点，新疆罗布泊核试验场上强光闪烁，蘑菇云腾空而起，中国第一颗原子弹爆炸成功。这一消息使整个国家沸腾了，也使整个世界为之震惊。那些一向以原子弹威吓中国的人，感到极度沮丧。德才兼备的高端人才们让中国从此有了完成战略核打击任务的手段。有了核弹，还需要解决运载工具的问题，否则就相当于“有弹无枪”，形不成有效的打击力量。从当时的条件出发，中国的核打击力量必须以陆基导弹为重点。要解决运载工具导弹的问题，仍需要以钱学森为代表的德才兼备的专家组攻关。因苏联中断援助，我国导弹的发展完全走上自力更生之路。就在苏联撤走专家的 3 个月后，1960 年 11 月 5 日，中国第一枚近程导弹发射成功，准确命中了 500 多千米外的目标。自此中国建立了解放军第二炮兵，2015 年中央将第二炮兵命名为“中国人民解放军火箭军”部队，奠定了中国的大国地位。这充分说明了一个简单明了的道理：德才兼备的高端人才是国家的核心竞争力。像钱学森、钱三强、王淦昌、邓稼先、于敏等世界级的科学家，他们不仅拥有世界级的科技头脑，而且是将全身心贡献给祖国的道德模范。他们的薪酬谈不上丰厚，衣食谈不上丰富，他们还因特殊工作而远离妻儿却毫无怨言。原子弹试爆未爆时，邓稼先身先士卒前去探寻而不顾自己的安危。1986 年 6 月他病危住院，杨振宁到医院看望他，得知原子弹爆炸成功后他得的奖金仅是 10 元人民币，非常吃惊。邓稼先总是默默奉献，无怨无悔。他去世后，国防科技成果办公室曾经追授“原子弹的突破及武器化”“氢弹的突破及武器化”两个特等奖的奖金共 1000 元以及突破中子弹等另外两项特别奖各 1000 元给邓稼先，其家属把这些钱全部捐给国防部第五研究院，作为科技奖励基金。先辈们的伟大精神着实令人钦佩不已。

中华民族要实现伟大复兴，就需要一大批新钱学森、新钱三强们，他们是国家的核心竞争力，也是国之栋梁。

30 论共赢

共赢其实是中国的传统观念，千百年来这一观念也渗透到各个领域。特别是中国先人的“大同理想”，就充分体现了共赢，这在《礼记·礼运》中具体反映出来，就是在共同富裕的基础上实现“天下为公”，这个理想社会不仅要“壮有所用”，而且要让“矜、寡、孤、独、废疾者”也能受关照；由于大家都富裕了，盗贼也没有了。达到“天下一家，共享太平”（《原道醒世训》），人们从共赢中获得幸福。

共赢之所以能成为中国的传统观念，源于中国古代形成的“和同”哲学范畴。孔子强调“君子和而不同，小人同而不和”（《论语·子路》），这一“和同”观影响了中国两千多年。“和而不同”与大自然健康发展密切相关，大自然的茂密森林、高产稻菽以及人和动物的康健发展，都离不开杂种优势。世界历史上，凡“近亲婚配”的民族都消失了。中国炎黄时代便有了不娶同姓的制度，“男女同姓，其生不蕃”。远古时期的中医就开始用多种药物的配方治病，这就加深了“和而不同”观念。而中国的大族汉族并不因血缘问题排斥少数民族，生活习惯不苛求于人，从而具有兼容并包、有教无类、天下大同之特点。

共赢与爱国主义是并行不悖的。爱国主义与民族主义有着本质的不同，爱国主义是在尊重他国和其他民族的前提下对自己祖国的一种深厚感情。在热爱自己祖国的同时，也尊重别国、别的民族的文化，在祖国繁荣昌盛时，也希望他国，特别是邻国同样繁荣。而民族主义则不同，其通过贬低、蔑视别的民族和国家以抬高自己，追求的是单赢和强力通吃。

改革开放的中国主张共赢，既传承了中国“和而不同”的传统文化，义与爱国主义相一致。改革开放，不仅使进入中国的外资和与中国互通贸易的国家得到巨大红利，而且使中国发生了巨变。1978 年，成千上万的中国人长期营养不良，经济走到崩溃的边缘，当时中国的 GDP 只有 1500 亿美元，40 年后这个数字已经超过 12 万亿美元，仅次于美国。今日之中国，财富占世界的 10%，而 2009 年我国居民人均收入水平已达到 1992 年的 4.12 倍。这就是主张双赢的结果。

中华民族几千年的文明史反复证明，国家开放则兴，国家封闭则衰。汉唐盛世，得益于国家的开放政策。汉代张骞打通了通往西域之道，汉朝派往西域的使团络绎不绝，形成了一条横贯亚欧的国际大商道，这条商道上除了流通漆器、铁器等商品外，主要流通丝和丝织品，后人便把这条商路称为“丝绸之路”。丝绸之路的开辟，不仅成了世界文明古国经济文化的纽带，而且促进了包括汉朝在内的文明古国（印度、波斯、巴比伦、埃及、希腊、罗马）的共同繁荣，形成共赢局面。到了盛唐，中国的开放度更大了，形成盛极一时的丝绸之路。唐代对外开放的渠道主要是陆上丝绸之路和海上丝绸之路这两条通道。海上丝绸之路是唐王朝与阿拉伯进行海上贸易的重要通道；陆上丝绸之路比汉代更加繁盛。这促进了唐朝和交往国的共同繁荣，也形成了双赢。

到了 15 世纪，明清时代的没落与其实行封闭国门的经济政策密切相关。明清时代倭寇在沿海袭扰，朝廷借此关闭国门，其实关闭国门的政策与朝廷自身利益密切相关。当时在封建专制统治下，农本经济顽强地反抗资本主义经济萌芽，维护地主劣绅的既得利益。这导致明清时的中国成了“井底之蛙”，陶醉于“天朝上邦”的颂歌中，眼睁睁地失去了与西方并驾齐驱的机遇，甚至对西方工业革命和科学革命的成果不屑一顾，将其视为奇技淫巧。此等国家心态，走衰亡之道是很自然之事。清朝在列强面前想争取“单赢”，而结果是“单输”，卖国求荣，卑劣而可耻。

改革开放前，中国经济徘徊在崩溃的边缘，全国人民在邓小平的领导下，痛定思痛，最终选择改革开放。实行改革开放，是中国共产党的觉醒，也是中国人民的觉醒。改革开放使贫穷落后的中国一跃成为世界第二大经济体。习近平提出“构建人类命运共同体”和“一带一路”倡议这两个共赢的愿景，立即得到众多国际友人的呼应。“环球同此凉热”，我们人类共同生活在一个地球，至今还未发现有外星人。可见有人类的地球是多么珍贵，中国古圣人就特别强调“仁爱”“兼爱”，西方《圣经》也强调人类的“博爱”。“一带一路”倡议就是讲共同繁荣、合作共赢。中国和平崛起，也希望一切友好国家搭上中国的快车。中国真诚的共赢之举感动了世界，唤醒了世界，我们不要恶斗，不要霸凌，不要强权，不要任性，要平等合作下的共同繁荣，即双赢。共赢包含共商、共建、共享三大内容，没有共商就是强权主义；没有共建就是单边主义；没有共享就是殖民主义。有了共商，才有共建的动力；有了共建，才有共享的动力；有了共享，才有获得感。“一带一路”倡议坚持共商、共建、共享，这是获得众多国际友人支持的根本原因。

共赢的目的是什么？是共享。共享可以说是共赢的最高境界。中国先贤理想中的“小康”“大同”世界，就有共享的含义，即共享社会的财富、共享社会的安全、共享社会精神文明。清代农民起义领袖洪秀全在他的《原道觉世训》中曾全文引录“大同”论断，作为“天下一家，共享太平”的天国依据。可惜洪秀全的“太平天国”是建立在绝对平均主义的基础之上，经 14 年就崩塌了，不过他提出的共享理念却很有现实意义。

在新时代兴起的共享单车，为解决人们“最后一公里”的问题提供了方便，也符合生态环保的要求。其应运而生，很快在中国的一些大城市，甚至在国外一些大城市流行。现在由共享理念发展而来的共享服务、共享数据、共享停车场、共享工厂、共享汽车等不胜枚举。就共享单车来说，虽然社会上有需要，但对使用者没有出台相关约束，导致共享单车违规停放、占用人行通道、妨碍交通等，有的报废后成为垃圾堆在街旁，我在北京、上海、杭州都看到了这种不忍目睹的景象。这是因为共享单车行业在中国呈爆炸式增长，进而吸引了近 70 家公司向街头投放 1600 多万辆自行车。而地方政府对停放规则、押金的监管缺失，导致单车使用者无约束，单车车主盲目扩张，最终造成摩拜卖身美团、ofo 小黄车陷入退押金困局、一些共享概念的企业宣布倒闭。因此有人宣称共享完全失败。但应该看到，共享企业的倒闭潮不是共享经济的失败，而是资本盲目跟风的失败。还应该看到，共享单车热潮不仅显示出中国经济充满活力，也反映出中国人解决“最后一公里”问题的需要。而共享单车等共享经济实际不是闲置资源的共享，而是所有权和使用权的分离，不求拥有但求服务，它的共享体现了“我为人人，人人为我”的本质特征，它正是人类高度文明所需要的社会氛围。所以说，共享经济只要坚持共赢的基本原则，依然是大有前途的。

30.1 简论共赢

共赢是大自然和人类社会中最基本的生存规律，谁违背它，终究要受到自然的惩罚。大自然中，森林固土，使山峦在暴雨中不至于崩塌，从而使河流顺畅流去，河水又滋润了山峦的森林。森林和河流之间达到共赢。若大肆砍伐树木，使山峦泥土不固，必将导致水患成为灭掉人类的猛兽。

共赢在原始社会就是人类尊崇的基本自然法则。起初，强壮的男人出去狩猎，妻子在家养育儿女，这是原始人生存的模式。继后，随着生产力的发展，形成了男耕女织的双赢家庭模式。再后来，农民有多余的农产品，在农村集市上进行货物交换，从而形成新的双赢模式，这种双赢模式在农村延续至今。资本主义的商品交换是在平等前提下互相交换商品，这使共赢达到了新的高度。

靠单赢方式建立起来的罗马帝国，采取赢者通吃的模式，靠杀戮和掠夺似乎成功了。因为在罗马帝国鼎盛时期（98—117 年），其拥有横跨欧、亚、非三大洲的世界最大的帝国版图，东至亚洲的里海，西至欧洲的西班牙，北至大不列颠岛和多瑙河，南至非洲的埃及，地中海成了罗马帝国的内湖。罗马帝国靠征服和掠夺得来的领土多么辽阔，这样庞大的帝国，自然是一个多民族的群体，具有多元文化，但多元文化并有没给奴役异族和追求单赢的罗马帝国带来繁荣，相反给他们带来的是覆灭。在罗马帝国的强权压迫下，奴隶反抗斗争不断。从公元前 198 年的迦太基人起义，公元前 196 年伊达拉里亚起义，公元前 186 年阿普里亚的牧奴起义，公元前 137 年至公元前 132 年西西里岛大规模的奴隶起义，直到公元前 73 年在意大利爆发的罗马历史上规模最大的一次奴隶起义——斯巴达克起义。斯巴达克起义军经过 3 年的浴血奋战，斯巴达克壮烈牺牲，起义军虽然失败，但却沉重地打击了罗马奴隶主的统治，使苏拉军事独裁之后的罗马帝国开始分崩离析。匈奴人在欧洲突然出现，促使日耳曼部落大迁徙，罗马人眼中的下等贱民——“蛮族”成群迁徙并大举进攻罗马，罗马帝国不仅向匈奴俯首称臣，最终还土崩瓦解。到了公元 476 年，罗马帝国正式覆亡了，罗马民族也跟着消亡了，罗马文化中不属于它的犹太基督文化和希腊文化，作为欧洲文化的主旋律继续被传承发扬。

追求强权和赢者通吃的古罗马帝国的命运如此，当今有人也在学古罗马的强权和赢者通吃，那它最后的结局不言而喻。尽管西方有人对“一带一路”倡议和“构建人类命运共同体”抹黑，它却越来越受到世人的欢迎，这缘于它掌握了一个基本法则——共赢。

前几年，由共享单车发端的共享经济浪潮在我国发展得如火如荼。一时间共享汽车、共享阅读、共享护士、共享饮食、共享工厂、共享停车场等新事物层出不穷。共享单车在中国发展迅猛，由此而来的社会问题也很多。单车违规停放、占用人行通道，甚至有些地方单车横七竖八堆积如山，如同单车“坟场”。为何会出现这些现象呢？一是因为共享单车企业的单赢动机，二是因为使用单车的市民的单赢动机，这是造成共享单车行业无序发展，因而让老百姓怨声载道的主要原因。做共享单车赚钱快，大批企业和投资者蜂拥而至。据业内人士透露，共享单车企业赚的主要是押金的钱。因为用户使用共享单车，首先要注册并缴纳一定的押金。假如一辆单车的成本是 200 元，押金也是 200 元，如果有 6 个人的押金沉淀在 APP 里，那么企业单从这一辆单车上就可以获得1000元资金。如果在全国投放了1000万辆单车，就可以获得100亿元的资金，可以派生出500亿元的借款，再投放到投资市场上，每年有35亿元的收入，除去利息、运营等费用，纯利润可以达到10亿~20亿元。凭借着这股巨大的资金流，经营共享单车的那些资本大鳄可以在资本市场上获得巨额利润，所以他们可能并不在乎单车每次1元钱的使用费，也不在乎这些已经给他们生过蛋的母鸡被扔在哪个角落了。

就共享单车行业而言，共享单车企业只盯着赚钱（单赢），享用单车的市民只图自己方便，骑完之后将车乱停乱放，甚至有人把单车扔进河沟之中以图一快。由于双方都追求单赢，它的命运自然不佳。共享单车本应该体现国家行政、共享单车企业和共享单车使用者三方面共赢的原则，但实际上，政府缺乏对共享单车的管理，既然单车占据了公共资源，政府就有责任使其有序发展，若发现有妨害公共秩序的情况，应追究共享单车企业和单车使用者的责任，共享单车企业应运用人工智能强化这一责任。另外，为防止共享单车企业倒闭而还不出客户的押金，客户的押金应由政府银行托管，一般共享单车企业不能动用。而使用单车的市民若有妨碍公共秩序的行为，应有相关的记录和惩罚。政府还要把进入门槛设高一点，阻止单车投资者蜂拥而上。总之，只有三者共赢，共享单车才能健康发展。

共享经济形式早已有之，但它最紧缺的是共赢理念。共赢是共享的基础，脱离了共赢这一基础，它终究是长不了的。这一道理，对国家、企业，甚至个人而言，概莫能外。

30.2 单边主义批判

为什么要批判单边主义？因为单边主义是一种以自我为中心，目空一切，蔑视国际准则和国际合作，以自我强权威胁他人，赢者通吃的极端损人利己的行为。单边主义者总以强力和诡诈手段使自身获得最大利益，其根源在于他们是彻头彻尾的种族主义者。单边主义曾在东西方长期存在，它不仅是对文明发展的遏制，还导致了文明的大倒退。中国盛唐时期的开放和多边主义政策，催生了文明的飞跃。但自宋初（公元960年）到清末（公元1911年）近千年，这是由禁欲主义统治的千年，封建集权强化“三纲”伦理，即君为臣纲、父为子纲、夫为妻纲，以科举考试为唯一思想导引，凡违背“三纲”者，都会受到社会和家族的谴责，并被视为异类。由此强化了封建宗族观念，人们以宗族为中心，实行“非我族类，其心必异”的单边主义。至此，中国封建社会与盛唐相比，文明程度倒退了若干年。在欧洲黑暗的中世纪（5~15世纪），基督教神学一统天下，理性泯灭，哲学失色，信仰高扬，宗教独行，强制实行单边主义。单边主义在欧洲之所以能维系千年，跟中国封建社会一样，靠的是森严的等级制。托马斯·阿奎的等级言论对欧洲中世纪影响很大，他说等级的世界最明显的是人的等级之分。低等的人总是服从高一等的人。

20世纪90年代早期，美国学者塞缪尔·亨廷顿提出了后来政界和学术界争论不休的“文明冲突论”。其要义是：在基于资本主义和社会主义两种意识形态对抗的“冷战”结束后，意识形态的斗争在国际政治中的地位将明显下降，与之相应，由文明差异所带来的冲突在国际政治中的地位会凸显出来，甚至会决定国际政治的走向。连英国《独立报》也认为：“塞缪尔·亨廷顿20多年前提出的著名理论‘文明冲突论’并没有按他设想的成为现实。”实际上，20多年来美国在中东地区的实践证明，亨廷顿的“文明冲突论”已彻底破产。

种族主义认为种族有优劣之分，高级种族生来具有创造高度文明的生物本能，担负着统治世界的使命；低级种族则无力创造和掌握高级文化，注定会成为被统治的对象。1853年，法国社会学家戈比诺的《论人类种族的不平》一书出版，被称为种族主义的“圣经”。戈比诺认为，种族优劣是社会兴衰、文化高低的决定因素。黑种和黄种是低级种族，白种特别是雅利安族是高级种族。其中日耳曼人最高贵，而且日耳曼贵族又保留了更多的纯洁性，是一切高度文明的创造者。即便是中国文明，似乎也是经上帝授权从印度到中国湖南定居的一支白人创造的。我们应特别注意到，在德国希特勒专政和日本东条英机专政的年代里，德国和日本法西斯主义者把种族主义变成了官方的政策和思想，使之为攫取别国领土、消灭他国居民、迫害本国人民服务。历史告诉我们，种族主义如果由官方主导成为全民的思潮，那么这个国家就成了法西斯产生的温床。

罗马帝国覆亡后的数个世纪，欧洲进入了黑暗时代。希腊人创造的精神财富大多消失或被遗忘。在长达6个世纪，甚至更长久的时期内，西方科学凋零枯萎。不过自8世纪起，掌握阿拉伯语的科学家、医生和数学家翻译与保存了古希腊的知识，在许多情况下还增加了更多知识。当无知和迷信的乌云在中世纪末开始消散时，长久遗失的希腊哲学与科学珍宝，以阿拉伯译文的形式重回西方的怀抱，其中还伴随着伟大的伊斯兰思想家的贡献，例如医生阿维森纳、物理学家比鲁尼及数学家花拉子密等。当然，其中最具原创性与影响力的，是西方所熟知的海桑。

西方世界不为此感恩，还有人将其视为“文明冲突”！

中国古代的四大发明（指南针、造纸术、火药和印刷术）是中国古代文明成就的杰出代表，并逐渐经阿拉伯世界传到西方，为西方资本主义的蓬勃发展增添了关键动力。中国发明的指南针于12 ~ 13世纪传入阿拉伯，然后由阿拉伯人传入欧洲；中国发明的造纸术于7世纪由朝鲜传入日本，随后在8世纪传入阿拉伯世界，11世纪再传入欧洲；中国发明的火药，直到1225—1248年才由商人经印度传入阿拉伯国家，然后又由阿拉伯人传入欧洲；中国发明的印刷术，由住在中国的欧洲人传入欧洲。

西方世界不为此感恩，反而掀起“文明冲突”！

习近平在2019年5月15日召开的亚洲文明对话大会开幕式上的主旨演讲，痛斥了单边主义和种族主义，受到与会代表高度赞同。他说：“认为自己的人种和文明高人一等，执意改造甚至取代其他文明，在认识上是愚蠢的，在做法上是灾难性的！”他还表示：“各种文明本没有冲突，只是要有欣赏所有文明之美的眼睛。”来自“西方文明摇篮”的希腊总统帕夫洛普洛斯在大会致辞时也态度鲜明地反对“文明冲突论”，认为有可能爆发“文明冲突”是“巨大的错误”，真正的文明不会发生冲突，而是进行对话。他以希腊为例说：“希腊文明是欧洲乃至整个西方文明的摇篮，但我们并不认为希腊文明优于其他文明，我们深知人人都是平等的。”

可以这样说，塞缪尔·亨廷顿及当今的斯金纳的“文明冲突论”是彻头彻尾的种族主义言论，是单边主义在种族问题上的直接反映。单边主义像沙漠里的鸵鸟，一遇狂风大作，就把头插进沙漠里，不知世界，只知自己，可悲！

单边主义植根于种族主义，狂妄自大，目空一切，视人类大多数为劣种，唯独他们特别是一小撮是优种，于是做任何事都很任性，肆无忌惮。世界本来是万花纷呈，他只允许一种花盛开；森林本来由多元树木组成，他只允许一种树生长；世界文化因地域和历史呈现不同，他只要不认同，就可以用军队去摧毁；谁的文化与他不同，他从不向其学习，而以“文化冲突”待之。这种单边主义，一有点实力，就觉得地球的转动也要听他的，霸凌之气尤甚。这种“同而不和”的单边主义方法论，不仅与“和而不同”方法论相对立，而且是违背自然和社会规律的。故中国古代思想家孔子说：“君子和而不同，小人同而不和”（《论语·子路》）。这句话有两层含义，一是道德含义。心胸狭小，以我为大，目空一切，损人利己。二是哲学含义，以我为中心，追求单一性；视单一为友，视差异为敌。很自然，单边主义是在“去和而取同”，千方百计甚至不惜动用武力，要以完全相同的事物相凑合。从小处看，它会导致有害的后果；从世界大范围看，它是世界动乱之源。

单边主义若不成为人人喊打的过街老鼠，它将使世界文明倒退，这绝非危言耸听。

30.3 心理价值是经济的第三种调节

经济学家厉以宁认为道德是调节社会经济运行的第三种方式[①]，笔者认为股市的波动与道德无关，而跟心理调节有关。例如美国挑起贸易摩擦，开始对2000亿美元中国商品加倍征收关税，中国不会吞下任何损害自身利益的“苦果”，断然宣布调整加征关税措施，是对美国单边主义和贸易保护主义的回应。结果，2019年3月15日上午华尔街股票在开盘后大跌，道琼斯工业平均指数下跌470点，跌幅达1.8%，纳斯达克下跌超过3%，苹果公司股价下跌4.4%，卡特彼勒公司股价下跌4%。这既不是市场调节，也不是政府调节，而是心理调节。

在价值运动中，为了交换而进行的商品生产，传统经济学认为它具有使用价值和价值两种因素或两种属性，这种观点显然是对的。因为物品能满足人们的某种需要，所以说商品具有使用价值；同时，商品还可以用来交换，具有交换价值。不过，我们再仔细考察商品的价值，就会发现商品只包含使用价值和交换价值两种因素（两种属性）的看法是不完整的。除了上面两种因素外，商品还具有第三种因素（属性），就是心理价值。质量、款式几乎一样的商品，还是有人愿意去买比同类非名牌产品价格高得多的名牌产品。其根本原因在于商品的心理价值。一些顶级艺术品之所以能拍得高价，一些股票价格数倍或成十倍地增长，也跟艺术商品或股票的心理价值密切相关。特别不可思议的是，拍卖厅里，那些名演员、名主持的次等劣质书画竟然也能拍得惊人的高价，这可能是一种扭曲的心理价值所导致的。

我们每天看到的绚丽纷呈的广告，就是商品生产厂家与广告商密切合作的产物。说穿了，广告是要让你对该商品引起注意，产生购买的兴趣，

① 参考《华裔时报》1997年12月10日发表的文章。

从拥有购买的欲望而到做出实际的购买行动，这就是一组心理攻势，使商品获得心理价值从而赢得市场。至于有些商家或厂家专找名人打广告，是抓住某些人的“偶像崇拜”心理去确认商品的心理价值。心理价值是随环境的变化而变化的，因此从某种意义上来说，商品交换是公平的；但从另一种意义上来说，商品交换又是不公平的。

31 论传承

传承是对历史上流传下来的思想、道德、风俗、艺术、制度等的承接，并将其精华发扬光大的行为。没有传承，就没有文明的历史；没有文明的历史，也就无所谓传承。传承是今人对前人和古人的智慧继承和发展的结果。没有继承，就谈不上传承；只有继承而无发展，也称不上传承。

传承往往表现为两种形式：一种是师徒技艺的传接；另一种是代代之间文化的传接。不管是哪种形式，我们这里讲的传承必须满足两个条件：一是传承要保留前人的技艺或文化之精华，并力求克服前人在技艺或文化上存在的弊端；二是传承讲究超越，要有长江后浪推前浪的那种气势，使传承下来的技艺或文化更先进并更适合新时代。因此，我们这里提倡的传承，是要把已知创新成果进行有效的、卓越的改造并实现跨越。就中外科技发明来看，中国古代的蔡伦、英国近代的瓦特都不是首创者，但他们是最优秀的传承者。因为他们的传承满足了上述传承的两个条件：一是做到了既保留又克服；二是做到了超越。蔡伦发明的造纸术，是在继承并改造西汉“霸桥纸”的基础上实现的。西汉的“霸桥纸”质地粗糙，只适合包装而不宜用于书写，蔡伦对它进行了成功的改造，为世人提供了廉价优质且适宜书写的纸张，从而使纸张的应用得到了普及和推广，并引起书写材料的变革。英国的瓦特发明的蒸汽机，是在纽可门蒸汽机的基础上改造完成的。纽可门蒸汽机还很不完备，不能适应当时大生产的需要，瓦特在此基础上发明的蒸汽机动力大、耗煤量低、利用率高，因而被广泛用于大生产，使当时的世界进入了“蒸汽时代”。蔡伦和瓦特创造性的技艺传承改变了世界。中国1919年的“五四”新文化运动是对中国5000年文化既克服又保留的传承。由于封建文化在中国占主导地位达2000多年，封建的中世纪文化已浸入中国人的骨髓，因此，“五四”新文化运动所提倡的科学（自由）和民主的传承出现过度重克服、轻保留的问题，把中华民族的优秀传统文化同传统文化的糟粕一齐抛弃了，甚至连中国古诗的格律和韵律也不要了，以学西方所谓“自由诗”为荣。新时代下，摆在中国学子面前的迫切任务是对中华5000年传统文化保持真正的传承，既要做到克服，又要注意到又保留；既要做到符合时代，又要做到符合中国国情的超越。

传承中国传统文化，首先要清楚中国传统文化的主干是什么。关于中国文化的主干，从宋至今的文人学士都主张是“儒道释”，这个“释”指佛教。显然，这是自宋以来文人学士对中国传统文化主干的误导，这种误导还宣扬中国传统文化中的理想完人是集“儒道释”于一身的“真君子”。为什么说这是误导呢？这是因为中国传统文化的主干不是“儒道释”，而是“儒道墨”。理由如下：中国传统文化的主干应从中华元典去找，“儒道墨”不仅都产生于中国元典时代（春秋战国时代），而且当时的墨学与儒学并列为显学。而佛教不仅是外来宗教文化，而且是在西汉哀帝元年（公元前2年）从印度传入中国的，其距战国时代200余年，距春秋时代近500年。另外，非宗教性或人文精神是中国传统文化的显著特征之一，这一点是中国传统文化不同于西方文化的地方。而中国的老庄道学主张无神论，与东汉才兴起的道教绝无任何干系。因此，外来佛教（“释”）与无神论的“儒道”混在一起系为“理想完人”不是十分荒谬吗？最后，墨家虽然被西汉“废黜百家”的政策所打压，但墨子是代表劳动者的伟大思想家、科学家和社会活动家，他在数学、力学、几何学、逻辑学等领域都有卓越的贡献。墨子“力者，刑（形）之所以奋也”的命题讲的是运动加速度定理，也就是牛顿第二定律，这比牛顿早了2000年。

要传承中华优秀传统文化，除了要在中华优秀传统文化的三大主干上下功夫，还要在中国传统文化的四大特性上下功夫。中国传统文化的第一个特性是中国人的人本主义情结。中国远古神话融合了这种情结：夸父要逐日不靠神，精卫与海搏斗复仇不靠神，后羿要射下九个恶日不靠神，刑天被砍头继续与天帝斗，也不靠神。加之大禹治水感动了历代人民，并由此生发出“自强不息，厚德载物”的人文主义精神。中国传统文化的第二个特性是“和而不同”价值观。中国人追求和谐，不是固守相同的和谐，而是尊重差异的和谐。这种“和而不同”的和谐观，在价值观和人生态度上体现为共赢、共享，互相关照、互相理解、互相宽容，进而走向天下大同。中国传统文化的第三个特性是家国情怀。中国人很注重感恩，对父母的感恩而形成“孝”，对家乡的感恩而形成乡愁，对祖国的感恩而形成爱国。中国传统文化的第四大特性是“忠恕”观。孔子提出的“忠恕”观已经渗透在中国人的血液之中。忠，是“己欲立而立人，己欲达而达人”（《论语·雍也》），自己有什么欲望，总要推广进而想到别人也有这样的欲望；自己的欲望得到满足时，也要使别人满足这样的欲望。恕，则是“己所不欲，勿施于人”（《论语·颜渊》），自己不喜欢的欲念，绝不用于他人。中华优秀传统文化的传承，就应紧紧抓住这四大文化特性，外国友人要读懂中国，也应从这四方面入手，它是了解中国的窗口。

我们要传承中华优秀传统文化，就应该批判地继承。所谓批判地继承，就是要对传统文化取其精华、去其糟粕。哪些是精华，哪些是糟粕，这是必须首先分清的。中国传统文化之精华，仅选几点，以点代面进行说明。诸如人人相爱，人人相敬（孔子“仁者爱人”）；世界大同（孔子“和而不同”）；人的个性解放（庄子“与天为一”）；胸怀大志而不移（庄子“鲲鹏腾飞九万里”）；信实精神（孔子“人而无信，不知其可也”）；人与人之间的友爱（孔子“老吾老以及人之老，幼吾幼以及人之幼”）；对低碳经济的提倡（老子“虽有舟舆，无所乘之”）；自己克服自己的弊端方能变得强大（老子“自胜者强”）；人格不可侮，志气不可夺（孟子“浩然正气”）；以多做善事为荣（荀子“积善成德”）；榜样的力量是无穷的（孔子的“其身正，不令而行”）；领袖应虚怀若谷，甘居民之下（老子“江海所以能为百谷王者，以其善下之，故为百谷王”）；严于律己，敢于承担责任（孔子“躬自厚而薄责于人”）；对女性的赞扬（老子“牝常以静胜”）；脚踏实地起步才有希望成功（老子“千里之行，始于足下”）；等等。这些思想精华需要我们传承与发扬。

中国传统文化之糟粕，也仅选几点，以点代面进行说明。诸如封建名教的核心“三纲五常”；禁欲主义（儒家“存天理，灭人欲”）；宁可短命，也要纵情于声色犬马之中（杨朱“为欲尽一生之欢，穷当年之乐”，“不遑忧名声之丑，性命之危也”）；对追求物质利益的全盘否定（孔子“君子谋道不谋食，忧道不忧贫”）；轻视商人（孟子斥责商人为“贱丈夫”）；提倡平均主义（孔子“不患寡而患不均”）；偏爱道德的提高，而忽视力量的培养（孔子“为政以德，譬如北辰，居其所而众星共之”）；遏制人的个性化（儒家的“大一统”、共性至上）；经学占据了统治地位，束缚了人们的独立思考，阻碍了人民探索未知领域的前进道路（“罢黜百家，独尊儒术”）；等等。这些都是需要我们克服、批判并抛弃的。

传承，要借鉴上古、参验当代，根据时势加以变化。中国有 5000 年文明史，有许多精华需继承、发展，但因封建时代的局限，也带来一些糟粕，我们应毫不犹豫地取其精华、去其糟粕。

31.1　将中国传统文化分三种类型进行传承

在中国传统文化的继承问题上，我们要力戒两种态度：一是虚无主义或取消主义的态度，全盘否定中国传统文化，把它们统统归为“封建、迷信、落后”，甚至“反动”的范畴。这好像给婴儿洗澡，最后却把水和婴儿都倒出去了。二是对中国传统文化不分良莠，全盘肯定，甚至把“三纲”和“男尊女卑”这些糟粕都视为至宝，这就成了当今的“封建卫道者”。

中国传统文化丰富多彩，特别是春秋战国以后以“儒道”为主线的中国传统文化，历经了 2000 年的封建社会，良莠不齐，不可“一刀切”地摒弃，也不可全盘接受，应通过扬弃的方法，根据新时代中国的需要，将中国传统文化分为三种类型进行批判性继承，进而发扬光大。第一类是可直接借鉴者；第二种是可吸取“合理内核”进行发展并古为今用者；第三种属于封建糟粕，应全盘否定，并肃清其遗毒。

第一类，可直接借鉴者。

“和而不同”是中国古代圣贤在对自然规律和社会规律进行观察和思考的基础上建立的一种哲学理论，其中充分体现了辩证思想，这是对人类文明进步的伟大贡献。但中国普通大众及世界思想界对此还很陌生，必须根据当前的具体情况进行创造性的转化。“和而不同”的“和”，是指不同元素相配合求得统一，这是真正的和谐；“同”是指相同的元素相凑合求得绝对等同，这是违背自然规律和社会规律的伪和谐。但中外大众对这一哲理很难理解，无法理解就难以接受。习近平总书记做了成功的示范，他提出的“一带一路”倡议和“构建人类命运共同体”得到世界人民的积极响应，这既体现了中国传统文化精华的魅力，又反映了对中国传统文化精华的创造性转化获得了成功。

“天人合一”这一中国古代哲理也可以直接运用于今，但必须进行创造性转化，否则中外大众就不理解，就连近代德国哲学家黑格尔也不理解，并对其持否定态度。“天人合一”观认为大自然与人是合一的，人是自然之子，因此人的生理、心理必随大自然的变化而变化。我国先秦时期的医典《黄帝内经》阐述了“人与天地相应”的思想，以医学实践证明天与人是相通的，并将其运用于医疗实践中。中国古代医者对“天人合一”观也进行了创造性转化，直至今日，这一观念也是指导中医诊病的方略之一。

第二类，可吸取其“合理内核”进行发展并为古为今用者。

“孝”是中国道德的核心，历来有“百善孝为先”的说法。“孝”的内容十分宽泛，首先是继承、遵守祖先的遗志、事业，其次是对父母有发自内心的孝敬感情；最后是对父母的赡养、丧葬、祭祀等严格遵守礼制。总的来说积极因素占主导。中国自古以农业立国，以农业为背景的家庭最大特点是聚族而居，由此产生的“孝”会由家庭放大到家族、由家族放大到国家。秦汉以后，由于封建统治定于一尊，出现了专制政体，以家族为本位的道德价值观随之扩大，“孝”就直接与家族和皇帝对接。地方官称为“父母官”，皇帝称为“君父”，于是把谁养活谁搞颠倒了，由此发展出具有正统权威性的“三纲”，中国家族的伦理关系和道德价值开始被凝固化、教条化、绝对化，进而要求关系的一方绝对服从或遵守另一方的地位和特权，绝对履行一方对另一方的道德义务。所以，我们现代对中国传统的“孝”的继承，应发扬子女对父母的孝敬和父母对子女的关爱，切割封建家族将“孝”凝固化、教条化、绝对化的这一部分，使之转化为对国家的热爱，也就是要形成既孝敬父母，又热爱祖国的家国情怀和“大孝”。

“重义轻利”是中国传统道德价值体系中非常重要的内容。孔子说：“君子喻于义，小人喻于利”(《论语·里仁》)。又说：“君子谋道不谋食，忧道不忧贫”(《论语·卫灵公》)。孔子建立起这样一个道德原则：有道德修养的人不能像小人那样汲汲追求物质利益，他应该把自己的思想、行为、注意力都与仁义道德紧紧地联系起来，不患寡（不忧贫），不患饥饿，不谋生产（不谋食），而只担心道之不行，因此要用毕生的精力去“谋道”。这无异于让一个饿殍去讲仁义道德，让一个物质贫穷的人去追求精神享受，十分荒谬。但这一思想影响了中国2000年，到了宋代，其发展为“存天理，灭人欲”(朱熹《答陈同甫书》)，使中国宋代到明清千年成了黑暗的中世纪，导致文明倒退。因此，我们要重视仁义道德、扬善惩恶，但也要重视合法途径获取的利。“君子爱财，取之有道”，人民共同富裕，阖家安乐，有何不可？

第三类，属于糟粕，需全盘否定，并肃清其遗毒者。

“三纲”是中国封建名教的核心，是维护封建集权统治的筋骨。“三纲”立则封建集权立，“三纲”破则封建集权破。为什么呢？自西汉董仲舒明确提出“君为臣纲，父为子纲、夫为妻纲”并被封建统治者汉武帝采纳施政以后，“三纲”就成了中国人民头上的“紧箍咒”。董仲舒把这种尊卑从属关系说成是道德的根本。同时将仁、义、礼、智、信这类本属于个人行为准则的东西也归属于“三纲”，从而使个人的行为准则从属于讲究等级尊卑的人伦，使“三纲”带上了道德的色彩，又使“五常”受到了约束，不让它越出封建主义的轨道，中国封建道德的中心观念就此形成。这种人为的极不平等的“三纲”是对人格的侮辱，但又要人们自觉遵守，为了让臣、子、妻居于从属地位又心服口服，董仲舒只能搬出神秘主义和蒙昧主义，他乞灵于“天”，把“人道”抬到“天道”的高度：“王道三纲，可求于天”（《春秋繁露·基义》），宣称人间的一切尊卑关系，全是按“天”的意志与目的安排的。同时，又神化和扭曲“阴阳学说”并加以论证，宣称君臣、父子、夫妻关系均是阳与阴的关系，而“阳尊阴卑”是绝对不能变动的。从而让“三纲”变成了天经地义、不可更易的关系。“三纲”不除，中国人的精神解放遥遥无期。伟大的“五四”新文化运动要“打倒孔家店”，它的要害就是打掉封建的“三纲”。因此，对传统的封建“三纲”不仅要全盘否定，而且要肃清其遗毒。

男尊女卑在中国传统文化中被看作是天经地义的，在道德价值体系中甚至占有重要的地位。孔子把女子和小人并列在一起：“唯女子与小人为难养也”（《论语·阳货》）。孟子则发展为伦理观念：“男女授受不亲，礼也”（《孟子·离娄上》）。到了汉代的董仲舒，则把男尊女卑用扭曲的“阴阳学说”固定下来。董仲舒从神学目的论出发，吸取先秦阴阳家的思想，认为夫尊妻卑、男尊女卑是永恒不变的，把男女不平等用“天意”这一封建桎梏固定下来。这种主张男子在社会活动和婚姻家庭关系中高于女子的制度和思想，表现在社会活动上则是，认为男子从事索取生活资料的劳动在社会意义上高于女子，而女子只能做家务劳动，最多不过是生儿育女的工具。表在夫妻关系上则是，认为妻以夫贵为荣，女子无才便是德，夫是妻之天，夫是妻之纲。表现在家庭关系中则是，未嫁从父，既嫁从夫，夫死从子。表现在节操观念上则是，主张妇女为男子守节，宣扬“饿死事极小，失节事极大”。这些是封建社会剥削制度的组成部分，今日新时代还怎能容忍其存在？对其必须全盘否定，并肃清其遗毒。

31.2　中国自古以来的人文精神是最宝贵的财富

中国自远古以来形成的人文精神，使中国人民从古代就拥有无神论思想，这不仅使中国人早早摆脱神的羁绊，而且使中国传统文化得以不间断地传承至今。中国自古以来形成的人文精神是我们最宝贵的精神财富。

中国的人本主义思潮从大禹率众治水初露端倪，先夏时期洪涝灾害连年不断，民死畜亡，原始巫师的巫术不灵，唯有众人起来与洪灾抗争。反映原始中国人与恶劣自然灾害抗争的神话很多，如夸父逐日、精卫填海、女娲补天、羿射九日等，无一不是中国先人与恶劣环境抗争的写照。中国文化中的人文主义精神，在殷末周初（公元前1066年前后）便开始形成。人类历史在很长一段时间都处在神的主宰之下。从比较历史的视角来看，中国文化却较早企图摆脱神的主宰，这是中国传统文化的根本性特色，也是中国人之幸。从周代人文精神的兴起，到春秋战国之际（公元前770年—公元前221年）儒家人文思想的发展及道家自然主义的形成，都是摆脱神的主宰和发展中国人文思想的运作过程。这一过程在当时社会现实中得到多方面的扩展，具有深远意义，标志着中国文化与中国早期宗教的脱离。它也为中国历史进程中实现人的解放创造了必要的人文主义前提。

先秦时期对巫术与卜筮迷信的否定也是难能可贵的。在古代，巫术迷信宣扬人的疾病是由鬼神作祟所致，去病就要祭祀鬼神。而《左传·昭公元年》却记载了反对这种巫术的两个事例：一是秦国医生医和论晋侯之疾，他认为晋侯的病“是谓近女室，疾如蛊。非鬼非食，惑以丧志”。意思是此病不是由鬼神作祟所致，也不是因饮食造成，而是由于喜于女色而丧失神志。进而又认为疾病乃是阴阳风雨晦明六气侵入过度所致。还有一个著名的例子，即子产论晋侯之疾。当时仆人说晋侯的疾病是由鬼神作祟所致，子产却认为是人的生活与四时不和所致，而非鬼神。又《左传·僖公二十一年》记载：“夏大旱，公欲焚巫尪”。鲁僖公认为焚巫尪（女巫）可以致雨，臧文仲不信这一套，认为面对大旱，要采取切实的措施以防旱，天旱不雨跟巫尪（女巫）不相干。于是，西周时期产生了否定神的主宰，提出民神并举或以人为主体的思想，最可贵的是强调了人的作用。如春秋时随国的大夫季梁提出“夫民，神之主也。是以圣王先成民而后致力于神”（《左传·桓公六年》）。稍后的史嚣（周太史）也说：“国将兴，听于民；将亡，听于神”（《左传·庄公三十二年》），并认为神要“依人而行”。可喜的是，中国古代人文主义氛围在西周和春秋就开始出现，它是孕育春秋战国以人为本的百家思想的温床。

果然，在这种人文主义的氛围中，春秋战国时“百花齐放，百家争鸣”的局面打开，并确立了以“儒道”为主旋律的中国传统文化，并使中国文化从此具有非宗教性，高扬人文精神。这一方面是由儒家的人文精神所决定的；另一方面，又有道家自然主义人文的补充。从此，中国人文主义精神确立，并成为中国文明发展中最宝贵的财富。

为什么说中国春秋战国时期形成的人文精神是最宝贵的财富呢？我们翻开世界发展史，不难发现世界上有两个最伟大的创造发明时期：中国古代先秦两汉时期和欧洲文艺复兴时期。这两个时期出现了成批的原始创新精英，他们用发明创造推动着世界文明前进。而这两个时期正是植根于人文主义精神的氛围之中，甚至可以肯定地说，这两个时期的人文主义氛围是孕育科技大发展的温床。

由于中国在先秦两汉时期形成了凸显人文精神的社会环境，人得到一定程度的解放，从而使中国两汉时期的天文历法、医药、数学、农学四大科学体系得以成形。此外，在纺织印染、冶金、工程机械、造纸业、钻井技术、探险测绘、造船航海、制曲酿酒、水利工程等方面也处在世界领先的地位。在这个时期，古代医学高度发展，一直居于世界先进水平，并建立了一个独立于各国之外的中医医学体系。与此同时，也诞生了哲学大师孔子、老子、孟子、庄子，以及兵圣孙子、诗人屈原和科学巨匠张衡、数学大师刘徽。

由于欧洲文艺复兴时期形成了重视人文精神的社会环境，人也得到一定程度的解放，从而使欧洲在文艺复兴之后发生了第一次工业革命和第一次科技革命，欧洲科技、艺术明星不断涌现，例如向“地球中心说”说“不”的哥白尼、与教会决战的布鲁诺、近代物理学先驱伽利略、“我思故我在”的笛卡尔、色盲科学家道尔顿、站在巨人肩上的牛顿、发明蒸汽机的能工巧匠瓦特，以及诗人但丁、戏剧家莎士比亚、诗人歌德等。欧洲科技和文学艺术的大繁荣将世界推向了现代文明。

中国决心在2050年建成世界科技创新强国。我们一路艰苦奋斗，从“站起来”到“富起来”，现在进入走向“强起来”的新时代，只有充分弘扬和发展中国古代人文精神传统并形成社会氛围，中国科技和文艺之星才会灿烂夺目，建成世界科技创新强国的目标才会实现。

31.3 中国传统文化的主干是“儒道释”还是“儒道墨”

近现代有许多中国史家认为，“儒道释”是中国传统文化的主干，而且似乎达成了共识。实际上却不是这样，笔者认为“儒道墨”才是中国传统文化的主干，理由如下。

第一，中国传统文化的主干是在中国春秋战国时期“百花齐放、百家争鸣”的盛况下自然形成的，这是历史发展的必然结果。春秋末至战国时的思想文化领域形成了互相辩争的学术风气，诸子百家都提出了各自的独立见解和主张，展开了自由辩论，争论的问题包括天道观、认识论、名实关系、社会伦理、社会制度等，有力地促进了学术文化的发展和繁荣。在儒家、阴阳家、墨家、法家、名辩家、道家等诸家中有三家脱颖而出，先是儒、墨两家成为显学，道家后来居上，于是自然形成了中国思想派别的主体。在春秋末年到战国时期，儒、道、墨三家已然成为中国传统文化的主干。而佛教在中国的广泛传播是在三国时期，魏嘉平二年（公元250年）才正式确立了佛制，这与儒、道、墨三家被确立为中国传统文化的主干至少相差500年。

第二，传统文化的主干决定了传统文化的特性，非宗教性或人文精神是中国传统文化最显著的特征之一，这一点已被许多学者所论及。而释（佛）是明显的宗教，儒、道、释捆绑在一起，容易让人感觉儒、道两家也是宗教。但儒学绝非宗教，孔子就说过：“务民之义，敬鬼神而远之”；“未能事人，焉能事鬼”；“夫子之言性与天道，不可得而闻也”；“子不语怪、力、乱、神”等。都是以人类为社会存在的前提，这些说法都体现出儒家的人文主义精神。老庄的道家学说与道教有本质的区别。老庄所说的“道”是指大自然及其变化的规律，或是指观念性的本体；而道教的“道”为神仙之道，“道”即神和神的意志，又是术，包括道术和法术，又是权。老庄的道家学说是在战国时代“百家争鸣”的条件下产生的一个思想和学术派别；而道教则是在汉初出现的，相隔几百年，且其直接思想原料是神仙方术，而非道家学说。所以，把非宗教的学术派别儒学、道学与宗教的释（佛）捆绑在一起，至少是知识上的错误。

第三，儒、道、墨三维，才是中国传统文化的主体。孔子儒学着力于人的情感感受，很少注意自然，是一种伦理哲学，它的核心就是人用这个情感纽带维系着。这种情感感受形成了我国特有的民族性格，它渗透到伦理道德之中、人际关系之中、审美观念之中、社会价值观之中。它由情感感受发端而竭力主张“仁者爱人”“和而不同”“己欲立而立人，己欲达而达人”“己所不欲，勿施于人”等，从非形式逻辑思维的高度，展现出中国古典哲学的认识论思想和意象逻辑思维。道学创始人老子的《道德经》的核心是“道法自然”和辩证法，这一思想为中国古典哲学确立了本体论思想。“道法自然”的“道”是指自然界的规律和秩序，因此人们应当尊重自然并最终达到与自然的合一。加之老子是世界上完整地阐述自然辩证法的第一人，《道德经》充分展现出其自然辩证思维。墨家《墨经》的重理性体现在逻辑思维上。逻辑思维是把收集来的感性材料进行加工，并通过归纳和演绎取得新的发现的一种思维方式。墨子是中国古代逻辑思想的重要开拓者之一，《墨子》是中国传统文化中古典逻辑思想的奠基之作。墨子在平时的言谈和授课中自觉地论述了辩、名、类、故、法等逻辑范畴，提出了“知类”“察类”“辩故”“明法”等辩论原则，提出了“三表法”，发现了形式逻辑的矛盾律，总结出归谬式类比推理的反驳方式。后虽被封建王权政治所封杀，但中国人的逻辑思维是封杀不了的。儒学的意象逻辑思维、道学的自然辩证思维和墨学的逻辑思维，才真正完整地体现了中国人的“三维”，而释（佛）与此相去甚远。

第四，儒、道、墨体现了中国人的民族性格，即刚、柔、力。儒家贵刚，尽显刚性之美，“见义不为，无勇也”（《论语·为政》），看到合乎正义的事情而不做，这是没有勇气的。这种勇，不仅是勇气，而且勇中有骨气；“三军可夺帅也，匹夫不可夺志也”（《论语·子罕》）；也注重人格的形成，强调“富贵不能淫，贫贱不能移，威武不能屈”，推崇“舍生取义”之“浩然正气”。道家贵柔，尽显柔性之美。其典型代表为“天下之至柔，驰骋天下之至坚，无有入无间”（《道德经·第四十三章》），意为天下最柔弱的东西，能在最坚硬的东西中穿来穿去，这个看不见的力量能透过没有空隙的东西；“上善若水”（《道德经·第八章》），是说最高的善像水那样。而墨家则着重于力，这是我们当前的文化中最紧缺的。墨子本人是科学家，蔡天培将其比作古希腊的亚里士多德。他的《墨经》包含了大量的科学思想，李约瑟对墨家“悉心于科学方法”的精神极为推崇。墨学中绝以后，中国的科学备受压抑，倘若墨学绵延未绝，那么中国的面貌定会是另一种样子，中国贡献于世界的也绝不只是四大发明。墨子生平“最贵实行而不尚空言”，他认为言而不行是“荡口”，他的一个学生学成后便“战而死”，他认为这才是好学生。墨家急人之难，见义勇为；最重科学，善于动手；惩罚罪人，不分亲疏；倡导节用，反对奢侈；蔑视惰心，强力而为；主张平等，不分贵贱；着重功利，不信天命；等等。在当今新时代，中国人应重新发现墨子。刚、柔、力组合成中华民族的民族性格内涵，其精妙之处是“儒道释”望尘莫及的。

32 论整体

整体是部分之和，若部分之和是凑合，则整体是一盘散沙；若部分之和是和合，则整体是一只攥紧的拳头。整体观是中国传统文化的精髓，是中国古代的一种思维方法，将研究对象的各个部分、各种因素联系起来考虑。从研究对象各部分之间的有机联系出发，在整体上把握事物的本质，从而达到认识事物的目的。

为什么说整体观是中国传统文化的精髓？

中国古代典籍《周易》《尚书·洪范》所描述的八卦、阴阳五行，就包含了整体观。八卦和阴阳五行是中国最早用以描述宇宙和生命的构成或发展的系统模型。这些模型很好地体现了系统的整体性、层次性和动态相关性。八卦作于远古时代，相传为包牺氏（伏羲）所创："古者包牺氏之王天下也，仰则观象于天，俯则观法于地，观鸟兽之文与地之宜；近取诸身，远取诸物，于是始作八卦，以通神明之德，以类万物之情"（《周易·系辞》）。八卦在远古时用以卜筮，后世儒家将其作为宇宙万物的基本象征图形，以说明世界的构成和变化。

八卦中代表世界万物的天、地、风、雷、水、火、山、泽，尤以天和地为根本，即乾和坤、阴和阳为万物发生之元点。阴阳指正反两种相反的力量，中国古人把阴阳的矛盾看作是宇宙的根本规律，以说明万物发展变化的原因。还运用"阴阳学说"铸就了灿烂的中华文明，特别是中国传统医学——中医。明代名医张景岳认为："医道虽繁，而可以一言蔽之者，曰阴阳而已"。在中医诊断学方面，阴阳位于"八纲"之首，在治疗方面，"天以阴阳，五行化生物；医以阴阳，五行调治百病"（《解溪医论选》）；在病理学方面，“一阴一阳之谓道，偏阴偏阳之谓疾”（《济生方》）。

八卦还演绎出了五行观念。中国古代思想家企图用金、木、水、火、土这五种生活中常见的物质来说明世界万物的起源和多样性的统一。西周末年，史伯认识到五行之间的差别和统一关系：“先王以土与金木水火杂以成百物”（《国语·郑语》。这里的“百物”，就是指万物的整体性，他从“杂以成百物”生发出最为可贵的“和同”哲学观，提出“和实生物，同则不继”的观点，反对“去和而取同”的主张，成为“和同”哲学范畴最早的阐述。他认为以一种元素同另一种元素相配合，求得矛盾的均衡和统一，对于发展生产、治理国家都有好处；而如果“去和而取同”，即将完全相同的事物凑合到一起，“以同裨同”，就会导致有害的后果。后来这一学术成果经晏婴和孔子的肯定和发展，成了中国古代哲学的重要范畴，也是当今“构建人类命运共同体”的哲学基础。

自古形成的整体观，使中华民族多元的统一体发挥了强有力的融合作用，在中国历史上的任何时刻都未曾分裂和瓦解过，即使在内忧外患的危急关头，在政治纷乱、国家分裂的情况下，它仍能够保持完整和统一，这一现象在世界文化史上都很难找到。春秋公羊学的重要命题对此给予了总结，这就是著名的“大一统”命题，其颂扬国家思想和法度的统一。不过，中国“大一统”整体性现象发生在春秋公羊学之前，其整体性表现在以下几方面。

（1）文化的整体性。在中国文化发展的历史长河中，逐渐形成了一个以华夏文化为中心，同时汇聚了国内各民族文化的统一体。在“大一统”观念的指导下，以华夏为中心，西边的秦称为“西戎”，东边的齐、燕、吴称为“夷”，北边的（战国后期）诸夏称为“狄”，南边的楚、巴蜀、越称为“南蛮”。它们不被视为外国，而是中国的边疆，不强调华夷差别，而宣扬天下一家，各民族是兄弟。秦始皇统一中国时，据史家记载，已是“车同轨，书同文，行同伦”（《礼记·中庸》），这一事实，必早在秦统一以前就逐渐形成。战国时期楚国诗人屈原不仅声称自己是伏羲的后裔，而且在其代表作《离骚》中认可华夏的历史。

（2）民族的整体性。自炎黄之后，经过长时间共同生活，种族之间的差别和隔阂逐渐消失而归于一体多元（大同而小异）。“一体”就是中华民族，“多元”就是现代呈现的56个民族。据春秋战国时期的文献记载，中原地区各族与其周围的少数民族互相通婚，互相学习，风俗习惯及语言文字逐渐融合。中华民族在20世纪初叶，已演绎为组成全体中国人诸族之总称，形成中华民族命运共同体。这一民族命运共同体已达到这样的整体性，就是清末学者梁启超所说的：“凡一遇他族而立刻有‘我中国人’之一观念浮于其脑际者，此人即中华民族一员也”（《饮冰室全集》）。

（3）中华民族的整体性还体现在“天人合一”的整体观上，即认为天道与人道、自然与人为相通、相类和统一。中国古代思想家一般都反对天与人相互敌对的观点，讲求天与人的统一。庄子认为，天与人本来就是合一的，“天地与我并生，而万物与我为一”（《庄子·齐物论》）。只是因为人们的主观区分，才破坏了天与人的统一。中医用春夏秋冬的病理表现不一，就应随变而治来证明“天人合一”真实存在。

（4）中华民族的整体性还体现在注重全局性。当局部利益与全局利益发生了矛盾，局部应服从大局；集体利益与个人利益发生了矛盾，个人利益应服从集体利益，中国人常常将大局、集体利益摆在第一位。若从局部看是有利的事，从全局看并不一定是有利的，甚至是十分有害的，那么就要坚决以大局为重。管理者必须要有全局观念，必须有一个全局的运筹规划，不能“头痛医头，脚痛医脚”，挖东墙补西墙的办法是不允许的。

中国人的整体观与现代系统思想是一致的。系统是由相互作用和相互依赖的若干部分结合成的具有特定功能的有机整体；中国人的整体观，一言以概之，是指相互有差异又相互补充、相互依存的事物所形成的和谐整体。可以看到，中国自古以来的整体观与现代系统思想有异曲同工之妙。现代系统思想所具有的集合性、整体性和层次性在中国的整体观中都有不同程度的体现。可以说，中国自古以来的整体观在“和而不同”“阴阳消息”“天人合一”等方面是系统思想望尘莫及的。不过，系统思想的系统分析，诸如内外条件、整体与局部、定量与定性、当前利益与长远利益等，又是中国的整体观所欠缺的。所以，中国的整体观与系统思想结合起来会产生最佳效果。

中国的整体观主张从全局出发去看问题、处理事情，并注重各种矛盾的平衡，达到“和而不同”的和谐，从“天人合一”的科学高度去审度事物、解决疑难，这在提高民族凝聚力方面也有突击的优势。因此，现代中国人对于先人留下的宝贵遗产，要发扬它、丰富它，不仅要补其短板，更要注意克服整体观的弊端，诸如抑制个性发展和人的独立创造，让中国古老的整体观发扬光大，为世界精神文明发展做出贡献。

32.1 人类应珍惜当今宇宙中唯一的智慧生命

人类在宇宙中孤独吗？英国牛津大学的三位哲学家对现有的科学文献进行了研究，得出了这样一个结论：我们可能真的是孤独的。的确，因为在一个近乎无限的宇宙中我们还没有发现外星人。尽管这个问题的解释有很多，有人说进化出高级生命体的概率不高，还有人说外星人只是在躲着我们等，但在至今已知范围内，人类是宇宙中唯一的智慧生命。人类是应该和谐、友爱、共同繁荣还是像恐龙那样赢者通吃？可以肯定地说，前者是理性而智慧的人类，后者为任性而野蛮的人类。前者将共建“美美与共”的大同世界，后者将用恐龙的方法毁灭人类自身。我们有一万个理由对任性而野蛮的人类说“不”，对理性而智慧的人类说“是”。因为，我们人类要建立一个和谐、友爱、共同繁荣的大同世界。

该如何建立一个和谐、友爱、共同繁荣的大同世界呢？

首先要消除种族主义和“文明冲突论”，因为这是建立大同世界的最大障碍。种族之间没有天生的智力高低之分。种族主义者制造的“种族优劣论”，完全是为帝国主义和殖民主义利益服务的。文明是指人类社会的进步状态，它具有进取、和谐、先进、礼让等内涵，而与萎靡、野蛮、霸凌、豪夺等内涵相对。因此，不同文明之间，自然是和谐相处，交流互鉴，而不是西方一些人杜撰的“文明冲突”，杜撰“文明冲突论”的人首先就在搞文明冲突。

其次要扫除民族主义。许多人把民族主义当成了爱国主义。其实，它们之间有着本质的不同：民族主义是变相的种族主义，是以贬低别的民族来抬高自己的民族，是非此即彼的零和思维；而爱国主义则指在尊重他国和其他民族的前提下对自己祖国的一种深厚感情。

我们消除了种族主义、“文明冲突论”和民族主义这三种思想障碍后，才会剔除臭名昭著的“种族优劣论”“欧洲中心论”“白人至上论”，各民族之间才会有互相尊重、平等互利、交流互鉴、取长补短的生态环境，也才有和谐共生的氛围。

人类是一个整体，都生活在同一个地球。“厄尔尼诺”现象不会因为你是“高贵的白人”而不发生，龙卷风和地震也不会因你是“高贵的白人”而停下脚步。人类只有一个地球，地球一旦发生灾难，所有人都无处可逃。人类应珍惜地球资源，珍惜当今宇宙中唯一的智慧生命。

32.2 促进东西方文明平等交流

文明没有优劣之分，但如果自我封闭，文明就会走向枯萎。古代埃及文明只残留着壮丽的金字塔，古代巴比伦文明在公元前10世纪就消失了，古希腊文化也过早地衰亡了，唯独中国，拥有5000年历史的古文明完整地传承至今。其最根本的原因是中国的地域和民族在半封闭状态中，能够在内部形成“和而不同”的异质文化交流格局，就是中国民间常说的炎黄文化异质交流格局。

以希腊文明为摇篮的西方文明，善于形式逻辑思维，其代表人物是古希腊的亚里士多德；以中国文明为摇篮的东方文明，善于意象逻辑思维，其代表人物是中国古代的孔子。西方文明主刚，追求个体性；东方文明主刚柔，追求整体性；西方文明提倡“力”，东方文明提倡“和”；西方文明讲究法治之道；东方文明讲究忠恕之道；西方文明擅长西医方略，东方文明擅长中医方略；西方文明讲究天人分隔，东方文明讲究“天人合一”；西方文明讲异质对立，东方文明讲中庸之道；西方文明重自然科学，东方文明重人文科学；西方文明以宗教与伦理并举，东方文明则善于德治。总之，东西方文明的差异是人类宝贵的财富。它们之间互动交流，取长补短，是文明发生质的飞跃的保证。哪里有一些西方人杜撰的“文明冲突论”呢？

就近代来说，中国传统哲学传到西方后，西方近代哲学家纷纷与中国古代哲学家“对话”。《苏格拉底与孔子的对话》《一个基督教哲学家与一个中国哲学家的对话》这类著作一度盛行。中国传统哲学在12世纪就通过丝绸之路传入欧洲，从18世纪中叶开始在欧洲产生影响。法国启蒙思想家伏尔泰声称，在中国发现了一个新的精神世界。他站在反基督教神学的立场上力图复兴中国传统文化，尤其是儒家学说，并认为中国儒学是“理性宗教”的楷模，而中国人“是所有的人中最有理性的人”。哲学家狄德罗在《百科全书》中撰写了“中国哲学”的条文，把自《易经》到明末清初的中国哲学史梳理了一遍，认为中国具有悠久的抽象思维传统，中国哲学是借助符号、象数、形象来探讨宇宙的本源以及人与宇宙的关系的。莱布尼茨说中国哲学给他“一大觉醒”，他始终关注并孜孜不倦地研究中国哲学，比较了东西方哲学关于“一”与“多”关系的思想。中国古人不自觉地运用了二元算术，莱布尼茨用二元算术来解释它，使他更感到二元算术的妙用。德国近代文豪歌德最爱中国文化，他不仅大量阅读中国书籍，而且亲自将元曲《赵氏孤儿》改编为悲剧《哀兰伯诺》，创作了著名的《中德四季晨昏杂咏》，被称为“魏玛的孔夫子”。

中国近代“五四”新文化运动响亮地提出科学（自由）与民主的口号，就是直接从西方近代启蒙运动的思想引进的，“五四”时期的热血革命青年用它来反帝反封建。胡适这时也引来美国刚发展起来的实用主义。“十月革命”一声炮响，给中国传来了马克思主义，给一切被压迫人民和被压迫民族指出了彻底解放的道路，中国先进知识分子开始将马克思主义唯物辩证法作为观察国家命运的工具，重新考虑中国问题，大量的马克思、列宁著作翻译出版，不仅为马列主义的研究、传播创造了条件，也为中国共产党的成立奠定了理论基础。继后，以毛泽东为首的领导者，使马克思主义中国化，成功地领导了新民主主义革命并取得最后的胜利。可以说，没有“五四”新文化运动传播西方启蒙思想（科学、自由、民主，特别是马克思列宁主义），中国当时还会在黑暗中摸索。

21世纪，邓小平大胆地吸取了资本主义高速发展生产力的“合理内核”——市场经济，把它与计划经济的“合理内核”——“指导性”相结合，确立了有计划的市场经济，改革开放40多年的伟大实践证明这一举措非常成功。21世纪，西欧，特别是北欧几个资本主义国家，吸取社会主义注重民生及福利的思想，而且取得显著成效。这样，21世纪的社会主义中国与21世纪的资本主义西欧（主要是北欧），内在的某些重要因素在互相接近。而多边主义使东西方面临同一课题，多边主义强调合作共赢，取长补短，尊重对方，互利互惠。于是，在种族问题上，反对种族主义；在异质文明之间，强调和谐而不是冲突。多边主义因此共同反对单边主义。单边主义强调自我优先，只赢不输，赢者通吃，以势压人，损人利己，强权任性。中西方文明的交流互鉴将促使中西方形成“大趋同”。

当今开始的世界“大趋同”发展态势，将根本性地改变几百年来西方文化唯我独尊的局面，促进东西方异质文化平等地交流，实现有史以来东西方文化的真正互补。世界“大趋同”将体现为“政治西方”概念的渐趋淡化直到瓦解，东西方将出现“收入趋同，增长趋异”现象。当东西方“收入趋同”以后，西方人的优越感和习惯性的傲慢与偏见心态将会自然消除。

32.3 期待“藏水入疆”工程早日成为现实

水是开发中国广袤中西部的关键。中国多山，山地、高原、丘陵等占了中国总面积的66%，而在仅占34%的平原、盆地等平地上，戈壁、沙漠又占了大部分。中国现在有一定规模的大片沙漠主要分布于新疆、青海、内蒙古、宁夏、甘肃等省（自治区），总面积约52万平方千米，如加上荒漠，则超过80万平方千米。这么大面积的戈壁、沙漠若能为人所用，中华民族的生存空间将大大扩展，产生财富的源泉将大大扩充。西安交通大学教授霍有光与中国地质大学教授陈昌礼提出“海水西调，引渤入新”的设想，引发公众对新疆水资源问题的关注。该计划设想通过大量海水填充沙漠中的干盐湖、咸水湖和封闭的构造盆地，形成人造的海水河、湖，从而镇压沙漠。同时，大量海水依靠西北丰富的太阳能自然蒸发，增加降雨，从而达到治理沙漠、沙尘暴，彻底改变华北、西北地区生态环境的目的。专家石玉林对该计划有质疑：该计划想调运大量海水到新疆，假设调运1000亿吨海水，海水的含盐率为3%，就将产生30亿顿盐，而如何处置这些盐会是一个巨大的问题，因为新疆很多土地目前盐碱化灾害已经十分严重。另外，气象学专家李泽椿认为，通过“引渤入海”来影响气候的设想在气象学上是根本说不通的，“气象学上，形成降水要满足三个条件，而有水汽只是其中之一，况且依靠调运海水形成的蒸发量可以说是微乎其微，不足以对当地的水汽形成有力的补充，再加上大气具有流动性，产生的水汽会移动到其他地方，所以不可能带来很多的局地降水”。另一位专家沈国舫表示，如果我们大量抽取渤海的海水，渤海的水量将从黄海补充，而黄海海水的盐分比渤海高，这样一来，势必会给渤海的整个生态带来灾难性的影响。如果那么多的海水调过去，渤海和新疆的生态最终都会恶化。显然，“引渤入新”设想的不可行性多于可行性。可以说，“引渤入疆”的设想不可取。

于是，我们便寄望于“藏水入疆”工程来解决新疆水资源问题。四川大学水力学与山区河流开发保护国家重点实验室研究员王韦表示，100多名科学家已组成多个团队向政府提交最新的“藏水入疆”建议。

塔克拉玛干沙漠位于有着“亚洲水塔”之称的青藏高原的下方。该引水工程最早由清朝官员左宗棠等提出，但巨大成本难题、潜在环境影响及可能遭邻国抗议等因素，意味着它从未离开过制图版。如今我们在国力、智力方面对此项工程都具备了条件，中国工程师正在测试或将用于修建1000千米（引水）隧道的技术，以实现“藏水入疆”。我国已开始在云南省中部修建总长度超600千米的隧道。研究人员表示，修建云南隧道将成为修建“藏水入疆”隧道——从雅鲁藏布江向新疆塔克拉玛干沙漠引水所需新技术工程方法和设备的“排演”。有工程师表示，拟建的该隧道将使“新疆变加州”。因为新疆的缺水状况在许多方面类似于20世纪初的美国加州。加州位于美国西南部，北部气候湿润、洪水频频，南部却天旱地裂，北水南调工程兴建于1960年，在调水量、调水距离、工程技术等方面都是美国最具代表性的调水工程，也是带来巨大综合效益的典型引水工程。该主体一期1973年竣工，保证了以洛杉矶为中心的1700多万人口的生活和工业用水，给加州南部的经济和社会发展，乃至生态环境的改善都提供了充足的水源。若不调水，就没有美国加州南部133万平方千米的灌溉面积，就没有果树蔬菜等经济作物的生产基地；不调水，洛杉矶就无法成长为美国第三大城市，加利福尼亚就无法成为美国人口最多的州。不过，我们的“藏水入疆”隧道工程，应尽量避免美国加州南水北调工程的弊端，即旧金山水质恶化，海湾水生生物数量减少，海湾附近土地盐碱化。

我们期望“藏水入疆”工程早日成为现实，让北国成为江南。

33 论主动

主动者，可以左右局势趋向。主动与被动是相对而言的。在一个事物中，掌握了主动权就可以让对手陷入被动，对手一旦被动，就会处于挨打地位。占据了主动，才能在政治上有话语权，在军事上有制敌权，在经济上有操控权，在事业上有竞争权。反之，则相反。

在军事方面，在战术上掌握了主动，就能进可攻，退可守；在战略上掌握了主动，就可掌控制空权、制海权，拒敌于千里之外。在政治上，主动的一方就有话语权。在科技领域，主动者可使其科技成为世界科技发展的引擎。在课堂上，学生主动了，课堂教学才会真正有质量。一个民族主动了，才有机会立于世界强国之林。

认识自己是最大的主动。认识自己看似容易其实难。容易的是你每时每刻都与自己相处，对自己的一举一动、一得一失、一思一忧十分清楚；难的是因为你的习惯有好的，也有坏的，而你却把好习惯和坏习惯都看成自己理所当然的好习惯。这样，当需要自我解剖时，你就无法割掉自己身上的赘瘤，从而使自己失去主动性。

如果你制造的手机的核心部分，即芯片掌握在竞争对手的手里，虽然你的手机有可能畅销一时，挣得盆满钵满，当你甚为得意之时，竞争对手拒绝给你提供芯片，一剑封喉，即导致你的企业崩盘。你看似得意一时，却早已被动不已。相反，若核心技术是自己发奋研发出来的，而且又在世界同行中最具竞争力，那么你立即会变被动为主动。

在中国近代的解放战争中，中国共产党领导下的新民主革命取得胜利，以处于弱势的中国人民解放军，摧枯拉朽般摧毁了号称八百万精锐之师的国民党军。蒋介石百思不得其解，其实其彻底失败原因有三条：一是死保地主豪杰的既得利益，从而失去广大工农；二是消极抗日，采取不抵抗主义，失去民心；三是国民党上层不仅贪污腐败，而且大批军政人员成了汉奸，没有血性和骨气。而中国共产党领导的解放军，每解放一地就打土豪、分田地，深得工农之心；二是积极抗日，拼死来保护老百姓，深得民心；三是共产党上层清廉爱民，坚守“三大纪律，八项注意”，有韧性、有血性、有骨气。解放军处于主动之势，得民心而能左右形势，得民众拥护和支持，哪里有不胜之理？

争取战略的主动权，是一切活动（包括战争）取得决定性胜利的保证。“文革”之后，国家经济徘徊在崩溃的边缘，邓小平作为当时中国的领导人，明察秋毫，看准世界的主流是和平和发展，顺应民意，果断地实行改革开放。40 多年来，中国国内生产总值由当时的 3679 亿元增长到 2017 年的 82.7 万亿元，年均实际增长 9.5%，远高于同期世界经济 2.9% 左右的年均增速。如今，中国是世界第二大经济体，制造业第一大国，外资流入第二大国，中国外汇储备连续多年位居世界第一位，这是中国掌握改革开放的主动权的结果。在未来 40 年，中国将更加开放，将主动权牢牢掌握在自己手里，肯定会更进步、更精彩。

在军事上掌握了战略主动，才能在战略上取得决定性的胜利。中国解放战争期间，东北战场在林彪的指挥下，总体形势处于被动地位。他领导的“围困长春”“三下江南”等行动，基本上都是被动应战，打不开局面，争取不到战略上的主动权。中央领导人认为林彪以优势兵力对付卫立煌的劣势兵力，一筹莫展，是战略指挥出了问题。经过深思熟虑，具体分析，决定攻锦州。攻锦州的战略行动就是“攻其所必救”。锦州是华北和东北两区的咽喉，东北依赖华北作为其供应基地。锦州攻下了，就断绝了东北的供应，敌军就无法长期赖在东北。同时也断绝了敌军华北与东北之间战略上的相互策应，形成关门打狗之势。攻锦州，敌人非增援不可，这就在战略上调动了敌人，争取了主动权。果不出所料，当解放军攻锦州时，华北之敌增援，在塔山被阻止，无法得逞；沈阳之敌大举出援，被我军在运动中包围于大虎山，经激战后，被我军全歼。长春之敌投降，解放全东北[①]。这是战略被动转化为战略主动而取得战略胜利的生动案例。

有创新实力才能主动。主动权通常是与创新实力成正比的。相反，没有创新实力会处处被动。科技创新实力或优势，是占据主动权的客观基础。以中国的自主创新成就“超级工程”港珠澳大桥为例，该桥全长 55 千米，是目前世界上最长的跨海大桥，堪称世界桥梁建设史上的巅峰之作。胡麻岭隧道二号洞被视为“鬼门关”，固定隧道泥沙极为困难，即便是一年前，带着顶级设备和施工团队来这里的德国隧道专家也束手无策。怎么办？中国工程师通过日夜不断地摸索创新，终于用多项创新工艺解决了世界难题，从而掌握了修建最长的跨海大桥的主动权。

《毛泽东选集》记载：“优势而无准备，不是真正的优势，也没有主动。懂得这一点，劣势而有准备之军，常可对敌举行不意的攻势，把优势者打败。”这一观点对现代化的人民解放军具有指导意义。人民解放军虽然是世界公认的三大军事力量之一，具有不可否认的优势，但目前中国尚未完全统一，领土和领海主权不时会受到侵犯和挑衅，军人必须具有保家卫国的准备，忘战必忧，忘战必亡。只有牢固树立军人准备打仗的意识，并且紧紧抓住准备打仗的核心——一切军队工作都必须坚持战斗力标准，向能打仗、打胜仗聚焦，才能使我军保持主动。

当对手利用种种陷阱把你套住，让你在战略上处于被动时，你应千方百计地主动出击，摆脱将要掉进陷阱的困境。这就需要冷静而果断地用合情、合理的方法针锋相对，不让对手得逞，最起码的效果是变被动为主动，而最佳的效果是自己主动了，还要让对手被动。在这方面，解放战争中的淮海战役是典型的例子。1948 年底，国共双方在以徐州为中心的淮海战场各自投入精锐战略重兵集团，进行战略决战。在这场决定中国命运的大决战中，我军在兵力和装备都不占优势的情况下，周密部署，主动出击，分

① 陶汉章．孙子兵法概论［M］．北京：解放军出版社，1985：39-40.

阶段“吃掉”了国民党军五个兵团，将国民党主力聚歼于长江以北，这一胜利大大加速了全面胜利的到来。这次大战役胜利的主要经验就是主动出击。我方准确预见了战争的前景，在大量研究和侦察的基础上，做出了正确部署，然后主动发起攻击，调动对手，让对手随着我们的指挥棒转。

我国古代军事理论家孙子在他著名的《孙子兵法》中阐述了谋略、兵势、正兵与奇兵、虚与实、灵活性和用间，其最终目的都是要在战争中争取主动权。对于争取主动，就孙子的具体战法来看，先发制人、速战速决、致人而不致于人等，都是为了确保主动权掌握在自己手里。孙子在这里主张的主动性，不是将帅异想天开，而是驾驭战争规律，“因势而利导”，“趋利而避害”，“兵之情主速，乘人之不及，由不虞之道，攻其所不戒也”，从而掌控战争主动权。

《毛泽东选集》中也有相关论述：“一切战争的敌我双方，都力争在战场、战地、战区以至整个战争中的主动权，这种主动权即是军队的自由权。军队失掉了主动权，被逼处于被动地位，这个军队就不自由，就有被消灭或被打败的危险。”

33.1 主动辩证法

主动寓于被动之中，被动寓于主动之中。一个高明的指挥员，善于从主动之中看到被动的因子，从而避免被动因子扩大而吞噬了主动；也善于从被动中看出主动的因子，力求让主动因子逐渐取代被动。因此，高明的指挥员处于主动地位时，不会趾高气扬、目空一切、飞扬跋扈，而是会理性地看到主动中的被动，不让其扩大；当处于被动地位时，不会灰心丧气、忧心忡忡、竭泽而渔，而是会理性地看到被动中的主动，尽力去扩大主动。

主动与被动在一定条件下可以转化。主动或被动，都是动态的，不是一成不变的。它们时时因条件的变化而变化，只不过有时因为变化比较细微，不易被察觉罢了。作为一个高明的指挥员，就要在主动时做好向被动方向转化的准备；在被动时，更要做好向主动方向转化的准备，运筹帷幄，有备而来。而这种自信和力量来源于深知其转化的条件。当主动转化为被动时，就应蓄势待发，伺机再举；若被动转化为主动，就应乘势而动，一鼓作气。

主动是积极的，但有时也有消极的一面。长期处于主动，不仅消耗大量的内能，而且积极过度就会走向消极，积极过久就会因此而疲惫；被动是消极的，但有时也有积极的一面，被动时可以养精蓄锐，攒足了后劲待机而发。所以，我们不能盲目地、不按规律地去发展、去追求主动性，这样会适得其反。我们也不能视被动为完全消极的，应理性地，按规律去看待被动，在被动时蓄积力量。

被动转化为主动是渐变过程，而非突变；同样，主动转化为被动也是渐变过程，绝非突变。被动转化为主动，往往是通过量变实现的，而这种量变因为不显著而不易察觉。这种量变，既有数量的增减和场所的更换，又有构成事物的成分（要素）排列次序和结构形式的变动。高明的指挥员，就要善于在别人没有察觉时观察到细微变化，从而因势利导迎接突变。

主动转化为被动或被动转化为主动，这种飞跃式的质变是渐进过程的中断。这种质变是一种与之前相反的态势，即或成为被动态势，或成为主动态势。而其表现形态有两种：爆炸式或非爆炸式。高明的指挥员，就要善于应对这两种质变态势，爆炸式质变通常是解决对抗性矛盾的飞跃形式，是通过激烈的外部冲突来实现的；非爆炸式质变通常是解决非对抗性矛盾的飞跃形式，这种形式不发生剧烈的外部冲突。

在被动转化为主动或主动转化为被动的量变过程中，有时是某一阶段或某一局部的变化。高明的指挥员要懂得，这是由事物矛盾运动的复杂性和不平衡性造成的，是主动或被动的质变和量变互相渗透的一种特殊表现，它既不同于量变，也与根本性质变相区别。高明的指挥员要洞察阶段性的部分质变或局部性的部分质变，必须明白这样一个道理：比较复杂的事物通过不断的量变，又通过量变过程中的部分质变，而后才实现根本的质变。

高明的指挥员，要善于抓住被动转化为主动或主动转化为被动的契机。这种契机，是指被动转化为主动或主动转化为被动的发生点，即关键、枢纽、决定性环节。在被动或主动从量变到质变的转化过程中，契机就是关键点。高明的指挥员掌握了这一契机，不管遇到被动变主动还是主动变被动的质变，都会镇定自若、从容应对。

正义是主动之源。正义之师，有热血、有正气、有内力。所以，其在作战中会一马当先，在生死关头会无所畏惧，在艰险面前会奋不顾身，在强敌面前能以一当十。正如白居易所言："兵贪者亡，兵应者强，兵义者王"（《议兵策》）。以侵夺别人为目的而发动战争，最终一定会败亡；应付来犯之敌，则会越战越强；为正义事业而用兵，则无敌于天下。

突袭弱点获得主动。不管是弱方还是强方，都有其强项和弱项。弱方要攻强方，就要避开自己的弱点，在对方毫无准备之时用自身的强项攻取强方的弱项。正如刘伯承所说："宽大机动地创造或寻找敌人的弱点，并抓住它的弱点，给以有计划的、突然的袭击，是把握主动权的最好方法。"

以退为进为主动。聪明的拳师在某时闪电般地收缩，是为了有力击溃对手。作为高明的指挥员，不管进或退，都是为了掌握主动权，并灵活处置。例如 1796 年 11 月的阿尔科莱之战中，阿尔温齐仗着数量上的优势（他有 4 万多人，法军只有 2.8 万人），接连几次取得击退法军的胜利。面对占优势的敌人，拿破仑采取逐步收缩部分的办法，有计划地进行适当的后退，巧妙地调动部队，选取有利阵地，终于在阿尔科莱地区集中了对付敌人主力的打击兵力，经过 3 天血战，只以 4500 人的代价击毙了奥军 6000 余人，打败了奥军。

犹豫不决失主动。飞鸟在空中飞过时速度很快，要果断击毙飞鸟，就必须抓住瞬间的机遇；游鱼在水中游过也只是一瞬间，要果断捕肥鱼，就必须抓住瞬间的机遇。干任何事情，都应抓住瞬间的机遇，如果硬要等到百利而无一害时，机遇已消逝，想来个满意的主动结果反而落得一场空，走向真正的被动。犹豫多疑是主动的大敌，但鲁莽和盲动也会失去主动。

统帅善于发挥手下的才干，才能占据主动。一个统帅，不管他多么精明，总有思想空白和知识盲区，若让他成百科全书式的人，那这位统帅就肯定是“万金油”式的庸才。因此，精明的统帅，要使事业获得胜利，就必须发挥手下的才干。西汉王朝的开国皇帝刘邦与项羽进行了长达 4 年的楚汉战争，刘邦处于劣势但最终取胜，是因为他知人善任，注意纳谏，能充分发挥部下的才能，又注意联合各地反对项羽的力量，掌握了主动权，终于反败为胜。《资治通鉴》记载了刘邦总结他打败项羽的原因，不是因为比项羽更强大，而是因为手下有以“汉初三杰”为代表的一大批人才，项羽连一个范增都不能用，所以导致失败。贞观二十一年，唐太宗李世民总结他为什么能成功时，提出五条用人经验：一是用比自己强的高人；二是用有缺点的能人；三是用人之长，弃人之短，即所谓“使人如器”；四是重用敢讲真话的人；五是华夷一家，用人不讲出身，不搞小圈子。而拿破仑虽威震欧洲一时，其失败的一个主因则是，他对于手下的大将只要求服从，而并不容许他们有行动的自由。诚如他的参谋长贝塞尔所说，“无人不知道他的思想，我们的职责就是服从”，“他只依赖自己的才智，上帝才会处罚他”。

集中优势兵力才能获得主动。孙子说：“能以众击寡者，则吾之所与战者，约矣”（《孙子兵法·虚实篇》）。在抗美援朝第二次战役中，彭德怀在西线集中 6 个军 18 个师合围了美军第 8 集团军，在东线以一个兵团包围美陆战师、美 7 师。一时间先后近 20 万“联合国军”陷入我军包围，这是世界战争史上罕见的大包围。当时，只要求我军每一个军在一次作战中歼灭美、英、土军一个整营，至多两个整营也就够了，使我军牢牢掌握了制胜主动权。

33.2 中国文化走出去先应做些什么

有人做过调查，1900—2000 年这 100 年来，英、法、德、意、西班牙、俄文六种文字的书籍，被中国的知识分子前赴后继翻译了 10.68 万册，而中国被西方翻译的书只有 800 多套。相关数据显示，2014 年，美国输入我国的图书与我们输入美国的比率是150∶7，这个现状现在并未改变。而20世纪80年代初，中国学者在牛津大学图书馆咨询关于中文文献的资源时，图书馆馆员居然问："中文是什么？是不是像拉丁语那种已经不再使用的语言？"就现在而论，虽有所改变，但在英语世界，中国文学也只是小语种文学。当今西方一些国家同中国的政治及意识形态摩擦也在增多，连中国孔子学院这样的文化交流项目也成为它们刁难的对象。这简直不可思议，就好像在中国刁难亚里士多德或歌德一样，但这样的现象在中国永远不会发生。那么，这又折射出什么呢？中国学者岳峰在《当代外语研究》翻译微论坛等十多个有代表性的高校外语教师微信群与QQ群进行问卷调查，不少有留学经历的外语教师在这些群里。问题如"您见过外国人阅读、讨论中国文化经典吗"，得到111个人的回复，只有5个人对该问题的回答是肯定的，而且他们都在开设汉学专业的大学，其中一个回复说在某大学有中国文化经典的小阅览室，但是常年不见有人进去。这又折射出什么呢？有人说是"国力不济"，有人说是"翻译不力"，其深层次的原因到底是什么？

国外有人说，中国不会成为世界大国，因为中国出口的是电视机，而不是思想。从1593年第一部儒经译本问世至今，大约产生了304种儒经译本。就孔子思想而论，它不但影响了中国，也影响了国外。早在汉唐时代，它便越出国界传播到东南亚，特别是朝鲜、日本、越南，对于促进这些国家封建经济、政治、文化的发展起过积极的作用，甚至成为这些国家传统思想的一个重要因素。到18世纪，孔子思想又越过重洋，传到欧洲，对于法国启蒙思想、德国辩证法思想的形成和发展也起到过一定的触媒作用。孔子思想是人类文化宝库的重要组成部分，怎么忽然西方对中国传统文化如此冷漠，还说出口的"不是思想"，其中深层次的原因究竟是什么？我们通过探究这种深层次的原因，就会发现中国文化走出去先应做些什么。

英国前首相撒切尔夫人生前说过这样的话："你们根本不用担心中国，

因为中国在未来几十年，甚至一百年内，无法给世界提供任何新思想。”撒切尔夫人生前因香港回归问题曾与邓小平亲自交过几次手而败下阵来，怎么她也没感到邓小平是一位伟大的思想家？这是因为“白人至上”的种族主义潜意识遮住了撒切尔夫人的双眼。发现“相对论”的科学家爱因斯坦，一直是中国各界尊敬的科学家之一。而根据美国普林斯顿大学最新出版的爱因斯坦日记披露的内容，他却充满对中国人的种族歧视，放肆地宣泄他的“白人至上”种族观[①]。“种族歧视是白种人的弊病”，曾发表这番言论的爱因斯坦，在私人日记中将中国人形容为“勤劳、肮脏、迟钝”。他写道，中国人吃饭时不坐在凳子上，而是蹲着吃——就像欧洲人在丛林里解手时一样——所有这一切都发生得悄无声息且一本正经。“就连中国的孩子们看起来都无精打采，呆头呆脑”，在描述完中国人子嗣众多和“繁殖力旺盛”后，爱因斯坦写道：“如果其他种族被中国人取代，那就可惜了。对于像我们这样的人来说，缺乏思想将是无法言论的凄凉之事。”爱因斯坦这位受人尊敬的犹太科学家的潜意识中是如此鄙视中国人，更何况其他欧美白人了。请换位想想，你潜意识中这样鄙视中国人，你还会以尊敬和学习的心态去学习中国文化吗？爱因斯坦说中国人“缺乏思想”，从中也可看出他与欧美许多人一样，傲慢与偏见使他们对中国的文化无知。

可见，要让中国文化走出去，除了要消除根深蒂固的种族主义外，还要大力提高经济实力，让欧美人逐渐消退这种思潮。我们应注意到，撒切尔夫人蔑视中国的理由是“中国不会给世界提供新思想”，爱因斯坦潜意识中歧视中国人，是因为中国人“缺乏思想”。中国是5000年来唯一传承古文明的国度，“思想”不仅是中国自古以来的强项，而且中国社会和学界自古以来最为推崇的是思想者，中国古之学者的最高追求不仅要有经学著作，更要提出新的观念、新的思想来引领社会。中国文化要走出去，首先要紧紧抓住“思想”这一核心，让走出去的中国经典处处都能展现出中国闪光的思想。具体来说，就应在走出去的中国文化中体现出中国精神，自强不

① 参见英国《卫报》2018年6月12日发表的文章。

息，厚德载物；体现出中国智慧，“和而不同”，天人合一，忠恕之道；体现出中国理念，各美其美，美人之美，美美与共，天下大同。

33.3 主动的华为

1987年，43岁的任正非在深圳一个简陋的居民楼里创立了华为技术有限公司，初始资本金仅2.1万元、3个员工，起初以倒卖交换机设备为营生。从一开始只能在农村和县城里开拓市场的小公司变成了如今横跨亚洲、非洲、欧洲等地的跨国公司，华为如今已是年收入上千亿元的巨鳄。这家民营企业居然成了引领5G的世界领路者，让美国在震惊之余不惜动用国家力量对其进行全面封杀和打击。任正非在记者会上表示，他们早已预见，要成为世界第一，华为就要准备和美国在“山顶”上交锋。与美国一些人中涌动的这种霸权思维进行极限周旋，这是华为的宿命。任正非对媒体的谈话被美国《华盛顿邮报》解读为他对美国政府阻止华为在全球开展业务的努力不屑一顾。任正非及他的华为公司为何有如此的底气？其根本原因是华为30余年的发展史中都贯穿了掌握主动权的方针。

管理手段的主动性。华为的第二个10年，面临IT泡沫的破灭，公司内外矛盾交集，任正非感到自己几乎无力控制这个公司，有半年时间都是噩梦。1997年圣诞期间，任正非去了一趟美国，参观了休斯公司、IBM公司、贝尔实验室和惠普公司。IBM公司时任副总裁送给他一本哈佛大学出版社出版的大项目管理方面的书籍（*The Power of Product and Cycle-time Excellence*），任正非后来又买了几百本发给高管。他发现，以前他无力控制公司且公司矛盾内外交集，其根源在于管理手段落后。于是在1998年，华为斥资千万美元邀IBM公司进行流程再造，希望嫁接IBM公司的管理。自此，华为开始掌握了先进管理手段，开始发生蜕变。所以，任正非在受到美国政府打压、封杀后，接受媒体采访时他把美国政客和美国企业界分割开来，他是真心感谢IBM公司这样的美国企业界的朋友。任正非在学习管理手段上不是照本宣科、依葫芦画瓢，而是学习对方的精髓，将其化为自己的管理艺术，而他又能在这个基础上创造出华为自己的管理艺术。这是华为成功的首要条件。例如他根据公司的唯一目的是为客户服务，提出了“以客户为中心，为客户创造价值”的宗旨，不再允许研发人员闭门造车般地做研究，要求他们做“工程商人”，只研究卖得出去的技术。在行动上，华为掀起了一场“反幼稚运动”。任正非把那些因不符合市场需求而废弃的板材发给了犯错的技术人员，要求他们摆在家里时时提醒自己。华为管理手段的主动性，始于学习美国 IBM 公司，继而在这个基础上将他人的经验变为自己的、适合自身的管理手段，更难能可贵的是，华为自此创立了适合自身的管理手段和管理风格，诸如华为工作目标管理法、高效的执行力才是最终生产力、华为中的每个人既是工作者也是管理者、科学合理的华为工作原则、态度有时候比能力更加重要、华为的成功不是一个人的功劳、沟通与交流是门艺术、自我提升的华为人、更快乐地工作（参见《华为工作法》)。

敢为天下先而力争主动。在 20 世纪 90 年代，华为刚刚以新手的姿态跻身于电信设备制造商的行列。不过当时仍然是爱立信、摩托罗拉、思科、北电科技等国内外老牌通信巨头把控市场。华为公司想要生存并实现突围，难度显然很大。那时候，华为内部有很多人建议华为公司走低价格、低成本的竞争道路。可是任正非却认为华为与通信巨头的差距主要在管理，所以应该尽快优化生产管理体系、质量控制体系以及物流管理体系。这种逆流而上，敢为天下先，以硬碰硬的做法最终促使华为公司改头换面，成为世界级的公司。在短短的 30 余年里，华为从一个默默无闻的企业，逐渐壮大成为通信设备行业的翘楚，现在成为世界 5G 的领跑者。

未雨绸缪，使内在竞争机制形成主动性。在华为公司，每条产品线上都会组建两支队伍——红军和蓝军，这思路跟任正非当过军人有关。所谓的红军，其主要任务就是对某个流程进行规划，而蓝军的作用是每当红军做出设计和规划，他们都会想尽办法来捣乱，“吹毛求疵”地找出红军设计流程中存在的各种缺陷。蓝军的“挑刺”实际上就是逆向思维的优化方式，这种方法使流程规划者更简明地看到流程中需要改进的地方，而通过不断完善，华为的流程会越来越科学合理，最终使得任务完成期限更易掌握。由于任正非头脑中始终有红蓝两种不同的思路，华为在15年前就做出了有一天发生“断供”的准备，所以在美国迫使谷歌及其他互联网公司与华为切断联系，切断对华为核心部件芯片的供应时，华为立即采用“备胎”计划，从而在这一重击之下得以幸存。而且从2012年开始规划自己的操作系统“鸿蒙”，自主研发操作系统“破困局”，用“鸿蒙”系统替代安卓，从而一定程度上缓解了技术“卡脖子”问题。

按价值定薪和股权的按质付酬制度形成了内动力。华为过去按学历定薪酬，激励效果甚微，于是大胆抛弃这一薪酬制度，采用按价值定薪酬。年薪也不封顶，你有多大雄心、有多大能力，华为就给你多高的薪酬。华为的职工拥有98.99%的股权，而任正非的股权仅占1.01%。这种股权分配方式在全世界的大企业中都是罕见的。这是对职工极大的尊重，使之能吸引中外700多位数学家，800多位物理学家，120多位化学家，6700名基础研究专家，60000多位各类工程师。正是大量的尖端人才，助力华为成为世界通信技术领域不可撼动的领跑者。

研发先行使华为处于主动。18万华为人中，有接近一半的人从事研发工作，几乎两个人中就有一位研发人，这是迄今为止全球规模最大的研发团队。任正非一开始就认识到，核心技术是买不来的。我国的中兴公司遭遇美国封杀，带来沉甸甸的反思。正因为中兴公司对外界的高度依赖，导致此次美国对中兴公司的锁喉，让整个中国半导体产业感到了危机。类似中兴这样的中国企业，对美国此次贸易摩擦可能产生的影响没有足够的重视和充足的预案，更谈不上未雨绸缪。而华为早就预料到美国封杀这一招迟早会到来，时时处于危机和紧迫之中，员工和总裁都不敢一日偷闲。特别是从创立之日起就长期坚持将销售额的10%以上投入研发，曾经长期主管研发工作的常务董事丁耘说：“低于10%我是要被‘砍头’的。”同时，常务董事会规定，每年研发经费的30%要投入基础研究。数据显示，华为2017年的研发投入是110亿美元，那么就有约30亿美元用于基础研究。美国以政府之力对华为进行全球打压、封杀，华为却有底气应对，这个底气来源于华为一直把主动权掌握在自己的手中。

美国右翼舆论领袖史蒂夫·班农一直鼓吹对中国进行“全面战争”，他对《南华早报》说，干掉华为比达成中美协议重要十倍。华为总裁任正非坦然面对，愿与美国政客“打持久战”。这就是中国自强不息之精神。美国欲对更多中国企业断供，瞄准中国监控设备企业，展开“枪炮齐射科技战争”，企图阻止中国实现伟大复兴。但从另一个角度来看，对手的封锁和打压反而会激励中国加速技术自主创新，加速强大，因为主动和被动关系不是一成不变的，被动在一定条件下会转化为主动。

34 论博弈

2005年因博弈论而获得诺贝尔经济学奖的罗伯特·奥曼教授给博弈下的定义为：博弈就策略性的互动决策。可见策略性和互动决策很关键，也就是说，没有互动和策略性决策就没有博弈。但他的定义却没有把博弈的动机点出来，因为“策略性互动决策”是一个学术命题，可以用互补和互启来实现，但博弈却不可能。因为博弈的动力是你我争胜。下棋也好，赌博和竞技体育也好，都是势不两立，决一胜负。可以说，争胜是下棋、赌博和竞技体育真正的动力所在。

博弈，互动决胜也。博弈是智慧的较量，互为攻守又相互制约。博弈是一种竞争的典型手段，凡有竞争的空间，就有博弈的产儿。一个人、一个企业、一个国家，只有通过博弈而取胜者，才能使对手心服口服。博弈是人人都具有天赋权利，也是一个人、一个企业、一个国家生存之权利。我们不单纯为博弈而博弈，但我们绝不放弃为生存而博弈。

博弈者，中外自古有之，中国古代尤盛，并非西方现代的发明。孔子就说过：“不有博弈者乎？”相传5000年前黄帝发明了围棋之博弈，至今生命力犹存。西方说的博弈始于17世纪，当时数学家试图解决游手好闲者在赌博中所遇的问题。如果把博弈仅限于数学模型，则会使博弈失去生命力，进而走向死胡同。博弈是研究互动决策的理论，它是以思维和智慧为核心的，而不是以博弈分析的工具为核心。而西方的管理科学学派往往借助于数学模型来达到管理手段的高效率，的确曾起到一定的效果，但这样过于呆板、过于依赖数学模型，有时因不切合决策实际，必然影响到创新思维和创新活动，从而导致决策目标无法实现。只追求数学模型的博弈，同样会出现这样的弊端。

博弈是指双方或多方在竞争、合作、冲突等情况下，充分了解对方信息，并依此选择一种能为本方争取最大利益的最优决策。《史记》中《孙子吴起列传》记叙的田忌赛马的制胜策略就是博弈制胜的经典案例。齐国大将田忌与贵族赛马，当时赛马的规矩是双方出上等马、中等马、下等马各一匹，共赛三场，三局两胜制。由于田忌的马比贵族们的马略逊一筹，所以十赛九输。当时孙膑在田忌府中做客，田忌赛马又输了，非常沮丧地回到府中。孙膑见状，便对田忌说："明天你尽管同那些贵族们赛马，我保证你会赢。"田忌相信了孙膑。第二天赛马，田忌果然胜了孙膑。这是因为孙膑在赛马前做了博弈分析：双方都派上等、中等、下等马各一匹，田忌每一等级的马都比对方同一等级的马慢一点，因为没有规定出场顺序，孙膑教田忌用自己的下等马去对阵对手的上等马，然后用自己的上等马对阵对手的中等马，最后用中等马去对阵对手的下等马，比赛结束，田忌三局两胜，赢得了比赛。孙膑赛马取胜的博弈智慧是用自己的长处去对付对手的短处，从而在博弈中获胜。

公平竞争是博弈的前提，因为公平竞争是维护人的博弈权的基础。博弈双方，只允许一方持枪，另一方挥拳，这种博弈如何实现公平？足球、篮球、排球双方的争胜，拳击和比武双方的对决，如果渗入了"黑哨"，实际上就脱离了博弈本身。

为了维护人人拥有的博弈权，我们应大力扶持良性竞争，遏制和反对恶性竞争。竞争的目的是让人性中的好胜需要得到释放，从而展现其功力和活力。人皆有追求成功、追求自我价值的强烈需求，它饱含着个人或团体的上进心。竞争作为一种必然的社会现象广泛存在，而博弈权使人们感到只有发奋努力，才能使各自的目标在不断努力中实现，这种预期是激励人奋斗的动力。因此，在竞争的环境中，博弈的游戏规则应与现实社会相适应，确保在博弈之前人们能充分信任博弈的游戏规则并严格遵守。要如此，我们必须坚持两个原则：一是平等原则，即人人拥有博弈权，也就是人人只有通过自身的努力奋斗，才有可能实现自我价值，实现个体或群体的目标；二是法治原则，即让“人人拥有博弈权”在法律的轨道上运行，从根本上剔除一切不公平、不公正渗入博弈中。我们不仅需要起点公平、过程公平、终点公平及博弈的游戏规则公平，而且要教育资源及内涵公平、卫生资源及内涵公平、公共资源及内涵公平、社会发展资源及内涵公平、社会评价资源及体系公平。只有这样，才能充分保障人人拥有博弈权，而这些公平的实现又离不开平等观念的落实和法治予以应有的保障。

博弈包括正和博弈、零和博弈和负和博弈，所以博弈的表现形式也不尽相同，以均衡、竞争和对抗为特点。均衡不是共赢，而是指利益分配的均衡，指多人参加的博弈中，每个人（或群体）根据他人的策略制订自己的最优策略，相关因素处于一种稳定的关系中，而体现出的博弈竞争状态则是利益双方相互争胜，凡两方或多方力图取胜时，竞争态势就形成了。至于博弈的对抗，则是你死我活的生死较量，这种博弈往往在战争中体现得最为明显。

博弈可以称为对策论或谋略论，因为它是智慧和力量的较量，因此使用严谨、有效而果断的对策就成了关键。诸如研究对手的优劣势，从而避优攻劣，这是取得博弈胜利的一种对策；又如借力，不直接与对手交锋，从而以逸待劳；又如在博弈的过程中，不指望一种对策，而是针对对手的实际情况采取适宜的多种对策，只要殊途同归即可。在博弈中还应重视细节，细节往往在某种情况下会使不利转化为有利，诸如能屈能伸，行通无阻，出而有获，善小亦为，恶小必去，安不忘危，治不忘乱，做到谨严而周密；又如在博弈中只要条件具备，就要力争不战而获全胜；等等。博弈必须讲究策略。

34.1 中国与日本不同属于一个文化圈

日文起源于汉字，但日本与中国不同属于一个文化圈。据说大约在公元四五世纪，《论语》等中国著作传入日本后，日本人才把汉字当作自己的文字。后来，日本人研究出了把中文结构选改为日文结构，然后用日文音阅读的学习方法。因此，从奈良时代到平安时代，日本人源源不断地吸取了当时远远比日本先进的中国文化，并使日本出现了使用汉字、汉文的时代。例如日本在公元7世纪初制定的《十七条宪法》和8世纪创作的史书《日本书纪》等，都是用汉字写成的。随着汉文的普及，日本人又研究出了用汉字来表示日本字母的假名和用汉字和假名书写的日文书写方法。

尽管如此，日本与中国不同属于一个文化圈。文化圈这一概念是由德国民族学家格雷布纳首次提出来的，奥地利学者施密特在其基础上提出文化圈是一个民族群，在一个文化圈相关的不同地带，只要有一部分文化元素是相符的，它们就同属一个文化圈，并以东亚文化圈为例加以引证。在这个问题上，施密特想当然地因日本使用汉字便认为其与中国同属于一个文化圈，这不仅是一种误解，更是一种错误，他没有看到日本与中国在文化上有着本质的区别。

日本民族是一个勤劳、上进和智慧的民族，但回顾日本的历史，特别是丰臣秀吉（1537—1598年）以后的对外史，是一部充满血腥味的侵略史。日本自大和奴隶制国家形成以后，就不断对外推行殖民政策，派兵渡海，进攻百济和新罗，那个时候日本仍处于刀耕火种的落后时代。从13世纪到16世纪，中国沿海倭寇为患长达300年，经济发达的中国江浙一带百姓苦不堪言，人民流离失所，生产力受到很大的破坏。一代名将戚继光率“戚家军”平息倭寇以后，日本与中国非但没有和平相处，自丰臣秀吉以后的400年，日本人反而连续不断地、疯狂地向中国和朝鲜扑来，搅得中国人不得片刻安宁。1931年，日本挑起“九一八”事变，声称“满蒙非中国本土”（冯家升《日人对我东北之研究》），妄图长期霸占中国东三省。1937年7月7日，日本挑起全面侵华战争，侵占上海、南京后西进，日本人兴高采烈狂呼：“兵车一过山海关，中国就会屈服”（堀场一雄《日本对华战争指导史》）。日本人没有估计到中国人民的反抗力量，错误地把中国人民当成了清政府。虽然一开始孱弱的国民政府实行不抵抗政策，但国民党军中爱国志士却英勇反击，而中国共产党领导的八路军和新四军是当时抗日力量的支柱，在日本占领区艰苦奋战，牵制了日军主力部队，有力地支援了正面战场。

日本400年的历史是一部充满血腥味的侵略史，而偌大的中国比日本历史久远得多，却极少主动挑起战事，往往是在迫不得已时才起而抗战。因此，中国的对外战争一般都是在自己的国土上进行，中国的军事装备主要用于自卫，很少用武力去侵略、压迫和吞并弱小民族，秦朝的万里长城、汉代的和亲政策都具有防御性而非侵略性。由此可见，日本和中国反差之大，乃日本与中国的传统文化差异使然。

日本文化中有个核心价值观，叫“皇国史观”，就是日本军国主义历史观。其核心是将日本的天皇、国土、种族、宗教等都说成是世界上“最优越”的，这是在种族主义思想上的更高发展，它因此能把日本军国主义发动侵略战争说成是“自存自卫”和“解放亚洲”的“正义之战”，将为侵略战争卖命视为效忠天皇、“为国捐躯的英灵”。1931年日本发布的宣战诏书中曾强调日本开战的理由是“奋起自存自卫”，以此欺骗日本国民，并通过宪兵和秘密警察的“洗脑”，灌输给半个多世纪以前的日本人。日本的“皇国史观”是日本产生法西斯主义的文化温床。中国人为什么自古以来不好战、不好侵略，为什么法西斯主义在中国成不了气候？根本原因是中国传统文化的主干儒、道、墨都倡导中庸和平。儒家的中庸、中和观念对中国文化有巨大的影响，可以说它是儒家思想的基本精神，也是中国文化的基本特征之一。儒家教人，最反对走极端。儒家主张“以德报怨”“以德报德”，中国人几乎不决斗，尚文崇圣，能抑制感情冲动，不走极端，受中庸、中和思想的陶冶和影响。“宽柔以教，不报无道”推广到人与人或国与国的关系上时，则表现出和平、宽容之气象和风度，并积淀为中华民族的优良传统。而道家的“不争之德”与中道思想是对儒家中庸、中和的重要补充，对中国文化的中庸和平性格产生了巨大影响。道家主张不结怨，才可以无怨；主张避开锋芒仇怨，以善心对待一切。墨家的“非攻”思想是中国古代反对战争的有力工具，“墨子泛爱兼利而非斗，其道不怒”。显然，中国主张中庸和平的传统文化与日本的“皇国史观”文化迥然不同，一个导致和平，一个导致侵略。

另外，日本投降70余年，却从未公开认错，甚至许多国会议员站在前台抵赖侵略历史，抵赖“南京大屠杀”，抵赖731细菌部队、抵赖“慰安妇”；每逢8月，大批阁僚和政府官员，甚至某届首相，竟公然到“靖国神社”的“招魂场”为东条英机这样的战犯招魂，这些阁僚和议员怎么不怕选民？怎么没有听到多少选民为此抗议和谴责？说到底，他们恐怕是代表了许多选民的“渴望”。日本人不同于现在的德国人，德国对历史问题的全面深刻反省，及其摒弃纳粹主义的坚定态度，是欧洲实现真正和解，保持和平稳定的重要因素。1970年12月7日，联邦德国时任总理勃兰特在波兰华沙犹太人死难者纪念碑前下跪谢罪，这一幕令欧洲和世界动容，这在日本不会发生。德国历届政府不仅承担战争罪责，真诚向纳粹受害者道歉，并且采取各种措施让德国年轻人充分了解纳粹的罪行，牢记那段不光彩的历史。日本则相反，政府尽力掩盖侵略罪行，而日本许多年轻人认为，如果说手上沾有中国及亚洲人民的鲜血，那也至少是现在日本年轻人的祖父、曾祖一代，也轮不到他们来赔罪、道歉。这与德国大相径庭。

为什么日本政府和日本青年与德国政府和德国青年的“战争罪”观念如此不同呢？这在于日本特有的所谓“耻感文化”，正如《菊与刀》所指出的，这里的“耻感”虽然也有对“犯错”感到“懊悔”的意思，但在日本更重要的含义在于“耻感”的来源不是“犯错”，而是“犯错行为被暴露或者公开”，除了“耻”这个字之外，中日之间对“耻”的理解没有太大的交集。中国自孟子开始就讲“知耻”，孟子说：“不耻不若人，何若人有？”还说：“人不可以无耻，无耻之耻，无耻也。”中国传统文化讲“知耻近乎勇”“知耻而后勇”，这与日本的“耻感文化”完全不同，强调的是勇于面对自身的错误或缺点，承认错误或缺点并予以改正。

“伪满洲国”时期，日本人在东北是享有一切特权的头等公民，他们在喋血“太阳旗”的庇护下大肆霸占中国人的良田耕地，专横跋扈，为所欲为。在“日本开拓团”中，只有日本人有资格吃大米，中国农民只配吃粗粮，甚至连日本小孩都可以居高临下地指使任何中国人。殊不知一夜之间日本投降，这些日本人跌落成了等待处理的战败国侨俘。他们一改过去的高傲姿态，遇见中国人立刻弯腰敬礼。时任“伪满洲国”锦西县副县长的山岸金三郎，在日本投降后第二天就主动抱着扫帚上街扫马路，见到中国人，不管男女，一律鞠躬堆笑尊称“太君”。这些过去作威作福的日本人时刻都在担心，自己将面临怎样一种悲惨命运。“七七事变”以后，日本全面侵略中国，见中国人就杀，见船就炸。1937 年 12 月，日军攻占南京，在屠杀时把一艘美国船“误认中国船”进行炮击，导致美舰马内号沉没。日本政府得知美国强烈抗议，立刻道歉不迭，赔偿 221 万美元，撤换并处分第二联空司令官。日本各界代表，从政府高级官员到大夫、教授、企业家，以至小学生，都到美国驻日大使馆道歉，并对本国海军所做的事感到耻辱。就在同时，日军在攻陷南京后烧杀淫掠，无恶不作，长达 6 个星期的大屠杀，导致 30 多万无辜中国人惨死在日本人的屠刀和枪口下。而日本全国各地都在举行提灯欢庆游行。在东京，成千上万人涌向皇宫的各个门口，“万岁”之声响彻云霄，环绕皇宫的护城河水面上，千百盏灯笼的倒影在跳跃。时任美国驻日大使格鲁慨叹说：“我从来没有现在这样强烈地感到‘两个日本’的存在。”

上述势利文化源于日本以功利为先，将功利作为一个民族的行为准则。日本人最崇拜的思想家福泽谕吉（1834—1901 年）早年学习汉文，熟读四书五经，深受儒学熏陶。第三次去欧美后，却全盘否定儒学，按功利为先原则，提出“脱亚论”，其势利文化可见一斑。日本这种势利文化与中国传统的重义轻利文化是相悖的。中国传统文化重视仁义或道义，强调一个人的行为要与道义、道德相符，而不计较功利或物质利益。中国人一贯鄙视势利者，并将其视为没有脊梁骨的“小人”。也就是孔子说的：“君子喻于义，小人喻于利”（《论语·里仁》）。虽然日本的势利文化有助于激发人追求财富，但它的代价是降低人格，这显然对民族性格极为不利。

综上所述，中国与日本不同属于一个文化圈。

34.2 博弈方法

（1）顺应自然。顺应自然，就是严格按自然规律办事。因为在博弈中，顺自然规律者昌，逆自然规律者亡。我们顺应四季而因应养生，就能得长寿；相反，我们吃所谓“仙丹”追求长生不老必早亡；我们顺应发展规律追求双赢则繁荣，我们逆发展规律闭关保守、追求所谓单赢则衰亡。中国古人在长期的自然选择中，从反复实践中找到了规律：顺应自然，按自然规律建设家国，避开可能出现的自然灾害，选择阳光充足、水源丰富、安全的地段居住。故庄子云：万物皆出于机（自然），皆入于机（自然）。

（2）各美其美。博弈双方应遵循各美其美原则，鹤与鸭之间的博弈，鹤不能要求野鸭也长上长腿才与之交往，野鸭也不能要求鹤去其长腿才与之交往，应各美其美，才能美美与共。就如老爷子问孙子：“是年轻的美呢还是老年的美？”孙子不假思索地回道：“当然年轻的美呀！”老爷子问其理由，孙子答：“如今有人老了还到美容院去拉皮，都想要年轻嘛。”老爷子答：“各有美的特点，年轻人美在青春朝气，老年人美在沧桑。这才叫各美其美，美美与共啊！”

（3）果敢则贤。在知己知彼，并确定一切准备无误以后，果敢行动则是制胜之法宝。果敢者，敢于决断，敢作敢为。犹如人游山谷，听闻山洪将来临而果断撤离，避免了灾祸；又好像神箭手远看飞来的鸿鹄，精准地做好准备而迅速开弓放箭。故《国语・晋语九》中说“强毅果敢则贤”，《南史・司马申传》也说“性又果敢，善应对”。

（4）贪者必亡。古今中外，贪者必亡，概莫能外。因此，纵容贪欲与反贪欲，是自己在与自己博弈。贪欲强者若是国君，则害国害民。隋文帝杨坚是个明君，他结束了南北朝分治的混乱局面，统一了中国。他厉行节约，让百姓得到休养生息，使隋朝呈现繁荣景象；隋炀帝杨广即位时，天下安定，谷物丰盈。他却在短短14年内，将这大好的基业挥霍殆尽，使锦绣江山毁于一旦。这与其贪婪无度密切相关。

（5）未雨绸缪。当你准备与强劲的对手博弈时，要寻找自己的退路，明白自己的短板。未行军先寻退路，不被对手困死；未决战先补短板，不让对手以强制弱。有备无患，防患于未然，才能遇困而从容、遇险而有备、遇机遇而得之。若临渴掘井，江心补漏，那会遇困而悲、遇险而哀、遇机遇而失去。一个有追求的领军企业或者一个国家，不可能放弃技术自立。华为的“备胎”计划充分证明了自立则有备无患。

（6）以退为进。大洋中的飓风掀起滔天大浪，它是利用强大的风力把巨浪向后推，从而才能以排山倒海之势压过来；一个拳师，必须让他的拳头先向后收缩，当他出拳时力道才够猛烈。在人与人或国与国之间产生矛盾或纠纷时，若双方都往后妥协一下，矛盾或纠纷往往就被冲淡或消失了。这就是博弈中“退一步自然宽”的道理。若一方认为对方“妥协后退”是一种软弱可欺，“妥协后退”方就应像飓风或超级拳师那样，以超常之力予以回击，让对方痛得清醒，不再执迷不悟。

（7）化害为利。在与自然界的博弈中，我们应采取化害为利方针。中国的北方干旱、南方多雨，这就容易造成北方久旱成荒漠，南方多雨受洪涝的威胁。虽然我们在汉江采取了南水北调，只因水量有限，杯水车薪。我们用化害为利的博弈思路，可采取古老都江堰的治水经验，变洪为宝。岷江上游洪水季节，多余的洪水从都江堰的飞沙堰溢出，使内江免受洪灾，又化害为利。因此，南方洪水之时，其多余之水应流向北方，而不是东海。

（8）特色制胜。以特色制胜是最常规、最有效的博弈术，它是将自身的特点和优势发展到极致，这种极致就形成了特色。特色制胜的案例，大到中国特色的社会主义，小到中国特色小镇，再小到“重庆小面”之类。特色制胜的博弈应满足下面三个条件：一是独特。这种特色是独一无二的，这种独一无二是因地域文化、地方土特产、地方独特的某种优势所形成的特色。二是不平常。若有独特之处但又是平常的，就不会使外人惊奇、诧异。奇特往往会产生吸引人的魅力。三是超出一般。如果你的特色不足为奇，那也很难长期发挥作用。因此，能够制胜的特色应是超水平的，超出想象的。特色制胜，对一个人而言，就是发挥其长处；对于一个企业而言，就是打造品牌影响力；对于一支军队而言，就是充分发挥其战斗力；对于一个国家而言，就是找出其独特发展模式和制度。

（9）一箭封喉。远古人狩猎时用毒箭射杀猎物，有时一箭封喉，可以使猎物致命。在现代，“一箭”使对方服输比较难了，“一箭封喉”在博弈中的现代含义则是不打则已，一打就要打中对方的要害。美国政府为了阻断中国高科技超越美国的趋势，选择打击中国 5G 领军企业华为，以“国家安全”为由把华为列入实体“黑名单”，全面打压华为并且“断供”，美国媒体称之为“一箭封喉”的“核战争”。殊不知华为经过 15 年的努力，做好了迎战的准备。对美国政府的这种倒行逆施行为，中国果断决定限制出口稀土和有色金属的提炼、加工等技术。中国已经用实际行动表明，有决心在这场贸易摩擦中做出坚决反击。

（10）佯动欺敌。佯动欺敌是军事上常用的博弈方法。英国间谍“佯动欺敌”偷运科学家算是一个典型的案例。第二次世界大战中，丹麦科学家尼尔斯·玻尔成功分裂了铀原子，挪威可以提供进行原子试验必不可少的重水，若这两者都被德国获得，那危险不言而喻。因此，英国要全力让德国控制着的玻尔出逃至英国。一直处于纳粹严格控制下的玻尔怎么才能逃出魔掌呢？于是，英国间谍斯蒂芬森施行了“佯动欺敌”计划。在这一套行动计划中，炸矿场、破坏矿石运输线的准备工作都是演戏给德国人看，当炸药被搜出，英国政府出面致歉后，德国情报机构对不具威胁的斯蒂芬森已不屑一顾。而斯蒂芬森却为瑞典之行的真正目的——帮助玻尔出逃忙碌起来。他大大方方来往于朋友之间，最终让玻尔神不知鬼不觉地出现在英国。

（11）非对称战。所谓非对称战，是采用明显区别于常规战法的手段和计谋削弱敌方的优势，使己方的劣势变为优势，以获得战争的胜利。尽管发展中国家在科学和军事领域与发达国家的差距很大，但低技术一方却可以利用发达国家先进武器及其支持系统的易损性，对抗高技术武器的攻击。例如，技术水平较低的军事集团可以采用能够破坏敌方所依赖的通信系统的战术，这是极其有效的。

（12）以小见大。小业只要以小见大，就有机会成大器。笔者住在重庆，常去北京，见北京“重庆小面”店铺不少，进去品尝后发现味道却大相径庭，其原因是他们只学“重庆小面”的皮毛，不能以小见大，所以成不了大器。真正受食客青睐的“重庆小面”十分讲究：榨菜要选上等涪陵榨菜；生姜必须是老姜，先去皮再切碎；蒜不能用蒜泥，要先捣碎再冲入高汤变为蒜水；油、盐、酱、醋、葱、油辣子、碎芽菜，十多种调料一样都不能少，“重庆小面”的油多半由猪油、菜油、香油混合而成。炼制红油的辣椒要选辣味不太强烈而皮较厚的辣椒；花椒通常选用无籽皮厚、麻香浓郁、不带苦味的花椒，以茂汶花椒为宜。然后，用猪软骨等熬制一锅鲜汤，各种佐料备好后，将汤盛入碗内，以保证面的鲜味。“重庆小面”虽小却闻名全国，乃以小见大而成器者。

（13）品牌制胜。许多“中华老字号”之所以经久不衰，长期受到受众的欢迎，原因在于它们长期注重产业升级、传承创新、品质保证。品牌的背后是文化，不同的老字号彰显不同的文化特色。要让品牌制胜，就要积极推动新品开发，保持在市场的核心竞争力，避免被消费者和市场淘汰。品牌制胜，需要在产品品类、技术研发、品牌发展等方面积极创新，用“独一无二”的“好产品”开拓海内外市场，既让中国百姓喜欢这样的品牌产品，也让世界各地的人喜欢中国品牌产品和它承载着的中国文化。

（14）均衡发展。发展不能偏颇，只有均衡发展才是健康的发展。在经济发展博弈中，我们只偏爱某种事物，任其发展，不注重均衡，就会走向反面，因为这样就违背了自然规律。例如仙人掌这种沙漠植物的生命力极强，有人将它带到澳大利亚去种植，结果不到一个世纪，仙人掌就侵占了

200 多万公顷的牧场、农田。后来，生态学家在大沙漠中发现一种小虫，这种小虫会啃食仙人掌，使它容易腐烂，生长因此受到抑制。于是生态学家赶紧将这种小虫引入澳大利亚，没多久，仙人掌就大大减少了，慢慢恢复了平衡。

（15）减税增富。天下发生饥荒而政府没有钱救济怎么办？有人会想到用增税来解决政府救济款的问题，结果百姓更加贫困。孔子的弟子有若就提出以“减税增富”来解决这个问题。有一次鲁哀公问有若：天下发生饥荒而政府没有钱救济怎么办？有若说：应该把税赋降低到 10%。鲁哀公十分困惑地说：20% 的税都不够用，10% 哪里够啊？有若就说：等天下老百姓富足了，国家就不用担心饥荒了。美国经济学家奥沙利文把孔子弟子有若的这种关于经济税收和收入的关系称为“孔子曲线”。美国前总统罗纳德·里根可以说是这种观点的实践者，他通过减税让美国摆脱了滞胀的困境。“孔子曲线”告诉我们，当税率在一定的限度以下时，提高税率能增加政府税收，但是超过这个限度，再提高税率反而会使政府的税收减少。

（16）化解尴尬。在双方博弈中，对方常使自己处于窘迫尴尬的境地，而化解尴尬是摆脱窘境的好办法。孔子巧妙化解尴尬的方式值得我们借鉴。比如陈司败（陈国国防部长）明知故问地跟孔子探讨“同姓通婚”是不是知礼，孔子一不小心落入圈套。孔子刚走，陈司败就在孔子的弟子巫马期面前说了他的坏话，巫马期回来就跟孔子和盘托出，孔子顿时好不尴尬，但他还是化解了尴尬。他说：“丘也幸，苟有过，人必知之。”意思是只要我犯了什么错，一定会有人知道，这是我的幸运啊！晏子也是化解尴尬的高手。晏子出使楚国，因为他身材矮小，楚国人就在大门的旁边故意开了一个小门，用来接待晏子，这无疑是侮辱人。晏子拒绝从小门进去，他说：出使狗国的人，从狗洞进去，现在我出使楚国，不应该从这个门进入。引接宾客的人只好带他改道从大门进入。

（17）剥离结合。孔子说：“三人行，必有我师焉。”他主张“择善而从”，这跟邓小平的剥离结合术异曲同工。剥离，是将对方有利于我者借鉴、吸收、消化，不利于我者清理、剔除、清源。例如邓小平运用剥离结合术，将资本主义市场经济“一分为二”。对那些姓“资”的根本制度不取，但其中属于人类社会创造的文明成果和代表人类社会文明发展趋向的则应批判地吸收和借鉴。关键在于既能从资本主义制度中剥离出来，又能将其与社会主义制度相结合，形成具有中国特色的一整套比较完备的民主政治制度。若当时我们将资本主义市场经济全盘否定，其结果不言而喻。

（18）大智若愚。有些人不受社会上的各种机会所诱惑，而是一生择一事，认准一个道儿，锲而不舍地干下去，给众人的印象好像是愚笨之人，而到最后成大器者往往是他们，这叫大智若愚。另外一种人，是很聪明的人。但因为心眼儿灵活，兴趣多样，容易被新的机会所诱惑，使之朝三暮四，努力方向经常变卦，自然容易轻视扎扎实实的积累，容易忽视发展规律，容易被眼前五光十色的景象搞得眼花缭乱，最后落得一场空。所以，在博弈中，我们不要“聪明反被聪明误”，成功的人往往大智若愚。

（19）死中求活。在恶劣的自然环境中，往往会遇到这种情况：你不敢舍弃就无法活下来。我们也常常听到探险者遇险后断肢求生的事例。而更为生动的例子是，非洲的箭袋树为了生存，选择勇敢地去牺牲，令人敬佩。非洲纳米比亚沙漠的南部几乎不下雨，酷热难耐。干旱、酷热的环境让绝大多数生命望而却步，这里的箭袋树却顽强地生长着。它为了在酷热干旱的环境中生存，叶片将水分蒸发量减到最小，水分一旦蒸发，它们必然干枯而死。它们怎么顽强地在沙漠中生存下来呢？截肢。每到干渴欲枯、生死攸关之际，箭袋树就会突然自断肢体，断后伤口会立刻被牢牢封闭，死中求活，展示了生命与恶劣的自然环境博弈的顽强、壮美。

（20）出其不意。战略博弈要讲出其不意，行动要抢在对方的前面。诸葛亮说猛兽一旦失去凭借，小孩子可以拿起兵器去追赶它；蜂虿突然钻入袖中，精壮的人也会仓皇变色。其原因就在于意料之外，事出突然使人来不及考虑（《诸葛亮孔明异传》）。美国侵略朝鲜，认为中国出兵的可能性很小，于是肆无忌惮越过朝鲜三八线，大批军队分东西两线长驱直入，向中朝边境推进。中朝两国山水相连，唇齿相依，唇亡则齿寒。中国人民志愿军秘密进入朝鲜作战，以出其不意之势，第一次战役就打了个大胜仗。

（21）守骏如跛。这是博弈中让自己时常保持好心情的好方法。“守骏如跛”出自苏东坡之口，意即如果你有一匹骏马，应该像对待跛马一样善待它、呵护它。珍惜你的骏马吧，艳阳天，芳草地，骑马漫步，慢慢去体味那份幸福感，且莫粗暴地鞭挞它。君不见，好些人还在步行呢。我们有了守骏如跛的心态，就会倍加珍惜来之不易的小康社会，真正拥有幸福感，从而继续奋斗。也就不会出现“端起碗来吃肉，放下筷子骂娘”的事。

（22）责任终身。作为工程师或科学家、公务员、教师或医生，要讲终身责任，这是与自己的信誉和诚信在博弈。如果只讲行使权力时的责任，一旦调离或退休就不再负责，这显然是不负责任的。隋朝著名石匠李春设计建造的河北赵州石拱桥，经历 8 次大地震而不倒、54 次大洪水而不垮、无数次战乱而不毁，至今已有 1400 余年。不难看出石匠李春的精湛技艺和一丝不苟的严谨态度。若没有责任终身和诚信至上的信念，就没有赵州桥。

（23）业余不怠。博弈要靠实力，而实力不仅靠工作时间的锻炼，更靠合理利用业余时间来提高。业余不怠，就是提倡业余时间不松懈、不懒惰。爱因斯坦年轻时在一家专利局当员工，博学多才的他发现“相对论”，靠的是什么？是积极利用业余时间。鲁迅弃医从文并成为中国文学巨匠，靠的是什么？除他自幼好学，具有深厚的文化功底外，还靠他积极利用业余时间。正如鲁迅自己所说：“我把别人喝咖啡的时间用在写作上了。”

（24）实力奠基。当今的博士、教授数不胜数，但将这些拥有高级职称者与哲学家康德和文学家鲁迅两位世界级大师相比，能比得过吗？康德和鲁迅却没有高头衔，他俩一生只追求高质量的作品。近代哲学家康德的学术成就举世闻名，他在大学干了 16 年，在此期间，他的两部重要著作《逻辑研究》和《观念》第一卷问世，但做教授的申请一再被校方拒绝。后来有人问他为何评不上教授，他坦然道：“这些著作太重要了，必须全力以赴，没有精力争取当教授了。”鲁迅只有中专文凭，弃医从文后将全部精力放在文学活动上，不在乎职称。而就是这样的低学历者，专注实力奠基，终成中国新文学的奠基者。取人偏重职称而忽略实力，是当今很少有学术大师脱颖而出的重要原因之一。

（25）以柔克刚。在博弈中，“软实力”非常重要，而“软实力”的教父是中国古代思想家老子。老子的哲学精髓体现在“贵柔”上，“贵柔”就是重视“软实力”。老子“贵柔”思想中最为著名的命题是：“天下之至柔，驰骋天下之至坚。无有入于无间”。我们在长江岸边常常看到这样的情形：江水虽柔，却能任意拍打坚硬的岩石。而大浪拍岸，江水穿插于坚硬的岩石之间，甚为逍遥。这正是“软实力”的奇妙之处，甚至其有时会摧毁一切。柔者在硬者面前得心应手，硬者无可奈何，柔者其乐融融。

（26）奋不顾身。在博弈中，凡成大器者，都有一种奋不顾身的精神。奋不顾身者不顾自己的安危，舍己为人，为了人类的事业而将生死置之度外。正如《汉书》中赞扬司马迁：“常思奋不顾身，以徇国家之急。其素所蓄积也，仆以为有国士之风”（《汉书·司马迁传》）。居里夫人也是为了事业而奋不顾身的楷模。日本爱知工业大学的研究人员通过精密测定发现，在居里夫人的笔记本上，至今仍零星分布着放射性物质镭，并且依然放射出微量放射线。笔记本中记录了她在1899—1903年间的实验结果。

（27）学会放弃。在人生旅程的博弈中，要学会放弃。人生的成功或博弈的成功，绝不意味着要不惜一切代价，适可而止不等于认输，而学会放弃往往可能成大器。鲁迅不弃医从文，就没有文学巨匠鲁迅；恩格斯不舍弃诗作，就没有思想家恩格斯；钱学森不舍去对美术的热爱，就没有导弹之父钱学森；爱因斯坦不舍去对音乐的热爱，就没有物理学大师爱因斯坦；居里夫人不舍去对文学的爱好，就没有化学大师居里夫人。人生短暂，精力有限，不可犹豫蹉跎，等老了再来后悔，悔之晚矣。人生要展现出精彩，就要毫不犹豫地舍去一些爱好，抵御一切诱惑，选择最适合自己又符合自己的特长和兴趣的事业，持之以恒。

（28）忠恕之道。“己所不欲，勿施于人”是儒家忠恕之道的核心，也是人类调解彼此间的矛盾的有效方法。两方和多方之间的博弈，不应只看成零和博弈，事实上更多的是正和博弈，即利益分配的均衡。多人参与的博弈中，利益双方或多方的利益分配要达到双方或多方都满意的均衡，最需要采取“己所不欲，勿施于人”，即为他人着想的态度。采取这种博弈态度，就会将心比心，设身处地为他人考虑。博弈中，不妨进行换位思考，站在对方的立场上考虑问题，自己不能容忍的事情是否有意或无意中强加给了别人，因为别人跟自己一样难以接受，这样，宽容之心就会油然而生。当然，在邪恶和正义等大是大非的范围内就不适用此法。

（29）拒绝“彻底”。在企业经营中，追求“利润最大化”，这种“彻底”必然使企业生产失去均衡，要不了多久就会衰败；在国与国的交往中，以本国利益优先，赢者通吃，这种“彻底”，要不了多久就会让一国成为孤家寡人。因此，我们在博弈中应拒绝“彻底”。以治理河道为例，不少地方贪一时之功，将河水抽干堵住，用水泥铺河床，砌河沿，河水一时间确实清澈起来，然而这种一时奏效的方法却非长久之计，难免陷入“一年清，二年臭，三年再从头治理”的怪圈。这是因为河底没有泥层，缺乏具有净化功能的微生物、鱼和其他水生生物，河水丧失净化功能，升温快，生态环境变化容易滋生传染性病菌、病虫，不利于河水下渗，破坏地下水资源；河岸没有植物，河水流速加快，加剧了水资源流失；河流周边的生态系统被破坏，破坏了生物多样性。

（30）谦居下位。中国古代的老子谦居下位，认为“大国者下流，天下之交”，就是说国与国之间能否和平相处，关键在于大国能否像江海一样谦居下位，能否做到不以大压小、不恃强凌弱。在没有霸权的世界里，各国更能和平共处，弥合分歧，共同缔造更加美好的未来。瑞士知名汉学家胜雅律认为瑞士成功哲学与老子《道德经》不谋而合。瑞士也曾经有过扩张争霸的野心，但是在1515年的一次对外战争中败北后，瑞士当政者果断放弃了这一野心，最终不但历经数世纪保全了国家，还创造了小国发展的奇迹。他认为，这一过程恰恰符合老子对强大和弱小的辩证观点——强大处下，柔弱处上，即表面强大必然摧折，看似柔弱却能保持生机。瑞士正是放弃了对“广大”和“强霸”的追求，才找到了适合自己的生存之道。

（31）机动制胜。机动制胜是军事博弈中的重要原则，在这方面，刘伯承做了系统的总结，提出机动制胜三原则：一是灵活机动原则，“只有灵活的机动，才能攻敌不备，捕捉战机。如果只凭直觉，机械地以正面斗牛，必遭无代价的消耗”；二是艺术机动原则，“艺术的机动，还要求适时发觉敌人对我们的突击，而避免其将我们压溃”；三是适时原则，“我们游击与机动的原则，特别着重的是适时适地配合运用各种力量，乘敌不备来袭击敌人的弱点，而以秘密坚决干脆——特别是秘密实施之，并不要对敌人先下‘战书’，预约决战的战场和时间，教它准备”。

（32）无欲则刚。这里讲的“无欲”不是倡导“禁欲主义”，也不是倡导封建主义的“存天理，灭人欲”，而是指一个人在有正常而健康的欲望的前提下没有贪欲，即没有贪财欲、贪物欲、贪色欲、贪权势欲，人有了这些贪欲而不加抑制，就必然要走邪门歪道，攫求无已，纵贪欲成灾。故韩非子言：“有欲甚，则邪心胜”（《韩非子·解老》），私欲太多，邪恶的心思便占上风；《刘子·防欲》也说：“欲炽则身亡”，私欲太强烈了会使人丧命；《慎言·见闻篇》说：“贪欲者，众恶之本”，贪婪是一切罪恶的根源。包拯为何会成著名的清官？源于他无贪欲，两袖清风。前往陈州放粮赈灾时，一日三餐只吃“落解粥”。为官几十年，衣食住行准温饱能居而已，对个人生活从无他求，不怕丢官，敢于搏击权贵，一心为民，抑制豪强。

（33）身先士卒。身先士卒是军事博弈中提振将士士气最重要的一环。中国共产党领导的红军、八路军、新四军以及解放军（包括志愿军），为什么能以弱胜强，让敌闻风丧胆，最根本的一条是坚持身先士卒，即一贯坚持官兵一致、官兵平等、官兵同苦乐，而且指挥员能身先士卒。故朱德这样评价：“能身先士卒共甘苦者为名将”（《朱德选集》）。拿破仑提倡将帅为人表率，如在意大利罗地夺桥之战中，他亲自和拆弹兵在一起战斗；在埃及的一次军事行动中，他下令将马匹、车辆用来运载伤员，自己带头步行。

在拿破仑的倡导下，其他将帅也做到了身先士卒，从而提高了他们在军队中的威信，鼓舞了官兵斗志。“故战者必本乎率身以励众士，如心之使四肢也”（《尉缭子·战威》）。

（34）左右敌人。在军事博弈中，左右敌人、掌握主动权是制胜的法宝。所以孙子说：“善战者，致人而不致于人”（《孙子兵法·虚实篇》）。怎么左右敌人，掌握军事主动权呢？毛泽东对此有系统的理论。其一，要有战争力量优势，“主动是和战争力量的优势不能分离的，而被动则和战争力量的劣势分不开”。其二，要有准备的优势，“优势而无准备，不是真正的优势，也没有主动。懂得了这一点，劣势而有准备之军，常可对敌举行不意的攻势，把优势者打败”。其三，错觉和不意会丧失优势：“错觉和不意，可以丧失优势和主动。因而有计划地造成敌人的错觉，给以不意的攻击，是造成优势和夺取主动的方法，而且是重要方法”①。

（35）定居边塞。定居边塞是巩固边防最重要的策略。新疆生产建设兵团是新疆稳定的“定海神针”。平时生产建设，战时英勇抗敌。在历史上，唐德宗时，屯兵边塞，敌人来了就弃地逃跑。当时陆贽认为，应征集有劳动能力的男子到那里定居，敌人来了，人们会自觉投入战斗。那是封建时代，这方面很难实现。在当今新时代，生产建设兵团是一群为国为民的热血战士，他们把全身心献给祖国，希望国家和内地民众多给他们温暖，包括物质的和精神的，使这些热血战士乐于在此。

34.3 基础研究实力是博弈制胜的主要支撑

科学技术研究主要由基础科学研究、应用科学研究和科技开发研究三部分组成。基础科学研究是整个科学技术的地基部分，地基稳，科技大厦才稳；地基不稳，科技大厦将倾。应用科学研究则具有承上启下，连接基

① 毛泽东．毛泽东选集［M］．北京：人民出版社，1964：456+459.

础研究和科技开发研究两部分的作用，科技开发研究导向是科技的现实性成果。而基础科学研究犹如“皮”，应用科学研究犹如“毛”，“皮”之不存，“毛”将焉附？基础科学犹如水之源，应用科学和科技开发研究犹如水之流。没有源，谈何流也。因此，基础科学研究是科技创新竞争力的核心。

基础科学研究的进展将导致新的科学和技术知识，而且在数年后会引发产品创新和经济利益较大的商业市场。这种观点既得到了科学史的检验，又得到了各国科学界的认可。例如牛顿潜心于基础科学的研究，发现了万有引力定律和牛顿运动三定律，并在这几条定律的基础上建立了牛顿力学。一方面，牛顿力学综合了哥白尼、伽利略的研究成果；另一方面，它又带动了数学、物理学中一系列分支学科如热学、光学等的发展，它还推动了临近学科如化学、地质学、天文学，甚至生物学的发展。据统计，在1900—1960年的重大科技成果中，科技的重大突破有4/5是由基础科学研究推动的。物理学家丁肇中对基础科学研究有个形象的比喻：科学研究像一个金字塔，基础科学研究相当于金字塔的基部，塔尖相当于人类可以利用的技术成果。基础科学研究能够扩大金字塔的基础，同时为新技术提供原理。例如经典物理学带来了蒸汽机、照相机、电子工程、收音机、电视、飞机等，原子物理和量子物理引来了新材料、半导体和超导体及其应用。今天，我们正享受着由基础科学研究所带动的前所未有的技术成果，涉及通信、计算机、交通、医疗保健等诸多领域，大大提高了我们的生活质量，何况它又是竞争博弈中的有力支撑，我们有什么理由不重视基础科学研究呢？

年轻的美国能成为世界超级大国，与它重视基础科学研究密不可分。美国建国于1774年，迄今还不到300年，其科学发展的历史主要是在南北战争（1861—1865年）以后，至今也不过150多年。但美国自20世纪20年代以来一直保持着科技优势，进入20世纪90年代以来，美国由雄厚的科学技术基础带来的经济增长显示出更加强劲的势头。追根溯源，如果说有什么经验可以汲取的话，美国的基础科学政策和知识创新系统是值得认真研究和借鉴的。

在全国科技创新大会上，中国提出要为基础科学的研究做出贡献，这是一个正确的策略。爱因斯坦提出了广义相对论，马克斯·普朗克研究所发展了量子理论。量子理论在100年后对电信领域产生了巨大影响。中国的基础科学一定要与伟大复兴同步，也一定能与伟大复兴同步。

35 论危机

危机，危险与机遇并存，我们要善于利用战略危机感，从而抓取战略机遇。机遇既是为有准备、有能力的人准备的，也是为有危机感的人准备的。

春秋战国时期的战乱引致的道德危机，为孔子的道德建设创造了机会。危机之中，我们不仅要正视危中有危，也要看到危中有机。凡是智者，他既重视危险，也重视机会，并善于使危机转化为机会。

一个人、一个企业、一个国家在发展过程中，危与机总是相随相伴，只有不断克服危、抓住机，才能茁壮成长。因此，要发展就不能隐瞒或忌讳危机，应不断暴露自身的危机并不断化解危机，即克服自身的弱点和弊端。而危机中的机遇不是时时都在恭候你，它总是像彗星一样一闪而过，抓不住机遇，就抓不住成功。机遇来了，你毫无准备，只得望机遇而兴叹；你有准备，却无法在机遇中施展能力，也只得让机遇擦肩而过。有准备，就要时时有自危感；练才干，也要时时有自危感。

有自危感的人拒绝平庸，时刻都有危机意识。不重视危机，危机将会越来越大，从而造成灭顶之灾；重视危机，应危而行，只能就事论事，没有治本；重视危机，并能预测危机的到来，发现危机产生的根源，果断地正本清源，方能化险为夷，更重要的是化危机为机会，这是上乘之策。

危机的“危”是不安全、危险，而“机”则是指事物发生、变化的机会，故危机也是指很危险的时节。中国古代典籍《周易大传》就强调“安而不忘危，存而不忘亡，治而不忘乱”。南唐是五代十国之一，地处富庶的长江中下游地带。据史书记载，南唐烈祖李昪实行与民休息的政策，出现了少有的繁荣局面。但南唐君臣们懈于整军备战，整日沉溺于莺歌燕舞之中，终于在北宋的雄兵面前束手就擒，金陵（今南京）被攻下后，南唐后主李煜率领群臣出城迎降，自此南唐宣告灭亡。环顾古今中外的历史，我们经常看到当一个国家发展到鼎盛之时，却一下子因某事件而千疮百孔，渐趋衰竭；当一个企业正如日中天，红红火火之时，只因某事件触发而百病丛生，面临破产；当一个人名声大噪，红得发紫之时，又因某事件的触发而声名狼藉，江郎才尽。这种现象均系他（她）们平时缺少自我危机感而放纵自己所致。

等到大洪水吞没了村庄，你才准备去防洪，那为时已晚。打鸟要有个提前准备，躲地震要善于辨识地震发生前的征兆。当战略危机还没有根本性的影响或还没有迹象时，你就需要敏锐地、及时地，特别是正确无误地发现和预测自身的战略危机状况、程度及其解除战略危机的有效方法，把战略危机化解于它们影响全局之前。一旦战略危机不可避免，决策者也会从容应对，避实击虚，扬长避短，以免自身整个的战略进程和方向受到影响。

处理危机时，应抓住影响全局或将要影响全局的危机。危机有多种，有战略性的，也有战术性的。我们时时要有危机感，但不能因此停滞不前，也不应对危机的处理全面开花，那会消耗你的元气，得不偿失。在危机的处理上，要选择优先处理影响全局并具有决定意义的危机，或者现在看起来虽然显得无足轻重，但经过发展会影响全局并致命的危险，我们就应对此倾力关注，全线出击，尽力解困，把将要发生的危机的伤害性降到最低限度。

对待危机，中国先人就有高明见解，《周易大传》记载：“子曰：‘危者，安其位者也。亡者，保其存者也。乱者，有其治者也。是故君子安而不忘危，存而不忘亡，治而不忘乱，是以身安而国家可保也’”。知道危惧，才能保其爵位；知道衰亡，才能保其存在；知道祸乱，才能有其太平。所以“君子”在安居其爵位时不忘危惧，当其存在时不忘衰亡，当其太平时不忘祸乱。这样就可以安身而保住国家政权。《周易大传》还强调：“善不积，不足以成名；恶不积，不足以灭身。小人以小善为无益，而弗为也，故恶积而不推掩，罪大而不可解也”。不积善，不足以成名；不积恶，不足以毁灭一身。小人认为小善无益而不去做，认为小恶无害而不去改掉，以至积恶而达到无法掩盖，罪大而达到无法解脱。常怀此危亡恐惧之心，则可以保其一身和国家政权而不亡。这也是说，危与安、亡与存、乱与治，对立的两个方面可以互相转化，常常有一个方面居于主导地位。

精明者不仅致力于化险为夷，更可贵的是，他利用危机之时，把危机转化为机遇，变坏事为好事，这就要靠大智慧。当今世界面临百年未有之大变局，变局中危和机同生并存，这给实现中华民族伟大复兴带来重大机遇。要善于化危为机，转危为安，紧扣重要战略机遇新内涵，加快经济结构优化升级，抓住这千载难逢的大好机遇，抓住这一机遇，乘胜前进，那么实现中华民族伟大复兴将指日可待。

我们该怎样识别机遇呢？机遇是为有准备又有能力的人、群体、国家准备的。机遇具有偶发性，但又是必然中的偶然；机遇还具有突发性，但又是意料之中的突发；机遇还具有可能性，但又是可知之中的可能性。机遇能助人在事业中取得成功，特别是在科学发现和科技发明中具有突出的作用。因此，有准备者总是注意线索，解释线索，就很容易识别出难得的机遇，并抓住转瞬即逝的机遇。

机遇具有意外性，但它又不是神秘莫测的，因为机遇的出现有其主客观原因。机遇是偶然现象，但其产生却有客观原因，因为偶然性总是同必然性和规律性不可分割地联系在一起。任何事物的发展，都同时包含着必然性和偶然性这两种发展趋向。任何机遇的出现都不同程度地包含着偶然因素，我们应该通过这些偶然的东西去发掘内部的必然性，从而摸清并掌握对象的本质特征。

机遇虽然具有偶然性，有时瞬息而过，但就像我们可以预测流星雨一样，机遇也是可以预测的。这是因为机遇是需要一定的条件才能形成，而这一定的条件又是可预测的。关键是我们要学会辨别这种可以生成机遇的可知的条件或因素是什么，掌握了这些条件和因素，就可以预先做好准备。一旦机遇到来，我们就可以从容地抓住。如果机遇到来，而你没有利用机遇的能力，那只能眼巴巴地看着它从你面前溜走。

请记住，机遇是为有能力的人准备的；危机来了，你要善于用智慧和能力理性应对，果断地转危为机，才能夺取更大的胜利。抓住机遇，因势利导，积极促进形势向有利于自己的方向转化。正如东汉王充所说："进在遇，退在不遇。处尊居显，未必贤，遇也；位卑在下，未必愚，不遇也"（《论衡·逢遇篇》）。

35.1 自信是抢抓机遇的有力抓手

我们经常看到码头上堆满的集装箱要装上货轮，必须靠灵巧有力的抓手。这些集装箱好比机遇，若没有抓手，货轮只能"望货兴叹"。而自信往往是抢抓机遇的有力抓手。

19 世纪初，伦敦有位年轻人想当一名作家。然而他有 4 年的时间没有上学，父亲锒铛入狱后，他好不容易找了一份贴鞋油标签的工作来谋生。晚上，在一间阴森静谧的房子里，他和另外两个从伦敦贫民窟来的男孩睡在一起。他只能趁深夜溜出去，悄悄地把稿子寄出去，免得遭人笑话。就这样，一篇篇稿件被寄了出去，可是一个个故事又相继被退了回来。他很失望。有一次，他到外面借酒浇愁，快到傍晚的时候才拖着疲惫的身躯回来。"恭喜你，我们的作家先生……"刚进门，一个同伴将一封信举得老高，那兴奋劲儿似乎不能抑制。年轻人把信接过来："对不起，我的朋友，这是一封退稿信。""不，我的作家先生。"一个同伴高声喊道。年轻人这才注意起了这封信。信封薄薄的，上面赫然写着编辑的名字。原来，编辑第一次给他写信了。信很短：你的文章是我多年以来所梦寐以求的作品……年轻人，坚持下去，相信你一定会成功。多年后，年轻人终于成了一代文学巨匠，他就是查尔斯·狄更斯。处于社会底层的狄更斯，并没有因为他是鞋油厂的学徒而自卑，也并没有因自己家穷无学历而自贱，他专心自学和深入底层生活，获得了广博的知识和文学素养，写出长篇传世之作《大卫·科波菲尔》，最终成为世界文坛的一员巨匠。

俄国戏剧家斯坦尼斯拉夫斯基在排练一场话剧时，女主角突然因故不能演出，他实在找不到人，只好叫他的大姐试试，而他的大姐仅做过一些道具服装准备之类的杂事，由于突然决定她演主角，顿时产生自卑、羞怯，贬低自己，导致她排练得很差，引起弟弟的烦躁和不满。一次，他突然停止排练说："这场戏是全戏的关键，如果女主角演得这样差劲，整个戏就不能再往下排了。"这时，全场寂然，窘迫的大姐久久没有说话，突然她抬起头说："排练！"自此，她一扫过去的自卑、羞怯和拘谨，演得非常自信、真实。从此以后，他大姐成了新的大艺术表演家。自卑，使斯坦尼拉夫斯基的大姐虽有成为表演艺术家的机会，但抓不住这个机会；自信，让她扫除了内心对自我的种种贬低，专心排练，最后终于抓住了机遇，成为出色的表演艺术家。

35.2 大智者笑纳危机而自奋，大庸者畏惧危机而自弃

在危机来临时，我们常常看到这样的两极现象：大智者笑纳危机而自奋，大庸者畏惧危机而自弃。而在世界面临百年未有之大变局的之今日，这种现象表现得更甚。因为今日既有危险、危境和危急，又有机遇、机会和机能。大智者，在危和机之中，善于运用机遇、机会和机能去战胜危险、危境和危急；而大庸者则恰恰相反，由于失掉了理智，惊慌失措，让危险、危境和危急挡住了视野，看不见也感觉不到危机之中暗藏的机遇、机会和机能，从而总是做出不切实际的极端的应对。

化危机为机遇，于国、于企、于人皆是大事，是逢死得生、去亡得存、避祸得福之大事，不可不重视。要善于化危机为机遇，就应成为大智者。大智者一般具有以下五种特点：一是能者；二是君子；三是勇者；四是善

者；五是韧者。

大智者，首先是个能者。所谓能者，就是他具有锐敏的眼光，能从到来的危机之中看到某种绝好的机遇，并且毫不迟疑地抓住这个机遇，利用好这个机遇，发展好这个机遇；所谓能者，他还能够驾驭即将到来的机遇，用自身的潜力去展示和发展机遇，让自己的潜能从隐性发展为显性，成为即将到来的机遇的主人。所以说机遇也是为有能力的人准备的。

大智者，他还应是个君子。孔子有句名言："君子坦荡荡，小人长戚戚"（《论语·述而》）。君子心胸宽广，不会经常忧惧。君子为什么能心胸宽广，小人为什么经常忧惧？主要原因在于君子能克服自己的嫉妒心，化嫉妒为自强；而小人则随时滋长自我的嫉妒心，使嫉妒发展为自弃。嫉妒心，是与他人或他国比较，发现自己在才能、名誉、地位或境遇方面不如别人或别国，因而产生的一种由羞愧、愤怒、怨恨等组成的复杂情绪状态。

大智者，他还应是一个勇者。虽然危险和机遇各占 50%，弄不好就会被危险吞噬，但勇者敢于冒这一风险，去争夺那仅有 50% 的机遇；勇者在争夺那仅有的 50% 的机遇时，理智而敢于自我解剖，时时剥除自己存在的弊端，使出全力在危险之中争夺机遇。

大智者，他还应是一个善者。所谓善者，即善于在危机之中分辨出争夺机遇的突破口，从而取得"一剑封喉"之效；所谓善者，他还善于运用特殊的方法去解决特殊的对象，能针对具体问题具体解决。

大智者，他还应是一个韧者。所谓韧者，他坚毅而有耐力，能承受各种意外压力；更为重要的是，他具有持久的恒心。在危机之中，认准了机遇既具有战略性又具有可争夺性，就会锲而不舍、持之以恒地去争取胜利。

大智者是能者，就拥有了智慧；大智者是君子，就有了健康的心态；大智者是勇者，就拥有了勇力；大智者是善者，就有了在危机中争夺机遇的可行方法；大智者是韧者，就拥有了必胜的恒心。当一个人具备了这五个方面的条件，他就是大智者，也就具有在危机之中夺取机遇的条件。所以我们常说危机产生力量。

35.3 因遏制中国而失掉中国大市场是愚蠢的

中国是全球最庞大、最具活力的大市场，任何有商业头脑的人都懂得，当今的中国市场是你的机遇而不是威胁。19 世纪的一名英国商人曾说：如果我们能说服每个中国人把衬衣下摆都加长 1 英尺，英国的纺织厂就得昼夜不停地运转一整年。那时的中国人口才只有 4 亿，而今中国人口已达到 14 亿，更何况那时中国人还很穷，没有什么购买力，而今中国已成经济高速增长的最大的发展中国家，中产阶层已占总人口的 1/3。特别是中国 14 亿人在 2020 年实现了脱贫，人们的主要矛盾从“人民日益增长的物质文化需要同落后的社会生产力之间的矛盾”转变为“人民日益增长的美好生活需要和不平衡不充分的发展之间的矛盾”。因此可以说，赢得了中国这个大市场则富，失掉了中国这个大市场则衰。

英国《金融时报》经济学专栏作家蒂姆·哈福德称：中国的崛起为英国经济注入了活力，视中国为机遇是正确的态度。他用一个简单的经济模型说明这个问题：假设英国有 800 万名工人在生产螺母，单位时间产量为 800 万颗；同时有 400 万名工人生产螺钉，他们的生产效率较高，同样的时间内可生产 800 万个螺钉——总共有 1200 万名工作者，生产 800 万套螺钉螺母。这时中国人来了，提议以每 2 颗螺母交换一个螺钉。于是英国螺母行业倒闭，失业工人转而受雇于螺钉行业。如今，1200 万名工人的总产量为 2400 万个螺钉，当中 1600 万个留在本国使用，其余用来换中国的螺母。每个英国工人仍然有工作做，而英国经济中所有的螺钉螺母是以前的 2 倍[①]。这是经济学教科书上众所周知的用来解释贸易收益的大概计算方法。哈福德通过这一简单经济模型强调：中国并不是与英国企业竞争，而是在改变英国企业相互之间的竞争环境。

中国的发展不仅要满足中国 14 亿人口对美好生活的需求，也欢迎国外

① 参见英国《金融时报》2018 年 7 月 12 日发表的文章。

能满足这一大市场需求的企业。中国首创的中国国际进口博览会就充分证明了这一点。美国政客班农叫嚣着要把中国“打回第三世界”，视中国这一全球最有前景的市场为“恶魔”，还想煽动美国人民与他们一起歇斯底里地抵制中国，真是丧心病狂。美国不妨先试着召唤通用、福特、苹果等这些大公司离开中国，中国是它们数一数二的产品销售市场，看看白宫能说动哪一家？有美国政客还大叫与中国市场脱钩。中国是120多个国家的第一大贸易伙伴，美国是130多个国家的最大贸易逆差国，而且中美分别是世界第一和第二大经济体，对世界经济增长的贡献合计在50%以上，中美经济能脱钩吗？可以肯定地说，美国因遏制中国而失掉中国大市场，既是愚蠢的又是自残的。

36 论奇变

奇变者，善于奇胜也。中国古代思想家老子讲“以奇用兵”；中国古代军事家孙子讲“奇正者，用兵之钤键，制胜之枢扭也”（《孙子兵法》王晳注）；唐代《李卫公问对》记载：“正亦胜，奇亦生”，“动为奇，静为正”，“奇由正出，奇缘于正”，“奇正相生”。

奇变是纷繁事物中的制胜手段之一。是指在人们常见的事物中找到别人压根儿没有想到的奇迹，而这种奇变又是建立在规律发展之上的，即既在意料之外又在意料之中的变化。奇变有两种结果：一种是以奇变制胜，另一种是以奇变招致失败。以奇变制胜者，则是因为掌握了奇变之规律，顺势而行；以奇变招致失败者，则是因为违背奇变规律，逆势而动，哪有不败之理？

奇变者不是魔术师，也不应成为魔术师。奇变者的奇变植根于客观规律之中，即通晓自然规律和社会规律而顺应规律。人与万物一样，都有盛衰规律，这是不以人的意志为转移的。如果奇变者硬要用“仙丹”去求长生不老，则死得更快；如果奇变者非要注射干细胞使其“返老还童”，则老得更快。因为这是违背自然规律的奇变，结果会与奇变者的愿望相反，并会受到规律的惩罚。就社会规律来说，经济基础决定上层建筑是一条基本的社会发展规律，如果奇变者在经济基础没有变化，或没有根本变化的情况下，肆意改变上层建筑，其建立的上层建筑最终必然会倒塌。

奇变者不是杂耍者，要根据自身的情况量力而行。一个人、一个群体（企业、部队）或一个国家，都要实事求是，然后才能去尽力而为。量力而行时要知自己的特长、能量和不足，然后在此基础上去奇变，才会获得成功。就个人来说，如果只有举100千克的力量，在比赛中为了“奇变”，选择了200千克的扛铃，结果不言而喻。一个国家，若不在“以我为主，博采众长”的原则下追求奇变，就必然会失败。苏联戈尔巴乔夫推行的“全盘西化”的改革，造成苏联解体；而中国同时代的邓小平根据中国国情，坚持“以我为主，博采众长”的改革开放，取得了成功。

奇变不是乱变，还要讲究周密的谋划，坚持可行性原则，一定要慎重行事，“故善战者，立于不败之地，而不失敌之败也”，不打无准备之仗，不打无把握之仗，每战都要力求有准备，力求在敌我实力对比下有胜利的把握。

奇变时怎样进行可行性分析呢？总体来讲应因势利导而变之。在分析时，应坚持简约性原则，分析烦琐，就把自己套牢了；分析简单明了，通俗易懂，容易被实施者所理解和接受。另外，要坚持科学性，分析绝不能走过场，走过场害人害己；具体分析评估会受时间、条件和阶级性所制约，要针对有利条件、必要条件、限制性条件、主客观条件进行评估，深入调查研究。

世界每时每刻都在变化，若你不能与时俱进，就会落后、失败，甚至被时代淘汰；若你的变化与时代背道而驰，那么不管你怎么变化，最终都会导致失败。因此，我们讲的奇变，是与客观规律、世界发展主旋律相一致的奇变，这才是制胜之策。

奇变虽然也采用对象性思维（理性思维），即将思维者和思维对象一分为二，在主客体之间做严格的区分，将物对象化、概念化，以便我们来认知事物，但更多的时候采用非对象思维（非理性思维），即在思维活动中，把自己变成对象或把对象变成自己的思维，即通过将主客体融合为一而认识对象的一种认知或思维方式。例如军事指挥人员在制订作战方案时，想要奇变，就会把对手想象成自己，把自己想象成对手反复思考、较量；又如一名工程师在设计机器时，应设身处地地从对象的角度考虑问题，要设想自己是机器的一部分，这种设计的创造奇变才具有现实性和活力。运用非对象思维，往往会使奇变产生奇效，正如孙子所言："始如处女，敌人开户；后如脱兔，敌不及拒"（《孙子兵法·九地》）。开始像处女一样娴静，使敌人无所戒备，然后又像脱兔一样快速行动，使敌人来不及抗拒。

"用兵在奇，不在众也"（李延寿《北史》）。因此，奇变虽然重要，但要讲究方略，使奇变更加精彩。

36.1 奇变方略二十

其一，转祸为福方略。突发灾祸，大难临头，只要从容应对，迅速克服自身的弱点，就会转祸为福，化危为安。战争、洪水、瘟疫、地震时时威胁着人类，还会形成灭顶之灾。灾祸的降临，会引起恐慌，恐慌加剧就会让人乱了阵脚；阵脚一乱，就无法从容地调动自身的潜在智慧和能力去对付灾祸。灾祸转化为福祉的速度是与克服自身弱点的速度成正比的，祸要尽快转化为福，必须具备两个前提：一是要准确地知道是自身的什么弱点使灾祸如此肆虐，从而用更快的速度和更大的力度克服自身的弱点；二是要准确地找出灾祸主导者的致命弱点，然后调动一切可以调动的力量通力协作，全力以赴，猛攻灾祸主导者的弱点和软肋。

世人对待灾祸总有两种态度，相应也有两种结果。如果一个国家面临灾祸，有人谈灾色变，有人庆幸自己安全，有人幸灾乐祸，甚至将领逃之夭夭，那么这个国家、这个民族是没有希望的；相反，如果一个国家面临灾祸，遭祸者顽强抵抗，邻人立即伸出援手，将领冲在第一线，群策群力，同舟共济，不怕牺牲，团结一心，那么这个国家、这个民族是很有希望的。

其二，物极必反方略。任何事物只要发展到极限，就会走向反面，人壮而趋老，国强而趋衰，反之亦然。幼弱而趋壮，哀兵而趋胜。我们何不因势利导，加速催化弱者走向强大、恶强走向衰败呢？

稻谷成熟，就会走向焦黄；人生走过壮年也会渐趋渐老；企业成熟走向市场饱和期也会渐趋衰落；国家发展到鼎盛也会逐渐走下坡路。事物按其自然规律发展，物极必反，概莫能外。不过，稻谷在来年下种，会重长青苗；创造出新兴产品，会使老企业又重振雄风；政体革故鼎新，实现根本性改革，也会继续生机勃勃。这也是另一种意义上的物极必反。所以，不管你是弱者还是强者，都要在鼎盛和弱极到来之前，因势利导，使之向有利方面转化。

处于弱势的军队，将帅要善于激发强势。被敌方凌侮、欺诈或羞辱，使弱旅成为哀兵，物极必反，哀兵必胜。因为哀兵能同仇敌忾，万众一心，义无反顾，以弱制胜，从而改变其弱势地位。处于逆境的人，如果能穷则思变，逆则思顺，愚则思智，努力调动自身的能量去改变自身的颓势，就有机会改变自身的处境和地位。

强势者要不断克服自己隐藏的弱点，如任其发展，就会走向它的反面——弱势；弱势者不断克服自己显露的弱点，顽强奋斗，坚忍不拔，也会走向它的反面——强势。强势和弱势是相对的。顺应物极必反规律，因地制宜，择机而行，因势利导，可加速催化弱者变强大，加速催化恶强走向极盛，进而衰落。

其三，厚积薄发方略。薄发而能惊天动地，源于厚积；大器之才能够晚成，也源于厚积。没有丰厚的原始积累，就没有大企业的出现；没有厚积的原始创新，也就没有真正意义上的精英。

厚积如火山底下能量的蓄积，薄发如火山喷发冲天时的能量释放。我们常为火山喷发出顶天火龙而惊叹，这不是靠一时的冲动，而是地壳内部的岩浆、碎屑物质等长期积蓄引起的。科学家的发明创新基于他拥有深厚的科学和文化底蕴。对全球许多科学家进行调查的资料表明，他们之所以若干年后在科学上有所建树，均源于他们在学校或在家庭中受到的良好的基础教育。

实施厚积薄发方略的前提是厚积。我们环顾世界，凡在经济、军事上强大的国家，都很重视基础科学研究和基础教育，在财务、人力上强化其力量；一个长期不重视基础科学研究和基础教育的国家，要想民富国强，希望渺茫。即使暂时繁荣兴旺，最终也会像兴建摩天大楼那样，由于基础不牢，建得越高越危险。一个没有特色的科学研究机构，其产品的核心技术要靠外援，若外援发难，必然崩盘；一支足球队如果缺少殊死拼搏的奋进精神和艰苦训练的吃苦精神，要成世界一流球队只是妄想。

厚积薄发还应是自身内在不断发生变化，进而有了质的飞跃。这种质的飞跃才能帮助我们改变过去的陈旧模式而走向创新之路。

其四，舍九得一方略。要成就伟业，必须舍九得一，即舍去“非战略的”九，得其“战略的”一。得其一若能统揽大局、牵一发能动全身，方能成就伟业。舍九是为了得一，什么都舍不得，就什么也得不到，特别是当你处于弱势的时候更是这样。

舍九得一的“一”应是具有战略性的、能体现本质的“一”，能牵一发而动全身的“一”，能有把握实现目标的“一”，能充分发挥自我特长和优势的“一”，有助于提高社会效益和生态效益的“一”。

在舍九得一方略中，慎重与果断要辨证施治，慎重与冷静是决策的必要手段，但没有果断就没有真正的决策；经验与科学要辨证施治，经验决策全凭直觉思维，科学决策通过科学实验和调研及科学推论来进行决策，两种思维相辅相成有助于完善决策。

其五，主体多元方略。特色突出主体，绚丽依赖多元。有了特色的主体才有大度、宽容；有了绚丽的多元才有尊重与和谐。而大度、宽容、尊重、和谐又是弱变强的前提。主体的多元，是指主体在保持自身特色的同时吸取有利于自身新陈代谢的东西。因此，主体多元方略对国家兴旺、企业繁荣、个人成功都是至关重要的。

主体与多元相互影响、共同发展；主体为主，多元为次；多元的主体不是封闭、固守、万年不变的主体，多元是适宜于主体发展和新陈代谢的多元；多元的主体是在动态发展中不断渗入多元因子的主体，多元是渗入了主体基因的多元。

要根据自己的优势发展主体特色。特色是优胜的前提，没有水循环这一特色就没有孕育生命的地球；没有思维和意识的特色，就没有人类。特色本身意味着核心或优势。母马与公驴交配生出的骡则比马和驴拥有力量优势；玉米与高粱杂交种比普通种增产30%~50%，这种特色就是优势。市场经济与中国国情相结合产生的中国特色社会主义市场经济，使我国的工业在40多年中大放异彩，这也是特色的优势。

其六，引而不发方略。强者有其弱，弱者有其强，对付强手必须拥有自己的撒手锏。一旦弱者拥有撒手锏，引而不发，则能有效地遏制恶强的霸凌和横行。引而不发的“引”，有导引、诱导之意。作为弱方，总是容易被强者诱导，进而落入其设下的陷阱，最后越陷越深，不能自拔。其实，导引、诱导是一种方法，也是一种工具，强者和弱者都可以运用。弱者将这种方法用好了，还可让强者疲于奔命、处处暴露出弱点来。

引而不发的“引”，是手段，不是目的。壮士拉弓是为了威慑敌方，强大的军事力量不是用来制造战争的，而是为了制止战争。引而不发“引”的不是纸老虎，而是真老虎，是能毁灭对手的威慑力量。但这种撒手锏一旦发出，它既会给对方以重创，又会招来对方凶狠的报复，战争总会导致两败俱伤，在万不得已之时用“发”，正义之箭才能射出去，以制止对手的疯狂之举。一般情况下，用相当的实力遏止对手乃是上策，是聪明之举。

其七，一石三鸟方略。一石击中三鸟，既能最大限度地节约战略资源，又能最大限度地牵制对手。因此，这能够击中三鸟的一石必须是锐利之石，而击鸟者又必须是神击手。一石三鸟不纯粹是技巧和技术上的问题，更是战略上的问题。它的作用在于，一石三鸟一旦成功，会立即改变自己趋于被动的局面，进而制服对手，使其陷于尴尬和被动之中。

没有战略设计而去寻求一石三鸟，即使一举石头能同时击中三只鸟，那只是杂技匠人所为，而不是决策者的战略谋划，也不能化被动为主动，其本质上不属于战略范畴。因此，在实施一石三鸟方略之前，必须科学地调查和论证，进行多角度、多方位、多方面的可行性论证及必要的实证演练。在实施这一方略时，还必须进行严格的纠偏，再根据实际效果果断地补正，使一石三鸟方略一直运行在正确的轨道上。一旦运行结果与原预测目标差距很大而又不能改变时，应立即采取应急措施使损失降到最低限度。一石三鸟方略运行结束时，不要忙于欢呼雀跃，而应冷静地总结经验和教训，特别是要总结教训，举一反三，以利再战。

其八，水滴石穿方略。水滴石穿是有条件的，否则柔水千年也难滴穿石崖。要迅速实现滴水穿石，就要让柔水变为高速水射流。只有在讲求条件和时间的前提下，水滴石穿方略才会真正具有意义。

屋檐上的雨水要滴穿屋檐下的石台阶，从理论上说是可行的。终年不断的高山瀑布飞流直下落在潭边的岩石，通过百年千年的时间，有望水滴石穿。但这需要经历漫长的岁月，而现实是时不我待。采煤工常用的采煤水枪，由于强化了水的内在力量，将高压水流转变为高速水射流，柔弱而悠闲的水一下子就变成刚强而奋进的水，岩石应水声而穿。故，水滴能否穿石，功夫在水。

一个处于弱势的国家，只要找准自己的强势爆发点，一往无前，很快就会由弱势国家变成强国。对比今天的中国和 1978 年的中国，经济实力翻倍，实现了经济飞速增长、社会转型与政治道路的稳定，这源于中国实行“以我为主，博采众长”的改革开放。这都是把柔水变成高速水射流，从而使水滴迅速穿石的典型例子。

水滴石穿要快速见效，就要先改变水的内部结构和形态，人要迅速走向成功，首先要着力改变自身的能力和品质。一个群体（企业）、一个国家也是如此。

其九，以一击十方略。在力量相差不大的情况下要以一击十，无疑是痴心妄想。但是，“一”离间“十”而攻之，“一”趁“十”虚而攻之，“一”以奇变对“十”而攻之，以一击十还是有希望的。以劣势去攻对方的优势，犹如以卵击石，这是商战和兵家之大忌。但只要选准时机，就有机会化劣势为优势，以一击十。

一个人去与十个人相拼，按常规必败无疑。但若“一”武艺高强，

“十”武艺平庸，“十”被击败也是情理之中的事。在下述条件下“一”能胜“十”：例如“十”中之“一”正疲劳不堪，而其“九”又来不及增援，“一”就可利用有利地形和气势击败“十”而取胜；又如“十”都在战场混战，由于“一”随时转换方向且了解对方内部弱点，于是对混战中的“十”进行引导，造成“十”自家人打自家人，“一”抓住这一时机，利用蚕食之类的方法是可以战胜“十”的；又如“十”以主攻“一”为确定目标，当其全力向“一”展开猛攻时，“一”利用这时“十”难以重新统一目标而互相扯皮的短暂机会，从侧面或背后有利地势向“十”发起攻击，“十”有可能被“一”击败；又如“十”从东西南北对“一”进行包围，“一”无法突围，这时“一”把事先准备好的地洞开启，来个金蝉脱壳，再从后背向“十”刺杀，“十”的优势立即化为劣势，这时“一”胜券在握；又如“十”围剿“一”，欲置之死地而后快，“一”呼吁身边的亲朋好友及有识之士共同声讨和谴责“十”的不义，“一”的友人和志士纷纷响应，对“十”形成了严密的包围圈，里应外合，内外夹击，“十”必败无疑。凡此种种，都说明只要抓住机遇，以一击十是可以成功的。

其十，攻其不备方略。强者麻痹大意必然形成弱势，弱者趁强者不备而以己之长击彼之短，善于攻其要害，不拘泥于战法，倾力造势，就有机会战胜强者。攻其不备是军事上的常规方略，对于弱胜强并采取主动进攻来说，不失为一个很好的方略。因为攻其不备的本意是趁对手没有防备的时候突然发动进攻，不管多么强劲的对手，只要没有防备而遭猛攻，都有可能失败。弱要胜强，在攻其不备中应创造什么条件呢？

第一个条件是以长击短。弱者有其长，强者亦有其短，以己之长击彼之短，就会使弱势和强势地位迅速转换。第二个条件是攻其要害。攻击不能遍地开花，擒贼先擒王，要在攻防上力摧其中枢神经。第三个条件是不拘泥于战法。兵书上学到的战法可用也可不用，用还是不用都应以具体实情而定。要灵活多样，不拘泥于书本和经验，只要能在此获取胜利的战法都可以用。第四个条件是弱旅造势。弱旅更要士气盛、胆量足，要像一群猛虎咆哮不止，像山洪暴发，像雷霆闪电，像一阵龙卷风，首先要在气势上压过敌人。

其十一，反围去堵方略。洪流堵之，灾祸连连，只有自身保持发展之势，只有自己勇于克服自己的弱势，以正义团结万众，反围去堵是不成问题的。随着经济全球化的不断推进，谁要施展经济上的围堵战略，谁就会搬起石头砸自己的脚；围堵者还想用曾经用过的“冷战”，声称要与被围堵者全面“脱钩”，这在全球化的今天显然是不会得逞的。不过，多年的“冷战”思维还在围堵者的头脑中挥之不去，他们固执地在政治上、军事上以及科技和贸易上施行封杀、围堵战略，妄图通过围困和封杀使被围堵者由主动变被动，再由被动变瘫痪。

被围堵者之所以被围堵，是因为其有某种潜力或趋势使对手感到不安，也说明被围堵者还处于相对弱势地位。但围堵者被迫实施围堵，可以说是一种催化剂，促使被围堵者迅速发奋强大。若被围堵自身不力求尽快强大，就会被困在围堵中。而影响事物发展结果的主要因素是自身，所以快速强大对被围堵者来说是攸关生死的。围堵者的原始愿望是要损耗、遏阻甚至消灭被围堵者，使其在围堵中颓唐、衰亡、民不聊生，这必然激起被围堵者的同仇敌忾。当然，被围堵者中也不乏窃喜、幸灾乐祸者，但他们很快就会被公众视为国家或民族的败类。

围堵者既然敢冒极大的风险实施围堵行为，说明决策者已把围堵视为战胜竞争对手的根本法宝，这也充分表明，围堵者自己最怕围堵。既然如此，被围堵者何不实行反围堵呢？围堵者所联合的盟友，都是站在自身既得利益角度加盟的，而围堵者不能随时满足其既得利益，这也让被围堵者可以随时以利益作为诱饵，离间这种松散而各怀鬼胎的加盟者，狠狠地敲打那种死心塌地当马前卒者，“枪打出头鸟”，打则打痛，打则打伤。特别是围堵者及其盟友也存在另外的敌方，它们是被围堵者冲破围堵的天然朋友。至于保持中立者，也要让它们主持正义。因为围堵者逆当今世界和平发展潮流而动，不得人心，加之其自私、好霸凌，这种飞扬跋扈和骄横也必然伤了许多有骨气的国家和民族，甚至会伤到它的盟友，难道围堵者不怕被围堵者与它们进行事实上的联合？

围堵者既然要围堵被围堵者，就是把被围堵者视为敌人或潜在敌人，从心理、言行、战略等各方面实施对敌方针，如果被围堵者以其人之道还治其人之身，改变自己原来的轨道，则恰恰是中了圈套。对手的挑衅、辱骂乃至更强的制裁举措，都是为了自己肌体的发展，被围堵者或不能忍耐，或被激怒，或寻找转机，这样下去，"陪练"的结局将是悲剧性的。要记住，对手在围堵中辱骂得最厉害的时候，被围堵者应寻找并确立自己的优势，并不时抛出撒手锏，让围堵者穷于应付。

在对手十分强大的情况下，不能以"大丈夫能屈能伸"为名去随意受胯下之辱。卑躬屈膝去受胯下之辱者是奴才，随意去受胯下之辱者是蠢材。为了将来韬光养晦而受胯下之辱者才是英才。

世界几千年军事史证明，没有无坚不摧的盾，也没有百战百胜的矛。中国古代秦始皇发令修筑抵御匈奴的万里长城，整个防御工程"因地形，用制险塞，起临洮，至辽东，延袤万余里"（《史记·蒙恬传》），耗尽国力却未能阻挡匈奴南下，而秦王朝因此很快衰亡。如果哪一个强大对手肆意宣扬自己不仅有强大的进攻武器，而且在全力建设一个完整的防御体系，那么其用意昭然，一是心理战，二是拖住对手使之用尽国力而不能自拔。

围堵者的围堵本身就是盛气凌人的霸凌行为，霸凌者既是真老虎也是纸老虎。霸凌者为了掩盖其渐趋衰败的纸老虎形象而必疯狂，疯狂往往是霸凌者掩盖其弱点的一种手段。

围堵者应从中国远古时期治水大师鲧和禹的治水方略中得到启示：鲧对洪水以堵的方法，治了九载而未果，彻底失败；而他的儿子禹则采取疏的方略，变洪灾为米粮川，被历代传为治水英雄。

其十二，错位反攻方略。强势袭来，避之；转而瞄准强势的软肋攻之，以己之优势攻彼之劣势，在对手无法预料时攻击，胜券在握。错位反攻是相对弱者对相对强者进行斗争的方略。这个方略的主要特点是既避开强劲对手期待的进攻路线和目标，又能出其不意地瞅准强劲对手的软肋发起进攻，从而制服强敌。采取错位反攻方略要具备什么条件呢？

一是错位反攻所错的“位”，必须是自身的优势，这样就好用自身的优势去攻对手的劣势。二是要做到以己之长击彼之短，这才是一个良性的错位反攻。所以要充分发挥自己的长处，准确地发现和击中对手的短处。三是在实行错位反攻前要严加保密，并用种种误导的信息让对手以为事态还是在按他所期待的路线或方向发展，一旦攻击，就能让对手措手不及。四是要实行多元的错位反攻策略，一旦进攻，就要让对手无所适从。

在施行错位反攻方略时，可采取多种作战方法，其中最为有效的有下面四种：第一种是佯正真奇法，在对手进行反击之前，先给对手展示常规战法，而一旦其开始反击，再突显以奇制胜。第二种是以迂为直法，即通过迂回曲折的途径达到近直的目标。目标在东故意向西，欲要进攻而示退却，欲要攻故意示守，欲夺之故显无此心，趁对手判断失误之时立即反攻，速战速决，让对手在稀里糊涂中失败。第三种是退避三舍法。遇到强劲对手，先回避、礼让，忍受住对手的羞辱，然后迅速找出错位的最佳反击点，一举歼灭对手。第四种是虚实相间法。虚虚实实，变幻多端。虚者，是为了误敌，敌偶有所误，则以实击之；实者，是为了击敌，敌一旦倾全力攻我，我则溜之。

其十三，甘居于下方略。大海之所以能容纳百川，是因为它甘居于百川之下。人不应只满足于上一个台阶，而应常怀不满足之心，它是拼搏进取的源泉。人生虽短暂，但大家都有高低不同的目标。当你完成了这一目标，但发现与自己较高的目标相比还是不算什么，于是对当下的自己并不满足，又向新的目标进击。这种不满足能激发我们不断精进，所以是化被动为主动的方略之一。

另外，甘居于下还有一层意思，就是甘愿处于大众之下，而不是高高在上，这样的官员才是人民大众真正需要的好官。试想，如果江海高高地在珠穆朗玛峰上颐指气使，百川能流向这样的大海吗？所以，你要成为好官，在生活及作风上就要甘居于百川之下，一心为百姓谋幸福。故老子说："江海所以能为百谷王者，以其善下之，故能为百谷王"（《道德经·第六十六章》）。

其十四，反道而行方略。与超强者赛跑，他早已领先多时，落后者只叹望尘莫及。若落后者改变方位，用更便捷的方式或路径攻取同样的目标，这样反而会让超强者自叹不如。当同道而行与对手相比不可能取胜时，采用反道而行往往会使落后方制胜。

我方与强劲对手顺道而行时落后了很多，如果再跟着对手跑会越来越落后。这时，我方突然开始朝不同的方向跑，这种突然的策略转变使对方不得不存疑或滞留，有时甚至会调整跑的方向，也来追赶我方，从而使落后的我方变先进，先进的对手变为落后方。要获得如此效果，转向必须具备战略意义。转向必须具备战略意义是指所转方向是我方和对方间具有共同追求的大目标，这个大目标不仅对我方有强大的吸引力，而且对对方也同样具有强大的吸引力，为达目标，转换的方向比对方正在跑的方向要便捷得多，使彼方不得不改变自己原来的方向。

军事竞赛的大忌是被对手牵着鼻子走。在军事上想不被对手牵着鼻子走，只要不按对手的思路行事即可，反道而行方略则一个好选择。

其十五，心理制胜方略。以力制胜，乃下策；以心制胜，为上策。为何有时能置之死地而后生？源于心理制胜；为何有时敲山能震虎？也源于心理制胜。

古今中外，各种战略、谋略、方略均与人的心理有密切关系，只是程度不同罢了。军事作战、经济交往、外交周旋，其本质都是人与人之战，而人的心理因素是制胜的关键因素。心理制胜方略包含多种方法，具有代表性的有以下六种。

第一种是置之死地而后生方略。在死地与对手搏击，唯有奋勇冲杀才能获生，绝境有时不仅能使人长百般勇气，而且会让人急中生智，勇智结合，往往能让人在死地获生。第二种是心战为上，兵战为下方略。三国时期诸葛亮率领的军队处于弱势，但他竭力主张"心战为上，兵战为下"，他导演的“七擒孟获”“空城计”“草船借箭”等都是心战的经典之作。第三种是后发制人方略。和对手角逐时，待敌先发，而己后发。敌先发制人不得人心，我先受其害而赢得人心；敌先发会暴露弱点，我则可扬长避短而攻其弱，既不盲目又从容以对；若敌先施用恶招，令人义愤，我则可以恶对恶。后发会赢得时间，且得道多助，可与友共同对敌。第四种是敲山震虎方略。虎借山势，山助虎威，为所欲为。我不先打虎而着力敲山，打击靠山，靠山怯，帮凶慑，心理战线一垮，树倒猢狲散。第五种是渔利鹬蚌方略。鹬蚌相争，渔翁得利，抓住矛盾从而利用矛盾，不出风头也不当头，不为虚荣心和脆弱感情所左右。第六种是骄者必败方略。激怒骄狂对手，使其自负而失掉理性，鲁莽而疯狂，从而寻找战机，制服对手。

其十六，临渴掘井方略。临渴掘井通常是件大蠢事，但只要万事俱备，找准水源，也会一蹴而就。临渴掘井要讲究隐蔽性，先悄然完成99%的掘井任务，一旦急需，即可掘井见水而解渴。临渴掘井本来是被人们视为愚昧之极的举动，有时则不然，临渴掘井方略若讲究前瞻性、隐蔽性和实用性，它一旦发生就会像火山爆发一样壮观，会收到意想不到的效果，这是因为有水之井近在咫尺，一掘就开。但在掘井之前，除主人外谁也没有感觉到此地有水井。

临渴掘井应具有三性：一是前瞻性，要有长远眼光，而且是前程远大的战略目标；二是隐蔽性，好似韬光养晦，让对手看来是只猫，而当与对手对抗时却是一只虎；三是实用性，杜绝空谈和营建空中楼阁，必须体现实实在在且可以立即产生效力的功能。

其十七，狡兔三窟方略。兔子在虎狼面前是非常弱小的，但它有了三窟就能避免厄运；个人、企业乃至国家，善于从诸种方案中优先找到多元发展的方案，就会制胜。狡兔为了保护自己和幼崽，在地下挖掘彼此相连的多个洞穴。狡兔能如此，而况人乎？

在经济全球化发展的今日，各国的商品、服务、资本、技术和人才在高速度、大容量地跨越国界流动，形成世界范围内相互开放、相互融合的态势，因此优胜劣汰，适者生存。市场经济不相信眼泪，在这种形势下，一个人、一个群体（企业）、一个国家，如果没有“狡兔三窟”这招，一旦被敌逼进死角，就只有死亡。

就个人来说，如果恩格斯不敢放弃做诗人这一“窟”，近代就没有一流思想家恩格斯；如果鲁迅不放弃做医生这一“窟”，近代中国就没有一流文学家鲁迅。

就群体来说，英法航空公司的组织目标是快速、豪华、舒适，但因能源危机和生态危机的影响，许多航空公司要求节省能源，多载乘客，噪声小，而协和飞机的组织目标不能满足于此，所以造成飞机卖不出去的尴尬。美国的通用汽车公司为什么能击败福特？就因为其看准福特陶醉于黑色“T”型车这一“窟”，提出“四窟”与之相对——分期付款、旧车折价、年年换代、密封身车，从而一举成功。

就国家而言，世界银行组织曾向中国建议实行农村土地私有化，如果真采纳了这一“窟”的建议，中国农村绝不是如今的繁荣景象。邓小平领导的改革开放，根据中国的国情，从多种方案中优选出农村土地联产承包制，从而获得成功。

其十八，因应点穴方略。弱者在强者面前，只要确定了什么部位是强者的死穴，然后倾全力点强者的死穴，就会立刻使自己由弱变强。弱者有其优势，只是暂时不占主流；强者有其弱势，也只是暂时不占据主流。弱者被强者逼得不得不对抗时，就要准确找出强者的弱，然后迅速全力攻之。

针灸师给人治病，最重要的是要找准穴位，点穴即成，事半功倍。中国古代医学发现，人体 14 条经络所包括的穴位共有 360 多个，每个穴位都与五脏有密切关系。这些穴位既可助人强身健体，也可让人失常。弱者对付强者，就要谙熟这些穴位，寻找其弱点因应点穴。因为这 360 多个穴位是固定的，强者在挑衅弱者时，它也会因应设防，加之弱者反击强者已处于劣势，按常规，弱者利用点穴是很难对付强者构成的威胁的。不过，就穴位而言，还有未列入 14 条经络范围的经外奇穴，这种奇穴在人体中没有固定位置，弱者对付强者，就要善于找出对手的这些奇穴，因应点穴，措施得当就会以弱胜强。

若要遏制对手的疯狂，就点其死穴、麻醉穴；若对手歇斯底里发作，用多种方法对其病理穴位进行反复刺激，可使对手恢复理性。因应点穴是弱者对付强者的无理挑衅的最佳手段。

其十九，以敌制敌方略。弱者自身难以胜强者，但可利用对手的对手去削弱强者。以敌制敌，不仅意味着要借其对手，更意味着要借强手的锐器、手段、管理优势于己身，再与己之长融合，弱变强就会成为必然。当自己处于弱势，而劲敌步步紧逼的时候，自己难以胜敌，这时要利用敌人的敌人来削弱敌人，战胜敌人，这是古今军事家十分重视的韬略，也是以弱胜强的方略。

其二十，韬光养晦方略。暂时收藏自己的本事和锋芒，向强手示弱，麻痹对手，使其放下警戒，一旦时机成熟再迅速行动，就会胜券在握。这一方略在几千年前就被古人采用，正所谓“尺蠖之屈，以求信也；龙蛇之蛰，以存身也”（《周易大传·系辞下》）。

韬光养晦的示弱，是为了将来更好地制服对手。因此，采取示弱策略尤需谨慎，因为示弱的主要目的是麻痹对手，如果稍有不慎，刺激了眼下强大的对手，使其失去理智进而对我方疯狂地发起全方位的进攻，反而会惹火烧身。因此，韬光养晦要掌握适当的时间、适当的度。特别要注意的是，在收其锋芒、隐匿踪迹之后，要养精蓄锐，不露声色地克服自己的弊端，从而发奋图强成为强者。

36.2 关于“变”的中国哲学变奏

关于“变”的哲学变奏，中国古代圣贤研究得最为深刻，而《周易大传》则是集大成者。首先，它提出“变”的哲学命题：“刚柔相推而生变化”。刚柔两个对立面在一定条件下可转化为反面。反变正，谓之悔，它象征着由于失道逆理致凶，而后能懊悔忧虑，终于向好的方面转化了；正变反，谓之吝，它象征着由于得道顺理得吉，而后贪安乐，终于向坏的方面转化了。“生生之谓易”，易者，变化也。它提出了阴阳对立面的转化，生物不息日有所新，在于阴阳矛盾双方能够一消一息，对立转化，相易相生，因而推动万物生生不穷。因此，“通变之谓事”，通晓上述变化之理而把它利用起来，就能干出一番事业。“阴阳不测之谓神”，阴阳对立转化非常神速不可测度，当你把握阴时它却转化为阳；当你把握阳时它却转化为阴。一切事物虽然都处在动态变化中，但事物对立的两个方面都有其相对不变的常态，故“夫坤隤然，示人简矣”，地以其柔顺的性质及形态示于人。也就是说，哪个方面居正位，它就以其相对不变的常态示于人，即主要矛盾的主要方面决定着事物的性质。凡通晓事物变化规律者，就能得到天道规律的佑助，吉无不利。中国古之圣贤，能通此理，实属不易。“神农氏没，黄帝、尧、舜氏作，通其变，使民不倦，神而化之，使民宜之。《易》：穷则变，变则通，通则久。是以自天佑之，吉无不利”。神农氏去世后，黄帝、尧、舜兴起，他们都通晓事物变化的规律，能推陈出新而使百姓不倦怠，变而化之，使百姓感到适宜。所谓的变化规律，当它发展到穷极的时候就必须变，变则能通达，通达则能长久发展下去，这样就能得到天道规律的佑助，吉无不利。由此可见，《周易大传》对“变”的哲学变奏阐释得如此精当，而且是成体系的。

《周易大传》代表儒家学说对“变”进行了哲学阐释，而中国传统文化以儒道互补为主干，那么道家对“变”的哲学阐释又是怎样的呢？庄子提出，原始宇宙“杂乎芒芴之间”，只是一个混沌。初变而后有气，气变而后有形，形变而后生。庄子将生置于混沌、气、形之后，是因为生生无物之间便是以形相生。但由于前后形之不同，物之种系不同，异种之间的生生无疑趋于“变”生。前一种环节需要经过无数次的变异才能生成后一结果，正是有赖于变异，气化之生生不息才能真正落到实处。当然，生依赖于“变”并不是这一组关系的全部，“变”同样依赖于生。生不只是形化，它更是一种具有无限潜能的内在张力，不断准备和促成变化。“变”与生之间相互影响，和合发展。“变”是非常和常的统一。常是宇宙存在的本身，没有常也就没有宇宙，而“变”则是非常之名也。社稷无常奉，君臣无常位，高岸为谷，深谷为陵。宇宙总是在变化中生成，否定旧常又创造着新常，故变化之常也就在更大程度上具有普遍性和合理性。“变”与常之前存在互动关系，是必然与偶然的统一。道家从本体论的视角论述“变”，是儒家“变”的哲学的重要补充，两者组成了关于“变”的中国哲学变奏。这是中国古代的重要文化遗产，也是对世界思想史的一大贡献。

36.3 围绕核心竞争力去“变”，企业才会赢

好多企业盲目求变，结果要不了几年就宣告破产，主要原因有三个：一是想以多元化企业取胜。企业因某种特色产品而利润丰厚，致使其陶醉于胜利之中，经不住各种诱惑，盲目扩张，谋求多元化发展。最终导致资金短缺，管理不善而破产。二是盲目自大，“以不变应万变”，不知与时俱进，不思进取，不求上进，致使老顾客逐渐远离，又极少开拓新顾客，因企业产品老化而破产。三是企业管理者知道要与时俱进，时时在紧随时代而变，但抓的不是“核心竞争力”，致使企业产品没有质的飞跃，久而久之失去市场而破产。企业破产的教训很多，但大多不外乎以上种三种情形，它们之所以频频失败，是因为在追求企业产品的变化时没有抓住一个非常关键的因素——核心竞争力。

企业围绕核心竞争力去“变”才会赢，这是企业制胜的一条铁律。中国高铁复兴号动车组在京沪高铁上双向运行，在长达 1318 千米的京沪高铁上以时速 300 千米行驶 5 小时 45 分钟后分别抵达目的地。复兴号极大增强核心竞争力，它被称为中国“标准动车组”。在其 2015 年下线前，和谐号动车组已运行 8 年。复兴号试验时速可达 400 千米以上，比目前时速可达 380 千米的最新型和谐号 CRH380 更快。此外，复兴号的设计寿命为 30 年，比

和谐号长10年。复兴号全身部署2500余监测点，能对温度、制动系统和客室环境等进行全方位实时监测。内部空间比和谐号更舒适，车厢实现全程Wi-Fi覆盖，并配备更稳定的充电和照明设施。复兴号经过5年时间，从开始设计到正式亮相，在该新型动车组使用的254项重要标准中，中国标准占84%，其余与国际标准接轨。由于复兴号抓住了核心竞争力这一关键，并具有完全自主知识产权的中国标准动车组，其新推出的设计时速达400千米的新型动车组复兴号，极大增强了中国高铁的国际话语权和核心竞争力。具有完全自主知识产权的中国标准动车组将在印度尼西亚等国高铁项目中使用。复兴号将是中国高铁“走出去”的主力军。

企业在增强核心竞争力时，应突破思维定式。中国传统的“求同思维”，在一定程度上束缚了企业家和工程师们的创新思维和能力。企业家和工程师们只有果断地跳出“求同思维”定式，才会使企业的核心竞争力有长足的发展。突破定式，这几乎是一切想有所作为的开拓者必不可少的作风之一。只有突破了定式，你才能想人所未想，经人所未经，见人所未见，成就一番自己的事业。

企业在增强核心竞争力时，应坚持“以我为主，博采众长”的原则，善于汲取他人之长，补己之短。比如随着中国经济的发展和劳动力成本的上升，世界制造业重心出现了向劳动力成本低廉的国家转移的趋势，因此，中国制造的产品需要尽快实施品牌发展战略。就鞋业来说，意大利如今在制鞋数量上不占优势，但由于其不断致力于产业升级和品牌建设，其优良的制鞋技术和品牌仍然占据高端市场。而韩国则相反，20世纪80年代，韩国也是世界制鞋中心之一，但其满足于贴牌加工，等到产业优势丧失时，仍然没有创立任何叫得响的品牌。

37 论逆袭

逆袭的“逆”，与“顺”相对，顺道，就是人们通常走的大道，是天经地义的必经之道，它又是通往目的地的通顺之道，走常规顺道，我们姑且将其称为“顺袭”；而逆袭则不按常规的通道出行，不按常规的速度行路，不按常规的方法行事。正因为这样，会受走顺道者嘲笑，会令局外人诧异，但也会受奋勇者追捧。

由于生来就是异类，逆袭的方案、行动及结果会出乎人的意料，但它的目标又与走常规顺道的目标一致，就像不同的道路能走到同一个目的地，甚至会比走顺道快许多。逆袭虽然采用的方式方法不同于常规，但其也遵循着自然规律和社会规律，因此又是意料中的事。

逆袭与“顺袭”是一对矛盾的两个方面，逆袭有时可以变成“顺袭”，“顺袭”有时可以变为逆袭，这要因时、因地、因人而定，所以两种袭击的方法有时可以混用。以“顺袭”开路或佯攻，以逆袭为承接、主攻，或者相反，以此来迷惑对手，趁机取胜。

逆袭使对手防而不备，从而超越或胜之。但现在逆袭的方法用得多了，有时不再隐蔽，而是公开地与对手博弈，只是趁对手还来不及应付，逆袭者已实现对对手的超越。军事冲突、国家竞争、企业竞争以及个人事业竞争中，当攻取某主要目标受阻而走不通时，采取不同于常规思维和常规道路的逆袭方法，就有可能“歪打正着”地实现主要目标。《孙子兵法》讲究“奇正之变”，这个“奇”就包含逆袭之意。

逆袭往往使对方捉摸不定，中国西汉的《淮南子》中有个精彩的方法：用盘子里的水照自己的脸，影子是圆的；用盛满水的杯子照则是椭圆的。

我们在运用逆袭方法时就好像用这两种方法不断变换着照脸，让对手捉摸不定，因而采取错误的应对方法。善用逆袭方法的人，不按常规的套路行事，往往采用那些对手认为不应进攻的地方进攻。故逆袭就会达到出其不意、攻敌不备之效。这也是我们要采用逆袭方略的缘由所在。

中国古人讲“尺蠖之屈，以求信也。龙蛇之蛰，以存身也”（《周易大传·系辞下》），“尺蠖，屈申虫也”（《说文》），虞翻注：“蛰，潜藏也，龙潜而蛇藏”。尽蠖之虫，它的屈是为了求得伸，一展一伸、一退一进，退正是为了进。龙潜伏、蛇深藏，是为了保护自己处于静，而静正是为了动。逆袭的道理也是这样，逆不是目的，而是手段，逆是为了顺，是为了顺利制服对手。而逆有隐蔽性、不确定性、模糊性，这些都不是目的，而是手段，是为了保护自己，进而伺机制服对手。

逆袭的方法有多种，下面介绍四种常用且有效的方法。

（1）虚实兼用。逆袭常用虚实兼用法来迷惑对方，然后寻机进击。这方面值得一提的是“四渡赤水”这一典型案例。赤水河位于云南、贵州、四川三省交界处，1935年红军虚实兼用，四渡赤水。第一次“虚”的是向西进驻，吸引敌人，实际上逆袭重返贵州；第二次“虚”的是在遵义徘徊，吸引敌人，实则准备逆袭三渡赤水；第三次“虚”的是北渡长江，吸引敌人，实则要逆袭甩掉敌人，再入贵州；第四次，“虚”的是东进湘西，引诱敌人东调，“实”的是逆袭南渡乌江，直逼贵阳，然后佯攻贵阳，惊吓在贵阳的蒋介石，迫使蒋介石调滇军，开辟我军西进通路。这个战例中红军在4个月内多次用逆袭的方略，用红军弱旅调动了国民党强军，斩关夺将，甩掉强大敌军，使几十万国民党军晕头转向，然后红军围、追、堵、截，成功实现了北上的战略目标。

（2）赢在弯道。有人质疑弯道超车，尤其认为国家、群体（企业）及个人实现后进超先进的弯道超车是投机取巧，事实上，弯道超车赢在机遇，是赶超者抓住了弯道这一机遇，瞅准时机超过去，后进变成了先进。就赛车来看，弯道超车的意义也是这样。迈克尔·舒马赫是世界赛车史上杰出的赛车手，这位已40多岁的德国人以七届冠军的成绩成为新一代赛车巨星。舒马赫取胜的秘诀就是抓住弯道这一机遇逆袭。他的赛车进入弯道时，能比别人的赛车快零点几秒的时间，这样累积后，舒马赫平均每圈就能比对手快1秒左右。他的座驾上有一个对手缺少的缓冲器，进入弯道时，他的赛车几乎可以不离开地面，继续踩油门加速。后来他的对手的赛车上都安装了这种神奇的缓冲器，仍然无法超过舒马赫。舒马赫说："也许他们应该弯得更加漂亮一些，而不是那个缓冲器。"显然，舒马赫采取弯道超车逆袭前进而战胜对手，不是靠投机取巧，而是靠他的高超技巧。我们提倡在逆袭时采用弯道超车，就是要在机遇来时，用技能和实力抓住机遇并超越对方。

（3）自我逆袭者胜。提到逆袭，一般都想到被逆袭者是竞争对手或是敌人，很少想到是自己，而华为公司恰恰是通过自我逆袭而取得成功的。在短短20多年里，华为从一家默默无闻的小企业逐渐壮大成为通信设备行业中的翘楚，从一开始只能在农村和县城里开拓市场的公司，变成了横跨亚洲、非洲、欧洲等地的跨国公司；从一个用2.1万元的资本起家的小公司，变成了年收5200亿元的巨鳄。华为的巨变，除了有许多经验外，还有一个重要的原因就是采用自我逆袭的方式，不断使自我机体新陈代谢，从而充满生机。华为是怎样自我逆袭的呢？在华为公司，每条产品线上都会组建两支队伍——红军和蓝军。红军的主要任务就是对某个流程进行规划，每当红军做出设计和规划，蓝军都会想尽办法来"捣乱"，"吹毛求疵"地找出红军设计流程中存在的各种缺陷。蓝军的挑刺实际上就是一种逆袭，这种逆袭可以使流程规划者更简明地看到流程中需要改进的地方，通过不断逆袭和完善，华为的流程越来越科学合理，最终使得任务完成的期限更易于掌握。

（4）以退为进。退者逆也，以逆为进。自然界和社会中以逆为进者众矣。在大洋中，12级飓风汹涌袭来时，必须利用强大的风力把巨浪向后推，海浪才能以排山倒海之势再次压过来；一个拳师，他的拳头之所以猛烈，是因为拳头有向后退缩的程序，否则，他的拳头也是没有太大威力的。当你被恶贼持枪抢劫时，是为了保存生命以便报警擒贼呢，还是不要命保钱呢？显然，这时交钱保命才能捉贼，也是以退为进。当人与人或国与国产生矛盾和纠葛时，往往双方都往后妥协一下，矛盾和纠葛才会缓，甚至化解，这就是俗话说的“退后一步自然宽”。但要记住，不管你采取那种退（逆）的办法，其目的是进，这是退（逆）的底线和最终目标。

37.1 逆袭法则二十

法则一：出乎意料。出乎意料是逆袭的首条法则，也是逆袭制胜的法宝。逆袭在对方意料之中，攻而不取，袭而不动，这跟逆袭的目的相悖。故出乎意料应是逆袭行动的首要条件。以出乎意料的逆袭取得成功的案例不胜枚举。战国时，齐国大将田单发明了“火牛阵”，靠这种出乎意料的逆袭一口气攻下 70 多座城池。田单先用离间计让燕国大将乐毅下台，由无能的骑劫来代替他。然后又采取了一系列措施，鼓动起齐国人的士气，又设法让燕国人放松戒备。田单深知燕国百姓和士兵普遍迷信鬼神，于是派人收集了即墨城中的 1000 头牛，给牛穿上画有五彩花纹的牛衣，又在牛角上绑上尖刀，将浸透油脂的芦苇捆在牛尾巴上，他选了一个月黑风高的夜晚，在城墙上挖开十个大窟窿，悄悄放牛出城，每头牛背后跟 5 个壮士，共 5000 名壮士。田单一声令下，壮士点燃了牛尾上的芦苇，牛被烧痛，凶性大发，疯了一般冲向燕军阵营，在睡梦中被惊醒的燕国士兵以为鬼神杀来，魂不附体，四散逃命，结果连统帅骑劫也被杀了。

法则二：变不能为能。逆袭对方，若坦途都被敌方堵死，这时就要选一条对方万万想不到的通道，变不能为能，方可逆袭制胜。1796 年，拿破仑率部向意大利进军，坦途无法通过，只能选择翻越终年积雪的阿尔卑斯山。6 万将士翻越无路可走的阿尔卑斯山，既是冒险也是玩命，走到陡峭悬崖，将士如陷绝境。拿破仑突然命令司号员吹起冲锋号，军号就是命令，鼓励法军战胜了恐惧，终于全军准时翻过阿尔卑斯山。4天后，这支劲旅便以惊人的速度到达了意大利平原。拿破仑集中优势兵力，一年中进行了14次会战，70次战斗，歼敌20余万。迫使奥地利于1797年10月签订了合约。

法则三：佯降逆袭。在敌强我弱但又不能探明敌方虚实时，可进行佯降逆袭。不过，佯降逆袭必须满足三个条件：第一个条件是敌方确信不怀疑；第二个条件是佯降绝不允许真降、假戏真做；第三个条件是要完成我方很难完成的军事任务。1943年，日伪南通特工分区策反了新四军将领汤景延，时任苏中军区司令员兼新四军第一师师长的粟裕，经上级同意，将计就计，派驻扎在通海的自卫团假意投敌，以侦察敌情。任务完成后，再与主力部队里应外合，返回根据地。汤景延率部下打入敌阵。为考验汤景延，敌日伪“清乡”时也曾命令他们一起出动。汤景延表面坚决服从，但暗中把“清乡”时间、地点发往军区，使军区早做准备。敌人按预定时间到达奔袭地时，汤部官兵开始“草木皆兵”，大呼大叫，甚或开枪报警；一旦无法回避与自己人对上阵时，就朝天放枪，或者趁乱枪击前面的日伪军。两个多月的集训，敌人未能从我官兵中打开任何缺口，集训后，汤景延率部破腹而出，全团所属部在长达200余千米的战线上同时行动，有的摧毁伪区公所，有的围歼伪公安局，缴获大批武器和弹药，并准时到了各指定地点。在祝捷大会上，粟裕盛赞机智过人的汤景延及其部队。

法则四：失败占领。在军事上，成功的标志不在于占领，而在于是否掌握了主动权。所以从逆袭的视角来看，有一种失败叫占领。从战略角度来看是这样，从战役视角来看也是这样。1947年3月，国民党部队在解放战争中对陕北和山东进行重点进攻，胡宗南的20万大军攻占了当时中共中央所在地延安。国民党占领了延安，却陷入泥潭，有力无所使，处处遭解放军的伏击。而解放军在放弃延安后短短50天之内三战三捷，总计歼敌约1.4万人，扭转了被动局面。国民党部队在占有10倍以上兵力优势的情况下，却如无头苍蝇一般在陕北高原胡冲乱撞，就是找不到中共中央机关所在地和解放军主力，完全陷入有力无处使的窘境。

法则五："口袋"逆袭。逆袭时也可以先让敌人得意地钻入"口袋"，然后进行从容围歼。这就好像渔民在深海捕鱼，以诱饵让鱼群倾巢出动，过后用大网捕获。这一逆袭战法，被刘伯承用得出神入化。1948 年 11 月，黄维率 12 万大军，经 10 多天苦战，打破了解放军的防守，开始强渡涡河、侩河。殊不知，这是刘伯承给他下的一个套。刘伯承在侩河南岸布置了一个"口袋阵"，调集兵力只等黄维兵团来钻。胡琏想抛出他的"刺猬胀蛇法"破局，即让刺猬先把刺缩进体内，任蛇缠绕，等蛇完全缠紧，再猛地鼓立竖刺。但此法不灵，解放军真的变成了铁嘴钢牙，刘伯承的"口袋阵"越箍越紧，胡琏指挥部队进行反击，打来打去，地盘越来越小。在"口袋阵"里，黄维和胡琏分乘两辆坦克向两个方向突围。黄维的坦克开到半途发生故障，被我军俘虏；胡琏所乘的坦克到涡河北岸时油料耗尽，胡琏等下车步行被解放军发现，背部中弹而逃。这支号称国民党军五大主力之一的王牌部队最终在淮海战场彻底覆灭。

法则六：逆势威慑。在敌我双方军力相差悬殊的态势下，也可采用逆势威慑的方法，让敌人闻风丧胆，变被动为主动。八路军和民兵在敌后就是用逆势威慑拔除日伪据点的。抗日战争时期，日伪军在华北敌后战场，仗着敌后抗日武装无大炮等重武器，所以在交通线沿线修建砖木结构的炮楼（据点）镇守。对于弹药奇缺的敌后抗日军民来说，要想强攻这样的据点难度可想而知。好在从日军手中缴获了 1 门 92 步兵炮，但有炮无弹。人民兵工仿制出 92 步兵炮后，专打炮楼里的鬼子和汉奸。有时日伪听说要打炮楼，炮未发就投降了。抗日战争进入相持阶段，八路军拥有的迫击炮数量比山炮、步兵炮多，但迫击炮是曲射炮，打不了碉堡。"神炮手"赵章成亲自挂帅研究迫击炮平面射击，他们在迫击炮尾部加装一节 400 毫米长的尾管，采用拉火击发装置，并将底盘倾斜着地，使炮筒与地平线的倾角保持在 5 度以下。这样一来，迫击炮既能曲射又能平射。自此，八路军拔据点的能力大为增强，震慑敌伪。有一次，射进日军碉堡的迫击炮没有爆炸，日军拿回去研究，还以为八路军购置了新式武器。

法则七：主力打援。在军事布局上，一般都重视主攻方向，以主力攻取。但在特殊情况下，为了更好地保证主攻顺利进行，可对强劲的外援施以重兵，用主力打援的逆袭方式取胜。粟裕将军在济南战役中就通过主力打援而取得成功。济南地势险要，易守难攻，敌人有 10 万重兵把守，而在不远的徐州附近还有敌方 3 个兵团 17 万机动兵力。为此，粟裕的作战方案是以攻济南为主要目标，并求歼灭援敌之一部，力阻援敌迫近济南，以使攻城集团有足够的时间攻占济南。于是决定由 14 万人组成攻城集团，占参战兵力的 44%；由 18 万人组成打援阻援集团，占总兵力的 56%。这个以主力打援的逆袭方略，大大提振了士兵的信心，结果使得攻城部队能从容快速地以 8 昼夜激战攻克济南，全歼 10 万守敌，而准备增援济南的 17 万国民党军，慑于强大打援兵团而不敢轻举妄动。

法则八："乱仗"克敌。逆袭之可贵，在于出敌意料，而出敌意料的最佳战法便是"乱仗"克敌。所谓"乱仗"，不是胡乱指挥，而是要用逆袭的方式让敌人成为"无头苍蝇"，四处瞎闯，惊慌失措而败北。刘伯承在 1962 年中印之战中，就以"乱仗"克敌而大获全胜。1962 年的中印边境战事从印军侵略挑衅开始，以我军自卫反击大获全胜结束。在喜马拉雅山上怎么应对挑衅的印军？刘伯承提出：有水必有路，沿着水流的方向行进，或许还是一支奇兵呢。毛泽东同意了刘伯承的提议，当即拍板决定：正面仍由小股部队佯攻，继续迷惑敌人。为慎重起见，先由一个师寻水探路，隐蔽接敌，成功后，再由大部队跟进。负责探路的一个师选择了中国、印度、锡金三国交界的东线亚东，那里尚未交火，不太引人注意。战事进行得顺利极了，等候在所谓"麦克马洪线"前沿准备与我军决战的印军，做梦都没想到在他们屁股后边出现中国军队，乱成一锅粥，连考尔中将也差点当了俘虏，战事发生仅 10 多天，我军先锋部队便推进到距离新德里不到 300 千米的地方。可谓获得了全面胜利。

法则九：各打各的。各打各的是逆袭的重要军事法则，其关键是不被敌人牵着鼻子走，而是要充分发挥自我的优势，最大限度地发挥自我的主观能动性，从而掌握主动权，这样就有机会克敌制胜。在抗美援朝战争中，彭德怀始终遵守这一军事法则，最终获得了伟大的胜利。朝鲜战争爆发，毛泽东就预料到美国要把战火烧到鸭绿江边，甚至烧到中国境内。他分析了美国的长处和短处，长处是“铁”多，短处则在于战线太长，运输路线太远，战斗力不强。他是这样说的：“我们中国人民是打惯了仗的，我们的愿望是不要打仗，但你一定要打，就只好让你打。你打你的，我打我的，你打原子弹，我打手榴弹，抓住你的弱点跟着你打，最后打败你。”美军从仁川登陆后，切断了朝鲜人民军的退路，朝鲜战局逆转。于是，毛泽东思索再三，认为将来被动打不如现在主动打，决定出动志愿军抗美援朝、保家卫国。很快，中国人民志愿军将美军从鸭绿江边打回三八线，你来我往几个回合之后，战线最终稳定在三八线一带。美军利用其“铁”多的优势对我军展开狂轰滥炸，这是所谓的“你打你的”；我军则利用敌人的弱点，有针对性地开展积极的防御和进攻。在防守方面，由地面防御转变为地下防御，构筑了坑道纵深工事，在利用坑道进行防御战的同时，积极发挥我军近战、夜战的特长，进行阵地进攻战。这种攻得破、守得住的战术让敌军伤亡惨重，迫使美军代表在停战协定书上签了字。

法则十：精准预测。精准预测是逆袭的重要法则，也就是走一步，看三步，有能力预测未来。预测未来不是想当然，而是要预测得精准，要立足于现阶段客观实际，经过科学的论证和缜密的分析得出结果。只有精准的预测，才能维持制胜的可持续性。毛泽东在 1946 年 10 月就精准预测到人民解放军将由防御转入进攻，他是这样分析的：“过去 3 个月内，已歼敌 25 个旅，可以预计，在歼灭敌人第二个 25 个旅这一任务完成的时候，我军必能夺取战略上的主动，由防御转为进攻。”[①]1947 年 2 月，他又精准预测到“中国时局将要发展到一个新的阶段。这个新的阶段，即是全国范围的反帝

① 选自毛泽东为中共中央起草的文件《三个月总结》。

反封建斗争发展到新的人民大革命的阶段。现在是它的前夜”①。毛泽东的精准预测使中国人民解放军在战略上掌握了主动权和制高点。

法则十一：以小见大。作为一支小部队或一个小国家，就必须采取手段使小部队有大能量，使小国家有强悍之力。这是小部队或小国家的生存之道。

法则十二：混合战争。当今世界，西方一些大国常围堵其他国家。因此，冲破围堵就成为其他国家的逆袭策略，在这方面有一些高招，比如保持强大的核威慑力，弥补相对劣势；积极发展反制手段，破解对手封锁；坚守传统势力范围，捍卫安全底线；以宣传大战夺取西方话语“高地”。最为重要的是以“混合战争”削弱西方优势。比如将特种部队、舆论调控、争取民心等混合战争手段成功运用在军事行动中，彰显综合利用紧急部署、电子战争、信息作战、特种部队和网络通信等手段应对国内和国际社会的能力。这种将常规力量和非常规力量相结合实施的“非战之战”，一度让西方难以找到应对之策。

法则十三：“军民融合”。平战结合是军工生产面临的难题。和平时期如果保持庞大的军工生产规模，势必影响其他行业的发展，然而战时军工生产规模却又要求短时间急剧扩张，要解决这一矛盾，唯有强化“军民融合”。在解放战争时期，朱德的军工观点便是大力提倡“军民融合”，合理配置军工资源，寓军于民。在当今新时代，大数据、云计算、物联网引发新的网络电磁空间革命，3D 打印技术使军队可利用材料就地“打印”特定装备和零件，这将从根本上改变国防工业模式；纳米技术将推动材料科学、医学和战争领域的显著进展；合成生物学和基因组学的进展将部分改变人体机能，可能影响对抗双方军事力量和潜力对比；无人机、机器人等自主和半自主系统将给情报、监视、侦察、体系对抗及反恐作战带来革命性变化；定向能武器，特别是激光武器等极有可能影响未来战争形态演变的走

② 选自人民出版社 1964 年出版的《毛泽东选集》。

向[①]。由此可见，“军民融合”对现代国防建设是何等重要，它也是实现逆袭的实力基础。

法则十四：情报先行。“知己知彼，百战百胜”（《孙子兵法·势篇》）。要知彼，情报工作是一个必不可少的重要环节。刘邓大军被称为“常胜军”，关键就在于他们的情报工作不但对保证作战胜利起到了至关重要的作用，也为中央提供了极有价值的情报，令美军驻延安观察组的观察员惊讶不已。为什么敌人的秘密对刘邓大军而言不是秘密呢？做情报工作的指战员告诉美国人，我们的情报“是从敌占区搞来的。敌占区的伪组织、伪军，以至公司、医院和公路铁路的工作职员中，基本上都有我们的组织。甚至连许多伪军中的高级军官都有人和我们订了一些协定。所以，我们的地下工作人员不管到哪里，都可以找到广泛的社会关系，只要日、伪军一有行动，情报很快就会送到军区司令部来”。

法则十五：骄敌纵敌。骄兵必败，一般发生在骄兵忘乎所以，目空一切时。而这样的骄兵也不是都处于狂傲状态，所以要设法纵敌，才能让其骄横发狂。刘伯承、邓小平掌握了这一心理规律，于是采用骄敌纵敌之法，趁骄兵忘乎所以之时将其一举歼灭。如何骄敌纵敌呢？邓小平曾谈道：“今后在一切方面都要注意不暴露，善于隐蔽地从各方面积蓄力量，要使敌人看不起我们，要善于采取一切方式去麻痹敌人。唯有如此，才能积蓄起力量，也才能打到敌人的痛处。”[②]赵锡田自恃是蒋介石的嫡系，兵精弹足，根本看不起晋冀鲁豫野战军，狂妄吹嘘“不用两个星期，占领鲁西南”。又仗着自己是陆军总司令顾祝同的外甥，认为郑州绥靖公署和左右两翼的“友军”不敢不支援他，所以一味孤军深入，刘邓设法让骄兵自己走进绝路，又指派相当数量的部队阻击，钳制四面余敌，让赵锡田无援可求。刘邓抓住战机发起进攻，全歼赵锡田师并俘虏了赵锡田。

---

① 选自宗兆盾 2016 年 01 月 14 日发表于《中国青年报》的文章：《战略支援部队，重新定义战争与和平、战场与对手》。

① 选自人民出版社 1994 年出版的《邓小平文选》（第一卷）。

法则十六：以进为退。重兵压境，处于寡不敌众的境地时，退，会被全歼；进，也会被全歼。此时寡不敌众的军士该怎么办？怎样才能有效逃生？这也是逆袭中的难题。汉景帝时，名将李广是北方边境的太守，此时正值匈奴大举入侵。李广正率百余人在草原巡视，忽然发现来了几千名匈奴骑兵，而且匈奴也发现了他们。在此千钧一发之际，骑士们紧张害怕，李广镇静地命令骑兵“向前挺进”。在距匈奴大军1千米之地，李广命令士兵“停止前进，全部下马解鞍”。本就多疑的单于甚为疑惑，怕有伏兵，匈奴不敢出击。有个匈奴将领想前来探个究竟，李广带领十几个骑兵冲过去将其射杀。然后回到原处解鞍休息，让马自由活动。李广部与匈奴大军一直对峙到黄昏，匈奴军始终对李广部感到惊疑害怕，不敢来攻击。半夜时分，匈奴担心汉军会趁黑夜突袭，赶忙退去。次日早晨，李广才率部回到大军中。李广以进为退，成功让百名将士逃脱了被全歼的噩运。

法则十七：笑对生死。正义之战必有正义之师，正义之师必有一群正义壮士。古今中外，凡是在正义之战中英勇搏斗、笑对生死的壮士，都是人们心中的英雄，他们的英雄事迹将永留史册。一次逆袭，总有正义之壮士光荣殉国，他们笑对生死的精神谱写了一曲曲正义的凯歌。1942年11月，八路军某特务营300多名指战员，为掩护山东军区机关和部分友军突围，与800多名装备精良的日军展开血战。官兵们冒着敌机和重炮的火力，连续击退了日军的10多次进攻。弹尽粮绝后，14名勇士宁死不屈，在日军面前集体跳崖。这使日军付出阵亡600多人的代价，最后连一个俘虏和一件完整的武器都没有得到。1951年5月28日，抗美援朝铁原阻击战中，志愿军第63军6.7万余人奉命阻击美军进攻，凭借顽强的意志与敌人血战13个昼夜。到6月12日，全军奉命撤下阵地后，只剩2500人，不够一个团的建制。必要时的牺牲是为了获取更大的胜利。

法则十八：实事求是。作为一个指挥员，当自己的作战方案与上级的作战方案发生矛盾时，要反复论证自己的方案是否正确，若证实自己的方案无误，就要采用适当的方式让上级接受自己的方案，然后坚决执行。粟裕就具有这样的品格和精神。粟裕有时候与上级意见不一致，但后来的结果都证明粟裕对了。“苏中七战七捷”是这样，后来的淮海战役也是这样。

法则十九：士气制胜。常言道：两军相遇勇者胜。如果把这个“勇”理解为士气高昂，则这句话是对的。因为两军决战或逆袭敌方，少了高昂的士气是战胜不了敌人的。春秋时代，曹刿击鼓杀齐军，就因为深知此理。在鲁军与齐军对决时，齐军三次击鼓宣战，鲁军还是坚守阵地，不忙迎战。齐军自鸣得意，以为鲁军胆小，便渐渐麻痹轻敌，士气也懈怠了。这时，曹刿对鲁庄公说“到反击的时候了”。鲁庄公一声令下，势如破竹，打得齐军落花流水，溃不成军。后来，鲁庄公为此问道曹刿，曹刿回道：自古作战靠士兵的勇气，齐军第一次击鼓，齐军士气十足，而我军立足未稳，绝不能轻举妄动；第二次击鼓，齐军士气有些衰退，而敌强我弱，不是出击的时机；第三次击鼓，齐军已经没有什么士气了，等敌人三次击鼓之后，我们才击鼓迎战，这时，士气正旺盛，正是冲杀的好时机。所以，凭着这股旺盛的士气齐军一鼓作气，打败了敌人。

法则二十：轻装制敌。轻装能够省去战备中的烦琐程序和物品，会使士兵一下子轻松许多。轻装不仅意味着快速，还意味着灵活。这是以迅雷之势击敌的致命武器，特别是在逆袭时更是这样。在朝鲜战场上，美军一身重装，臃肿不堪且打起仗来不灵活，而轻装上阵的中国人民志愿军出国后，旗开得胜。西线友军连下云山等八城，歼灭了大量敌军，给敌人的感恩节攻势以迎头痛击。当时为了在机动中歼灭敌人，需要在敌人撤退时跑在敌人的前边，把敌人分割包围住。志愿军的两条腿要赛过美军的“车轮子”，必须彻底轻装。除了枪支弹药等作战必需之物外，被子、蚊帐、毛巾、鞋袜、书籍、笔记本等统统留下，集中由专人运回国内保管。大有“壮士一去兮不复还”的决心。而且志愿军壮士在“为人民利益而死比泰山还重”的激励下，视死如归，所向无敌，在精神上也做到了“轻装”。

37.2 名将的心中都装着人民

岳飞之所以有凛然正气，戚继光之所以英勇抗倭，郑成功之所以立志报国，是因为他们心中时刻装着人民；平易近人的朱德，足智多谋的刘伯承，威震美军的彭德怀，他们心中也时刻装着人民。

名将心中装着人民，我们从粟裕在解放战争期间攻打上海时就可以深切地体会到。1949 年，解放上海的任务落在了粟裕的肩上。之后，华东局建立了两套班子：一套班子是以粟裕为主的三野前委，主要负责以军事手段解放上海；另一套是以陈毅为首的接管班子。

上海战役是我军在战略追击阶段最大的一次城市攻坚战。在仔细研究敌方态势和全国战局的基础上，粟裕提出了三套解放上海的方案：第一套方案是围困战法。粟裕认为上海的情况比较特殊，500 万居民的生活资源主要依靠从外地运入，实施长期围困，机器不能运转，人民生活也会陷入绝境，不可取。第二套方案是选择敌人防御薄弱的苏州河以南地区实施突击。这虽然可以避开敌人的防御重点，大量减少我军伤亡，但主战场将在人口稠密的市区，城市会被打烂，也不可取。第三套方案是把攻击的重点放在吴淞，暂时不攻市区。这套方案将是一场硬碰硬的攻坚战，一场激烈的反复争夺战，我军要付出较大的代价。但粟裕认为，军队是人民的军队，为了保存城市的完整，保护上海人民的生命财产，付出一定的代价是必要的、值得的。为此，粟裕报了第三套方案为基础的作战方案。第二天，中央军委即回复电报表示同意。粟裕于是下达了三野淞沪战役作战命令，自此上海战役正式拉开大幕。粟裕密切关注战场形势变化，及时调整战术。半个月的战斗推进过程，基本上与粟裕之前的预测一致。我军在宝山、吴淞口与国民党军进行苦战，迫使汤恩伯调出市区大部分兵力前来增援，待市区兵力空虚后，粟裕则趁机对市区发起总攻。在上海地下党的密切配合下，通过策反部分敌军阵前起义，终于消灭了顽抗的敌军，上海全境解放[①]。

粟裕以人民为重，毅然选取最难攻下上海的作战方案，其心怀人民的拳拳之心感人至深，这就是人民子弟兵，就是心怀人民的名将。将粟裕大将与“九一八”日寇发动侵略战争时国民党军中采取不抵抗政策，坐视东三省失守、人民在日寇铁蹄悲惨求生的将领们相比，高下立见分晓。

37.3 以高超过人的逆袭破四面受敌之困局

中华人民共和国成立之初处于最困难的时期，又逢三年严重困难，国外势力和国内反动残余认为此时是摧毁新的中国人民政府的良机，纷纷蠢蠢欲动。1961 年，正值中国经济最困难的时期，苏联要求中国连本带息一起偿还抗美援朝时苏联援华军事物资的贷款。1962 年 4—5 月间，蒋介石也利用中国内政外交的困难，积极准备其“反攻大陆的计划”[②]。自此，中国大陆处于四面受敌之困局，加之国内三年严重困难，经济不景气。在这种状态下，是束手待毙还是奋力一战呢？束手待毙肯定不是中国人民和中国共产党的选择，若奋战全面出击，即便是一个富强之国也会心力不济，更何况我们还在三年严重困难之时。

四面受敌的中华人民共和国如何在这生死存亡之时破解外交困局，考验着中国领导人。毛泽东不愧是有着高超智慧的军事家，最终以高超的逆袭打破了四面受敌的困局，真可谓是精彩的大手笔。

当时在处理压力四逼的诸矛盾时，毛泽东反复权衡。就矛盾冲突来看，东南面的蒋介石要反攻大陆，声势最大，并派遣特务先遣队反攻大陆；西南边的印度与中国西藏的叛乱分子勾结，大举越过所谓的“麦克马洪线”，

① 参考粟裕侄子粟刚兵的口述，文字由刘雪芹整理。

② 本段史料参考中国共产党新闻网 2013 年 12 月 10 日发表的文章：《重温毛泽东的战略思想》。

竟然在中国西藏扯冬地区设军事据点，不断向中国边防部队开火，打死打伤中国边防战士多人。

从形式上看蒋介石反攻是主要矛盾，但这个主要矛盾是长期的和战略性的，是有限的，也是可控的，且属于内战残余性质，其矛盾属于敌我矛盾。而从西南方向来看，尼赫鲁对中国的蚕食是无时限、无止境的，并属于入侵性质的。矛盾的共同点，都是借中国的暂时困难制造国内政治动乱，动摇中国共产党的政权。通过这一分析，毛泽东决定以实打西南，把印度的嚣张气焰压下去，用一石多鸟之法破解四面受敌之困局。

在中印边境开战时，毛泽东巧借蒋介石反攻大陆的声势，高超地利用逆袭的方式速战速决，这可以说是国际上破外交困局的经典之作。为了保障西线自卫逆袭的突袭效果，中共中央在东南台海一带增兵布防。时任美国情报和研究局局长给时任国务卿腊斯克报告，要求“严肃看待中共的意图”，认为“不能排除中共正为突然地竭尽全力地夺取金门或马祖，或两者兼而有之而准备，大概使用他们在1958年所没有的装备”。美国国务院要“驻台大使”提醒蒋介石：“中共军队在福建大规模集结的迹象”，这便“存在非常现实的可能性：中共意欲对一些岛屿发动全面进攻”。当然，印度也把这一“迹象”看在眼里，于是更加肆无忌惮，印军侵入加勒万河谷地区，这时更是进入中国阿克赛钦通道，阿克赛钦通道的战略地位十分重要。此时，毛泽东已把用兵重心放在中印边境，大兵悄悄从中国、印度和锡金三国交界处的东线亚东直插印度背部，战斗不到三天，印度的王牌军第七旅便全军覆灭，我军直达距印度首都仅300千米的地界，印度国内一片恐慌。毛泽东此时命令中国边防部队在中印边界全线停火，战争戛然而止，我军取得了全面胜利。这是毛泽东晚年的一次军事行动大手笔，他用高超过人的逆袭策略，顺利打破了我国四面受敌之困局。

38　论雄辩

雄辩，即雄健有力的辩论。雄辩自古就有，唐代诗人杜甫诗云：“焦遂五斗方卓然，高谈雄辩惊四筵”（《饮中八仙歌》）。雄辩是点燃辩论激情的火焰，是启发思想的明星，是让平庸羞惭的智者，是奇迹般驳倒论敌的利器。雄辩是集思想、智慧、口才和应变能力于一体的能力。

雄辩家之间的雄辩，长于互相吸收，取长补短。在中国古代诸子百家的争鸣中，既有激烈的争论、批评和责难，也有互相吸收、取长补短的一面。诸子中的大学者，虽然都学识渊博，走在时代思想潮流的前面，但他们都不故步自封、敝帚自珍。一旦被辩论的对手指出差池，即能正视和修正。他们很少有“党同伐异”的习气，即使同派或师徒之间有不同意见也要争论清楚，而对其他学派的长处则予以吸收，以使自己的学说得以完善。中国先哲们这种在雄辩中以真理为最高准绳的态度和精神，造就了中国古代“百家争鸣，百花齐放”的繁荣局面，也奠定了中国以儒、道、墨为主流思想的基础。西方哲学的奠基者是古希腊一批优秀的智者，如苏格拉底、柏拉图和亚里士多德等，他们都是雄辩家。亚里士多德正是敢于批判他的老师柏拉图的“理念说”才成就了自己的事业。他们都是以真理为准绳。就像中国古代的墨子敢于批判孔子，才有了真正的墨学。

雄辩是真理之子，雄辩是通向文明之途的桥梁。古今中外，那些至今为人称道的慷慨激昂的论辩，当一方有根有据地驳倒了对方的时候，当雄辩者把真理变成智慧的语言讲出来的时候，当雄辩者不是靠权威而是靠有理有据的言辞征服听众的时候，当雄辩者用把深奥的道理转化为幽默的话语的时候，当雄辩者的批驳和论辩令人信服且娓娓动听的时候，当雄辩者在激辩中产生新思想、新观点而令人振奋的时候，这对听众来说是何等的享受！对雄辩者来说又是何等的惬意！

雄辩双方虽然短兵相接，火力四射，据理力争，但非以力压人，雄辩不仅让对方辩手服气，也让持各种不同观点的听众信服。更为重要的是，雄辩还是一种产生新思想、新理论、新观点的一种有效方法。中外许多著名思想家都是雄辩的高手，雄辩也是推进哲学和科学前进的一种高境界手段。诸如中国古代哲学中的义利之辩、善恶之辩、有无之辩、道器之辩、形神之辩、理欲之辩、理气之辩、古今中西之争等；又比如在中外科学领域统一场论之争、夸克禁闭之争、火星生命之争、星云说与灾变说之争、浑天说与盖天说之争、时间箭头之争，“用进废退”与“自然选择”之争等，都给后人留下了丰厚的思想财富。

雄辩之所以是通向文明的桥梁，还在于在雄辩的双方或多方辩论的过程，是持不同见解的双方或多方为确定自己的见解、观点所进行的论证与反驳的说理过程。要说理，就需要有说服力的论据，这种论据有可能是社会已经证明了的理论、观点，也可能是已被确认的事实，在论辩中使用的论据必须典型、真实、充分，这样就充分调动了创新者论辩的积极性。加之在论辩过程中，论辩方要尖锐地指出对方论据中的谬误和不实，从而推翻对方的论点，或根据对方的认识提出一些对方难以接受或难以回答的推论和问题，从而动摇对方的论点，以便使对方在理论上处于被动地位。因此，这是一场“真刀真枪”的心理战、能力战和论述战。这种论辩过程自然会促进论辩的双方或多方在学术研究方面自强不息。

在雄辩中，辩论一方的弱点一旦暴露，就必然会成为对方攻击的靶子，而这种被攻击的靶子不仅会让其尴尬，而且往往是致命的。诸如书呆子式的思维、偏激傲慢和不切实际的言辞、隐晦冷涩的错误观点，甚至在辩论场中的口误，都会让我们在辩论中遭遇“滑铁卢”。

在辩论中遇到对手使用诡辩之术，要懂得抓住批驳的良机。我们无需谈诡辩而色变，它不过是辩论中的一种手段罢了。诡辩有两种：一种是颠倒黑白，混淆是非的议论，这当然是不足取的，在雄辩中必须禁止；另一种是战国末期哲学家常用的一种辩论方法，名家代表人物公孙龙的诡辩论“白马非马”著称于世。公孙龙代表的名家曾与儒、墨、道三家并列。先秦思想家围绕“名”的性质、内容、相互关系等问题展开辩论及关于“辩”的理论研究。公孙龙的“白马非马”一说遭到荀况、韩非子和王充的非难。他们对辩察家的评价未免有些片面，抹杀了辩察家应有的价值，忽略了他们思想中值得予以注意的或合理的内核。我十分同意著名心理学家潘菽对这一问题的看法：“辨察家的重要特点是注意对客观自然事物的实际状况、变化和联系的辨察分析和辩论。辨察家的这种活动如果向着正确方向前进，就会有助于自然科学知识和辩证唯物论哲学思想的发展。但如果向着另外的方向前进，就会走向诡辩和玩弄词句这种主观唯心的方向。”①

这里要提及的是中国电视台经常播放的、从新加坡引进的辩论节目，这些辩论节目与我们上述提倡的雄辩本质不相关。这些节目中双方貌似在激烈辩论，而实际上是依赖固定模式和固定答案的演出式辩论，他们事先准备好辩论台词，这彻底背离了雄辩的精髓。雄辩的精髓是出新思想、新理论，而上述辩论节目最紧缺的就是这一点，不允许脱离事先准备好的辩题，哪怕辩手对所维护的辩题深恶痛绝，也要挖空心思、装模作样地去维护。这对于有独立思想的辩手而言是多么痛苦啊！这种辩论，从本质来说是对雄辩的亵渎。正如本·琼森所说：“说话和雄辩不是一回事，会说话和有口才是两码事。蠢夫只会说话，智者才会雄辩。”

真正探索真理，明辨是非、善恶、美丑的雄辩，古已有之，而且先贤们早就给我们做出了很好的垂范。屈原与佞臣之辩，墨子与公输般之辩、与巫马子的辩论，孟子与淳于髡之辩、与告子之辩、与许行之徒之辩，公孙龙的“白马非马”辩论、“离坚白”辩论、“二元一”辩论，韩非子的“矛盾之说”的辩论，被后世人津津乐道。特别是南北朝时期齐梁范缜与王公朝贵及僧侣64人进行的雄辩，成就了《神灭论》，因而名传天下。

① 参考人民出版社1984年出版的《心理学简札》下册（第20页）。

中国古代就十分讲究雄辩的原则和方法，据刘向的《别录》记载，阴阳家邹衍曾提出一套辩论的经验、原则与方法，他说："辩者，别殊类使不相害，序异端使不相乱，抒意通指，明其所谓，使人与知焉，不务相迷也。故胜者不失其所守，不胜者得其所求。若是，故辩可为也。及至烦文以相假，饰辞以相惇，巧譬以相移，引人声使不得及其意。如此，害大道。夫缴纷争言而竞后息，不能无害君子。"① 邹衍倡导胜者坚持并发展其长处，不胜者能学到新东西，点明了雄辩双方应有的态度，有着现实意义。

雄辩最忌清谈。魏晋南北朝时期，清谈之风颇盛，对于辩亦有所分析研究。余翰反对"利口"之辩，指出"俗之所谓辩者"，"苟美其声气，繁其辞令"，"不论是非之性，不识曲直之理，期于不穷，务于不穷，务于必胜"，自以为辩，却"不知木讷而达道者，虽口服而心不服"(《中论·核辩》)，并提出了辩的一系列规则。徐翰的这一观点，对于我们现代的雄辩也颇具现实意义。

38.1 雄辩法则

(1) 雄辩产生新思想。雄辩会激发新思想，练说话会使人伶牙俐齿。雄辩虽是一种说话的艺术，但它能推动文明前进，而说话因重口才而轻思想，它只能以悦耳言辞制胜。

(2) 善于演说的人，使他们在演说中充满活力，并且富有成效，会让听众随演说者的演说起舞；善于雄辩的人，在与对手的雄辩中充满实力，并且辩词中闪耀着思想的光芒，会让听众随着雄辩点亮自己心中的灯。

(3) 雄辩术就是驳倒对方论点的能力，呈现出的是自己鲜活的新思想；表演式的辩论节目也是要驳倒对方的论点，但呈现出的是辩论设计者的思想。因此，真正的雄辩能让雄辩者拥有自己的思想，而表演式的辩论节目

---

① 选自《资治通鉴·周纪三》。

会让辩论者失去自己的思想。故，前者是真雄辩，后者是伪雄辩。

（4）雄辩是真理之子。雄辩者每一次与对手辩论，都是为真理而战斗。这种战斗，不是刀枪的格斗，而是通过知识的交锋阐明真理，也是通过思想的交锋而呈现真理。一旦在与对手交锋中因自己的错误而败北，雄辩者会勇于承认自己的错误，而坦诚地认可对方拥有相对真理。

（5）雄辩不是干巴巴的说教，而是用高超的语言艺术去说服人，在幽默中体现睿智，在穷追不舍中发现对方的理论漏洞，在激烈交锋中发现雄辩者的辩证理性，从而有理有节地击败对手。

（6）雄辩者坚信真理。在雄辩中，坚持说理，忌武断；坚持清朗，忌晦涩；坚持简洁，忌冗长；坚持友好，忌冷漠；坚持实在，忌空谈；坚持礼貌，忌失礼；坚持认准真理，忌固执己见；坚持实事求是，忌故弄玄虚；坚持以理服人，忌先定调子；坚持新鲜生动，忌老生常谈；坚持一以贯之，忌前后矛盾；坚持引文叫绝，忌牵强附会；坚持慎言慎语，忌粗疏马虎；坚持君子之风，忌暴戾用语；坚持谦虚有度，忌自我吹嘘；坚持以理待客，忌贬损对手。如此等等。

（7）把真理简洁化，把真理通俗化，把真理智慧化，把真理浅显化，甚至把真理幽默化，这是一个雄辩高手应有的作为。

（8）雄辩不以力压人，而是以理服人；不以巧舌诱人，而以真理服人；不以虚妄诓人，而以实在服人。

（9）靠伶牙俐齿对决竞选领袖，只会多产生一个巧舌如簧、善于应变的领导，而产生不了思想家。因此，靠演讲竞选出来的国家领导人出类拔萃的极少。这正应了中国先贤的那句话："德薄而位尊，知小而谋大，力小而任重"（《周易大传·系辞下》）。才德微薄而居高位，见识很短而谋划大事，力量很小而担重任，后果可想而知。

（10）雄辩家在辩论中无声的表情，有力的肢体语言，甚至默言无语，都可胜过演讲式辩论者的滔滔不绝，因为他已占领了思想高地和道德高地。

（11）雄辩不仅能体现一个辩论者的思想，也能体现他的涵养。有些雄辩者的飘忽的思想，从他粗俗的言行举止中就可以看得出来；还有些雄辩者的虚而不实的思想，从他轻懦的言行举止中也可以看得出来。

（12）有教养的雄辩者，哪怕对方不堪一击，都不会羞辱对方，而是真诚地尊重对方，感谢对方。

38.2 雄辩家会带给我们深邃的思想

北京时间2019年5月30日上午8点20分，美国福克斯电视台女主播翠西·里根与中国中央电视台女主播刘欣关于中美贸易摩擦问题进行了隔空“辩论”，应该说，中美女主播约辩是值得鼓励的开头。翠西·里根与刘欣进行了16分钟的“史无前例”的“约辩”后，双方对“中美贸易摩擦对双方都没有好处”等问题达成了共识，还澄清了“中国经济的一切被国家控制”等常识性问题，使理性冷静的声音得以传达。从这次“约辩”可以看出，包括美国媒体在内的大部分美国人对中国存在很多误解，比如把中国是世界第二大经济体等同于中国已经是发达国家，把中国个别企业存在知识产权侵权行为等同于中国靠“盗窃”成为经济强国。这说明，中美之间非常需要从多角度进行“约辩”对话。中美女主播的这次“约辩”，在某种意义上还称不上雄辩，只是一种辩论式的采访，但刘欣的语言功底和主播素质功底令人赞叹。特别是她创立了一档以她的名字命名的栏目——《欣视点》，每天与嘉宾进行观点碰撞和思考半小时，并且她善于学习积累，只要持之以恒，她会成为雄辩家。

雄辩家带给我们的最珍贵的财富是深邃的思想。在这方面具有突出表现的雄辩家的有中国古代的晏子、范缜和古希腊的苏格拉底等。

晏婴（？—公元前500年），字平仲，春秋时齐国大夫，著名外交家、哲学家和论辩家，夷维（今山东高密）人，辅佐齐灵公、庄公、景公，任相国，治国50多年。他首先是一个哲学家，曾详尽地分析过“和”与“同”的原则和区别。他说以烧汤为例，所谓和，就是拿水、火、醯、醢、盐、梅等来烹饪鱼肉，用柴来烧，厨师加以调和，使味道恰到好处，“济其不及，以泄其过”，君子吃了心平气和。“同”则是以水调剂水，不用火、醯、醢、盐、梅等材料相互配合，毫无味道，谁也不想吃。晏婴还聪颖善辩，言辞超群，“挥汗成雨”（《战国策·齐策》）讲的就是晏婴使楚与楚王斗智；“二桃杀三士”（《晏子春秋·内篇谏下二》）讲的是晏婴用智谋使三个武艺高强的武将相戮；“橘化为枳”（《晏子春秋·内篇杂下》）也是讲宴婴使楚时利用自己的辩才免受楚王对齐国之辱。晏子雄辩的特色是论辩直接而巧于迂回，谈笑倜傥而间藏锋芒，言辞犀利而不失风度。

范缜（约450—510年），字子真，南乡舞阴（今河南泌阳西北）人，南朝齐梁时的哲学家和无神论者。出身寒微，为人正直，敢发高论。魏晋南北朝时期，思想界关于“形神”关系问题的斗争激化，中国无神论发展到最高峰。范缜先后仕齐、梁，任尚书殿中郎、尚书左丞等职。他对针对“神不灭”论，著《神灭论》，“此论出，朝野喧哗”，萧子良召集众僧与范缜辩论，全部被范缜驳倒，“辩摧众口，日服千人”，无视官禄劝诱，绝不“卖论取官”，坚持无神论观点。后梁武帝宣布佛教为国教，为消除《神灭论》的影响，于天监六年（公元507年）命王公朝贵及僧正64人进行反驳，范缜仍据理力争。他以刀刃喻形体，以刀刃的利喻精神，来说明形体与精神的关系：“神之于质，犹利之于刃；形之于用，犹刃之于利。利之名非刃也，刃之名非利也。然而舍利无刃，舍刃无利。未闻刃没而利存，岂容形亡而神在”。中国自古以来的无神论和范缜的《神灭论》及其雄辩，冲淡了中国文化的宗教色彩。

苏格拉底（公元前469—公元前399年），古希腊哲学家，柏拉图的老师，曾两次参加伯罗奔尼撒战争。他的学生有的成为著名的辩论家。他其貌不扬，但开口就能吸引人。喜欢在各种场合同各方面的人谈论各种问题，谈论中，他惯用“问答法”，使对方陷入矛盾，然后瓦解之，他把这种辩论的方法称为“产婆术”，他多见言论而不见著作。公元前399年，雅典的检察官控告他传播异说，败坏青年，反对民主，因而判其死刑。苏格拉底在法庭上做了著名的答辩，然后服毒自杀。苏格拉底生前把自己的哲学活动深入雅典城邦的日常生活之中。他对他在城邦内所遇到的每一个人，不管是年轻人还是老年人，不管是外邦人还是自己城邦的公民，宣传自己的哲学。在审判他的法庭上，他首先指出了雅典社会对他的偏见以及对他的思想的曲解，并指出控告者对他的两条指控在逻辑上是自相矛盾的，根本不能成立。他郑重地提醒雅典人：对他判刑，雅典公民的损失比他本人的损失还要大，那样做是雅典人最大的祸害，因为那是违背正义的。苏格拉底为世人树立了光辉的人格典范。

38.3　关于诡辩

改革开放初期，从《辞海》到教科书及各种逻辑学书籍，主流观点都对诡辩予以否定，认为“是由主观出发，任意挑选事物的一面作为借口，或以事物的表现相似为根据，做出似是而非的论证来颠倒黑白、混淆是非，为其荒谬言行做辩护”。而在同一时期出版的《心理学简札》中，心理学家潘菽却以科学的扬弃态度对待诡辩，在当时是难能可贵的。他认为在那个时代（指春秋战国时代），一些重传统而轻现实的思想流行，辩察家提出“白马非马”这类命题无疑是和先进思想相统一的，是值得重视和有进步意义的。然而，这种命题终究是一个片面性的命题，不是完整的辩证法命题。它所代表的认识也就是不完整的。如果认同这个命题的人以为自己在认识上比熟习于“白马是马”的“世俗之辈”高明一层，那就错了。把“白马非马”这个命题用来给“白马是马”这个命题做补充说明，使后者的意义更明确而完备，那是有需要的；如果把前者和后者对立起来，那就不对。因为后者也隐含着特殊和一般的辩证关系①。笔者认为，潘菽的这一看法是辩证的，科学的。

① 参考人民教育出版社 1984 年出版的潘菽的《心理学简札》下册（第 17–18 页）。

为什么前述《辞海》、教科书及国内流行的逻辑学书对诡辩全盘否定是错误的呢？理由如下。

其一，从发生学视角来看，中国诡辩学发生于春秋战国时期注重讨论名实关系的名辩学。当时的名辩学，是擅长概念分析和讲究辩论技巧的学问，也被称为名学或辩学。本来先秦诸子为确立和传播自己的学说，都很注重名学，都有自己的名学方法，但专门提倡和钻研名辩学，对它的发展做出特别贡献的是被称作名家的一派学者。所以，《辞海》、教科书和国内流行的逻辑学书籍全盘否定诡辩学（名辩学）是不对的。而把诡辩学的发生定为为了“做出似是而非的论证来颠倒黑白，混淆是非，为其荒谬言行辩护”，显然是极不负责任的。

其二，诡辩论有合理的地方。名辩学产生于春秋末年，当时正是社会大变动时期，原有的名物制度都发生了重大变化，出现了许多名实不符的情况，从而促使人们深入研究名实关系问题。名家是时代的产物，它提出许多违反常识的论题相互驳难，在他们的驳难中既有一些辩证法观念，也有许多诡辩方法。而名辩学所讨论的问题中有一些相当于近代所说的逻辑问题。

其三，名辩思想在战国时期达到高潮，当时最突出的名辩者是惠施和公孙龙。惠施偏重于研究概念之间的联系和转化，强调万物的毕同毕异，他的学说被概括为“合同异”；公孙龙偏重于研究概念之间的差异性，强调概念的绝对性和独立性，他的学说被称为“离坚白”。据《庄子·天下篇》记载，惠施曾以自己的“历物十事”与天下的好辩之士相互辩难，天下辩士也提出21个命题：卵有毛；鸡三足；郢有天下；犬可以为羊；马有卵；丁子（蛤蟆）有尾；火不热；山出口；轮不辗地；目不见；指不至；龟长于蛇；矩不方，规不可以为圆；凿不围枘；飞鸟之影未尝动；镞矢之疾；狗非犬；黄马骊牛（黑牛）三；白狗黑；孤狗未尝有母；一尺之棰。这些辩者提出的21事多数是诡辩论题，并没什么道理，但这种论辩可以刺激思维的深化，有的论题包含着辩证观念，对发展相互辩证法思想是有益的。

其四，强调个性。公孙龙的“白马非马”论说非常有名。他是从直觉和马的色泽来强调其个性，即白马不同于其他的马。对传统的只强调整体和共性的观念是一种冲击。我们可以想到老子是老子本身，而不是一般的人；孔子是孔子，而不是一般的人；晏子是晏子，而不是一般的人。这是公孙龙“白马非马”的积极意义。如果去掉个性化这一精髓去理解“白马非马”的诡辩命题就会导致荒谬。

其五，强调看不见的指挥系统的关键作用，而这种指挥系统是不出现在第一线的。比如公孙龙有个诡辩命题——“臧三耳”。“臧”是一种奴隶。“臧三耳”是说奴隶虽然长了两只耳朵，还有一只看不见的却能管听的耳朵，即专门听奴隶主使唤的耳朵。这种命题在生活中常常出现，比如孩子虽然在课堂上带着两只耳朵听讲，但由于常看手机和动漫，这些东西使他心不在焉，成了“三只耳朵”；又比如当今的美国总统看起来眉飞色舞，其实也长了三只耳朵，另一只看不见的耳朵专听其背后的利益集团的。“臧三耳”让我们看到某些事物看不见的指挥系统，就会更准确地确定事物的性质。但如果忽略了“臧三耳”诡辩命题中强调看不见的指挥系统的作用这一点，理解成“人三耳”自然就成了谬误。

在强调诡辩论的积极意义的同时，我们也不能忽视它的负面作用。这方面，战国的荀子做了很好的批判，我们可以参考借鉴。他把诡辩中的谬论分为两种：第一种是“用名以乱名”，即混淆概念之间的相互关系，比如“杀盗非杀人”就抹杀了概念的本来意义；比如山意味着高，渊意味着深，但某一高山上的深渊却可以与平原上的小山处于同一水平面上，以此为例说“山渊平”就是以实乱名。第二种是“用名以乱实”，即用概念上的某种差异来歪曲事实。如“牛马”这一概念与“马”的概念有所不同，但如果抓住这种概念上的区别而说有牛马却没有马则显然是荒谬的。

39 论修错

人不犯错不为人，人犯了错不改也难为人。犯错即改是智者，犯错不改是蠢人。人非圣贤，孰能无过。任何人都不是完美无缺的，你要去实践，主观与客观不符，就会犯错误。从某种意义上来说，不犯错误的人往往一事无成。

闻过则喜，喜后纠错，实非易事。认错怕丢面子，纠错怕失去威信。所以，越有名气、地位越高的人，越容易犯讳疾忌医的毛病，而它的危害性与权力和名气的大小成正比。孔子说得好，“君子之过也，如日月之食焉。过也，人皆见之；更也，人皆仰之”（《论语·子张》）。你处于强势，肯定也会暴露自身的不足，不能纠错就会向弱势转化。因此，无论是个人、企业还是国家，建立适合自己的容错纠错机制，在新时代显得更为迫切，也更为重要。

错误具有量的规定性，正确如果超过了某种度，就立即会转化为错误。干任何事情，不适度就会犯错误。就像栋梁，本来是可以承担一定重担的，但因被重物压得太久而变了形，就成了一种错误；又比如一个游泳泅渡大江者事先对江水情况心中无数，只想逞匹夫之勇而去冒险，这也是一种错误。他们都使原规定性超过了度，从而导致正确转化为错。一个人没有求“利”的欲望就会毫无动力和生气，因为“利”会提高生活质量和提高生活品位，但一个人求“利”的欲望过度，不顾法律的制约去求“利”就会犯错，甚至走上犯罪道路。一个人不会享受人生是不懂生活，但过度追求享乐就会犯错，若利用手中职权去追求奢靡而腐朽的生活，就会走上犯罪道路。这都体现出错误具有量的规定性。

错误还具有质的规定性，这同它的对象的真实存在是分不开的。例如嫉妒他人的实质是无能，嫉妒这一自古就有的心理，被一些心理学家描绘成人的自然天性，描绘成应该原谅和宽恕的。这些心理学家没有看到，是人的无能引发了嫉妒这一现象。所谓嫉妒，是对比自己强的人心怀怨恨。自己不上进，不努力，在自身无能又无可奈何的情况下滋生怨恨，用中伤强者的快感来达到心理满足和惬意。这种因无能所展现出来的嫉妒则是错误的质的规定性。

39.1 不要讳疾忌医

有病不肯说，又怕见医生，不愿医治，这就如同掩饰错误、不愿改正，结果就是“宁灭身而无悟也”。据《三国演义》记载，曹操经常头痛，久治不愈。华佗诊为病根在颅内，服麻沸汤麻醉，然后用利斧打开脑袋去除病根。曹操听罢大怒，声称“此人欲乘机害我”，于是杀了华佗，而他自己也病重身亡。曹操讳疾忌医，结果因此而亡。“文革”时期，北京大学教授汤一介参加了某写作班子，说了一些错话，做了一些错事。在他的遗著《我们三代人》中，他完整披露了自己在“文革”中的经历，并且将自己加入写作组的详情一一阵述，他也直言不讳地表示了忏悔：“我不能原谅自己。”他承认这次的教训让他终生难忘，他要以此为镜，时时反省自己。作为一位有明望的哲学家，汤一介能认真、坦率地承认和改正自己所犯的错误，令人钦佩和尊敬。

正因为汤一介勇敢地在公众面前承认了自己的错误，轻装上阵，让他在后半生又一次熠熠闪光。从 20 世纪 80 年代创建中华文化书院，推动全国“文化热”，到 90 年代最早提倡“国学”、2008 年担任北京奥运会文化总顾问，再到后来担任《儒藏》工程的首席专家，他常被外界看作北京大学哲学系的“头牌”，但他不愿以“哲学家”或“国学大师”自居。

汤一介后来得了肝癌，在最后的 5 年里，他感觉自己所剩的时间不多了，所以抓紧时间工作。编写《儒藏》，这个工程很庞大，也很难，他联合了200多位学者共同来完成。《儒藏》要注释，一句话可能有很多种解释。当时大家讨论甚至吵架，最后汤一介都能找到方法把问题解决了。他编写《儒藏》，真的是用生命在工作。

汤一介在离世前说："我爱我的祖国，就必须爱我们祖国的文化。一个国家必须有自己的文化传统，只有珍惜自己的文化传统，才是有希望的国家。"这句话，成了汤一介的墓志铭。

39.2　塞缪尔·亨廷顿的"文明冲突论"错在哪里

美国挑动与中国的"文明较量"，美国前国务卿蓬佩奥的团队被爆出要以"与一个真正不同的文明进行较量"的理念为依据，制定对华策略。把美中关系视作"文明较量"的荒唐言论，被认为是延续已故哈佛大学教授塞缪尔·亨廷顿的"文明冲突论"。20世纪90年代，亨廷顿撰文、出书，谈不同文明之间存在冲突。但20多年来，国际学术界对这一"高论"并不认同，不断有人"纠错"。如今蓬佩奥们把它视为攻击中国的"原子弹"，沉渣泛起，所以，进一步指出塞缪尔·亨廷顿的"文明冲突论"错在哪里非常有必要。塞缪尔·亨廷顿提出的"文明冲突论"，是指基督教、伊斯兰教和所谓"儒教"的冲突。这个"文明冲突论"不能解释第一次世界大战和第二次世界大战。第一次世界大战的参战国奥匈帝国、德国、俄国、法国、英国、塞尔维亚、比利时等，这些国家同属于基督教文化的范畴，又都是白人，难道这是"文明冲突"造成的？第二次世界大战的欧洲参战国分别是德国和意大利、法国、英国和苏联，它们也都属于基督教文化的范畴，也都是白人，这是"文明冲突"吗？在亚洲主战场，中国与日本侵略者对抗了14年。自公元285年始，百济博士王仁渡海到日本，向菟道稚郎子献《论语》和《千字文》，日本开始接受了儒家文化，加之中国人与日本人都是黄种人，按照塞缪尔·亨廷顿的"文明冲突论"，应该是最安全、最没有冲突的双方，但恰恰相反，日本自丰臣秀吉以后的对外史，是一部与中国和朝鲜不断冲突而充满血腥味儿的侵略史。这足以证明塞缪尔·亨廷顿“文明冲突论”的谬误。

不同宗教和价值观的人能达到和谐吗？不同生产力和不同文明能达到和谐吗？回答是肯定的。在中国宋代，大批阿拉伯和波斯商人在中国聚居，甚至还有犹太人，他们不仅带来了伊斯兰教，也带来了阿拉伯和波斯先进的医药学和天文学。他们遍布中国内地，既保持着自己的宗教特色又与中国原住民和睦相处，在中国娶妻生子，繁衍生息，世代定居，并未与起主导地位的中国汉族发生什么文明冲突。众所周知，美国也是不同文化的汇聚地，不也没有发生“文明的冲突”而使国破家亡吗！最为典型的是，美国国务院政策规划司的斯金纳将美中关系视作“文明较量”，他强调这是美国第一次面对“非白种人”的强大竞争对手，她身为非裔美国人，说出这样“种族仇视”的话，真是可笑。

20 多年过后的今天，人们应该看到“文明冲突论”在世界范围内最终被驳倒了，但美国政客们为什么还要捡起它继续兜售呢？其根本原因是想用“文明冲突论”压断经济发展最快的中国的“脊梁”，从而掩饰美国的霸权主义。

39.3 如何纠错

错误是一种违背客观规律的主观意志行为，因此，纠错就是纠正违背客观规律的错误的主观意志；如果坚持错误，也就意味着固执地坚持违反客观规律的主观意志。错误是在动态的环境中形成并产生的，因此，错误本身也是动态的、变化的，也就是可以纠正到正确轨道上来的。

孔子在修错方面提出了一些好的倡议，比如“不二过”等，但他提出“父为子隐，子为父隐”(《论语·子路》)，让父亲替儿子隐瞒错误，让儿子替父亲隐瞒错误，把严重的虚假视为美德的“直”，这有颠倒是非之嫌。在新时代，一定要把相互隐瞒错误这一歪风纠正过来。还有，中国封建社会遗留下来的为了面子而死不认错的习惯，不仅是自己害自己，还会使自己的错误越来越大，若是掌权人，则会害了公众和政权，是需要迅速革除的。其实，真正拥有健康人格的人，就像鲁迅那样敢于自我解剖，敢于当众割尾巴。

无错未必真君子。我同意罗·勃朗宁的这句话："完美无缺本身就是一种缺陷"。近代伟大的科学家爱因斯坦和思想家、经济学家卡尔·马克思，他们虽然伟大，却不是圣人，也会犯错误。被誉为"20世纪最伟大的科学家"的爱因斯坦，他曾提出引力波是不可能存在的论断，后来他很快发现自己的观点不对，便坦率地公开承认了自己的错误。爱因斯坦承认自己的错误并没有妨碍他是世界上最伟大的科学家之一的名誉和信誉，反而让我们看到了他在科学上实事求是的正确态度。卡尔·马克思是革命家、思想家，是伟人，体现在他所从事的革命事业和思想、著作的精神高度上，但是马克思在估计革命形势和制定革命方略时，对拉萨尔等人的批评都有过失误，但这并妨碍他仍是世界革命导师。

追求完美无缺本身就是错误。追求十全十美的人，其错误在于排斥了超拔之才。十全十美是不存在的，真正的完美无缺反而不美，人不是最完美的动物，嗅觉的灵敏度不如狗，眼的灵敏度不如猫，胆量不如虎豹，灵活性不如猿猴，翱翔不如山鹰，泅水不如海豚，但这正塑造了有意识的人。

人不可能不犯错误，但可以按规律办事，尽量少犯错误。一旦犯了错误，闻过则喜，知错即改，不要犯两次同样性质的错误，最好是不犯别人犯过的错误。这样，错误会使我们健康成长。正如改革开放中的敢于试错，是一种改革的勇气和智慧的展现。在根本方向、基本原则确定后，中国改革发展的未来有很多可能性。很多问题要找到适合国情的解决方案，没有现成的答案，必须依靠不断试错，在"从错误中学习"的过程中寻找解决方案。实践告诉我们，一部改革开放史，就是一个不断试错的过程。试错也是在践行"实践是检验真理的唯一标准"。邓小平在改革开放的初期就坦然主张"坚决地试"：

“证券、股市，这些东西究竟好不好，有没有危险，是不是资本主义独有的东西，社会主义能不能用？允许看，但要坚决地试。”

至于纠错方法，中国共产党创造了批评和自我批评的民主生活会方式，在学习马克思主义理论和党的文件的基础上，检查自己的思想和工作，开展批评和自我批评，发现缺点和错误，发扬优点和正确方面，总结经验教训，最终达到“团结—批评—团结”的目标。这种方法在一般状态下是有效的，但也存在因高层权力过大而导致批评与自我批评流于形式的隐患。在西方的两党制下，在野党和执政党貌似能相互制约，但实际上两党都代表资本家和上层社会，比如美国两党都代表占美国人口 1% 的华尔街资本集团的利益，99% 的人民是无法从本质上纠错的。

修错的最佳方法是建立符合具体情况的容错纠错机制。构建容错纠错机制是一项开创性工作，其标准也不可能简单地量化，必须在实践中进一步探索和完善。但有一个前提是要确定怎样辨别错与非错，错与非错的标准应该确定。善为道德之本，非善是错误的，善则是正确的。那么确定善的内涵就是十分关键的了。我们可以采纳中国战国时期哲学家墨子的方法：“兴天下之利，除天下之害”（《墨子·兼爱》）。也就是说，能按客观规律、法律和规则的要求办事并符合人民利益者为正确，违背客观规律、法律和规则，违背人民利益者为错误。这是做事底线、法律底线、道德底线。

错误是正确的先导，让错误迅速转化为正确的是智者，固守错误而不知纠错的是蠢人。故古人云：“过而不悛，亡之本也”（《韩非子·难四》）；“过而能改者，民之上也”（《国语·鲁语上》）；“过，则勿惮改”（《论语·学而》）。

40 论补短

人有所短，群体也有所短，国家也有所短。补短，不是要“泥鳅黄鳝扯得一样长”，而是着力弥补一个人、一个群体（企业）、一个国家在其特色领域、超常领域、先进领域的发展中存在的短板，让特色更鲜明、优势更加突出、发展更加顺畅。补短，绝不是什么短处都去补，那是蠢人所为。因为什么短处都去补，就永远补不上短，空耗一生。

短，即短处、缺点。补短，顾名思义，就是弥补其短处，改正其缺点。我们这里谈的“补短”有三层含义。

第一层含义是“短而不补”。矮个子与高个子相比，其短能补吗？跛脚与正常脚相比，其缺点能补吗？鹳鸟与燕雀相比，其足短能补吗？中国战国时期的诗人屈原，在他的《卜居》中就把这个问题说得十分清楚了：“尺有所短，寸有所长；物有所不足，智有所不明。”如果我们让尺或寸补其短，那还能叫尺或寸吗？所以，有些“短”不需要补。

第二层含义是“需补才补”。经济管理学中有个“木桶理论”，即木桶通常是由许多块木板箍成的，盛水量也是由这些木板共同决定的。若其中一块木板很短，则此木桶的盛水量就被短板所限制，这块短板就成了这个木桶盛水量的限制因素（短板效应）。若要使此木桶盛水量增加，只有换掉短板或将短板加长。有些管理者把“木桶理论”拿来随处去套，这必然会犯机械唯物主义的错误。有人在搞农村现代化时以城市化为标准，结果是害农伤农；有许多家长不以孩子的真正兴趣为准绳，盲目补各种“兴趣班”，结果是孩子不仅食而不化，反而厌学；如此等等。其实“木桶理论”中的短板，是能影响全局的短板，这不仅需要补，而且必须补。但非战略性的、不影响全局的短板就不一定要补。就“木桶理论”而言，若桶中水量正符合需要，补其短板不仅浪费水，而且会对只需短板水量的对象造成灾害，故“需补才补”。有些情况下我们甚至可以视短板而不顾，因为此时我们的长处决定我们的水平，把自己的长处发挥到极致，然后与人协作，就会获取成功，这反而是最好的补短。

第三种是“有短必补”。这里所说的“短”，是属于影响全局、影响前程、影响现在和未来的“短”。所以，有此“短”必补，而且要迅速地补，及时地补，稳妥地补，结合人情、企情和国情来补，切不可盲目，更不可只要速度而不顾客观规律地补，做到一补见效。

美国科学缘何能在当今世界独占鳌头？据诺贝尔科学奖官方网站上的一组数据：1901—2002 年，在自然科学方面，共有诺贝尔科学奖获得者 829 人，其中美国人就占到了 24.8%。1983 年和 2006 年诺贝尔科学奖两度被美国包揽。诺贝尔科学奖不考虑地区、种族和国家，只遵循科学研究的原创性发现这一最根本的原则。显然，在科学原始创新方面，我们有短板。这个短板是怎样造成的呢？我认为这主要是因为应试教育扼杀了青少年的想象力和创造力。还有一个具体的因素是，美国普遍实行本科通识教育，其课程主要包括人文、社会、自然三个方面的内容。他们本来的目的是向学生传授广博的知识，使学生能够在现实生活中生活得更丰富多彩，更有意义。而实际效果则是符合培养大师级创新人才的规律，因为多元知识结构会诱发出多元的创新思维。而我国高中课程却一度采用文理分科，与通识教育无缘；而大学本科阶段也以专业课程为主，与通识教育绝缘。教育方面的短板、缺陷若不及时改变和弥补，必将拖我国迈向科技大国的后腿。

补短板必须结合国情，盲目地去补短，结果只能是短处更短。在中国近现代发展史上就有极为痛心的教训，“全盘欧化”“一边倒”都让我们吃了大亏，致使短板更短。在改革开放中，邓小平既吸取世界优秀文明成果，又坚决以中国国情为基点选择性地吸收，创造性地建设中国特色的社会主义，实行有指导的市场经济，结果取得了巨大成功。改革开放只历经了 40

余年，我国就从一穷二白跃居为世界第二大经济体。据英国《快报》等媒体报道，英国智库经济与商业研究中心发布的 2019 年版世界经济排行榜预测，到 2032 年，中国将超过美国成为世界第一大经济体。这就是按照自己的国情吸取世界优秀文明成果为己所用的补短效应。

宋人胡宏曰："自高则必危，自满则必溢"（《胡子知言・大学》）。我们敢于补自己的短板，善于补自己的短板，就能变落后为先进。补短是一条通向光明的康庄大道。

40.1 从钱学森之问到任正非命题

华为公司创始人任正非在接受采访时，言谈间最为关注的却是教育，他说中国将来和美国竞赛"唯有提高教育，没有其他路"。而当将目光投向教育时，这位企业家毫不掩饰自己的深重忧虑。他这样问："我们有几个人在认真读书？博士论文真知灼见有多少呢？"任正非的命题无意间回答了钱学森多年前的问题：为什么我们的学校总是培育不出杰出人才？任正非有一句话特别引人警醒："一个国家的强盛，是在小学教师的讲台上完成的。"小学、中学是培养人才的摇篮，我们应该怎样以现代理念和方法培养这些孩子，让他们成为实现中华民族伟大复兴的主力军？为什么许多有条件的家长要让孩子出国求学，我们的教育差在哪里？为什么没有多少人在认真读书？为什么我们的博士论文中真知灼见并不多？笔者曾写了一本《答钱学森之问》（中国经济出版社 2011 年版），言犹未尽，现根据任正非命题以一短文表述。

卓越的科学家钱学森和卓越的企业家任正非，从不同的视角、不同的经历、不同的思路却得出了同样的结论：中国当今最大的短板是教育。若我们当今的教育跟不上伟大时代的步伐，必将拖伟大时代的后腿。中国的教育工作者应有紧迫感，正如鲁迅所言："杀了'现在'，也便杀了'将来’——将来是子孙的时代。”[①]从钱学森之问到任正非命题，可谓警钟长鸣。当我们说提高教育质量的时候，我们应以怎样的方式培养人？我们希望培养什么样的人？

我们的教育问题出在哪里？出在基础教育失去了创新的灵气，一开始就被应试教育的阴影笼罩着。天真的孩子被沉重的作业负担磨掉了灵气，到了高中，刚步入青年时期的青年人的灵气似乎被轰毁了，他们同他们的家长、老师、校长一起在习题大战中为分数拼搏、玩命，哪还有什么灵气？我们常常听到教育界有人以我国基础教育水平高而为荣，殊不知，失掉灵气的基础教育有什么值得夸耀的呢？况且它还潜伏着更大的危机，到了大学，孩子们既找不回灵气，又不知道除了考高分还能有什么目标，博士生和硕士生大都会从事低风险但很难有独创性的研究工作。

我们希望培养什么样的人？学校、教育部门、社会以及媒体都在热捧“状元”尖子，而有一份调查报告显示：1977—2008 年 32 年间的 1000 余位高考“状元”中，没有发现一位是做学问、经商、从政等方面的顶尖人才，他们的职业成就远低于社会预期。显然，我们的教育以成绩而不以创新论英雄，这是不正确的教育方法，也是不正确的培养目标。

当今中国的教育不需要改良，而需要革命。要革应试教育的命，立人本教育；要革墨守成规教育的命，立个性化教育。中国的教育革命需要一个突破口，它的核心就是创新，它的目标就是培养会思考、会创新的德才兼备的下一代！比如被称为基础教育指挥棒的中国高考，就以高考作文来说，往年命题很少触及深层次的思想。2019 年的高考作文命题虽接触现实，有一定进步，但那只算是改良。中国是具有思想传统的国家，在语文考试中浓缩哲学思辨不是很有必要吗？

高考应既给考生留下充分展现个性的空间，又能充分考查学生的思想。仅以法国 2012 年哲学高考试题为例，每位考生可在 3 个题目中任选一题，考试时间为 4 个小时。文科类试题：①人们通过劳动获得什么？②所有信

① 鲁迅．鲁迅全集：第 1 卷［M］．北京：人民文学出版社，1981：420.

仰都与理性相悖吗？③解释斯宾诺莎《神学政治论》的节选段落。理科类试题：①我们是否有寻求真理的义务？②没有国家我们是否会更自由？③解释卢梭《爱弥尔》的一个节选段落。社会经济科类试题：①是否可能存在天生的欲望？②工作，是否仅为了有用？③解释乔治·贝克莱《消极服从论》的一个节选段落。我们再与我国高考作文题《暖》《明天》《幸福的一天》等相对照，可充分地感受到我们只需要考生的“情感”宣泄，而且这种“情感”是熟背“范文”所得，让考生的个性思想远离。当前的高考几乎抛弃了思想在中国文化传统中的崇高地位，作为教育管理者和工作者，我们都要引起重视。

40.2　营造学派和大师共生的生态环境

学派孕育大师，大师需要学派。一个科技创新强国，它不仅需要大师林立，更应该学派纷呈。因为一个科技繁荣的社会，它必然是学派与大师共生的生态环境。为什么是这样呢？因为学派的建立以及成败兴衰，必须有三个前提，缺一不可。一是要有一个有影响、有威望的大师级的学术帅才；二是要有一部或数部反映这派观点的传世之作；三是要有一大批围绕学术领头人的、有一定学术水平的人才，这一群体必须忠实地宣传、发扬、光大本学派的学说。这三点，既是学派形成的游戏规则，也是学派成员必须维护的游戏规则。

学派与大师分离、缺乏学派的争鸣和碰撞是中国学术生态的短板。拿中国哲学史来说，由于缺少学派的争鸣和碰撞，使中国哲学史的编撰工作越来越缺少哲学味；由于缺少学派的批评，中国哲学史越来越缺少严格的科学论证。从20世纪初到现在，有人从尧舜编起，又有人从西周春秋开始，似乎哲学越古越有民族自豪感。有人把佛教编入中国哲学史，虽然冯友兰、张岱年两位先生声明中国哲学史不写佛教，因为佛教是外来的，是宗教而非哲学，但由于缺少学派批评，这两位哲学大师的这一思想不能成文流传于世。20 世纪 80~90 年代，中国哲学史一改唯物主义与唯心主义的斗争史，而成为儒家思想的历史。由于缺少学派批评，这种将儒家思想的主体建构搞成伦理学而非哲学的现象至今仍然存在。在类似史的编撰上，我国古史问题的讨论就形成过西周封建论派、春秋战国封建论派、秦汉封建论派、魏晋封建论派，这些不同学派的互相争鸣和碰撞，大大推动了中国古代史的研究。在古史各学派的讨论过程中，很自然地就涌现出了翦伯赞、郭沫若、范文澜等这样的史学大师。我国地质学界也曾有过地质力学派、断裂与断块大地构建学派、地壳波浪状镶嵌构造学派、地洼学派、地槽多旋回构造运动学派、板块构造学派，从而极大地推动了我国地质学的飞跃和发展。就因为我国地质学各学派的互相争鸣、碰撞，才涌现出了世界级的地质学家李四光。他创立了新兴学科地质力学，并打开了中国第四纪冰川地质研究的大门。他否定了国际权威“中国大部分是陆相地层，不可能储藏石油”的论断，确认我国新华夏系的沉降带中含有石油，为我国石油勘探和石油开发做出了巨大的贡献。

不同学派之间既是同行，又是竞争对手。因此，学派之间始终要保持一种竞争态势，才能激发出无限的生命力。学派发展进而形成系统的、比较完整的学说或假说，随着学说和假说的发展会出现新概念并衍生出新学科。学派成熟的标志在于其原创性的逐渐发展和自主创新的稳步推进，因为这是学派竞争力强弱的主要标志。

学派与大师共生有两种情况：第一种是同时代中相互影响而产生的不同学派，如春秋战国时期的孔子是儒家学派的创始人，而同时代的墨子早年曾习儒术，因不满其“礼”烦琐，另立新说，聚徒讲学，徒属遍天下，形成墨家学派；又比如古希腊的亚里士多德曾是柏拉图的学生，最后也另立学派。第二种是经过几代人的酝酿，而诞生的同一学派的大师，如孔子与孟子、老子与庄子等。

因此笔者坚信，几代以后，中国会出现钱学森派大师、潘菽派大师、费孝通派大师等。他们都是有影响、有威望的大师级的学术帅才，他们分别有反映本派观点的传世之作，钱学森的《工程控制论》、潘菽的《心理学简札》、费孝通的《江村经济》，这就为未来钱学森派大师、潘菽派大师、费孝通派大师的诞生奠定了基础。

40.3 “精准脱贫”是一个系统工程

中国的脱贫成就是人类历史上最大的社会变革之一。中国改革开放至今，7 亿多人口脱贫。习近平总书记反复强调“坚持精准扶贫，精准脱贫，切实做到脱真贫、真脱贫”[①]。要实现“脱真贫，真脱贫”，就应“精准脱贫”，把“精准脱贫”当成一个系统工程来抓，不能头痛医头，脚痛医脚。

为什么要把“精准脱贫”当成一个系统工程来抓呢？比如某村某家按世界银行最新标准来衡量已经脱贫了，假如家中有人突患大病，出现“救护车一响，一年猪白养；住上一次院，三年活白干；十年努力奔小康，一场大病全泡汤”的现象，那不是“真脱贫”，这也涉及农村医疗制度问题。又比如假如全村人人收入都达到了小康水平，年终一算，村民的腰包有钱了。可有钱以后就开始赌博，好些人输个精光，又成了穷光蛋，这不是“脱真贫”，说明村风民俗不正，它也影响小康的稳定。再比如村里都相信一个“种子公司”，用它的种子可获“高产”，结果全是假种子，全村都颗粒无收，这也不是“真脱贫”，是因为种子不安全。再比如土地污染、水污染、农村教师紧缺、住房简陋、搞宗法迷信等诸如此类，即使人人经济上脱贫了，能算是“真脱贫”吗？显然不能。所以，我们抓“精准脱贫”要用“系统思维”而不是“工程思维”，要把“精准脱贫”当成一个系统工程来抓。

“精准脱贫”作为一个系统工程，涉及方方面面的元素，但只有一个核心，其他元素都要围绕着这个核心旋转。那么“精准脱贫”系统的核心是

① 选自求是网 2022 年 6 月 16 日发表的文章《最深的牵挂——习近平总书记与脱贫攻坚的故事》。

什么呢？那就是农民，而且是不同于小农经济时期的“现代农民”。如果要给“现代农民”下定义，笔者认为最为确切的定义应该是研究中国农村问题的资深专家、已故学者杜润生的定义：农民应变成个“自由人”。杜润生这个估计是正确的：农村改革取得了令人瞩目的成就，但改革还有巨大的潜力，希望改革能够使农民进一步走出封建社会和自然经济残余的阴影。我们提倡家庭经营，就是要使农民成为独立的商品生产者，自己能够和社会交往，在市场经济条件下，形成一种自主权的联合。过去集体农庄式的联合，农民没有自主权。农民应该既有自主权，又能相互合作，共同抵御自然灾害的侵袭，共同参与市场竞争，避免孤军作战，弱肉强食。这个过程就是先让农民具有独立性，变成个“自由人”，最后形成“自由人”的联合。农民有了经济上的自主权，政治上也应有相应的民主权利，要摒弃一切歧视农民的做法，使农民变成有完整权利的公民。我们不该仅把两只眼睛盯着粮食、蔬菜、肉类的供给，简单地把农民当成一个供给者。杜润生研究中国农村和农民很多年，他的这一席看法是很重要的，对中国农村改革也有重要意义。

农民要成为“自由人”，土地制度改革是核心问题之一。推进农地“三权”分置是农业改革的当务之急。农村改革应充分重视“中国农村改革之父”杜润生的思路：一要增强农民财产与农业生产要素的流动性。二要保障农民享有充分而平等的权利。杜润生生前告诫，“大跃进”教训必须铭记，建设新农村不能动摇家庭承包制。在“三权”分置改革上，即所有权、承包权和经营权三项权利分置，重在放活经营权，即流转土地经营权。经济是摆脱贫困的前提，经济上没有摆脱贫困，则一切都是空谈。中国在脱贫方面取得的成就，已经得到世界银行的认可。根据世界银行 2012 年的一篇研究文章，以每人每天 1.29 美元的贫困线标准，中国已经使贫困率从 1981 年的 84% 下降到 2005 年的 18%。世界银行称，得益于经济高速增长和改善最穷地区民生的各项政策，从 1990 年到 2015 年，中国已经使 7.3 亿人摆脱了极端贫困。因此，2015 年时生活在贫困中的人数已经下降到 5500

万人。世界银行设定的全球目标是到2030年消除极端贫困，但中国在2020年消除极端贫困。外媒记者在中国乡村感受脱贫与振兴，实地考察湖南农村，在长沙以北30千米处的开慧村，农妇林怡德和丈夫过去是贫穷农民，靠养猪为生，收入不稳定，每头猪只能挣几百元，猪有时候会生病死掉。由于2017年实施了“乡村振兴计划”，这个鲜花盛开的原生态村落变成了生态旅游胜地，水稻和蔬菜在那里旺盛生长。林怡德的家庭以及该地区其他1195个家庭已经摆脱了贫困。开慧村的成功经验还在浔龙河村得到复制。浔龙河村种水稻和蔬菜的农民有1800人，2009年时当地人均年收入仅2000元，现在人均收入达到8万元①。

经济上脱贫了，精神文化上没有脱贫，这样的脱贫不仅不完整，而且也会使经济脱贫无法持久。中国农民是最勤劳、最淳朴、最能吃苦的阶层，但几千年来落后的自然经济及农业生产和宗法式的家族关系以温情脉脉的方式培养着人的依赖性，这曾为历代封建集权统治准备了最广大、最深厚的温床。当今新时代，2亿多农民工通过在城市大生产中磨炼，成为改造和影响农村长期宗法式的家族关系的主力军之一。加之农村发展集约化、现代化，中国农村开始真正在精神上向现代文明方向发展。但由于封建的宗法思想及人际关系根深蒂固，农村的“人情债”已成为脱贫致富的障碍。笔者曾在四川南江县和重庆城口县调查时发现，农民工春节返乡，送礼攀比风盛行，你送5万，我就送10万，有人甚至借债送礼，以彰显家族的“荣光”，弄得人人谈“礼”色变；人情消费，成了百姓不能承受之重，这种情况在贫困地区更加突出。20世纪80年代以前，谁家婚丧嫁娶，亲朋好友买些锅碗瓢盆、枕巾被套聊表心意；进入90年代，谁家乔迁新居、孩子生日，送上20元、50元足矣。但到了21世纪，礼金已被扭曲，成为衡量感情厚薄、关系深浅的标尺。由于精神虚浮加之攀比之风，房子建得高高大大，即使住的时间不长且多余的房间空着；红白喜事日益繁复奢华，为

① 参考马来西亚《星期日星报》2019年6月16日发表的文章。

了排场热闹甚至引入低俗内容；生活消费领域争相攀比，即使一年开不了几天车也要买辆车放着；酒席的档次水涨船高，大鱼大肉、好烟好酒，宁可吃不了让客人打包“兜着走”。这样下去，即使脱贫了也有返贫的隐患。另外，有学者在农村调研，发现赌博已经主导了很多农民的生活，农闲进“茶馆”带“彩”打牌已成部分农民的生活习惯。与此同时，还要警惕封建迷信沉渣泛起，如算命、巫师治病造风水等。这些情况与现代农民和现代农村是格格不入的，这也提醒我们在追求物质脱贫的同时，还要重视精神上的脱贫。

乡村创造出乡土文化，它发端于农业劳动和农村生活，它总是带着浓厚的生活气息、纯朴敦厚的情感，因此它往往成为一国文化的发源地，也是文化的根。民间艺术和农村教育是农民精神文化的两大支柱。值得警惕的是，中国农村戏剧、戏曲正在消失，在村庄间流动演出的戏班子很难招收到新学徒。因为学习戏曲的费用很高昂，但是演出的所得却很微薄，这令很多年轻人打退堂鼓。农村教育是中国当前最大的短板。“三农”问题是我国经济发展的根本问题。中央希望依靠农村拉动内需，促进经济发展，提高近8亿农民的收入和生产力，出台多项土地改革和农村开发方案等战略举措。一些地方政府纷纷发消费券来影响内需，却很少从战略角度关注农村教育问题。

解决“三农”问题，教育是根本，农民是乡村教育的主体。加强农村教育，第一要重视农民知识化。广大农民亟须的不是识字，而是学科技、学农学、改良品种，学怎样将优质高产的农产品推向市场；第二要让现代学校进村庄。现代学校进入村庄不过百年历史，从村庄的层面上看，学校是村庄的文化中心，是村庄文化传承的纽带，学校与村庄相互影响，相互作用，相得益彰。众多乡贤也是学校中有名望的教师。但村庄学校逐渐消失，村庄的文化高地不在，村庄文化脉络的维系受到重创。目前，农村教育已成中国教育这个大“木桶”最短的短板。农村教育资源形成了虹吸效应，越往上越厚实，越往下越贫瘠。农村教育发展的核心因素是师资，乡村留个年轻教师难上加难。在长期的“城市取向”的价值主导下，农村教育“去农村化”突出，这样使农村教育失掉了自我，很不利于城乡双向交流。农村教育应避免同质化，让乡村教育回到乡村，提高乡村教师的薪酬水平和社会地位，并把“贫瘠”的留守儿童变成“富矿”。

生态兴农创造中国最美村落。繁荣发展是一把“双刃剑”，国家统计数据显示，每年因环境污染死亡的有 40 万人，每年的环境损失占国内生产总值的 8%~12%。世界银行的估计也是如此，这相当于每年损失 1240 亿 ~ 1860 亿欧元。所以，中央再三强调“绿色繁荣”。习近平反复强调要树立“绿水青山就是金山银山”的强烈意识，努力走向社会主义生态文明新时代。因此，我们对土地污染、大气污染和水污染绝不能忽视，特别是看不见的土壤污染，它具有缓慢性和隐蔽性，被某些重金属污染的土壤可能要数百年时间才能恢复。现代科学研究已经证明，人体的健康与地表水、土密切相关，人体血液中的各种化学元素的平均含量和地壳中各种元素的浓度非常相似，这是在漫长的岁月中，人类与环境不断进行物质和能量交换的结果。人体中不管缺少哪一种元素或哪种元素受到污染，身体健康都要受到影响。所以，我们要善待环境，让每个村落都像中国的园林。

要“精准脱贫”，就要确保粮食安全。首先要牢牢守住 18 亿亩耕地这一红线，但没有质量的数量是不可靠的，我们应在保证数量的同时以科技手段确保粮食安全。中国科学院、中国工程院院士石元春谈道：长期以来，我国粮食的增长，农业和农村经济的发展是以对资源的掠夺式利用为代价的。如吉林的黑土层越来越薄，原来有一到两米，现在最薄处已经裸露黄土了。我国必须推行“紧缺资源替代”技术，即通过科技和人力资本的集约化投入，提高资源生产率或以非常规性水土资源对常规性水土资源进行替代，以突破紧缺资源的约束。例如在农地灌溉方面，水资源替代的方式主要有提高灌溉水、作物自身水、自然降水利用率以及非常规水替代四个方面。通过多途径用水的技术解决方案，到 2020 年，我国水资源替代潜力可达到 1380 亿 ~1670 亿立方米。灾后自救和粮食安全问题还向我们提出警示：不能让种子“断子绝孙”。在种子杂交化、转基因化的今天，政府要帮助农民保留一些常规种子，这不仅是农业避灾的需要，也是国家安全的需要。另外，出于国家安全的需要，还要高度警惕跨国公司在中国实行种子控制。农业专家李昌平认为：“即使有超级稻技术，如果国外把你的技术挖走，超级稻的技术也会被国外公司垄断。现在的种子战略是商品化、杂交化、转基因化，可能会导致种子主权落到别人的手中。”[①]

① 参考《国际先驱导报》2011年10月21日发表的文章《超级稻难破解外粮入侵难题》。

参考文献

[1] 易经［M］. 北京：北京大学出版社，1989.

[2] 老子 . 道德经［M］. 北京：上海古籍出版社，1989.

[3] 孔子 . 论语［M］. 北京：中华书局，1978.

[4] 孟子 . 孟子［M］. 北京：中华书局，1978.

[5] 庄子 . 庄子［M］. 北京：中华书局，1978.

[6] 晏子 . 晏子春秋［M］. 北京：中华书局，1978.

[7] 孙子 . 孙子兵法［M］. 北京：中华书局，1978.

[8] 黄帝内经［M］. 上海：上海科学技术出版社，1983.

[9] 诸葛亮 . 诸葛亮兵法［M］. 长沙：岳麓书社，1991.

[10] 司马迁 . 史记［M］. 北京：中华书局，1982.

[11] 刘安 . 淮南子［M］. 北京：中华书局，2012.

[12] 班固 . 汉书［M］. 北京：中华书局，2005.

[13] 王充 . 论衡［M］. 上海：上海人民出版社，1974.

[14] 马克思，恩格斯 . 马克思恩格斯全集［M］. 北京：人民出版社，1998.

[15] 毛泽东 . 毛泽东选集［M］. 四卷本 . 北京：人民出版社，1964.

[16] 邓小平 . 邓小平文选：第三卷［M］. 北京：人民出版社，1993.

[17] 习近平 . 习近平谈治国理政：第二卷［M］. 北京：外文出版社，2017.

[18] 鲁迅 . 鲁迅全集［M］. 北京：人民文学出版社，1981.

[19] 钱学森 . 创建系统学［M］. 太原：山西科学技术出版社，2001.

[20] 潘菽 . 心理学简札［M］. 北京：人民教育出版社，1984.

[21] 张岱年 . 文化与哲学［M］. 北京：教育科学出版社，1988.

[22] 匡亚明 . 孔子评传［M］. 济南：齐鲁书社，1985.

[23] 任继愈 . 任继愈谈中国哲学发展史［M］. 北京：石油工业出版社，

2018.
[24] 梁漱溟 . 东西文化及其哲学 [M] . 北京：中华书局，2013.
[25] 柏拉图 . 柏拉图对话集 [M] . 王太庆，译 . 北京：商务印书馆，2004.
[26] 亚里士多德 . 亚里士多德全集 [M] . 苗力田，等译 . 北京：中国人民大学出版社，1991.
[27] 爱因斯坦 . 爱因斯坦文集 [M] . 许良英，等译 . 北京：商务印书馆，1979.
[28] 史蒂芬·霍金 . 果壳里的宇宙 [M] . 吴忠超，译 . 长沙：湖南科学技术出版社，2006.
[29] 史蒂芬·霍金 . 时间简史 [M] . 许贤明，吴忠超，译 . 长沙：湖南科学技术出版社，2010.
[30] 亚当·斯密 . 国富论 [M] . 杨敬年，译 . 西安：陕西人民出版社，2001.
[31] 康德 . 康德三大批判合集 [M] . 邓晓芒，译 . 北京：人民出版社，2009.
[32] 卢梭 . 卢梭文集 [M] . 李常山，何兆武，译 . 北京：红旗出版社，1997.
[33] 笛卡尔 . 笛卡尔思辨哲学 [M] . 尚新建，译 . 北京：九州出版社，2004.
[34] 罗利建 . 现代基础管理与大同文化：下册 [M] . 深圳：海天出版社，2002.
[35] 罗利建 . 运动哲学：探寻看不见的第一推力 [M] . 北京：中国经济出版社，2013.

跋

34年前，我出版了第一本著作《中国行为科学导论》。著名科学家钱学森看了这本书，给我写了一封亲笔信，在信中与我平等探讨，并称我为“教授”。我看信后诚惶诚恐，因为我当时连“讲师”都不是，甚感力不相配。这事我没告诉任何人，不过我暗自下决心要在学术上努力精进。

34年过去了，我虽然无大的成就，至今已到耄耋之年，但仍在努力。我用了30年积累，花了6年写成《中国古典哲学导论》，算是用尽了老年之力。在本书写作及出版的过程中我得到了家人及编辑的大力支持，在此表示衷心的感谢。

在我与病魔抗争并奋力写作的2022年，我几乎全年都住在医院。记得有次住院时，同病房有几位患者是农民兄弟，他们对我坚持在病床上写作很是支持，令我欣慰不已。其中有个屠宰师傅说：“我也有几个朋友是教授，一退休就散了架。要是咱们的大学教授都像你一样，国家就更有希望了。”这一席话一直激励着我在病中坚持完成本书稿，我至今都十分感激他的鼓励。

“嘤其鸣矣，求其友声。”

是为跋。

罗利建

二〇二三年一月

中国古典哲学导论

【下册】

美学篇 伦理篇

罗利建 著

企业管理出版社
ENTERPRISE MANAGEMENT PUBLISHING HOUSE

图书在版编目（CIP）数据

中国古典哲学导论．下 / 罗利建著．—北京：企业管理出版社，2022.12
ISBN 978-7-5164-2812-2

Ⅰ.①中… Ⅱ.①罗… Ⅲ.①古典哲学－研究－中国 Ⅳ.① B21

中国国家版本馆 CIP 数据核字（2023）第 008660 号

书　　名：中国古典哲学导论：下册
书　　号：ISBN 978-7-5164-2812-2
作　　者：罗利建
策划编辑：赵喜勤
责任编辑：赵喜勤
出版发行：企业管理出版社
经　　销：新华书店
地　　址：北京市海淀区紫竹院南路 17 号　　邮编：100048
网　　址：http：//www.emph.cn　　电子信箱：zhaoxq13@163.com
电　　话：编辑部（010）68420309　　发行部（010）68701816
印　　刷：北京厚诚则铭印刷科技有限公司
版　　次：2023 年 11 月第 1 版
印　　次：2023 年 11 月第 1 次印刷
开　　本：710mm × 1000mm　1/16
印　　张：31.75 印张
字　　数：466 千字
定　　价：198.00 元（上下册）

序

道之所存，心则安之

这是《中国古典哲学导论》的下册：美学篇、伦理篇。

在中国古典美学、古代伦理学的多种多样的范式中，差不多可以找到以后各种观点的胚胎、萌芽。本书遵循中国古典美学、古代伦理学之脉络，分别设定40个美学、伦理学范畴和命题，并适当渗入西方美学元素，再结合中国现实国情论之，以期达到古为今用之目的。

老子曰："天下皆知美之为美，斯恶已；皆知善之为善，斯不善已。故有无相生，难易相成，长短相形，高下相倾，音声相和，前后相随。"美学之长河，碧波滔滔，研究艺术之美、自然之美、生活之美，乃是美学的一大要务。中国几千年历史遗存下来的丰富美学思想，需要传承、需要丰富、需要发展。

孔子曰："德不孤，必有邻。"良好的道德风尚是文明社会必备的基本条件，因为它是个人和社会的关系在社会道德生活中的表现。古人留下的道德传统是何其丰富的矿藏，需要我们后辈批判继承、发掘和发扬。

本书对此是一个尝试，以期起到抛砖引玉之效。我信奉鲁迅的这句话："什么是路？就是从没路的地方践踏出来的，从只有荆棘的地方开辟出来的。"

是为序。

罗利建

二〇二二年三月

目录

美学篇

伦理篇

美 学 篇

1 论道器

思想为文学艺术之统帅。无头蜻蜓能飞多远？缺乏思想的文艺怎可久长？古今中外的文艺史上，凡没有思想或思想浅薄的文艺作品，即便它辞藻华丽，有多少传世之作？它们终归会被历史所淘汰。萌芽于先秦，形成于两汉，至魏晋六朝达到全盛的骈文，最终在中国浩大的散文海洋中成了颓浪，为何？就是因为骈文过分讲究藻饰、文辞华美，也注意驱典用事，并以四六骈偶为主的句式构成骈文形式的韵律美，但不重思想的体现，即便文辞也体现某种思想，通常也都是浅薄的。梁以后的骈文“意浅而繁，文匿而彩，词尚轻险，情多哀思”，是“亡国之音”（《随书·文学传序》）。此等只重衣衫不重血肉之躯的骈文，怎能流传下来呢？从文论的美学视角来看，骈文害了“缺少道器”之病。故明末清初的文学家王夫之在《姜斋诗话》中云：“无论诗歌与长行文字，俱以意为主。意犹帅也。无帅之兵，谓之乌合。”“意”是诗歌的灵魂和统帅，也是一切文学艺术作品的灵魂和统帅。

“道”美吗？当然。它是客观的存在，是客观规律的展现，是最高的绝对的美。春来万物复苏，夏来百花盛开，秋来硕果累累，冬来万物收藏，这都是“道”之使然。初来人间呱呱坠地，少年时活泼贪玩，青年时展露才华，老来硕果累累，这也是“道”之使然。山水相依，草木葱茏，阴晴圆缺，吐故纳新，这也是“道”之使然。故中国古人称“道”为“大美”：“天地有大美而不言，四时有明法而不议，万物有成理而不说”（《庄子·知北游》）。

“器”美吗？当然。它是客观规律的外化，是彰显规律的有形事物或名物制度。春夏秋冬四季景物的纷繁变化和精彩演绎，幼少壮老的精彩人生，人际交往中的尊老爱幼，乃至人们的发明创造，都是“器”的展现。山清水秀、鸟语花香、硕果累累、众志成城，这也是“器”的展现。故中国古人称“器”为美：“夫美也者，上下、内外、小大、远近皆无害焉，故曰美。若于目观则美，缩于财用则匮”(《国语·楚语》)。

“道”与“器”，同于一物，不可分割。就如人的身和影，更确切地说，“道”体现在人身上，是人的生长发展规律，虽然看不见，却时时在制约、影响、决定着人的发展态势；“器”体现在人身上，就是这个人所展现出的精、气、神。所以，“道”作为规律，它在一个事物的发展变化中是形而上的，“器”作为规律所衍生的发展变化的有形事物或名物制度，它在一个事物的发展变化中是形而下的。体现规律的“道”时时在制约、影响、决定“器”的发展态势；“器”所彰显的发展态势又反映出规律的巨大作用。因此，“道”是“器”之基础；而“器”彰显了“道”之规律，会产生巨大的力量。“道”在“器”中，“器”在“道”中。“道”离不开“器”的展现，“器”离不开“道”的约束、指导。“道”是魂，“器”是魄，二者不可分。

就文艺作品来说，“道”是价值观，“器”是文艺作品。有什么样的文艺作品，就反映出什么样的价值观。《诗经·硕鼠》之所以长久流传而不衰，不仅缘于它优美的韵律和铿锵的节奏，更在于它所体现出的奴隶们对奴隶主和不公平的奴隶社会的有力控诉；《诗经·关雎》之所以脍炙人口长久流传于世，不仅是因为它的小巧优雅、朗朗上口，更在于它体现了人们追求自由恋爱的心境；屈原的《离骚》之所以是我国浪漫主义诗歌之滥觞，不仅是因为它丰富的想象力和激情，更在于它体现了忧国忧民的爱国情怀。《硕鼠》表现对奴隶主和奴隶社会不公平的控诉，是诗之“道”；而它铿锵有力的韵律和节奏是诗之“器”；《关雎》体现出的追求自由恋爱的心境是“道”，而它的小巧优雅、朗朗上口是“器”；《离骚》体现出的忧国忧民的爱国情怀是“道”，而它的浪漫主义的表现手法是“器”。可以看出，凡是优秀的文艺作品，都具备这样的条件：一是其“道”和“器”不可分离；

二是“道”正“器”高。汉代司马相如是文艺界公认的自屈原之后的《楚辞》继承人，但他的代表作《子虚赋》和《上林赋》，从艺术表现来看继承了屈原《离骚》的传统，但《子虚赋》写的不过是诸侯之事，《上林赋》彰显皇权的文治武功，这种“道”的品位，使司马相如的作品降为《楚辞》中的二流作品。从“道”和“器”的视角看，汉代还有一个值得我们关注的特别现象，就是风骚之后的汉代诗歌，流传至今的是民间俚曲——两汉乐府。而在426年中文人歌伶只流传下古诗十九首，这是为什么？因为当时的文人在“道”上出了问题。同样的原因，导致明清543年的历史长河中，文人诗流传下来的也寥寥无几。

作为一个文学艺术工作者，想要在事业上成大器，首要任务是解决“道器”问题。最早提出“道器”这对范畴的是老子，“朴散则为器”（《道德经·第二十八章》），他认为“道”在“器”先。《易·系辞上》：“形而上者谓之道，形而下者谓之器。”也认为“道”在有形“器”物之前。宋代开始对“道器”关系展开争论。北宋程颢说：“形而上为道，形而下为器，须著如此说。器亦道，道亦器”（《二程遗书》）。他虽然认为“道”不离“器”，但仍分别形而上和形而下，以形而上为“道”，亦即以“道”为本。程颐认为一切事物皆存其所以然，此所以然是事物之根本，即为“道”，并强调阴阳之气受形而上的“道”支配。南宋朱熹对“道器”做了详细论述：“凡有形有象者，皆气也。其所以为是器之理者，则道也”（《与陆子静书》）。又以理气概念解说“道器”：“理也者，……生物之具也”（《答黄道夫》）。“道”是物之本，但生物须有气，气为生物之具。明清之际的王夫之认为形而上的“道”和形而下的“器”统之乎一形，均由阴阳一气所派生，“道”即“器”中。

因此，“道器”不仅是哲学范畴，也是美学范畴，而且应该是中国美学的首要范畴。“道器”美学范畴的确立，是一个文艺工作者应该首先明确的方向，以“道”为本，即要按客观规律办事，确定正确的价值观，然后通过自己擅长的文艺载体，施展自己的才华，才会有成大“器”的可能。否则，就只能成为玩弄文字的诗人，到头来灰飞烟灭。所以，有人主张“无道”的“纯文学”“纯艺术”，那是在自我毁灭。

中国古代哲人就提出一些处理“道器”关系的可行举措，值得当代文艺工作者借鉴。

第一，“文以载道”。宋代周敦颐的《通书·文辞》中说：“文所以载道也。”他认为“道”是文学艺术的本源，文学艺术是表现，是传达社会人伦之道的工具。在“文以载道”观的基础上又形成了“诗言志”的传统，其从内容上概括了先秦文学，特别是《诗经》的特点。“诗言志”的“志”，是指志向、意志和愿望，显然属于“道”的范畴。“诗言志”在《诗经》中体现得最为充分。《诗经》共收入自西周初期至春秋中叶约500年间的诗歌305篇。中国的先祖已经采用诗歌来反抗黑暗的世道，对抗极不公平的奴隶主。在周王朝统治的音乐《雅》中，有大量针砭时弊、怨世忧时的作品。《小雅·十月之交》通过自然灾异而警告当权者，《大雅·荡》则把批判的矛头直接指向了最高统治者周王，以商朝的覆灭给他敲响了警钟。来自民间的《国风》直接反映了下层民众的思想、感情和愿望。

第二，乐由天作。这是指乐应该按天的法则作成，可以说是“道器”这对美学范畴的具体化。《礼记·乐记》说：“乐由天作，礼以地制。过制则乱，过作则暴；明于天地，然后能兴礼乐也。”明确提出礼乐制作应当按天地的主张。认为天地相荡，阴阳相摩，各种事物的运动、融合、转化孕育了乐。这与我们当今提倡文学艺术家应深入生活是一致的。“圣人作乐以应天，制礼以配地，礼乐明备。天地官矣”。音乐应法天地，以音乐之和反映天地之和。“乐者，天地之和也”。《礼记·乐记》在这里反映的“乐由天作”虽然谈的是音乐，但它也适合整个文学艺术。《礼记·乐记》在提出“乐由天作”的同时，还提出“乐和民声”，即乐具有调和人们声音的社会作用。《礼记·乐记》指出：“礼节民心，乐和民声，政以行之，刑以防之。礼乐刑政，四达而不悖，则王道备矣。”它继承了儒家以“和”为最高理想的思想。提出“乐者治心”“乐者敦和”。体现在“善民心”“感人深”“移风易俗”，亦体现在调和人的喜怒哀乐之情，使人的感情和平。

第三，爱人如己。一个文艺工作者，在运用“道器”这一美学范畴时，不仅要讲“文以载道”，而且应该给这个“道”赋予“爱人如己”的内涵。“爱人如己”是墨子提出来的，他认为爱人应“兼”而不应“别”。这与自爱不爱人、损人利己的观点相对立，体现了墨子“兼爱”原则的根本特征。他提出的“兼爱”的行为原则和“兴天下之利，除去天下之害”的社会理想，应成为文艺家“文以载道”的主要内涵。

第四，兴、观、群、怨。这是孔子在诗的美感的基础上分析诗的社会作用时提出的。兴，由诗之美而激发出情感，或悲，或喜，或哀，或乐；观，与自己的审美观深度共鸣，与自己的价值观高度共鸣；群，让群情共振，使之从个性化到共性化；怨，由此使读者或作者的情感得到宣泄。故孔子曰：“《诗》，可以兴，可以观，可以群，可以怨”（《论语·阳货》）。

文学艺术应展现时代精神，文学艺术家应反映社会现实，这是文学艺术产生美感的基础。

1.1　文艺的灵魂——思想

思想是魂，文艺是魄；思想是刃，文艺是刀。有魄无魂的文艺，有刀无刃的文艺会是什么样，不言而喻。文学艺术有无生命力，关键在于是否拥有闪光的思想。

我们在文艺作品中时时能感受到思想，但它又看不见、摸不着，因为它是形而上的。这个形而上，它时刻隐藏在文艺这个形而下之中。有着闪光思想的文艺作品，就有可能成为脍炙人口的名著；没有思想深度的文艺作品，尽管它有华丽的辞藻、精巧的结构、新颖的故事情节和奇特的表达方式，但它永远成不了脍炙人口的名著。高尚的思想造就高尚的文艺作品。

文艺作品的思想性不能理解为抽象的思想说教，它是艺术的思想内涵，是具体蕴藏在艺术形象之中的全部思想意义。其中既有作者渗透在作品形象中的思想感情和认识评价，也包括作品中所描写的客观生活本身固有的思想意义。屈原的《离骚》全篇贯穿了诗人忧国忧民、为追求真理而宁死不屈的思想，以香花幽草象征诗人高洁的品质，以众女嫉美比喻群小的嫉贤妒能，以皇舆比国家，以规矩比法度，构成色彩斑斓、奇特生动的艺术形象，又以神奇的幻想使各种神话传说、历史人物、日月山川、风云雷电、鸾凤虬龙勾画出一幅泣天地的美妙而感人的图景，从而把诗人高远的政治理想、高洁的品质和不屈不挠的斗争精神表达得淋漓尽致。《离骚》使高尚的思想融于绚丽的艺术之中，思想提振了艺术，艺术彰显了思想，是文艺作品中“道”与“器”结合的范例。现代画家徐悲鸿的《群马图》为什么闻名中外？画家在《群马图》画上题“鄂北大捷豪兴勃发”，反映了画家作画时为民族解放战争的胜利而感到无比欢欣的心情，表达了“哀鸣思战斗，迥立向苍苍”的思想。这种深沉的情感和思想是以英俊的骏马形象来表达的：六匹正在草地上奔跑的野马，它们个个膘肥体壮，昂首扬鬃，四脚腾空，嘶鸣飞跃，显示出了健美雄壮的神姿，给人以激昂慷慨、意气风发的艺术感受和凌云腾跃、所向无敌的气势。借物寓情，画家所要表达的思想尽在奔马之中。

我们从“道器”美学范畴来观察文艺的特殊社会职能，可以看出文艺所体现的一种规律：任何一种社会意识形态（包括文艺作品），之所以能产生并长期流存，是因为它能满足人类社会的某种需要。文艺作为一种相对独立的社会意识形态，自产生之后一直受到人们喜爱，成为人们日常生活中不可缺少的精神食粮，是因为人能从中获得美感享受，受到美感教育。纵观古今中外的名著，其都饱含深刻的思想，一些资产阶级美学家、文艺家常常企图否定文艺的这种思想教育功能，这显然违背了文艺发展的历史事实。如果文艺真正抛开了任何功利目的，那么文艺的末日就到了。14~16世纪，欧洲新兴资产阶级掀起了反封建、反教会神权的思想文化运动——文艺复兴运动。在文学艺术领域，达·芬奇、米开朗琪罗、拉斐尔等杰出画家，一反中世纪死板呆滞、神奇虚幻的艺术传统，代之以生动活泼的写实精神和个性化表现；倡导主流人文主义思想，曾先后出现许多伟大作家和优秀作品，如意大利诗人但丁的诗歌《神曲》、薄伽丘的小说《十日谈》，法国拉伯雷的小说《巨人传》，西班牙塞万提斯的小说《堂·吉诃德》，以及英国莎士比亚的系列戏剧。这些作品，或讴歌青年男女的爱情与现实人生的美好，揭露封建教会的虚伪与贵族僧侣的腐败；或抨击经院教育与封建法制，批判骑士制度和骑士文学；或反暴君、反封建割据，斥责金钱关系，鞭挞利己主义。大都以深刻的思想内容、高度的艺术概括、自由的结构形式、包罗万象的人物形象、生动活泼的民族语言和民族风格，在文艺复兴中发挥了巨大的思想教育作用，并体现了人文主义思想，为欧洲工业革命和科学革命奠定了坚实的人文基础。可以说，没有一大批、一系列人文主义的优秀作品在欧洲问世，就不会有欧洲文艺复兴。所以，古今中外的文艺史不可辩驳地证实：文艺具有特殊的职能，那是因为文艺是社会生活的能动反映。

文艺是一种社会现象、精神现象，所以它也是一种社会意识形态。社会意识形态属于上层建筑范畴，故文艺又是上层建筑的一部分。它由一定的经济基础所决定、所制约，反过来又为一定的经济基础服务。因此，文艺表现出两个特点：一是文艺作品的思想性有高低之分，这取决于作者的世界观进步与否、对生活反映得是否深广，特别体现作者思辨力的高低。《红楼梦》与《镜花缘》同是清代小说，前者光彩夺目，以新颖进步的思想内容和高度的艺术创新精神，打破了传统的思想和方法，在思想性和艺术性上都取得极高的成就；而后者则是人物形象不鲜明，用大量篇幅议论说教，论学谈艺，数典谈经，枯燥乏味。二是要正确认识阶级社会中的文艺。阶级性并非文艺固有的特点，它只是阶级社会中文艺特有的属性。文艺的阶级性之所以值得重视，是因为迄今为止，人类发展的历史就是一部阶级斗争史。例如《水浒传》和《荡寇志》都写农民起义运动，前者令人信服地表现了“官逼民反”的故事，后者则站在封建统治阶级的立场，把农民起义视为土寇造反，两者迥然不同。《水浒传》的作者施耐庵深刻地揭露了封建统治者及其爪牙的腐败、贪暴和残忍，热情赞颂了被压迫人民的反抗精神和高尚品质，而《荡寇志》的作者俞万春站在封建统治阶级的立场，为了抵消《水浒传》的积极影响而写同类题材，污蔑水浒英雄，务使斩尽杀绝而后快。关于文艺的阶级属性，在这里体现得非常鲜明。

苏东坡赞韩愈“文起八代之衰”（《潮州韩文公庙碑》），文艺要重振历代之衰象，首先要使文艺重获力量，蕴含闪光的思想。

1.2 《乐记》中呼之欲出的古典美学范畴

约成书于战国时期的《乐记》，相传有二十三篇，以十一篇编入《礼记》。虽然著者无定论，但它却是中国第一部古典美学著作，其影响力可见一斑。《乐记》最大的成就应该是其中呼之欲出的古典美学范畴。

所谓范畴，是指反映事物本质和普遍联系的基本概念，而美学范畴，则是反映美的本质和普遍联系的基本概念。先秦诸子百家已提出了一些美学范畴，但较为零散。魏晋南北朝时期产生了系统的中国古典美学范畴特别是体现在陆机（261—303 年）的《文赋》和刘勰（约 465—约 532 年）的《文心雕龙》之中，可以肯定地说，陆机和刘勰能提出系统的美学范畴，得力于战国时期的《乐记》为他们铺平了理论道路。也就是说，《乐记》为魏晋南北朝时期系统美学范畴的形成铺就了奠基石，其理由如下。

一是形成了美学范畴“道器”的胚芽。

《乐记》从不同角度论述了艺术与政治的关系，强调音乐必须受政治、伦理的制约。《乐记》强调要使音乐成为社会教育的工具：“乐也者，圣人之所乐也，而可以善民心，其感人深，其移风易俗，故先王著其教焉。”乐，是圣人所喜爱的，它可以使民向善，它可以感人至深，它可以改变民情民俗，所以先王特别强调乐教。《乐记》强调用礼、刑、政与乐一起安定社会，使国家大治。“移风易俗，莫善于乐”，有关这方面的论述，贯穿于

《乐记》全书，是儒家艺术（音乐）思想的核心。它在后世被称为“乐教”。孔子认为“为政”必须“兴礼乐”，“成人”必须“文之以礼乐”，判断艺术（音乐）则强调艺术（音乐）内容的善，要求做到“思无邪”“乐则韶舞”“放郑声”。《乐记》反复强调“乐统同”职能，即乐的功用在于统一人心，因为“‘乐者，乐也’。君子乐得其道，小人乐得其欲。以道制欲，则乐而不乱；以欲忘道，则惑而不乐。是故君子反情以和其志，广乐以成其教，乐行而民乡方，可以观德矣”。《乐记》从美学“道器”的高度来观察艺术（音乐）的社会功能。音乐，就是快乐。君子乐在得到仁义之道，小人乐在满足欲望。用仁义之道来节制欲望，就能享受快乐而不迷乱；为了欲望而忘却仁义之道，就会迷乱而享受不到快乐。所以，君子去除淫逸之情，恢复天赋善性，以调和心志，推广正乐以成就教化。音乐推行了，人们就向着正道前行，这样就可以观察君子的高尚德行了。由此可见，《乐记》中已经形成了“道器”美学范畴的胚芽。

二是形成了美学范畴“缘情”的胚芽。

“缘情”出自西晋文学家陆机，他在《文赋》中说：“诗缘情而绮靡”，第一次把美学概念“缘情”提了出来，继后不断丰富升华，“缘情”逐渐成熟并形成了中国古典美学范畴。陆机的“缘情”说，显然是受了《乐记》中有关美的内容的影响。《乐记》开篇从艺术（音乐）的本体论出发，强调艺术（音乐）表现不同的感情。情由心生，心感于物。“凡音之起，由人心生也。人心之动，物使之然也。感于物而动，故形于声。声相应，故生变，变成方，谓之音。比音而乐之，及干戚羽旄，谓之乐”。《乐记》正确地看到了美的本质是隐藏在美背后的决定着人们心理活动的东西，这就是情感。音缘起于人心。人心的活动，是外界事物触发的结果。有感于外界事物而心动，所以用声表现出来。不同的声彼此应和，所以产生变化，把声的变化按一定的规律表现出来，就称作“音”。排列这些音，而且配上乐器演奏，并持干、戚、旄跳舞，就称作“乐”。西方美学界较早认识到情感是美学的科学基础的是18世纪德国的鲍姆加登（1714—1762年）和康德（1724—1804年），而《乐记》的“缘情”说出现于中国战国时期，竟比西方早了2000年，若从陆机提出的“缘情”说算起，也比西方早1500年。可惜，由于种种原因我国没有发展出以“缘情”为中心的美学体系，被后来的西方超越了，令人惋惜。

这里要特别指出的是，我国先人在缺乏现代心理学知识的情况下，也发现了人与动物（兽）的不同：“是故知声而不知音者，禽兽是也。”古人把宫、商、角、徵、羽五音相杂，谓之“音”，能形成音乐；而单出谓之“声”，不能形成音乐。知音，也就是能从音乐中体察感情，能做到这一点的只有人。这个发现也是了不起的。

三是形成了美学范畴“中和”的胚芽。

《乐记》强调中和之美：“乐者为同，礼者为异。同则相亲，异则相敬。乐胜则流，礼胜则离。合情饰貌者，礼乐之事也。”乐是为了和合情感，礼是为了区别差异。情感和合就能彼此亲近，区别差异就能互相尊重。乐如果过度就会轻慢不敬，礼如果过度就会疏离失和。显然，《乐记》倡导的中和之美与孔子倡导的“允执厥中”是一致的。

关于中和之美，《乐记》还提出以动静增其美感：“乐由中出，故静；礼自外作，故文。”乐是内心产生的，礼是外表反映的。乐从内心产生，所以就平静；礼在外表反映，所以就显现文采。

《乐记》形成的“道器”“缘情”“中和”三大美学范畴的胚芽，为老庄美学理论中“自然”“气韵”“清真”三大美学范畴奠定了基础，也为中国古典美学范畴奠定了基础，充分反映了中国古典美学有别于西方美学的诸多特点。

《乐记》成书于战国，当时正是封建君主制初期，新兴地主阶级是统治阶级，代表那个时期统治阶级的意识状态，因此，包含美学思想的《乐记》也存在较大的局限性，主要表现在以下两个方面。

第一，《乐记》宣扬封建君主的“礼”，以此来强调封建等级制。把封建君主等级制说成是天定："天尊地卑，乾坤定矣。卑高以陈，贵贱位矣。"显然，封建士大夫在写《乐记》时也铭记封建等级制。

第二，《乐记》强调文艺的特殊社会职能时，搞"泛道德化"，以礼乐教化为中心的道德理性把礼乐无限地夸大："礼乐之极乎天而蟠乎地，行乎阴阳而通乎鬼神，穷高极远而测深厚。"说礼乐上达于天而下至于地，行于阴阳之间，与鬼神相通，穷极高远，探测深厚。致使文艺的教化作用因无限夸大而走向它的反面。

1.3 为何宋代以后的文人普遍缺乏哲学思辨力

思辨力既可以反映一个文人的骨力，也会反映一个文人的逻辑推理能力。回顾中国文艺史，自宋代以后，特别是明清 500 年间，大多文人缺乏哲学思辨力。

我们这里讲的思辨，不是那种只从先天原则和纯思辨观点去研究自然界和社会问题的笛卡尔、黑格尔式的"玄思哲学"，而是指借助概念进行理念思维的思辨个性。这种思辨能使我们形成去伪存真、由表及里、去粗取精的思辨能力，从而铸就不可多得的思辨个性。

为什么中国宋代以后的文人普遍缺乏哲学思辨力？原因有三。

原因一：宋代程颢（1032—1085 年）、程颐（1033—1107 年）和朱熹（1130—1200 年）理学的重要观点是"存天理，灭人欲"。二程和朱熹把封建秩序说成是不可侵犯的"天理"，"天理人欲，不容并立"（《孟子集注·滕文公上》），还说"孔子所谓'克己复礼'……只是教人明天理、灭人欲"（《朱子语类》卷十二），程颐甚至把"男女尊卑之序"比作"天理"，把解决温饱问题比作"人欲"，谓寡妇贫穷不能改嫁，"饿死事极小，失节事极大"（《二程全书·遗书二十二》）。此等禁欲主义主张竟影响中国后世千年，并成为封建地主阶级的正统思想，它不仅主张灭绝人性的正常欲望，而且抑制了中国商品经济的发展，使中国的商品经济失去了原动力，极大地推迟了中国资本主义的萌芽和发展。而对于这个极为重要的大是大非问题，千年来却很少有文人提出反对或异议，只有在1919年“五四”运动前后，我们才看到这种积极的曙光。这又反衬出当时中国文人之孱弱，他们大多甘心做封建卫道士。禁欲主义在宋代以后，特别是明清时期成了主流思想，它直接对文人产生影响，制约了文人的创造性和想象力。加之科举考试的八股文，更加约束了明清两代文人的思想，从哲学根底上造成明清文人哲学思辨力的贫弱。

原因二：从春秋战国时期中国古典美学的发端到魏晋南北朝时期中国古典美学的展开，我们可以看到老子、孔子、庄子、孟子、管子、荀子等的美学思想和他们的哲学思想一样，光照千秋。那时，中国美学还没从哲学中分离出来。到了魏晋南北朝后期，中国古典美学已从哲学中分离出来，美学家的文论纵横捭阖，光彩照人。例如曹丕的《典论·论文》，嵇康的《声无哀乐论》，陆机的《文赋》，顾恺之的“画论”和《魏晋胜流画赞》，宗炳的《画山水序》，王微的《叙画》，谢赫的《古画品录》，刘勰的《文心雕龙》，钟嵘的《诗品》，等等。而中国古典美学范畴也大多是在这个时代产生的。从思维视角来看，春秋战国和魏晋南北朝的美学家们，都富有哲学思辨力。按文化发展规律，应该是后浪推前浪，美学文论的后继者在中国古典美学的发展中应该更加光辉灿烂。但现实令人大失所望，中国古典美学的发展黯然失色，一蹶不振。最具代表性的莫过于金圣叹和王国维。明清之际著名文学理论批评家金圣叹（1608—1661年），他一生的主要活动和兴趣是点评书，曾对《水浒传》《西厢记》《离骚》《庄子》《史记》及杜甫诗进行评点，合称为“六才子书”，计划一一加以点评。虽然金圣叹对作品的艺术鉴赏能领异标新，穷幽极微，但仅是读后的感悟，不成系统，更不能形成体系，七零八落，实际上也突显其哲学思辨力的贫弱。清末著名学者、文学评论家王国维（1877—1927年）在康德、叔本华思想的影响下，写出一系列文学、美学和其他方面的文章。其代表作是《人间词话》，此书在继承前人研究成果，特别是吸取西方美学理念的基础上，大大发展了

“境界”说，并以“境界”为中心论述了词学理论中的许多问题，见解新颖。但文中有些主张也体现了其哲学思辨力的贫弱：①仍然没有跳出“点评”的框框，不成系统，更不成体系；②主张“主观之诗人，不必多阅世。阅世愈浅，则性情愈真”。一个没有丰富生活经验的作者，他的作品怎么会是上乘的？

原因三：文人的个人素养。这一时期王国维最为耀眼，就以王国维为例。25 岁的王国维读康德的著作时“苦其不可解，读几年而缀”，“知力苦寒”，“将西方巨匠作标尺，量出自身的薄弱”，他认为自己无力独创一个哲学（美学）系统，也无心治哲学（美学）史，他说：“以余之力，加之以学问，以研究哲学史，或可操成功之券。”但他认为那是“第二流之作”，因为“余之性质，欲为哲学家则情感苦多，而知苦寡”。王国维的这种哲学思辨力的贫弱在许多中国文人身上都能看到。

值得引起重视的是，金圣叹、王国维等的“点评风”也影响到现代作家。如钱钟书的《谈艺录》和《管锥编》也是点评式的读书心得，就作者自身的才华来看，其完全可以以体系作文，但他没有这样做，令人扼腕。

2 论情缘

美的本质是什么？是情感。它是隐藏在美的背后的，决定着人们能够将客观事物称为美的东西。任何艺术美，若脱离了情感体验，就成了匠人所造的空壳；任何自然美，若脱离了情感美，就丧失了灵魂。关于情感是文学艺术美的核心，西晋时的陆机第一个提出了“诗缘情”的理论观点。他的“情缘”说标志着文学艺术主要从注重教化功能的目的论向注重美感的本质论转变，他也是世界上最早发现美感的本质的人。可惜，受时代条件所限，陆机没有把以情感产生的美感形成系统的美学。

陆机《文赋》云：“诗缘情而绮靡”，阐明了诗歌重于表现情感和动人以情的特征，是对先秦时代“诗言志”的发展和飞跃。南朝梁代刘勰的《文心雕龙》提出的“为情而造文”以及唐代白居易的“根情”说，明代汤显祖的“情生诗歌”说，清代龚自珍的“尊情”说，都充实并扩充了“情缘”说的内容。这一美学观，对于推动中国诗歌和各门类艺术的创作和批评具有重要的理论意义。特别是对中国美学寻到了正确的发展方向。

“缘情”美学观产生在西晋，但它的胚芽萌发于战国末西汉初期。也就是说，“缘情”美学观形成于战国，成熟于西晋。因为成书于战国时期的《乐记》就很明确地提出：“凡音之起，由人心生也；人心之动，物使之然也。”这明确说明了音乐（艺术）美感产生的原理：物使人心动也。特别值得注意的是，《乐记》具体指出了情感对产生美感（音乐）的关键作用：“乐者，音之所由生也，其本在人心之感于物也。是故其哀心感者，其声噍以杀；其乐心感者，其声啴以缓；其喜心感者，其声发以散；其怒心感者，其声粗以厉；其敬心感者，其声直以廉；其爱心感者，其声和以柔；六者非性也，感于物而后动。”西汉刘安（公元前179—公元前122年）所编的《淮南子》也认为“哀者闻歌而泣”，歌与人的情感是一致的。但战国和两汉时期，“缘情”这类美学观还不占主流，其主流是“诗言志”。到了魏晋南北朝（265—581年），人们越来越清楚地认识到了文学艺术主情这一特征，陆机提出表现情感审美观的“情缘”说，刘勰在他的《文心雕龙》中也多次讲到“情”，如“志足而言文，情信而辞巧，乃含章之玉牒，秉文之金科矣”；“情动而言形，理发而文见”；“吐纳英华，莫非情性”；“文质附乎性情”；“情动而辞发”；“因情立体”等。他认为没有感情的作品，一定没有感人的魅力，“繁采寡情，味之必厌”。一部文艺作品，不仅要形象感人，更要以情动人，没有感情的形象，是苍白无力的形象。

情感是美学的基础，中国西晋的陆机在中国的文学艺术理论史上第一次提出表现感情的美学观念——“诗缘情”；18世纪，欧洲的鲍姆加登确立了美学的基础是情感，并首次把它定为一门科学——美学。德国康德的《判断力批判》和黑格尔的《美学》（三卷本）至今仍然是西方美学的高峰。

既然情感在美学中起着至关重要的作用，加之中国从西晋起确立了“情缘”说，那么文学艺术的美学方向是否可以用“情缘”说取代“言志”说呢？孔颖达为解决这一矛盾，在《春秋左传正义》《毛诗正义》等著作中把两者融合为一：“情、志一也”。显然，这种解释有牵强附会之嫌。文学艺术中的“志”，即志向、意志、愿望，这是文学艺术的魄，是不可用“情”取代的。而“志”也不可取代“情”，“情”是文学艺术作品的魄，是文学艺术的美学特征的根本表现。用“志”取代“情”，就会使文学艺术作品有魂无魄；若用“情”抹杀“志”，就会使文学艺术作品有魄无魂。我们可以想象，有魂无魄或有魄无魂的文学艺术作品会是什么样。所以，有志于文学艺术并想成大器者，必须坚持“志”“情”兼得的美学原理。

美的情感与一般情感有关，但又与一般情感不同，不同在于：美的情感体验已经包蕴了美意识。这种观点怎么进一步解释呢？现代生理学和心理学研究表明：情感体验与意识都产生得比较晚，是人类所特有的，从个体发展来看，情感体验是到了一定阶段才产生的，它总是与人的高级社会性需要相联系。因此，美的情感体验一开始就具有美意识；如果没有美意识渗入情感体验之中，这种情感就会立即转为动物性的情绪。情绪是机体受到生活环境中的刺激时，生物产生的暂时的、较剧烈的反应或体验，它是和有机体的生物（生理）需要相联系的体验形式，如喜、怒、哀、乐等，带有明显的情境性质。情绪与情感在活动上的区别在于：情绪不渗入意识，它有独特的生理机制，除大脑皮层的主导作用外，大脑皮层以下的部位如丘脑、下丘脑、边缘系统、网状结构等都起着特定的作用；情绪活动不是有机体对现实对象和现象本身的反应，而是由客观现实是否满意对象的需要所引起的喜、怒、悲、惧等感受。而情感体验却不同，愉快不愉快，轻松不轻松，满意不满意，爱或恨，欢喜或悲痛，舒畅或沮丧，惊叹或不屑，赞美或贬斥以及快乐或烦闷等情感都包蕴了个人的美意识，这种包蕴了个人美意识的情感体验就与普通的、一般的情感不同。

确认了美的情感体验的基本特征，就自然消除了康德在这方面产生的“二律背反”尴尬，也剔除了黑格尔将美绝对化的理论基础，即剔除了要么强调意识或理性在美的产生中的绝对作用，要么恢复鲍姆加登和康德关于情感是美学的基础的论断。由于情感一旦发生就意味着有意识的作用。我们在强调美意识（包括理性）在美和美感中的作用时，就不用再去排斥美的基础——情感；我们在强调情感是美的本质时，也就不用再去排斥意识范畴的美意识，包括美的感知、美的表象、美的想象，以及审美理性这些属于心理学的认识活动范畴的东西。

这样一来，我们可以理直气壮地表述感知、表象、想象及理性等属于“知”的美意识范畴，在产生美和美感中起重大作用。由于美的情感一发生，它便包蕴了这些美意识范畴，是主体对审美对象的一种反应，是人类审美实践中的一种精神现象，是情感体验中的感知、表象、想象、理性等与情感体验同时产生并形成审美心理，然后再通过共鸣、意象、通感及移情等心理活动，共同构成了美和美感的通道。可以说，美和美感产生的过程，实际上就是构成美的情感体验中审美的知、情、意三者互相作用、互相通达、互相渗透及转换的过程。

由于美的情感体验本身包蕴着美意识，属于意识（知）范畴的感知、表象、想象及理念就包蕴在情感体验中，于是，感知（感觉和知觉）则是美和美感产生过程中情感体验的最初形态，它就成了美和美感的直觉性的基础。在美的情感体验中，表象的重要作用也是不能忽略的，因为表象是人的心理活动过程中产生的各种形象，美和美感中的感知所形成的直觉映象、联想、想象、意象都是以表象为基础的。在美的情感体验中，康德发现的想象力的作用也不可忽视。因为想象是在外界的刺激下，大脑中的现实映象与过去形成的表象重新配合，从而产生事物的新形象的过程，联想与幻想也参与其中。我们也不能忽视黑格尔提出的“理念”在美和美感产生过程中的重要作用。由于人的美的情感体验已经包蕴了意识中的“理念”，也就是包含着判断、考察和审视之意；具体来看，在情感体验中，调动自身的美意识而对美、不美或丑进行鉴定和鉴赏，要通过认识、评价、鉴赏等心理活动，从而产生美和美感。

2.1 汉斯立克不应动摇音乐的根基——情感

爱德华·汉斯立克（1825—1904年）是奥地利评论家、音乐美学理论家。由于深受黑格尔漠视情感美学的影响，他的具有广泛影响力的代表作《论音乐的美》中提出“美的事物不需要产生什么情感效果”，这就直接剔除了音乐及一切文学艺术的精髓。汉斯立克的这一主张若只是个人学术观点也就罢了，但它却在西方音乐界至今影响很深，成为欧美“经院音乐”的理论基础，有的人还把汉斯立克推上“神坛”。为了音乐及文学艺术的健康发展，有必要至少简要地对汉斯立克的美学观点进行批判。

汉斯立克提出“美的事物不需要产生什么情感效果”①，这一美学观点笔者不敢苟同。鲍姆加登首次把美学正式作为一门独立的科学，并且提出这门科学的名称是“Asthetik”，也就是现在通称的“美学”。1750年他发表的一部重要著作，便以《Asthetik》为名。鲍姆加登认为，人的心理活动既然有知、情、意这三个方面，那么也就应当有三种科学来研究它们。理性认识（知）是逻辑研究的对象，伦理学则研究意志，只有感性认识方面的情感没有一门专门的科学对它进行研究。因而，他主张建立一门研究感觉和情感的科学，使之成为哲学中的独立对象、内容和任务，把使感性认识完善作为这门科学的目的，而感性认识的完善在他看来也就是美。因此，这门科学实际上便是以美的方式去思维的艺术，也就是关于美的艺术的理论。

① 参考人民音乐出版社1980年出版的《论音乐的美》第14页。

由于鲍姆加登最先使用“美学”这一名称，西方通常把他作为美学这门科学的创始人。康德与鲍姆加登一样，认为人的心理分为知、情、意三个部分，他的美学著作《判断力批判》的第一部分专门研究“审美判断力的批判”，其实就是一般所谓的美学问题。鲍姆加登和康德所肯定的感性认识方面的情感由专门的美学对它进行研究。也就是说，从科学的视角来看，情感与美学密不可分。汉斯立克主张“美的事物不需要产生什么情感效果”，从美学的科学视角来看，这是错误的。

汉斯立克是音乐美学理论家，而他提出的“美的事物不需要产生什么情感效果”从音乐实践看来也是错误的。有人曾这样评论贝多芬的《命运交响曲》：“贝多芬就是在这部交响曲上成为一个巨人的”。他的这首交响曲为什么这么成功？这是因为作品以最简洁有力的音乐语言，抒发了对自由、平等、博爱的热烈追求，展示对最后胜利的欢呼。对于这种炽烈情感的表达，作者曾这样说：“命运来敲门的声音，就是这样的。”可以说，贝多芬的《命运交响曲》获得巨大成功，关键在于贝多芬惊人的毅力和顽强的斗志在音乐中的真情流露。而贝多芬的其他成名作皆饱含作者的炽烈情感：只有具有火山爆发般的情感才能创作出《热情奏鸣曲》；贝多芬失去听觉后寄情大自然，热爱大自然，因而创作出《田园交响曲》。情感是贝多芬创作的灵感来源，他在创作的道路上，须臾也离不开情感的拨动。同样，肖邦的《B 小调钢琴奏鸣曲》的第三乐章是《葬礼进行曲》，1930 年波兰发生了华沙起义，次年革命失败。肖邦在法国巴黎怀着对波兰无比的热爱与崇敬，以及对起义中牺牲的英雄们的深切悼念，用自己的心血和泪水谱写了这首庄严的奏鸣曲。可以肯定地说，如果肖邦没有这种炽烈的爱国爱英雄之情，他写不出这样的《葬礼进行曲》。

因此，无论是从科学理论视角来看，还是从音乐实践视角来看，汉斯立克的“美的事物不需要产生什么情感效果”的美学观点不仅站不住脚。汉斯立克宣称“形式即内容”，别无其他内容。显然，汉斯立克主张的是“纯音乐性”。这是明显违背辩证法的。因为音乐或艺术的形式与内容是一个问题的两个方面，形式是为了表现内容，内容依赖于形式。离开了内容的形式，就不是音乐而只是音；离开了形式，内容也不复存在。在这方面，我国两千多年前的《乐记》就已经做出了总结："乐者，音之所由生也，其本在人心之感于物也。是故其哀心感者，其声噍以杀；其乐心感者，其声啴以缓；其喜心感者，其声发以散；其怒心感者，其声粗以厉；其敬心感者，其声直以廉；其爱心感者，其声和以柔。"乐，是从音产生的，它的根源在于人心感应外界的事物。因此，当哀伤的心有所感应时，发出的声音是急促而衰弱的；当欢乐的心有所感应时，发出的声音是开朗而畅达的；当愤怒的心有所感应时，发出的声音是刚直而廉正的；当爱慕的心有所感应时，发出的声音是和美温柔的。中国先人对音乐情感的这段描写，已充分说明汉斯立克的"形式即内容"是站不住脚的。因此，汉斯立克不应动摇音乐的根基——情感。

2.2 嵇康《声无哀乐论》的是与非

嵇康（224—263年），三国时期魏国著名哲学家、文学家和音乐家，"竹林七贤"之一。《声无哀乐论》是他的一篇重要的美学论文，主要阐述"声之与心，殊途异轨，不相经纬"的心声二元说。嵇康认为音声只有"自然之和"，即音的单复、快慢、高低等变化与协调，人听音乐之所以发生不同的情感变化，不在于音乐作品的内容本身，而在于人们主观上预先有了一定的情感。

嵇康反对"心戚者则形为之动，情悲者则声为之哀"以及"声使我哀，音使我乐"的观点。他认为，"五色有好丑，五声有善恶，此物之自然也"。自然的声音只有善恶的区别，即好听不好听的区别，而同哀乐的情感无关。他认为音乐和自然的声音一样，也只有好听不好听的区别，而与哀乐的情感无关："夫殊方异俗，歌哭不同；使错而用之，或闻哭而欢，或听歌而戚。然而哀乐之情均也。今用均同之情而发万殊之声，斯非音声之无常哉？”嵇康认为由此就证明了音乐和哀乐的情感是无关的。

嵇康也说音乐是人们喜爱的，但是他认为音乐对人的影响是因为音乐具有形式美，而不是因为音乐具有情感内容，所谓“宫商集比，声音克谐，此人心至愿，情欲之所钟”，所谓“声音和比，感人之最深者也”。那么人的哀乐的情感是怎么产生的呢？嵇康认为是由于人事的变化所引起的。他说：“夫哀心藏于内，遇和声而后发。和声无象，而哀心有主。夫以有主之哀心，因乎无象之和声而后发，其所觉悟，唯哀而已。”他认为，哀乐的情感是因人事变化而引起的，本来就藏在人的内心，只不过因为音乐和声的触发而表现出来了。音乐本身并不能使人产生哀乐的膨胀感。因此，嵇康的结论是：“声音自当以善恶为主，则无关于哀乐。哀乐自当以情感，则无系于声音。”

嵇康的这一观点似乎与西方的汉斯立克的思路有相同之处，由此也可以看出他们否定音乐具有情感特质所犯的错误有共同性：一是漠视情感美学的科学性；二是忽视现实中音乐存在哀乐的实际情况。嵇康否定音乐具有哀乐情感的错误也与汉斯立克相同，即只承认形式美。关于嵇康否定乐（诗歌、音乐、舞蹈）具有哀乐情感，我们无需搜寻太多证据来反驳，只看嵇康生活的魏晋时期的诗赋，其中就充满着哀乐之情。曹操的“对酒当歌，人生几何？譬如朝露，去日苦多”（《短歌行》），写出了他的伤乱、怀人、感时，钟嵘在《诗品》中评价道：“曹公古直，甚有悲凉之句”。曹植的“弦急悲声发，聆我慷慨言”（《杂诗》之六），“慷慨对嘉宾，凄怆内伤悲”（《情诗》），“怀此王佐才，慷慨独不群”（《薤露行》），这些诗句，难道没有充满哀乐之情？而且曹植在其《赠徐干》一诗中已表明：“慷慨有悲心，兴文自成篇”。作为曹操、曹植之后的嵇康，他应更熟悉这些有“悲心”的诗，他的“声无哀乐论”就站不住脚了。

嵇康的美学论文《声无哀乐论》虽有片面性，但对当时流行的音乐生于人心和《乐记》夸大艺术的社会作用现象，则做出了难得的否定和批判，并对民间音乐加以肯定，只是他批判的武器没有掌握好。

2.3 为什么黑格尔的《美学》会黯然失色

黑格尔（1770—1831 年）的《美学》是欧洲美学发展史上影响非常大的一部著作。该书在作者生前并未出版，作者死后，由其学生格斯达·霍托根据手稿、讲义及听课笔记整理编辑成书，于 1835—1838 年出版，共三卷四册。书的内容分为三部分：第一部分讲美的概念和美学的一般基本原理；第二部分讲象征艺术、古典艺术和浪漫艺术三个时期辩证发展的历史过程与每个时期的特点；第三部分分别论述与上述三个时期相应的各种艺术，即建筑、雕刻、图画、音乐和诗，重点在诗，即人们一般所了解的文学（语言艺术）。

为什么黑格尔的《美学》会黯然失色呢？我们会想到黑格尔在《美学》中并不认为自然本身存在着美。既然美是理念的感性显现，自然美便不过是理念在自然中的显现，是理念灌注生气于它的客观存在。“自然美只是为其他对象而美，这就是说，为我们，为审美的意识而美”①。显然，黑格尔的上述看法是片面的，甚至错误的，但这种片面和错误还不足以动摇黑格尔《美学》的成就。那是什么动摇了黑格尔《美学》的成就和影响力呢？是黑格尔否定美学的科学基础——情感。黑格尔在他的《美学》开篇就否定了鲍姆加登和康德以“情感”为科学基础的美学：美学的“对象就是广大的美的领域，说得更精确一点，它的范围就是艺术，或则毋宁说，就是美的艺术。对于这种对象，‘伊斯特惕克’（Aosthetik）这个名称实在是不完全恰当的，因为‘伊斯特惕克’的比较精确的意义是研究感觉和情感的科学。就是取这个意义，美学在沃尔夫学派之中，才开始成为一种新的科学，或则毋宁说，哲学的一个部门；在当时的德国，人们通常从艺术作品所应引起的愉快、惊赞、恐惧、哀怜之类情感去看艺术作品，由于‘伊斯特惕克’

---

① 参考商务印书馆 1984 年出版的黑格尔《美学》第一卷第 160 页。

这个名称不恰当，说得更精确一点，很肤浅，有些人想找出另外的名称，例如‘卡力斯惕克’（kal-listik）。但是这个名称也还不妥”[①]。在文中，黑格尔没有直接点鲍姆加登的名，而是点了鲍姆加登的老师沃尔夫的名。要知道，鲍姆加登提出建立哲学中的独立学科 Asthetik（感情学、美学），是他把莱布尼茨提出的“混乱的认识”与他的老师沃尔夫提出的“美在完美”融合到一起，认为美就是感性认识的完善，而丑则是感性认识的不完善。黑格尔的《美学》第一卷中还专门谈到“康德哲学”，他却回避了康德与鲍姆加登一样，认为人的心理分为知、情、意三个方面，而康德为“三大批判”做出了成功的实践：知——《纯粹理性批判》；情——《判断力批判》；意——《实践理性批判》。不可思议的是，黑格尔完全回避了康德这一伟大哲学成就。

黑格尔在他的《美学》（三卷本）中完全抛弃了情感作为美学的基础，同时也放弃了从美学的视角去研究情感，致使他的三卷本《美学》失去灵魂。这并非危言耸听，最能体现出黑格尔《美学》黯然失色的是它对各门艺术体系中最具代表性的音乐、绘画和诗歌的态度。音乐是情感的典型表现，黑格尔着力于论述拍子、节奏、和声、旋律、伴奏、演奏等，却抛开了它的精髓——情感。致使后来的欧美音乐深受影响。19 世纪中叶出版的汉斯立克的《论音乐的美》就受其影响，抛弃音乐的情感，追求“纯音乐性”，成为“经院音乐”的理论基础。黑格尔在绘画方面也排斥绘画艺术的核心——情感，着力于感性材料，艺术处理原则、构思、布局和性格描绘。由于在绘画理论上抛弃了情感，致使抛弃情感的抽象主义绘画堂而皇之地出现了，几乎不再表现自然的具体对象，而只以色彩、线条、形状等抽象形式构成作品，并在西方一定时期成为艺术思潮的主流。黑格尔对于诗歌也是如此，抛弃了情感这一核心，关注诗的观念方式、语言的表现、诗的音律。即使谈“抒情诗”，黑格尔也尽力回避情感，更谈不上深入了。试

① 参考商务印书馆 1984 年出版的黑格尔《美学》第一卷第 1 页。

想，一首诗如果失去了情，会是什么样子？不言而喻。

黑格尔让音乐、绘画和诗歌掏空了情感，剩下的自然是黯然失色。他为什么不接受鲍姆加登、康德关于美学与情感不可分割的观点，致使他的《美学》三卷本黯然失色？原因有三个方面。

一是黑格尔公开为普鲁士君主专制制度做论证，宣扬普鲁士王国的君主制度是最好的政治制度。恩格斯曾经指出："黑格尔是一个德国人，而且和他的同时代人歌德一样，拖着一根庸人的辫子。歌德和黑格尔各在自己的领域中都是奥林帕斯山上的宙斯，但是两人都没完全脱去德国的庸人气味。"①

二是黑格尔主张的"绝对观念"是脱离人的"纯粹"形式的思维过程本身，实际上就是上帝的别称。由此出发，他只关照所谓理性的"绝对精神"，凡是与他的"绝对精神"相对或不合的，他都以鄙视的眼光视之为"浅薄"。于是认为长于形象逻辑思维的孔子"没有什么了不起"（《哲学史讲演录》第一卷），并认为"中国《易经》中对于纯粹思想的意识是不深入的，只停留在最浅薄的思想里面"（《小逻辑》）；同样，当黑格尔看到鲍姆加登的美学（Aesthetik）"是研究感觉和情感的科学"时，也赐以"浅薄"，并把"情感"排斥在黑氏美学之外。

三是黑格尔虽然倡导辩证法，但那是建立在唯心主义之上的，因此，他在观察世界时，总是用头触地颠倒看世界，这就造成他固执的、片面的思维方法。受制于固执的、片面的思维方法，他就很自然地认为自然本身并不存在美，自然美不仅不是客观现实存在的美，而且也不是真正的美。所以也很难接受鲍姆加登关于情感美学的科学观点。这导致黑格尔的《美学》失去情感这一灵魂，自然在后世黯然失色。

① 引自人民出版社 1972 年出版的《马克思恩格斯选集》第四卷（第 214 页）。

3 论中和

中和之美，久矣！成书于春秋时期的《国语》中记载了“伍举论美”的谈话，其为美下了一个定义：“夫美也者，上下、内外、小大、远近皆无害焉，故曰美。”这是我国美学史上最早明确为美所下的定义。伍举所说的这些“无害”，才显出一种美感；内外，国内国外、家内家外，人与自然之“和谐”而“无害”，也才有拥有一种美感；大到宇宙和山川，小到幼儿、昆虫、小草和蚂蚁，都处于“无害”即“和谐”状态，才能彰显出美感；远山与近水、远客与近亲，都处于“和谐”而“无害”，则彰显出美矣！这个“和谐”，不是沆瀣一气，而是和而不同。

《国语·周语下》记录了谈话中单穆公“察度”“察色”“察和”以及“察清浊”，这“四察”不仅涉及一般的感觉能力，也反映出单穆公关于音之“平”与“和”的分析、规定，丰富和发展了西周前“声一无听”等有关认识，体现了音声适中的特色，从音乐的形式上突出了“中和”的特点，“中和”之美学概念逐渐浮现出来。

中和之美，是中国古人审美的最高境界。

中国远古先民习惯用占筮来预测祭祀、战争、生产、商旅、婚姻、水旱灾害及狩猎的结果。这种结果采用八卦基本形式，再由八卦的基本要素天（乾）、地（坤）、雷（震）、风（巽）、水（坎）、火（离）、山（艮）、泽（兑）确认，而天、地、风、雷、水、火、山、泽正是形成大自然的最基本的八种元素，缺一不可。到了春秋战国时期，诸多思想家将这种八卦思维逐渐演化成中国古代的中和哲学范畴，《说文》解释：“中，和也。”中和作为联系的概念，始见《左传》：“先王之乐，所以节百事也，故有五节，迟速本末以相及，中声以降。五降之后，不容弹矣。于是有烦手淫声，慆堙心耳，乃忘平和，君子弗听也。”孔子说：“君子和而不同，小人同而不和”(《论语·子路》)。“和”指不同的元素相配合求得统一，“同”则是相同元素相凑合求得绝对等同。春秋战国时期虽然百家争鸣，却在和而不同上达到了理论上少有的共识，为形成中和之美的美学理论奠定了坚实的基础。

中和之美作为中国古人审美的最高境界，集中体现在上古时期的图腾崇拜上。中国古人沿北方的黄河流域和南方的长江流域聚居。北方中原各族的图腾是龙，是一个中和之美的产物，龙头似蛇，角似鹿，眼似兔，耳似牛，项似蛇，腹似蜃，鳞似鲤，掌似虎，集多类动物之优于一体，显示出审美的神异，即能高、能下、能大、能小、能幽、能明、能短、能长的理想中的图腾，这就是不同元素相配合所形成的中和之美。南方各族的图腾是凤，也是一个中和之美的产物。凤集锦鸡的彩羽、雄鸡的善鸣、鹰鹏的巨翅、鹤鹳的长足、鸵鸟的高大、燕子的轻捷、天鹅的高洁、喜鹊的反哺和鸳鸯的温情于一身，显示出审美中的吉祥，即扶危解困、舍己救众、勇于献身和出类拔萃的崇高，这也是不同元素相配合所形成的中和之美，体现出了中国人最高的审美境界。

龙图腾与凤图腾的结合，也是中和之美的产物。许多出土文物证实，在五千多年前，龙与凤同时作为华夏民族的祭祀象征出现，寓意龙凤呈祥。龙凤之间不是争斗，而是互补和对应，阴阳和谐。中和的审美观也使得中国古代两个不同的族群之间保持长期、稳定的嫁娶关系。中国人的先祖南方的炎帝和北方的黄帝就以相互通婚建立牢固的政治联盟。

西方美学的源流是古希腊美学。古希腊的毕达哥拉斯派产生于公元前6世纪，该学派曾提出“和谐”起于差异的对立，音乐是对立因素的和谐统一，因为“和谐是杂多的统一，不协调因素的协调”（古希腊数学家斐安的话），毕达哥拉斯派（柏拉图往往沿用他们的学说）也说：“音乐是对立因素的和谐统一，把杂多导致统一，把不协调导致协调。”显然，毕达哥斯学派这一观点是“和而不同”的胚胎和萌芽，但为什么西方文化没有使这一胚胎或萌芽像中国那样能形成“和而不同”的哲学范畴呢？这是因为希腊文化遭到罗马帝国的武力破坏后，待其重见天日时，西方已开始殖民和炮舰政策，西方社会显然不需要这样的理论，所以就没有发展的动力，毕达哥斯学派的这一观念就不能发展成为哲学范畴，更不能发展为西方美学范畴。

中和之美之所以成为中国古典传统的美学范畴，除了“和而不同”观念在中国古代思想界得到广泛的认同和应用外，还有一个重要的因素，就是中国传统的美学思想强调情感对艺术的重要作用。艺术离不开情感，这种情感的抒发要恰如其分，要适度，要有节制。约三千年前的《尚书·尧典》中就有了“八音克谐”“神人以和”的思想。孔子在《论语》中明确主张“乐而不淫，哀而不伤”，即快乐而不放荡，悲哀而不痛苦。而在文艺作品中，提倡情感的真实抒发，但不要不及或过，这才真正会使文艺作品产生美感。显然，孔子这一中和之美的美学观极具现实意义。

3.1 “和而不同”是中和之美的核心

中和是中国传统美学思想，也是中国古典美学范畴的骨干之一。所谓骨干，是指中和在中国传统文化和美学方面起到独特作用，这种独特作用则是展现中国特有的美学特色。中和之美的核心是“和而不同”，即不同类型的元素和谐地结合为一种“命运共同体”。这是中和之美的精髓。

春秋战国时期出现了“百花齐放，百家争鸣”的局面，从而形成了中国儒、墨、道三大哲学并存互补的“和而不同”的可喜局面。汉武帝接受了董仲舒“独尊儒术”的建议，对非儒学派进行打压，但在“和而不同”的社会氛围下，儒道互补成为贯穿中国文化的一条红线。由于中国有“和而不同”传统和氛围，印度佛教在三国时期在我国广泛传播与发展，到了隋唐，佛教进入了极盛时期，于是形成了儒、道、释（佛）三大哲学并存的局面。儒家讲人与人之间和睦相处，道家讲人与自然和睦相处，佛家讲人以心相和，三者“和”一起，既有共同的“和”的目标，又因“和”的差异而不同，故颇有生命力。

中国传统文化由儒、墨、道发展到儒、道、释，在文学艺术上也形成了“和而不同”的局面。《诗经》是我国第一部诗歌总结，编成于春秋时代，包括《风》《雅》《颂》三部分。其中《国风》部分是各国的土乐民歌，为《诗经》的精华部分，不少篇章描述了劳动人民的生活，表达了他们对剥削和压迫的愤怒、不平，反映了他们的劳动和爱情。《雅》大部分是士大夫的乐歌；《颂》为歌功颂德、祈福禳灾的庙堂之音。《诗经》以四言为主，普遍用赋、比、兴的手法，语言朴实优美，韵律和谐，至《楚辞》诞生前，影响中国大江南北几百年。《楚辞》是战国时代诞生的，是楚人独创的新诗体，其突破了《诗经》以四言为主的体制，屈原在楚国民间歌谣的基础上吸收了散文的笔法，句式长短参差，形式比较自由，多用“兮”字以助势，富有抒情成分和浪漫主义色彩，又影响中国大江南北几百年。

《诗经》和《楚辞》“各领风骚数百年”，《诗经》的引领不局限于鲁、晋、齐、韩，而是中国大江南北；《楚辞》的引领不局限于楚地，也是中国的大江南北。这说明当时社会已形成“和而不同”的氛围。至此，中国文化不仅在自强地自我发展，而且善于吸收外部的优秀成果为己用，从而形成中和之美。

春秋战国时期确立的汉文化沉寂了千年以后，在唐代开始复兴，沿用“和而不同”的中和之美。李白、杜甫领头继承和发展了中国文学艺术的风骚传统，成为唐代文艺复兴的伟大旗手。在这时出现了“古文运动”，当时各流派的文人一致否定魏晋以来流行的注重藻饰的骈体文，推崇先秦两汉的古体散文，反对华而不实的文风，提倡“文道合”“文以明道”“文道结合”的文风，使先秦两汉清新文风“再生”，出现了韩愈、柳宗元等一些名家。唐朝文艺复兴主要体现在唐诗，它的传世之作也是世界文学史上罕见的。清人所编《全唐诗》就收录了2200余家、48900余首诗作，加之无以计数的散失之作，世界上那一个文明时期有过这样的辉煌呢？唐诗不仅数量非常多，而且唐代独具风格的著名诗人就有五六十人，其中李白、杜甫、白居易驰名中外，是唐代文艺复兴的代表人物。

3.2 简论中和之美

什么是中和之美？起于上古唐尧，终于春秋初秦穆公伐郑的《尚书》中就清楚地说明了："八音克谐"。意谓八类乐器，即金、石、土、革、丝、木、匏、竹八种不同材料制成的乐器，发出的不同声音，应在整体上达到和谐。

文学艺术要讲究中和之美，必须坚持两项原则。

原则一：要坚持"以我为主，博采众长"的原则。

博采众长，是一种不封闭、不保守、不孤傲的心态，去学习别人、别族、他国的文化长处，使之化为自己的长处。但不学猴子掰玉米，边掰边丢。"五四"新文化运动倡导学习西方的新诗体，却把我们传统的诗体给丢掉了，这是不足取的。我有个朋友是某大学中文系的系主任，他只会写新诗体，并老实告诉我，他不会写旧诗体，这是不足取的。更不足取的是，有人学了点外国的东西，就开始蔑视祖国的东西，甘愿沦为一个"假洋鬼子"。

我们讲博采众长，必须以我为主。自盛唐西域音乐传入中国后，拉弦乐器胡琴传入了中国。宋代沈括《梦溪笔谈》记自作《凯歌》："马尾胡琴随汉车，曲声犹自怨单于。"明末以来，随着各种地方戏曲的发展，胡琴类乐器已广泛应用于戏曲伴奏和器乐合奏，胡琴，包括二胡、板胡、京胡、四胡、粤胡、椰胡等皆中国化了，成了中国民乐的主体乐器。就现在中国流行的狮子舞也是由龟兹传入中国而被中国化的，舞者婉转轻柔，似雪花回旋又似游龙翱翔的《霓裳羽衣舞》，受佛曲的影响，但它并未成为宗教舞，而是中国民族舞的代表作。

原则二：哀乐都不可太过，太过则不美。

孔子主张哀乐都不可太过，“《关雎》，乐而不淫，哀而不伤”（《论语·八佾》），这就达到了中和之美。孔子又说：“放郑声，远佞人，郑声淫，佞人殆”。

孔子的这种中和之美观影响甚深，是历代公认的美学原则，而中和也成为中国传统美学范畴。我国历代文人是怎样赞扬孔子的中和思想的呢？司马迁说：“《国风》好色而不淫，《小雅》怨诽而不乱。若《离骚》者，可谓兼之矣”（《史记·屈原贾生列传》）。汉代的桓宽对孔子的中和思想进行了具体的诠释：“歌者不期于利声，而贵在中节，论者不期于丽辞，而务在事实”（《盐铁论》）。王充也论述道：“美色不同面，皆佳于目；悲音不共声，皆快于耳”（《论衡·自纪篇》）。宋代欧阳修说得更简明扼要：“清浊二声，为乐之本”（《乐类》）。唐代僧人、诗人皎然对孔子的中和之美理解得最为生动：“气高而不怒，怒则失于风流；力劲而不露，露则伤于斤斧；情多而不暗，暗则蹶于拙钝；才赡而不疏，疏则损于筋脉”（《历代诗话·诗式》）。

3.3 中和石雕艺术之经典——云冈释迦牟尼坐像

云冈石窟第20窟的释迦牟尼坐像，高13.7米，是北魏时期建造的，距今1500余年。虽经日晒雨淋、地震动摇，但坐像仍然完好无损。其两肩宽厚、面形丰圆、薄唇高鼻、神情泰然，让人很容易产生一种亲切感和崇敬感。原因正是雕刻家采取中和的石雕艺术手法成功塑造了大佛像。

雕刻家首先采取“以我为主，博采众长”的中和原则。巨大的石雕造型首先体现出对汉代传统技法的继承，即造像主要采用当时流行的“秀骨清像”式中原风格，然后再融合从西域、凉州传来的造像风格，使其气魄宏伟，具有北方早期佛教造像的特点。这是采用中和石雕艺术手法的第一功。

雕刻家在雕刻的构思上，大胆使之中国化。印度佛教的创立者叫乔达摩·悉达多，释迦牟尼是佛教徒对他的尊称，意思是释迦族的圣人，又被尊为“佛”，即“佛陀”，意译为“觉者”或“觉悟了真理的智者”。因此，印度造佛陀形象时采用高大并傲视一切的风格，因为“佛陀”是“出世”的。而到了中国，雕刻家用中和思维既选择了圣人型的形象，使观者有敬畏的尊崇感；又选取“入世”的方式，使“佛陀”坐在人们中间，这样就有亲切感。这是雕刻家大胆运用中和石雕艺术手法的第二功。

雕刻家在人物造型，特别是面部造型上运用中和美学思想进行了大胆的创造。使所雕刻的“佛陀”既传神又威武、既和蔼又肃穆、既善良又严苛，达到了仁慈与威武的统一、和蔼与肃穆的统一、善良与严苛的统一，把男性的刚性特征和女性的柔性特征融合在一起，体格魁梧、虎背熊腰、身材高大、肌肉丰满结实、皮肤有光泽，而举止和蔼、大方自然、平易近人，这些稳重典雅的男子的优势全集中在这个坐像“佛陀”上面了。除此之外，他还具有婉约柔和、姣好温顺之仪态，而且那种慈祥、柔中带刚、清秀典雅，又体现了稳重典雅的女子的优势。以中和美学思想造型并吸取男女优势的“佛陀”，给人无限的美感，真是巧夺天工。

云岗释迦坐像能给人一种平凡而伟大的亲切感和崇敬感。中国古代雕刻家在运用中和美学范畴时，是如此娴熟和成功，令后人叹为观止！

4 论自然

中国道家的老子认为自然是万物非人为的本然状态。《道德经·第五十一章》说：“莫之命而常自然”，意为并没有谁来命令，它从来就是这样。《庄子·渔父》也说：“真者，所以受于天也；自然不可易也。”《淮南子·原道训》亦说：“是故天下之事，不可为也，因其自然而推之，万物之变，不可究也。”自然，在中国既是一个哲学范畴，也是一个重要的美学范畴。

作为美学范畴，自然包含一系列美和美感方面的内涵。

一是倡导天籁、地籁、人籁。庄子在他的《齐物论》中提出天籁、地籁和人籁的美的概念。籁者，声音也。天籁、地籁和人籁，就是提倡大自然之声与人之声融为一体，即万物非人为的本然状态的声音和人的声音融合。又提倡天人合一，天、地、人之声融为一体，乃是自然之声。《乐府诗集》共收有75首诗，都是通过对四季变化的描写来表现女子的情思，是一种天籁之声。这里选四首欣赏。

《春歌》：春林花多媚，春鸟意多哀。春风复多情，吹我罗裳开。

《夏歌》：田蚕事已毕，思妇犹苦身。当暑理絺服，持寄与行人。

《秋歌》：秋风入窗里，罗帐起飘扬。仰头看明月，寄情千里光。

《冬歌》：渊冰厚三尺，素雪覆三里。我心如松柏，君情复何似？

唐代吴兢《乐府古题要解》说：“后人依四时行乐之词，谓之《子夜四时歌》，吴声也。”笔者根据庄子所倡导的天籁、地籁、人籁，认为此是不可多得的天籁之声。

二是追求物我两忘的境界。从自然美学范畴中还可生发出物我两忘之境界，它是指审美中忘乎人与物的界限，达到物我融合的一种心理状态。《庄子·齐物论》用庄周与梦中蝴蝶浑然一体的寓言比喻了这种审美境界。唐代张彦远在《历代名画记》中明确指出，绘画欣赏的心理特点是“凝神遐想，妙悟自然，物我两忘，离形去智”。反映出人在审美时具有的随物宛转，神与物游，审美者与审美对象融合无间的特点。故庄子提倡“坐忘”，即端坐而浑然忘掉物我的精神境界。

三是提倡用自然之美来比喻、象征君子，即所谓君子比德。这是“自然”美学范畴外延的自然延伸。《荀子·法行》中说：“夫玉者，君子比德焉”，认为玉具有柔润、有秩序、有条理等自然属性，故君子以玉喻德。这样就建立起了人与自然的精神联系，人寄情于自然，又以自然喻人，这对于自然美的发现具有重要意义，也成为欣赏自然美和创作山水诗、山水画等的通行原则。

四是道法自然，从美学视角来看，就是要追求人的内心精神与生命之灵的和谐，追求人与万物之间的和谐，从而达到较高的审美境界。

要敬畏自然、享受自然、热爱自然。庄子主张顺物之性、任其自然规律地发展："泽雉十步一啄，百步一饮，不蕲畜乎樊中。神虽王，不善也"（《庄子·养生主》）。"马，蹄可以践霜雪，毛可以御风寒。龁草饮水，翘足而陆，此写之真性也。虽有义台路寝，无所用之"（《庄子·马蹄》）。"牛马四足，是谓天，落马首，穿牛鼻，是谓人。故曰：'无以人灭天，无以故灭命，无以得殉名'"。万物按其自性成长就是自然，也是自由，如果加上人为的钳制，那就是对自然和自由的违背。像鲦鱼从容出游，骏马龁草饮水、翘足而陆，草木在春雨时节生长，这些形形色色的生存方式，一方面是其自由之乐的显现，另一方面也是其本真之天性的自然流露。

故金人元好问在品评陶渊明的诗歌风格朴实无华、情真意切时感叹："一语天然万古新，豪华落尽见真淳"（《论诗三十首》）。

4.1 "清水出芙蓉，天然去雕饰"

我的三次九寨行，每次都有不同的收获和眷恋。我最熟悉的是九寨沟的翠海，它不仅清澈、透明，而且有密密麻麻的小鱼儿在其中游来游去。尤其是"五彩池"，由于水底有各种颜色的矿物质和树枝败叶、藻类等沉积物，通过阳光的折射，魔幻般地形成丰富的色彩，让人惊叹不已。当你好奇地捧起湖水时，它又是那样清澈透明，这真是神奇的湖。每次我都会滔滔不绝地向初到九寨沟的同行友人介绍"五彩池"，当友人问起九寨沟有多少这样的池子时，我瞠目结舌，一时答不上来。后来向当地的陪同导游请教，方知竟有 108 个，小者数平方米，大者千百平方米。大小百余个池子，传为仙女送给情人的 108 面宝镜。每次到九寨沟，我首先观水，九寨沟的水清澈透明，人眼可看透三四米深。水的颜色因深浅、山色变化及天气状况而有所不同。浅处为天蓝色，淡淡的；较深处为墨绿色，绿绿的。凡湖四岸，均有千年古木、奇花异草，四时变化，色彩纷呈，全景斑斓，气象万千。观九寨沟的水，最不能忘的是长海，这是九寨沟湖泊中最大的一个，长7千米，海拔3000米，澄如碧潭，沿碧潭走去，阳光斜射，潭中有折枝的古树，浸泡在水里许多年，却仍神气活现。由此让人想到沙漠中生长的胡杨至死也不屈服，有一股硬气。

九寨之美，最让人难以忘怀的是诺日朗瀑布，高约30米，宽约百米，本来此种规模的瀑布在世间是极平凡者，为何诺日朗瀑布会让人难以忘怀呢？瀑布的水从静海穿林过滩慢悠悠地流来，它就像躲在茅草丛中的雪豹，窥见了“猎物”后慢悠悠地走来，看是静穆，却是动；看是清悠，却是雷霆。果然，这百米的静水从陡崖上猛跌下深渊，突然发出轰鸣般的响声，像巨大的雪豹张大血口狂吼，声势之壮观和肃杀结合在一起，令人莫名惊骇。九寨沟的自然景观中又有让人享受的珍珠滩瀑布。在宽约百米的半坡河上，就犹如女神在九寨沟摆放着一个偌大的古筝，溅起水珠万点，在阳光照射下，晶莹闪烁，外观酷似万颗珍珠蹦跳，声音酷似仙女弹指：“大珠小珠落玉盘”。

从九寨远望雪山，阳光照耀，发出金光。在2000~4000米的高山上，森林垂直密布，那里栖息着珍贵的大熊猫。九寨沟的自然美景征服了我，因为九寨沟的自然美景真正给了我们难得的山水情怀，而人造景观却给不了这些。李白云：“清水出芙蓉，天然去雕饰。”只有大自然的景观，才会有如此意境。

4.2 清新自然，历久弥新

散文是一种重要的文学体裁。在我国古代，散文是指韵文、骈文以外的一切文章，包括文学作品和非文学作品。因此，一个时代的文风，常常体现在散文之中。不同时代、不同思想的人有不同的文风，同时代、同思想的人的文风也不一定相同，它同人的思想和方法及语文修养有着密切的关系。魏晋南北朝时期达到全盛的骈文以辞采、对偶、用典和韵律谐调为主要特征，它特别重视并追求语言的结构美和韵律美。骈文一般讲究藻饰，文辞艰涩、华美，注重驱典用事。到南朝齐梁后，骈文开始追求四六对仗中平仄交错的人工声律美，使骈文向格律化发展，因而变得更加艰涩。

刘勰是南朝以骈体著文的文论家、美学家，他所著的《文心雕龙》是我国古代文学理论和文学批评巨著，也可称为中国古典美学的重要论著，论著中提出的“意象”“隐秀”“风骨”“神思”“知音”等，是他提出的几个最带有时代特色的美学范畴。但非常遗憾的是，这部重要著作却是用骈文而不是散文写作，由于过分看重文字的生涩和华丽，影响其论点的深入，一定程度上也影响了后世文学的健康发展。

刘勰也主张简洁的文风：“文以辨洁为能，不以繁缛为巧；事以明核为美，不以深隐为奇”（《文心雕龙·议对》）。但他在用骈文写作时，使自己深陷繁缛、深隐的文风之中不能自拔。我们试录下《文心雕龙·征圣》论文风的两段语言：繁略殊形，隐显异术，抑引随时，变通适会；志足而言文，情信而辞巧，乃含章之玉牒，秉文之金科。

刘勰论文风，结果艰涩、难懂的文风把他吞了。由清代吴楚材等编的《古文观止》，以骈为风格的魏晋南北朝的文论一篇也未被录选，也在情理之中。

骈文过分注重文章的形式美，但讲究太多，文饰过重，既不利于作者思想感情的自由表达，也不利于文章社会功能的充分发挥，因而成为文章发展的严重障碍。因此，唐代出现了以散文反对骈文和进一步发展散文文风的改革运动。唐初，魏征就指出，梁以后的骈文“意浅而繁”，“文匿而彩，词尚轻险”，是“亡国之音”（《随书·文学传序》）。刘知几著《史通》，提出“言必近真”，反对“雕彩”。

唐代中叶到北宋时期300年间，由韩愈、柳宗元倡导的提倡清新自然的古文、反对骈文的文风改革运动自然而起，即“古文运动”。因同时涉及文学的思想内容，所以“古文运动”兼有思想和社会运动的性质。其发起于中唐，止于北宋。除韩愈、柳宗元外，“唐宋八大家”中的其余六人，即欧阳修、王安石、曾巩、苏洵、苏轼、苏辙都是北宋中期人。韩愈是“古文运动”公认的领袖，他在提倡“文从字顺”的古文时，进一步强调要“以文载道”，写了许多优秀的作品，大大提高了古文的水平；柳宗元在“古文运动”中的地位仅次于韩愈，其论文亦提倡文以明道，他写出大量散体文，取得了与韩愈相当的成就。由于韩愈、柳宗元等的宣传倡导和创作实践，唐后期古文写作“蔚然极盛”，质朴自然、流畅的文风终于取代了骈体，成为中国文坛的主要风尚。

文风质朴、自然、流畅，才能赢得广大读者，也是文章传世的前提条件。对于作者，让质朴、自然、流畅之文流传于世，是一种高尚的责任。你的文章过分讲求平仄对仗和艰涩的辞藻，实际上是使文章成为“玩物”，自我欣赏而拒绝大众，这显然与写文的本意背道而驰。《唐宋八大家》倡导“文以载道”“文从字顺”“词必己出”的质朴、自然、流畅的古文之风，因而成果卓著。韩愈的《原道》《师说》《获麟解》《进学解》《送孟东野序》《祭鳄鱼文》等皆成名篇，其文心雄健、气势充沛、巧譬善喻、情感奔放。柳宗元的论文以《天说》《封建论》《临江之麋》《黔之驴》《种树郭橐驼传》《捕蛇者说》等名篇传世，其文或抨击时政，或批判旧说，或陶冶性情，或描摹山水，观点鲜明，艺术感染力强。宋代文学家之作，在我国古代文坛也占有主要地位。

“五四”新文化运动，使得白话取代了文言，这是文坛上的又一场革命。中国散文由此进入一个全新阶段，它广泛接受外来思潮，同时又继承原有的优良传统，发展成一种与诗歌、小说、话剧并列的文学形式。主要分杂文、散文小品和报告文学。鲁迅的杂文被誉为匕首和投枪；冰心、朱自清和鲁迅的散文小品含蓄深沉，富于哲理；郭沫若的作品表现了爱憎分明的激情；郁达夫的作品展示自己内心的郁积；沈从文的作品散发着湘西乡土气息；徐志摩的作品追求空灵和超然。

在当代，文风仍是文坛的重大课题。

文章的美在于冷静、理性，寓绚烂于平淡，也需要激情和想象；文章的节奏要跌宕起伏，用词清新自然，情感真挚感人。

文章的思想与语言同在。语言的贫乏、苍白也意味着思想的贫乏、苍白。文必有采，没有文采，就无韵味，也称不上文，甚至与文相去甚远；文必有神，这神就是文章的灵魂，失去神采，也是无味之文。

文章要立论鲜明，观点新颖，直面现实，切中时弊，无媚俗之言；不回避矛盾，有个人真知灼见、实事求是。切忌假、大、空，也切忌咬文嚼字。文章要紧扣时代脉搏，切忌生涩；应洗练，短小精悍，惜墨如金，意尽言止，不拖泥带水；要给人启迪，振聋发聩，促人警醒。

文章要能为公众提供一种思考的角度，一种文化的引导，要起到正面宣示作用；要结合现实情况，至少要发警世之言，守住社会底线，主张社会公正，为社会发展发表真知灼见。

文章不仅要有令人信服的说服力，还应给人一种诗的意境，美的灵性，切忌华而不实。以此，使人产生震撼、惊喜、惊叹、警醒，对自身和生存产生更深沉的思考，对人类最基本的精神价值有更好的把握，使生命时时都能创新和进化。

评价文章的好坏，一个重要的标准，就是看它能否切中时弊，不搞“悬论”，脚踏实地地提出自己的真知灼见，寻找出破局的思路，让人们看到光明的未来。

4.3　陶渊明的田园诗为什么影响深远

鲁迅是这样评价陶渊明的：“陶潜正因为并非浑身是‘静穆’，所以他伟大”（《且介亭杂文二集》）。

鲁迅所说的“浑身是‘静穆’”，是针对玄诗的理论基础而言的。魏晋时期出现的玄学，是一种研究玄远幽深学问的哲学思潮，当时亦称“玄远之学”。玄学的代表人物为何晏、王弼。何晏“援老入儒”，作《道德论》《无名论》；王弼作《老子注》《周易注》，阐发玄学思想，提出“天地万物皆以无为本”，认为世界本体“无”是绝对静止的（这就是鲁迅指的“浑身是‘静穆’”），现象“有”才是变化运动的。他们认为这是崇尚老庄无为而治，而实际上他们扭曲了老庄无为而治的思想。自然界中的确存在“无”这种东西，它虽看不见、摸不着，却是“天地之根”“万物之宗”。依恃它，天地才得以生成，日月才得以运行，万物才得以繁衍。它是天地万物生存变化的最终原因。这东西不是别的，而是运动，运动是物质存在的方式。“大道泛兮，其可左右。万物恃之以生而不辞，功成不名有，衣养万物而不为主”（《道德经·第三十四章》）。“故道生之，德畜之，长之育之，亭之毒之，养之覆之”（《道德经·第五十一章》）。显然，老子认为世界的本体“无”，即运动不是绝对静止的。这种颠倒和扭曲老子“有无”思想的玄学就自然走向神秘主义。依这样的玄学而兴起的玄言诗逐渐在东晋盛行，这种诗“理过其辞，淡乎寡味，……皆平典似道德论”（《诗品》）。钟嵘还在他的《诗品》中具体指出玄言诗的缺点：“于是庸音杂体，人各为容。至使膏腴子弟，耻文不逮，终朝点缀，分夜呻吟。独观谓之警策，众睹终沦平钝。次有轻薄之徒，笑曹、刘为古拙。”于是平庸之作、杂乱无章之体就纷至沓来，相继而出。甚至使得那些富家子弟生怕诗写不好，整天修改润色，反复吟颂直至深夜，自己欣赏，认为是佳作，在别人看来仍是浅陋之作。更有一些不知天高地厚之徒，嗤笑曹植、刘桢的诗古朴拙劣。钟嵘笔端记下的这些“玄言诗人”，闭门造车，浅薄庸俗，其诗淡而无味，必然被时代所淘汰。

而陶渊明（365—427 年）为人讲究气节，因不为五斗米而向乡里小儿折腰著称，深受后人的爱戴。他的诗充满了对污浊社会风气的憎恶和对纯洁田园生活的热爱，一扫玄言诗的虚无风气，开创了寄情于山水的田园诗派。陶渊明的田园诗清新、自然，从大自然中来，又回归大自然，这正是老子、庄子的核心思想。正如陶渊明在其《归田园居》中所说："少无适俗韵，性本爱丘山，误落尘网中，一去三十年。……久在樊笼里，复得返自然"。最难能可贵的是他的《读〈山海经〉》一诗礼赞英雄精卫和刑天——"精卫衔微木，将以填沧海。刑天舞干戚，猛志固常在"。这在许多诗人身上是没有的。

此外，陶渊明作为当时田园诗派的领袖，对唐诗，特别是以山水诗影响深远。唐代诗人王维、孟浩然、韦应物、柳宗元等都是从陶诗中得到启发进而开一代诗风，陶渊明的田园诗为盛唐山水诗的鼎盛奠定了基础。之所以这么说，原因有两点。

一是陶渊明的田园诗提倡平淡自然之文风。

陶渊明的诗在艺术风格上给人最突出的印象是平淡而自然。他的诗虽平淡，但不浅薄，相反非常醇厚有味，能在平淡中见真淳，在自然中求深刻，在古朴中出意境。因而他虽用朴素的语言和白描的手法，直率自然地描写田园风光和田园生活，好像一切都是"不待安排，胸中自然流出"（朱熹语）一样。这在他的《饮酒（其五）》中体现得很清晰："结庐在人境，而无车马喧。问君何能尔？心远地自偏。采菊东篱下，悠然见南山。山气日夕佳，飞鸟相与还。此中有真意，欲辨已忘言。"金代元好问评陶渊明的诗是"一语天然万古新，豪华落尽见真淳"（《论诗三十首》）。陶渊明的诗语言平易自然，万古常新，具有真实淳朴的风格。朴实无华、情真意切的诗歌让人耳目一新，也给唐诗的健康发展做了引导，致使唐诗把充实的内容与饱满的感情完美地结合起来。

二是陶渊明的田园诗体现出身临其境、心临其境。

与陶渊明同生活于晋宋之际的谢灵运就说："樵隐俱在山，由来事不同。"他认为樵夫和隐士虽然同在山里生活，但彼此所从事的活动是完全不同的。但陶渊明生活在田园，把自己融入农人之中，更不会把樵夫与自己对立起来，不仅做到了身临其境，更是心临其境。于是，陶渊明的田园诗总是那样真淳。其诗歌体现的田园之美，既有农人"开荒南野际，守拙归园田”的美感，又有文人“采菊东篱下，悠然见南山”的美感，但这两类美感又没有把农人与文人截然分开，这是农人与文人心态统一后产生的自然意境，这给唐代山水诗人又一个引领。

5 论气韵

气韵，是指一部文艺作品因风气韵度而彰显出的美感，是中国美学的重要范畴之一。气韵强调文学艺术家力求其作品具有鲜明的风格和强烈的感染力。南朝萧子显的《南齐书·文学传论》主张文章应“气韵天成”。作家和艺术家的个性、气质、才情要自然流露。南齐谢赫的《古画品录》中说：“六法者何？一，气韵生动是也。”强调艺术作品表现人的精神气质和美感力量。宋代郭若虚强调作品的风格、气韵取决于人品：“人品既已高矣，气韵不得不高”（《图画见闻志·论气韵非师》）。把艺术家的人格精神，提高到审美创造的首要地位。

气韵之气，乃万物之精华。得气即得道，人心与自然规律（道）同行，天人合一，艺术作品能从绚丽之极归于平淡，是艺术家得气而孕之的结果。得气如得风，有气则生机勃勃。人得气则有元气，物得气则有气韵。气如骨，情如肉，情气相关，则有骨有肉；气与韵相融，则气韵生动，栩栩如生；气与势相合，则气势磅礴，摧枯拉朽；气与风骨交，则骨气奇高，真骨凌云；气与味相补，则滋味醇美，意味无穷；气与境相合，则情境相生，意象万千；气与功相适，串通经络，一身有神。

气通过美意的过滤，就形成气之美。美不是单一存在的，美的本质往往包含着真与善。美与真和善相互影响、相互制约，离开了真实、真情、自然，就谈不上美；离开了道德力量的善，也就没有崇高和优美可言。而气这一美意，是把美融入了真和善之中，构成虚实相生、有无同达、意象同显的美的境界。特别是道与气的融合，使它们共同存在于矛盾的统一体中，道是可感而不可思的，气是可见而不可感的。气总是贯穿于有灵性的事物之中，难怪清人叶燮这样评价李白："李白天才自然，出类拔萃，然千古与杜甫齐名，则犹有间。盖白之得此者，非以才得之，乃以气得之也"（《原诗·外篇下》）。

气作为中国传统美学之核心，对国人的文化心理结构也产生了极其重大而深刻的影响，培育出了许多世界级的伟人。老子在气的熏陶中拥有了帅才之气，道出了古今后世不可缺的帅才定律："江海所以能为百谷王者，以其善下之，故为百谷王"（《道德经·第六十六章》）。孔子得气而生辉，道出了排山倒海的人格力量："三军可夺帅也，匹夫不可夺志也"（《论语·子罕》）。气存在于自然界，它使四时变化虽然难测但又有规律可循。孙子从中有所领悟而得《势篇》："故善出奇者，无穷如天地，不竭如江河"，"战势不过奇正，奇正之变，不可胜穷也"（《孙子兵法》），得气使孙子成为一流军事家。孟子深深懂得，只要长期不断地积累正义行为，就会产生"浩然之气"（《孟子·公孙丑》）。庄子在《逍遥游》中也说："若夫乘天地之正，而御六气之辩，以游无穷者，彼且恶乎待哉！"可见，气孕育了伟人，伟人又发展了气。

气是什么？气是万物之精华。这是中国人的发现。古代先贤从呼吸、云烟的运动中，从聚散、屈伸的变化中，从人体的气血流动中认识并体验了气。他们在不断地对自然界和自我进行观察、体验和积累时发现了气是物质之精华。宇宙万物始于元气，太极的基础是阴阳二气，阴阳二气互为消长、互为制约，阴中含阳，阳中含阴。《内经》准确地发现："阴阳离决，精气乃竭。"这一发现成了两千年来中国医学之纲。春秋战国时期的管子对气的说明更具体："凡物之精，此则为生，下生五谷，上为列星。流于天地之间，谓之鬼神；藏于胸中，谓之圣人，是故名气"（《管子》）。

气是美学范畴气韵的主体，韵也具有重要意义。韵原指声音和谐之美，魏晋时被用于人物品藻，表现人物超脱世俗之外的节操、神态和风度，为人格美之象征；南北朝时，被应用于美学评价，是艺术美的标志之一，表示艺术生命的韵律和节奏之美。谢赫在《古画品录》中以“情韵连绵”“神韵气力”“体韵遒举”评论画家。五代以后，以韵作为美的最高境界。范温的《潜溪诗眼》说：“韵者，美之极。”同时，韵又成为艺术作品内容美的象征，与艺术形式美相对应，并须在想象、意会中把握。明代李日华指出：“韵者，生动之趣，可以神游意会，陡然得之，不可以驻思而得也”（《六砚斋笔记》）。在艺术美的鉴赏中，韵又表现为不同风格，如“韵古”“韵悠”“韵亮”“韵娇”“韵幽”等。韵与气、神、味结合连用，又构成气韵、神韵、韵味等美学范畴。

气与韵联姻，得气韵，顿使气得翅而能腾飞，又使韵得气而光彩。这种非凡的美感不仅有风气韵度，而且异彩纷呈。于是凡有气韵的文学艺术品，不仅令人拍案叫绝，而且有气韵必生动，有生动则气韵存。一部文学艺术作品，你说它有气韵而不生动，那是伪气韵，说明此品还未达到“火候”；你说它生动而无气韵，那是很少有的，因为一部生动的文学艺术作品十有八九饱含气韵。一部具有气韵的文学艺术作品，它不仅创造的人物形象或艺术意境体现出风姿神采、情思卓卓、余味无穷，而且具有一种和谐的节奏，在人们意料之外，突发震动，使人赞叹和佩服，进而获得美感。由于它巨大的感召力和想象力，让观者的“文人相轻”“嫉妒之心”等不复存在。甚至，在欣赏具备气韵的文学艺术作品时，余音复来、悠扬宛转、声外之音或画外之意不断出现在观者的想象之中。

所以我们说，气韵乃是文艺作品之魂。它不仅构成万物本体和艺术形象的生命，而且具有才情、智慧、风度等超脱的风雅、秀彻和清疏之美；它还体现出超凡的想象力与特有的艺术韵律和节奏。这种超凡的想象力与艺术韵律和节奏，在文艺作品中表现在和谐与差异的统一，优美和壮美的统一，幽然与淳朴的统一，想象力与现实的统一，理想与趣味的统一。故，拥有气韵的艺术家，他必然“精骛八极，心游万仞”（陆机《文赋》），他必然精神驰骋于极远之处，心神游览于极高之处；而拥有气韵的文艺作品，自然能“余音绕梁，三日不绝”（《列子·汤问》）。

5.1　气韵源于老庄，生动源于气韵

气是物质的，也是动态的，这是中国古先贤们的共识。但把气纳入哲学体系，首推老子。老子说：“万物负阴而抱阳，冲气以为和”（《道德经·第四十二章》）。万物内含着阴阳两种对立的势力，阴阳在看不见的气中得到统一。这是一个伟大的发现，把气视为构成万物的原始材料。庄子在老子上述思想上进一步发展了气的理论，他提出万物为一气之变化的见解，“人之生，气之聚也。聚则为生，散则为死……故曰：通天下一气耳”（《庄子·知北游》）。

气韵这一美学范畴，其核心是气，这种气就是从老庄上述本体论哲学思想移植过来的。一部优秀的文艺作品，它体现其精气神是健顺的，符合时代潮流的。而文艺作品的精气神中，气是核心，有气才能精、有气才有神。精和神是围绕气进行变化的，气足方可精。难怪管子说：“精也者，气之精也”（《管子·内业》）。气足方可神，文艺作品才有神采。气韵是两个单音词组合成的。南朝谢赫提出绘画六法，“气韵”为首法。谢赫之后的古人曾主张将气韵与生动分开，因气韵本身就具有生动的内涵。近代以来，钱钟书认为唐代张彦远的句读是错误的，钱先生提出应作如下断句：“六法者何？一，气韵，生动是也……”笔者认为，钱先生这个句读能准确表达谢赫的原意，一是气韵必须生动，二是古人常用两个单音词组成一个哲学或美学概念，像道德、道器、有无、阴阳、知行、形神、动静、常变、渐聚、健顺、文质、和合、善恶等，气韵也如此。气者，构成万物的原始材料，它是核心，也是实体；韵者，艺术的文采也。艺术的文采随着文学艺术家的个性、风格、艺术手法和特长、兴趣而变幻无穷，也使其以独特的美感呈于现世。这就像我们到青海湖观日出，在太阳似出非出之时，青海

湖的天空云朵变幻无穷，忽而像仙女散花，忽而像雷神击鼓，忽而像春姑播种，忽而像牛郎织女相会，忽而像洪涛怒号，忽而像潺潺小溪，这种种神奇的变幻，就是文采的变幻，也就是气韵中韵的神奇和变幻。而天空变幻的主角、核心仍然是云。这个云，就是气韵中的气。

老子首先把气纳入其哲学体系，庄子又在老子哲学体系的基础上提出“万物为一气之变化”的见解，哲学中气的范畴得以确立，南朝的谢赫才能从这一哲学范畴引申出美学范畴。所以，气韵这一美学概念源于春秋战国时期的老子和庄子，而不是英国人勃朗在《印度绘画》中提出的来自印度。勃朗的这一论断根本站不住脚，气韵自古以来就是土生土长的中国哲学概念和美学概念。

气韵贯穿于敦煌的飞天、战国时期的长袖之舞、唐代书法家怀素之草书，等等。因此，气韵本身就内涵生动。不生动的气韵称不上气韵；生动不等于气韵，但气韵必须生动。所以说，生动源于气韵。

5.2　从屈原的《离骚》看伟大文艺作品的“三气”

古今中外，但凡伟大的文艺作品，必具备气韵中的“三气”：元气、热气和勇气。元气，指作品接地气，有强烈的时代感；热气，指艺术作品中充满的时代渴望和上进心；勇气，是指艺术家卓越的独创能力。正如歌德所说：“独创性的一个最好的标志就在于选择好题材之后，能把它加以充分的发挥，从而使得大家承认压根儿想不到会在这个题材里发现那么多的东西。”

下面我们从“三气”的视角来看看屈原的《离骚》为何堪称“伟大”。

屈原的《离骚》，是中国古代最早、最长的一首抒情诗，全诗 373 句，2490 个字。《离骚》之所以能接地气并有强烈的时代感，与屈原的身世有密切关系。他曾辅佐过楚怀王，做过左徒、三闾大夫。鉴于楚国日趋衰弱，他主张彰明法度，举贤授能；东联齐国，西抗强秦。但因贵族子兰、靳尚等所谗而被罢官流放到汉北及沅、湘流域。他接近受苦大众，自身也遭困受难。但他仍把振兴楚国的希望寄托在楚王身上。当秦军攻破郢都后，他眼看祖国濒于沦亡，政治治理已不能实现，相传于这年夏历五月初五投汨罗江而死。所以，屈原所作的《离骚》，陈述他振兴祖国的政治主张，揭露反动贵族昏庸腐朽、排斥贤能的种种罪责，表现了他热爱祖国，同情人民的炽热感情，以及为实现自己的理想不屈不挠的献身精神。这正是屈原《离骚》的底气，也是《离骚》史诗所孕育的气韵中的元气。

《离骚》全篇充满激昂向上的基调，悲而不靡，困仍壮怀，以身殉志，志不可移。这正是屈原在《离骚》中体现的主旋律。

从篇首到“岂余心之可惩”，先叙身世，次叙自己修法之行，忠贞之志，奋发图强的精神，以及群邪蔽贤、壮志难酬的遭遇，而后表示面对恶劣环境，自己仍坚持清白操守和理想至死不变的决心；从“女媭之婵媛兮”到“余焉能忍与此终古”，进一步以历史上的兴亡事例述说自己的政治理想，并借助神游天国、上下求索表达自己对理想的热烈追求与追求失败的痛苦；再后，借灵氛、巫咸劝己远行，申述楚国统治者黑白颠倒，不可挽救。在行和留的矛盾中，始终体现了屈原热爱祖国、以身殉志的精神。这正是一部伟大作品所需要的气韵中的热气。

《离骚》堪称伟大的创造。屈原长期流放民间，深知民间疾苦。他在楚国民间歌谣的基础上创造出一种新诗体，这种诗体突破了《诗经》那种以四言为主的体制，在民歌基础上吸收了散文的笔法，句式长短参差，形式比较自由，多用“兮”字以助语势，富有抒情成分和浪漫色彩，诗人运用比兴手法，勾画出一幅幅惊天动地的感人的图景，从此开了中国文艺浪漫主义的先河。《离骚》的独创性使其光彩照人。鲁迅对此准确地评价道：“较之于《诗》，则其言甚长，其思甚幻，其文甚丽，其旨甚明，凭心而言，不遵矩度”（《汉文学史纲》）。这也充分展示了屈原《离骚》蕴含于气韵中的勇气。

环顾古今中外，凡伟大的文艺作品，大都具备气韵中的“三气”，即元气、热气和勇气。

5.3 气韵之美——敦煌飞天

敦煌莫高窟壁画中的飞天，令人震撼，彰显气韵之美：飞天在天空中自由翱翔，是依靠自身的动势、衣裙、飘带、飞花的衬托来实现的。

敦煌莫高窟的491个洞窟中，有270多个窟里画有飞天，数量多达四五千身。敦煌莫高窟的建设，首先要归功于北魏（386—534年），这是继十六国分裂局面之后在中国北部重建的统一封建王朝，由鲜卑族拓跋氏所建。北魏值得称道的是雕刻，保存至今的有大同云冈石窟、河南洛阳龙门石窟、甘肃敦煌石窟等。北魏大力支持和提倡佛教，开凿石窟佛像，热衷于塑佛像，聘请高僧为师，入内庭讲“涅槃”。因此，在北魏中期所建的莫高窟中的壁画飞天，与佛教中的“天帝司乐之神”联系较为紧密，每有佛会，飞天便凌空起舞，“不啖酒，以香为食”，称为“香阴神”或“香音神”，是佛教的八部众之一。所以我们发现敦煌莫高窟中北魏时所画的飞天，较为矜持、呆板，要说气韵之美，还欠火候。

敦煌莫高窟中的飞天，最能彰显其气韵之美者，要数盛唐壁画320窟中的飞天，其画纵70厘米，横80厘米。为什么单说此窟的飞天最具有气韵之美呢？这两个飞天气势轩昂，动态十足。他们一个前扭躯回首，扬首散花；一个在后提腿挥臂，腾跃追赶。彼此映衬，前呼后应，盼顾有情，结伴遨游于朗朗太空。图中的人体衣带、云气和飞花以不同的动势形成了强烈的音乐感、舞蹈感。使观者一下子就想到唐朝著名的“霓裳羽衣舞”。该舞舞者装束典雅华丽，犹如仙女，头戴步摇冠，上身穿羽衣，披霞帔；下身穿霓虹般淡彩色裙，饰珠翠。舞姿轻盈飘逸，旋转时如回雪飘绕，流畅移动的舞步与突然翻身回顾形成了美妙组合。舞姿柔曼婉转，那轻风飘移的舞步将衣裙掀起，如朵朵白云在脚下浮动。“霓裳羽衣舞”与敦煌莫高窟320窟的两个舞动的飞天何其相似！这表明盛唐莫高窟320窟的两个飞天，已从佛教的“香神”中脱胎出来，走向了民间，从而更显出气韵之美。

唐代诗人白居易对“霓裳羽衣舞”叹为观止，曾慨叹：“千歌万舞不可数，就中最爱霓裳舞”。敦煌莫高窟中同时代雕刻的两个飞天的动态舞姿又怎会逊色呢？

6 论清真

清真者，纯净透明之真实也。中国古代把清真作为美学范畴历史久矣。庄子提出并论证了这一美学概念，借孔子“问真”而论真。

孔子愀然曰：“请问何谓真？”客曰：“真者，精诚之至也。不精不诚，不能动人。故强哭者虽悲不哀，强怒者虽严不威，强亲者虽笑不和。真悲无声而哀，真怒未发而威，真亲未笑而和。真在内者，神动于外，是所以贵真也。……故圣人法天贵真，不拘于俗。愚者反此”（《庄子·渔父》）。庄子以情感的真假生动地说明清真才能获得真正的美感。我们常常鄙视“皮笑肉不笑的人”，因为他是假笑，这样的笑不仅美感顿失，还会让人反感。于是，庄子主张“效法自然”。

唐五代书画美学家继承了庄子上述清真观，提出了“同自然之妙有”“度物象而取其真”等命题，他们认为，书法和绘画的意象应该表现宇宙的生气，做到“气质俱盛”。做到了这一点，他们就称之为“清真”，或称之为“自然”。荆浩的《笔法记》中，把“同自然之妙有”发展为“度物象而取其真”。“似者，得其形，遗其气；真者，气质俱盛。凡气传于华，遗于象，象之死也”（《笔法记》）。山水画的意达到了清真的要求，荆浩称之为“景”。“景”（清真）是荆浩的“绘画六要”之一。荆浩说：“景者，制度时因，搜妙创真。”“景”（清真）是根据自然山水的变化，表现自然山水内在的生命。荆浩提出“创真”，表明对清真的客观反映不是被动的，而且根据客观的“景”的变化而变化。

这里特别要提到，唐代伟大诗人李白（701—762年）提出诗贵“精真”“自然”的主张，其在诗歌发展史上有不小的影响。他说：“圣代复元古，垂衣贵清真。”“一曲斐然子，雕虫丧天真。棘刺造沐猴，三年费精神。功成无所用，楚楚且华身”（《李太白诗·古风》）。

我们可以清晰地看出，中国古典美学中的清真，不仅强调真实地描绘个别的物象，更主张表现造化自然。这是西方美学范畴真的内涵中所没有的。但德国伟大诗人歌德是个例外，他在追求真的同时，要求艺术家遵守自然、研究自然、模仿自然；创造出毕肖自然的作品，甚至在个别细节上也要忠实于自然，恭顺地按照自然的本来面目去描绘。这一美学观多么接近中国的庄子和李白的清真观。与此同时，歌德并不主张完全服从自然界的一切。因此，艺术家既是自然的主宰，又是自然的奴隶。他是自然的奴隶，因为他必须用人世间的材料来进行工作，才能使人理解；同时，他又是自然的主宰，因为他使这种人世间的材料服从他的较高的意志，并且为这较高的意志服务①。

歌德关于“自然的主宰”和“自然的奴隶”这一辩证关系说得在理，“自然的主宰”，就是说文学艺术家应发挥主观能动性；自然的奴隶，就是说文学艺术家在创作自己的作品时不能肆意妄为，应老老实实地尊重自然规律，敬畏自然规律。说来也巧，两千多年前的庄子，在他的《庄子·田方子》里描述了一段生动故事，体现真画者：“宋元君将画图，众史皆至，受揖而立，舐笔和墨，在外者半。有一史后至者，儃儃然不趋，受揖不立，因之舍。公使人视之，则解衣盘礴，臝。君曰：‘可矣，是真画者也’”。

老子以“贵真”为特色的自然主义审美观，开创了中国美学史上注重真与美相统一的道家美学传统，对中国古代艺术和审美产生了重大的影响，

① 歌德．歌德谈话录［M］．朱光潜，译．北京：人民文学出版社，1978：137.

使崇尚自然淳朴、真美实情、力主去伪写真成为中国古代文字艺术和审美活动中普遍推崇的艺术追求。庄子继承并发展了老子的“贵真”思想，提出“法天贵真”，把“贵真”提到符合自然规律的高度：“真者，精诚之至也。不精不诚，不能动人”（《庄子·渔父》）。

我们应该注意到，强调“贵真”不只是中国道家学派的主张，也是儒家倡导的美学观。儒家学说的代表作《礼记》就充分表现了这一观点：“惟乐不可以为伪”。为什么艺术创作不可以作假？是因为“诗是心声，不可违心而出，亦不能违心而出。……其心如日月，其诗如日月之光。随其光之所至，即日月见焉。故每诗以人见，人又以诗见。使其人其心不然，勉强造作，而为欺人欺世之语，能欺一人一时，决不能欺天下后世”；“诗之基，其人之胸襟是也。……有是胸襟以为基，而后可以为诗文。不然，虽日诵万言，吟千首，浮响肤辞，不从中出，如剪彩之花，根蒂既无，生意自绝，何异乎凭虚而作室也”（叶燮《原诗》卷三）。

清代学者叶燮把文艺清真的意义说得十分透彻了，其内涵可概括为四方面。

其一，清真的文艺，要讲真情。一部文艺作品，要有真情的流露，只有真情流露才能使读者或观众、听众同频共振，这种情感上的共鸣才能使心灵相逐而产生震撼。

其二，清真的文艺，要讲真实。一部文艺作品，它反映的客观现实必须真实。即使是一部幻想作品，或童话、神话，也有真实的写照。中国远古神话“羿射九日”，反映中国远古先人长期与干旱作斗争的真实；中国远古神话“精卫填海”，反映中国远古先人长期与大洪水抗争的真实；安徒生的童话之所以在全世界受到普遍的欢迎，主要是因为其作品反映了“普世价值”和大众追求美的愿望。

其三，清真的文艺，要讲典型性。典型性的真实是最深刻的真实，这正是刘勰在《文心雕龙·物色》中提倡的“以少总多”。鲁迅塑造的阿Q、孔乙己、祥林嫂等典型人物，是中国半封建半殖民地社会普通人最深刻、最真实的写照。

其四，清真的文艺，要讲自然。自然是一种纯真的真实。老子和庄子都强调“贵真”，他们讲的“贵真”的最高境界就是“道”，也就是自然，即是“天乐、人乐、至乐”，用无为的天乐之心养其文质，这正是自然之声。

诗人李白在他的《古风》中礼赞“建安”：“自从建安来，绮丽不足珍。”为什么？因为东汉末年建安有“三曹”（曹操、曹丕、曹植）和孔融等“七子”，他们的诗风清真、自然，“建安”以后，诗风趋向绮丽侈靡。李白一贯强调“诗贵清真”，而他的诗能彪炳千秋，清真、自然是一大原因。

6.1 平遥之美，怎一个“真”字了得

平遥古城里，有一座明清封建社会的县衙，其堂中的对联读了让人吃惊，既是大白话，又是顶真话。县衙大堂的匾额为：明镜高悬。大堂对联却是：吃百姓之饭，穿百姓之衣，莫道百姓可欺，自己也是百姓；得一官不荣，失一官不辱，公说一官无用，地方全靠一官。此等大实话，能在长达两千多年的封建社会挂在县衙里，实在难得。因为在封建社会的等级制度下，人们都把官员称为“父母官”，而官员也自称是“父母官”。也就是认为当官的养活了百姓，而不是相反。但平遥封建县衙的对联上联说了大实话——“吃百姓之饭”，显然，把官人称“父母官”是不恰当的；再看下联，讲做官的责任，当官就要为民来做主，替人民办事，而不要以官的得失作为荣辱之标准。这副对联真美，美在一个“真”字！

果然，拥有2700多年历史的平遥古城，至今还很光鲜，让人惊叹！古朴雄壮的古城，隔开了古与今，谁不慕名观瞻？平遥之美，怎一个“真”字了得，让人流连忘返。

平遥古城是在西周宣王时尹吉甫御敌驻军筑城的基础上发展起来的，

至今已有2700多年的历史。春秋时代为晋国古城邑，后称“中都”，汉代为京陶县，北魏置平陶，因避太武帝拓跋焘名讳改称平遥，沿用至今。而平遥古城在明清时得以扩建，古朴之城保存至今。我们要向晋中的先人致意，他们为保护古城付出了心血，才使得古城墙、古街巷、古店铺、古庙宇、古县衙署、古民居等至今保存得如此完整。

古城平遥，是文武融会得体的古城。漫步在厚重的古城墙上，环顾四周，给人一种稳如泰山之感；远看古城墙，古朴雄壮，高大坚固的72座敌楼挺立于上，而3000个垛口的古城墙，不仅显其威武，而且显其文质彬彬。据说其象征孔子72贤人、3000个门人。喻文于武、文武融会。古代平遥武士已远去，古代平遥学士也远去，但古朴雄壮的古城墙隔开了古与今。在古城，那些反映古人的思想、文化和生活的对联历历在目。在街亭闹市，有诙谐楹联：柴米油盐酱醋茶，除却神仙少不得。在县衙中堂有警世楹联：鱼因贪饵遭钓系，鸟为衔虫被网羁。县衙内宅有做官楹联：治赋有常经，勿施小恩忘大体；驭官无治法，但有公道去私情。县衙二堂有为民楹联：与百姓有缘才来到此，期寸心无愧不负斯民。

联合国教科文组织世界文化遗产委员会是这样评价平遥的：“平遥古城是中国汉民族城市在明清时期的杰出范例，平遥古城保存了其所有特征，而且在中国历史的发展中为人们展示了一幅非同寻常的文化、社会、经济及宗教发展的完整画卷”。

6.2 文艺作品越典型越真实

文艺作品若原原本本记事，虽然真实，但因没有突出代表性，反而让人觉得平淡无奇，进而沦为令人消遣的奇文轶事。文艺作品的真实性要结合它的典型性，一部文艺作品越有典型性，就越显得真实；越真实，就越能打动人心。

“艺术的生命力在于真实”。文艺对真实性的要求，就是对文艺自身生命力的要求。真实性一般是指文学艺术作品反映社会生活和表现思想感情所达到的真切、诚挚和准确程度。越典型的文艺作品，它的这种准确程度越深刻。以鲁迅的中篇小说《阿Q正传》为例，其从1921年12月4日起至1922年2月12日止，每周或隔周一次登在北京《晨报副刊》上。当这篇小说正在陆续发表时，就有小政客和小官僚惶惶不可终日，他们疑神疑鬼，认为“凡是《阿Q正传》中所骂的，都以为是他的阴私”，这从一个侧面说明了《阿Q正传》高度的典型性。百年后的今日，阿Q的典型形象被越来越多的人所认识。在现实生活中，我们不时会发现他人或者自己在类似的精神状态中，也会闪现一点阿Q相，这就是文学艺术最大的真实。

典型化是文学艺术创作的基本法则，它不是像照相机一样记录，而是通过典型环境塑造典型人物。鲁迅的《阿Q正传》选取辛亥革命之后的中国农村这一典型环境，又在中国半殖民地半封建社会的典型环境下塑造出典型人物——阿Q，一个落后的不觉悟的农民的典型形象。鲁迅说过，他是要通过阿Q“写出一个现代的我们国人的魂灵来”。阿Q是一个上无片瓦、下无寸土的贫苦农民，甚至连自己的姓也失掉了。他既愚昧、质朴，又沾染了一点游手好闲之徒的狡猾；他讲究男女之大防，却又情不自禁地跪下向吴妈求爱；他以为造反就是与他为难，一向“深恶痛绝”，但不由得又神往起革命来；他憎恨赵大爷、假洋鬼子之流，但又想攀附他们。这些复杂而矛盾的性格，融合在阿Q身上，最突出的性格特征就是“精神胜利法”。这个在现实生活中被奴役、被损害的雇农，却处处以“胜利者”自居。小说中的两章“优胜纪略”，实际上是充满了屈辱和血泪的奴隶生活的记录：盲目的自尊和自夸，莫名其妙的自轻自贱，对耻辱和失败的健忘和自慰，对更弱者的欺凌和报复。阿Q性格中的这些特性，真实地反映出长期处于半殖民地半封建社会的中国国民的特性。这种典型性，在当时各阶层，特别是上层社会也避免不了。清高与奴性、失败与健忘、自贱与自胜、自尊与自夸，正是中国半殖民地半封建社会国民性的真实写照，既丑陋又悲凉，既屈辱又自尊，既不满又不敢抗争。

在文学艺术的真、善、美中，真是前提，也是基础。而文艺作品中典型形象的塑造，便是解决真的课题的途径。

6.3 纯真美女秦罗敷

西施是被历代文人学士称赞的美女，是春秋末年越国兰罗（今浙江诸暨南）人。由越王勾践献给吴王夫差，成为夫差最宠爱的妃子。相传吴亡后，与范蠡偕入五湖。貂蝉也是被历代文人学士称赞的美女，系《三国演义》中人物，司徒王允家的歌妓。为了帮助王允为国锄奸，主动献身，用“连环计”离间董卓和吕布，最后借吕布之手杀死董卓。

西施和貂蝉等，她们的美都离不了士大夫的审美观念，也就是曹植所作《美女篇》中的主张，即容貌之美、服饰之丽、门第之高，步步作势，“罗衣何飘飘，轻裾随风还，顾盼遗光彩，长啸气若兰”。

而汉代乐府民歌《陌上桑》中描写的民间美女秦罗敷，却是一个坚贞美丽的农家女子。这首诗关于美女的审美观与之前士大夫的审美观大相径庭。首先，采桑女秦罗敷出身低微，也不是高门贵人手中的玩物，她还巧妙地拒绝了太守的调戏。

这首诗刻画采桑女秦罗敷纯真之美时，并没有去正面描绘美女的长相，而是独创性地采用以虚写实的方法，从她生活的环境，所用的器物、发式及衣服落墨，让读者去想象罗敷的容貌。更妙的是，作者还采用了“烘云托月”的手法来表现罗敷的美：“行者见罗敷，下担捋髭须；少年见罗敷，脱帽著帩头；耕者忘其犁，锄者忘其锄；来归相怨怒，但坐观罗敷”。人人都因罗敷之美而神魂颠倒。罗敷不仅美丽，而且聪明，为了对付仗势欺人的“使君”，故意盛夸夫婿，描绘了一个官居要职、春风得意的夫婿形象，震慑住了不怀好意的“使者”，这充分显示了罗敷的智慧。“夸夫”可见罗敷智慧过人，她巧妙运用当时“官本位”的社会心态迫使太守畏高官而打消调戏美女的念头，“弱女”罗敷顿成“强女”。

士大夫及官僚在审美方面，把美女当附庸、当花瓶，“千金一巧笑，百万两鬟姝”（张正见《咏怀诗》），而民间百姓是在尊重对方的基础上欣赏美女，美女罗敷和观赏者之间是平等的，没有丝毫附庸关系，从而彰显出出身低微的采桑美女秦罗敷的纯真之美。

叙事诗《陌上桑》也给文学艺术家提供了一个借鉴，就是描写或绘画美女时，不仅要注重她的外在美，更要注重她的内在美。若是美女缺乏内在美，其外表再美也要在审美中打折扣的。《淮南子·说山训》就意识到这一点：“画西施之面，美而不可说；规孟贲之目，大而不可畏。君形者亡焉。”

7　论形神

形神者，形体与神采也。形神是中国重要的美学范畴，常用来评价诗文、书画。一般认为，文艺作品应神寓于形，以具有鲜明特征的形体显示创作主体的精神、气质，更重要的是传神，神似高于形似，既要“形神兼备”，又可以“离形得似”。所谓“离形得似”，就是强调艺术形象重在传神的特点。明代沈璟最早提出“似而不似，不似而似”说（《画麈》）。清代石涛进一步提出，“名山许游未许画，画必似之山必怪。变幻神奇懵懂间，不似似之当下拜”（《大涤子题画诗·诗跋》卷一），主张艺术形象表现生活形象可以“形似不似”而神似。

关于形神，在《孟子》中，“形”字四见，“神”字三见。形有形状、形体议：“不为者与不能者之形何以异”（《孟子·梁惠王上》），“有诸内，必形诸外”（《孟子·告子下》）。对于神，孟子主要还是从人的有意志的人格方面去理解。另外，荀子肯定有形体然后才有精神，“形具而神生，好恶喜怒哀乐臧焉，夫是之谓天情，耳、目、鼻、口、形，能各有接而不相能，夫是之谓天官”（《荀子·天论》）；“形则神，神则能化矣”（《荀子·不苟》）。庄子的形神观也已含范畴的意义：“精神生于道，形本生于精，而万物以形相生”（《庄子·知北游》）。至于形神中的神，既指变化莫测，又指微妙变化。《周易·系辞上》说：“阴阳不测谓之神。”宋代学者认为神还具有变化的内在动力的意思。如北宋张载认为：“惟屈伸动静终始之能一也，故所以妙万物而谓之神”（《正蒙·乾称》）；“天下之动，神鼓之也”（《正蒙·神化》）。

形与神的关系，形应是神的基础，有了客观的形，神才会根据所依附的形生发出来，从而在此基础上变化。神的变幻莫测离开了形就无所依附。因此，我们讲作品传神，是离不开原形的，离开原形的变化就如迷信中的“画符”一般，随意而去，随意而来，只要迷倒信徒为是。所以，形神要讲究“不似似之”，这个“不似”以似为基础，即以形为基础。

形神的关系，形是实，神是虚；虚以实为基，实以虚为舞。有实无虚，呆板而木讷；有虚无实，虚无而空旷。因此，实中要有虚，虚中要有实。实实虚虚，虚虚实实，形神兼备，才能动人、动心。我们不要只有形而无神，那只是工业制造所为；而要形神兼备，那才是文学艺术家所为。

形神论在中国古典美学，特别是古典绘画美学中得到了充分的发展。早在先秦时期，这一理论已开始萌芽，东晋著名画家顾恺之提出了“以形写神”的绘画理论，形神论正式产生。《世说新语》记载：“顾长康画人，或数年不点目睛，人问其故，顾曰：‘四体妍媸本无关于妙处，传神写照，正在阿堵中’。”顾恺之所言，正道出苏轼的主张：“传神之难在目”（《传神论》）。

强调“以形写神”，也就是说，形似是神似的基础，形象的内在精神要通过外部特征表现出来。神似是形似的灵魂，神似才能体现形象的本质特征。在这方面，《淮南子·说山训》做了很好的诠释：“画西施之面，美而不可说；规孟贲之目，大而不可畏。君形者亡焉”。画美女西施只画外在美而缺乏内在美，使人看后并不愉快；画战国勇士只图眼睛大而无可畏，画者使他们都失去了神。这生动地说明了形神的关系，也说明了一个简明的道理："未有形不似而反得其神者"。以形传神、以形写心，是中国古典美学和古典艺术理论的重要主张，也是中国古典美学的主要范畴之一。

7.1 重形失神的骈文

骈文萌芽于先秦，形成于两汉，至魏晋六朝达到了全盛。

南朝齐梁后，骈文发展到鼎盛，专讲文论的文论家也以写骈文为荣耀，只要文辞华丽、对仗工整，至于读者能否读懂或愿不愿意去读，都无关紧要。就以南朝梁著名文论家刘勰为例，他所著的《文心雕龙》本来是我国古代文学理论和文学批评方面的巨著，但由于用骈文所写，晦涩难懂。现仅在《文心雕龙》摘录骈文文论两段，奇文共赏：文场笔苑，有术有门。务先大体，鉴必穷源。乘一总万，举要治繁。思无定契，理有恒存。

就算是精通文言者，读此文也觉拗口、晦涩，何况是对文言生疏的读者。笔者对摘文试译如下：在诗文创作领域中，有道路也有门类。务必首先把握总体，彻底鉴别根源。凭依一贯来驾驭万变，掌握要领来处理纷繁。文思没有刻板的规则，而原理却是万古长青的。

这种骈文是以辞采、对偶、用典和音律和谐为主要特征的一种应用文体，它特别重视并追求语言的结构美和韵律美，轻视其内容的直陈表达。以四六骈偶为主的句式构成是骈文形式上的主要特征，此外，骈文还插一些骈偶长句，以求在整体的形式中增加语言的变化和气势。骈文讲究藻饰，文辞华丽，也注重形式、轻内容，南朝齐梁后，骈文开始追求四六对仗中平仄交错的声律美，使文章更加拗口、晦涩。骈文虽然提高了文章的形式美，但讲究太多，文饰过重，既不利于作者思想感情的自由表达，也不利于文章社会功能的充分发挥，从而成为文章发展的严重障碍。因此，唐代时文坛掀起了以散文反对骈文和进一步发展散文的文风改革运动，由韩愈、柳宗元倡导。韩愈发扬了传统的“养气”说，提出“气盛则言之短长与声之高下者皆宜”，振作文章的气势，还提倡“惟陈言之务去”，“惟古于词必己出”和“文从字顺”，鼓励作家的创造性的发挥和语言的通畅自然，显然有利于文章的健康发展。

既然韩愈、柳宗元倡导文从字顺的“古文运动”，我们选一段他们的论述，再与上述刘勰文对比，就十分清楚了。

韩愈说：“世有伯乐，然后有千里马。千里马常有，而伯乐不常有”；“业精于勤荒于嬉，行成于思荒于随”。

柳宗元说：“功者自功，祸者自祸”；“贤者不得志于今，必取贵于后”。

韩柳的文字不仅落落大方，而且思想深邃，令人喜爱，耐读。他们的文学成就也令人刮目。韩愈的政论文居多，有代表性的是《原道》等五篇，被称为“五原”。其文章雄健、气势充沛、巧譬善喻、神奇奔放。柳宗元的论文以《天说》《封建论》为代表，其思想通脱，时出己见。为文或抨击时政，或批判旧说，或陶写性情，或描摹山水，形神兼具。韩愈、柳宗元凭借自己的文笔，成为推动流畅自然文风的旗手，令人敬佩。

骈文为什么会在魏晋六朝达到全盛？这跟当时魏晋南北朝时期的兴门阀制度有关。所谓门阀制度，是指当时封建社会十分重视社会中的世代显贵之家。正如《后汉书·宦者传论》所说：“声荣无晖于门阀”。皇上多为门阀包办，特别重视门阀特权，亦称“阀阅”。显贵之家称为“高门”，卑庶之家称为“寒门”。魏晋南北朝实行九品中正制，选用官员时，高门中选，寒门受排斥。由于高门高高在上，其文字以辞藻华丽和音律工整为主要特征，以体现高门之高贵、孤傲、华美，而对“寒门”的文风自然不屑一顾，认为那是粗疏、流俗和朴拙。这方面，又以刘勰的《文心雕龙》为代表。它反映作者所处的门阀时代，既用骈文迎合门阀的“高门口味”，又有追寻“文赋”“人禀七情，应物斯感”的正确美学观。故《文心雕龙》从美学角度来看，是部伟大的作品；从骈文文风来说，则不应推崇。故唐代掀起了以散文反对骈文的运动，也正符合历史的潮流，值得我们当今继承和发扬。

7.2 文风要追求形神兼备之美——简论“古文运动”的现实意义

骈文提高了文章的形式美，但讲究太多，文饰过重，既不利于作者思想感情的自由表达，也不利于文章社会功能的充分发挥，而成为文章发展的严重障碍。

韩愈、柳宗元倡导的“古文运动”以古文明古道。韩愈把尧、舜、禹、汤、文、武到周公、孔孟的儒家道统，说成是“古文运动”的文统，并以继承文道一统为己任。提倡“学古道则兼欲兼通其辞”“修其辞以明其道”。他发扬传统的“养气”说，提出“气盛则言之短长与声之高下者皆宜”，努力振作文章的气势。例如韩愈的《师说》论述从师求学的道理，一开篇就开门见山，直入微里：“古之学者必有师。师者，所以传道受业解惑也。人非生而知之者，孰能无惑？惑而不从师，其为惑也，终不解矣”。

故柳宗元在《答韦中立论师道书》中说：“今之世不闻有师。有辄哗笑之，以为狂人。独韩愈奋不顾流俗，犯笑侮，收召后学，作《师说》，因抗颜而为师；世果群怪聚骂，指目牵引，而增与为言辞。”可见柳宗元对韩愈的评价甚高。的确，韩愈的《师说》不过数百字，然而托物取譬，抑扬讽谕，文笔灵活流畅，富有生气，针砭时弊，击中要害，是骈文不可相提并论者。

柳宗元的《永州八记》第一组散文，是他被贬为永州司马时所作。虽永州异常荒僻，人迹罕至，但山水风光，姿致天成。这些作品语言清隽，刻画细致，生动逼真，神妙入微。字里行间寄托思乡、寂寞和自怨自艾，历来被公认为山水游记之佳作。

因此，韩柳倡导的“古文运动”极具现实意义，提醒我们后辈在著文时应坚持这样几个原则。

一是“文以载道”，一文必须有隽永之思想，思想是一篇文章的灵魂。

二是“言必近真”，反对“雕彩”。真语、真话、真诚才能打动人心；套语、假话、假情，伤人害己。因此，言词的修饰是为真诚服务，而不是为掩盖假意为之。

三是忌“意浅而繁”，那样不仅浪费读者的宝贵时间，而且“文匿而彩，词尚轻险”，就成了“亡国之音”（《隋书·文学传序》）。

四是强调“文从字顺”，不可咬文嚼字、柔靡巧伪、华而不实、生僻奇巧，更不要去卖弄词华、一味崇尚骈偶。

五是文章该长则长，该短则短，不该长的拉长，又长又臭，文风烦琐；不该短的压短，古怪奇巧，让读者不知所云。

六是文章讲究平淡自然，流畅畅达，委婉亲切。若要说理，则雄辩滔滔，以理服人；笔势纵横，善于腾挪变化。

七是思想与语言同在。语言的贫乏、苍白，也意味着思想的贫乏、苍白；语言的华丽并不等于思想的丰富，不应用华丽的辞藻掩盖贫乏而苍白的思想。

八是美丽的外表与深厚的内涵相匹配。一篇好文，不仅要能让人警醒、佩服或赞许、钦佩，而且应给人以一种诗意、韵味、特色，以及对自身、社会乃至宇宙的清新思考。

九是要作知行合一的好文，既饱含智慧，又能学以致用。无用的智不是智慧，无目的用不是学问。我们呼唤多一些真正的散文作家，诸如中国的庄子、鲁迅，西方的培根、蒙田。

7.3　形神兼备的《梁祝》协奏曲

小提琴协奏曲《梁山伯与祝英台》（简称《梁祝》），是用西方的小提琴演奏中国故事，不仅获得了成功，而且被誉为“民族的交响乐”。

1959 年，上海音乐学院的学生何占豪、陈钢合作谱写大型管弦乐作品，他俩大胆地“用外国酒瓶装中国酒”，居然成了中国的“名酒”，其根本奥秘就在于关注“形神的兼备”。他们是怎样在《梁祝》的创作上做到形神兼备的呢？

首先，让协奏曲表现中国家喻户晓的《梁山伯与祝英台》的民间故事，并简化为三个主要故事情节：草桥结拜、英台抗婚、坟前化蝶。第一部分是相爱。接着是主部，爱情主题，呈现梁祝在草桥亭聚义结拜的情景。第三部分是抗婚、化蝶。这三个部分分别对应乐曲的呈示部、展开部和再现部，以表现青年男女忠贞的爱情和他们对封建礼教的反抗。最后化蝶的描写富于浪漫主义色彩，反映了人民的愿望和理想。

用西方小提琴表现中国故事，并不等于音乐创作的中国化，关键要看音乐作品的形象塑造是否真正做到了中国化。何占豪和陈钢在这方面下了很大功夫。他们根据内容要求，选择了越剧唱腔中最富于感染力的曲调加以提炼、发展和创造。他们大胆地吸收了戏曲音乐的表现手法，如在呈示部的尾部和发展部的中部采用了小提琴与大提琴的歌唱性对话，刻画梁山伯与祝英台依依惜别和“楼台会”中悲痛地互诉衷肠的动人情景，展开部中的“哭灵投坟”则用了京剧倒板和越剧嚣板（紧拉慢唱）的手法表现祝英台对封建势力的控诉等。在小提琴演奏上，借用了我国民族乐器的滑指等技法，收到了很好的效果。

由于《梁祝》小提琴协奏曲在形象塑造上做到了货真价实的中国化，神形兼备、旋律优美、色彩绚丽、通俗易懂，受到国内外听众的一致好评。上海艾萨克·斯特恩国际小提琴比赛，首次将中国小提琴协奏曲《梁祝》纳入半决赛的规定曲目中。比赛组委会将俞丽拿讲解《梁祝》的教学视频翻译成英语，分发给每一位参赛选手。《梁祝》被指定为比赛曲目，也得到了外国评委的一致肯定。

选手普遍认为，要把《梁祝》的音拉准，把节奏找准是简单的，但要真正拉出曲子背后的内涵和精髓，则要通过对《梁祝》的深入理解而演奏得形神兼备，催人泪下，这才是最难的。

8 论文质

文质，就是文学艺术作品的文采和实质。文质这一美学范畴，历来是评价文学艺术作品是否为上乘之作的标准之一。文胜质，则文学艺术作品内容空洞，徒具华表；质胜文，则文学艺术作品没有感染人的文采或文采不足，这样就会导致作品粗糙而浅薄或浮华。《离骚》因文质兼具而流传至今，汉赋因文胜于质而逐渐被人遗弃，可见文学艺术家从美学角度讲求文质兼备是多么重要。故孔子说："质胜文则野，文胜质则史。文质彬彬，然后君子"（《论语·雍也》）。朴实多于文采，不免粗野；文采多于朴实，又不免虚浮。文采和朴实配合适当，这才是个君子。孔子在这里强调一个美学概念，即一个人的文学艺术作品既要文采卓著，又要有充实的内容和思想。

文质的"文"既是指文采，也是通指文学艺术作品的形式表现；文质的"质"既是指实质，也是通指文学艺术作品充实的内容和丰富的思想。北宋程颐指出："质必有文，自然之理。理必有对待，生生之本也，有上则有下，有此则有彼，有质则有文"。文学艺术作品的内容（质）和形式（文）是"必有对待"的关系。南宋的朱熹也强调内容决定形式："凡物之理，必先有质而后有文，则质乃礼之本"（《四书章句集注》）。明清之际的王夫之认为，"形者，言其规模仪象也，非谓质也。质日代而形如一"（《思问录·外篇》）。事物外部形体有时看不出明显的变化，而其质却不断变化。

一部文学艺术作品的文与质，既相生相克，又互补共济。好的文学或艺术素材，需要与之适应的艺术表现形式，选对了形式，那么这部文学或艺术作品就有极大的感召力；选错了形式，就会使本已生动的素材黯然失色。屈原要表现自己极度悲怆的爱国情怀，如果他选择“赋”的表现形式，无疑会黯然失色；杜甫的《兵车行》控诉和谴责唐玄宗穷兵黩武，采用的是乐府诗形式，它不拘一格，可以纵情诉说，若采用五言古诗的形式，就达不到现在的效果。

一部文学艺术作品，应文质相融。所谓文质相融，就是指文中有质，质中有文。似乎某种形式是专门为这种内容而设计的，而其内容又因形式选择恰当，充分表达了或愤懑，或哀愁，或喜悦，或振奋人心，或哀婉惆怅的感情。这就是人们常说的“表里一致”。当然，我们也会看到文质之变。就是文未变而质变，质未变而文变。这种灵活变通也是存在的，它会产生两种效果：一是不伦不类，皮毛无所依附；二是独特之效。

美的人，应是外在的言行、容貌、礼仪之美与内在的仁义道德品质的统一；美的文艺作品，应是“精理为文，秀气成采。鉴悬日月，辞富山海。百龄影徂，千载心在”（刘勰·《文心雕龙·征圣》）。那是精妙的义理写成文章，秀异的气质构成了文采。辨察如日月高悬，辞藻如山海富足。百岁好比影子很快消失，而精神却千年永存。美的人造就美的文，美的文又衬着美的人。

文质之美，讲究文之高雅和质之高贵的统一，也就是要“志足而言文，情信而辞巧，乃含章之玉牒，秉文之金科矣”（刘勰《文心雕龙·征圣》。文章要立足于思想深刻而语言华美，感情信实而措辞巧妙，这是包蕴文采的玉律，写作文章的金科。

要使文艺作品达到文之高雅和质之高贵的统一，作家、艺术家应遵循什么基本原则呢？中国古代文论家给我们指出一些路径。

其一，只顾文章或诗词辞藻的华丽而忽略内容的高贵，这必将毁了自己的作品。汉代杨雄已发现屈原的《离骚》与后来的汉赋的巨大差异，《离骚》是诗坛的巨星，而汉赋却黯然失色。杨雄是这样分析的：“诗人之赋，丽以则；辞人之赋，丽以淫”（《法言·吾子》）。

其二，文与质既要统一，又要注意相互中和平衡，若有一方过度，必然损害全局。这就是孔子著名的文质论："质胜文则野，文胜质则史。文质彬彬，然后君子"（《论语·雍也》）。文与质的关系，是内容与形式的关系。孔子主张"文质彬彬"，他不赞成"质胜文"，也不主张"文胜质"。

其三，写文不能流入华丽侈靡，文应有曲折奇巧的情趣，达到以情感人。刘勰就说："颂惟典雅，辞必清铄；敷写似赋，而不入华侈之区；敬慎如铭，而异乎规戒之域；揄扬以发藻，汪洋以树义，唯纤曲巧致，与情而变"（《文心雕龙·颂赞》）。颂就是要典雅，语言必须清晰明白；铺张排比写作有如赋体，但不能流入华丽侈靡的范围；虔敬审慎精神有如铭体，但不可走入规劝告诫的境界；按宣扬表彰的要求来发挥辞藻，如用汪洋大海的深广来建树内容；唯有纤细曲折奇巧的情趣，随着感情的变化而不同。

其四，要善于发现美。优秀的文学艺术家善于在选择好题材之后，把它加以充分的发挥，从而使得大家承认压根儿想不到会在这个题材里发现那么多的东西。这正如晋代陆机所言："石韫玉而山辉，水怀珠而川媚"（《文赋》），石中蕴藏着美玉，会使山岭有光辉；水里含有宝珠，能让河流更美丽。

其五，文章宜通俗易懂又不浅薄，不搞悬论而结合社会实践，精辟又朗朗上口，这才是上乘之作。颜之推说："文章当从三易：易见事，一也；易识字，二也；易读诵，三也"（《颜氏家训·文章篇》）。

其六，敢于创新，善于创新，敢于超越前人。文学艺术是流动和发展的，它犹如大江大河，川流不息，后浪推前浪。折服于前人的成就而妄自菲薄，是没出息的表现，我们应有超越前人的气概："李杜诗篇万口传，至今已觉不新鲜。江山代有才人出，各领风骚数百年"（赵翼《论诗五首》）。

8.1 思想是文质彬彬的灵魂

孔子提倡文质彬彬，是让言简、言美、言实包蕴着思想，没有思想的形文，如同文字游戏，而非文学艺术。

这让笔者想起一位曾在美国芝加哥大学教学多年，又曾教过许多新加坡、中国大陆及中国台湾和香港地区的学生的华人教师。他认为“散文害苦中国学生”，理由是缺乏思想，只追求华美辞藻。他对学生讲：“我不是要你写欣赏文，我是要你做分析。”有很多学生的第一篇论文做得苦不堪言，不知道怎么做。他认为散文是中国知识分子的一大害。

这位华人教师的看法对不对呢？对，又不对。

不对的地方是，中国自古以来的优秀散文都包含丰富的思想，战国时期的《庄子》《孟子》尤其是经典；而“唐宋八大家”的优秀散文都是在世界上堪称第一流的。因为它们言简意赅，内涵丰富。以唐代刘禹锡的散文名篇《陋室铭》为例，全文仅两百字，却包含了丰富的思想，其文辞也简洁、流畅、优美：山不在高，有仙则名；水不在深，有龙则灵。斯是陋室，唯吾德馨。苔痕上阶绿，草色入帘青。谈笑有鸿儒，往来无白丁。可以调素琴，阅金经。无丝竹之乱耳，无案牍之劳形。南阳诸葛庐，西蜀子云亭。孔子云：“何陋之有？”

刘禹锡（772—842年）是唐代“古文运动”的积极参与者。刘禹锡以论见长，认为文应是“见志之具”，其《天论》三篇最为著名，征引丰富，推论缜密，雄健晓畅。他的短论《陋室铭》针砭现实，抨击弊政，思想鲜明，文辞犀利。

那位华人老师说的对在哪里呢？

是高考作文提倡学生写的“散文”害苦了学生。就以2013年高考作文题目为例：“真诚与友善”（大纲卷），“经验与勇气”（新课标卷），“更重要的事情”（上海卷），“富翁的捐助”（广东卷），“捡到手机之后”（广西卷）。这些题目共同的问题是缺乏思想深度，阅卷的标准重形式和文采。

思想“是人们物质关系的直接产物”（《马克思恩格斯选集》第一卷），但这种直接产物是能动的，因为客观环境是动态变化的；又是具有本质特征的，即反映了客观事物的本质；还具有独立的主见，因产生于个人，所以具有一定的个性特征。因此，思想来源于实践并指导于实践。我们提倡文质彬彬，而文质彬彬的灵魂就是思想。

8.2 正能量使《岳阳楼记》成千古名篇

《岳阳楼记》作于庆历六年（1046年）农历九月十五日，距今已近千年，该文脍炙人口，长传不衰，至今仍然在中国文学史中占据重要位置。原因在哪里呢？在其饱含正能量的情感宣泄，容易引起读者的共鸣。

范仲淹（980—1052年）作此评议时，正值“庆历新政”变法运动失败，他被贬，谪居外地，仍却对祖国大好山河饱含热爱之情：“衔远山，吞长江，浩浩汤汤，横无际涯。朝晖夕阴，气象万千”。

这里全是对祖国壮美山河的盛赞，丝毫没有残留作者因被贬而产生的愤懑和悲凉，这是何等的爱国心胸啊！范仲淹本来就“予尝求古仁人之心”，要探索古代仁人的心情，而在《岳阳楼记》中就得出了结论：“上下天光，一碧万顷，沙鸥翔集，锦鳞游泳，岸芷汀兰，郁郁青青。而或长烟一空，皓月千里，浮光跃金，静影沉璧，渔歌互答，此乐何极”！

此等爱祖国山河之心胸，正是古代仁人之心。这让他自然对历史上那些“迁客骚人”只局限于个人狭窄圈子里的思想感情产生鄙弃。

文如其人。范仲淹的古人仁人之心是不是天生就有的呢？肯定不是。他的仁人之心的形成有一个历练过程。他两岁丧父，母贫无依，改嫁朱氏，因取朱姓。母亲去世后，恢复本姓，改名仲淹。他青少年时就刻苦好学，志向远大，常以天下为己任。后中了进士，负责西夏作战，守边四年，西夏不敢来犯，戒言“小范老子腹中自有数万甲兵”。庆历三年（1043年）任参知政事（副宰相），针对时弊，提出厚农桑、修武备、均田赋、减徭役、明黜陟、抑侥幸等十条革新建议，但受到旧势力的反对，未被采纳。后被贬居外地。虽然范仲淹被贬，但其仁心更烈，所以才能在《岳阳楼记》中写出千古名句：先天下之忧而忧，后天下之乐而乐。

范仲淹的高尚情操和远大抱负是一贯的，他的《江山渔火》反映民间疾苦，他的边塞诗也体现守边将士忧国之情怀：苍凉悲壮，慷慨生衰。一扫晚唐五代以来文人惯于用词写艳情、婉弱绮丽之词风，令人钦佩。

8.3 淳厚隽永的《永州八记》

与艰涩的骈文和晚唐五代只重辞采不重文质的文风相比，唐代柳宗元的《永州八记》独树一帜，犹如亭亭玉立的荷花，让人耳目一新。其风格淳厚隽永，是我国文学游记中的上乘之作。

《永州八记》是柳宗元写的一组散文。当时的永州异常荒僻，人迹罕至，但山水风光姿致天成。柳宗被贬为永州（今湖南省永州市零陵区）司马，徜徉山水，抒情寄怀，写下一组有连续性的山水游记，其中《始得西山宴游记》《钴鉧潭记》《钴鉧潭西小丘记》《至小丘西小石潭记》《袁家渴记》《石渠记》《石涧记》《小石城山记》八篇，后人称为《永州八记》。

《永州八记》虽然是山水游记，但它不仅语言清隽，刻画细致，写永州郊野的一草一木、一泉一石，生动逼真，神妙入微，而且借物抒情，自然得体。以《钴鉧潭西小丘记》为例：“铲刈秽草，伐去恶木，烈火而焚之。嘉木立，美竹露，奇石显。由其中以望，则山之高，云之浮，溪之流，鸟兽之遨游，举熙熙然回巧献技，以效兹丘之下”。

柳宗元所追求的自然美景，是在铲除了乱草、砍掉了坏树，用火把它们烧掉之后，于是俊美的树才能挺立，秀丽的青竹才会露出，奇妙山石才能显现。小丘的秀美才以完整的面貌展现出来。而秀丽美好的山丘不被人重视，正是作者自己怀才不遇和遭遇不幸的写照。柳宗元的散文游记寄情于景，情景交融，从而达到以情抒怀、以景抒怀的目的，这就使其文达到文质彬彬的境界。

柳宗元与韩愈是唐代“古文运动”的主要倡导者。他们明确提出一系列文学主张，在文学内容上，针对齐梁以来追求辞藻的形式主义文风，提出“文道合一”“文以明道”。要求文与道，形式与内容要互相结合。其中又以道为主体，文是阐明道的工具。要求文章言之有物，反映现实。强调“不得其平则鸣”，文章要反映作者的真情实感，要充满革除时弊的批判精神。在文章形式上，首先提出要革新文体，突破骈文四六对偶的束缚，句式可长可短，不拘一格，只要“文从字顺各识职”，能将问题阐述清楚，表达充分就可以了。其次，要求革新语言，“惟陈言之务去”，反对模拟剽窃而力主创新，“词必己出”，用自己的语言进行写作。还强调作家的品德修养，强调要“立言”，先要“文行”，“文以行为本”。

柳宗元是这样主张的，也是这样实践的。他在《天说》《天对》《非国语》等文中，否定天地是神创造的，明确指出“元气”是自然的本源；他反对把远古的所谓“尧舜之世”当作最为理想的社会，认为历史是进化的；他反对“继世而治”的贵族特权。柳宗元的代表作如《捕蛇者说》《童区寄传》《段太尉逸事状》《种树郭橐驼传》以及《封建论》，被后人誉为“千古绝作”。

正是有了高尚的人品，才有世代相传的佳作。人品、作品、文品三者不可偏废，这就是结论。

9 论大美

大美，就是广袤而崇高的美。中国将大美作为文学艺术的美学评价范畴历史久矣。老子最早用“大音”来赞美至高至上的音乐：“大音希声，大象无形”（《道德经·第四十一章》），最响亮的声音，听来反而稀声，最壮美的形象，看来反而无形。老子所说的“大音”，之所以是至高无上的音乐，是因为它是最美的音乐本身，音乐的本源——道；“希声”，是指人们听之不闻却令人爽快悦心之声。老子认为道是万物之母，体现道的声音是在有状与无状、有形与无形、有声与希声的矛盾统一之中，所以“大音”既诉诸听觉又不能被感官直接把握。这一命题，相当于现代美学中的“崇高”范畴，但它的外延又大于现代的“崇高”范畴。

孔子更强调“大”的概念，“大哉，尧之为君也”（《论语·泰伯篇》），孔子惊叹尧真是了不得呀，真是高大得很呀！为什么“了不得”“高得很”？孔子接着毫不吝惜褒奖之词：“巍巍乎！唯天为大，唯尧则之。荡荡乎！民无能名焉。巍巍乎！其有成功也，焕乎其有文章”。只有天最高最大，只有尧能够学习天。他的恩惠真是广博呀！老百姓简直不知道怎样称赞他。他的功绩实在太崇高了，他的礼仪制度也真够美好了。

庄子和孟子用的“大美”这一美学概念，也相当于当今的美学范畴“崇高”。庄子说“天地有大美而不言”，认为天地孕育和包容万物，人应当多顺应自然，去观察、寻求“天地之美”，天地之“大美”，是道的本质，是自然无为。他辨析了“美”与“大”的联系与区别：“美则美矣，而未大也”（《庄子·天道》）。孟子也说“充实而有光辉之谓大”（《孟子·尽心章句下》）。看来，庄子和孟子都肯定“大”不仅涉及道德业绩之伟大（不仅属伦理学范畴），而且“大”在“美”的基础上形成，比“美”更充实，更感人，更光彩夺目，属于美学范畴，具有审美价值。

西方的崇高美学范畴，是指自然物体积、力量巨大或人的精神上力量，即令人惊心动魄、崇敬神往的现象，与中国自古推崇的“大美”相近。但西方的崇高概念还会引起人的恐惧感及克服恐惧感后而产生的优越感，而中国的“大美”则不会引起任何恐惧感，它也包括广袤的、充实的、感人的因素，但不是恐惧的，这是中国“大美”与西方崇高概念的重大区别。西方的崇高概念自古罗马时期朗吉弩斯（约 213—273 年）提出到近代德国康德（1724—1804 年）成熟。康德关于“崇高不存在于自然界的任何物内，而是内在于我们心里”的判断，显然是不恰当的。康德在这个问题上不仅出现前后矛盾，而且也无法解释他列举的自然界所体现出来的崇高。他又肯定“自然界是崇高的”，并列举了“高耸而下垂威胁着人的断岩，天边层层堆叠的乌云里面挟着闪电与雷鸣，火山在狂暴肆虐中，飓风带着它摧毁了的荒墟……诸如此类景象，我们称呼这些对象为崇高”[①]。康德所说的这种让人恐惧的“崇高”相对中国的大美来说，是有差距的，大美虽然近似于崇高，但它偏重于精神业绩的崇高、伟大，如大公无私为百姓的尧、舜、禹。另外，康德把美和崇高作为并列的两个范畴而严格区别开来，他认为崇高和美有相同之处，例如它们都不涉及概念与欲念，都不是感官的快适，也不是逻辑的判断，而且都是可以普遍传达的，但崇高和美有许多重要的区别。在康德看来，崇高与美的“最重要的和内在的差异”在于：“美可以在对象的形式中找到根据”，因为美的对象具有固定的形式，可以通过感觉上的表象来表现，而“真正的崇高不能含有在任何感性的形式里，而只涉及理性的观念”。显然，把崇高与感性形式隔离开来，美感和崇高感如何产生？何况，康德把美与崇高并列也是错误的，它们之间，前者是大概念，后者是小概念，大小概念不能混同。

大美者，乃广袤的、最高的美。“天地有大美而不言，四时有明法而不议，万物有成理而不说”（《庄子·知北游》）。天地有大美却不言语，四时有明显的规律却不议论，万物有生成的道理却不说出。故，大美也是崇高的美。

9.1　悲壮美，中国远古神话的主旋律

远古神话，反映了远古人民对世界起源、自然现象及社会生活斗争的原始理解。中国远古神话集中在《山海经》中，由于早熟的人文主义思想的介入，使中国远古神话的主旋律与西方有所不同，具有很强的悲壮性。

洪水滔天，大雨不断，百姓受难，人心熬煎。女娲为了解救民众于苦

① 康德．判断力批判［M］．邓晓芒，译．北京：人民出版社，2002：87.

难，炼五彩石补天，一补再补，终于“断鳌之足以立四极”，使国泰民安。女娲不愧为克服自然灾害的女英雄。

炎帝的小女儿不幸淹没在东海，死后变为精卫鸟，从而发誓填平沧海。它折射出远古人民同恶劣自然环境作斗争的大无畏气魄。

夸父敢与太阳竞走。走进太阳炎热的光轮里，他口干舌燥，想要喝水，便去喝黄河和渭河的水，这两条河的水都喝干了他还不解渴，又去喝北方土泽大湖里的水，还没走到，就在半路上渴死了。临死时抛掉手里的杖，立刻变成了桃林。

尧时，有十个太阳一齐出现在天空，使天下万物焦枯，鬼怪百出。尧派羿射掉九个太阳，只保留一个太阳在天空。那九个太阳落到了沃焦山，那是海水东流归去的地方。

女娲补天、精卫填海、夸父逐日以及羿射九日，无不体现出悲壮美，这正是远古中国人所追求的大美，即崇高。

后又有神农尝百草、刑天斗天帝，更是悲壮不已。《淮南子·修务篇》里这样记叙尝百草的神农：古时候，人们吃的是野草，喝的是生水，采摘野果充饥，还吃些不干净的虫肉。因此，人们身体常受瘟病的侵害。神农亲自品尝很多野草的味道和水源的甜苦状况，让人们知道哪些能吃能喝，哪些不能。当时，神农做这些事时，一天竟遇到七十种毒。神农这种以牺牲自己换来百姓平安的精神，是何等崇高！这正是大美！

《山海经·海外西经》记叙：刑天和天帝抗争，天帝砍掉了他的脑袋，把他的头埋在常羊山中。刑天没有了脑袋，便把他的乳头当作眼睛，肚脐当作嘴巴，左手握着一面盾，右手拿着一把板斧，在那里挥舞不息，继续和敌人战斗。刑天的故事反映出人民不屈不挠的斗争精神。这就是大美，也是崇高。

我们要看到，中国远古神话的主旋律——悲壮美，与西方神话迥然不同，《山海经》和《淮南子》里记述的这些神话中，从未出现过神或神力为第一动力。夸父逐日虽然失败了，但他仍英勇悲壮地死去，并不靠神来拯救；精卫被东海淹死，变成精卫鸟后仍然奋力抗争，不靠神助；刑天被天帝砍了头，仍要与天帝抗争而毫不屈服；羿奋不顾身射下九颗恶日，给人类带来安宁和幸福。这些英雄形象，体现了人的伟大作用。而西方的《荷马史诗》却不是这样。《伊利亚特》中的特洛伊战争，虽然是人在作战，但战争的胜负结局却是由神来主宰的，人的行为也是受神驱使的，《奥德赛》中，奥德修斯在海上历经磨难的原因，主要是他得罪了海神波塞冬。他的伙伴最后全部丧生，因为他们偷吃了太阳神的牛。

9.2 壮哉，夔门

横空出世，巍巍夔门。屹立千仞，百鸟惊心。两岸奇山，高耸入云。一白一赤，紧锁大江，天下第一门。

夔门之山，奇高、奇特、奇险。云雾山中，虎豹出没。两山直立于江边，山势峻险，云岭深远，云雾诡诈多变。夔门两壁，如天神倚天剑，赤白两色各染一面，红白相间。远看，如大鹏两翅；近观，两山万仞。巫峡之巅，离天三尺三。云遮雾障，仰望心胆寒。山之高矣，盘山登峰八百旋；水之疾矣，急水湍湍惊涛拍岸。云气飞腾，雾罩江面，阳光一缕灿烂。苍鹰盘旋不得回，水鸟江面逐浪欢。

巫峡之水，奇急、奇湍、奇奔。江流急湍，轰鸣而过，拍岸击起千堆雪。高空观长江，恰似巫山神女佩戴的项链。巫峡之水，离地三尺三。浪花卷涌，一泻东不还。湍流飞旋，难舍巫山。高山仰止，清泪涟涟。山水之情，留下佳话九千。瑶姬之意，神女峰千呼万唤。大禹夔门开山，神女相助挽狂澜。夔门洞开，一江春水东去不回还。夔门山高，鸟难飞越，浊浪排空，巫峡天险。

号子声环三峡，迎来山花万端。云飘飘如黛，水邈邈如幻；猿猴嗷如雏，山巍巍如汉。神游飞如箭，融进巫峡山。古之大禹、巫咸和屈原，曾让巴楚山地耀眼；今之弄潮儿，怎能罢手休闲？破浪高歌，让人生灿烂。

危乎高哉，飞鸟难过夔门关。一江大水，顿时冲开石门。乱石滚，万山鸣，天水去，滔滔白云。漫漫白云泛红晕，太阳从远处江水中蹦出，顿时染红白云。麻雀惊惧，唯有白鸥展翅，施展绝技，翱翔天门。每年洪泛，洪水卷石随沙冲门。拍岸惊涛如雷声阵阵。湍流之声，变幻之云，狂涛之音，猿猴之鸣，汇成一曲夔门最强音。

壮哉，夔门！嫩草果木，特别繁盛。百鸟群聚，黄羊崖上一展健影。一群猿猴呼叫，摘下野果欣喜狂奔。壮哉，夔门，居然还有铁血柔情。

云飞渡，气纷纷，太阳斜照，顿时彩虹架桥，为勇士架上天梯，上夔门。大江奔涌，东流去，穿过万重山。危乎高哉，三峡夔门！

9.3 归来吧，文艺中的崇高

大美，即崇高，是美的一种更高境界。

崇高历来在文艺中占据特殊的地位，一是由于崇高的本质决定的，它在实践主体与客体的冲突对立中集中体现主体的巨大力量包含的充实而高大的美。二是崇高往往是主人翁精神风貌的体现，也是民族精神风貌的体现。因为崇高的对象，一般身上带有艰苦斗争的烙印，总是通过艰难曲折的社会实践和严峻复杂的斗争获取胜利或者英勇牺牲。因此，崇高的对象能引起人的心灵震荡，使人激动和振奋。

我们只要对比一下不同时代的文艺现象，就可以基本看出文艺发展的端倪。从“五四”新文化运动到中华人民共和国成立，再到改革开放40年。这两个阶段都给中国带来根本性的变化。前一个30年，是新民主主义革命的30年；后一个40年，是中国改革开放的40年。前30年，中国人民在中国共产党的领导下，取得了新民主主义革命的胜利；后40年，中国成为世界第二大经济体。可以说，都是伟大的时代取得了伟大的胜利，但这两个伟大时代的文艺表现却迥然不同。前30年，文学艺术大师层出不穷，他们的诞生奠定了中国现代文学的根基；后40年，文学艺术大师寥若晨星。

前30年，诞生了鲁迅、郭沫若、巴金、老舍、曹禺等世界级的文学家和戏剧家，诞生了徐悲鸿、齐白石、黄宾虹、潘天寿、张大千、丰子恺，以及冼星海、聂耳、刘天华这样世界级的画家和作曲家。而改革开放的40年间，世界级的文学艺术家在中国很稀有。

究其原因，是因为他们不仅是文学艺术家，而且是革命战士。以鲁迅为例，他投入“五四”新文化运动以后，参加《新青年》杂志编辑工作，成就第一篇白话小说——《狂人日记》。从此“一发而不可收”，陆续写了《孔乙己》《药》《阿Q正传》等十几部小说。他一生写了16本杂文集。他的小说、杂文是他与敌人作斗争的主要武器。其内容丰富、思想深邃、技巧圆熟，在中国文学史上占有很高的地位，这都是因为鲁迅紧紧掌握着文艺的崇高主旋律。

文如其人。鲁迅之所以弃医从文，是怀着改变国民精神的志向开始文学活动。辛亥革命后，中国仍旧在帝国主义和封建势力的压迫之下，鲁迅对此深感绝望和痛苦；1919年，爆发了反帝反封建的“五四”运动，从此开始了中国共产党领导的新民主主义革命，鲁迅看到了希望，他从长期的苦闷和沉思中摆脱出来，以新的姿态投入了“五四”新文化运动。因为鲁迅是战士，他才勇敢无畏地向敌人作战；而向敌人发出的正义斗争，势必会展现文艺中的崇高。

文艺呼唤表现社会生活中的崇高，伟大时代有许多英雄伟业，报国献身的故事需要文艺来展现；在真与假、善与恶、美与丑的对立冲突中，需要文艺来展现社会进步力量的本质；我们需要文艺展现美的必然胜利，从而激发人们的奋斗热情和人性中的真、善、美。

归来吧，文艺的战士；归来吧，文艺中的崇高。

10 论健顺

健顺，本是中国哲学的一对范畴，如今移植到美学，也成为美学的一对重要范畴。健的本义是刚强、有力；顺的本义是顺水势而流，引申为玉石的纹理，又引申为顺从、顺应。在中国古代殷周时，健顺是一个单一概念，作为对偶范畴，健与顺见于《周易·泰卦》："天地交而万物通也，上下交而其志同也。内阳而外阴，内健而外顺。""内健"是指乾卦的本质是健，有自强的含义，"大哉乾乎，刚健中正，纯粹精也"（《周易·乾》）。乾为阳，为刚、为健，故为阳刚、刚健，"刚健而不陷"。与乾相对应的坤卦，象征阴，尚柔、尚顺。"至哉坤元，万物资生，乃顺承天"。万物生于地，然独阴不生，所以柔顺上承乎天，而后万物生。"牝马地类，行地无疆，柔顺利贞"（《周易·坤》）。"坤道其顺乎，承天而时行"（《周易·坤》），又由于"坤至柔"，所以柔顺并称。"明夷，内文明而外柔顺"（《周易·明夷》），"夫坤，天下之至顺也，德行恒简以知阻"（《周易·系辞下》）。《周易》以健顺描述宇宙万物的生长、事物的本质属性和功能，以及道德意识及行为，使之起着联系天道、地道、人道的阴阳、刚柔、仁义的作用，从而抽象为范畴。但在先秦时，这一范畴并未引起哲学界的普遍关注。荀子仍在顺应、顺从这个字义上使用顺字："体倨固而心执诈，术顺墨而精杂污"（《荀子·修身》）。

韩非子由性恶而尚法，主张顺民。"凡奸臣，皆欲顺人主之心，以取信幸之势者也"（《韩非子·奸劫弑臣》）。《吕氏春秋》认为，功名的成就、举世的成败、国家的盛衰，其要就在于顺民心。"先王先顺民心，故功名成"（《吕氏春秋·顺民》）。西汉《淮南子》也在传统含义上运用顺字，"圣人呼吸阴阳之气，而群生莫不颙颙然，仰其德以和顺”（《淮南子·俶真训》）。南宋朱熹对健顺的内涵予以规定：“纯是阳，所以健；纯是阴，所以顺。至健者惟天，至顺者惟地。所以后来取象，乾便为天，坤便为地”（《朱子语类》卷六十八）。明清之际的王夫之强调健顺范畴相互依赖、相互渗透，提出“健顺相资”“相济而和”的命题。

健顺从哲学范畴移植到美学范畴，它对美和美感的塑造起着至关重要的作用。健顺作为美学范畴，也离不开原始意义，即健者刚强有力，顺者顺水势而流，引申为依据玉石的纹理而治玉。体现健顺之美的文艺作品包含有生命力的“健”和顺应时代潮流的“顺”。健顺者，乃是按其玉的纹理治玉的人，这是雕塑家；忽略纹理而治玉，这仅是雕刻匠。前者塑造美和美感，后者着力应用。古人说：“玉石之美者，有五德”。雕塑家不仅要根据原始玉石的纹理、色泽、硬度、声音和质地来治玉，而且要根据上述条件，使一个粗陋的原始玉石在他的手中成为龙凤腾飞、蝴蝶展翅、游鱼戏水、马食青草、渔翁丰收、百鸟朝凤等玉石精品，让人叹为观止。两千多年前的战国时期，秦国为得到赵国的一件玉器——和氏璧，竟愿以 15 座城池来交换，使玉器的价值达到了顶峰。当今的文艺作品，若要成为精品，首先采集的原材料应是原始玉石，然后要根据原始玉石的纹理、色彩、硬度、声音和质地去雕琢出绝色艺术品。这就是健顺的美学意义。

健顺的美学意义还在于，文学艺术的精神应融入自强不息、厚德载物之血液，将自强不息的刚强和厚德载物的柔顺结合起来，就是文艺作品的精气神要内含上进心和爆发力，从而饱含生气。这才是健顺的文艺作品，这才会给人以正能量和美感。

健顺的美学意义还在于，文艺作品要顺民心，接潮流，概莫能外。屈原饱含爱国、爱人、爱宇宙之浪漫情怀而写出的《离骚》《九歌》《天问》等，成为千古流传之精品；鲁迅的每部作品都顺民心，接潮流，这使他的《阿 Q 正传》《狂人日记》《孔乙己》《药》《祝福》《伤逝》等振聋发聩并流传后世。

10.1 顺势而流，成就屈原

司马迁在他的《报任安书》中说："屈原放逐，乃赋《离骚》。"司马迁所说的屈原写成《离骚》的原因只是现象，即忠于楚国的屈原因受人谗毁，被楚怀王放逐到江南。但历来被朝廷放逐者多矣，为什么唯独成就了屈原？其实主要原因在于，屈原即便遭遇放逐，依然心怀对祖国和人民的热爱，能融于民，与民同心，顺势而流。

《史记》称屈原"博闻强志，明于治乱，娴于辞令"。屈原初辅佐怀王，做过左徒、三闾大夫。鉴于楚国日趋衰弱，主张彰明法度，举贤授能；东联齐国，西抗强秦。但被反动贵族子兰、靳尚等所馋而罢官，初被流放汉北，一度被召回，出使齐国，顷襄王继位后，再次被放逐，从此长期流落于沅湘流域。秦军破郢都后，他眼看祖国濒于沦亡，政治理想已不能实现，于这年夏历五月五日投汨罗江而死。

可见被放逐只是个前提，关键是屈原在被放逐时顺势而流。

首先，屈原顺民意而流。屈原的代表作《离骚》《九歌》就是顺民意而写成的。例如《九歌》是楚国民歌，传说原为天上的歌舞，禹的儿子启从天上偷下来，见《山海经・大荒西经》："开（启）上嫔于天，得《九辩》与《九歌》以下。"后来，启沉溺于歌舞娱乐，引起武观叛乱。《离骚》说："奏《九歌》而舞《韶》兮，聊假日以偷乐。"说明它也作为民间娱乐的歌舞。屈原被放逐到湘沅之间，根据楚国民间流传的祭祀乐歌，吸取其精华，又在其基础之上重新改编创作，使楚国的民间文艺上升为浪漫主义的诗歌。屈原以民间《九歌》为基调，从中提炼改编《九歌》为十一章，即《东皇太一》《云中君》《湘君》《湘夫人》《大司令》《少司令》《东君》《河伯》《山鬼》《国殇》《礼魂》。其中《国殇》悼念和赞颂为国牺牲的将士，其他各篇多数按楚风写神灵间的眷恋，深深地体现了当时的楚国风貌和民间精神。

其次，屈原顺民风而流。《离骚》和《九歌》诗体风格与四言的《诗经》大有不同。它来去自由，特别是按照楚国民歌范示成就。我们可以看到屈原诗歌与楚国民歌非常相似，例如《南风歌》相传为舜时作："南风之熏兮，可以解吾民之愠兮。南风之时兮，可以阜吾民之财兮"。

《接舆歌》相传为楚人接迎孔子而唱："凤兮，凤兮，何德之衰！往者不可谏，来者犹可追。已而，已而，今之从政者殆而"！

10.2 刘禹锡清新爽朗的《竹枝词》

唐代文学家刘禹锡任夔州刺史时，深入民间，吸取民间艺术养分，收获颇丰。郭茂倩在《乐府诗集》中说："《竹枝》本出于巴渝。唐贞元中，刘禹锡在沅湘，以里歌鄙陋，乃依骚人《九歌》，作《竹枝》新词九章，教里儿歌之"。《夔州府志》记开县（现开州区）民俗："渔樵耕牧，好唱竹枝歌。"刘禹锡作《竹枝》七首，诗前序说："里中儿联歌《竹枝》，吹短笛，击鼓以赴节。歌者扬袂睢舞，以曲多为贤。聆其音，中黄钟之羽，卒章激讦如吴声，虽伧佇不可分，而含思宛转，有《淇奥》之艳。"

刘禹锡仿当地民歌，"倚其声作《竹枝词》十余篇"（《新唐书·刘禹锡传》），语言生动活泼，风格清新开朗，情调独具一格，实开文人竹枝词之先河，对后代诗歌有较大的影响。

有直接描述三峡的诗："瞿塘嘈嘈十二滩，人言道路古来难。长恨人心不如水，等闲平地起波澜"。

还有担心情郎薄情的情诗："山桃红花满上头，蜀江春水拍山流。花红易衰似郎意，水流无限似侬愁"。

唐代民间《竹枝歌》未见传词。刘禹锡拟作中有"杨柳青青江水平，闻郎江上踏歌声。东边日出西边雨，道是无晴却有晴"一首，有研究者认为可能是民间《竹枝歌》。刘禹锡诗作盛行于世，后代诗人用通俗的语言作

《竹枝词》，写各地风俗民情，成为一种传统诗体。

刘禹锡一贯重视并接纳民间艺术，他除虚心学习巴人的《竹枝词》之外，还学习民间歌谣《纥那曲》。例如刘禹锡《竹枝》诗：“楚水巴山江雨多，巴人能唱本乡歌。今朝北客思归去，回入纥那披绿萝。”

刘禹锡作为封建社会的文人，能虚心学习民间艺术，后来才有大的成就。作为现代文人，就更应该沉入生活低层，学习民间文艺，才会不断有成就。正是这一点，也成就了刘禹锡的乐观主义之胸襟：“沉舟侧畔千帆过，病树前头万木春”。

10.3　一部清新热烈的恋歌

《王贵与李香香》，是诗人李季（1922—1980年）用陕北信天游民间诗体写成的一部恋歌，这部长诗通过一对青年男女悲欢离合的爱情故事，反映了陕北土地革命的真实面貌，成功地塑造了翻身农民的新形象。它是1942年延安文艺座谈会后，在诗歌创作领域里实践毛泽东提出的“文艺为工农兵服务”的第一个硕果，在中国现代文学史上占有重要地位。

李季用陕北信天游体写《王贵与李香香》之所以成功，首先在于他能与陕北民众打成一片，成为陕北的一分子。1942年，在陕北“三边”（定边、靖边、安边）做了几年基层工作，使李季熟悉并融入了陕北人民的斗争生活，也熟悉了陕北人民所喜爱的信天游的文艺表达形式。信天游是流行于陕北的一种民歌体，由上下两个诗行组成一节，上下句押韵，换韵自由，多用比兴、蝉联等手法，表现力丰富。句中常用叠字衬字，短的一节，长的可以接连数十节，用一曲调（有时稍有变化）反复吟唱，采用这种民歌体咏物抒怀，有回环飘荡的兴味和一唱三叹的特色。信天游这种民间自由体，最易表达出深深恋情。信天游民歌表现爱情真切、泼辣、爽直，李季抓住其曲调变幻又悠扬悦耳的特点，写成长诗《王贵与李香香》，将近1000行，分为3部13章，全部采用陕北信天游的形式，并对之有所革新和发展，形式上相当自由，又有浓郁的民歌风味。就王贵与李香香热恋那一段，我们既看到了民歌信天游对李季的影响，也看到李季在此基础上的革新和发展：大路畔上的灵芝草，谁也没有妹妹好！马里头挑马四银蹄，人里头挑人就数哥哥你！樱桃小口糯米牙，巧口口说些哄人话。灯锅锅点灯半炕炕明，酒盅盅量米不嫌哥哥穷。

11 论美丑

美是什么？美是客观的美事物与美意识通过情感体验达到的统一。端庄的、和谐的、健康的、完善的、高雅的以及奇特的东西都可以显示出美；同样，畸形的、不和谐的、病态的、不完善的、卑微的以及怪异和滑稽的东西都可以显示出丑。美给人愉悦、顺眼、舒服或满意的情感体验，而丑给人不悦、不顺眼、不舒服或不满意的情感体验。但丑可以作为美的衬托，例如白色通常给人平淡的感觉，但用黑色加以衬托，则白色显得格外亮丽。就像万绿丛中一点红、一群相貌平平的女孩中的西施、众丘陵中高耸入云的险岭等，都体现了衬托的作用。美若与丑结合起来，有可能化丑为美，使人产生美感。丑璞之美，是因为其包裹着美玉。

丑若是与奸诈、残暴、卑鄙、胡作非为、道德败坏这样的丑联系起来，丑则会成为丑恶而遭人谴责；丑若是与正派、慈祥、高尚、大公无私、道德楷模这样的美联系起来，则有可能受人礼赞。

丑在一定条件下可以转化为美吗？可以。古希腊的苏格拉底面貌虽然奇丑，但因为拥有高超智慧而美哉！中国古代的晏子身材奇矮而丑，也因为拥有高超智慧而美哉！古今中外的人，一旦谈起奇丑的苏格拉底和奇矮的晏子，无不竖起大拇指而赞叹，他们的丑在他们的智慧光芒下似乎可以完全省略掉，让人不是厌恶而是尊敬。

美在一定条件下可以转化为丑吗？可以。战国时期楚怀王的夫人郑袖，系南国第一美人，风韵、姿色可与天仙相比，只因她陷害忠良屈原，成为千古罪人，美已变成丑恶；莎士比亚的悲剧《奥赛罗》里的伊阿古，帅气袭人也有智谋，只因嫉妒奥赛罗而设奸计陷害他，造成千古悲剧，失去人格的阿伊古立刻从美男子变为人们厌恶的恶魔；抗日战争时期国民党的高级将领汪精卫，在当时被称为“美男子”，但他背叛祖国和人民，投降日寇成为大汉奸，于是他立即从美变为极丑，被国人世代唾骂。

美能离开丑吗？不可以！任何美的事物，都含有丑的成分，因此，美过度了就有可能变丑，过度打扮的美人儿、过度装饰的豪华居所、过度夸耀的优势一不小心就会从美滑向丑。

丑能离开美吗？不可以！清人刘熙载说：“怪石以丑为美。丑到极处，便是美到极处”（《艺概·书概》）。因此，丑在一定场合乃是美。在若干美石中突兀出现的丑石反而耀眼夺目，在若干美人中突兀出现的丑人反而令人一感叹，这种现象也很常见。

11.1 唯美主义不美

唯美主义是19世纪70~90年代流行于欧洲的一种文艺思潮。最早为法国作家兼批评家戈蒂埃所提倡，后在英国盛行，并影响到德国、俄罗斯等国家，后传入中国，也影响了中国一些文艺家。

唯美主义文艺思潮是对19世纪后半叶种种庸俗风尚的反抗，但这种反抗的旗帜是“为艺术而艺术”，认为“不是艺术反映生活，而是生活模仿艺术”，颠倒了生活与艺术的关系。唯美主义者否定生活是艺术的源泉，这就否定了真实的艺术本身。环顾中外文艺家，他们的成功无不与他们长期的生活体验密切相关。曹雪芹只因早年经历过一段极为富贵豪华的生活，后因家道衰落，日趋穷困，才有《红楼梦》问世；孙犁长期接触白洋淀一带的人民群众，才能成为“白洋淀派”的领头人；柳青在陕西长安县（今长安区）皇甫村安家落户生活了4年，才能写出《创业史》；丁玲参加了河北涿鹿县的“土改”工作，才有《太阳照在桑干河上》；赵树理不脱离太行山区的生活基地，才有《小二黑结婚》《李有才板话》。生活与艺术密切关联。长篇小说《许茂和他的女儿们》的作者周克芹，是一个农村青年，长期生活在农村，他白天扛锄，晚上用笔，辛勤耕耘20年，才写出了这部优秀之作。他在谈写作体会时说：“我是写农民题材的，只有农村生活才是我取之不尽、用之不渴的源泉。有了生活，哪怕把稿子放在膝盖上也能写得出来，没有生活，就是住进高级宾馆也写不出一个字。”

从古到今，能流传于世的伟大艺术品，无不是艺术家对现实生活进行艺术提炼而成，包括神话、童话这些富于幻想的艺术作品也是如此。今日虽然直接倡导“为艺术而艺术”的艺术家寥寥，但不深入生活，不沉入生活底层而搞文学艺术的作者却大有人在，导致当今的文学艺术作品中出现一些外表华美、内容空虚的作品。唯美主义也违背了辩证法原则。辩证法认为，追求完美实际上不完美。

追求十全十美行吗？世界上没有这样的事儿。追求完美实际上就是不完美。人类的手既是动物进化的最高结果，也是劳动的结果，但它不是十全十美的，因为它没有脚的功能，如果手具有脚的功能，人就退化成猿了。两只人脚，便于两脚走起来脚踏实地，而且可以健步飞跑，这是因为现代人的脚弓最完善，足弓角大约140度。有了足弓，人的体重及所承担的重量就落在脚后跟、姆趾跖骨头和小趾跖骨头这三点上，三点组成一个平面，犹如三脚架，走路既稳又快。但是它却失去了原先猿的后脚上的抓握功能，变得不能抓握而只利于行走。这告诉我们：追求十全十美实际上是不完美。万事万物皆是如此。

另外，美是因为丑的存在而存在。没有丑，美又怎么体现出来呢？排斥一定的丑，就会否定自身的美。

美丑这对美学范畴，历来是中西方美学界讨论的话题。

美与丑相互比较、相互依赖而存在。关于它们之间的辩证关系，老子说得最为清楚："天下皆知美之为美，斯恶已；皆知善之为善，斯不善已"（《道德经·第二章》），天下的人都知道怎样才算美，这就有了丑；都知道怎样才算善，这就有了恶。老子认为，美相对于丑而言，皆因天下皆知美之为美，才有相对的丑。善与恶的关系亦然。这种依存关系犹如"有无相生，难易相成，长短相形，高下相倾"一样。美丑两者之间并无不可逾越的鸿沟，"唯之与阿，相去几何？善之与恶，相去若何"（《老子·第二十章》），应诺与斥诃，相差多少？善良与罪恶，又差得了多少？

庄子继承并发展了老子的美丑观，他写了一个故事，说明美和丑是相对的，是相比较而存在的：入秋了，河水应时而上涨，许多交流都汇入黄河。河面一下子变得特别宽阔，两岸与水中小岛之间，连牛马也分辨不清楚了。在这种情况下，河神欣然自喜，认为天下最美的都聚集到他这儿了。他顺流东去，到达北边的大海，向东方眺望，海面一望无际。于是，满面得意之色消失了，望着海洋向海神感叹道：俗话这样说过，听说许多道理之后，就认为谁也比不上自己了。这说的就是我这种人啊！……现在我看到了您的浩渺无涯，我要是不到您这儿来瞧瞧，可就危险了，我将会永远被懂得大道的人笑话啊！北边的海神说道：无法向井里青蛙说大海的事，是因为它受到自己居所大小的限制；无法对夏虫谈论冰冻，是因为它受到自己生存时间的限制；不能和见识鄙陋之人讨论大道，是因为他受了礼教的约束。现在您从河岸边出来，看见了大海，就自觉丑了，可以和您谈论大道了。河伯以为"天下之美"都集中在自己身上，殊不知，见到了大海而自惭形秽，一比较，就觉得自己丑了。

庄子在《齐物论》中，又从人和动物的美感差异来说明美丑的辩证关系：王嫱和西施是人们公认的绝色美女，但鱼儿见了她们会潜入深处，鸟儿见了她们会飞向高空，鹿见了她们会匆忙跑开。这几种动物究竟认为那一种美色才算真正的美呢？庄子用动物与人不同的美丑观，说明人的美丑观也会因人而异，这是对老子的美丑观的肯定和发展。就像内心舒坦的人听到秋蝉争鸣特别惬意；内心烦躁的人听秋蝉争鸣则特别厌恶。

由于心理学知识的局限，在庄子的时代，人们还没有看到动物与人因意识的差别而对美的评价不同。关于因人的审美观不同而看美丑也不同，庄子有个生动事例：阳朱到宋国去，路上投宿于一家旅店。店主有两个妾，其中一个漂亮，一个丑陋。丑陋的受到尊宠，漂亮的却地位卑贱。阳朱问其中的缘故，旅店的伙计说："那长得漂亮的自以为漂亮，我并不觉得她漂亮；那长得丑陋的自以为丑陋，我并不觉得她丑陋"（《庄子·山水》）。在庄子看来，美丑不仅是相对的，而且秉持不同的美丑观，评价美丑的标准也不一样。

11.2 简论美学中的丑

作为美的对面，丑是对生活、对人的本质具有否定意义的片面畸形的东西。李泽厚认为："丑作为美的对立物，它在现实生活和审美领域中，只应有消极、否定的意义。"① 显然，李泽厚把美学中的丑绝对化了，当成伦理意义上的丑了。

由于社会矛盾异常复杂，丑的存在也呈现出异常多样的形态。躯体畸形可以有很美的灵魂，美的躯壳里也可能包藏着丑恶的心。高度残疾的物理学家史蒂芬·霍金、科普作家高士其的灵魂是非常美的；孙膑虽遭嫉妒而失去双腿，但因他头脑中充满治军精言而美；帕斯卡尔年纪轻轻中风瘫痪，但他因沉思生活、探究真理而美。相反，郑袖虽然是楚国绝色美女，但因与佞臣勾结，陷害爱国忠良屈原而显丑；阿伊古风度翩翩，却用诡计残害忠良奥赛罗而显出丑。

人的歪曲、怪异、畸形的表现会使人产生丑感，这是人对丑所产生的否定性的感觉、感受及评价。我国封建社会时期宣扬以妇女留长指甲和缠

① 李泽厚．美学论集［M］．上海：上海文艺出版社，1980：200.

小脚为美，这是把丑和残缺视为美，是病态的社会使然；日本曾时兴“女体盛”，用少女裸体盛放美食，这实际上是男权主义病态社会的表现，把这种丑陋的畸形饮食文化称为“美食”，实为病态。

文艺中有一种丑可以转化为美，这就是戏剧舞台上出现的“丑角”，马戏、杂技团中的“小丑”。中国戏曲中的“丑角”和西方马戏团的“小丑”，其外形表现不符合一般的审美范畴，但他们却给观众以美的享受，使“丑角”不丑。为什么会这样呢？中国戏曲中的“丑角”（小花脸、三花脸）可分为文丑和武丑两类，文丑多扮儒生、谋士、酒保、樵夫，乃至心地善良、性格开朗的老人。这些社会底层人物往往用喜剧色彩的外在丑表现反差极大的内在美效果，从而使丑不丑。应该说，中国戏曲中的“丑角”把这种“丑然不丑”的美学境界推到了极致。尤其是武丑，讲究念白清脆流利、动作轻巧敏捷，着重翻跳扑跃的武功，像《三岔口》中的刘利华就把“丑角”不丑演绎得十分完美。

西方马戏团里的“小丑”，他们以诙谐而高超灵活的技艺引起观众共鸣，从而让观众得到美的享受。戏剧大师莎士比亚年轻时也在剧团扮演过“小丑”，而使“小丑”走出马戏团和话剧舞台的卓别林，创造了一个被轻蔑、被损害的小人物形象，这一形象是以“丑角”和喜剧形式出现，从而使“丑角”不丑，也达到美的极佳效果。西方的“小丑”以其独特的对话、动作、面部表情和服装等作为表演的重要部分。白色的面孔、红色的圆鼻子、肥大的格子裤，孩子们喜欢他们，大人们也欢迎他们。他们以丑的形象给人们带来欢乐，也带来思考。他们把美与丑和生活的哲理在表演中融合了起来。

另外，因为美与丑是相对而言的，丑因具有否定的美学性质而经常作为美的对照和陪衬。美与丑相斗争而发展，丑在某种条件下与恶密切关联，使得它必然成为美善力量所要克服的对象。因此，反面人物在美学中的价值也很重要。例如《红楼梦》中野心勃勃的贾雨村、《屈原》中的佞人张仪和子兰、《哈姆雷特》中篡夺王位的叔父克劳迪斯、《牛虻》中的主教和父亲蒙太尼里等成功的反面人物，他们用丑行烘托了典型人物的正面形象，其美学价值不可小觑。

12 论气势

气势是一种不可阻挡的威慑力量。我们常听到军队势如破竹，文艺作品气势袭人、震撼人心。可见，气势作为美学范畴，是十分重要的。作品有气势，将生气勃勃；作品无气势，将黯然失色。

作品的气势，如“激水之疾至于漂石”“转圆石于千仞之山”。美学意义上的气势，不仅要求文学艺术家要乘势而行，更要求作品中体现出气势磅礴、高屋建瓴之态势，如狂风所至、惊雷鸣响，又如火山之喷发、巨浪之狂吼。激之使发，则无可阻拦；存而不发，亦可形成明显的威慑。

中国自古以来就把龙和凤作为图腾，不仅是因为龙凤宏大而叱咤风云，使人惊叹，更是因为它们身上体现的那种伟大精神力量。对这种宏大气魄和伟大精神力量的膜拜和推崇，充分表现出中国人对气势美的追求。庄子描述过龙的气势：“龙，合而成体，散而成章，乘云气而养乎阴阳”（《庄子·天运》）。《淮南子》中也描述了龙的精神力量所爆发出来的气势：“威动天地，声震海内，蛇鳝著泥百仞之中，熊罴匍匐丘山磛岩，虎豹袭穴而不敢咆，猿颠蹶而失木枝”。《诗经》用一句诗道出了凤凰表现出的气势：“凤凰于飞，翙翙其羽，亦傅于天”。而《淮南子》也将凤凰的精神力量描述得淋漓尽致：“凤凰之翔，至德也；雷霆不作，风雨不兴，川谷不澹，草木不摇”。

气势之美，在于精神力量与自然力量融合在一起而产生的一种磅礴威力。精神力量和自然力量融合在一起，既会产生势不可挡的威力，又会产生汹涌澎湃的浩大声势；既会产生势如破竹的强劲伟力，又会产生龙腾虎跃的勃勃生机。

有力度的气势美，它必然是主体精神力量与客体自然力量的完美结合，它给人一种能够清晰感触的气势：或奔腾，或浩荡，或勇猛，或澎湃，或无畏，或壮烈，或自强不息，或一鼓作气，或高屋建瓴，或气吞山河等。大江波澜壮阔奔腾东去，这是一种以壮美的自然力量为主体的气势；高山挡路，愚公移山，子孙继承其伟业，这是一种高扬精神力量的气势；万丈高山之峰突然滚动千百巨石于崖下，这是一种勃发呼啸的自然之气势；在抗金战场上叱咤风云的岳飞被国贼所害，刑前疾呼："天日昭昭！天日昭昭！"这是一种以正义精神力量为主体的气势。

气势的美学创造，使我们体验到了崇高，但它又不等于崇高，与西方美学家所说的崇高更是不同。康德所体验和分析的崇高，是生命力一时受阻后接着迸发出来的感动，包含恐惧之类的消极的愉悦；而中国人从气势中体验到的崇高总是积极的、向上的愉悦。在中国文化中，无论是从气势中体验到崇高，还是从崇高中体验到气势，总是融进了精神力量。中国人善于从形成气势的过程中去获得崇高，而西方人则习惯于从崇高中去寻觅气势。中国人十分讲究气势，也追求气势之美，所推崇的气势之美中就自然融进了正义、正直、谦和、公正、诚实、善良、慈祥、勇敢、坚韧、不屈、节制、守法等与积极道德相联系的元素，排除了权术、邪恶、奸佞、横行、气焰嚣张、丧心病狂、专横跋扈、纵欲贪婪等消极道德行为。

龙，不仅能腾云驾雾，还能惩罚邪恶。据《淮南子》所言，赤龙、青龙腾云驾雾游天下时天气清朗，大地安定，恶毒的野兽不敢横行，凶猛的飞鸟不敢害人，它们在丛生的草木之中吃草食果。龙乘着祥云飞翔，盘旋上升，声震海内外，吓得蛇与鳝鱼深深地埋藏在泥土之中；熊罴匍匐在丘陵岩石之上，虎豹躲在洞里不敢咆哮，猿猴从树枝上摔了下来（《淮南子·览冥训》）。

凤，不仅能腾云驾雾，还能使天下安宁。战国末年楚国的一幅帛画上一只凤凰在与一条蛇搏斗，保护着一位妇女。据《淮南子》记载：凤乘风驾雾时，显示出至高无上的德行，雷不鸣，风不刮，雨不下，河不涨水，草木不摇摆。这也是中国人特别推崇的气势！

12.1 大美，壶口之水

壶口之水天上悬，气吞万里气势酣。壶口瀑布，让人热血沸腾、激情四溅！母亲河，柔情之中有浩然之气，碧波过后有狂澜！

九曲黄河来到晋陕，两岸卷山挟持，遥遥无边的河床浓缩成一个巨大的石沟，突然，瀑布翻天，乱水飞溅，雷声阵阵，险中有险。迥异于兰州黄河段的暑天：柔情万端，两岸垂柳摇曳、飞燕成双，江中游泳健儿拍浪，大型水车两岸旋转，渔歌声中隐见打鱼船。

猛回头，遥见三江源。那是“世界屋脊”，屡见冰川。那里湖泊密集，水草丰满，虽处高寒地带，却是野鸟、野驴、野牦牛及藏羚羊生长的乐园。茫茫昆仑，传说西王母瑶池在里边；玉虚峰，像仙女时时用面纱遮颜；青海湖，与周边景色融成梦幻般的美景。水中无鳞，鳇鱼悠然，湖中鸟岛是白天鹅的乐园。美丽壮观的三江源，长江与黄河在此联姻牵缘，澜沧江是伴娘，它俩联姻后在中国南北哺育中华儿女，成为中华文明的摇篮。

猛回头，中华文明上下五千年。黄河之水滋养了源头上的仰韶文化，中部的龙山文化和河尾的齐家文化。历尽沧桑的黄河，磕磕绊绊，万山围堵、阻拦，它忍辱负重，永不忘大方向。虽然它忽左忽右、忽北忽南，但从未生过退缩和没落之心，而是铭记向东、向大海，勇往直前，完成回归大海之夙愿。

壶口之水，志气勃勃。巨浪冲天，雷声轰鸣；天冥冥然，晴雨难断；地颤颤然，滚雷不断；云飘飘然，白露盈盈；山巍巍然，风雨难撼壶口撼！好一个壶口之水，誓与天地山云争灿烂。

壶口之水，豪气漫漫。有横扫千军之气势，气吞万里之壮观；高歌猛进之声威，涛声不绝之威严；四海翻腾之壮举，水拍天涯之激荡。壶口之水一改温顺之习惯，长风破浪向海还。

壶口之水，勇气满满。壶口巨浪之伟力，威镇山川。壶口之水势，时而如谦谦君子般温润，时而像千军万马嘶鸣而去，突然！时而如农夫一样默默劳作，时而像火山一样喷涌不断，浩然！时而如少女般轻柔，时而像乱云飞渡，轰然！好一个壶口之水，拒绝退缩，勇往直前！

壶口之水的品格，像极了中国人的品格。中国传统文化之所以传承五千年而从未中断，正是因为它的豪气、它的志气、它的勇气满满。豪气生威、志气生力、勇气生胆。一个有希望的民族，一个有希望的国家，一国有希望的人民，不管它遇到什么样的难险，只要有了豪气、志气和勇气，何愁不能屹立于世界文明之巅！

12.2 报国寸心坚似铁

“风在吼！马在叫！黄河在咆哮！黄河在咆哮！河西山冈万丈高，河东河北高粱熟了。万山丛中抗日英雄真不少，青纱帐里游击健儿逞英豪！端起了土枪洋枪，挥动着大刀长矛，保卫家乡！保卫黄河！保卫华北！保卫全中国！”这首《黄河大合唱》的主歌《保卫黄河》，由于唱起来特别带劲，很快在全国传开来。起初在国共两边军队里传唱，几乎成为军歌，继后各地的民众也开始传唱。大部分人都是先知道这首歌，后来才知道有一部大合唱。

《黄河大合唱》由光未然作词，冼星海作曲。歌曲以民族的摇篮黄河为背景，歌颂了中华民族悠久光荣的历史，广阔地展现了中国人民英勇的抗日斗争，塑造出巨人般的形象，向全中国、全世界发出了民族解放的战斗警号。

为什么冼星海写的《生产大合唱》、光未然写的《三门峡大合唱》都没有流传下来，而他们的《黄河大合唱》不仅流传下来，而且长期被国人所喜爱，也被世界乐坛所重视？20世纪50年代，是《黄河大合唱》最火的时期。1949年，在联合国成立大会上，美国著名歌唱家罗伯逊演唱了英文版的《黄河颂》，日本也有一些团体相继将日文版《黄河大合唱》录制成唱盘、胶带等寄赠光未然。为什么《黄河大合唱》能受到普遍欢迎并传世呢？

其一，作者和唱者都满怀报国之热血。光未然在吕梁山坠马骨折后被担架抬着走，他沿途看到被战火摧毁的村庄、百姓流离失所的惨状和壮阔的自然风景等，这些都给他深深的刺激，特别是看到东北三省被日军侵占，侵略者沿途烧、杀、抢、夺的情景，内心受到更深的触动。到了延安后，他用五天时间就完成了全部歌词。冼星海看了歌词后心情无比激动，兴奋地抢过手稿说："我有把握把它谱好！"那时，生活物资紧缺，冼星海创作时有吃糖的习惯，友人们便各找门路，"借"来两斤白糖，仅用了六天，冼星海就谱好了《黄河大合唱》。乐曲包括九个乐章，各乐章相对独立，中间以朗诵和乐队为背景加以贯串，在表现内容上采用了民族史诗的形式，表现出人类反法西斯的共同诉求和坚强意志。这在很大程度上超越了时事，就很容易一起国人共鸣。

其二，音乐以群众歌曲的单调为基础，并巧妙吸收民间音乐的因素，歌词通俗易懂，明快简练。《黄河大合唱》切入了陕北的单调，给世人印象最深的就是唢呐和腰鼓。信天游之于唢呐，只是"换了副嗓子"。有了唢呐、呼唤，《黄河怨》就表现得格外悲壮，《怒吼吧，黄河》就体现得分外壮烈！这使《黄河大合唱》既有鲜明的民族风格，又有群众性的特点。

12.3 中国画的动感气势令人震撼

我时常琢磨，为什么许多中国画不能震撼我，不能让我看了以后热血沸腾，唯独徐悲鸿和江碧波的中国画有如此大的魅力？结论是：中国画的动感气势令人震撼。

徐悲鸿和江碧波的中国画拥有强力的动感，从而形成了一种独特的气势美。他（她）们的中国画从整体构思、平面布局以及色、线、形的变法和传情达意上都充满着动感。从整体来看静中有动，从局部细节来看动中有静；如碧波涌动江水，如江水容纳碧波。而其画面整体也充满了动感，突破了传统农耕文化观念生发出来的以保守的静态为主旋律的传统中国画的审美情趣。

徐悲鸿和江碧波的中国画中主角呼之欲出，形象和立意都体现了主体在追求和展示个性的解放。徐悲鸿的《奔马图》中，奔马昂首扬鬃、四蹄腾空、嘶鸣飞跃、激昂风发的气势，怎么能不使观赏者怦然心动呢？江碧波的《祈雨台的庆台》，在及时雨将要到来时，数十人用生动的肢体语言和神态，充分表达出对天的虔诚、对自然的敬畏和感恩，从而与天地共舞，有谁看了不会怦然心动呢？画家徐悲鸿和江碧波饱受老子、庄子思想的熏陶，其中国画充分体现了个性的解放，让观赏者在震撼中产生共鸣，获得美感。由此反观唐代韩干《牧马图》中那些体态臃肿并套上缰绳任人使唤的肥马，以及五代周文矩《宫中图》中那些寂寞空虚的宫中妇女，让人看了心里十分压抑。这都是封建等级社会的压抑使然。

徐悲鸿和江碧波的中国画颠覆了中国画的传统技法。中国画历史悠久，仅从已知独幅的旧中国帛画算起，已有2000余年的历史。就中国画之宫廷画、民间画和文人画三大系统来看，都是以静为主旋律，反映农耕文明时代的审美诉求，难以有颠覆性的突破，也难以给予观赏者嵌入心田的震撼。在2000多年的中国画史中，偶尔有作品能掀起波澜，如战国楚墓的《人物御龙图》和魏敦煌壁画中的《东王公》，但它们对农耕文明早已确立的以静态为主的中国画的审美情趣丝毫无损。一直到“五四”新文化运动以后的抗日战争时期，人的个性解放才被提到议事日程上来，敏锐的画家徐悲鸿，在他的《奔马》《群马图》等中国画中开始对传统的风格和技法进行了革命性的颠覆。只可惜他英年早逝，且受时代的局限，没有使他开一代新风，形成一个系统的画派，令人扼腕痛惜。曾无数次到巫巴山地采风写生长达40余年的画家江碧波，深受巫文化的熏陶，熟读《山海经》及老子、庄子和屈原的作品，使她能对自己所擅长的版画、雕塑进行超越，从而使她的艺术创作达到巅峰。她最近完成的200余幅长卷《中国上下五千年》，花了整整8年，该巨作已被中国人民解放军军事博物馆收藏并展出。江碧波的这一巨作，打破了传统中国画只讲求平面布局中色、线、形的变化对比与呼应、虚实、疏密、开合、起合、繁简、聚散的相生相应的局限，除继承中国画的特点外，更着力追求个性与整体的气势，因而形成了不同凡响、震撼人心的气势。

13 论风骨

风骨，指人的风神骨气，体现爽朗挺拔的风度之美。由此，我们很容易联想到黄山的“一棵松”，不畏酷暑寒风，在山顶悬崖屹立千年；也很容易联想到中国的长城，在风雨飘摇中巍巍不动上千年。黄山之松和中国长城，它们尽显风骨之美。

风骨作为美学范畴，始于中国南北朝。南北朝刘勰的《文心雕龙》中提出的风骨，始用于文艺评论，大抵指一种植根于作者高远志气的刚健明朗的作品风貌。后来也称有丰富社会内涵、格调比较劲健的作品有风骨。也有用以泛指诗文风格的，如《魏书·祖莹传》：“文章须自出机杼，成一家风骨。”

风骨，也叫气骨、骨气。其发展成中国美学范畴以后，又以风骨之美渗透在审美的各个角落。美国汉学家费正清认为“西洋人重人，中国人重物”，他举例说：“把一幅宋代山水画同一幅意大利古画比较一下就行了。在宋代的山水画里，小小的人物与悬崖相比显得非常矮小，而在意大利的古画里，自然景物只是后来添上去的背景。”[①] 费正清不乏独特的见解，但是应该说他还没有真正读懂中国宋代的山水画。中国山水画（包括宋代的）总是把山、水、人融为一体，形成天人合一的整体风貌。这种整体风貌从表现来看，人与山水相比渺小得很，极不突出，但实际上，整幅画面却能体现出作者自身和画面所反映出来的风骨之美。这种风骨之美是依附于可见不可见、可闻不可闻、可触不可触、可言不可言的自然风景之中，它从整体上反映出作者自身以及画面之中透过天人合一的氛围所产生的精神力量。从中国传统美学中风骨美的角度来审视，中国古代画家通过天人合一整体观赋予画的内涵以人格力量，从整体出发去表现浩然大我之人。从这个意义上来说，中国人比西方人更重视人，这与费正清的看法正相反。

战国时期的《周易大传》首卦中就记录了战国时期及战国之前的风骨之美：“天行健，君子以自强不息”；“地势坤，君子以厚德载物”。天的性质刚健强壮，永远运行不止，君子固应发愤图强、奋斗不息；地的性质善良柔顺、任劳任怨，君子固应善良柔顺、承载重任以育万物。中国人世世代代靠的是这两条粗壮的“动脉血管”，这使成千上万的中国人孜孜以求的风骨美充满人格力量。这种体现人格力量的风骨美，在中国人的美意识中往往以两种角度来体现：一种是以孔子、孟子为代表的刚性风骨美，体现在他们的主张上，并影响着代代中国人；另一种是以老子、庄子为代表的柔性风骨美，体现在他们的主张上，也影响着代代中国人。孔子具体的主张是“三军可夺帅也，匹夫不可夺志也”（《论语·子罕》）。孟子主张是“富贵不能淫，贫贱不能移，威武不能屈”（《孟子·滕文公下》）。老子具体的主张是“天下莫柔弱于水，而攻坚强者莫之能胜”

① 费正清．美国与中国［M］．北京：世界知识出版社，2001：13-14.

(《道德经·第七十八章》);庄子具体的主张是“天与人不相胜”(《庄子·大宗师》),并主张无功、无名及破除以自我为中心,实现与天地的精神往来(《庄子·逍遥游》)。

中国人在人生道路方面也讲风骨美,突出在讲骨气。人不能没有人格,不能做奴隶,也不能出卖人格。在中国历史上,凡卖身为奴和卖人格、国格者均被钉在了历史的耻辱柱上。中国文学艺术讲就风骨美,突出在讲骨力,在文学艺术作品中体现出浩然正气,或以柔胜刚,或体现一种逼人而又令人崇敬的巍巍正气。

13.1 屈原的人格魅力

我国的端午节,相传是为了纪念爱国诗人屈原。把一位诗人的祭日作为国家的一个传统大节日,在世界上是比较罕见的,可见屈原的人格魅力及其在百姓心中的地位。

据《史记·屈原贾生列传》记载:屈原是楚怀王时的大臣,博闻强志,明于治乱,娴于辞令。入则与王图议国事,以出号令;出则接遇宾客,应对诸侯。王甚任之。因为他受到楚怀王的重用,引起上官大夫及令尹子兰的嫉妒,他们就在楚怀王及继位的楚襄王面前诽谤屈原。楚王继而逐渐疏远屈原,不采纳他的谏言,最后甚至将屈原放逐。屈原满怀悲愤,在写下了绝笔作《怀沙》后,于五月五日怀石投汨罗江自尽,用自己的生命谱写了一曲壮丽的爱国主义乐章。屈原投江后,楚国百姓哀痛异常,纷纷涌到汨罗江边去凭吊屈原,渔夫们撑起船只,在江上来回打捞他的尸身。

屈原的人格魅力不仅在于他的爱国之心,而且在于他是极富创造性的、有才华的诗人。《楚辞》是伟大诗人屈原在楚国民间歌谣基础上创造的一种新诗体,它不墨守成规,突破了《诗经》那种以四言为主的体制,在民歌基础上吸收了散文笔法,句式长短参差,形式比较自由,多用“兮”字助语势，开了浪漫主义之先河，成为我国抒情诗的光辉起点。

屈原的人格魅力，充分体现在他的《离骚》中：正面肯定尧舜，抨击夏桀；广种兰草、蕙草，不让杂草当道；因受谗言而被流放，便下决心九死而不悔。这是何其坦荡高尚的人格！阿姐劝告，鲧因刚直而死于羽山，屈原仍要坦荡进谏，努力上天下地，去寻求意气相投的同道。他“驾八龙之婉婉兮，载云旗之委蛇”；“神高驰之邈邈，奏《九歌》而舞《韶》兮”。这都是屈原出淤泥而不染的人格魅力的生动体现。

13.2 被称为“民族魂”的鲁迅

1936年10月19日，鲁迅逝世。在他的灵柩上覆盖着上海民众敬献的白底黑字锦旗，上面写着三个大字——“民族魂”。鲁迅逝世的噩耗传到日本，一友人撰成挽联：有名作，有群众，有青年，先生未死；不做官，不爱钱，不变节，是我导师。这一民意，生动诠释了鲁迅为何不朽。

鲁迅一生创作了1000多篇作品，编成33种集子，作品被译成50多种文字，传播到世界各国，享誉世界。《呐喊》这部小说集就让他攀上了中国现代文学的顶峰。《呐喊》第一篇《狂人日记》无比深刻地揭露了封建制度和封建礼教的吃人本质，发出了振聋发聩的第一声呐喊；《孔乙己》揭露了封建教育的腐朽和对知识分子的毒害；《药》揭示了群众的愚昧麻木和革命者脱离群众的悲剧；《阿Q正传》通过对阿Q这个辛亥革命时期落后农民的典型形象，尖锐地批判了辛亥革命的不彻底性，尤其是深刻地揭示了广泛存在于各阶层之中的“精神胜利法”，刻画出中国人民在封建没落时代的心理形象。《呐喊》虽多悲剧，但格调昂扬热烈，充分展示了“五四”新文化运动对作者的影响。

鲁迅的伟大人格魅力体现在他的言行之中，可概括为十大精神。

勇往直前的精神：“不耻最后，即使慢，驰而不息，纵会落后，纵会失败，但一定可以达到他所向的目标”。

坚韧的战斗精神："愈艰难，就愈要做。改革，是向来没有一帆风顺的，冷笑家的赞成，是在见了成效之后"。

奉献至乐精神："在生活的路上，将血一滴一滴地滴过去，以饲别人，虽自觉渐渐瘦弱，也以为快乐"。

开创精神："什么是路？就是从没路的地方践踏出来的，从只有荆棘的地方开辟出来的"。

自我解剖精神："我知道我自己，我解剖自己并不比解剖别人留情面"。

辛勤劳动、不吝大小的精神："巨大的建筑，总是由一木一石叠起来的，我们何妨做这一木一石呢？我时常做些零碎事，就是为此"。

爱国精神："惟有民魂是值得宝贵的，惟有他发扬起来，中国才有真进步"。

追求光明的精神："希望是附丽于存在的，有存在，便有希望，有希望，便是光明"。

脚踏实地的精神："那切切实实，足踏在地上，为着现在中国人的生存而流血奋斗者，我得引为同志，是自以为光荣的"。

惜时之精神："节省时间，也就是使一个人的有限的生命，更加有效，而也即等于延长了人的生命"。

鲁迅正是中华民族革命精神的伟大代表。"他是不顾任何牺牲去捍卫人民的利益，敢于向一切陈腐的旧事物挑战，顽强地追求进步，追求人类解放的'真的猛士'"（《鲁迅画传·序》。"横眉冷对千夫指，俯首甘为孺子牛"，这是鲁迅的"民族魂"的真实写照。

13.3 风骨照人的贝多芬

据说德国伟大的音乐家、作曲家贝多芬（1770—1827 年）在临终的时候，还挣扎着从床上坐起来，愤怒地向着窗外的天空挥了挥拳头，才倒下去断了气。

贝多芬的一生中是没有奴言媚骨的。他与歌德于 1812 年夏季在捷克泰普里茨相会。一次，他俩散步归途中远远望见皇亲国戚在群臣簇拥下迎面走来，歌德不由自主地流露出诚惶诚恐的表情，贝多芬埋怨说："您大可不必这样做，这没有任何好处。"这时，皇族显贵们已经走近，歌德立即摘下礼帽退到路旁，贝多芬向朋友喊道："不要把手缩回去！这里应该让路的是他们，而不是我们。"歌德仍拘谨地立在路边，面部显出谦卑的微笑。于是，贝多芬自己抬起头挺胸地面向皇族大臣们阔步走来。人群中，皇太子鲁多尔夫首先向他脱帽，紧接着，皇后和群臣也纷纷向艺术大师致敬，并为他让路。

贝多芬一生追求真正的自由、平等和博爱。早年深受启蒙运动和法国资产阶级革命的影响。这种以自由、平等和博爱为中心的资产阶级人道主义思想，构成了他的世界观的核心，他创作的许多作品正反映了当时资产阶级反对封建、争取民主的革命激情。乐曲中充满着豪迈的英雄气概及不可动摇的乐观基调。在创作上他继承了法国古典音乐艺术的优良传统，又大量汲取了法国革命中产生的革命歌曲的音调，创造性地运用德国民歌的曲式和旋律为音乐艺术的发展开拓了广阔的道路，对 19 世纪欧洲先进作曲家的影响很大，在音乐艺术发展史上发挥了积极的进步作用。在艺术上，他敢于标新立异，极大地扩大了交响乐的规模和表现力，确立了奏鸣曲式结构的新原则，和声富于动力，使奏鸣曲式发展成戏剧性的结构；赋予管弦乐曲以交响曲的构思，开了德国浪漫乐派之先河，成为维也纳古典乐派的代表人物，在音乐史上取得了空前绝后的成就；以《英雄交响曲》《命运交响曲》《田园交响曲》等多部交响曲名扬世界。

为什么贝多芬成就斐然、风骨照人，这源于他坚信"只要是行为正当，那勇气会使你获得一切"，因为"真理存于智慧的人，美存于能感动的力，他们所属相同，相互补足"。

14 论动静

动静作为中国美学范畴，起于老子，践行于唐诗。唐代几位赫赫有名的大诗人的诗歌之所以脍炙人口、长久流传，一个最关键的原因是，他们的诗歌具有动静结合的美感，即动中有静，静中有动。在他们的诗中，动显生气、静显诗韵。

老子认为“反者，道之动”（《道德经·第四十章》），向相反的方向变化，是“道”的运动。老子强调“道”的运动，是“天地之根”，是“万物之宗”。依恃它，天地才得以生成，日月才得以运行，万物才得以繁衍。老子认为，“道”的运动是天地万物生成变化的最终原因，它是“浩浩大化”“生生不息”的宇宙的“原动力”，是天地万物永不枯竭的“生命之源”。老子论说的“道”，使他隐隐约约地发现当今哲学本体论所称的“运动”。老子在强调“道”的运动是“万物之根”“万物之宗”的同时，从辩证法的视角发现：事物的运动变化最终要归于虚静，“致虚极，守静笃。万物并作，吾以观其复。夫物芸芸，各复归其根。归根曰静，是谓复命”（《道德经·第十六章》）。尽量使心灵虚静，要切实坚守清静。事物尽管变化纷纭，最后又各自回到它的出发点，回到出发点叫作“静”，也是“复命”。这其实反映万物虽处于“静态”，但它仍在运动，诸如地球、人心、大山、天地均是如此，动中有静、静中有动，万物都逃不过这一自然规律。老子的这一观点非常有见地，既是中国哲学的本体论，又是中国美学动静范畴的基础。

关于动静美学范畴，继后的《易经》发展了老子的动静思想：“刚柔相推，变在其中矣；系辞焉而命之，动在其中矣”（《易经·系辞下》）。又认为动是刚，静是柔，“动静有常，刚柔断矣”（《易经·系辞上》），但亦认为“《易》无思也，无为也，寂然不动，感而遂通天下之故”。东晋僧肇提出“即动求静”说，认为“寻夫不动之作，岂释动以求静？必求静于诸动。必求静于诸动，故虽动而常静”（《物不迁论》）。这些动静理论对丰富动静美学范畴做出了一定贡献。

中国古代动静哲学本体论转化为美学范畴，主要体现在老子提出的“涤除玄览”上，它要求审美主体排除一切主客观因素的干扰，内心虚静，方能洞察宇宙，览知万物。老子说：“涤除玄览，能无疵首？”要求人们在审美的观照中，应保持虚静的心理状态。后来，庄子肯定并发展了老子“涤除玄览”理论，提出了“心斋”和“坐忘”的审美心理理论。“心斋”的“心”指精神作用，而“斋”则指斋戒，是指一种摒除情欲，保持虚静的精神状态。《庄子·人世间》说：“唯道集虚。虚者，心斋也。”西晋郭象注：“虚其心则至道集于怀也。”庄子认为，耳目心智无法认识“道”，只有使精神保持虚静状态，才能为“道”归集，悟得妙“道”。为此，庄子提出实现“心斋”的方法——“坐忘”，即端坐而浑然忘掉物我的精神境界。《庄子·大宗师》说：“堕肢体，黜聪明，离形去知，同于大通，此谓坐忘。”我忘却了自己的肢体，废黜了自己的聪明，离弃身躯抛开知识，与大家和而为一，这就叫“坐忘”。

老子和庄子的虚静美学理论，是一种着重于放下一切杂念，天人合一，全身心的审美方法。庄子在《大宗师》中借孔子的口说出这种审美方法的好处，一是与大“道”同一就没有偏爱；顺应自然的变化就不会固执己见，于是就会使审美达到最高的境界。老子和庄子由动静美学范畴生发出来的“涤除玄览”“心斋”“坐忘”有其合理性，因审美排除了一切杂念，就能使自我真正与审美对象融为一体，从而取得审美境界的最佳效果。但老子和庄子的这一审美方法论也有很大的局限性。首先，着力强调“虚静”，一定程度上就忽视了动态。辩证法告诉我们，只有静极才能转化为动，而只满足于静却忽视动的审美，就会导致静成了空幻，很难使虚静中有动态的审美感受。因为失掉了一方，另一方也不复存在。因此，关于动静的美学范畴，我们应赋予它更多的内涵。

（1）动静应相辅相成，动中有静，静中有动。在文学艺术作品中，我们在画面或场面中刻画静态美时，应努力让审美者在静态美中感受到动态美。例如静静的大草原上飘动着劲草，稳稳不动的山峦上空却滚动着白云，辽阔的平川却有奔流的江水。大自然本身就拥有静中有动、动中有静的特色，将这种特色融入我们的文学艺术作品，才会显出勃勃生机。画家的画面虽然只表现那一瞬间，似乎是静止的，但是给观者留下的想象空间应该是流动的；作家的小说描写的场面有时是寂静的，但其往往用来突显主人翁内心的不平静。

（2）既要“坐忘”，又要“坐不忘”。“坐忘”是让自己摆脱内心和外界的干扰，一心一意地把自己融于大自然中，这对养生是大有好处的。但它的不足也十分明显，过于单一，易形成孤立和呆板。从文学艺术视角来说，还需“坐不忘”，即在“坐忘”之后又能用多角度、多视角看待世界和自然，产生遐想和幻想，并让灵感闪现。这可为文学艺术作品的创新奠定思想基础。

（3）动静之间，要避免极端，动到了极点必静，静到了极点必动。因此，文学艺术作品要体现动静美，就不能顾此失彼。一走上极端，作品中动静结合的美感就会荡然无存。

14.1 动静美的最佳载体——中国舞

舞蹈是一种用肢体语言传情达意的艺术，因此在发明文字之前，舞蹈就已经产生了。劳动时的号子、祭祀时的礼仪、开心时的欢乐、伤心时的痛苦都需要借助舞蹈表达。难怪《诗经·大序》中说：“情动于中而形于言；言之不足，故嗟叹之；嗟叹之不足，故咏歌之；咏歌之不足，不知手之舞之，足之蹈之也。”显然，舞蹈在古人看来是表达情感的最佳载体，而情感表达要通过动静美体现出来。

中国远古舞蹈《凤来》，传说是帝王伏羲氏之舞；《网罟》歌颂人首蛇身的始祖网罟；乐舞《扶犁》歌颂人民捕捉鸟兽的功绩和牛首人身的炎帝；《丰年》歌颂被尊为神农氏的圣人教民播种五谷，发明农业的功绩。这些古典歌舞都充分体现了动静美。

起源于西周的雅乐舞蹈，分文舞和武舞。文舞者手执签（编签乐器）、翟（鸟羽装饰的舞具）而舞；武舞者手执干（盾牌）、戚（长炳斧）而舞。一文一武，也彰显了舞蹈的动静美。后来，古人以足踏地为节，边歌舞边自娱的“踏歌”多在民间节日，如元宵、中秋之夜进行，人们成群结队，手袖相连，即兴编词，传唱踏舞，一动一静，甚为乐哉！

舞蹈能体现感情，现代舞蹈利用动静结合来彰显美，在情感表达方面显得尤为突出。例如现代独舞《敦煌彩塑》，本身以敦煌彩塑为题，这就决定了其旨在凸显静止的美，但它又是舞蹈，必须动起来。那它是怎样体现动静之美的呢？编舞者以中国古典舞蹈的韵律为基础，汲取敦煌画窟彩塑的丰富造型，揉进了武术的动作和步法，从一尊伫立静止的彩塑造型开始，渐渐舒缓地舞动，再由轻盈的舞姿到急剧奔放的旋转、跳跃，一静一动，举手投足，都细腻地表现了少女温婉、纤柔而又充满着青春活力的仙姿美态。恰似敦煌壁画中菩萨从神龛上飘然而下，翩翩起舞，令人入迷。

再如男子独舞《希望》，其动静美尤为突出。该舞没有具体情节，没有特定人物，也没有华丽的服饰，唯有演员赤膊、露臂、光脚，完全依靠形体的翻、滚、腾、越、左回、右旋和停、正、静、观，利用动作的力度和幅度的变化，把痛苦、压抑、盼求及获得希望后的喜悦非常凝练、集中、形象地表现了出来。

舞蹈为什么能成为表现动静美的最佳载体呢？这是因为舞蹈艺术有两个优势：一是动感优势。任何舞蹈都是在一定节奏中进行的，如果没有节奏，舞蹈就不能形成。舞蹈动作的快慢、大小、轻重、张弛等的对比会形成一定的节奏，从而形成具有一定表现力的动态美。有节奏的舞蹈动作的连续和延伸，有助于表现人的情感及起伏变化心理活动，进而形成动中有静的美。二是表情优势。舞蹈不仅要依赖舞者的肢体变化，还要依赖舞者的表情优势。舞者的表情或含蓄，或活泼，或兴奋，或骄矜，或悲怆，或悲凉，或苦涩，或欢乐，它与肢体语言相配合，从而突出动静结合的美感。

14.2 《雀之灵》有动中求静之美

舞蹈是静中求动的艺术，也可以说，动是舞蹈的主旋律。舞蹈家杨丽萍却反其道而行之，她通过动中求静去追求美的意境，结果大获成功，形成了杨丽萍舞派和风格。

东晋僧肇提出“即动求静”说。北宋周敦颐把动静分为两类：一类是“动而无静，静而无动，物也”；一类是“动而无动，静而无静，神也”（《通书·动静》）。杨丽萍的《雀之灵》舞蹈选取后者，故给观众以神韵。

杨丽萍的父母是西双版纳的农民，她从小也是农民，甚至进了歌舞团后，她还在歌舞团周围找荒地种菜。与别的舞者不同的是，她发现蔬菜的生命力很旺盛，她的许多创新的舞姿，其灵感就是来自大自然中有旺盛生命力的东西。杨丽萍挑选舞蹈演员，都选偏僻山区的农村山寨长大的孩子。这种未接受舞蹈基本功训练的演员，虽然不容易被舞蹈界接受，但在排练舞蹈时，杨丽萍引导他们追忆早已熟悉的大自然，此时的舞者在她的引导下，往往会爆发出强大的生命力，将动作速度强化到极限，情绪也达到极限，让观赏者惊诧不已。杨丽萍 20 多年前就开始跳《雀之灵》了，金星评价道：杨丽萍跳了 20 来年，现在越跳越有灵性，跳出了神韵。早年的《雀之灵》精雕细刻，那是精致的美，而今天的《雀之灵》却跳出了神韵、跳出了味道。

杨丽萍的舞蹈《雀之灵》带给观者以极大的审美享受，舞蹈的点睛之笔在舞者的手上。她那双纤细而优美的手娴熟地表现了动静相生、动中求静的变幻之美，让观者叹为观止。杨丽萍表演的《雀之灵》中不仅饱含生命力，而且突出体现了动中求静之美，这是她的一种有意追求！

14.3 让中国哑剧“响”起来

哑剧是人们喜闻乐见的一种戏剧类型，是一种不说台词只凭动作和表情推动剧情的戏剧。要使哑剧演出成功，演员的功底和编剧的才能必须是上乘的。

哑剧在我国古代就已流行。早在公元前 774 年西周幽王的宫廷中，“俳优”就是贵族豢养、专为他们提供声色之乐的职业艺人。“俳优”是以表情动作或诙谐嘲弄逗人笑乐的演员。哑剧也流行于古埃及和古印度。公元前 3 世纪，罗马有了正式的哑剧演员，演出时戴面具并有合唱队伴唱。后来哑剧不仅独立存在，而且被即兴喜剧、假面剧、芭蕾、话剧及中国戏曲等吸收为表现手段之一。

我国京剧中的《三岔口》《雁荡山》实际上也是哑剧，但我国的哑剧数量不多，更没有独立发展为一个剧种，这是令人非常惋惜的事。《三岔口》是中外观众喜爱的戏曲哑剧。原剧情为焦赞除奸遭害，发配沙门岛，杨延昭命任堂惠暗中保护，焦赞至三岔宿黑店，店主刘利华拟害焦赞，任堂惠赶到，杀刘救焦。后将刘利华作为正面人物处理，二人都认为对方要害焦赞因而格斗，后误会解除。这是武生、武丑应工的短打戏，演员在灯光通明的舞台上表演“摸黑开打”，似乎不近情理，很难使观众产生真实感。但由于演员准确地表现了黑夜拼搏的动作特点和规律，观众看起来就觉得生动逼真，合情合理。演员时而暗暗窥察，时而东摸西撞，时而腾跃翻跌，时而拼刀对拳，这些绝妙的动作不仅制造了伸手不见五指的黑夜气氛，而且真实地揭示了剧中人任堂惠和刘利华为保护爱国良将焦赞而彼此猜疑的心理活动。

1983年，在首届中央电视台春节联欢晚会上，王景愚表演的哑剧《吃鸡》一炮打响，令人惋惜的是，这成了现代哑剧的句号而不是起点。哑剧并不是一种逗乐的喜剧小品，不是只有喜剧，还有悲剧、悲喜剧。有些人认为哑剧只是一种不能登大雅之堂的粗俗、浅薄的艺术，这是用浅薄的眼光错误看待哑剧。哑剧艺术被称为“无言的诗人”，对演员的要求很高，卓别林、马尔索、莫尔肖、亚尔卡等哑剧艺术家都是大师级的，他们不仅为哑剧艺术的发展做出了杰出贡献，而且对无声电影、假面喜剧、芭蕾舞剧等的发展产生过极大的影响。因此，哑剧艺术家不仅需要有话剧表演基础、舞蹈功底，还需要较高的文学修养。只有具备这些条件，才有可能在没有语言、灯光，甚至音响的舞台上表达出思想、情感，甚至对人生的认识和对哲理的思考。

哑剧是高雅的艺术，受广大观众的喜爱，因此人们渴望哑剧艺术家们让哑剧“响”起来。

15 论刚柔

刚柔是一对美学范畴。刚者，刚毅、坚强；柔者，温柔、宽容。刚柔之美，就要体现铁血柔情和强者能容之境界。中国的黄河流域，北方人冰雪中千里驰马，尽显其刚强；而在长江流域，南方人在大江中千里游水，尽显其柔韧。这种天时、地利养成北方人的刚性，也养成南方人的柔性。而孔子和老子的学术品格也分别代表了中国南北不同的风格。孔子多主刚，他认为“刚毅木讷近仁”(《论语·子路》)。刚强、果决、朴质，而言语不轻易出口，有这四种品德的人近于有仁德。刚毅坚强为人所难能，故孔子叹曰：“吾未见刚者”(《论语·公冶长》)，我没见过刚毅不屈的人。老子多主柔，他以水为例，认为“天下莫柔弱于水，而攻坚强者莫之能胜”（《道德经·第七十八章》），又说人之生也柔弱，“万物草木之生也柔脆”，但柔者生机盎然，胜过刚强。人的德行当“以濡弱谦下为表”（《庄子·天下》）。

刚与柔各有其优，也各有其劣，事实证明，不可偏颇。正如清人姚鼐所言：刚，有豪放、雄奇等美学含义；柔，有婉约、清绮等美学含义。因此，他主张刚柔之美应“会而弗偏”，并主张以刚柔来分析文章的风格。认为“苟有得乎阴阳刚柔之精，皆可以为文章之美”（《海愚诗钞·序》）。明代《刘子》对刚柔之美阐述得很生动：“夫欧冶铸剑，太刚则折，太柔则卷。欲剑无折，必加其锡；欲剑无卷，必加其金”；“人之含性，有似于兹，刚则伤于严猛，柔则失于软懦”。因此在培养性情方面，智者主张“宽而栗，严而温，柔而毅，猛而仁。刚而济其柔，柔以抑其强，强弱相参，缓急相弼”。这样才能达到“性气淳和”的境地。

孔子力主刚性品质，但也发觉其不足，因为他发现温柔也是美，因此盛赞“夫子温、良、恭、俭、让”（《论语·学而》），还认为“宽柔以教”的政策不失为一种刚强的表现。

这里需要特别提出的是，相传由孔子的二、三代弟子所作的《周易大传》中提出了“刚柔相摩”的美学命题，即两种对立的刚柔通过相互作用而产生积极变化：“刚柔相摩，八卦相荡”，唐代孔颖达疏：“阳刚而阴柔，故刚柔共相切摩，更递变化也”。

自春秋战国以来，中国传统文化以儒道互补为主线，因此，刚柔自然就合二为一，形成了一对美学范畴。成书于战国的《乐记·乐言篇》对刚柔的美学价值就有定评：“合生气之和，道五常之行，使之阳而不散，阴而不密，刚气不怒，柔气不慑，四畅交于中而发于外，皆安其位而不相夺也”。

刚柔作为美学范畴，其具有以下四种内涵。

（1）刚柔并举，其可美矣。一部文学艺术作品，主旋律或主人翁刚柔兼得便是获得美感的关键之一。例如主人翁是个铁血男儿，那就要在揭示他的坚强刚毅的同时体现他宽容温柔的另一面，塑造一位铁血柔情的汉子，再让这个主人翁具有典型性，就会震撼读者。又如主人翁是一位温婉的女性，那就要在展现她的温柔宽容的同时深入揭示她坚强刚毅的另一面，塑造一位柔情坚毅的女子。小说的人物如此，戏剧、诗歌、绘画，乃至园林、书法、建筑都应如此，尽力展现刚柔兼备之美。

（2）刚柔均不可过。刚或柔，只要有一方过度就必然走向它的反面。文学艺术作品中，在刚和柔的表现上应掌握火候，应学习高明的烧瓷工匠或炼钢师傅，在展现作品的刚柔度时精准地掌握火候，“烧制”出上佳的作品。因为刚过易折、易脆、易硬；柔过易靡、易灰、易软。

（3）刚中有柔，柔中有刚，互相渗透。一部文学作品或一幅画中体现的刚柔美学价值，不是断然分开、泾渭分明的，往往是将刚与柔糅合在一起，难以分割。总是刚中有柔，柔中有刚，互相渗透。就像老子所说：“大盈若冲，其用不穷”（《道德经·第四十五章》）。最充实的看上去好似空洞，可是它的作用不会穷竭。

（4）刚与柔不能离开自己的生态环境，只要一离开刚或柔所需要的生态环境，二者都将不复存在。这正如庄子所言：“吞舟之鱼，砀而失水，则蚁能苦之”（《庄子·庚桑楚》），能吞掉船的大鱼，一旦搁浅在沙滩上，那么蚂蚁也能欺负它。庄子是着眼于刚而言的。草原上吃草的牛群在受到狼群围攻时，虽然它们属于柔弱群体，但它们能集成圆圈以头对外，表现出用牛头共同防御的姿态，这顿时让柔弱的牛群在围攻的狼群面前变得坚强起来。

15.1 中华文明属于刚柔相济的两河文明

考古学界的最新成果显示，中华文明的摇篮不仅来自黄河流域的中原文化，也来自长江流域的巫文化，儒道互补，从而形成中华文化。黄河文化以中原为元点，向东发展，齐鲁文化加入其间，从而产生了儒学；长江文化以巫溪、巫山为元点，向东西发展，巴楚文化、蜀文化、越文化加入其间。

黄河文明与长江文明是刚柔相济的文明。黄河文明是以刚性为主旋律的文明。中原文化以黄河流域黄帝部落联盟为中心发端。据史料记载，黄帝部落进入中原之前，在西北地区的黄土高原上过着“迁徙来无常处”的游牧生活，这种无常处的游牧生活磨炼了黄河儿女的意志，使之以刚直的性格来对待人生和自然。这一点在儒家主要代表孔子、孟子的思想中充分体现出来了。

儒家文化是黄河文明的代表，儒家的主要代表孔子、孟子都注重刚性人格。孔子说：“三军可夺帅也，匹夫不可夺志也”（《论语·子罕》）。孟子继承了这一刚性思想：“富贵不能淫，贫贱不能移，威武不能屈”（《孟子·告子上》）。

道家文化是长江文明的代表。道家的主要代表老子、庄子注重柔性人格。老子推崇“天下之至柔，驰骋天下之至坚”，庄子继承了这一柔性思想，赞赏心理力量：“唯道集虚。虚者，心斋也”（《庄子·人间世》），强调精神心理作用。

儒道互补，贯穿中国传统文化；其刚柔相济的特点，塑造了刚柔兼备的中国人。因此，中国人既主张拥有刚之实力，也主张拥有柔之实力。从审美视角来看，中国人既注重刚性美，也注重阴柔美。

15.2 中华武术——东方体育艺术的奇葩

中华武术是我国民众用以锻炼身体和自卫的一种方法。运动形式有套路和对抗等，套路运动有拳术、刀、枪、剑、棍等单人套路练习和两人以上的对打套路练习；对抗运动有散手、推手、长兵、短兵等项。长拳、太极拳、南拳、剑术、刀术、枪术、棍术等被列为武术竞赛项目。故中华武术被称为“东方的体育艺术”。

尚武精神是中华武术的核心，而这种尚武精神是与中国传统文化相契合的，其精髓是《易经大传》乾坤卦所说的："天行健，君子以自强不息"，"地势坤，君子以厚德载物"。也就是说，"自强不息、厚德载物"是中华武术之精气神。这种中华尚武精神与日本忠于主子的武士道精神有本质的不同，前者扬善惩恶，后者绝对忠于主子。中华武术也与西方拳术不同，前者旨在健身和自卫，后者以殊死决胜为最高目的。

中华武术张扬南柔北刚之气质，它不仅融合阴阳之律动，而且交织着阴阳二气组合、消息和运动，以刀、枪、剑、棍拳术为载体，忽南忽北，忽东忽西，忽刚忽柔，忽动忽静，与大自然同呼吸，与江流共进退，攻防进退，内外合一，美不胜收。反对滥用武力、任意伤人，主张以人为本、与人为善、淳厚处世、宽容待人，并强调一言一行都要对社会负责，做对社会有益之事；提倡胸怀坦荡、光明磊落、支持正义、扶助弱小、见义勇为、除暴安民，使武德与武功融为一体。这就是中华武术之尚武精神。

中华武术最大的特点就是刚柔相济。中华武术中，无论是骑术、刀术，还是枪术、剑术，都讲究变幻莫测，忽刚忽柔。就以剑术来说，它要求轻快、敏捷、潇洒、飘逸、灵活多变，剑法往往以点、崩、刺、撩、挂、劈、云、抹等多种方法刚柔变幻而制胜。中华武术中的拳术，如太极拳、长拳、少林拳、南拳、形意拳、意拳、八卦掌、螳螂拳、醉拳、猴拳、鹰爪拳、秘宗拳、蛇拳以及擒拿，若要制胜，无不是刚柔相济、变幻莫测。例如太极拳讲究柔和缓慢，行云流水，虚实分明，刚柔相济，外柔内刚。再如主要流传于中国南方各地的南拳，就讲究劲力饱满，动作紧凑，刚柔相济，手法多样。又如鹰爪拳，在刚柔特点上既要体现勇猛，又要体现优美；既要表现果断，又要表现机智，把刚柔相济发挥到了极致。

秦汉以后，中华武术日益向套路表演的方向发展，既有单人套路，又有对练套路。套路表演不以实战为目的，而是为了健身、娱乐，逐渐与舞蹈、戏剧融合。由于这种长期的套路表演缺乏实践性，致使武术颓化。明代名将戚继光就极为反对军中流行的那些受民间武术影响的花拳绣腿："拳法似无预於大战之技，然活动手足，惯勤肢体，此为初学入艺之门也”。戚继光的一席话，为当今中华武术改革家指出了关键之道。

15.3 刚柔兼备的芭蕾舞剧《红色娘子军》

大型芭蕾舞剧《红色娘子军》，由中国国家芭蕾舞团于1964年首演成功。该剧根据同名电影改编创作，讲述的是中国第二次国内革命战争时期的海南岛上，中国工农红军娘子军连党代表洪常青，救起了从恶霸地主南霸天的牢房里逃出来的贫农女儿琼花，指引她投奔革命根据地参加了红军。洪常青趁给南霸天庆寿，乔扮华侨巨商智闯匪巢，计划里应外合聚歼群敌。但由于琼花报仇心切，过早暴露了战斗信号，致使南霸天漏网逃跑。洪常青和连长对她进行了严肃的批评教育，使她懂得了“只有解放全人类才能最后解放无产阶级自己”的真理。不久，南霸天勾结国民党欲进犯根据地，洪常青为了掩护战友撤离，浴血奋战，英勇就义。红军主力节节胜利，恶贯满盈的南霸天受到应有的惩处，在火线上光荣入党的琼花接任党代表的职务，红色娘子军连在革命斗争中逐渐发展壮大，奋勇前进。

芭蕾是以抒情为主旋律的一种西方舞蹈艺术，《红色娘子军》系军事题材，因此编者着力在舞蹈的节奏感上下功夫，使我与敌的矛盾强化。洪常青带领战士阻击敌人、洪常青在刑场腾空跃起、吴清华活捉南霸天、洪常青英勇就义等，这些刚的一面与战士在春光中练武、洪常青指挥大军沉稳有序、洪常青扮华侨巨商坦然自若、乡亲们编斗笠欢迎娘子军等柔的一面相结合，刚柔相济，相得益彰，并由此成功地塑造了琼花、洪常青、南霸天等人物形象。

芭蕾舞剧《红色娘子军》的编导者先从作品的内容和人物出发，运用中国民间舞将部队生活和军事动作这些刚性演绎移植过来，与芭蕾舞原有的特点和舞蹈技巧进行了无缝连接。这显然是我国芭蕾舞剧革命化、民族化、群众化的一次成功尝试，为建立具有中国特色的芭蕾舞剧提供了一定的经验。

16 论气质

气质这一美学范畴是从心理学移植过来的。心理学中的气质是指人的典型的、稳定的心理特征。有人认为气质决定于血型；另一种看法认为气质与体型有关；也有人认为气质与激素有关。巴甫洛夫提出动物的高级神经活动的类型是气质的生理基础。古代的气质学说用体液解释气质类型是缺乏科学根据的，但人们在日常生活中确实能见到这四种气质，即多血质、胆汁质、黏液质、抑郁质。这四种气质类型的名称曾被许多学者所采纳，并沿用至今。

气质之美，也是中国古典文论中特有的美学品位，属于艺术风格中重要的一种。中国古典文论中通常把气质分为两大类：一是阳刚之美的气质；二是阴柔之美的气质。这种文艺气质的分野，既简单又明了，且具有现实意义和科学性。

文学艺术的气质，则更多地表现在创作个性上。一个文学艺术家的主观方面具有的相对稳定的显著特征，包括独特的生活经验、思想感情、兴趣爱好、气质性格、审美理想、心理特点、创作才能和风格等，在文艺创作中集中表现为对生活的独特感受和认识，以及独特的表现方法。创作个性的形成，也是文学艺术家创作气质的形成。它既与文学艺术家的自觉追求分不开，又跟社会历史因素密切相关。

文学艺术家的个人气质与他（她）在长期的社会实践中形成的相对稳定的创作个性和艺术特色，贯穿在他（她）的全部作品之中，标志着他

（她）的创作已臻成熟。文学艺术家的世界观、生活经历、个人气质、艺术素养、审美理想不同，这些因素在认识生活、运用艺术媒介和表现手法等方面逐渐积淀下来，但它又往往随着主客观条件的改变而变化。气质不仅受时代、民族、阶级及个人情趣和爱好的影响，而且会打上某种时代的烙印。文学艺术家的艺术气质常常体现在他的所有作品之中，但亦有例外。即同一文学艺术家不同时期的作品既有可能有气质上的一致性，也可能有气质上的多样性。

关于文学艺术家所具有的阳刚气质和阴柔气质，清代的姚鼐在《复鲁絜非书》一文中有过生动的诠释："其得于阳与刚之美者，则其文如霆，如电，如长风之出谷，如崇山峻崖，如决大川，如奔骐骥；其光也，如杲日，如火，如金镠铁；其于人也，如冯高视远，如君而朝万众，如鼓万勇士而战之"；"其得于阴与柔之美者，则其文如升初日，如清风，如云，如霞，如烟，如幽林曲涧，如沦，如漾，如珠玉之辉，如鸿鹄之鸣而入寥廓。其于人也，漻乎其如叹，邈乎其如有思，暖乎其如喜，愀乎其如悲"。

16.1　琴棋书画展示了中国人的气质

笔者认为，培育中国人的气质分三个阶段，学习琴棋书画是普及阶段；学习诗词歌赋是中级阶段；学习儒道智慧则是高级阶段。中国古代讲"礼乐"教育，那是封建宗法等级制下的教育方式，我们当然该剔除，但也应从中吸取其合理内核："礼"是做人的行为规范，"乐"则可以培养人的道德情操。为此，我们应提倡中国人，特别是儿童从小就培养琴棋书画之雅趣，以便形成具有中国特色的气质。

古琴、筝、琵琶是中国传统音乐、文化艺术之集大成。就古琴来说，其代表了中国传统音乐文化的最高峰。伯牙以弹奏琴曲《高山流水》而闻名于世；晋代嵇康以善弹《广陵散》而著称；魏晋南北朝时期，古琴用来伴奏相和歌；隋唐时期，古琴曾用来伴奏清商乐；宋元之际，琴艺上出现了调子和操弄两种大形式；明清时期，琴学琴论有了长足的发展。值得一提的是，随着乐器形制的发展，在我国春秋战国时期，“礼”“乐”并行天下。当时著名诗人屈原根据楚地的祭祀歌曲编成《九歌》，具有浓重的楚文化气质；《诗经》成书后，以《诗经》和《九歌》为基础的两种不同音乐风格的作品南北交相辉映，从而形成具有中国气质的诗歌。

围棋是中国远古先人流传下来的一项宝贵文化遗产，历经四千余年而不衰，因“千古无同局”而魅力无穷。围棋技艺告诉我们这样的智慧：不得贪胜，因贪不得胜；入界宜缓，打入对方阵营要徐徐图之，不求一周而得逞，攻彼顾我，有急有缓，注意节奏；弃子争先，宁失数子不失一先，先者，主动也；舍小就大；选取价值最大的那步棋走；逢危须弃，形势不利时，要果断放弃；慎勿轻速，不要轻易落子，考虑成熟了再走；动须相应，全局在胸，前呼后应；势孤取和，不要把胜利寄望于对手的错误。显然，围棋对弈是一种辩证法的训练。

中国书法，最能展现出中国人的气质，也能表达书法家的情感。笔的疾厉、徐缓、飞动、顿挫都受书法家主观的驱使。书法能把书家个人的生活感受、学识、修养、个性等折射出来，笔画运转间所表现出的神态意趣和风格功底皆源于书法家。孙过庭的书法“飘逸愈沉着，婀娜愈刚健”，张旭《草书四贴》如急雨旋风般，这都是“字如其人”的典型。

中国画以线条和墨色取胜，高度重视艺术形象的神韵或气，人物画主张写真、传神；山水画强调留白与意境，还强调写生与寓意。构图布局不拘于特定的时间与空间，大胆利用空白，突出主题，画面与书法诗文有机结合，使画者“外师造化，中得心源”。

16.2 充分体现中国气质的歌手朱哲琴

由何训友、何训田作词，朱哲琴演唱的《阿姐鼓》令人震撼。歌曲音域宽广，音调悠扬，辽阔的四音效果加上西藏手鼓的强烈打击，突显出西藏高原的神秘色彩。《阿姐鼓》共七首，各有特点，又交相呼应，形成一个整体。其原音、其鼓声、其回音、无不具有极大的感召力，是一股发自心底的音。朱哲琴则以嘹亮的歌喉辅以重唱，唱出了高原的空旷、唱出了大地的震撼，把大自然的广袤诠释得淋漓尽致，给人一种神奇的感受。

朱哲琴不仅是一位优秀的民歌手，而且是着力把民歌融入主流的推手。2009年，在被联合国开发计划署任命为中国亲善大使后，她与一组摄像师和作家一起前往中国部分偏远地区，试图记录下各个少数民族的经典音乐。在历时4个月的长途跋涉中，他们记录了1000多首歌。他们听到了苗族年轻人在山上唱的情歌，侗族人在没有指挥的情况下演唱的多声部歌曲，还在西藏一个村庄中发现了古老宗教音乐。朱哲琴发现，很多很好的表演者都已经老了，一些音乐形式濒临消亡。她说："这些音乐之美深深地震撼了我，但它们需要支持。我希望当代的人们也能看到这些东西的美。"因此，朱哲琴想让更多的观众聆听民间音乐家，他们的巡回音乐会的地点还包括北京的国家大剧院和杭州大剧院。她还计划出一张专辑，里面将同时收录原始民歌录音及新创作的歌曲。她准备用音乐会大部分的收益和专辑10%的版税来资助400位老艺人，让他们每人在家乡收5位徒弟，把自己的音乐技艺传承下去。

朱哲琴还希望把这些民歌带进主流音乐，重新培养年轻一代的兴趣。她说："如果你把一件东西看作博物馆里的古董，那它就会逐渐消亡。"而这样的重新包装会为年轻人打开一扇新的大门，他们会说："嘿，想不到这些音乐这么酷。"

朱哲琴之所以要努力把民歌融入主流，是因为她认识到：中国应该有突显中国气质的音乐。"西方艺术现在已经充斥中国，在音乐学院里，西方古典音乐都是第一位的。但我们不能只是模仿西方。中国要想真的为世界音乐做出贡献，我们就必须走自己的路。"那么，当今什么能代表中国呢？那就是"中国创造"。

朱哲琴出生在广州，父亲是《科学世界》杂志的编辑。她从小就喜欢音乐，对音乐的灵感是与生俱来的。父母本来希望她长大后成为一名教师，但她执意朝着音乐方向发展，而今努力将民歌融入主流，创造富有中国气质的音乐。中国的音乐界，多么需要一大批朱哲琴式的歌手出现啊！

16.3 音乐中的鲜明地方特色有助于彰显中国气质

音乐是一种塑造艺术形象、表达思想感情、反映社会生活的艺术形式。它不仅以旋律、节奏、节拍、调式、调性、速度、力度等为基本手段，而且以鲜明的地方特色来彰显艺术气质。

一唱《川江船夫号子》，大家会立即想到船夫在三峡与险滩搏斗。船夫在平静江面上航行时唱《平水号子》《下滩号子》，节奏缓慢，旋律舒畅悠扬，即景抒情；发现险滩时唱《见滩号子》，坚定有力，充满信心；与险滩、风浪搏斗时唱《上滩号子》《拼命号子》。

一唱长调，就带听众来到了内蒙古。长调和马头琴是蒙古音乐的典型代表，它独一无二，蕴含着草原文化的精髓。蒙古长调究竟有多大的魅力？著名音乐教育家宝音德力格尔曾经讲过她亲历的一件事：她七岁多的时候，有一回父女俩被几头野狼困住，情急之下失明的父亲拉起了马头琴，女儿唱起了《辽阔的草原》，狼群停下脚步聆听后慢慢离去。

一唱《康定情歌》，大家就知道到了川西康定高原，有一对藏族男女追求自由恋爱，“跑马溜溜的山上，一朵溜溜的云哟，端端溜溜地照在康定溜溜的城哟，月亮弯弯，康定溜溜的城哟”。纯真的爱，坦率的夸赞，自由的追求，多情又令人心醉。

一唱《北京的金山上》，大家就知道来到了西藏。这是根据流传在西藏东南地区的一首箭歌重新填词而成的新民歌，歌颂了领袖，也歌颂了翻身解放了的藏族人民的崭新精神面貌。

音乐不仅可以直接表达情感，也擅长彰显气质。而中国地域辽阔，民族众多，不同地方和民族都有其典型的特色和文化，故中国音乐应充分利用鲜明的地方特色彰显中国气质。

17 论意境

意境，是指文学艺术作品所描绘的形象、情境与所表现的思想感情融合而形成的一种艺术境界。意境包括虚实相生、情景交融、形象生动、深邃幽远等审美特征。它能使欣赏者产生想象和联想，如身临其境，在思想感情上引发共鸣。中国古典文论常以意境的高下来衡量作品的艺术价值。

意境是中国美学的重要范畴。意境说早在唐代已经诞生，而它的思想根源可以一直追溯到老庄美学。唐代王昌龄的《诗格》和皎然的《诗式》中，就提出了“境”这个美学范畴，这在很大程度上就等于提出了意境说（或境界说）。司空图在他的《二十四诗品》中提出了“思与境偕”的命题，把艺术想象和意境的创造联系起来，表明诗人（包括艺术家、文学家）的艺术灵感和艺术想象与客观的美偕同一致。

意境之美发生在中国远古时期，而不是魏晋。

中国长江流域发现的最早的新石器时代的骨炳上有阳线双鸟纹饰，这是七千多年前的远古中国人表达意境美的典型代表。两只转头相向的鸟，共同的身体以圆环渐渐发展而成火焰形，既像展翅而翔的鸟，又像一团神秘的火球，鸟纹四周环绕花草纹样，与大自然结合在一起。远古中国人在创作这个双鸟纹时，已不仅是写实，而是在写实的基础上倾注了自己的心理欲求。这种人的心理欲求与实物的巧妙结合，不仅是写生，还带有作者主观的心理内涵，表现出来的当然是一种意境美。

从黄帝时代的《弹歌》中可以看到，中国人的先祖在歌唱中已产生了一种朦胧的意境："断竹、续竹，飞土、逐肉"（《吴越春秋》）。这种意境彰显了原始中国人欲成自然之主人的心理。意境这一美意识趋于成熟始自战国时代屈原的代表作《离骚》。屈原在《离骚》中不仅生动地再现了雄奇的自然之景，而且在诗中倾注了极大的激情，用无与伦比的通感艺术使客观自然物与自我的或悲怆或乐观的心理融为一体，不留痕迹，由此拨动智者和仁者的心弦而引发共鸣。《离骚》是中国古代意境美的代表作，它深刻地影响了中国后世的诗歌、绘画、书法及戏剧在意境美方面的追求。

中国的意境美发生在远古，发展于战国，成熟于魏晋。前人认为，意境孕育于魏晋南北朝，并强调《文赋》为其理论渊源。这一看法是不正确的。因为意境美这一意识的产生、发展与意境这一概念的出现是两码事，就跟善于烹饪与总结烹饪概念是两码事一样，意境在魏晋南北朝之前很早就在中国人的审美意识中萌生、发展了。魏晋南北朝时期佛教传入中国，其与中国人已经形成的意境美意识不谋而合。特别是唐代玄奘的门人著的《俱舍论颂疏》对境界的解释如同对中国意境美的理论性总结。其提出了六根、六识、六境。六根，指眼、耳、鼻、舌、身五根加上意根，即人的五官意识，凭六根获得的知识为六识；六境是六根功能所接触到的知识对象和范围。凡六根所接触到的对象已被感知的，才称得上是境界。六根中五根，即眼、耳、鼻、舌、身五个感官所触及的是客观存在，唯有意根是主观存在，又是五根的统帅，主客同构，主观中有客观，客观中有主观，这完全是自上古以来中国人习惯的思维方式。就六根与六境的关系而言，六根是根本，是主观存在；六境是六根所触及的对象和范围，是客观存在，是新的层次上的主客同构。六根以意为帅，意与境结合，自然是人的心理与大自然客体的结合，是主客同构的结合，是符合中国人思维意识的结合。近代王国维在《人间词话》中提出了"境界说"，虽强调"境"却忽略了"意"这一根。忽略了主观的体验和感受，主客同构的框架不复存在，意境美也将无法生成。

意境是中国古典美学的重要范畴，它不能等同于风骨、品味、气韵等，更不能说前者是后者发展来的，意境美是主观的心理情感和意识判断与客观的外在环境和事物相融合后形成的一种精神艺术。正如清人王夫之所言："情、景名为二，而实不可离。神于诗者，妙合无垠。巧者则有情中景，景中情"（《姜斋诗话》）。

17.1　唐诗中的意境美

意境美，是中国古代诗歌的追求，唐诗尤盛。意境是指文艺作品在艺术美的创造上所达到的境界和审美效果，中国古代文艺家十分重视艺术表现情感和再现现实两个方面，提出"外师造化，中得心源"。要求在艺术创造中使主观情思与客观的物境，即意与境、情与景、神与形相互交融，高度统一，达到神形兼备的境界。这种艺术境界富于感染力，能积极调动起欣赏者的思想感情，激发起审美联想。我们从几首有代表性的唐诗中就可切实感到意境美的魅力。

初唐张若虚的《春江花月夜》，把春、江、花、月、夜这五种事物集中到最动人的良辰美景中，构成了一幅诱人探寻的妙境：春江潮水连海平，海上明月共潮生。滟滟随波千万里，何处春江无月明。

诗人以月贯穿全诗，把各种景物有机联系起来，使诗随着月轮的升落而起伏曲折。诗写游子思妇之情，也处处用月色来烘托：可怜楼上月徘徊，应照离人妆镜台。玉户帘中卷不去，捣衣砧上拂还来。此时相望不相闻，愿逐月华流照君。

这首七言歌行，以清新流畅的语言，细腻地描写了春江花月夜的美丽景色，抒发了委婉缠绵的相思之情，以及对宇宙无穷、人生短暂的感慨。

我们再来看孟浩然的《春晓》。这首小诗虽只有四句，却起伏跌宕、回环曲折：春眠不觉晓，处处闻啼鸟。夜来风雨声，花落知多少。

写“闻”写“声”，都是从听觉的角度捕捉形象。末句回到早晨，因为醒而未起，不曾亲见落花被摧残的景象，惜花之情体现得更为深沉。

我们再来看王湾的《次北国山下》，这是一首描写旅途风光的诗。全诗语意清新，境界开阔，气魄宏大，富于深广概括力：客路青山外，行舟绿水前。潮平西岸阔，风正一帆悬。

纵目远望，青山重叠，碧波荡漾，绿水扬帆，视野开阔，胸襟开朗。继后，随诗人过岁末行舟，朝日冲破夜色：海日生残夜，江春入旧年。乡书何处达？归雁洛阳边。

诗人把“海日”“江春”拟人化，赋予它们以人的意志与情思，在写景之中，有意无意地暗示出新事物脱胎于旧事物，又取代旧事物的哲理，给人乐观、向上、积极的鼓舞力量。

我们从这三首唐诗中可以看出唐诗对意境美的积极追求，也说明意境是情思与物境的有机融合。

17.2 孟王山水诗中的意境美

孟浩然和王维，被称为唐代山水诗派的“双璧”。所谓山水诗，是指歌吟山水名胜，描写自然景色的抒情诗歌。山水诗要求诗人通过对名山胜水的描绘，寄寓健康和壮美的情怀，从而激起人们对祖国河山的热爱。孟浩然和王维之所以在山水诗方面独树一帜，关键是他们紧紧抓住了意境美这一法宝。

孟浩然的山水诗以简淡清幽著称，特别是他的《过故人庄》，全诗纯以口头语写眼前景。作为一首五律，它的对仗、平仄都符合格律要求，但我们感到诗人写得是那样自然、随和，似乎毫不费力，都使人忘记这是律诗了：故人具鸡黍，邀我至田家。绿树村边合，青山郭外斜。开轩面场圃，把酒话桑麻。待到重阳日，还来就菊花。这首诗写了诗人应邀去农家做客的情景，抒发了对田园的热爱和对农民的真挚友情。

另外，孟浩然写羁旅愁思的一首小诗《宿建德江》，也令人拍案叫绝：移舟泊烟渚，日暮客愁新。野旷天低树，江清月近人。诗人在孤寂的旅途中，本来就心情暗淡，此时，泊舟于暮霭迷蒙的江中小洲边，又新添了客中的愁思。后两句写景，真切、细腻、传神，诗句中没有用表现愁情的字眼，却含蓄地写出了诗人在遥想故乡，因而极目眺远，而明月也反衬了诗人在旅途中的孤独寂寞。诗句也没有用秋字，但野旷、江清、月明，一片秋色已呈现在读者面前。诗人只淡淡写来，却情景相生，浑然一体。难怪李白在《赠孟浩然》中说："高山安可仰，徒此揖清芬"。杜甫也称赞道："清诗句句尽堪传"（《解闷十二首·其六》）。王维画其像于郢州刺史亭内，称"浩然亭"，后改为"孟亭"。孟浩然生前、死后都享有盛名。

唐代山水诗派的另一位代表则是王维。他的山水诗富于变化，有多种风格和情调。王维既是诗人又是画家，所以他成为诗与画结合的开拓者，他以画法入诗，为山水诗的创作注入了新的内容，增添了新的技巧。王维的小诗《鹿柴》就是一幅美丽的山水画：空山不见人，但闻人语响。返景入深林，复照青苔上。

山谷人语回响，夕阳柔光斜照，皆衬出山林之清寂幽邃，此时"闻"人语却不见人，可见深林之幽渺。诗人以闻其声不见其人及返影和复照引发人们的想象，又让人们通过想象构成一幅深山丛林幽幽的图画，妙不可言。

我们再看王维的《山居秋暝》：空山新雨后，天气晚来秋。明月松间照，清泉石上流。竹喧归浣女，莲动下渔舟。随意春芳歇，王孙自可留。诗中描写了初秋傍晚山村的清幽景色，寄托诗人的高洁情怀和对理想境界的追求。其景静中有动，动静自然。皎洁的明月、青翠的松林、潺潺的流水，竹林喧哗，浣女洗衣以及莲叶摇曳下荡出的渔舟，美不胜收。这首诗的诗情画意达到了很高的造诣，故宋代苏轼评论说："味摩诘之诗，诗中有画；观摩诘之画，画中有诗。"

17.3 意境深远的《二泉映月》

二胡曲《二泉映月》，是我国民间音乐演奏家华彦钧（小名阿炳）创作的。华彦钧是江苏无锡人，幼年随父学习民间乐器，四岁丧母，后作道士，因患眼疾而失明，以卖唱为生。他具有非凡的音乐才华，不但精通多种民间乐器，还创作了不少乐曲。

《二泉映月》将激奋的感情寄寓于景物之中，达到了以情寄景，以景托情的完美意境。动人心弦的曲调，细致入微的抒情，不仅使人联想起夜深人静、泉清月冷的情境，更使感受到一个刚直、顽强的失明艺人在向人们倾吐他坎坷艰难的一生。乐曲深沉地抒发了作者对生活的无限感慨和悲愤的情感。整个曲子共分六段，形成变奏结构，根据音乐的陈述、开展、下伏、亢进、收束这样的艺术构思安排而成，具有旋律委婉流畅、意境深邃、感染力强等特点。因此，《二泉映月》至今广泛流传，深受听众喜爱。

就是这样优秀的意境深远的民间乐曲，却是历经磨难才步入世界乐坛。1973 年初，著名音乐家吴祖强将《二泉映月》改编为弦乐合奏曲。世界著名指挥家尤金·奥曼地率领的美国费城交响乐团抵达北京举行访华演出时，《二泉映月》被列入中央乐团和费城交响乐团“联合排练”的观摩活动之中，奥曼地对《二泉映月》甚感兴趣，希望能够得到乐曲总谱。1974 年 5 月，中央乐团指挥李德伦收到费城交响乐团总经理的来信，说奥曼地将于当年 12 月中旬在美国多地指挥演奏《二泉映月》，希望再提供一些资料。

但是很遗憾，由于当时国内特殊的政治情况，费城交响乐团和奥曼地最终不得不取消了《二泉映月》的演出计划。后来，中央乐团于 1977 年正式首演了弦乐合奏曲《二泉映月》；1978 年 6 月，世界著名的日本指挥家、美国波士顿交响乐团音乐指导小泽征尔在北京指挥演出了《二泉映月》。此后，世界一流交响乐团奏响了阿炳的《二泉映月》，其一直流传至今。

18　论品味

中国美学范畴中的品味，包含审美品味、品评等内蕴。南齐谢赫的《古画品录》分六品来评论画家；梁代钟嵘的《诗品》分三品评论诗作；唐代司空图的《二十四诗品》以雄浑、高古等二十四种风格、意境评论诗作，为后人品评文、赋、词、绘画、音乐、园林等做了示范。

中国美食讲究色、香、味，而味是核心。美食可以无色、无香，但绝不可无味。味是中国人在烹调中的第一追求，要鲜美可口、麻辣适度、咸淡皆宜、酸甜可口。中国人也擅长品味美酒，不管是陈年老窖还是品种繁多的啤酒，只要细加尝试，我们都会根据味之上、中、下品出高低来。

在长期的传承和实践中，我们的品味技能从舌扩展到眼、耳、鼻、舌、身、意，从品酒菜发展到品诗、品词、品文、品字、品画，逐渐形成中国人特有的美意识——品味。中国人对文学艺术的品味，从公元前 8 世纪就开始了。当时郑国的史伯提出“和五味以调口”(《尚书·模范》)，具体到水咸、火苦、木酸、金辛、土甘五味。作乐，要讲究宫、商、角、徵、羽五声的和谐；弹乐，要讲究埙、笙、管、磬、钟、椢六音的协调；作车，要讲究用水调节墨色的浓淡干湿，进而形成焦、浓、重、淡、清、白六色的配合；书法，要讲究点、横、竖、挑钩、仰横、长撇、捺共同形成的势；作诗、词、歌、赋，要讲究声律、韵律、节律、旋律及诗眼。

有味的文学艺术作品未必是上乘之作，但上乘之作必然要有味。这个味，就是深沉隽永、意味深长、余味无穷。品味要达到这样的境界，除五音的和谐、六色的协调、八法的统一之外，中国人还有一种高妙的品味方法，这就是老子首倡的“味无味”。无味当有味之味，就应“恬淡为上”

(《道德经·第三十四章》)。可见老子推崇的是那种淡雅、纯情、真实、自然，而无斧凿之痕、忸怩之态、狂傲之气、阿谀之嫌、奴颜之骨、趋炎之势、卑躬之膝的自然之味。“道之出口，淡乎其味”(《道德经·第三十五章》)，这种“无味”，是有味至极，是峻岭下面的云海，是平静无波的大海上探出的晓月，是绿波青山上飞翔的白露，是沉闷大地的第一声春雷，是绚丽多姿的七色组成的白光，绚烂之极归于平淡。

中国人品味，总是动用眼、耳、鼻、舌、身、意六根通感的功能，表现情感，或慷慨激昂，或悲切哀嚎，或温情脉脉，或一往情深，或文采风流，或华而不实，或温文尔雅。南朝齐梁时代的诗论家钟嵘就发现味与情关系密切，他认为文艺作品做到“指事造形，穷情写物，最为详切”(《诗品》)，就会有“滋味”。

味之美，必须具备两个基本条件：一是要具备有味之作；二是要有会品味之人。一首好诗，一幅好画，若没有遇见会品味的读者，犹如对牛弹琴。这就涉及文艺创作和文艺发展的黄金原则：如果欣赏者均能品味一部作品但和者寡，显然该作品难以评品为上乘之作，作者就要考虑作品为什么不好的问题了；假如一部作品确属上乘，因欣赏者缺乏品味本领而受冷落，这就要解决如何提高欣赏者品味能力的问题了。所以，品味乃是双方的事，既要有上好的佳品，又要有会品味的“美食家”。

18.1　品味四根琴弦奏出的江南曲调

小提琴是百分之百的洋货。17 世纪，法国、德国、意大利等国王的弦乐队，被称为“国王的二十四把小提琴”。而小提琴独奏的协奏曲出现于 1700 年左右的欧洲。小提琴协奏曲非常风行，但 19~20 世纪的作曲家中竟有贝多芬、门德尔松、舒曼、柴可夫斯基、西贝柳斯、巴托克和沃尔顿等这么多人毕生只写了一部小提琴协奏曲。

1959 年，上海音乐学院的学生何占豪、陈钢合作谱写的大型管弦作品

《梁山伯与祝英台》(简称《梁祝》)，竟是由中国上海音乐学院女学生俞丽拿用欧洲风行的小提琴演奏的。1959 年 5 月 27 日，上海兰心大戏院座无虚席，乐手全是上海音乐学院的学生。俞丽拿的小提琴独奏结束后，台下一片寂静。随即暴风雨般的掌声忽然炸响。所有演奏者反复鞠躬谢幕，掌声有增无减。如何收场？指挥与俞丽拿对视一眼后，又重新演奏了一遍《梁祝》，听众不仅听懂了，而且非常喜欢。要知道，《梁祝》是小提琴协奏曲，是用地地道道的欧洲人发明的小提琴讲述中国的故事啊！中国听众怎么会接受和热爱它呢？笔者认为有三个原因。

第一，梁山伯与祝英台的故事自东晋以来在民间流传一千多年，家喻户晓。因故事具有传奇色彩并且追求婚姻、爱情自由而脍炙人口，加之电影版越剧《梁山伯与祝英台》获得了剧本奖和演出一等奖，在全国影响很大。

第二，作曲者何占豪虽然当时还是学生，但他不仅喜爱越剧，而且善于移植越剧音乐，使该小提琴协奏曲能以越剧音乐为素材，形成一部单乐章小提琴协奏曲。也就是说，用西洋小提琴演奏中国音乐元素，这使小提琴中国化。

第三，作品采用奏鸣曲式，从民间故事中只择取三个关键部分，即“草桥结拜”“英台抗婚”“坟前化蝶”三个情节，分别作为乐曲呈示部、展开部和再现部的内容，使乐曲紧凑，恰到好处。加之首演者俞丽拿形象气质出众，且能倾注全部感情地演奏，连周恩来总理听后也赞不绝口。

于是，四根西方琴弦成功地奏出了中国江南曲调，并一炮而红。

18.2 品龙

龙是中华民族的象征，外国人称中国为“东方巨龙”，华夏儿女是龙的传人。龙象征着东方，即太阳升起的地方；它也表示丰产、春雨及一般的雨水。传说龙是一种两腮长须且能兴云作雨的神异动物，它能缩到蚕那么大，也能变得大到充塞天地，还能根据自己的需要或隐或现。在它上天时，人们看不到它，因为它骑着积雨云隐蔽在其中。1973年2月，长沙楚墓出土了一幅《人物御龙图》帛画，画面中有一位男子驾着一条巨龙前行。在中国古代传说中，龙是幻想的神兽，神人多乘龙，如祝融乘两龙、夏后启乘两龙、颛顼乘龙而至四海。

中国龙与西方龙有着本质的区别。西方龙是魔鬼的象征，而中国龙则是仁慈的象征；西方龙狰狞、猥琐、残暴；中国龙则仁爱、向上、平和；西方龙自私、贪婪、守财；中国龙近人、视民为友，人人喜爱而亲近。故每逢节庆，中国人总爱将布龙、草龙、篾龙、火龙、板凳龙舞起来，与人同乐，岂不乐哉！

中国龙承载着中国人的精神追求和美好愿望，即《易经大传》的乾坤卦中指出的："天行健，君子以自强不息"；"地势坤，君子以厚德载物"。

18.3　独特性与美感

文艺作品越有独特性，就越有生命力，就像越有地方性的才越有全国性。因为文艺作品的独特风格反映了一定的地域、风情、人文特色，所以它最具有生命力。在这方面最为突出代表的是唐诗。唐代李白、杜甫分别建立了浪漫主义诗派和现实主义诗派，其他唐诗流派也功不可没。唐代的山水田园诗派以王维、孟浩然为代表，他们往往通过对田园景色的描绘，表达恬静的生活情调和对大自然秀丽风光的赞美。唐代边塞诗派的代表诗人是高适、岑参，还有王昌龄、李颀、王之涣等，他们结合壮丽辽阔的边疆景象，抒发驰骋沙场、建功立业的壮志豪情，突显慷慨从戎、抗敌御寇的爱国思想，气势奔放，给人一种向上的力量。唐代的韩孟诗派，以韩愈和孟郊为代表，着力于实践杜甫的"语不惊人死不休"的主张，在形式上追求翻空出奇，因而形成一种"奇崛险怪"和"以文为诗"的诗风。宋代诗人王安石、苏轼等也继承了韩愈"以文为诗"的特点并加以发展，使宋诗进一步散文化，从而构成宋诗的一大特色。

生活本身是丰富多彩的，这也是美感的源泉。生活的丰富多彩和它的独特性为文学艺术的丰富多彩和独特性提供了矿场，文学艺术家就要善于从矿场中提炼出文艺精品。不从生活实际出发而只满足于概念，并从概念到概念，这就拒绝了丰富多彩的生活，也斩断了产生美感的源泉。

因此，作品离生活越远就越苍白，有了生活但没有独特性，也是苍白的。只有既表现现实生活又能突出其独特性，作品的美感才会自然显现。

19　论空灵

空灵，指文学艺术主体的想象空无挂碍，灵气飞动，容纳万境，意在象外，言有尽而意无穷。空灵是中国古典美学的重要范畴，这也是西方美学中欠缺的美学范畴。

要使作品具有空灵之美，文学艺术家在感受外物时，就要有虚静空明的心境，即淡泊名利、超脱世俗的精神。正因为空，才可容纳万境，并从万境中感受生命的美好和灵性，亦即物象呈现着丰富的境界。空灵这一美学概念，源于老子的“有无”哲学范畴。老子的“有”指有形、有名、实有等，而“无”指无形、无名、虚无等。老子在《道德经》中说：“无名，天地之始；有名，万物之母”；“天下万物生于有，有生于无”；“道生一,一生二,二生三,三生万物。万物负阴而抱阳，冲气以为和”。又认为“无”比“有”更为根本、重要，“三十幅共一毂，当其无，有车之用”，“有之以为利，无之以为用”（《道德经·第十一章》），三十条幅集中到一个毂，有了毂中间的空洞，才有了车的作用。“有无相生，难易相成，长短相形，高下相倾，音声相和，前后相随”（《道德经·第二章》）。老子强调“有”与“无”相互依存，互为条件。

老子的“有无”哲学范畴对中国古典美学影响最深的要数空灵和充实美学概念的产生。空灵在文艺中体现出“无”，充实在文艺中体现出“有”。因此，空灵与充实由相对立而产生，它们之间相互依存，互为条件。正是因为有了充实，才能彰显空灵；有了空灵，才能丰润充实。没有充实做对照的空间算不上美学意义上的空灵，而只能叫空白；没有空灵来反衬的实体，算不上美学意义上的充实，而只能叫实体。空灵和充实是身和影的关系，一方存在是另一方存在的前提。所以，文学艺术在运用空灵或充实时，不能把两者分别开来。若要空灵出彩，必须使充实实在；若要使充实实在，必须使空灵出彩。

空灵的“空”，指空间、空旷和空白；“灵”则指灵感、灵性和灵气。空间、空旷和空白是灵感、灵性、灵气施展魅力的基础。因此，有了灵感、灵性、灵气的空间、空旷和空白也就变成了丰满的空间，多彩的空旷和空白。

作为中国古典美学的重要范畴，空灵的美学内涵有三个方面。

第一个是虚静。庄子的“虚静”说，即求空、求静。庄子说：“虚则静，静则动”，“水静犹明，而况精神”（《庄子·王道》）。这正体现了老子“无欲以静”的思想，可见空灵即静观、静照。静观在古人的诗文中体现为一种幽美的境界。如苏轼云：“静故了群动，空故纳万境”。可见灵气来自人的心，如同水波不兴的湖面，蓝天白云、山林鸟兽无不倒影其中，造成一种幽美的境界；如水中月、雾里花、月下的树影、雪中的青松、窗外的远景，都别有天地，格外好看。

第二个是想象。叶燮（1627—1703 年）论诗时说写诗要“幽渺以为理，想象以为事，惝恍以为情”，指作者在作品中应创造出想象的空间。王夫之（1619—1692 年）在《古诗评选》卷四评潘岳《内顾诗》道：“‘精爽交中路’，想象空灵，固有实际。”他们都认为空灵乃是主体的想象无碍，灵气飞动，容纳万境，意在象外，言有尽而意无穷。

第三个是深邃。有了虚静、想象，还不足以表达空灵的境界，应再加上深邃。有了深邃，虚静才能沉稳下来，引出深远的沉思；有了深邃，才能使想象长上翅膀，遨游四海。同样，一幅山水画，在空灵处，就会引发观者无穷的想象，使作者和观者不仅同游在山水间，而且产生共鸣。从而达到“无间已得象，象外更生意”的境界，也即“画中之白，即画中之画，亦即画外之画也”。

19.1 丰子恺掌握了空灵美的精髓

空灵的文艺不一定是美的，但只要掌握了空灵美的精髓，空灵的美感就会立即显现出来。在这方面，现代画家丰子恺（1898—1975 年）是高手。

中国古典美学中的空灵之美，多着力于主体想象和灵气飞动，都较为具体。唐人刘长卿说：“无间已得象，象外更生意”。宋人苏轼说。“出新意于法度之中，寄妙理于豪放之外。所谓游刃余地，运斤成风”。清人华琳说：“画中之白，即画中之画，亦即画外之画也”。可以说，他们的空灵美学观都没有脱离主体想象和灵气飞动，而丰子恺则在此基础上更进一步，让作品既有生活、人文和自然气息，又有内涵；不仅脱离了干巴巴的说教，还因出自真诚而自然，使画面蕴含更深一层的哲理。以下我们选取丰子恺最有代表性的三幅画来加以说明。

东晋画家顾恺之提出“传神写照，尽在阿堵”，这一理论长期影响着中国画坛，导致后代画人物画者，都把描画双眼作为重中之重。而丰子恺另辟蹊径，其代表作《锣鼓响》的画面是孙儿听到锣鼓响，忙牵着婆婆指着锣鼓响的方向快走，为了突现主题，孙儿和婆婆的双眼都没画，让读者展开想象，反而丰富了孙儿和婆婆的眼神的表现力。这无疑是空灵高手所为。

《无言独上西楼》图是丰子恺根据李煜《无言独上西楼》月如钩词意作的画，但画中主角并非古人，而是一位穿长袍的现代人。他背着手，伫立在凉台上。远处可以看见树影，天空清明，悬一钩黄月。没有风，没有雨，悄然无声，是一个宁静的夜。画家把在夜空下独自发愁的人处理为背影，利用气氛渲染“愁”，引导观者想象其“愁”，其空灵之空间就大大扩大了。这也是空灵高手所为。

《去年的先生》这幅画则更为典型。画面中有一位小贩，他面前的两只箩筐上摆着待售水果之类的东西；右侧走来两个小孩，其中之一手指着小贩似乎在说什么。联系标题一看，原来卖水果者是去年孩子们的先生，今日成了卖水果的小贩。这深刻地反映了社会上的不公平、不正常现象：小学教员无职业保障，社会地位低下。画真实地揭露了当时（1935 年）中国的现状，而画的标题使画的空灵境界充分展开并饱含深意。这也是空灵高手所为。

丰子恺之所以能成为塑造空灵美的高手，是因为他抓住了空灵的精髓，他的作品富有哲理，就连风景画里也寄寓了人生的道理，例如《一肩担尽古今愁》《任重道远》《长堤树老阅人多》《贫女如花只镜知》等。此外，他创作的水墨山水画，特别是与普通人民生活相联系的自然风景画，都通过突显空灵美反映他对大自然的热爱和高雅的审美情趣。

19.2 空灵是一种美学观的解放

商代青铜器上的纹饰尽显神秘和威严，如恐怖的饕餮、神秘的大钺、威严的三足鼎雷纹、怪诞的人面纹青铜方鼎。到了春秋晚期，这种恐怖、神秘、威严、怪诞的兽面纹饰逐渐演变为一些形象纹饰，即纹饰中开始体现写实文化。从春秋晚期青铜纹饰雁纹中可以看到：一队在陆地上行进的雁，它们踏着同一节拍，伸动着长颈，悠然自得地走着。它们的形貌和动态逼真，都是写实的，圆厚的肌体似乎显示出分量，羽毛也被精细地刻画出来了，那神态很有趣，活现出它们的稚气、机灵和纪律性，好像是儿童们在玩耍，可爱可喜。让人感受到的是自然中真实存在的生命，而不是把自然力神化的象征物。

这是一种审美方式的革命性转变。之前，商代神秘威严的兽面纹给人一种的滞息感和压迫感，而自由群雁排队在陆地啄食，从根本上改变了过去的神秘怪诞的审美取向。群雁排队寻食，由悠闲代替了饕餮的恐怖；群雁落地轻歌，由清朗代替了大钺的神秘；群雁和谐和睦，由亲切代替了三足鼎雷纹的威吓；群雁动态逼真，由形象代替青铜方鼎的怪诞。

自此，中国文艺界有了空灵美的审美情趣。

19.3 “想象空灵，固有实际”

明清之际的王夫之云：“‘精爽交中路’，想象空灵，固有实际”（《古诗评选》），言简意赅地说出了空灵必备的条件。作为美学范畴，空灵的产生前提是极富想象，进而通过事物诱发出读者主观上的多彩想象。

宋人刘子翚用空灵手法写樵夫：“不见暮樵归，寒山雨中碧”（《宴坐岩》）。上山打柴的樵夫至晚未归，只见雨中青绿色的山。这里把诗人对樵夫辛劳的同情和对社会的不公平体现得很明显，但短短的诗文中却未提一字，着实是想象空灵而固有实际。

宋人舒重用空灵手法表现喜悦：“纵马杏园西，归来香满衣”（《菩萨蛮·忆曾把酒赏红翠》）。诗人一句“云里望楼台”，一下子把新宫之伟、之壮、之美尽显出来，干脆利落，不拖泥带水。

《诗经》中有一句用空灵手法写恋情，让人拍案叫绝：“一日不见，如三秋兮”。没有爱字，却有深切的爱；没有恋字；却有深切的恋；没有情字，却有深切的情。这就是“想象空灵，固有实际。”

我们再来观赏宋人马远的《寒江独钓图》。这是一幅减笔水墨册页，画面正中画一叶孤舟，一老翁正俯身垂钓。舷旁勾几笔有起伏伏的淡淡墨线以示江面其余四周不着墨迹，空旷无边。全图着意写一个“静”字，画面空疏寂静，四处不见人踪。然而马远让天水连成一片，创造了孤独的氛围，加之是老者独钓于船，更显孤独；舟上简陋，只有一个雨帽，使观者对钓者生出诸多联想。但这个“独钓”，是喜是优，还是喜忧参半，让观者遐想。有志同道合者乐之，有喜群者怜悯之。总之，此画给读者给足了想象的空间，固有实际，从而产生美感。

20 论充实

充实相当于老子“有无”哲学中的“有”。最早的充实美学概念，多指内在道德、学问充盈而形于外的美。后来，充实与实际、结实联系在一起，摆脱了伦理的制约，进而进入美学领域。

充实，乃充满、实在、实体之意。充，即满，指满满的实体。满满的实体与空旷的场景，是一对相反的情境，它们一旦结合在一起，让空灵与充实联姻，就会产生非凡的美感。于是，中国古代美学家常把空灵与充实相提并论。王夫之（1619—1692年）就提出“实际”这一概念：“想象空灵，固有实际”（《古诗评选》卷四）；刘熙载（1813—1881年）也提出与实际相类似的“结实”这一概念，认为空灵应与结实统一起来，做到“不即不离”，也就是“铜墙铁壁”与“天风海涛”的统一，“包诸所有”与“空诸所有”的统一。诗文能否产生空灵美，不在于是否用事，而在于如何用事。“多用事与不用事，各有其弊。善文者满纸用事，未尝不空诸所有；满纸不用事，未尝不包诸所有”（《艺概》）。也就是说，满纸用事，只要能化成审美意象，就是空灵；满纸不用事，只要审美意象是从至理实事中得来，就是结实。艺术审美的高境界，就是从能空能舍到能空能实，从而使宇宙中的一切理、一切事无不把它的最深意义呈现于前。

空灵的关键是求空，求灵感，求灵性，求灵气；充实的关键是求实，求充盈、求实在、求实体。一部文学艺术作品，有了充盈才有灵感；有了实在才有灵性，有了实体才有灵气。同样，一部文学艺术作品，有了灵感才会充盈，有了灵性才会实在，有了灵气才会有实体。它们之间辩证统一，相互依存，互为条件。只要一方不存在，另一方便也不存在。

孟子首先提出充实这一美学概念："充实之谓美"，其后来发展为中国美学的重要范畴。"浩生不害问曰：'乐正子何人也？'孟子曰：'善人也，信人也。''何谓善？何谓信？'曰：'可欲之谓善，有诸己之谓信，充实之谓美，充实而有光辉之谓大，大而化之之谓圣，圣而不可知之之谓神。乐正子，二之中，四之下也"（《孟子·尽心下》）。孟子说"充实之谓美"，提倡力行其善，达到充实饱满，则美在其中。他明确指出精神美的基本特征在于充实，而当时把"充实之美"偏重于道德范畴。他在这里所说的"神"，已经包含了空灵的意蕴。

经过魏晋南北朝至唐代，中国美学范畴空灵和充实才较彻底地从伦理道德范畴中分化出来，成为独立的美学范畴。中国文学艺术贵在"含蓄"，书画贵在"神似"，这都体现出从空灵发展到充实，再由充实发展为空灵的审美过程。正如唐代画家张璪所说："外师造化，中得心源。"又如元代画家黄子久终日独坐荒山竹林中，神情恍惚，若有所思，人不知其故。又每至河流通海处，观赏急流骇浪，虽风雨骤至，水怪出没，也不顾返。他这样沉醉于大自然中，所以他的画能"沉郁变化，与造化争神奇"。又如李白、杜甫，一位称诗仙，一位称诗圣；前者属道家，后者属儒家。尽管二人的诗风格不同，但都有不幸的遭遇，且都游过名山大川，所以他们各自的诗既是充实的，又是空灵的。

北宋张载进一步认为"充内形外之谓美"（《张子正蒙·中正》），即美是内在充实与外在文采的统一。

20.1 舞剧首先应该是剧

舞剧，指用音乐写成而通过舞蹈体现出来的戏剧。它是舞蹈艺术的高级形式，具有完整的艺术结构。因此，一部舞剧，它首先是剧，是用肢体语言和音乐所展示的剧。中国的舞剧溯源久远，流行于先秦时期的《大武》已是一部以舞为主并含有戏剧因素的大型歌舞。后来，歌、舞、诗经常不同程度地交融在一部作品里，统称为“乐”，这远比西方舞剧早。西方舞剧统称为芭蕾，它起源于意大利，形成于法国，有 400 多年的历史。

令人惋惜的是，中国舞剧虽起始得早，但后来向戏剧化发展，结果形成了中国戏曲。直到 20 世纪 30 年代，我们开始借鉴西方的芭蕾舞现代舞剧的创作经验，在中国形成和发展舞剧艺术。1957 年，大型舞剧《宝莲灯》上演，标志着中国民族舞剧开始成型。后来的大型舞剧《奔月》《丝路花雨》以其独特的风格，得到了国内外观众的赞赏。

进入新时代以来，我国民族舞剧也有长足的进步。这方面最为耀眼的是著名舞蹈家杨丽萍组建的团队，他们创作出了多部舞剧，诸如《孔雀之冬》《春之祭》以及收官之作《孔雀》(春、夏、秋、冬)。上海歌舞团也创作了众多艺术精品，如《金舞银饰》《野斑马》《花木兰》《永不消逝的电波》等舞剧。可以说，这两个艺术团队的艺术水平代表了我国舞剧艺术的一流水平，他们是我国发展民族舞剧的中流砥柱。

舞剧之所以称为“剧”，是因为它采用了产生戏剧性的基本方法——戏剧冲突。一部作品（包括舞剧）具有戏剧性，就能将作品反映的生活场景在舞台上更有效地展现出来，使作品塑造的人物形象在舞台上更有吸引力。戏剧性也是舞剧获得舞台生命力的重要因素。

为什么一些情节舞蹈如《胖嫂回娘家》《洗衣歌》等一直广受欢迎？就是因为它们有故事情节，也就是有戏剧性。《胖嫂回娘家》中的胖嫂接到妈妈的来信，让她回娘家。她高兴得手舞足蹈，穿起新衣，换上新鞋，梳了头，戴了花，在无比喜悦中错把枕头当孩子抱在怀里回娘家去了。她走在农村的田野上，身边飞舞的蝴蝶引起她的兴趣，在她扑蝴蝶时，把“孩子”（枕头）掉在了地上，当她从地上拾起“孩子”时，又错把一个土冬瓜当“孩子”抱在怀里，往娘家跑去。当胖嫂的丈夫回到家时听见孩子的啼哭，从地上拾起家信才得知胖嫂回了娘家，便抱起孩子追赶而去。经过冬瓜地时，又拾起胖嫂丢下的枕头。胖嫂到娘家门口时，丈夫也随之而来，在她妈妈的面前，胖嫂闹的一系列笑话才真相大白。这个小舞蹈以中国的秧歌舞为基础，再加上戏剧情节，从而大受欢迎。《洗衣歌》虽然也是小舞蹈，但非常注重舞剧情节，演绎了一群藏族姑娘以巧妙机智的方法帮助解放军炊事班班长洗衣服，和班长帮助姑娘们挑水的富有生活情趣的故事。

作为情节小舞蹈，需要以充实的舞剧情节获得生命力；作为大型舞剧，则更需要强化舞剧情节，充实舞剧的戏剧性。例如上海歌剧院舞剧团演出的大型中国神话舞剧《奔月》，编导把后羿射日、嫦娥奔月的神话故事，作为后羿、嫦娥和逢蒙之间的思想、性格冲突的背景，把主要笔墨放在人物典型性格的塑造上，使舞剧的内容和戏剧性更加充实。在舞蹈的编排上，力求摆脱陷入事件陈述，而是努力揭示人物的内心活动，做到有情有舞，情不到不舞，舞和剧紧密结合。同时，敢于冲破一切条条框框的束缚，兼收并蓄，使得舞剧剧情充实饱满，让观者百看不厌。

20.2　曹禺晚年为什么写不出“一个大东西”

曹禺（1910—1996 年）是中国杰出的戏剧家，他把毕生精力都贡献给了新兴的话剧事业。他的话剧作品驰名中外，在中国话剧史上占有重要的地位。晚年时，他要“写出一个大东西才死”，但因“肚里空”一直不能如愿，令人扼腕。如今探寻“曹禺现象”，对文艺的发展是大有裨益的。

据他的女儿万方回忆，曹禺晚年时枕边总放着一本《托尔斯泰评传》，有时他读着读着就突然撒手，嚷嚷起来：“你不知道我有多惭愧。我要写出一个大东西才死，不然我不干。”但他并未如愿。

1933 年，曹禺完成了他的处女作《雷雨》，那时他才 23 岁，风华正茂。两年后，创作了《日出》，次年又写出了《原野》，在抗日的烽火中创作了剧本《蜕变》，从此，奠定了曹禺在中国现代戏剧史上的地位。之后，虽然也写了一些作品，但与前期的《雷雨》《日出》完全不在一个档次上，给人一种创作灵感枯竭之感。曹禺遗著《没有说完的话》中多次流露了他痛苦的心境。他没有因《雷雨》等作品的成功而飘然于文坛，却由于老而无成痛自忏悔：“一个作者到了老年，回顾一下，看看自己走过的道路狭窄，道路狭窄，这是痛苦的。因此，我自己正想写点东西的时候，就感觉到生活的贫乏，自己真正感到的东西，需要的资料没有多少，就悔恨，就难过。中国有句话：‘江郎才尽’，我不说才尽，我有没有才，真是个问题。一拿起笔来写现在，就感到自己空空，一无所有，不像从前那时候，拿起笔来顺溜极了。”

这里让人敬佩的是，曹禺不像一些“一本书主义者”，写成了一本书，就志得意满，再也没有新作品问世。曹禺有了成功作品，但他没有躺在功劳簿上得意扬扬，而要继续奋斗。因此，曹禺是一位战士，而非看客。不过，“曹禺现象”也值得研究、总结，吸取经验教训。

生活始终是文艺创作的源泉，天才离开了生活实践，文艺之笔也会枯竭。曹禺是一位写戏天才，他从小受各种戏剧的熏陶并对其产生了浓厚兴趣。他生于一个没落的封建官僚家庭，从小生长在沉闷的家庭氛围中，对封建官僚和上层人物的生活比较熟悉，这为他后来描写这些人的生活积累了丰富的素材。加之追求进步，他早年在中学就是该校新剧团的骨干，写《雷雨》就水到渠成。而他后来立志“写点东西，留给后代人看”，雄心不减，却未如愿。巴金曾向他建议续写早年没有完成的剧本《桥》，他听从了巴金的意见，但并没有完成。“文革”后曹禺很快恢复了名誉，又是院长，又是主席。她女儿说得对，这是对曹禺的另外一种摧残。由于浮于生活表面，像无根的浮萍，更由于创作源泉的枯竭，他想写“一个大东西”，却怎么也写不出来。

曹禺晚年之所以写不出“大东西”，不仅是因他被名誉磨损，也有自身的因素。诸如文债太多，疲于应付；杂事缠身，“脾气太躁”；他想说真话，却“怕说了很是偏激”。犹如他夫人所说：“他真，但他胆小，常常害怕，不知怕些什么。”笔者认为，上述虽是他写不出“大东西”的原因，但不是主要原因，主要原因除了不能沉到生活底层了解真正的生活外，还有一点是曹禺在书信中反省自己的弱点，说自己“一向无思想，随风倒，我有‘官气’，仿佛随时都在做‘官’”。的确，如果曹禺不能沉入生活的底层，那还可以用自己的思想写点艺术评论、戏剧理论，但曹禺这方面的作品太少，这可能与“一向无思想”有密切的关系。

生活充实、思想充实是产生“大东西”的基础。

20.3 “充实之谓美”

百花园之美丽，是园丁不断创新的结果；文艺繁荣，是文学艺术家不断充实的结果。也就是说，拒绝创新，就没有文艺的繁荣。

青年农民李玉刚在中央电视台《金光大道》以男旦扮演贵妃一炮走红。他那眼神媚而不俗，舞蹈节奏快而不乱，唱腔柔声饱满不失薄，很快受到中外观众，特别是中国年轻观众的喜爱。但他的这种男旦艺术却被一些京剧界的元老给否定了：“男旦本来就是一种很纯粹的艺术，不是穿上女装，戴上胸罩就能称之为艺术的”。

显然，对李玉刚男旦表演艺术的不宽容是违背艺术创新发展规律的。著名京剧男旦艺术家梅兰芳之所以能成为世界级的艺术大师，就因为他一生着力于艺术创新。他在艺术创作鼎盛时期，不仅连续排演了一些时装新戏，还致力于古装新戏的创新和传统剧目的加工整理，特别是着力于京剧的创新，突破了传统正工青衣专注唱功、不太讲究身段表情的局限，将花旦和刀马旦的技巧融进青衣表演中。可以说，梅兰芳的这种与时俱进的京剧创新就展现出了充实之美，也成了京剧发展的里程碑，让男旦艺术的生命力展现出来。京剧中的旦角、青衣偏重唱功，是清末封建贵族喜欢静态美使然，而抗日战争前夕的民国年间，中国已处于民族资本主义发展时期，人们的审美诉求已不同于封建遗老遗少守旧不变的审美心态，梅兰芳先生扮演年青女性时，将天真活泼的花旦和武功娴熟的刀马旦融入其中，正符合当时中国人的审美诉求。所以，梅兰芳的艺术广受欢迎，享誉世界，这自然也给京剧带来旺盛的生命力。

当今的男旦表演艺术，虽然一招一式都无可挑剔地继承了梅兰芳先生的艺术表演程式，为什么不受欢迎却遭冷遇呢？其根本原因是时代变了，观众特别是年轻人的审美情趣也变了，若京剧改革不与时俱进，其前景是不言而喻的。

21 论聚散

聚散作为中国古典美学范畴，是从中国古典哲学中的聚散范畴移植过来的。聚散的“聚”，即聚会、聚集、聚合、凝聚的意思；“散”则有杂乱、分布、分派、分离、分散的意思。聚与散是对立又统一的两个概念。聚中有散，散中有聚，聚与散互相影响、互相渗透，又互为条件。

《左传·哀公十七年》曰：“楚白公之乱，陈人恃其聚而侵楚。”杜预注：“聚，积聚也。”《国语·齐语》载：“畜散而无育。”韦昭注：“散，谓失亡也。”聚散便有积聚散失的意思。孟子认为“离散”也有分散的意思。孙子认为“聚”有聚众之意。《庄子》较早把“聚散”两个概念相结合，形成一个哲学范畴：“人之生，气之聚也，聚则为生，散则为死。若死生为徒，吾又何患！故万物一也”（《庄子·知北游》）。生与死不断变化，互为始终，循环相继。东晋韩康伯撰《系辞注》，发挥了聚散范畴：“精气烟煴，聚而成物。聚极则散，而游魂为变也。游魂，言其游散也。”聚散哲学范畴从先秦至唐代，基本上未脱《庄子·知北游》所创“人之生，气之聚也，聚则为生，散则为死”的路数。中国美学中的聚散范畴，基本上也是从《庄子·知北游》这一聚散观引申而成的。

中国美学中聚散范畴的内涵是什么呢？聚，指把各种生活素材凝聚在一起，进行典型塑造；散，指这一典型塑造被各种生活素材拆卸，失去文学艺术作品中的典型意义。从审美角度来说，聚后塑造的典型才具有美感；散后无典型塑造则缺乏美感。聚散讲究整体美，在谋篇布局上要关注整体，在细节描写上要有整体观，在文艺表现形式和用词上亦应有整体观。这个整体观，既是文艺作品所要体现的价值观，又要符合时代精神。

至于聚散中的整体美，就是散的局部、散的材料、散的要素要为整体服务；而整体又是由各种不同的、生动的局部、材料、要素所组成的。因此，在关照整体美时不能忽视或轻视局部、材料、要素的美。

老子认为："天得一以清，地得一以宁，神得一以灵，谷得一以盈，万物得一以生，侯王得一而以为天下正"（《道德经·第三十九章》）。这个"一"就是"道"，可以理解为一种整体美。这样我们就能确切地理解聚散形成整体美了。

21.1 鲁迅笔下的典型形象是怎样炼成的

鲁迅是中国现代文学的奠基人、开拓者，他创造出的很多典型人物形象至今为大家所熟悉，也影响到世界文学界。那么，鲁迅笔下的典型形象是怎样炼成的呢？

首先，立心。清人李渔曾说："言者，心之声也，欲代此一人立言，先宜代此一人立心。"李渔强调立言必先立心，这是非常正确的倡导。言从心声，心邪则言邪，言正则心正。这一观点对每一个创作者来说都是适用的。正如他所说："《水浒传》之叙事，吴道子之写生，斯称此道中之绝技。"鲁迅童年时家道败落，使他沉入社会底层。加之列强猖狂入侵，清政府极端腐败，他亲眼看到当时的农民"毕生受着压迫，很多苦痛"。五岁时读《山海经》，不仅给他增添不少幻想，而且刑天之英气给他幼的小心灵不少感染，而《二十四孝图》中“郭巨埋儿”“老莱娱亲”的画面使他萌发了对封建孝道的质疑和憎恶。继后，“戊戌维新”的失败和八国联军的入侵，使他痛感亡国灭种的民族危险，激发了他的爱国救亡热情。在日本学医期间，他广泛阅读文学和哲学书籍，沉思民族解放问题。后来他观看日俄战争的影片时受到刺激，深感学医只能治疗身体疾病，而救治国民精神更是当务之急，于是毅然弃医从文。回国后，他注重和强调思想革命，并看到辛亥革命的不彻底性。1919 年“五四”运动爆发，鲁迅自然成为“五四”新文化运动的旗手之一。作为一个革命的文艺家，他做到了先立心再立言，这也是鲁迅能成为新文化运动旗手的必要前提。

文学艺术家就是要用文学和艺术形象来宣传自己的主张，因此，立心不仅是感性认识的激荡，而且应是价值观的巨大进步。青年鲁迅曾认同“物竞天择”“优胜劣败”的进化论思想。进化论思想在科学上实现了一次大革命，推翻了“特别论”“物种不变论”“目的论”和“突变化”，推动了整个生物学科的发展。但它也有明显的不足，它过分夸大了生存竞争的作用，认为其是生物进化的决定因素，即认为在人类社会中，同样只有“强者”和“适者”才能生存下去，而弱者只有灭亡。鲁迅没有堕入这一社会达尔文主义深渊，相反，他是弱者的守护者，且自觉地掌握并运用了辩证唯物主义，使他的世界观产生了质的飞跃。

立心之后再立言。鲁迅有了一颗唯物辩证法战士的心，一旦立言，便“一发不可收”。他的小说创造了许多栩栩如生的时代形象，像孔乙己、阿Q、祥林嫂等典型人物。反映了从辛亥革命前后到第一次国内革命战争前夕的中国社会现实，深刻地总结了旧民主主义革命失败的历史教训，提出了关系中国民主革命成败的一系列重大问题。鲁迅在小说创作中所体现出来的战斗的、批判的锋芒，所坚持的唯物主义的观点和态度，在当时的文艺界起到了深远的影响和作用。

鲁迅在立言的过程中还善于运用凝聚这一艺术创作手法，把分散在不同对象身上的不同成分融合为一个统一的、独特的整体。鲁迅笔下的人物有中国农民的共通特性，甚至聚焦了一种普遍的人性。虽然鲁迅说他的人物嘴在浙江，衣服在山西，但无论如何，阿Q、小D、孔乙己和祥林嫂，都确实曾有那样一个真人，鲁迅拿他们做模特儿。

21.2 聚散之笔，成全旭草

唐人张旭以草书出名，有“草圣”之誉。之所以在书法界有此成就，与他精心于聚散之笔是分不开的。

聚散之笔，就是擅长在书法上既分散又凝聚、既杂乱又有序，使整个书法作品的画面散中有聚，聚中有散，形成一个活泼多姿的艺术整体。张旭的草书代表作《古诗四帖》，迎笔涩势，连绵回绕，体态奇峭狂放。张旭的书法如此狂放，与他每每草书前嗜酒有关。古书记载：（其）性嗜酒，每饮醉，辄草书，挥笔大叫，或以头浸墨而书。醒后自视，以为神异，世人谓“张颠”。他自己也说：“始吾闻公主与担夫争路，而得笔法之意，后见公孙氏舞剑器而得其神。”

为什么张旭说“后见公孙氏舞剑器而得其神”？这是因为唐代公孙氏的剑器舞在聚散上达到了很高的境界，忽上忽下，忽左忽右，忽虚忽实，忽隐忽现，忽硬忽软，似云龙在天遨游，又似蛟龙在水浮沉，是力量的展示，也是柔和的体现。这种聚散剑舞怎能让人不动情？张旭看剑舞后拍案而起，按聚散之笔，成就他的草书。诗人杜甫也写了《观公孙大娘弟子舞剑器行》，描写了公孙氏在民间表演的情景，其舞姿如后羿射落了九个太阳，又如群仙乘龙飞翔。激烈处，如雷电袭来；静止时，如江海凝波。观者如山，无不色动神摇。

中国书法是个性情感表达的直接载体，它又以笔意、笔力和笔势为出发点，因此，张旭运用聚散之笔，以公孙氏剑舞为参照，寓性情于书法中，成就了旭草。

21.3 聚散之道是舞蹈之魂

舞蹈艺术形象的塑造是以形体动作为基础的，而聚散之道，则是处理形体动作的基础方法，所以它是舞蹈之魂。比如男子独舞《希望》，没有具体情节，没有特定人物，也没有华丽的服饰，演员赤膊、露臂、光脚，完全依靠聚散之道，通过形体的翻、滚、腾、越、左回、右旋、放松、收紧和颤动肌肉，利用动作的力度和幅度变化，把痛苦、压抑、挣扎、盼求及获得希望后的喜悦欢乐等情感，淋漓尽致地表达了出来，非常凝练集中，每一个舞蹈动作都是充满着感情的语言。

之所以说聚散之道是舞蹈之魂，是由于动作性是舞蹈的基本特征之一。舞蹈要在规定的时间和空间内表演一系列动作，因此，形体动作完美就显得非常重要。远古时代的社交舞蹈、图腾舞蹈和祭祀舞蹈，我国民间流传至今的龙舞、狮舞，其动作敏捷、和谐，充分发挥了聚散的作用。起源于西周的雅乐舞蹈或婀娜多姿，或刚健勇猛，但都善于运用聚散，使舞蹈适当而且富有美感。

之所以说聚散之道是舞蹈之魂，还由于舞蹈具有较强的节奏性。让动作节奏化是从生活动作发展为舞蹈动作的前提条件；而从生活动作发展为舞蹈动作，就必须遵循一定的聚散规律。特别是内在节奏，指人的多种情绪和情感在机体内部所引起的心理节奏和视觉节奏，这就需要通过线条由短而长、形体由大而小、高低错落、曲折有序等聚散手法来表现，这对舞者而言是最难的。

之所以说聚散之道是舞蹈之魂，还由于舞蹈具有抒情性。舞蹈通过聚散之道能够触动人的心灵，具有独特的艺术魅力。舞蹈是一种表情性的时空艺术，抒情性是舞蹈艺术的内在属性，表现人物繁复多样、深刻细腻的情感，是舞蹈艺术反映生活的手段。而聚散之道，诸如力度的强弱、速度的快慢、幅度和能量的大小，若被舞者熟练掌握，那么舞蹈就成功了一半。

舞者可以根据聚散规律表现出不同的情绪和情感及其浓淡、深浅的层次，例如快速地旋转可以表现出人物激动的情感，或狂喜，或愤怒，或悲痛，或哀愁，或忧郁，或振奋；随着旋转速度放慢、力度减弱、幅度减少，喜怒哀乐的激情也就随之减弱，直至平静或消失。

22　论虚实

虚实作为美学范畴历史久矣，其源于中国古典哲学。

虚，本指空无，引申到哲学，有不同的含义。老子用以形容“道”的境界，“致虚极，守静笃”（《道德经·第十六章》），尽量使心灵虚寂，要切实坚守清静。“虚而不屈，动而愈出”（《道德经·第五章》），虽空却不会穷竭，越排除，它风量越多。庄子认为达到无情无欲的虚静状态，“道”便可于内心中体现出来，“唯道集虚。虚者，心斋也”（《庄子·人间世》）。西晋郭象注：“虚其心则至道集于怀也。”《管子》载：“天曰虚”，指辽阔的天空；“虚者，万物之始也”。荀子则从认识论的角度来解释：“不以已臧害所将受谓之虚”（《荀子·解蔽》），主张虚心接受新的知识，反对囿于已有的成见。韩非子承其师说：“虚者，谓其意无所制也”（《韩非子·解老》）。《吕氏春秋·有度》提出：“清明则虚，虚则无为而无不为也”。认为人应保持清醒的头脑，处于冷寂虚静的境地，做到表面上的无为，实为有为。历史上的哲学家对虚实做出了不同的解释，但中国美学的虚实范畴，还是以老子的“有无”哲学范畴为理论基础。

老子的“有无”哲学范畴中的“有”，指有形、有名、实有等，而“无”则指无形、无名、虚无等。“天下万物生于有，有生于无”（《道德经·第四十章》）。老子这里说的“有生于无”的“无”，不仅是虚无，而且是看不见、摸不着的“无”（运动），这个“无”已上升为本体论之源流。所以，一部文学艺术作品的“无”，有可能是“虚无”，也可能是源流。

虚实相生，是虚实美学范畴的第一个特点。虚者，可理解为虚空、静寂、缥缈、空蒙、深邃、幽静、淡雅、隐逸、韵味等，而虚实与实在、静寂与喧闹、缥缈与恒稳、空蒙与实体、深邃与浅尝、幽静与喧哗、淡雅与华丽、隐逸与开放、意味与直白相生相克。实衬托了虚空，虚空又强调了实在；喧闹衬托了静寂，静寂又强调了喧闹；恒稳衬托了缥缈，缥缈又强调了恒稳；实体衬托了空蒙，空蒙又强调了实体；浅尝衬托了深邃，深邃又强调了浅尝；喧哗衬托了幽静，幽静又强调了喧哗；华丽衬托了淡雅，淡雅又强调了华丽：开放衬托了隐逸，隐逸又强调了开放；直白衬托了韵味，韵味又强调直白。

虚实结合，是虚实美学范畴的第二个特点。虚实结合，不仅被广大中国人民所接受，而且比艺术上呈现出的单一的实更具美感，更具灵活性。中国戏曲中表演坐船，一般是艄公手拿船桨，用船桨的动作反映行船与否，而无木船，虚实结合；武士骑马，舞台上无实马，只有马鞭，武士挥鞭表示骑马驰骋。这一实一虚，使演员在舞台上灵活自如，观者也获得审美享受。

以虚代实，是虚实美学范畴的第三个特点。以虚代实，是以虚拟的场景达到实体场景的美感效果，甚至有时效果还比实体更好。例如戏曲《三岔口》，表演的是武士双方用刀在深夜对垒，而场景是大白天，演员用刀虚拟互杀、互砍，喜剧效果反而更好。

以实代虚，是虚实美学范畴的第四个特点。宋人范希文就强调“以实为虚，化景物为情思”（《对床夜语》卷二），通过描写景物表现思想感情。

明清时期，虚实理念被广泛运用到各种艺术样式之中，主张将虚写、虚拟、虚象与实写、实做、实象统一起来，做到虚实相生、虚实互藏，创造美的意境。虚实逐渐成为具有中国特色的美学范畴和艺术方法。

22.1 齐白石把虚实推向了高境界

一说到齐白石，有人会立即想到他笔下活灵活现的虾，或鲜艳夺目的红花墨叶。的确，齐白石笔下的虾和红花墨叶大放光彩，享誉世界。这是因为他善于把虚实推向高境界。

齐白石不仅是一个讲究技法的画家，更是一个有思想的画家，他善于把自己的思考融入画中。他画的《墨虾图》就很有代表性。画家描绘一群墨虾，通身透明，生动活泼，好像活虾一样在水中屈伸抖动，自然可爱。这幅画中他成功运用了虚实手法，画虾不画水，从虾的身躯、虾须、虾钳的动态和色彩表现了有水的感觉。

再看他的《灯蛾图》，画面上他用简练的笔法画了一盏老式的农村手把灯，灯芯是一种草，放在油中即能燃着照亮，农民干了一天活儿，晚上点着灯说话聊天，昏暗的灯火给人带来乐趣。夏秋间，常有飞蛾扑向灯火，有时栽到油里，甚至被灯火烧着，这种情景深深地印在齐白石的脑海里，他不止一次地画飞蛾扑灭的景象。画面上用空白表示黑夜，焦黑画出的灯身已经给人以黑夜的感觉。画面只有小灯光在动，其余包括被烧死了的飞蛾都处于静态，而让观者发生想象的是享受灯光的农人，或夫妇，或一家人，人在动，物在静，一动一静，使画面极富想象力。

齐白石的《发财图》，画面上只有一个15位的大算盘，乌黑的木框，浓黑圈点成的一粒粒算珠，一段妙趣横生的题跋使画面顿显深刻。要求画家画《发财图》者，不要财神爷像，不要宫服玉玺，也不要九枪绳索之类，只要求画家画算盘。这是“聪明的”发财之道，算盘下的剥削，是静的剥削，与权贵霸道抢夺的动的盘剥相对照，一目了然。

齐白石91岁时，为老舍作画，诗句由老舍指定，即“蛙声十里出山泉”。齐白石运用虚实结合的方法构思：画面上没有画蛙（虚），而观者有闻蛙声之感（实），这是绝妙之至的构思。蛙声如何画？据说齐白石想了整整两夜，后来从诗句规定的“出山泉”三个字得到了启发，就在“泉”上做文章。但是他没有画蛙，而是在四尺长的立轴上，画两山峡谷间泉水汩汩自远处来，几只活泼的小蝌蚪在湍急的水流中欢快地游动着。人们见到有鳃有尾巴的蝌蚪离开了水的源头，告别了它们的母亲，自然会想到蛙和蛙的叫声，好像那蛙声随着水声由远而近。

22.2 阿 Q 的虚与实

《阿 Q 正传》是鲁迅最负盛名的文学作品之一，其主人公是阿 Q。鲁迅运用虚实手法，使阿 Q 既代表旧中国贫穷落后的农民（实），其身上也有当时的国民（包括上层权贵）令人鄙视的劣根性。鲁迅先生的这部小说问世以后，许多上层权贵和知识界人士纷纷对号入座，认为是写出了自身的灵魂。这种实虚相生，使这部文学作品大获成功。

阿 Q 麻木、愚昧、落后的精神状态的集中反映是：盲目的自尊与盲目地树敌；善于把失败说成胜利；绝顶荒唐的健忘症等。他连籍贯与姓氏都没有，却常常吹嘘说：“我的先前比你阔多啦！”“我的儿子会阔多啦！”他无理由地藐视王胡，捉虱子不及王胡的多、大，便认为“大失体统”。贸然兴兵，结果挨了打。他因为向吴妈妈求爱，被赵太爷赶出门去。他错误地认为是小 D 夺了他的饭碗，便和他扭打了起来，演了一场无谓的“龙虎斗”。他是事实上的失败者，却从不肯正视自己的失败。他无端地被赵太爷打了嘴巴，便用“现在的世界太不成，儿子打老子”自我安慰。当闲者借他头上的“癞疮疤”撩拨他时，阿 Q 先是用“我总算被儿子打了”宽解，他自轻自贱，常被逼自认是“虫豸”，但不久即释然。因为“他是第一个能够自轻自贱的人”，除了“自轻自贱”外，余下的就是“第一个”，状元不也是第一个吗？于是他心满意足了。阿 Q 就是这样用心造的胜利来掩盖事实上的失败。这种“精神胜利”既可笑又可悲，它反映了阿 Q 的麻木和痛苦，是以灵魂的自我麻醉求得心理上的暂时平衡。这使阿 Q 处于奴隶地位而不自觉。

阿 Q 是一个贫苦落后而又不觉悟的农民的典型艺术形象，这是作品实的一面；但阿 Q 的典型性已大大超过了一个旧中国贫苦农民的形象，而是代表了旧中国的国民普遍的精神现象，这是作品虚的一面。作品虚实结合且非常真实而自然，这是这部作品的伟大之处。

阿 Q 这一典型形象产生于中国辛亥革命前后，辛亥革命前，清朝统治阶级日益腐朽，帝国主义侵略进一步加深，中国民族资本主义初步成长起来。辛亥革命后，中国人民仍旧生活在帝国主义和封建势力的压迫之下。辛亥革命失败的原因主要在于中国民族资产阶级的软弱。辛亥革命要反对帝国主义和封建主义两大敌人，中国民族资产阶级既缺乏必要的决心和勇气，也缺乏相应的力量。他们救亡排满的宣传淹没了反封建的民主主义宣传，对帝国主义存在惧怕心理，并未能发动占全国人口 90% 以上的农民。致使帝国主义与封建势力结合，成了扼杀中国资产阶级民主革命的主要力量。这种力量在中国成为统治势力时，使国人绝望、失望和失势，这种绝望、失望和失势使当时的中国人很容易产生一种虚幻而可笑的胜利法，这就是代表了当时整体国民心态的精神胜利法。阿 Q 就成了当时国民心态的典型代表，所以连士大夫看了《阿 Q 正传》后心里都惊诧：咦，鲁迅是在写我矣！

阿 Q 的意义不仅在于其揭示了辛亥革命前后中国人普遍的弱势心态，而且也反证了作者和没有出现的国人呼唤一个有力量、有能力、有才干并被全国人民（包括农民）认可的坚强政党，国人在呼唤这样的政党，即中国共产党的诞生。

22.3 “虚而不屈，动而愈出”

明代画家陈洪绶（1598—1652 年）的《屈子行吟图》，是运用虚实手法体现屈原风骨的佳作。屈原形象所占篇幅不足全画的 1/9，但屈原的风骨却大大溢出画面，达到了“虚而不屈，动而愈出”(《道德经·第五章》)。

《屈子行吟图》系1616年19岁的陈洪绶为萧山来钦之所著《楚辞述注》作的插图，图依屈原著名的诗篇《九歌》而作，自“东皇太一”至“礼魂”，共十一幅，只用了两天时间，最后增绘的这幅《屈子行吟图》，更以虚实手法，展现出高超的想象力，成功地刻画了伟大诗人屈原的形象，以及他满怀忧愤徘徊在湘江泽畔的动人情景。

屈原形象居画面正中，他身佩陆离长剑，头戴高耸的切云冠，线条简练，构图稳定。屈原徘徊湘江泽畔，大江、宕石、野草和屈原，空临而孤单，这是实写，给人以寥天孤鹤之感；而画面所要展现的大众、人心、志气和屈原，高尚而崇高，这是虚写，给人以阔天群雁之感。画面告知人们，屈原并不孤单，背后有父老乡亲，有祖国人民，爱国者永远不会孤单。

画面空阔的原野和江面之实与屈原忧国忧民、心事浩浩之虚相合，忧思无尽之虚与江流不尽之实相结合，内心激愤奔涌之虚与江水急流浩荡之实相结合，使陈洪绶的屈原形象得到后世历代的认可。后世在塑造屈原形象时，多以此为最早的形象依据。

《屈子行吟图》，总体体现了屈原爱国忧民的伟大情怀和追求真理、勇于探索的坚定信念，正如《离骚》所说：“路漫漫其修远兮，吾将上下而求索。”

23 论朴拙

朴拙之美，不仅是中国人自古追求的境界，而且形成了美学范畴。《战国策》说：“归真返璞，则终身不辱也。”虽然词义出于《战国策》，但朴拙之美的思想内涵源于老子，是他提出了人性复归的主张："知其荣，守其辱，为天下谷。为天下谷，常德乃足，复归于朴"（《道德经·第二十八章》）。虽深知什么是荣耀，却安于卑辱的地位，甘作天下的川谷，永恒的德才可以充足，回复到朴。朴，指原始自然质朴的存在，即"道"，"道常无名，朴虽小，天下莫能臣"。朴亦无名，称"无名之朴"。"朴散则为器"，即朴散失后成为世间的具体器物。但人们只要守雌、守辱，使"常德"充足，也能"复归于朴"。朴还可以用来镇止一切欲望："吾将镇之以无名之朴"，"不欲以静，天下将自定"（《道德经·第三十七章》）。

朴拙之美应具备什么条件呢？

第一，要有天籁之声、地籁之声、人籁之声。

什么是天籁之声、地籁之声、人籁之声呢？《庄子·齐物论》是这样解释的：大地吐出来的气流，就叫风。那风不吹起来则已，一旦吹起来，世上各种孔穴都会怒吼。你唯独没有听见过那长风呼呼的声音吗？山林中高低盘回的地方，百围巨树上的各种孔洞，有的像鼻孔，有的像嘴巴，有的像耳朵，有的像屋柱上的方孔，有的像圈围的栅栏，有的像舂稻子的臼窝，有的像深池，有的像浅池；（那些孔洞中发出的声音）有的像急流的冲击声，有的像箭羽飞驰的啸声，有的像呵斥的声音，有的像呼吸的声音，有的像呼喊之声，有的像哭嚎之声，有的像深谷山风吹发出的声音，有的像叹息的声音。前面的风声呼呼响着，后面的风声哗哗地应和着。大风吹过之后，又是万籁俱寂的状况。地籁是各种孔穴发出的风声而已，人籁是人吹竹箫等管乐发出的声音。

第二，去其雕饰，神韵天然。

去其雕饰，神韵天然，是远古原始艺术的基本特征，它朴拙而厚重，诗与歌合二为一。"今夫举大木者，前呼'邪许'，后亦应之，此举重劝力之歌也"（《淮南子·道应训》）。是说诗歌的萌芽状与生存、劳动、狩猎、祭祀密切结合。

"断竹，续竹，飞土，逐肉"（《吴越春秋》），这首传为黄帝时的歌，内容相当原始，但它又那么朴拙，是毫无雕饰的狩猎追求，还初步表现了原始人对形式美（如押韵、整齐）的有意识的追求。

“土反其宅，水归其壑，昆虫毋作，草木归其泽”（《礼记·郊特牲》），相传为伊耆氏（尧或神农）的诗歌。其在追求形式美（如押韵、整齐）方面进了一步。这是一首祈祷诗，它以形象的描绘，通过对水、土、虫、草诸神的祈求而曲折地表现出那种虔诚、朴拙、纯真的心境。

第三，要有与自然融为一体的纯真。

什么是人与自然融为一体的纯真呢？我们从一首原始人的歌中就可以清楚看出：“万物固以自然，圣人又何事焉？九疑之南，陆事寡而水事众，于是民人被发文身，以像鳞虫；短绻不绔，以便涉游；短袂攘卷，以便刺舟，因之也”（《淮南子·原道训》）。

这段话保留了原始艺术的一些特点。文身和原始诗歌一样，体现了原始艺术的功利性和真幻结合的特点，要求“像”，要求真。因为在原始人的眼里，动物不是异己之物，而是他们的伙伴、亲属，甚至自身的一部分。

第四，朴实而不粗鄙。

《下里》《巴人》因素朴而和者众，而非“极鄙”。战国时期楚国的宋玉在《对楚王问》中谈道：“其始曰《下里》、《巴人》，国中属而和者数千人”，而“《阳春》、《白雪》，国中属而和者不过数十人”。晋代的葛洪带着阶级的偏见评价《巴人》是“极鄙”，不屑于耳。显然，葛洪的审美观出了问题，他没有看到《下里》《巴人》之所以和者众，皆因其“至美素璞”所致，正如庄子所言：“朴素而天下莫能与之争美”（《庄子·天道》）。当今文艺作品中的《下里》《巴人》不是多了，而是鲜见。就文学艺术而言，《阳春》和《巴人》都要有，因为“声一无听，物一无文”。

23.1　民歌，天籁之声

民歌，是植根于民间的歌，是反映百姓心声的歌，是不求功利只求快乐的歌。民歌是天籁之声，没有污染、势利、献媚，只有清朗、朴素、爽直甚至善。因此，听民歌，犹如听山林的鸟雀自由地对唱；观民歌，犹如观山间潺潺的清泉溪水；唱民歌，犹如山风吹翠林齐摆。

民歌，古已有之，源远流长；声情并茂，情感充沛。其能直抒胸臆，不转弯抹角。

为什么中国农民能成为反封建地主制的主力？这是因为："农民背上两把刀／租米重／利钱高／农民面前路三条／投河／上吊／坐监牢／那条长／那条短／狗急了跳墙／人急了造反"。这首民歌中用质朴的歌词反映了封建地主压迫下农民的悲惨命运，他们是不得不反。

为什么采茶姑娘在劳动中如此喜悦？"云在天上浮／水在山下流／采茶姑娘上了山哟／茶歌飞上白云头／鱼儿漾清波／山雀离了窝／獐子蹦山茅草坡／要听高山采茶歌"。劳动的喜悦之情在朴实无华的歌词中显露无遗！

为什么新社会修水库的汉子干劲十足？"筐头装得满满／扁担压得弯弯／娃的妈呀快来看／我一头挑着一座山"。农民的生产力得到解放，浑身都是使不完的劲儿。

中国民歌在率直地表达情感方面，尤以陕北黄土高原的信天游为最。民歌信天游表达感情带有野性，又不乏真纯。西北地区在地理上一直属边陲之地，民风强悍，战争频繁。一旦兵戈停息之时，百姓自是不胜欢悦。加之民族杂融，有不少少数民族的原始文化融入，自然就豪迈奔放，情感充沛，不受儒家"非礼勿视，非礼勿动，非礼勿唱"的影响，心中有意嘴来唱。山峁陡梁，寂寞难耐，扯开嗓子，一声歌起，群山回应，好不乐哉！于是，长短不拘，上下押韵的自由体民歌信天游就真正唱出了天籁之声。

对西北黄土地的眷恋：我的大西北／我的地和天／……我的血脉连着你／我的宁夏川。

热恋中的情人要分离之时：提起哥哥走西口／小妹妹泪蛋蛋流／一把把拉住哥哥的手／说下午日子你再走／你要走来我不叫你走／扭住你胳膊拉住你手／双手拉住情哥哥的手／两眼的泪珠／朵朵地往下流。

23.2 拯救侗族大歌的侗族人

侗族大歌是一种源于春秋战国时期的多人合唱形式，无指挥、无伴奏，自然合生，其真实地显示出音乐，特别是原始音乐的朴拙魅力。侗族大歌没有简谱，最早的传播靠口耳相传。一名歌师曾说：学好侗歌，不如念好书。侗族老人邓敏文发现在市场经济的冲击下，侗族人中出现打工潮，就连经常组织歌队与别的村寨歌队比赛的教师吴帮中，也到广东打工去了。邓敏文老人下定决心："有生之年，我不能眼睁睁看着侗族大歌衰落。"触发邓敏文开始保护侗族大歌的事情发生在2000年。当时他是中国社会科学院研究员，这一年中央电视台录制《大歌声声》节目，其中就有侗族大歌，栏目组邀请邓敏文做翻译。

2003年，邓敏文夫妇千方百计筹到20万元，到黎平县岩洞村投资建设了一个侗族文化博物馆。也是这一年，邓敏文的二儿子在父亲的鼓动下，辞掉北京的工作到岩洞村驻扎。稍后，他的妻子也跟了过去。"我是侗族人，我得为侗族做点事。"邓家老二说。

侗族人视为生命的大歌。1986年，7名侗族女子曾接受法国巴黎秋季艺术节的邀请去法国演出，并受到国际音乐界的关注。有国外音乐家评价，侗族大歌是"清泉般闪光的音乐，掠过古梦边缘的旋律"。但回到村落后并没受到重视，而且人们与侗族大歌陌生起来，邓敏文看到这一危机，于是他发出《拯救大歌》呼吁信，这位侗族人写道："我们的侗族大歌值不值钱？值多少钱？只有我们自己才能回答，才能争取，上帝是不会把钞票送到侗乡来的，只要努力争取，总有一天，我们的吴培三们（歌师）也会……变成精神文化和物质文化的双重富翁。"功夫不负有心人。2009年，侗族大歌被联合国教科文组织列入《人类非物质文化遗产代表作名录》，侗歌自此享誉国内外。

在这里，我们不仅听到了侗族大歌的和声之美，也看到拯救侗族大歌的侗族人邓敏文等，全身心、大公无私地去拯救侗族大歌，执着坚持12年终获正果。他们的那种朴拙之美，令人十分敬佩。

23.3 对“女子十二乐坊”应鼓励而不是发难

“女子十二乐坊”奇迹般在日本等地走红，还令很多从前对民乐不感兴趣的人开始觉得民乐大可亲近，有了兴趣。有观众说：看见“女子十二乐坊”里的女孩子带着笑拉二胡，我们开心。她们拓宽了民乐听众的层面，在国外获得空前成功，却在国内却遭到骂声一片。

“女子十二乐坊”是由13个年龄不到24岁的女孩组成（其中一人为二胡替补人员）的中国民乐团队。她们是中国各大艺术院校的毕业生，能演奏多种中国民乐，她们着装性感时尚；站立表演，将拉丁舞、爵士和摇滚融入古典之中。

为什么教授、大师对她们发难呢?

一是作为音乐艺术的演奏者，人人都应尊重真正的艺术本身，把它当成神圣的事业来完成。“女子十二乐坊”靠商业化包装“上位”，她们成名的表演状态令人大失所望。

二是“女子十二乐坊”在海外有市场，但她们不是高水准的民乐代表，在行家眼里她们要被耻笑。

三是某二胡大师说：“我没去看她们的演出，也不想去看。”

乐园少女组合在西方乐坛很流行。“女子十二乐坊”实际上是西方流行的少女组合的中国器乐版，这是用另一种方式来体现民族音乐的魅力，而且把拉二胡的呆板坐式变为活跃的站式，使人和乐器融为一体，更富表现力。事实上，女子组合使沉闷的单纯乐器充满活力，让听众随音共鸣，这应是对艺术的尊重而不是相反。

“女子十二乐坊”的成员都来自中国各大艺术院校，她们在日本演出期间，使很多日本人震动。因为日本有很多人学习中国民乐，见到学院派出身的“女子十二乐坊”就惊为天人，可见她们的水平并不低。至于某二胡“大师”率性地表示“我没有看她们的演出，也不想去看”，则只能代表个人观点。

在当今新时代，我国在文化艺术上采取兼收并蓄的政策，广泛地引进东西方各国的音乐，发展国内少数民族的音乐。当今“女子十二乐坊”演奏的胡琴中的二胡，是在唐代由西北和北部少数民族地区传入中原的乐器。除二胡外，还有琵琶、五弦、箜篌等。让二胡长期原地踏步和不创新，那肯定是没有任何希望的。所以，对“女子十二乐坊”我们应多鼓励而不是发难。

24 论婉约

婉约是中国文学艺术的美学范畴，也是中国文学艺术所推崇的风格之一，常与豪放相对举。婉约是婉转隐约的缩语，即指说话温和而委婉，但不失本意的风格，简要而不啰唆之气派。婉约风格之所以能产生美感，是因为它委婉而不啰唆，温婉而不萎靡，细腻而不缠绵。司空图曾对它做过这样的描述：“登彼太行，翠绕羊肠。杳霭流玉，悠悠花香”（《二十四诗品・委曲》）。说它所表达的感情，犹如山间的羊肠小道一样纤细，它的表达方式也幽渺曲折，因而呈现出“良玉生烟”“悠悠花香”一样隐约凄迷的风貌。晚唐诗人李商隐（约 812—858 年）的许多诗作“深情绵邈”，“寄托深而措辞婉”，被视为唐诗中婉约风格的代表。唐末五代期间，一种新的诗歌形式——词逐渐兴起，它善于以微妙细致的比兴手法和缥缈的文辞表达日常生活中纤细哀婉的心情意绪，前人所谓“词婉于诗”，“词家正轨，自以婉约为宗”，表明词境一开始便以婉约见胜，而和气象阔大的诗境迥然有别。

李白、白居易、韦应物、刘禹锡等都曾填词，到了晚唐、五代，现出了温庭筠、韦庄、冯延巳、李煜等著名的词人。发展到宋代，词达到了鼎盛时期，出现了以晏殊、柳永、周邦彦、李清照等为代表的婉约派和以苏轼、辛弃疾为代表的豪放派。历经金、元、明以后，由于时代条件及文学发展的自身规律的影响，词渐渐衰落下去。

在风格上，婉约词多用婉辞、软语，其情调或和婉，或凄婉，或幽婉。有时用词婉丽令人叫绝，有时用词凄婉而惨淡，有时用词幽婉而宁静，有时用词和婉而温顺。

婉约词情蕴藉，犹如九寨沟的五彩湖和潺潺溪水；婉约词绪淡雅，多见杨柳、晓风、残月；婉约辞藻哀婉，多见“水流歌断春风暮”；如此等等。

婉约美不仅体现在词中，还体现在其他文艺类型中，诸如杨朔散文《雪浪花》、李季的叙事诗《王贵与李香香》、孙犁的《荷花淀》。在古典文艺作品中，曹雪芹的《红楼梦》、归有光的《项脊轩志》、张岱的《湖心亭看雪》、王实甫的《西厢记》以及《诗经》，其主流风格都属于婉约性的。

24.1 男旦的婉约之美

旦角，是中国戏曲中女角色的统称，源于歌舞百戏，初见“旦”的名目是在宋代，但男旦成为戏曲舞台上的主角应是元朝以后的事情。最初，戏曲的表演艺人并非因为喜欢而欣赏男旦。男旦的出现，有着无可奈何的历史原因，因为在封建社会中女性不能抛头露面。

男旦的难点和特色体现在婉约美上。不是每个男旦都具有婉约美，它一般体现在闺门旦身上。闺门旦扮演青春少女，有大家闺秀和小家碧玉之分。前者要求端庄静雅的婉约，要行不动裙，笑不露齿，身段动作优美多姿，眼神明朗而常含忧伤惆怅，如《牡丹亭》中的杜丽娘，《九龙驹》中的黄桂英等；小家碧玉式的人物多为活泼可爱，纯真美丽的姑娘。表演讲究眼神灵活、动作洒脱、造型优美、步法轻盈的婉约美。近代王瑶卿及梅、尚、程、荀“四大名旦”和各剧种的戏曲艺术家，突破了旧旦体系的局限性，并在表演和唱腔上有了进一步的改革创新，使旦行表演艺术在戏曲舞台上更加显示出照人的光彩。

以男旦李玉刚为例，他出身贫寒，喜欢男旦表演艺术，又没有思想负担，于是他在继承戏曲男旦艺术的基础上，着力于情、声、段三者的动态变化。在情上，他着力于心灵的窗口——眼睛的表现，演贵妃时，眼如秋水，媚而不妖；他还着力于声音的柔美，柔声饱满而不尖刻；他更着力于身段的动感，水袖拂动如流水，身段转体蜷曲自如。显然，李玉刚展现的男旦婉约艺术与当今市场经济下快节奏的审美情趣相一致，故能受到中外观众，特别是青年观众的追捧，是非常自然的事。

中国戏曲中为了突出男旦的婉约美，有一套训练标准和方法，要训练出饱含婉约美的手和脚，就要行云步、蹉步、花梆子步等，特别要有婉约型的水袖功、扇子功和手绢功。水袖的提、卷、扬、飘、云、抛、搭、摇等舞姿要轻柔、优美、奔放、洒脱，通过精心设计而传神；扇子的折扇以及抛、托、转、遮、抖、扑、夹、合要如云、如扑蝶、如抱月、如倚栏，刻画人物，要传情达意；至于手绢，则是体现婉约的好道具，要求造型姿态必须优美动人，表演中运用灵活，随意性强，渲染婉约气氛。

男旦曾在中国戏曲舞台上盛极一时，“四大名旦”是中国京剧的辉煌，但当今舞台上的男旦寥寥无几。孙毓敏认为：“男旦是旧时代的特殊现象，如今对男旦应不排斥也不宜过多提倡。”笔者认为其对男旦的态度是正确的。不过，笔者稍加一句：顺其自然的同时，旦角的婉约美不仅不能丢，还应在某些方面予以强化，使男旦婉约美继承并发扬下去。

24.2 “采采荷花满袖香”

作家孙犁用婉约诗般的小说《荷花淀》，浓缩了当时冀中抗日的风采，这打破了传统婉约只写风花雪月的局限，从而确立了“荷花淀派”。

孙犁的代表作《荷花淀》，不仅“采采荷花满袖香”，而且“脸腻香薰似有情”。这篇小说赞美了像荷花一样的荷花淀人，那种纯真的爱、抗日的坚贞、为抗日义无反顾的朴实无华的风骨。月夜、小院、像洁白的云一样的苇席、银色的淀水、浓密的荷叶、荷花的香气，组成一首清新隽永的抒情诗。整个小说的故事平淡又奇伟，跟荷花淀的荷花一样朴素美丽。作者以细腻、抒情的笔调，描绘了白洋淀人民的抗日热情，特别是妇女同志在抗日斗争中的思想境界。从一个侧面生动地表现了那个时代的生活和风采。小说的主要人物是水生夫妇，重点写了丈夫奔赴前线时夫妻离别的情景及妻子到部队探望丈夫时的情况。在作者笔下，无论是水生夫妇，还是那几个没有姓名的青年妇女，都不是叱咤风云的人物，他们都是极普通的人。然而，经作者用浓淡相宜的笔墨加以点染，人物便显得异常生动。尤其是对人物动作与对话的描写，显示出高超的技巧。例如当水生把到大部队去的消息告诉女人时，作者接下去并不去写人物的表情、神态，而只写了一个细节：“女人的手指震动了一下，想是叫苇眉子划破了手，她把一个手指放在嘴里吮了一下。”这个细小的动作，细腻而生动地传出了人物在突然的消息面前所受的震惊。这是孙犁用婉约的小情节表达内心的巨大震动，符合冀中当时现实。确实是传神之笔。

小说的情节十分简单、朴拙而自然，犹如水荷交融的白洋淀。水生等七个农民在县委报名参军，他们怕家里人拖后腿，就让游击组长水生回去跟他们的家里人做说服工作。水生连夜回家，做了妻子和别人家的工作。第二天一早就匆匆走了。他们的妻子很惦念，两天后，就乘小船去找，在区上没有找到。回家的路上，碰上日寇的运输船，她们飞快地逃进了荷花淀，追赶的敌人在这儿遇到区小队埋伏，这些妇女无意中遇到了新参军的丈夫。这场战斗也使她们经了风雨、见了世面，秋后就学会了射击，配合子弟兵作战。孙犁把抗日斗争诗意化了，而这又是真实的写照。

孙犁的作品有浓厚的生活气息。他的短篇小说就很少直接描写激烈的斗争，而是用婉约的手法，多从日常生活中取材，以凝练、含蓄、隽永的笔触表达生活的诗情画意，以谈笑从容的态度描摹风云变幻。这些，就构成了他的质朴、凝练、文静、秀美的艺术风格，这也是“荷花淀派”的艺术风格。

24.3 婉约词派贵在婉而不靡

婉约词派是与豪放词派对举的宋词流派，宋词婉约词派的代表人物有秦观、李清照等，他们的婉约词风贵在婉而不靡。

晚唐五代以温庭筠为代表的花间派词人已开婉约词之风气，宋初欧阳修、晏殊等仍袭其余风，词作虽婉丽精美，而形式短小，内容狭窄，并有靡婉之嫌。北宋词人柳永青壮年时期，听歌买笑，放荡不羁，且常为乐工、歌伎填词作曲，特别是写妓女生活，虽不无庸俗猥亵的笔墨，但也有些词章写得诚挚、深厚，表现了对被压抑在社会底层的妇女的较多了解和同情。还有部分作品描写旅况乡愁、离情别恨，取得了较高的成就，如《雨霖铃》这首词描写作者因仕途失意，被迫离京远行，和情人分别的情景。作者把身世之感和失去爱情的痛苦交织在一起，纯用白描，不用典故，不饰藻绘，不避俚俗，语言明白晓畅。“念去去，千里烟波，暮霭沉沉楚天阔”，以实景虚写的手法，使景物越出极目远眺的范围，形象地表现出离情的浩渺深广。

柳永之后婉约词派走向成熟。其代表词人有秦观、李清照等，他们发扬了柳永词铺叙描写的特色，又吸取了苏轼词个性鲜明的长处，融为一体，形成了宋代的婉约词派，并成了“词人之词”的正宗。

秦观的山水小诗秀丽如画，例如《如梦令》：

莺嘴琢花红溜，燕尾剪波绿皱。

指冷玉笙寒，吹彻小梅春透。

依旧，依旧，

人与绿杨俱瘦。

秦观的《踏莎行》这首诗，达到了婉约词派的巅峰。它刻画了作者被贬逐的孤寂、凄苦之情。通过凄迷的景色，用婉转的语调抒写感伤：

雾失楼台，月迷津渡，桃源望断无寻处。

这里的“失”“迷”“望断”运用得很生动，准确地表达了孤寂、凄苦之情，紧接着：

可堪孤馆闭春寒，杜鹃声里斜阳暮。

驿寄梅花，鱼传尺素。

诗中进一步用“闭”字，既表现了作者逃避袭人的春寒而闭门不出，又衬托出作者几乎断绝与人的来往，造成孤馆里环境荒凉、冷寂。

砌成此恨无重数。

郴江幸自绕郴山，为谁流下潇湘去。

愁和恨是一层层堆砌起来的，“砌”字用得新奇、有味，把难以捉摸的微妙感情具象化，最后既怨郴江水无情，抛开他流去不顾，又怨自己不能如郴江水那样来去自由。含蓄凄婉，尽在词中。

另一位杰出的婉约词派代表是南宋词人李清照，她也是我国古代文学史上最为杰出的一位女作家。她勤奋好学，知识渊博，终“以文辞名家”，打破了“女子无才便是德”的封建信条。她擅长白描，语言明白如话，又冰莹玉润，富有音乐美；词风清新婉约，提倡典雅。例如李清照南渡以后写的一首震动词坛的名作《声声慢》，通过对秋景秋情的描绘，抒发国破家亡、天涯沦落的悲苦、顿挫和凄凉，具有时代色彩：

寻寻觅觅，冷冷清清，凄凄惨惨戚戚。

乍暖还寒时候，最难将息。

一开始十四个叠字，准确、细腻、出奇制胜并有层次地表现出作者内心的愁苦悲伤之情发生、发展、加深的过程。后面出现的景物，乍暖还寒的天气、入夜凄厉的秋风、旧时相识的南飞雁、满地堆积的黄花、窗外的梧桐和细雨，都染上了强烈的冷清凄苦的感情色彩，与开篇相呼应，一气呵成。最后，才一语道破心中的“愁”。

而她的另一首词《一剪梅》，抒写与丈夫离别后的相思之情，上片虽没有一个离情别绪的字眼，却句句诉离愁；下片则是直抒相思与别愁，表达出深思挚爱之情，轻巧新颖，轻柔自然：

红藕香残玉簟秋，轻解罗裳，独上兰舟。

云中谁寄锦书来？

雁字回时，月满西楼。

花自飘零水自流。一种相思，两处闲愁。

此情无计可消除，

才下眉头，却上心头。

令人钦佩的是，婉约词派的词不管如何婉约，总是坚持在内容上恪守“诗庄词媚”的信条，这正是他们能传世的关键。

25 论豪放

豪放是中国文学艺术的美学范畴之一，也是中国文艺所推崇的风格体式之一，常与婉约相对举。豪放是豪迈奔放的缩语，既有气魄大、直爽痛快、没有拘束之风格，又有解除约束、得其自由之气派。豪放风格之所以能产生美感，是因为它以气象宏大的景物体现至大至刚的精神面貌，它的基调明朗乐观，趋向于崇高和壮美，但又不属于崇高和壮美。唐代大诗人李白的诗歌，情感激越，力度强劲，善以奇丽的想象、夸张的变形表现壮阔恢宏的气度，被公认为豪放风格的典范。宋代文豪苏轼写下许多能吟唱的大气磅礴的词作，开创了豪放派的词风。

明人张綖在《诗余图谱》中明确提出，词就其风格而言可分为“婉约”和“豪放”两派。我们熟悉的李清照、柳永和苏轼、辛弃疾就分别成为两派的代表人物。清人蒋兆兰的《词说》中说："宋代词家源出于唐五代，皆以婉约为宗。自东坡以浩瀚之气行之，遂开豪迈一派。南宋辛稼轩运深沉之思于雄杰之中，遂以'苏辛'并称。"

在情感表达上，豪放词多直抒胸臆，激情荡漾，顶天立地，豪气十足，具有强烈的主观色彩和奔腾的英雄主义精神，正所谓感天动地、豪气十足，具有强烈的震撼。这是从古典诗词总结出来的豪放词的特点。但在今日，豪放从词的风格发展成熟为美学范畴，那它就不仅适用于古典诗词，而且适用于其他文艺形式，并且对文艺创作具有启示和指导意义。那么，作为美学范畴的豪放，它的特点有没有变化呢？有，变化是在原豪放词风格的基础上更丰富、更深邃了。

作为美学范畴的豪放的特点是什么？

豪放的文艺作品具有万马奔腾之气势、一鼓作气之猛烈、高屋建瓴之意象、叱咤风云之勇力、意气风发之心态。以豪放的特点来衡量，聂耳的《义勇军进行曲》、冼星海的《黄河大合唱》以及郭沫若的五幕历史剧《屈原》和诗歌《女神》、徐悲鸿的《奔马》就应列为豪放派。再往后，梁启超的《少年中国说》、施耐庵的《水浒传》、文天祥的《正气歌》、屈原的《九歌》、庄子的《逍遥游》其主流风格都属于豪放的。

豪放词开启于苏轼。苏轼是北宋文学家、书画家，号东坡居士，四川眉山人。苏轼一生的政治道路坎坷曲折，由于不满王安石在变法中采取的过激作法，因而受变法派弹劾，政治上不得志，使他倾向于庄子的思想。他在读《庄子》时喟然叹曰："吾昔有见于中，口未能言，今见《庄子》，得吾心矣！"庄子的豪爽心态和风格引起了苏轼的共鸣，于是他在文学上主张"有为而作"，"言必中当世之过，凿凿乎如五谷必可以疗饥，断断乎如药石必可以伐病"，提倡自然、平易、豪爽的文风，故能写出《前赤壁赋》这样豪放之气的代表作。

豪放词成熟于辛弃疾。南宋是个民族多难、英雄辈出的时代，豪放词也因此得天时而大放异彩，先是一批爱国词人如抗战重臣李纲、抗金名将岳飞、力主抗争的张元幹、张孝祥、胡铨、陆游等纷纷出现，如怒涛排海般叱咤风云，后又出现重将辛弃疾。辛弃疾自幼就立下报国之志，在任安抚使等地方官职时，关心民生，训练军队，准备抗金，收复中原。他在奏疏中，驳斥了主和派的种种谬论，要求加强战备，激励士气，以恢复中原，统一中国。这些建议不但未被采纳，他本人反而被主和派打击，长期落职。但他成了豪放词派的领袖。

可见，豪放风格是与作者的人格和时代主流一致的。

25.1 气势豪纵、直抒胸臆的豪放词派

宋代的豪放词派是从婉约词派脱胎出来的新词派，它与婉约词派相对举，受国人喜爱。豪放词派在词境的开拓与词体的解放上都做出了巨大贡献。关于婉约与豪放，俞文豹《吹剑续录》记载："东坡在玉堂，有幕士善讴，因问：'我词比柳词何如？'对曰：柳郎中词，只好十七八岁女孩儿，执红牙拍板，唱'杨柳岸晓风残月'；学士词，须关西大汉，执铁板，唱'大江东去'。公为之绝倒。"这则轶事对婉约和豪放两派的不同词风做了形象的说明。如果用文论区分婉约与豪放，则是：婉约词派多抒发哀怨之情，婉转缠绵，描写细腻，诗意含蓄；而豪放词派气势豪纵、直抒胸臆、不受词律约束。

宋代的豪放派词以范仲淹为先导，苏轼是最有代表性的开拓者，辛弃疾将豪放词派推向了新的高峰。他们的词作冲破了词为"艳科"的藩篱，题材广泛，气象恢宏，放笔直抒胸臆，更无拘束。形式上不仅打破了诗词界限，"以诗为词"，而且诗词散文合流，形成一种散文化的歌词，对词的音乐性也不过于重视。苏轼的《念奴娇·赤壁怀古》《水调歌头·明月几时有》、辛弃疾的《水龙吟·登建康赏心亭》《破阵子·醉里挑灯看剑》等，都是豪放词派的代表作。

苏轼乃北宋文学家、书画家。在文学创作上，他主张"有为而作"，提

倡“神似”，反对一味追求“形似”；倡导自然平易的文风，反对“好奇务新”“刻镂组绡”。他使词人从“樽前”“花间”走向广阔的天地。其代表作《水调歌头·明月几时有》展现词人与明月的对话，在对话中探讨着自然的奥秘、人生的意义，以豪迈、洒脱、空灵的笔调，把中秋明月写得那么明媚、莹澈，词的境界高旷，既洋溢着隽永理趣，又闪耀着瑰奇的浪漫色彩。而他的另一首代表作《念奴娇·赤壁怀古》，则将豪放派词的水准推向了顶峰，字字珠玑，令人叹服：

大江东去，浪淘尽，千古风流人物。

故垒西边，人道是，三国周郎赤壁。

乱石穿空，惊涛拍岸，卷起千堆雪。

江山如画，一时多少豪杰！

一开始点评千古、昂首天外。然后很自然地把“千古风流人物”融入狂涛之中，气势逼人，使英雄人物之气势与江浪之气势浑然一体，互相映衬，呼应开篇，开起下片。然后几笔写周瑜的辉煌战功，由此联想到自己壮志未酬，化悲愤为旷达，向江中明月敬酒，一气呵成，豪气万里。

另一位豪放派词代表人物是南宋爱国词人辛弃疾。他是中原志士，力主抗金，一生以强求战备、激励士气、恢复中原、统一中国为己任。他的词中抒写了力图恢复国家统一的爱国热情，英雄无用武之地的深沉忧愤，并对南宋统治者的屈辱投降进行揭露和批判。他还写了不少吟咏祖国河山的作品。其代表作《水龙吟·登健康赏心亭》就抒发了抗金复土壮志难酬的怨恨牢骚。全词意境慷慨悲壮而又深沉含蓄。吟诵起来，有一种激切呜咽的声调，也就是词评家所说的“裂竹之声”。特别是他的《菩萨蛮·书江西造回壁》，表面描写山水，实则借山怨水，表现忧愤国事的重大主题。

郁孤台下清江水，中间多少行人泪。

西北望长安，可怜无数山。

慨叹深沉，表达了对那些阻挠人民收复中原的投降派的怨恨。

青山遮不住，毕竟东流去。

用青山挡不住江水奔腾的形象，暗示尽管有重重阻力，但挡不住祖国要统一、人民要团圆的历史潮流。

江晚正愁余，山深闻鹧鸪。

词人以黯淡阴沉的景色，加重了全词沉郁悲凉的气氛，“闻鹧鸪”暗用鹧鸪“飞必南向”的传说。一首小令，写出了如此深广的思想内容，显示了词人超凡的艺术概括能力。

宋代豪放词派的代表是北宋的苏轼和南宋的辛弃疾，并称“苏辛”。豪放派词人冲破传统的藩篱，大大开拓了词的题材领域，为中国诗词的发展做出了杰出的贡献。

25.2 豪放超然的《蜀道难》

李白与屈原、杜甫一样，是中国诗坛璀璨的明星。其诗的气韵和风骨正代表了中国人的精神。

李白继承和发展了屈原开创的浪漫主义诗风，在浪漫主义的主旋律下，还展现了他独有的豪迈诗风。李白的代表作都深深地烙上了浪漫主义的豪迈诗风，尤以《蜀道难》为甚。《河岳英灵集》称李白《蜀道难》“奇之又奇，自骚人以还，鲜有此体调”。下面我们以《蜀道难》为例，品味李白豪气超然的诗风。

《蜀道难》写于唐玄宗天宝初年。自李白奉诏入京之后，因本性桀骜不驯，为权贵所不容。他本人也不愿在宫廷之内写侍从诗文，便告别京城，走自由之路。除《蜀道难》外，还有《行路难》《月下独酌》及一部分《古风》都写于这一时期。《蜀道难》一诗，气象雄伟，豪气超然，感情炽烈，想象丰富，语言夸饰，一开篇就用豪气镇住了读者：噫吁戏，危乎高哉！蜀道之难，难于上青天。

青天本难上，而蜀道难于上青天，这是怎样的难啊？这一下勾起了读者自己的想象。这种难可以选取三种思路来写：一是蜀道难，使人心惊肉跳不敢看；二是蜀道难，激发人的斗志，使人胜天；三是满怀豪气，以乐观心态去攀登，通过奋斗获得通达。显然，李白选取了第三种思路。

蜀道险景高悬，既使人心生敬畏，又让人无限神往，从而给人带来壮丽之美感。“太白鸟道”，“天梯石栈”，“枯树倒挂”的绝壁，“冲破逆折”的回川，“扪参历井”的青泥岭，“峥嵘崔嵬”的剑门关，无不让人惊叹。特别是蜀道上的神奇之景，如万山层峦叠嶂、直插云霄；羊肠小径，百步九折；黄鹤在险峰下收敛翅膀，飞鸟在苍黑的森林中悲鸣，杜鹃于凄清的月光下啼血，飞瀑直泻使千山轰响，水转石动如万壑雷鸣，使得磅礴的气势、超然的豪气融于全诗，从而使读者获得极大的壮美之感。

《蜀道难》用豪气超然的笔法写出了大自然之壮美，是一篇赞美大自然的交响乐章。为了展现诗中的豪气，诗人加快了节奏变化，字数从三言、四言、五言、七言、九言，直到十一言，长短不齐，参差错落；在声韵上，诗人也极尽抑扬顿挫、缓急变化之能事，使全篇充满了音乐的旋律，再加上主题句“蜀道之难，难于上青天”的反复咏叹，更增强了诗的节奏感和豪放的气势，令人叹为观止。

25.3 豪情满满的《义勇军进行曲》

中国国歌《义勇军进行曲》，既体现了中国人民百折不挠的奋斗精神，又时时唤起中国人民的危机意识。它由田汉作词、聂耳谱曲，原为20世纪30年代的爱国主义影片《风云儿女》的主题歌。影片主要讲述了诗人辛白华因好友梁质夫的牺牲而受到震动，在民族解放运动的感召下，坚决奔赴抗战前线的故事。这首歌很快传遍全国，老少都能传唱；后经美国黑人歌唱家罗伯逊多次演唱，这首歌曲响遍了全世界。这首歌之所以广为流传而长久不衰，除了它从歌词到歌曲都充分体现出中国人的精神和力量之外，还因为歌词和歌曲豪情满满，语言简洁、明了、富有号召力，乐曲中充满紧迫感，有无限的冲击力，从而更丰富地展现了歌词的内涵。

从歌词来看，其简明清晰地告诉人们：国家兴亡，人人有责。特别是“把我们的血肉筑成我们新的长城”这一句，以其丰富的历史内涵和大无畏的牺牲精神，突出表现了中华民族同仇敌忾、宁死不屈的民族精神。正是这种大无畏的牺牲精神和忠贞精神使我们民族得以万劫不衰、万难不朽，而屹立于世界民族之林，激励神州大地上一切“不愿做奴隶的人们”，“前进！前进！前进进”！

《义勇军进行曲》以雄壮激昂的旋律、坚定整齐的节奏、豪情满满的主旋律，成功塑造了英勇挺进的义勇军形象，激励一切中国人敢于牺牲、勇于战斗、自强不息。乐曲是由自由乐段形成，在G大调和弦音基础上涌动、联结、抒发，六个乐句如流水贯通，豪气满满。末句变化重复，使音乐具有不断向前的动力感和强大号召力，更加突出显示了中华民族英勇抗击敌人的英雄气概。

《义勇军进行曲》由于深刻揭示了民族性的核心，成为我国国家的象征、民族的精神，豪气满满，催人奋进，无论在战争年代还是和平年代，每当唱起它、听到它，人们心中便升起一股坚强不可摧的力量。

26 论格调

格调是中国美学范畴之一。评价一部文学艺术作品，特别是戏剧作品或史诗作品时，格调决定它是悲剧性的还是或喜剧性的，与审美情感有关。格调与文学艺术中的情调不同，情调是与视觉或听觉有关的，情绪性、浅层次的，如红色使人产生温暖、热烈或血腥之感，黄色使人产生高贵感或呆滞感，绿色使人产生清静感或凄凉感，黑色使人产生庄重、严肃或幽静感；从与听觉有关的情调来看，A调昂扬、B调壮烈悲哀、C调和谐、D调热烈、E 调安定等。而格调是与审美意识直接相关的，超越感性的、深层次的，涉及美学风格时，则区分为悲剧性格调和喜剧性格调。

悲剧性格调，指合理、正义的社会力量在具有必然性的冲突中遭到噩运，从而激起人的哀怜、同情的审美特性，它与喜剧性格调相对。悲剧性格调之所以有巨大的召唤力和感染力，是因为悲剧通过主人公不公的遭遇和身世，来唤起读者或观众的怜悯、同情等悲伤情感体验，用肯定的剧情发展方式来推演不合理和非正义，从而产生悲情效果，达到暂时的否定和实质上的肯定。例如中国传统节日端午节，就与纪念伟大爱国诗人屈原有关，而屈原的一生，就是极具悲剧性的一生。悲剧性的震撼力必须具备两个条件：一是悲剧必须建立在真实的典型形象身上；二是悲剧的本质意义应该是人生有价值的东西。必须强调，悲剧的长久的生命力在于其具有永恒的正义。

喜剧性格调，指假、恶、丑或有缺陷的事物在矛盾冲突中暴露其无价值，从而令人否定、发笑的审美特性，与悲剧性相对。就喜剧的表现力来看，它不仅能运用喜剧色彩对旧事物、丑恶或有缺陷事物用笑的方式进行讽刺、嘲笑和揶揄，而且可以运用喜剧色彩进行乐观的启示，而且在这乐观的启示中并无对丑恶的讽刺，也无对真善的礼赞，就是让读者和观众轻松快乐而已，喜剧性还可以通过喜剧色彩对社会上的优秀人物进行褒奖和礼赞，让读者或观众通过喜剧色彩得到美德教育。

除悲剧性格调和喜剧性格调外，美学中的格调范畴还指通过情感调控达到所需要的格调美，例如现代音乐所标示的轻盈的、柔和地、强迫的、亲切可爱的、高贵的、活泼的、气势、浪漫曲、狂想曲、欢乐曲、幻想曲、滑稽曲等，这些调控手段都是为了达到或表达某种音乐情感。在文学艺术中通过情感调控以达到所需格调，中国古代文论家就注意到这一点了，其中最为典型的要数明代评点家李贽。他在《读律肤说》中说："盖声色之来，发于情性，由乎自然……故性格清彻者音调自然宣畅，性格舒徐者音调自然疏缓，旷达者自然浩荡，雄迈者自然壮烈，沉郁者自然悲酸，古怪者自然奇绝。有定格，便有定调，皆情性自然之谓也。莫不有情，莫不有性，而可以一律求之哉！”刘勰在《文心雕龙·乐府》中说：“乐体在声，瞽师务调其器；乐心在诗，君子宜正其文。”音乐的形体在声音，乐师必须调整乐器的音律；音乐的内容在诗歌，君子应该把文辞写得端庄。这正如王充所言：“师旷调音，曲无不悲。”

26.1　梁祝的传说为何起源于东晋

梁祝的故事是我国流行最广的民间传说之一，是越剧的传统剧目。该剧描写了上虞女子祝英台女扮男装求学，与会稽书生梁山伯三载同窗，情投意合。后祝英台父催她回家，乃于行前暗将实情告知师母，愿以身许梁山伯。祝英台归家后，其父强制将她许配给马太守之子。梁山伯来访，事已无可挽回，二人在楼台诀别，梁山伯回家后悲痛而死。祝英台在其父逼迫下素服上轿完婚，行至山伯坟前，英台伏墓痛哭，墓突然裂开，英台奋身跃入，二人化作双蝶，迎风飞舞。

为什么在“女子无才便是德”的封建专制社会，还允许女子扮男装读书？为什么男女当时虽能自由恋爱又受到门阀大家的压制？这种情况多见于门阀鼎盛、皇权衰落的东晋。

东晋（317—420年）时期，门阀世族取代了秦汉时期世家地主的地位，并在地主阶级内部属于占统治地位的等级，不仅有世袭的社会身份和经济、政治上的特权，而且有世代传袭的私有土地，而不是国家的封国、封邑，其掌握的劳动人手大多是荫附于他们的农民，不向国家纳税服役，他们的剥削所得不是与国税统一起来的地租，而是与国税分离的地租，还在宦途上取得了支配地位。因此，东晋的大门阀已不把皇权看在眼里。祝英台父亲为她选择的马太守家，就是当时的“高门大姓”“豪族”，是权势极大的人家。

按东晋的制度，庶人虽有才干却无法升为士人，像梁山伯这类人皆是。

他们家族在户籍上仍为“役门”，而当时士庶界限森严，“士庶之际，实自天隔”。马太守之子永远是“贵人”，而像梁山伯这类有为青年，尽管聪慧向上，却永远是“贱民”。

士庶之间等级森严，两者之间的婚配是被不允许的，门阀世族的婚姻完全依据门第的高低。东晋士庶两个等级不但不通婚，而且不相交接。士庶之间若联姻，官将遭“强劾”并“禁锢终身”。社会风气已从“以智役愚”变为“以贵役贱”，而高门家族多有无才无德之辈，马太守之子就是典型。去学堂就学，也不管贵贱，但女子均不得入。所以祝英台女扮男装，才有机会进学堂读书。

在东晋这样的门阀制度和礼仪环境下，人们稍微挣脱了森严的皇权控制，才能产生梁祝这样的人物。也只有在这种环境下，像祝英台父亲这样开明的士族家长才会同意女儿女扮男装去学堂读书长达三年。这种特殊条件只有在东晋才具有。

故事中青年男女的自由恋爱与士庶水火不容的门阀制度和婚姻制度产生强烈的冲突，悲剧自然会产生。

26.2 先秦时期何以缺少《荷马史诗》

史诗产生和存在于艺术不发达的人类早期历史阶段，是各民族的长篇社会叙事诗，古希腊的《荷马史诗》即是。其在内容上，以具有重大意义的历史事件为主要题材，以人们爱戴的英雄为主要人物，并常夹杂各民族特有的神话传说。初为人民群众口头创作，后用文字记录整理而成。我国作为五千年文明传承至今而未中断过的唯一古国，为何先秦时期缺少《荷马史诗》呢？有学者认为是因为地理的差异，这是很难说服人的。鲁迅先生在分析先秦时期何以缺少如古希腊那样的长篇史诗时认为，黄河流域严峻的自然条件迫使人们碌碌于谋生活动，故我们的祖先有重实际而黜玄想的性格。在当时有关先秦时期的资料匮乏的情况下，鲁迅先生能得出如此接近中国实际的结论，足以看出先生的真知灼见。但我们根据这一看法进行科学的实地考察后，发现这一看法也难以服众。

先秦的大灾大难改变了中国先人的生活逻辑，使原始中国人在面对重大灾害和人员牺牲的过程中实现了从巫文化到人文文化的转变。中国上古时期自然形成了有巫师的巫术文化，但它终究没能像欧洲那样形成宗教统一的社会，而是走向以人为本的巫文化和筮文化，并逐渐形成了人文主义早熟的社会形态。这是什么原因促成的呢？因为在上古时代发生了凶猛的大洪水，大规模海浸使得包括会稽山脉在内的宁绍平原周围地区沦为一片浅海，人畜死伤极为惨重。先民依靠自己的力量而不是靠巫术自救，民神同位甚至民为神之主的观念的形成，直接导致女娲补天的神话诞生。2016年8月，美国《科学》周刊发表了地质学家发现的4000年前中国黄河发生大洪水的首个证据，当时的水位比现代河流水位高出38米。《尚书》记载的尧时"汤汤洪水方割，荡荡怀山襄陵，浩浩滔天，下民其咨"不是传说，而是史实。《孟子・滕文公下》也说："当尧之时，天下犹未平。洪水横流，泛滥于天下"，"水逆行，泛滥于中国，蛇龙居之"，孟子所说的也是史实。在治理大洪水时出现大禹这样天下为公的英雄也是很自然的事。于是，在这种人文环境下，中国的史诗就以务实的方式产生了——散文史诗《山海经》。《山海经表》《列子》《论衡》《隋书》中都说《山海经》是大禹、伯益时代产生的，里面的夸父追日、刑天断首、羿射十日、大禹治水、精卫填海等神话故事，充分倡导人为第一动力，这不同于西方荷马倡导的神为第一动力。

26.3 《黑暗传》不应视为汉族史诗

神农架林区文化馆的胡崇骏老师，在广泛收集和研究的基础上发现了《黑暗传》明清抄本，后经过多次搜集整理成了现在出版的5000多行的《黑暗传》（长江文艺出版社2002年版）。这是一部记叙汉民族从盘古开天辟地到今的创世长篇叙事诗，非常难能可贵。

笔者反复翻阅《黑暗传》，认为它只是一部明末清初民间流传的创世长篇叙事诗，但不是在中国上古氏族社会解体时期出现的汉族史诗。

研读《黑暗传》，不难发现其语言习惯、构思思路及内容已经渗透了儒、释、道的因子。笔者把《黑暗传》与近现代楚地的民谣相比，其语言、形式和表达方式都与近现代楚地民谣相仿，而与春秋战国时期，甚至是更早的《诗经》《楚辞》风格差距很大，更不要说原始经典《山海经》和《易经》了。明末清初，清军入关后以大屠杀来树立淫威，“扬州十日”大屠杀（1645 年）和“桂林杀明官 473 人”（1651 年）等，使得全国一片血雨腥风，而神农架这个山高水险的地方，历来是战乱时期的避难所。他们来到这个地方与当地农民打成一片，记叙、传抄、传唱代表汉族的创世诗，从明末清初代代相传至今。因此，笔者认为《黑暗传》虽不是原始氏族公社时期汉族的史诗，但它却是汉族先驱们在明末清初传承汉族创世文化的民间力作，其意义不亚于史诗。而从这一民间力作被称为《黑暗传》或《黑暗大盘头》或《黑暗纲鉴》，就可知其产生在明末清初险恶的大环境之中了。

27　论雅俗

雅俗是中国美学范畴之一。雅，指正规的、标准的；俗，指大众化的，最通行的，习见的。俗是雅的源泉，因为俗是原始的、粗野的、具有拓展性的；雅是俗的延伸，是俗的精细化。因此，雅具有细腻的、典雅的、文绉绉的特点。俗不是粗鄙、庸俗，而是通俗、开放的情感表达方式；雅不是颐指气使，而是谦虚中的自信，诚实中的余韵，繁杂中的清高。

《礼记》相传是西汉礼学家戴圣所撰，内有一篇《乐记》，盖为武帝时河间献王与毛生等撰集（见《汉书・艺文志》）。它基本上是《荀子》之《礼论》和《乐论》的融合，体现了荀卿礼乐观。在《乐记》中，有许多地方涉及宫廷艺术与民间艺术，即雅乐与俗乐的问题。它们常常以古乐与今乐、帝王之乐与世俗之乐、德音与邪音、正声与奸声等的对立表现出来。《乐记》除用大量篇幅从各个方面阐述雅乐创作欣赏的规律外，还在不少地方对俗乐进行抨击。在《魏文侯篇》，专门就雅、俗乐的产生、表现等特点进行了区分，这是中国古代美学思想史上最早专门论及雅、俗乐的篇章。

《乐记》是怎样对俗乐进行攻击的呢？它认为雅乐合于礼，平和而不乱，俗乐则突破了雅乐音声的规定，"杂乱"多变而不平和；雅乐所表达的是"君子"的思想感情，通过对它的欣赏，使人的情感、观念得到净化提高，有益于政治上的安定；俗乐则相反，它所表现的是"小人"的欲求，突出反映了男女自由愉悦的背弃行动，结果只能导致道德败坏和社会混乱。《乐记》对俗乐的抨击正确吗？肯定不正确，其理由有四方面。

其一，《乐记》作者不懂得俗乐是雅乐之母、雅乐之根，把母排除了，把根挖断了，使雅乐为无根之木，必然枯死。屈原遭到旧贵族造谣中伤，被流放到汉北和江南，真正体察了民间疾苦，受到了民间巫歌这种俗乐的影响，才有他传世的辉煌之作《离骚》和《九歌》。

其二，雅与俗是相互依存，相互影响的。俗乐是原生态的歌，是底层劳动者或善，或怨，或乐，或愁，或爱，或恨时不加掩饰地从心底表达情意的歌。它不靠乐中规矩，只靠自身表露，它不为作秀，不为名望、金钱、权势所影响和左右。俗乐就像大自然中的风、雨、雷、电那么自然，不受约束、不受羁绊、不受威吓，清新而自然，何陋之有？

其三，《乐记》所推崇的雅乐主礼，是封建士大夫之"礼"，是封建无人性的"三纲五常"之"礼"。可以想象，雅乐若被"君为臣纲、父为子纲、夫为妻纲"所束缚住，那还有什么自由之歌可言呢？

其四，贱（俗）为贵（雅）之本。这方面，老子做了精彩的论述："贵以贱为本，高以下为基"（《道德经・第三十九章》）。所以，贱和俗是源，贵和雅是流，不可把雅俗本末倒置，更不能将二者截然分开。

古代楚地的民歌在当时的士大夫看来是俗不可耐的俗歌。春秋战国时期，江汉一带流传着一种具有浓厚地方色彩的歌谣，如《接舆歌》《越人歌》等，其句子长短参差不齐，形式比较自由，多用语助词“兮”字，与中原地区的民歌在形式和风格上都大不相同。就是这种被当时的士大夫看不起的“俗歌”，竟成伟大诗人屈原创造《楚辞》的养分；汉代四百余年，在文学上流传至今的是汉乐府，而文人只留下《古诗十九首》。汉乐府中有许多是从各地采集的民歌，也就是士大夫所说的俗歌。汉代俗歌（民歌）流传下来了，文人诗却寥寥无几，可见视“俗”为“鄙陋”是说不过去的。屈原成功创造《楚辞》的和汉代民歌胜过文人诗而流传至今，这都提醒我们在雅俗方面要深思。

27.1 俗文化是雅文化之母

等级社会中的“上等人”常以“不俗”而自傲，凡通俗者皆被他们鄙视，并以“俗不可耐”视之。其实，这正是等级社会的弊病，它使“上等人”不知俗文化是雅文化之母。

俗文化是雅文化之母，古今中外的文艺史均证明了这一点。从中国文学史来看，从《诗经》到《楚辞》，从汉乐府到五言、七言律诗和绝句，从宋词到元曲，雅文学的最初形态都是俗文学。至于《水浒传》《三国演义》《西游记》《红楼梦》这四大名著，也无不是从俗不可耐的形态开始其艺术积累的。

艺术的源起和发展，总是从俗文化开始的。《诗经》主要来自民间的民歌。《诗经》大抵是周初至春秋中叶的作品，产生于今陕西、山西、河南、山东及湖北等地，相传“古者天子命史采诗谣，以观民风”（《孔丛子·巡狩篇》），后人或认为书中不少作品与这种采诗制度有关。其中《国风》部分，是各国的大乐民歌，为《诗经》的精华，对后代文学有深远的影响。

可以看出，没有民风、民谣，就没有《诗经》，即使有了，也缺少当今的精华部分，其文学价值必然大打折扣。

《九歌》是屈原的代表作之一。它是屈原采用楚国民间祭祀鬼神的歌舞歌词，经过艺术加工而写成的作品。《九歌》与民间祀神有关。王逸《楚辞章句》说："昔楚国南郢之邑，沅湘之间，其俗信鬼而好祠。其祠必作歌乐鼓舞以乐诸神。屈原放逐，窜伏其域，怀忧苦毒，愁思沸郁，出见俗人祭祀之礼，歌舞之乐，其词鄙陋，因为作《九歌》之曲。上陈事神之敬，下见己之冤结，托之以讽谏，故其文意不同，章句杂错，而广异义焉。"可见，屈原的《九歌》是根据南楚民歌神乐改编的。

敦煌曲子词由唐代兴起，至宋代发展到鼎盛，是一种可以配乐歌唱的抒情诗体词。在敦煌石窟里发现了唐代几百首手抄的曲子词，人们称之为敦煌曲子词，其绝大部分是民间作品。就内容方面来说，有的反映不义的开边战争给人民带来巨大痛苦；有的表现人民对外族侵略的憎恨和爱国主义精神；也有反映商贾生活的，但数量最多的是反映爱情、相思的作品。词由民间传入文人手中，致使民间俗文化的词转化为文人雅文化的词。

中国四大文学名著《水浒传》《三国演义》《西游记》《红楼梦》，虽然它们集中产生于明清，但其源流于唐代，即唐代兴起的通俗小说——话本。话本兴起于唐代俗讲，盛行于宋、元。"话"是故事，当时称讲故事为"说话"，称讲演者为"说话人"。"说话人"演讲的底本就叫"话本"。我国的四大名著就是"说话人"从俗不可耐的故事开始积累而成的。可以肯定地说，没有鼎盛的话本流行、积累、发展、改造，就没有后来光耀中国文坛的四大名著。

27.2　拯救中国戏曲的良方——入俗

中国戏曲是中国的歌剧，是世界三大古代戏剧文化之一。中国戏曲患了大病，因为它离观众越来越远，虽有政府扶持，也难免让古老的奇葩在冷漠中凋谢。面临生存危机，中国戏曲还有救吗？有！拯救的良方便是入俗。

京剧界名家对于京剧的传承都有自己的看法。梅兰芳之子梅葆玖生前认为，京剧要出“名角儿”，要出像“四大名旦”一样的“名角儿”。就是演员一演，不用大力宣传，群众自己就排队掏钱来买票。笔者认为，观众寥寥，“四大名旦”怎么产生？观众是戏剧的衣食父母。谭派第五代传人谭元寿说：“希望他们抓紧时间把我们会的戏全部承接下来。”这里强调了京剧的传承，却忽略了京剧的改革。叶派传人叶少兰强调要有真功夫。京剧本来是虚拟的艺术，由话剧导演来导，真房子、真门、真船、真水出现在舞台时，演员就无用武之地了。可见叶少兰还没有看出京剧衰落的根本性原因。显然，京剧界名家诊脉京剧，并没有拿出拯救戏曲的良方。

中国古代戏曲学会常务理事朱恒夫深感忧虑，他说：“中国戏曲仍困难重重，上百万的戏剧从业人员为吃饭、住房发愁，前途茫茫找不到出路。老百姓宁愿选择电视和其他娱乐方式而远离戏曲。造成这一现状的症结不完全在于社会多元化，娱乐形式多元化，而是戏曲抛弃了最广大的人民群众，追求贵族化。现在编排的一些戏剧为了追求‘贵族化’，向阳春白雪看齐，耗资巨大，动辄上百万，甚至几百万，舞台美术、道具、服装、音乐、灯光非常华丽，一张门票高达几百元，仅从票价上看这种戏剧已经不是为老百姓服务的。”

笔者认为，要破解中国戏曲“贵族化”的问题，首先要分清“贵族化”不等于中国美学中的高雅精神。中国戏曲的内容大多是帝王将相、才子佳人的故事，久而久之，让戏曲演员误认为这些才是高雅之作，所以在中国戏曲中听不到或者极少听到时代和百姓倾诉的呼声，看不到当代民间社会人的生存状态和精神状态，而演员成天去琢磨封建等第社会早已逝去的那种人际情感，在思想上、感情上远离老百姓。把权贵当成高雅，把奢华当成典雅，把扭捏作态当成文雅，把剧情寡淡、慢节奏当成淡雅。自然，老百姓远离戏曲，认为他们皆是“下里巴人”，不具有欣赏戏曲之耳和眼。于是，戏曲高高在上，自然越来越脱离老百姓。

拯救中国戏曲，首先应看到它的源头。追根溯源，戏曲从民间来应回到民间去。京剧主要源于唱皮黄的四大徽班，昆曲源于江苏的“昆山腔”，秦腔源于陕西、甘肃、青海的民间；河北梆子源于京津冀等地民间；豫剧源于河南开封、杞县民间；川剧源于川、云、黔民间；汉剧源于鄂、湘民间；粤剧源于广东、广西、港澳的民间。也就是说，中国戏曲，一开始就是“下里巴人”，它的生命力也在于“下里巴人”。中国戏曲要有出路，就应入俗。

为什么说拯救中国戏曲的良方是入俗呢？第一，它能解决中国戏曲的源流问题。入俗，就是文艺工作者沉入生活的底层，熟悉生活，了解生活，提炼生活。第二，农村有最忠实的观众，加之中国广阔的农村正是中国戏曲发展的大舞台，还能解决戏曲演员的生活问题。第三，演员三天不演手艺生。而广大农民的刚性需要正好可以满足演员演出问题。第四，农村不仅具有生活气息，而且农民对戏曲演员特别喜爱和尊重。

艺术尊“俗”而生，弃“俗”而死。中国戏曲也是如此。

27.3 不能把怪异当高雅

高雅是一种境界。高雅之高，意味着作品境界高远、高洁、高迈。但好些人把怪异当高雅，这反而亵渎了高雅。

爵士乐京剧在北京演出，日本艺术家三宅纯演奏爵士乐，谭派传人谭正岩、梅葆玖入室弟子胡文阁起舞。京剧演员们全副行头从酒吧的观众中走着台步入场，并与观众亲密接触。

整场演出从头至尾没离开过一个“奇”字。一边是各种怪诞的爵士配乐，一边是源远流长的中国传统戏曲；一边是三宅纯为求怪诞，要乐队随意发挥，即兴演奏，一边则是我国名派传人表演的各种历史悠久的精细绝活。演出安排的压轴戏是一个标准的阴曹地府判官领着柔美的虞美人，穿越时空，与一个武士梦幻相见（《游园惊梦》爵士奇异版）。虞美人舞双剑，武士击鼓，现场热闹异常，酒吧变成了一个古今中外、奇思异想的大熔炉。大多数人对这种表演持否定态度。因为爵士乐与京剧是两种截然不同的艺术，为了片面追求奇异，生搬硬套地把它们扯在一起，就如水火不容，必生怪胎。

怪异不是高雅。高雅者应具有三高，即《昭昧詹言》所说："胸襟高，立志高，见地高，则命意自高。"

28 论适度

适度作为美学范畴，是从老子辩证思想和孔子中庸思想移植过来的。老子辩证思想就反复强调适可而止："名亦既有，夫亦将知止。知止可以不殆"（《道德经·第三十二章》），名称既已产生，但也要知道适可而止。知道适可而止，可以避免危险。他还说："多言数穷，不如守中"（《道德经·第五章》），议论太多，注定行不通，还不如保持适中。老子反复强调适度的重要性："知足不辱，知止不殆，可以长久"（《道德经·第四十四章》），知道满足不会遭到困辱，知道适可而止，不会遇到危险，可以长久安全。"功成而弗居，夫唯弗居，是以不去"（《道德经·第二章》），功成而不自居，正由于不居功，所以他的功绩不会失去。

孔子中庸思想的关键也是适度，即中正、中和、不偏不倚，要求"事举而中"，反对"过"和"不及"，也就是"执其两端用其中于民"（《中庸》），超过事物的一定界限与未达到一定界限同样是错误的。在《中庸》中，孔子以喜怒哀乐为载体生动说明了适度的重要性："喜怒哀乐之未发，谓之中；发而皆中节，谓之和。中也者，天下之大本也；和也者，天下之达道也。致中和，天地位焉，万物育焉”(《中庸》)。

那么，适度的美学原则是什么呢？

第一，适合自身的美才有美感。孔雀开屏具有美感，一个女孩学孔雀，只知撒开裙子走路就没有美感了；人笑起来具有美感，如果猩猩学人笑，就显得很丑了。所以，适合自身的美才有美感。在这方面，庄子在《庄子·天运》中用一个生动的故事来说明：美女西施心口疼而皱着眉头从邻里间走过，邻居中有个丑女子看见西施这个样子，认为很美，回去后也学着西施那样捧着胸口走过邻里。邻家的富人看见后，紧关门户不出来；穷人看见后，拉着妻子儿女就跑。她只知道皱眉的样子很美，但不知道皱眉很美的原因。

第二，适度的乐音才是一种美。音巨、音细、音噪、音危都不会产生美感，要产生美感，乐音就应适度。《吕氏春秋》在这方面有生动的论述：“夫音亦有适，太巨则志荡，以荡听巨则耳不容，不容则横塞，横塞则振；太小则志嫌，以嫌听小则耳不充，不充则不詹，不詹则窕；太清则志危，以危听清则耳谿极，谿极则不鉴，不鉴则竭；太浊则志下，以下听浊则耳不收，不收则不抟，不抟则怒。故太巨、太小、太清、太浊皆非适也”(《吕氏春秋·仲夏纪》)。

孔子提倡的中庸，意即适中、适度、中平、中常，核心思想是“无过”“无及”。中庸的“中”，强调凡事掌握恰当的分寸，而“庸”则强调凡事要甘于平淡无奇。这正是适度美学原则应遵循的准则。

28.1 适中使中国人的身材、容貌更美

适中为美。

适中不仅最接近黄金分割比例的审美原则，而且也是大众审美的习惯性标准。根据我国17个省市近万名成年个体的调查结果，我国人的身材容貌多处于适中，这种适中结构给予中国人不俗的身材和美丽的面容。

中国人的身材容貌特征：身材中等、肤色浅黄，头发较黑而发型较直，眼色多呈深褐色，鼻子中等宽，鼻梁中等扁平，整个嘴都不向前突，嘴唇不厚不薄，也不前鼓，身上体毛稀少。

从上述特征来看，中国人的身材容貌大都居于中等，这种适度，也就是没有过之而无不及的适中。而适中是审美一个原则，这一审美原则是否适合评价中国人的身材和容貌呢?

就身材来说，中国人的身材更接近于黄金分割比例，中国体操运动员及跳水运动员屡屡在世界大赛中名列前茅，这就是对中国人身材美的最好肯定。就容貌来说，由于中国人以卵圆形的脸形居多，由这样的脸形配上中等鼻梁和宽鼻、中等嘴唇、黑白之间的中等肤色，面部又比较扁平顺眼，再配以适中的中等身材，自然有一种自然中和之美。

所以说，适中使中国人的身材、容貌更美。

28.2　赵丹表演艺术：个性化表演与风骨并存

赵丹（1915—1980 年）是我国著名电影表演艺术家。他一生拍过 39 部影片，正如他的夫人黄宗英所说："他以自己的血肉之躯，与民众一起，溶一生之酸甜苦辣、喜怒哀乐、爱憎好恶于艺术之中。拿他自己的话来说，'有许多败笔，但是真实的，是倾注了心血的'。"赵丹以炽热的赤子之心、澎湃的革命激情和熟练的艺术技巧，塑造了许多真实丰满的艺术形象。作为电影表演艺术家，他创造的典型人物形象至今还活在人们的心里，这是一个表演艺术家成功的标志之一。赵丹在表演艺术上之所以取得了成功，这跟他一贯坚持个性化表演与风骨并存是分不开的。

抗战胜利后，他主演的《乌鸦与麻雀》最为成功。它是一幅旧社会市民生活的风俗画，也是一首抨击时事的讽刺诗，辛辣尖刻，鞭辟入里，无情揭露了社会的黑暗和政治的腐朽。赵丹饰演的肖老板栩栩如生，充分展现了肖老板性格的复杂性，人物形象非常丰满：他善良正直，对事对人有一副热心肠，对侯伯义的欺压敢于表示不满和反抗；同时他又善说爱吹，满怀发财的欲望，成天做着轧金子顶房子的美梦。赵丹恰如其分地表现出肖老板的两面性，他略带夸张的表演派演技，把这个社会底层的小市民形象活脱脱地塑造出来了。

中华人民共和国成立后，赵丹的艺术创造达到了高峰。先后主演了《为了和平》《李时珍》《海魂》《林则徐》《聂耳》《烈火中永生》等影片，成功地塑造了不同时代、不同性格的银幕形象。赵丹在《为了和平》影片里成功塑造了爱国抗日知识分子江浩教授；在《李时珍》中扮演的李时珍，尊重历史，真实再现了明代名医"仁者之师"的典型形象；在《海魂》中成功塑造了窦二鹏这个玩世不恭、放肆、任性，然而又正直无私的国民党士兵形象。特别应该强调的是，赵丹塑造的林则徐、聂耳、许云峰等英雄形象，饱满热烈，是个性表演与风骨并存的经典形象。在《聂耳》中，赵丹成功地塑造了音乐家聂耳的音乐个性和革命风骨；在《林则徐》中，他从不同侧面不断展现林则徐的光彩。赵丹从中国传统戏曲和绘画中吸取营养，以大落笔、重写笔的手法，时而飘逸、时而泼洒，时而急促、时而舒展，有张有弛，动静结合，表情、眼神，一举手、一投足，都是经过精心设计和提炼的，特别是赵丹很好地表现了林则徐的内在情绪，其充满激情的表演极富感染力。继后，赵丹在《烈火中永生》中饰演许云峰，也有不凡的表现，展示了许云峰坚定、机智和蔑视敌人的英雄形象。

赵丹的表演艺术，注重表演个性化与风骨完美结合，他努力在每部电影中刻画出艺术形象鲜明独特、丰富多彩的个性特征，即在表演中尊重自己的"特殊性"；与此同时，又坚守人物形象的风神骨气，注重人物的爽朗挺拔之风度美。这是赵丹成功的关键之一。

28.3 要讲究艺术的适度

要使艺术作品富有美感，艺术家创作时就必须既追求形似，更追求神似。也就是说，艺术家的作品既要忠于现实，又要高于现实，讲究艺术的适度，才能使其艺术作品富有美感。

齐白石画虾，总是高人一筹，其成功的秘诀就在于他善于把握艺术创作的适度。齐白石画的虾，活泼、灵敏、机警，富有生命力。为了熟悉虾的各种变化，齐白石在水缸里养了几只大虾，闲时常常仔细地观察虾游动、跃进、觅食时的各种体态变化。因为他掌握了虾的特征，所以画起来得心应手。

齐白石早年画的虾，虾身是六段，后来变成了五段，这是什么原因呢？他对老舍说过："实际上虾爪上的东西还很多，可是我不用画这些玩意。"可见他画虾不是单纯对实物的描摹，而是讲究艺术的适度，也就是在形似的前提下追求神似，追求艺术作品的美感。抓住形似与神似的统一，既具有现实感又符合美学原则。五段的虾，在画面上摆出来最合理、最好看、最美。白石老人将虾身由六节缩为五节，对虾的挠足也进行了删减，使之达到艺术的适度。另外，齐白石自创的"以水点墨，墨中点水"的方法，使他画的虾产生了一种通体透明、晶莹逼真之感。为了突出虾的动感，他对虾须、虾钳进行适度夸张放大，超长的虾须与虾钳明显增强了虾的灵动感。画虾，难在如何巧妙地处理肢体的穿插、叠加和呼应，做到疏密安排得当，拥而不挤，密而不乱。因此齐白石在画虾时以墨法为主，不用在其他花鸟画中常见的飞白，将非凡的书法功力融入画虾的具体细节中。齐白石老人画虾，追求一个"活"字，他画的虾只只可以跃然纸上，活力四射。以《虾》这幅画中的三虾为例：虾头上的三笔，通过墨色的深浅浓淡、水分的渗透干湿，表现出一种动感。左右一对浓墨眼睛，脑袋中间用一点焦墨，左右二笔淡墨，使虾的头部变化多端，硬壳透明，由深到浅。而虾的腰部，一笔一节，连续数笔，由粗而细。用笔的变化，使虾的腰部呈现各种异态，有躬腰向前的，有直腰游荡的，有弯腰爬行的。虾的尾部也是三笔，既有弹力，又有透明感。虾的一对前爪，由细而粗，数节之间直到两螯，形似钳子，有开有合。虾的触须用淡墨画出，似柔实刚，似断实连，直中有曲，乱中有序，似动非动，非常可爱、生动、逼真。这正是齐白石讲究艺术适度的结果。

29 论对称

对称之美，是最原始的美。对称也是中国美学中重要而平凡的美学范畴。说它重要，是因为大自然和人类社会无不展现出对称之美；说它平凡，也是因为它无处不在，并非稀罕之物，因而常被人们忽视。

大自然给我们展现出的对称之美众多：天与地对称而形成人间，正因为有天与地的和谐对称，才有雨、雷、电，也才有青山、绿水、动物。而雨与晴的对称、雷与电的对称、山与水的对称、人与动物的对称，方显出多彩绚烂且富有生气的世间。

人是动物进化的高级产物，人体的对称也是最完美的，从人的印堂往下划一个中轴线，就可以看到人体的对称是多么完美：两眼，两耳，两上肢，两下肢，即便只有一个的器官，其本身也多是对称的。

中国人对对称的自然现象和社会现象特别敏感，由此而创造出许多相对的哲学范畴，而它们往往是以对称的形式出现的。如天道与人道、形而上与形而下、知与行、形与神、阴与阳、聚与散、文与质、仁与义、公与私、健与顺、忠与恕、道与法等。

对称的美也是原始的美，这体现在原始的“乐”上，即原始的诗歌、绘画、音乐。原始的诗歌在形式上就追求对称整齐，例如黄帝时的《弹歌》中有：“断竹，续竹；飞土，逐肉”。它首先追求的是对称整齐的美：断竹与续竹对称，飞土与逐肉对称。后来的《诗经》乃至盛唐的唐诗中，这种对称美就更加严格，四言律诗、五言律诗、七言律诗等，不仅讲押韵、整齐，而且讲平仄。远古时期的绘画也讲对称。

对称之美，讲究整体的各个部分的空间布局和谐有序。文学艺术中的对称原则不是文学艺术家随心所欲的产物，而是客观世界的实际规律性在艺术中的反映。因此，人为地把对称绝对化到实际上，这是在否定美本身，是用形式主义支配内容，例如三角形的几何图形构成的“诗”，纯粹成了文字游戏；画家别出心裁的“押象画”，让艺术失去了意义。

中式建筑大多数讲究对称美，以宫廷建筑为代表。故宫是中式建筑的典型，它整体来看是四方形，东西两侧为对称结构。中轴贯穿南北，同时也是北京城的中轴线。重要的三大殿全部在中轴线上。因为明清两朝皇帝的需要，故宫前后划分为办公区和生活区两大部分。前面的办公区以中轴线上的午门、金水桥、三大殿为中心，两侧对称坐落着文华殿和武英殿两个外路宫殿群，以及各种小型建筑，如皇子居住的南三所等；后部以三宫为中心，两侧对称建筑有东西十二宫，即十二个各自独立的小四合院。

对称给人以整齐、庄严之美，但也会给人呆板，没有士气的感觉。所以，我们在这运用对称手法时，应随时提醒自己：适度的对称是种美，否则，就会走向美的反面，变丑了。

29.1　对称彰显美

《易经·系辞上》说：“一阴一阳之谓道”，认为阴阳的相互交替作用是宇宙间的根本规律。北宋周敦颐的《太极图》尽展阴阳对称之美：“无极而太极，太极动而生阳，动极而静，静而生阴，静极复动。一动一静，互为其根”（《太极图说》）。

我们的先祖就发现大自然中处处存在对称之美，并把它运用到声律学之中：诸如云对雨，雪对风，晚照对晴空，来鸿对去燕，宿鸟对鸣虫；三尺剑，六钧弓，岭北对江东；沿对革，异对同；白臾对黄童，江风对海雾，牧子对渔翁；贫对富，塞对通；野叟对溪童，鬓皤对眉绿，齿皓对唇红；

天浩浩，日融融，佩剑对弯弓；半溪流水绿，千树落花红；春对夏，秋对冬，暮鼓对晨钟；观山对玩水，绿竹对苍松，雪花对云叶，芍药对芙蓉，巨海对长江；如此等等，美不胜收。

对称之美往往体现在诗词之中，既有节奏感，又有音律美。诗讲究对仗，即将字数相等或大致相等、结构相同或相似的一对语句并列在一起，表达相近、相对或相连的意思。例如“秋雨潇潇，漫烂黄花都满径；春风袅袅，扶疏绿竹正盈窗”。诗还讲究对比，即把两种相互对立的事物，或同一事物的两个不同的方面列举出来，互相比较，使事物的本质和特征更加鲜明突出，把道理阐发得更加全面细致，给人更深的印象。例如诗人臧克家的《有的人——纪念鲁迅有感》:“有的人活着，他已经死了；有的人死了，他还活着……骑在人民头上的，人民把他摔倒；给人民作马牛的，人民永远记住他！”

29.2 不对称也彰显美

不对称也彰显美，这莫过于弯曲的河道和高矮不一的山峦。弯曲的河道拥有直道难以体现的柔美，参差不齐的山峦比平直整齐的山峦更能彰显出壮美。

断臂的维纳斯为什么美？许多人误认是她的断臂美，于是得出的结论是残缺是一种美。这显然是一种误解，应该说维纳斯的断臂并不美，但是因为这种残臂使观者产生多种想象，这种想象是以对称完整的双臂为根据，进而猜想那未曾断的臂摆放的各种姿势，这种巨大的想象空间和想象使得不对称也彰显出美。

残缺并不彰显美，只有赋予残缺力量和想象时，才能彰显出美。

马丽因车祸失去右臂，这并未使她变美。失去右臂的马丽来到北京，成了一名“北漂”。她在康复中心认识了失去左腿的自行车残疾运动员翟孝伟，她“感觉这个男孩的身材挺适合跳舞的”。两人一拍结合，独臂的马丽和独腿的翟孝伟不分日夜勤学苦练，终于在中央电视台第四届 CCTV 电视舞蹈大赛决赛中高分胜出，这个名叫《牵手》的舞蹈获得银奖。他们是这次 7000 多名参赛者中唯一的残疾人组合。显然，马丽和翟孝伟虽然都是残疾人，但他们的《牵手》展示了坚强的意志和乐观主义精神，从而产生了美感。

不对称也彰显美。参天大树因枝丫不对称而彰显古朴沧桑之美；模特儿的服饰色调和款式的不对称也能彰显出新颖奇特的美。不过，从艺术视角来看，舞蹈中的独舞是以典型的不对称之美征服观众的。独舞是由一个舞者用肢体语汇抒发情感，给舞蹈的空间、时间自由得多，它要征服观众，首先要打破对称的常规，以不对称的舞蹈语汇取胜。我们以男子独舞《海浪》为例，舞者的手臂轮廓清晰、节奏鲜明地作波浪式颤动，而上身、胸、腰大幅度地起伏屈伸，忽而像海燕飞翔的翅膀，忽而似翻卷不息的浪涛，既是力量的象征，又给人以美的享受。

因此，对称和不对称皆能展现美。

29.3　对称的故宫尽显威严之美

对称建筑既实用又美观，这一点中国古人就已经发现了。古代文献中记载：夏商时代住宅平面布置方式为四向制，即以中庭为中心，在北、东、西、南四方，按一正、两侧、一倒座的房屋布置，围成一个封闭的向心的内院。考古发现，早在新石器时代的西安半坡村，已有向心型住宅。

对称的北京故宫，不仅是远古民居四向制建筑的发展、放大，而且是皇权的象征。它不仅继续采用了民宅四向制，使人产生凝聚归属感与安全稳定感，而且象征着国家和皇权，给人以威严之美。

故宫前面的天安门城楼始建于明永乐十五年（1417 年），清顺治八年（1651 年）重新改建，定名为天安门。东面是供奉皇帝祖宗牌位的太庙（现为劳动人民文化宫），西面是皇帝祭祀土地和五谷之神的社稷坛（现为中山公园）。穿过天安门，就来到了故宫，这是明清两代的皇宫，至今已有六百年的历史。整个建筑群按轴线对称布局，对称层次分明，主体突出。按其布局可分为外朝、内廷两大部分。外朝以太和殿、中和殿、保和殿三大殿为中心，文华殿、武英殿为对称的两翼，是皇帝举行各种典礼和从事政治活动的场所。内廷以乾清宫、交泰殿、坤宁宫为主体，另有养心殿、御花园、外东路、外西路等，是皇帝处理日常政务和居住之处。对称的外朝建筑雄伟壮观，气势磅礴，给人以威严之美；内廷建筑金碧辉煌，极尽豪华，布局严谨，给人以凝聚和稳定之感。

故宫每一个层次的建筑，无不以对称之美为核心进行设计。紫禁城正门称午门，东西两侧设有钟鼓，每逢朝会或庆典均在此鸣钟击鼓。它在南北中轴线上依次布列了天安门、端门、午门、太和门、太和殿、中和殿、乾清门、乾清宫等五门三宫殿，通过南北中轴线强调对称的基调，从而彰显出威严之美。正如南朝阴铿诗云：“新宫实壮哉，云里望楼台。”

30 论含蓄

含蓄之所以成为中国美学范畴之一，是因为它具有含而不露、郁郁馨香的美感。含蓄用在品评文艺作品上，则是指艺术家不把作品的内容完全表达出来，而是将思想、深意蕴含在文字或画中。含蓄不是隐晦，隐晦典故连篇，深奥难懂，很难使人产生美感；而含蓄则深入浅出，耐人寻味。司空图《二十四诗品·含蓄》说：“不着一字，尽得风流。”“不着一字”，即意在言外；“尽得风流”，即耐人寻味。至于无形之美，更是绘画、书法艺术中突出的特点。含蓄带来的形神兼备、神似胜于形似，就是含蓄之优势。中国的文学艺术贵在含蓄，其表现是多方面的，诗词有“意在言外”，音乐有“弦外之音”，书法、绘画、雕塑有“形神兼备”。

含蓄的美学原则有哪些呢？

第一，“隐秀”。这是刘勰在他的《文心雕龙·隐秀》中提出来的：“情在词外曰‘隐’，壮溢目前曰‘秀’”；“隐者，不可明见也”。钟嵘认为含蓄则是“言在耳目之内，情寄八荒之表”。隐还有一层含义，即刘勰说的：“隐也者，文外之重旨也”，“隐以复意为工”，这是说审美意象的多义性。刘永济《文心雕龙校释》说：“隐处即秀处也。”而晦塞、雕削之类并非刘勰所倡之“隐”，他特别解释说：“或有晦塞为深，虽奥非隐，雕削取巧，虽美非秀矣。”故刘勰说：“深文隐蔚，余味曲包，辞生互体，有似变爻。言之秀矣，万虑一交。动心惊耳，逸响笙匏。”深沉的文章含蓄华盛，无穷的余味曲折包容。文辞产生引申的深意，如同卦爻的变化。俊秀的文句要千思万虑才能一得，因而惊心震耳。

第二，“不着一字，尽得风流”。这是唐人司空图在他的《二十四诗品·含蓄》中对文艺含蓄风格的形象解释。历代文论家对此均有同感。唐人薛媛说：“泪眼描将易，愁肠写出难”（《写真寄夫》）。宋人张孝祥曰：“妙手何人为写真，只难专处是精神”（《浣溪沙》）。明人汤显祖云：“三分春色描来易，一段伤心画出难”（《牡丹亭·写真》）。

第三，含蓄贵在有变化无穷之妙。这是清人郑燮对含蓄的又一诠释：“意在笔先者，定则也；趣在法外者，化机也。”

含蓄不是含糊，它包含两重意思：一是内容含义深隐，有言外之意；二是艺术表现隐而不露。含蓄在文学艺术中若运用得当，不仅能使作品精炼、深厚、容量大，而且能使文艺作品保持旺盛的生命力。宋朝的梅圣俞说，诗如果能“意新语工”就是好诗了，但最好的诗要能“状难写之景，如在目前，含不尽之意，见于言外”。

自古以来，含蓄有三种表现手法：一是点明有含意，却不明说含意是什么；二是不点明有含意，抒写很婉转，但其含意比较明显，含蓄程度稍浅；三是叙事抒情，寓意深沉，含蓄程度很深。

宋代王安石叹曰："丹青难写是精神！"文艺之含蓄，亦是如此。

30.1 含蓄的爱更美

爱贵在含蓄，中国人的爱情自古以来就比较含蓄委婉。

那种"我爱你"的浅薄表白，在中国人看来显得比较苍白而缺乏分量。我国最早的一部诗歌总集《诗经》，首篇《关雎》就是一首炽热的恋歌。诗中对爱恋的表达是含蓄的，"关关雎鸠，在河之洲"，在河中小洲上关关地鸣叫求偶的雌雄雎鸠，暗含男女之恋。然后点出恋歌的主题："窈窕淑女，君子好逑"。继后，用左右两边采摘荇菜作比，反衬单恋的青年男子白天黑夜都想她，因相思而失眠。诗中"求之不得"掀起了热恋中的曲折波澜，紧接着"寤寐思服""辗转反侧"，更显爱情的真挚和可贵。青年男子弹琴奏瑟来亲近她，敲锣打鼓来讨好她。可以想象：有情人终成眷属。

《诗经》里还有一首优美的爱情诗《蒹葭》，也是以表达含蓄的爱情而取胜的："蒹葭苍苍，白露为霜。所谓伊人，在水一方。溯洄从之，道阻且长。溯游从之，宛在水中央。"

在一个深秋之晨，芦苇沾满霜花，恋人踏着浓霜而来，在河边凝视"伊人"的一方，惆怅！一会儿逆水寻觅，一会儿顺水寻找，好像"伊人"在水中央。诗歌含蓄地表达了恋者的痴情。凄凄，白露未干，恋者就再去寻找"伊人"，似乎在水中滩；采采，露水未收，恋者又去寻找"伊人"，似乎在水中央。"伊人"可望而不可即。芦苇之苍苍、霜露之湿润、秋水之流逝，这一系列景物渲染出一种凄迷、茫然又略带希望的气氛，以此来烘托主人公找不见"伊人"的怅惘心情。每章开头两句写芦苇上霜露的变化，"蒹葭苍苍，白露为霜"，"蒹葭凄凄，白露未晞"，"蒹葭采采，白露未已"，以此来暗示时光的流逝，使人意会到恋人已在水畔徘徊了一个清晨。

《诗经》里还一首《伯兮》，描写一位女子思念从军远征的丈夫的复杂感情，也是表现含蓄的爱：当她想象到丈夫英武非凡，便颇有些骄傲之感。

然而离别的相思，刻骨铭心，自从丈夫去征东，无心梳洗发蓬松。通过期盼雨却是大晴天，含蓄地表达了天不择人意之痛，最后想寻到忘忧草种在后院，以减相思之苦、相思之痛，但这段忧思是不可能排解的。如此含蓄地承递，生动地刻画出这位女子的相思情怀。

我们从《诗经》中这三首反映爱情的诗歌可以看出，我们的先人多么重视含蓄地表达爱。“关雎”一词已成美好爱情的象征，广泛流传。《蒹葭》蕴含无限深情，令人心动神摇，唐代李商隐《无题》诗，深受其影响；《伯兮》被称为中国“闺怨”诗词之祖，汉代徐干的《室思诗》、杜甫的《新婚别》、柳永的《凤栖梧》等无不受本诗的影响。

含而不露，隐含在形象之中，我国先人就善于此道。含蓄婉转能蕴储诗意，耐人寻味，意味深长。所以沈祥龙在《论词随笔》中说：“词贵愈转愈深。”

30.2 “画外音”

“画外音”这一技巧最初是一种电影表现手法，它是指来自画面外的声音与画面内的形象和声音相互补充、互相衬托，造成蒙太奇的效果，丰富了画面内容，增强了艺术效果。我们这里所说的“画外音”是以含蓄为主旨，达到“不着一字，尽得风流”的效果。

“画外音”式的含蓄，是最难的含蓄，也是最有味道的含蓄。在这方面，应首推唐代三峡一带的民歌《竹枝歌》，它起源于重庆东部，故又称《巴人调》。歌唱时手持竹枝，且歌且踏为舞，用短笛、鼓伴奏，其声愁苦悲凉，歌词为七言四句，每首均叠用“竹枝”“女儿”作为和声。《竹枝歌》尤以“画外音”式的含蓄为特点，如“芙蓉并蒂一心连，花侵槅子眼应穿”，盛唐以来已流行于谷地，并成为教坊歌伎演唱的流行歌曲。文人亦喜歌唱，如开元间以草书闻名的张旭便善唱这种民歌。

《杨柳青青》一首，堪称“画外音”式含蓄的代表作：“杨柳青青江水平，闻郎江上踏歌声。东方日头西边雨，道是无情还有情。”

由明代冯梦龙搜集、载于《山歌》卷三的民歌《别》，也道出了另一种“话外音”：“滔滔风急浪潮天，情哥郎扳椿要开船。挟绢做裙郎无幅，屋檐头种菜姐无园”。开头就暗示两人的爱情生活出了波折。后面谐音双关，“幅”谐“福”，“园”谐“缘”，说情人别去是他无福，自己无缘，毫无哀怒之意，表现出在爱情方面的自主人格。这是“画外音”的另一种表现手法。

30.3 为什么中国哑剧没有发展为一个独立剧种

中国哑剧源远流长，远古巫风盛行时，除专门祭祀的巫觋之外，又产生了专门供人娱乐的俳优。他们以滑稽的动作来博得宫廷贵族一笑，这时哑剧就悄然产生了。后来以大曲调来唱故事，哑剧逐渐被边缘化。虽然后来中国京剧中《三岔口》《雁荡山》也名噪一时，但并非京剧中的主流，使哑剧再次被边缘化。

为什么中国哑剧没有发展成为一个独立剧种？除上面说的被边缘化外，更主要的还是其内在原因，即哑剧无剧，也就是说缺乏故事情节和戏剧性，从而使它失去了含蓄之意。为了说明问题，我们以著名的哑剧表演艺术家卓别林的代表作《寻子遇仙记》与中国戏曲《三岔口》作对比。

《寻子遇仙记》描写了流浪汉却利捡到一个弃儿，加以抚养，一起生活若干年后，弃儿的生母已成著名演员，到处寻找自己的孩子，最后终于在流浪汉那里找到了。卓别林扮演的流浪汉却利，穿着那套有名的服装：圆顶帽、灯笼裤、大皮鞋，加上一根手杖。他出场时，很有风度地整理着他的破衣服，挥舞他的手杖，自得其乐地漫步于街上，他一本正经地脱下他的无指手套。打开他那用沙丁鱼罐头盒制成的香烟盒，捡起一段香烟屁股，把它顿了顿，点燃。这些唯独卓别林才拥有的衣饰、动作和手势，富有艺术魅力，让观众久久不能忘怀。而中国戏曲《三岔口》虽然原剧情为焦赞除奸遇害的故事，但这样的故事情节不明，只体现了武生、武丑应工的短打戏，只看见两个演员在台上表演“摸黑开打”。虽然两位武生打得热闹，但对观众来说，由于缺乏戏剧性，只见两人时而腾跃翻跌，时而飞刀对拳，好似沦为一种竞技比赛。这自然就因有哑无剧而失去应有的含蓄美。

话剧依靠语言来表达思想和创造戏剧性，而哑剧则是通过变化万千的形体动作完成戏剧性。哑剧在中国古代被称作哑杂剧，属百戏之一。当前世界哑剧表演已呈多元趋势，在这种态势下，但愿我国能诞生有中国特色和中国魅力的哑剧剧种。

31 论逍遥

逍遥，之所以成为中国美学的范畴之一，是因为它强调人的精神相对自由的意境。之所以是“相对自由”，是因为一个文学艺术家，他的灵感和创作是一刻也离不开大自然和人类社会的，他必然受大自然和人类社会的某种制约。就像鸟儿有在天空飞翔的自由，但它不能飞到太空一样。故庄子在大力提倡“逍遥”的同时又提出“有待”，指出人无绝对的自由。逍遥作为美学范畴，它也应在上述哲理基础上发展自身的内涵，即一个文学艺术家，在创作或审美活动中，追求精神上的自由境界，而这种自由境界是依附于客观规律的相对自由，而不是“绝对的自由”。搞“绝对自由”就要离开依附的客体，“皮之不存，毛将焉附”？这自然成不了大器。

“逍遥”一词最早见于《诗经·郑风·清人》：“二矛重乔，河上乎逍遥”，言之悠悠然自得也。《庄子·大宗师》：“芒然彷徨乎尘垢之外，逍遥乎无为之业”，意即了无牵挂地神游于尘世之外，逍遥自在地处于顺其自然、无所用心的境地。庄子在这里强调的逍遥要“顺其自然”，也就是“自由”是符合自然规律的自由。庄子又在他的《逍遥游》中说：“若夫乘天地之正，而御六气之辩，以游无穷者，彼且恶乎待哉？”如果能顺应自然规律，并掌握住六气的变化，遨游于无穷无尽的境地，他还凭借其他什么东西呢？庄子在这里再次强调了“自由境界”是以顺应自然规律为前提的，认为只有达到“无待”，才能逍遥。这是庄子自由观和人生理想的集中概括。西晋郭象认为，一切有待之物（包括人类），只要安于各自的“性分”，即是“逍遥”。东晋名僧支循认为，应变无穷，只有无待的至人才能做到。

中国文人讲逍遥，首先要冲破封建礼教的樊篱，拥有想象力的自由。想象力是一个优秀文艺工作者的基本素质之一，可以说，一个文学艺术家若缺乏想象力，或想象力不强，他永远成不了大器。伟大诗人屈原的《离骚》就充分展示了诗人的想象力，其以神奇幻想形式，驱使各种神话传说、历史人物、日月山川、风云雷电、离凤虬龙，勾画出一幅泣天动地的美妙而感人的图景；庄子的《逍遥游》，想象奇幻，构思巧妙，描绘传神。写鲲鹏之大：“不知其几千里也”。写鲲鹏展翅翱翔：“水击三千里，抟扶摇而上者九万里”。连鲁迅先生也说，庄子的文字“汪洋辟阖，仪态万方，晚周诸子之作，莫能先也”。

中国文人讲逍遥，其次要冲破陈规陋习，要拥有独创性的自由。独创性是一个优秀文艺工作者的素质之二。独创性与想象力紧密相连，它是指独立地产生新思想、新形象和新事物的能力，是一个文艺工作者成功地完成某种创造性的文艺形象所必需的心理品质。但由于封建礼教和注入式教学束缚了我们的自由创造力，导致我们的文艺作品中创造力明显不足。《山海经》中的独创性是史无前例的，在国外也鲜见。鲁迅小时候就被《山海经》给迷住了：“那是我最心爱的宝书，看起来，确是人面的兽；九头的蛇；一脚的牛；袋子似的帝江；没有头而‘以乳为目，以脐为口’，还要‘执干戚而舞’的刑天”（《朝花夕拾》）。

文艺创作讲想象力自由和独创性自由，就是强调文艺工作者应具有精神自由。

31.1 悲风万里吟《离骚》

司马迁说："屈原放逐，乃赋《离骚》"。从《离骚》到《九歌》，从《哀郢》到《天问》，从《悲回风》到《招魂》，处处悲风，纵横捭阖，想象神驰，化为中国诗歌之《楚辞》，开中国诗歌浪漫主义之先河。

《离骚》是屈原的代表作，是中国古代最伟大的浪漫主义抒情长诗，约作于屈原放逐江南汨罗期间。诗人在再次遭遇放逐，报国无门，痛苦无诉之际，写下了一首回顾平生奋斗历程的自传性诗作。这是一首倾诉少年之壮志、青年参与艰难改革、壮盛年遭迫害和放逐的抒情之作。

《离骚》从三个层面充分展现了诗人屈原对精神逍遥和自由的追求。

第一个层面，摆脱皇权的羁绊。诗人本想精忠报国，却横遭奸佞小人的诬陷和迫害；诗人充满希冀的理想追求因佞臣和昏庸的楚王而破灭；诗人对故土和乡亲们满怀眷恋深情，却遭遇国破家亡之灾。在这种氛围和形势下，屈原被第二次流放，对"美政"的绝望，使诗人屈原能摆脱皇权有形和无形的束缚。看到贵族群小把楚国引上"幽昧""险隘"的道路，诗人振臂而呼："岂余身之惮殃兮？恐皇舆之败绩！"难道是我个人畏惧什么灾祸吗？我担心的是祖国遭殃，这正是诗人精神上摆脱了皇权的羁绊后自由的呐喊。

第二个层面，突破了《诗经》四言格调的羁绊。《诗经》是我国最早的一部诗歌总结，收集的是我国公元前 11 世纪至公元前 6 世纪的诗歌作品，收录了西周、春秋时代大约 500 年间的诗歌作品。其四言体、重叠手法、双向韵等为我国诗歌的发展奠定了基础，要在这种 500 年的诗歌基础上有重大突破，需要多么大的能量可想而知。《楚辞》的主要代表和开拓者屈原，竟然突破了《诗经》四言诗的羁绊，极具创新性的《楚辞》字数长短不一，灵活多变，是诗歌形体的一次解放，大大增强了诗歌的表现力，标志着我国古典诗歌发展到一个新阶段。

第三个层面，突破现实主义手法的羁绊。《诗经》是以现实主义手法反映奴隶制时代的社会生活，内容涉及周部族的历史、农牧业生产劳动、反剥削和压迫，反映人民渴望和平的愿望，以及表现男女青年的爱情。而屈原的《离骚》《九歌》等代表作则摆脱了现实主义手法的羁绊，用浪漫主义手法加以表现。在《离骚》中，诗人大量采用象征、比喻的手法，把神话传说、历史人物、山川日月、香草幽花等罗织起来，构成一幅幅雄奇瑰丽的图画。诗人通过陈辞重华、上叩天阍、下求佚女等一系列曲折迷离的情节，来展示复杂的内心冲突，使人们从主人公的彷徨痛苦中感受到他对祖国的忠诚和对理想的不懈追求。

第四个层面，跳出整体性层面的羁绊。自古以来，中国文化就强调人的整体性和集体行为。《诗经》共收集 305 篇诗歌，按乐调分为风、雅、颂。风是地方乐调，雅是秦地乐调，颂是皇家祭祀中用来娱乐神祇和祖先的舞蹈音乐。我们仔细考察，却发现没有一篇是个人的作品，给人的印象是皆为集体创作的。而《离骚》作为中国第一部抒情长诗，却是屈原以自身为原型，从多方面、多角度，通过多种手法树立了一个具有高尚品格和出众才华的诗人形象，从而跳出了当时传统的整体性羁绊，实为可贵。

屈原的《离骚》从这四个方面摆脱了传统的羁绊，从而开古典骚体诗之先河。其惊人的艺术成就使得后人竞相效仿，影响了后代赋和七言诗的诞生与发展，其贡献不可小觑。

31.2 超凡的想象力成就了诗人李白

李白是我国继屈原之后又一位伟大的浪漫主义诗人。李白诗作现存 900 多首，反映了盛唐时代的社会现实生活面貌。他的诗雄奇豪放，常能以惊世骇俗之墨恣意挥洒，这源于他具有超凡的想象力。

我们把李白的诗与其他诗人的诗加以对比，就能感觉到李白超凡的想象力究竟体现在哪里。描写江河，晋代夏侯湛是这么描述的："江水兮浩浩，长流兮万里"（《江上泛歌》）。唐代李华则是："飞湍鸣金石，激溜鼓雷风"（《寄赵七侍御》）。前者以写实手法，后者以夸张手法，虽然给人新颖之感，却无震撼，而李白写江河："黄河之水天上来，奔流到海不复回"（《将进酒》）；"黄河落天走东海，万里写入胸怀间"（《赠裴十四》）；"黄河西来决昆仑，咆哮万里触龙门"（《公无渡河》）。

这是李白写黄河的三首诗，句句精彩，出人意料。李白善于在选择一个题材后，把它充分发挥，从而使大家承认压根儿也想不到会在这个题材里发生那么多东西。说黄河之水从"天上来"，"万里"黄河"入胸怀"，"咆哮万里触龙门"，这是一般诗人难以企及的，其想象力已达到了非常高的境界。我们再以江河的描述来进行比较。晋代郭璞云："林无静树，川无停流"（《幽思篇》）。南朝鲍照云："蜀汉多奇山，仰望与云平"（《拟古》）。可以看到这两位诗人都用白描的手法写山水。而李白的两首诗却让人震撼："朝辞白帝彩云间，千里江陵一日还。两岸猿声啼不住，轻舟已过万重山"（《早发白帝城》）；"天门中断楚江开，碧水东流至此回。两岸青山相对出，孤帆一片日边来"（《望天门山》）。诗人以超凡的想象、灵动奔放的笔调，表现行舟三峡的快意，创造出极其轻快美妙的意境。两首诗虽写同一山水，出人意料却又在情理之中，描绘的两种美妙意境毫不雷同。

李白超凡的想象力在其代表作《梦游天姥吟留别》中表现得淋漓尽致。诗人借梦游天姥山的奇境，表现对于自由、光明的理想的热烈追求，"列缺霹雳，丘峦崩摧。洞天石扉，訇然中开。青冥浩荡不见底，日月照耀金银台。霓为衣兮风为马，云之君兮纷纷而来下，虎鼓瑟兮鸾回车，仙之人兮列如麻"。没有超凡的想象力是无法写出这样梦幻般的史诗的。

想象力是创造诗的意境的基本方式。李白超凡的想象力成就了一代"诗仙"。

31.3 人民性是杜诗的灵魂

杜甫是唐代伟大的现实主义诗人。他一生写诗1400首，反映了安史之乱前后的社会状况，给予人民很大的同情。杜甫“诗句贯古今，词气浩纵横”，是我国古典诗史上又一面旗帜，也是我国诗歌史上影响最大的诗人之一。他身经安史之乱，在仕途上不断遭受挫折，颠沛流离，生活困顿。因此，对当时政治的黑暗、统治集团的腐朽，以及人民所受的深重苦难都有切身的体会和清醒的认识。他的诗篇大胆揭露了当时统治集团的腐朽，广泛而尖锐地反映出人民的苦难和观念的矛盾。人民性是杜甫诗歌的灵魂，这一点我们从杜甫的代表作中就可以看得十分清楚。

例如《兵车行》反非正义之战。这首诗大约写于安史之乱前夕的天宝年间。当时统治阶级穷兵黩武、好大喜功，我国西北、西南少数民族的战争越来越频繁。连年不断的战争，不仅给边疆少数民族带来无穷灾难，也给广大中原地区的人民造成深重的不幸。诗篇写了应征士卒出发时家人奔走相送、牵衣顿足、拦道痛哭的情形，然后借一征夫之口，广泛而深刻地揭露唐王朝的扩边战争给人民带来的灾难：“边庭流血成海水，武皇开边意未已”，把矛头直指唐玄宗，因为扩边战争导致“古来白骨无人收，新鬼烦怨旧鬼哭”。

《石壕吏》对于百姓苦遭受的苦难百般同情。杜甫通过陈述石壕镇老妇一家的悲惨遭遇，集中地概括了安史之乱带给人民的深重灾难。“暮投石壕村，有吏夜捉人。老翁逾墙走，老妇出看门”，展示那穷兵黩武的恶劣环境；“吏呼一何怒，妇啼一何苦”，老妇啼诉，也痛悼死去的儿子，关切守寡的儿媳和孙子的悲惨处境，她苦苦哀求差吏不要抓人。当哀求无效时，她悲愤、慷慨地挺身而出，上前线服役。“夜久语声绝，如闻泣幽咽”，全诗没有一句直接的抒情和议论，却能深刻反映出当时的民族矛盾和压迫给人民造成的巨大灾难。

《茅屋为秋风所破歌》描写了诗人向往共同富裕的愿景。诗中描写了一场风雨把他居住的茅屋破坏了，屋漏床湿，使他通宵不眠。杜甫从一己之不幸，想到人民在战乱中的苦难，产生了甘愿为天下穷苦人而牺牲自己的愿望。“八月秋高风怒号，卷我屋上三重茅”；“床头屋漏无干处，雨脚如麻未断绝”。就在这种遭遇暴雨、家庭困顿之时，诗人却从内心发出理想的愿望：“安得广厦千万间，大庇天下寒士俱欢颜！风雨不动安如山。呜呼！何时眼前突兀见此屋，吾庐独破受冻死亦足”。这后一句，使杜甫对人民的深厚情感达到高峰，令人震撼。

人民是历史的主人，也是艺术的主人。杜甫的代表作充分体现了人民性，这正是杜甫的伟大之处。

32 论神思

神思是中国美学范畴之一，它提倡文学艺术家在想象力活跃时或获得外在灵感的状态下进行创作构思，在这种状态下创作的作品往往能成大器。屈原的《离骚》、李白的《梦游天姥吟留别》、苏轼的《念奴娇·赤壁怀古》在神思方面均为上乘之作。

《文心雕龙·神思》指出：“文之思也，其神远矣！故寂然凝虑，思接千载；悄焉动容，视通万里；吟咏之间，吐纳珠玉之声；眉睫之前，卷舒风云之色。其思理之致乎！”跨越时空的想象和活跃的灵感来自作者过人的秉性才识，虚静的心境，深邃的思索和平和的内心状态。

神思的美学内涵有六。

一是畅神。南朝宋宗炳的《画山水序》中说：“神本亡端，栖形感类，理入影迹，诚能妙写，亦诚尽矣。……余复何为哉？畅神而已。”认为妙写的艺术既可通过形象畅达事物不可形见的精神事理，亦可使审美者在感悟艺术之美的同时抒发自己的情思，获得审美愉悦。

二是万趣融于神思。南朝王微在《叙画》中说："望秋云，神飞扬，临春风，思浩荡；虽有金石之乐，珪璋之琛，岂能仿佛之哉！"王微在这里倡导"万趣融于神思"，他认为自然美给予人的这种享受要超过玉器珍宝。的确，哪一个大诗人不是在大自然中寻找灵感而写出诗篇？在宅室玩弄珠玉怎能写成大作？

三是"传神写照"。"传神写照"是东晋大画家顾恺之提出的。"传神写照"的"神"，指一个人的风神，即一个人的个性和生活情调。他认为，凡是活的人，只有面前有个对象，他才能有所动作表情，如果没有对象（"空其实对"），他的动作表情就出不来，画家画他的肖像就很难达到传神的要求。这显然是一种唯物的正确的审美观点。

四是传神必须抓住美感的核心部位。《世说新语·巧艺》中说："顾长康画人，或数年不点目精。人问其故，顾曰：'四体妍蚩本无关于妙处，传神写照正在阿堵中'"。顾恺之指出"传神"处主要在眼睛，而不在于"四体妍蚩"，抓住了传神产生美感的关键部位。

五是文思神远，想象至远。神思者，就要拥有一对想象的翅膀，使想象不受时间、空间的限制，上下数千年，纵横千万里，大至宇宙变幻，小如耳边珠玉之声，"遵四时以叹逝，瞻万物而思纷"，"耽思傍讯，精骛八极，心游万仞"（陆机《文赋》）。

六是情物相融。刘勰认为情是人之性，物是天之性，神思需情物相融："神思方运，万涂竞萌，规矩虚位，刻镂无形。登山则情满于山，观海则意溢于海。我才之多少，将与风云而并驱矣"（《文心雕龙·神思》）。意念构思开始活动时，如万条道路竞相展开，把虚浮的加以规矩固定，将未成形的进行雕刻，像登山时情趣充满山中，望海时感触洋溢海外，我才华的多少将与流风浮云共同驰骋。

32.1 传神写照全在阿堵中

我国绘画史上出现的第一位有作品传世的画家是东晋的顾恺之，他有一句名言影响至今："四体妍蚩本无关于妙处，传神写照正在阿堵中。"他指出画眼睛是画人物之灵魂，非常重要。顾恺之作画的实践也遵照这一规律。唐代《贞观公私画史》一共收录17件顾恺之的画作，《历代名画记》中收录29件。说明顾恺之的作品流传到唐代的不多，现在就更为鲜见了。现在保存的《女史箴图》卷、《洛神赋图》卷，经专家鉴定，均是唐宋人的摹本，但画上保留了六朝画风的遗韵。

《女史箴图》是我国尚能见到的最早的专业画家的作品之一。全图依晋人张华的《女史箴》文而作。晋惠帝时，贾皇后专权，荒淫放纵，作恶多端。张华即写此箴文，借歌颂古代贤德的妇女来讽谏性妒多诈而滥权的晋惠帝皇后贾南风。该画顾恺之极为重视"阿堵"（眼神），画的是冯媛挡熊。《汉书·外戚传》记载，汉元帝观看斗兽时受到从栏中逃出的黑熊的威胁，婕妤（后妃）冯媛当熊而立，黑熊受阻，左右武士得以将熊刺死，汉元帝免受其害。画面上冯媛侧立，身体瘦弱，黑熊则张牙舞爪。但是冯媛的神态自若，衣带飘动，仿佛挺身而出，挡住了熊的去路，将"趋进"二字体现得非常恰当。尤其是她的目光，坚定而毫不畏惧，一副视死如归的凛然气概。黑熊的目光则因此而显得畏缩起来。身后两个执戟卫士，瞪目怒视，形成了鲜明的对照。可见眼神在顾恺之画中多么重要。

《洛神赋图》中眼神的表达仍是画中第一位的。《洛神赋》是汉魏文学家曹植的名篇，其以第一人称讲述了曹植在由京师返回封地途中渡洛水时与洛水女神相遇而相互爱恋，终因人神相隔而无奈分离的动人故事。《洛神赋图》选择的是曹植与洛神相逢并无奈分离的两段场景。曹植双手似在分开众人，步履趋前，眼神一仰一俯，欲语无言，眉目顾盼之情全都表现出来了。众侍从目光呆滞，似乎视而不见，正是曹植一人"睹一丽人，于岩之畔”最好的陪衬。在洛神驾六龙云车离去一段中，文鱼、玉鸾、鲸鲵等神物环绕云车，动态不一，而女神则凝神幽思，万般无奈。

的确，传神写照全在阿堵中。

32.2 汉服、旗袍及时尚

当下许多人热心推动汉服（袍子）的普及，并把它视为国服，但却收效甚微。有位热爱汉服多年的青年说：“汉服给予我们的是一种优雅的生活仪式感与独特的中华文化享受。”但为什么至今汉服都没有受到中国青年普遍的青睐呢？要解答这个问题，我们也许从旗袍的发展中会受到某种启发。

旗袍是清代满族旗人妇女穿的一种服装。清末满族妇女穿的旗袍宽大、平直，衣长至足，给人以臃肿、呆板的印象。加之所选衣料大都是绣花红缎，在旗袍的领、襟、袖的边缘部分用宽边镶滚，这多少显得有些俗气。民国以后，汉族妇女所穿的旗袍，其现代性主要体现在剪裁上的收省、装袖以及垫肩。这三种从西方来的缝纫工艺彻底改变了旗袍的走向，使其从无型无款向错落有致发展。收省和装袖让旗袍更加合身熨帖。一般式样为直领，右开大襟，紧腰身，衣长至膝下，两侧开叉。有长、短袖及无袖之分，线条简练而优美，造型质朴而大方，款式新颖，风格直接大胆但又有克制，它并不袒胸露背，在尽情勾勒女性身体曲线的同时又有所隐藏，仅留出大腿两侧的开衩。革新后的旗袍轰动一时，也受到当时追求时尚的女青年的青睐，很快便流行于当时中国城市，并成为表现东方妇女曲线美的传统民族服装，也成了中国近代女子的代表服饰。

从清末老式旗袍的黯然到民国新式旗袍的流行，这全在于20世纪20年代，上海女青年在追求“男女平权”和服装个性化的基础上对旗袍进行适当的改造，并使它既能体现女性的身体曲线美，又能体现东方女性的温文尔雅和庄重，这正达到时尚的要求。所以，革新的旗袍自然受到民国女子普遍的欢迎，也就逐渐普及了。

因为对老式旗袍进行了与时俱进的改造，让其变为时尚，最终走向了成功。如今推行汉服的人应反省汉服不能自然普及、不能广受中国青年人青睐的根本原因，是不是因为没有对汉服进行与时俱进的改造？

汉服，即袍子，是汉代流行的一种长衣，通常制为两层，中纳棉絮。为了美观和增强衣服的牢度，特地在领、袖、襟、裾等部位缀以缘边。到了东汉，袍已成为新娘出嫁时必备的礼服，不分尊卑，都可穿。因为变成了礼服，所以颜色和装饰上有了规定，以别等差。如《后汉书·舆服志》记："公主、贵人、妃以上，嫁娶得服锦绮罗縠缯，采十二色，重缘袍。"在重农抑商的政策下，商人家的女儿出嫁，只许穿浅黄色及浅青色两种颜色的袍服。士庶百姓虽可穿袍，但只允许穿绨袍、麻袍、布袍。所以，在新时代推广汉服，必须先解决两个问题：一是消除汉服的等级制，二是对汉服进行时尚改造，即突出时代感和个性化。否则，将很难成功。

33　论朦胧

朦胧，本是指月光不明、不清楚。作为中国美学范畴，朦胧则是指一种可意会而难言传的含蓄蕴藉之美。其特征是形象的模糊性、抽象性，内容的多义性、不确定性，形式的扑朔迷离、变幻莫测、诡谲离奇，因此使人通过揣测、想象、意会而获得特殊的审美享受。在艺术创作中，往往通过象征、隐喻、借喻、曲笔、变形等手法创造朦胧的艺术形象或意境。

朦胧美的美学原则是什么呢？

一是恍惚。它是指一种若有若无、朦胧含蓄的存在状态。老子说："道之为物，惟恍惟惚。惚兮恍兮，其中有象；恍兮惚兮，其中有物。窈兮冥分，其中有精；其精甚真，其中有信”（《道德经·第二十一章》）。“道”没有固定的形体，它是那样的恍惚，恍惚之中却有形象，恍惚之中却有实物；它是那样的深远暗昧，深远暗昧中却有极细微的精气，这极微的精气，最具体最真实。老子又说：“是谓无状之状，无物之象，是谓恍惚。迎之不见其首，随之不见其后”（《道德经·第十四章》）。这叫没有形状的形状，不见形体的形象，也就是恍惚。迎着它，看不见它的前头；跟着它，看不见它的背后。老子认为“道”的恍惚状态，就是有与无的统一，也是实与虚、有限与无限、抽象与形象的统一。这也是中国古代艺术中典型的朦胧审美特征。

二是想象和联想。朦胧之所以能产生美感，是因为它会引人产生想象和联想。写月色不明，“楚魂吟后月朦胧”引发无尽的想象和联想，月朦胧在这种意境下才是一种美；写暮色暗淡，若“合沓岩嶂深，朦胧烟雾晓”，也是因为想象和联想，暮色朦胧在这种意境下才是一种美。

三是可意会而不可言传之美。朦胧的美，可意会而不可言传，即“言有尽而意而穷”。正如清代诗人王士祯特别欣赏晚唐诗人司空图以“采采流水，蓬蓬远春”来解释“纤秾”这种创作风格，以为“正与戴容州‘蓝田日暖，良玉生烟’八字同旨”（《带经堂诗话》）；他同样欣赏严羽以“水中之月，镜中之象”和“羚羊挂角，无迹可求”论诗，因为这都是说朦胧美可意会不可言传。为此，王士祯倡导的朦胧美，给人一种神秘感，但具体到文艺创作，就需要作者苦心孤诣地追求美的形象的创造。

20世纪70年代后期曾出现“朦胧诗派”，朦胧诗被这一诗派的人称为现代艺术潮流的产物。其实，就朦胧诗来说，中国自古有之。最有代表性的莫过于唐代诗人白居易的《花非花》。

我们在讲朦胧美时，不是提倡含糊，更不是提倡古怪。含糊让人读多遍也弄不明白主旨，主题含混、内容含糊、词语晦涩，这绝不是朦胧美；至于追求古怪、离奇、怪诞而捉摸不透，这也与朦胧美不相干。

33.1 朦胧美与朦胧诗

有朦胧美吗？世间只要有说不清道不明的朦胧的情景事物，就会产生朦胧美，如月夜之美、雾霜之美。唐代白居易的《花非花》应是通过创造朦胧美的意境写出朦胧诗的最佳代表：“花非花，雾非雾。夜半来，天明去。来如春梦几多时，去似朝云无觅处”。全诗以“花”“雾”尽染，若隐若现，来去飘忽，甚为迷离。以花雾托诸隐语，创造朦胧意境，是在借抽象表面，实则或写一段幽情，或为追怀偶遇的丽人，不得而知。

我们再看一首唐代李商隐的朦胧诗《无题》：“昨夜星辰昨夜风，画楼西畔桂堂东。身无彩凤双飞翼，心有灵犀一点通。隔座送钩春酒暖，分曹射覆蜡灯红。嗟余听鼓应官去，走马兰台类转蓬”。全诗主题扑朔迷离，若说是描写男女之情，却有“听鼓应官”“走马兰台”的官宴场面。既然写官宴场面，用“春酒”“灯红”又太艳丽。这正如《唐诗鼓吹评注》所言：“此追忆昨夜之景而思其地，谓身不能至，而心则可通也”。

从白居易的《花非花》和李商隐的《无题》，可以看出世间存在朦胧美，诗人据此写出了朦胧诗，而朦胧诗又给读者一种朦胧美。从这两首朦胧诗中我们可以概括出朦胧诗必需的三个条件：其一，朦胧诗给人的是一种美感，而不是含糊，更不是晦涩。以此实彼，似彼实此。其二，朦胧诗的内容不那么明晰确切，给读者留下的联想余地较大。其三，朦胧诗所写的景物、意境给人一种“隔窗望月，隔水看花”的朦胧美。这个“隔”就是美感的朦胧。

我国当代一些诗人借鉴西方现代派（特别是意象派诗歌）的艺术手法写作的作品，信奉德加的美学见解：“一幅画，来一点含混，来一点荒唐，这才妙。”于是把朦胧视为“难懂”。例如美国意象派诗人埃兹拉·庞德的《地铁站台》：“人群中显现的那些幽灵般脸庞；潮湿黝黑的树枝上的许多花瓣”。

如果作品真的“难懂”，那美感又从哪里产生呢？

33.2 李白诗歌的朦胧与含蓄

朦胧不是含蓄，但朦胧有了含蓄的因子，方能更加隽永和醇香。在这方面，诗人李白是高手，其诗既有朦胧美，又含蓄隽永。例如《静夜思》："床前明月光，疑是地上霜。举头望明月，低头思故乡"。夜晚朦胧的月光照在地上像霜一样，幽静又美好。在这月光浩浩的静夜里，诗人在举头和低头之间思乡之情油然而生。任何游子在外乡静夜的月光下，都会有这个感受。诗人思故乡的什么呢？故土？亲人？友人？让读者自己去填空。正是这朦胧又含蓄的美成就了一首脍炙人口的好诗。

李白紧紧抓住月色，然后以含蓄的方式发挥，如《关山月》："明月出天山，苍茫云海间。长风几万里，吹度玉门关"。苍茫云海在月光照耀下显出朦胧的美，其后紧跟"长风""吹度"，立刻显出边关的肃杀，引人联想到边关将士的艰苦和辛劳，这也是朦胧中的含蓄。

李白在写月光时，也写今人和古人之间对照，如《把酒问月》："今人不见古时月，今月曾经照古人。古人今人若流水，共看明月皆如此"。在朦胧的月光下，李白因想到古今同是一轮月，便把古人与今人很自然地联系在一起，一是慨叹古人与今人同照之月之恒久，二是感叹人生短暂，古今人如流水，后浪推前浪。把朦胧与历史发展的规律高度融在一起了。

李白使朦胧美与含蓄高度契合的诗，应是《峨眉山月歌》："峨眉山月半轮秋，影入平羌江水流。夜发清溪向三峡，思君不见下渝州"。诗人着力描写峨眉山月，月影下汩汩湍流的江水，这是一种梦幻般的朦胧美。夜发清溪，想念友人？亲人？故人？不得而知。但那种想念突然发生，坐船愈远想念愈深。

李白这几首写月的诗是中国诗歌中的上品，原因就在于李白借月光创造朦胧意境，引人联想故乡、联想玉门关、联想古人、联想友人，从而产生美。

33.3 民谣中的另一种朦胧

有一种民谣强烈地控诉不公平的社会，但不直接声讨，例如广泛流传的近代民谣《泥瓦匠》："泥瓦匠，住草房；纺织娘，没衣裳；卖盐的，喝淡汤；种田的，吃米糠；磨面的，吃瓜秧；炒菜的，光闻香；编凉席的睡光床；抬棺材的死路旁"。这首民谣用写实主义手法，表现半殖民地半封建社会的中国劳苦大众的生活，这种生活是劳者愈困，闲者愈富；劳动者缺衣少食，剥削者豪华奢侈。但它不直接进行批判，而是用鲜明的对比陈述实际情况，这是另一种朦胧。

还有一首近代流传于四川的民谣《奴家苦》，也采用了同样的写实主义手法："敲破锣，打烂鼓，把奴嫁到阎王府。奴家今年一十八，恶夫今年四十五；整天要我把活做，做饭洗衣磨豆腐；深夜做到五更鼓，理麻纺线又织布；白天生怕见婆姑，晚上又怕见恶夫；奴家苦处向谁诉"？只写现实生活，就处处体现了在封建家族残酷压迫下的"奴家苦"。这种写实方法，更能说服人，也更能感动人。这种朦胧往往在表现男女爱情的民谣中多有体现。如冯梦龙的《山歌》中的《素帕》："不写情词不写诗，一方素帕寄心知。心知接了颠倒看，横也丝来竖也丝。这般心事有谁知"？开篇两句采用写实手法进行客观叙述，把这样一只手帕寄给她的知心人，其含义是什么？诗不点明，故显朦胧。横看竖看，表面上看都是丝（情诗），而唯有知心人自己知道，其中甜蜜的爱油然而生，不言而喻。这种表达爱情的方法既从生活中来又到生活中去，耐人寻味。

北朝民歌《杨柳枝歌》同样有这个味道："门前一株枣，岁岁不知老。阿婆不嫁女，那得孙儿抱？"用枣树"不知老"比拟女儿年纪大了，该出嫁了，但诗不明说出来，也用了写实的朦胧手法，强烈表达女大当嫁的愿望，余味乃在想象之中。

34 论简约

简约是中国的传统美学范畴，其源于中国古代推崇的“大道至简”哲理，强调“易简而天下之理得矣。天下之理得，而成位乎其中矣”（《易经·系辞上》）。简约之简，是指以简洁的外貌体现出深度的内涵，要有画龙点睛之笔，是事物精髓所在，是不烦琐的简朴，是言简意赅的简练。正如明代徐光启所言：“易生于简，简生于明，综其妙在明而已”（《几何原本》）。

简约最初是南宋画派所标榜的艺术理想。与北宋画派崇尚笔墨繁富不同，南宋画派要求以最为省略的笔墨取得最为深远的艺术效果，以减削迹象来增加意境，由此逐渐形成中国“文人画”笔简意繁的“大写意”传统。这种风格笔墨简净，但暗示力强，能引发丰富的想象和联想，把人引向画外之意。如元代大画家倪瓒爱画古木幽篁、曲涧寒松，但笔墨极简，自称“逸笔草草，不求形似”，“聊写胸中逸气”，能将人带入一种古木荒天、清远萧疏的意境，画外有不尽之意。无明以降，这种画风广泛影响到其他各类艺术，使诗文向着更加讲求神韵、戏曲表演向着更为虚拟化和程式化的方向发展。

简约的美学原则有哪些呢？

第一，简约玄澹，超然绝俗。现代美学家宗白华在《美学散步》中有过中肯的分析：“西洋‘文艺复兴’的艺术（建筑、绘画、雕刻）所表现的美是浓郁的、华贵的、壮硕的；魏晋人则倾向简约玄澹，超然绝俗的哲学的美，晋人的书法是这美的最具体的表现。”魏晋玄学崇尚“三玄”，即《老子》《庄子》《周易》，其深受这“三玄”的影响。

第二，简约禁绝烦冗，讲究简洁、简捷、简练。文字或文章烦冗，既冗长又啰唆，既烦琐又繁杂，哪里还会有美感呢？简洁，使文辞或文章清朗扼要；简捷，使文辞或文章清晰简便；简练，使文辞或文章精练丰富。正如刘勰所说："文以辨洁为能，不以繁缛为巧；事以明核为美，不以深隐为奇"。

第三，简约不是随便，而要精炼。简约不是简单，更不是简陋和粗疏，简约的目的是文字或文章精练，能以一当十，甚至以一当百。在这方面，唐代诗人杜甫的诗作给我们做了好榜样，他也提出了简约即精练的好主张："为人性僻耽佳句，语不惊人死不休"（《江上值水如海势聊短述》）。

第四，力求文之简约。我国古人为文之简约精练费尽心思，甚为感人。例如唐代方干说："吟成五字句，用破一生心"。唐代卢延让说："吟成一个字，捻断数茎须"。唐代杜荀鹤说："吟尽三更未著题，竹风松雨共凄凄"。宋代李清照说："诗情如夜鹊，三绕未能安"。宋代杨万里说："炼句炉槌岂可无？句成未必尽缘渠"。

古人以简约为美，是因为"事以简为上，言以简为当"（陈骙《文则·甲》）。

34.1　诗词古韵，令人陶醉

第一，中国古典诗词讲究精炼。

中国古典诗词言简意赅。下面我们用现代语言作对比就可明显看出这一点。朱自清用大白话描写的《春》："桃树，杏树，梨树，你不让我，我不让你，都开满了花赶趟儿，红的像火，粉的像霞，白的像雪。花里带着甜味儿；闭了眼，树上仿佛已经满是桃儿、杏儿、梨儿。花下成千成百的蜜蜂嗡嗡地闹着，大小的蝴蝶飞来飞去。野花遍地是：杂样儿，有名字的，没名字的，散在草丛里像眼睛，像星星，还眨呀眨的"。

中国古典诗词则以简洁精练的文字描写《春》：

“春林花多媚，春鸟意多哀”（晋《子夜四时歌》）。

“木欣欣以向荣，泉涓涓而始流”（陶渊明《归去来兮辞》）。

“柳色黄金嫩，梨花白雪香”（李白《宫中行乐词八首·其二》）。

“江碧鸟逾白，山青花欲燃”（杜甫《绝句二道》）。

“浓绿万枝红一点，动人春色不须多”（王安石《咏石榴花》）。

第二，中国古典诗词讲究意境。很多诗论家把意境视为诗的思想感情与它所描写的生活画面的和谐统一。诗以有无意境及意境的高下为衡量成败的准绳。意境发端于“志”，演进于“情”与“形”，提高了“神”。

中国古典诗词总是把思想感情与所描写的生活画面融为一体，难分彼此。

“户外碧潭春洗马，楼前红烛夜迎人”（佚名《水调歌》）。

“正是江南好风景，落花时节又逢春”（杜甫《江南逢李龟年》）。

“醉里不知时节改，漫随儿女打秋千”（徐铉《柳枝辞》）。

“山寺归来闻好语，野花啼鸟亦欣然”（苏轼《归宜兴留题竹西寺》）。

“不愁屋漏床床湿，且喜溪流岸岸深”（曾几《苏秀道中》）。

“愁眼逢欢春水明，诗情得酒春云生”（范成大《陈侍御园坐上》）。

第三，中国古典诗词讲究诗眼。诗眼不只求“某字工，某句警”，而且是与全诗主旨有内在联系的“神光所聚”。诗眼是一句诗或一首诗中最精辟传神的地方，是“一动万随”，能够揭示“全诗之指”的关键所在，其或为一字，或为一词，或为警句，却无不与整首诗歌的艺术表现和审美意境息息相关。散文讲究立意，写之前应确定一个主旨，然后炼意，在立意过程中发掘题材的潜在意义和提炼主题，或通过联想和想象加以引申、发挥。而中国古典诗词讲究的诗眼则要求更高：在核心的精炼之外，要能统领全局（篇），自然贴切，一语中的。

例如李清照的“莫道不销魂，帘卷西风，人比黄花瘦”。又比如宋祁的“绿杨烟外晓寒轻，红杏枝头春意闹”。前诗的“瘦”和后诗的“闹”均为诗眼，令人拍案叫绝。

第四，中国古典诗词讲究“诗韵”和“限韵”，使诗朗朗上口，并具有节奏感和音乐美。例如杜牧的《山行》：“远上寒山石径斜，白云生处有人家。停车坐爱枫林晚，霜叶红于二月花”。诗中“斜”读 xia，与“家”“花”同属一个韵。“限韵”则是指赋诗的方法。古人约集作诗时，限定某一韵目中的几个字作为韵脚。例如《红楼梦》第三十七回，宝玉、黛玉、宝钗、探春四人咏白海棠，限定“十三元”的门、盆、魂、良、昏五字为韵脚，四人都按此作诗。林黛玉的一首就写得风流别致：“半卷湘帘半掩门，碾冰为土玉为盆。偷来梨蕊三分白，借得梅花一缕魂。月窟仙人缝缟袂，秋闺怨女拭啼痕。娇羞默默同谁诉？倦倚西风夜已昏”。

第五，中国古典诗词风格多样，应有尽有。《诗经》的风雅体和《楚辞》的离骚体是我国诗歌发展的源流。继后有乐府、古体诗、今体诗、律诗、排律、绝句、二言诗、四言诗、五言诗、六言诗、七言诗、杂言诗等，抒情方式多种多样，是我国文学艺术中的瑰宝。“五四”新文化运动为了推行新诗而否定中国古典诗词是极短视的行为。有人借故说中国古典诗词只能表现旧时代的内容和风貌。毛泽东的百余首诗词采用中国古典诗词形式，却根据时代的需要表现新时代的新风貌，结束了“五四”以来新诗与旧体诗词对立的局面，为中国诗歌的发展开辟了广阔的道路。

34.2 简朴为美

简朴者，去烦冗而简洁清新者也。

中国原始社会的玉雕精品红山玉龙，因其简朴风格而增辉。大凡看到龙，多是复杂的龙头，多彩的龙身，若再用玉雕成，必然烦冗而沉闷。红山玉龙的作者却摒弃了烦冗手法，使龙的整体呈“C”字状蜷曲，通体无纹，细部仅运用浮雕、浅雕，整体结构强调神似的准确对称。加之玉龙又由整块墨绿软玉雕成，玲珑剔透，相得益彰。作者运用简朴风格使红山玉龙成了世界玉雕工艺之绝品。

简朴为天下之理，这天下之理，就是万事万物之精髓。宇宙和大自然以简洁、和谐堪称完美，事物变化纷繁复杂，而其规律却是简洁的；红、橙、黄、绿、青、蓝、紫七色绚丽，绚烂之极却又归于平淡的白色。当被问及终身奉行的话时，孔子给出一个“恕”以答。万物复杂纷呈，中国古圣贤以“阴阳”概之。总之，简朴对创新者来说是至关重要的。

与北宋画派崇尚笔墨繁杂不同，南宋画派崇尚简约之美，要求以最为省略的笔墨取得最为深远的艺术效果。中国的人物花鸟画中，对空间环境的取舍愈发自由，或按主题需要有弃有取，或完全省略环境描写，大胆利用空白，突出主题，并借助观者的联想与想象去自由发挥，这反映了以简洁追求神韵的中国风格。

在当今中国城市街道墙绘中，丰子恺的简笔画特别引人注目，也颇受欢迎。他的简笔画已经比传统中国画更简洁了，甚至人物眼珠或眼都未画。都说眼睛是心灵的窗户，丰子恺没眼的风俗画却那么传神，这是什么缘故呢？他的画很独特，用毛笔钩线，设色平涂，选型简括，风格朴实，而这些手法综合为一个“简”字。按丰子恺的自白所言：“我是现代人，我的体感当然作现代相，我不会又不喜作纯粹的风景画或花卉等静物画；我希望画中含有意义——人生情味或社会问题。希望一幅画可以看看，又可以想想。”

简朴风格用到妙处，可使有限的画面、有限的笔法和色彩表现出丰富的“画外音”，从而调动观者的想象并达到美的境界。在中国古代艺术家中，这种以简朴的风格表现美的艺术作品俯拾即是，像春秋晚期青铜饰纹《雁纹》、北宋《泼墨仙人图》、元代颜辉的《铁拐图轴》，都因充分运用简朴手法来表现丰富的内涵而成传世之珍品。

34.3 简约之美铸造了油画中的总司令

被中国军事博物馆收藏的陈可之巨幅油画《朱德总司令》，就是以简约制胜。肃然起敬，震撼人心！这是笔者观油画《朱德总司令》的最初感受。栩栩如生的朱德总司令就在我们面前。此画既画出了朱德之风骨，又展示了画家中西技法的无缝融合。陈可之是笔者的朋友，他构思总司令的油画前，曾有三幅构图，前两幅兵车隆隆，战马嘶鸣，但过于烦冗，所以选择了现今这一幅，最后证明是成功的选择。

古今中外画伟人像者多矣，唐代阎立本的《历代帝王图》中的杨坚，虽画出了他的“体貌奇特，仪表绝人”，却给人以难以接近，唯我独尊之感；而西方画家画拿破仑，不管怎么画，总逃不过傲慢与偏见之窠臼。朱德总司令在中国是百姓老小敬佩爱戴的人，画家陈可之对总司令更是钦佩有嘉，故他是在用心作画，呕心沥血年余，日夜思忖，以求实与创新为准绳，以简洁明快为标准，终于完成其力作。油画是怎样体现简洁明快的呢？令人意想不到的是，画面仅是总司令敬礼的大头部特写。一个总司令正向人民致敬、向军人致敬、向一切反法西斯的战士致敬！这正是朱总司令的人格特征，也正是朱总司令有别于其他总司令的本质体现。

唐代张彦远在他的《历代名画记》中讲了一个上佳画作的标准：画须生动传神才能成为上佳之作。也就是说，画作必须“以形写神”。陈可之形成简洁的整体构思以后，对朱总司令的头部特写进行精雕细刻。做到了大局简洁而局部细腻、逼真、独到、创新。

陈可之是怎样通过极简洁的画面“以形写神”的呢？

当朱总司令走到八路军战士中，西方记者甚至中国老百姓都很难辨认出谁是司令谁是士兵，但在抗日的战场，他却是指挥抗日大军，让日寇丧胆的总司令。总司令就这么平凡而又伟大。怎样体现总司令这种平凡中的伟大，伟大中的平凡呢？画家选取的时代背景是抗日战争胜利日，身经百战、百炼成钢的八路军总司令，举手向人民致敬、向江山致敬、向所有为正义事业献身的烈士致敬。这个致敬礼，不仅体现了八路军、新四军是人民子弟兵，而且还体现了八路军、新四军这些子弟兵胜利时最先想到的是祖国和人民。一改前人画伟人像时或傲慢，或举手呼风唤雨的老套风格。

不仅军人，就是普通老百姓看了这幅油画也会从心底发话：这就是咱的总司令！

当确定了简洁的结构框架以后，细节决定成败。陈可之在这幅肖像画的细节上下了最大的功夫。眼神：深邃、智慧、有人情味、带着胜利的喜悦，眼睛湿润，更有神了。手：厚实，指挥手灵巧、有活力、有力量、柔情，更辅助了脸的表情。耳：传统的福相，透出厚道。脸部：既真又神似，有现代男子汉的美感，有肌肤感，显出沧桑美、尚武美、男子气概的美。眉毛：浓眉，体现尚武，更有力；有点白眉，更沧桑。鼻子：微塌，升高了点，更显骨气、英气，更神似。嘴：反映自信，无法形容的美感，厚道又有英武气。服装：无特殊感，一看就是从硝烟弥漫的战场上来的。红旗：千疮百孔，屹立不倒，在战火和死亡中重生，凤凰涅槃。背景：延安宝塔山和游击战，体现中国共产党领导的抗日敌后游击战，让敌人闻风丧胆。特别是八路军军帽上的国民党党徽，采用窝凹体现，这种写实手法特别高明，其深意不言而喻。由于画家对肖像的每个细节都下了特定的功夫，这些细节的总和充分体现出朱德总司令的质朴、勤劳、善良、英武、谦和、豪气，而把这些优良品质揉成一个总印象，那就是中国军人的自信。这位从农民中成长起来的总司令，正是中国人民子弟兵的优秀代表。画家陈可之在心灵刻画上令人拍案叫绝，而他的这幅油画的美学水平也有重大超越，这就是简约风格与中西绘画技巧的完美结合。

中国油画是 1902 年开始在欧洲油画技法传入后发展起来的，代表画家有徐悲鸿、刘海粟和林风眠。1979 年以后，中国油画改变了过去单一吸收技法的模式，较全面地吸收西方从古典到现代的各种风格和流派，有些画家也尝试把中国油画与国画结合，但收效甚微。陈可之是学油画的，他抓住了中国国画之精髓，即整体结构简洁明了，高度重视艺术形象的神韵或气韵，人物画必须写真、传神，从而达到形神统一。他用西方油画的纯真手法表现真，又用了中国画的技巧表现韵味、神似，“妙在似与不似之间”，使人看了油画中的朱总司令，感觉很真实，而神似更强。

35 论渐骤

渐骤者，逐渐疾速者也。其本是中国哲学的一对范畴，因它与美学联系紧密，被移植到美学领域。

渐骤，指事物量变和质变两种变化形式及其关系。《易经》中的“渐卦”就包含对事物渐变过程的洞察，《易经》中则保留着更多关于量的积累而引起质变的资料，例如“天地解而雷雨作，雷雨作而百果草木皆甲坼”。认为雷雨这种骤变现象是由天地之间平静缓慢的量变化发展而来的。东汉王充指出：“夫物之生长，无卒成暴起，皆有浸渐”（《论衡》）。认为事物的生长都有“浸渐”的量变过程，离开了“浸渐”便无“暴起”的可能。

渐骤从哲学范畴转化为美学范畴，其美学原则是什么呢？

第一，艺术手法应采取渐骤式。文学艺术家在文学艺术作品中创造形象所运用的艺术手法，应采用渐骤式，作品形象的塑造，矛盾的发展，情节的发展、递进和深化，都只有采取渐骤式才能达到质的飞跃。在一切事物的发展中，量变是质变的准备，没有一定量的变化，就不可能发生质变。万事万物如此，文学艺术创作的艺术手法也是如此，不可能脱离这一总的规律。

第二，作品的抒情手法也应采取渐骤式。一首诗或一部电影、小说，一开始就达到高潮，然后逐渐走向低潮，就会越来越没劲，也让读者或观众开始兴奋，继后平静，最后感觉索然无味。这样的诗、电影和小说虎头蛇尾，会以失败而告终。

第三，作家、艺术家在选择素材时要有所取舍。取舍的方法也应采取渐骤式，通过素材的比较，选取能生动表现主题的、精炼的、生动的素材，达到“以一当十”或“以一当百”的效果，力避一般化和雷同化。

第四，用渐骤式方法抓住创作灵感，使之发展而成器。文艺创作的灵感是创作过程中出现的一种心理现象，它能让文学艺术家的新的构思和观念产生或实现，要用渐骤式方法去抓住创作灵感。因为灵感不是从天上掉下来的，它是以长期的、艰辛的劳动活动为前提或基础的。古今中外，伟大的、优秀的文艺作品，都是作者顽强坚韧的创造性劳动的结晶，没有艰辛的劳动做准备，没有长期百折不挠的奋斗，就根本不可能产生灵感。可以说，灵感是渐骤式努力思考和奋斗的结果。

第五，作家、艺术家的创作过程应是渐骤式的。这样才会使其作品相对成熟，这是作家、艺术家写作的规律。首先是触发阶段，由于某些外部因素的触动，唤起创作意念和创作激情，头脑中出现雏形；然后是构思阶段，作家、艺术家调动自己平时积累的有关素材，对其进行深入细致的加工改造，通过典型化的艺术处理，在头脑中塑造出完整的审美意象；传达阶段，把内心构思所得的成果用一定的物质材料传达出来，使之成为独立存在的文艺作品。

渐骤法则，正是作家、艺术家在创作活动中应遵循的基本法则。

35.1　中国当代为何缺少伟大的作家

伟大的时代，本应产生伟大的作品，但当代中国作家中堪称伟大的不多，而文学界也拿不出与国家经济力量相匹配的伟大作品。为何伟大的时代却没有产生伟大的作品？笔者认为有以下五个原因。

第一，整体浮躁，浮光掠影。由于市场经济环境的影响，作家认为自己也应像社会上的暴发户那样靠一部作品一夜暴富，不想也不愿长期沉在生活的底层去吸取生活中的养料，失去了文学创作的重要源泉。作家没有亲身经历，没有亲身感受，只有浮光掠影、道听途说，违背了文学创作过程的渐骤式规律，害怕孤独，害怕吃苦，只想一炮打响，心理浮躁不安，必然是肤浅的、生硬的作品产生了，怎么会有伟大的作品呢？

第二，不明本质，缺乏力量。中国改革开放40多年间发生了沧桑巨变，这种巨变在中国前无古人后无来者，除了经济方面的飞速发展，我们也遇到了百年不遇的汶川地震和新冠疫情。这样的重大历史题材却迟迟没有召唤出一部巨作，究其原因，关键是大多数文学家对此还非常缺乏本质的、深刻的认识。

其三，无“底线焦虑”，不加设防。没有对封建腐败的清王朝的“底线焦虑”，就没有辛亥革命的发生；没有对半殖民地半封建社会的“底线焦虑”，就没有中国共产党的成立；没有对北洋政府的“底线焦虑”；就没有“五四”反帝反封建运动的发生，更没有提倡民主、科学（自由）的新文化运动，没有中国文艺复兴运动。鲁迅文学奖因冠以“鲁迅”之名而庄重、崇高，那些获得鲁迅文学奖的作品，应该是当下中国最有代表性、思想性和艺术性的水准较高的上乘之作。但让人想不到的是，获第五届鲁迅文学奖诗歌奖的“羊羔体”“口水诗”飘忽不定，不知所云且严重缺乏诗美（语言美），居然也摘得鲁迅文学奖的桂冠！此等毫无底线、不加设防并亵渎鲁迅声誉的文艺界，不说出伟大作品，就是出人民需要的合格作品也成问题。我们不禁要问：当今中国文艺界病得怎样了？

其四，应试教育束缚了思想。笔者与许多学者痛感：中国当代文学最大的问题就是缺乏思想，缺乏像鲁迅那样的思想家型的作家，而思想又是文学的灵魂。灵魂都缺乏了，还会产生什么伟大作品呢？缺少思想家型的作家为什么没有引起社会关注，而且许多人久闻不知其臭？其根本的原因在于应试教育。学生在十余年学习生涯中反复做题练习，只为了在高考中拿高分、进名校，收获的是成人以后缺乏思想，也会接受大量作家无思想，这对于民族心理的成长而言是多么可怕啊？遗憾的是，系列改革措施还未见成效。

其五“躲避崇高”，自变渺小。20世纪80年代中期开始，中国作家出于尽快进入“后现代”的强烈愿望，纷纷开始“躲避崇高”，主动退出宏大叙事、退出公共领域，让自己的文学作品尽可能写得神秘、写得“纯粹”，不屑于关注思想和社会，只顾“自己和自己玩”。现在看来，不仅没有进入“后现代”，反而成了“没脊梁”的“纯粹”作家，自己毁了自己。

作家、艺术家的创作过程必须遵循渐骤法则，即要有生活的积累、思想的积累、技巧的积累，这三个积累成熟以后，才会有伟大的作品诞生。

35.2 渐骤成就千年敦煌

敦煌是世界瑰宝，是千年渐骤的结果。

敦煌莫高窟，位于甘肃省敦煌市东南三危山与鸣沙山之间的峭壁上，上下五层，南北长 1600 米，俗称“千佛洞”。据记载，自前秦建元二年（公元 366 年）乐傅和尚在鸣沙山的悬崖绝壁上开凿了第一个洞窟起到元代止，已有千年！渐骤千年的敦煌艺术终成正果，成为世界闻名的艺术宝库。千年渐骤修成，经东晋十六国、北魏、西魏、北周、隋、唐、五代、宋、西夏、元等 10 多个朝代不断创新、不断开凿，才形成了当今这座气象雄伟、内容丰富的石窟群。至今仍保留着洞窟 492 个，壁画 4500 多平方米，彩绘 2415 身。洞窟最大者高达 40 余米，30 米见方，造像有单身和群体，有佛祖、菩萨、天王、力士、弟子，个个神采各异，精巧逼真。壁画有的反映当时劳动者生产的情景，为渔猎、耕作、营造、运输、推磨、捣米、制陶等；有的描绘生产或交通工具，如农具、织机、纺车、车船等；有的表现社会生活侧面，为楼台亭阁、宫殿院落、城市桥梁、寺庙塔台等；有的记叙民族风情，如婚丧嫁娶、歌舞杂技、服饰装戴等；有的记载了历史发展的踪迹，如敦煌地方发展史、各兄弟民族交往的发展史、佛教传播的发展史等。

千年敦煌，是集建筑、雕塑、绘画于一体的综合艺术。古代艺术家在继承中原汉民族和西域兄弟民族优秀艺术传统的基础上，吸收、融化了外来的表现手法，发展成具有敦煌地方特色的佛教艺术品，为研究中国古代政治、经济、文化、宗教、民族关系、中外友好往来等提供了珍贵资料，是人类的文化宝藏和精神财富。

南北朝时期的佛像多为“瘦骨清像”，唐代佛像大多“丰肌腻体”。例如第 79 窟是盛唐时期的两名胁侍菩萨，一坐一立，都袒胸裸足，形体丰满圆润，雍容华贵，是“曲眉丰颊”的唐代美人的典型形象。隋唐泥塑佛像还特别注重人物性格的刻画，迦叶、阿难的塑像就是典型的例子。第 45 窟的阿难像，身躯侧倚，两手随意插在腹前，意态憨厚，笑容可掬。与阿难相对的是迦叶。第 40 窟的迦叶像，身姿挺直，眉头紧锁，面容清瘦，胸骨嶙峋，嘴角略带嘲讽，俨然一副令人生畏的苦行僧形象。

要特别指出的是敦煌婀娜多姿的飞天。飞天在我国最早见于北魏杨炫之的《洛阳伽蓝记》，书中将其称为“飞天伎乐”，在佛经中称为乾闼婆、紧那罗。它是乾闼婆和紧那罗的复合体。乾闼罗是印度古梵语的音译，意译为天歌神。在莫高窟 492 个洞窟中竟有 270 多个窟里画有飞天，数量多达四五千身。敦煌壁画中的飞天，既不同于西洋宗教画中长着翅膀的“天使”，也不同于中国神话中乘龙骑鹤的仙人。壁画中的飞天之所以能够飞翔，是靠自身的动势和衣裙、飘带、云气、飞花的衬托来实现的。

几个世纪的时间里，敦煌成为丝绸之路上重要的停留点，它目睹那些旅行者艰难往返于这条伟大的贸易之路，传播文化和宗教，丰富的文化和渐骤千年的洞窟艺术的积淀，终成世界瑰宝。是渐骤成就了千年敦煌。

35.3　放弃渐骤导致“山药蛋派”消逝

“山药蛋派”是以作家赵树理为首的一个文学流派。“山药蛋派”写农民懂得的、喜爱的文艺作品，并广受包括农民在内的广大读者的欢迎。赵树理的成名作《小二黑结婚》故事情节完整生动，风格诙谐幽默，曾被改编为许多剧种搬上舞台，在群众中影响极为广泛。

一个文学流派的形成必须具备三个条件，一是要有有影响力的、有特色的作家，有一部或多部作品在国外产生影响；二是地域作家带头人在作家群中要有引领作用；三是有围绕作家代头人的作家群，大家志同道合并有共同的美学原则和美学观点。“山药蛋派”无疑是满足这三个条件的，且在20世纪50年代至60年代中期成为一个重要文学流派。其带头人物赵树理是山西省沁水县人，出身于贫苦农民家庭，幼年时读过私塾，后参加革命，运用他渐骤积累的农村生活素材进行小说创作。小说《小二黑结婚》一出版，就受到解放区读者的热烈欢迎，后又写了《李有才板话》《李家庄的变迁》等。这些作品在内容上深刻地描写了当时农村阶级斗争的曲折性和复杂性，反映了旧中国闭塞停滞的农村社会关系。在艺术形式上，创造了为人民群众所喜闻乐见的、独特新颖的大众风格。中华人民共和国成立后，赵树理在写作上耕耘不辍，出版了短篇小说《登记》、长篇小说《三里湾》和短篇小说《“锻炼锻炼”》、长篇评书《灵泉洞》（上部），一生为农民而创作，写农民懂得的、喜爱的小说，受到人民的爱戴。这种渐骤积累，也自然让他成了“山药蛋派”的领衔人物。紧随其后的是人称“西李马胡孙”的西戎、李束为、马烽、胡正和孙谦。他们都是山西农村土生土长的作家，都有深厚的农村生活基础和共同的艺术志趣和追求，一时佳作迭出，颇受广大农民读者的喜爱。但随着他们的离世，“山药蛋派”在文坛中淡出进而消逝。

赵树理为什么能成为“山药蛋派”的领衔人物呢？除了他的代表作是“山药蛋派”的领衔作品外，他尽力写农民看得懂的书，而且在语言上，“他没有用过脏的、下流话和骂人话，但却把那些剥削者、压迫者和旧道德的维护者描绘得惟妙惟肖，刻画得入骨三分。赵树理的语言极易上口，人人皆懂，诙谐成趣，准确生动。这种语言是纯金，是钻石，闪闪发光，铿锵作响”。

可惜，后继没有渐骤，“山药蛋派”消逝了，令人扼腕。

36 论禅宗

禅宗强调自解、自立、独身无前，以至到破除迷信，呵佛骂祖，禅宗既不需要日常的思维逻辑，又不要遵循共同的规范。禅宗的“悟道”便经常成为一种完全独特的个体感受和直观体会，亦即个体感性经验的某种神秘飞跃。因此，在任何场合、任何情况、任何条件下，都可以“悟道”，它具有极大的随意性和偶然性。笔者认为，禅宗是让人处于无意识和潜意识的境界之中。禅宗讲的“顿悟”，它所触及的正是短暂瞬间与世界、宇宙、人生的永恒之间的关系问题。禅宗非常喜欢讲大自然，喜欢与大自然打交道。它所迫切追求的那种淡远心境和瞬刻永恒，便经常假借大自然来使人感受或领悟。其实，如果去掉那种附加宗教的神秘内容，这种感受或领悟接近于一种审美愉悦。

因此，禅宗摆脱了附加宗教的神秘内容，移植为中国美学的范畴以后，禅宗之美就成了一种无清规、无羁绊之美。禅宗思想发生在庄子，继承于玄学，成熟于慧能，历千年。《庄子》不是宗教，但《庄子》的思想，特别是首篇《逍遥游》奠定了禅宗的理论基础。庄子所处的战国时代是一个百花齐放、百家争鸣的年代。复礼之声盛行，尤以孔子为代表。庄子在《天运》篇里批评了孔子守旧推行古礼，好像推船到岸上让船行走一样。庄子藐视复礼，因此他在《逍遥游》中充分体现出来：北海的鲲鱼化为大鹏，身姿数千里，奋飞起来翅膀就像天边的云，它要飞到天池，却被胸无大志的蝉和小鸠讥笑，但蝉和小鸠永远也领略不到苍茫天空的云海，背负青天，飞翔高远而没有穷境的美境。庄子借批评惠子怕“大”而以“无为”勇力奋飞，追求宏大高远的天池目标，这就是庄子主张抛弃功名利禄、权势尊位的根本原因。魏晋时期继承了庄子思想的玄学，不管哪派，皆提倡“贵无”，认为名数（伦理纲常）出于自然，主张君主“无为而治”。庄子学说和后来的玄学都不是宗教，让人们在精神上无所依附，也就无处谈信仰。到中唐佛教鼎盛时期，以庄子学说为理论基础的禅宗就自然而然产生了。

自唐代僧人弘忍始，强调自解、自立、独身无前，“先立无念为宗，无相为体，无往为本”（《坛经》），与外物接触时不受外物的迷惑，破对待、空物我、泯主客、齐死生、反认知、新自然、寻超脱，以至从弘忍的弟子神秀的“渐悟”到另一弟子的“顿悟”，其理论源泉均来自庄子。禅宗吸取了庄子的精华又获得了庄子学说所得不到的东西，作为中国特有的佛教，迅速发展开来，并渗透到中国人的美意识中。

禅宗作为美意识，是一种具有中国特色的美学流派。禅宗这种美学流派，既主张无拘无束又非狂放不羁，既主张超越世俗又非出世，既主张不追求功名利禄和权势尊位又放眼高成就。禅宗之美要达到这样一种佳境：多重丰富的情感归于平淡，摆脱一切利欲而归于追求高远，尽力失去小我而归于大我。这是一种无中皆有、有中皆无的境界。虽然唐代诗人白居易崇尚净土宗，常入于禅境，但他笔下的佳作《长恨歌》《琵琶行》等都与禅宗美无关，而展现禅宗之美的代表作要数李白的《梦游天姥吟留别》，诗的格调、气势和追求无我而突现大我的境界之美，与千年前的《逍遥游》何等相似！“天姥连天向天横，势拔五岳掩赤城”的气势，“脚著谢公屐，身登青云梯。半壁见海日，空中闻天鸡”的旷达，“云青青兮欲雨，水澹澹兮生烟”的无我之境，“安能摧眉折腰事权贵”的超脱，共同营造了禅宗美的佳境。

禅宗之美渗透到绘画中，则更表现出其他艺术手法不可企及的艺术境界。南宋梁楷的《泼墨仙人图》，抛开一般画法，仅用泼墨几笔就勾画出了超然于世、不拘小节、不求名利的颇有灵性的汉子。南宋马远的《寒江独钓图》更体现了禅宗之美：孤舟、渔翁、江面，四周不看丝毫墨迹，空旷无边，画面无山，却尽得千山；画面无情，却尽得人情；画面无我，却尽得自我。可以说，从历代绘画来看，马远此作应是体现禅宗之美的最完好的佳作。有中求无，无中求有，动中求静，静中求动，乃中国美学独有的禅宗之美，这也是禅宗美的精妙所在。

36.1 小三峡禅韵

三峡之壮美，世人皆知；小三峡之秀美禅韵，游人却知之甚少，这的确是一大憾事。清人郑成基当时在峡中见桃花，就身不由己地慨叹“最无聊处也嫣然”。

大宁河小三峡，指河上的滴翠峡、巴雾峡和龙门峡。大宁河发源于川、陕、鄂交界的大巴山南麓，长约 200 千米，自北向南，在巫峡西口注入长江。滴翠峡，长约 45 千米，苍翠欲滴，峭壁千丈，飞泉直下，瀑声如雷，秀气袭人；巴雾峡长约 10 千米，神秘朦胧，似美女在纱巾下的羞涩，又似神秘奇诡之仙境，有千年乳石，形似虎豹狮马，千姿百态；龙门峡壮美巍峨，峡口峭壁如削的两山对峙，形如石门，又称“小夔门”，其河道曲折，礁石林立，急流勇进，河床落差高处可达 10 米。

小三峡两岸绝壁上有左栈道，沿河上溯 160 千米。时时可听到船夫们高昂整齐的号子声。江水清澈，水虽深却能见底，游鱼群群追逐小船，还会听到踏歌声。唐代刘禹锡听了“道是无晴却有晴”，记录下来，传世至今。今日我们听到与古时同样诙谐的民谣：“郎在高山薅高粱，姐在河里洗衣裳。薅一下高粱望一下姐，洗一下衣裳望一下郎，下下捶在岩板上”。

另一首更加令人叫绝：“姐儿住在大堰堤，听她情哥在打鱼。郎在外头网一响，姐在房中笑嘻嘻。不知是青鱼是鲤鱼”。

小三峡两岸有时忽然平坦，游人下船沿石梯步行，美不胜收，这时会发现一群采药山姑在尽情地唱采茶歌：“我从茶山过，茶山姐儿多。有的能讲古，有的会唱歌”。

游山时顺着歌声走去，采茶姑娘会请你喝茶，你会听到采茶姑娘们唱：

“三月里来茶发青，茶山姑娘喜盈盈。肩背背篓口唱歌，迎着朝霞上茶岭。春茶芽儿壮又嫩，姑娘越采越有劲。你一背来我一背，心灵手巧比输赢”。

一片杜鹃红色的山花，一群活蹦乱跳的鱼群，一簇火红的篝火，一串甜蜜的山歌，一碗碗滚烫的烧酒，一个明月峡上的奇观，让游子坐在大宁河旁，别的什么都不想，一心只想那小三峡上的月光。这不正是禅韵嘛！

36.2 青海湖云韵

“除却巫山不是云”。自古以来，文人骚客公认世上最美的云雨在重庆巫山。至今敢与巫山云雨论高下者，非青海湖云雨莫属。

巫山云雨，中唐诗人李贺说：“碧丛丛，高插天，大江翻澜神曳烟”。而青海湖云雨，唐人皎然的《流云》形容得再适合不过了：“舒卷意何穷，萦流复带空。有形不累物，无迹去随风”。

暑日，烟波浩渺的青海湖中西北隅，有个 0.11 平方千米的鸟岛，每年夏天，10 万多只飞鸟从我国的南方和邻邦尼泊尔、印度、缅甸、孟加拉国等国家，成群结队飞来岛上度夏，并营巢产卵，孵化育雏，使这里成了鸟的世界。在这里，斑头雁、鱼鸥、棕头鸥、鸬鹚、赤麻鸭、大天鹅、黑颈鹤应有尽有。游子也像这些候鸟那样，暑日来游青海湖，定有大的收获。

青海湖，系 13 万年前“第四纪”时的造化巨变，断层陷落所形成的，是我国最大的内陆咸水湖，面积 4600 平方千米，相当于 4 个香港。绕湖一周约 360 千米，湖里海拔 3197 米，最深处 28 米，平均水深 19 米，水清澈透明。当地藏胞称“错温波”，蒙胞称“库库诺尔”。“温波”“库库”都是青蓝色的意思。青海湖千百年来一直被尊为“神灵”，朝拜“海神”的活动几乎长年不断，特别是在藏历羊年。青海湖滨的辽阔草原是良好的天然牧场，湖内盛产适高寒耐盐的无鳞鳇鱼。青海湖周围的峰峦，每年 10 月开始积雪，巍峨壮观的雪峰即使在夏秋季节仍依稀可见。

游子赏云，最好选在夏日。夏天最高气温 20 度，清爽宜人。青海湖以浩瀚粗犷的自然特色、恬静质朴的神姿吸引着国内外游客，沿青海湖乘车观青海湖云韵，则别有一番风韵。

拂晓，红日欲出未露之时，旭日化为云，天边红通通，映到湖面，特别壮观，气势万千。彩云泼墨，时而乱云飞渡，时而柔情万端；时而绚丽多姿，时而淡雅清新。青海晨云，万里舒展；有时云如大鹏之鸟，扑扑腾飞九万里；有时云如五彩虹，展现天上人间。悠然，一群水鸟鸣叫而去；渺渺，一群鳇鱼飘然而过。一群牦牛在湖滨草原恬静地吃着鲜草，远处一群群白羊像云朵飘散，不时还有藏族青年骑手，骑着骏马穿过，甚至还不时看到一队队青年自行车骑手在训练。此时，你会听见藏胞迎着旭日唱着山歌："高不过蓝天深不过海，俊不过花心儿的露水；香不过麝香甜不过蜜，美不过辫辫儿夫妻"。

晚上，火堆旁，游子们一边吃烤全羊，一边欣赏舞蹈《花儿与少年》，这舞蹈动作取材于青海民间舞蹈《八大光棍》，音乐根据青海民歌编成。舞蹈表现了青海高原春天的美丽以及青年们像春天般美丽的爱情。看着、看着，他们似乎在绚丽又变化莫测的青海云上翩翩起舞，如入仙境一般。这不正是禅韵嘛！

36.3 徐悲鸿之马韵

徐悲鸿的奔马，功力超凡，栩栩如生，出神入化，世所共知。1933年，他在法国、意大利、德国、比利时、俄罗斯等国举办个人画展，其《奔马》震惊四座。在我国的一次画马现场表演中，他从容运笔，挥洒自如，转眼工夫，一匹激昂嘶鸣的奔马便跃然纸上。素有爱马之癖的苏联骑兵元帅布琼尼被惊呆了，他走向徐悲鸿敬了一个军礼，说："徐先生，就将这匹马赠送给我吧，否则我会发疯的！"徐悲鸿被这番话逗笑，连连点头把《奔马》赠给骑兵元帅。

徐悲鸿的《奔马》为何那么有魅力？

那是因为他掌握了禅宗之美的精髓：既主张无拘无束又非狂放不羁，既主张超越世俗又非出世，既主张不追求功名利禄和权势尊位又放眼高成就。这是一种无我皆有、有中皆无的境界。拥有了这个境界，国家和人民就在画家心中。例如《群马图》，作画时正是抗日战争时期，他在画上题跋云："鄂北大捷豪兴勃发"，反映了画家作画时为民族解放战争的胜利而感到无比欢欣。他于1949年中华人民共和国成立后画了一匹奔马，题作"山河百战归民主，铲除崎岖大道平"。由此可见，他画马总是寄寓着对于民主和民族革命胜利的渴望。从他的马中可以感受到时代的脉搏，这使他笔下的马超越了动物的一般自然属性，不仅形神兼备，生机勃勃，而且人格化，寄寓着家国理想。徐悲鸿的作品熔古今中外技法于一炉，显示了极高的艺术技巧和艺术修养，是古为今用、洋为中用的典范，在我国美术史上起到了承前启后，继往开来的巨大作用。他擅长素描、油画、中国画，把西方艺术手法融入中国画创作中，而素描和油画渗入了中国画的笔墨韵味，创造了新颖而独特的风格，真切体现出了马韵。

两汉石刻《马踏匈奴》中，昂首挺立、岿然不动的汉朝战马显得庄重稳健、恬静自若，与马蹄下手持弓箭狼狈挣扎的匈奴首领形成鲜明的对比，在矛盾冲突中成功地塑造了具有象征意义的战马形象。继后唐代画家韩干《牧马图》中的马膘肥体壮、滚瓜流油、神骏出众，虽然画得十分严谨细腻，却失去了画马应具有的精气神，逊于《马踏匈奴》。至于元代画家任仁发的《二马图》，也没跳出韩干画马的窠臼，虽然他通过对肥瘠二马的不同形态和动势的描写，表现了两马的不同精神和状貌，但也缺乏对马的昂扬气势的表现。

徐悲鸿画的《奔马》，豪放剽悍、一往无前，使人们一见就会精神为之振奋，一改韩干马的那种臃肿而养尊处优的画风。他曾说："我爱画动物，皆对实物用过极长时间的功。即以马论，速写稿不下千幅，并学过马的解剖，熟悉马之骨架、肌肉组织。然后详审其动态及神情，乃能有得。"他还说："学画最好以造化为师，故写马必以马为师。"徐悲鸿在国画艺术的创新上，把传统的“没骨法”“描法”“染发”和“明暗法”融为一体，使马的筋、骨、皮、肉、形、质俱在，终于使他画出刚强遒劲、潇洒奔放、气势逼人的奔马来，真正达到了杜甫赞誉的“胡马大宛名，锋棱瘦骨成。竹批双耳峻，风入四蹄轻。所向无空阔，真堪托死生”，从而具有徐悲鸿之马韵。这不正是禅韵嘛！

37 论通感

通感作为中国美学概念久矣，中国先人强调“心物感应”，指审美和艺术创作是人心感于物而创造审美意象、艺术形象。《乐记》就说：“凡音之起，由人心生也。人心之动，物使之然也。感于物而动，故形于声。声相应，故生变；变成方，谓之音；比音而乐之，及干戚羽旄，谓之乐。”认为歌、舞、诗的创作是由心及物，由物感心，再由心到“乐”的心物相互感应、相互作用的过程。肯定了物对心的本源作用，指出了心在审美、艺术创作中的能动作用，对古代美学思想和艺术创作有很大的影响。

随着社会的发展，人们发现美的情感体验离不开通感效应，特别是美的情感体验除包蕴意识范畴的感觉、知觉、表象、想象以及理念之外，还包蕴着心理上的通感效应，这时通感从概念上升为范畴。通感效应对于审美感受非常重要，比如向善行为属于伦理范畴的道德体验，它虽然不能直接成为美或美感，但只要通过通感这一中介，向善的道德感就会转化为美或美感；又比如崇高，特别是崇高中的伟大，它不能直接形成美和美感，由于它使人产生敬仰之情，于是通过通感这个中介，就可以使崇高转化为伟大之美或美感。

所谓通感，是指视觉、听觉、触觉、味觉、嗅觉彼此统一于大脑而互相联系、互相感应的心理现象，既有认识活动，又有包括情和意的意向活动，有人把它称为“联觉”或“第六感觉”。中国古代有关通感现象的记载是极其丰富的，特别是在古代诗词中俯拾即是。宋代宋祁的《玉楼春》中有句“红杏枝头春意闹”，这一个“闹”字用得妙而美，就是借用通感手法。中国古人早已从情感体验中总结出，人们的心理活动有此感彼应、互相沟通的现象。不过，在美的情感体验通感的各个感官中，视觉和听觉起着主导作用，并与其他感官相沟通，从而产生美或美感。

通感的美学原则有哪些呢？

（1）音乐与人体相感应。中国古人早就意识到，音声之气与自然人体之气有着某种类同相感的关系，不同的音律、调、曲与不同的季节、方位和不同的强弱、冷暖之气相感应。

（2）提高鉴赏力。对于一个美的对象，要有会鉴赏的人；对没有鉴赏美的能力的人而言，再美的东西，他都无动于衷，无异于对牛弹琴。故刘勰《文心雕龙·知音》中说：“知音其难哉！音实难知，知实难逢，逢其知音，千载其一乎！”刘勰认为，提高了鉴赏力，还要讲究鉴赏的方法，这就是所谓“六观”：一观位体；二观置辞，三观通变；四观奇正；五观事义；六观宫商。

37.1 中国文化如何“翻身”——答“梁漱溟之问”

“五四”新文化运动后，梁漱溟的《东西文化及其哲学》于1921年出版，立即引起当时思想界的注意。最直接的原因就是随着新文化运动的推广，文化，特别是东西文化，成为当时读书人最为关注的问题。这本书中最重要的问题是“梁漱溟之问”：在西方文化已成世界文化的大背景下，日渐边缘化的中国文化如何“翻身”？梁漱溟之所以提出东西文化问题，是因为在“五四”时期全盘西化，许多人立誓不读线装书，打倒孔家店的新思潮下，大家对于中国文化从根本上失掉信心。他所提的问题是当时迫切的问题。就当今而论，虽已过百年，这一“翻身”问题仍没有解决，因此其对新时代的中国来说就更有现实意义。本节以简论答之，以期抛砖引玉。

第一，让中国古典哲学走出去。近100多年来，西方学界受黑格尔蔑视中国哲学的影响至深，认为中国哲学没有本体论和认识论。黑格尔在他的《哲学史演讲录》中认为“孔子只是一个实际的世间智者”，甚至说：“为了保持孔子的名声，假使他的书从来不曾有过翻译，那倒是更好的事。”黑格尔如此抹黑孔子、抹黑中国哲学，不说在西方，就是在中国学界，笔者没有看见几篇像样的批判黑格尔这一观点的文章，也没有看到批判黑格尔《美学》否定情感科学基础的文章。而看到的是不少中国学者盲目追捧黑格尔的怪现象。

西方学界认为中国哲学缺少本体论和认识论，这是不符合事实的，是一种无知的体现。本体论是研究世界本原或本性问题的理论，老子把“道”作为哲学的最高范畴，认为其“独立而不改，可以为天地之母”，及其运动为万物之母的本体论观点，大大超过了西方哲学。认识论是关于人类认识的对象和来源、本质、能力、结构以及认识过程和规律，孔子建立的“仁”学体系，就是认识论的具体化理论。

为此，中国文化要在西方“翻身”，首先就要让中国古典哲学走出去，让西方人像喜欢《圣经》那样喜欢《道德经》和《论语》。与此同时，应重视重建中华文化，必须摈弃维护封建统治的传统。

第二，让中国古典诗词助力中国文化走出去。中国是诗的国度。自春秋《诗经》至今，从内容和形式上来看，中国的诗词是世界上最丰富、最绚丽、最生动的。风体诗、骚体诗、乐府诗、五言诗、近体诗、词，丰富多彩，应有尽有。可惜，“五四”新文化运动在接受外国文学影响时，以白话自由体诗歌取代了中国古典诗词，几乎把中国古典诗词否定了。随着改革开放的推进，西方（包括日本）选中国北朝民歌《花木兰》拍成动画片和电影，于是有学者认为只有叙事诗才能助力中国文化走出去。其实，这是短视之举。中国古典诗词95%以上都是抒情诗，而且有许多堪称世界顶级之作，要使中国文化走出去，中国古典抒情诗词应成为主力。笔者相信中国会出现一批优秀古典诗词翻译家，他们将为中国文化打“翻身仗”出力。

第三，培养一批哲学大师、文学大师和艺术大师。哲学大师是追求真理、追求正义，推动社会进步的代表人物，他们拥有一系列表达思想的著作，他们的大师名号来自广大民众的自发认可而绝不是哪一级权力机关的册封，他们的思想走出去，不仅代表他们自己，也代表了中华民族。文学大师和艺术大师是国家和民族在文学艺术方面的领跑者，他们的作品不仅在国内广受影响，而且在国外乃至西方也广受影响。郁达夫在《怀鲁迅》一文中说：“没有伟大的人物出现的民族，是世界上最可怜的生物之群；有了伟大人物而不知拥护、爱戴、崇仰的国家，是没有希望的奴隶之邦。”这话既启示我们该怎样看待鲁迅，又提示我们该怎样对待将要产生的哲学和文艺大师。

第四，卓越和崇高应回归了，应重新成为中国文艺界的主旋律。20世纪80年中期开始，出于尽快进入“后现代”的强烈愿望，作家们开始竞相“躲避崇高”，退出宏大叙事，退出公共领域，作品尽可能写得神秘、写得纯粹，完全不屑于关注思想和社会，只顾“自己和自己玩”，结果“后现代”没搞成，自己落得一场人生的失败。作为后起的文艺家们，要看到此路不通，文艺必须走追求卓越和崇高的道路，才能代表时代精神，也才能使文艺家变得伟大。

第五，应努力扶持卓越的翻译家，让文化使者把中国的传统文化介绍给西方。“五四”新文化运动后一百多来，由于傲慢与偏见，西方世界其实很不了解中国。有人做过调查，1900—2000年，中国知识分子翻译了10.68万册西方的书籍（涉及英、法、德、意、西班牙、俄文六种文字的著作），而同时期中国的书籍被西方翻译引进的只有800多套，这既折射出西方的傲慢、偏见与衰落，也折射出中国既热烈欢迎西方文化，又忘掉了本民族博大精深的文化。这种不平等的文化交流是该改变的时候了。我国应大力扶持把中国经典介绍到西方的汉学家。例如英国汉学家道格恩于 1858 年来华，就把《楚辞》介绍到了英国，他还在英国出版过《中国语言与文学》。

第六，借助“儒道互补”推动中国传统文化走出去。黄河流域的中原文化通过两千多年的积淀和发展，终于确立了以孔孟为代表的儒家文化；长江流域的巫文化也通过积淀和发展，终于确立了以老子、庄子为代表的道家文化。中国的传统文化从此奠基，形成了异质的“儒道互补”文化主线，也使儒、道异质流动，儒家重人文主义，更强调人的社会性；道家重自然主义，更强调人的自然性，儒道相合生发出“天全合一”思想。儒家重群体，道家重个性，儒道组合生发出“和而不同”思想。儒家重刚，道家重柔，儒道相合生发出阴阳思维。儒家情于内，道家情于外，儒道相合生发出内蕴外秀的风雅气质。儒家尚德，道家奇想，儒道相合生发出奇攻略。儒家重直觉，道家重辩证，儒道相合生发出直觉辩证思维。儒家倡有为，道家倡为无，儒道相合生发出无为而无不为方法论。特别是在淡化宗教的早熟的人本主义环境下，儒家强调等级却没有走向绝对化，这得益于道家否定等级观念，起到了关键性的调节作用。因此，中国传统文化要走向世界，儒与道均不可抛弃。

第七，文化走出去，还要捍卫我们的文化边疆。一说文化走出去，很多人就会想到中国的杂技、舞蹈和针灸等，这些固然容易让西方人接受，也容易引发好感，但其一般功能是取悦于西方人，而无法让他们口服心服。要让西方人对中国文化口服心服，就要注意捍卫我们的文化边疆，也就是维护国家主权所必须捍卫的核心价值观，以及表现核心价值观的一系列载体和细节。

37.2 川菜、川剧和四川民谣

川菜、川剧和四川民谣是相通的。

川剧表演有完美的程式，熔细腻、粗犷、风趣、泼辣、幽默于一炉。

难怪喜剧《乔老爷奇遇》在京演出时轰动京城，当时郭沫若还欣然命笔，赋诗祝贺。川剧的特色与川菜的味道是分不开的。

川菜，位居八大名菜之首，元明以来逐渐推广及全国，如今在国外也具有极高的声誉。川菜之所以有特色，在于它重视选料配菜，色调鲜明，以炒、煎、干烧、熏、泡、爆等制作方法为主，讲究色、香、味、形，以味多、广、厚著称，素有“七味”（甜、酸、麻、辣、苦、香、咸）和“八滋”（干烧、酸、辣、鱼香、煸、怪味、椒麻、红油）之说。主要名菜有宫保鸡丁、麻婆豆腐、灯影牛肉、毛肚火锅、回锅肉、怪味、鸡块、鱼香肉丝、樟茶鸭子等。川菜有23种复杂的味道，最知名的特点是麻辣。虽然湘菜也使用大量辣椒，但不使用让舌头发麻的花椒。川菜让你的味蕾和舌尖产生“跳舞的感觉”。只有1/3的川菜是辣的，川菜有辣、有酸甜、有麻，也有柔和。

川剧跟川菜一样，也由多个部分构成，即昆腔、高腔、胡琴、弹戏、灯戏等。诸腔并存一个班中，犹如川菜诸味并存于一个菜肴之中，形成了具有四川特色的剧种。就像川菜最大的特色是麻辣那样，川剧最大的特色是熔细腻、粗犷、风趣、泼辣和幽然于一炉。只要看了川剧《做文章》，你就坐不住了，必然会为其风趣幽默所捧腹。与京剧中粗俗的小丑不同，川剧中的主角是丑角，却有书卷气，含蓄、耐看，使人越想越想笑。再比如《拉郎配》中的太监对地方官宣读圣旨，令人哭笑不得。川剧的“麻辣”还体现在许多非语言的表演中，例如《思凡》中的渔翁与上船思凡的尼姑的对话，把人性美完整地体现出来了。又比如说患了“相思病”是“箱子锯了脚的病”；《梵王宫》中的耶律含嫣和花云一见钟情，久久注视，目不稍瞬，耶律含嫣的妹妹把他们两个人的视线拉在一起，拴了个扣儿，还用手指在这根“线”上“嘣嘣嘣”弹三下。这位小妹捏着这根“线”向前推一推，耶律含嫣和花云的身子就随着向前倾，把“线”向后扽一扽，两人就向后仰。这根“线”如此结实，实是奇绝！耿耿与耶律含嫣坐车，她觉得推车的是花云，回头一看，不是！是个老头子，上唇有一撮黑胡子。等她扭过头，是花云！车夫是演花云的同一演员扮的。这个小胡子可以一会儿出现，一会儿消失（胡子消失是演员含进嘴里）。该剧用这样无声的手法生动表达了男女痴情的心理活动，既新鲜奇特又风趣幽默，在国际戏剧表演中属上乘，实为可贵。这就是川剧独特的“麻辣”味儿。

川剧这种独有的风趣幽默来源于川人的生活，这一点集中体现在四川民谣中。如《羞月亮》：月亮懒哥哥，细听我来说；若要比年纪，你就大得多；若要比干劲，你就比不过；你要不服气，我把事实说。初一到初三，你在家里躲；天黑来喊你，喉咙都喊破；可是你不来，我也能干活。……

把月亮人格化，尽显风趣幽默，这就是川人之风格。

37.3 能与莎剧媲美的《西厢记》

中西方戏剧其实也是相通的。虽然《西厢记》诞生的时代，中西方戏剧界并无交流，令人惊叹的是，中国元代戏剧家王实甫的《西厢记》却能与英国莎士比亚的喜剧相媲美，这反映出文学艺术（包括戏剧）的发生、发展是有一定规律的。

王实甫，生平事迹不详，据近人考证，他生于元初，作杂剧 14 种，现存 3 种，其剧作主角大都是青年妇女。莎士比亚（1564—1616 年）是英国文艺复兴时期杰出的戏剧家，其主要代表作有四大悲剧和四大喜剧。其剧高扬人文主义精神，反映了英国封建制度解体，资本主义兴起时期的社会矛盾。鲜明地提倡资产阶级个性解放，具有反神权、反封建等积极意义，并塑造了罗密欧、朱丽叶、夏洛克、哈姆雷特、奥赛罗等典型形象。

第一，《西厢记》与莎剧都具有强烈的戏剧性。戏剧性是戏剧艺术的一种特性。一部戏剧若具有强烈的戏剧性，就成功了一半。因为戏剧性反映了社会生活中的矛盾和冲突，由戏剧艺术特有的表现手段展示出来，能引发人的特殊感受。戏剧家通常努力从行动、外部冲突及心理刻画等方面去塑造人物形象和戏剧冲突。在这方面，王实甫和莎士比亚都是高手。这里仅以王实甫的《西厢记》和莎士比亚的《威尼斯商人》作比较。

《西厢记》全名《崔莺莺待月西厢记》，是王实甫的代表作，也是中国古典文学中较优秀的作品之一。故事源于唐代元稹的传奇小说《莺莺传》，后被选入《太平广记》中，成为民间说书说唱的题材，广为流传。《西厢记》剧本展示了三对戏剧矛盾：老夫人与张生、莺莺、红娘间的矛盾。封建家长极力维护的封建礼教与青年们追求爱情之间的矛盾，是全剧的基本矛盾；张生、莺莺、红娘由于身份、性格不同而形成的误会性矛盾，造成剧本的喜剧效果；孙飞虎与张生、莺莺一家的矛盾，是起辅助作用的。这些戏剧冲突交错展开，把剧情推向高潮，并成功塑造了典型人物。

《威尼斯商人》主要通过夏洛克与安东尼奥订立和解决“一磅肉契约”的故事，有力地批判了贪婪而又狠毒的高利贷剥削者，歌颂了具有人文主义思想的新人。此剧以两条平行的线索交织发展，因而使剧情生动而丰富。贪婪、冷酷无情的高利贷者夏洛克与善良、憨厚的威尼斯商人安东尼奥作为主要人物贯穿全剧，戏剧高潮不断迭起，一气呵成。从而使剧中人物形象鲜明，栩栩如生。夏洛克成了欧洲文艺史上第一个出现的贪婪资产者的典型形象。

第二，《西厢记》与莎剧的语言极具诗意而令人喜爱。《西厢记》曲词优美，铺叙委婉，有人评曰：“深有骚人之趣”。它像一首诗，文辞优美，诗意浓厚。朱权称王实甫的语言如“花间美人”，华美而不堆砌，清丽而不浮绝，奇特而不艰涩，兼有典雅、本色之长。我们根据逸文翻译的唱词更能品出诗味，例如描写莺莺的千愁万绪：“正值传春天，绿肥花却瘦，平添几分伤感几分愁，懒洋洋的没精神，更何况寄住在这寺庙内，深居简出紧掩门。落英纷纷池水中，水上飘飘落花红。闲愁万种难诉说，只怨东风太无情”。张生以诗试情：“月色溶溶美如水，花荫寂寂正是春。为何花好月圆夜，不见月中相思人”。莺莺爽快回应：“学倨闺房久寂寞，心烦意懒度芳春。料想墙外行吟者，应怜月下长叹人”！

莎士比亚是一位杰出的语言大师，他的戏剧语言是在前人的基础上革新发展而来的，丰富多彩，变化万端，富有诗意和表现力。在他的喜剧《特洛伊罗斯与克瑞西达》中，有这样的顺应潮流的戏剧韵文："可是，潘达——天哪，尽折磨我！不通过潘达，我见不了克瑞西达。求她的爱，先得求这小气鬼，她对求爱的一律硬邦邦，冷冰冰；阿波罗，看在达菲尼的脸上，告诉我！克瑞西达是什么？潘达是什么？我又是什么？她的床好比印度，她躺在上面好像明珠，隔在她住处和我们伊利安宫之间的，好比一条波涛汹涌的大海，而我是商人，潘达是对手，靠了他，这不可靠的导航，我才能到达彼岸！"

第三，《西厢记》与莎剧都有细腻成功的心理刻画。莺莺照镜，发现张生给他的亲笔信，取出看，此时的心理活动由红娘唱出，堪称一绝："晚妆残，她轻轻地匀了粉脸，又慢慢儿地把头发挽。突然翻出了那书信，急不可待地拆了看，看了一遍又一遍，颠来倒去也不怕心烦"。

而张生见莺莺后，一见钟情，求长老借一间僧房，以解相思之苦。其心理活动细腻："情切切，我急得望眼欲穿，意绵绵，我馋得流口涎。想刚才她临走时那秋波一转，害得我相思病儿透骨髓。别说是我这个多情种，就是铁石心肠也魂勾魄摄。花柳急春好灿烂，艳阳盈盈塔影圆，怎奈美人如蝶越墙去，春光再好反而添心烦"。

《哈姆雷特》是世界文学名著之一，写于1601年，作者把一个中世纪封建复仇的事，改写成一出具有深刻现实意义的、反封建的、渗透着人文主义理想的杰出悲剧。下面的独白更能展现哈姆雷特内在的人文气质的美：我近来不知为了什么缘故，一点兴致都提不起来，什么游乐的事都懒得过问；在这一种抑郁的心境之下，仿佛负载万物的大地，这一座美好的框架，只是一个不毛的荒岬，这个覆盖众生的苍穹，这一项壮丽的帐幕，这个金黄色的水球点缀着的庄严的屋宇；只是一堆污浊的瘴气的集合。人类是一件多么了不得的杰作！多么高贵的理性！多么伟大的力量！多么优美的仪表！多么文雅的举动！在行动上多么像一个天使！在智慧上多么像一个天神！宇宙的精华！万物的灵长！可是在我看来，这一片泥土塑成的，命算得了什么！

38 论园林

山水为中国园林之灵魂。这不仅是因为人的生活与山水息息相关，而且是因为山水总带给人一种说不尽的美感。中国人有别于西方人的首要一点是，中国人自古有君子比德之美，即以自然物（特别是山水）之美来比喻和象征君子之美德。老子盛赞水之美德："上善若水。水善利万物而不争，处众人之所恶，故几于道"(《道德经·第八章》)。最高的善像水那样，水善于帮助万物而不与万物相争，它停留在众人所不喜欢的地方，所以最接近"道"。孔子也从与德相比的视角高度赞颂山水："知者乐水，仁者乐山"(《论语·雍也》)。聪明的人乐于水，仁爱的人乐于山。特别是对中国人影响深刻的《周易大传》的首卦乾坤，强调"天行健，君子以自强不息"，天围绕着地转，性质刚健强壮永远运行不止，君子观此象应发奋自强、奋斗不息，以此去效法乾天之象。天上的云层积聚而成雨，水从天上来，水到大地又只往低处流，从不炫耀自己的伟大和功绩。"地势坤，君子以厚德载物"，大地承载万物于其上，特别是大地中的山峦，尽管它高耸入云，却在身体上承载郁郁葱葱的森林，它承载重任以育万物。因此，自古以来，山水既具有"大美"崇高（即），又沟通了人与自然的精神，人寄情于山水，又以山水喻人，后来这也成为欣赏自然美和创造山水诗、山水画、山水园林的通行原则。

山水成为中国园林之灵魂，还因为中国自古以来的"天人合一"观。"天人合一"讲天道与人道，自然与人为相通、相类和统一。中国古代思想家一般都反对天与人相互敌对的观点。《周易》把“天人合一”看作人生理想境界。庄子则认为天与人本来就是合一的：“天地与我并生，而万物与我为一”（《庄子·齐物论》）。“天人合一”力图追索天与人的相通之处，以求天人之协调、和谐一致，此实为中国古代哲学的特色之一，当它浸润到中国园林的设计时，就成为中国园林显著的美学特征。

水之美最能突显意境美。山水具有虚实相生、意与境谐、情景交融、形象生动、深邃幽远的美感特征，这被中国园林点缀、渲染得淋漓尽致。

拙政园是江南私家园林的代表，它位于苏州城东北，始建于明正德年间（1506—1521 年）。拙政园池水面积约占该园总面积的 3/5，主要建筑也十有八九临水建造，可见水对于拙政园是多么重要。香洲石舫造型美观，站在船头，脚下水波涟漪，四面通透豁亮，天人融合，美不胜收。

颐和园是皇家园林的代表，它位于北京城北，始建于 1750 年，以瓮山与水泊为基础，以杭州西湖为蓝本进行改造和规划，形成山临水，水抱山的背山面水形式，留出一道南北向的长堤，加上斜的支堤，将湖面水域一分为三。同时又在山北挖凿溪河，使之与山前湖水相连，形成山嵌水抱的地貌。山水对于颐和园之美的重要性不言而喻。

中国园林，可称为山水园林，它以山水之美而争胜。

38.1　建设美丽乡村——树立园林艺术大概念

中国园林起始于春秋，以《诗经·大雅》所吟诵的周文王灵囿为证。中国园林的实用性和观赏性在秦汉，特别是汉代开始显现出来。

就园林的实用性而言，秦汉苑囿中种植大量果木。一次秦大饥，应侯请曰：“五苑之草著，蔬菜、橡果、枣栗，足以活民，请发之”（《韩非子·外储说右下》）。汉上林苑中也种植了大量名果和异树，仅果木就有近百个品种，“朝臣所上草木名二千余种”。这时的种植带有明显的生产目的：食果用材。

就园林的观赏性而言，汉较秦更多地带有了观赏目的，同时也仍放养野兽以供畋猎。以观赏性为主的私家园林在魏晋南北朝开始兴盛，南朝园主多为中原南渡士人，有很高的文化素养，并对自然山水一往情深。私园中的山，已不再以高广取胜，而代之以模仿自然山林景观。松柏、竹、梅、菊等代表高洁的品格，园林建筑亭、堂、斋、馆、楼、阁、廊、桥等类型齐全。园内建筑布局应是采取了灵活自由、因景设点、得体合宜的方式。私家园林景观布置的日益精致，为山水园林的日趋小型化打下了基础，也为皇家园林建设铺平了道路。

当今我们谈中国园林，往往是指仅有观赏性的私家小型园林（如拙政园），以及皇家园林如（颐和园）。它们既有小桥流水，曲径通幽的胜景，又有气势宏伟的宫殿式建筑群。这是中国士族和皇家追求小型化和观赏性所形成的局面，放弃并淘汰了园林的另一个作用：实用性。这实际上是对中国园林的扭曲。当今，中国处于新时代，讲究开放的乡村、开放的园林，并追求“美丽中国”，让中国园林只着眼于观赏性是不够的，而应建立在实用性和观赏性相结合的基础上。中央提出建设美丽乡村，就是要建立实用性和观赏性相一致的自然园林。例如江南三月油菜花，既是油菜籽将要丰收的季节，又是观赏金黄一片的大好时节；农村脱贫致富依靠的桃树、杏树、李树、橘柚、梨枣、葡萄、樱桃、枇杷，既具有观赏性又具有实用性。这种美丽乡村，即体现了大园林概念。

38.2　舍去园林美的都江堰导游该改变了

都江堰，集水利科技、山水园林于一身，用最简洁的话概括它，就是东晋郭璞的诗句：“岷山之精，上络东井。始出一勺，终至淼溟”。

都江堰是笔者家乡，每年回家探亲，除看望母亲外，就是拜谒都江堰了。每次看见游人如织，人山人海，真令人兴奋。导游率领一队队游人，从离堆公园至伏龙观，然后坐游览车前往鱼嘴，过索桥（安澜桥）到二王庙，然后又按沿途返回。这一旅游线路几十年都如此，让来都江堰参观的游子，在导游的误导下只游览了水利工程，却忽略了都江堰的园林美。

都江堰是战国后期秦国蜀郡太守李冰在古蜀国治水工程基础上组织人民创建的，游览都江堰，自然是参观古堰水利工程，这是游都江堰的第一要务。但是让千万游客错过了都江堰园林，是对游客的不敬，实为可惜。这是因为负责旅游线路的人不知园林必然要受到时代思潮和审美风尚的影响，都江堰园林主要发展方向仍沿袭了秦汉以来的传统，即实用性和观赏性一致。由于这种审美的基本诉求，佛教僧侣和道家信徒在寻找远离城市喧嚣的清幽洁净之地这方面颇具一致性，即宗教热情与当时社会对山林美景的欣赏相结合，使山野之地的宗教寺观带有明显的园林情趣。青城名山之于道家，峨眉名山这于佛家，皆是如此。当今高铁建到青城山，游青城山者络绎不绝，可以肯定地说，因青城山天下幽而来游山者比去拜望道家者多。而游览都江堰的动机则不同，大多数远道而来的中外游客，是为了坐机动车亲眼观赏至今仍生机勃勃的两千多年前修建的古堰。于是深度了解都江堰的伟大军事工程和山水园林之美，就不能舍去从二王庙往江左岸的古道，步行悠悠古道石梯到西门（古称“镇夷关”）。这是都江堰古城西北面第一道城门，筑于城北玉垒山古城墙末端，绝壁临江，高数百米，雄壮巍峨，古时用作盘查关卡和防御护城。而当今游子到了都江堰必去此地，一是因为它是观都江堰全貌的制高点，上可观鱼嘴、索桥和内外两江，下可观离堆、宝瓶口和飞沙堰，一览无余。二是在其左岸制高点，才能真正明了我国古人高超的智慧——无坝而立。在此可观察到都江堰渠首位于岷江冲积扇的顶点，占据着居高临下的有利地形，使之自流灌溉不仅可控制整个成都平原，而且能控灌龙泉山以东广大丘陵地区。三是眼观离堆被挖出一个出口——宝瓶口，成了灌溉成都平原的内江，在两千多年前没有炸药的情况下能把坚硬的岩石分离，实属不易。从西关再漫步羊肠古道，蜿蜒崎岖，经过绿荫蔽日、鸟语花香的古道，别有一番古风情趣。紧接着就到了玉垒关（古称“宣威门”），这是都江堰西北面第二道城门。然后就进入都江堰古城，尽情欣赏古城风韵，品尝成都小吃。

所以说，舍去园林美的都江堰导游该改变了。

38.3 山水之美

山水是大自然之精髓，是生命的摇篮，是中国园林之魂。

若没有山水，是不可以想象的：人类、其他动植物，没有山水，是无法存在的；大自然没有山水，就失去了精灵；地球没有山水，就会枯竭。

流水养地，流水养颜。流水无偿地为大自然的生灵奉献，哪里流水枯竭，哪里的生命就终止；有水的地方，就生机盎然；流水绝不势利，无论贫富，只要你需要，都可以各取所需。水能养命，但它从不高高在上，总是虚怀若谷，往低处流。金子金贵，但人没有金子照样活得尚好，没有水却不能活，可见水比金子更重要。水很平凡，大江、大湖、大海都是水，水能载舟，也能覆舟。故孔子曰："智者乐水"。

《大戴礼记·劝学》记载了一则子贡与孔子赞美水的对话。子贡曰："君子见大川必观焉，何也？"孔子曰："夫水者，君子比德焉；偏予之而无私，似德；所及者生，所不及者死，似仁；其流行庳下，倨句皆循其理，似义；其赴百仞之溪不疑，似勇；浅者流行，深渊不测，似智；弱约危通，似察；受恶不让，似贞；苞裹不清以入，鲜洁以出，似善；化必出，量必平，似正：盈不求概，似厉；折必以东西，似意。是以见大川必观焉。"

奇山似地球之骨，水流似地球之血。奇山与水联姻，则生茂密森林。郁郁葱葱，嵯峨千仞，不仅浩气长存，而且是百兽之乐园、百鸟之家园、百花之生园。高山若有流水，则蛙声一片，鸟鸣惊心，特别是那瀑水天河，美不胜收。大山重叠，林密鸟唱，峰出云天，翠滔苍苍，大山有时拖上玉带，有时用青纱遮蔽，有时亮出真容，忽隐忽现，犹如仙境一般。浅山，有桃花林、李花树、苹果园，让人赏尽桃李花之美景，也让人尝尽鲜果之美味。大山，就是咱们的农民父亲，它仁慈、厚德、善良而勤劳。故孔子曰：“仁者乐山”。

《周易大传·坤卦》云：“地势坤，君子以厚德载物”，山地即是如此。“牝马地类，行地无疆，柔顺利贞”。地之生物无穷，牝马属阴性，它与乾天之牡（阳性）相融合，顺从之而运动，以生动物，即一阴一阳，一主一从，一刚一柔。

山水不仅是生命之源，还是美的源泉。魏晋南北朝时期，论道谈玄成为时代风尚，文学方面，出现了《水经注》这样以山水为主题的鸿篇巨制和清新的山水诗、田园诗，绘画则产生了独立的山水画和讲究气韵的绘画理论，成为中国美学史上的一个里程碑。

39　论书法

通神乃是中国书法之灵魂。

唐代诗人杜甫一语道破中国书法之灵魂：“书贵瘦硬方通神”。这里“通神”的“神”，显然不是指宗教中的“上帝”，那它包含了什么内涵呢？

首先，中国书法没有阻碍，可以直通者是“畅神”。“畅神”是中国古代美学思想，意谓展畅精神和情感。南朝宗炳的《画山水序》中说：“神本亡端，栖形感类，理入影迹。诚能妙写，亦诚尽矣。……余复何为哉？畅神而已。”认为“妙写”既可通过形象畅达事物不可形见的精神事理，亦可使审美者在感悟艺术之美中展畅自己的情思，获得审美愉悦。我们看看唐人张旭的《古诗四帖》，就会明了书法之“畅神”。《古诗四帖》笔笔神往，却结体严密；龙飞凤舞，却笔劲墨重，使人既感沉郁之深厚，又有随笔势跃跃欲飞之冲动。用笔偏肥，增其粗犷感；粗细变化颇显书法家的横壮之势，也反映其无纤巧、拖沓，尽是豪爽。字如其人，相传书法家张旭，性嗜酒，每饮醉，辄草书，挥笔大叫，尽显畅神之气矣。

书法“通神”的“神”，第二层含义是“传神”。所谓“传神”，就其本质来说，就是以书法传情。我们从《世说新语》中可以看到，在魏晋玄学和魏晋风度的影响下，魏晋人有种重神即重情的倾向。神姿、神气、神色、神采都与神情密切相关。大书法家王羲之（321—379年）生活在这个时代，是以书法“传情”的代表。王羲之的《丧乱贴》和《兰亭序》相比，所抒之情迥然不同。《丧乱贴》整个画面给人悲凉的氛围；而《兰亭序》却给人清风徐来、愉快惬意的氛围。《丧乱贴》反映了丧乱时期的痛苦和不安情绪，而《兰亭序》则是王羲之与谢安等41人在绍兴之兰亭修禊时，大家流觞作诗，兴致高昂之时为诗集所写的序，自然尽显流畅和惬意。

书法“通神”的“神”，第三层含义是“形神”。“形神”是指形体与神采。一般认为神寓于形，形表现神，以具有鲜明特征的形体显示创作主体的精神、气质，但更重于神奇、玄妙，也不脱离本来的形，让人感到美不胜收。书法讲究神似高于形似，但又不允许脱离形似。脱离形似的所谓“神似”，已不是“神似”，而是鬼画桃符，与书法美无关。汉字是象形文字，天生就有书法美的基质。但中国书法自有文字以来就不囿于象形，而是神寓于形，以形表现神。在仰韶文化遗址发现的汉字萌芽时期（距今约6000年）的大理陶器刻画符号中，我们同样可以看到书法的萌芽，初现形神兼备：结构均衡、稳定而不呆板、线条有粗细轻重的变化（《中国书法史图录简编》）。至于以后发展而成的篆书、隶书、草书、楷书、行书，均“形神兼备”又可以“离形得似”，从而产生中国的书法美。

39.1 中国书法为何在世界文字书写中一枝独秀

书法是汉字书写的艺术。在先秦以前那段漫长的历史时期，伴随着汉字的产生与发展，书法也萌发和形成了。中国书法在世界文字书写中一枝独秀，其基本原因有如下三点。

第一，汉字具有表意性。文字分为表意文字和表音文字两大类，汉字属于表意文字，汉字大体与汉语的语素相当，不能明确表示读音，但能表现某种意义，汉字中的形声字占绝大多数，形旁有表意类的作用，声旁原多为象形符号，有表音作用。也有少数例外，儿化音节如“花儿”中的“儿”字，并不代表实际音节。汉字不分词连写，汉字是独立发展起来的文字，最初是象形字，后来演变为一种形义结合的独特文字体系。那是不是只有表意文字才具有书法艺术的美感功能呢？也不尽然。笔者有一本《纳西象形文字帖》，在表达生活情感方面，几乎全是象形字，这是货真价实的表意文字，但它有自身的局限性，不可能发展成汉字那样的书法。因为它是图画式的意向，却缺少汉字书法那样充分表现力，若把这种象形文字以书法手段表现出来，反而美感会丧失。

第二，汉字能传达情感。西晋陆机强调“诗缘情”美学原则，对书法艺术来说也十分重要。故书法讲究“笔意”，指作书时的一种内涵功力和意象创造之美，让情感生于笔端，溢于字外。只有这样，书法家才能使汉字“书”之妙道，“神采为本，形质次之，兼之者，方何近于古人”。

第三，汉字的结构可体现美感。汉字的美感源泉不在于形式的多样性，因为世界文字在书写方面均可体现形式多样性，但这种体现并没有使其书法像中国书法那样艺术化。汉字与西方文字最大的区别在于汉字的结构适合表意。汉字的笔画、偏旁和笔顺自成体系，并构成汉字的结构体系。笔画和偏旁又以一定方式构成汉字，这种“一定方式”最明显不过的就是汉字的结构辩证法，它是不断产生美感的源泉。汉字笔画有 30 多种，而基本笔画有 8 种：点、横、竖、撇、捺、捉、钩、析。这为书法家自由创造、灵活发挥、抒发情感和个性确立创造了必要的前提。汉字偏旁有形符和意符，形符使书法家意图深嵌在字里行间，意符则表意直接得多。汉字的基本结构：一是上下结构，如“字”“吉”“思”；二是左右结构，如

"洁""种""轩";三是内外结构,如"回""风""历"。由于形成了约定俗成的笔顺,这种多样性为书法家创新创造了必要的前提,使之书而不乱,层层递进。至于象形法,是一种原始的汉字造形法,它有很大的局限性,有些事物不易描画,能描画出来的形体又难产生和谐统一的美感,不便书写,故书法家放弃追逐汉字的象形,而追逐汉字之神采,以神采为上。中国古代书法家很好地处理了汉字的形质辩证关系,从而娴熟地让中国书法不断产生美感。南齐的王僧虔对此特别精通,他说:"书之妙道,神采为上,形质次之,兼之者方可绍于古人。"这是中国书法作品成功的基本妙诀之一。令人拍案叫绝的是,在神采与形质上,中国古代书法家认为两者不可偏废,既注重"神采为上",又不忽略"形质",提出两者兼而有之,其书法作品乃可成大器矣。

39.2 书法是抒情的

王羲之是中国最杰出的书法家之一,他 7 岁开始学书,13 岁时书艺达到相当高的水平。后渡江北游名山,饱览名家书法,集秦汉以来诸家之大成,精研体势,推陈出新,一改汉魏以来质朴的书风,创出俊美潇洒的新体。他在书法抒情方面达到至高之境界。他的《兰亭序》被众人推为"天下第一行书"。《兰亭序》寓情于笔端,使全文书法畅神韵,潇洒愉悦。当年王羲之与谢安等 41 人在绍兴兰亭,每人作诗一首汇成诗集,王羲之挥笔作序,情感已渗入字里行间。再看王羲之留下的《丧乱帖》,不看其名,只看其字,字字均含个"悲"字,与《兰亭序》的愉悦之情大相径庭。两者虽然都是行书,却是一喜一悲之不同之境,令人唏嘘不已。这源于书法家善于运用书法来表达情感,令人佩服。

唐代著名的狂草书法家张旭和他同时代的怀素之所以能以狂草闻名后世,原因在于在其作品充分展示了真情。张旭的狂草有深厚的楷法基础,又十分注意从日常生活中体会书法艺术之抒情性,他从"公主担夫争道”“公孙大娘舞剑器”中悟出笔法之情感，融入自身的感受，使其作品在表情达意方面恣意奔放。怀素在写字之前，好饮酒，乘兴运笔，笑走龙蛇，使书法中的情感表达聚骤雨旋风又不失度。故后人把二人并称为“颠张狂素”，意即以书法抒情的二位高手。

书法是抒情的，其构造的就是情感世界，体现的是一个人的审美情趣和喜怒哀乐，把情感、道德情操融入字体是书法的最高境界。故汉代书法家蔡邕说：“欲书，先散怀抱，任情恣性，然后书之”（《笔论》）。

39.3 个性化是成就书法家的秘诀

一个书法临摹者，他可以把历代名书法家的代表作临摹得惟妙惟肖，连鉴赏家也一时难分真假，但临摹的作品永远达不到名书法家的“神韵”，仅是“形似”而已。可以说，个性化是成就书法家的秘诀。个性化，是文学艺术创作的基本手法，书法艺术也不例外。书法艺术的个性化是体现在字里行间的具体特征，其使书法作品栩栩如生，个性鲜明，不是抽象的“一般”作品，而是具体的“这个”作品。

中国书法在魏晋南北朝时期成熟，当时书法大家层出不穷。陆机使用秃笔，如屈铁盘丝，颇为耐看。王羲之却能奉汉代以来诸家的大成而创新，擅长各种书体，尤精正楷行书。他精研体势，推陈出新，一改魏汉以来那种质朴的书风，创造出俊美潇洒的新体。其字达到了平和自然、含蓄有味的境界。其子王献之兼精各体，尤善行草，用笔开张，俊迈灵动，饶有气势。欧阳询的书法笔力劲险刻厉，结构精密独异，尤其楷书，方正平直，但点画有意趣，平正中见奇崛，端庄中透俊逸，人称“欧体”。唐代颜真卿，其书法端庄厚重，气势雄伟，正而不拘，对古人书法能思其意而不单纯摹其迹，融合变化而形成自己的风格，人称“颜体”，对后世影响很大。唐代书法家柳公权，用笔骨力遒劲而秀润圆熟，结构劲紧而又开张自然，充分体现刚劲有力的时代特色。北宋的米芾，笔力雄健隽迈，结构自由而有章可循，其书法有“风樯阵马，沉着痛快”之评。元代的赵孟頫，用笔圆转遒丽，结构缜密俊逸，有一种秀媚的格调，人称“赵体”。但赵孟頫的字主要是模仿古人，以精美为尚，创造性不大，自然其个性化并没有成功，这是很令人惋惜的。

关于书法家因个性化而成就事业者，历史上有很多人。清代刘熙载（1813—1881年）对此有很准确的评价：“书，如也。如其学，如其才，如其志。总之曰，如其人而已。”这些情况在许多书法家身上都可以得到印证，如王羲之个性骨鲠，有鉴裁，又深受老庄思想的影响，故其字雄健而多变，风流潇洒，以气韵见长；颜真卿生活在尚法的唐代，他个人立朝刚正，大义凛然，最后以身殉职，故他的字表现为“方严正大”，既有严谨的法度，又有磅礴的气势。

现代书法家中毛泽东独当一面，堪称一绝。毛泽东书法中潇洒和俊逸达到了极致，似信手拈来，又像重云飘洒，这跟他作为人民领袖，拥有气吞山河之胸襟是分不开的。书风如人，的确如此。

40 论建筑

中和乃是中国古建筑之灵魂。中国古代建筑追求和谐、中正、稳定的统一，它就必须依靠中和这一哲学理念作指导。

首先，中国古建筑追求和谐的氛围。这种和谐，犹如孔子所说：“君子和而不同，小人同而不和”（《论语·子路》）。这种和谐是多样性的统一，体现在中国古代建筑以四合院为基础组群布局，产生了多层次、大深度空间，由于在观赏中突出了时间因素，从而形成了起承转合、抑扬顿挫的韵律。另外，轮廓优美的大屋，也采用多样性方式，其形式约有20种之多，由于举架、斗拱等做法的运用，出现了飞檐、翼角曲线，使屋顶轮廓和谐、优美、生动；再加之鲜明多样的华丽色彩和丰富多彩的内外装饰，室内有美丽的天花、藻井，精雕细刻的各种槅、罩、屏、架，雕梁画栋，壁画铺地；室外屋顶上的脊饰吻兽、瓦当、博风、木石栏杆，柱头额枋上的彩画、雀替、挂落，多样变化又和谐统一。

中国古建筑追求中正。中和这一概念始见《左传》，孔子将其发展为“中庸”，庸即以平常的定理来用中，使中达到美和佳的状态。这种使中达到美和佳的状态，就是以中和为常道，“允执厥中”。要在古建筑中诚实执着地展现最美，就要在建筑的外观和内涵上体现出中正。中国古代建筑大多数讲究对称美，民居和宫廷建筑均是如此。就民居来说，以四合院为基础的组群布局在西周基本已形成。四合院是中国民居的传统布局形式之一，以北京的四合院为代表。典型的布局是围绕矩形庭院四面布置房屋，各房之间以走廊联系，成对称格局，整体给人以中正氛围。宫廷建筑更强调中正氛围，以故宫为例，其整体为四方形，特别强调以对称来烘托中正氛围。在东西两侧，对称的结构中间的中路贯穿南北，这中路也是北京城的中轴线。以中轴线上的午门、金水桥、三大殿为中心，两侧对称坐落着文华殿和武英殿，文武对称平衡，形成更强烈的中正氛围。

中国古建筑追求稳定。《易经》强调得中、时中、尚中，其核心就是“中”，因“中”而求其稳定。孔子主张“允执厥中”，要求在思想和行动上都做到无过无不及，符合道。这种无过无不及的中的观念，体现在中国古代建筑中就是稳定。从中国自古以来的民居四合院来看，各房外墙形成封闭的边界，一般对外界不开窗，住宅外部为灰砖青瓦，坚固而封闭，大门进门迎面有影壁作为屏障，住在四合院里，给人以稳定而安全的感觉。宫廷建筑以崇尚礼制、维护社会的等级和秩序为突出特点。一般来说，居中为尊，中堂为中心建筑，位于中心轴线上，是全院的中心，轴线两侧则为厢房，后面（北面）的小院则有等级次序之分。等级制是中国封建统治者稳定社会的一把利器，在宫廷建筑中也充分地体现出来了。

中国古代建筑，通过和谐、中正和稳定的统一，达到了中和之美，这是儒家思想对中国古代建筑的影响。而中国传统文化自古贯穿着儒道互补，因此，中国古代建筑也离不开道家思想的直接影响。道家的代表庄子认为中即自然："游于羿之彀中，中央者，中地也，然而不中者，命也"(《庄子·德充符》)。按道家的说法，中国古代建筑应融于自然，即讲究"天人合一"。中国传统民居四合院四周或三面房屋和围墙中间的空地，即天井，仰天而望，"天人合一"使然；宫殿、礼制建筑、陵寝、宗教建筑无不是建筑与自然环境的统一和协调，也充分体现出"天人合一"之特征。

儒道之中和对中国古代建筑施以影响，使之不仅以气势恢宏、壮丽辉煌著称于世，而且以和谐、中正、稳定、自然的内涵而耀眼于世。

40.1 现代建筑为何缺少令人惊叹的精品

到北京，坐敞篷车游览中国第一街——北京长安街，那是一种美的享受。因为这里集中了中国建筑之精华，有典雅庄重的天安门、故宫、北海、后海，也集聚着随中国现代化推进而发展起来的精品高楼。虽然中国当前遍地都耸立着类似的高楼，但这里更集中、更有条理、更宽敞，而且直通天安门广场，这是其他任何地方都无法企及的。后来随着改革开放的深入，我们大胆地在长安街引进西方特有的建筑模式，这些"洋建筑"既然能在中国首都坦然存在，这足见中国人的开放程度和宽广心胸。但另一方面，当西方建筑师积极进军中国市场的时候，也侧面反映了中国现代建筑作品的苍白，即明显缺乏令人惊叹的建筑精品。这是由多方面的原因造成的。

第一，建筑审美标准的绝对化。"五四"新文化运动是一个拐点，当时对旧文化采取了过激的态度，导致"倒洗澡水时把孩子也倒掉"。而欧美当时流行的是民主、自由、平等和博爱，中国人蜂拥向西方学习。自由诗大行其道，旧体诗被视为封建保守，孔孟和老庄的思想及著作被视为落后守旧；时兴西方风尚，谁要穿古服长袍就会被视为落后守旧，于是，住洋房了中国人的追求，而住中式民房的则被视为下等人。如此情趣，久而久之，使中国人不知不觉地对西方文化形成盲目崇拜。《易经·系辞下》指出："刚柔相推，变在其中矣；系辞焉而命之，动在其中矣。"最美的唐诗、最耀眼的中国殿堂，乃至民国时期流行的女式旗袍，它们就是利用了动静相生的美学原则，使人产生动静结合的美感。房屋建筑，特别是宫殿建筑静中有动，内部有碧绿的荷莲、水草及多种动物形象，如腾飞的龙、急驰的奔马、鸟雀、张着翅膀的凤凰、弯曲的蛇、欲跳而伏的小兔子、攀援的猿猴，建筑外观特有的橑檐，让静态飞动起来，"图画天地，品类群生。杂物奇怪，山神海灵。写载其状，托之丹青。千变万化，事各缪形。随色象类，曲得其情"（《文选》）。这启发我们现代建筑设计师，应掌握动静相生的美学原则，让静的建筑"飞动"起来又不失之荒诞。

第二，中国现代建筑设计师忽视了"天人合一"美学观。"天人合一"既是中国古建筑的精髓，又是其与西方古典建筑相区别的标志性美学观念之一。"天人合一"的基本内涵是：天即物。天与人，物与人，本来就是一体的。我国古代先贤认为人生的最高理想，就是自觉地去达到"天人合一"之境界。中国古典建筑讲究"天人合一"，侧重于建筑与大自然（天）融于一体，人与大自然（天）融于一体，公共卫生建筑与大自然（天）融为一体。旧时中国民间建筑讲究"风水"，那是一种迷信，是不科学的。但我们取其"风水宝地"的合理内核，在注意建筑向阳、空气流通、洁净敞亮的同时，还应注重房屋建筑的生态观，既人、建筑与自然环境和谐一致，让科学的环保的住房与美丽的环境（尤以清洁秀丽的山水）相结合，让自己的住房成为未来生态环境最理想之地。这印证了南朝刘孝绰的诗："临泛自多美，况乃还故乡"。

第三，中国现代建筑设计师缺乏中和审美观念。中和之美是中国古代建筑美学的理想境界之一，具体体现在和谐上，即建筑与环境的和谐、建筑因素之间的和谐、人与建筑之间的和谐。中国古代的建筑，特别是皇宫，更注重中轴线，其建筑不能太奢侈，也不能太简陋，应以简取胜。中国古代建筑内外都追求多元融合，内外装饰更是和谐一致，让观者叹为观止。中国现代建筑设计师忽略或舍弃中和或和谐这一韵律美，就舍去了中国古代建筑特色。

笔者认为，只有在中国现代建筑设计中消除审美绝对化，发扬动静相生的美学观，重视“天人合一”美学观，尤其是突出中和之美，这样才可能有令人惊叹的建筑精品问世。

40.2 “天人合一”是中国古代建筑之精髓

中国古代建筑之精髓，不在于大殿、古塔，而在于“天人合一”。在当今面目一新的中国城市，大、中、小城市一样，都是西式摩天大楼，它们或多或少地丢掉了中国式建筑的精髓，有的建筑师似乎想中西结合，却弄得不伦不类。

早在夏商周时期，“天人合一”观点就开始兴起，到春秋战国时期最后形成。这种天人观力图解释天与人相通之处，以求天人之协调、和谐与一致。春秋战国时期关于“天人合一”的观点形成了不同学说，这也具体地影响到中国的和各个领域，包括中国古代建筑。“天人合一”的三种典型学说直接影响了中国建筑的三种不同风格。

一是老庄的“道法自然”观，其认为“道”是遵循着自然法则静悄悄地起作用，它不以人的主观意志为转移，这样才能安居乐业。这种思想直接影响到中国的传统民居，四川的竹林小区，北京、东北的四合院，浙江、广州、上海的三合院，云南的原始穴居，圆形的蒙古包，陕甘宁的窑洞等都体现出顺其自然的建筑风格。

二是荀子的“人定胜天”观，其认为人不应听天由命，而应当“制天命而用之”(《天论》)。这种人定胜天思想直接影响到野心极大的封建统治者，他们不仅要管地，也要管天。从战国时期的大殿一直发展到秦以后的宫殿，到清王朝后宫殿越发宏大，清代遗存的宫殿建筑物，如北京故宫的太和殿、中和殿、宝和殿、天安门，以及沈阳故宫等都反映出权力的威严和皇族的威武。

三是《易传》中的“天人”观念，其认为“裁成天地之道，辅相天地之宜”，“范围天地之化而不过，曲成万物而不遗”。它既强调人要顺应自然，又提倡调整自然使其符合人类的愿望；既不屈服于自然，也不破坏自然。这一观点直接体现在中国园林建筑中。中国园林与西方园林有着本质不同，它遵循“天人和谐”的理念，是顺其自然的不规则庭院，以池子、小桥、树丛、园亭、洞室等造出庭院风景并与周边自然环境和景物融合在一起。英国建筑师想学中国园林保护自然景观的倾向，但由于缺少“天人和谐”理念的指导而搞得不伦不类。

中国现代城市的摩天大楼虽然比欧洲城市建筑气派，但仍属于抄袭西方建筑，大量运用孤零零的高楼、阳台、喷泉、笔直林荫道、几何形花坛等西方庭院人为主宰的元素，而丢弃了几千年来我们祖先传来的精髓——“天人合一”，特别是天人和谐，从而失去了中国古代建筑的灵魂。

中国建筑界要牢牢抓住“天人合一”之精髓。就像早年京剧大师梅兰芳曾试图改革京剧，引进西方戏剧的写实布景失败后，便着力抓住京剧的精髓（写意）进行深挖而获得成功一样，相信我们的建筑大师们也能借用西方的摩天大楼演绎出“天人和谐”之美，传承中国式的建筑艺术。

40.3 天坛是“天人合一”的经典之作

每次到北京，我都要去天坛。其魅力无穷，百看不厌。

天坛是古时京都供帝王祭祀之地，以北京天坛最为壮观。它建于明永乐十八年（1420 年），明嘉靖九年（1530 年）因立四郊分祀之制，于嘉靖十三年定为“天坛”。今之规模即当时所形成，宽 1600 米，长 1700 米。有垣墙两重，形成内外坛，坛墙南方北圆，象征“天圆地方”。主要建筑在内坛，南部以圆丘坛、皇穹宇为主体，是皇帝冬至祭天之地，圆丘坛为露天三层圆形石坛，每层围以汉白玉栏杆，造型简洁庄严而开朗。此部以祈年殿、皇乾殿为主体，是初春祈求天神保佑五谷丰登之处。祈年殿是圆形平面的大殿，上覆三层蓝色琉璃瓦顶，金顶、朱柱和门窗金碧辉煌，屹立在圆形白石基上，和南端的圆丘坛遥遥相对。

为什么说天坛是“天人合一”的经典之作呢？

第一，天坛突出了中国古代建筑的主旋律——和谐。故宫强调皇权之威严，而天坛却一反皇宫建筑的惯常风格，着意追求人与自然的和谐，周围是一望无际的林海，在占地四倍于故宫的面积中，仅布置了圆丘、祈年殿、斋宫和神乐署四组建筑，建筑密度极低，仅占总面积的1/20，充分展示了天的宽广无边。在“野旷天低树”的自然环境中，人主在稍高于地面的祭坛中央寰宇四方，仰望青天，自然会感觉到人与自然的亲密融洽。它既不同于登高去祈求与天的联系，如乌尔至巴比伦许多高大的祭坛、消失于丛林中的玛雅人建立在高山上的祭坛；也不同于讲求精神内省，将有限的室内空间转化为无限的天地，祈求与上帝心灵沟通的哥特式大教堂。后两种方式都以脱离人的理解力的尺度和神秘色彩使人对天更多地产生敬畏和皈依。

第二，天坛在形、数、色等诸方面都采用了象征手法。正是通过象征赋予天坛的环境和造型以灵魂，祈年殿与圜丘遥遥相对，两组建筑以一根中轴线组成一个完整的建筑群。它们之间长400米、宽约30米、高出地面4米。所以，登上圜丘，一望无际，只见一片蓝天，形成“与天交往”之气氛。祈年殿三层逐渐收缩的屋檐，构成优美的抛物线外轮廓，蓝色瓦顶层层向上，仿佛可与苍天相接，达到“天人合一”之思想与建筑艺术的高度统一。

这正如古人云：“新宫实壮哉，云里望楼台。”

伦理篇

41 论道德

中国古人认为道德是百善的核心。故宋人杨时说："一德立而百善从之"，美德培养起来了，各种善行就会相应产生。孔子提出"志于道，据于德"的主张，这里说的"道"是指理想的人格或社会局面，"德"指立身的行为准则。显然，孔子所说的道德内涵，对于一个国家、一个民族都是至关重要的。因为一个国家真正的崛起是文明的崛起，而文明崛起的核心在于一个国家或民族是否有高度的道德标准。

道德起源于何时？宗教神学把道德归结于上帝或神灵的意志和启示，这显然是虚妄之说。理性主义把道德视为理念或"天理"的产物，虽比宗教神学观点前进了一大步，但还是以一种似是而非的模糊语言来回答问题，因为"理念"或"天理"的界定是不确切的。有人将道德归结为人的先天的"善良意志"或"善"，并试图从人的自然本性说明道德的起源。这把道德与意识断然分开，很容易使道德与动物性的本能混淆在一起，从而无法真正体现出道德的本质。

道德起源于原始婚姻家庭。由婚姻关系、血缘关系而产生的亲属间的社会生活组织——原始家庭，是道德形成的温床。这种原始家庭与鸟兽形成的"家庭"有着本质的不同，鸟兽形成的雌雄一体的"家庭"是按照生物的本能形成的，是为繁衍后代的自然性行为。而人类以夫妻关系为基础形成的家庭关系，不仅是为繁衍后代的自然性行为，而且是一种包含意识的社会性行为，而这种社会性行为就体现为道德意志，婚姻是产生家庭的前提，家庭是缔结婚姻的结果。原始男女缔结婚姻形成最初的家庭关系——夫妻关系，继而产生父母子女、兄弟姊妹等其他家庭成员之间的关系。

原始人的集体群居、合作狩猎、分食猎物、男女繁衍、抵御外敌等活动，都需要公正、有秩序、有章法，因此便产生了原始道德。而随着原始社会生产力的发展和族群之间的交往增多，原始道德已不能满足原始人的需要，于是道德和法制开始从原始道德分离出来，形成了既有道德又有法制的原始社会，从而奠定了文明社会发展的基础。

孔子当时就看准了道德产生的源头在于家庭，敏锐地发现家庭是社会的细胞，抓住了家庭伦理作为发端，使得社会伦理的发展不仅一目了然，而且既符合情理又疏浚通畅。由于中国自古以来是以小农家庭为单位的农业大国，建立在农业经济基础上的家长制家庭和夫权制婚姻制度，一直是中国宗法制社会的基础，它成为中国文化发展中极其稳定的因素并延续数千年之久。中国伦理以家庭为本位在孔子之前的炎黄时代就形成了，到了周代得到发展和巩固。中国人的先祖炎帝和黄帝所率的部落，就是以相互通婚建立了牢固的政治联盟。试想，在父系氏族社会，私有经济开始出现，父氏的遗产必须严格地遗传给自己的子女，因此，母系氏族社会的乱婚乱伦是被禁止的，取而代之的是一夫一妻制。要实现一夫一妻制，首先要靠与之相应的道德伦理。中国自远古以来推行的“万恶淫为首，百善孝为先”的道德伦理就是从维护宗法家庭的角度制定的，致使中国文化对“淫”最为禁忌，而对“孝”最为崇尚。一是为了尽力避免血缘关系的混乱；二是为了延续并巩固包括父母在内的祖宗生命。显然，这些道德举措是不够的，需要从道德价值观的高度设计更为精准的理论，孔子便顺应大时代的需要，提出了儒家道德体系理论，“亲亲”与“孝”是其价值观的核心。儒家道德体系不仅把“家”提到了生活中最重要的生活群体的地位，而且把维系家族血缘和群体感情的孝悌观念确定为最普通的伦理模式和最高的价值。《论语》说：“孝弟也者，其为仁之本也”。因此，“仁者爱人”应以爱自己的父母为起点，否则就是不仁义，就是“悖德”。

英国的大卫·休谟（1711—1776年）认为“一切道德都是建立在痛苦和快乐之上”，“产生快乐是德的本质”。休谟的这一理论有严重缺陷，因为他把道德产生的基础是意志给否定了，而错误地移植到情感上。与休谟同时代的鲍姆加登（1714—1762年）发现，人的心理活动既然有知、情、意这三个方面，那么也就应当有三种科学来研究它们。理性认识即是逻辑学研究的对象，伦理原则研究意志，只有感性认识方面的情感是美学。继后，德国的康德再次肯定了鲍姆加登的这一判断，他写的《实践理性批判》就是以心理学的意志为基础的。休谟上述理论在某种情况下甚至是荒谬的：当原始人发现族群中一些歧视父母、虐待老人的现象而产生痛苦时，他们不因这种痛苦而产生“恶”，恰恰相反，会在群体的痛苦意识之中产生“孝”和“尊老”等道德观念，而这种道德观念又要靠人的意志来实践；又当一些原始人仗恃自己的实力而凌侮弱小并产生快乐时，这显然不是休谟所说的“德”的本质。休谟关于“产生快乐是德的本质，产生痛苦是恶的本质”的说法不全面，在某些时候是极为有害的。

丹麦人克尔凯郭尔（1813—1855年）认为：“（道德是）人的意志的某种自发性的作用。同时，人的意志只有接受上帝的旨意就不会违背伦理原则。”这一观点的错误在于，把意志与理性分割开来，这是没有弄清楚意志的本质造成的。因为人的意志一旦产生，总是伴随着人的意识，也就是说，人的意识是与人的意志是相生相伴的。

41.1　道德是治国安邦之本

道德是调整人际关系的行为准则和规范，也涉及对个人的品质、修养、善恶的评价。一个国家，若没有健康的调整人际关系的行为准则和规范，一个民族，若没有评价健康的品质、修养和善恶的准则，那就非常危险了。可以说，道德是治国安邦之本。

道德一方面通过舆论和教育方式，影响人们的思想和意识，形成善恶观念、情感和意向，并将其升华为人们的内心信念；另一方面，又通过社会舆论、传统习俗和规章制度的形式在社会生活中确立道德规范，使其成为一定社会和一定阶级约束人们的关系和行为的原则。因为没有制约就没有规范，没有规范，社会秩序就会紊乱，社会秩序紊乱就谈不上治国安邦。有合理的制约，才会有真正的自由。而对人的合理制约有两种：一种是道德的自觉，另一种是法律的自觉。前一种是人的内心自觉，后一种是外力的（人为制定的）自觉。就制约人的手段来说，道德手段比法律手段更为重要，而两种手段结合使用，才能起到良好的效果。

人的内心的自制力来源于人的意志力，意志力是一种发自内心的自我驱动力量，是对自我选择的目标抱有坚定的信念，它决定了一个人的成功之路可以走多远。道德制约是通过意志力使意识稳步发展到潜意识，从而成为一种稳定的道德力量。因此，伦理道德的本质是意志。这是因为道德与动物和人共有的本能冲动有质的不同，人的意志一产生，就与人独有的意识紧密联系着。道德意志则与人的思辨观（意识）和人的道德感（情感）紧密联系，组成道德意志行动，道德由此发生。

意志是人的内心自觉地确定目的，并根据目的调节支配自身的行动，克服困难去实现预定目标的心理过程。意志一旦出现，意识就必然与其连成一体，它是同人的高级的社会性需要及目的相联系的，如抱负、目标、计划、志向等。无论从种族发展来看还是从个体发展来看，意志是人类所独有的，只有拥有意识的人才拥有意志。从稳定程度来看，意志既具有目的性，也具有情境性，还具有稳固性和长期性，人一旦形成意志，就具有目的冲动和实现目的的内驱力。因此，正能量的道德被国民普遍吸收并成为稳定的东西，自然会成为治国安邦之基石。

道德伦理不仅体现在人的意志力上，而且还体现在人的道德感上。所谓道德感，是指人内心所特有的一种高级情感，是人们运用一定的道德标准评价自身或他人行为时所产生的一种情感体验。行为符合道德准则便产生满意、肯定的道德体验，如爱慕、敬佩、赞赏、热爱、欣慰、荣誉等；

当行为不符合道德准则时，便产生消极、否定的道德体验，如羞愧、憎恨、厌恶等。道德情感也与意识紧密联系在一起，有什么样的价值观念就会产生什么样的道德情感，价值观是产生道德情感的基础。道德情感之所以重要，是因为它与人的意志力一样，是道德的一个重要成分，它对人的行为有巨大的推动、控制和调节作用，是一种自我监督力量，可使人保持良好的行为，并制止错误行为。

内心强大的民族是无敌的，而使人内心强大的道德对治国安邦的重要性不言而喻。因此，进步的、健康的道德的作用也是明显的，它作为思想上层建筑和社会意识形态，对于整个社会所产生的影响表现在产生它的经济基础的合理性和正义性；为本阶级的利益辩护；而进步的道德总是对生产力和科技起推动作用，对上层建筑、社会、自我、自然产生重要影响。相反，若出现道德腐败，道德领域受到困厄或阻碍，拜金主义、享乐主义和极端个人主义的人生观、价值观和道德观横行一时，国家的衰颓和堕落，甚至消亡都是自然的事。

因此，道德才是治国安邦之本。

41.2　孔子创立的儒学是世界上最早、最完整的德治体系

孔子生于中国春秋晚期，那时候中国的人本主义思潮兴起，这种思潮就像阳光、土壤和水一样孕育了中国古代伟大的思想家孔子，让他用儒学创造了世界上最早、最完整的德治体系。儒学具有“仁、礼、乐”为一体的立体架构，是以“仁”为核心，以“礼”为形式，以“乐”为表象的完整的德治体系。“仁”是儒家最高的道德规范，“礼”是儒家强调的一种政治秩序，“乐”是儒家最高的审美诉求。

孔子提倡的“仁”是儒学的核心，即“仁者爱人”。“爱人”就是“泛爱众”，孔子以“人”或“众”作为仁的对象，体现了儒学以仁学思想为核心的“人学”，使其伦理思想一下子走在世界的前沿，至今不衰。儒学体现

了伦理的本质，又表达了自古以来众人的心理愿望。孔子的“仁”体现在其忠恕观上，使儒学更具魅力和闪光点。孔子主张“己欲立而立人，己欲达而达人”，又强调“己所不欲，勿施于人”。由于孔子创立的儒家以“仁”为核心，他自然主张爱人、重民，反对统治者滥施淫威，重视处理人与人的关系，鄙视、谴责违背礼节名分的行为，倡导修己安人、安百姓，以天下为己任。嘲笑贪一己之小利而忘天下之大义的做法，强调尊重人格，“不降其志，不辱其身”，抨击不尊重人及不成人之美的小人德行，表现出关心人事、志在匡正时弊的积极倾向和精神，由此引申到伦理，以“爱人”为出发点，将“亲亲”和“孝”作为儒家伦理价值观的核心。孟子提出“人者仁也”这一命题，在他看来，人与动物的区别在于人有道德。他继承和发展了孔子“仁”的思想，力主统治者对人民施行“仁政”，反对施行暴政。提出“民为贵，君为轻”的重要民本思想；经济上提倡“省刑罚，薄税敛、行井田、正经界”，“不违农时”；政治上主张尚贤禅让，重视修养，提倡为臣的要以仁义规劝君主，反对阿谀奉承。并认为“人皆可以为尧舜”，强调“我善养吾浩然之气”，将孔子的“仁”在“仁政”方面推到了高峰。

孔子主张的“礼”是以他的“仁”为基础的。由于生长在保存宗周典籍和文物制度最多、社会风俗古旧的鲁国，又活动于大变动时期，孔子不断谴责当时的“天下无道”，希望有一个“天下有道”的理想社会。周公是中国西周初期杰出的政治家、军事家，儒学的先驱。孔子一生所追求的正是周公式的事业。儒学中“礼”的概念缘起于周公，他宣布了各种典章制度，就是著名的“制礼作乐”。周礼最重要的原则是“尊尊”与“亲亲”，于是孔子提出正名主张：“名不正，则言不顺；言不顺，则事不成；事不成，则礼乐不兴；礼乐不兴，则刑罚不中；刑罚不中，则民无所措手足”（《论语·子路》）。孔子的意思是为君者要使自己符合君道，为臣者要使自己符合臣道，为父者要使自己符合父道，为子者要使自己符合子道。确立奴隶社会向封建社会转化时期上下尊卑的关系，并靠“礼”来维持。显然，这对当时的社会是具有现实意义的。

孔子主张的“乐”是从周公“制礼作乐”发展而来的。“乐”在中国古代是对诗、乐（音乐）、舞三者的总称。“礼”是维护等级制度的礼仪规范，划分了等级并限制各阶层的权力；“乐”是配合礼仪活动而进行的音乐舞蹈。所谓“礼以分，乐以和”。“礼”强调的是分别，即“尊尊”，尊重应该尊重的人；“乐”的作用是感染众人和睦相处，即“亲亲”，亲近应该亲近的人。不仅是奏、唱音乐，还结合舞蹈：“比音而乐之，及干戚羽旄，谓之乐”（《礼记·乐记》）。既然“乐”是通伦理之物，孔子和儒家就特别重视，使诗、音乐和舞蹈上升到一定高位。

这样一来，孔子的“仁”“礼”“乐”三维不仅形成了立体的架构，而且也从家和家族这个根基中生发出世界上最早的、最完整的伦理体系。

41.3 西方世界的“论语”——《道德情操论》

亚当·斯密（1723—1790年）的《道德情操论》是适应英国18世纪发达的商品经济时代的杰作，其与他后来写的《国富论》同为学术界的不朽之作。由于该书对于促进人类福利这一更大的社会目的起到更为基本的作用，是市场经济良性运行不可或缺的“圣经”，因此堪称西方世界的“论语”。

亚当·斯密在论证人的情操时，抓住了人的内心情感这一内心博弈要素，因此它是成功的。亚当·斯密认为，评判他人的感情和行为的起点与基础是同情或怜悯之心：“无论人们会认为某人怎样自私，但这个人的天赋中总是明显地存在着这样一些本性，这些本性使他关心别人的命运，把别人的幸福看成是自己的事情，虽然他除了看到别人的幸福而感到高兴以外一无所得。这种本性就是怜悯和同情，就是我们看到或逼真地想象到他人的不幸遭遇时所产生的感情，这种感情同人性中其他的原始感情一样，绝不只是品行高尚的人才具备。”[①] 他所说的这个“原始情感”应该是有所独见的，它在某种意义上是道德情感引发的，这种说法有正确的一面。

亚当·斯密的《道德情操论》于1761年出版，其论证了市场经济条件下应该遵循的基本道德规范和行为标准，并论证了提升人类美德的必要性和可能性，因此，这种论述对纠正当时和当今市场经济占主流的世界中扭曲的重商主义、金钱主义、享乐主义都极具现实意义。虽然亚当·斯密在本书中所研究的这个“原始情感”有所独见，它在某种意义上是因道德感产生的。但他把道德产生的基础让位于情感，因而失去了意志道德的分辨力，这样一来，人的情感的产生就由审美（意识）所取代。自然人性具有怜悯和同情心，但它有很大的局限性或漏洞：抛弃了意志道德所必须实行的分辨善恶的能力，会使问题的本质模糊化。“感同身受”若失去意志道德的分辨力，就无法将人性中的善、恶分辨清楚。

同情是怎样产生的呢？亚当·斯密认为一是想象，想象对方；二是激情，激情的感染；三是感同身受；四是官能尺度。如果只从同情心的产生来说，这个分析是正确的，也是得体的，但它毕竟谈的是同情而不是意志道德。要注意，这种官能尺度是一种本能反应，而非意识所致。亚当·斯密把温柔等视为美德，但温柔属性格范畴，不属于美德范畴，因为温柔具有两面性，有恶的温柔，它绝不是美德。如骗子拐卖小孩使出的“温柔”；同样的，和蔼可亲也是如此。

亚当·斯密在《道德情操论》中，强调“情感和激情协调一致”是正确的，但只把美德的发生局限于情感，就弄错了。因此，美德不是简单地建立在“多同情别人，少同情自己”的基础之上。

---

① 亚当·斯密．道德情操论［M］．赵康英，译．北京：华夏出版社，2010：5.

42 论至善

善者，君子也；恶者，小人也；至善者，天好人也。

善恶观，自古有之。善与道德、恶与不道德是同义语。善与恶体现着符合与不符合一定社会利益要求的道德价值。在道德评价中，善指符合一定原则、规范的行为和事件所具有的道德价值，并表示人们对它的肯定评价和赞赏；恶则指违背一定道德原则、规范的行为和事件所具有的道德价值，并表示人们对它的否定评价和谴责。从字义上说，善具有好、正、美、吉等含义；恶具有坏、邪、丑、凶等含义。

善与恶的内涵是什么？西方有个代表性的说法，提出者是英国的约翰·洛克（1632—1704 年），他认为："善恶是什么——事物所以有善恶之分，只是由于我们有苦、乐之感。所谓善就是能引起（或增加）快乐或减少痛苦的东西；要不然它也得使我们得到其他的善，或消灭其他的恶，要不然，就是它剥夺了我们的快乐，或给我带来痛苦。"[①] 洛克的这一观点在欧洲很有市场，不仅影响了德国的康德，而且影响了美国的建国领袖们。洛克这个善恶观有其合理的地方，也有其片面性。很显然，一个嫉妒者在恶意中伤害被嫉妒者时产生的快感（愉悦），恐怖分子滥杀无辜得逞之时那种愉悦，难道是善吗？不，它们是不折不扣的恶！因此，洛克这个善恶观不能作为善恶的标准。那么，什么可以作为善恶的标准呢？关于善的含义，中国传统说法是好、正、美、吉，而恶则具有相反的含义，即坏、邪、丑、凶等。乍一看似乎不错，但不同时代却赋予善恶不同的内

① 约翰·洛克．人性理解论：第二卷［M］．谭善明，徐文秀，译．西安：陕西人民出版社，2007：189.

涵。例如封建中世纪提倡的“三纲”对皇权来说是“好”，但对百姓，特别是对妇女来说却是“坏”；又比如，封建时代女人的小脚被认为是一种“美”，在现代人看来却是一种“丑”。因此，用上述标准诠释善恶也不准确。不过，我们可以采纳中国古代墨子的一句话：“兴天下之利，除天下之害”（《墨子·兼爱》），“兴天下之利”为善，“天下之害”为恶，这个“天下”就是社会和百姓，善是对社会和百姓有利者，恶是对社会和百姓有害者，这也跟社会主义把普通人的利益、大众的利益放在第一位来考虑是一致的。

中国古代圣贤对善恶的认识一开始就是明确的，即善恶不是先验的，这渗透于社会生活的各个方面。《国语·鲁语下》说：“夫民劳则思，思则善心生；逸则淫，淫则忘善，忘善则恶心生。”善心和恶心的道德意识，是在民劳或民逸的社会实践中产生的，不是随人的臆断而生的。书昭注曰：“民劳于事，则思俭约，故善心生”，这说明善恶渗透于外在的道德实践活动，“若罚之，是罚善也。罚善必赏恶，臣何望矣”；“赏善罚奸，国之宪法也”（《国语·晋语》）。中国古代圣贤能如此辩证地看待善恶，在当时是十分了不起的。

孟子和荀子在人性的善与恶这个问题上都犯了先验论的思辨性错误。孟子主张“性善论”，认为“人性之善也，犹水之就下也”（《孟子·告子上》）；荀子主性恶论：“人之性恶，其善者伪也”（《荀子·性恶》）。而事实上，人之性善、性恶是可以随着环境的变化而变化的。而孟子和荀子以先验的方式确定人性的善恶是不符合人性发展的客观实际的。在这方面，告子的见解值得予以重视。心理学家潘菽生前认为：“他的见解显得在我国思想史上是颇独特可贵的一种。”[①] 告子基本思想是“性无善无不善”，他用比喻做的一个解释说：“性，犹杞柳也；义，犹桮棬也；以人性为仁义，犹以杞柳为桮棬”。显然，告子这个善恶观更接近科学。

① 潘菽．心理学简札：下册［M］．北京：人民教育出版社，1984：131.

中国古代圣贤十分重视“积德”，并认为“善积者昌，恶积者丧”是条铁律。《周易·系辞下》就明确地告诉我们：“善不积不足以成名，恶不积不足以灭身。”古人还提倡扬人之美和直言批评：“君子崇人之德，扬人之美，非谄谀也；正义直指，举人之过，非毁疵也”（《荀子·不苟》）。

至善者，上善也，上善若水。水公平地对待世界，它从不欺穷媚富，从不贬贱奉贵，从不偏亲疏外，对人间的人、动物、植物均一视同仁，公平、公正地为他们做出奉献。水甘居于下，不张狂、不自恋，默默无闻地向低的地方流去，去养育和滋润生命。此等善，不就是上善么？

42.1 上善若水

老子说：“上善若水”，最高的善像水那样。为什么最高的善像水那样呢？因为“水善利万物而不争，处众人之所恶，故几于道。居善地，心善渊，舆善仁，言善信，正善治，事善能，动善时”（《道德经·第八章》）。水善于帮助万物而不与万物相争，它停留在众人所不喜欢的地方，所以最接近“道”。上善的人，居住要像水那样安于卑下，心要像水那样深沉，交友要像水那样相亲，言语要像水那样真诚，为政要像水那样有条有理，办事要像水那样无所不能，行为要像水那样待机而动。

的确，水处于最底层，最接近于“道”。因此，要成上善之人，就要安于卑下，深沉、真诚、不任性、待机而动、与物无争。人的修养达到了水那样的上善，则人的善行就达到了最高境界。如果人人都积极善行，这个社会就是最美好的社会。

有没有上善之人？有。中国人对上善之人都是尊崇而敬仰的，例如尝百草的神农。《淮南子·修务篇》就记载了上古时代，当人民得病无治之时，神农挺身而出，为了解救民众，他不惜牺牲自我，“一日而遇七十毒”，并因尝到有剧毒的断肠草而身亡。这种舍己救人的精神自古以来受到人们的崇敬，神农就是上善之人。

中华文明绵延五千年，传承华夏文明的精英们就是上善之人。特别是近百年来为中国人民站起来而浴血奋斗的将士，他们就是上善之人。当侵略者把战火烧到鸭绿江边的时候，为了保家卫国，几十万最可爱的人——中国人民志愿军，用血肉之躯，把侵略者打回三八线，从而赢得了全世界对中国人民解放军的尊敬。我们从志愿军战士身上看到了上善。新冠疫情突袭，冒着生命危险救助新冠病毒感染者的白衣天使，在大年三十，他们来不及向亲人告别就奔赴武汉，这就是上善之人。

我们要做“上善若水”之人，因为“天下之至柔，驰骋天下之至坚”（《道德经·第四十三章》）。水能公平地对待世界，它掌握着地球上所有生命的生死大权，却不居此狂傲，也不因此享受特权，反而甘居于下，静悄悄地流到最低洼处，形成了无边无际的汪洋大海，它又平静地浮载着船舟，乐于养育千万种海洋生物。水给人以亲切、可爱又不可离之感，人每时每刻都离不开它；温柔、体贴、亲切是水的基本特征。但是，只要人为破坏了生态，水就会震怒，变成千万脱缰的野马，肆意翻过河床，淹没农田；水一旦强化了自身的内在力量，将高压水流转变为高速水射流，柔弱而悠闲的水一下子就变成刚强而奋进的水，岩石会因水流而崩溃。

所以古人说“上善若水”，还强调“从善如流”。

42.2　向善之心需要培育

《周易·系辞下》中有句名言：“善不积不足以成名，恶不积不足以灭身”。故人们常说：积善成德。这个积善的过程，就是向善的过程。

向善之心是不是需要培育？其直接的理论根据是人性的善与恶。中国古代学者关于性善与性恶争论得十分激烈，其中有四种代表性的观点：一是孟子的性善论；二是荀子的性恶论；三是告子的性无善不善论；四是王充的性有善有恶论。孟子的性善论在儒家影响特别大，中国历代经学家几乎一边倒地扬善，看重个人（内向）的修养，所以向善之心需要培育，就失去了理论基础，人天生就向善，还谈什么培育呢？至于荀子的“性恶论”，确定人生下来就有“原罪”，这也不符合客观事实。王充的人性有善有恶论，则是对前两者的综合，没有新意。唯独告子的人性无善不善论，具有一定的科学性。告子的人性无善不善论是这样说的：“性犹湍水也，决诸东方则东流，决诸西方则西流，人性之无分于善不善也，犹水之无分于东西也”。水是流体，这是它的一种“性”，至于向哪个方面流则完全在于其所得到的引导。

关于人性的善与恶，在西方学界，早期多数重要的思想家均认为人性偏恶，一个重要的原因是受基督教影响。他们以《圣经》为根据，认为人生下来就是有罪的，即“原罪”“原恶”论。持这种观点的思想家最早可以追溯到公元前800年的希腊人海希欧德、公元前500多年的赫拉克利特，以及后来最享盛名的古希腊哲人柏拉图、亚里士多德；中世纪则有奥古斯丁、阿奎那、但丁及马基雅维里；近代有霍布斯、洛克、斯宾诺莎等；到了自由资本主义时代，则有边沁，穆勒、亚当·斯密、马尔萨斯等。

性恶论把恶置于人性的首位，虽有重视自己的罪恶、警惕罪恶发生之意，但“原罪”就像一个“紧箍咒”，束缚人性，一生忏悔，心灵不安。这显然是一种无形的桎梏和羁绊，而且也不符合人性的现实。

关于人的本性问题，还是要回到告子的人性无善不善论上。正因为性无善不善，犹如一张白纸，它既可以画出耀眼的画图，也可以点缀出灰暗扭曲的形象。虽然孟子不同意告子这一人性观，但孟子的母亲用行动证明了告子观点的正确性——“孟母三迁”。起初，孟家住在一个坟地边，幼小的孟子就学别人做丧事；孟母将家搬走，与一个屠户做了邻居，孟子又学着宰牛杀羊；孟母又将家搬走，新居旁是所学堂，孟子跟着孩子们到学堂读书，从此孟母定居下来。为了让孟子从小学会向善，孟母选择了良好的发展环境，“孟母三迁”也成为历来向善教育从娃娃抓起的美谈。向善教育之所以要从娃娃抓起，西晋时的傅玄将其中原因说得贴切而简洁：“近朱者赤，近墨者黑”（《太子少傅箴》）。

道德的核心是善与恶，善者是道德的，不善者则是不道德的或恶的。而“善不积不足以成名，恶不积不足以灭身”，故“惟善以为宝”，而“善恶不可同道”。从心理学的视角来看，幼儿好像一张白纸，能画出最新最美的图画，也能画出丑陋的涂鸦，这说明幼儿的可塑性很强。从幼儿生理视角来说，三到六岁是善恶观念的朦胧期，也是培育向善之心的关键期。用形象的、幼儿喜闻乐见的方式给他们逐渐灌输向善的美德，只要适度和适当，将使幼儿终身受益。德国人引导孩子向善的方法对我们培育幼儿的向善之心有所启发，例如爱护小动物是许多德国幼童接受善良教育的第一课。在孩子刚刚学会走路时，不少德国家庭特意为孩子喂养了小狗、小猫、小兔、小金鱼等小动物，并让孩子在亲自照料小动物的过程中，学会体贴入微地照顾弱小生命。幼儿园也不怕麻烦，饲养了各种各样的小动物，由孩子们轮流负责喂养，还要求孩子们注意观察小动物的成长、发育和游戏过程，有条件的还要做好“饲养记录”。而到了孩子正式入学后，他们的日记或作文中，则会常常出现有关小动物的描写。此外，利用自己积蓄的零用钱来“领养”动物园里的动物，或捐款拯救濒临灭绝的动物也是德国小学生的一项常见的活动。德国中小学校还经常开展有关“善待生命”的讨论或作文比赛。

“德不孤，必有邻”（《论语·里仁》），“邻于善，民之望也”（《左传·襄公二十九年》）。中国古人认为朋友对一个人的影响极大，故而十分强调“居必择乡，游必就士”，“结有德之朋”，这就是一种向善之道。

42.3　正复为奇，善复为妖

老子说：“正复为奇，善复为妖”（《道德经·第五十八章》），意思是正常随时可变为反常，善良随时可变为奸佞。春秋时期，宋襄公在位期间，极力谋求中原霸主地位，在军事和外交上频频活动。他一生打着仁义至善的幌子，企图借此来号令天下。乃至于在与楚人在泓水决战时“不鼓不成列”，从而坐失战机，受重创而身死，贻笑于千古。这是“善复为妖”的典型案例。

泓水决战时，宋襄公的军队已在岸边列好了阵势，楚军渡河求战。当楚军半渡之时，宋国的大司马说：“彼众我寡，及其未既济也，请击之。”宋襄公曰：“不可。”当楚军渡河完毕，尚在列阵之时，大司马又请求发令进攻楚军，宋襄公犹曰：“未可。”待楚军列阵已毕，宋襄公方下令向楚军发起攻击，结果宋军大败。在战斗中，宋襄公被楚军射伤，他左右的虎贲之士都被歼灭。宋襄公迷信于行善的“仁义”力量，终于导致他在泓水决战中指挥失误，兵败受伤而死，也给邻近的几个小国带来灾害。这正是“善复为妖”的生动诠释。

中国古代重要典籍《易经》第十五卦谦卦就反复说明这个道理：谦虚是人的美德，也是人的善良心态的体现，但若谦虚过了头，敌人侵略国土你也不坚决抵抗，这就变成了丑。君子应该讲求谦虚这一美德，因为“人道恶盈而好谦”(《易经·谦》。“山林不让椒桂，以成其崇；君子不辞负薪之言，以广其名”(桓宽《盐铁论·刺谈》)，山林不拒绝花椒、桂花这类小树，所以能够高大；君子不谢绝樵夫的话，所以能够名声远扬。只有不耻下问、虚怀若谷、集思广益，才能成其功名。所以，“有大而能谦，必豫”(《易经·序卦》)，有了大的功劳和高的地位而能够谦虚，必定会快乐；“有大者不可以盈”(《易经·序卦》)，有了大的功劳和高位不可以自满，所以《易经·谦卦》提倡做谦谦君子，要做“明谦”，即明智的谦让；要做“劳谦”，以勤劳刻苦为前提的谦让；要做“㧑谦”，以奋勇直前、不怕牺牲为前提的谦虚；还要“鸣谦”，以明辨是非为前提的谦让。特别强调在敌人侵犯的时候，要反击。勇敢击败来犯之敌才是真正的谦虚。若眼看着敌人侵犯自己的国土而一味“谦让”，这就是货真价实的“善复为妖。”

说到“善复为妖”，使人想起我国民间流传已久的中山狼的故事。中山狼被赵简子射伤逃窜，向信奉墨家学说的东郭先生求救。东郭出于“兼爱为本”的思想救了狼。但当危险过去之后，中山狼却恩将仇报，要拿东郭先生充饥。东郭先生和狼询问“三老”，老杏、老牛都不同情东郭先生，最后遇见拄藜木拐杖的老人，他才用巧计除掉了狼。这个故事说明我们讲仁爱、讲善心，但不能怜惜恶人、恶事，东郭先生也是“善复为妖”的典型。

43 论仁义

儒家以仁义为道德的重要内容，故常将道德与仁义并立，可见仁义在儒家道德中占有很高地位。的确，仁和义虽然不是儒家学说的全部，但它们是儒家学说的核心。

孔子儒学的核心为仁。孔子以仁为核心、以礼为形式的道德规范体系，强调了人的道德自觉与遵守礼制的统一，人道主义与等级宗法社会结构的统一。“为仁由己，而由人乎哉”（《论语·颜渊篇》），要自己主动行仁，而不要被人强制行仁，仁就会来到，在君臣关系上表现为君礼臣忠；在父子关系上表现为父慈子孝；在兄弟关系上表现为兄友弟恭；在朋友之间、师生之间、夫妻之间、贵族之间、贵族与被统治者之间，都有特定的表现、特定的道德规范。在这里，我们看到孔子以仁为核心的伦理体系，必须与礼紧密结合。故《礼记·曲礼上》强调：“道德仁义，非礼不成。”《荀子·劝学》说：“故学至乎礼而止矣，夫是之谓道德之极。”

孟子在继承和发扬孔子仁的学说，强调“仁者无敌”的同时，强化儒家义的内涵。孔子曾提出“君子喻于义”“君子义以为上”，以义为君子的立身之本，又主张“见利思义”。孟子在孔子这一学说中继承并发展了义的内涵。孟子称：“人皆有所不为，达之于其所为，义也”（《孟子·尽心下》)；“敬长，义也”(《孟子·尽心上》)；“羞恶之心，义也”(《孟子·告子上》)；以义为“人之正路”，又倡导“舍身而取义”。致使儒家提倡的义达到更高境界，许多仁人志士因此受到极大的鼓舞。

由于孟子提出的“舍身而取义”影响至远、广泛流传，致使义与仁相结合，成为儒家道德的核心，并成为儒家道德的代名词。

“仁者爱人”，仁者的核心是“爱人”，“爱人”就是要求人对同类、同胞有人道的自觉，既要把自己当人，也要把别人当人；人与人之间要讲人道，互爱互助。仁作为道德要求，对个人要求克己，重义轻利，直至杀身成仁，克己的标准就是复礼，即符合国家的礼制规定，符合道德和规范的要求。

当义上升为儒家哲学和伦理范畴以后，其内含为通过内心的自我调节使思想行为符合一定准则，孟子又倡导“舍身而取义”，使维护真理比维护自己的生命还重要。从而使君子的“仁者爱人”与“舍生取义”成了不可分割的两个组成部分。要爱自己、爱别人并以人道互爱、互助，就应有“舍生取义”的义气；要拥有“舍生取义”的义气，也应该具有互爱、互助的仁爱之心，两者相辅相成，形成一个真君子的人格；否则，就应被视为“伪君子”。仁义非常重要，正如唐人吴兢在其《贞观政要·仁义》中评价的那样：“林深则鸟栖，水广则鱼游，仁义积则物自归之。”

故孔子说：“志士仁人，无求生以害仁，有杀身以成仁”(《论语·卫灵公》)。

43.1　仁义道德简析

仁义在儒家具有很高的地位，在唐代，仁义几乎与道德并列，唐人卢照邻说：“富贵者君子之余事，仁义者贤达之常迹”(《对蜀父老问》)。可见在盛唐时，仁义在人们心目中的地位是很高的。这是为什么呢？

我们先说仁，它在儒家学说中处于核心位置。孔子用仁界定人，主张“仁者爱人”。《论语·颜渊》中有“樊迟问仁，子曰爱人”的说法，爱人即“爱众”，因此《论语·学而》又提出“泛爱众”。这就是说，孔子以“人”或“众”作为行仁的对象，表现了孔子以人本思想为核心的“人学内容”。最为典型的人学案例是孔子“厩焚不问马”，而问“伤人乎”，这充分表现了孔子重人、爱人的人道主义精神。孔子创“仁学”，讲“人而不仁，如礼何？人而不仁，如乐何”，“志士仁人，无求生以害仁，有杀身以成仁”（《论语·卫灵公》）。要求弟子按仁的精神行事，处事；同时又以仁的标准来衡量他人，评价他人。孔子不但以仁律人，要求别人依仁行仁，而且能以仁自律，身体力行。孔子的这种爱人、重人的精神为什么能在盛唐得到推崇？这是由人本主义思潮引起的共鸣。

孔子的仁学产生于中国春秋晚期，那时正是人本主义思潮兴起之时，这种人本主义思潮孕育了孔子的仁学。而在盛唐，人本主义思潮也影响了统治者的行为，唐太宗李世民执政第一年，就对臣子强调当国君的法则：“必须先存百姓”（《贞观政要·论君道》）。为什么要首先保存老百姓呢？他解释说，如果损害百姓来奉养自身，就如割下自己大腿的肉来填塞肚子，肚子虽然饱了，人却死了。李世民为了实践“国依于民”的治国思想，十分强调荀子说的“君舟民水”关系，向群臣反复宣讲：“君，舟也；人，水也；水能载舟，亦能覆舟。”这在《贞观政要》一书中出现五处之多。李世民看到了君民之间的关系是君仆民主，“天子者，有道则人推而为主；无道，则人弃而不用”。李世民治国立足于“民为本”，这与孔子的仁学一脉相承，使孔子的仁学在盛唐不仅得到很高的赞誉，也发挥了很好的作用。

至于义，起于孔子，成熟于孟子。孔子在《论语·为政》中谈道：“见义不为，无勇也。”在孔子观点看来，义是指事之宜、正义，指思想行为符合一定的标准。孟子在孔子这一思想的基础上做出了杰出的发挥，提出以道义为人生最高价值的“舍生取义”：“生，亦我所欲也；义，亦我所欲也；二者不可得兼，舍生而取义者也”（《孟子·告子上》）。生命，是我钟爱的；

大义，也是我钟爱的。假如二者不可能都得到，只能选择其一，于是选择舍去生命而顾全大义，因为大义比生命更重要。“一箪食，一豆羹，得之则生，弗得则死。呼尔而与之，行道之人弗受，蹴尔而与之，乞人不屑也”（《孟子·告子上》）。即使是饥者、乞丐，宁愿饿死也要维护自己的人格尊严。人若树立了这样的人生价值观，就能“不为苟得”，不避患难，做到“富贵不能淫，贫贱不能移，威武不能屈”（《孟子·滕文公下》），以至“舍生而取义”。这种大丈夫气概在历史上产生了积极的作用。最为典型的案例是抗元英雄文天祥，抵抗元军时在五坡岭被俘，元将张弘范逼其写信招张世杰，他坚决拒绝，作《过零丁洋》诗以明志，传诵千古。历经威胁利诱，始终不屈，英勇就义。《宋史·文天祥传》记载了文天祥的精彩之语：“孔子成仁，孟子取义，惟其义尽，所以仁至。”故冯梦龙在《警世通言》中叹曰：“钱财如粪土，仁义值千金。”

43.2 赞舍生取义的抗美援朝志愿军战士

中华人民共和国成立不到一年，朝鲜战争爆发。当时世界上最强的美国联合所谓的“联合国军”，大举侵略朝鲜，迅速把战火烧到鸭绿江边，并企图烧到中国大陆。为了“抗美援朝，保家卫国”，290 万中国人民志愿军舍生取义，与强大的美军作战，以弱胜强，把美军及“联合国军”打回了三八线附近，自此，美军和“联合国军”再也无力将战线往北推进。当时任“联合国军”司令的克拉克后来在回忆录中说：“我是美国历史上第一个在没有取得胜利的停战协定上签字的司令官。”

290 万远赴朝鲜战场的志愿军战士，为了保家卫国，为了保护刚刚建立的新中国政权，舍生取义，牺牲了十几万英雄儿女。当时志愿军战士每次战斗前宣誓，最庄严、最简单的两句话就是：“活着去天安门，牺牲到沈阳”。活着的战斗英雄可以到天安门前观礼，牺牲的英雄可以运回沈阳北陵烈士陵园。千千万万志愿军战士“当年过鸭绿江，就没想过回来”。

抗美援朝之战，是正义之战，是正义的一方反抗侵略之战，也是弱旅战胜强旅之战。当时美国是世界上经济第一富、军事第一强的超级大国，拥有强大的钢铁生产能力，强大的空地协同作战能力，机械化的参战部队，充足的物资补给。而我们呢？中华人民共和国刚成立一年，百废待兴，武器装备落后，又没有空中掩护，产钢量极低。的确，中美两国国力相差悬殊。1950年，美国的钢产量为8772万吨，我国只有60万吨；美国的工农业总产值为2800亿美元，我国是100亿美元。武器装备敌我差距更加明显，美军是世界上所有军队中现代化水平最高的，仅以火炮一项来看，美军一个师除装备了坦克外，还有各种火炮959门，其中口径70毫米以上火炮330门，志愿军一个军才有各种火炮522门，其中口径70毫米以上火炮190门。这还不算战场上敌有我无的各种飞机、舰船和美国地面部队的全面机械化的先进装备。就是在这样实力相差悬殊的境况下，我志愿军指战员敢于向死而生去夺取胜利，这需要多么大的勇气和正气！

志愿军舍生取义、向死而生的精神，在上甘岭防御战役中表现得尤为突出：敌人对志愿军不足4平方千米的阵地发动进攻，投入6万兵力，飞机3000余架次，坦克170多辆，向阵地发射炮弹190万发，投掷炸弹5000多枚，用时43天。结果呢？无果而终。这次战役后，我们对敌人发动了金城反击战，一举突破敌人4个师25千米的正面防御工事，歼敌数万人。在打退敌人7次冲击后，报话机坏了，步炮协同不了，团指挥所什么消息也不知道，无法进行指挥，只听到阵地上的枪炮声。危急时刻，一位叫谢国藩的志愿军报话员从敌人的地堡中找到一台美国报话机，成功联系上了指挥所。战斗到只剩最后两人的时候，敌人又一次攻了上来，他就在报话机里喊：“向061开炮！”“061”是他所在阵地的代号，“向061开炮”就是向他开炮！这是何等的英雄气！志愿军身上展现出为了国家和民族，为了党和人民随时准备牺牲一切的革命英雄主义精神。

43.3 培养农村新一代“赤脚医生”是仁义之举

1979 年后，人民公社解体，实行家庭联产承包责任制，起于 20 世纪 50 年代的合作医疗失去了集体经济的支持。据统计，1989 年年底全国农村合作医疗的参与率仅剩 4.8%。农民因病致穷，因无法承受医疗负担而小病忍、大病拖。为此，1990 年开启了农村合作医疗的新一轮改革，遗憾的是，“赤脚医生”的脚印却在全国逐渐消失。其实，“赤脚医生”对缺医少药的中国农村而言最为重要，上海川沙县（现为浦东新区川沙镇）江镇公社曾有这样一首儿歌：“赤脚医生好阿姨，一顶草帽两腿泥；放下药箱就种地，贫下中农欢迎伊。”

2020 年年底，全国史无前例地完成了脱贫攻坚目标任务，这不仅是中国的里程碑事件，也是世界发展中国家的重大事件。中国农民有“新农合”医疗保险，但必须指出，已经脱贫了的农户，假如家中有人突患大病，就会出现“救护车一响，一年猪白养；住上一次院，三年活白干；十年努力奔小康，一场大病全泡汤”的现象。对于一些多发病、常见病，许多得病的农民因经济原因忍着。因此，当今的农村，急需要新一代的“赤脚医生”。可以说，培养农村新一代“赤脚医生”是仁义之举。

那么，新一代“赤脚医生”的标准是什么呢？

一是具有较高的医学知识和医务能力。过去的“赤脚医生”文化程度不高，一般在高小以上，有的甚至只读过三年书。新一代“赤脚医生”至少要达到高中文化程度，热爱中医，也善于学习西医，甚至有一些是立志为农民服务的医学院毕业的热血青年。他们应与农村教师一起成为农村文化的两大支柱。

二是要有扎实的中西医基础知识。过去的“赤脚医生”，例如第一批“赤脚医生”上海沙县的王桂珍和她的伙伴，能用 100 种药，掌握 100 多个针灸穴位，会医治近 100 种农村常见病、多发病，以及麻疹、肺炎和胸膜炎等农村常见重病。同时还能做好农村粪水管理、饮水消毒和流行病预防等公共卫生工作。新一代“赤脚医生”除了要有以上所说的医疗技术外，还应有扎实的中西医基础知识，谙熟中医治病方略，而且村里应拨出空地，让“赤脚医生”既能医病又能栽种多种农民急需的药材。县市医院的医生应定期下乡给“赤脚医生”进行培训。凡做出成绩的不仅要表彰，更要为其提供进行医术交流的机会。

三是要有与基层公务员相当的工资报酬。过去的“赤脚医生”不拿工资，亦工亦农，赤脚行医。他们每年参加劳动100~140天，平时在大队的办公室出诊或到田间巡察医疗。为保证生活稳定，新一代的“赤脚医生”不仅要有工资，而且工资应与村里公务员的最高水平看齐。“赤脚医生”的唯一任务是给农民看病，这比自己干农活更重要。他们不仅要巡回医疗，更要成农民的健康顾问、家庭医生。对农民的一般疾病及时进行治疗，若遇大病、疑难病，则应及时把患病的农民送至县、市医院治疗。“赤脚医生”中有出类拔萃者，每年应选一批去医学院进修深造。必要时对“赤脚医生”进行考试，成绩优秀者可评定主任医师和副主任医师。

按上述三大标准培育农村“赤脚医生”，让这些新一代“赤脚医生”如果星光灿烂，这则是最高的仁义之举。

44 论忠恕

孔子的学生子贡曾问孔子有没有可以终身奉行的话呢，孔子回答道大概是“恕”罢，自己不想要的任何事物，就不要强加给别人。可见，“恕”在孔子心目中非常重要。

忠恕是孔子伦理思想的重要范畴。孔子认为忠与恕既相通也有别。忠，要求积极为人，“己欲立而立人，己欲达而达人”（《论语·雍也》）；恕，要求推己及人。忠恕之所以重要，是因它是实行仁的基本途径和方法，即“为仁之方”。这也是检验真君子的基本方法。真君子，就会真诚而主动地去帮助别人，也绝不会把自己不要的东西强加给别人。

形成忠恕观念，必须有良好的人文环境。在殷商时期，早期的天帝、鬼神等观念还高高凌驾于人与人事之上，牢固地统治着人们的头脑。到了周代，这种影响逐渐衰退。周的统治者从殷的灭亡中汲取了一定的教训，不仅用“天”袭取了殷商“帝”的位置，也减少了它的绝对性，提出“天命靡常”“聿修厥德”“敬德保民”等思想，开始从宗教观念中分离出“人德”的观念。周代提出的“人德”观念不断得到发展，人们开始对神提出怀疑。《左传》中记载了许多这一时期初步兴起的无神论观念。《左传·庄公三十二年》虢国的史嚚说：“吾闻之，国将兴，听于民；将亡，听于神”。在当时的思想家看来，“神，聪明正直而壹者也，依人而行”。因为“夫民，神之主也，是以圣王先成民，而后致力于神”，故产生“祭祀以为人也，民，神之主也”的人神易位思想。从神不能影响人到神不能影响国，再到人神之间主从易位，最后是人企图操纵神，这正反映出春秋时期人的地位不断上升。这一时期人神消长的历史过程，也是孔子忠恕思想产生必需的温床。没有这样的人文温床，就不会有孔子的思想。

忠恕观的落实，还涉及方法论问题。这个方法论，就是“近取譬”。这是实行仁的基本方法论，即从自己的切身体验出发，去理解、同情别人，设身处地，将心比心，善意待人。要求人们遵守“己所不欲，勿施于人”的将心比心的道德原则。

孔子寻找到了一个检验仁爱高低真假的有效方法，这就是忠恕观。忠恕观反映竭尽己心之真实，并以此推及他人。孔子对忠恕有全面的解释：“夫仁者，己欲立而立人，己欲达而达人。能近取譬，可谓仁之方也已”（《论语·雍也》）。仁是什么呢？自己想要自立，同时要使别人也能自立；自己想要通达，同时帮助别人通达。能从近处的事实选择例子一步步地去做，这才是实践仁道的方法。忠恕观的确能够有效检验是否实行仁爱。

所以我们考察一个人或一个团体是否具有仁爱之心，只要着力考察忠恕实行得怎么样就可以了。忠恕是实行仁爱的主要方法，也是调节人际关系的有效方法，故《诗经·小雅》说：“他人有心，予忖度之。”孟子对孔子的忠恕观也做了重要补充，“老吾老，以及人之老；幼吾幼，以及人之幼。天下可运于掌”（《孟子·梁惠王上》）；“爱人者人恒爱之，敬人者人恒敬之”（《孟子·离娄下》）。

44.1 忠恕观应成为人类伦理的黄金法则

1993 年，世界宗教大会通过的《全球伦理宣言》，就将孔子的“己所不欲，勿施于人”确定为人类伦理的黄金法则。也就是说，孔子的这一忠恕观是对世界所有宗教在伦理方面的重要补充，可见其重要性和影响之深远。孔子也强调儒学的核心就是忠恕。

为什么忠恕在儒学中居于核心地位呢？

因为孔子主张“仁者爱人”，但这种“爱人”“爱众”只体现在嘴上就是一句空话，它必须用具体的、有效的方式来体现，而忠与恕则是实践“仁者爱人”最具体的、最有效的方式。因为只有靠忠恕，才能竭尽己心之真实，并以此推及他人。陈淳在《北溪字义》中做了较好的诠释：“忠是就心说，是尽己之心无不真实者。恕是就待人接物处说，只是推己心之所真实者以及人物而已。”孔子也解释忠恕，主张自己有什么欲望，总要推而广之，想到别人也有这样的欲望；自己的欲望达到满足时，也要使别人满足这样的欲望；这是一种情感激发过程。我自己不喜欢的欲念，绝不强加于他人，这是一种情感克制过程。

忠恕观之所以应成为人类伦理的黄金法则，就在于其目的是达到人际关系的和谐与感情的相通。孟子在孔子提倡的忠恕的内涵中，按“近取譬”又增加了两条重要的内容：“老吾老，以及人之老；幼吾幼，以及人之幼。

天下可运于掌”；“爱人者人恒爱之，敬人者人恒敬之”。

44.2 “近取譬”是种族主义者的清醒剂

孔子主张将自己的心比别人的心——“近取譬”，即离一个人最近的就是他自己，以自己作一个比喻，将心比心，由此想到别人。这是孔子主张实现人类之爱的方法，既然是方法，你、我、他均可运用。假如种族主义者也采取“近取譬”的方法，那将会出现什么现状呢？

“白人至上”的种族主义者用“近取譬”的方法能行得通吗？美国人西奥多·韦尔德取证于奴隶主和拥有奴隶的议员、法官、神学博士、医生、教师、商人等几百个黑奴压迫的目击者的材料表明，黑人成为奴隶后，总是过度劳累、营养不良，衣衫褴褛，住室简陋、睡眠不足，做苦力劳动六七年就死去了。他们经常遭到严厉的鞭挞，红辣椒被揉进他们撕裂的伤口，滚烫的盐水和松油精被灌进他们的伤口。奴隶经常被剥光衣服用刀割，身上到处都是遭木棍毒打留下的累累伤痕。他们常被吊起双臂鞭打，晕过去了设法弄醒后再打，有时被鞭打致死。奴隶的耳朵常被割去，眼睛被挖掉，骨头被打断，身上被烙上火印。奴隶被伤害致残，然后放在小火上慢慢烧死（选自《美国奴隶制实况》)。对于这些非人性、非人道的奴隶主迫害奴隶的行为，种族主义者难道不觉得非常可耻吗？

黑人奴隶不仅受到人世间最残酷的身体折磨，而且受到更为严酷的情感折磨，“母亲不能随意对孩子有自发的感情上的流露，哺乳和抚爱孩子也受到限制，因此，她常常对自己的孩子显得很冷淡，这成为很自然的事”(选自《美国的黑人家庭》)，家佣奴隶买卖兴旺，黑人母亲与自己的孩子分离日益普遍，黑人保姆只允许把情感转移到奴隶主的白人孩子身上，这是多么不公平啊！黑人奴隶唯一的方法是通过加深宗教感情来略微减轻奴隶主带来的痛苦，形形色色自成一体的黑人教会应运而生，作为他们倾诉感情的唯一地方，唱着悲怆的黑人灵歌：“我将参加那大团体，我将参加那大团体，它将点燃我小小的心灵”（选自《美国人建国历程》）。黑人成了基督徒也不能改变自身的奴隶地位。

秉承“白人至上”的种族主义者应“近取譬”，想想若自己也是奴隶，怎么样？能承受吗？

44.3 边沁的功利主义与忠恕相悖

功利主义者有个故事模型，以此来证明应该实行西方近代伦理学家边沁的功利主义。故事模型是这样的：由于轮船触礁，10个船员被迫来到荒岛上，没有通信设备，大家只能等待救援。绝望和枯燥笼罩着每个人。假设10个人中最文弱的是杰克，于是其他9个人开始尝试虐待杰克，获得发泄，从而度过了绝望。在功利主义者看来，虐待杰克是应该的，理由是，虐待他可以让其他9个人避免精神崩溃而自杀，即增加的社会总幸福是9个人精神正常并活下去，大于损失的总幸福（杰克受折磨的痛苦）。换句话说，倒霉的杰克是“必要的牺牲”。

显然，这是一个荒谬的模型。

首先，让9个人的快乐建立在1个人的痛苦身上，这本身就体现出一种奴隶主式的不人道，这种不人道是人为地让别人痛苦使自己获得幸福，这是典型的精神掠夺行为，这种精神掠夺建立在殖民主义者的占有欲的基础上。他们不会也不用“近取譬”的方法来思考，如果他用“近取譬”的方法思考这一模型，这一模型就会立即分崩离析。

其次，9个人在荒岛上要排解自我的绝望和枯燥，模型告诉我们只有靠虐待杰克。那说明这9个人都是虐待狂，没有一个有怜悯之心和同情之心。这显然不是正常人的心态，正常人的心态正好相反，同情和怜悯弱者，遭遇困境之时稍强者的人性之善会体现出来，向弱者伸出援手。不会9个人都是绝对的利己主义者。

最后，模型说9个人的绝望和枯燥靠虐待弱者杰克而排解，这在心理学上是站不住脚的。因为人在绝望时向弱者发泄，这是自己潜在的自卑的体现，越向人无理发泄越说明自己自卑，如果是自杀，那就是自卑和绝望导致的。

人类在荒岛上处于绝境，从心理学上来说，不能靠虐待弱者而生存，而要摆脱绝境，有多种正能量的方法。这个模型漠视了人类在绝望时产生的智慧，没有看到人的潜能的力量。

显然，边沁的功利主义与忠恕是相悖的。

45 论正义

正义是做人和人际交往的基本道德原则之一。正义、非正义、福、祸、屈、尊，以及好、坏、善、恶、荣、辱等概念，往往是对道德现象做出的分析评判和鉴别。通过这样的道德评价，可以提高人分析道德现象、区分是非善恶、确定合理行为的能力，有助于把道德知识变成激发道德行为的动力。其形式有自我评价、评价别人和社会舆论等。

由于正义主张机会和物质之公平、为人正派耿直并富有原则性的正直，处理事情合理、不偏袒任何一方的公正，故正义能反映一个人在处理与社会、与他人的关系时所表现的道德品质。

正义虽然在不同历史阶段有不同的内涵，但不管在哪个历史阶段，它都必须与人民和国家的根本利益联系在一起，正义体现的公平、正直和公正是符合人民和国家利益的。当贫富悬殊时，能谈公平吗？当一人或一国不遵守规则，横征暴敛时，能谈正直吗？当社会上提倡富人优先、白人优先时，能谈公正吗？既然不能谈公平、正直和公正，何谈正义？这就是为什么西方学者，特别是美国的学者谈任何事情都能津津乐道，唯独对于正义，总是采取回避的态度。

公平，是正义三大内涵的首要内涵。公平往往体现在机会和物质公平上。机会公平体现在机会均等上，即体现在人际关系上，它合乎人的正当感情和道义之理，公平体现在利益上，则是机会均等。机会均等是公平的核心。一个社会，若坚持自身允许的机会均等，那么这个社会就会形成符合自身历史条件的公平，从而使社会相对稳定。从秦王朝统一中国算起，中国封建社会有两千余年的历史，这是非常稳定的封建社会。但这种稳定，是与自隋朝到清朝1300多年的科举官吏选拔制度密不可分的。中国科举制度对于考生，严格实行机会均等的制度，不分贫富，一律平等。西方国家选举总统，不分种族，只要你拥有竞选总统所需的财产和党派人脉，就可参加竞选，致使西方选举给人公平的感觉，也使西方财团、资本家为此骄傲和自豪。但这种公平，明显有很大的局限性。在中国封建科举考试中，穷人一旦考取了状元，立即升官发财，这的确体现机会均等，但是，中国1300多年的科举考试中，据说只有一半穷人考上了状元，而历史上几乎没有哪一位状元敢为穷人的利益开道，因为这样做不仅官位不保，甚至会性命不保。在美国，奥巴马是第一位黑人美国总统。但在他执政的八年之中，能改变美国白人歧视有色人种的情况吗？事实证明并没有。

正直，是正义三大内涵中的第二大内涵。所谓正直，就是指一个人为人正派耿直，坚守原则。要做到正直，首先应该实事求是，尊重事实，一切从客观实际出发。实事求是出于《汉书·河间献王传》。毛泽东在他的《改造我们的学习》一文中，对实事求是的含义做了新的解释："'实事'就是客观存在着的一切事物，'是'就是客观事物的内部联系，即规律性，'求'就是我们去研究，即找出周围事变的内部联系，作为我们行动的向导"（《毛泽东选集》第三卷）。毛泽东对实事求是的新解，是确切而明白的。欺骗、虚假和尔虞我诈是正直的死敌，我们只有坚持实事求是，才能真正做到为人正派耿直、坚守原则。

公正，是正义三大内涵中的第三大内涵。公正是一个年轻而古老的命题。自人类出现在世上，公正就与我们相伴。随着文明社会的进化和发展，公正也在丰富着它的内涵。公正反对邪恶、伪善、偏倚，坚持法治、诚信、实事求是，它是积极性的原动力。公正能保证民主，民主能促进公正。公正关系群体凝聚力的程度。社会生活中的是非纠纷、愤懑怨恼，大都发端于“讨个公正”。因此，公正行为要实现善恶分明、公正无私、作风正派、性格坦率，敢痛斥邪道，也敢于在公众面前暴露自己的缺点并加以改正。所以，公正行动都具有一个实事求是的客观性。

当你具备公平、正直和公正时，你就具有了正义。道德上的正义是同非正义、不正义、不道德相对立的。也就是说，正义是与非正义、不正义、不道德斗争后的结果。这在主观上表明，我们要对自己的信念、行为负有道德责任；在客观上，体现着社会历史发展和社会道德进步的需要。不管个人如何对待自己的行为和信念，他都要在道法上为其正确性负社会责任。故中国自古以来就重视正义，重视公正。荀子言：“不学问，无正义，以富利为隆，是俗人者也”（《荀子·儒效》）。古希腊也很重视正义，柏拉图把“正义”作为“四大德目”（四大美德）之一。亚里士多德在《尼可马克伦理学》中专门论述了正义范畴。在西方近代伦理学界，法国的爱尔维修等伦理学家都论述过正义范畴。

45.1 正义是文明社会前进的“发动机”

飞机的腾飞、汽车的奔跑、机器的转动，都要依靠发动机，没有发动机，腾飞、奔跑和转动将是一句空话。同样，在一个文明的社会，没有正义这个“发动机”，社会的文明不仅会停滞，而且会倒退。这是因为文明社会的发展需要公平、正直和公正。

公平既是个法学概念，也是个道德范畴。自古以来，商业道德规范中就有“公平交易”和“买卖公平”，这是促进商业繁荣的最原始、最基本的准则，但它对文明社会的发展只起到缓慢的推动作用，远没有成为前进的“发动机”。要使公平成为文明社会前进的“发动机”，就必须将公平置于市场经济条件下，建立以权利公平、机会公平、规则公平为主要内容的社会公平体系。其作为现代经济运作模式和人的现代生存方式，通过市场经济的公平竞争来优化配置资源，通过公平竞争来激发人的积极性，促进人的发展，因此它将持续地、健康地促进社会的发展。这样的公平一旦成熟，就自然成为文明社会发展的“发动机”。这样的社会公平体系，不仅能公平地实现多劳多得，而且能让每个勤劳的人都有奔头，寒门也能出贵子。

正直指一个人或群体在说话、办事、待人接物上坚持道德原则和道德规范，善恶分明，公正无私，作风正派，不搞歪门邪道，敢于同坏人坏事作斗争，同时也善于暴露和纠正自己的缺点和不足。正直的人，以人民利益为最高标准，凡是真理、凡是有利于人民的事情，就坚持，就拥护；凡是违背人民利益的错误东西，就反对，就抵制。为了人民的利益，任何时候都敢讲真话，不讲假话，坚持真理，实事求是。2020年新冠疫情突袭武汉，我国的病毒学家钟南山敢于讲真话，拯救了成千上万人的生命。这正体现了司马迁所说的：“千人之诺诺，不如一士之谔谔”（《史记·商君列传第八》）。

公正一般是指公平而正直，如公正无私，指待人处事采取合情合理的态度，即合乎人的正当感情和道义之理，办事和处理问题没有偏向。公正是社会健康运行的前提和保证，因为它意味着平等地（而不是平均）分配社会的权利和义务。这样，就会让更多人有平等机会进入中等收入者队伍，从而激发人的积极性。

45.2 国民幸福源于社会平等

一谈到平等，好些人就联想到“均财富”，事实证明，“均财富”是似是而非的平等，它让创造财富的人感到被宰割的不公平；也让慵懒之人虽在物质上得到却在精神上失落。因此，平均主义与平等无缘。那什么是真正的平等呢？马克思对此做了辩证而科学的解答。他在《哥达纲领批判》一文中，对拉萨尔的公平的分配以及“平等的权利”进行了批评：对“社会一切成员”在消费的分配方面的平等的权利，则在任何时候都是不可能的，因为每个人（如老人和小孩）的需要不可能“平等”。马克思又指出，按劳分配中等量劳动的交换所体现的“资产阶级权利”，包含着劳动者中间存在的事实上的不平等。这种事实上的不平等是摧毁封建特权的伟大成果，它本质上意味着平等，也就是在公平竞争条件下形成的合理差距。

假如农业科学家袁隆平的报酬很高，大家都觉得公平，因为他的贡献大，这种公平来自健康、合理的竞争。因此，平均主义是最大的不公平，“做好做孬一个样，好孬同工同酬”，这怎么能使人有上进心呢？没有上进的工作环境，就休谈幸福。另外，分配不公，那些影视演员打个广告，不管广告是真是假，他拿几百万甚至上千万，这跟劳动者相比有何公平可言？公平来自认同感，也就是对自己在这个群体中所处的位置的认同。经济学中有个 χ（未知）效率，产生 χ 低效率的原因有三个：一是群体目标和个体目标不一致，效益损失；二是成员间有矛盾，效益抵消：三是由于人的惰性，效益降低。故《易经・系辞下》说：“德薄而位尊，知小而谋大，力小而任重，鲜不及矣。”

《礼记・礼运》中关于小康社会的描述，就是采用辩证的方法求得公正和谐：一端是有才能的人能得其所用，充分发挥；另一端是鳏寡孤独者，对于这些人，社会要特别关怀，不能按有多少贡献就给多少收入，而是平等地将他们视为同胞和社会成员，去关怀他们。作为有能力的人，关怀弱者能让自己感到幸福，而弱者得到关怀，也会获得幸福。

机会均等是公平的核心。机会均等不仅能使人人上进，形成公平竞争的生态环境，还能使人人都有奔头，为奋进开了绿色通道。一旦有所建树，成就感会使人获得幸福。事实证明，均贫富不如均机会。社会平等是国民幸福之源，而机会均等又是社会平等的核心，因此，重建社会公平，首先应使机会均等机制完善，也就是形成健康的竞争机制。健康的竞争机制犹如水流，水往低处流，人往高处走。河床平稳则流水缓，同样的水流量，河床倾斜则水流湍急。慵懒之人，就好像流在平稳河道的水；而勤快之人，就像流在倾斜河道的水。因此，建立健康的竞争体制，就要运用经济领域的“斜河床原理”，建立机会均等的体制。要把人人当成水，放在“斜河床”里流动，让每一滴水珠在“斜河床”里都有奔头，都争先恐后去获得幸福。社会的“斜河床”就是法治条件下的机会均等体制。

45.3 正义存在于人人追求美德的社会

英国近代伦理学家边沁把正义归结为功利，主张个人利益的满足（利己主义原则）可保证“最大多数的最大幸福”（利他主义原则）。继后，美国的约翰·罗尔斯开启了一个新的视角：正义不单单指人民福祉的最大化，它还关乎对个人自由和权利的尊重。边沁和罗尔斯关于正义的内涵都有其合理的一面，但还未触及正义的本质。正义的本质在于它的存在，就是为了让人们生活在一个追求美德的社会中，这样将促使人们追求更有价值的目标。

若追求美德成为社会公民的追求，那么这个社会就会成为理想的社会。追求美德就是追求公正，对邪恶不仅坚决的抵制，而且身体力行地进行反击和惩罚。曾让美军闻风丧胆的“一级战斗英雄”王海，就是追求美德的先锋。1946 年 3 月 1 日，我军第一所航空学校成立，王海被选为该校第一批学员，当时，中国还没有研发飞机的能力，学员们训练用的飞机都是校方东拼西凑的旧飞机，并且经常出现故障。有的学员不敢飞，但王海总是冲在前面，越是危险的科目他越是带头飞。王海先后飞了“九九”高练、“九七”高练、“九九”袭击机和隼式战斗机 4 个机种，累计飞行时间达 100 多个小时。朝鲜战争爆发后，为了抗美援朝，保家卫国，他于 1951 年 4 月 25 日率领空军第三师第九团第一大队奔赴硝烟弥漫的朝鲜前线。11 月 9 日，与敌军不期而遇的王海大队击落了一架 FMK–8 战斗轰炸机，实现了“开门红”。在后来与美军的多次空中交战中，王海和战友们创造了 6 ∶ 1 的成绩；更在一段时间内创造过 15 ∶ 0 的突出战绩。时任美空军参谋长范登堡说：“中国共产党几乎在一夜之间就变成了世界上主要空军强国之一。”

追求美德，就是追求正直，敢讲真话，公正无私，实事求是。实事求是，敢讲真话，是指为了人民的利益，敢于坚持原则，也敢于向一切错误倾向和歪风邪气作斗争，不怕打击报复，不怕威胁恫吓，襟怀坦白，刚直不阿，把个人安危置之度外。2020 年抗击新冠疫情的“最美逆行者”钟南山，就是其典型代表。2003 年初，“非典”在广州大爆发，钟南山到北京参加有关“非典”的新闻发布会，许多专家认为病原是衣原体，治疗也是以抗生素治疗为主。但多年在一线工作，这次更是直接冲在“非典”最前沿的钟南山知道，病原不是衣原体，抗生素治疗也难起效。至于病原是什么、怎么治疗，他也不知道。当有记者问到“疫情是不是得到了有效控制”时，钟南山对记者说了实话：“现在病原不知道，怎么预防不清楚，怎么治疗也没有很好的办法。病情还在传播，怎么能说是控制？我们顶多说遏制，不叫控制，连医护人员的防护都没有到位。”这些大实话让钟南山受到很多质疑。2020 年，当我们再次面临疫情考验时，钟南山已 84 岁高龄，他仍义无反顾地再次成为抗疫的“逆行者”。1 月 18 日，他一边真实地告诉群众“没什么特殊情况，不要去武汉”，一边挤在高铁餐车的一角，昼夜兼程地赶往武汉。到了武汉一调查，就在中央电视台专访中吐真言：“新冠病毒会人传人。”这让中央能及时准确地做出决策，使得新冠病毒在有限范围得到遏制，使全体国人避免了大灾难。钟南山以追求美德的正义之心，实现了“敢医敢言”，“当事实和权威不一样时，我们当然首先尊重事实，而不是尊重权威”。

46 论公私

自有人类社会以来，公私意识和公私概念就开始萌发，随着私有制社会的兴起和发展，公私意识逐渐发展为一对哲学（包括伦理学）范畴，成为左右意识形态的概念。公，通常指公道，公共利益；私，通常指私心，私人利益。公私这对哲学（包括伦理学）范畴之所以重要，是因为其是中国哲学范畴系统中贯通始终而又在现代被普遍使用的范畴。

公私概念在中国始于殷周时期，当时私有制早已出现。公，指祖宗，称先公，亦指君或尊贵之称；私，指私家。《左传·哀公五年》中则明确了公私关系的价值指向："私仇不及公，好不废过，恶不去善，义之经也，臣敢违之？"孔子认为"敏则有功，公则说"。公平使人民高兴，偏私使人民不快乐。这里也体现出公私意识在孔子头脑中萌发。过了百多年，孟子则十分显明地把公与私对立起来，通过对井田制的解说明确提出先公后私的价值取向。战国时期各学派热议公与私，而管子指明了公私之别，给公私做了规定：公指公平无私或公法，"天公平而无私，故美恶莫不覆；地公平而无私，故大小莫不载"（《管子·形势解》）。

在中国先秦时期，公私观念和内涵已基本确立，且直接融入中国传统文化。以下几种观念值得重视。

第一，贵公去私。战国时期儒家的公私观念业已形成，其基本可以概括为：先公后私，大公无私，反对多私和以私抉择、取与。为什么在私有制发展和强化的时代，反而会强调贵公去私的公私观呢？笔者认为有两个原因：一是公的内涵在萌发前期，着重指先祖、祖宗及君或尊贵，因此，等级制在封建贵族制度下萌发和形成，强调尊祖、尊君、尊贵，于是当时的公就应大大强调，不允许贱超过或平等于贵、君、祖，自然不允许私家高于公家；二是当时的公包含公平、公正之意，“罔不中听狱之两辞，无或私家于狱之两辞”（《尚书·吕刑》），不可仅听信一家之意而有所偏袒。

第二，公私不两立。把公与私之间绝对化，否定两者之间的辩证关系和转化关系。《尚书·周官》就直言：“以公灭私，民其允怀。”《淮南子》认为公私不两立：“公道通而私道塞矣”；“公道不立，私欲得容”。显然，这个观点太过绝对了。客观事实是，公与私在一定条件下是可以相互转化的，另外，公与私两个对立的概念也会相互影响和制约。所以，古人这一绝对化的公私观欠妥。

第三，超越自我，无私心而自然。晋代嵇康发扬道家自我精神，由无私心杂念而引出超越自我。他认为“论公私者，虽云志道存善，口无凶邪，无所怀而不匿者，不可谓无私。虽欲之伐善，情之违道，无所抱而不显者，不可谓不公”（《释私论》）。嵇康运用道家自我精神阐释公私，是对儒家公私观的重要补充。

第四，大道之行，天下为公。《礼记·礼运》提出：“大道之行也，天下为公”。把“天下为公”肯定为“大道之行”，这是对公的极高的评价。这种评价有没有太过呢?《周易大传·坤卦》有“地势坤，君子以厚德载物”。中国古代圣贤认为地是静的，故能承载万物。特别强调“厚德”是多善所积，多德所显，例如大山，由于“厚德”，承载千万株树木而形成森林，成为野生动物的乐园。而大山乐此不疲，默默奉献。显然，这是中国古代公私观最大的亮点。

由于公私哲学（包括伦理学）范畴在中国思想史上通贯通始终，而又是现代被普遍使用的范畴，对公私观的绝对化就自然会延续并影响现代的公私观。其中对现代公私观影响至深的有一种现象：“以公灭私‘才是最革命的’”。这一观点显然是对公私观的一种误导。春秋《尚书·周官》中早就提出“以公灭私，民其允怀”。这一观点不仅影响了诸子百家，还影响了后来的宋代理学。宋代程颢认为私心是恶的，是不正当的，并说“用其私心，依仁义之偏者”，于是提出“存天理，灭人欲”。这种全盘否定私心、贬低私心的“公”，只是为了让百姓都成为顺民并恭谨地为皇权服务罢了。其实，私心是人的自然本性，人类有了私心，才拥有人的欲望或需要，而人的欲望或需要是人性的本质体现。因此，人性自然流露的私心，属于“近朱者赤，近墨者黑”的中性物，其本身无所谓褒和贬。因私心可以追求崇高，常做好事；为了自身富裕，可以在公平竞争、合理合法的条件下去追求自己正当的财富，也间接为社会做出贡献。相反，私心也可能让人去追求邪恶，而常做坏事；人为了自身的富裕，也有可能在垄断或不合法的条件下去追求自己不正当的财富。因此，私心的善与恶、正与邪，在于人、集团的道德和法治导向上。私心本身无善无恶，市场经济的实践每时每刻都在证明这一点。

46.1　天下为公，走向大同

《礼记·礼运》开宗明义的两句话为：“大道之行也，天下为公。”它表明大同的根本特征是“天下为公”，并与小康的根本特征“天下为家”形成鲜明对照。

“天下为公”既是理想社会、理想的政治制度，更是理想的道德境界。这一人类理想的光芒，早在中国秦汉之际就出现了，而且成了中华民族光辉的传统精神。“天下为公”的大同世界是怎样的呢?“选贤与能，讲信修睦。故人不独亲其亲，不独子其子，使老有所终，壮有所用，幼有所长，矜、寡、孤、独、废疾者皆有所养，男有分，女有归。货恶其弃于地也，不必藏于己；力恶其不出于身也，不必为己。是故谋闭而不兴，盗窃乱贼而不作，故外户而不闭，是谓大同”。

中国古人理想的大同世界，与如今我们追求的共产主义真是极度相似！毛泽东在他的《论人民民主专政》一文中就指出它们之间存在着共通性：“经过人民共和国到达社会主义和共产主义，到达阶级消灭和世界大同。”那么，世界大同与共产主义有什么共同之处呢？

首先，物质的极大丰富。共产主义实行“各尽所能，按需分配”，生产的目的都是最大限度地满足整个社会不断增长的物质和文化需要；而大同世界，货物财产丰富，即使丢弃在路上浪费掉，也不需要归自己私有；连外面的大门都不用关上，因物质丰富，盗窃作乱的事情不会发生。

其次，共产主义使体力劳动与脑力劳动的对立消失，劳动已经不仅是谋生的手段，而是成了生活的第一需要，是个人全面发展的需要；大同世界施行的是大道，天下是公有的。所选拔出来的，是有贤德、有能力的人，所讲的是信谊，所修习的是爱睦。

最后，共产主义是“我为人人，人人为我”的亲密互助的和谐社会，人民的利益高于一切，大公无私，全心全意为人民服务；而大同世界则是人们不只爱自己的父母，也不只关心自己的子女。老年人都有归宿，壮年人都能发挥作用，幼小的都能得到扶养，矜、寡、孤、独和残疾的都能得到赡养。

中国自古以来理想的大同世界与我们现在所追求的共产主义，都很好地解决了公与私的辩证关系。大同世界强调男的都有职业，女的都有归属，这是让人人都有个性地发展，它必然强调所选拔出来的人，都是有贤德、有能力的人。这个理想社会，就杜绝了任人唯亲，凡有德才的人都会在社会上受到重用。而共产主义则更清晰地表明了公有和私有的辩证关系，恩格斯对此说得最为贴切。他在 1894 年 1 月 3 日给《新纪元》周刊写的一段题词中谈到共产主义这一精髓和本质：“除了《共产党宣言》中摘下列一段话外，我再也找不到合适的了：‘代替那存在着阶级对立的资产阶级旧社会的，将是这样一个联合体，在那里，每个人的自由发展是一切人的自由发展的条件’。”[①]《共产党宣言》非常明确地指出：私寓于公中，公体现出私的高度发展，即“每个人的自由发展”。

天下为公，人间始有正道。

---

① 马克思，恩格斯．马克思恩格斯全集：第 39 卷［M］．北京：人民出版社，1956：189.

46.2 儒道的私欲观是错误的

喜、怒、哀、乐、爱、恶、欲七情，是人性的自然流露，而七情中的欲，则是六情的总汇，更是人性之自然。人的欲望即需要，从心理视角来看，是个体和社会的客观需求在人脑中的反映，是个人心理活动与行为的基本动力。没有对象的需要是不存在的，需要（欲望）总是伴随满足需要的对象不断扩大而增加。它通常以一种“缺乏感”体现，以意向、愿望的形式表现出来，最终成为推动人进行活动的动机。因此，人的欲望可以从善也可以从恶，是把“双刃剑”。

老子和庄子发现，人的欲望（需要）会扰人害生，它同自然纯朴的人性是相对立的。因此，他们在主张“抱朴”（内心朴素）的同时，又提出了“无欲”。老子说：“不见可欲，使民不乱……恒使民无知无欲也”（《道德经·第三章》）；“故恒无欲也，以观其妙，恒有欲也，以观其所徼”（《道德经·第一章》）。老子只看见欲望是造成人们造反的根源，但忽略了欲望也是阻碍人们认识事物的原因。为了“使民不乱”，为了观万物的奥妙，老子主张让人们永远处于“无知无欲”的状态之中。虽然老子的“无欲”论还不是禁欲主义，也并非彻底消除人欲，他发现人欲过度就会贪、会乱，因此反对“富贵而骄，自遗其咎”（《道德经·第九章》），这是有积极意义的。但其解决办法是消极的、负面的：要人们成“小国寡民”，“甘其食，美其服，乐其俗，安其居”（《道德经·第八章》），让人不能在意念上去追求物欲的满足。这样，把人的合理欲望（需要）也压抑住了，成了后世禁欲主义者的理论基础，也抑制了人性的正常发展。

孔子和孟子创立的儒学，强调“重义轻利”，认为这是划分君子和小人的重要道德标准。孔子在《论语》中说：“君子喻于义，小人喻于利”；“君子谋道不谋食，忧道不忧贫”。孔子把义与利对立起来，认为有道德修养的人不能像小人那样汲汲追求物质利益。孟子也紧跟孔子，他对梁惠王说：

“王何必曰利？亦有仁义而已矣。”这从本质上把私欲绝对化，否定了私欲。孔孟的这种“重义轻利”到了宋明时期发展为禁欲主义，理学家强调“存天理，灭人欲”，灭尽人欲之私利，方可恢复和光大天理，这种禁欲主义的道德价值观影响了中国上千年，使中国经济自盛唐以后走向衰微，也是明清时代经济不发达的主要原因。因此，孔孟“重义轻利”的私欲观也是片面的。

儒道将私欲绝对化，没有看到人的欲望（需要）有其积极意义，这是“对整个文化和文明世界的抽象否定”，是“向贫穷的、没有需求的人——他不仅没有私有财产，甚至从来没有达到私有财产的水平——的非自然的单纯倒退”；“人的需要具有‘天然必然性’或‘内在必然性’”；“‘禁欲主义的科学’，它的基本教义是：自制、对生活和一切人的需要的摒弃”（《马克思恩格斯全集》）。

46.3　为私心正名

中国自古有种思潮，即全盘否定私心。其最有代表性的是春秋的《尚书·周官》所言：“以公灭私，民其允怀”。它的恶劣影响长达近三千余年。

中国北宋理学家程颐、程颢承认人生下来是自私的，“大抵人有身，便有自私之理”（《二程遗书》卷三），但他们认为私心是恶的，是不正当的。他们的理论根据是有私心不能为公，私利使人丧失善心，故追求私利便是无德，“用其私心”即成为霸道。于是提出“存天理，灭人欲”。自宋以后，国人的欲望（需要）灭了，但皇亲贵戚则奢靡腐败纵欲更甚，而因“灭人欲”已成全国风气，以欲为前提的商品经济越来越遭到压抑，商人被视为“小人”。这种封建伦理观念是中国封建社会的森严等级制压抑了底层百姓的个性的结果。这种封建宗法体制对百姓的长期压抑，使底层的百姓习惯忍让、服从而麻木不仁，哪里还有自己的个性和自己的欲望呢？于是，封建社会只讲群体和皇权（国家）至上，完全抹杀了个人存在的意义和价值，于是，百姓的私心也成了非法的。可以看出，封建王权大张旗鼓地否定私心、贬低私心、鞭打私心，其目的不外乎是让没有私心的顺民恭恭敬敬地为皇权（“公”）服务罢了。

卡尔·马克思曾痛批“禁欲主义的科学”，认为它的基本教义是：“自制、对生活和一切人的需要的摒弃”。例如马克思在《德意志意识形态》一文中说：“共产主义者既不拿利己主义来反对自我牺牲，也不拿自我牺牲来反对利己主义”，“无论利己主义还是自我牺牲，都是一定条件下个人自我实现的一种必要形式”。显然，马克思在这里肯定了私心在一定条件下的积极作用，而不像我国当今的一些伦理学者那样对私心加以无情的贬抑。

其实，人性自然流露的私心，它是“近朱者赤，近墨者黑”的中性物，本身无所谓褒和贬。因私心可以追求崇高，常做好事；相反，因私心也可以坠入邪恶，常做坏事。因此，私心的善与恶、正道与邪恶原因不在于私心，而在于人、集团的道法和法治的导向上。

47　论贵气

贵气，指超越功利，一心攻关的专注态度和科学精神。一个人或者一个群体，怎样才能具有超越功利、一心攻关的专注态度和科学精神呢？这种专注态度和科学精神不是从天上掉下来的，而是通过后天的养气和激气而获得的。

科学家（包括社会科学家）和文学艺术家的本职工作是探索真理和创新创造，因此，其工作性质是超越功利的，这有助于排除社会上的各种诱惑，让他们一心攻关，锲而不舍。没有贵气的科学家（包括社会科学）和文学艺术家成不了大器。

早在战国时期，中国的思想家荀子就发现贵气不仅重要，而且是人类独有的：“水火有气而无生，草木有生而无知，禽兽有知而无义，人有气、有生、有知、亦且有义，故最为天下贵也”（《荀子·王制》）。为什么科学家以及科学精神是“最为天下贵”者？其缘于他们身上的始终如一的贵气。那么贵气的内涵有哪些呢？概括来说，贵气包含精气、灵气和浩然之气。

精气，出自《易·系辞上》，指一种精灵细微的物质：“精气为物，游魂为变，是故知鬼神之情状”，以精气的变化来解释鬼神。贵气中的精气，则是更高，更有深意，这种深意就是管子所说的：“精也者，气之精也”，“凡物之精，此则为生。下生五谷，上为列星”（《管子·内业》），并认为人的精神也由“气”组成。因此，这种精气可以理解为人的精神。精神之可贵，在于其源之于正途。精神有高下优劣之分，有高而优的精神，才有高尚之行动；而下劣之精神，只能喂养出邪恶之徒。因此，我们讲的贵气中的精神，就是以人民和祖国利益为先并具有一种为崇高的理想、宏伟事业而献出生命的精神。这样的拥有贵气者，就能像雄伟的鸿鹄，有远大的志向，在晴朗的天空翩翩飞驰到乐土；而具有下劣之精神者，就会像昏庸的蝙蝠在昏暗的黑洞中自得其乐。

灵气，源于《管子》，原指一种细微、精灵的气。《管子·内业》中说：“灵气在心，一来一逝，其细无内，其大无外。”而我们这里所说的贵气中的灵气，与管子所说的“灵气”大不相同，它有更多现代性的积极内涵，有些近似于现代心理学中的灵感。灵感不仅是人的一种潜意识的积累，而且是努力实践和思考的总体现。贵气中的灵气，不但要有灵感的产生，而且会很敏感、很睿智地指导人观察、考察所要考察的事物，包括常人眼见所未能发现的科学问题或社会问题。

浩然之气，源于《孟子》，指通过内心修养逐渐积累道义精神而产生的一种正义气概。《孟子·公孙丑上》说：“我善养吾浩然之气”，“其为气也，配义与道，无是，馁也。是集义所生者，非义袭而取之也”。贵气中的浩然之气，除了有至大至刚、不屈不挠、盖天地之正气的内涵外，还具有勇往直前、锲而不舍、持之以恒，对事业用心专一的意思。

贵气中的精气、灵气和浩然之气不一可缺。贵气是天赋的还是后天培养的？答案是后者。战国时期的孟子提出了一个非常重要的修养方法，即养气，“我善养吾浩然之气”。这里的“气”指一种无所畏惧、不可动摇的正气（正义气概），无论在何种情况下都不可动摇对道义的意志和信念。我们提倡在市场经济环境下养气，极具现实意义。

47.1 养气重点在于养贵气

人生贵气，最金贵的是浩然之气；人生贵气，贵的是超越功利、一心攻关的专注态度和精神。孟子首倡浩然之气：

“敢问夫子恶乎长？”曰：“我知言，我善养吾浩然之气。”“敢问何谓浩然之气？”曰：“难言也，其为气也，至大至刚，以直养而无害，则塞于天地之间。其为气也，配义与道；无是，馁也。是集义所生者，非义袭而取之也。行有不慊于心，则馁也”（《孟子·公孙丑上》）。

养气重点在于养贵气。孟子说的养气，是一种意志的磨炼，是要使养气者收获坚强的意志、攻坚克难的韧性、必胜的信心和锲而不舍的恒心。也就是孟子所说的：“必先苦其心志，劳其筋骨，饿其体肤，空乏其身，行拂乱其所为，所以动心忍性，曾益其所不能”（《孟子·告子下》）。所以，凡有贵气之人，他（她）就能抵挡住任何外界物质和精神的诱惑，始终是祖国和人民的儿女。忠于祖国、忠于人民是他（她）一生中最崇高的信念。为此，他（她）鄙视那些为了个人利益把祖国和人民抛在九霄云外的人；他（她）更鄙视那些断了脊梁骨，一出国就忙于卖国求荣，不知天下有“无耻”的人。我们看到，那些拥有浩然之气的人，他们终成国之脊梁。在近现代，鲁迅先生和钱学森就是这种贵气之人。

养气关键在于贵气，养气是手段、是过程，养成贵气是目标。那我们要通过什么手段、什么过程才能达到养成贵气的目标呢？一般来讲，必须经历立志、报国、济民、建功四个阶段，方可得贵气。

首先是立志。立志在于自胜，若你连自己都战胜不了，那肯定与贵气无缘。无鸿鹄之志，那怎么会高飞远去？！不敢乘风破浪，又怎会在急浪中成为杰出的弄潮儿？！不敢在逆境中迎难而上，甚至在危急中不敢以死求生，那怎么能建功立业、报效国家呢？！故宋代苏东坡坦言："古之立大事者，不惟有超世之才，亦必有坚忍不拔之志"（《晁错论》）。

其次是报国。科学没有国界，但科学家有祖国。如果钱学森不是中国导弹之父，而是为美国造导弹，他还称得上伟大吗？如果潘建伟院士不是为祖国量子科学事业工作，而是一心为美国效劳，他还会是国人钦佩的科学家吗？正因为钱学森一心为国之强大，潘建伟一心为国之富强，这样的科学家才是祖国的赤子，堪称伟大。故清人陈恭尹叹曰："丈夫无国更何家"，并直言："丈夫不报国，终为愚贱人"（《拟古诗之三》）。报国之心，是浩然正气和赤子之心的结合，正如明代于谦所说："一寸丹心图报国，两行清泪为思亲"（《立春日感怀》）。

再次是济民。济民本是对困苦百姓加以帮助，这里引申为一切为人民着想。因为一个具有浩然之气的人，他已超越功利，一心攻关。"不以一己之利为利，而使天下受其利；不以一己之害为害，而使天下释其害"（黄宗羲《明夷待访录·原君》）。由于有这样的着眼点，就会"一身之利无谋也，而利天下者则谋之；一时之利无谋也，而利万世者则谋之"（《胡子知言·纷华》）。用我们当下的话来说，就是"一切从人民的利益出发"。

最后是建功。人的一生瞬息即过，我们在有限的生命中为人民、为祖国做贡献，就是要为民为国而立功。有了大志向而无建功之力，那就成了夸夸其谈的伪君子。我们要立志，也要建功，这才是实实在在的浩然之气。人总是要死的，为民为国建功立业而死，则死得其所，重于泰山，正如秋瑾所言："一腔热血勤珍重，洒去犹能化碧涛"。

47.2 高山仰止的钱学森

1989年，在美国纽约召开的国际技术与技术交流大会上，钱学森被授予“世界级科学与工程名人”称号。1999年，他又被国际媒体选为“影响20世纪科技发展的20位世界级科学巨人”之一。钱学森是十年一遇的世界伟大科学家。

钱学森之所以伟大，是因为他是具有浩然正气的中国科学家，他的骨头是最硬的，他的伟大源于他的爱国之心。他1935年去美国，1955年回国，在国外期间，前3年是学习，后10多年是工作。所有这一切都是在做准备，为的是日后回到祖国能为人民做点事。美国的高薪和优裕的生活丝毫没能动摇他回国的决心。因此，他坦然，一边坦然面对美国将军要“枪毙”他的威胁；一边坦然面对中国长期“一穷二白”的生活环境。于是，美国特务跟踪他五年，他不惧怕，还向特务们表示：“我的事业在中国，我的成就在中国，我的归属在中国。”这种浩然正气可谓惊天地、泣鬼神，让威胁他的美国特务也胆战心惊。

钱学森在他的父亲、教育家钱均夫的亲自培育下，从小就立志为国效力。他3岁时，就能背诵上百首唐诗、宋词，并能用心算加减乘除。5岁能读《水浒传》。三十六天罡，七十二地煞，都是他幼小心灵中的英雄。他曾对父亲说：“英雄如果是天上的星星变的，那我也可以做英雄了。”由于自小受中国传统文化的熏陶，使他自小就立志要成为“英雄”。当他从学校步入社会，即将到美国深造时，父亲在船前送给他的立志箴言，他不仅铭刻在心，而且将其化为他前进的动力。钱均夫是这样写的：“人，生当有品：如哲，如仁，如义，如智，如忠，如悌，如教！吾儿此次西行，非其夙志，当青春然而归，灿烂然而返！”

故钱学森后来常说：“我的第一位老师是我父亲。”博学多才，谦和认真的钱均夫，更懂得要儿子成为有浩然正气之人，首先要立下鸿鹄之志！

志不立，天下无可成之事。

钱学森练就了一身本事，一片丹心图报国。当他得知中华人民共和国成立后，兴奋不已，报国有了门。单纯的钱学森没想到他一提出回国要求，就酿成了一场浩劫。美国时任海军次长金布尔恶狠狠地说：“他知道所有美国导弹工程的核心机密。一个钱学森抵得上5个海军陆战师，我宁可把这个家伙枪毙了，也不能放他回红色中国去！”随后，抄家、流放、拘留……没完没了的政治迫害接踵而来。在长达5年的被软禁的日子里，钱学森和妻子蒋英常常只能夫吹竹笛，妻弹吉他，以共同演奏古典室内音乐来排解寂寞与烦闷。后来，钱学森在祖国的帮助下，终于回国。

钱学森回国后，就一心扑在事业上。组织安排他去东北考察，陈赓大将在中国人民解放军军事工程学院（现哈尔滨工程大学）接待了他。在一个小火箭试验台前，陈赓问：“我们能不能造出火箭、导弹来？”钱学森不假思索地答道：“有什么不能的？外国人能造，中国人同样能造！”这不是钱学森一时夸下的海口，而是真正的行动的开始，他既要为中国的导弹事业举行“扫盲”，又要带领大家进行技术攻关。钱学森作为“两弹一星”这项工程的牵头人，时常一头扎进荒无人烟的大西北。在人迹罕至的沙漠中与同事们一起鏖战，经常一走就是几个月，而且不能给家里写信。钱学森带领他的助手们，把我国第一枚装载国产燃料的短程弹道导弹成功发射升空；继后，又将“东风二号”导弹成功发射。1964年10月16日，在钱学森和众多科技人员的努力下，中国成功试爆了第一颗原子弹。毛泽东在庆功宴会上，大赞了他身边的钱学森：“我现在特别向在座的诸位介绍一下我们的钱学森同志，他是我们的几个王呢？什么王？‘工程控制论王’，‘火箭王’！他这个‘王’用工程控制论一发号令，我们的火箭就上天。所以各位想上天，就找我们的‘工程控制论王’和‘火箭王’钱学森同志！”

钱学森既实现了他建功济民的报国之志，又成就了他的精彩人生。在当今新时代，中国的宇宙飞船遨游太空、宇航员漫步太空、人造卫星造访月球背面和火星，先进的短程、中程和洲际导弹守卫国土，这些令世人惊叹的巨大成就，起步于钱学森或基于他所开拓的事业。毋庸置疑，钱学森的伟大源于爱国之心，他正是中国的脊梁之一，高山仰止，景行行止。

47.3 贵气体现在实事求是追求真理的精神中

刘徽被美国《数学杂志》称为“中国3世纪的一位数学奇才”，他是《九章算术》的注释者，他纠正了其中一些不明确的概念，并坚持实事求是的态度，对张衡的科学观点进行实证。这充分体现了科学家需要具备的贵气。

有贵气者，在科学探索上坚持实事求是追求真理。一生探究数学的刘徽就是这样的有贵气者，他超越功利，为研究数学倾注了全部心血和巨大精力。由于他以实事求是作为研究的基点，因此，他的许多数学发现和数学思想被祖冲之父子所发挥，从而使当时中国的数学在世界上处于领先地位。

在东汉时期，《九章算术》被官方奉为经典，刘徽对它也十分推崇，为之做注。但刘徽不迷信它，实事求是地分析了《九章算术》和前人的数学知识，肯定了应该肯定的部分，批评并纠正了错误或不准确的部分，指出《九章算术》中若干处不精确或错误的术语。他还批评了以往《九章算术》的研究者不实事求是、因袭旧说的错误态度：“世传此法，莫肯精核。学者踵古，习其谬失”。

刘徽坚持实事求是，一切从实际出发，对《九章算术》做注，言必有据，不讲空话，也不相信根据不足的话。史书记载了刘徽的一句话：“记称隶首作数，其详未之闻也”。《九章算术》是我国古代流传下来的最早的一部数学著作，以问题集形式编写，收集了246个应用数学问题及各类问题的解法。刘徽为《九章算术》做注时，对各种问题的解法做了简要的证明，论证了这些解法的正确性，他还做了许多创造性工作，提出了不少远远超出原著的新理论。

刘徽的这种突显贵气的实事求是的科学探索态度体现在两方面：一是错的就要纠正；二是自己错了就要承认。应该说这两种贵气的科学态度也是科学工作者在探索真理时应该遵循的、普遍的黄金法则。

刘徽对圆周率 π 进行了认真研究，并否定了《九章算术》中把圆周率 π 取作“3”，认为这样误差太大。通过多年的苦心钻研，他创造性地用极限的方法计算 π 的近似值。他通过深入研究，不仅总结、概括、发展了《九章算术》和前人固有的方法，而且大胆创新，创造性地提出各种证明方法，尤其是将极限思想和无穷小分割方法引入数学证明，这个突破大大提高了中国古代数学的理论水平。

刘徽凸显贵气的科学精神还体现在对自身的实事求是上。他不图虚名，勇于承认自己的不足，寄希望于后学的种种美德令人钦佩。刘徽设计了牟合方盖，指出解决球体积的正确方向。但在实证中功亏一篑，他便认认真真地袒露自己的不足，寄希望于后辈。

这里还应特别指出的是，刘徽实事求是的科学态度，还体现在对张衡的科学观点进行实证，这是中国学术界最为欠缺的，因此也是不可多得的科学品质。他十分尊崇张衡的科学成就，但当他发现张衡的某一个数据求证有些问题时，就与朋友一起论证此事，他敢于怀疑权威、挑战权威。

在刘徽身上，科学家的贵气体现得淋漓尽致。

48　论良心

良心是东西方伦理学中共有的道德观。良心这一伦理概念，在中国最早由孟子提出，语出《孟子·告子上》：“虽存乎人者，岂无仁义之心哉？其所以放其良心者，亦犹斧斤之于木也，旦旦而伐之，可以为美乎？”在这个基础上，孟子提出良知、良能，并且具体提出养良心之四法：是非之心、羞恶之心、恭敬之心和恻隐之心。其至今仍具有现实意义。西方人也十分重视良心的塑造，认为“上帝在每人心中安上了一盏明灯”，并把它视为“人最忠诚的朋友”。英国诗人乔叟的这句话很有代表性：“有两样东西是必不可少的：良心和美名。换言之，为了你的灵魂，你须有良心；为了你的友邻，你须有美名”（《坎特伯雷故事》）。

良心，是个人在对他人、对社会的关系上，对自己的行为所负的道德责任和自我道德评价能力，即人对其道德责任的自觉意识。良心是隐藏在人们内心深处的一种意识活动，它是对善恶的自觉。马克思非常重视对良心的研究，认为“良心是由人的知识和全部生活方式来决定的”，良心又常常被打上阶级的烙印，“共和党人的良心不同于保皇党人的良心，有产者的良心不同于无产者的良心，有思想的人的良心不同于没有思想的人的良心”（《马克思恩格斯全集》）。良心，是人们对自己行为的是非、善恶和应负的道德责任的自觉意识，因此，培养良心的方法尤为重要。环顾中西方，还是孟子的观察最为系统完整，并颇具现实意义。只要去除孟子关于良心的天赋论先验观点，吸取其合理内核，就能直接为现实服务。

良心不是先天的，而是后天形成的，所以，后天的养性十分重要。孟子提出的养性“四心”为我们指明了方向。

一养是非之心。是非之心是孟子提出来的，“是非之心，人皆有之”（《孟子·告子上》），人天生的分辨是非的思想（能力）是“智”的萌芽：“是非之心，智之端也”（《孟子·公孙丑上》）。我们在这里去除孟子关于是非之心的先天论，取其合理内核，从小培养孩子的是非之心，提高他们分辨是非的能力，这是培养良心的前提之一。

二养羞恶之心。羞恶之心也是孟子提出的：“羞恶之心，人皆有之”，他又认为人天生就有的羞耻心是“义”的萌芽：“羞恶之心，义之端也”（《孟子·公孙丑上》）。我们在这里去除孟子关于羞恶之心的先天论，取其合理的内核，从小培养孩子的羞恶之心和耻辱感，这是培养良心的前提之二。

三养恭敬之心。恭敬之心源自孟子提出的谦让心：“恭敬之心，人皆有之”（《孟子·告子上》）。人天生就有的“谦让心”，这是“礼”的萌芽：“辞让之心，礼之端也”（《孟子·公孙丑上》）。我们在这里去除孟子关于礼让心的先天论，取其合理的内核，从小培养孩子的恭敬之心和礼让心，这是培养良心的前提之三。

四是恻隐之心。恻隐之心引申于孟子提出的天赋同情心，“恻隐之心，人皆有之”（《孟子·告子上》）；“恻隐之心，仁之端也”（《孟子·公孙丑上》）。他认为同情心是仁的萌芽，是先天就有，与生俱来的。我们在这里去除孟子关于同情心的先天说，取其合理的内核，从小培养孩子的恻隐之心和同情心，这是培养良心的前提之四。

48.1 良心是正直之人的心灯

良心，是正直之人的心灯。有了这盏心灯，在最黑暗的时日，也会照见光明；有了这盏心灯，就会自觉地、清晰地分清、剪裁善恶美丑；有了这盏心灯，就会做事坦荡荡，不为功利所诱惑，不会在金钱美色面前迷失。人有了良心，就会对自己的行为的是非善恶和应负的道德责任有自觉的意识。所以，托·富勒说：“良心的法庭永远不会休庭。”

为什么说良心是正直之人的心灯呢？我们通过孙冶方的事迹理解这个道理。

经济学家孙冶方的良心天下人皆知。在那个不讲经济效益的年代里，孙冶方逆潮流大讲特讲按经济规律办事，讲利润和价值规律，因此被批斗。有人劝他：“外面风声很紧，你就不要再讲了！”他一甩袖子说：“我是经济学家，不是气象学家。风声？对不起，从没研究过那玩意儿！”1965 年，孙冶方被撤销党内外一切职务，下放到京郊进行改造。“文革”期间，他被投入秦城监狱中。没有纸笔，他完全靠打腹稿的形式写了 30 余万字的《社会主义经济论》。这本书因为草稿丢失前后共写了85遍。孙冶方出狱时，外面还是阴霾满天，他一上车就对接他的人说："我是一不改志，二不改行，三不改变观点。对于我所坚持的学术观点，一个也不改变。"孙冶方身患绝症，当养女告诉他来日无多时，他的心境依然像夏夜的湖水那般平静。在他的心脏还能跳动的最后几天，他依然写成了《二十年翻两番不仅有政治保证，而且有技术保证》的文章。文章发表后，陈云等当时的中央领导同志看过后都说写得好，纷纷打电话表示祝贺。

48.2 凭良心办事才是幸福和长寿的秘诀

良心是一杆秤，它能称出是非好恶，也能养出人品。因为良心是隐藏在人们内心深处的一种意识活动，它对善恶的自觉、对对错的选择、对道德责任的履行，不靠鞭策而靠自觉，不靠压力而靠自律。

罗伯特·米尔是德国人，他在109岁高龄时仍精神矍铄。但他被人所称道的不是他的长寿，而是他的良心。事情是这样的：1940年7月，他的邻居，也是他的好友被送进了集中营。临行前的一天夜里，这个邻居把自己的5万马克委托给米尔保管，并说："我走了，帮我照顾好我的妻子和孩子。这些钱，没有任何人知道。我的意思你是明白的，怕他们经不起纳粹人的折腾，说出去，连累了你。拜托了！回来后，我会报答你。"他被带走的第二天，他的妻子和孩子也被带走了。一等就是5年，直至"二战"结束都没见到邻居的踪影。米尔想，也许他们全都死了，这笔钱看来是无法奉还了。不过，米尔依旧没有动用它们。

1965年，米尔68岁。他的家庭发生了一次大变故。他与儿子联合经营的机械厂倒闭了。祸不单行，他的妻子还摔断了腿。为了走出生活的低谷，米尔想到了那5万马克。可是，就在他准备从银行里取出这笔钱的时候，他在报上看到一篇纪念反法西斯战争胜利20周年的文章，作者是安迪·约索夫。从内容看，米尔断定作者就是邻居的小儿子。但是，这5万马克，邻居的儿子一无所知。米尔陷入空前的矛盾之中：是归还这笔没人知道的巨款，还是拿出来拯救自己？最后，米尔选择了前者。米尔的良心使他做出了正确的选择。这也使米尔的心灵得到了安宁，他知道，凭良心办事，才是幸福和长寿最不可或缺的秘诀。

48.3 现代汉奸余茂春的劣迹给我们的启示

美国前国务卿蓬佩奥，是美国有史以来最糟糕、最卑劣、最没有信义的国务卿，这一评价是国际社会（包括西方社会）公认的结论。就是这样一个天天撒谎，做梦都想推翻中国共产党及中华人民共和国的人，他的特别顾问居然是中国大陆培养出的一个“状元”，他叫余茂春。

余茂春，生在安徽，长在重庆，在重庆永川中学毕业，高考以“状元”身份考进南开大学。后来因成绩优异，公费派到美国留学，后滞留美国，成了美国极右鹰派政客的鹰犬。他至今还不知羞耻，不在乎被永川的家族除名，不在乎被母校永川中学除名，也不在乎他已被永久钉在历史的耻辱柱上。国家培养了他，他在外站住了脚跟后就疯狂地噬咬养育他成才的祖国和人民，沦为卑劣的现代汉奸。余茂春现象给我们什么启示?

第一，孟子的唯心主义天赋道德论是站不住脚的。良心这个概念是由孟子首先提出来的，他认为良心是人天生的善良本性，认为人有一种不需要学习就能实行、不需要思考就能知道的天生的道德意识。它主宰着人的一切道德行为，它是人的最高道德理性和道德本能，是“四端”发展为“四德”的动力，它是一种神奇的道德力量。而事实并非如此。国家精心培育的余茂春们，他们的行为充分说明孟子这一天赋说是错误的。而告子的“性无善不善”才是正确的。根据告子的理论，对于青少年，我们应主动进行向善教育。

第二，过于看重分数的大、中、小学教育出了问题。以成绩论高低的教育模式，让全社会都倾向于似乎只有“高分”才是我们教育的首要追求。

从幼儿园开始，学校和家长会告诉孩子什么是最重要的——分数。小学分数高才能进入重点中学，高考分数高才能进入重点大学。“状元”已成为学校和社会普遍认可的荣誉。而“状元”只以分数高低论。这种唯分数论的标准对教育的影响是摧毁性的。

第三，良心不是天生的，而要靠家庭和学校长期培育。培育良心，首先应将道德伦理教育融于家教和学校教育之中，成为家风和校风的一个组成部分。北齐的颜之推强调“为善则预，为恶则去”（《颜氏家训》）。他强调孩子做善事要参与，做恶事要远远离开。向善应从娃娃抓起，让幼儿及青少年养成善心，抵御恶心，从而确立和稳固良心，让他们懂得“兴天下之利”就应尽力去做，而“天下之害”要尽力避免。让青少年怀抱良心去向水学习，理解“上善若水”的道理，并懂得良心不会从天而降，只能通过自身不断向善的努力真正确立。从而引导他们自觉地蔑视那些为人不齿的现代汉奸们，让这些现代汉奸像过街老鼠，人人喊打！

49 论荣辱

荣辱在中西方都是一个备受关注的古老概念。荣，指荣誉、光荣，是社会对于人们道德行为的一种褒奖和赞许。它体现在两个方面：一方面是个人履行义务之后，得到社会的赞扬、认可、奖励；另一方面是履行义务之后所产生的个人在道德感情上的满足，即个人的尊严感。辱，指耻辱，是荣誉的对立面，是指人的行为受到社会舆论的谴责和厌恶，从而在个人内心深处出现的耻辱心。

就荣辱来说，不同的学派有不同的荣辱观。中国古代不同学派各有主张。儒家孟子认为“仁则荣，不仁则辱”（《孟子·公孙丑上》）；荀子也主张“先义而后利者荣，先利而后义者辱”（《荀子·荣辱》）。儒家以仁、义等为制定荣辱的标准，而主张功利主义的墨子却认为“强必荣，不强必辱”（《墨子·非命下》）。与此相近，《管子·胶民》认为“仓廪实而知礼节，衣食足而知荣辱”。古代思想家一般认为“荣辱之责在乎己，而不在乎人”。荀子对这一问题做了进一步的分析，把荣分为“势荣”和“义荣”，把辱也分为“势辱”和“义辱”，认为“君子可以有势辱，而不可有义辱；小人可以有势荣，而不可以有义荣。有势辱无害为尧，有势荣无害为桀”（《荀子·正论》）。

荣辱观念是一种精神力量，它像其他观念一样，在一定社会物质条件下产生积极或消极的影响。在阶级社会中，不同的阶级或阶层有不同的荣辱观。奴隶主阶级把他们高贵的出身与特权及占有奴隶的多少看作荣誉；封建地主阶级把高贵的门第、显赫的官爵、种种特权及骄奢淫逸的生活视为荣耀；资产阶级则把金钱、资本和个人名位看作荣誉。

正确的荣辱观是现代社会发展的动力之一。对人民、对祖国和人类社会有利或做出贡献者，应予以褒奖、鼓励；对人民、对祖国和人类社会有害或有危害者，应予以谴责、抑制，这是文明社会发展的需要。本·罗·海登感叹道：“人生有三大难，第一难是赢得荣誉；第二难是在世一天保持一天的荣誉；第三难是死后留下好名声”（《席间闲读》）。爱默生也感叹道：“荣誉随着时代而变化，千载不朽的人物历史上寥寥无几。”

荣和辱是相辅相成的。没有耻辱心，荣耀心就是一种虚幻；同样，没有荣耀心，耻辱心就成空中楼阁。所以，我们在追求、强调荣耀心时，不可缺少耻辱心。例如在抗日战争中，那些汉奸和汪精卫们，他们丧失耻辱心的同时也丧失了荣耀心，所以不知耻，这是最大的辱。

荣辱观需要健康的生态环境。我们在求荣去辱的过程中，千万要警惕虚荣心过盛。虚荣心会滋生各种恶行，从而把高贵的荣誉吞噬。在求荣去辱的过程中，还要警惕嫉妒心。嫉妒心也会滋生各种恶行，从而把自我心灵吞噬。在求荣去辱的过程中，不知耻是最大的辱，更会滋生各种恶行，从而将纯洁的心灵吞噬。

知耻，然后才能在正道中追求荣耀。因为不正当的荣耀就是可耻的，德和能不相配的追求就是野心。可见，一个人有了耻辱感才会有健康的荣耀感。故卡尔·马克思说："耻辱就是一种内在的愤怒。"

孔子提倡"行己有耻"（《论语·子路》），认为士对自己不善的动机和行为应有羞耻之心，这样才能"不辱君命"，履行所承担的使命和责任，并说"知耻近乎勇"。孟子则把"羞恶之心"视为人之天赋良心的主要内容："耻之于人大矣"；"人不可以无耻。无耻之耻，无耻矣"（《孟子·尽心上》）。孟子认为"知耻"是人之为人的基本规定，强调"知耻"对于成就道德人格的重要性。只有"知耻"，才能"行己有耻"，能用羞耻心约束自己的言行，也就能"有耻且格"；人有羞耻之心，就能自我检点而归于正道。

因此，公孙龙子提出："见侮而不斗，辱也"（《公孙龙子·迹府》）。不过，我们遭侮辱时应采取三种应对方法：一是坚决回击，毫不留情；二是侮辱不忘，待机回击；三是多路出击，不落陷阱。在荣辱面前，我们不应忘掉王安石的这句话："所荣者善行，所耻者恶名"。

49.1 "强必荣，不强必辱"

墨子的"强必荣，不强必辱"有道理吗？有。不过墨子所说的"强"不是强权、霸凌，而是指强大、壮大、兴旺。这种"强"，不仅是物质上的，更重要的是精神上的。

1931年9月18日，日本驻中国东北地区的关东军突然袭击沈阳，在沈阳北郊柳条湖村附近炸毁了南满铁路的一段路轨。然后诬称中国军队破坏铁路袭击日本守备队，突然向中国东北军驻地北大营和沈阳城发动进攻。制造了震惊中外的"九一八"事变。当时驻守北大营的东北军第七旅，毫无应变准备。部分官兵被枪炮声震醒以后，操起枪支仓促应战，但东北边防公署参谋长荣臻却命令："官兵一律不准轻举妄动，更不得还击，原地待命。"这时东北军的统帅张学良远在北平。"九一八"事变前后，蒋介石多次指示张学良，对日本的侵略要采取不抵抗态度。在日本侵略军的突然袭击和南京政府的不抵抗命令下，东北军不战而溃，军政大员四处逃避，沈阳完全陷落。同日，日军还攻占营口、凤凰城、鞍山、抚顺、安东（今丹东）、长春等 20 余城。1932 年 2 月 5 日，日军占领哈尔滨，至此，东北三省完全沦陷。

"九一八"事变，是近代中国人的奇耻大辱！公孙龙子说得对："凡侮而不斗，辱也"。中国人民自远古以来就坚持对侵略者毫不留情，这是中国人民的基本底线。我们的祖先在《易经·谦卦》中就说过：谦让必须以明智、勤劳、发奋为前提，不能把谦让与糊涂、懒惰、怯懦混为一谈。更不能把谦逊误认为是对侵略者的屈从和妥协，而是恰恰相反，谦逊要特别注重"鸣谦"，即要分辨是非，"利用行师，征邑国"意同"利用侵伐"。在敌人侵犯的时候，要反击，出征战胜敌国是吉利的。

中华人民共和国刚刚建立，正当我国人民全力恢复经济的时候，美国军队将战火烧到鸭绿江边，他们欲将战争强加给中国人民。此时，我国处于满目疮痍、百废待兴的极端困难复杂状况下。而美国是当时世界上工业发达、技术先进、经济实力雄厚、军事力量强大的超级大国，中美两国的综合国力相当悬殊。志愿军入朝前，美军即在朝鲜战场投入了 1100 多架作战飞机、近 300 艘海军舰船和大量陆军精锐部队，美国还垄断了核武器。美国的"三把刀"从朝鲜、中国台湾和越南三个方向插来。在这种态势下，党中央和毛主席做出了出兵参战的战略决策："美国人要打多久就打多久，一直打到完全胜利为止"。中国人民志愿军在党中央和毛主席的领导下，不顾生死，不辱使命，保家卫国，其荣不言而喻；谁为高山，谁为一抔黄土，也不言而喻。

"九一八"事变与抗美援朝，充分证实了墨子所说的"强必荣，不强必辱"这一真理。

49.2 鲁迅的荣辱观

荣辱观念是一种精神力量，它与其他观念一样，在一定的社会物质生活条件下产生，又对一定的社会物质生活条件产生积极或消极的影响。现代文学家和思想家鲁迅的荣辱观不仅鲜明，而且具有人民性，因此极具现实意义。

鲁迅诞生并活动在中华民族历史大转折、民族文化大震动的时代。童年时期，鲁迅家境“坠入困顿”，使他在农村能与农民的孩子无拘束地相处，让他感到快乐和人情的温暖；同时他也看到农民“毕生受着压迫，很多苦恼”。加之他五岁开始读书，厌倦私塾里死读硬背经书的刻板学习，却热衷于阅读野史小说等杂书。有图画的《山海经》给他增添了少年的幻想，而《二十四孝图》中“郭巨埋儿”和“老莱娱亲”的画面却使他萌发了对封建孝道的质疑和憎恶。于是，鲁迅幼小的心灵就播下了带有人民性的荣辱观的种子。

鲁迅的荣辱观和尊严感可以用他的两段话进行概括：“那切切实实，足踏在地上，为着现在中国人的生存而血流奋斗者，我得引为同志，是自以为光荣的”(《鲁迅全集》第 6 卷)。而鲁迅流露的厌恶感和耻辱感是：“如果自造一点丑恶，来证明他的敌对的不行，那只是他从隐蔽处挖出的自己的丑恶，不能使大众羞，只能使大众笑”(《鲁迅全集》第 5 卷)。

鲁迅上述荣辱观是怎样形成的呢？可以分三个阶段来讲。

第一阶段，感性的朦胧期。1898 年春，鲁迅离家到南京求学，决心不走科举应试或当幕友或经商的老路。在南京求学的四年里，他从江南水师学堂转到路矿学堂，学习到一般的自然科学知识，在课外浏览当时维新派宣传西方资产阶级思想的文化读物。他诵读严复译述的《天演论》，深受影响。那几年，“戊戌维新”的失败和八国联军的入侵，使青年鲁迅联系到“物竞天择”“优胜劣汰”的进化论思想，痛感亡国灭种的民族危机，激发了他爱国救亡的豪情壮志。

第二阶级，感性的发生期。1902 年，鲁迅从路矿学堂毕业，被派往日本留学。他先在东京弘文学院学日语和基础课，同时积极参与留学生中反清的民族革命活动。不久，他就以剪掉辫子表示革命的决心，并在寄赠给他的挚友许寿裳的断发照片上题诗："灵台无计逃神矢，风雨如磐暗故园。寄意寒星荃不察，我以我血荐轩辕。"这充分表达了青年鲁迅伤时忧国的赤子之心和报效中华的献身精神。这一时期，鲁迅还时常同友人讨论：怎样才是最理想的人性？中国国民性中最缺乏的是什么？它的病根何在？1904 年秋，鲁迅到日本的仙台医学专门学校学医，在课余则广泛阅读文学和哲学书籍，沉思民族解放问题。后来，他观看日俄战争影片时，因看到中国人麻木受侮而受到刺激，深感学医只能治疗身体疾病，而救治国民精神的愚昧麻木更是当务之急。他认为"善于改变精神的"，"当然要推文艺，于是提倡文艺运动了"（《呐喊·自序》）。

第三阶段，自觉革命，唤醒民众时期。这也是鲁迅荣辱观的形成期。1909 年夏，鲁迅回国，参与了绍兴光复工作。陈独秀主编的《新青年》竖起了民主和科学的大旗，倡导反封建的新文化运动，鲁迅积极参与其中，站到新文化运动的前列。1918 年春，他发表了《狂人日记》，深刻地揭露和控诉了封建思想道德"吃人"的本质，突出体现了"五四"时代彻底地不妥协地反封建精神。继后"一发而不可收"，陆续写了《孔乙己》《药》《阿Q 正传》等十几篇小说和许多杂文。

鲁迅目睹了国民党反动派发动的"四一二"反革命政变。为了抗议国民党反动派的血腥罪行，鲁迅愤而辞去了在中山大学的一切职务。1927 年，鲁迅到上海，领导了左翼文艺运动。自此，鲁迅的荣辱观形成并确立。

49.3 荣辱之责在乎己

唐人魏徵说得对："荣辱之责在乎己，而不在乎人"（《群书治要》）。的确，古今中外，概莫能外。

荣辱观念不仅是一种精神力量，它还展示了人的核心价值观。如何看待人生的光荣与耻辱，这个责任不在乎别人怎样对待，而在乎自己怎样坚守有关光荣与耻辱的信念。

我们以抗日英雄吉鸿昌（1895—1934年）为例。他是察绥抗日同盟军领导人之一，曾任西北军冯玉祥部师长、国民党第21军军长和宁夏省政府主席。1931年，因反对进攻中国工农红军，曾被蒋介石强令出国。同盟军在日伪军和国民党军的夹击下于9月失败后，他到平津等地继续从事抗日活动。1934年11月9日在天津被捕，24日在北平（现北京）英勇就义。他在就义前，写下了可歌可泣的诗句："恨不抗日死，留作今日羞。国破尚如此，我何惜此头"（《革命烈士诗抄》）。吉鸿昌的荣辱观在这首诗中表露无遗。

我们再以"北伐名将"叶挺（1896—1946年）为例。他于1919年年初投身孙中山领导的民主革命，同年加入中国国民党。赴苏联学习期间，加入中国共产党。在北伐战争中屡建战功。抗日战争爆发后，出任新四军军长，指挥部队挺进华中敌后，开展游击战争。1940年10月初，日军5000余人在空军配合下进犯皖南泾县云岭新四军军部，他指挥军直属队顽强苦战，将敌击退。1941年1月，在"皖南事变"中被国民党扣押，身陷囹圄，坚贞不屈。他在监狱中写出了忠贞不渝的《囚歌》："为人进出的门紧锁着，为狗爬出的洞敞开着，一个声音高叫着——爬出来吧，给你自由！我渴望自由，但我深深地知道——人的身躯怎能从狗洞子里爬出！"

而汪精卫，利欲熏心，公然卖国求荣，与日本当权者进行直接的卖国交易，以出卖国家的领土主权为代价，换取日本对其成立的政权的支持。1940年3月，汪伪"国民政府"在南京正式成立，汪精卫任"行政院长"。抗日战争时期，汪精卫屈服于日本帝国主义的军事进攻和政治诱降，在日军卵翼下建立了傀儡政权，在其辖区内实行法西斯统治，捕杀抗日爱国人士，妄图瓦解抗日战线。1941年3月，成立"清乡委员会"，集结大批伪军伙同日军进行“反共清乡”，妄图消灭坚持敌后抗战的新四军和游击队。

抗日英雄吉鸿昌、叶挺以身许国，光照千秋；卖国汉奸汪精卫、陈公博卖国求荣，遗臭万年。他们的事迹印证了魏徵的话：“荣辱之责在乎己，而不在乎人。”

50 论德力

德力，就是道德与生产力。德力两者之间的关系，是水火不容还是两者可兼得？这在春秋战国时期就引起了各学派的争论，即中国思想史上著名的“德力之争”，也是中国古代关于人生价值问题争论的一个重要方面。

德力是中国古典伦理学的一个范畴，弄清它、丰富它、发展它，极具现实意义。具体来说，德，指道德意识、道德行为；力，指生命力、意志力、体力、国力。春秋战国时期诸子百家关于德与力的争论，主要分歧在哪里呢？

儒家把德与力两个概念对立起来。孔子以千里马为例说：“骥不称其力，称其德也”。还说：“桓公九合诸侯，不以兵车，管仲之力也。如其仁，如其仁”（《论语・宪问》）。孔子这一只顾德不顾力的千里马论调，连小孩子都看得出来是荒谬的：一匹病恹恹的有德的马，即使心想千里之遥，也只能望远兴叹！显然，孔子只强调德而否定力的观点是站不住脚的。孟子似乎看出了这一点，他在不完全轻视力的前提下认为：“智，譬则巧也；圣，譬则力也”（《孟子・万章下》），但把“以力服人”与“以德服人”对立起来，认为“以力服人者，非心服也”，“以德服人者，中心悦而诚服也”（《孟子・公孙丑上》）。孟子这一观点貌似正确而实谬误，为什么呢？弱国无外交，一个没有实力的国家，能以理说服那些列强吗？不能，中国百年屈辱的历史反复地证明了这一点。

墨子针对孔子理论的缺陷，提出自己的主张，强调力的价值，认为人与别的动物不同是由于“赖其力者生，不赖其力者不生”(《墨子·非乐》)，禹汤文武之治是“以为其力也”(《墨子·非命下》)，体现了德力统一的思想。墨家这种德力并重的观点得到东汉王充的赞赏。王充之所以同意墨家德力并重的观点，是因为“治国之道，所养有二：一曰养德，二曰养力。养德者，养名高之人，以示能敬贤；养力者，养气力之士，以明能用兵。此所谓文武张设，德力具足者也。事或可以德怀，或可以力摧，外以德自立，内以力自备。……夫德不可独任以治国，力不可直任以御敌也”(《论衡·非韩》)。王充用辩证观点，把德力必须并用的道理说清楚了。

中国自西汉独尊儒术至今两千多年，重德轻力占了上风，这也是中国封建社会发展既稳定又缓慢的主要原因之一，特别是中国近代未能产生科学的一个直接原因。

德（道德意识和道德行为）与力（生命力、意志力、体力和国力）之间是相辅相成的，所以墨家强调“竭力从事”，把力看作实行道德的一个条件。

50.1 德力兼顾，方为上策

孔子一生强调人的道德修养，并精心确立了以“仁爱”为核心的道德体系，这是孔子最伟大的功绩。但把道德泛化，特别是把道德与力分离开来，则是一大失误，纠正这一弊病具有现实意义。

孔子为了强调道德至高无上的地位，曾以千里马为例做了下述说明：孔子说称千里马为骥，并不是赞美它的气力，而是赞美他的品质。孔子把千里马的气力与品质分割开来，只要我们稍动脑筋，就会发现孔子这个看法有漏洞。试想，一个没有力气的“千里马”还称得上是千里马吗?

法家韩非子又从相反的方向犯了思辨性的错误。他主张薄德尚力：“上古竞于道德，中世逐于智深，当今争于气力”(《韩非子·五蠹》)。他认为上古时代讲道德就可以解决问题了，到战国时代只有靠力量战胜别人。韩非子所服务的秦国，虽然能以力量战胜六国，但因缺少道德力量，诸如大搞“焚书坑儒”，致使强大的秦王朝只维系了短短15年就崩溃了。这也充分说明韩非子薄德重力，把道德与力量分离开来也是错误的。

在道德和力量的关系上，墨子强调“竭力从事”，把力看作实行道德的第一条件。这种观点显然是正确的。由于历史的原因，墨子的尚力学说没有受到重视，更无从发展。我们也以千里马为例，一匹马之所以被称为“千里马”，一在于它有非凡之力，二在于它能遵循主人的意志（正确的方向）奔驰，这是道德之力量。德力兼顾，方有真正意义上的千里马。所以，墨家“尚力贵用”的思想是有其积极意义和现实意义的。

古今中外历史文明的大发展都告诉我们这样一个真理：德力兼顾，方为上策。墨子、王充等思想家在古代强调了这一点，现代哲学家张岱年生前在他的《文化与哲学》一书中也强调了这一点，这是中国哲学界不可多得的真知灼见。

50.2　没有欧洲工业革命就没有现代化的欧洲

我们从现代社会的视角来体察墨子的“尚力”思想，力主要是指生产力。生产力，也称“物质生产力”，它是指人们征服自然和改造自然的能力。它体现生产过程中人与自然的关系，它由具有一定科学技术知识、生产经验和劳动技能的劳动者，以生产工具为主要劳动资料及劳动对象，加之对生产过程进行科学化管理几个要素组成。而生产力最深刻、最全面、最敏捷的反映方式在于工业革命。

欧洲工业革命，是欧洲资本主义的机器大工业代替以手工技术为基础的工场手工业的革命。它既是以生产技术为基础的工场手工业的革命，又是社会生产关系的重大变革。它始于18世纪60~80年代，结束于19世纪末。英国最早具备产业工业革命的条件。17世纪和18世纪，英国的工场手工业在棉织、采矿、冶金、制盐、玻璃等行业中迅速兴起。工场手工业内部分工也同时发展起来，生产技术不断改进，劳动工具日趋专门化，为过渡到大机器生产准备了物质技术条件。18 世纪 30 年代，英国唐森德子爵（1674—1738 年）把三叶草和芜菁引入大田，殖民地市场及国外市场的扩大使棉纺织业获得了巨大的发展。

18 世纪 60 年代，英国工业革命首先从棉纺织业开始。约翰·凯（1704—1764 年）发明了飞梭，提高了织布效率。接着，詹姆士·哈格里夫斯发明珍妮纺纱机，取得专利；理查德·阿克赖特发明水力纺纱机，在克隆福特创办第一个棉纺厂；塞缪尔·克朗普顿发明骡机。特别是 1769 年，詹姆士·瓦特（1736—1819 年）发明蒸汽机，取得了划时代的技术成就，引起一场工业革命。1789 年，蒸汽车开始应用于棉织业。工业革命后，蒸汽机逐步扩展到化工、冶金、采矿、机器制造、运输等部门。

英国工业革命到 19 世纪 40 年代基本完成。工业革命给英国带来深刻的社会变化。英国从农业国发展为工业园；出现无产阶级和资产阶级；人口从东南部转移到北部；工业进一步集中，且在集中区又有分工。英国的工业革命也波及德国、法国、丹麦、瑞典、比利时。至此，整个欧洲（特别是西欧）步入了现代化国家的进程。可以说，没有英国与欧洲的工业革命，就没有当代欧洲的现代化。在这里，我们也看到墨子“赖其力者生，不赖其力者不生”这一观点的正确性。

50.3 墨子的“强力非命”

墨子的“强力非命”思想极具现实意义，我们应继承和发扬墨子的这一观点，以助力新时代的建设。

墨子反对把人们的“贫富寿夭”等生活遭遇看成是天命注定的，主张“强力而为”。孔子的弟子说：“死生有命，富贵在天”。墨子则反对这一观点，他认为讲命是“暴人之道”，上用来讨好“王公大人”，使他们“不听治”，下用来阻止“百姓之从事”，使他们消极懈怠。上不听治则国乱，下不从事则民贫。墨子一针见血地指出：有命论会导致国乱民贫，是“天下之大害”。所以，“执有命者之言，不可不非”。主张强力于人事，谓“强必治，不强必乱；强必宁，不强必危。故不敢怠倦”。又谓“强必贵，不强必贱；强必荣，不强必辱”；“强必富，不强必贫；强必饱，不强必饥”；“强必暖，不强必寒”（《墨子·非命下》）。

墨子这里强调的“强”，有强大、壮大、有力的意思；而墨子多次提到“强力”“竭力”“赖其力”的“力”有什么涵义呢？他有这么一段精彩的论述：

今人固与禽兽、麋鹿、蜚鸟、贞虫异者也。

今之禽兽、麋鹿、蜚鸟、贞虫，因其羽毛，以为衣裘；因其蹄爪，以为裤屦；因其水草，以为饮食。故唯使雄不耕稼树艺，雌亦不纺绩织纴，衣食之财，固已足矣。今人与此异者也，赖其力者生，不赖其力者不生。——《墨子·非乐上》

墨子谈道，动物是靠自己的生理条件（羽毛蹄爪）和现成的自然条件（水草）来求生存，而不是靠生产力来求生存。而人则不同，靠自己的力量从事生产才能生存，用现代的话来说，叫“生产力”。墨子说的“力”，包含着人为了改变自然、创造财富（衣食之财）而从事生产的意思。墨子后学者以人举起重物为例来说明“力”：“力，形之所以奋也”；“力，重之谓。下与重，奋也”（《墨子·经说上》）。即力是形体运动的原因。“生，形与知处也”，人生来就有从事生产劳动的能力。

强力是墨子的核心思想，他认为只有强化生产力，才能走向富裕。十个人只有一个人从事生产，是富裕不起来的。人们强力从事，勤勉生产，就会带来富裕，能够吃饱、穿暖；而不强力从事，就必然贫穷，只能忍饥受寒，所以不敢怠倦。“禁耕而求获”，是无法实现的妄想。

自古关于人生价值问题的一个重要争论就是德力之争，即道德意识、道德行为与生命力、意志力、体力、国力孰重孰轻。笔者认为墨子主张德力统一的思想是正确的，是我们当代人应继承和发扬的思想。

51 论和谐

“和”，是儒家的核心思想之一，也是哲学、美学和伦理学的重要范畴。儒家的“和”，包含和而不同、中庸、中和之美、和谐。

孔子十分重视道德在整个社会生活中的作用，而“和”在这方面能起到至关重要的作用，所以孔子强调“礼之用，和为贵，先王之道，斯为美”（《论语·学而》）。这里的“和”，就是伦理方面的和谐、调和。他认为礼的作用最重要的在于使不同等级的人之间既高下有别，又相互和谐（不争），即所谓的“和而不同”，这是儒家处理人际关系的一条基本伦理原则。

在处理心与人的关系时，孙子主张“君子和而不同，小人同而不和”（《论语·子路》），“和同”，是中国古代哲学的重要范畴，也是中国古代伦理学的重要范畴，它是调节人际关系的一把钥匙。“和”，指不同的元素相配合求得统一；“同”，指相同的元素相凑合求得绝对等同。孔子要让社会不同的元素，如君君、臣臣、父父、子子求得和谐统一，他采取了这样几种切实可行的有力措施：家庭关系的和谐，父母与子女之间倡导“孝”而不违礼节，“父母唯其疾之忧”（《论语·为政》，做爹娘的只是为孝子的疾病发愁，子女则无“色难”，而随时对父母都有和颜悦色。在构建人与人之间的和谐关系方面，孔子主张“以直报怨”“以德报怨”，拿公平正直来回报怨恨，拿恩惠来酬谢恩人。要团结不要勾结，要互相有信而去除无信，并应该“贫而无谄，富而无骄”（《论语·学而》）；至于人与大自然之间的和谐，孔子倡导“知者乐水，仁者乐山。知者动，仁者静。知者乐，仁者寿”的境界。

和谐，孔子还提出其“对立统一”的特征，如清与浊、大与小、长与短、哀与乐、刚与柔、退与进、高与下、出与入、周与疏之类相对而又矛盾统一。要使这样的矛盾统一达到和谐，孔子主张“见贤思齐焉，见不贤而内省也”（《论语・里仁》），显然，自省是达到和谐的好方法。在教育领域，实行“有教无类”，人人我都教育，没有贫富、地位、等级差别，在社会上应“非礼勿视，非礼勿听，非礼勿言”（《论语・颜渊》）。以礼为上，不合礼的事不看，不合礼的话不听，不合礼的话不说。这使得当时封建制度下的和谐有其合理的一面。

和谐，还有调和之意。道家等学派常讲阴阳二气之调和，这是对儒家“和”思想的重要补充。老子讲“万物负阴而抱阳，冲气以为和”（《道德经・第四十二章》），庄子也讲“一清一浊，阴阳调和”（《庄子・天运》）。《淮南子》继承和发展了老庄的上述观点：“天地之气，莫大于和。和者，阴阳调，日夜分，而生物……阴阳相接，乃能成和”（《淮南子・氾论训》）。《礼记・乐记》中也强调人与天地之和谐：“乐者，天地之和也”。

和谐，还有适度的意思。孔子的“和”包含了保持适度、无过无不及的中庸含义，这被儒家所强调。孔子以《诗经》中的爱情诗《关雎》为例，赞赏它“乐而不淫，哀而不伤”，因为这首爱情诗快乐而不放荡、悲哀而不痛苦，做到了适度。就人的气质来说，孔子也做出了表率，“子温而厉，威而不猛，恭而安”（《论语・述而》），是说孔子气质温和而严厉，威仪而不凶猛，庄严而安详。

51.1　人类要像水和大自然学习和谐

和谐是什么？和谐是红橙黄绿青蓝紫七色融为一体，形成白色；和谐是世界黑黄白多人种形成无歧视的命运共同体；和谐是山水鸟兽与人类共处同一美丽的世界；和谐是一个无霸凌、无蛮横、无独优，人性通达、相互友好、合作共赢的世界。

“万物负阴而抱阳”（《道德经・第四十二章》），凡动的、热的、在上的、向外的、明亮的、亢进的、强壮的等为阳，凡静的、寒的、在下的、向内的、晦暗的、减退的、虚弱的等为阴。北方的寒流（阴）与南方的暖流（阳）相遇而得雨；男与女、雄与雌结合得下一代。“两者交通成和，而物生焉”（《庄子·田子方》），故《周易大传·系辞上》云：“一阴一阳谓之道”，阴阳的相互交替相融是宇宙间的根本规律。

和谐是相异者密切配合和健康成长，是尊重不同于自我的元素。46亿年的地球史，300万年的人类史，5000年的人类文明史都证明这样一个道理：和谐宽容是一切健康发展的前提，而征服和仇视是自我毁灭的根源。价值观的差异、宗教的不同以及民族的多样化，正是多姿多彩的世界存在的真正原因；要想让单一的价值观、单一的宗教和单一的民族在世界上存在那是一种幻想。事实证明，这种幻想引发的种种举动，直接破坏了和谐和宽容，长此以往必将毁灭自己。

和谐宽容起源于自然界并发展了自然界。广袤的宇宙是靠整个内部和谐和宽容而存在和发展的。它处于不断发展中，它的宏大是难以计量的。虽然人们的视野已到达100亿光年以外的宇宙深处，但离宇宙的全貌甚远；虽然宇宙大得无法估量，但是它的存在是以和谐和宽容为前提的，每个星体和星系，既注重自己在和谐宽容的规则下运动，也尊重其他星体和星系的和谐运动。这种总体上的宇宙和谐和宽容，使宇宙不断显出活力，富有生机，并不断运动和发展。地球被蔚蓝色包裹着，充满生机，这是地球独有的水循环造成的。地球的水循环充分体现了大自然的和谐宽容，这对我们人类构建国与国、民族与民族、宗教与宗教之间的和谐宽容关系有垂范作用。地球表面70%是水，海洋、湖泊、河川中的水不断地蒸发，变成水蒸气进入大气层，大气层的水蒸气遇冷成雨、雪、雹，降落到地面，一部分流进河流、湖泊，重新返回海洋；另一部分渗入土壤或松散的岩层中，其中一部分成为地下水，一部分被植物吸收。被植物吸收的部分大多数通过植物叶面的蒸腾作用又返回大气中。动物在生命过程中也从外界环境取得一定量的水，并通过身体蒸发把水释放到外界环境中去。这样的水循环是按照和谐宽容的规则进行的。水在地球上是真正的强者，但它不以霸主自居，不蔑视生命、蔑视人类，而是谦虚地甘居于下，对人类和生命恭恭敬敬。

人类社会要讲和谐，就应向水学习，向大自然学习。

51.2 平等是和谐的大前提

若没有平等奠基，和谐必然是空中楼阁。在中国古代封建社会，儒家大力提倡和谐，大行和谐，但这种“和谐”是建立在森严的等级制基础上的，是一种畸形的、被扭曲的“和谐”。君主向来把天下国家视为私有财产，“以为天下利害之权皆出于我”。政权既属一姓之私，哪还有平等可言？再看中国封建社会的核心价值观——“三纲五常”，父亲在家庭中“君临一切”，掌握着治家的权力，对于子女，像对待私有财产，不承认子女的独立人格和独立的经济地位；夫权至上，妇女完全丧失独立性，“在家从父”，“既嫁从夫”，妇女只能充当生孩子的工具；家庭重男轻女，“有子万事足”。可以想到，这样的封建家庭如此不平等，这种“和谐”能是正常的吗？

在资本主义社会，贫富悬殊，社会财产主要由财团富翁控制，加之种族矛盾、民族矛盾加剧，这种极不平等的现象只能用似是而非的两党选举制来掩盖。而资本主义政权轮替的两党都是富人俱乐部，可以想到，这种条件下的“和谐”就是个玩笑。

所以，平等是真正和谐的大前提。

和谐是绝大多数人所需要的，它是以平等允许对立面或相异者的健康成长为前提的。如果不能与对立面或相异者之间建立平等的关系，那么这种关系就不会形成互相尊重、互相信任、互相理解的氛围，又怎么能达到和谐呢？没有平等的基础，和谐不是真正的和谐。试想一个奴隶贩子已经把非洲黑人作为商品廉价卖出，他的行为与和谐相干吗？没有平等，和谐就只能沦为一种道德说教。至于和谐中体现出来的自由，生活方式的自由、信仰的自由、言论的自由、教育的自由、婚姻的自由、男女交往的自由等，若没有平等作为前提，这些自由都会失去应有的意义。

51.3 和谐是“文明冲突论”的克星

美国学者塞缪尔·亨廷顿生前曾提出“文明冲突论”，亨廷顿虽然已去世多年，但他的“文明冲突论”在美国和西方依然有庞大的市场。美国极右鹰派就经常举起“文明冲突论”这只大棒，在世界舆论界肆意挥舞，想通过“文明冲突论”这只大棒不断挑起文明纷争，从中渔利并由此实现霸权。

“文明冲突论”产生在西方，并且在西方很有市场，除西方列强企图用霸凌方式来统治世界时需要这种理论外，更重要的是西方思想自古以来就缺少和谐的本质内涵——“和而不同”。

就生物而言，世界上没有两种生物完全相同，也没有两个个体完全相同，即便是一胎双生的孪生子，也不会完全一样。可见个体差异是普遍存在的生命现象。生物的多样性又表现在种类众多上，作为高级生物，人类也跳不出生物总体的这一规律。人类的多样性不仅表现在人种的多样性上，更表现在民族的多样性上。多样化的民族才会反映出多样化的语言、风土人情和与之相适应的民族心理，这才构成了多彩的世界。因此，民族只有大小、多少之别，并无高低、优劣之分。至于各民族以经济发达与否论优劣，我们能说公元7世纪中国盛唐的人比当时处于原始部落的盎格鲁－撒克逊人优吗？我们能说当今的美国人比非洲某些部落的人优吗？当然不能。

从人类学角度来看，人种并无优劣之分，它是一个物种内的小的分类。不管白种人、黄种人还是黑种人，他们是同一物种，他们的共同祖先是晚期智人。而且，各人种之间可以互相婚配产生有繁殖能力的后代，都属于智人种，一开始就没有优劣之分。另外，人种是就群体而言，不是指个体。就个体而论，人类学家研究证明，几乎没有一个个体是完全符合一个人种的所有特征的，也从来没有真正的“纯种”。

从民族学角度来看，民族也无优劣之分。民族是根据居民的语言、生活的地域、经济生活方式以及心理的共同特征而划分的。就个人来讲，他更不是，也不可能是“纯种”的。即便是高比诺等喜欢的德国日耳曼“优等纯种”也是不纯的。在中国古代汉武帝时期被赶跑的北匈奴，于公元前4世纪突然出现在欧洲原野，顿河草原上的匈奴人进攻东哥特人，成为日耳曼部落向西大迁徙的发端，日耳曼人由于在大迁徙中广泛扩散，在不同地区与不同民族发生混合，从而又以不同比例和不同身份参与其新兴民族的形成。显而易见，这些日耳曼部落就不再是“纯种”，其与当地原居民发生混合，在西部和西南部混入的是克尔特人，在南部混入的是雷托人，在10~13世纪，随着德国封建主向东扩张，又不断征服并同化一部分讲斯拉夫语和立陶宛语的波拉布人和普鲁士人等，在12~13世纪，北方受到丹麦的控制，又有一部分日耳曼人进入而同他吸收，特别是后来受到法兰克人的影响。19世纪后半叶德意志完成统一前，德国长期处于封建割据状态，国内小邦多达300多个，诸侯专权、经济分散、地方观念强烈。综观上述德国的民族发展史，怎么能产生纯种的“金发的亚利安”人呢？可以肯定地说，“纯种”的亚利安人是不存在的。

文明的差异是和谐的前提，也是文明社会发展的前提。可以说，以“和而不同”为核心的和谐，是“文明冲突论”的克星。

52 论礼让

孔子提倡礼让，并身体力行。他说：“不能以礼让为国，如礼何”（《论语·里仁》），认为即使是参加竞争性的活动，也要做到礼让。孔子认为，能以礼让治国，人们就不会相互争斗攻伐，彼此之间就能保持和睦的关系，社会就会安宁。“能以礼让为国乎，何有”？他在倡导礼让的同时，又强调人们面对应尽的责任和义务时不能推让，要勇于担当，“当仁不让于师”（《论语·卫灵公》），意为人们应以仁为己任，在实践仁这种事情上，就是对老师也不必谦让。孔子在这里把礼让与推让严格地区别开来，并且强调为了真理该担当时应义无反顾地担当起来。

礼，本来泛指中国古代的宗法等级制度以及与此相应的礼节仪式和道德规范。因此，我们新时代说的礼让中的“礼”，就应当对孔子所说的“礼”批判性地继承，去除封建宗法等级制度及相应的礼节仪式和道德规范，按新时代的需要，吸取其合理内核，形成新时代的礼让。新时代的礼让应包括礼治、礼节、礼貌方面的内容。

第一，礼治。礼治是儒家提出的政治主张，与法治相对。儒家认为礼是为政的主要手段或根本手段，孔子主张“克己复礼”。《礼记·礼运》说：“礼者，君之大柄也，所以别嫌明微，傧鬼神，考制度，别仁义，所以治政安君也。”认为礼是国君安己治政的最主要的手段。封建时代的礼治，其“治”肯定是适合封建时代的“治”，但用礼治又是一个切实可行的途径，这样，我们对封建的礼治应批判性地继承，吸取其合理的内核。哲学家张岱年生前的一个论述，就有力地说明这样做的必要性。他强调“以德育代替宗教的优良传统：孔子学说还有一个精湛的观点，即‘务民之义，敬鬼神而远之，可谓知矣’。这可以说是以道德教育代替宗教。……孔子不愿谈论鬼神和死后的问题，显示了对于宗教的冷淡态度。孔子以后，孟子、荀子以至宋儒都继承了孔子的这种观点，从而形成了中国传统文化的一个特点”①。因此，在新时代，根据中国特殊的国情，礼治不应该被抛弃，反而应该加强，这种现代礼治应与现代法治相结合。

第二，礼节。礼节是社会的外在文明，所以，从外在的礼节就可以

① 张岱年．文化与哲学［M］．北京：教育科学出版社，1988：20.

看出社会文明的程度和性质。礼节包括鞠躬、握手、花圈等对他人表示尊敬、热情，对死者表示哀悼之类的各种惯用表达方式。因礼节是对待他人的态度的外在表现与行为规则的总和，在形式上，它具有严格规定的仪式，例如待人接物的规则和方式，以及在公共场所的举止、风度和衣着等；在内容上，它反映某种道德原则，反映对人的尊重和友善。这种美好心灵外化的礼节，我们应该强化，让它在谦让、大方、互尊、文雅的前提下发扬光大。

第三，礼貌。礼貌是指人们在与他人交往和交际的行为中（包括交往的程序、方式、容貌、风度和言谈等）应当具有的品行和礼仪，它是社会文明的一种体现。因此，新时代的新人，更应注意礼貌修养，它会反映出自身的道德水平和尊重他人的礼貌风尚。不管是何民族、是何出身，礼貌体现出的是待人诚恳、谦恭、和善而有分寸，而不是虚假的、表里不一的“客套”。

52.1 对“礼”的批判与继承

“礼”的源头可追溯到夏代。夏、商、周三代的“礼”，有继承也有“损益”，最明显的是周礼对殷商礼的批判继承。孔子在《论语》中说：“殷因于夏礼，所损益，可知也。周因于殷礼，所损益，可知也。”周礼为什么去掉殷礼中不合适的，增进了新的关系？孔子虽然没有说明，但根据商周的史实可以看出，“殷人尊神，率民以事神，先鬼而后礼”（《礼记·表记》）。西周时代，则是“周人尊礼尚施，事鬼敬神而远之，近人而忠焉”（《礼记·表记》）。

“礼”源出于祭祀。殷商祭祀是向“上帝”祈祷、向鬼神施礼，听其命令，从而决定“国之大事”。到周代，“礼”虽然还有和祭祀同一的方面，但由于人本主义思潮的兴起，周人强调“天命”，却并不认为其直接决定国家的兴亡，相反，倒是人事的好坏才决定“天命”是否转圜。因此，周人把精力更多地集中到人事方面了，这样，“礼”就从神器转化成一套等级制度。相传周公旦“制礼作乐”，所制定的就是这套东西。从殷人之“礼”崇拜鬼神到周人之“礼”注重等级制度，这是一种里程碑式的转变，是人本主义思潮兴起使然，而“礼”在周代开始成为一种等级制度，这在实行奴隶制度的周代也是必需的。注重“人事”的周人，主要把“礼”本身作为辨别善恶、顺道的准则，分别上下尊卑的“礼”，从其本身来说，就是靠“德”和“孝”这两个道德规范来确定并维系其等级的。

孔子生活的春秋末期，奴隶制瓦解而新兴地主阶级兴起，于是他批判继承了周“礼”的人本主义思潮，并使“礼”的内涵更人本主义化。孔子创造性地把“礼”与儒家的核心“仁”结合起来，提出“人而不仁，如礼何？人而不仁，如乐何？”（《论语·八佾》），认为不仁的人是谈不上礼和乐的。“礼云礼云，玉帛云乎哉？乐云乐云，钟鼓云乎哉”（《论语·阳货》），“礼乐”在孔子看来不仅是形式，它们还有自己的思想内容，即“仁”。“仁”成为“礼”的内核，使“礼”不仅用于原始的祭祀，更体现人文主义的尊严与尊敬。在封建宗族社会条件下要维护社会的尊严和秩序，那就要维护周“礼”最重要的原则，即“尊尊”与“亲亲”。“尊尊”，即尊贵、显贵、高贵，甚至是至高无上，这是维护封建的等级制和族权的等级制所必需的，它规定百姓必须服从贵族的特权。但孔子强调“不学礼，无以立”（《论语·季氏》），认为“礼”是人生在世的根本，是一种社会政治理想，也是一系列伦理道德的原则与规范。我们当今对待儒家遗产“礼”，应采取批判继承的态度。

首先要吸取孔子的“礼”的合理内核，即强调尊严和尊敬。其次要剔除封建家族的“尊尊”和“亲亲”，特别要剔除“礼”的核心——“三纲五常”，真正落实人人平等和人格平等。一个社会的稳定离不开社会公共的尊严和秩序，也就是离不开现代“礼”的制约。在新时代，我们仍需要以人的尊严和相互尊敬为前提的“礼”。这种“礼”应具备以下内容。

第一，敬畏自然，热爱自然，尊重自然。自然发展规律（包括人的生老病死）是不以人的意志为转移的客观规律，所以敬畏、热爱和尊重自然应放在第一位。

第二，反对封建等级观念，崇尚德才兼备的人才。社会发展的引擎是科技和教育，科学和教育是第一生产力。科学家和教师在社会上应该受到尊重，要形成尊重知识、尊重人才的社会风气。

第三，社会应形成尊老爱幼之风尚。

第四，国旗、国徽是中华人民共和国的象征，对侮辱国旗、国歌者应绳之以法。

至于宋代程朱理学以“理”释“礼”，甚至把“礼”抬举到与“天理”等同的重要位置，强调禁欲主义的“灭人欲”，其已使“礼”大倒退，影响封建社会上千年。这不在本节讨论的范围。

52.2 不学礼，无以立

礼仪是人的内在精神的外化，是个人教养的形象展示，也是一个群体或族群素养的检验器。当前我们在经济发展等方面已强劲地超过大多数国家，但在礼仪文化等方面还有需要改进的短板，应予以重视。

“礼”本是原始社会人们在日常生活中形成的风俗习惯，到殷商时代才逐步完善，成为祭祀仪式的“礼”。继后周“礼”成为等级制的典章制度和道德规范。孔子对“礼”特别感兴趣，幼儿时就演习简单的礼仪，成人后又到处参观、访问收集资料，对“礼”进行广泛的深入研究。从事教育以后，他把“礼”作为一项重要内容列入教学科目。在《论语》中，“礼”字就出现了 74 次。“礼”具有历史标志、治国、规范三种功能，我们在这里强调的孔子的“不学礼，无以立”的“礼”，就是道德规范的“礼”。“礼”作为一种等级制度，是以“德”和“孝”这两个道德规范来确定并维系的。宋代王应麟编著的《三字经》和清代李毓秀编著的《弟子规》，就是儒家推崇的幼儿道德启蒙读物，但它尊崇“三纲五常”，这是必须批判剔除的，加之文中把“太平天国”运动称为“粤匪”等，均不能用于现代。因此，对《三字经》和《弟子规》等我们必须吸取其合理的内核而用之。

一个群体或族群的“礼”，代表这个群体或族群有没有素养和品位，讲礼仪是自尊也是尊人行为。礼仪教育应该从小抓起，我国古人就提出“子训始稚”，“教儿婴孩”。西汉的贾谊主张儿童不懂事时，就要开始进行教育，“心未滥而先谕教，则化易成也”。让孩子在规则下享受自由，而事实上也只有在有效的规则下，孩子才会享受充分的自由。现笔者根据中国国情和现代化学习需要，认为我们的小学生守则应该更具体细致，例如：①尊敬父母、尊敬老师、尊敬长辈；②吃苦在前，享乐在后，助人为乐；③不迟到，不早退，有事请假，课堂踊跃举手，积极提问，大胆发言；④有进步就是成功，自己完成自己的作业，天天享受成功；⑤路遇老师、长辈鞠躬致敬，路遇有困难者勇于相帮；⑥独立思考，乐于创新；⑦见别人干好事要学，见别人干坏事要告诉父母或老师，或打110，不保守坏人的秘密；⑧遇意外或灾难冷静应对，要会急中生智，化险为夷；⑨说真话，说实话，不撒谎，不作弊；⑩生活中应经常说“你好”“谢谢”“对不起”，做家务事不含糊，野外劳动不偷懒，实验和劳动勤动手动脑；等等。

52.3 怎样才能成为有教养的人

为什么有的人虽然受过高等教育，却依然让人觉得没有教养呢？这是因为他并没有掌握现代礼教的核心——尊重。有的人虽然能熟练地使用西方刀叉，但他却对自己的祖国没有一丝尊重；有的人虽然通晓很多礼节规范，但他却以势利待人，缺少对人的尊重；有的人虽然会穿晚礼服，但他却对国史知之甚少，甚至不屑一顾。如此之人谈何教养呢？

教养是针对人的一般文化、品德的培养和教育，也是一个人的文化品德的综合表现。教养是提高个人知识和道德修养程度的手段，也是一种教育水平的表现。那怎样才能成为有教养的人呢？最重要、最核心的就是要懂得尊重。

尊重，是现代礼仪的核心。尊重是对待他人及其价值的态度。它要求人们在与他人交往的过程中，承认他人的人格尊严、肯定他人的权利和自由、重视他人的智慧和才能、理解他人的信念和情感、相信他人的个性和为人，对他人有同情心、正义感，举止有礼貌，诚恳谦虚，以礼待人。由于对人的尊重是建立在人人平等的基础上的，因此，封建时代的无人权的“三纲五常”制度必须剔除，以贫富论贵贱的制度自然也要坚决剔除。尊重不仅是现代礼仪的核心，也是人必须具备的基本美德。尊重是人性的基本诉求。我们要懂得尊重，应该让老子的“尊重自然”、孔子的“尊重人”、墨子的“尊重弱者”融入我们的血液之中。

老子思想的核心就是尊重自然规律，“人法地，地法天，天法道，道法自然”（《道德经·第二十五章》）。他强调人以地为法则，地以天为法则，天以道为法则，道（自然规律）以它自己的样子为法则。庄子对老子这一思想做了恰如其分的诠释：春天是气息升腾勃发的时候，百草萌芽生长；待到金秋时节，万物纷纷成熟。春天和秋天，难道无缘无故会这样吗？这是自然规律运行的结果。老子和庄子“尊重自然”的思想对当今的中国教育是大有启发的。幼儿的天性就是爱玩，我们何不顺其天性让他们“玩”出成功呢？为什么非要用揠苗助长的“早教”去戕害他们呢？青少年总是满怀梦想，也常有别出心裁的奇思妙想，为什么我们总要用死记硬背的应试教育去束缚他们的想象力呢？这种违背教育规律的傻事为什么我们总舍不得丢下呢？

孔子儒学的核心思想是仁爱，它的精髓就是尊重人。孔子说的尊重人与他倡导的“无差等”观念相一致。《论语》中生动地记叙了孔子尊重人的言行：孔子家的马棚失火了，他首先关心的是人而不是马，尽管看马棚的人是奴隶。另外，孔子对人的尊重还体现在对双方的情感关照上。一方面，“父母唯其疾之忧”，做爹娘的只是为儿女的疾病发愁，这种建立在尊重上的爱，自然也受到子女的尊重，这种尊重是以“孝”的方式加以回报的。这种尊重的内涵就扩大为既尊重自己又尊重别人；既尊重自己的情感，又尊重他人的情感；既尊重自己的智慧和才能，又尊重他人的智慧和才能，人与人之间始终处于平等和谐的关系之中。

中国战国时期的墨家，曾与儒家一道被称为“显学”，只是在西汉“独尊儒术”以后被封建统治者扼杀，但它仍在民间广泛流传。墨子学说的核心是“兼爱”，即天下彼此相爱，彼此尊重。因此，墨子“兼爱”的精髓就是尊重弱者，反对以强凌弱：“天下之人皆不相爱，强必执弱，富必侮贫，贵必敖贱，诈必欺愚。凡天下祸篡怨恨，其所以起者，以不相爱生也”（《墨子·兼爱中》）。墨子把“饥者不得食，寒者不得衣，劳者不得息”视为老百姓的三项“巨患”。战国时期巧匠公输般（鲁班）给强大的楚国建造了云梯，准备攻打处于弱势的宋国。墨子得知消息后从鲁国动身，走了十天十夜到了楚国都城，见到了公输般，喻之以理，发之于情，终于说服公输般和楚王放弃攻打宋国，从而赢得美誉。

53 论骨气

骨气，也称气节。有骨气是中国古代传统的气节观，是充分展现高远志向、高尚情操的美德之一。在当今依然颇具现实意义。

骨气由志气和节操组成。孔子倡导“博学而笃志”，将志提到哲学伦理的高度：“夫志，气之帅也；气，体之充也。夫志至焉，气次焉。故曰：持其志，无暴其气”。“志壹则动气，气壹则动志也”（《孟子·公孙丑上》）。

要求学者如“羿之教人射，必志于彀”那样“志于道”“志于仁”。明代王守仁进一步发挥了孟子的思想，视志为人的一切精神和言行的主宰：“志不立，天下无可成之事”，“立志而圣则圣矣，立志而贤则贤矣”（《教条示龙场诸生·立志》）。古今中外凡成大器者，莫不是胸怀大志者。王阳明的话有道理，有了志气还必须拥有节操，才能形成骨气。一方面，节操体现了人们对一定政治理想和道德理想的坚定信念，以及为实现这些理想而奋斗和献身的精神；另一方面，节操体现着民族气节，即当国家和民族遭到外敌侵略时，国人能够挺身而出，为捍卫国家的尊严和民族利益，坚决同敌人进行斗争，不屈不挠，不怕牺牲。

有骨气的人具有以下品质。

第一，坚持正义。在道德领域，正义是对符合一定社会或阶级道德要求的言行的一种肯定，是衡量个人或社会集团道德状况的主要尺度。坚持正义，富有正义感，为正义的事业而奋斗，是新时代的新人应有的道德觉悟和美德，也是新时代社会道德风尚的重要标志。故墨子说：“义，天下之良宝也”（《墨子·耕柱》）。

第二，不畏强暴。孔子主张去除“四恶”才可以治理政事。这“四恶”就是虐政、暴政、贼政、“有司”之政。如今强暴的内涵更广泛，对外涉及恶强的霸凌，对内涉及黑恶势力的欺凌。有骨气者敢于与霸凌和欺凌周旋、斗争。

第三，不贪私利。私心是人的本性，也就是说人人都有私心，但有骨气的人，不管是面对物质的诱惑还是美色的诱惑，其总是能够坚持正义或正义的事业，克制自己的私心，做到不贪私利，一心为公，豪气满怀，坦坦荡荡。

坚持正义、不畏强暴、不贪私利是有骨气的直接体现，历史上有无数这样的仁人志士值得我们学习。正如明人于谦的《石灰吟》所写：“千锤万凿出深山，烈火焚烧若等闲。粉骨碎身浑不怕，要留清白在人间。”

53.1 有骨气的反击

两个拳师较量之前，都觉得有胜算，才会出场迎战；两个军队较量之前，都觉得在军事上有某种优势，才敢硬碰硬；否则，必败无疑。而中华人民共和国成立之初，在立足未稳、百废待兴之时，却遭遇世界上最强大的美军意图再一次把战火引到中国。中国人民在党中央和毛泽东领导下，坚决迎敌，从而使抗美援朝战争在敌我实力悬殊的情况下取得了伟大胜利，载入世界战争史册。

中国人民志愿军有骨气，有坚定的气节和刚强不屈的气概，这也反映出中华民族传统的气节和精神。当时，美国侵略者拥有世界上最强大的海军和空军，陆军机械化水平最高，起初还垄断了核武器；而中国连一辆汽车、一架飞机都不能自主生产。此时美国第七舰队侵入中国台湾，阻止中国统一，同时，美军事顾问进驻越南援助法军，使中国三面受敌。在此危急的军事态势下，中国敢不敢抗美援朝，这不仅是有无骨气的决策，也是生死决策。

用国民党高级军事将领的话来说：国民党几百万大军不是日本军队的对手，而日本军队不是美国军队的对手。从八路军、新四军形成解放军，再到志愿军，不过几年光景，怎敢在朝鲜与世界一流军队美军对抗呢？

结果是从 1950 年 10 月 19 日开始，中国人民志愿军大部队开始入朝作战，此时从国外采购的装备尚未运到，只好继续使用杂七杂八的旧武器。国内因缺乏相应的弹药，便采取“打扫仓库底子”的方式搜集不同口径的子弹、炮弹并分类送到前线。志愿军不仅没有空中掩护，也没有坦克、重炮，只依靠步兵武器和中小径炮，并以徒步运动方式，同高度机械化的强敌交战。

面对世界头号资本主义强国，面对世界上最强大、武器装备现代化且拥有原子弹的美军，中国敢不敢出兵？能不能应战？在这生死存亡关头，毛泽东做出了一生中最难的决断之一："总之，我们认为应当参战，必须参战，参战利益极大，不参战损害极大。"毛泽东能做出这样攸关生死的重大决策，也有科学分析的基础。他认为：美国"在军事上只有一个长处，就是铁多，另外却有三个弱点，合起来就是一长三短。三个弱点是：第一，战线太长，从德国柏林到朝鲜；第二，运输线太远，隔着两个大洋；第三，战斗力太弱"。中国虽弱，但也有有利条件：我军不仅占有数量上的优势，而且经过 20 多年革命战争的锻炼，具有以劣势装备战胜优势装备之敌的丰富经验，加之美军不适应我军占优势的夜战、近战以及包围迂回作战等，选择在朝鲜与美国较量，拥有最有利的地形、最便利的交通、最便利的物质支援、最便利的人力支援、最便利的政治动员，还有最便利的邻国帮助。尽管面临重大困难，也有打的条件，但很显然，一个没有骨气的国家、民族、领导者，在这种情况下很难做出出兵迎敌的决策。

53.2　骨气见于人品

坚定的气节和刚强不屈的气概，似乎总让人联想到男子汉气概。其实，这种骨气不在于性别，而在于人品。有好的人品，女性身上也容易形成骨气。被称为"鉴湖女侠"的秋瑾（1875—1907 年）就是一位有骨气的女中豪杰。1904 年，她赴日本留学，次年加入同盟会。1906 年回国，在上海办《中国女报》，提倡女权，宣传革命。次年回绍兴主持大通学堂，联络会党，组织光复会，与徐锡麟分头准备浙皖两省起义，后事泄被捕，于当年 7 月 15 日就义于绍兴轩亭口，葬杭州西湖。秋瑾是一位有骨气的爱国主义者，她在给侄儿的信中说："爱国之心，人不可不有。"面对民族危亡，她发出"茫茫国恨何时雪"的感喟。为救国，她毅然抛开儿女，献身革命，从事武装斗争，"金瓯已缺总须补，为国牺牲敢惜身"；"千金市得宝剑来，公理不恃恃赤铁"。这是何等英勇豪迈的"就义诗"！秋瑾生前强烈反对封建礼教对妇女的摧残，提出男女平等要求，号召"革命当自家庭始"，带头冲破封建家庭的压力，走上革命道路。她是一位有骨气的女性，她对友人说的一席话充分证明了这一点："人生处世，当匡济艰危，以吐抱负，宁能米盐琐屑终其身乎"？"欲脱男子之范围，非自力不可；欲自立，非求学艺不可，非合群不可"。

骨气见于人品。唐朝诗人刘禹锡也是有骨气者。他是永贞革新的骨干，性格爽朗倔强，不平则鸣，从不低头、从不绝望。他被打压得越厉害，脊梁越挺直；环境越黑暗，内心的光焰越亮。被贬10年后第一次被召回长安时，他毫不隐藏对敌人的鄙视和讥讽："紫陌红尘拂面来，无人不道看花回。玄都观里桃千树，尽是刘郎去后栽。"此诗一出，他再次遭贬，14年后才被召回。一回来，还写诗，题目就叫《再游玄都观》："百亩庭中半是苔，桃花尽净菜花开。种桃道士归何处，前度刘郎今又来。"这样以生命和性情铸就的诗，充分体现了他的骨气。刘禹锡的贬谪生涯竟长达23年，白居易为他鸣不平，他回道："巴山楚水凄凉地，二十三年弃置身。怀旧空吟闻笛赋，到乡翻似烂柯人。沉舟侧畔千帆过，病树前头万木春。今日听君歌一曲，暂凭杯酒长精神。"宁愿忍受几十年的贬谪也不屈服，这样的骨气令后人敬仰。

骨气见于人品，秋瑾和刘禹锡的人生都证明了这一点。

53.3 文化传承是骨气滋生的土壤

1932年1月29日上午10时，日机向我商务印书馆投下6枚炸弹。商务印书馆及其一街之隔的商务印书馆编译所（编辑部）、东方图书馆爆炸起火，数十万珍贵中外图书、编译所大量待出版的书稿全部化为灰烬。

日军为何要炸商务印书馆？侵略者懂得"欲灭其族，必先灭其文化"，一个民族失去文化传承，就失去了民族之魂；一个失去了灵魂的民族，就会任侵略者宰割。因为，文化是滋生骨气的土壤。

商务印书馆创办于1897年，是中国历史最悠久的现代出版机构，是当时亚洲最大的出版社，它以编印新式中小学教科书为主要业务。它当时担负着传承文化和传播知识的重任，是用新式教材塑造中国青少年灵魂的战略之地。商务印书馆由创办人夏瑞芳、鲍成恩、鲍成昌、高凤池等领导。1904 年编印的《最新国文教科书》，数月间风行全国。除了编印教科书外，还陆续出版了《辞源》《中国古今地名大辞典》《中国人名大辞典》《中国医学大辞典》等大型文化工具书，整理影印了《四部丛刊》《丛书集成初编》《续古逸丛书》《百衲本二十四史》等大型文化古籍。全盛时期，在北京、香港设有印刷分厂，先后在全国各地和吉隆坡等 83 个地方设立分馆，在国内外颇负盛名。在当时，是中国文化传承的主力军，此等业绩，当然是日本侵略者不愿意看到的，他们对商务印书馆恨之入骨。被炸毁后，商务印书馆收到了一封署名为“日本国军”的恐吓信。因为当时商务印书馆虽被炸毁，但出书并未完全终止。对此，日本侵略者不能容忍，这封恐吓信称“尔中国败孔道，立学堂，读些国语、三民主义，兴立共和，打倒帝国主义，恶劣之道行于天下，腐败尔国青年子弟，敌我日货，使我捐款，修尔吉海，绝我南满。尔馆独销学校之书，印些腐败之物。上海毁烧尔馆，尔书馆还是恶习不改……我国不忍旁观，所以毁烧尔书馆。今若不速改恶习，我军到处，是商务书馆尽烧毁。我日国有言在先，那时莫悔。尔国若立圣道，读孔孟之书，不敌我日本之货，仍是好国。若不然，我日本虽小，将决一死战。”此等侵略者的自白，不打自招。他们要灭我国，必先灭我国文化。

回顾历史，在日本入侵中国之时，率先投敌的是留学日本的知识分子，像汪精卫、周佛海、殷汝耕、周作人等，他们的共同特点是忘祖灭根。周作人在此很有代表性，他是新文化运动的主将之一，从日本留学回来后，他宣称应该把我们旧的书籍全部扔到茅房里。而对日本的文化，从饮食到文学，则无不津津乐道。

54 论大节

大节者，具有崇高气节的人。

具有崇高气节的人，既是民族之魂，又是民族的骄傲。远古时期的大禹，战国的屈原，南宋的文天祥，近现代的鲁迅、钱学森，他们皆是具有大节的人。

大节，本是儒家倡导的为国家社稷奉献的气节，它具有崇高感。也就是说，凡有大节的人，他具有崇高之风尚，犹如高山之巅，大海之巨浪。关于大节，孔子与其弟子有段对话，曾子曰：“可以托六尺之孤，可以寄百里之命，临大节而不可夺也，君子人与？君子人也”（《论语·泰伯》）。大节的重大意义在于“大节谓安国家，定社稷”，所以孔子强调“大德不逾闲，小德出入可也”。

对于大节的内涵，孟子在孔子上述思想的基础上进行了发展和丰富，这就是著名的“富贵不能淫，贫贱不能移，威武不能屈”（《孟子·滕文公下》）。先秦的大禹和战国的屈原充分诠释了这种大节。先秦时期我国连年发洪水，民不聊生，禹奉舜命治理洪水。据后人记载，他领导大众疏通江河，兴修沟渠，发展农业。在治水的13年中，三过家门而不入。后以治水有功，禹被舜选为继承人，在舜死后担任部落联盟领袖。孔子不吝美好的言辞赞扬大禹：“巍巍乎！舜禹之有天下也而不与焉”。舜和禹真是崇高得很呀，贵为天子，富有四海，却整年为百姓操劳，一点也不为自己。甚至说：“禹，吾无间然矣”。大禹好到孔子对他没有可批评的了。

大诗人屈原是战国时期楚国人，初辅佐怀王，学识渊博，主张彰明法度，举贤授能，东联齐国，西抗强秦。在同反动贵族子兰、靳尚等的斗争中，遭谗去职。顷襄王时被放逐，对黑暗现实愈加不满。后因楚国政治更加腐败，郢都也被秦兵攻破，他既无力挽救楚国的危亡，又深感政治理想无法实现，遂投汨罗江而死。所作《离骚》《九章》《天问》影响后世几百年，司马迁在其《史记·屈原贾生列传》中，高度赞扬了屈原的大节之精神："屈平之作《离骚》……明道德之广崇，治乱之条贯，靡不毕见"；"推此志也，虽与日月争光可也"。

大禹和屈原为国家社稷奋斗，甚至不惜生命的坚定气节和刚强不屈的气概，可与日明争光。

54.1 汨罗江上万古悲风

两千多年前，汨罗江畔，忧国忧民的爱国诗人屈原，见楚王不可挽救，楚国即将灭亡，于是在江边徘徊许久，终于纵身投江，以身许国。唐代文秀《端午诗》说："节分端午自谁言？万古传闻为屈原。堪笑楚江空渺渺，不能洗得直臣冤。"屈原因忧国忧民却又无力回天而投江，楚国的国民悲痛异常，纷纷涌到汨罗江边去凭吊。渔人撑着船只，在江上来回打捞他的尸身。有位渔夫还拿出事先准备好的粽子、鸡蛋等食物，往江里丢，让鱼虾吃了就不会咬屈大夫的尸身。一位老医师则拿了一坛雄黄酒倒入江里，要药晕了蛟龙，使它不能伤害屈大夫。过了不多久，水面上浮起了一条晕了的蛟龙，龙须上还沾着一片屈大夫的衣襟，人们就把这恶龙拉上岸，抽了筋，然后把龙筋缠在孩子的手上、脖子上，又用雄黄酒抹七窍，使那些毒蛇害虫都不敢来伤害这些小孩子。这种种传说，体现出历代百姓对忠贞爱国的屈大夫的敬爱和钦佩。

两千多年来，端午节一直是我国全民健身、防疫祛病、避瘟驱毒、祈求健康的传统佳节，更是纪念伟大爱国诗人屈原的日子。在世界上，把一个全民的重要节日定在爱国诗人的祭日这一天进行特殊纪念的，十分罕见。可见，中华民族世世代代对爱国者的特别敬畏和钦佩，而这也反衬了另一层意思：全民对卖国贼、汉奸之类的声讨和不耻。中国端午节的内涵已大大超过了防疫祛病本身，而是体现出了全民的爱国精神。

伟大爱国诗人屈原与邪恶势力斗争一生，展现出爱国之志气、一尘不染之气节、为真理而献身的节操，反映出屈原的人格之伟大。他眼看祖国濒临灭亡，政治理想已不能实现，毅然决然投汨罗江而死，从此万古悲风，传至千古。

伟大爱国诗人屈原不仅人品高尚，而且才华横溢。他写出了史诗般的《离骚》《九歌》《天问》，还独创了《楚辞》这样的抒情诗。他在吸收民间艺术和巫风的基础上，创造了骚体这一新形式。其诗作想象丰富，构思奇伟，大量运用比兴和拟人手法，熔神话传说、历史人物、日月风云、山川流沙、花草树木于一炉，构成一幅幅雄奇壮丽的图画，开我国浪漫主义文学之先河，对后世影响极大。

汨罗江万里悲风，伟大人格光耀千秋。屈大夫永远活在人民心中。

54.2 “贵义而不贵惠”的方志敏

《春秋谷梁传》说：“贵义而不贵惠，信道而不信邪”，意思是崇尚仁义而轻视私惠，坚信真理而不信邪说。革命烈士方志敏实属“贵义而不贵惠”的有大节之人。

1934 年红军长征前，方志敏（1899—1935 年）奉命率领抗日先遣队北上，途中遭国民党军重兵围困，在突围时，因叛徒出卖，于 1935 年 1 月在江西德兴县（今德兴市）陇首村被捕，于当年 8 月 6 日在南昌英勇就义。方志敏的大节和英勇气概集中体现在他与国民党法官的第一次交锋中。

1935 年 1 月 27 日，方志敏不幸被俘，不久便被国民党军警押到南昌，关押在军法处看守所。一天晚饭后，方志敏突然被提审。由于他戴着脚铐，行走不便，最后被看守背上了法庭。这是方志敏第一次与法官面对面交锋。落座之后，主审法官用关怀的语气“透露”了方志敏夫人缪敏“带兵的消息”。1934 年 10 月，方志敏率红十军团北上，那时其妻缪敏怀有身孕，不便随军行动，留在地方坚持游击战争。此后直到方志敏被捕，两人没有联系过。方志敏不动声色地说：“我的妻子决不能带兵，她从来没有上过火线。”“你的夫人不能带兵吗？也许他们拿你夫人的名字号召一下也难说的。”但方志敏再次肯定地说：“我决不哄你，她是一定不能带兵，同时，她的政治地位不算高，大家不会拿她来号召，共产党是有完全领导红军的力量的。”法官主即转换了话题：“你是不是想见一见你的夫人，你们的爱情可好？有几个孩子？”方志敏告诉他：“我共有 5 个孩子，都很小，我与我妻的感情很好，因为我们是长期同患难的人。”法官说：“妻和孩子是不能而不应该抛下的，你愿不愿意写封信去找你的夫人前来！”方志敏反问：“找她来，做什么？”“找她来，当然有益于你，表示你已倾向于我们了。”方志敏严词拒绝：“不好，况且我也不知道她在什么地方？”法官马上复议：“你如果愿意写信，地方总是可以找到的。这次不是捉了几十名你们的人吗？你可以在他们之中挑一个可靠的送信。”方志敏只是回答法官可以“想想”。

此后，法官先是劝说方志敏“到国方来做事”，遭到拒绝后又挑起了一场关于“信仰”的辩论。当听到方志敏说共产党员“都是有深刻的主义的信仰”时，法官污蔑共产党员“大部分不过是盲从”，遭到方志敏驳斥后，敌人又改口说共产主义在中国“即使能成功，恐怕也得五百年，就算不要五百年，顶快顶快也得要二百年”。还规劝方志敏“为什么要做傻子，为几百年后的事情去拼命呢”，更大谈“随风转舵，是做人必要的本领”。又把叛徒孔荷宠搬出来，说孔现在成了少将，“每月有五百元”。方志敏则告诉法官：“朝三暮四，没有气节的人，我是不能做的。”法官见状，使出看家本领，威胁方志敏：“枪一响，人就完了。”方志敏则坦然回答：“我完全知道这个结局，但既然不能两全，我只有选择一死。”法官黔驴技穷，只好悻悻地命令看守将方志敏背回牢房。

方志敏大义凛然，视死如归，真正体现出大节之人的浩然正气。由于拥有这种为国为民之大节和浩然正气，他在狱中才能写出不朽的作品《可爱的中国》《清贫》《狱中纪实》。方志敏是一位中国知识分子，一位掷地有声的中华男儿，一位真正的革命者。

55 论不朽

不朽者，永不磨灭也。

世间事物，乃至宇宙万物，都逃不过一个铁律：有生必有死。那中西圣人总谈论“不朽”，这不是虚妄吗？众所周知，人的寿命十分短暂，长则百年，短则数十载。有君主想活五百年，急吃仙丹，顷刻而亡。那么，世间有没有不朽的事物呢？中国春秋时代的穆叔（叔孙豹）就说：“太上有立德，其次有立功，其次有立言，虽久不废，此之谓不朽”（《左传・襄公二十四年》）。叔孙豹的“三不朽”为世人所肯定。近代魏源提出“立德”与“立功”“立言”“立节”相结合的“四不朽”主张，认为“无功、节、言之德，于世为不曜之星；无德之功、节、言，于身心为无原之雨”（《默觚上・学篇九》），进一步发展了“三不朽”。

不过笔者认为，魏源增加的“节”，可在“德”的范围之内，小节即小德，大节即大德，不必另立一类。而真正该另立一类的则是科技创新领域的拓荒者，可以“立业”概括。因科技创新而不朽者，中国有世界天文学奠基者东汉张衡、三国数学大师刘徽、南朝数学大师祖冲之、中国古代科学的集大成者北宋沈括、东方神医明代李时珍、现代的钱学森等；西方有哥白尼、牛顿、瓦特、法拉第、达尔文、居里夫人、爱因斯坦等“立业”者。他们都应属不朽之人，因为他们的事业推动了人类社会文明的进步。

“四不朽”简述如下。

立德，即建立完善、高尚的道德。什么人才称得上具有高尚道德的不朽之人呢？定然是那些为国家、为民族、为百姓而努力奋斗，甚至不惜牺牲一切的人，例如上古时代的神农。《淮南子·修务训》记载，神农为了解救人类，不惜牺牲自我，“一日而遇七十毒”，并因尝到有剧毒的断肠草而身亡。这种牺牲精神自古以来受到人们的崇敬，是不朽的。

立功，即为社会建立功业。古今中外有无数先辈为社会建功立业，保家安民，推动社会发展，其典型代表就是中古时代的大禹。《孟子·滕文公上》记载：禹治水为民除害，不仅赢得了当时人们的推崇和感激，也激励着历代仁人志士为了民众的幸福而前赴后继，尤其是禹“三过家门而不入”的事迹更是令人感动和钦佩。

立言，即倡立影响社会的正确的思想。什么人才称得上影响社会思想的人呢？首推春秋战国时代的老子、孔子、孟子和庄子以及墨子、孙子等。他们的言行和思想不仅影响中国几千年，而且在世界思想史上也颇具影响力。

立业，即通过发明创造推动人类社会进步。因发明创造而推动人类社会进步的人主要是那些攀登科技高峰和文艺顶峰的人。中国有张衡、屈原、鲁迅、钱学森等，西方有阿基米德、牛顿、爱因斯坦、荷马、莎士比亚、雨果、歌德、塞万提斯等。

东汉末徐干说得对：“夫形体，固自朽弊消亡之物，寿与不寿，不过数十岁；德义立与不立，差数千岁，岂可同日言也哉？”

55.1 “大道之行，天下为公”的大禹

《礼记·礼运》言：“大道之行也，天下为公。”大道者，是中国上古时代所遵循的道；而天下为公、鞠躬尽瘁、死而后已者，唯大禹也。传说远古时代大禹奉舜之命治理洪水。他领导人民疏通江河、兴修沟渠、发展农业。在治水的 13 年中，三过家门而不入。由于大禹的丰功伟绩和高尚的人

格，孔子给予其最高评价："禹，吾无间然矣。"

大禹，是中华民族永垂不朽的光辉典范。

禹王天下。舜禅天下而传之于禹。禹虽是天子，却身先士卒，以民为先。他亲自拿着铁锹，手握犁耙，率先垂范，成为天下老百姓的榜样。由于他勤奋劳动，大腿和小腿上的腿毛都被磨掉了。即使被抓获的俘虏，其劳动的辛苦程度也不会超过禹。他因此得到了当时和后世人民的拥戴和赞颂。

勤勉治水。禹疏通九河，让济河、漯河流入大海。挖开了汝水和汉水，排泄了泗水和淮水，使这些水注入大江。在这之后，中原大地才能种植、收获粮食。当时，禹全身心投入治水的宏伟事业中，曾连续八年在野外治水，有三次路过家门口没有进屋，这一直成为人们的美谈。禹治水为民除害，成了世人的榜样。

禹诛防风。禹当初治水时，对众头领约法三章，纪律严明。有一次禹召集众部落头领到会稽来商讨防洪治水。所有人都到了，只有防风最后才到，禹恼怒他不遵守约束号令，便把他杀了，还叫人把他的尸体陈列示众，然后埋藏在会稽山的山脚下。禹对众头领要求严格，谁有延误，一律严惩，因此也建成了强大的队伍。

禹凿龙门。禹到龙门山治水，把山从中间凿开，中间大约有一里多的距离。黄河之水从两山之间奔腾而下，两岸之间的车马不能通过。禹拿着玉简去平定水土，度量大地。禹平治洪水，连疏导沟渠的小事都尽了最大的心力。

禹杀相柳。禹治洪水，起初和水神做了一场重大斗争。在赶走了水神之后，他亲自经历各地，采取填塞或疏导的方法，使洪水平息。大水虽然已平息，但余患未尽，即相柳还在作怪。禹把相柳杀了，并修筑了几座帝台来镇妖。到这里为止，治水大业总算基本完成。

国泰民安，发展生产，丰衣足食。禹一方面伐树，选取优良木材打造船筏，为治水做好准备；另一方面，设法妥善安置受灾的人民，让他们有栖息之地。对阻挠治水的势力，予以责罚，排除干扰。这样形成了“进可以攻，退可以守”的态势，为征服洪水创造了前提。禹采取“射人先射马，擒贼先擒王”的治水方针，使水流畅通，各有流去的地方；大地可以耕种，百姓逐渐安居乐业。

55.2 长津湖志愿军烈士永垂不朽

在朝鲜战场上，志愿军发动第一次战役后，联合国军总司令麦克阿瑟决定发起“总攻势”，试图一举消灭朝鲜境内的全部志愿军和人民军。此时，联合国军在朝鲜战场的总兵力高达 55.3 万人，其中地面部队 42.3 万人，位于朝鲜北部第一线的约为 35 万人，而志愿军首批入朝的部队仅有 23 万人，人数上处于劣势，装备与火力的差距就悬殊了。而志愿军来不及整训和做好在高寒地区作战的物质、心理准备，就在开往东北的火车上接到了直接入朝作战的命令。

志愿军在进入朝鲜的第一星期，就遇到了严重的困难——没有冬装，没有手套、帽子及棉鞋等抵御严寒的必需品，而部队战士大多来自年平均气温 22℃ 华东地区。仓促入朝，遭遇 50 年来最冷的冬天。9 兵团每个班 10 多人只有一两床棉被。夜间，战士们将这一两床棉被摊在雪地上，10 多个人挤在棉被上互相搂抱取暖，以抵御零下 30℃ 的酷寒。来到朝鲜的第一天就冻伤 800 人。有记载显示，在战役展开的 20 多天里，气温在零下 20℃ 是家常便饭，受寒流影响，最低温度一度达到零下 30℃，很多战士还没有投入战斗就被活活冻死。

长津湖是朝鲜北部最大的湖泊，此时普降大雪，气温已降到零下 30℃，加上山高路狭，战场环境异常险恶。就是在这样饥寒交迫的环境下，10 万中国人民志愿军穿着单薄的衣服，拿着老式武器，埋伏于雪地野岭。这 10 万不朽的志愿军凭着一腔正气和坚强意志，坚守伏击。1950 年 10 月 17 日夜，美军陆战队第 1 师和美军步兵第 7 师正沿着一个山间小路行进。突然，隐没在崇山峻岭中的志愿军如猛虎下山，向美军猛扑过去，以迅雷不及掩耳之势打击美军。美军在毫无准备的情况下，遭遇迎头攻击，损失惨重。

在长津湖战役中，出现了我军历史上最严重的冻伤减员现象。中国人民志愿军在严寒中伏击多日，许多战士在战壕里正瞄准敌人时被冻死了，他们如同一座座冰雕屹立在坑道山头。长津湖志愿军烈士，永垂不朽！

55.3 遗臭万年的毒气部队

侵华日军曾在我中华大地上无恶不作，除了抓妇女同胞做“慰安妇”之外，他们竟然大规模使用生化武器，抓抗日志士去做人体实验，真是丧尽天良，全无人性。

当年的侵华日军，除了臭名昭著的731细菌部队而外，还有一支鲜为人知的化学武器——516毒气部队。516部队和731部队，一个研究毒气战，一个研究细菌战，业务范围有重合的地方，所以他们也是有合作的。从1943年6月起，516部队经常派出5~6名技术军官到位于哈尔滨市平房区的日本关东军防疫给水部，即731部队，去共同研究防止中毒的对策，进行了50余次活人中毒实验，致使250余名抗日志士中毒身亡。

731部队因惨无人道的人体活体实验在全世界臭名昭著，516部队名声不显，但其恐怖程度与731部队没什么两样。516毒气实验也是惨不忍睹。每逢在玻璃小屋里进行实验时，同“马鲁太”① 一起放进去的还有鸽子、土拨鼠、狗和鸡等动物。实验发现，凡是用氰酸气毒死的人员无一例外地呈现出鲜红色；用芥子气毒死的人员全身水泡、皮肉都被烧烂。通常鸽子死时，活体实验人员也断了气。这就说明，“人的生命强度，大致上和鸽子差不多”。以上细节，有的来自516部队人员在法庭上的供述，有的则是战后日本军人出于对战争的反思，主动向媒体披露的内幕。据他们回忆，516部

① “马鲁太”，即对在押活体实验用人员的称呼（“Maruta”），在日语中意为“圆木”。

队不仅对外严格保密，而且内部各部门之间也不能随意往来。每个加入这支部队的人都必须接受法西斯式的特殊训练，不仅要通过教材了解各种毒气的外形特点、化学性质，更可怕的是自己还要亲身体验毒气。有一次在讲堂上，军曹滕川及助手当场将毒气释放出来，队员们没有人敢动，当10多分钟后门被打开时，讲堂内的人已被毒气呛得拼命咳嗽，眼泪、鼻涕横流，好不容易喘过气来，只听军曹滕川和助手大声喝道："好好记住，这就是毒气！"更惨无人道的是：他们用4岁女孩试验毒气。关东军曾将中国母女二人关在一间透明的玻璃房里，毒气渗入后瞬间将女孩和母亲毒死，母亲在临死前的痉挛之中还死命抱着孩子不放。除了毒气试验，731部队还实行"真空环境实验"。实验室关着一个赤身裸体的青年，抽气机开动后，室内逐渐变成了真空，缺氧使他难以忍受，他用双手抓住前胸，血顺着伤痕流下，他痛苦地挣扎着。这可以看出日本法西斯惨无人道的罪行，真是罄竹难书！

1931—1945年，日本生产的化学毒剂总计7376吨，其中一半左右或直接或被填充到炮弹、炸弹等武器中运至中国战场。抗战中第一次有记录的使用是在1937年7月底，日军空袭卢沟桥时丢下毒气弹。日军在1937年8月的淞沪会战中首次使用了催泪性气体和喷嚏性（呕吐性）气体，导致中国军队多人丧失战斗力。1938年8月开始的武汉会战中，日军使用毒气更加肆无忌惮，开始使用有剧毒的糜烂性毒气芥子气和路易氏气。就这样，瓦斯部队成为侵华日军的常设兵种，毒气则是日军的必备装备。1941年秋，日军发动第二次长沙战役，驻宜昌的第十三师团被抽调了1/3的兵力约8000人参战。为牵制进犯长沙之敌，蒋介石命令陈诚率领15个师收复宜昌。驻宜昌的日军危在旦夕，他们一方面烧毁军旗和文件，摆设自杀器皿，做好"玉碎"准备；一方面紧急用密码请求空军支援。10月8日，中国军队的主力第二军第九师突入宜昌城区，就在即将破城时刻，日军炮兵疯狂发射毒气炮弹，飞机则投掷毒气炸弹和直接洒下芥子气原液。没有装备防毒面具和防毒衣的中国军队猝不及防，死伤惨重。一个名叫佐佐木治的日本军人记录了日军向中国守军阵地发射毒气弹的经过：“那里有二十几个中国士兵被毒气熏窒息了，口吐鲜血，流出鼻涕，有的处于半死状态，用湿布捂着嘴和鼻子，尽管身上负了几处伤，但斗志昂扬，紧握手中枪。”根据美国后来调查宜昌战役日军使用毒气事件的报告，中国军队受毒气损伤者达 1600 人，其中 600 人死亡。宜昌战役也成了日本军国主义侵略中国发动的最严重的一次毒气战。

日本军队为了侵略、霸占中国，公然违反海牙国际公约，做出了“慰安妇”、大屠杀、毒气战、细菌战等灭绝人性的恶行，遗臭万年。

56 论弘毅

弘毅者，刚直坚毅者也。

孔子力倡弘毅，他的弟子曾子曰：“士不可以不弘毅，任重而道远。仁以为己任，不亦重乎？死而后已，不亦远乎”（《论语·泰伯》）。读书人不可以不刚强而有毅力，因为他负担沉重，道路遥远。以实现仁德天下为己任，不也沉重吗？到死方休，不也遥远吗？

章炳麟《广论语骈枝》将孔子所提倡的弘毅诠释为刚强果决，笔者认为这不符合孔子的本意。一是孔子一贯倡导以刚直治于人而不是以刚强压人；二是这与孔子的中庸观“慎言慎行”和“三思”的风格不相吻合。故笔者认为，孔子的弘毅既然是其所倡的美德，那应是刚直坚毅，这也是孔子一贯坚持的东西。至于朱熹《论语集注》诠释孔子的弘毅内涵为：“弘，宽广也，毅，强忍也。”是从字面上诠释，未触及孔子所提倡的弘毅的本质。那么孔子说的弘毅有哪些内涵呢？

先谈刚直。

《论语·公冶长》记载了一段话。子曰："吾未见刚者。"或对曰："申枨。"子曰："枨也欲，焉得刚？"孔子说没见过刚毅不屈的人，而申枨欲望太多，难能刚毅不屈。孔子在强调"刚"的同时，还强调"直"，即在刚毅之时还应正直、耿直、正派："古之愚也直，今之愚也诈而已矣"（《论语·阳货》）；"举直错诸枉，则民服；举枉错诸直，则民不服"（《论语·为政》）。孔子把"直"视为内心所具有的道德意识，并与"刚"结合在一起。不过，孔子还强调"刚、毅、木、讷近仁"（《论语·子路》），虽然刚直已接近"仁"的境界，然而它还不完美，具有刚直品质的人必须善于学习，"好刚不好学，其蔽也狂"（《论语·阳货》）。

关于坚毅，就是要在不侮矜寡、不畏强敌的前提下实现韧，正如孟子所言："天将降大任于是人也，必先苦其心志，劳其筋骨，饿其体肤，空乏其身，行拂乱其所为"（《孟子·告子下》）。

提起弘毅，让人联想到我国新疆大漠里生长的胡杨，它那苍劲遒健，沧桑斑驳，桀骜不驯的树干，不正是弘毅的鲜明写照吗？

56.1 "进死为荣，退生为辱"的英雄

1931年"九一八"事变以后，与蒋介石和当时的东北军采取"不抵抗主义"迥然不同，东北各界人民和爱国官兵纷纷组织抗日武装。其中，让日军心惊胆战的要数东北抗日联军。他们以"进死为荣，退生为辱"的精神，投入抗日爱国斗争中，演绎出可歌可泣的壮丽诗篇。

由中国共产党创建和领导的东北抗日联军共有11个军，分编为三路军，队伍发展到3万余人，先后开辟了东南满、吉东和北满三大游击区，对日军展开大规模的游击战争。其中，杰出的民族英雄、东北抗日联军主要领导人之一的杨靖宇最为出色，给敌伪军以沉重打击，日军视其为眼中钉。日军加强对南满抗日根据地的摧残，抗日联军处境更加艰难，杨靖宇率第一路军一部1400多人进入长白山密林中。后为了解决部队给养问题，

命部队主力北上，他则带领一支小部队东进，遭遇敌军，经过激战，壮烈牺牲。日寇解剖英雄遗体，发现其胃里是草，十分震惊。

除杨靖宇外，还有一位英雄黄有，他一人就将300多日军困死在深山。“九一八”事变后，日军侵占了东北，黄有参加了当地的红枪会抗日队伍。他的抗日队伍牵来5匹马，拿来10支枪和100余担粮。1937年冬季的一天拂晓，黄有留下执行任务，不幸被日军抓去，强令带路去找抗日联军密营。黄有带着300多日军，避开游击队设在“四块石”的后方密营，东绕西转，在雪中跋涉了四五天，进入了小兴安岭东麓人迹罕至的原始森林，却只找到一个废营，一个人也没有。黄有趁机溜开，把日本讨伐队的信息告诉了抗日联军。抗日联军组织了40多名战士袭击日本讨伐队，接火后消灭了四五十人，溃逃的敌人多数在迷途中被冻死或饿死在深山雪地里。当大伙为黄有庆贺胜利时，黄有的冻伤逐日恶化，密营里缺药少食，他牺牲时年仅39岁。

56.2 文如其人，铮铮铁骨的范仲淹

弘毅，不仅体现刚直，更体现坚毅。北宋文学家、政治家范仲淹（989—1052年）就展现了文如其人，铮铮铁骨的弘毅风范，令人钦佩。

范仲淹两岁丧父，母贫无依，他青少年时即刻苦好学，志向远大，常以天下为己任。中进士后负责对西夏作战，守边四年，西夏不敢来犯。庆历三年（1043年）任参知政事（副宰相），针砭时弊，提出厚农桑、修武备、均田赋、减徭役、明黜陟、抑侥幸等十条革新建议，但受到保守势力的反对，未被采纳。范仲淹短暂的一生充满正气，文如其人。他的名篇《岳阳楼记》，提出“先天下之忧而忧，后天下之乐而乐”，表现了范仲淹高尚的情操和博大的胸怀。而其诗《江上渔火》也反映了民生疾苦。他不落俗套，不跟随当时文人用词来抒写艳情的潮流，而用词来描写边塞生活，即景抒怀，创造出开阔而深沉的意境，为宋词的题材和风格开拓了新的领

域。如他的边塞词（《渔家傲》）以塞下凄清的景象，表现守边将士忧国之情怀："苍凉悲壮，慷慨生哀"。

范仲淹的文品如此高洁，政品也同样值得钦佩。公元1036年（景祐三年），范仲淹通过向仁宗皇帝进献《百官图》，对宰相吕夷简的用人制度提出了尖锐批评，并对宰相把持朝政、培植党羽等行为表示极大愤慨。宰相吕夷简自然不甘示弱，对范仲淹进行了一系列反击，最终，范仲淹落得个"被罢黜，改知饶州"的下场。到了饶州后不久，范仲淹的夫人李氏因病去世。这对重视家庭的范仲淹而言，应是一个极其沉重的打击。在政治失意与痛失爱人的双重打击下，他重病不起。范仲淹的好友，正在附近做县令的梅尧臣，为了劝诫范仲淹，特别作了一首《灵乌赋》给他。劝他学报喜鸟，不要像乌鸦那样报凶讯而"招唾骂于里闾"，以此闭上嘴巴，少管当权者的闲事。范仲淹却立即回写了同题《灵乌赋》给梅尧臣，斩钉截铁地表示："宁鸣而死，不默而生"。此诗一出，正气凛然的大节气势跃然纸上。范仲淹在向世人表明，为了坚守自己心目中的大义，他是无惧任何牺牲的。再回头来看看范仲淹于天圣八年给晏殊的书信中所提及的内容："侍奉皇上当危言危行，绝不逊言逊行、阿谀奉承，有益于朝廷社稷之事，必定秉公直言，虽有杀身之祸也在所不惜。"范仲淹的铮铮铁骨伴随他一生，从未因权势压力而屈服过，令人敬仰。

56.3　内心强大才是真正的强大

简论中国人民志愿军的战斗力。

中华人民共和国成立伊始，百废待兴，当军事上、经济上和政治最强大的美国侵略到家门口，威胁到国家和人民安全的时候，中国人民志愿军却能以弱胜强，把头号世界强国从鸭绿江边赶到三八线。这是什么伟绩？"联合国军"第三任总司令马克·克拉克在其回忆录中写道："我成了历史上签订没有胜利的停战条约的第一位美国陆军司令官，我感到一种失望和痛苦。我想我的前任，麦克阿瑟和李奇微两位将军，一定具有同感。”

中国人民志愿军以劣势装备和物质保障取胜于具有优势装备和物质保障的美军，证明了这样一个规律：内心的强大才是真正的强大。中国人民志愿军为何会有如此之强的战斗力？

首先，抗美援朝是反侵略的正义之战。战争有正义和非正义之分，而抗美援朝是美国把战火烧到鸭绿江边，并趁中华人民共和国刚刚建立、立足未稳之时，企图从中国东北、台湾地区及越南三面围困新中国，扼杀新中国。中华儿女为了保家卫国被迫应战，这是正义之举。因此，中国人民志愿军是朝鲜领导人再三要求援助抗美的正义之师。这是所有参战的志愿军心怀正义而无比强大的首要内在因素。

我们再看看美国人眼中的志愿军。贝文·亚历山大在朝鲜战争期间任美国陆军部派驻前线的战史分遣队队长，后长期为美国陆军和美国政府撰写专题报告，同时兼任某些大报的自由撰稿人。他在其《朝鲜，我们第一次战败》一书中说道：中国军队有一点极不寻常，就是它没有明显的单独军官建制。不过，其干部或领导小组却很坚强，而且每级都有领导集体，完全可以起到军官建制的作用。人民解放军在将军以下没有军衔，指挥官都按职务来称呼。中国人极力阻止军事上的等级制度。其之所以这样，不仅是要从战士中提拔干部，而且是为激发广大士兵的积极性，使他们参与讨论，解决并处理日常问题。这种做法，结合其他措施，可使普通士兵充分了解战术形势以及部队作战计划等方面的情况。这样就可使广大士兵在重大战斗行动中，发挥主动性、增强责任感。

贝文·亚历山大对中国人民志愿军战斗力的观察是准确的，也看到了中国人民志愿军虽然装备落后却内心无比强大的根本原因，这就是中国人民志愿军政治工作的三大原则，即官兵一致、军民一致、瓦解敌军。官兵一致是上下级之间、干部与战士之间政治平等、团结友爱、同甘共苦。干部要尊重爱护战士、关心战士的政治进步和生活疾苦；战士要尊重干部、服从管理、遵守纪律、坚决执行命令。实行有领导的政治民主、经济民主、军事民主，达到政治上高度团结，生活上获得改善，军事上提高战术技术的目的。军民一致是军队要爱护人民群众，保护人民的利益，尊重地方党政机关，模范执行国家的政策、法令，严格遵守群众纪律，尊重人民的风俗习惯，开展群众工作，积极支持和参加建设。瓦解敌军是加强对敌军情况的调查研究，对敌军进行政治宣传和组织瓦解，宽待俘虏，以动摇其军心，瓦解其战斗意志，争取其起义、投诚。中国人民志愿军政治工作三大原则是中国人民解放军政治工作三大原则的延伸，是中国人民军队的胜利之本，是中国人民军队内心强大的基础动力。

中国人民军队除坚持政治工作三大原则外，还有一个很重要的举措，就是自我解放，为自己也为劳苦大众翻身谋幸福。黄继光、邱少云这样的人民英雄，为什么能勇于牺牲？除拥有高度的革命自觉外，他们身上还揣着家信，家信谈到了土地改革斗地主分田地的事，这无疑是对英雄的巨大鼓舞。因为革命与战士的命运是联系在一起的，后来成为将军的志愿军老战士南启祥说他按下血指印请战入朝，入朝参战走路不掉队，打仗不怕死。仅上甘岭战役，英雄辈出。志愿军七天七夜的拉锯战，战况空前惨烈，15 师以伤亡 3500 余人的代价歼敌 7000 余人，敌人进攻的锋芒被彻底挫败。

中国人民志愿军指战员的军事装备是原始的、落后的，但其军事素养却优于美军。志愿军能迅速把握战场，实施灵活机动的战略战术，及时抓住美军不适应我军夜战、近战及包围迂回作战等战术的有利条件，将其运用在朝鲜战争中并发挥到极致。比如上甘岭战役的制胜之道，就是不被强大的敌人牵着鼻子走。志愿军在上甘岭一是发挥炮兵的威力，二是利用坑道。坑道作战是志愿军官兵在“积极防御，保存自己”思想的指导下，在战争实践中逐步摸索出来的。而美军的士气呢？志愿军 66 军在与美国第 8 骑兵团作战后写的《云山战斗主要作战经验总结》中说道，美国兵在后路被切断时，“往往把重武器四处乱丢，然后便装死……他们的步兵经不起打，都胆小怕死。没有攻防勇气。他们只会依赖靠飞机、坦克和大炮，同时也害怕我军的炮火。前进时，一听到我军炮声，他们就畏缩不前，不敢再往前走……他们长于白昼作战，但就不熟悉夜战和白刃战……一旦战败，就溃不军，如果没有迫击炮掩护，他们就不知所措……在云山他们被围多日，无所作为。他们的后方一被切断，便怕得要命。一旦运输中断，步兵就失去斗志，无心作战”。这就是抗美援朝战争时期，敌我两军指战员的内心差异，孰优孰劣不言自明。

57 论躬行

躬行，亲身实践也。

孔子在道德修养方面重视身体力行、亲自实践，而不是空喊口号。《论语·述而》说：“文，莫吾犹人也。躬行君子，则吾未之有得。”意为谈论文献学问，我大概与别人差不多，如果在生活实践中做一个君子，那我还未完成。《论语·述而》还说：“子以四教：文、行、忠、信。”把“行”与“文”“忠”“信”并列。

在躬行方面，孔子还反对言行不一：“君子耻其言而过其行”（《论语·宪问》）。人要真正做到躬行，应注意些什么修养呢？

首先，不做狂妄之人。在孔子看来，“不得中行而与之，必也狂狷乎！狂者进取，狷者有所不为也”（《论语·子路》）。一个人志气激昂却缺乏冷静，一个人谨慎却缺乏进取心，两者都会走向偏颇，不符合中庸之道。

其次，在行的过程中，应遵循“敬事”的处世原则。“道千乘之国，敬事而信，节用而爱人，使民以时”（《论语·学而》）。主张“敬事”，要以专一、诚信、有节制的态度，谨执其事而取信于民，进而将之引申为治政、处事、为人的一个基本原则。孔子特别强调“敬事”应以“敬心”为先，说人与犬马“皆能有养，不敬，何以别乎”(《论语·为政》)。

由此可见，孔子要求的躬行是很严格的，正如荀子所说：“正义而为谓之行”(《荀子·正名》)。一般说来，“知”指道德意识，“行”指道德实践，两者是有区别的。宋代“二程”、朱熹都把两者分开，主张“知”先“行”后，先有道德意识，然后才有道德行为，把道德意识看成是人性中的先验之理，通过居敬穷理，达到对天理的认识，再加以躬行持守。明代王守仁则认为，“知”即是“行”，“一念发动处即是行”，“知之真切笃实处即是行”，否认两者的差别，把道德意识和道德行为看成是一回事。他在《传习录》中举例说：“称某人知孝，某人知弟，必是其人已曾行孝行弟，方可称他为知孝悌；不成只是晓得说些孝悌的话，便可称为知孝悌？”这种说法在道德评价上有合理因素，判断是否实践道德，要把动机和行为统一考虑，不可偏执一方，但不能将道德意识和道德行为混同，王守仁抹杀两者的区别也是错误的。

中国古代学者关于躬行的理论十分丰富，据此可以形成下面几条“躬行原则”。

第一，学习应本着学以致用的原则。《淮南子·说林训》倡导：“人莫欲学御龙，而皆学御马；莫欲学治鬼，而皆欲学治人，急所用也。”学驾驭马而舍去无用的“御龙”，学管理人而舍去无用的“管理鬼”，这才是学以致用。

第二，学而不行为弊病。学习的目标是致用，而非空谈：“无财之谓贫，学而不能行之谓病”(刘向《新序·节士》)。没有财物叫贫穷，学习了知识但不能在行动中实践叫作弊病。

第三，实践不能盲目行动，应知其所以然。古人主张行动，但不主张盲目行动，“生而不知学，与不生同；学而不知道，与不学同；知而不能行，与不知同”(黄晞《聱隅子·生学篇》)。人生在世必须学习，但应从中懂得道理并贯彻在自己的行动中。

第四，持之以恒的实践是最难的。宋代学者对此深有所感：“知之不为难，守之为难；守之不为难，行之为难；行之不为难，久之为难”(《送龚鼎臣序》)。持之以恒的实践虽然是最难的，但它又是使事业走向成功的唯一途径。

第五，不能为学而学，而应学以致用。宋代朱熹就说：“学之之博，未若知之之要；知之之要，未若行之之实”(《朱子语类》卷十三)。的确，学得广博，不如能掌握住要点；掌握了要点，不如能把它贯彻到实践当中去。

第六，实践中贵在知错并能认错。谁能保证一生中不犯错？犯错后，或故意掩盖错误，或者死不认错，都会使错越来越大。因此，我们在践行中的正确态度应该是：“学者有过，患无能改，不患无能言者”（陈确《志喜篇》)。

一个能者，特别是学者，亲身实践是成就事业的重要途径，“一语不能践，万卷徒空虚”，“纸上得来终觉浅，绝知此事要躬行”。

57.1 因躬行成就伟业的袁隆平

1953 年，袁隆平毕业于重庆西南农学院（现西南大学）农学系，被分配到边远的湖南省安江农校任教，虽然没有像有的同学那样直接分配到北京等大城市，但袁隆平却十分高兴，因为这边远的农村野地，正是他进行农业试验的最佳之地。

正是在基层踏踏实实的躬行成就了袁隆平的伟业。1979 年 4 月，来自 40 多个国家的 200 多名科学家出席了在菲律宾首都马尼拉国际水稻研究所召开的水稻科研会议。会上宣读了中国专家组袁隆平的论文《中国杂交水稻育种》。会议结束时，会场屏幕反复出现“杂交水稻之父袁隆平”的字幕和他的头像，与会专家学者全体起立，向袁隆平鼓掌致意。袁隆平和他的杂交水稻开始远涉重洋，从中国走向世界。

为什么说袁隆平因躬行而成就伟业呢？

袁隆平最喜欢的是在田间野地亲自实践，而不是坐在书斋中光喊口号。他常常说“我就是一个农民”。他的确是一个农民，而且是中国农民的杰出代表。他搞农业科学，就是让事实说话。20世纪50年代初期他在安江农校教书时，苏联米丘林、李森科的遗传学说在中国盛行，他按该学说进行教学和科学试验。开始，他选择红薯进行“无性杂交”，把月光花嫁接在红薯上，以期得到一个新的“无性杂种”：上面结籽，可以进行种子繁殖，以节省大量种薯；地下结红薯，以提高产量。袁隆平希望这批“无性杂种”的种子能传宗接代。第二年，他将种子适时播种，可长出来的依然是月光花，地下也不再见红薯。他通过亲身实验发现这些变异不能遗传给后代，袁隆平对李森科遗传学说中的某些观点产生了怀疑，毅然抛弃了从事多年的“无性杂交”试验，大胆地去探索新路子。他通过亲身实践去研究米丘林、李森科，也研究孟德尔、摩尔根，还研究达尔文、魏斯迈，在实践和比较中求真理。20世纪60年代初，他提出水稻杂种优势利用的观点，打破了“自花授粉作物没有杂交优势”的理论禁区。1973年，以他为首的科技攻关组完成了三系配套并成功培育杂交水稻，实现了杂交水稻历史性的突破。1986年，他提出“两系法亚种间杂种优势利用”的发展观点，经过6年艰苦攻关，与研究人员成功地突破了两系杂交水稻关键技术并推广运用，取得了良好的增产效果。1997年，他提出“杂交水稻超高产育种”的技术路线，在国际上引起高度重视。在他的率领下，先后于2000年、2004年和2011年实现了超级稻亩产700千克、800千克和900千克的第一期、第二期、第三期目标，亩产1000千克的第四期目标也于2014年10月实现历史性突破，为进一步大面积、大幅度提高水稻产量奠定了基础。

重视身体力行、亲身实践帮助袁隆平圆了他的水稻高产梦和水稻覆盖全球梦。1961年7月的一天，他在安江农校试验田选种，居然发现了一株鹤立鸡群的稻株，穗大，颗粒饱满，一穗竟有230粒之多，选到了优良品种。也正因为常在野外农田，他在海南农场附近发现一种名叫“假禾”的草，这正是袁隆平要找的野生稻，取名“野败”，它正是杂交水稻“三系”配套成功的突破口。没有这样的躬行，就没有这样里程碑式的发现。如今倘若全球有一半的稻田种上杂交水稻，按每公顷比常规水稻增产 2 吨计算，则增产的粮食可以多养活 4 亿 ~5 亿人口。

袁隆平一生都躬行不辍，生前曾病倒在田间。躬行天下的袁隆平是这样说的：“我不在家，就在试验田，不在试验田，就在去试验田的路上。”正是躬行帮助袁隆平成就了举世瞩目的伟业。

57.2 躬行成就了地理学家、探险家徐霞客

我国明代地理学家徐霞客，幼年好学，博览地志图经。因见明末政治黑暗，不愿入仕，专心从事旅行，足迹所到，北至燕、晋，南及云贵川两广，旅途中备受艰辛而躬行不辍，其观察所得，按日记载，得《徐霞客游记》。英国的中国科技史专家李约瑟在谈到《徐霞客游记》时说：“他的游记读来并不像是 17 世纪时的学者所写的东西。就像是一位 20 世纪的野外勘察家写的考察记录。”李约瑟还说：“对于每一种东西，他都用步或里把它的大小尺寸仔细地标记出来，而不使用含糊语句。”

徐霞客一生的考察活动没有任何官方的经济支持，完全是自费进行的，他的考察活动总是按照自己的兴趣向纵深方向走下去，凭着生命的直觉彰显着自己的个性，在缘情志趣中取得科学发现及乐趣。我们知道，中国古代不乏声名远扬的大旅行家，像汉代的张骞出使过西域，晋朝的法显和唐朝的玄奘去过佛教圣地印度，明朝的郑和七次下西洋，但这些人要么是奉帝王之命出行，要么是为了宗教信仰求取真经。其考察思路与徐霞客完全不同。

徐霞客的游览考察大致分两个阶段：第一阶段是 22~51 岁，游览了泰山、天台山、黄山、嵩山、五台山、恒山等，足迹遍布名山大川；第二阶段就是从 51 岁开始的西南之行，历时 4 年，这次出行之前，他的母亲已去

世，长子和次子都已结婚，他没有什么后顾之忧了。西南之行的大部分时间在岩溶地区考察，而且对于水道源流也很关注。应该说，他的西南之行在地理学上的价值高于名山之游。

徐霞客并非年年出游，也有不少时间待在家里。他30岁时得长子，但不幸的是2年后，即万历四十五年（1617年），原配许氏去世。1年后，徐霞客又娶了罗氏。他喜欢结交正直的文人名士，如长期注重民生、抨击时政的同乡缪昌期；他与明末大学者黄道周相见恨晚。

徐霞客亲自考察澜沧江，弄清了其不与礼社江合流，订正了《大明一统志》的讹误，但可惜的是他当时还不知道阳江是礼社江的西源。汉朝时的“兰津之歌”称澜沧江为“兰仓水”，澜沧江素有“隔河如隔天，渡河如渡险”之说，流出云南又流经缅甸、老挝、泰国、柬埔寨和越南，是一条国际河流。

从22岁到50多岁，徐霞客用一生中最美好的光阴对祖国的山川地理进行考察，写成《徐霞客游记》。其按日记述作者1613—1639年旅行观察所得，对地理、水文、地质、植物等，均做了详细记录，开辟了地理学系统观察自然、描述自然的新方向。对西南边区地理研究，提供了不少稀有资料。其中有关石灰岩地貌的记述，早于欧洲约2个世纪。《徐霞客游记》文笔生动，记述精详，也是一部很好的文学作品。

徐霞客一生的躬行和游览考察，成就了地理学界的传世之作《徐霞客游记》。

57.3 “绝知此事要躬行”的屠呦呦

2015年10月5日，85岁的中国籍女科学家屠呦呦与另两位外籍科学家分享了2015年诺贝尔生理学或医学奖。获奖当晚，屠呦呦一夜未眠，她感慨道：“与获奖相比，我一直感到欣慰的是在传统中医药启发下发现的青蒿素已拯救了全球数以百万计疟疾病人的生命。”屠呦呦的父母对她抱有美好的期待，为她取名时用了《诗经·小雅》中的名句“呦呦鹿鸣，食野之蒿”，长大后的她懂得了宋代诗人陆游的名句：“纸上得来终觉浅，绝知此事要躬行”。在她考入北京大学医学院生药学专业后，就下决心躬行。自1955年进入中医研究院（现为中国中医科学院）以来，她几十年如一日地勤耕不辍。

屠呦呦入职时，正值中医研究院初创期。条件艰苦，设备奇缺，实验室连基本通风设备都没有，经常和各种化学溶液打交道的屠呦呦身体很快受到损害，一度患上中毒性肝炎。除了在实验室内“摇瓶子”外，她还常常“一头汗两腿泥”地去野外采集样本，先后解决了中药半边莲及银柴胡的品种混乱问题，为防治血吸虫病做出了贡献。同时，她结合阅读历代古籍和游历各省的经验，完成了《中药炮炙经验集成》的主要编著工作。

屠呦呦一生中最引人注目的成就是发现青蒿素。1969年1月底，39岁的屠呦呦接到一个特别任务——“523任务”，即以课题组组长的身份研发抗疟疾的中草药。大学时学习药学，毕业后又脱产学习过两年中医，科研功力扎实的屠呦呦，被委以重任。接手任务后，她翻阅古籍，寻找方药，对能获得的中药信息逐字逐句地抄录。到1971年9月初，课题组筛选了100余种中药，结果却令人失望。但她不放弃，当看到晋代葛洪的《肘后备急方》中记载的“青蒿一握，以水二升渍，绞取汁，尽服之”时，反复思考“绞汁”，是不是加热了青蒿里的有效成分？屠呦呦决定用沸点只有34.6℃的乙醚来提取青蒿，“我们把青蒿买来先泡，然后把叶子包起来用乙醚泡，直到编号191提取物，才真正发现了有效成分”。1971年10月4日，191号青蒿乙醚中性提取物的动物抗疟实验最后出炉——对疟原虫的抑制率达到100%。有关青蒿素的第一篇英文报道发表于1979年12月。这篇报道迅速引起了国际学术界的关注。从此，青蒿素在世界各地被普遍采用，挽救了无数的生命，大多数为非洲的儿童。

习惯于躬行的屠呦呦并没有止步于青蒿素。1973年，课题组还首次发现了疗效更好的青蒿素衍生物——双氢青蒿素。这是屠呦呦及其课题组对中国乃至世界做出的又一重要贡献。

58 论宽容

世间最宽容者莫过山水，是它成全了大自然。水是地球上最为宏大的物体，它占据了大海、江河、湖泊，隔三岔五还不吝从天上降雨，可谓是世上最霸道、最权威、最有生命力的力量。但它虚怀若谷，甘居于下，从不去争高傲物；它毫无势利之心，不分贫富，不分高下，只要你需要，水都会平等给予。这就是宽容。山占据的面积约为地球陆地的一半，但它乐意成为森林的栖所，野兽动物的乐园，不论是何种树木，都可以在大山安家、生长，大山里的森林，是一个多元、多种群的结合。正因为大山的宽容，才使森林郁郁葱葱。故中国古代思想家老子视宽容为法宝："我有三宝，持而保之：一曰慈，二曰俭，三曰不敢为天下先"（《道德经·第六十七章》）。这里的"慈"就是宽容。

宽容会使弱者变强、强者变更强。关于这一点，也是老子最先发现的："夫慈，以战则胜，以守则固。天将救之，以慈卫之"（《道德经·第六十七章》）。宽容，把它用于战争就能胜利，把它用于守卫就能巩固。天要拯救谁，就用宽容来保卫谁。老子甚至说："舍慈且勇，舍俭且广，舍其后且先，则死矣"。舍去宽容而求勇敢，舍去俭而求宽广，舍去后退而求抢先，结果只有死亡。

为什么宽容有这么大的力量？因为宽容是一种宽大、有气量、能容人的道德品质和处世态度。宽容者能够理解别人的利益、信念、信仰、行为、习惯等，不予计较；对别人的过失和错误不多加追究，对不同的观点和思想不采取压制等极端手段，主张以说服和教育的方法进行疏导，以便协调各种利益之间的矛盾。

家庭和睦和科学发展最需要宽容。家庭是社会的细胞，父母与孩子之间、夫妻之间、兄弟姐妹之间和睦相处，都需要宽容。科学研究的本质是探索未知领域的客观规律，与管理的失败和经营的失败有本质的不同。科学探索未知领域涉及假说，而科学研究在论证假说的每一步都有失败的可能，因此，失败对科学研究来说是很平常的事。所以，科学研究特别需要宽容，宽容能给科学研究人员以爱护、扶持和勇气，使他们敢于去探索闻所未闻的领域。“不给科研室研究人员施加压力”，这是科研管理必须首先做到的，实践证明，这样做有利于科研出好成果。

强调宽容就意味着存在不能宽容的情况。从哲学视野来看，宽容与不宽容互为存在的前提，它们之间是辩证关系。对滥杀无辜、残暴的侵略、欺凌弱小的邪恶、细菌战、活体科学试验等行为，对吸毒、贩毒、卖淫、嫖娼、贪污受贿、酒驾肇事、虐待父母、卖国造谣、甘当汉奸、偷税漏税、收藏赃物赃款、见死不救、污染环境、破坏生态等事件必须零容忍，是不能宽容的。如果宽容了，就是对罪恶的放纵，而对罪恶的放纵就是一种罪过。

宽容的最高境界是欣赏和学习他人的长处。因为只有懂得了对方，知道对方的长处正是自己的短处，才会从欣赏对方的长处转变为学习对方的长处；一旦能从欣赏对方的长处转变为学习对方的长处，就会更加尊重差异，并把这种差异变成学习的动力。古今中外的大家，他们之所以能成为大家，均是以宽容的最高境界（“和而不同”）欣赏和学习他人的长处而成就了自己的事业。个人如此，群体如此，有希望的民族和国家亦如此。

宽容的人首先具有宽厚的胸怀，它反映一个人或一个族群在说话、办事、为人处世上心胸坦荡，宽宏大量，容人容物，不斤斤计较，为人老实厚道，不奸诈，不虚伪，“宽则得众”，“厚以为人”。

德行是天，宽容是山，如是也。

58.1 宽容得天下

老子有句名言，一直让人费解："夫慈，以战则胜，以守则固。天将救之，以慈卫之"（《道德经·第六十七章》）。笔者一直在揣摩老子这一宽容思想，后通过广义性的视角来看宽容，来看毛泽东的宽容得天下，使笔者终于想通了，才发现老子关于宽容的思想真是博大精深。

宽容，从狭义来说，就是能谅解人，不计较，对别人的过失和错误不多加追究，对不同观点和思想不采取压制等极端手段，主张以说服、疏导、协调方式解决问题；而从广义来说，则是具有战略性的宽大、有气量和能容人的品质和处世态度。在这方面，毛泽东在革命战争中做到了极致。

首先，毛泽东看见了中国革命的主力军是中国农民。在毛泽东青年时期，中国农民占中国人口的95%以上，他通过在农村考察，写了《湖南农民运动考察报告》，发现中国革命的主力军是中国农民，认为农民在乡里造反"好得很"，而不是当时社会上所说的"糟得很"。"五四"新文化运动中，为什么中国农民沉默不语，这跟领导者陈独秀等轻视农民和农民运动有直接的关系。"五四"新文化运动的启蒙思想家陈独秀、李大钊、蔡元培、胡适等借鉴西方启蒙思想流行的概念，提出民主与科学（自由）的口号，他们无视中国农民的革命性，而中国农民最为迫切的愿望是追求平等的环境。毛泽东根据对中国农村的调查提出"打土豪，分田地"这一具体而实在的平等口号，在全国燃起星星之火，成了燎原之势。"打土豪，分田地"的威力在什么地方呢？1947年7月17日至9月13日，中共中央在西柏坡召开的全国土地会议通过了《中国土地法大纲》，大纲规定，废除封建性及半封建性剥削的土地制度，实行耕者有其田的土地制度；乡村中一切土地实行按人口统一平均分配，使全乡村人民均获得同等的土地并归个人所有。《土地法》公布后，在全国农村如摧枯拉朽，各解放区普遍深入展开了斗争恶霸地主和没收、分配地主土地的斗争，它大大激发了农民革命和生产的积极性。据统计，1946—1948年间，华北、东北解放区有200余万人参军，山东有580万人参军，冀中有480万人随军出征，抬担架，运粮食。广大民兵直接参战。人民解放军的兵源、粮源、战争勤务主要来自翻身农民。中国农民的支持是解放战争取得胜利的可靠保证。

其次，毛泽东倡导组成抗日统一战线。1934年，毛泽东在《论反对日本帝国主义的策略》一文中，就及时地倡导抗日统一战线："拿着统一战线这个武器去组织和团聚千千万万民众和一切可能的革命友军，向着日本帝国主义及其走狗中国卖国贼这个最中心的目标而攻击前进。"1949年9月21日下午7时，中国民主政治协商会议第一届全体会议在北平中南海怀仁堂开幕，它标志着中国共产党主导下的民主统一战线的胜利成果。会议代表共有各民主党派、区域、军队、团体、特邀5个方面的662人，广泛代表了各阶级、阶层、党派、民族及海外华侨的意志和愿望，具有代表全国人民的性质。这次会议决定了中华人民共和国的许多重大事项。可以说，这是1934年毛泽东倡导统一战线的伟大成果。

美国自由撰稿人贝文·亚历山大在《朝鲜：我们第一次战败》一书中警觉地发现："联合国军在朝鲜面对的却是一支数量庞大而又很卓越的军队，这支部队的前身就是与国民党作战的中共游击队。"一支"中共游击队"，居然在数年内发展为"卓越而庞大的"敢于与联合国军对垒的军队。除国内民众积极参军外，还有一条重要经验是成功策反庞大的国民党军。鉴于国民党军士兵绝大多数是受苦受难的中国大众和农民子弟，他们的希望与中国人民解放军的革命斗争方向是完全一致的，这是策反国民党士兵成功的阶级基础和利益基础。中国人民解放军政治工作三大原则是官兵一致、军民一致、瓦解敌军。前两条为瓦解敌军创造了必要的环境和条件。军人的《三大纪律八项注意》强调要"优待俘虏"。国民党士兵成为解放军后，不受歧视，照样被称为"同志"，立功照样受奖。再通过诉苦（诉旧社会和国民党反动派给予劳动人民之苦）、忆苦思甜、现身说法、谈心活动，激发其阶级感情，使他们很快成为解放军中的有生力量。

从毛泽东以战略眼光看到中国农民是中国新民主主义革命的主力，到倡导革命的统一战线，再到成功瓦解国民党军，这三条宽容的伟大举措，使得中国共产党最终取得了胜利。这充分印证了老子“夫慈，以战则胜，以守则固”的道理是精明且准确的。

58.2 宽容助我们化敌为友

1962年10—11月，人民解放军驻西藏、新疆边防部队在中印边境地区对侵入中国领土的印度军队进行自卫反击战。从1961年开始，印度军队先后在中印边界西段和东段越过中印双方实际控制线，蚕食中国领土，建立侵略据点。中国政府多次提出通过谈判解决边界问题的建议，均遭拒绝。1962年10月20日，印度军队向中国发动了大规模的进攻。中国边防部队在忍无可忍的情况下，进行了自卫反击，击退了入侵的印度军队，清除了其设立的侵略据点，并追击到中印边界传统习惯线附近，俘虏了3000余名战俘。

印度战俘被送至各收容所后不久，便获许与家属亲友写信，校级以上的军官还可以发电报。允许其通信，对稳定印度战俘的思想情绪很有效。很多战俘赞扬我方为通信所做的努力，说“中国人办事认真，说到做到”。一名被俘印度军官在写给母亲的家信中说：“刚俘时认为没有活命的希望了，但后来才知道生活在中国收容所里没受多少苦，和在印度没有什么区别。”我方收容单位采用了一系列形式多样的教育活动，促使他们认识中印边界问题上的是非，接受中国和平解决边界问题的主张，进而启发其民族觉悟。连印度军方也不得不承认：“中国人似乎有非常有效的宣传机构”。中印边界问题是整个战俘教育的中心环节，因为大多数人不明真相，错误地认为所谓“麦克马洪线”就是国界。在大量事实面前，他们大都承认自己原来的看法“站不住脚”。

1963年4月21日，中国国防部发表声明，宣布通过中印两国红十字会释放全部印军被俘人员。在双方交接过程中，印度红十字会代表对印度战俘非常冷淡，每当印方代表喊一个人的名字时，不满的俘虏只应一声“到”，而按照他们的习惯，应该回“到！先生”（yes，sir）。相比之下，他们却对中方颇为感激。连印方接收俘虏的红十字会人员也不得不承认：“中国人的工作好极了，达到绝妙的程度！”获得这样的效果，其实并无其他秘诀，答案只有宽容、平等和爱。

58.3 惨无人道的战俘营

美军虐待战俘的丑闻经常发生，这不仅是美军自恋的优越感造成的，也是“白人至上”主义和无人道的偏狭心态造成的。从朝鲜美军战俘营战俘的屈辱回忆中，就可以看出美军惨无人道的行为。

1951年4月，我60军在朝鲜伊川一带参加了第五次战役，在战役的第一阶段我们打了大胜仗，割裂了美军第二十五师、土耳其旅、美军第三师之间的联系，西插釜谷里、东豆川里，断敌退路，协同兵团歼灭了敌人的主力。但到第二天晚上，该连突然与营部及所有上级机关都失去了联系，被敌人包围了。在突围过程中，他们决定把枪扔到河中，然后投河自杀。这时满山遍野都是戴着钢盔的美国兵，“叽叽呱呱”地乱叫着朝我方包抄过来。当我军战士们跳入河中后，当即就被河水灌得昏死过去。可能是河水太浅，有四五个美国士兵把昏迷的战士抬到汽车上，送到朝鲜最南端的釜山美军战俘收容所。

进了战俘营，每个人都要被拉到警备队，由美军看守和特务毒打三天，每天都是不问青红皂白毒打后拷问，第一天问：“你是不是共产党，你在志愿军中担任什么职务？”第二天问：“你打死过美国人没有？”第三天让你保证：不暴动，老老实实当战俘。美军动用棍棒吊打、灌辣椒水等各种刑罚，许多人被打得皮开肉绽。1952 年 10 月 1 日将至，86 战俘营秘密党组织决定隆重庆祝，10 个帐篷全部升国旗。没有制作国旗的材料，党员们就用刀子割破胳膊，用拳头打破自己的鼻子，用鲜血染红红旗，又用黄色囚服剪成五角星。战俘们在红旗下高唱《国歌》《东方红》《歌唱祖国》《志愿军战歌》，并且高呼口号“中国共产党万岁”“祖国万岁”！歌声和口号声响彻济州岛上空。美军向我军指战员施放毒气、开枪和扔手榴弹，我军指战员也捡起石头回击敌人。在这场保卫国旗的斗争中，我军有 56 人牺牲，109 人负了重伤。为此，朝中谈判代表还向以美国为首的联合国军提出过严正抗议。

而在板门店遣返的美军战俘们，却是另一番景象：穿着崭新的衣服，个个红光满面，他们正与我方护送人员依依不舍地拥抱，握手告别，有的哭着不愿离去。真是冰火两重天，这说明了什么不言而喻。

59　论专至

专至者，专心致志，锲而不舍也。

谈起专至，人们都会想起孟子的这则寓言：“今夫弈之为数，小数也；不专心致志，则不得也。弈秋，通国之善弈者也。使弈秋诲二人弈，其一人专心致志，惟弈秋之为听。一人虽听之，一心以为有鸿鹄将至，思援弓缴而射之，虽与之俱学，弗若之矣。为是其智弗若与？曰：非然也”（《孟子·告子上》）。同为高师之徒，一个专心致志，一个三心二意，结果显而易见。

专至者成器，三心二意者自弃。这是中外历史充分证明了的道理。在如今这个熙来攘往、诱惑颇多的年代，要使人专心致志是十分难的事。科学工作者，要有超越功利，一心攻关的专至态度，才能成器；教育工作者、医务工作者等，无不需要超越功利的专至态度。

为什么只有专至者才有可能成器呢？荀子在他的《劝学》中指出："目不能两视而明，耳不能两听而聪"（《荀子·劝学》）。有人曾仔细考察发现盲人有时可以走得比常人快，笔者被这一发现震惊了，一次有意观察盲人走路，果然快于常人，其原因就在于专至。盲人虽然眼睛看不见，但他专心走路，用竹竿触碰盲道，走路迅速；而常人总是被街上的商铺所诱惑，走路时或东张西望，或停步探望，自然走得慢很多。专至既是一个人成才的利器，也是一个人的美德之一。

从心理视角来看，专至是指一心一意，聚精会神的心理状态。《庄子·达生》以驼背老人熟练捕蝉的故事，说明从事任何活动都必须"用志不分，乃凝于神"，即保持注意力高度集中，使其完全达到"入迷"状态。因此，要具有专至的品格，首先要从专注上下功夫，也就是常人说的专心，使一个人的心理活动，在必要的时间内充分指向并集中于当时应当指向和集中的对象上。在专注的状态下，人的意识"全神贯注"地"专心致志"地高度集中在应该注意的对象上，而对周围其他事物"视而不见，听而不闻，食而不知其味"，表现出极大的"抗干扰性"。

中国古代学者告诉我们，关于专至应掌握下面几个儿方面。

第一，"少则得，多则惑"。老子认为，对于知识，少学有收获，贪多反而会造成迷惑。这是少与得、多与惑的对立统一关系。说明在专至的条件下学习知识，应少而精，不宜多而杂。

第二，"三月不知肉味"。这是孔子描述自己欣赏音乐的情景。意思是听到《韶》的乐章，长时间食肉而不知味儿。这透露出儒家对乐教的重视，也可以看出孔子一旦专注于某事物以后，那种全神贯注的劲儿。

第三：目标专一才易成功。列子谈到学者目标专一的重要性时说："大道以多歧亡羊，学者以多方丧生"（《列子·说符》）。大道因为岔路很多而走失了羊，求学的人因为到处用功而荒废了年华。我们做学问不能什么都研究，而必须专攻一两项，这样才会有所成就。

第四：聚焦于一点，才易成功。明代刘基就认为："多能者鲜精，多虑者鲜决"（《郁离子》）。什么都会的人很少有一门精通的，整天思虑的人缺乏决断能力。人不能贪图懂得多，更要有所精通；不能只会思考，更要有决断能力。

59.1 李时珍历练30年完成《本草纲目》

明代著名医药学家李时珍（1518—1593年），用了30年的时间完成了世界闻名的药物学巨著《本草纲目》。美国《纽约时报》评价道："李时珍的研究成果是世界古代药物学的巅峰，是现代医学发展的基础。"1955年，李时珍被联合国教科文组织列入首批"世界文化名人"名单中。早在明代万历三十四年（1606年），《本草纲目》传至日本，继后以日、法、德、英、俄、拉丁等文字大量出版，被称为东方医学巨典。

常人说：十年磨一剑。约200万字的《本草纲目》巨著竟耗尽了李时珍30年的光阴，其顽强意志非常人能比。为了编写《本草纲目》，他四处考察，不惜亲身试验药性。同时，他也非常谦虚，认为自己的成就不少来自前人，不是他的功劳，他曾经说过："吾尝夙夜忧思，傥不砺精勤研，其以何面目见先贤乎？"《本草纲目》分为16部，62类，50卷，收载药物1892种，比前人增加374种。载入药方11096个，比前人增加4倍，同时绘制1160幅插图，形象地表现了各种药物的复杂形态，以便辨认。该书以药物的正名为纲，余名附释为目，次以集解辨误，详述其产地、形态、气味、功能、主治并有附方等。《本草纲目》总结了中国两千多年的药物知识和经验，纠正或澄清了前人的许多错误，增加了不少新发现的药物或药物功能，并用比较科学的方法对收藏的药物重新分类，成为近代药物研究的重要文献。

李时珍耗费30年成就巨著《本草纲目》，不仅因为他有坚强的毅力，还因他在行医和总结医术时不断积累与学习，并千里拜师。

李时珍平时善于学习，也勤于思索。他在治病的过程中，发现一个儿童喜爱吃灯花，很多医生都找不到病因。还有一个儿童喜欢吃生米，不少大夫也束于无策。李时珍通过细致观察，反复用药试探，证明吃灯花和生米者，均属寄生虫病的一种嗜癖。他用百部、使君子、槟榔等药，终于把这类病治好。他不但苦读各种医药典籍，善于继承前人的医药财富，取别人之长补自己之短，而且非常注意积累医疗经验，进而有所创新。他在总结投药数量，关系到治病的疗效时说：投药治病，除了对症下药外，还要剂量得当，比如巴豆是泻药，但用得当了反而能治泄泻病。他用这种方法治好患溏泄病多年的病人。

相传一位四川人经商到蕲州，得病求医于李时珍，李时珍诊断为不治之症，开药劝归。时隔一年，在蕲州又遇到此人，见此人红光满面，他便连忙询问缘由，得知此人在归途中在夷陵州（宜昌）请了一位名叫小华佗的医生诊治，这位医生在李时珍开的药方上加了两味药，此人服后即病愈。听到这个情况，李时珍决定前往拜见小华佗。小华佗见李时珍千里拜师，深为感动，便热情地指出："你下药虽有画龙之功，却无点睛之术。"李时珍虚心学习，受益甚多。还有一次蕲州遭水灾，疾病流行，李时珍随父外出行医，谁知母亲却病倒在家，正当卧床呻吟之际，忽听门外来了草药医生，便请来诊治。经诊断为"毒虫"病，开方服药，很快见效。这位医生告诉李母，他住在江边客店里，病情如有急变再去找他。李时珍出诊回来，母亲将此情告诉儿子，李时珍顾不得吃饭，一口气跑去拜师请教，医生见状十分感动，便将给李母治病确诊之理、处方之要告知了李时珍。

李时珍行医之后，救活了不少患疑症的病人。一次，他在去行医的路上遇见一伙抬棺送葬的人，只见棺材过去，鲜血滴在地上。他想：人死尸僵，那有流血之理？便大声叫停。经过详细询问，得知棺材中是一位妇女，李时珍认为这妇女因难产昏厥，经过颠簸，顺气通阳，血脉流通了，方出鲜血。众人听了，感到言之成理，便说服死者之夫开棺诊治。李时珍对患者实行针刺、按摩，不时，这妇女吐出一口气，慢慢苏醒过来，又过一会生下一婴。消息顿时传开，蕲州李大夫开棺救活了母子二人，远近的人都很叹服。

59.2 南仁东用22年打造大国重器

为“中国天眼”付出毕生精力的南仁东，在“中国天眼”落成启用前就已罹患肺癌，并在手术中伤及声带。他患病后依然带病坚持工作，尽管身体状况不适合舟车劳顿，他仍从北京飞赴贵州，亲眼见证了自己耗费几十年心血的大科学工程落成。如今，贵州深山的FAST正慢慢张开“天眼”探索宇宙，南仁东却因病去世，享年72岁。他倾注了生命中近1/3的时光，只为打造世界第一大、水平第一高的射电天文望远镜，使中国从此进入观星时代。

南仁东毕业于清华大学无线电系，上大学的时候就“不安分”，满中国跑，从北京经上海转到广州，接着是四川、陕西、甘肃，一直越过天山，21岁到了南疆，后来经由呼和浩特回到学校，毕业后他被下放到吉林长白山附近的车间，他干过工匠，开过山放过炮，水道、电镀、锻造他都了解，最后成了无线电厂的技术科长。他还喜欢画画。南仁东兴趣广泛，什么都喜欢，但什么都是只是热一阵、冷一阵，如蜻蜓点水，他发现正如荀子所说：“无冥冥之志者，无昭昭之明；无惛惛之事者，无赫赫之功”（《荀子·劝学》），没有精诚专一的志向，就不会有明辨事理的智慧；不能专心一志，苦干一番，也不会有显著的功绩。南仁东深知专至的道理以后，就决心专攻天文学。后来他考上了天文学研究生，一会儿看看人造卫星，一会儿看看光学，一会儿看看宇宙学，他在10多年前就打算建天文望远镜，就和光电机、热工、钢结构和地理地质打起了交道。

要建新一代射电天文望远镜，接收更多来自外太空的信息，最困难的是选址。因为国内很难找到荒无人烟的开阔场地，得找到一个又圆又大的“坑”。为了寻找适合建造射电望远镜的地点，1964—2006年的几十年间，南仁东徒步踏遍1000个洼地，终于在云贵的喀斯特洼地找到了“大窝凼”。几百米的山谷被四面的山体围绕，恰好挡住了外面的电磁波。从云贵考察回来后，南仁东正式提出利用喀斯特洼地建设射电天文望远镜的设想。立项项目被批准、启动后，南仁东成为首席科学家，尤其忙碌，却乐此不疲。在这个项目中，他既懂天文，又懂力学，还懂无线电、金属工艺，这庞杂巨大的射电天文望远镜项目似乎是为他而生的。

南仁东用22年，专至打造大国重器，使中国科学走得更高更远，他也终成“中国天眼之父”。

59.3 核潜艇总设计师黄旭华让我们懂得了顽强

人要专至，持之以恒，不达目的不罢休，就必须拥有顽强的意志。而中国第一代核潜艇总设计师黄旭华让我们懂得了顽强。

20世纪50年代末的中国，没有一个人真正懂得核潜艇，也没有任何参考资料。连当时苏联的赫鲁晓夫访华时也傲慢地说：“核潜艇技术复杂，价格昂贵，你们搞不了！”毛泽东不信邪，掷地有声地说：“核潜艇，一万年也要搞出来！”为了打破一些国家的核潜艇技术垄断，1958年，聂荣臻向中央建议，启动研制导弹核潜艇。中央批准后，组成了一个29人的造船技术研究所（后改为09研究所），黄旭华为该所研究员。

在没有任何参考资料的条件下，黄旭华和同事们像大海捞针一般从国外的新闻报道中搜罗有关核潜艇的只言片语，用算盘和计算尺去计算核潜艇上的大量数据。这让1988年跟随黄旭华参与核潜艇深潜试验、现任719所型号总设计师的张锦岚觉得“不可想象”：“核潜艇的数据，要运用各种复杂、高难度的运算公式和数学模型。”幸运的是，有人从国外带回两个美国“华盛顿号”核潜艇的儿童模型玩具，玩具窗户掀开后，里面是密密麻麻的设备，这令黄旭华“高兴极了”。他没想到，这两个玩具竟然和他们凭着零零散散的资料完全靠想象画出来的核潜艇图纸基本一样，“核潜艇是这样子，没什么大不了的”。

1965 年，中央决定核潜艇研制工作全面上马。核潜艇发射导弹，要先从水底把导弹推出去，升到空中一定高度再点火。这种发射是摇摆的，位置会变动，比陆地发射难度大很多。造船系毕业的黄旭华清楚，4000 多吨的舰艇，要装上 5 万多台、件的设备，怎么精密地测出各个设备的重心，最后调整出一个理想的舰艇的重心，这是个尖端课题。他用了一个堪称原始的办法，把科技人员派到设备制造厂去弄清每个设备的重量和重心。设备装艇时，在艇体进口处放一个磅秤，凡是拿进去的东西一一过秤，登记在册，施工完拿出来的边角余料及过剩的管道、电缆等再经过磅秤扣除。这样“斤斤计较”的严谨态度结合原始的办法，使得最后研制出的核潜艇在水下发射导弹时，其稳定性完全符合发射条件要求。当时国外权威文章提到，美国在核潜艇下装上一个 65 吨重的大陀螺，利用陀螺高速旋转，在发射导弹时把艇体平稳下来。黄旭华坚持按科学规律搞核潜艇试验：“为什么不能相信自己的结论，非得跟着美国走不可？”经过理论分析和试验后，他大胆地取消了这种设计，不用大陀螺依然可以保持艇体稳定。黄旭华自豪地说：“我们的核潜艇没有一件设备、仪表和原料来自国外，艇体的每一部分都是国产。”

核潜艇开始潜水之前，有几个艇员偷偷给家里写了信：“万一回不来，未了的事情，请家里代为料理。”这实际上是遗书。当时 62 岁的黄旭华决定一同下潜，让艇员们有了信心。试验成功，这个世界上第一位亲自参与核潜艇深潜试验的总设计师，出艇后即兴写下：“花中痴翁，志探龙宫；惊涛骇浪，乐在其中！”

60 论尊重

尊重是人际交往、国际交往的精髓。因为只有相互尊重，才能形成真正的人际关系和国际关系。尊重的内涵有两个方面：一是尊重他人；二是他人尊重自己。两者相辅相成。孔子在思考家庭问题时就发现了相互尊重的辩证关系：一方面“父母唯其疾之忧”（《论语·为政》），才有另一方面子女对父母的“孝”。相互尊重，才有“孝”产生。当孔子的学生子游问孝道时，孔子把这个关系说得十分清楚：“今之孝者，是谓能养。至于犬马，皆能有养。不敬，何以别乎”？现在所谓的孝，就是说能够养活爹娘便行了。犬马都能够得到饲养；若不存心严肃地孝顺父母，那养活爹娘和饲养狗马怎样去分别呢？孔子在这里提出一个要害问题，就是尊重。儿女敬重父母才会产生真正的孝道。这样，儿女在父母前才经常有愉悦的容色。

尊重可以说是“和而不同”的延伸：人们在与他人交谈的过程中，承认他人的人格尊严，肯定他人的权利和自由，重视他人的智慧和才能，理解他人的信念和感情，相信他人的为人，对他人有同情心、正义感，举止礼貌、诚恳谦逊，以礼相待。尊重建立在人人平等的基础上，因此，当我尊重了别人，就希望别人也能以同样的态度和心境尊重我。能尊重他人与自己也值得他人尊重一样珍贵。

实行孔子的三种交友之道，要确保尊重这个主轴。《论语·季氏》说：“益者三友，损者三友”。有益的指：“友直，友谅，友多闻”。有害的指：“友便辟，友善柔，友便佞”。孔子说有益的朋友有三种，有害的朋友也有三种。同正直的人、信实的人、见闻广博的人交友，便有益了；同谄媚奉承的人、当面恭维背后毁谤的人、夸夸其谈的人交友，便有害了。在这里，我们清楚地看出孔子所说的“益者三友”真诚且相互尊重，而“损者三友”虚假且并不相互尊重。

一个人或一个民族，甚至一个国家，要获得朋友或对手的尊重，首先要洁身自好，与他人相交互相尊重，与朋友肝胆相照。

60.1 英雄是人们心中的明灯

何谓英雄？出类拔萃，为国为民舍生忘死而有杰出表现者，就是人们心目中的英雄。他们是时代的楷模，是敢为天下先的勇士、舍生忘死的豪杰、大义凛然的义士、叱咤风云的好汉、疾恶如仇的武者。没有英雄的民族是悲哀的民族，有了英雄不知道敬畏和尊重的民族则是奴隶之邦。

英雄，是人民大众心中的明灯。环顾中外古今，英雄时代创造英雄，英雄又彰显出伟大的时代。孔子最为赞赏尧舜禹的英雄时代，因为这个时代产生了为百姓“鞠躬尽瘁，死而后已”、为大众而勇于牺牲的尧、舜、禹三位英雄。孔子赞尧“大哉”，他赞扬舜和禹崇高得很呀，他特别赞赏禹：“禹，吾无间然矣！”的确，历代自强不息的中华儿女、历代的英雄豪杰都以大禹为榜样。

在中国现代的抗日战争、解放战争及抗美援朝战争中，英雄们为民鞠躬尽瘁，为国为真理勇于牺牲。在战场上，涌现出杨靖宇、秋瑾、赵一曼、赵尚志、方志敏、谢晋元、刘胡兰、董存瑞、黄继光、邱少云、狼牙山五壮士以及雷锋这样的英雄；在科技战线，涌现出钱学森、邓稼先、于敏、袁隆平、屠呦呦等这样的科技精英；在文艺战线，涌现出鲁迅、郭沫若、巴金、老舍、矛盾、曹禺、齐白石、徐悲鸿等这样杰出的文艺家。他们不仅是英雄时代的英雄人物，而且是中国人心中的明灯，随时激励人们去为国为民奋勇前行。

英雄是一个民族的骄傲，他们作为榜样又推动民族精神不断向上，这正是孔子所说的“见贤思齐”，也是孟子所觉察到的“得天下英才而教育之”。

清末女英雄秋瑾在她的诗歌《赠语溪女士徐寄尘和原韵》中说：“英雄事业凭身造，天职宁容袖手观。”秋瑾说得好，英雄的业绩依靠自己来创造，拯救祖国怎能允许袖手旁观？的确，世上英雄本无主，人们通过自己努力奋斗可成为英雄。孔子就十分礼赞杀身成仁的英雄：“志士仁人，无求生以害仁，有杀身以成仁”（《论语·卫灵公》）。

社会上还有少数人拿民族英雄、国家象征、国家悲剧开玩笑，甚至进行亵渎，这是天不容、地不容、人不容的。开民族伤痕玩笑，亵渎人民英雄，就是人民公敌，必须绳之以法，予以严惩。

对人民英雄，请从尊重做起，因为英雄是人们心中的明灯，应当永不熄灭。

60.2 宁为玉碎，八女投江殉国

“九一八”事变后，日军侵略我国东北，蒋介石采取“不抵抗主义”，而中国优秀儿女，群情激愤，奋起抗战，组成威慑日军的抗日联军。抗日联军中有许多爱国英雄，其中八女投江殉国，可歌可泣。

1938 年阴历八月末的一天，抗日联军连日征战，部队减员严重，到达宿营地时，队伍只有 100 多人。跟随部队行动的妇女团原本有 20 多人，这时仅剩 8 人。部队选择的宿营地乌斯浑河西岸，平时是一处渡河道口，然而当时秋雨绵绵不绝，河水暴涨的乌斯浑河水流汹涌，深不可测。夜间渡河已无可能，部队决定就地宿营，生火取暖。夜间生火取暖，被日寇发现，日寇调集千余人的“讨伐队”，携带迫击炮、机枪等重型武器，趁夜悄悄对露营的抗日联军部队形成一个半包围圈。拂晓时刻，被包围的战士们整装待发，准备渡河，但洪水把道口封住了，也没有船，想过河只有游过去，当战士们游泳渡河时，日寇的枪炮声响起。隐藏在乌斯河边柳树丛中的 8

位妇女团战士在万分危急的关头掩护战友，8 位女战士开火了，为了给主力部队换来突围的机会，她们毅然向日寇发起猛攻。侧后方忽然响起的枪声让日寇以为掉入了包围圈。日伪军的主要火力马上转移了方向，向着柳条道还击，大部队趁机潜入柞木岗子深处。已突围的大部队发现 8 名女战友还据守在河边，立即返回接应，但日伪军已抢占了制高点，负伤的战士越来越多。8 位女战士向青山密林齐声呼喊："同志们，冲出去！保住手中枪，抗日到底！"在日伪强大的火力之下，大部队只好忍痛向密林深处撤退。日伪军所有火力都向 8 位女战士集中过来，女战士有人负伤，有人打完了子弹，火力越来越弱，日伪军越围越近，他们摸到近前才看清，他们以为的抗日联军主力竟然只是几个女兵。气急败坏的日伪军发起冲锋，高喊着要"抓活的"。一颗手榴弹从草丛中扔了出来，敌人慌乱趴倒在地，那是 8 位女战士最后的武器。趁着手榴弹爆炸的间隙，她们背负起受伤的战友，挽臂踏入了冰冷的乌斯浑河。8 位战士为了尊严，全部投江殉国。她们分别是抗日联军第二路军第一军妇女团指导员冷云，班长胡秀芝、杨贵珍，战士郭桂琴、黄桂清、王惠民、李凤善和被服厂厂长安顺福。13 岁、16 岁、18 岁、20 岁、23 岁，她们的青春年华永远镌刻在中华民族的史册上，光耀千秋。

60.3 靠实力维护尊严的武学大师叶问

叶问（1893—1972 年）是著名的武学大师。他生前培养出了李小龙、梁相、黄淳梁等一班出色弟子。在电影界，叶氏门下明星众多，除李小龙外，王家卫、周星驰、梁朝伟、狄龙等人均可算是叶氏传人。叶问不仅将咏春拳发扬光大，将咏春种子撒落到世界每个角落，而且在日寇侵华期间，也以实力来维护其尊严。

1938 年 11 月，日本人占领了广东佛山，叶问一家被迫去乡下避难。那个时候，叶问的儿子叶准只能暂时辍学。日本人得知叶问武功了得，便想请叶问担任日本宪兵队的中国武术指导，但被叶问断然拒绝。于是，日方派武术高手与他比武，言明若他被打败则必须听命，叶问在无法拒绝的情况下，只好接受比武，并打败了对手。这种比武都是在日本人的枪口下进行的，叶问将生死置之度外，把一个个日本高手打得落花流水。日本人恼羞成怒，使叶问一家人处于危难之中。当时叶问不畏生死，怀着一腔爱国热情，还暗中做起了敌后斗争。叶问不畏强权、伸张正义的性格从小就养成了。16 岁那年，他前往香港读书，当时正值清末，在学校里，英美学生经常欺负中国学生。叶问个子矮小（约 1.63 米），相貌清秀，更成了他们欺负的对象。谁知叶问奋起反击，将外国学生打得抱头鼠窜。后来，又有一些学过拳击格斗的外国学生过来挑战，都被叶问打得一败涂地。渐渐地，叶问的功夫便名声在外了，那些蛮横子弟也不敢再欺侮叶问了。

叶问培养的弟子，最出色的要算让中国武术闻名世界的武打巨星李小龙。1956 年，16 岁的李小龙拜在叶问门下。当时李小龙已是颇有名气的小明星了，到武馆时，他觉得练习扎马步和单式操练枯燥乏味，不辞而别。半个月后又回来了，是因为李小龙在外面跟人比武被打得晕了头，认识到咏春拳的厉害。此后，他全身心投入，从不缺课，甚至达到痴迷的地步，在街头走路的时候，也是边打拳边走，常令路人侧目。李小龙去美国后，不仅继续钻研功夫，而且认真领会师傅叶问的人格魅力，学武既不欺弱，也要敢于与恶强相斗。叶问常以“斗蟋蟀教导弟子”，广东的蟋蟀非常勇猛善战，不畏恶强。两蟋蟀可以大战数十回合，有的蟋蟀腿都被打断了，仍然勇猛搏杀。李小龙在美国有什么疑惑就打越洋电话回来向叶问请教，并把这些心得全部融会贯通在他后来创立的“截拳道”中。世人都惊叹李小龙的武学修为，师高弟子强，叶问自然有一份功劳。

61 论助人

助人为乐，即以帮助别人为快乐。助人为乐者，对他人、社会做出牺牲，舍弃自己某些眼前的或长远的利益，并将此作为自己对整个社会的文明进步应尽的义务，把他人的快乐和幸福作为自己的追求目标。

助人为乐是孔子“仁者爱人”的具体化，也就是说，一个人有了“仁者爱人”的观念，就会自觉地去帮助别人并由此感到快乐。孔子说：“夫仁者，己欲立而立人，己欲达而达人”（《论语·雍也》），这就是倡导助人，并在人与人的关系上要以仁爱为具体目标，要将心比心，“近取譬”。儒家倡导的“大同世界”，那是一个人人皆善、人人相亲，人人皆“视人如己，无有畛域”的世界。所以说，助人为乐者是具有仁爱之心的人。

有仁爱之心的人，就很容易与这样的口号产生共鸣——我为人人，人人为我。而客观现实也反映出助人是双向的，是人人互相帮助。我为人人，人人为我，是人与人之间形成的一种良好的道德关系，也是社会和谐的表现。我为他人献身，他人为我尽力，是和谐社会的本来面貌。故列宁对此有高度评价：“我们要努力消灭‘人人为自己，上帝为大家’这个可诅咒的常规，……我们要努力把‘人人为我，我为人人’和‘各尽所能，各取所需’的原则灌输到群众的思想中去，变成他们的习惯，变成他们的生活常规。”①

助人为乐与乘人之危是相对的两种境界。助人为乐，以助人为己任、为快乐；一方有难，八方支援，大公无私，患难与共，风雨同舟。而乘人之危者，则幸灾乐祸、见风使舵、自私自利、钩心斗角、落井下石。显然，

① 中共中央马克思恩格斯列宁斯大林著作编译局．列宁全集：第 31 卷［M］．北京：人民出版社，1985：104.

助人者非常鄙视那种乘人之危者。用孔子的话说，助人为乐是君子，乘人之危是小人。

“助人”怎会“为乐”呢？这本身是因为有一种“成人之美”的心态。这种“成人之美”的心态，就是帮助别人成全好事的心态。孔子说：“君子成人之美，不成人之恶，小人反是”(《论语·颜渊》)。成人之美是成全他人、促进好事成功的道德境界和道德行为。只有具有这种境界的人，才能做到不计较个人得失，主动帮助他人。

人皆有嫉妒之心，怎样消除自己的嫉妒之心而成全别人的好事呢？《尚书·秦誓》提出了一个好方法：“人之有技，若己有之；人之彦圣，其心好之”。别人有了本领，就像自己的本领一样，别人有才能、有崇高的道德，他就从内心喜欢他。做到“人善我，我亦善之；人不善我，我亦善之”(《韩诗外传》)。

61.1 致敬抗疫的白衣战士

2020 年，新冠病毒横扫全球，夺去无数人的生命。病毒传播速度之快、危害之大令人恐怖，而中国的白衣天使，纷纷自愿申请赴抗疫第一线——武汉。

疫情最危险的是第一线，当时整个空气中都弥漫着恐怖。但是，全国各地的医务精英听从中央号召，踊跃参战。上有 84 岁高龄的钟南山院士，下有“00 后”风华正茂的护士、医生，在“一省包一市”的顶层设计下，集全国之力，解武汉之危，纾湖北之困。从地方部门、组织单位、街道社区，再到千家万户，铺开了一张横向到边，纵向到底的立体防控网络。10 天可以建一所大型医院，6 天建成口罩工厂，数天就聚集 4 万多全国医务精英于武汉、湖北投入抗疫，这便是中国速度。在过去的旧中国，全国人民虽多，却是一盘散沙；今日之中国，全国人民在中国共产党的领导下，坚如磐石。

疫情中，白衣天使是防疫的第一道长城。

临床医学家钟南山当时已是84岁高龄，早过了退休年龄，但他从未停下，已经很多年没有休息过了，他说："我有周六和周日，但我要干活。"2003年，钟南山被任命为广东省非典型肺炎（简称"非典"）医疗救护专家指导小组组长，为抗击"非典"做出了杰出的贡献。而新冠病毒突袭武汉后，他又临危受命，担任中央专家组组长，大年三十坐高铁去武汉，如实指出新冠病毒"人传人"的危害性，从而有效扭转了武汉疫情防控的局面。

54岁的少将陈薇，是中国著名的生化专家。在武汉疫情暴发之初，陈薇和她的团队就抵达了位于疫情中心的这座城市，在一个临时实验室工作，寻找治疗病人的方法，并率先提出血浆疗法，这种疗法后来成为官方认可的疗法之一。武汉的许多医务工作者还使用了她的团队在2002—2003年"非典"暴发期间研发的鼻喷剂，帮助他们防止感染新冠病毒。

武汉疫情暴发，冒着生命危险的抗疫白衣战士从全国各地奔赴而来。大年三十，他们来不及向亲人告别。责任、疲劳和恐惧，一切都是巨大的。他们与时间赛跑，救死扶伤，不能得到片刻的休息。他们也是人，因此有时候也会崩溃，在没人的地方流泪，但到了第二天，又精神百倍地去抢救危重病人，安慰危重病人。有些医护人员甚至在照顾病人时感染病毒，让人揪心，更让人肃然起敬。武汉疫区的白衣天使尽显英雄本色。我们还看到，以"90"后为主体的武汉志愿者们也冲锋在抗疫的第一线。与此同时，中国大陆的一些明星慌忙出逃避难、一些所谓的媒体人为了蹭热度妄议中央抗疫政策，这类人与武汉疫区的白衣天使和志愿者形成了鲜明对比，高下立见分晓。

61.2　达则兼济天下的袁隆平

早已闻名于世的"杂交水稻之父"袁隆平，在90岁高龄时仍在野外田间为他的两个梦想奔忙。他的第一个梦想是要在稻禾下乘凉，也就是要不断创新杂交水稻稳产、高产的纪录；他的第二个梦想，就是要让世人都吃饱饭，把他的杂交技术无偿地覆盖世界各地。袁隆平的伟大在于，他的这两个梦想都变成了现实，而且他到老都勤奋不辍，从不知道有“退休”二字，真令世人感动，也令国人为他骄傲。袁隆平这种心怀天下的勤奋，就是孟子倡导的“达则兼济天下”。这样的心态和行为是怎样炼成的呢?

首先，学农是袁隆平一生的志向。读小学时，参观园艺场，看见好多花，各种各样的，非常美。红红的桃子满满地挂在树上，葡萄一串一串水灵灵的，使得他从小就钟情于田园之美、农艺之乐。所以在考大学时他想报考农学，虽然父母不同意，但他还是坚持了自己的学农志愿，并跟母亲争辩农业的重要性：吃饭是第一件大事，没有农民种田，就不能生存。

其次，“让天下人吃饱饭”，这是袁隆平一辈子潜心研究杂交水稻的直接动机。在第三届中国公民道德论坛上，袁隆平用朴素的语言表达了他潜心研究杂交水稻的动机：“无论多么优秀的人，如果太自私，对社会、对人没感情，不行。我为什么一辈子潜心研究杂交水稻？年轻时，我曾亲眼看到 5 个人饿死，倒在路边上、田坎上。这一点对我触动很大，让我深切体会到了什么叫作‘民以食为天’，于是我横下心来，一门心思研究水稻。动机和目的很简单，就是为了让更多的人吃饱饭。”

最后，以心换心，处处为农民着想。袁隆平坦言：“我就是个种了一辈子稻子的农民。”由于他长年累月与农民打交道，农民心里想啥，袁隆平很清楚，用农民的话说就是“饿肚子的时候想吃饱饭，吃饱了肚子想发家”。心思对路了，才会聊到一块儿。农民说，杂交水稻可以吃饱肚子却挣不来票子，由于种粮食不挣钱，很多粮田种上烟叶了，还有些好端端的田地被抛荒了。这也是袁隆平最大的担忧。一方面谷贱伤农，但如果粮食减产就是致命的问题，长了嘴的都是要吃饭的，饭碗里一粒米都不能少。另一方面，光靠种粮确实很难致富。为此，袁隆平潜心多年琢磨出一个法子，就是让农民“曲线致富”，譬如说他发明的“种三产田”工程，三亩田的水稻就能打出四亩田的稻子，以前一亩田也养活不了一个人，如今三分地就能养活一个人。这样就可以把节省下来的田地和劳动力用来搞多种经营，种蔬菜、水果、茶叶、药材等经济效益更高的作物，这样农民不就富起来了嘛！另外，袁隆平呼吁改进粮食补贴方式。他建议提高粮食收购价。建议国家用比市场高的价格来收购粮食。例如，市场上的稻谷价格是 2 元 / 千克，政府提高到 3 元 / 千克来收，用平价来供应市场，中间的差额由政府来补贴，这会极大地调动农民生产粮食的积极性。

90 岁高龄的袁隆平仍心系天下，还领衔海水稻的研发。我国内陆尚有 15 亿亩盐碱地，其中有 2 亿亩具备种植水稻潜力。试种、推广成功后，按照每亩产值 200~300 千克计算，可增产粮食 500 亿千克，就可多养活 2 亿人。

科学探索永无止境。袁隆平达则兼济天下的另一个梦，就是杂交水稻走向世界，覆盖全球。他心里装着世界人民，而令他担忧的事实却是，全球现有 1.6 亿公顷稻田中，杂交水稻种植面积还不到 15%。发展杂交水稻不仅有广阔的舞台，更对保障世界粮食安全具有重要意义，倘若全球有一半稻田种上杂交水稻，按每公顷比常规水稻增产 2 吨计算，则增产的粮食可以多养活 4~5 亿人口，从而造福人类。

61.3 为麻风村的孩子盖学校的女人

有一位台湾女士叫张平宜，2003 年，她致力于大营盘麻风病人的子女教育。那时，她还是台湾《中国时报》的资深记者。为了采访大陆麻风康复村的现状，她多方询问后，来到四川西部一个叫大营盘的小村庄。在村里，看到到处都是游荡的孩子。唯一的小学，在海拔 1800 米的山上。教室是两间土房子，没有一扇完整的窗户。这里挤着 70 多个学生，大部分只能站着听课。如果连这所学校都垮了，张平宜不知道这些生长在麻风病阴影下的孩子还能有什么希望。这位一直生活在城市的女士向老师许诺："你留下，我去筹钱盖一所学校。"像她承诺的那样，没过多久，崭新的小学校在大营盘落地生根，这使张平宜的命运与大营盘村庄紧紧联系在一起了。

起初，张平宜将自己的动机解释为一种"最朴素的母性"。但后来，她的长期愿望是"让这些麻风病人的子女都能正常地融入外部社会"。她在台湾写文章募款，到处演讲、卖书，或是带着医生丈夫去试图说服潜在的资助者。她带着这样一点一滴积攒起来的善款，回到大营盘，当上了新教学楼的"监工"。在那些孩子们看来，"张阿姨就像妈妈一样"。她熟悉每一个孩子的家庭状况与脾气秉性。比如依克古，只有 5 岁，是学校里头最小的孩子，也是最认真的旁听生。他喜欢上学，因为在这里能见到爸爸依伙布这个 22 岁的年轻人——小学 6 年级的学生。

在这个村庄里，因为大营盘小学而改变命运的孩子越来越多，甚至邻近的孩子都跑来求学。眼下，这座曾经"快要撑不下去的小学"，已经有了 100 多名毕业生，13 位民办教师，他们有着整洁的教室和食堂，甚至还有村里的第一栋公厕。这个在台湾不曾下过厨的太太，已经能在大营盘给 100 多孩子做午餐了。她甚至将咖喱、麻油鸡这些孩子们从来没尝过的食物，带到了大山中的食堂。

有些台湾朋友不能理解她的这种义举，其实他们并不知晓，张平宜助人后获得的是快乐。

62　论自信

自信是做大事业所必需的心理前提，也是战胜自卑、自恋的心理力量。自信之所以重要，是由于自信者坚信自己的能力和力量，这是自己相信自己的一种信任情感。自信是一种精神力量，自信者怀着坚定的信心和希望，就会勇往直前，越挫越勇。

自信与自卑是相对的。从心理学的视角来看，自卑感人人有之，只是程度不同。自我评价偏低的人自卑感越多，那么人的自信心就越少。自卑感多了，就会自暴自弃，而只有战胜内心的自卑感，才能拥有自信，才能展现勤奋向上的心态。持之以恒地积极向上，是走向成功的唯一途径。所以，自信既是一种积极的心理，也是一种美德。

自信是在对客观和主观世界发展规律的正确认识的基础上产生的，因此，自信的人对自我的评价是准确的。而自负者在强调自我重要性的同时，总是过高估量自己的实际成就，而过低评价别人，自傲甚至目空一切，从而使事情走向反面。

自信者因为坚信自己的能力和力量，所以善于接受不同意见，修正错误。孔子看到了这一点，于是提出“自讼”这种自我道德修养方法。这个方法是在正面教育的基础上，要求一个人能自己省察自身的问题，改正过错。他曾慨叹：“已矣乎！吾未见能见其过而内自讼者也”(《论语·公冶长》)。他反复教导学生要“过则勿惮改”，有了过错不要害怕改正。“过而能改”，人们会敬仰他，“过而不改”，才会真正成为过错。

自信者，他既有实力又能确定自身力量可攻取的主要目标，否则，就容易走向虚妄。自信者，要想在奋斗的事业上获得成功，必须具备上述两个条件，同时，也不能犯自负或虚假自信的毛病，否则会事与愿违。

真正的自信者，是明白自己、了解自己的人。一个人如果不明白自己“几斤几两”，也就是不明白自己的优势和弱势，又怎么能扬长避短地确定自己的最佳奋斗目标呢？一个人如果不了解自己，又怎么明白自己的奋斗目标处于什么阶段呢？不了解自己、不明白自己，就不会有理有序、循序渐进地找出奋斗策略，从而成为一头蒙着双眼前行的驴。

自信者深知自己是掌握自己命运的主人。而宿命论者则相反，总是把自己的命运交给别人，这是潜在的自卑意识在命运观上的表现。如果我们没有反帝反封建的“五四”运动和继后的新民主主义革命，在列强和封建统治者压榨下的中国人能站起来吗？如果汉代的蔡伦不敢改造民间流行的麻纸而重新设计造纸工艺，他能成为造纸技术专家吗？历史不断告诉我们这个真理：自信者立，自卑者破。

62.1 自信是走向成功的发动机

凡成大器者，必有自信，古今中外，概不能外。因为自信是走向成功的发动机。

只有那些对自己具有充足信心的人才敢于对各种人生险境进行挑战；自信为个体在逆境中开拓、创新提供了动力和勇气，也为怀疑和批评提供了信心和勇气，自信常常使自己的好梦成真。喜欢挑战、战胜失败、不畏挫折、突破逆境是一个人自信心强的表现。

自信的魅力，源于坚信自己的能力和力量，并将其溶化在自己的血液中，时时成为自己奋进的动力。受到挫折时，自信使你在黑暗中看到曙光；困顿之时，自信使你沉思后重新整装待发；胜利之时，自信使你不会忘乎所以，而是冷静地面对，再从零开始；犯下错误时，自信使你善于接纳意见，修正错误；受嘲讽和被诬蔑时，自信使你犹如轻风拂面，走自己的路，任他们说去。自信是你坚定的朋友，有了它，就充满信心和希望；有了它，就有了通向成功之途的通行证。坚强的信念甚至对于调动机体的积极因素、激发机体的力量，起着相当大的作用，使人能经受起艰难困苦，在各项工作中创造出优异成绩。

自信之所以是成功的发动机，是因为自信者坚信自己通过奋斗能够做到常人做不到的事，不管要付出多大的代价。自信之所以有伟力，还因为自信深深植根于公平、正义、博学、智慧、尊重和信任自己，使人拥有永不枯竭的力量。这种永不枯竭的力量，会使探索者一步步走向成功，也可以使残疾人获得新生，使忧郁者快乐、厌世者振奋。而自负则是假冒的自信，自负否定了自信，是对自信的亵渎。另外，自勇是好勇而轻敌，是夸大自身力量而自恃无恐，是一种无能和无知的表现，也是无知的逞能。因此，自负与自信有本质的不同，因为自负者靠挤压对手，甚至诽谤对手来获得一种似是而非的强大。这种非公正的自我评价，总是极力把自我夸大，从不虚心学习他人的长处，而是蔑视一切人，蔑视一切应该认真对待的事物，一切以自我为中心，狂妄专横、顽固保守、文过饰非、讳疾忌医。

自信与自恋也有本质的不同。自恋者总是在强化自我的重要感，过高估量自己的实际成就，为引人注意和欣赏而炫耀自己，幻想成功、权势和受人尊重或爱慕，对别人的批评有不正常的情绪反应。在人际交往中，自信者和自恋者的表现截然不同：和自信者交谈，会觉得他很棒，自己也很棒，你可以平视他；和自恋的人交谈，你会发现他很棒，你很差，必须得仰视和追随他。在谈话的时候，自信的人会关注你，专注地倾听，不打断你；而自恋的人会打断你，会说我也如何如何，更期待你来关注他。

自信之所以有力量，之所以是攀登科学高峰的“神仗”，是因为自信者从不靠托庇依附、宗族血缘，而是靠自己的艰苦奋斗和长期磨炼获得才干。这种靠自我奋斗生发的自豪感，又能迅速转化为内驱力。自信能使人实事求是地评价自己的优劣、功过、才干，不讳饰，也不夸张和缩小，对自我的评价禁绝了浮夸和病态的谦虚，不仅使自己很实在，也给公众一种公正之感。自信者还能公平地对待他人的意见，视建设性的批评为良药，闻过则喜，力争不犯重复的错误。

另外，无知的自信是不存在的，无知只能导致自负或自卑，甚至自贱。无知是愚昧的根源，它有助于滋生迷信、狂傲和虚伪，以及依附、轻率和不幸。自信的人也是智慧者，智慧者应对风险时总是按规律解决实际问题。

62.2　首次登顶珠穆朗玛峰的中国人

珠穆朗玛峰（以下简称珠峰）位于中国和尼泊尔两国边境。对于珠峰的归属，当时中尼双方存在争议。划界谈判时，中方提议将边境线划在珠峰顶峰，但尼方认为珠峰完全在尼泊尔境内。中方建议给这座山起个统一的名字，但尼方拒绝接受："你们中国人都没上去过，怎么能说是你们的？"这主要缘于尼泊尔人率先登顶。在这种局面下，中国人应尽快从珠峰中国一侧登顶。而印度登山队也正准备从珠峰的南坡攀登，这更增加了攀登珠峰的紧迫性。

1960年2月，中国珠穆朗玛峰登山队正式组成，队员来自全国各地各个行业。其中部分人在苏联接受过强化训练，并成功登上了苏联最高峰。

中国登山队充满自信，在战略上蔑视对手，在战术上重视对手。在正式登顶之前，登山队员们先进行了三次高山行军，一方面为适应高山环境并选拔登顶队员；另一方面也运送一部分物资到最高的营地。到了4月25日，登山队组织了第三次高山行军，共55名队员参加，分成4组，只有第4组10人的任务是突击主峰。这次攀登以北京大学气象系教师邵子庆牺牲、全队主力队员冻伤为代价，在离顶峰绝对高度只有200米的地方，于5月4日撤回大本营。为此，队长史占春在下了今年登顶无望的结论后，被送到日喀则医院治疗。而此时，南坡的印度人正在向顶峰发起冲刺。周恩来得知情况后，向贺龙下了死命令："不惜一切代价也要登顶！"

5月17日，队员们在党旗下宣誓后，许竞率领刘连满、王富洲、贡布等队员组成的突击队，把登顶"无望"变成"有望"，在重大挫折面前不回头，决心向顶峰发起最后冲击。但困难重重，此时的突击队队员自带的粮食和氧气经过几天的消耗，基本上已经告罄，而此前十几千克的报话机已掉入悬崖，队员们和大本营失去联系。是进还是退？除贡布外，几名队员召开支部会议，这是检验登山队自信心的时候。结论是：以党的名义命令自己继续攀登。这是何等坚强的意志！夜幕降临，在离顶峰270米处，来自西南大森林的伐木工屈银华脱掉8斤重的高山靴，只穿着线袜，踩在刘连满的肩上，耗时一个多小时，打进了划时代的两根钢锥；而来自哈尔滨的刘连满用搭人梯的方法，把队友们送上了第二台阶。在离顶峰还有50米处，氧气全部用完，但他们没有停止向上的脚步。随着贡布的一声"不能走了，再走就到尼泊尔了”，由中国人创造的登山奇迹横空出世！就在这一刻，1960 年 5 月 25 日 4 时 20 分。而印度登山队则在 8600 米处因风雪所阻，宣告退出。充满自信的中国人，终于首次从中国一侧北坡登上了世界最高峰——珠穆朗玛峰！

62.3 用北斗开辟自己的道路

在 1995—1996 年“台海危机”期间，引导中国弹道导弹的 GPS 信号一度中断，这凸显了中国部署独立卫星系统的紧迫性。核心技术掌握在对手手中，它随时随地都可以卡你的脖子。历史反复告诉我们：核心技术必须掌握在自己手里。

1983 年，以陈芳允院士为代表的专家学者提出一个设想，即利用 2 颗地球同步轨道卫星来测定地面和空中目标，后来通过大量理论和技术上的研究工作，这一被称作“双星定位系统”的概念逐渐明晰，接下来的北斗路，是一步跨到全球组网，还是分阶段走？最终，“先区域、后全球”的思路被确定下来，“三步走”的北斗之路由此铺开。然而，20 世纪 90 年代，一些国家对我国采取技术封锁，国内的部件厂家尚未成熟，北斗一号研制只能在摸索中起步。2000 年年底，我国建成北斗一号系统，解决了卫星最基本的问题，诸如供配电的太阳帆板、控制系统的转动机构等，使中国北斗有一副“中国体格”。之后的国产化攻关更为艰苦。中国北斗卫星导航系统工程总设计师杨长风以原子钟为例讲述了攻关过程。原子钟是北斗二号的核心器部件，研制初期，相关人员打算从国外引进，但由于外方的原因，最终没能实现合作。国外的技术封锁，成为当时制约北斗卫星导航系统工程建设的最大瓶颈。后来，中国北斗团队仅用了两年时间，就攻克了原子钟这个最大技术瓶颈。更让人惊叹的是，星载原子钟的精度指标通俗来讲是 10 万年差一秒，而如今北斗星载原子钟的精度已经提升到每 300 万年差一秒。2012 年，我国建成北斗二号系统，它打破了国外的技术封锁。北斗星航卫星单机和关键元器件国产化率达到 100%，核心技术可控是中国空间事业创新发展的关键。

北斗三号系统更是一马当先，开始了从并跑到领跑的征程。中国北斗人率先提出国际上首个高中轨道星间链路混合型新体制，形成了具有自主知识产权的星间链路网络协议，自主定轨、时间同步等系统方案，填补了国内空白。

2020 年 6 月 23 日，中国北斗三号系统最后一颗组网卫星发射成功，北斗全球导航系统星座部署完成。这标志着历时 20 年的任务完成了，我们建设了中国自己的全球卫星导航系统。由于卫星导航技术在现代商业、技术和军事领域可以提供越来越重要的支撑，北斗系统将使中国自给自足，避免依赖外国竞争对手。北斗系统不但对中国至关重要，而且那些与中国共建“一带一路”的国家而言，同样可以享用北斗系统提供的导航、定位、国际搜救等服务。正是这种强大的民族自信，使得北斗人几十年如一日，终获成功，真正做到了造福于民。

63　论诚信

诚信，是儒家思想中的重要概念，指一种主观的信念和道德修养的境界。孟子强调“诚”在道德修养中的重要作用，并把“诚”看作是发扬人的先天善性后所达到一种最高境界。认为尽心、知性、知天，就是“思诚”的结果。荀子也把“诚”当作修养的重要方法，他说：“养心莫善于诚”。《中庸》说：“至诚之道，可以前知”。至诚如神，把道德修养的最高境界“诚”说成是天人相通的神秘境界。儒家不仅把“诚”提高为儒家思想的重要范畴，而且把它提高到本体论这一高度：“诚者，天之道也；诚之者，人之道也”；“诚者，物之终始，不诚无物”（《中庸》）。这在西方思想史上是少见的。西方思想界谈“诚”，总局限于诚实、讲真话、老实人的范围，很少从本体论的视角去看“诚”。儒家从本体论的视角去看“诚”，那么“诚”就反映出宇宙间有规律的东西，一年四季、太阳东升西落是大自然“诚”的表现。荀子以“诚”为天地四时“有常”的根据：“天不言而人推高焉，地不言而人推厚焉，四时不言而百姓期焉。夫此有常，以至其诚者也”（《荀子·不苟》）。

儒家把诚信提到如此高度是有其道理的。诚信是初升的太阳，既具有朝气，又不因为能赐给人类阳光而狂傲；诚信是黑夜中淡淡的月光，无偿为走夜路者照明；诚信，是珠穆朗玛峰顶上的圣洁之水；诚信，是竹林里鸟群你来我往的情歌对唱。总之，诚信给人踏实、可信赖的印象；诚信给人厚道，可交往的印象；诚信给人实事求是，可成为战友的印象。因此，春秋时期齐国的管仲说：“诚信者，天下之结也”（《管子·枢言》）。一语道破诚信的要害。

孔子就高度评价过诚信：“民无信不立”（《论语·颜渊》）。如果人民对政府缺乏信赖，国家是站不起来的；同样，如果对朋友缺乏信赖，朋友的情谊也会崩塌。所以，诚信尤可贵，乃是做人之本。故孔子反对那些不讲信誉的人：“人而无信，不知其可也”（《论语·为政》）。大自然的诚信，使地球生物繁衍，这是天道；社会人间的诚信，使虚伪狡诈和欺骗处于卑劣而无处藏身。智者通过诚信取得信任；智者通过学、问、思、辩而至诚，乃能达到诚之境界。中国古代学者也告诫我们要讲诚信：“与朋友交，言而有信”（《论语·学而》）；“口言善，身行恶，国妖也”（《荀子·大略》）；“巧诈不如拙诚”（《韩非子·说林上》）；“生来一诺比黄金，那肯风尘负此心”（顾炎武《推官二子执后欲为之经营而未得也而二子死矣》其一）。

63.1　诚信为做人之本

诚信不仅是美德，也是人的道德修养的一种高境界。诚信，即真实厚道并令人信任。真实，是不说谎、不欺骗、不欺诈；厚道，是一切以公正为怀，正义则倡，不义则除，在是非面前没有丝毫犹豫。由此引发出信任，即一种相信并敢于委托的态度。因此，诚信自然与虚伪狡诈、欺骗虚妄对举，它是人类的重要美德之一。难怪《周易》高度评价诚信之美德：“人之所助者，信也”。孔子也反复肯定诚信的作用：“人而无信，不知其可也”。诚信之美德也是“普世价值”，不仅东方思想家和君子们看重，就是在西方也备受推崇，诚信是我们交友的通行证，也是我们生活、办事的依归。

孔子云：“君子坦荡荡，小人长戚戚”（《论语·述而》）。君子为何能“坦荡荡”，小人为何“长戚戚”？一是诚信使然，一是虚假所致。诚信者，说真话，干老实事，心胸坦荡，无虚伪，无奸诈，何不“坦荡荡”呢？说假话，干见不得人的事，心事重重，受虚伪、奸诈所驱，怎能不“长戚戚”呢？因此，诚信是做人之本。

诚信，是交往的前提、信用的基础、信赖的根据。一个人违背诺言、背弃约定，不仅会失去与人交往的前提，也会失去信用的基础，而且会背负着骗子、奸人之恶名。因此，诚实守信是做人的基本原则。

忠诚是诚信的最高境界之一。因为忠诚于真理，是真君子；忠诚于祖国和人民，是真君子；忠于人民的事业、革命的事业，是真君子。忠诚意味着对集体、阶级、政党、国家、事业和信仰坚定不移，始终如一；也意味着一个人对友谊、爱情、婚姻、亲友真情笃实、忠贞不贰。忠于朋友、忠于爱情，这是基本的忠诚；忠于职守，忠于事业，这是基本忠诚的延伸和发展；忠于祖国、忠于真理，这是最高境界的忠诚。

诚信是科学精神的基底。在科学事业上要坚持实事求是，探索客观存在的事物的规律性时不夸大、不缩小、不弄虚作假。在这方面，我国古代数学家祖冲之（429—500 年）做出了表率。他不仅通过自己的实际考察、观察和推算创制了一部新历法《大明历》，而且在圆周率的研究方面做出了巨大贡献。当时，封建保守势力的代表人物戴法兴依仗权势与祖冲之辩论，由于戴法兴不学无术，对历法一知半解，被祖冲之问得无话可答。戴法兴称旧法即使有错也不能改，理由是历法是古代传下来的。祖冲之根据科学事实和观察结果得到《大明历》，有根有据并符合客观实际，最后皇帝被说服，决定改用祖冲之发明的新历法。这是忠诚于科学规律的胜利，也反映出科学家坚持真理、刚直不阿、追本溯源的科学责任。敢于说真话，敢于据理力争，敢于维护真理，这就是祖冲之给我们后辈留下的最宝贵的精神遗产。

63.2　钱学森的诚信

我国著名科学家钱学森，之所以被国际媒体选为“影响20世纪科技发展的20位世界级科学巨人”之一，除了他具有世界级科学家的科研成就外，还与他“四要九不”的诚信品质分不开。钱学森的秘书涂元季回忆并阐述了这“四要九不”。

一是做人要老实。1964年，钱学森在当时的《力学学报》上发表了一篇关于土动力学问题的文章。新疆生产建设兵团农学院的年轻人郝天护，发现其中有个公式的推导有误，他就写信给钱学森，指出错误。过了些日子，他竟然收到了钱学森的亲笔回信。在信中钱学森不仅承认了错误而且表示要在学术界公开这个错误。这就是一个科学大家，学问越大越认真、越严谨，有了错误就公开承认。

二是做事要严谨。严谨使思路不紊乱，使之有所依归。钱学森做工作有一个习惯，每做完一项工作，他都会把手稿理一遍，所有的手稿理好了装在一个档案袋里，写上这是什么。这项工作完成了就往卷宗中放，再开始下一项工作。

三是做事要有毅力。钱学森认准的事，从不马虎。他抓住任何事情，从不半途而废，一抓到底，坚持不懈。

四是凡事要坚持公正。公正是诚信的前提。钱学森曾跟涂元季秘书讲，一辈子不为名所累，就想低调做人做事。钱学森说到做到，诚信充分体现在他的日常工作中。他做到了“九不”：一不题词。虽然有人通过各种方法请钱学森题词，但他仍坚持不题词。二不为别人的书写序。他说过，写序就是说好话，如果接受任务，那不知道有多少人的书要他来写序，如果不仔细读他们的书，能随便做评价吗？三是不参加任何成果鉴定会。20世纪

80 年代，钱学森就听说鉴定会都要给钱的，那他必然为这个成果说好话。他对此非常反感，作为一个科学家，他无法改变这一切，只有离它远远的，不参加。四是退出一线工作以后，不去外地出差。当时很多党政干部利用去外地出差的机会到风景名胜区游山玩水，钱学森说：“既然这个风气我制止不了，我哪都不去，我只能洁身自好。”五不出国，尤其不去美国。美国前总统里根的科学顾问基沃斯到中国时邀钱学森访美，按照他当年在美国做的这些工作，去美国授予其科学院院士或工程院院士，或是两个都给他。还考虑授予他一个国家科学奖章。钱学森回应说：“我当年回国是被他们驱逐出境的，如果美国人不给我彻底平反，我今生今世绝不踏上美国国土。”六不参加任何应景活动。七不担任任何荣誉职务。八不搬家。钱学森说：“这个房子当年是聂帅分配给我的，我对这个房子是有感情的，再好的新房也不想搬。”九不要别人吹捧。1991 年，钱学森被授予荣誉称号，这之后掀起了一个宣传学习钱学森的高潮。钱学森坐不住了，他对涂秘书说：“把所有宣传钱学森的稿子，统统给我撤下来，不准再宣传了！”

63.3 敢医敢言的钟南山

钟南山院士，在全国抗击新冠肺炎疫情表彰大会上获得了国家最高荣誉。“敢医敢言”是他始终坚持实事求是的科学精神的结果。

2020 年，人们是这样评价钟南山的：84 岁的钟南山，有院士的专业，有战士的勇猛，更有国士的担当。一路奔波不知疲惫，满腔热血为国为民，的确令人肃然起敬。而他最令人钦佩和值得学习的是“敢医敢言”的诚信风尚。

2020 年，新冠疫情在武汉突发。他临危受命去武汉，再次成为一名“逆行者”。1 月 18 日，他一边告诉群众“没什么特殊情况，不要去武汉”，一边挤在高铁餐车的一角，昼夜兼程地赶往武汉。当考察了武汉严重的疫情后他说：“疫情会人传人。”这一结论振聋发聩，也为中央做出抗疫决策奠定了理论基础。

钟南山经常提起他父亲说的那句话：“一个人要在这个世界上留下一点东西，那么他这辈子就算没白活。”钟南山的父亲叫钟世藩，是中国医学界赫赫有名的儿科医学专家、病毒学家。在钟南山的印象中，父亲也是一样的“敢医敢言”者。

诚信的“敢医敢言”，让钟南山书写出精彩的人生。

64　论勤奋

勤奋是致富之本，它不仅可以创造财富，还可以创造思想，更可以创造人类文明。看一个人未来有没有希望，看他是否勤奋就足够了；看一个民族未来有没有希望，也看它是否有勤奋的人民也就够了。为什么勤奋对一个人或一个民族，乃至一个国家如此重要？因为勤奋者做事情往往更专心致志，不畏艰险，吃苦耐劳，不懈进取，对生活和事业持积极乐观态度。故勤奋是成功之道。

勤劳是勤奋之魂。世界文明古国，没有哪一个不是靠本国国民勤奋努力而发展的。中国自古以来就有勤劳的传统，在数学、物理学、化学、天文学、生物学、农学、人体科学乃至哲学、美学、伦理学方面，在16世纪以前，中国都名列世界前茅，这源于中华民族是一个勤劳、智慧、勇敢的民族。中国人勤劳而富于创造力，根据考古发现，中国是最大的农作物起源中心，稻、粟、小麦、大豆的品种先后传入亚欧及全世界；土地实行绿肥轮作制，水稻一年三熟，古老的蔬菜在六七千年前的中国就有了。茶的发现和运用，犁和耧车的发明，使中国农业在世界上领先发展。以系统论为特色的中医，预示了世界医学的未来，古代的诊脉成就、中药学成就以及血液循环说、经络学说、针灸学、养生学及阴阳诊断学，在世界医学界独树一帜。我国有世界上最古老的星表、二十八宿体系以及观察日、月、星辰的简仪、天象仪、黄道游仪等，公元前170年就有《五星占》记载了行星运行的轨迹。成书于唐虞之际的《山海经》，既是中国远古散文史诗，又是医学和地质学的百科全书；《山海经·五藏山经》则是世界上现有仅存的最古老的地质文献，书中载有各种矿物89种，产地309处；三国时期郦道元的《水经注》是杰出的水利专著；徐霞客的《徐霞客游记》是世界第一部有关岩溶地貌的著作；都江堰、京杭大运河、灵渠是世界水利工程的杰作；等等。没有勤劳奋斗的传统美德，就没有现代文明。《尚书》的作者就深深懂得此理，故勉励大家“惟日孜孜，无敢逸豫”，每天都要努力不怠，不敢安闲逸乐。

勤奋与懒惰相对立。饭来张口、衣来伸手，四体不勤，饱食终日，这是懒汉；墨守成规、不思创新，无上进心，则是精神上的懒汉。他们不仅好逸恶劳，而且败坏社会风气，所以，有人诅咒懒惰是邪恶之母，是万恶之源。“人生万事须自为，跬步江山即寥廓”（范椁《王氏能远楼》），人生在世，一切事情都要自己努力去做；只要坚持不懈，一步一步地走也能走出一片广阔的天地。人生苦短，想要做出成绩，还必须珍惜时间，专心致志。初唐的王勃虽然英年早逝，却留下不朽的《滕王阁序》；年轻早逝的帕斯卡尔，却留下传世的《思想录》；更有诸葛亮、鲁迅等珍惜人生的每一时，他们虽英年早逝，却能彪炳千秋。还有歌德、康德、达·芬奇和齐白石，人到耄耋之年，仍不停息地奋斗，勤奋努力并时时有紧迫感，而终成大器。

然而近年来，社会上在倡导勤奋的同时，也出现了一个相反的现象，那就是急功近利，贬低奋斗精神。改革开放前，我国经济处于崩溃的边缘，改革开放40多年后，中国已成为世界第二大经济体。如果没有全国人民的勤劳奋斗，能有今日的成就吗？勤劳致富，勤奋改变人生，勤奋使国力由弱变强，何陋之有？！

鲁迅的一席话，让我们心明眼亮：“那切切实实，足踏在地上，为着现在中国人的生存而流血奋斗者，我得引为同志，是自以为光荣的。”

64.1 “持恒”是勤奋的第一前提

晏子说：“为者常成，行者常至”（《晏子春秋》），意为坚持做下去的人常能获得成功，不断行走的人常能达到目的地。

故儒家把“持恒”作为一种道德品质加以提倡。儒家以为提高道德修养是一个长期过程，不能没有恒心。孔子说：“善人，吾不得而见之矣，得见有恒者，斯可矣。亡而为有，虚而为盈，约而为泰，难乎有恒矣”（《论语·述而》）。关于“持恒”，孔子还特别以“南人”的“巫医”为例：“南人有言曰：‘人而无恒，不可以作巫医’，善夫！‘不恒其德，或承之羞’”（《论语·子路》）。巫医是远古时代的智者，他们既能祝祷、占卜，又有医术。例如巫咸，相传他发明鼓，是用筮占卜的创始者，又是巫咸国部落的领袖，曾为炎黄占卜决策。巫医是众望所属的智者，没有恒心造化者是成了不了巫医的。

关于“持恒”，春秋战国时百家都十分重视，有许多文论和寓言都触及此。这里仅以庄子的“朝三暮四”和列子的“愚公移山”为例。《庄子·齐物论》记载：“狙公赋芧曰：‘朝三而暮四’。众狙皆怒。”指经常变卦，反复无常，与“持恒”相对且相距甚远。而列子的《愚公移山》记载，愚公年已九十，面山而居，移山志向坚定不移，率子孙“叩石垦壤，箕畚运于渤海之尾”，认为“子子孙孙，无穷匮也，而山不加增，何苦而不平”！这就是“持恒”精神。

世间之天才，无不是找准了方向然后持之以恒奋斗的结果。三国时代的魏人刘徽，为研究数学倾注了全部心血和巨大精力，最终使中国数学在当时处于世界领先地位。如果他朝三暮四，则断无此等成就。牛顿把一生献给科学事业，一辈子与实验室为伴，如果他也朝三暮四，就决然成不了“经典力学之父”。关于天才，鲁迅有段精彩的大实话：“其实即使天才，在生下来的时候的第一声啼哭，也和平常的儿童的一样，决不会就是一首好诗。”[①] 当有人问到他怎样成为天才时，他否定地答道：“哪里有天才，我是把别人喝咖啡的工夫都用在工作上的。”[②] 鲁迅清楚道明了“持恒”成才的道理。

“持恒”是一种伟大的力量，一个人具有了“持恒”的品格，就能“绳锯木断，水滴石穿”，用绳子也能把木头锯断，水珠滴落，天长日久也可以把石头滴穿。孔子对此说得更为具体：“譬如为山，未成一篑，止，吾止也；譬如平地，虽覆一篑，进，吾往也”(《论语·子罕》)。比如要堆大成山，只要再加一筐土便成山了，如果懒得做下去，这是我自己停止的。又比如要在平地上堆土成山，纵是刚刚倒下一筐土，如果决心努力前进，还是要自己坚持啊！所以，“持恒”精神是勤奋的第一前提，认准了一个方向就要坚持认真做下去；若三天打鱼两天晒网，则谈不上勤劳。

64.2 勤奋者至老不辍

我国有约有 3 亿 60 岁以上的老人，笔者看到，大多数退休老人把以前学的本事荒废了：教授把自己一生的工作资料当废纸卖掉，或去带孙子，或天南海北旅游，或无所事事。显然，这是对人才的极大浪费。如今生活条件好了，医疗水平不断提高，平均寿命也在不断延长。60 岁退休一切皆退，这对自己和国家来说都不划算。在这方面，中国的老者应学习科学家汪品先，他在 82 岁高龄时成为“深海勇士”，为祖国的海洋事业做出贡献。

海洋科学家汪品先的“南海大计划”，从 2011 年以来，立项了 60 个项目，规模很大，大计划中包括 3 个大洋钻探、3 个深潜航次，这是中国海洋基础科学研究中，到现在为止规模最大的。汪品先说：“我们希望拿出一个边缘海的产生演化和运行的典范来。世界 75% 的边缘海都在西太平洋，但我们了解很不够。我们现在把南海作为一个切入点，最后我想向世界表明，

① 鲁迅．鲁迅全集：第 1 卷［M］．北京：人民文学出版社，1981：277.
② 鲁迅．鲁迅全集：第 20 卷［M］．北京：人民文学出版社，1973：663.

南海深部的认识是中国人为主的。”这就是汪品先院士晚年的奋斗目标。

82岁高龄的汪品院士，在“深海勇士”号南海西沙载人深潜航次中，3次下潜到南海1400米以下，每次下潜观测采样时间都在8小时以上，在西沙的同一个海区追一个海底的生物群。他们原来以为深海海底裸露的岩石上面没有什么生物，结果发现“冷水珊瑚林”，与陆地上的园林一样，高大的竹珊瑚像树木，低矮的扇形珊瑚和海绵之类的像灌木，而贴在海底的海绵、苔藓虫相当于草本植物。这些固有的海底生物构成了深海的“园林”，为游泳和爬行的海洋动物，包括章鱼、海星之类提供了栖居地，就像陆地树林里有猴子，有鸟一样。结束深潜时汪品先院士兴奋地说：“我漫游仙境回来了。”

为什么82岁高龄的汪品先3次下潜深海呢？他的回答是：“很多人当了学科带头人以后就不干第一线了，让学生去干。比如现在很多到海去采样的工作，都是打发学生去的。科学家就坐在办公，对于培养年轻人，我想用行动影响一些人。”

汪品先院士给中国老人做了一个很好的榜样，一个人不仅要勤勤恳恳，奋发努力，做好工作，而且应老有所为，尽力而为。

64.3　勤奋创造伟绩的于敏

天才出于勤奋，勤奋创造伟绩。

1967年6月17日，罗布泊沙漠深处，蘑菇云腾空而起，一声巨响震惊世界。新华社对外庄严宣告：中国第一颗氢弹在西部地区上空爆炸成功。从第一颗原子弹爆炸到第一颗氢弹试验成功，美国用了7年多，苏联用了4年，中国仅用了2年8个月。《中国军事百科全书——核武器分册》记载：于敏在氢弹原理突破中起了关键作用。

人们亲切称呼于敏为“国产专家一号”。因为他没有留过洋，却成为世界一流的理论物理学家。在原子弹理论研究的巅峰时期，他毅然服从国家需要，开始从事氢弹理论的探索和研究工作。那是20世纪60年代，一切从头开始，装备简陋，除了一些桌椅外，只有几把算尺和一块黑板，一台每秒万次的计算机，需要解决各方涌来的问题，仅有5%的时间可以留给氢弹设计。科学家们为了琢磨一个问题，常常通宵达旦。于敏的报告与邓稼先等人的报告相互穿插，听讲的人常常把屋子挤得水泄不通。“百日会战”令人难忘。于敏先是埋头干，计算机纸带堆积如山，然后密集地做报告，率领大家发现氢弹自持热核燃烧的关键，找到了突破氢弹技术的路径，形成从原理、材料到构型完整的氢弹物理设计方案。

1926年，于敏生于天津一个小职员家庭，从小读书爱问为什么。进入北京大学理学院后，他的成绩名列榜首。导师张宗遂说：没见过物理像于敏这么好的。中华人民共和国成立两年后，于敏在著名物理学家钱三强任所长的近代物理所开始了科研生涯，他与合作者提出了原子核相干结构模型，填补了中国原子核理论的空白。正当于敏在原子核理论研究中可能取得重大成果时，1961年，钱三强找他谈话，交给他探索氢弹理论的任务。于敏毫不犹豫地表示服从分配，转行。从那时起，他开始了长达28年隐姓埋名的生涯。20世纪60年代以来，于敏率领团队又在二代武器研制中突破了关键技术，使中国核武器技术发展迈上了一个新台阶。

于敏的一生，是勤奋的一生。他用勤奋创造了伟绩，当之无愧地荣获了“两弹一星”功勋奖章、国家最高科学技术奖等崇高荣誉。于敏用勤奋创造了伟绩。

65 论智慧

智慧，指认识、辨析、判断及创新事物的能力。孔子提出“三达德”，即“仁、智、勇”，把智慧与儒家的核心“仁”并列，足可见智慧的重要性。的确，从道德修养来说，若不能辨析善恶，还谈什么真正的“仁爱”呢？所以孔子说：“君子道者三，我无能焉：仁者不忧，知者不惑，勇者不惧”（《论语·宪问》）。

智慧是一种能力，但有了智慧就会创造出新的能力；智慧是一种聪明，但有了智慧聪明就显得渺小了；智慧是一种知识，但有了智慧就能创造全新的知识。大风大浪之不测、狂风暴雨之突兀、灾祸降临之突然，有了智慧，在面对这些险境时我们会寻找有效的应对措施。北宋王安石的《仁智》一文中说：“未有仁而不智者也，未有智而不仁者也。”把“仁”与“智”的关系说得很透彻。其实，“仁且智”也应是当代中国人的人格追求。

智慧之所以超过聪明，是因为智慧的首要标准是辨别是非善恶。不能辨别是非善恶的“智慧”、不能识别美德并尊崇美德的“智慧”，是假智慧。所以孔子强调“仁且智”，并把儒家学说的核心“仁”与“智”并列。有了“智”才能识别和运用“仁”，而有了“仁”才能促进“智”的发展。孔子十分明白“智者利仁”且“智者不惑”。辨别是非善恶是智慧的首要标准，这并不是说能认定好与坏、正与邪、吉与凶、是与非就算是有智慧了，这样，就把智慧降低了等级。有智慧的认，在辨别是非善恶之后还有深度的思考、考察、发现，进而用这些思考的结果指导行动。在这方面，也以孔子的言行作为典型例证。《孔子家语·颜渊》中有一句话极为精辟，也极富智慧：“一言而有益于智者，莫如‘预’。一言而有益于仁者，莫如‘恕’”。这是高度浓缩后产生的智慧。因为一个有智慧的人，其最大的特点是善于抓住事物的要害，而“预”就是一种战略性的谋略和认识，比如诸葛亮能提出“隆中对”战略，这是有利的善行，会受到普遍拥护，故诸葛亮这一举动是智慧的。而“己所不欲，勿施于人”的“恕”，又是实行“仁”的前提和标准。一个智者，他不仅能分清是非善恶，而且能从战略视角去行善。

65.1 辨善恶是形成智慧美德的前提

辨善恶的能力，要从小开始培养，家长对培育孩子的善恶观有着天然的优势。培育正确的善恶观，不仅有利于青少年的一生，使他们从小成为有教养的人，而且长期从善会让孩子形成美德。故孔子说："君子成人之美，不成人之恶。"连北齐颜之推也说："为善则预，为恶则去"。

明辨善恶是智慧美德形成的前提。从字义来说，善具有好、正、美、吉等含义，恶具有坏、邪、丑、凶等含义；从道德层面看，善往往有多种含义，如有益的、应当的、理想的、令人愉快的等；恶则表示相反的意义。关于善与恶的定义，古今中外的思想大家们众说纷纭，笔者认为，中国古代的墨子对善恶的定义较为准确，他倡导"兴天下之利，除天下之害"，这个"天下之利"就是善，"天下之害"就是恶。这种善恶观以百姓为依归，就使善和恶的内涵具有了"普世价值"。

关于道德概念中善和恶，中国先贤们有许多宝贵思想供我们思考。孔子率先强调"君子成人之美，不成人之恶"(《论语·颜渊》)，继后的《国语》和《左传》也强调"从善如登，从恶如崩"和"善不可失，恶不可长"，因为"善积者昌，恶积者丧"(《诸葛亮集》)。

人之初，辨善恶。美国耶鲁大学婴儿认知中心通过一系列实验，发现一岁的婴儿已有善恶判断力。他们对一个一岁婴儿的是非感进行了一次测试。这个婴儿首先被安排观赏一次木偶表演，木偶表演中，一个木偶运球时迎面遇到两个木偶，这时，把球传给右边那个木偶，球被传回来；但把球传给左边那个木偶时，左边的小木偶就躲闪开。表演之后，左右两个木偶都被带到婴儿面前，每个木偶旁边都放上零食以示奖励，而婴儿此时可以取走任何一个木偶的奖励。和其他很多接受过这个实验的婴儿一样，这个一岁婴儿取走了躲闪的小木偶的零食以示"惩罚"，不仅如此，他还努力挪到那躲闪球的木偶跟前，用手使劲拍了它一下。但这种实验只说明婴儿有一种感性地分辨是非善恶的初始能力。要让儿童会辨善恶，家长应从小就抓起。我国自古以来就重视家教，家长普遍希望子女不仅能辨善恶，而且能扬善惩恶。三国时代有个叫孟宗的男子，10 岁时母亲送他到河南南阳求学，临行前，母亲特意为儿子做了厚褥大被。南阳气温较高，用不着厚褥大被，邻人便问为什么。孟宗母亲说："求学的同伴中难免有缺衣少被的，我是要他和那些家境贫穷的同伴同铺一条褥，同盖一条被。这样，可以'同声相应，同气相求'，受到良好的影响和熏陶。"孟宗母亲为了让儿子从小受到善的熏陶用心良苦。

65.2 善于思考是通向智慧的桥梁

智慧是认识、辨析、判断处理和发明创造事物的能力，如果没有善于思考参与其间，这些认识、辨析、判断处理和发明创造无疑会停滞。所以，孔子在强调"仁且智"的同时，也强调积极思考："学而不思则罔，思而不学则殆"（《论语・为政》），只读书却不思考就会受骗，只空想却不读书就会缺乏信心。思考是通向智慧的桥梁，一个人只有具有思考能力才能使智慧之花结果。孔子也强调学与思要兼用，互用互济，学思结合才会有所得。仅多学，难以达到"一以贯之"，故孔子多次强调"思"，他提倡"再想"（《论语・公冶长》），还提出"九思"（《论语・季氏》）的命题。孟子继承了孔子"重思"的观点，以"思"为"心之官"所特有的作用（《孟子・告子上》）。孔子论"思"，强调"思"和"行"的关系，"三思而后行"，是"三思"在前、"行"在后。这种"思"显然是"行"的基础。笔者认为，思考与实践的关系最为密切，除了多思考再行动，还有一层意思，即多次实践并思考，会推行出新的观点和理论。实践是思考之母，思考是实践之子，不能放弃在实践中的探索，不然就会使思考成为真正的空想。

若要通过思考而增长智慧，就要思考、探究事物的规律，追求真理。真理是智慧的珠穆朗玛峰，不懈追求真理的人，也是有智慧的人，中国的老子、孔子，古希腊的柏拉图、亚里士多德，都是这样的智者。圣者的胸襟就如孔子所说的："朝闻道，夕死可矣"（《论语·里仁》）。因此，要增长智慧，修炼美德，就应紧紧抓住思考这一环，并在此基础上形成思辨的善恶观，进而让其而成为意志行动的一部分。

65.3 爱问是智慧的启发器

中国人自古以来提倡学问。学问者，既学又问，乃问难者也，《孟子·滕文公上》首倡此词："吾他日未尝学问，好驰马试剑"。但明确倡导爱问、问难精神的还是孔子，他主张"敏而好学，不耻下问"（《论语·公冶长》）。要形成智慧美德，不仅要善于思考，还要爱问。在提问题之前不要过度担心自己的问题是否太肤浅，只要能提出问题就是好的开始。在人际交往中，特别是在听专家演讲时，应勇敢地提出自己的问题，把思考和提问结合起来。

爱好提问是智慧者有原创力的基本标志之一，有时也是学问的最高点。战国诗人屈原的《天问》，一连提出有关宇宙自然现象、古史传说、神话故事等的 170 多个问题，对宇宙、自然界和历史的传统观念表示了大胆的怀疑。这里的"天问"就是问天。屈原所问的好些问题，至今还是世界性难题，这充分反映了诗人屈原的智慧。又如 20 世纪的数学家希尔伯特提出有关数学史的"希尔伯特 23 问"，对现代数学的发展产生了持久的影响；当代农业科学家袁隆平培育的籼型杂交水稻，始于对水稻杂种优势问题的不断提问和探索，袁隆平因此被誉为"杂交水稻之父"。数学家希尔伯特就深有所感地说："只要一门科学分支能提出大量的问题，它就充满着生命力，而问题缺乏则预示着独立发展的衰亡或终止。"物理科学家玻尔的事例很能说明问题：在一次科学大会上，一些年轻的物理学家就量子力学等复杂问题的最新计算发表了宏论。波尔听后提出许多问题，给学术报告人的印象似乎是没有听懂。学术报告人给玻尔解释，结果越解释越混乱。最后，玻尔通过提问自己把问题弄懂了，然而他的理解与演讲者的意思却完全不同。其结果证明玻尔的理解是正确的，演讲者的解释却错了。由此可以看出，发现问题就是原始创新的起点。

66　论知耻

卡尔·马克思说："耻辱就是一种内向的愤怒，如果整个国家真正感到了耻辱，那它就会像一只蜷伏下来的狮子，准备向前扑去。"[①] 孟子也指出："人不可以无耻，无耻之耻，无耻矣"（《孟子·尽心上》）；"无羞恶之心，非人也"（《孟子·公孙丑上》）。可以说，羞愧感是一种自我自觉的心理革命，将这种心理处理得当，它将是一个人改过自新的动力；若处理不好，就会长期使人处于自卑而难以自拔。因此，如何运用好知耻十分重要。

知耻是孔子首倡的："行己有耻"（《论语·子路》），即人对自己不善的动机和行为应有羞耻之心，这样才能"不辱君命"，履行所承担的使命和责任。朱熹对此做了心理学的解释："知耻是由内心以生，闻过是得之于外。人须知耻，才能过而攻，故耻为重"（《朱子语类》卷九十四）。朱熹对知耻的诠释是正确的，也是具有独见的。

知耻是指对自己的过错自觉羞愧，其核心是人的羞愧感。可以肯定地说，一个人有没有羞愧感，是其能否成为品德高尚的人的标志。那么，人的羞愧感是怎样形成和发展的呢？从心理视角来看，羞愧感就是当人意识到自己或自己所在的团体违反道德行为准则时，产生的自我谴责心理。其表现包括羞耻、惭愧、懊悔、羞怯等情绪反应，羞愧感产生的原因可概括

① 马克思恩格斯全集：第一卷［M］. 北京：人民出版社，2001：407.

为两种：一种是在已有的道德基础上，将其与自己的行为分为两种加以对照，从而认识到自己的行为不符合社会道德行为标准，有害于周围人的利益，于是产生了羞愧感；另一种是当自己的行为遭到周围人的谴责或意识到周围人将怎样对待这种行为时，也可能产生羞愧感。两种情况比较起来，后者具有较多的表面性。在人的心理发展过程中，年龄很小的儿童就有害羞的表现，但这还不是真正的羞愧感，仅是以后形成羞愧感的生理基础罢了。

羞愧是自我谴责的情感体验，它是一种内心的矛盾运动，也可以说是内心的矛盾搏斗。通常人做了错事、发生失误，或知道自身与理想中的自我存在差距时，还不一定产生羞愧心理，只有经过自我反省，在对错误有所认识，真正感到有损集体和他人利益，觉得对不起别人或丢失了面子时，才有可能产生羞愧情绪。羞愧心理有助于人们纠正错误，是改造提升自己和改进工作的动力。

羞愧感是人的本性使然。那为什么有些人却失去了羞愧感而成为卖国的汉奸？因为他们是不知耻的。还有一些日本政客多次为他们的前辈做下的“慰安妇”和“南京大屠杀”等恶行辩护，也是因为他们毫无羞耻之心，成了无耻之人。美国右翼政客全方位地抹黑中国和中国共产党，而甘心为其效劳的中国人余茂春，也全无丝毫耻辱感，以当今日头号汉奸为荣。这里仅以鲁迅的话回击：“如果自造一点丑恶，来证明他的敌对的不行，那只是他从隐蔽处挖出来的自己的丑恶。不能使大众羞，只能使大众笑。”①

孟子说：“不耻不若人，何若人有”（《孟子·尽心上》）；“人必自侮，然后人侮之”（《孟子·离娄上》）。

66.1　知耻的民族会变成猛狮

一只狗，只要你给它喂食，吃好的，它就会对你摇尾感激，因为它是

① 鲁迅．鲁迅全集：第5卷［M］．北京：人民文学出版社，1957：446.

狗而不是人，不懂、不在乎风骨仁义之类。人则不同，他是高级动物，需要有尊严地活着，不受嗟来之食，不摇尾乞怜，他需要坦坦荡荡，更需要受人礼遇和尊敬。

耻者，丑也。中国自古以来就形成了知耻文化，这要感谢春秋末年孔子的首倡："行己有耻"（《论语·子路》）。他认为人对自己不善的动机和行为应有羞耻之心，这样才能履行所承担的责任。孔子讲的"有耻"是在反对"无耻"的基础上建立起来的。许多事实证明，只有羞耻心才能有效地约束人的言行。人只要有羞耻之心，就能自我检讨后改正，终归于正道。1931 年 3 月 18 日晚上，日本帝国主义发动侵略中国东北的战争，日本关东军在沈阳北郊柳条湖村附近炸毁了南满铁路的一段路轨，然后诬称中国军队破坏铁路，袭击守备队，突然向中国东北军驻地北大营和沈阳城发动进攻，制造了震惊中外的"九一八"事变。但东北军主要负责人接受蒋介石"攘外必先安内"的指令，不抵抗。致使东北全境沦陷，东北同胞生活在日寇的铁蹄下，沦为亡国奴。这激起全国人民的愤怒，各地学生纷纷集会游行、发表通电、进行抗日宣传，建立抗日团体，要求国民政府停止内战，一致对外。全国同胞的抗日浪潮促使不战而退的东北军幡然醒悟，也唤醒了东北军司令张学良的羞耻之心，他们知耻而后勇。1936 年 12 月 12 日，张学良在西安华清池蒋介石住地扣留了蒋介石，并移送西安新城大楼。对蒋本人"保其安全，促其反省"。至此，蒋介石走向抗日的道路。

关于知耻而后勇的另一个事例是"五四"运动。1914 年第一次世界大战爆发，日本借口对德宣战，攻占青岛和胶济铁路全线，控制了山东省，夺去德国在山东强占的各种权益。1918 年第一次世界大战结束，德国战败。1919 年 1 月 18 日，战胜国在巴黎召开"和平会议"。中国代表团以战胜国身份参加和会，提出取消列强在华的各项特权，取消日本帝国主义与袁世凯订立的"二十一条"不平等条约，归还大战期间日本从德国手中夺去的山东各项权利等要求。巴黎和会在帝国主义列强的操纵下，不但拒绝了中国的要求，而且在对德和约上，明文规定把德国在山东的特权全部转让给日本。这激起了中国人民的强烈反对，此等奇耻大辱，是可忍，孰不可忍！求新机器厂罢工工人集体捐款建造了“国耻纪念”牌楼，上书“毋忘国耻”四个醒目大字。中国学生、工人及爱国知识分子纷纷发出通电、举行集会，抗议日本帝国主义的强盗行径，揭露段祺瑞、曹汝霖、章宗祥、陆宗舆等人的卖国行为，要求中国代表据理力争，“保持国权”。巴黎和会上中国外交的失败唤醒了国人，更激发国人知耻而勇，变成“猛扑过去的狮子”！“五四”运动爆发了，中国人民开始觉醒了！中国共产党由此诞生，开启了中国新民主主义革命的新纪元。

66.2 维护尊严与竭尽羞辱

在战争史上，战胜国对待战俘，通常有维护尊严和接近羞辱两种态度，因而也产生了两种迥然不同的结果。

关于朝鲜战争，一位美军将军回忆说当时美国沉湎于“二战”胜利后的喜悦，完全没有意识到蒋介石统领下的一群“鸭子”，在毛泽东的统帅下竟成了一群“狮子”。最典型的例子是，在朝鲜战场，以 3 个步兵的建制全歼英国皇家坦克；打过汉江攻取汉城（今首尔）的志愿军 50 军，曾是被蒋介石骂为“60 熊”的国民党 60 军，起义后就在朝鲜战场上变成了“50 凶”。当时美军曾企图在 50 军阵地前喊话策反，被 50 军将士痛批了过去，他们保家卫国、抗美援朝的意志更为坚定，战斗力更为顽强，这是什么原因？是毛泽东制定的《军队政治工作三大原则》使然。它不仅要求以维护战俘的尊严为核心瓦解敌军，宽待俘虏，以动摇其军心士气，瓦解其战斗力，争取其起义、投诚，而且要求对起义部队，以友军相待，人格、地位上与解放军一致；起义部队内部实行官兵一致，即上下级之间、干部与战士之间，政治平等，团结友爱，同甘共苦。干部要尊重、爱护战士、关心战士的政治进步和生活疾苦，战士要尊重干部，服从管理，遵守纪律，坚决执行命令。实行有领导的政治民主、经济民主、军事民主，达到政治上的高度团结、生活上获得改善、军事上提高技术的目的。并坚持军队爱护人民群众、保护人民群众的军民一致。这使60军起义将士受到前所未有的尊重并受到极大的鼓舞。

金朝建国前后，实行奴隶制的土地分配制度，役使奴隶耕作。靖康二年（1127年），金兵在占领开封4个月后，俘虏徽、钦二帝北去，北宋灭亡。据史料记载，被金兵押解的6000女俘，受尽羞辱。第一批有“妇女3400余人”，自青城国相寨起程，抵燕山，仅一月内就死了一半人。活下来的赵构妻及帝姬赵嬛嬛等18人最先居住在军妓营“浣衣院”，据《呻吟语》记载，“妃嫔王妃帝姬宗室妇女均露上体，披羊裘”，宋朝皇室女子被逼为娼妓。金朝不仅自己享用这些“战利品”，还把她们赐给南宋出使金朝的大臣以示侮辱。南宋使者朱绩因不接受赏赐竟被粘罕处死。面对金朝的野蛮暴行，作为战败民族女性的代表，为了捍卫自己和所代表民族的女性的尊严，履行母仪天下的职责，朱皇后选择了以死抗争。受降仪式结束后，朱皇后即“归第自缢”，被人发现后救活，她“仍投水薨”。这场对6000女俘的凌辱，体现了金人的野蛮和无人性，他们也成了众矢之的和历史的罪人。“靖康之耻”成了金人自掘的坟墓，唤醒了千千万万被侮辱、被损害的人们，也自然产生了岳飞这样叱咤风云的抗金民族英雄，他在“靖康之耻”后写的一首《满江红》词，既代表了南宋心中之殇，也体现了南宋军民雪耻的决心：“怒发冲冠，凭栏处，潇潇雨歇。抬望眼，仰天长啸，壮怀激烈。三十功名尘与土，八千里路云和月。莫等闲，白了少年头，空悲切！靖康耻，犹未雪。臣子恨，何时灭？驾长车，踏破贺兰山缺。壮志饥餐胡虏肉，笑谈渴饮匈奴血。待从头，收拾旧山河，朝天阙。”

环顾中外古今，维护尊严与竭尽羞辱，是人性的一面镜子。

66.3 无耻且罪恶的交易

731部队从组建伊始，就是一支名副其实的细菌特种战部队，它完全服从于日本的侵华战争。日本在中国占领区一边秘密进行反人类的人体活体实验，一边将实验“成果”即时转化为武器，用于中国和其他战场。

731部队是日本精心策划、组织和实施细菌战的核心机构，是世界历史上规模最大的细菌武器研制的大本营，也是发动细菌战争的策源地。为了掩人耳目，731部队频繁更换部队代号，实行严格的内外保密制度。731部队用尽各种方法进行活体实验，被实验者无一不被残害致死，肢解尸体，焚化灭迹。为了尽快得到研究数据和更直接地观察“实验”效果，他们竟践踏一切人类准则，强制使用大批中国人、苏联人和朝鲜人进行活体实验。为了随时开展活体实验，731部队在细菌战基地内秘密修建了两栋可以关押400人的“特设监狱”，并同日本军警、特务机构相互勾结，多渠道获取人体实验受试者。在这些人体实验受害者中，许多是被俘的抗日志士，731部队将他们称为“木头”“猴子”“行李”，完全没有把他们当作人来看。这里所进行的实验包括喂食有霍乱菌的包子、500V电流电击、氰酸液注射、光气毒气等，而最残忍的试验环节是活体解剖，将细菌注入人体后，人有抵抗能力，当细菌遇到人体抵抗的时候，就会变得更强大，然后扩散到人体各器官。为了获得准确的结果，他们不等人死以后再行解剖，简直惨绝人寰。各项数据统计显示，活体受害的中国人达到1万人以上。中国方面统计的遭受日本细菌战的情况显示：臭名昭著的731部队在1933—1945年间，所残害的地区涉及20省（自治区），共造成27万人死亡。

日本人如此反人类的罪行罄竹难书！而731“恶魔”战后在日本仍身居高位。他们除少部分成员逃跑不及被捕获并受到审判外，大部分成员逃脱了正义的审判和裁决。其中很多人回到日本后摇身一变，成了政府官员、大学校长、医疗机构负责人等“社会精英”，牢牢把持着社会资源和舆论，深深地影响了战后日本社会对战争罪行，特别是细菌战罪行的认识。

美国不仅不清算这样的反人类罪，还与731部队进行了罪恶交易。731部队负责人石井要求把731部队全部情报交给美国，以此为条件，保证免除他们的战犯身份。美国以豁免侵华日军731部队成员战争责任为条件，获得了731部队进行人体实验、细菌战的大量数据资料，731部队成员全部免予战犯起诉，这就是所谓“人权卫士”的真面目！更有甚者，在朝鲜战争中，3个日本细菌专家奉李奇微总部之命，携带进行细菌战的一切必要装备，离开东京到达朝鲜，准备以朝中人民部队的被俘人员作为细菌实验的对象。这3个人中为首的是战犯、前日本陆军中将石井四郎，他就是驻扎在中国东北，犯下了无数罪恶勾当的731部队的创始人兼司令。而美国在朝鲜战场，也同样犯了反人类的细菌战。使美国与日本一起捆绑在历史的耻辱柱上。

67 论修己

修己是儒家重要的修身养德方法，其对于道德塑造的重要性不言而喻。但因孔子立了一个不好的传统，把劳动看作是下等人的事情，甚至看作是不可避免的苦行，看作是不得已的强制性的需要，所以孔子提倡修身，其局限性就很明显了。最为典型的例子是，孔子的弟子樊迟请求学种庄稼，却被孔子斥为小人。孔子自知不如老农，却鄙视老农，这是封建社会森严的等级制和脑力劳动与体力劳动严重分家所致。修己应该与实践相结合，在实践中发现问题、修正错误，而不能仅靠脱离社会实践的冥思苦想。因此，就儒家的修身而言，我们应吸取其合理内核发展之。

修己是孔子提出的君子应重视修身的概念。孔子在回答子路怎样才算是一个君子时说：“修己以敬。”用庄敬严肃来修养自己，用庄敬严肃来使人们和天下百姓安乐。显然，孔子所说的这种修己动机是十分积极的。孔子最担忧的是“德之不修，学之不讲”（《论语·述而》）。并通过《诗》《书》《礼》《乐》等向学生传授修己之道。

孔子提出了关于修身的君子之道：“其行己也恭，其事上也敬，其养民也惠，其使民也义”（《论语·公冶长》），自己的容颜态度庄严恭敬，对待君上负责认真，教养人民有恩惠，役使人民合于道理。这四种君子之道有其现实意义，而“修己以安百姓”则是孔子更为积极的修身动机，值得肯定和继承。

我们从中国古代学者关于修身的观点中可以吸取那些有用的内核呢？

第一，修己是长期自我锻炼的结果。修己要达到一定程度或水平，不是一蹴而就的事，而是要长期甚至是一生持之以恒修炼的结果。我国古代伦理学家十分重视修己，认为“修犹切磋琢磨，养犹涵育熏陶”，提出了“修身齐家治国平天下”的主张，并总结出“见贤思齐焉，见不贤而内自省也”“吾日三省吾身”“君子慎其独”等修养方法。这些方法只要与实践相结合，对现代人的修养就会管用。

第二，修己要杜绝四种毛病。“子绝四：毋意，毋必，毋固，毋我”（《论语·子罕》），孔子一点也没有这四种毛病，即不悬空揣测，不绝地肯定，不拘泥固执，不唯我独是。这也是要想成为君子的人必须具有的思辨方法和处世态度，极具现实意义。

第三，修己应以修心为先。孔子强调“敬事”应以“敬心”为先，说人与犬马“皆能有养，不敬，何以别乎”，意思是孝不是只养活爹娘就行了，狗马都能够得到饲养，若不存心严肃地孝顺父母，那养活爹娘和饲养狗马怎样去分别呢？同样，修己只关注外表，不重在内心修德，这与上述情况有什么区别呢？故孟子强调：“尽其心者，知其性也。知其性，则知天矣。存其心，养其性，所以事天也。夭寿不贰，修身以俟之，所以立命也”（《孟子·尽心上》）。

第四，敢于认错改过，敢于超过老师。孔子提出了对待过错的正确态度：“过，则勿惮改”（《论语·学而》。有了缺点错误，不要怕改正。而做事就要主动承担，有时应毫不谦让：“当仁，不让于师”（《论语·卫灵公》）。面临仁义，就是老师，也不同他谦让。我们不能姑息自己的错误，“一念之非即遏之，一动之妄即改之”（《薛子道论·上篇》），一个念头错了，就要马上遏止；一个举动错了，就要立即改正。所以要“日省其身，有则改之，无则加勉”。更要有些胸襟：“告我以吾过者，吾之师也”（《答冯宿书》）。

第五，宁为玉碎，不为瓦全。修己应像君子那样“不可为不义屈”（《张中丞传后叙》），要立志为真理和大义而献身。这正如刘昼所说：“丹可磨而不可夺其色，兰可燔而不可灭其馨，玉可碎而不可改其白，金可销而不可易其刚。各抱自然之性，非可强变者也。士有忠义之性，怀真直之操，不移之质，亦如兹者也。是以生苟背道，不以为利，死必合义，不足为害”（《刘子·大质》）。

67.1 “修己以敬”应成为普遍原则

“修己以敬”的“敬”，是指一个人身上的榜样作用，是孔子提出来的道德修养思想。他认为统治者做好自我道德修养，才能做好对百姓的道德教育，即“其身正，不令而行；其身不正，虽令不从”（《论语·子路》）。其实孔子这一修身观不仅适合官场，而且适合整个社会，是社会个人修己的普遍原则。

“修己以敬”，强调在修身中重视榜样的力量和作用。社会家庭里的家长应是修己的重点对象；部队和政府中的官员，应身先士卒，也应是修己的重点对象；企业的业主、企业家、工程师等，也应是修己的重点对象。儒家通过修身、修德和修养达到“修己以敬”的目的，这显然具有现实意义。

修身。儒家强调修身，认为修身有两方面的意义：对于个人，修身是为了安身立命；对于社会，修身是为了天下太平。如果人人都能尽量扩充、发挥自己天生的善良本心，就是“知性”，也就是“知天”了。孟子认为，“天”本质就具有仁、义、礼、智等属性。存心、养性，是人们对“天”应尽的义务。人不论寿命长短，都应该努力修身，即努力提高自己的道德修养，这是人们安身立命的重要方法。《孟子·尽心下》说：“君子之守，修其身而天下平。”一个君子必须从修养自身做起，才能使天下太平。

修德。孔子提倡德政，为政以德，并认为修德是为政之本。孟子讲修身养性。《大学》则以修德为中心，说明道德修养的途径、方法和目的，强调“自天子以至于庶人，壹是皆以修身为本”，齐家、治国、平天下诸事都是“末”。儒家后期的代表人也都强调道德修养在塑造人的品质上的重要作用。在他们看来，统治者个人的道德修养尤为重要，修己是实现“德治”的必要前提。孔子认为，“苟正其身矣，于从政乎何有？不能正其身，如正人何”？

修养，指针对人们的思想品质、道德意识、政治觉悟、文学艺术、知识技能等方面的长期的自我锻炼，以及由此达到的一定程度或水平。思想修养、政治修养、道德修养、文化艺术修养等全面的人，应该是道德力量、智慧力量和意志力量内在统一的人，也就是认识、理智和情感统一的人。修养包括意志修养、行为修养、人格完善、生活信念的确立等许多方面。人们只有在意识修养的基础上牢固地确立某种道德信念，并意志坚定地按照自己确定的信念做事，才会有一种稳定的力量支持行为的可持续发展，逐渐达到在工作、学习和生活中所追求的目标。修养是一个从认识到实践不断反复的过程。每个人都可以在各自不同的起点上，经过艰苦的努力锻炼，甚至痛苦的改造，达到较高的思想水平和道德境界。

儒家提倡的修身、修德和修养，是实现“修己以敬”这个目标的桥梁，对新时代建立新的“修己道德观”极具现实意义。

67.2　修己需要熔断机制

每个人都不可避免地会犯错误，就连弗洛伊德这样的大师也犯下了致命的错误。在他处于人生与事业的初期阶段的时候，碰到了可卡因，他只服用了 1/20 克，马上愉快地发现，自己处于一种“惬意状态，好像刚刚美美地吃过一顿美餐似的，什么也不想，什么也不必去想”。于是他向外界宣称服用可卡因的好处。弗洛伊德的一位同事在他的推荐下服用了可卡因并上了瘾，最后毒性发作痛苦地死去。这对弗洛伊德震动很大，他为那篇赞扬可卡因的文章是灾难性错误而懊悔，从此，他在事业上采取更加严肃谨慎的态度。

每个人都不可避免地会犯错误，如果是一个国家领导人犯错，其危害就更大了。儒家强调知过而改才是君子："有过知悔者，不失为君子；知过遂非者，其小人欤"（《省心录》）。但这种道德说教很难起到特别好的作用。那修己的有效方法是什么呢？熔断机制。

保护电器的一种最简单的方法是安放熔断器。熔断器主要由金属熔体（保险丝）和绝缘管、盒等构成，当电路发生过载或短路故障时，故障电流使熔体熔断，防止设备损坏或故障扩大。另一种最简单的保护股票投资人利益的方法是熔断机制，当股价涨或跌到一定界限后，股市就自动停止交易。为了防止一个人或一个集团无限度地犯错误，我们同样可以实行熔断机制。

修己的熔断机制必须具备三个条件。

第一，废除封建"五伦"与"三纲"。"五伦"指君臣、父子、夫妇、兄弟、朋友五组关系，封建等级制片面强调单方面的忠、孝和敬爱，由此发展为有正统封建权威性的"三纲"伦理。中国家族本位的伦理关系和道德价值开始被凝固化、教条化、绝对化，进而要求关系的一方绝对服从或遵守另一方的地位和特权，绝对履行一方对另一方的道德义务，在父子、夫妇关系之上，冠以君臣分位，君成为凌驾于诸伦之首的最高道德权威，全体臣民都要无条件地向君主履行道德义务——尽忠。因此，封建家长制不废除，君犯错、集团首领犯错、家长犯错，下属是没有资格也不敢纠其错误的。故废除封建"五伦"与"三纲"，是实行熔断机制的大前提。

第二，实行军队政治工作三大原则。实践证明，中国人民解放军（包括抗美援朝志愿军）之所以是最具战斗力的军队之一，原因之一是其内部实行军队政治工作三大原则，即官兵一致，军民一致，瓦解敌军。官兵一致是：上下级之间、干部与战士之间政治平等，团结友爱，同甘共苦。干部要尊重、爱护战士，关心战士的政治进步和生活疾苦；战士要尊重干部，服从管理，遵守纪律，坚决执行命令。实行有领导的政治民主、经济民主、军事民主，以此达到政治上高度团结、生活上获得改善、军事上提高战术技术为目的。军民一致是：军队要爱护人民群众，保护人民的利益，尊重地方党政机关，模范执行国家的政策、法令，严格遵守群众纪律，尊重人民的风俗习惯，开展群众工作，积极支持和参加社会主义革命和建设，增强军政、军民团结。然后是瓦解敌军。这行之有效的三大原则移植到现代修己熔断机制中，其核心是摧毁封建"三纲"而实行政治平等、团结友爱、和谐共进的制度，这是实行现代熔断机制所需的社会氛围。

第三，实行三大民主，即政治民主、经济民主、军事民主。政治民主指干部和战士在政治上完全平等，战士有权对干部和部队工作提出批评、意见和建议；干部要认真听取战士的意见，接受群众监督，采纳合理化建议。经济民主，除防止贪污浪费和违反政策外，在决策前，应实行可行性分析，应实行一票否决制。至于军事民主，纪律委员会和监督管理委员会不可缺席。

67.3 环境与修己

环境与修己也有密切的关系。一般情况下，主观因素是修己的关键。但有些时候，客观因素也会影响修己的结果。有一个案例很能说明问题："伪满"时期，日本人在东北是享有一切特权的头等公民，他们在"太阳旗"的庇护下大肆霸占中国人的良田耕地，专横跋扈，为所欲为。在"满蒙开拓团"中，只有日本人有资格吃大米，中国农民只配吃粗粮，甚至连日本小孩都可以居高临下地指使任何中国人。殊不知，日本投降后，他们一夜之间跌落为等待处理的战败国侨俘。他们一改过去的高傲态度，遇见中国人立刻弯腰敬礼。"伪满"时期曾担任锦西县副县长的山岸金三郎，第二天就主动抱着竹扫帚上街扫马路，见到中国人，不管男女，一律鞠躬堆笑尊称"太君"。这些过去盛气凌人的日本人突然像放了气的皮球，其缘于外力变化使然。这个案例告诉我们：要改变列强对中国不礼貌的做法，关键要靠中国自己变得强大，即修己。

还有一个典型案例说明环境与修己关系十分密切，那就是抗美援朝、保家卫国之战。当时由于国内工业水平极为落后，没有现代兵工制造能力，武器装备较差。战争中苏联以半价援助了中国60个师的苏式现代武器，其中约4个师的装备我们转让给朝鲜，其余装备提供给56个师的志愿军和国内部队，这些部队很快完成了大换装。换装后我军武器装备的现代化水平获得了全面提升。此外，中国的各大兵工企业也利用苏联提供的技术蓝图成功地制造了第一批国产现代武器装备，我国的国防工业开始初具规模。另外，中国人民志愿军经过抗美援朝血与火的战争，使各兵种取得了同现代化装备的敌人实际作战的经验。由于有了与美军作战的经验，我军克服了“恐美心理”，具有敢同强敌较量的气魄。早在1950年12月，毛泽东就对苏联驻中国大使尤金说：“美帝国主义在朝鲜的侵略，对中国人民是一个很好的教育。在数月间，美帝的一切原形均已暴露无遗，中国人民对美帝的认识提高了一步，抗美援朝的运动得到很大的开展。”抗美援朝使中国人再一次团结起来，最大限度地把全国人民动员起来，投入支援前方、恢复经济的伟大斗争中。

反侵略战争促进中国人民觉悟大大提高，环境促使我们修己并取得良好效果。

68　论风尚

风尚，指那些具有道德意义的在社会上得到普遍推崇的风俗和风气，也指那些不合道德要求的，但已成为社会普遍习惯的风俗和风气。风俗一般是历代相传所形成的风尚、习惯、礼节的总称；风气一般指社会风貌，而社会习气往往在风气中表现出来，是风尚、习惯、礼节的外化。一个社会的风俗和风气，可以体现出社会的精神文明面貌以及价值观，而这种面貌和价值观或具有积极的正能量，或具有消极的负能量。为提高精神文明风貌，我们应提倡正能量、抑制负能量。

我国古人的诸多教化都是针对社会风尚的，特别是提出教育无差等，“有教无类”；在人际关系上相互“讲信修睦”，以诚相待，言而有信；对大自然有崇敬和爱护之心，“乐山乐水”；在为人方面应“温柔敦厚”；在处理物欲时应“礼以养欲”。特别是荀子在《荀子·乐论》中提出移风易俗，难能可贵：“故乐行而志清，礼修而行成，耳目聪明，血气和平，移风易俗，天下皆宗”。认为声色之欲，“皆生于人之情性者也”（《荀子·性恶》，与生俱来，只能“心止心也”（《荀子·正名》），但对于心，则只能用乐来感染，从内部促使人的情感自然而然地发生变化，“乐以治心”（《礼记·乐记》），由“治心”而引起社会风气、习俗的改变。并进一步阐述了礼乐移风易俗的社会职能：“乐也者，圣人之所乐也；而可以善民心，其感人深，其移风易俗，故先王著其教焉”。因此，荀子提出的移风易俗在当代极具现实意义。

移风易俗，顾名思义，就是使社会风俗和风气（风貌）与时俱进，与时代合拍。清代太平天国的洪仁玕就提出当时移风易俗的具体内容：他要求“主则亲临以隆其事”，“是厚风俗之法也”。他举例说：“男子长子甲，女子喜缠脚，吉凶军宾，琐屑仪文，养鸟斗蟋，打鹌赛胜，戒箍手镯，金玉粉饰，演戏斗剧，庵寺和尼，毁谤谮妒，骄奢诸事都是应该革变”（《资政新篇·风风类》）。这是清末腐朽封建王朝风俗应变革的内容，而当今我们处于社会主义新时代，则更应重视移风易俗。

例如中国传统的“孝”观念。因为中国古代的祖先崇拜与单系亲族群相联系，带有浓厚的血缘宗族关系性质。这一信仰凝固了中国家族制度，特别是在此基础上提出的“孝”观念。孝敬父母、尊敬老人在中国古代就蔚然成风。但封建社会提出忠孝为一体："事君不忠非孝也"(《礼记·祭义》)，从而形成封建的"三纲"，要求妇对夫、子对父、臣对君绝对服从而"尽忠"，这显然这是最该改变的东西，让"孝"只保留子女对父母、对老人的尊敬这一积极层面。

再如中国自古就是礼仪之邦。在与他人交往和交际中，包括交往中的程序、方式、容貌、风度和言谈等都应当符合礼仪，讲礼貌。礼貌礼仪传统在许多方面我们应该合理继承，如尊敬长辈、礼貌让座、义工光荣、礼貌待客、女士优先、关照幼小等，但中国自古以来的"剩菜文化"我们应重新审视加以革除。主人在待客时习惯准备一桌吃不完的菜，客人也会故意剩菜以示文雅、礼貌，这种浪费的陋习务必改变。据统计，中国城市餐饮每年食物浪费总量为1700万~1800万吨。数量之大，令人惊讶。如果以货币计算，每年浪费的食物可达到2000亿元，相当于2亿人一年的伙食费。这与勤俭节约的优良传统也格格不入，我们要转变观念，坚决杜绝浪费。

68.1 奋斗

奋斗，是新时代的最强音；奋斗，是新时代的新风尚。奋斗者，是时代的弄潮儿；奋斗的民族，是最有希望的民族。

奋斗是富有的敲门砖。奋斗者的富有，不仅是物质上的富有，还是精神上的富有。也就是说，奋斗者在奋斗的过程中，不仅能获得物质上的满足，也能获得精神上的满足。因为奋斗者是为信念而战，为理想而战，为光明的未来而战。所以，奋斗者在奋斗的征程中能获得意想不到的幸福感。

奋斗者，蔑视怠惰、慵懒，心胸坦荡，志趣高远。他深知人生短暂，要学秋蝉之一鸣，而不学乌龟之无为；他深知勤奋之可贵，敬慕蜜蜂之勤劳而鄙视乌鸦的聒噪。他敢于与自己的弱点搏斗，敢于与世间困苦决斗，善于与所遇挫折搏斗，敢于与邪恶战斗。

世上从来没有免费的午餐，天上也不会掉馅饼。要消除贫穷，只有奋斗；要自立富有，只有奋斗；要不虚度年华，也只有奋斗。不要抱怨黑夜降临，我们应毅然点亮心灯；应立即在征程中前进，不要玩世不恭、虚度年华，我们应奋力拼搏，去成就精彩人生。

道路之崎岖、山水之险恶、环境之恶劣、外敌之袭扰、寒气之刺骨、地位之低贱等，这种种不幸并不能征服奋斗者。锲而不舍，滴水穿石，这是奋斗者的意志力。奋斗者，英勇斗争，不畏险阻，因此他是意志力强者；奋斗者，奋发有为，激励振作，因此他最懂得人生的意义；奋斗者，他奋力击敌，无奴颜媚骨，因此他活得坦荡而幸福。

奋斗者是大海中的信天翁，最喜欢迎着风浪而上。奋斗者迎着海浪高歌猛进，为了事业，为了理想，拼搏着。奋斗的风尚是新时代的需要。

68.2　老当益壮，穷且益坚

老当益壮，穷且益坚，应成为新时代的风尚。

唐代王勃云："老当益壮，宁移白首之心；穷且益坚，不坠青云之志。"当前，中国 60 岁及以上人口约 3 亿，2033 年和 2053 年，这一数字将分别跃升至 4 亿和 4.87 亿，大大超过美国现在的总人口。到 21 世纪中叶，中国 60 岁及以上人口将会占到总人口的 1/3，目前的比率已到 18%。鉴于中国正处于新时代，中国的老龄化也直接攸关中国新时代的质量。

美国国家卫生委员会的数据显示，2019 年中国人的预期寿命为 77.3 岁，2020 年则达到 77.6 岁。2019 年美国人的预期寿命为 78.6 岁。但在 2020 年受新冠疫情的影响，美国人的预期寿命下降 1.13 个百分点。世界卫生组织的数据显示，2016 年以来，中国人享受健康生活的年龄比美国人更长。不过，在中国人预期寿命增加的背后还有另一个事实，中国的人口出生率持续降低，人口红利逐渐下降，而老龄化问题突显出来。该通过何种制度安排和人文关怀来确保高质量的老年生活？这已是迫在眉睫的战略课题。

我国已步入中度老龄化社会。人口老龄化对国民经济的运行、社会体制的建设、社会文化传承乃至国家民族兴亡均有深远影响。可以肯定地说，人口老龄化使我国劳动年龄人口规模持续下降。今天，我们该怎样认识和理解老年呢？一种观念认为，老年代表衰老，失去劳动力，老年人是社会的负担；另一种观念认为，老年代表固执、落后和没落。还有一种看法却相反，认为老年是最有经验、最值得信赖的年龄阶层。显然，前两种观点是消极的，而后一种观点是积极的，也比较符合实际。因此，我们面对中度老龄化社会这一课题，着眼点应放在第三种观点上，充分发挥老年人的优势。

怎样在中度老龄化社会发挥老年人的优势呢？首先，要树立“老年人是社会财富”的理念，而这种理念在新时代得到强力的支撑。八类老年人才在新时代将大为紧俏：①科研人才。我国将在 21 世纪中叶建成世界科技强国，国家亟须一大批科技创新人才。步入老年的科技人才则国家的宝，祖国需要他们继续发挥光和热。农业科学家袁隆平和医学防疫科学家钟南山就是典型的优秀代表。②农村基础教育人才。由于历史原因，我国农村基础教育与城市教育相比，还比较薄弱，需要大批有经验、有学识的教师担此重任，在目前农村优秀教师紧缺的态势下，退休城镇教师下乡支教大有可为。荣获“最美乡村教师”称号的丽江市华坪县民族中学教师兼儿童之家院长张桂梅就是典型代表。③医务人才。副主任医师以上职称的医务人员在人才市场大为抢手，在农村医疗站更为紧缺。据统计，医务人才在用人单位需求的总数中占到 10%，而农村则更为亟须。原中国医师协会皮肤科医师分会会长朱学骏，78 岁仍在看门诊，每天从早晨 8 点开始，工作到晚上 10 点。④农业人才。农业人才近几年在人才市场中有递增的趋势，随着科学扶贫和精准扶贫在全国开展，农业人才更为紧俏，所有相关的专业人才需求量已占到用人单位总需求量的 2.1%。被称为“农民院士”的朱有勇，主动来到深度贫困的“民族直过区”承担扶贫任务，带领村民发展特色产业，改变当地贫困落后面貌。⑤营销人才。在市场经济条件下，整个的商品总量不断增加，营销竞争极其激烈，各企业迫切需要具备丰富市场经济知识及营销经验的人才。⑥管理人才。社会需要高层次、高水准的企业管理人才，尤其是ISO9000质量体系管理技术人员。⑦宣传策划人才。善于宣传策划，广告运作，有着丰富的媒体从业或营销经验的人才颇受青睐。⑧幼教管理人才。我国幼教事业发展还不完善，在城市，有经验的幼教管理人才紧缺，在农村，更亟须这方面的有经验的管理人才。

60岁及以上的人开始步入老年期，同时也要勇敢地步入人生的第二个黄金时代。孔子70岁才“从心所欲不逾矩”；汉代学者公孙弘40岁读《春秋》，老年做丞相；明代学者李贽立志著书时已是54岁，其名著《焚书》《藏书》先后在64岁和73岁完成。60岁的哈恩发现了原子核裂变；64岁的弗里希发现蜜蜂联系的语言；60岁的摩尔根发表了他的基因遗传理论；65岁的科尔克发现治疗甲状腺肿大的方法；81岁的歌德还在学习阿拉伯文，次年才完成史诗《浮士德》第二部；90岁的萧伯纳完成了他的剧作《牵强的故事》；90岁的毕加索还在创作他的美术作品；90岁的潘菽创造性地提出了心理学二分法范畴；90余岁的齐白石还在提笔作画，神韵更浓；90岁的钱学森提出“大成智慧学”；如此等等。

新加坡强调老年人只要愿意和有能力，应该一直有机会工作；日本重视挖掘老年劳动力市场，并重视老年劳动力的培训。新时代的中国老年人，不做“生活中的余烬”，而应做新时代勤奋耕耘的勇士；新时代的中国老年人应有所不为，不为麻将空耗光阴；应该有所为，发挥余热，点亮心灯，老当益壮，穷且益坚。

68.3 “和合文化”熏陶着不同地域的中国人

中国拥有14亿人口，有56个民族，各民族“大杂居，小聚居”，由于地域的差别和民俗的差异，使每个民族各具个性、各具特色。但各民族都深受中国传统的主流文化“和合文化”的熏陶，由此使中国人具有鲜明的民族特色。

中国传统的主流文化是“和合文化”。“和”，指异质因素的共处；“合”，指异质因素的互补互济，“和合”则是指异质因素由此形成的合力，呈现出和谐统一的局面。“和合文化”倡导不同元素的和谐统一，如红橙黄绿青蓝紫七色和谐统一，才能组成白光；宫、商、角、徵、羽五声协调，才能形成美妙的音乐。

中国南北方社会风尚有差异，学者杨东平就专门研究了北京与上海的男子的迥异特征：在北方，男性人格的原型是汉子，即壮士；在上海，这种原型是“小生”，类似越剧“小生”那样温柔细腻的才子，斯文聪明的职员等①。根据笔者的长期观察，成渝两地的男子虽然都生在长江流域，但其风貌也有差异。重庆的男子具有巴土风貌，古时候巴族以勇猛直前、威震万山的白虎为图腾，巴人悍直善良，重义轻利，具有日出而作日落而息的生活方式，创造了古朴的巴文化，这种风貌更像北方汉子。而成都男子则正相反，柔声柔气，处事谨慎，更接近川戏中的“小生”。正是“和合文化”的熏陶，使得生活在不同地域的中国人形成了鲜明的地域特色。

中国的“和合文化”，在坚持自我主体文化的同时，对外来优秀文化持开放和欢迎的态度。在对外经济贸易上，在发展自己的前提下，主张与外国实现合作共赢；在安全问题上，虽大力提升军力，却对他国没有企图，始终遵循和平发展，因此对他国不构成威胁；在国际关系上，主张大国小国一律平等，大国不能欺负和蔑视小国。总之，在“和合文化”的熏陶下，使不同地域的中国人都有一颗“和而不同”的中国心。

---

① 参见杨东平《城市季风》一书（东方出版社 1994 年版）。

69 论同情

同情指在感情上对别人的遭遇产生共鸣，能理解他人的思想、感情和愿望。同情也是人的良心所在。没有对他人的同情、理解、尊重和支持，不承认他人的需要和利益，也就没有了道德。在中国，儒家的孟子最早提出同情心，倡导“恻隐之心”；西方近代亚当·斯密的《道德情操论》一书，以同情心为基石。同情为何如此重要？因为具有同情心的人，往往会形成合群、协作、互助、怜悯、体贴、宽恕、容忍、牺牲等种种美德。

同情心弱化，是社会道德沦丧的标志之一。同情心弱化最重要的特征就是社会普遍冷漠。例如一个小孩被车碾压了，肇事司机逃之夭夭，却没人追问；过路行人看见遭遇车祸的小孩，视而不见。此等冷漠，也反映出社会文明的堕落。如果冷漠转化为冷酷，则是更无人性表现：冷漠苛刻、残酷无情、毫无同情心。在人的心理发展过程中，同情这种心理现象出现得比较早。一岁的儿童在与周围人交往时，就会对他人的情绪产生直接的反应，如看到别人哭自己也哭了，看到别人笑自己也笑了。这虽然很难说是道德的情感体验，但它却是发展同情的基础。

同情是美德，有同情心的人往往会表现出怜悯、体贴、宽容等美德。一个人要有同情心，首先应具有同情感，对他人的不幸遭遇产生共鸣进而关心他人，赞助鳏寡孤独者；支持因天灾人祸惨遭不幸者；为含冤受屈者鸣不平等。同情不仅是一种情感上的共鸣，也包括助人为乐、伸张正义的动机和行动。这是一种受人的立场、观点和思想觉悟制约的，由感情、动机、行动交织在一起的道德体验。在这里要特别指出的是，并非所有同情都是高尚的，某些同情也可能是低劣的，例如同情罪犯、同情汉奸、同情侵略者。所以，同情必须以正义、正能量为前提。

中国古代思想家孟子就提倡人要有同情心："恻隐之心，人皆有之"（《孟子·告子上》）。还强调"恻隐之心，仁之端也"（《孟子·公孙丑上》）。他敏锐地指出：人都有同情心，同情心是"仁"的萌芽，这是很有独见的。但孟子认为同情心是先天就有的，这与客观实际极为不符。亚当·斯密在他的伦理专著《道德情操论》中，把同情心作为主轴来分析，这也是很有独见的。但伦理学是研究意志的科学，同情心属于心理情感范畴，这使他的伦理学达不到一定的深度。

69.1　有一种同情叫敬畏

同情，是人们对他人的一种善意的感情和仁爱的态度，它使人对他人的幸福感到快乐，对他人的不幸感到痛心。另一种高境界的同情，就是设身处地为别人着想。

20 世纪六七十年代，在戈壁沙漠试制导弹时，钱学森看到当地农牧民过着贫困艰辛的生活，就开始思考如何才能帮助农牧民改善生活。他发现，戈壁沙漠有着另类生机，能顽强地生存下来的沙棘、甘草等植物，不仅耐干旱、抗风沙，而且还有很高的药用价值和经济价值。野骆驼、野黄羊等动物竟能在几乎滴水不见的戈壁沙漠里生活得悠然自得，于是他认真地研究和考察，他在 20 世纪 80 年代就提出"沙产业"的设想，即在沙漠上搞大农业，其核心就是"多采光、多用水、新技术、高效益"，使"不毛之地变为沃土"。为了实现"沙产业"的设想，钱学森甚至把自己获得的奖金捐献出来。继后，内蒙古"沙产业"发展得很好，当地人民的生活水平也有了明显的提高。作为科学家和"中国导弹之父"，钱学森的本职工作已经足够繁忙了，但他还心系百姓，总是设身处地地为百姓生活着想，这种同情是源于对生命、对人民的敬畏，是一般人达不到的高境界。

有一位参加过抗美援朝战争的普通战士，他也达到了这样的高境界，他就是孙景坤。为了保家卫国，他三渡江水赴朝作战。1950年10月，孙景坤第一次随部队入朝作战，后因负伤归国治疗。疗伤结束后，二渡鸭绿江，因与部队失去联系再次回国。在志愿军某机关获取部队位置后第三次赴朝，找到部队后立即投入战斗，由于作战机智英勇，被记一等功。1955年，孙景坤复员回乡，积极投身乡村建设，带领村民脱贫致富。普通一兵孙景坤对朝鲜人民遭受侵略的苦难深为同情，同仇敌忾，毅然赴朝抗美。回乡后对乡亲的贫困深表同情，毅然带领村民脱贫。

孔子说："己欲立而立人，己欲达而达人"（《论语·雍也》）。自己有什么欲望，总要推而广之想到别人也有这样的欲望，自己的欲望达到满足时，也要使别人满足这样的欲望。这是同情的最高境界。科学家钱学森和战士孙景坤的同情也达到了这一高境界。

说到此，笔者想到杜甫当年的成都草堂，草堂茅屋经常被大雨淋得屋漏床湿，家里也是吃了上顿没下顿。在这样的艰难困苦中，他还想着普天下百姓和自己一样身在困境，祈愿他们能够过得比自己好："安得广厦千万间，大庇天下寒士俱欢颜。风雨不动安如山，呜呼！何时眼前突兀见此屋？吾庐独破受冻死亦足"（《茅屋为秋风所破歌》）。这是何等高尚的境界，令人敬畏！

69.2 体贴是一种付诸行动的同情

亚当·斯密在他的代表作《道德情操论》中把同情定位为"原始的情感"，认为它在某种意义上是道德感的产生。他说："正是这种多同情别人和少同情自己的感情，正是这种抑制自私和乐善好施的感情，构成尽善尽美的人性；唯有这样，才能使人与人之间的情感和激情协调一致，在这中间存在着人类的全部情理和礼貌。"① 亚当·斯密这一看法是有独见的，他

① 亚当·斯密．道德情操论［M］．赵康英，译．北京：华夏出版社，2010：25.

的这番论述实际上是讲述人与人之间交往，是应构成“情感和激情协调一致”，这就是相互体贴。

体贴，即彼此关照、互相关心、和睦相处的行为。这种行为萌发于动物之中，动物虽缺乏意识却拥有情绪，动物长幼之间、母子之间的情绪往往是以付诸行动的同情（体贴）表现出来的。因此，体贴是一种付诸行动的同情。这方面，孔子对家庭成员之间的体贴进行了深入的探讨。孔子道：“父母唯其疾之忧”（《论语·为政》），做爹娘的只为子女的疾病发愁。显然，这是父母对子女的一种付诸行动的体贴。而这种付诸行动的体贴，孔子把它上升为“孝”，这就比亚当·斯密看得更高了。的确，子女孝顺父母、尊敬父母、关照父母是因父母对子女无微不至的体贴所产生的，是一种很自然的良性反馈。相反，恶父恶母，天天对子女棍棒、呵斥，这种所谓“体贴”反而会产生反效果。

儒家所提倡的“亲亲”原则，之所以把“家”提高到人生中最重要的地位，就在于“亲亲”之间是相互体贴的。《论语》说：“孝弟也者，其为仁之本与。”《孟子》说：“孩提之童，无不知爱其亲者；及其长也，无不知敬其兄也。”这就是说，子女对父母的敬爱之情是基于人性中的“良知”“良能”，它是“仁”的源头或种子，因此，“仁者爱人”，以体贴为主要表现手段。这种体贴也总是相互之间的，否则，“君不敬，则臣不忠”；“父不慈，则子不孝”。

相互体贴，能产生巨大的情感力量，它是一种付诸行动的同情。

69.3　情感共鸣

同情，首先要产生情感共鸣。这种共鸣，使人对他人的幸福感到快乐，也对他人的不幸感到痛苦。德国志愿者卢安克就因这种共鸣而留在了中国。

这位德国青年人不吃肉、不喝酒、不赌博，自愿到中国山里给孩子们上课，并且不要报酬。卢安克愿意吃苦，在中国广西山区支教十余年。这个贫困山村叫板烈村。卢安克所支教的板烈小学有 240 名学生，70% 以上的孩子是留守儿童。每到周末或是假期，冷清的校园会让卢安克感到不安。从 2003 年起，他就选择每天去一户学生家，与他们一起生活，轮流做他们身边的大人。他说："每个人都需要一个家，我也需要家。我的家（学校）比较大，我的孩子（学生）比较多。他们的父母外出打工，多年不回家，他们也需要一个可以暂时替代他们父母的人，他们那么靠近我，就是因为父母可以靠近。"

卢安克在中国的支教扶贫之路困难重重，他曾因未办"就业证"而教书，被罚款；因为他的教育方式不能提高学生的考试分数，他曾被学校开除。卢安克没有收入，他靠写书、翻译书籍挣来的钱全部寄给慈善机构，更不接受任何慈善机构的救济，只依靠父母每年寄给他的 5000 元人民币生活。这些钱还是父母从退休金里省出来的。就这样，他在中国生活了十余年。

卢安克 1968 年出生在德国汉堡，毕业于汉堡美术学院工业设计系。他 22 岁来华旅游时爱上了中国，而后到中国留学。从 1999 年起，他只身一人深入中国广西偏僻山村，义务教无钱上学的孩子们讲普通话、学文化，从此一直从事教育工作。他教学着重发掘人的创造力，常常组织学生做一些发挥想象力和创造力的设计工作，让他们摆脱过于固定的思考模式，比如组织学生一起设计村屯里需要的桥，把生活中的事情当成学习机会，从环境的需要来培养学生。在孩子们的眼里，卢安克是最好的老师。因为他能回答孩子们最好奇、最想知道的问题。卢安克不仅教学生各种知识，而且课余他最喜欢和孩子们爬树、挖泥巴、在泥地里打滚。有时还与学生一起放牛，去干农活。晚上，与孩子们一起看电视，或翻译他的书。这样的老师，学生（特别是留守儿童）怎么会不喜欢？

只身一人留在中国，致力于偏僻山乡支教扶贫的卢安克，接受了中央电视台《面对面》节目的专访。节目播出后，很多人都被感动了。

70　论快乐

快乐，人之欲之。快乐令人如意、称心、高兴、满意、快活。这种惬意的心理状态是人的某种目的达到、愿望实现之后感到幸福和满足的一种愉快的情绪体验；而不快乐的心理状态通常表现为忧愁、苦恼、烦闷、痛苦、悲哀、不满意。苏辙为此感叹道：“乐莫善于如意，而忧莫惨于不如意”（《遗老斋记》）。

中国古人认为有四大喜事使人快乐：“久旱逢甘雨，他乡遇故知。洞房花烛夜，金榜挂名时”（汪洙《喜》）。更有游山玩水之乐：“山水之乐，得之心而寓之酒也”（欧阳修《醉翁亭记》）；“临清风，对朗月，登山泛水，肆意酣歌”（《南史·梁宗室萧恭传》），甚至快乐得“曾不知老之将至”（王羲之《兰亭集序》）。

但是，中国诸子百家对快乐命题的观点是保守的，换句话说，叫谨慎。其根本原因在于对“七情”中的“欲”的理解，在道家看来，人的欲望会扰人害生，它同自然纯朴的人性是相对立的。因此，他们在主张“抱朴”的同时，又提出了“无欲”之说。老子说：“不见可欲，使民不乱。……恒使民无知无欲也”（《道德经·第三章》）。“故恒无欲也，以观其妙；恒有欲也，以观其所徼”（《道德经·第一章》）。老子主张要让人们永远处于“无知无欲”的状态之中，当然对“七情”中的快乐（喜）是避而远之的。

儒家对于快乐的命题也是谨慎而保守的。这主要是孔子以中庸作为最高道德准则，“不得中行而与之”（《论语·子路》），提出“非礼勿视，非礼勿听，非礼勿言，非礼勿动”（《论语·颜渊》），这四个“非礼”自然就将快乐这一命题束缚住了。

墨子在快乐的命题上更趋保守，提出“非乐”的主张：“非为其目之所美，耳之所乐，口之所甘，身体之所安。以此亏夺民衣食之财，仁者弗为也”（《墨子·非乐上》)。他把“乐”与“民生”对立起来，认为不管什么人，要说“说乐而听之”就必然要荒废他们各自的“分事”，自然，墨子将快乐这一命题视为负面的。

虽然道家的老子、儒家孔子和墨家墨子都对快乐这一命题予以负面的思考，但在魏晋南北朝，门阀士族的势力大于皇权，于是在思想界，非道德的纵欲主义（快乐主义）兴起。《列子·杨朱》中讲了子产兄弟的故事，其目的是宣扬纵欲方能成为“真人”，这“真人”则是人生在世，应不管“名声之丑，性命之危”，只求“尽一生之欢，穷当年之乐”，并认为，按照这一原则去处世，才算是“真人”，否则，就是可怜虫而已。显然，这一生活方式和观点，又走向了另一个极端，是不健康的。但它冲破了准禁欲主义的桎梏，从这一点来说是有积极意义的，至少人们可以正大光明地谈论快乐命题了。

西方关于快乐的伦理命题发展更为曲折。欧洲经历了长达几个世纪的教权与王权较量之后，禁欲主义的教权取得了胜利，继后又进入另一个极端——享乐主义（快乐主义）。欧洲享乐主义者认为：只有快乐才有价值，或主张快乐是唯一应作为最终目的追求的事物。能否得到快乐，得到快乐的多少、大小是道德评价的基本标准。这种解禁的绝对化，又把“快乐”推向了谬误的一端。古希腊亚里斯提卜认为：感觉是人们的行为原则，提倡恣意纵欲。其后，伊壁鸠鲁、卢克莱修、霍布斯、洛克、休谟及拉美特利、爱尔维修等，以不同的形式提出了自己的快乐主义学说。以边沁、密尔为代表的传统功利主义，在一定程度上把快乐主义作为自己伦理主张的理论基础。

趋向于追求如意、称心、高兴、满意的情绪或情感，是人性使然，是一种情绪的自然流露，所以在自己的某种目的达到、愿望满足之后感到幸福和快乐，也是正常的、健康的。我们倡导健康的快乐，但不主张享乐主义，那种娱乐至死的观点和行为应该摒弃。

70.1 战胜挫折才有真正的快乐

人生不如意事常八九，忧愁、不快、痛苦、悲哀、烦闷也总是与我们随行。因此，要拥有快乐的心境，就要消除忧愁、不快、痛苦、悲哀和烦闷。而人生活在一个充满矛盾的世界里，随时都可能遭受挫折。一般情况下，个人遭受挫折之后，无论挫折是由客观因素造成的。还是由主观因素造成的，都会引发各种各样的精神压力和负面情绪，或忧愁，或不快，或痛苦，或悲哀，或烦闷。心理学研究认为，一个人一生中不管是在生活中、家庭中，还是在人际关系中，若没有挫折，一直顺风顺水，那这个人是很难感觉到快乐的。

战胜挫折才有真正的快乐，这是由挫折的内涵决定的。挫折是个体在从事有目的的活动的过程中遇到障碍或干扰，致使个人目的不能实现、需要不能满足时而产生的情绪状态。造成挫折的原因主要有两方面：一是客观的，如外界的刁难阻挠、极其恶劣的生态环境等；二是主观的，如个人心理的缺陷、健康状况不佳或技术、智力水平不高等。一个人是否会体验到挫折，与他的抱负和志向密切相关。

一个人若不顾自身的条件而把抱负志向定得太高，那么心理上受的折磨和痛苦将会是长期的。俗话说："人心不足蛇吞象"。追逐不切实际的目标是等不到快乐的，或意志消沉，或怀才不遇，或牢骚满腹，结果是耽误了自己短暂的一生。因此，我们应根据自己的能量，实事求是地分析，正确地确定抱负志向。若遭受挫折，就要分析原因：是自己努力不够，就要加倍努力；是方向性错误，就要立即调整方向；是自然环境的客观限制，就应着力改变环境或等待时机；是认识错误，就应立即接受教训、改弦易辙。总之，在目标确定后，就要实事求是，尽力而为。

“有十分幸福童年的人常有不幸的成年”。这是因为很少遭受挫折的孩子，长大后会因不适应竞争激烈和多变复杂的社会而深感痛苦。有些家境优越的“神童”和“尖子”一直在赞扬声中长大，直到去国外留学，结果却因思乡和人际关系不融洽而导致精神障碍，不得不中途回国，抱憾终身。于是“挫折教育”就被提到了议事日程上来，其着力于让孩子从内心深处激发出自寻快乐的本能。

战胜挫折才有真正的快乐，我们要采取宽容态度，提高认识、分清是非、改变环境、调整心理，从而从容地去战胜挫折，进而寻求真正的快乐。

70.2 乐极生悲

快乐过度必然走向悲凉，这是辩证规律。所以民间流行的“乐极生悲”之说是有哲学道理的。故孔子提出中庸作为最高道德准则，便是以“中和”为常道，只有“允执厥中”，不偏不倚地实行中庸之德，“不得中行而与之”，才能进入“中和”之境界。

而《列子·杨朱》则反其道而行之，主张纵欲方能成为“真人”，认为应不管“名声之丑，性命之危”，只求“尽一生之欢，穷当年之乐”。并认为，按照这一原则去处世，才算是“真人”。否则，即使治世能手如子产者，也不过是个可怜虫而已。这一纵欲主义主张，正反映出西晋门阀和地主阶级的贪婪和奢侈，当时放荡恣情的社会风气很盛。他们以淫乱为荣，以荒诞为乐，甚至与禽兽为伍。当时的谢鲲、阮放、毕卓等虽然“谈玄”，却没有留下什么理论，即使是为这种荒淫放纵的生活辩护的理论也没有。显然，这一纵欲主义潮流必然成社会的逆流。

无独有偶，西方也出现“快乐主义”，把享受快乐作为人生最大的幸福，认为感官快乐、物质的肉体的享乐是人生的目的。用生活学和心理学的观点，把人看作自然生物，把人的多层次的需要简单归结为趋乐避苦的自然本性，归结为追求肉体的感官快乐。显然，这跟《列子·杨朱》一样，违背辩证法，也自然应成社会逆流。但是遗憾的是，有西方学者直言不讳地说："在文化上文明资本主义正当的是享乐主义。"强调节约、俭朴、自我约束和谴责冲动的传统价值体系被迅速冲垮。社会成员不愿吃苦，使学生没有刻苦学习的精神，大多学习兴趣不高，在学校里体育出色或有文艺特长、能够经常参加各种活动的学生，才是受崇拜的对象。美国两位大学教授出版的一本书《学术随波逐流：在大学所学有限》中指出：美国大学生用于学习的时间少于参加聚会的时间，近四成的学生经过四年学习，在思维、推理和交流能力上没有实质性的改进。这应成我们的一面镜子。

享乐主义是社会的腐蚀剂，它抑制人们的上进心，导致勤奋和刻苦奋斗都成了空谈。因此，我们要创造百年伟绩，必须坚决剔除享乐主义。

70.3 自恋是一种似是而非的快乐

自恋者常常过高估量自己的欲望，幻想成功、权势、受人尊重或爱慕，对别人的批评产生不正常的反应等。因此，自恋者看上去总是惬意的、愉悦的、高傲的、目中无人的。显然，自恋者因在过高估量自己和虚幻的想象中洋洋自得，但其获得的这种快乐是似是而非的。

以自恋诗人为例，他为了寻求似是而非的快乐，总以否定一切为能事，以骂倒别人来显示自己的高明，仿佛不压倒对方就没人关注。可是，自恋诗人越去压倒对方，越使人看到其丑恶心态。

我们再以神童"泯然众人"为例。13 岁就考入中国农业大学、高考成绩达 563 分的贵州少年神童，却在一年之后品尝到了大学生活的不易——虽然竭尽全力，成绩仍处于下游。有机化学 33 分和英语分班考试排年级倒数第一名，使这位昔日的神童经受了从未有过的打击。神童之所以"泯然众人"也是自恋使然。在老师看来，他"上课总是不听话，态度不认真，老是爱在课堂上嘻嘻哈哈的"，"提问题的时候，他看上去很懂，有时候却似懂非懂；上课时，偶尔还会突然跑出教室去”。神童出名后一直在众人的吹捧中高高在上，使得他不能接受平常人经常受到的质疑和批评，学业上的成绩压力以及超越同辈甚至前人的种种期望使得他焦灼而忧虑。

有学者做过实验，把一群智商差不多的孩子分成两组，当他们完成同样的任务以后，对一组孩子给予表扬，对另一组孩子给予鼓励，结果，随着任务难度的加大，受表扬的孩子遇到难题就觉得是自己不够聪明而放弃，受鼓励的那组孩子则想尽办法来解决。鼓励，是夸奖孩子在解决问题时付出的努力，会给孩子一个可以自己掌控结果的感觉，孩子会认为，成功或失败与自己的努力程度相关。简单的表扬则是夸奖孩子聪明，是理所当然的，于是孩子就容易自恋，但当他们面对失败时，往往束手无策，受到的心理打击特别难以恢复。

自恋与自爱、自尊、自强有本质的不同，前者给人似是而非的快乐，后三者却给人以真实的愉悦。道德意义上的自爱是恰如其分地、公正地对待自己的态度和要求，爱护自己，珍视自己的生命，热爱生活，热爱自己从事的事业，对自己的价值有正确的估量和清醒的评价，不夸大也不缩小，尊重自己的独立人格，因此给人真实的愉悦。同样，自尊表示人们自己尊重、维护自己的尊严和人格，并且体现出强烈的自我意识，不容他人歧视和侮辱，具有个人自尊心和民族自尊心，从而推动实现自我的目标。这种自尊既是上进的，又是积极的；既尊重自己也尊重别人和别的民族，因此，这种心态产生的愉悦心境也是真实的。自强，指人对自己的能力和行为所产生的信任感情，对其工作或事业有充分的信心和决心，从而去克服千难万险，发奋图强，决心变理想为现实。因此，这种自强产生的愉悦心境也是真实的。

71 论慎独

慎独，是指在别人看不到的时候，自己的行为尤其要特别谨慎；在别人听不到的情况下，更要十分警惕。这是古代儒家的道德要求和道德境界，也是一种重要的道德修养方法。《中庸》强调“君子戒慎乎其所不睹，恐惧乎其所不闻。莫见乎隐，莫显乎微，故君子慎其独也”。一切人们认为隐蔽的东西，总是很容易表现出来的，一切微小的事情，也总是很容易显露出来。所以，君子特别戒慎和警惕独处的时候，慎独的修养就显得非常重要，也极具现实意义。

慎独这一道德境界和道德修养方法，是从孔子“慎”的哲学概念引申而来的。孔子提出的“慎”，是指一种待人、处世的谨慎态度。“子张学干禄。子曰：‘多闻阙疑，慎言其余，则寡尤；多见阙殆，慎行其余，则寡悔，”（《论语·为政》）。孔子强调多听，有怀疑的地方加以保留；其余足够自信的部分，谨慎地说出，就能减少错误。多看，有怀疑的地方加以保留，其余足够自信的部分，谨慎地实行，就能减少懊悔。显然，孔子提出的“慎”的概念内涵非常积极，而并非墨守成规，畏首畏尾。

那么，孔子主张的“慎”应坚持哪些原则呢？

第一，要调查研究，不要一听就信。孔子反对道听途说：“道听而途说，德之弃也”（《论语·阳货》），听到道路传言就四处传播，这是应该革除的作风。孔子于是提出要首先弄清是非黑白才能相信：“言必信，行必果，硁硁然小人哉”（《论语·子路》）。言语一听就相信，行为一定就坚决，这是不问是非黑白而只管自己贯彻言行的小人呀！

第二，慎言慎行是为了使反对意见和疑问中肯。孔子所说的“慎”要求慎言慎行，不是反对提反对意见和疑问，而是要求所提意见和疑问中肯。孔子虽然喜欢得意门生好学，但也反感他们不提反对意见和疑问："吾与回言终日，不违，如愚。退而省其私，亦足以发，回也不愚"（《论语·为政》）。颜回从不提反对意见和疑问，像个蠢人。等他退回去自己研究，却也能发挥，可见颜回并不愚蠢。

第三，勤奋工作而说话谨慎。孔子最反感"巧言令色"者，而主张勤奋工作且慎其言行："敏于事而慎于言"（《论语·学而》）。在这方面，孔子提出应小心慎重的有三样事："齐、战、疾"（《论语·述而》）。祭祀齐戒要慎重是因为对祭祀的真诚和敬重；战争关系国之存亡，也必须谨慎以待；疾病关系人之生死，也应谨慎以待。

第四，谨慎不是目的，不应束缚自己。孔子辩证地提出："慎而无礼则葸"（《论语·泰伯》），只知谨慎，却不知礼，就会畏葸懦弱。孔子反对在实行礼的时候，畏缩不前。我们之所以要慎言，是因为"一言而非，四马不能追"（刘向《说苑·谈丛》）；我们之所以要慎行，是因为"言行，君子之所以动天地也，可不慎乎"（《易经·系辞上》）。

由孔子"慎"的四大原则，再延伸到儒家倡导的道德修养方法，我们可扩大慎独的内涵，要在分辨是非中慎独，要在坚持正义和正确意见中慎独，要在勤奋工作中慎独，要在解放自我中慎独。

71.1 慎独的境界

一般意义上的慎独，是指独立做事时，在无人监督的宽松环境下能够约束自己，做到自律。更高境界的自律，则是指在无人胁迫、无人赞赏的情况下为民为国做好事而不求回报。上古时代，"时多疾病、毒伤之害"，神农为民治病，毅然尝百草，"一日遇七十毒"而不惧；中古时代，洪水滔天，民不聊生，禹毅然担起治水之重任，"三过家门而不入"，终率众治理洪水，变洪涝地为良田，为民鞠躬尽瘁，死而后已。神农、大禹是我们慎独的最好典范。

对普通人来说，同样可以达到慎独的高境界。四川南部县双峰乡龙马镇村普通小学教师王守奇就是这样一位慎独之人。他身在农村最基层的边远贫困地区，在没人礼赞、没人胁迫的情况下，王守奇克服万难，主动担起了扶贫教育的重任。2003 年，该乡全乡人均口粮还不足 400 斤，人均收入不到 200 元。20 年来，王守奇老师靠喂猪、养鱼、种菜供养了 398 名学生，其中 18 人后来进入大学。这些孩子吃住在王老师家里，每年来校只需交 75 斤大米。除了王老师的工资，20 年来对这所“学校”几乎没有什么投资，但它却奇迹般地延续下来，而且保证了 100% 的入学率。这被教育界人士称为“王守奇现象”。

王守奇为社会树立了一根精神标杆，他之所以如此发扬慎独精神，不仅因他的良知，更因他对教育扶贫理想的追求。他是这样想的：国家应该把教育工作的重点放在农村最基层，放在边远贫困地区，因为这才是中国最痛苦，最需要支持、鼓励和安慰的地区。他着眼于边远农村贫困地区教育的紧迫性，用实际行动去践行他的理想信念。这无疑是一种高境界的慎独。

71.2 中国女孩的人性测试

中国女孩李某在美国社会体验“苍老”生活，意外地以亲身经历测试了人性的真实面目。

2008 年，当时 25 岁的中国女孩李某来到纽约，开始了留学生涯。2009 年 8 月初，纽约一家电视台筹划“超级老人模仿秀”活动，需要 6 位 26 岁以下的青年男女乔装打扮成 70 岁以上的老人，体验老年人的生活和心境。而意外的收获是，这成了一次对人性的测试。

李某乔装打扮成老人以后乘车去市中心。纽约的公交车每排座位前都有下车电铃。电子报站器响的时候，乔装打扮的李某按下电铃。司机把车停下来，但她走到车门口看了看，又回到座位上，跟司机抱歉地说，自己耳朵不好，听错了。如此反复三次，车上的一些人对她投来厌恶的目光。真正下车的时候，李某又磨磨蹭蹭的，还假装跌了一跤，但没有一个乘客走过来搀扶她，整个下车过程用了5分钟。车门合上的一刹那，一个年轻人嘲笑她说："老太太，你应该进棺材躺着了，别再出来丢人现眼！"到吃午餐的时候，李某来到餐厅按要求点了菜。她必须像老人那样细嚼慢咽。而此刻前来就餐的客人很多，她占用座位的时间已经有两个小时了。一个侍应生不停地朝她翻着白眼。好不容易用完餐，她又去了洗手间。且必须在里面待够半小时，因为很多老人都有习惯性便秘。坐在马桶上，冗长单调不说，那些不停敲洗手间隔板，催促她快点的客人更让李某心烦意乱了。这时，李某才真正体会到老人的尴尬与痛苦。李某还以移民美国不久的"女画家"老人身份参加了纽约一场盛大晚宴。到席的嘉宾一个个打扮入时，神采飞扬，和李某的年迈土气形成了鲜明对比。席间，她不停地咳嗽、清嗓子、往纸巾里吐痰，因为"手抖"还不时把菜肴和面包掉在桌子上。有几个年轻女孩用很厌恶的目光瞟她，连衣冠楚楚的男士也皱起了眉头。

中国女孩乔装成老人的经历，足以让我们思考点什么！

71.3　君子慎独，冲向战斗第一线

慎独不应仅是无人监督时不做坏事，更应是无人监督时敢于冲向战斗的第一线。在抗击新冠疫情的战斗中，"90后"的白衣战士们奋不顾身，勇敢地冲向抗疫的第一线，成了永不退缩的逆行者。

人传人的新冠疫情在武汉暴发后，全国330多支医疗队、4.2万名医务人员驰援湖北，其中护士有2.86万人，占医疗队总人数的68%。在这2.86万名支援湖北的护士中，有1.4万名护士为重症患者护理，他们中的大多数都是"90后"，甚至是"00后"。航天中心医院承德分院的张晨义是一名"90后"男护士，当看到医院报名支援湖北的信息时，他刚下夜班，毫不犹豫就回复了"报名"。那时的他还在担心：要是不让他去怎么办？别人问他

“难道你不害怕吗”，张晨义回答：“没细想，救死扶伤是天职，有机会一定要到最前线去，就觉得我要上！”

在抗疫的第一线，上千名医护人员不幸被感染。感染新冠肺炎离开岗位 18 天后，24 岁的武汉大学人民医院急诊科护士贾娜成功治愈，重返一线。她说：“我是护士，就应该跟同事奋战在一起。”有人感染后痊愈并重返岗位，有人则献出了自己年轻的生命。年仅 29 岁的彭银华，在他所供职的武汉市江夏区第一人民医院，同事们捧着菊花向这位殉职的年轻医生告别。他们用生命交出了属于“90 后”医生的奋斗答卷。

陈广是武汉同济医院感染科医生，他主动请缨到第一线。他是这样说的：“第一天进去我倒没紧张，因为之前流感的时候我也驻守过发热门诊，平时给学生教学也经常讲隔离衣的穿脱。那天和我一起值班的是呼吸内科的同事，之前没讲过发热病房的经验。我们两个人面对这么多重病患者同时进来，感觉一下子不适应了。”当天，陈广一口气收治了 7 名高度疑似感染新冠病毒的肺炎患者。一位 60 多岁的阿姨突发急性心力衰竭，医生就直接冲上去做心肺复苏，根本来不及戴防护面罩，他们的面部与患者的口鼻只隔 30 厘米。陈广在朋友圈写下的这段记录，将君子高境界的慎独诠释得淋漓尽致：上抗疫第一线，“苟利国家生死以，岂因祸福避趋之”，致敬那些默默无闻，奋斗在第一线的兄弟姐妹们！他们冲在最前面，做着最危险的工作，他们的名字才最值得被人记住！

72 论苦乐

《西游记》第三十二回有句名言：“不受苦中苦，难为人上人”。且不说唐僧经历九九八十一难才取得真经，环顾中外历史，成大器者，哪个不是经历了艰难困苦，哪个不是艰苦奋斗者！因此，从这个意义上来说，苦与乐是孪生兄弟，快乐通常是艰苦奋斗的结果。

关于苦与乐的辩证关系，孟子说得十分贴切："天将降大任于是人也，必先苦其心志，劳其筋骨，饿其体肤，空乏其身，行拂乱其所为，所以动心忍性，曾益其所不能"(《孟子·告子下》)。春秋战国时成大器的老子、孔子、孟子、庄子、墨子、孙子、孙膑等，无不是如此。特别是孔子，无论在当时或后世，在国内或国外，都是影响最深最广的人物，是一位言行一致、学识渊博、品德高尚的伟大思想家、政治家、教育家，他集以往文化思想之大成，开后世儒家学说之先声。如此赫赫成就，与他一生始终辛勤奋斗是分不开的。孔子三岁父亡，他自己说过："吾少也贱，故多能鄙事。"孔子小时候主要靠母亲勤劳俭朴维持清贫生活，在十六七岁时，慈母去世，对他打击很大。他就要在当时等级森严的封建社会中独自谋生、学习和奋斗，真可谓"苦其心志，劳其筋骨，饿其体肤，空乏其身"。扫地、做饭、洗衣、种菜、推车等家务劳动，给人家放羊、放牛以至当人家有婚丧喜事时做吹鼓手之类的事他都做过。孔子通过自学和向人请教的方式，终于完满而全面地学习和掌握了礼、乐、射、御、书、数这六门基本功。30岁左右的时候，孔子的学业已远远超过上述"文艺"范畴，而把高等"文艺"，即后来被尊为"六经"(《诗》《书》《礼》《乐》《易》《春秋》)的实际内容和精神也都已经融会贯通了。自此，孔子通晓古今各种文献资料并联系当时的现实，发现当时周室衰微，"礼崩乐坏"，诸侯纷争。孔子经过思考和概括，逐渐形成了自己立身处世和观察、解决当时各种问题的思想，并逐渐形成了儒家思想价值体系。孔子经历了14年访问列国诸侯的流浪生活，68岁时回到鲁国，仍不见用，乃以晚年余热，不遗余力地潜心于治学和教人。司马迁说孔子晚年喜《易》，把竹简皮条弄断了多次。孔子自己也说："其为人也，发愤忘食，乐以忘忧，不知老之将至，云尔。"这种"不知老之将至"而"乐以忘忧"的精神，充分体现了孔子的苦乐辩证观。

苦与乐，是一对矛盾的两个方面，苦中有乐，乐中有苦，乐在其中矣。

苦，一般指物质生活与精神生活方面的苦楚、艰辛、困厄和辛酸；乐，指物质生活与精神生活的满足与快乐。当把苦与乐联系起来，为事业、为理想而受的苦楚，往往会转化为一种物质满足难以比拟的快乐。红军翻过雪山走过草地后胜利的快乐、经过长期艰辛钻研终于攻克科学难关时的快乐，是任何物质享受都无法比拟的。

人生苦短，必须从小就勤做事，这样晚年才会幸福。正如林逋所说："少不勤苦，老必艰辛；少能服劳，老必安逸"（《省心录》）；"惟日孜孜，无敢逸豫"（《尚书·君陈》），天天努力不怠，不敢安闲游乐。

我们主张以苦为乐，化苦为乐，勤苦为乐，是建立在欲实现远大理想和抱负的基础之上，它既是炼心的过程又是一种乐观态度。这与宗教的苦行主义不同。宗教的苦行是为了达到解脱境界，而我们自觉地磨炼不畏艰苦、迎难而上的坚强意志，是为了实现伟大事业和理想，完成历史和人民赋予自己的使命。因为"从来好事天生险，自古瓜儿苦后甜"。

72.1 不朽的胡杨——中国科学之星

1964 年 10 月 16 日下午 3 点，新疆罗布泊核试验场上强光一闪，蘑菇云腾空而起，中国第一颗原子弹试爆成功！这一消息使整个中国沸腾了，也使世界为之震惊——古老的中华民族又焕发活力了。中华人民共和国成立仅 15 年，中国从极为贫弱的基点上爆炸了原子弹，这是继抗美援朝战争胜利之后新中国的又一次伟大胜利。中国从一辆汽车、一架飞机都不能制造的一穷二白条件下起步，只用了 15 年就跨入了有核国家的行列，这不仅是中国的奇迹，更是世界上的奇迹。这样的奇迹是怎样创造出来的呢？除了党和国家领导人的正确战略决策外，离不开具体执行的一群中国科学之星的奋发努力。而这些科学之星，除具有优秀的科学素养外，还具有一不怕苦二不怕死的奋斗精神，他们也能从为祖国、为人民奋斗的过程中获得快乐。

挺立在中国西北沙丘的胡杨，“一千年生而不死，一千年死而不倒，一千年倒而不朽”，在恶劣环境中生存，抗干旱、挡风沙、耐盐碱，与沙丘共存。“两弹一星”的科学家团队就是一群不朽的胡杨，他们在中国大西北的荒漠中奋斗不息，诸如钱学森、钱三强、邓稼先、王淦昌等，就是为国为民苦中求乐的中国科学精英，他们身上体现了中国风范和中国精神。

1955 年 1 月中央召开会议，做出了开始核弹研究的决定，“这是决定命运的”决定。1955 年，著名科学家钱学森回国后，翌年就被任命为导弹研究院（五院）的首任院长，毛泽东和周恩来特别批准授予他中将军衔。此时中国的工业基础薄弱，却有一批从海外归来的、具有世界级水平的科学家，他们利用简陋的条件开始对导弹和核弹进行研究探索。

例如核物理学家王淦昌（1907—1998 年），他是我国实验原子核物理、宇宙射线及基本粒子研究的主要奠基人，热核聚变研究的开拓者和奠基人，他做过许多极富创造性的工作，也从中享受快乐。他曾两次与诺贝尔奖失之交臂。有人说，如果他继续在原来的科研领域工作，很有可能叩开诺贝尔奖的大门。但王淦昌对此有过这样的表述：“人之一生，还有什么比把自己的微薄之力贡献给祖国更有价值，还有什么比看到祖国的日益强大更值得自豪呢？”这不仅是王淦昌的苦乐观，也是为国为民的中国科学之星的苦乐观。

72.2 “两弹元勋”邓稼先的苦乐观

1985 年 8 月，邓稼先患了直肠癌，在生命最后的日子里，他关注的不是自己生命面临终结，而是敏锐地想到一些核大国有可能出于政治考虑，策划“世界性禁核”，以保持自己核强国的地位。如果中国不能抢在这个时间内完成既定发展目标，就会丧失国际政治、外交中的主动权，结果就可能是“多年努力，将功亏一篑”。邓稼先忍着癌变带来的剧痛，在病房中草拟、修改了一份给中央的关于我国核武器发展的极为重要的建议书（1986

年 4 月 2 日与于敏联合署名）。这份建议书得到中央的重视并认真参考，使邓稼先暂时忘掉了病痛，非常高兴。

为了祖国的强盛兴旺，邓稼先投身科研工作，整整 28 年与妻儿分开而无怨无悔。正因为他为国为民把自己的生死置之度外，才能在危险时刻义无反顾地去寻找爆炸的核弹。20 世纪 70 年代末，出现了一次偶然的事故，飞机空投时降落伞没有打开，核弹从高空直接到了地上。天空没出现蘑菇云，核弹哪里去了？指挥部立即派出 100 多名防化兵去寻找。他们来回奔跑在荒无人烟的戈壁滩上。邓稼先决定亲自去找，许多同志都反对。基地司令员陈彬阻拦说："老邓，你不能去，你的命比我值钱。"邓稼先被生死与共的同志的真挚情感所打动，但他清楚地知道，放射性钚在大自然中的半衰期是 24000 年，在人体内的半衰期是 200 年，也就是说，这会终生伤害着"吃剂量"（受到辐射）的人的身体。仅 1 克重的钚就可以毒死 100 只鸽子。邓稼先心里有一句没说出来的话："这事我不去谁去？"这位 50 多岁的核科学家、中国核武器理论设计总负责人勇敢地向着危险区走去。终于，碎弹被他找到了，高度的兴奋和激动使他一瞬间变傻了，他竟用双手捧起了碎弹片——那含有剧毒的危险的放射物。他心里十分兴奋，终于放下心来。他见到赵副部长后兴奋地说："平安无事。"少顷，他意识到他身体一定是有事了，但还是乐呵呵地与大家合影留念。这位科技精英在生死关头毅然做出了选择。这种崇高、伟大的苦乐观将持续地影响着一代代的中华儿女。

72.3 苦中自有乐——"量子之父"潘建伟

中国科学院量子信息与量子科技创新研究院门厅入口处的墙壁上，刻着核物理学家赵忠尧前辈的一段话："回想自己的一生，经历过许多坎坷，唯一的希望就是祖国繁荣昌盛，科学发达。我们已经尽了自己的力量，但国家尚未摆脱贫困与落后，尚需当今与后世无私有为青年再接再厉，继续努力。”前辈科学家这一席话正代表了中国广大科学家的心声，也代表了以潘建伟为首的量子研究团队的心声。

潘建伟要在中国创建一个世界一流的量子光学实验室。2001年，他从奥地利的维也纳留学回国，就开始着手创建这样的实验室。从2017年研制出世界首台量子计算机，到2019年量子卫星发射，再到2020年“京沪干线”开通，这是量子通信从基础研究到小规模应用，再到远距离应用的历程。经过20年的探索和磨砺，潘建伟及其科研团队终于使中国的量子技术在世界上处于领先地位。

在20年的奋斗中，潘建伟苦中自有乐，乐在吃苦中。为什么他能坚持、坚韧并持续为量子科学事业而奋斗，源于他年轻时就立志为祖国建功立业。他的维也纳导师塞林格第一次见面就问：“你的梦想是什么？”他毫不犹豫地回答道：“我要在中国建一个和您的实验室一样的世界领先的量子光学实验室。”导师很赞赏潘建伟这一伟大志向。至此，潘建伟为这一理想努力不辍，持恒20年，苦乐相融、乐在其中，终成硕果。

老一辈科学家对国家、对民族的感情，一直以来对潘建伟及其科研团队影响很大。1999年在中国驻奥地利大使馆，潘建伟看了一部有关“两弹一星”的纪录片，里面讲到物理学家郭永怀的故事。1968年，郭永怀在青海试验基地发现了一个重要线索，乘机赶回北京汇报，没想到飞机失事了。飞机坠落前，他和自己的警卫紧紧抱在一起，中间夹着装了数据资料的公文包。出事后，他们的遗体都被烧焦了，人们费了好大劲才把遗体分开，然后发现了完好无损的公文包。对他们来说，数据比生命还重要。潘建伟看后泪流不止，深感自己和这些老一辈科学家有着共同的精神血脉。

潘建伟认为，只要认定目标，持之以恒，就会走向成功。做任何新领域的科研都是艰苦的探索，从中又能得到快乐。只要有决心，就一定能做成些事情。

73　论节俭

节俭，指的是生活俭省，有节制。节俭是一种美德，更是一种优秀的传统文化，是提升思想道德素质的一个途径。具有这种品质的人，能合理地分配物质财富和精神财富。节俭必然去奢侈，抵制挥霍。奢侈和挥霍如山林之野火，也如有漏洞的酒杯："山林不能给野火，江海不能灌漏卮"（王符《潜夫论·浮侈》）。故明代张居正言："三寸之管而无当，不可满也"（《论时政疏》）。粗不过三寸的管子，如果没有底，永远也不会填满。

中国古代典籍《周易》中就提出"贵俭"的思想，把最好的"甘节"，即甘于节约、乐于节俭的思想品质，当作"甘之如饴"的乐事。在以后长达两千年的封建社会中，节约的品质一直受到人们的崇尚。在当今新时代，节俭的品质应该得到继承和发扬，因为节俭意味着合理地对待劳动人民的工作成果，合理地对待自己拥有的时间，表现出对所创造的物质财富和精神财富的尊重。节俭要求经济地、合理地和有效地利用社会财富和个人生命时间，反对任何违背科学规律的挥霍和浪费行为。

老子用简洁的语言表达了人生要去掉的三大病态："去甚、去奢、去泰"（《道德经·第二十九章》），去掉那些极端的、奢侈的、过分的东西。这是很有见地的，物极必反，走极端必然走向极端的反面。奢侈，使人喜欢摆门面、讲排场、图阔气，从而养成挥霍、浪费、虚荣的慵懒作风。过分，真理跨越半步就成谬误，人的修养品德亦如此，诸如本来正当的欲望过分了就成了贪婪；本来正当的消费，过分了就是浪费；本来是正当的关爱，过分了就是溺爱。如此等等。

节俭不仅是一种美德，也是一种对待劳动成果和时间的正确态度。节俭者精打细算，量入为出，不去盲目追求高消费。即使是自己的物质财富已经丰富了，那也不应铺张浪费、大手大脚、慕虚荣、摆阔气。有些人为了摆阔，大办生日宴、婚礼宴、升学宴，大量浪费食物，甚至有的菜肴无人动过就被倒掉，这种摆阔和虚荣导致的巨大浪费实在令人痛惜。

我们在培养节俭美德时，要注意另一种倾向，就是把吝啬当成节俭。其实吝啬与节俭有着本质的不同，它不是美德而是丑。吝啬，是因自私而表现出来的贪鄙。节俭反对浪费，吝啬是小家子气表现的，该用而不用；节俭反对挥霍，吝啬是斤斤计较个人得失，把财物看得无比珍贵。法国莫里哀的《悭吝人》(《吝啬鬼》) 就一针见血地揭示了吝啬的本质：高利贷富商阿巴公爱财如命，既强迫女儿嫁给不要陪嫁的老头子，又同儿子争娶一个年轻的贫女。正如马克思所说："浪费和节俭、奢华和贫困互为前提。"

关于节俭，笔者认为还应提及对生命时间的节俭。每个人的生命是有限的、短暂的，因此，人生的时间绝不能去浪费、去挥霍，应惜时如金。正如诗人李白所叹："君不见，高堂明镜悲白发，朝如青丝暮成雪"(《将进酒》)。故应记住曹植的忠告："人生处一世，去若朝露晞。年在桑榆间，影响不能追"(《赠白马王彪》)。

73.1 消费辩证法

西方思想家休谟在1752年写了一篇《论奢侈》，招来一片批评和谴责。休谟将奢侈一分为二：奢侈之于社会的利弊同时存在，若奢侈不再有害，它也将不再有利。一个文明社会，不是一个人民衣不蔽体、食不果腹的社会，而是一个物质相对丰裕的社会。美食华服、豪宅良马，富人的奢华消费为穷人提供了就业机会，"圣诞节餐桌上一碟豌豆所需的操劳和辛苦，却能维持一大家子6个月的生活"。休谟这一观点招来一片批评和谴责也是理所当然的。笔者认为休谟这一观点之所以是错的，是因为其犯了两个致命的错误：第一个错误是他把消费概念等同于奢侈。奢侈的内涵是对社会或家庭创造的物质财富的挥霍和浪费；而消费，特别是个人消费，是指人们为满足个人生活需要而消费各种物质资料和精神产品。个人消费是恢复和发展劳动力必不可少的条件，因而也是保证生产过程不断进行的前提。因此，消费是一个文明社会的市场表现，市场消费得越好，说明人们经济状况和精神状况越好，也间接体现了人们生活水平的提高和文明程度处于较高水平。相反，若市场消费萧条，也间接反映出人民生活水平低下和社会文明程度低下。因此，在一般情况下，消费水平的高低往往是一个社会经济状况和文明程度的晴雨表。故社会繁荣，政府应鼓励人们消费。

鼓励消费存在着两面性，是一把"双刃剑"。消费是为满足人们的物质需要和精神需要，有其正当性，但若是为了体面、讲排场、摆阔气而去挥霍浪费，这就走向了奢侈，不管是个人还是社会风气，奢侈之风都应否定，应遭到批评和谴责。因为它是对劳动成果的不敬和对劳动人民的不恭，小到对餐桌上剩下的肉食、蔬菜毫不怜惜，并当废物抛弃，大到珠宝金银满堂而任其灰飞烟灭。对于社会和国家来说，若奢靡成风，必将亡国灭种。

消费的心理动力是需要和欲望，生活需要、物质需要及精神需要往往能激发消费、促进消费。由于生活需要、物质需要和精神需要具有有限性和时效性，其对消费的作用往往是正效应大于负效应，其主流是积极的。但人的欲望除包含正常生活需要外，它的外延大大延伸，而且欲望无穷。许多贪婪者、野心家，都是因欲望膨胀冲昏了头脑而走向毁灭，真可谓"人心不足蛇吞象"。

因此，我们提倡消费，是提倡合理的消费，所谓合理的消费，就是在消费过程中不奢侈、不浪费、按需取用。我们提倡的是节俭，不是吝啬。吝啬不是合理消费，而是守财奴式的浪费。吝啬者视财产如生命，舍命不舍财，他们不轻易消费。吝啬者不仅过分爱惜财物，当用而不用，而且斤斤计较，把保存财物变成目的本身，从而忘记财物作为消费品的有益用途，使人的利益和需要遭受损失。吝啬，从本质来说是奢侈的另一个极端，就像是一个硬币的两面，本质相同。

73.2 节俭的盲点

一提到节俭，我们立即联想到金钱和物质的节俭，却忘了时间的节俭，而这正是当今我们谈论节俭的盲点。这一盲点不除，将会是最大的浪费。宇宙的时间和空间是无限的，但人的生命是有限的，浪费时间，也就是浪费生命。一个人如果一生浑浑噩噩、醉生梦死，到临死时痛悔不已，却为时已晚。

时间只沿着过去、现在和将来一个方向推移，流逝只是单项前进，一去不复返。我们珍惜时间，就是珍惜生命。常言道：时间就是金钱。的确，社会的财富是要靠勤奋者用时间来创造的。但是，时间的意义不止于此。时间就是生命，生命是由若干单个的时间组成的。中国人的平均寿命不到 80 岁，我们能够自己掌握的时间实则非常有限。

懒惰和懈怠会毫不犹豫地损耗我们的生命时间，它让偷懒的人不思进取，萎靡不振，“做一天和尚撞一天钟”，得过且过，心志消沉，怕苦怕累，三心二意。因此，因懒惰而浪费时间，属于慢性自杀。虚度年华是最大的挥霍和浪费。人生一世，草木一秋，生命精彩与否全靠自己。我们要善于运用时间、珍惜时间，韶华一去不复返，要用奋斗者的眼光对待时间。

人的生命应像蜡烛，点亮自己，照亮别人。不要学蝙蝠，在阴暗的岩洞里消磨一生；应学秋蝉，虽然寿命很短，却在松树上一鸣惊人。

时间对每个人都是公平的。生命不应消耗在麻将桌上，也不应消耗在钩心斗角上，而应用来创造光彩的人生。“一万年太久，只争朝夕”！

73.3 勤俭兴邦，奢侈亡国

中国古代的隋朝，虽有雄厚的国力，却只存在了 38 年就塌陷而亡，其最主要的原因是隋炀帝奢侈腐化、荒淫无度。隋炀帝在位时，征发重役，为营造东都洛阳，开发运河，修筑长城，10余年间调发扰动不下1000万人次，造成“天下死于役”的惨象。他劳民伤财、挥霍无度，年年远出巡游，每次出游都大肆营造离宫，扰掠地方，浪掷人力物力财力，社会生产受到严重破坏。他亲征吐谷浑后，又下诏进攻高丽。皇帝奢侈腐化，百姓民不聊生，此等国家怎能不亡？

而中国共产党的领导人，在革命时期和建设时期，从不要求什么特殊待遇，终身保持艰苦朴素的生活习惯。毛泽东本人的饮食简单随意，一日两餐或三餐，吃饭时不小心掉到桌面的饭粒，他都一粒粒夹起，送到口中，他常说：“我们国家还不富裕，人民群众生活还有困难。我吃的饭菜已经很好了，什么时候中国老百姓都能吃上四菜一汤，那该多好。”他的衣服鞋帽，许多都是补了又补，一件睡衣打了73个补丁，一条毛巾被也打了54个补丁。

南宋史学家吕中曾总结道：“创业之君，后世所视以为规范也；宫闱之地，四方所视以为仪刑也。一人之奢俭者虽微，而关于千万世者为甚大；致谨于服色者虽小，而关于千万里者为甚远。”因此，有权支配社会资源者，是抑奢崇俭的首要责任人。

宋太祖赵匡胤养成了俭朴的作风，当了皇帝后，他没有大肆挥霍财富，一直比较节俭。宫里悬挂的帘子，都是粗布所制；洗了多少次的旧衣服依然穿在身上。宋太祖坐的是前朝皇帝用过的“二手车”。他不仅自奉简约，也严格要求子女。有一次，他的大女儿魏国公主进宫看望父母，穿着一件用翠色羽毛装饰的衣服。宋太祖看见，立即沉下脸，告诫她不要再穿。宋太祖还说：“你生长富贵之家，已经很享福了，但千万别忘了惜福。”

北宋立国167年，历9任皇帝，在中国历史上被称为“简朴之世”，但到了第八代宋徽宗，奢侈之风从皇上那里开始盛行，于是立即有一班溜须拍马之徒逢迎上来。宋徽宗最宠信、最重用的大臣，也个个都是聚敛私财、挥金如土的高手。所有负担最终悉数压在百姓头上，社会经济遭到了严重破坏。终于在两浙、黄淮等地爆发了声势浩大的方腊、宋江起义。民众反抗严重动摇了北宋统治的根基，使北宋政权在金兵来侵时不堪一击，轰然覆亡。

诚如唐代诗人李商隐诗云："历览前贤国与家，成由勤俭败由奢"（《咏史》）。

74 论烦恼

"汴水流，泗水流，流到瓜洲古渡头。吴山点点愁，思悠悠，恨悠悠，恨到归时方始休。明月人倚楼"。唐代著名诗人白居易的《长相思》，叙尽了相思中的烦恼。烦恼犹如无形的蛇缠绕在心，让人不快，忧而厌食、忧而失眠、忧而不乐。烦恼又如李白所说："抽刀断水水更流，举杯销愁愁更愁"（《陪侍御叔华登楼歌》）。烦恼更如汉乐府诗《古歌》所言："秋风萧萧愁杀人，出亦愁，人亦愁，座中何人谁不怀忧"。

所以，消除烦恼，是古今中外人们常常思考、探索的命题。"民之无良，相怨一方"（《诗经·小雅·角弓》）。凡人皆有忧愁之事、不快之时、苦恼之旅、郁闷之日，渴望畅快之时、高兴之事、愉悦之心、痛快之日。因此，怎样解除烦恼就成了社会课题。

烦恼与愉快，是一对矛盾。有了烦恼，总想用愉快来解决它，殊不知，有了某种满足以后，烦恼接着又发生了。这就是烦恼生愉快，愉快生烦恼，两者在一定的条件下总是互相转化。故笔者说：何以解忧，唯我心头。孔子深深懂得烦恼与愉快之间的辩证关系，从而提出"乐以忘忧"的命题。孔子和他的弟子颜渊就采取"乐以忘忧"的生活态度："一箪食，一瓢饮，在陋巷，人不堪其忧，回也不改其乐"（《论语·雍也》）。一竹筐饭，一瓢水，住在小巷里，别人都受不了那穷苦的忧愁，颜回却不改变他自有的快乐。这正是因为“回也，其心不违仁”（《论语·雍也》），颜渊他的心长久地不离开仁德所至。

关于烦恼，孔子提出“君子不忧不惧”的命题。那么，君子是怎样解其忧而做到不忧愁的呢？孔子采取了一些有效的方法，这些方法极具现实意义。

孔子首先提出“仁者不忧”。“知者不惑，仁者不忧，勇者不惧”（《论语·子罕》）。那么，仁者为什么不忧呢？是因为仁者“爱人”，“爱人”即“爱众”，因此，《论语·学而》又提出“泛爱众”。孔子以“人”或“众”作为仁的对象，放眼众人，以众人之苦为苦，以众人之乐而乐。拥有这样的仁爱之心，怎么会有忧愁不解呢？

孔子提出以崇敬英雄来消除烦恼。他十分崇敬一心为民治水的大禹：“巍巍乎，舜禹之有天下也而不与焉”（《论语·泰伯》）。舜和禹真是崇高得很呀！贵为天子，富有四海，却整年为百姓勤劳，一点也不为自己。孔子心中有大禹英雄为榜样，烦恼自然会消解不少。

孔子心胸坦荡、宽广，不计较小事，不郁闷琐事，不苦恼陋室，就不会像小人那样经常局促忧愁。故孔子叹曰：“君子坦荡荡，小人长戚戚”（《论语·述而》）。于是，孔子能“士志于道，而耻恶衣恶食者，未足与议也”（《论语·里仁》）。

孔子认为树立正确的富贵观，就会减少烦恼。他在《论语·里仁》中说：“富与贵，是人所欲也；不以其道得之，不处也。贫与贱，是人之所恶也；不以其道得之，不去也。君子去仁，恶乎成名？”发大财、做大官，这是人人所盼望的；不用正当的方法去得到它，君子不接受。穷困和下贱，这是人人所厌恶的，不用正当的方法去抛弃它，君子不摆脱。君子抛弃了仁德，怎么去成就他的声名呢？

孔子对贤者和不贤者采取正确态度，就会消除这方面的烦恼。因为常人总是见贤者，自己比不过而烦恼；见不贤者，自己看不惯而烦恼。这怎么办呢？孔子采取“见贤思齐焉，见不贤而内省也”这一办法，看见贤人，便应该向他看齐；看见不贤的人，应该自己反省，有没有同他类似的毛病。

孔子强调“德不孤”而除去烦恼。“德不孤，必有邻”(《论语·里仁》)，有道德的人不会孤单，一定会有志同道合的人来和你做伙伴。我们当今的志愿者及义工就是这样，有以奉献为乐的志愿者做伙伴，怎么会烦恼呢？

若遇到别人的怨恨而烦恼，孔子采取“以德报怨”“以直报怨”“以德报德”的方法，就减少了烦恼。拿公平正直来回答怨恨，拿恩惠来酬答恩惠，自然会赢得他人的尊重。怎样对待因妻子容貌略为逊色而产生的烦恼呢？孔子强调“贤贤易色”(《论语·学而》)，对妻子，重品德、不重容貌，这就减少了烦恼。

孔子怎样处理怀才不遇而生的烦恼呢？他不主张当“自暴自弃”，而是“待价而沽”，“有美玉于斯，韫椟而藏诸？求善贾而沽诸。子曰：‘沽之哉！沽之哉！我待贾者也’”(《论语·子罕》)。这里有块美玉，把它放在柜子里藏起来呢还是让识货的商人买走呢？孔子强调等待识货的人来买。既然是美玉，还怕卖不掉吗？孟子也有类似的看法，他阐述了“求则得之”与“求无益于得”的关系，若是“求则得之”的事，应努力去争取，另一种求不必得的事就没有必要争取，这样就会减少这方面的烦恼。

孔子强调与大自然为友而消除烦恼：“知者乐水，仁者乐山”(《论语·雍也》)，聪明的人乐于水，仁人乐于山。

74.1 “感谢”羞辱

羞辱是玷污对方的人格尊严，用不正当甚至卑鄙的手段损毁人的生理和心理。这本是受屈辱之事，为什么要“感谢”呢？这种“感谢”是打了引号的，因为对方的羞辱，能激发起我方同仇敌忾的斗志；也能逼迫出我方勇往直前的勇气。让我方清楚明白地看清对方的丑恶嘴脸，从而使羞辱者成过街老鼠，人人喊打。羞辱者会使被羞辱者产生愤怒的力量，这也是一种反向的激励。

100年前，列强瓜分中国土地，羞辱中国人，从而导致“五四”爱国运动和新文化运动，开始了中国新民主主义的新纪元。1919年初，协约国胜利的消息传到中国，作为协约国成员之一的中国，民众对德国占的山东的回归充满期待。中国派出五位代表出席巴黎和会，他们在会上据理力争，但列强充耳不闻，执意将德国在山东的权益移交日本。列强肆意瓜分中国，此等奇耻大辱，激起全中国的愤怒，中国人民被压抑的怒火再也无法按捺下去。一场声势浩大的抗议活动暴发。1919年5月4日，始于北京大学等学校的示威游行演变成全国性的罢学、罢工、罢市，这就是后来被称为“五四”运动的反帝反封建爱国运动。

90多年前，日本发动侵华战争，中国在长达14年的抗日战争中做出了巨大的牺牲，并取得伟大胜利。由于国民政府的软弱和不抵抗主义，使日本帝国主义占领南京后，进行了灭绝人性的大屠杀，枪杀我手无寸铁的无辜同胞30余万，尸横遍野、血流成河。日军进到南京城后，烧杀奸淫，无恶不作。并在中国的广泛占领区实行杀光、烧光、抢光的“三光”政策；设“慰安妇”，强行让良家女子做军妓；实施细菌战，企图用细菌战灭我中华民族。中华民族处于亡国破家的边缘，这样的羞辱激起中国人民的群体反抗。更多的进步青年加入真正抗日的共产党，逐渐形成了抗日民族统一战线。尽管在后来的岁月中经历了各种磨难和曲折，但抗日队伍始终沿着既定道路不断壮大，最终取得了伟大胜利。

74.2 豁达开朗，跳出“六不治”

烦恼总是让人烦闷苦恼、心绪不宁。怎么才能破解因矛盾、因人际关系、因事态、因生计、因好恶等引发的烦闷苦恼、心绪不宁呢？我们先从中医的“六不治”说起。《史记·扁鹊仓公列传》记载：“人之所病，病疾多；而医之所病，病道少，故病有六不治：骄恣不论于理，一不治也；轻身重财，二不治也；衣食不能适，三不治也；阴阳并，脏气不定，四不治也；形羸不能服药，五不治也；信巫不信医，六不治也。”其实中医这“六不治”，基本上概括了人们产生烦恼的原因，因药物难以治愈，只有心理治疗方可奏效。

一不治的“骄恣不论于理”，这实际上是自恋心态造成的。自恋者总是以自我为中心，什么人都瞧不起，总认为离开了自己地球就不转了。处处夸耀自己的人本质上是自卑的，他的潜意识中怕别人看不起自己。因此，自恋者一要把视野放远，看看宇宙之大，飞扬跋扈的心态就会减弱；二要恰如其分，实事求是地发掘自己的优势和独特能力；三要尊重对方，尊重差异，不要全盘否定别人的长处。这样才会逐渐减弱烦恼，直到消除烦恼。

二不治的“轻身重财”，实际上是贪婪或吝啬造成的。在人际关系中以占别人或占公家便宜为快，有时不惜损人利己。在人际交往中，以怨报德，不知知恩图报，占不到便宜便烦恼。世上没有人喜欢贪便宜的人，要明白吃亏是快乐。视财如命、吝啬抠门、舍命不舍财的人忽略了一个道理：利他是快乐的源泉。他们反道而行，把利己作为快乐的源泉，所以得不到、不能占有就生烦恼。因此，要消除烦恼，得到快乐，首先要“舍”。

三不治的“食不能适”，这是由娇骄二气引起的烦恼。娇气十足，难以适应世间，与人自然疏远。要在生活中去除娇气，以平常心待之，粗细兼得，冷暖自如；还要去除傲气，以平等心待之，明白世上无低贱之人，只有不同的分工，任何工作无高低贵贱之分。这样豁达大度，才会减少烦恼，增加愉快。

四不治的“阴阳并，脏气不定”，“阴阳并”是因不能使情感适度所致，或情绪低落而萎靡，或因情绪高亢而激动，总是走两个极端而引起烦恼。情绪萎靡因否定自己而自残，情绪高亢因冲动而放肆，从而走向极端。对此，应用“中庸”之法调控，使烦恼向快乐转化。情绪萎靡时多盯着积极面，多思考愉快的事，不要继续贬低自己，努力提振情绪；情绪高亢时，多给自己降温，不搞快乐至上，不过于娱乐，应在情绪上节制，不做不可实现的梦。

五不治的“形羸不能服药”，这是固执己见，自以为是，不尊重科学和自然规律，导致病至晚期。癌病早期易治愈，晚期却难；人的烦恼亦是如此，初期易改变消除，晚期已成痼疾，难以消除。不过，对于晚期烦恼这一痼疾自己难以消除，可求救于外界。一些人固守所谓“隐私”和“面子”而继续隐忍，终会酿成大祸。对此，应抛掉所谓“隐私”或“面子”，大胆地、真诚地把负面心理讲给亲朋好友或医生护士听，让对方施以援手。一个不行，就寻多个，坚决不让自己的烦恼引发负面自残。

六不治的“信巫不信医”，这是盲从心理所至。由于盲从的人缺乏主见，盲目追随，盲目崇拜，容易被人利用。信巫则迷信，相信命中注定。算命先生总爱用笼统的、一般性的人格描写，这特别容易使盲从者认为说的正是自己。算命先生通常采用一些一般的、模棱两可的语言，用在任何人身上都是合适的，盲从者对此深信不疑，从而陷入迷信的苦恼之中。为此，人应跳过盲从迷信，相信科学，相信自己的力量。

总之，我们要消除烦恼，就应豁达开朗，大肚能容。

74.3　用和谐摆脱烦恼

有人主张“一团和气”“不讲是非”去搞好人际关系，这样越搞内心的矛盾越大，自然更加烦恼。要摆脱烦恼，还得用“和而不同”的方法。

听不得不同意见而烦恼。这是无事生非、自寻烦恼。花有不同颜色，于是形成花园；人有不同意见，于是形成社会。人有不同意见、不同见解，是因为人所处的位置不同、思考问题的角度不同，只要是建设性的意见，就一定对事业、工作有帮助。因此，我们对建设性的不同意见应该喜闻乐见，而不是抱怨烦恼。

老想不痛快的事而产生烦恼。有些人一遇到不痛快的事，就会越陷越深，总解不开这个“扣”。其实，人生有不痛快的事也必然有痛快的事，应该用痛快的事去消除不快。如果自己消除不掉，就向亲人或好友诉说，说出自己不痛快的事，使自己减轻思想负担、心情舒畅，进而得到亲人或友人的帮助。

容易发怒而引发烦恼。怒发冲冠，伤人伤身，切莫为之。若是容易发怒，就努力使自己养成发怒之前冷静下来的习惯。发火不但不能减轻精神负担，反而会产生新的烦恼。人在愤怒的情况下更容易伤害别人，尤其是会让别的群体、种族和性别的人产生负面的判断。不要在愤怒时做决定，冲动会严重影响决策。人随着年龄的增长，会日渐力不从心，因此，愤怒对老年人来说比悲伤危害更大，故应注意制怒。

有时也需要让步。让步，不是叫你丧失原则，无限制地退让，而是不失原则地妥协。有时候，我们应该倾听和尊重对方的意见，理智地、不失原则的让步不仅对事情有好处，而且会引起周围的人对你的尊重。退一步海阔天空，说就是这个意思。

要立志，但不应对自己有过分的要求。人虽然是万物之灵，但一个人的智慧和才能也是有限的，古今中外的伟人也是这样。不要过高估计自己，否则会因力不从心或事与愿违而烦恼；也不要过低估计自己，否则会因自惭形秽而导致自卑。一个人如果不明白自己“几斤几两”，不明白自己的优势和弱势，就会因妄想或碌碌无为而导致烦恼。因此，要从实际出发考虑问题，要制定符合自身能力和实际的奋斗目标，再持之以恒地去奋斗。

让烦恼“拐个弯”。再好吃的东西，吃久了就会生腻，何况烦恼！跳不出这个情绪的圈子，就会越陷越深。例如失去了亲人，这种烦恼是痛楚，我们可以用旅游的方式“拐个弯”，暂时抵消这个烦恼；又比如青年人因失恋而烦恼，不要被情绪拖累，用听音乐或发奋学习来抵消这个烦恼。

克服惰性。惰性会使人产生空虚之感。一个人被惰性所左右，便不思进取，追求享乐，工作上马马虎虎，敷衍了事，怕动脑筋，于是人体的机能便在不知不觉中衰退，因虚妄而导致烦恼。故克服惰性也是抛弃烦恼的妙招。

提升钝感力。看上去愚拙的人，不敏感、不挑剔、不计较，用自己的钝感力轻松排除烦恼。例如，愚拙之人认为吃亏是福，其实，要赢得别人的好感，应学会吃亏。因为这个世界上没有人喜欢爱占便宜的人，但大多数人都喜欢爱吃亏的人。你想着吃亏的时候，就会赢得别人。

不必在意生活中的琐碎小事，不必过分苛求工作中的名利地位。宽容他人，始终保持旺盛的活力和健康的体魄，做一个永远乐观向上的人。在此给大家推荐一首艺术家陈声江撰写的歌《莫烦恼》："人寿百年古来少，皇帝此关也难逃。金山银山固然好，身后也就不了了。争名夺利入俗套，逞强好胜无好报，世间百态再热闹，不过匆匆走一遭。既然道理已明了，莫怨光阴催人老。静观尘世谁为好，亲情友情最可靠。平和心态走大道，善待自己莫烦恼。"

和谐是摆脱烦恼的最好方法。

75　论痛苦

痛苦，是一种令人疼痛或伤心的情感体验。痛苦与幸福是一对矛盾的两个方面，互相对立，又可以相互转化，痛苦在一定条件下会转化为幸福；幸福在一定条件下会转化为痛苦。故老子说："祸兮，福之所倚；福兮，祸之所伏"（《道德经・第五十八章》）。

古之幽思，痛苦冥冥。或因走投无路而痛苦："欲归家无人，欲渡河无船。心思不能言，肠中车轮转"（乐府古诗《悲歌》）；或因母子天地之隔、骨肉相离而痛苦："天与地隔兮子西母东，苦我怨气兮浩于长空"（蔡琰《胡笳十八拍》）；或因国破家亡而痛苦："十年勾践亡吴计，七日包胥哭楚心"（郑思肖《二砺》）；或因暮年沧桑孤苦而痛苦："白头吊古风霜里，老木沧波无限悲”（陈与义《登岳阳楼》）。

在西方，近代德国叔本华的“痛苦哲学”最为著名。他提出“人生就是痛苦”这一命题，认为人生是一个肥皂泡，表面是美丽的，实际上是一片空无，而人们举着把它吹大，结果便是幻影的破灭。叔本华的思想深受印度佛学的影响，认为世界是“无”，是“虚幻”，是苦海。并认为生命意志对人来说表现为一系列欲望。但“欲望按其实质来说就是痛苦”。要彻底否定生命意志，它是痛苦的根源。否定了它，痛苦就自然消失。实行“意志转向”，把自己的欲望束之高阁，避免它们实际地接触任何事物，力求使自己内心对任何东西保持冷漠的态度。叔本华的“痛苦哲学”的前提是错误的，因为生存欲求是人的本性。

关于解除痛苦，中国古代辩证法大师老子就提出诸多方法。

老子用“欲不欲”来解除因欲望达不到产生的痛苦。叔本华所谓欲望的实质就是痛苦，这有一定道理，因为人都有欲望，欲望满足不了，就会产生痛苦。这怎么解除呢？老子提出“欲不欲，不贵难得之货”（《道德经·第六十四章》），“圣人”的欲望就是不欲，不重视稀有的商品。将老子这一“欲不欲”的原则推而广之，就是凡是自我能力达不到的欲望就不去追求，这自然就消除了痛苦。诸如高官厚禄、超人之力等这些“稀有之物”，你不去重视它，何来痛苦呢？而对自己合理的欲望，只要踏踏实实、一步一个脚印地去努力，就有机会实现，从而获得幸福感，因为“合抱之木，生于毫末；九层之台，起于累土；千里之行，始于足下”（《道德经·第六十四章》）。

老子用“知足者常乐”解除因欲望得不到满足而产生的痛苦。老子辩证地谈道：“知足者富，强行者有志”（《道德经·第三十三章》），知足的人就富有，坚持力行的人就有志。一个人能轻松挑起一百斤货物，但他非要去挑两百斤，力所不胜，自然痛苦；而悠哉地只挑一百斤，这不仅是“富有”，而且是种“幸福”。“知足不辱，知止不殆，可以长久”（《道德经·第四十四章》）。知道满足，不会遭到困辱；知道适可而止，不会遇到危险，可以长久安全。

老子用“上善若水”来解除因欲望过高而引起的痛苦。他说：“上善若水，水善利万物而不争”（《道德经・第八章》），最高的善像水那样，水能帮助万物而不与万物相争。因为“江海所以能为百谷王者，以其善下之，故能为百谷王”，“欲先民，必以身后之”（《道德经・第六十六章》），要领导人民，必把自己放在人民之后。故“圣人无常心，以百姓为心”（《道德经・第四十九章》），“圣人”没有他自己固定的意志，以百姓的意志作为他的意志。能以百姓心为心，即使有痛苦，都是民之苦，为民而苦，何乐而不为？

老子用“高者抑之”来消除因不能满足欲望产生的痛苦。老子说：“高者抑之，下者举之；有余者损之，不足者辅之”（《道德经・第七十七章》）。（欲望）高了把它压低一些，（欲望）低了就把它升高一些，（欲望）过满了就减少一些，（欲望）不够满就补足一些。

痛苦，是人的身体或精神因疾病或创伤而感到非常难受的一种情感体验，这种体验使人陷入苦恼、悲伤的境地。要摆脱并解除这种痛苦，就要像老子所说的那样，限制达不到的欲望，知足常乐并以百姓心为心，这应是消除痛苦的法宝。

75.1 蔑视痛苦

蔑视痛苦的人，会成为有希望的人；蔑视痛苦的民族，会成为有希望的民族。

法国近代思想家卢梭（1712—1778 年）有段关于痛苦的话值得我们深思：“我们相信，任何痛苦，即使是最不堪忍受的痛苦，只要我们等闲视之，不予理睬，它就不能在我们的身上横行肆虐，对一个置身于痛苦之中而依然蔑视那些制造痛苦者的人来说，对一个决不会因为他人的毁誉而改变自我在自我心灵中之地位的人来说，一切挑衅、报复、苛求、凌辱和委屈都不过是过眼烟云罢了”(《一个孤独的散步者的遐想》英文版)。卢梭这段话好像是为告诫现代中国人而说的一样。现代中国人发奋图强、战胜贫困、战胜艰险，终于使自己的国家走向复兴道路，而世上就有这种人，他不允许你摆脱贫穷和落后，不允许你的能力和经济超过他，于是动用全国之力，拉拢小圈子，向我围攻、抹黑、“甩锅”，甚至全力遏制。这怎么能让奋斗的中国同胞不义愤填膺？我们在无理的挑衅、报复、苛求、凌辱、欺诈和委屈面前，应有怎样的态度呢？应按卢梭说的：蔑视痛苦。

在蔑视痛苦这方面，在零下30摄氏度的长津湖作战的中国人民志愿军为我们做出了最好的表率。美国海军陆战队的海洛德·摩尔豪森下士回忆了长津湖战役中的一场战斗：“很快，夜幕降临，10~12码以外就看不清了。几颗照明弹忽然腾空而起，把我们眼前的山坡照得雪亮。我的天呀！小小的山坡上挤满了正在往上爬的志愿军，少说也有几百人吧！他们都低着头，背着枪，很快地向上奔来。顿时，我们的枪炮齐发，山坡上一片火海。”长津湖的夜晚是属于志愿军的，天一黑，志愿军就开始反击，夺回了白天失去的一些阵地。在三天的战斗中，气温降到零下30摄氏度，每天只能得到所需要的一半食物，弹药全部用完，但志愿军仍坚持战斗，直到美军10军从兴南港装船撤离，近一个月的长津湖战役落下帷幕。

长津湖的志愿军战士创下如此壮举，是要多么坚强的意志力啊！他们用实践蔑视了痛苦，在严寒、饥饿和死亡面前勇于牺牲，勇于战斗，他们用行动诠释了中华民族整体的民族精神。实践证明，只有敢于蔑视痛苦，不被痛苦打倒，我们才有机会战胜痛苦，迎来胜利。

75.2 痛苦使司马迁勇敢地站起来

苦难造成的痛苦，在一般人看来是屈辱，而对于有远大志向的人来说，却是一笔不菲的精神财富。痛苦使懦夫扒下，却使伟人站起来。

西汉史学家、文学家司马迁就是典型一例。他风华正茂之时，父亲司马谈去世，他被任命为太史令。天汉二年（公元前99年），在汉朝对匈奴的战争中，名将李陵力战不敌，兵败被俘。对于汉武帝来说，这大大地损伤了他大汉天子的无上尊严。一夜之间，李陵成了朝野千夫所指的罪人。在这墙倒众人推的时候，司马迁却犯了书生的“呆气”，居然为这位可怜的降将作辩护。汉武帝天威震怒，司马迁在劫难逃。按照当时的法律，交一定的赎金或是接受宫刑方可免死。司马迁家贫难以自赎，而左右亲戚知道他“获罪于天”，又怎敢冒着得罪皇帝的危险施以援手呢？志在青云的太史令此时却走上了绝路。他只能在宫刑和死刑之间做出选择。司马迁明知宫刑是绝后之刑，也是一辈子的奇耻大辱，这种奇耻大辱将会给他后半生带来无法承受的痛苦。

司马迁为了实现他的理想，宁可后半生隐忍巨大的、挥之不去的痛苦，毅然接受宫刑。身为当时的精神贵族，却坠入了耻辱的地狱，那是生不如死的痛苦啊！司马迁以大无畏之精神写下一篇鸿文《报任安书》，他在文中说：“古者富贵而名磨灭，不可胜记，唯倜傥非常之人称焉。盖文王拘而演《周易》；仲尼厄而作《春秋》；屈原放逐，乃赋《离骚》；左丘失明，厥有《国语》；孙子膑脚，兵法修列；不韦迁蜀，世传《吕览》；韩非囚秦，《说难》《孤愤》；《诗》三百篇，大抵圣贤发愤之所为作也。此人皆意有所郁结，不得通其道，故述往事，思来者。乃如左丘无目，孙子断足，终不可用，退而论书策，以舒其愤，思垂空文以自见。”由此可见，司马迁处于深深的痛苦之中。他发奋写出《史记》，创立了纪传体的史书体裁。《史记》是我国第一部通史，时称《太史公书》，全面反映了从黄帝到汉武帝3000年的历史风貌。《史记》是影响中国历史进程的100本书之一，是最能代表中国文化的史学典籍之一，是双史学界的不朽巨著，也是一部治国安邦、立身处世的最佳教科书。

痛苦使司马迁勇敢地站立了起来。

75.3 向死而生

死亡，对于耄耋老人，尚可接受；但死亡突然降临到风华正茂的年轻人身上，其揪心的痛苦不可言状。年轻的“北大才子”魏某在生命的最后时刻，用独到的方式向世界告别，以乐观和顽强诠释了生命的意义。

魏某是北京大学计算机和经济学双学位学士，新加坡国立大学电子工程硕士，英国南安普顿大学计算机博士，英国信息研究院电信信息系统高级研究员。但很不幸，他30多岁就患了世界罕见恶性肿瘤——透明细胞肉瘤。他与其斗争了5年半，一次截肢，2次转移，3次手术，41岁时陨落。

得知自己患癌时，他才36岁，当时他和妻子才结婚半年，妻子怀孕4个月，幸福戛然而止。他压抑着内心的痛苦说：“我和妻子一夜无语无眠，都忍着不哭出来，怕对方受不了。妻子大着肚子往医院跑，帮我联系专家。一天，妻子从专家门诊走出来，脸上满是泪水：‘医生说，要么横切掉半个脚，要么切掉整个脚。’我茫然，走到一僻静的角落坐了一个下午。岳父发来短信：‘小子，人生总有风浪。在你的年纪，你已经历太多。我们都是你坚强的后盾！’短信没有读完，就再也忍不住泪水。”

第一次手术，他保留了脚。休养了几个月后，他回到工作岗位。第二年春天，在复查时被查出癌症已经发生骨转移，肺里也出现多处病灶。每天晚上，他都会呕出半个拳头大的胆汁来。凡是有助于对抗癌症的方法，他一一尝试。为阻断肌体给癌细胞的给养，他还经历过4次断食，时间分别为20天、30天、24天，断食期什么都不吃，只喝矿泉水。在截肢之后，他常年坚持去复旦大学听哲学课，单腿独自驾车去西藏，带着幼子回新疆老家，告知年迈的父母自己患病的消息，解释癌症并不可怕。

截脚后他登上梅里雪山拍了一张照片：左手叉腰，挺拔昂扬于山顶，白云、阳光、稀薄的空气却衬托出一个笑着向死而生的中国年轻人。他短暂的一生饱含痛苦，而他乐观向上之精神，拓展了生命的宽度，令人敬佩。

76 论嫉妒

嫉妒是自卑和自负结合后的产儿，它带有卑劣中的傲慢、鄙陋中的快意、病态中的欢乐。嫉妒是一种负面情绪，它的特点是幸灾乐祸、造谣中伤、贬低别人、加害于人，而且往往会引发不道德的行为。嫉妒者总是千方百计地编造谎言去摧毁被嫉妒者，迫使被嫉妒者受到流言的攻击时，而嫉妒者本人心里也并不好受。在试图用流弹去摧毁别人时，不管胜败如何，自己已经处于不道德的地位，即嫉妒者的快感是用道德沦丧来换取的。这样的代价，对于一个有点尊严的人来说损失太大了，用脱胎于痛苦的快感是无法平衡和补偿自己的损失的。嫉妒心理要求不断寻求“快感”，嫉妒者嫉妒他人是为了使自己获得“心理平衡”和“快感”，这就给自己一种似是而非的满足。问题的严重性在于，这跟吃饭、穿衣之类的满足不一样，当获得这种似是而非的满足感以后，又会萌发起新的、更大的快感需求，甚至它的标准是以对被嫉妒者攻击最狠、创伤最大为最满意，可见嫉妒真是太可恶了。难怪培根叹道：“在人类的一切情绪中，嫉妒之情感恐怕要算作最顽强、最持久的了。”所以说“嫉妒心是不知道休息的”；“嫉妒之毒眼伤人最狠之时，正是那嫉妒之人最为春风得意之时”（《培根论人生》）。嫉妒是个幽灵，折磨自己，伤害他人。有些嫉妒成瘾的人，一天不嫉妒别人，一天不说点闲言碎语的刻薄话，就如鲠在喉，不吐不快，最后甚至发展到毁人杀人。春秋战国的庞涓，当了魏国的大将，打了几次大仗而深知自己的兵法学识与孙膑相差甚远，若孙膑被别国重用，自己必会相形见绌。嫉妒心理的膨胀使庞涓对孙膑施以毒计，他骗孙膑到魏国，却反以间谍罪证诬陷，挖去他的膝盖骨。《百喻经》里记载了这样一件事：战国时代魏王送给楚怀王一个绝代美女，楚王爱妃嫉妒她得宠，就故意对她说："大王爱你，但嫌你鼻子长得差些，你见王掩鼻，大王会更爱你。"美女信以为真，每见楚王都掩鼻。楚王奇怪，问郑袖。郑袖说："她嫌大王嘴里有臭味。"楚王大怒，一气之下割掉美女的鼻子。这都是因嫉妒而伤人的典型事例。西方这样的事情也屡见不鲜。莎士比亚的著名悲剧《奥赛罗》中，主角威尼斯大将奥赛罗与元老女儿苔丝德蒙娜相爱并结了婚。奥赛罗没让他手下的旗官阿伊古当副将，阿伊古便怀恨在心，他恨奥赛罗，嫉妒当上副将的卡西奥，决心报复。于是设下圈套，挑拨离间，造谣说卡西奥与苔丝德蒙娜私通，奥赛罗竟信以为真，嫉妒使他无法容忍这一切，竟活活地扼死了善良的妻子，当真相大白后，他自己也不得不自尽。

嫉妒也极大地妨碍科学技术的发展。苏联物理学家朗道，曾对凝聚态物理，特别是对液态氦正超流体理论做出了重要贡献，并获得了诺贝尔物理学奖。他自此总觉得自己在智力上是超群的，时时表现出优越感。这使他颇为自负，喜欢独断是非，给苏联科学发展带来不利影响。1956 年，几乎与李政道、杨振宁同时的一位苏联物理学家伊·斯·沙皮罗也在探索"θ－τ"疑难，并且推导出 β 衰变宇称不守恒结论。论文送到朗道那里，他对不出名的沙皮罗既惊又妒，嫉妒使朗道扣压了小人物沙皮罗的论文。又比如 22 岁的挪威青年阿贝尔解决了人们几百年悬而未决的数学难题，写出了论文《五次方程代数解法不可能存在》，高斯审看论文时大为震惊，认为"太可怕了"，德国数学名流勾轮"差不多连一眼也不看"。嫉妒使高斯、勾轮失去常态。阿贝尔的论文在他死后 12 年才得以发表。嫉妒的毒焰就是这样扼杀了青年人才。

关于如何防止嫉妒，孔子提出了一个切实有效的方法——成人之美："君子成人之美，不成人之恶。小人反是"（《论语·颜渊》）。君子成全别人的好事，不促成别人的坏事，这哪里还有嫉妒的空间呢？一个人要去掉嫉妒心而去"成人之美"不"成人之恶"，必须立足于两点：一是立足于"泰而不骄"（《论语·子路》），安详舒坦而不骄傲欺人，如果"使骄且吝，其余不足观也已”（《论语·泰伯》），只要骄傲吝啬，别的方面也就不值得一看了。二是立足于心胸“坦荡荡”，心地平坦宽广，实行忠恕：“己所不欲，勿施于人”（《论语·颜渊》）。

76.1　卑鄙的嫉妒使孙膑终身残疾

在春秋战国这一伟大历史变革时期，曾涌现出一大批各方面的优秀人才。其中，有一位杰出的军事家，就是战国中期的孙膑。但由于他的好友、同窗庞涓嫉妒孙膑超凡的军事才能而嫉妒他，终将孙膑致残。

孙膑和庞涓年轻时都拜鬼谷子为师。鬼谷子先生是一位隐士，长于兵学和纵横捭阖之术，战国时著名兵家尉缭子和纵横家苏秦、张仪，都出于他的门下。孙膑专心致志地学习，虚心向鬼谷子求教。鬼谷子把《孙子兵法》十三篇传授给孙膑，不到三天，孙膑即能背诵无误，对答如流，并发表了许多深刻而独到的见解。鬼谷子十分惊奇，高兴地赞叹说：这下，孙武子可后继有人了！庞涓见势，内心极为不快，于是要起阴招。他施用两面手法，表面与同窗孙膑相好，赞扬其才能；而暗地嫉恨在心，恨不得一除为快。不久，庞涓提前下山，投奔到魏国。魏国在战国初期曾经是独霸中原的强国，战国中期之后，魏国为了扩大疆土，继续东征西讨，四面出击。庞涓颇有一些才干，他到魏国后很快就得到魏王的赏识，当上了将军。庞涓有了用武之地，心中很是高兴。但是，他也深知自己的才能远不如孙膑，担心日后孙膑下山，如果来到魏国，自己的声誉和地位就会受到妨碍和影响；如果孙膑投奔到别的国家，又怕将来在战场上兵戎相见时自己不是他的对手。庞涓思来想去，觉得只有趁早除掉孙膑，才能消除后患，确保自己无敌于天下。于是，他派人上山去请孙膑，用花言巧语骗孙膑来魏国。孙膑认为，庞涓是自己的好朋友，魏国又是地处中原的强国，正是自己发挥才智和施展抱负的好机会，便欣然允诺，很高兴地来到魏国。孙膑一到，庞涓先是假意欢迎，热情接待，然后又捏造罪名，诬陷孙膑私通齐国，使得魏惠王对孙膑施以膑刑，并在脸上刺字。庞涓自以为这样做是一箭双雕，既使孙膑变成终身残疾，无法再出仕做官，不会妨碍自己的前途，又可以把孙膑作为“奇货”控制起来，继续养在庞府，以便利用他的智慧，为自己效劳。

被人暗算，身陷绝境的孙膑是个意志非凡的人，不仅没有向恶势力屈服，反而身残志坚，发愤图强。他设法摆脱庞涓的监视，暗暗地钻研兵法，准备有朝一日逃离虎口，用自己的知识和智慧报仇雪耻。机会来了，齐国使者来到魏国，孙膑乘人不备，暗暗去见齐使。他以刑徒的身份，惊人的才华和慷慨陈词，打动了使者的心。使者与他秘密约定，临行时偷偷用车把孙膑带回了齐国。孙膑来到齐国后，受到齐国大将田忌的赏识，在齐国大展身手，终于报了庞涓陷害之仇。

76.2　文人相亲

中国文人中有一个坏的风气：文人相轻。文人之间互相鄙视、恶语相加，这乃是以杀伤对方来抬高自己。古代有之，现代也有之，这源于文人的自恋和嫉妒。

中国文人也有一个好的传统：文人相亲。由轻视的“轻”转化为亲近的“亲”，互相切磋，互相提携，互相欣赏。这方面尤以唐代大诗人李白和杜甫为楷模。

中国诗歌发端于《诗经》，成熟于盛唐。而盛唐李白、杜甫二人最为耀眼，二人之诗被比喻为诗歌中的长江、黄河。李白和杜甫饱满的诗情，如奔流的大川，亦似宽阔的大海。李白之浪漫、倜傥、风流，上蹑老庄屈骚，自出机杼，开创百年雄风；杜甫则典雅、含蓄、沉稳，致君尧舜，忧患苍生，把民间苦难化为行云流水。这一仙一圣，其诗意境之浩渺。按“文人相轻”的风气，“诗仙”“诗圣”应互相攻击，但恰恰相反，由于他们的宽大胸怀和气度，两人在洛阳相会，成了中国文学史上的千古美谈。

李白中年离开京都长安，向东到了洛阳，在这里和杜甫相遇，而且还遇上了高适，他们三人一同东游梁宋，终日痛饮狂欢，慷慨怀古。这年的秋天，高适一人独自南游，李白和杜甫继续同行，到了齐鲁大地。二人情同手足，“醉眠秋共被，携手日同行”，结下深厚友谊。后来李白写过一篇《沙丘城下寄杜甫》：“我来竟何事，高卧沙兵城。城边有古树，日夕连秋声。鲁酒不可醉，齐歌空复情。思君若汶水，浩荡寄南征。”杜甫在洛阳与李白相遇，也是他生命中最有意义的一件事。他在不少的诗篇中频频怀念与李白在一起的惬意日子。比如《赠李白》《春日忆李白》《梦李白》《天末怀李白》《不见》等。他对李白的关心和怀念，有时让人感觉到李白只给杜甫两首诗似乎有些少。不过，在李白最孤独的时候，如果还剩下最后一位朋友，那肯定是杜甫，有诗为证：“不见李生久，佯狂真可哀。世人皆欲杀，吾意独怜才。敏捷诗千首，飘零酒一杯。匡山读书处，头白好归来”（《不见》）。在杜甫写这首诗的时候，李白正走在长流西南夜郎的路上。“世人皆欲杀，吾意独怜才”，在患难之际仍然关怀着对方，正体现出李、杜心心相印。

文人相亲，李、杜情深，这两位彪炳千秋的诗人，令人心向往之。

77　论贪婪

贪婪让人贪得无厌，不知满足，它是万恶之源。贪婪表现在经济上就是贪财，似乎把世上所有财物归他都满足不了他；表现在政治上就是贪权位、贪功名等，这是极权主义和个人主义对待权位、荣誉的态度。贪婪者的逻辑是“我的是我的，你的也是我的”。就个人来说，贪婪者占得越多胃口愈大，恨不能把金山吞下；就集权者来说，贪婪者霸凌世界，唯我独尊，谁反对我，我就全力对付谁，直至让对手投降或消亡。因此，诸多贪官，无不源于贪婪；诸多霸凌者，也无不源于贪婪。

贪婪者，总是被不知满足、贪得无厌所捆住。在贪婪的驱使下，他们可以不择手段去追求私利。为了满足贪欲，可以与亲人反目为仇；为了满足贪欲，可以施展阴招诬陷；为了满足贪欲，可以施以暴行；为了满足贪欲，可以实施欺骗。贪婪像瘟疫，若公务员染上，贪污腐化；若商人染上，假货欺骗；若学者染上，沽名钓誉；若军人染上，血性荡然无存；若医生染上，假医假药；若教师染上，疯狂敛财；若艺人染上，认钱不认人；如此等等。腐蚀人心灵的贪婪实属万恶之源。我们需要合理的欲望，但应坚决杜绝贪婪。

贪婪是魔鬼，你纵容它，它就会心安理得地啃食你的心灵。为了达到贪婪之目的，贪婪者会把真诚变成虚伪，把聪明变成欺诈，把钦羡变成嫉妒，把勤劳变成懒惰，把上进变成野心。就这一点来说，贪婪是人类所有的一种卑劣情感。人不能没有欲望，但不能去激发贪婪。欲望是需要、上进心和诚信的混合物，而贪婪则是野心，邪恶和欺诈的出发点。让我们存留欲望而远离贪婪。

节俭是贪婪的克星之一。节俭者既关心物质财富和精神财富，又爱惜英才。中国古代典籍《周易》中就提出“贵俭”的思想，把“甘节”，即甘于节俭、乐于节俭的思想品质当作“甘之如饴”的乐事。在以后长达两千多年的封建社会中，节俭的品质一直受到人们的崇尚。节俭表示合理地对待劳动成果，也表现出对物质财富和精神财富的尊重，节俭不仅是一个道德概念，而且是一个经济原则。

贪婪是祸根，那怎样去除贪婪呢?

第一，要学会节制。也就是要从内心自觉地控制自己的欲望，约束自己的行为，使自己的行为符合人类公共道德。对自己的欲望、需要和目的，应有意识地加以控制,、以便能通过最合理的方式使用物质财富，力求在情感自我控制中，力戒贪婪而廉洁，力戒懒惰而勤劳，力戒苟且而向上，力戒放荡而稳重，力戒挥霍而节俭，力戒贪得无厌而适可而止。正如孔子所言："富与贵，是人之所欲也；不以其道得之，不处也"（《论语·里仁》）。发大财，做大官，这是人人盼望的；不用正当的方法去得到它，君子不接受。

第二，杜绝贪财。在商品经济的环境中，人人都想发财致富，只要走的是正道，就应该受到鼓励。但贪财者则不同，"一切向钱看"，势利待人，以金钱论英雄，把不择手段地获得个人财富看成是人生追求的价值目标，信奉人为财死，鸟为食亡的信条。于是，贪财者在贪婪的推动下，去损人利己，损公肥私，见钱眼开，金钱至上，贪污盗窃，投机倒把，行贿受贿。

第三，控制贪欲。贪婪的内在驱动力是贪欲。在贪欲的驱使下，人可以不择手段地追求私利，使得仇恨、嫉妒、暴力欺骗、罪恶充满人间。因此，要消除道德堕落和贪婪，就要力戒贪欲。孔子提出贫而乐，富而好礼，有助于克服贪欲。《论语·学而》："子贡曰：'贫而无谄，富而无骄，何如？'子曰：'可也。未若贫而乐，富而好礼者也。'"子贡问孔子，一个人贫穷，并不去巴结奉承别人，有钱却不骄傲自大，这样的人如何？孔子说，这也算可以了，但还不及虽贫穷却能乐道，纵有钱却知道好礼。

有人说：贪婪者总是一贫如洗。初看诧异，细想却有道理。贪官，一旦查出来，其结果不言而喻；贪婪的老板，多会破产。这就让笔者想起贪婪者如内蒙古沙漠里的鼬鼠，一生要储存 20 多个"粮仓"，却没有在"粮仓"中储藏硬物，贪婪的鼬鼠晚年没有硬物磨牙，致使门牙不断生长而无法进食，饿死在粮堆上。

我国古人提倡"我以不贪为宝"（《左传·襄公十五年》）。汉代韩婴说得好："智者不为非其事，廉者不求非其有"（《韩诗外传》卷一）。

77.1 罗马帝国因贪婪而灰飞烟灭

善于征服异族、贪恋世界霸权的罗马大帝国，最终被征服者所征服，从此在地球上灰飞烟灭。

罗马人一开始就以贪婪而凶残地征服异族为立国之本，同北边文化水准比自己高的伊特拉斯坎人和南部的拉丁城邦进行多次战争，掠夺了大量土地和奴隶，并由此成为从属于伊特拉斯坎人的城邦的霸主。然后征服了意大利各地区，把征服地区变成所谓“同盟者”和“臣属”，实行“分而治之”的管理。罗马征服意大利以后，成了西部地中海的一个大国，这更点燃了罗马人征服扩张和掠夺的强烈欲望，他们开始将目光转向地中海地域，这当然地引起了其与位于现在北非突尼斯东北部的另一个强国迦太基的冲突。迦太基当时的领域东起西西里岛，西达西班牙南部，农业和贸易都比较发达，垄断着西部地中海的商业霸权，跟罗马人必然要展开一场生死决战。罗马人已经成了一个贪婪、骄横而侵略成性的民族，他们自信威力无比，骄横一世，贪婪不已，对“征服和掠夺”为立国之本深信不疑。从公元前 264 年到公元前 146 年的 100 多年间，罗马与迦太基进行了 3 次战争，第一次战争以迦太基败北而结束，罗马人获得大量赔款和西西里岛，甜头不少；第二次战争迦太基又败于罗马，迦太基除赔款外，只保留其北非领土，还规定迦太基不经罗马同意不得对外进行战争。罗马人又一次尝试了贪婪掠夺的甜头，使之征服异族的贪欲更盛。迦太基经过半个世纪的生产发展逐渐恢复元气，罗马人唯恐其强盛，先下手为强，于公元前 149 年，无理地进攻迦太基，迦太基全国不分男女，同仇敌忾，昼夜兼行，保卫祖国。他们坚守了 3 年终因力尽粮绝被罗马人攻陷，劫余的迦太人沦为奴隶。为此，迦太基被罗马划为“阿非利加”省。罗马人的贪婪征服欲更旺，就在布匿战争持续进行的时候，他们同时又向地中海东部进行领土扩张。罗马人先后发动了对马其顿的战争，征服了马其顿王国，希腊、马其顿民众对罗马人的野蛮掠夺和征服进行了坚决的反抗，历经 80 年才被镇压下去，希腊人沦为罗马人的奴隶。罗马人在对希腊、马其顿进行野蛮掠夺的同时，还对叙利亚进行征讨，叙利亚王国被迫放弃在小亚细亚西部和中部的领地，从此罗马就把势力范围扩张到亚洲西部。罗马自此征服了西班牙的大部、北非的一部，马尔半岛和地中海的许多岛屿，以及亚洲西部。罗马的大奴隶高利贷者和大商人霸占了矿山、土地，罗马驻各地总督通过横征暴敛、苛捐杂税进行了强夺，被征服者进行英勇的反抗，罗马人把自己放在火山口上而自得其乐。罗马人的贪心和贪欲是无止境的，对外征服和掠夺也是无止境的，公元前 107 年，盖约·马略当选为执行官实行军事改革，这种军事改革实行以财产资格为基础的公民制度的兵役。对于罗马公民来说，这不仅是一种义务，而且是一种荣誉与资格，只有承担兵役，才能进入百人队大会，行使自己的政治权利，在战后才有参与瓜分战利品和当选公职的资格。这犹如在罗马人贪欲的大火中浇上了油，使这种参军与征服掠夺的欲望更加高涨。对罗马人来说，兵役已不仅是义务和荣誉，而且变成了一种追求土地、金钱和特权的最佳途径。“功利第一”的贪欲胜过一切，使他们不仅疯狂地镇压被奴役为奴隶的异族民众，镇压西西里奴隶起义，镇压斯巴达克起义，镇压犹太人起义。在“功利第一”的贪欲中生长出来的庞培、凯撒和屋大维被罗马人拥戴为至高无上的英雄和统帅，庞培举着屠刀率军镇压东方人民和本都人民，把本都等地区纳入罗马版图，占叙利亚，灭巴勒斯坦，建叙利亚省。凯撒举着屠刀率军占领高卢（今法国），并任高卢总督。他两次率军侵入不列颠，并镇压高卢人民起义，最后把西班牙划入罗马版图，然后经过三年多战争，才把多瑙河沿潘诺尼亚和达尔马提亚人反罗马侵略的起义镇压下去。“功利第一”的贪欲也使罗马人引以为骄傲的庞培、凯撒和屋大维成了双手沾满异族人民鲜血的罗马三大刽子手。罗马人的征服和掠夺似乎成功了，在大罗马帝国鼎盛时期（98—117 年）拥有横跨欧、亚、非三大洲最大的版图，东至亚洲的里海，西至欧洲的西班牙，北至大不列颠岛和多瑙河，南至非洲的埃及。罗马的领土多么辽阔广大，这样庞大的帝国，是一个多民族的群体，也是多元文化的载体。但多元文化并没给奴役异族的罗马大帝国带来繁荣，反给它们带来覆灭。生而为人，谁愿做奴隶，谁愿做马牛？被奴役者推翻奴役者是早迟的事。

罗马大帝国的灰飞烟灭说明，任何寻求世界霸权的帝国，都免不了走向覆灭的命运，这是因为它生性贪婪！

77.2　贪婪扩张使三九集团轰然倒塌

贪婪不仅能使一个庞大帝国灰飞烟灭，也能使一个企业集团轰然倒塌。中国中药企业三九集团就因迷恋扩张而遭此厄运。

赵新先是三九集团的创始人，他把一家军医附属工厂做成了中国中药行业中产值将近100亿元的企业。赵新先是靠“三九胃泰”起家的。这个配方是他在粤北乡间得来的，原料是南方特有的三桠苦和九里香，对治疗胃病有奇效，于是“三九胃泰”的名气越来越大，效益也越来越好。

在整个20世纪80年代，三九集团是最成功的市场化企业之一。这时，赵新先犯了企业发展的大忌：贪婪而疯狂地购并，这是后来三九集团轰然倒塌的主因。1996—2001年，三九集团出手购并了140多家地方企业，平均每个月购并2家，在这种跑马圈地式的疯狂购并中，三九集团迅速扩张成全国最大的中医药企业，总资产猛增到186亿元，所属企业遍及我国除西藏之外的所有省（自治区、直辖市），形成了医药、汽车、食品、制酒、旅游饭店、商业、农业和房地产八大行业，甚至包括一家华南地区最大的夜总会。2000年，赵新光在资本市场上强势出招，在不到一年的时间里一举成为3家上市公司的主人。而在当时的资本市场上，只有唐万新的“德隆系”同时控股了湘火炬、新疆中河及合金控股3家上市公司。在一次记者采访中，赵新先不无得意地说：“在资本市场上，三九的表现仅次于德隆。”2002年，三九集团厂庆，赵新先吩咐重新装修厂史陈列室。设计人员在陈列室入口处，放置了一艘航空母舰模型，军舰的甲板上放了56架飞机，分别代表集团直属的56家二级子公司，在他们的旗下则还有上百家三级、四级公司。赵新先对这个创意十分满意，每有贵客来，他必在军舰前介绍，他说：“这就是中国中药产业的航空母舰，我们要让飞机达到100架。”到他退休之前，“飞机”最多的时候为98架。为了实现100架“飞机”的梦想，赵新先在国际和国内两大战线同时出击，分别实施“麦当劳计划”和“沃尔玛战略”。“麦当劳计划”是在全球建立一个连锁型中药诊所网络。赵新先计划在5年内开办1000家连锁诊所。三九集团先后在加拿大、英国、美国和马来西亚等国相继开设了50多家中医药医疗中心，但最后都因种种原因，导致这个激动人心的计划最终也跟三九集团的很多项目一样，成了一个“半拉子工程”。“沃尔玛战略”则是在国内编织一张最大的连锁药店网络。赵新先的规划是在国内形成10000家店的连锁规模。在短短一年多时间里，三九集团连锁药店就发展到了1000家的规模，但由于开店费用很高，而规范化管理及营运成本又控制不力，连锁药店很快出现后续乏力之势，赵新先再次犯下疯狂购并、顾头不顾尾的大忌。三九集团企业规模越来越大，但是能够给企业带来直接效益的项目却始终未现。2003年，四处狂奔而无所收获的赵新先知道三九集团冲到了悬崖的边缘。当媒体披露三九集团共欠银行贷款98亿元，已经陷入巨额财务危机后，接下来是银行的“讨债大军”纷沓而至，三九集团总部陷入一片混乱。

贪婪疯狂扩张，是企业发展的大忌。不仅三九集团如此而衰败，很多企业也是如此，诸如德国的日用品大王施莱克公司，也因贪婪而疯狂扩张，最终轰然倒塌。

77.3 贪官和珅遗臭万年

一个人贪得无厌、不知满足的人若是为官，必是贪官。贪官是百姓最痛恨的官僚，他们当官，以贪财为己任，甚至为此卖国求荣，出卖人格，不管百姓死活。

贪官占有得越多，胃口也就越大，像不知饥饱的鲸鱼，有的甚至会活活因贪婪而胀死。清朝乾隆时的佞臣、奸臣和珅（1750—1799年）就是一个十恶不赦的典型的贪官污吏。因他的贪污腐化，遗臭万年。和珅的部分家产，有 80000 万两之巨，比清廷 10 年收入的总和还多。仅查抄和珅“家产”清单的一部分，就让人瞠目结舌，此等贪官房屋 2000 余间，田地 8000 余顷；银号 10 处，本银 60 万两；当铺 10 处，本银 80 万两；金库内赤金 5.8 万两。银库内银元宝、京锞、苏锞 895.5 万多个。珠宝库、绸缎库、人参库都装得满满的。仅据籍没入官的 109 号本银，可抵甲午、庚子两项赔款的总额。也曾有人计算，乾隆时，清廷岁入为 7000 万两，和珅这部分家产却有 80000 万两。

此等劣迹斑斑的大贪官，因机灵善辩，仪表俊伟，受清高宗赏识，历任显官。后升任军机大臣，居此要职 24 年。还兼任多种文武官职，累封至一等公。他精明敏捷，办事干练，高宗倚为心腹。乾隆后期，和珅权势最大，又贪黩无厌。政令宣传多由其手书口传，令各省奏折皆用副折送某先阅，各地进贡珍品也多入其家。他广收贿赂，致府库空虚，吏治败坏，其秉政揽权，历来被认为是清代中衰的一个重要原因。

和珅这样世上稀有的大贪官，因受乾隆皇帝宠幸而肆无忌惮地贪纵营私。乾隆四十七年（1782 年），御史钱沣弹劾山东巡抚国泰等贪纵营私，乾隆命和珅和都御史刘墉一起去查办，钱沣也跟着去。国泰平时不仅以大宗财物珍珠贿买和珅，还帮助和珅办了许多植党营私的事。国泰的贪纵营私，尽人皆知。和珅奉命查办，却暗中袒护国泰。他先给国泰通风报信，盘库时，让检查的人员抽查一下国泰事先弄好的几封银子，说数目不缺，就要草草收场。御史钱沣见和珅这样处理，很明显地是在包庇国泰。他知道国泰如果漏网，不光是贪官得不到惩处，他自己还要以所刻不实而获罪。因此，他请求封库，再行检查。和珅没办法，只好同意封库。第二天又重新开库全面检查，发现有许多封内的银子是弄虚作假。也有些是临时借来的市银充数的。这才把国泰的事情查清了，可见清朝之腐朽。

78 论虚伪

虚伪令人表里不一，口是心非。它的特点在于：明知是不道德的行为，但为一己之私利，出于卑劣的动机，却硬加上道德的外表。人们常说的“伪君子”，就是虚伪者最好的定位。

虚伪者无真诚可言，无诚恳可期，无真实可谈。别人一旦发现虚伪者的真面目，就会视为不耻、无耻、可耻；虚伪令人鄙弃，令人退避三舍，也令人不屑一顾。虚伪的假情假义也许能骗人一时，却骗不了一世。

虚伪是诚信的大敌，它往往穿着诚信的外衣招摇过市；虚假是真实的大敌，它往往穿着真实的外衣慷慨陈词。因此，我们不仅要远离虚伪，还要善于巧妙而适时地揭穿虚伪，让虚伪暴露在光天化日之下，不让虚伪者骗人。

虚伪最大的克星是诚信。诚信，即诚实不欺、恪守信用，它是做人的基准，也是儒家倡导的必备品德之一。孔子把诚信中的“信”视为“仁”的主要内容，“能行五者于天下，为仁矣”；“五者”，即“恭、宽、信、敏、惠”（《论语·阳货》）。主张“敬事而信”，“谨而信”（《论语·学而》），并将其作为治民、用人、交友的原则。认为“上好信，则民莫敢不用情”（《论语·子路》）；又说“信则人任焉”（《论语·阳货》）；“与朋友交而不信乎”（《论语·学而》）。孔子关于诚信的看法，在今日也极具现实意义。

虚伪第二大克星是真诚。真诚者表里如一，诚实守信，为人正直、耿直，“直而温”是中国古代“九德”之一。“所谓直者，义必公正，心不偏党也”（《韩非子·解老》）。真诚的核心是实事求是，不夸大，不缩小，不弄虚作假，修学好古，实事求是。

虚伪最初往往由虚荣心引发，久而久之，不觉其丑，而成虚伪痼疾。所以，我们克服虚伪言行，首先要从克服自己的虚荣心做起。虚荣心往往使人追求外表上虚假的荣耀名声。它与“求实”相对。有虚荣心的人做出某种行为只是为了获得表面荣誉，以得到周围人的赞赏和羡慕。于是就会采取欺骗说谎等虚假的手段，抬高和美化自己，从而表现出似是而非的“自尊”，其实，这时候虚伪已开渗透到他的心灵了。

“人而无信，不知其可也”（《论语·为政》），虚伪给人不讲信用的印象，那是很难做人的。要做人，就要克服虚伪而讲诚信，那怎样做到诚信不虚伪呢？孔子提出几条可行方法。

第一，“与朋友交，言而有信”（《论语·学而》）。与朋友交往，要诚实守信用，不能虚假，更不能虚伪。

第二，“古者言之不出，耻躬之不逮也”（《论语·里仁》）。古人不轻易说话，语出口而做不到是羞耻的事。

第三，反对伪善的花言巧语：“巧言令色，鲜已仁”（《论语·学而》）。花言巧语，伪善面貌，这种人仁德不会多的。

第四，以践行杜绝虚伪：“先行其言而后从之”（《论语·为政》）。先实行了，再说出来，这就是一个君子了。

第五，以“忠信”提高品德，辨别迷惑：“主忠信，徙义”（《论语·颜渊》），以忠诚信实为主，唯义是从。

78.1　丹心是虚伪的最大克星

丹心，即忠诚于祖国的心；虚伪者，即口是心非、表里不一之人。自然，丹心就成了虚伪最大的克星。关于爱国，有丹心者用实践来证明，虚伪者停留在口头上。看其行，观其色，赤诚丹心和虚伪口号就一目了然了。

南宋政治家、文学家文天祥（1236—1283年），一身浩然正气，立志丹心报国，他历经了意志力的考验、高官的诱惑而毫无虚伪、动摇，“愿与一死足矣”，是中华的儿女的楷模。

文天祥出生时，南宋和蒙古的战争已经拉开序幕，但战火尚未殃及庐陵，他在还算平静的家乡江西度过了一段美好时光。后参加科举考试，成了新科状元。蒙古军大举南犯，南宋统治者昏庸腐朽，主张迁都逃跑，失败主义的情绪笼罩整个朝廷，文天祥上书南宋皇帝，提出备战抗守的办法，反对迁都逃跑，主张民心可用，但他的正确主张不但没有受到应有重视，反而遭到打击迫害。不久，他便辞官回乡了。1271 年，蒙古统治者改国号元，继续出兵进攻南宋，三年后，南宋的襄、樊两城失陷，元将伯颜率领大军沿江东下。南宋军队在池州（今安徽贵池）和元军打了一仗，结果全军覆灭，眼看京城临安（今杭州）危在旦夕，这时文天祥正在赣州做地方官，就立即发布文告，号召人民起来抗击侵略者。他以自己全部家产充当军费，招兵买马，组织“勤王军”。当时有人劝他说：元军三路进攻，势如破竹，你以乌合之众迎敌，岂不是驱羊去斗猛虎，白白送死吗？文天祥回道：这我也早就想过了，国家如此危急，竟然没有人起来救亡，这怎么能行呢？他就算带领散兵游勇，也要与敌决一死战。在宋朝危急关头，朝廷才任命文天祥为右丞相，并派他去元营与伯颜谈判。

文天祥在伯颜面前慷慨陈词，据理力争，他严厉痛斥元军的无理侵犯，要求元军退兵，伯颜对他百般威吓，要他答应投降，他面无惧色地回道：“吾乃南朝状元宰相，但欠一死报国，刀锯鼎镬，非所惧也！”文天祥表现出的无畏气概，使得伯颜对他不得不另眼相看。如果文天祥能够投降，元军可以利用他的声望去进一步收拾南方的残局。于是，伯颜派人劝降文天祥：“大元将兴学校，立科举，丞相在大宋为状元宰相，今为大元宰相无疑。”文天祥听后，却当场痛哭。事后，文天祥赋诗一首以明志：“虎牌氈笠号公卿，不直人间一唾轻。但愿扶桑红日上，江南匹士死犹荣。”虎头金牌和毡帽是元朝公卿的服饰，“扶桑红日上”象征南宋政权重新崛起。伯颜见文天祥不肯屈服，便将他扣留在军营中，其他大臣签订投降书后于次日返回临安。之后，文天祥被押往大都，所幸于途中趁机逃脱。历尽艰险之后，文天祥泛海南下温州，辗转来到宋端宗赵昰的行朝驻地福州。祥兴元年（1278 年），文天祥带领残部转战广东南岭一带。六月，为摆脱元兵的围追，他要求赴援崖山行朝，遭到当政者拒绝；十二月，文天祥在广东海丰五坡岭不幸被俘。崖山海战是南宋亡国的最后一战，宰相陆秀夫背负皇帝蹈海自尽，后宫诸臣随之纷纷投海，“死溺者数万人”。文天祥在元军海船上目睹南宋政权的彻底覆灭，写诗恸哭“正气扫地山河羞”，“惟有孤臣雨泪垂”。

崖山海战后，文天祥被押回广州。之后，元世祖忽必烈下诏以“谁家无忠臣”的理由，命张弘范善待文天祥，并将其押解大都（今北京）。从至元十六年（1279 年）十月初到至元十九年（1282 年）十二月初九，文天祥在大都度过了 3 年 2 个月的囚禁生涯。起初，元朝以上宾之礼接待文天祥，劝降者络绎不绝。劝降不成，文天祥被带上木枷，关入土牢。至元十七年（1280 年）春，他突然接到女儿的信，才知道多年杳无音信的妻子、女儿都在大都。文天祥知道这是元朝打出的感情牌，只要自己投降便可与家人团聚。他强忍悲痛，拒绝给女儿回信。文天祥在狱中忍受煎熬，创作了许多诗歌。其中，最重要的代表作就是传诵千古的《正气歌》。其开篇即说：“天地有正气，杂然赋流形。下则为河岳，上则为日星。于人曰浩然，沛乎塞苍冥”。接着，他一口气列举了 12 位前贤的事迹，认为他们表现的气节就是凛然正气。这种正气，不因人的生死而存亡，而是维系大地的基石、维持正义的根本。最后，他回顾了自己的坎坷经历，总结道“哲人日已远，典刑在夙昔，风檐展书读，古道照颜色”。忽必烈不杀文天祥，一是佩服其气节，二是爱慕其才能。不过，随着不少叛乱和反抗的发生，忽必烈需要在文天祥的生死问题上有个了断。这一天，忽必烈在大殿召见文天祥，亲自出面劝降。面对忽必烈的“元朝宰相”许诺，文天祥回答：“我受宋朝三帝厚恩，号称状元宰相。今事二姓，非我所愿。”忽必烈追问：“所愿为何？”文天祥的回答简短而坚定：“愿与一死足矣！”

至元十九年十二月初九（1283年1月9日），文天祥慨然就义，时年47岁。实现了民族英雄的夙愿："人生自古谁无死，留取丹心照汗青"（《过零丁洋》）。

78.2 做坦荡爱国的君子

许多人出国深造后就忘记了母国，仅为了高薪和富裕生活，加入其他国籍而愿为某国效劳，但他们还口口声声说"爱国"，把虚伪做到了极致。孔子说："君子坦荡荡，小人长戚戚"（《论语·述而》）。中国科学界就有一大批真君子，他们一开始为了报效祖国而出国深造，在爱国行动上毫不含糊，像钱学森、邓稼先、钱伟长等一批顶尖科学家，就是坦荡的真君子。而钱伟长的那声"NO"，也让美国人目瞪口呆！

那是1948年，当时钱伟长在清华大学机械系任教授，月薪为14万法币，而在当时，这些钱连两个暖水壶都买不到。为此，他只好四处兼职，挣钱补贴家用。就在这时，他的大女儿出生了。这让原本就窘迫的生活更加捉襟见肘，最困难的时候，钱伟长只能借钱度日。这时，钱学森回国探亲，转告他美国加州理工学院喷射推进研究所邀请他回去复职，并且可以举家迁美定居。钱伟长考虑在美国不仅能解决生活问题，还可以给自己的一双儿女提供更好的教育和成长环境。于是，他决定先去美国，解决掉眼前的问题，等日后找机会再回来。但是，到了美国领事馆，因为一个小小的问题，事情又发生逆转。钱伟长在领事馆办理申请手续时，使馆的工作人员照例问他："如果中国与美国发生战争，你会忠于美国吗？"以前问这个问题，人们都会说"Yes"，他们万万没想到，面前这个清癯的中国人竟不卑不亢地回道："NO！"钱伟长的回答让美国人目瞪口呆，但签证当然也遭到美国领事馆的拒绝。其实，许多去美国的中国人大可以嘴上说"Yes"，心理说"NO"。但在钱伟长看来，对于爱国这件事，君子应坦荡荡，不能虚伪，也不能妥协。正如他常说的："我们要有一种忠诚的精神！”

为什么钱伟长能成为坦荡爱国的君子呢？

钱伟长曾以第一名的成绩考取了清华大学物理系研究生，之后得到出国深造的机会。他与同行的留学生于1940年9月来到加拿大多伦多大学，也是在这个9月，他的儿子钱元凯来到这个世界。在多伦多完成学业之后，钱伟长应“世界力学之父”冯·卡门之邀，于1942年辗转来到美国，跟著名科学家钱学森成为同门。出国后的钱伟长一方面日夜思念着祖国、妻子以及从未谋面的儿子；另一方面，他深知自己此刻还没有真正掌握国家所需的技术，如果就这样回去，那才是辜负祖国的期望。一天，钱伟长的老师周培源先生来美国加州理工学院担任客座教授，钱伟长非常高兴，组织中国留学生在周末聚会欢迎周培源。饭后聊天时，周培源无意间问在座的人们有没有回国的打算，其中一个人说：“这要看中国的情况。什么时候中国发展到美国这样了，我才准备回国。”周培源对这个回答很气愤，指责他是在逃避困难和责任。作为一个有骨气、有志气的中国青年，应该想着回去把祖国建设好，而不是等国家建设好的时候才回去。这一番话深深地触动钱伟长并引起共鸣，他用自己学成回国效力的行动来展现他坦荡爱国的君子风度，令人钦佩。

78.3 是友邦还是强盗

西方列强打着“友邦”的旗号吞噬着中国人的血肉，他们高高在上，并培育了一小撮中国政客和文人，成为他们忠实的奴才。撕开虚伪的画皮，这些西方列强在中国不是友邦，而是不折不扣的强盗。

早在1840年，英国凭着“坚船利炮”打开了中国的大门，给中国人送来了鸦片。一边用鸦片毒害中国人，一边嘲笑中国人是“东亚病夫”，逼迫当时的腐朽清政府签订丧权辱国的《南京条约》，导致拥有独立主权的中国逐步沦为帝国主义列强的半殖民地。1894年，日本发动了侵略中国的甲午战争，逼迫清政府签订中日《马关条约》。

近代中国史，是列强强权掠夺中国和中国人民浴血奋战的历史。帝国主义列强把爱国的中国人说成是“土匪”，把中国反帝的义和团运动说成是“野蛮”的中国人对“文明”的西方人的侵犯。而这些西方“文明”人，由俄、英、日、德、法、美、意、奥八国组成的八国联军于1900年8月14日黎明侵占了北京，侵略者特许军队公开抢劫3日，当时从公使、将军到传教士、士兵都参加了这一暴行。他们有些人专抢贵重物品，有些人每抢劫一家之后还付之一炬；法国主教樊同梁在抢劫中，一次就从清朝户部尚书立山家里抢走价值100万两白银的实物；英国军官喜欢中国字画，他们甚至把中国人家祖先的遗像都抢走了；德国军队最为凶狠，在中南海仪鸾殿设立司令部，殿里珍宝甚多，在德军迁出时，除抢劫一空外，还放火烧毁。

20世纪初期，打着“友邦”旗号的列强们，对中国实行大掠夺。他们掠夺中国铁路主权；竞相在中国设厂开矿，直接掠夺中国的原料；他们垄断中国的财政金融，榨取国人的膏脂；他们巧取豪夺，扶持北洋军阀首领，英国公使公然说：“保证袁世凯的地位，并给他进行活动的可能性。”致使孙中山退位。袁世凯篡夺革命果实后，公开出卖国家利益，要求一切卖国条约都要“遵守”，签订丧权辱国的“二十一条”。袁世凯为了满足自己当皇帝的野心，寻求日本对他称帝的支持，竟与日本签订了这个卖国条约。这个条约不仅为日本吞并“满蒙”提供了充分条件，而且让日本在中国取得政治、军事、财政的监督权，取得警权和军火的垄断权，其势力伸展到长江流域和福建省，第一步把中国变成日本的“保护国”，第二步就是实现“中日合并”。

回述中国近代史，是友邦还是列强，显而易见。作为新时代的中国人，一定要铭记历史，勿忘国耻，奋发图强！

79 论自卑

自卑者对自我的评价偏低，自己看不起自己，认为无法赶上别人，甚至降低自己的人格和尊严。自卑心理总是“拖人的后腿”，让人不仅不能树立远大的抱负，而且对人生和事业缺乏热情，对自己的工作、能力缺乏信心，意志薄弱，心胸狭窄，得过且过。在困难和挫折面前消极、悲观、绝望。对歪风邪气不敢斗争，表现软弱、无力，甚至委曲求全，同流合污，丧失人格、尊严。自卑心理对个人、对事业危害极大。

按照个体心理学派阿德勒的理论，自卑感在个人心理发展中有举足轻重的作用。阿德勒认为，每个人都有先天的生理或心理缺欠，这就决定了人们的潜意识中都有自卑感。每个人解决其自卑感的方式影响他的行为模式。因此，自卑既是心理问题，也是道德修养课题。笔者通过多年的实践考察和研究，证明阿德勒上述观点是正确的。因此，不管是伟人还是凡人，时时都应注意克服自己潜意识中隐藏的自卑。从社会及伦理角度考察自卑，就应该引起人们的高度重视，一旦自卑心态缠身，就会胸无大志，妄自菲薄，没有上进心，或自暴自弃，或消极悲观，或相信宿命。这样发展下去，严重者对前途绝望，甚至与坏人同流合污，丧失人格。自卑不除，自信不立；自信不立，事业无成。

自卑与自信是一对矛盾的两个方面，二者对立，但在一定条件下又会互相转化。我们应让自卑向自信转化。自信是自卑的天敌，有了自信，才能消除自卑。要从自卑中解脱，进而培养自信，就要在正确认识客观世界和主观世界发展规律的基础上，真正明了自己的优势和短板，这样自信心就会在内心确立。一旦确立了自信心，自卑就自然会边缘化或消除掉，沮丧心态就会转化为上进心态，就能使人学习上充满信心、刻苦钻研，生活中刚毅顽强、勇于克服困难，在创新活动中百折不挠、攻关科技难题。

要注意的是，自信与自负有着本质的不同。自负的本质是狂妄，自信的本质是实事求是，而狂妄则是放大的自卑。在生活中，凡是那些以钱显贵、以权显贵，或以优越地位显贵、以三寸不烂之舌显贵，甚至以军力强大显贵者，他们背后都有偌大的自卑心理在作怪。自信是一种内驱力，它会使你为之奋斗的事业获得成功。常听一些年轻人慨叹：我会成功吗？他真幸运，上帝为什么偏爱他！其实，这是一种自卑的咏叹调，它会阻碍你干大事。自卑能毁掉自己，自信能拯救自己。

79.1　农民何卑之有

进入新时代，中国贫困千年的农村摆脱了贫困，开始走向历史的新征程。中国新时代的农民，不再是落后的代名词。

中国农民，是中国人的衣食父母。农民从上古时期就撑起了大公无私的大旗。农民的始祖神农教耕、尝百草、作琴、行雨。中古农民的代表大禹，率众治水，三过家门而不入。禹凿龙门、擒无支祁、铸九鼎、杀相柳、量大地。中国农民，不仅让同胞衣食足，而且在农事中创造了中国文化和中国精神。自强不息、厚德载物不仅是中国农民发端的中国精神，也成了整个中华民族的精神。

中国第一个盛世汉朝，它的开创者就是地地道道的农民刘邦。这位开国皇帝，农家出身，早年当过亭长，为人豁达大度。楚汉战争前期，刘邦处于劣势，屡屡败北。但他知人善任，注意纳谏，能充分发挥部下的才能，又注意联合各地反对项羽的力量，终于反败为胜，建立了汉朝，史称西汉。

在中国两千年封建社会中，历朝改朝换代均有农民起义的推动。从中国历史上第一次全国性的农民起义陈胜、吴广起义到中国近代反对清朝封建统治和外国资本主义侵略的太平天国农民起义，历次农民起义都起到了推动历史前进的重大作用。

“打土豪，分田地”的口号顿使中国农民成了新民主主义革命的主力军。在中国共产党的正确领导下，势如破竹，取得了新民主主义革命的伟大胜利。毛泽东作为中国共产党、中国人民解放军和中华人民共和国的主要缔造者和领导人，是一个来自湖南韶山的地地道道的农民。所以，他深知中国农民的疾苦和所需。

中国的脱贫攻坚战取得全面胜利，全新机构“国家乡村振兴局”也挂牌成立，中国农村和中国农民开始向现代化农业进发。在全球贫困状况依然严峻、一些国家贫富分化加剧的背景下，中国让1亿人口脱贫，这是成功的中国故事，这与全国25.5万个驻村扶贫工作队，300多万名第一书记、驻村干部以及数百万当地乡村干部做出的贡献，其中1800多人牺牲在脱贫攻坚征程上是分不开的，与中国共产党总书记、国家主席习近平亲自抓“精准扶贫”更是分不开的。8年来，他曾先后7次主持召开中央扶贫工作座谈会，50多次调研扶贫工作，走遍14个集中连片特困地区，了解真扶贫、扶真贫、脱真贫的实际情况，面对面同贫困群众聊家常、算细账、亲身感受脱贫攻坚带来的巨大变化。习近平总书记在陕西边远农村梁家岭当过7年农民，对农民的艰辛有切身感受，这使他作为国家领导人更坚定地狠抓“精准扶贫”。

民族文化的根脉在农村、民族精神的源头在农村。新时代的中国从脱贫走向全面振兴，中国农村和中国农民前途无量，全面振兴后的农村，有望涌现出一大批像袁隆平那样影响世界的农业科学家，有望涌现出一大批像发明塑料大棚的赵鸿钧那样的农业人才。农民，何卑之有？

79.2　自信满满的华罗庚

自信是治愈自卑的最好良药。

1979 年 5 月，在英国伯明翰，中国香港武侠作家梁羽生与应邀出席世界解析数论大会的数学家华罗庚巧遇。华罗庚在回答有什么学术活动的时候，他告诉梁羽生：“我准备弄斧必到班门！”当时，他已接到法国、荷兰、美国、加拿大等国的许多大学的讲学邀请。他准备了 10 个数学问题。包括代数、多复变函数论、偏微分方程、短阵几何、优选法等。他准备这样选择讲题：A 大学是以函数论著名的，他就讲函数论；B 大学是以偏微方程著名的，他就在 B 大学讲偏微分方程。

艺高人胆大，这是华罗庚自信满满的基础。

没有高等学校文凭的华罗庚，竟成了世界著名数学家，他的力量源于从小对数学的兴趣和他始终不渝的钻研努力。华罗庚从小便喜欢数学，上初中时他就以超人的数学才能而倍受老师赏识。但是，一个“穷”字剥夺了他继续求学的权利。他回到家乡，一面帮助父亲经营小杂货铺，一面刻苦自学数学。他站在柜台前，顾客来了就帮助父亲做生意，顾客一走，他马上低下头去看自己的数学书，有时入了迷，竟忘记接待顾客，或者把算题的结果当作顾客应付的款额，常常闹出笑话。18 岁的时候，一场伤寒病使华罗庚留下了终生的残疾——左腿关节变形。然而，正是这场疾病，促使华罗庚下定了将一生献给数学的决心，干别的工作要到处跑，而数学，只需要一支笔和一张纸。于是，仅靠着一本代数、一本几何和一本 50 页的微积分，华罗庚开始了他在数学领域的跋涉。一年后，他写出与数学大师直接对话的数学论文。

1930 年，上海《科学》杂志刊登了一篇文章：《苏家驹之代数的五次方程式不能成立的理由》。时任清华大学数学系主任熊庆来对这篇论文非常重视，然而问周围的人，谁也不认识这个作者。那时的华罗庚还是个无名小卒。后来，熊庆来知道华罗庚的情况后，认为这样有为的青年应该有一个良好的学习环境，在他的关心下，华罗庚来到了清华大学，在数学系当了一名助理员。从此，他一面工作，一面学习，在数学的星空勤奋地探索。他没有辜负熊庆来的期望，仅在清华大学 4 年中，便发表了 10 多篇论文，并自修了英、法、德三国语言。后来，他被选派到英国剑桥大学学习，在此求学的两年间，又先后写出了18篇论文，在英、法、德、印度等国杂志上相继登出，20多岁的华罗庚已成为国际知名的青年学者。难怪，梁羽生发现华罗庚是英国伯明翰世界数论大会中最受尊敬的数学家之一。有一位印度数学家，见了华罗庚竟然喜极而泣，用印度传统的表示最大敬意的方式向华罗庚致敬，他说他是看了华罗庚的著作才学数学的，想不到有机会可以见到本人。

中华人民共和国成立了，华罗庚兴奋不已，毅然放弃了在美国的优越条件，举家回国。他说："梁园虽好，非久居之乡，归去来兮！""为了国家民族，我们应当回去。"在回国途经香港时，他写下上面的话，寄语所有留美的中国学生，号召把知识献给新中国。数十年间，他写了152篇数学论文、9部专著、11本科普著作。经过10多年的努力，他的优选法和运筹学终于在全国推行了。这正是他的诗中所表述的："五十年来心愿，三万里外佳音，沧海不捐一滴水，洪炉陶冶砂成金，四化作尖兵。"

79.3 中国知识分子需走出文化自卑

中国是世界古文明唯一不间断传承至今的国度，但却出现奇怪的悖论：许多中国知识分子却有文化自卑。这是什么原因呢？自明清之后，中国不仅经济落后于西方，科技也一落千丈。加之清明王朝腐败，特别是清末，丧权辱国，受列强蹂躏、宰割，使中国知识分子顿失自信。"五四"新文化运动是伟大的反封建的革命运动，但在革命中，对中国几千年的传统文化给予全盘否定，没有正确吸取中国传统文化的内核，就像给一身污泥的婴儿洗澡，洗完澡却把婴儿和洗澡水一齐倒掉了。最为明显的是，当时中国知识分子倡导学习西方新诗体、自由体，却全盘否定了中国诗歌传统，不说《诗经》，就连光照诗坛、百花齐放、空前繁荣的唐诗也给否定了。这显然是他们潜意识中存在的文化自卑使然。

有人做过调查，1900—2000年，中国的知识分子前赴后继翻译了10.68万册英、法、德、意、西班牙、俄文六种文字的西方书籍，但被西方翻译的中文图书却只有800多套。这实际上折射出中国知识分子潜意识中的文化自卑。特别令人奇怪的是，拥有五千年文化传承的中国，走向世界时让世人感到的是中国人只善于杂技、瓷器、风水、针灸、养生，甚至让西方一些人还认为中国男人都是梳着长辫、穿着长袍的老夫子；西方哲学界认为中国没有哲学智慧，没有本体论和认识论。显然，这与中国知识分子文化自信不足有密切关联。

中国知识分子应该如此自卑吗？答案显然是否定的。在这篇短文中，我们不谈中国传统文化的优秀部分，只简略谈谈中国文化的消化能力，就可以看出中国传统文化的巨大能量。

平等、自由、民主观念是从欧洲传到中国的，是“五四”运动的先行者陈独秀、胡适率先提出赛先生和德先生（自由、民主）的，但中国共产党提出“打土豪，分田地”的适合中国国情的平等口号，使中国广大农村和中国农民成为革命的主力军，星星之火，顿时燎原。

社会主义、共产主义概念是马克思主义的一部分，传到中国以后能形成主流，是因为社会主义、共产主义与中国两千年来的大同理想高度吻合。这一点，毛泽东看得最清楚，他在《论人民民主专政》一文中指出：“经过人民共和国到达社会主义和共产主义，到达阶级消灭和世界大同。”

中国文化的豁达和包容性在世界上是极少见的，“以我为主，博采众长”的中国文化总是充满自信。这正是文化大师鲁迅先生所倡导的“拿来主义”：“总之，我们要拿来，我们要或使用，或存放，或毁灭。那么，主人是新主人，宅子也就会成为新宅子。”

新时代，中国知识分子需走出文化自卑。

80 论奴性

奴性，就是奴才之性。奴性之所以令人不齿，是因为他甘心供人驱使，帮人作恶。奴性之所以可耻，是因为奴性是卖国之性，屈辱投靠之性。奴性十足的人，对外、对上可以置个人的人格和国家民族利益于不顾，置正义和良心于不顾，巴结主子，出卖灵魂，甘当走狗，为虎作伥；对下欺凌弱小，为所欲为，极尽压榨之能事，从而获得主子的欢心。具有奴性的人，在侵略者面前，没有一丝一毫的反抗精神，甘当顺民，任人欺凌和宰割并为之服务；在其主子面前百般顺从，任其摆布。奴才即便被解放，奴性仍在发酵，幻想主子随时再来，从而把人的解放当成对己的束缚，不习惯不再俯首帖耳，不习惯没有巴结的主子，不习惯不用出卖灵魂的日子。

即便身为奴隶，但仍有一个自由人的思想，这样的奴隶，并不具有奴性。中国奴隶社会、封建社会以及半殖民地半封建社会的奴仆、随从，他们是被制度所迫沦为奴隶，但他们渴望自由，不甘为奴，所以身上并没有奴才之性；非洲黑人被白人强迫到北美为奴隶，但他们绝大多数人渴望自由，他们也不具有奴才之性。相反，那些衣冠楚楚、冠冕堂皇、不可一世的“贵人”，却去出卖祖国和灵魂，这样的人才是奴性十足。

有奴性的人堪比一只断了脊梁骨的恶犬。中国人对满身奴性的人深恶痛绝，上至清朝慈禧、袁世凯、民国政府的汪精卫、陈公博等贵族、高官卖国求荣，下至充当列强走狗的间谍和伪军，这些人置个人的人格和国家民族利益于不顾、置正义和良心于不顾，巴结主子和外国侵略者。满身奴性的人是民族的败类，是国家的蠹虫，出卖人格和尊严的怪胎，他们与拥有骨气、正气之美德者格格不入。因此，我们不仅要远离奴性，而且对甘心卖国求荣的奴才，应该齐力痛打、歼灭。像当年鲁迅先生“痛打落水狗”那样，对落水狗式的奴才，也要痛打之，绝不姑息，要把这些人永远钉在人类和中国的耻辱柱上。

我们要杜绝奴性，张扬人性，张扬骨气，应在消除奴化思想上下功夫。奴化思想是甘心接受侵略者奴役本民族的思想，当今一些汉奸和民族分裂者就是奴化思想的产物。他们高叫“人权”“自由”，实际上是紧抱列强的大腿，甘于受其驱使和奴役。被奴化思想浸泡的人，常常忘记了本民族的传统文化、语言文字、风俗习惯和道德要求，甘当殖民者的牛马，任人愚弄和宰割，毫无民族气节。诚如陆龟蒙所说：“奴颜婢膝真乞丐，反以正直为狂痴”。难怪屈原疾呼：“安能以皓皓之白，而蒙世俗之尘埃乎”。

80.1 不做族权和贡文化的奴隶

族权，是中国封建等级制的根基；贡文化，是中国封建特权的特征之一。因此，族权和贡文化是培育奴性的土壤。族权概念最先出现在两千年前的《孝经》里：“不爱其亲而爱他人者，谓之悖德；不敬其亲而敬他人者，谓之悖礼。”于是，中国家族本位的伦理关系和道德价值开始被凝固化、教条化，进而要求关系的一方对另一方的道德义务，在父子、夫妇之上，族长可履行其特权，全体族民就应遵从族规。

族权是培育奴性的温床，因为族权通常将族人的利益放在第一位，有时候不分是非、不分善恶，而遵守族规的族人也甘愿被族长驱使，免不了帮人作恶。在半殖民地半封建社会的中国，特别是农村，普遍存在宗族现象，在这种宗族制度下，其成员只要忠于宗族，就是道德的。中华人民共和国成立后，封建土地制被瓦解，但族权这个灰色幽灵在农村依然或多或少地存在着，有的地方甚至死灰复燃。有资料显示，当时有些农村地区以族代党，苏北某县宋河村共有 10 名党员，老支书系族长，会场就是支书家的麻将桌。村民刘某要求入党，支书认为刘家与宋家历来有矛盾，刘某肚里有墨水，入了党说不定要夺下支书位子。最终没有同意刘某的申请。于是，宋氏家族把持着征兵关、升学关、招工关，都选自己家族的人。再看一个以族代政的例子：河南省某县赵孟庄是个仅有300多人口的小村子，赵孟两姓几乎对半分，政权也是分而掌之。遇事扯皮，趋利避害，互相拆台，矛盾频发。像事关生育、征购派销、集资办校、建渠修路等一揽子事在这里都成了大难题。还有以族代法者，四川某县有刘、徐两姓，相邻而居，两村世代为敌，吵吵闹闹上百年。刘姓将矛盾记入族谱警示后人，明确规定不得与徐村人联姻通婚。刘某和徐某是初中同学，由相知到悄悄相恋。刘氏家族知道后，严禁刘某与仇人来往，并派人看着她。刘某找机会偷偷跑出，躲到徐家。刘村人紧急行动，血战徐村，致使2人死亡，30多人受伤。司法机关介入，他们不服，说他们清理门户，是他们自家的事。

由族权延伸出来的贡文化，也有突出的负面作用。贡文化是从西周实行分封制开始的，周天子乃“天下共主”，分封使西周贵族集团形成了“周王—卿大夫—士”的等级序列。那么，诸侯向周王表达“忠诚”、体现“礼仪”的方式就是贡赋，诸侯若不按时进贡，就是“失礼”，往往也是天子和诸侯讨伐的理由。这种影响使得社会上长期形成了不成文的潜规则：升官靠贡、办事靠贡、维系感情也要靠贡。

就人情消费来说，在有些地方已经演变为百姓不能承受之重。20世纪80年代以前，谁家有婚丧嫁娶的事，亲朋好友买些锅碗瓢盆、枕巾被套聊表心意；进入90年代，谁家乔迁新居、孩子生日，亲朋好友送上20元、50元足矣。到了21世纪，农村不仅婚丧嫁娶的份子钱急剧上升，彩礼费用更是高不可攀，现在华北和四川很多地区农村的彩礼早已超过10万，甚至20万元也比较普遍。导致因结婚而致贫的现象也屡屡发生。

在新时代，我们应该革除封建族权和贡文化的残余，消除奴性滋生的土壤，振兴新农村。

80.2 伪善者是邪恶的奴才

伪善者总是用虚假的外表，把丑恶肮脏的灵魂掩盖起来，装扮出一副正人君子的模样。伪善者往往以个人履行道德义务为幌子，表面上讲着道德的词句，在周围人面前摆出一副善良真诚的样子，公开显示自己的“美德”，并对其他人的德行扮演严厉监视者的角色，而实际上却从根本上违背道德，尽干损人利己、唯利是图、坑害他人的卑鄙勾当。一切伪善者要发展自己，都必须损害别人，为此不能不昧着良心说假话，不能不在大众面前装“圣人”，装“公道的主持者”“道德高地的占领者”，从而“成为世界的领导者”。

伪善者总是把自己的邪恶掩盖起来，装扮成正人君子，但他们本质上是邪恶的奴才。1900 年 7 月 14 日，八国联军攻陷了天津，这些伪善者进城后，横行域内，烧杀抢掠，无所不为。侵略军每天三五成群，荷枪实弹，在大街小巷中横行，向人们强索鸡、鸭、西瓜、鸡蛋等物，稍不如意，立即开枪射击。他们还疯狂地搜抢首饰、洋钱、钟表等。在天津的抢掠中，仅日军军队抢劫所得就有 200 万两银之多。更不要说八国联军攻陷北京之后，就跟强盗打开宝库一样，使整个北京城，包括城中心的皇宫和城外的颐和园都遭到了抢劫。当时，伪善的公使、将军，甚至传教士也顾不得脸面，都参加了这一暴行。这些伪善者的奴才嘴脸暴露无遗，永久地钉在历史的耻辱柱上。

参考文献

[1] 周易 [M]. 北京：北京大学出版社，1989.

[2] 山海经 [M]. 北京：上海古籍出版社，1989.

[3] 左丘明. 左传 [M]. 北京：中华书局，1978.

[4] 国语 [M]. 北京：中华书局，1978.

[5] 老子. 道德经 [M]. 北京：中华书局，1978.

[6] 孔子. 论语 [M]. 北京：中华书局，1978.

[7] 孟子. 孟子 [M]. 北京：中华书局，1978.

[8] 庄子. 庄子 [M]. 北京：中华书局，1978.

[9] 韩非子. 韩非子 [M]. 北京：中华书局，1978.

[10] 荀子. 荀子 [M]. 北京：中华书局，1978.

[11] 周易大传 [M]. 北京：中华书局，1978.

[12] 吕不韦. 吕氏春秋 [M]. 北京：中华书局，1978.

[13] 乐记 [M]. 北京：中华书局，1978.

[14] 刘安. 淮南子 [M]. 北京：中华书局，1978.

[15] 司马迁. 史记 [M]. 北京：中华书局，1982.

[16] 毛诗序 [M]. 北京：中华书局，1978.

[17] 王充. 论衡 [M]. 上海：上海人民出版社，1974.

[18] 考工记 [M]. 北京：中华书局，1978.

[19] 刘勰. 文心雕龙 [M]. 北京：中华书局，1978.

[20] 钟嵘. 诗品 [M]. 北京：中华书局，1987.

[21] 司空图. 二十四诗品 [M]. 北京：中华书局，2011.

[22] 黄帝内经 [M]. 上海：上海科学技术出版社，1983.

[23] 张岱年. 文化与哲学 [M]. 北京：教育科学出版社，1988.

[24] 匡亚明 . 孔子评传［ M ］. 济南：齐鲁书社，1985.
[25] 鲁迅 . 鲁迅全集［ M ］. 北京：人民文学出版社，1979.
[26] 潘菽 . 心理学简札［ M ］. 北京：人民教育出版社，1984.
[27] 宗白华 . 美学散步［ M ］. 上海：上海人民出版，1981.
[28] 朱光潜 . 西方美学史［ M ］. 北京：人民文学出版，1979.
[29] 李泽厚 . 美的历程［ M ］. 北京：文物出版社，1981.
[30] 叶朗 . 中国美学史大纲［ M ］. 北京：高等教育出版社，2006.
[31] 徐复观 . 中国艺术精神［ M ］. 沈阳：春风文艺出版社，1987.
[32] 罗利建 . 情感美学：论美和美感［ M ］. 北京：中国经济出版社，2014.
[33] 罗利建 . 探索未知：一位学者的读书笔记［ M ］. 北京：中国经济出版社，2010.
[34] 罗利建 . 中国人的美德塑造：意志伦理论［ M ］. 北京：中国经济出版社，2015.
[35] 康德 . 判断力批判［ M ］. 宗白华，译 . 北京：商务印书馆，1979.
[36] 黑格尔 . 美学：三卷本［ M ］. 朱光潜，译 . 北京：商务印书馆，1978.
[37] 鲍姆加登 . 美学［ M ］. 简明，王旭晓，译 . 北京：文化艺术出版社，1987.
[38] 莱辛 . 拉奥孔［ M ］. 朱光潜，译 . 北京：人民文学出版社，1984.
[39] 马克思 .1844 年经济学哲学手稿［ M ］. 北京：人民出版社，2000.
[40] 乔治・桑塔耶纳 . 美感：美学大纲［ M ］. 缪灵珠，译 . 北京：中国社会科学出版社，1982.
[41] 亚当・斯密 . 道德情操论［ M ］. 赵康英，译 . 北京：华夏出版社，2010.
[42] 泡尔生 . 伦理学原理［ M ］. 蔡元培，译 . 北京：北京理工大学出版社，2013.

跋

34年前，我出版了第一本著作《中国行为科学导论》。著名科学家钱学森看了这本书，给我写了一封亲笔信，在信中与我平等探讨，并称我为“教授”。我看信后诚惶诚恐，因为我当时连“讲师”都不是，甚感力不相配。这事我没告诉任何人，不过我暗自下决心要在学术上努力精进。

34年过去了，我虽然无大的成就，至今已到耄耋之年，但仍在努力。我用了30年积累，花了6年写成《中国古典哲学导论》，算是用尽了老年之力。在本书写作及出版的过程中我得到了家人及编辑的大力支持，在此表示衷心的感谢。

在我与病魔抗争并奋力写作的2022年，我几乎全年都住在医院。记得有次住院时，同病房有几位患者，他们对我坚持在病床上写作很是支持，令我欣慰不已。其中有个屠宰师傅说：“我也有几个朋友是教授，一退休就散了架。要是咱们的大学教授都像你一样，国家就更有希望了。”这一席话一直激励着我在病中坚持完成本书稿，我至今都十分感激他的鼓励。

“嘤其鸣矣，求其友声。”

是为跋。

罗利建

二〇二三年一月